마틴 셀리그만의 **팔마스 중심**
긍정심리학

우문식 편저

POSITIVE PSYCHOLOGY

학지사

긍정심리학은 미래의 희망이다

마틴 셀리그만(Martin Seligman)이 『마틴 셀리그만의 긍정심리학(Authentic Happiness: Using the New Positive Psychology to Realize Your Potential for Lasting Fulfillment)』(2001)을 출간하여 최초로 긍정심리학을 알렸으나 한 학기 교재로서의 최초의 긍정심리학은 크리스토퍼 피터슨(Christopher Peterson)의 『긍정심리학 프라이머(A Primer in Positive Psychology)』(2006)였다. 이 때 피터슨은 "이제는 삶을 가장 가치 있게 만드는 것과 관련된 이론이나 연구가 충분하여 대학교에서 한 학기 수업에 요긴하게 사용할 만한 교재로까지 엮을 수 있게 되었다."라고 하였다. 그로부터 15년이 지난 지금, 긍정심리학은 놀라운 성장을 이루면서 개인의 가치 있는 삶을 넘어 조직 및 사회 전반에 플로리시(flourish)를 지원하는 학문으로 자리 잡게 되었으며, 우리나라에서도 확장을 거듭하며 다양한 분야에서 두 학기 이상의 수업도 가능한 교재를 출간하게 되었다.

최근의 심리학의 흐름은 긍정심리학이라 하기도 한다. 긍정심리학의 이러한 빠른 성장은 다중지능의 창시자이자 하버드 대학교 교육대학원 원장인 하워드 가드너(Howard Gardner)의 "셀리그만과 피터슨의 긍정심리학의 성격강점 발견은 심리학 반세기에 가장 위대한 업적이다."라는 호평으로 예견되었다. 특히 2019년 연말부터 시작된 코로나19로 인해 개인과 조직, 사회에서 긍정심리학의 필요성을 더 절실하게 갈망하게 되었다. 앞으로 미래가 어떻게 변화되고, 또 변화에 어떻게 대처해야 할지 그 누구도 정확하게 예측할 수 없었다. 우리 인류가 한 번도 겪어 보지 못한 일이기 때문이다. 하지만 긍정심리학은 '긍정심리학으로 코로나19를 비롯하여 어떤 역경도 이겨 낼 수 있는 마음의 근육(회복력)을 키우라!'라는 확실하고 분명한 메시지를 줄 수 있다. 긍정심리학에는 팔마스(PERMAS: 긍정정서, 몰입, 관계, 의미, 성취, 강점)로 행복을 만들어서 트라우마로 겪게 되는 불안, 우울, 분노, 죄책감, 수치심, 무기력 등의 심리적 증상을 사전에 예방하고 치료해 주며 우리를 성장시켜 주는 도구들이 있기 때문이다.

긍정심리학이 창시된 지 25년, 내가 긍정심리학을 처음 만난 지도 20년이 되어 간다. 2003년에 긍정심리학을 우리나라에 처음 도입하고, 2006년에 긍정심리학의 창시자인 마틴 셀리그만을 만나면서 내 인생은 티핑 포인트(tipping point)에 이르렀다. 10년 동안 국회의원이 되기 위해 준비하던 일들을 포기하고 긍정심리학을 공부하고 연구하기 시작하면서, 행복할 수 없던 나를 가장 행복한 나로 만들 수 있었기 때문이다. 그동안 두 번의 사업 부도를 맞기도 했고, 경영학 박사학위를 받고 나서 긍정심리학을 제대로 알리기 위해 늦은 나이에 다시 상담심리학 공부를 시작하여 상담심리학 박사학위를 받기까지 난관도 많았지만, 긍정심리학이 미래의 희망이라는 확신을 가지고 그것에 미쳐서 20여 년간 모든 것을 쏟아부었다. 그러다 보니 어느덧 이순이 넘어 이제야 다소의 여유 속에서 진정한 긍정심리학의 행복을 만들어 가고 있다.

지금까지 긍정심리학을 공부하고 연구하면서 경영학과 상담심리학 두 분야의 학위논문을 포함하여 여러 편의 논문을 쓰며, 경영 조직과 구성원 및 상담치료에서 긍정심리학과 긍정심리치료의 효과를 검증하기도 했고 여러 권의 책도 출간했지만, 가장 쓰고 싶었던 책은 긍정심리학을 좀 더 쉽게 알리고 제대로 가르칠 수 있는 긍정심리학 교재였다. 지금까지 출간된 대부분의 국내외 교재는 긍정심리학 창시자인 마틴 셀리그만의 팔마스 중심이라기보다 저자들의 전공에 맞추려 하거나 긍정심리학의 초기 이론에 한정된 경향이 짙었기 때문이다. 나는 오랫동안 긍정심리학을 연구하고 가르치고 실천하였기에 이를 통한 충분한 자료와 연구 결과, 실행 경험을 바탕으로 긍정심리학 교재를 쓰고자 했지만, 늘 현실적 여건이 따라 주지 않아 기획과정에서 책의 방향을 수효가 많은 쪽으로 바꾸곤 했다.

하지만 긍정심리학의 인기가 높아지고, 과학적으로 검증된 우수한 결과들이 새롭게 탄생하였음에도 유독 국내 심리학 분야에서 긍정심리학에 대한 왜곡된 인식이 팽배하여, 긍정심리학의 이론과 가치를 제대로 알릴 수 있는 교재를 쓰는 것을 더 이상 미룰 수 없다는 생각에 2년 전부터 이 책을 준비했다. 어떻게 긍정심리학의 목표인 플로리시와 예방인 사명, 긍정심리학자들이 지금까지 연구한 소중한 가치들을 제대로 반영해서 긍정심리학을 더 쉽고 흥미 있게 배우고 적용할 수 있게 쓸 수 있을까?

긍정심리학의 초기 이론의 기반을 구축할 때 마틴 셀리그만과 미하이 칙센트미하이(Mihaly Csikszentmihalyi)는 인본주의와 긍정심리학의 차별화를 시도했으나 크리스토퍼 피터슨은 긍정심리학을 한마디로 타인이라 하였고, 긍정심리학은 인본주의의 사촌이라고 했다. 바버라 프레드릭슨(Babara Fredrickson)과 셀리그만은 사람의 성격은 바꿀 수 있다고 했다. 로버트 디너는 행복은 또 다른 목표를 달성하는 데 동원되는 자원이라고 했다. 셀리그만은 긍정심리학의 사명인 예방과 관련해 당시 다섯 살 된 딸 니키에게 교훈을 얻었고, 제2차 세계대전 이후 심리학의 세 가지 의무를 지키지 못하고 있음을 자각했으며, 낙관성이 청소년 등의 우울증을 50% 줄인다는 사실이 긍정심리학을 만들 수 있는 계기를 제공했다고 하였다. 긍정심리학 이전의 그의 이론인 무기력 학습은 무기력하게 죽어 가는 아버지를 보면서 연구하게 된 것이었고, 낙관성 학습이 탄생하게 되는 과정도 끝없는 도전과 열정, 주변의 무시와 수치심이 교차되면서 순탄치는 않았다.

셀리그만은 미 육군에 회복력 훈련을 실시하기 전 케이시 총장을 비롯한 사성장군 네 명 앞에서 "군대가 외상 후 성장이나 회복력이 아닌 우울증, 불안, 자살, PTSD에 초점을 맞추는 것은 주객이 전도된 것입니다."라고 말했다. 최근 들어 테이얍 라시드(Tayyab Rashid)와 함께 긍정심리치료(PPT)를 창시했는데, PPT는 심리치료의 혁명이라고 했다. 여기서 희망이라는 단어를 많이 사용한다. 많은 과학자와 전문가가 미래를 비관적으로 보지만, 긍정심리학은 팔마스만 잘 활용한다면 미래의 희망을 만들 수 있다는 것이다.

교재를 쓴다는 것은 쉽지 않은 일이었다. 오랫동안 고민을 하였고 여러 차례 콘셉트를 수정했다. 지금까지 해 온 내 개인의 연구와 실천 경험은 풍부했지만, 이것만으로는 긍정심리학이 쌓아 온 소중한 핵심 가치와 그 가치들의 미묘한 차이를 제대로 담아 다양한 분야의 욕구를 충족시키는 데는 한계가 있음을 깨달았다. 그리하여 최종적으로, 다소의 아쉬움과 리스크는 있지만 내 개인의 저(著)가 아닌, 내가 연구하고 경험한 내용과 마틴 셀리그만을 중심으로 피터슨, 프레드릭슨, 칙센트미하이, 레이비치, 디너 등의 긍정심리학자가 지금까지 연구하고 발표한 핵심 내용들을 포함하여 편저(編著)로 하기로 했다. 이 책은 그렇게 해서 완성되었다.

이 책은 총 3부 20장으로 되어 있다. 긍정심리학은 심리학자들만을 위한 방어벽을 만들지 않겠다는 셀리그만의 의도에 맞게 심리학 분야뿐만 아니라 교육학, 사회과학, 간호학, 의학, 종교학에 이르기까지 다양한 분야에서 가르치고 배울 수 있게 구성하였다. 긍정심리학에 대한 관심이 높아짐에 따라, 대학생이나 대학원생뿐 아니라 긍정심리학을 좋아하고 개인적·조직적 플로리시를 원하는 일반인 누구나 흥미 있게 읽고 적용할 수 있도록 배려한 것이다.

제1부는 긍정심리학의 이해로서 긍정심리학의 역사와 탄생 배경을 설명하고, 긍정심리학의 이론적 고찰을 다루었다. 제2부는 긍정심리학의 핵심 이론인 팔마스에 대해 다루었다. 마

지막 제3부는 1, 2부를 통해 얻을 수 있는 긍정심리학의 기회를 긍정심리 행복, 긍정심리 교육, 긍정심리 조직, 긍정심리 회복력, 긍정심리 코칭, 긍정심리치료, 긍정심리 건강으로 선정하여 다루었다.

2002년 긍정심리학의 최초 이론인 진정한 행복 이론에서는 행복과 만족이 주제이자 목표였고, 2012년 웰빙 이론에서는 그것이 웰빙과 플로리시로 확장되었지만, 행복은 여전히 긍정심리학의 팔마스를 통해 개인과 조직, 사회에 플로리시를 지원하고 기회를 만들어 주는 핵심 역할을 하며, 심리치료, 교육, 조직성과, 건강, 회복력 등에서 목표로 한 결과를 얻기 위해서는 먼저 개인의 행복을 만들고 그것을 자원으로 동원시켜야 한다. 행복과 웰빙은 학문적으로는 긍정심리학의 독립된 중요 주제이지만 아직도 활용적 측면에서는 명확하게 분류하기가 난해한 부분이 있다. 이로 인해 이 책에서도 맥락에 따라 혼용하였음을 밝힌다.

이 책의 강점은 전공 분야에 따라, 참여자들의 욕구에 따라 선별해서 가르칠 수 있다는 것이다. 예컨대, 팔마스의 긍정정서는 분류의 편의상 과거, 현재, 미래의 정서로 나누었지만 필요에 따라 자부심, 감사, 용서, 자기효능감, 낙관성 등을 하나의 장으로 나누어 두 학기까지 가르칠 수 있다. 긍정심리학은 이론도 중요하지만 실행 또한 중시하는 학문이다. 각 장에는 긍정심리학의 최신 이론 및 연구 결과는 물론 심리검사 도구와 연습 도구를 포함하여 자신과 내담자, 구성원, 고객, 참가자들의 심리 상태 및 증상을 스스로 검증하고 적용할 수 있도록 하였다.

이 책은 학문적 성취도를 높이는 데 도움을 줄 수도 있겠지만 개인이나 조직의 심리적·조직적·사회적 문제를 해결하는 데 많은 도움을 줄 것이다. 특히 개인이 스스로 행복을 만들고 심리적 증상을 해소하며 성장을 이룰 수 있는 다양한 방법을 경험하고 배울 수 있을 것이다.

나는 어디를 가든, 누구를 만나든 긍정심리학을 이야기하려 한다. 그만큼 긍정심리학이 플로리시를 만들어 줄 수 있다는 것을 믿어 의심치 않는다. 이 책이 행복, 성공, 혹은 원하는 목표를 이루고 싶은 모든 분에게 도움을 줄 수 있었으면 좋겠다.

끝으로 수많은 역경을 딛고 일어나도록 "너는 가서 많은 사람에게 행복을 만들어 주라!"라는 소명을 주시고 지금까지 걸어올 수 있도록 인도해 주신 하나님께 감사드리고, 긍정심리학을 만나서 긍정심리학의 삶을 살아갈 수 있도록 기회를 주신 마틴 셀리그만 교수님께도 감사드린다. 내가 긍정심리학을 지속적으로 연구하며 우리 사회의 다양한 분야에 확장시킬 수 있게 하고, 이 책이 우리나라에서 출간될 수 있도록 긍정심리학을 연구하시고 다양한 논문과 저서를 출판해 주신 긍정심리학자 크리스토퍼 피터슨, 바버라 프레드릭슨, 미하이 칙센트미하이, 조너선 헤이트(Jonathan Haidt), 캐런 레이비치(Karen Reivich), 로버트 디너(Robert. B.

Diener), 라이언 니미엑(Ryan Niemiec), 사라 루이스(Sarah Lewis), 제니 후퍼(Jeni Hooper), 테이얍 라시드, 캐롤라인 밀러(Caroline Miller) 교수님께도 감사의 말씀을 전한다. 이 외에도 지금까지 물질적 지원 및 기도와 마음으로 함께하고 도와주신 분들이 참 많다. 그분들께도 감사를 드린다. 마지막으로, 지난 20여 년 동안 수많은 경제적·정신적 위기 속에서도 사랑과 믿음으로 인내해 준 사랑하고 존경하는 아내 김기숙 작가와 사랑하는 두 아들 정현, 정훈에게 감사의 마음을 전한다.

차례

제2부 긍정심리학의 팔마스(PERMAS)

제3부 긍정심리학의 기회

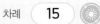

제1부

긍정심리학의 이해

제1장
긍정심리학의 역사와 탄생 배경

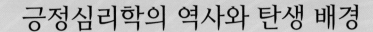

이제 심리학이 하나가 되다

긍정심리학(positive psychology)의 창시자 마틴 셀리그만(2004)은 오늘날 심리학이 절반 정도만 완성된 상태라고 했다. 그 완성된 절반은 고통, 트라우마, 우울, 불안, 분노, 죄책감, 공포 등의 부정성을 다룬다. 이따금 내담자가 치료자에게 와서 "저는 행복해지고 싶어요."라고 하면 치료자는 "아, 우울증에서 벗어나고 싶으시군요?"라고 답변하곤 했다. 이건 마치 내담자가 치료자에게 "선생님, 제 병을 고쳐 주실 수 있으면 좋겠네요."라고 하면 치료자가 "당신의 병이 제가 고칠 수 있는 병이었으면 좋겠네요."라고 대답하는 것과 같다. 이는 긍정심리학이 탄생하기 이전에는 행복을 얻는 방법을 몰라 부정적 요소에 집중했다는 의미이기도 하다. 심리학의 채워지지 않은 나머지 반쪽은 무엇일까? 바로 긍정심리학이다.

긍정심리학은 행복, 회복력, 외상 후 성장, 낙관성, 긍정정서, 성격강점, 성취, 의미 등의 긍정성을 다룬다. 이 긍정심리학이 나머지 반쪽을 채우면서 이제 심리학은 온전한 하나가 된 것이다. 내담자가 심리치료자에게 와서 "저는 행복해지고 싶어요."라고 하면 셀리그만(2012)은 "이제 당신을 플로리시(flourish, 번성, 지속적 성장, 행복의 만개)하게 만들어드릴 수 있습니다."라고 말할 수 있다고 했다. 지금까지 심리학이 다루지 않았고 미치지 못했던 부분을 긍정심리학이 할 수 있다는 것이다. 긍정심리학이 심리학 영역에 미치는 영향은 1999년부터 2013년까지 출판된 1,336개 자료를 광범위하고 체계적으로 검토한 결과를 통해 확인할 수 있다. 이들 자료 중 긍정심리학 이론의 경험적 검증과 원칙, 개입이 포함된 것이 750개 이상에 달한다(Donaldson, Dollwet, & Rao, 2015).

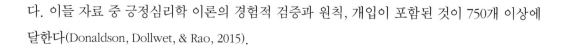

심리학은 인생을 바꿀 수 있다

대부분의 사람은 누구나 자신의 인생을 바꿀 수 있다고 믿는다. 이것은 강력한 믿음이자 현대적인 믿음이다. '아동기의 열악한 환경은 인간의 능력을 제한하지도 방해하지도 않는다.' 그리고 '인간은 인생의 어느 시기에서나 자신의 행동을 바꿀 수 있다.'는 주장을 지극히 당연하게 여기는 현대인들이 많기 때문이다. 하지만 예부터 사람들은 지속적인 변화가 가능하지 않다고 믿어 왔다. 지금도 생후 2, 3년이 개인과 그의 미래의 모든 것을 결정한다는 주장을 고수하는 사람들이 여전히 많다. 현대 심리학의 '아버지'로 알려진 지그문트 프로이트(Sigmund Freud)는 1900년대 초반에 인간의 성격이 5세 무렵에 결정된다고 주장했으며, 성격을 바꿀 수 있는 인간의 능력에 비관적이었다(Reivich & Shatte, 2003). 프로이트는 주로 토머스 홉스(Thomas Hobbes)의 합리주의 철학을 차용했다. 홉스는 부정적 인간관을 지닌 철학자로서 인간의 본성은 교활하고 이기적이며 인생은 짧고 잔인하다고 선언했다. 우리 인간은 이기심을 억누르고 개과천선할 수 있을까? 홉스에 의하면 그것은 불가능하다. 인간은 달라지지 않는다. 인간의 성격은 선천적이고 고정적이며, 무슨 수를 써도 바꿀 수 없다. 오랜 세월에 걸친 심리치료 후, 프로이트는 인간의 성격을 조금은 바꿀 수도 있다고 결론을 내렸다. 그러나 프로이트의 관점에서 보면 그 누구도 자신을 완전히 변화시킬 수는 없으며, 그 어떤 자기계발 서적도 모든 인간이 지닌 사악한 측면을 바로잡지 못한다(Reivich & Shatte, 2003).

지난 100여 년 동안 심리학은 인간의 본성과 싸워 왔다. 인간의 행동을 결정하는 힘은 무엇이며, 그 힘을 어떻게 통제할 수 있을까? 프로이트는 이 중요한 질문을 둘러싼 논쟁의 일부였다. 그리고 제시된 답변들은 '인간'으로 산다는 것의 진정한 의미를 알려 준다.

1920년대에 심리학자들 사이에서 프로이트 이론에 대한 불만이 높아지고 있었다. 그들은 프로이트와는 아주 다른 철학을 받아들였다. 존 로크(John Locke)와 장 자크 루소(Jean-Jacques Rousseau)의 경험주의 철학을 배경으로 인간은 타불라 라사(tabula rasa), 즉 '백지' 상태로 태어난다고 주장했다. 타고난 탐욕이나 이기심은 없고 중요한 경험이 쓰이기를 기다리는 깨끗한 종이라는 것이다. 그들은 학습이 우리 자신과 우리의 행동을 규정하듯이 새로운 학습을 통해 과거를 이겨 낼 수 있다고 결론지었다. 학습된 것은 탈학습(unlearning)될 수 있다는 것이다.

이 이론에 따르면, 우리는 혈통이나 과거의 피해자로 살아야 할 운명이 아니다. 어느 시점에서 얼마든지 인생을 바꿀 수 있다. 동기와 욕구가 있다면, 그리고 적절한 능력을 갖춘다면 변화가 가능하다. 자신이 운명을 지배한다는 주장은 현대인의 사고와 일치하는 해방 이론이다. 그리고 연구 자료는 그 이론을 지지한다. 즉, 사람들은 긍정적으로 지속적으로 변할 수 있다(Reivich, 2003).

1920년대부터 1960년대까지, 이 중요한 40년 동안 어떤 일이 벌어졌을까? 로크와 루소를 추종하는 낙관적인 사람들은 인간은 학습을 통해 변할 수 있다는 것을 강조하면서 또 다른 문제에 관해 프로이트의 주장에 반대했다. 프로이트는 위대한 사상가이자 철학자이지만 과학자는 아니었다. 그가 이론을 완성한 시기는 과학적 방법론이 유행하기 이전이었다. 새로운 학파의 심리학자들은 과학적 실험을 도입했다.

과학자는 실험을 한다. 갈릴레오는 시대의 정설에 반대하며 모든 물체는 무게와 상관없이 동일한 속도로 낙하한다고 믿었다. 이 가정을 검증하기 위해 그는 피사의 사탑 꼭대기에서 무게가 다른 공을 몇 개 떨어뜨리고 낙하 시간을 측정했다. 또한 환경적 변수 하나를 체계적으로 바꾸고 그 결과를 관찰했다. 이것이 바로 과학적인 방법론이다. 따라서 심리학이 과학이 되려면 심리학자들이 관찰 가능한 변수를 한 번에 하나씩 체계적으로 바꿀 수 있어야 한다는, 즉 과학 용어로 '조작'할 수 있어야 한다는 주장이 제기되었다.

프로이트의 이론은 이런 식으로 검증할 수 없다. 해결되지 않은 갈등을 실험실에서 조작할 수는 없으며, 무의식적 자아를 실제로 관찰할 수도 없다. 새로 등장한 심리학은 심리학이 다루어야 할 대상은 오직 하나뿐이라고 주장했다. 정서나 정신은 눈에 보이지 않으므로 알맞지 않았다. 실제로 관찰 가능한 유일한 대상은 바로 행동이었다. 따라서 그 새로운 물결을 가리켜서 행동주의(behaviorism)라고 부르게 되었다(Reivich & Shatte, 2003).

그러나 유일한 연구 대상으로서 행동을 극단적으로 강조함에 따라 심리학자들은 행동주의 학파에 점차 실망하게 되었다. 어느 정도는 그 학파의 선구자들이 자초한 결과였다. 최초의 미국인 행동주의 심리학자 존 왓슨(John B. Waston)은 심리학에서 정신과 정서에 대한 언급 자체를 금지하려고 했다. 또 다른 저명한 행동주의자인 스키너(B. F. Skinner) 역시 비인도주의적인 면을 보여 주었다. 그는 양육자가 없어도 아기의 모든 욕구를 충족시켜 주는 육아 상자를 실제로 개발하고 옹호했다. 하루 종일 아기를 돌보는 일을 고달픈 노동으로 간주했기 때문이다. TV 대담에서 스키너는 "만약에 선택을 해야 한다면 선생님께서는 자녀분을 태워 버리겠습니까, 책을 태워 버리겠습니까?"라는 질문을 받았다. 그러자 그는 일순의 망설임도 없이 자식을 태워 버릴 거라고 대답했다. 자신의 유전자보다는 자신의 연구가 사회학의 미래에 훨씬 더 많이 기여한다는 것이 그 이유였다.

21세기를 사는 우리에게는 이 모든 것이 아주 이상해 보일 것이다. 하지만 1920년대부터 1940년대까지 심리학은 행동주의를 열렬히 추종해서 미국 전역에 실험실을 세우고 개, 생쥐, 비둘기로 실험하면서 보상과 처벌 연구가 인간 행동에 관한 모든 궁금증을 풀어 줄 거라고 믿었다. 정서, 정신, 마음은 심리학 세계에서 완전히 추방되었다. 심리학사의 거장인 모튼 헌트(Morton Hunt)는 그 시대에 대해 "심리학은 다윈에게 처음 영혼을 빼앗기고 왓슨에게 정신을 빼앗겼다."라고 말한다.

행동을 과학적으로 연구하는 것이 사고와 감정 연구보다 더 수월할 수는 있다. 하지만 사고와 감정이 행동을 일으킨다면 인간을 이해하기 위해서는 사고와 감정을 반드시 연구해야 한다. 과학적 방법론을 적용하기가 더 어렵다 해도 그렇다. 심리학자들 사이에서 행동주의에 관한 유머가 있다. 자동차 열쇠를 잃어버린 행동주의자가 주차장에서 정신없이 열쇠를 찾고 있다. 환한 형광등 불빛 아래에서 바닥을 샅샅이 훑는 그를 보고 친구가 도와주러 나선다. 그렇게 둘이 고생한 지 30분 후 친구가 묻는다. "여기서 열쇠를 잃어버린 게 확실해?" 행동주의자가 대답한다. "아니, 사실은 저기 컴컴한 복도에서 잃어버렸어. 하지만 여기가 훨씬 더 밝잖아." 과학의 불빛은 행동주의를 더 환하게 비춰 줄지도 모른다. 하지만 웰빙을 높여 주는 열쇠는 사고와 감정이다.

1960년대 무렵, 인간을 기계적으로 취급하는 행동주의적 접근에 반대하는 인본주의 심리학이 인간 중심 접근을 제안한 칼 로저스(Carl Rogers)와 자아실현 접근을 제안한 에이브러햄 매슬로(Abraham H. Maslow)에 의해 등장하게 되면서 사고와 감정 연구에 대한 관심이 다시 무르익었다. 이 조용한 혁명을 이끈 사람은 아론 벡(Aaron Beck) 박사였다. 아론 벡이 태어난 1921년 7월은 정신의학자로서 프로이트의 명성이 절정에 달한 시기였다. 1942년에 예일 대학 정신의학부에 입학하면서 벡은 이 전통적인 심리학에 들어섰다. 벡은 정신과 의사로 훈련을 받을 때 자신이 배운 정신분석 모델에 따라 환자의 방어층을 한 겹씩 벗겨 내면서 불안과 우울증을 일으킨다는 고착된 에너지를 무의식에서 풀어내려고 노력했다. 그런데 정신분석 기술을 적용하자 환자들이 '이상한' 반응을 보였다. 그들은 밤에 꾼 꿈이나 엄마에 관한 이야기를 하지 않았다. 지금 자기 인생에서 벌어지고 있는 일, 심리치료사를 찾아오게 만든 일에 대해 이야기하려고 했다. 그들은 자기 자신과 자신의 세계, 자신의 미래에 대한 생각을 털어놓았다. "저는 제대로 하는 게 하나도 없어요." "제 인생은 엉망진창이에요." "아무도 저를 사랑하지 않아요." 주로 이런 말을 했다.

벡은 환자의 이런 생각, 즉 인지(cognition)가 그의 감정과 동일한 시간 동안 공존한다는 것을 알아차렸다. 즉, 슬픈 생각을 하는 동안에는 슬픈 감정을 느끼는 식이었다. 그는 최근에 대규모 연구가 입증하고 있는 사실을 인식하기 시작했다. 그것은 인지는 감정을 유발하고 감정은 개인의 웰빙 수준을 결정하는 데 중요하다는 것이다. 벡은 인지치료라고 부르는 심리치료 체계를 개발했다. 그 치료에 참여한 환자는 사고를 바꾸는 법을 배워서 우울증과 불안증을 이겨 낸다. 인지치료는 세계적인 명성을 얻었고, 벡은 펜실베이니아 대학교에 인지치료센터(Center for Cognitive Therapy)를 설립했다.

인지치료는 거의 모든 사람에게 효과가 있다. 인지치료가 불안증과 우울증에 더없이 효과적인 치료법이라는 것을 입증하는 증거는 셀 수도 없을 정도이다. 후기 프로이트 학파는 낙관성을 받아들였다. 올바른 도구를 찾아낸다면 인간은 인생을 실제로 바꿀 수 있다고 믿었다. 그 도구들은 환자들에게 효과가 있었다. 환자들이 정말로 중요한 것, 즉 자신의 믿음과 사고와 감정에 초점을 맞추었기 때문이다. 인지치료의 성공은 우리가 이미 알고 있는 사실을 강조한다. 바로 사고와 감정이 인간 존재의 핵심이며 인간의 본질을 나타낸다는 것이다.

심리학은 제2차 세계대전 이전에 세 가지의 중요한 사명을 갖고 있었다. 정신질환 치료하기, 재능과 능력 양성하기, 삶에 대한 충만함 높이기가 그것이다. 그러나 1946년에 재향군인 관리국(Veteran's Adminstration)이 세워지자 정신과 의사들은 '아픈 사람'을 치료하는 일로 생계를 꾸릴 수 있다는 것을 깨달았다. 1947년에 설립된 국립정신보건원(National Institute of Mental Health)은 정신질환을 탐구하는 심리학자들에게 막대한 연구비를 제공했다. 그 한정된 영역에만 연구비를 베풀었기 때문에 심리학은 초점의 대상을 인생의 긍정적인 측면에서 부정적인 측면으로 바꾸고 그에 치중했다.

제2차 세계대전 이후 심리학은 완전히 변해 버렸다. 심리학자들은 심리학의 세 가지 의무 중 정신질환의 역사를 쓰는 일에 헌신하면서 수많은 변종 질환을 샅샅이 찾아내고 서로 얽히고설킨 정신장애 범주들과 하위 범주를 열심히 늘려 갔다. 미국정신의학회(American Psychiatric Association: APA)는 1952년에 『정신장애의 진단 및 통계 편람(Diagnostic and Statistical Manual of Mental Disorders: DSM)』을 처음 발표했다. 그것은 일종의 증상 체크리스트로서 정신장애 진단의 바이블이 되었다. 최초의 편람은 100페이지에 달했다. 최근 판은 2013년에 나온 DSM-5이다. 다음 세대의 심리학자들도 이 질병 모델에서 헤어나지 못하고 있다. 요즘의 정신의학부 학생들도 진단 방법론과 전통적인 치료 지식을 배우고 있다는 말이다.

1998년, 미국심리학회(American Psychological Association) 회장인 마틴 셀리그만은 오래 잊고 있던 두 가지 의무를 되살려서 심리학의 명성을 되찾을 기회의 문이 활짝 열렸다고 선언했다. 세계대전 이후에 그러했듯이 위협과 결핍에 시달리는 사회는 인생의 부정적인 측면에 초점을 맞추는 법이다. 하지만 20세기 말에 접어들면서 냉전은 사라지고 경제 지표는 지속적으로 상승했다. '치료 그 너머'로 나아갈 때가 된 것이다(Reivich, 2014). 첨단 기술 덕에 온갖 정신장애를 측정하고 범주화하고 각 장애의 신경학적 토대를 조사할 수 있었다. 이것은 효과적인 치료법 개발로 이어졌다. 바로 그 신기술을 이용해서 인간의 강점과 덕목, 즉 용기, 인간관계 기술, 즐기는 능력, 문제를 파악하는 능력, 미래지향성, 인생의 의미 찾기 등을 측정하고 조사할 수 있다고 셀리그만은 주장했다. 또한 그는 새로운 과학을 건설하고 실행할 것을 요구했다. 지금껏 무시해 온 두 가지 의무에 헌신하는 교육을 하자는 것이다.

그래서 탄생한 것이 긍정심리학이다. 긍정심리학이란 용어는 30년간 우울증을 연구하고 인치치료 탄생에 기여한 셀리그만이 1998년 처음 사용했다. 그 당시 그는 미국심리학회 회장으로 "손쓸 도리 없이 망가진 삶은 이제 그만 연구하고 모든 일이 잘 될 것 같은 사람에게 초점을 맞추어야 한다."라고 주장했다.

긍정심리학의 주제는 웰빙(well-being)이고, 목표는 플로리시이며, 사명은 예방이다. 플로리시를 위한 웰빙 이론의 핵심 요소는 팔마스(PERMAS)이다. 셀리그만(2012)은 이 팔마스를 통해 인생을 바꿀 수 있다고 말한다. 성격을 바꿀 수 있고 플로리시하게 해 줄 수 있다는 것이다.

긍정심리학의 역사

긍정심리학은 1998년 당시 미국심리학회 회장이던 마틴 셀리그만 펜실베이니아 대학교 심리학 교수가 창시했다(Seligman, 1998, 1999). 그는 1996년 미국심리학회 회장 선거에서 역사상 가장 큰 표 차이로 회장에 당선됐는데 이미 '무기력 학습'과 '낙관성 학습'의 발견으로 심리학계의 폭넓은 신뢰와 지지를 받고 있었다. 긍정심리학은 1998년 셀리그만이 창시했지만 긍정심리학이라는 명칭은 셀리그만에 의해 유명해지기 오래전에 한 책에서 소개됐다. 인본주의 심리학 대가인 에이브러햄 매슬로는 창의성과 자아실현을 강조하기 위해 그 명칭을 1954년에 사용했다. 그러나 1962년 '건강과 성장 심리학'이라는 명칭으로 변경했다(Peterson, 2004).

'긍정심리학을 한마디로 정의하면 무엇인가?'라는 질문에 긍정심리학 탄생에 지대한 영향을 미친 크리스토퍼 피터슨(Christopher Peterson)은 서슴없이 '타인'이라고 말했다(Peterson,

2004). 긍정심리학은 인간 중심이며 인간관계 기술이라는 것이다. 이러한 인간 중심의 긍정심리학은 서양에서는 아테네 철학자 소크라테스, 동양에서는 공자로 그 유래가 거슬러 올라간다. 이들의 글 속에는 현대의 긍정심리학자들이 던지는 것과 같은 질문이 들어 있다. 좋은 삶이란 무엇인가? 미덕은 그 자체로 보상이 될 수 있는가? 행복하다는 것의 의미는 무엇인가? 행복해지기로 결심하자마자 행복해질 수 있는가? 충만함이란 다른 일을 하는 도중에 느끼는 부수적인 감정인가? 타인과 사회는 내가 좋은 삶을 사는 데 어떤 역할을 하는가?

그 후에도 예수, 부처, 무함마드, 토머스 아퀴나스 같은 종교적 인물들이나 신학자, 아리스토텔레스 같은 철학자들도 좋은 삶과 그런 삶을 사는 방법에 관해 같은 질문을 던졌다. 이들이 발전시킨 다양한 세계관을 아우르는 공통된 주제는 그것이 무엇이라고 불리든지 타인, 인간 그리고 보다 초월적인 존재를 섬기는 것이다. 현대의 긍정심리학자들은 의미 있는 삶을 강조하고, 그런 삶은 종교적 목적과 현실적 목적 모두를 성취하는 과정에서 얻을 수 있다는 사실을 강조한다. 그럼으로써 긍정심리학은 그동안 프로이트 이후 심리학에서 잘 다루지 않았던 종교심리학을 심리학 연구 분야의 중심으로 끌어왔다(Emmons & Paloutzian, 2003).

긍정심리학은 이미 1998년 이전에 심리학의 영역에서 그 초석을 다지고 있었다. 심리학자들은 연구 초기에는 천재나 탁월한 사람뿐만 아니라 평범한 사람들의 자아실현에 지대한 관심을 가졌다. 긍정심리학의 토대는 무엇일까? 피터슨은 현재의 긍정심리학의 토대가 된 것은 로저스와 매슬로(1970)가 보급한 인본주의 심리학이라고 말한다.

하지만 셀리그만과 미하이 칙센트미하이(Mihaly Csikszentmihaly, 2000)는 긍정심리학이 탄생한 초기에 논의되던 것 중 하나였던 인본주의 심리학으로부터 긍정심리학을 분리했다. 인본주의 심리학은 1960년대와 1970년대에 위력을 떨쳤으며 지금도 많은 추종자가 있는 영향력을 지닌 심리학의 한 영역이다. 보편적인 의미의 인본주의는 인류의 요구와 가치가 물질보다 선행하며 인간은 물질의 한 부분으로 설명될 수 없다는 학설이다. 인본주의자들은 과학적 심리학자들이 행동을 예측하게 하는 원인에 초점을 맞춤으로써 인간에 대한 가장 중요한 것들을 빠뜨렸다며 그들을 비판한다.

잘 알려진 인본주의 심리학자로는 인간중심 접근을 제시한 칼 로저스와 자아실현 접근을 제시한 에이브러햄 매슬로가 있다. 두 학자에 따르면 인간은 자아실현 과정을 거치는 동안 자신들의 잠재력을 최대한 발휘하기 위해 노력한다. 자아실현은 환경 요소에 의해 방해를 받는다. 그러나 환경이 변화하면 개인의 잠재력은 반드시 발현된다고 한다. 인본주의 심리학은 인간이 노력을 통해 얻으려는 목표, 이러한 노력에 대한 지각, 스스로 선택한다는 것의 중요성, 인간의 이성을 강조한다. 따라서 심리학은 초기에는 행동주의적 원인에 초점을 두었다가 이후 존재와 의미에 대한 기초적 질문으로 옮겨 갔다.

인본주의 심리학은 또 다른 주류 관점인 실존주의와 겹치는 부분도 있다. 실존주의의 핵심 개념은 인간의 경험이 모든 것에 최우선한다는 것이다. 인간을 이해한다는 것은 그의 내면적인 입장에서부터 그를 이해한다는 것이다. 이것 외에 인간을 이해할 수 있는 다른 방법은 없다는 것이다. 실존주의자들은 인간을 자신의 주체적인 선택의 결과로 만들어진 산물이라 본다. 그리고 이러한 선택은 자신의 의지에 따라 자유롭게 할 수 있다. 실존주의자들의 말을 빌리자면 존재는 본질에 우선한다. 여기서 본질이란 인간마다의 특징을 의미한다. 실존주의자들은 인간의 본질은 고정돼 있지 않고, 자신의 모습은 자신이 선택한 대로 만들어진다는 점을 강조한다.

인본주의자들과 실존주의자들은 인간이 세상을 어떤 눈으로 바라보고 있는지에 대한 심리학자들의 주의가 필요하다고 강조한다. 그들은 또 다른 지성적 움직임인 현상학과의 연계를 시도한다. 현상학은 인간에게 큰 의미로 다가왔던 경험을 연구문제로 다룬다.

이러한 관점에서 볼 때 셀리그만과 칙센트미하이는 왜 긍정심리학과 인본주의 심리학이 다르다고 말한 것일까? 셀리그만과 칙센트미하이는 두 가지를 이야기한다. 첫째, 긍정심리학은 좋은 삶과 그렇지 못한 삶 모두 실제 생활에서 일어날 수 있다고 보는 데 반해 인본주의 심리학은 인간은 태어날 때부터 완전하다고 본다. 둘째, 긍정심리학은 과학적 방식으로 연구하는 것을 중시하지만, 인본주의 심리학은 가끔 과학에 회의적이고, 과학이 정말 중요한 것을 실제로 밝혀낼 수 있을지에 대해 의심하기도 한다는 것이다.

피터슨(2004)은 이 둘의 차이를 볼 때 셀리그만과 칙센트미하이의 의견에 동의하지만 한마디로 긍정심리학과 인본주의 심리학은 가까운 친척관계라고 말한다. 긍정심리학자인 스티븐 조셉(Stephen Joseph)과 알렉스 린리(Alex Linley)는 인본주의 심리학이 과학적이지 못했다는 것은 잘못된 것이라고 한다. 40~50년 전에는 로저스나 매슬로가 과학적 심리학의 최전방이나 다름없었으며, 그들의 이론을 충분히 검증할 수 있는 세련된 통계 기법도 없었다는 것이다.

인본주의 심리학 외에 긍정심리학에 영향을 미친 것이 인지치료 심리학이다. 셀리그만이 임상심리학자로서 무기력 학습(learned helplessness)과 낙관성 학습(learned optimism)을 발견했기 때문이다. 무기력 학습은 1965년 셀리그만이 펜실베이니아 대학교 대학원 재학 중 발견한 이론으로, 자신은 뭔가 여러 번 시도했음에도 실패했거나 변화시킬 수 없다고 여기고 스스로 포기하는 것을 말한다. 셀리그만은 개 실험을 통해 자신이 할 수 있는 게 하나도 없는 전기충격을 처음 경험한 개들의 70%가 점차 수동적으로 변해 역경에 맞서는 것을 포기한다는 사실을 발견했다. 개들이 무기력을 학습한 것이다. 이후 사람을 상대로 실험한 결과도 똑같이 나왔다.

낙관성 학습은 셀리그만이 1978년 발견한 이론으로, 개 실험을 통해 무기력 학습을 발견할 당시 70%는 무기력을 학습했지만 30%는 무기력해지지 않았다. 그들은 무기력이 학습되지 않은 것이다. 그것이 낙관성 학습으로 발전됐다. 낙관성 학습의 두 가지 핵심적 개념은 무기력 학습과 설명양식(explanatory style)이다(Seligman, 2002). 설명양식은 어떠한 사건이 일어난 이유를 스스로에게 낙관적이든 비관적이든 습관적으로 설명하는 방식이다. 사람들은 원인을 해석하는 나름의 양식을 가지고 있으며 이런 습관을 바탕으로 세상을 이해하게 된다는 것이다. 그래서 설명양식이란 '마음속 세상'을 비추는 거울과도 같다. 이것은 무기력 학습을 크게 좌우하는 역할을 한다. 낙관적 설명양식은 무기력을 없애고 비관적 설명양식은 무기력을 키우기 때문이다. 이 둘은 서로 밀접한 관계를 맺고 있다. 우울증의 한 가지 특징인 무기력은 자살을 예측할 수 있는 가장 정확한 요소이다. 자살할 가능성을 갖고 있는 사람들은 현재 자신들이 겪고 있는 불행은 영원히 지속될 것이며 어떤 일을 해도 불행하다고 확신한다. 그리고 그 고통을 끝낼 수 있는 방법은 죽는 길밖에 없다고 생각한다.

셀리그만은 긍정심리학 창시 이전에도 권위를 인정받는 유명한 임상심리학자로서 수많은 우울증, 공황장애 환자 등을 치료해 왔지만 행복하지 않았다. 그에게는 누구도 갖고 있지 않던 '예방'이라는 사명이 있었기 때문이다. 그는 낙관성 학습에서 그 가능성을 발견했다. 낙관성 지수가 높은 청소년들은 성인이 되었을 때 우울증에 걸릴 확률이 30~50%까지 줄었기 때문이다. 그래서 긍정심리학의 사명은 '예방'이라고 한다(Seligman, 2002).

긍정심리학의 탄생

제2차 세계대전 이전의 심리학은 세 가지 의무가 있었다(Seligman & Peterson, 2014). 첫째, 정신질환을 치료하는 것, 둘째, 모든 사람이 생산적이고 충만하게 살도록 돕는 것, 셋째, 재능을 찾아내고 기르는 것이다. 제2차 세계대전 이전까지만 해도 이러한 심리학의 의무에서 긍정과 부정이 균형 있게 이루어지고 있었다. 하지만 제2차 세계대전 이후의 심리학은 균형이 깨지며 부정 쪽으로 급격히 기울고 말았다. 심리학이 제2차 세계대전 이후 인간이 가진 문제와 그 치료 방법에 중점을 뒀기 때문이다. 이런 병리학적 관점은 오랫동안 중요한 문제로 대두됐으며 정신질환을 이해하고 치료하고 예방하려는 많은 노력이 있어 왔다(Seligman, 2002).

세계적으로 인정받고 있는, 2004년부터 미국정신의학회가 출간한 『정신장애의 진단 및 통계편람(DSM-5)』은 각 질환의 정의와 신뢰할 만한 질환별 진단 전략을 망라하고 있다. 그 덕분에 최근까지 원인을 알 수 없었던 몇 가지 질환에 대한 심리학적·약리학적 치료법을 고안해 낼 수 있었다. 그러나 질환 치료에만 관심을 두다 보니 문제가 발생했다. 대부분 기존 심리학은 인간에게 올바르고 긍정적인 것이 무엇인지에 대한 연구를 간과했고, 긍정적이고 좋은 삶에 대한 언급은 종교지도자들이나 정치인들이 하는 정도의 수준에서 벗어나지 못했다. 더욱이 기존 심리학에서 강조하는 가설은 질병 모델을 표방하는 쪽으로 움직여 왔다. 즉, 인간이란 연약하고 혹독한 환경이나 나쁜 유전자 때문에 깨지기 쉬운 존재라고 봤으며, 기껏해야 이처럼 나쁜 상황에서 회복된 상태에 있는 것으로 여길 뿐이다. 이러한 세계관이 미국의 일반 문화에도 스며들면서 스스로를 희생자로 규정하는 셈이 돼 버렸고, 영웅은 단지 생존자에 불과한 것으로 여겨졌다.

셀리그만(2002, 2003)은 심리학이 질병 모델의 우세성 때문에 질병을 치료하는 영역에 초점을 맞추는 대신 강점을 찾고 키우는 것은 외면했다고 주장했다. 셀리그만은 이러한 불균형을 바로잡고, 미국인들 사이에 만연한 질병 모델 가설에 도전할 때임을 제안하고자 했으며, 인간의 긍정적 심리적 측면과 미덕, 강점을 과학적으로 연구하기 시작했다. 인간의 잠재력 향상에 관심을 가지는 심리학자들은 질병 모델과는 구분되는 다른 가설을 구상할 필요가 있으며 질병 모델만을 연구하는 학자들의 것과는 다른 질문을 던져야 한다는 것이다. 심리학의 영역이 질병 모델을 넘어 건강한 사람들이 어떻게 더 행복하게 살아갈 수 있는지에 대한 연구로 나아가는 것이 그의 희망이었다.

셀리그만은 TED 특강에서 "우리가 그동안 약점에 대해서만 신경을 썼던 것처럼 이제는 강점에 대해 연구해야 한다. 지금까지 상처 치유에만 관심이 있었다면 이제는 강점을 찾아 인정해 주고 그것을 발전시킬 수 있도록 노력해야 한다. 부족한 부분을 채우는 것만큼 잘하는 점을 만들어 가는 것에 관심을 가져야 한다. 또한 평범한 사람들이 무언가 자신의 특별한 재능과 특성을 찾고 그것에 행복을 느낄 수 있도록 도와야 한다."라고 했다. 이 말은 왜 긍정심리학인가를 대변한다.

긍정심리학이 탄생하게 된 계기는 세 가지가 있다. 첫째, 앞에서 이야기한 심리학 학문이 제2차 세계대전 이후 인간이 가진 문제와 그 치료 중심으로 이루어지고 있다는 사실을 셀리그만이 자각한 것이다. 둘째, 셀리그만이 아이들에게 낙관성 학습을 적용했을 때 우울증 발병률이 50% 감소했던 것이다. 셀리그만(2012)은 지난 10년간 낙관적인 아이들에 대해 연구했다. 비관적인 아이들을 낙관적인 아이들로 바꾸어 준 것이다. 그 결과 열 살짜리 아이들에게 낙관적 설명양식을 가르치면 그들이 사춘기에 접어들었을 때 우울증에 걸릴 확률이 반으로 줄어든다는 사실을 밝혀냈다(Seligman, 2006). 셋째, 셀리그만의 딸 니키가 그의 사명을 찾게 해 주었다.

셀리그만이 미국심리학회 회장에 취임한 지 6개월 뒤 그는 시카고에서 예방 교육을 위한 특별위원회 소집과 함께 기획 회의를 열었다. 이 회의에 참석한 위원 12명과 권위 있는 몇몇 연구자는 이구동성으로 예방학에서 정신질환을 어떻게 규정할 것인지에 대한 의견을 쏟아 냈다(Seligman, 2012). 하지만 그에게는 지겨우리만큼 따분한 시간이었다. 그런 이야기라면 지금까지 귀가 따갑도록 들어왔기 때문이다. 셀리그만이 기대했던 기획 회의는 성과 없이 끝났다. 그로부터 2주일 뒤 그는 다섯 살인 딸 니키와 정원에서 잡초를 뽑으면서 니키를 통해 자신의 사명을 발견했다. 셀리그만은 아이들에 관한 책과 논문을 여러 편 썼지만, 정작 자신의 아이들에 대해서는 아는 게 별로 없었다. 그날도 정원을 가꾸면서 학회 수뇌부 구성에 몰두하고 있었다. 할 일은 많고 늘 시간에 쫓기다 보니 정원에서 잡초를 뽑을 때조차 여유를 부릴 새가 없었다. 하지만 니키는 잡초를 뽑아 하늘 높이 던지기도 하고 노래하며 춤을 추기도 했다. 딸아이의 그런 모습이 하도 어수선해서 "니키, 조용히 좀 못 해!" 하고 냅다 고함을 질렀고, 그 바람에 니키는 집 안으로 들어갔다. 조금 뒤 다시 정원으로 나온 딸이 그에게 다가와 말했다.

"아빠, 드릴 말씀이 있어요."

"무슨 말인데, 니키?"

"아빠는 제가 다섯 살이 되기 전까지 어땠는지 기억하세요? 그때 제가 굉장한 울보였잖아요. 날마다 징징거릴 정도로. 그래서 다섯 번째 생일날 결심했어요. 다시는 징징거리며 울지 않겠다고. 그런데 그건 지금까지 제가 한 그 어떤 일보다 훨씬 힘들었어요. 만일 제가 그 일을 해냈다면 아빠도 신경질 부리는 일을 그만두실 수 있잖아요?"

고작 다섯 살 밖에 안 된 딸이 그도 미처 몰랐던 문제점을 정확히 짚어 낸 것이다. 그는 망치로 머리를 한 대 맞은 듯한 충격을 받았다고 했다. 아이를 키운다는 건 그 아이가 지닌 단점을 고치는 게 아니라는 큰 깨달음을 주었기 때문이다. 니키는 스스로 해 나갈 능력이 있다. 아버지로서 그가 할 일은 니키의 조숙함을 강점으로 개발해 주는 것이다. 성격강점의 사회성 지능이라고 하는 것이 딸아이 삶의 밑거름이 되게 도와주는 것이다. 자신의 강점을 완벽하게 계발한다면 그것은 자신의 약점이나 험난한 세상살이를 이겨 낼 수 있는 힘이 될 것이다.

그는 비로소 아이를 키울 때 아이의 단점이나 약점을 고치는 것보다 훨씬 더 중요한 일이 있다는 사실을 깨달았다. 바로 자녀의 강점과 미덕을 발견하고 계발해 줌으로써 아이가 자신에게 알맞은 일을 찾아 긍정 특성을 최대한 발휘하도록 이끌어 주는 것이다.

사회 구성원들이 자신에게 꼭 알맞은 자리를 찾아 저마다 강점을 최대한 발휘할 때 사회 전체의 이익을 이룰 수 있다고 한다면 심리학의 임무는 더없이 막중하다고 할 수 있다. 어린 딸 니키가 그의 사명이 무엇인지를 일깨워 준 것이다.

셀리그만(1998)은 미국심리협회 회장에 당선된 지 2년 뒤인 1998년 미국심리학회 연설에서 인간행동의 나쁜 측면을 연구하고 그것을 바꾸고자 하는 노력에서 인간 행동의 좋은 점을 더 계발하는 방향으로 전환해야 한다고 주장했다. "손쓸 도리 없이 망가진 삶은 이제 그만 연구하고 모든 일이 잘 될 것 같은 사람에게 초점을 맞춰야 한다."라고 선포했다. 연설을 마친 셀리그만에게 청중은 기립박수를 보내 주었다. 이는 그의 연설에 열광적인 지지를 보내 준 것이다. 그는 곧바로 그해 1월 멕시코만 유카탄 아쿠말에서 미하이 칙센트미하이, 레이 파울러(Ray Fowler) 등의 심리학자들과 함께 긍정심리학의 기초 이론을 만들고 그 이론을 2000년 『미국심리학회지(American Psychology)』와 2002년 『마틴 셀리그만의 긍정심리학(Authentic Happiness)』을 통해 세상에 알렸다. 긍정심리학은 탄생한 지 이제 20여 년밖에 되지 않았지만 빠른 속도로 확산되고 있다.

왜 긍정심리학에 열광하는가

탈 벤 샤하르(Tal Ben Shahar) 하버드 대학교 교수는 2002년 학부 재학생을 위해 긍정심리학 과목을 개설했다. 개설 첫해에는 수강생이 고작 8명이었고, 그마저도 2명은 중도 포기해 6명만이 학기를 마쳤다. 하지만 2004년에는 362명이 등록했고, 2005년에는 800명, 2006년에는 1,200명이 강의실로 몰리면서 하버드 대학교에서 가장 인기 있는 과목이 됐다. 세계 최고 수재인 하버드 대학교 학생 5명 중 1명이 긍정심리학의 행복 강의를 들은 것이었다. 그러자 수백 개의 신문과 TV 프로그램은 물론 심야 코미디 프로그램까지 나서 이 강의의 놀라운 성공에 대해 다루면서 학교 역사상 가장 인기 있는 강의라고 소개했다.

학생들은 기자들에게 이 수업은 자기가 지금껏 살면서 경험한 가장 실용적인 과목이며 자기 삶을 송두리째 바꿔 놓았다고 인터뷰했다. 하버드 대학교 학생들은 이상적인 목표를 추구하지만 이상적인 모습을 창조하지 못하면 좌절하는데, 이 과목은 자기 자신에게 초점을 맞추게 한다는 것이다. 그리고 기분이 다운되거나 안 좋은 일을 당했을 때 문제를 해결하는 방법과 기분이 고양된 좋은 일을 지속시키는 여러 방법이 있다는 것이다.

세상에서 누가 가장 많은 압박과 스트레스를 받을까. 순위를 매긴다면 하버드 대학교 학생들이 상위에 속할 것이다. 하버드 대학교 학생 40% 이상이 우울증을 경험했다고 한다. 긍정심리학 과목이 이들에게 20년 가까이 가장 인기 있는 과목이라면, 또 지금껏 살면서 경험한 가장 실용적이고 자기 삶을 송두리째 바꿔 준 과목이라면 우리가 어떤 분야에 소속되거나 어떤 환경 속에 있든 자신의 삶과 조직에 적용하여 성과를 낼 수 있을 것이다. 하버드 대학교뿐만 아니라 긍정심리학을 강의하는 대학교와 대학원은 일일이 수를 헤아리기 어려울 정도로 많다. 200개 이상 대학에서 강의가 이루어지고 있다.

　긍정심리학의 인기는 대학에만 국한된 것이 아니다. 지금 긍정심리학은 기업은 물론 초중고교, 병원, 군대 등 각계각층에 빠른 속도로 확산되고 있는 추세이다. 미국과 영국은 말할 것도 없고 유럽, 아시아에 이르기까지 오늘날 긍정심리학에 관심을 갖고 열광하는 사람이 점점 늘어나고 있다.

　긍정심리학은 아직까지 누구도 부인할 수 없는 명명백백한 증거가 축적된 것은 결코 아니다. 셀리그만이 처음 긍정심리학을 연구할 때는 무기력 학습, 설명양식과 우울증, 심혈관질환과 비관성 연구비를 선뜻 지원해 주겠다는 곳이 별로 없었다. 그런데 지금은 긍정심리학 강의를 듣고 아무 조건 없이 거액의 수표에 서명할 정도로 인기가 많다.

　우리나라에서도 이렇게 긍정심리학이 인기가 있었으면 좋겠다. 나는 지난 20년 가까이 오직 긍정심리학만을 연구하고 확산시키면서 많은 심리적 · 신체적 · 사회적 · 물질적 어려움을 감수해야 했다. 언제 어디를 가나 긍정심리학에 '올인'하는 나에 대한 일부의 싸늘한 시선도 심리적으로 부담을 주지만 그중 가장 힘든 부분이 물질적 부분이다. 때로는 두 번의 부도로 인해 절망감에 빠지기도 했다. 하지만 긍정심리학이 미래의 대한민국을 어떻게 변화시켜 줄지 나는 알고 있었다. 그러기에 수많은 역경을 겪으면서도 긍정심리학을 포기하지 못했던 것이다. 셀리그만(2002)은 임상심리학을 30년 동안 가르친 것보다 긍정심리학을 5년 동안 가르친 것이 더 행복하다고 고백했다. 나 역시 긍정심리학을 연구하고 가르치고 확장시켜 나가는 일이 참 행복하다.

　긍정심리학이 심리학자들과 언론, 대중에게 폭발적인 인기를 끌며 그들을 열광시키는 이유는 무엇일까? 바로 시대의 흐름이다. 지금 긍정심리학자들이 새롭게 주장하는 내용들이 특정 시점에 딱 들어맞기 때문이다. 셀리그만을 비롯한 긍정심리학자들은 1990년 이후 표면화되고 제기된 문화와 심리학에 만연한 문제들에 대해 이야기하기 시작한 것이다(Haidt, 2003; Seligman & Csikszentmihaly, 2000). 그중 대표적인 문제가 물질적 풍요로움과 행복의 관계이다. 개인의 수입이 증가하고 첨단 기술의 편리성이 제공되고 국가의 GDP가 상승했음에도 메이어(Myers, 2000)가 '풍요의 역설'이라고 서술한 것처럼 개인의 고민이나 불행을 나타내는 지표도 동시에 상승했다는 것이다. 셀리그만(1998)은 우리의 삶이 지난 40년에 비해 두 배 정도 부유해졌지만 우울증 환자는 10배 정도 증가했다고 했다. 우리 문화에 대한 이러한 현상들은 우리의 가장 기본적인 생각의 오류를 인정하게 한다. 돈이 행복을 사 주지 못한다는 것이다. 물질적 풍요가 개인의 행복을 만들어 주는 데 한계가 있다면 행복을 만들어 주는 근원은 무엇인가라는 질문을 하게 된다. 전통적인 심리학은 이 질문에 대한 답을 즉각적으로 내놓지 못한다. 하지만 긍정심리학자들은 이 질문에 대해 즉각적이고 명확한 대답을 할 수 있다.

긍정심리학은 행복이 최종 목표가 아니다. 긍정심리학은 개인과 조직 모두 지속적으로 플로리시해질 수 있는 이론과 검증된 도구, 적용성이 뛰어난 방법을 구체적으로 제시하고 있다. 긍정심리학에서 제시하는 방법은 과학적이다(Seligman, 2012). 대표 표본, 발전된 분석 기법, 통제된 실험실 연구 같은 과학적 방법에 의해 지속적으로 플로리시해질 수 있는 방법을 도출해 냈기 때문에 신뢰도도 높고 효과도 뛰어나다(Diener, 2014). 실제적으로 심리적(우울증, 무기력, 회복력), 신체적(심장질환, 감염성 질환, 암), 사회적(소통, 배려, 사랑), 지적(창의성, 수용성, 인성) 분야 등 다양한 측면에서 검증된 연구 결과와 실천 사례가 이를 증명하고 있다. 셀리그만과 라시드(Seligman & Rashid, 2018)는 긍정심리학의 팔마(PERMA)와 성격강점 기반으로 긍정심리치료 15회기를 10년 만에 완성했다. 기존의 심리치료가 심리적 증상 중심의 개입이라면 긍정심리치료는 강점 중심의 개입으로 행복을 만들어서 우울장애, 불안장애, 외상 후 스트레스 장애 등의 증상을 완화하고 치료해서 성장까지 이룰 수 있도록 만들어 준다(Seligman & Rashid, 2018). 셀리그만(2016)은 이 긍정심리치료를 혁명이라고 한다.

긍정심리학에는 플로리시를 위한 웰빙 이론과 과학적으로 검증된 긍정 도구들이 있다. 이 이론을 학습하고 도구들을 이용하면 누구나 플로리시해질 수 있다. 이러한 문화적 문제, 분야별 문제, 세대 간 문제, 시대적 문제에 대한 검증된 해결책을 제시하고 있기 때문에 긍정심리학에 열광하는 것이다.

제2장

긍정심리학의 이해

긍정심리학이란

긍정심리학은 인간의 긍정적 측면과 성격강점을 과학적으로 연구해 개인과 사회의 플로리시를 지원하는 학문이다(Seligman, 2011; 우문식, 2013). 셀리그만과 동료들은 "긍정심리학은 최적의 인간 기능에 대한 과학적 연구이다. 그것을 발견하고 개인과 지역사회가 플로리시할 수 있도록 하는 요인을 촉진하는 것을 목표로 하고 있다."라고 했으며(Seligman, Csikszentmihalyi), Sheldon, Fredrickson, & Haidt, 1999, 2000), 긍정심리학 창시자 중 한 명인 피터슨은 "긍정심리학은 탄생에서 죽음까지 그 사이에서 일어나는 모든 사건과 경험에 있어 좋은 삶과 올바른 삶이 무엇인지에 대해 과학적으로 연구하는 학문이다."라고 했다(Peterson, 2004).

긍정심리학은 개인과 조직, 사회에서 일어나는 기쁘고 좋은 일을 더 오랫동안 지속시킬 수 있는 방법과 힘들고 어려운 역경을 극복하고 해결할 수 있는 과학적인 방법을 알려 준다.

셀리그만은 긍정심리학이 주장하는 가장 기본이 되는 가정은 인간에게는 질병, 질환, 고통이 발생하는 것처럼 강점과 미덕, 탁월함도 주어지는 것이라고 했다. 그래서 긍정심리학은 약점만큼 강점에 관심을 가지라고 하며, 인생에서 최악의 것을 회복하는 것만큼 최고의 것을 설계하는 것에, 불행한 이들의 삶을 치유하는 것만큼 건강한 사람들의 삶을 충만하게 하는 것에 관심을 가지라고 말한다(Seligman, 2001). 그렇다면 긍정심리학이란 무엇일까?

표 2-1 긍정심리학 정의	
셀리그만Seligman, 칙센트미하이Csikszentmihalyi, 셸던Sheldon, 프레드릭슨Fredrickson, & 헤이트Haidt (1999, 2000)	긍정심리학은 최적의 인간 기능에 대한 과학적 연구이다. 그것을 발견하고 개인과 지역사회가 플로리시할 수 있도록 하는 요인을 촉진하는 것을 목표로 하고 있다.
라시드Rashid (2018)	긍정심리학은 개인과 공동체, 기관이 플로리시할 수 있는 환경과 절차를 과학적으로 연구하는 것이다.
피터슨Peterson (2004)	긍정심리학은 탄생에서 죽음까지 그 사이에서 일어나는 모든 사건과 경험에 있어 좋은 삶과 올바른 삶이 무엇인지에 대해 과학적으로 연구하는 학문이다.
셸던, 킹Sheldon & King (2000)	긍정심리학은 보통 사람들이 지니는 강점과 미덕에 대한 과학적인 연구이며 평범한 사람들이 잘 기능하고, 올바르게 행동하며, 삶을 향상시키도록 만드는 것이 무엇인지를 찾아내려는 것이다.
게이블, 헤이트Gable & Haidt (2005)	긍정심리학은 인간, 집단, 제도가 최적으로 기능하고 번성하는 데 기여할 수 있는 조건과 과정에 대한 연구이다.
조셉, 린리Joseph & Linley (2005)	긍정심리학은 정신병리와 고통 같은 부정적 측면의 이해와 완화뿐만 아니라 인간 경험의 긍정적 측면 및 인생을 살 만한 가치가 있게 만드는 것에 대한 이해를 강조하는 심리학자들의 새로운 운동이다.
류보미르스키Lyubomirsky (2011)	긍정심리학은 심리적 웰빙의 원천인 긍정정서, 긍정경험, 긍정환경, 인간의 강점과 미덕에 대한 집중적인 연구이다.
로페즈Lopez (2011)	긍정심리학은 인간에게 무엇이 올바른 것인지를 연구하는 학문이다.
벙거더Baumgarder (2009)	긍정심리학은 개인적 자질, 삶 속에서의 선택, 삶의 조건 그리고 좋은 삶을 향상시키는 사회문화적 조건들에 대한 과학적 연구로 행복, 신체적·정신적 건강, 유의미성과 덕목 등으로 정의되는 학문이다.
디너Diener (2007)	긍정심리학은 인간의 부정적인 부분보다 긍정적인 부분을 조명하는 심리학의 새 지류이다.
샤하르Shahar (2007)	긍정심리학은 최적의 인간 기능과 작용에 대한 학문적 연구이다.
루이스Lewis (2012)	긍정심리학은 어떤 현상을 엄격한 과학적 실험과 검증을 거쳐 그것이 신뢰할 만하고 또 반복적 입증이 가능하다는 것을 보여 주는 것이다.
헤이트Haidt (2006)	긍정심리학은 인간의 행복과 의미를 찾도록 돕는 것이다.

긍정심리학은 긍정적 사고와 다르다 아직도 많은 사람이 긍정심리학에 대해 편견을 갖고 있다. "긍정, 다 같은 거 아냐? 긍정적으로 생각하라, 긍정은 힘이다. 이런 거 말이야!" 긍정심리

학 교육과정에 처음 참가하는 사람들 중에도 가끔 이런 선입견을 갖고 있는 사람이 있다. 하지만 한두 시간 지나고 나면 자신이 긍정심리학에 대해 편견을 갖고 있었음을 시인하며, 긍정심리학이 이렇게 심오하고, 실용적이며, 과학적으로 체계를 잘 갖춘 학문인 줄 몰랐다고 말한다.

우리는 '긍정(positive)'이란 용어를 많이 사용한다. 그러다 보니 긍정이란 무조건 좋은 것으로 인식하여 때와 장소, 대상과 상관없이 남용하기도 한다. 한때 "칭찬은 고래도 춤추게 한다."라는 말이 유행하면서 칭찬의 홍수를 이룬 적이 있다. 하지만 캐롤 드웩(Carol Dweck) 스탠퍼드 대학교 교수가 '지나친 칭찬은 아이를 망친다.'라는 연구 결과를 발표하면서 교육계는 물론 기업 조직에까지 큰 충격을 주었다.

긍정도 마찬가지이다. 부정적 노가 없다면 긍정적 돛은 목적 없이 펄럭이고 신뢰성을 상실한다. 지나친 긍정은 개인의 삶과 조직을 망칠 수도 있다는 것이다.

긍정도 진화한다. 긍정심리학이 무엇인지 알아보기 전에 먼저 긍정의 진화 과정을 알아보자. 먼저 긍정적 사고이다. 긍정적 사고 운동은 1880년대 종교계에서 시작됐다. 긍정적 사고는 하나님에게 더 가까이 나가는 방식이며 하나님의 일을 하는 방식이라고 여겼다. 노먼 빈센트 필 목사도 자기계발서 분야의 고전으로 손꼽히는 그의 저서 『긍정적 사고의 힘(The Power of Positive Thinking)』(1952)에서 그렇게 쓰고 있다. 그다음이 긍정 마인드이다. "긍정 마인드를 가져라."라는 말은 주로 조직에서 많이 쓰인다. 긍정 마인드에는 하고자 하고, 변화하고자 하는 마음가짐, 즉 의지가 포함된다. 마지막으로 긍정심리이다. 긍정심리는 사고와 의지뿐만 아니라 과학적으로 검증된 방법을 통해 행동으로 실천해 결과를 만들어 내는 것이다. 이러한 긍정심리를 체계적으로 이론화한 것이 긍정심리학이다(우문식, 2016).

개인이나 조직은 항상 더 낫게, 더 새롭게 변화하기를 원한다. 그러기 위해 새로운 기술을 배우고, 새로운 행동을 시도하며, 낡은 습관을 버리려 한다. 하지만 이러한 변화는 대부분 실패로 끝난다. 왜 그럴까? 사고와 마인드에 의한 통제와 의지로만 하려고 하기 때문에 그렇다. 즉, 긍정적 사고와 긍정적 마인드로 하려고 하는 것이다. 긍정적 사고는 개인적인 생각이라 일관성이 없고, 긍정적 마인드는 의지는 있지만 습관이나 변화는 의지로만 이루어지는 것이 아니다. 의지는 한계가 있다. 의지는 시간이 지나감에 따라 고갈되기 때문이다. 변화를 성공적으로 이루기 위해서는 검증된 과학적 방법을 연습과 실천으로 익숙해지도록 습관화해야 한다. 그렇게 만들어 주는 것이 긍정심리학이다.

그렇다면 긍정심리학의 '긍정'의 실체는 무엇일까? 바로 좋은 것, 올바른 것, 선한 것, 최상의 것을 뜻한다. 좋은 것은 정서적 기쁨, 인지적 만족, 좋은 관계 등을 말하고, 올바른 것은 자신의 양심을 따르는 것, 남의 물건을 훔치지 않는 것, 거짓말하지 않는 것, 남을 흉보지 않는 것, 피해를 주지 않는 것 등의 도덕적 개념이라 할 수 있다(우문식, 2016). 선한 것은 타인에게 호의를 베푸는 것, 착한 일을 하는 것, 기부하는 것, 봉사하는 것 등의 선행을 말한다. 최상의 것은 긍정심리학의 목표인 플로리시(flourish)를 의미한다. 플로리시란 인간의 모든 능력이나 잠재 능력까지 발휘하고 좋은 감정과 좋은 행동 모두를 포함하는 행복 이상의 것으로 인간이 누리고 이룰 수 있는 최상의 상태에 이르는 것을 말한다. 긍정심리학은 막연하고 일시적인 생각과 의지가 아닌 지속적인 성장으로 개인과 조직에 최상의 결과를 만들어 내는 것이다.

긍정심리학은 탄생에서 죽음까지 그 사이에서 일어나는 모든 사건과 경험에 있어 좋은 삶과 올바른 삶, 선한 삶, 최상의 삶이 무엇인지 과학적으로 연구하는 학문이다(Peterson, 2014). 따라서 긍정심리학의 긍정은 어떤 현상을 엄격한 과학적 실험과 검증을 거쳐 그것이 신뢰할 만하고 또 반복적으로 입증이 가능하다는 것을 보여 준다. 다시 말하면, 어떤 것이 여러 차례 연구를 통해 입증됐고 또 동일한 상황에서 여러 번 반복해 입증할 수 있기 때문에 다음에도 그렇게 될 가능성이 높다는 것이다. 반면, 긍정적 사고는 전부 지극히 사적인 생각과 개인 차원의 권장 방법으로 이루어져 있다. 일관성도 부족해 상황에 따라 이랬다 저랬다 변하기도 한다. 효과가 없을 경우에는 그 사람이 긍정적이지 않았기 때문이라고 주장하는 것이다.

긍정심리학은 플로리시한 삶을 오랫동안 지속적으로 살고 싶어 하는 사람들이 과학적 근거에 의해 유용한 지식체계를 쌓은 것인 반면, 긍정적 사고는 사람들이 자신의 잘못으로 자신에게 어떤 일들이 일어났다고 생각하게 만든다. 무엇이 잘못됐을 때 긍정적으로 생각하지 않았기 때문이라고 생각하는 것이다. 일반적으로 그들은 자신에게 일어나는 일들을 자기 마음대로 조종할 수 있다고 생각한다. 긍정적으로 생각하면 긍정적이 된다는 것이다. 하지만 생각의 상당 부분은 자신이 미처 의식하기도 전에 일어나는 것이어서 긍정적으로 생각한다고 생각 자체가 모두 긍정적으로 변하는 데는 한계가 있다.

말로만 수없이 긍정을 외치고 긍정적으로 생각하는 것만으로는 부족하다. 의지만 갖는다고 이루어지는 것도 아니다. 의지는 시간이 흐르면 소멸되는 소모품과도 같다. 긍정이 어떻게 작용하고 어떤 결과를 만들어 내는가를 과학적 근거에 의해 긍정의 지식체계를 구축하고 실천하는 것이 중요하다.

긍정심리학은 개인과 조직에 있어 최적의 기능과 작용에 대한 연구이다 사랑, 감사, 즐거움, 자부심, 용서, 일의 만족도 같은 긍정정서와 창의성, 용감성, 감상력, 호기심, 협동심, 열정 같은 강점이 삶이나 조직 속에서 어떻게 작용해 어떤 결과를 산출하는지 관찰하는 것이다.

예컨대, 심리상담사라면 대부분 제일 먼저 "당신의 인생에서 어떤 것이 잘못됐고, 어떤 것이 잘 되지 않았나요?"라고 질문할 것이다. 반면, 긍정심리학자는 제일 먼저 "당신의 인생에서 어떤 것이 잘 작용하고 있으며, 어떤 것이 잘 되고 있나요?"라고 질문할 것이다. 조직에서도 마찬가지이다. 컨설턴트는 대개 조직에서 어떤 것이 문제인지, 개선을 위해 무엇을 해야 하는지를 중점적으로 질문한다. 그러나 긍정심리학자는 제일 먼저 조직에서 어떤 것이 잘되고 있는지, 어떤 것이 회사의 강점과 장점인지 등 조직의 최적 기능에 대해 질문하고 그것들을 중심으로 지속적인 조직의 성과를 이룰 수 있게 한다. 이러한 최적의 기능과 작용에 대한 전문성과 이해가 부족하면 조직에서 개인의 행복도나 조직의 성과를 높이기 어렵다. 기업의 교육 담당자와 산업 강사들에게 긍정심리학이 조직에 적용하기에는 임팩트가 약하다는 말을 자주 듣는다. 생존, 경쟁, 혁신, 도전, 성과를 위한 기업 교육에 약하다는 것이다. 이는 임팩트가 약한 것이 아니고 긍정심리학에 대한 이해와 전문성이 부족한 것에서 나오는 결과이다.

긍정심리학이 조직개발, 조직문화, 조직성과에 기여하는 바는 놀랍다. 긍정심리학에는 과학적으로 검증된 조직성과를 높여 주는 도구와 조직성과를 측정하는 도구들이 있기 때문이다. 최근 들어 기업에서 감사, 긍정 마인드 등 많은 긍정교육이 이루어졌고 또 이루어지고 있다. 어떤가? 성공했는가? 지속적인 성과를 내고 있는가? 교육의 성공 잣대는 무엇인가? 일시적 성과, 강의 평가 점수 5.0? 어떤 회사가 감사교육을 통해 실적이 몇 퍼센트 오르고 어떤 변화가 왔다며 요란을 떤다. 그런데 그러한 성과가 언제까지 가는가? 교육의 성공은 얼마나 지속적인 변화와 성과가 있느냐이다. 기업의 존재 이유와 목표는 무엇인가? 일시적이 아닌 지속적인 성과와 성장이다. 무엇이 조직을 살리고 키우는가? 사람이다. 위기에 처한 조직을 살리고, 자율적으로 문제를 해결하고, 실행력을 높여 성과를 크게 올릴 수 있는 사람으로 변화시켜 주는 것이 긍정심리학이다. 분노, 화, 불만, 불안, 압박 같은 부정성은 행동경향성이 강하지만 사고를 경직되게 하고 위축시킨다.

반면, 기쁨, 감사, 흥미, 낙관성, 자부심, 만족 같은 긍정성은 행동경향성은 약하지만 유쾌한 내면적 경험과 즐거운 생기로 사고를 유연하게 하고 확장시킨다. 그래서 창의성, 수용성, 자발성, 회복력, 실행력을 높여 조직 구성원 각자가 스스로 생각과 마음의 문을 열게 하고, 문제를 해결하고 변화시켜 조직의 생존과 성과, 새로운 도전에 기여하게 한다. 부정성보다 격하게 강해 보이지 않지만 더 강한 것이 긍정성이다.

지금 우리는 4차 산업혁명 시대를 맞고 있다. 우리 조직들은 어떻게 준비해야 할까? 클라우스 슈밥 세계경제포럼(다보스포럼) 회장은 "4차 산업혁명은 파괴적일 만큼 강력한 기회이자 무거운 문제를 안고 있다. 우리는 모두 대비해야 하고 위협이 아닌 기회로 만들어야 한다. 개

개인부터 사회 전반, 한 나라와 전 세계적으로 막대한 영향을 끼칠 수 있기에 정부와 기업의 역할과 정체성 재확립이 불가피하다."라고 말한다.

우리 조직은 변화(파괴)해야 한다. 변화하지 않고는 생존할 수 없기 때문이다. 어떻게 변화할 것인가? 변화를 위해서는 변화를 위한 또 다른 변화가 필요하다. 인공지능, 빅데이터, 사물인터넷 등의 기술만 발달하면 무엇 하겠는가? 그 기술을 개발하고 운영하고 관리하는 사람과 조직이 함께 준비하고 변해야 한다. 4차 산업혁명을 주도할 대부분의 기술은 급격하게 이루어지며, 그 과정에서 인간의 존엄성, 윤리의식, 인성적 요소가 소홀히 다뤄질 가능성이 농후하다. 또한 이러한 기술을 개발하고 경쟁력을 키우기 위해서는 상상력, 창의력, 공감력, 소통력, 수용력, 실행력, 문제해결 능력, 자발성, 유연성 등이 요구된다. 긍정심리학은 개인과 조직의 최적 기능을 발견하고 발휘하게 해 이러한 시대적 문제의식과 요구 사항을 충족시켜 줄 것이다.

긍정심리학은 +2에 있는 사람을 +6으로 끌어올려 준다　셀리그만이 1967년부터 2000년 초까지 미국에서 발간된 주요 신문 기사에 나오는 단어를 분석한 결과, 압도적인 비중으로 등장한 단어는 '화'였고, '걱정' '불안'이 그 뒤를 이었다. 최근 들어서는 '우울'이란 단어도 많이 등장하는 추세이다. 반면, '기쁨'이나 '즐거움'이란 단어는 고작 410번밖에 등장하지 않았고, '행복'은 좀 더 많은 1,710번, '삶의 만족'은 2,580번 나왔을 뿐이다. 전체적인 비율을 보면 부정적 단어 3개가 긍정적 단어 3개보다 21배나 많았다. 비단 미국만의 이야기가 아니다. 우리나라는 물론 전 세계 대부분 나라의 사정도 비슷하다. 그렇다 보니 지금까지 '실용주의'의 창시자인 윌리엄 제임스(William James)부터 그 계보를 잇는 수많은 심리학자가 주로 '화' '걱정' '불안' '우울'을 '제로(0)' 상태로 만들기 위해 노력해 왔다.

부정정서가 -(마이너스), 긍정정서가 +(플러스)라면 - 상태에서 벗어나 0이 되는 것도 큰 의미가 있다. 부정정서가 워낙 지배적이어서 0으로 만드는 것도 그리 쉬운 일이 아니다. 하지만 부정정서를 털고 '0' 상태가 됐다고 행복한 것은 아니다. 부정정서에서 벗어나 불행하지는 않더라도 그것이 곧 행복을 의미하지는 않는다는 이야기이다. 0에서 +의 정서를 많이 느껴야 비로소 행복할 수 있다.

부정적 '화' '걱정' '불안' '우울' 등의 정서를 0로 만드는 데 그치지 않고 +로 만들어 주는 것이 바로 '긍정심리학'이다. 긍정심리학의 목표는 -5에 있는 사람을 0으로 끌어올릴 뿐만 아니라 +2에 있는 사람을 +6으로 끌어올리는 데 있다. 즉, 부정정서를 완화시켜 불행하지 않은 상태로 만드는 데 만족하지 않고 불행하지 않거나 조금밖에 행복하지 않은 사람을 더 행복하게 만들어 주는 것이 긍정심리학이다.

긍정심리학의 사명은 '예방'이다　질병 모델을 이용해 연구하는 심리학자 대부분은 치료에만 심혈을 기울여 왔지만 셀리그만의 생각은 달랐다. 치료를 받을 정도면 이미 시기적으로 늦은 것이며, 건강하고 행복한 생활을 할 때 예방에 힘써야 나중에 닥칠 수도 있는 고통의 나락에서 구할 수 있다는 것이다. 치료 결과는 불확실하지만 예방 효과는 굉장히 크다. 산파가 손을 깨끗이 씻으면 산모가 산욕열에 걸릴 가능성을 차단할 수 있고, 예방접종을 하면 소아마비를 퇴치할 수 있는 것과 같은 이치이다(Seligman, 2012).

과연 청소년기에 긍정심리학의 개입 활동을 실시하면 성인기의 우울증, 조현병, 약물중독 등을 예방할 수 있을까? 셀리그만(2012)은 지난 10년 이상 이에 대한 연구에 몰두했다. 그 결과 열 살짜리 아이들에게 낙관적으로 생각하고 행동할 수 있는 방법을 가르치면 그들이 사춘기에 접어들었을 때 우울증에 걸릴 확률이 반으로 줄어든다는 사실을 밝혀냈다. 이에 따라 그는 예방에 대한 연구 및 임상 실험이 자신이 해야 할 일이라고 생각했다. 긍정심리학은 불안, 분노, 비관성, 무기력, 우울증, 스트레스 등도 사전에 예방할 수 있으며, 아이들의 성격(인성)강점을 미리 발견하고 발휘하게 해 행복하고 건강한 미래를 스스로 만들어 갈 수 있게 해준다. 셀리그만은 앞서 이야기한 딸 니키에게서 '예방'이라는 긍정심리학의 사명을 발견했다.

긍정심리학은 과거에 지배당하지 않고 미래를 지향한다　통상적인 심리학은 흔히 어린 시절 기억이나 상처가 성인기에도 영향을 미친다고 했지만 셀리그만은 어린 시절 경험이 실제로는 성인기 삶에 거의 혹은 전혀 영향을 미치지 않는다는 것을 입증했다. 유아기에 받은 깊은 상처가 성인기의 성격 형성에 영향을 미친다고 해도 그것은 감지하기 힘들 정도로 아주 작을 뿐이다. 셀리그만은 성인기에 겪는 장애는 유년기의 불행한 경험 때문이 아니므로 성인기에 나타나는 우울, 불안, 불행한 결혼생활이나 이혼, 약물중독, 성적 장애, 자녀 학대, 알코올중독, 분노 등의 원인을 어린 시절의 불행에서 찾는 것은 타당성이 없다고 말한다. 이 사실을 깨닫는 것만으로도 과거에서 자신을 해방시킬 수 있으며, 더 행복한 삶을 만들 수 있다.

1950년대 말 인지치료의 창시자 아론 벡(Aaron Beck)이 프로이트 학파의 정신분석학 과정을 마치고 우울증 환자의 집단치료를 담당할 때였다. 정신역학 이론대로라면 우울증 환자들이 자신의 과거를 솔직히 털어놓고 자신을 괴롭혔던 모든 상처와 상실감에 대해 상담하면 카타르시스를 느끼고, 따라서 우울증을 치료할 수 있다. 벡은 우울증 환자에게 과거의 상처를 표출하고 곰곰이 되짚어 보게 하는 데까지는 아무런 문제가 없다는 것을 알았다. 그런데 문제는 우울증 환자가 과거의 고통스러운 경험을 드러내다 이따금 혼란을 일으켰으며, 벡이 그들의 혼란을 바로잡아 줄 방법을 찾을 수 없었다는 것이다. 이렇게 환자가 혼란을 일으키고 자살 시도를 하는 것과 같은 치명적인 위기에 빠진 사례가 발생했던 것이다. 그는 현재와 미래에 대한 생각을 바꿈으로써 우울증 환자를 자신의 불행한 과거에서 해방시키는 데 우울증 치료의 목적을 두고 인지치료 심리학을 창시하게 됐다.

나는 강의가 없는 날은 심리상담(긍정심리 코칭)을 한다. 내게 상담을 원하는 내담자 대부분은 이미 상담을 받아 본 경험이 있는 사람들이다. 그중에는 2~3년 받아 온 내담자도 있고 자신의 심리적 증상을 치료하기 위해 상담 공부를 몇 년씩 한 내담자도 있다. 이들을 상담(코칭)하다 보면 한결같이 과거에 얽매여 있으며 과거에서 문제를 찾고 해결하려 한다. 5월에 상담한 한 여성 내담자는 초등학교 때 겪은 사건 하나 때문에 50대 중반까지 심리적 고통을 겪고 있었다. 문제를 해결하기 위해 과거의 원인을 찾는 것은 중요하다. 하지만 더 중요한 것은 문제를 어떻게 해결하여 미래를 플로리시하게 만들어 주는가이다. 이것이 긍정심리학이 하는 일이다.

인간은 과거에 지배당하기보다 미래를 지향한다. 따라서 기대, 계획, 의식적 선택을 측정하고 구축하는 과학은 습관, 충동, 환경의 과학보다 더욱 강력하다. 우리가 과거에 지배당하지 않고 미래를 지향하는 것은 극도로 중요하다는 것이다. 하지만 이는 사회과학의 유산과 심리학의 역사에 정면으로 배치된다. 그럼에도 그것은 긍정심리학의 기본적이고도 절대적인 전제이다. 긍정심리학은 과거에 지배당하지 않고 미래를 지향하기 때문이다.

긍정심리학의 목표는 플로리시이다 플로리시란 좋은 생각이나 감정, 행동, 모든 능력이나 잠재 능력까지 발휘해 번성시켜 활짝 꽃피우게 하는 것이다. 개인의 지속적인 행복 증진, 기업의 지속적인 성장, 종교의 부흥, 나라의 번성도 플로리시이다. 인간이 누리고 이룰 수 있는 최고의 삶과 결과를 말하는 것이다. 플로리시는 라틴어 'florere(꽃이 피다)'에서 13세기 중세 프랑스어 'florris(꽃)'로 쓰이다 14세기 중간부터 번성, 번영이라는 비유적인 단어로 사용되면서 오늘날에 이르게 됐다.

최근 들어 인간의 플로리시에 대한 관심이 커지는 가운데 셀리그만을 비롯한 주요 이론가인 펠리시아 후퍼트(Felicia Huppert), 티모시 소(Timothy So), 키스(Keyes) 등은 플로리시에는 좋은 감정(쾌락 등)과 효율적 기능(행복, 웰빙 등)이 모두 포함되며, 그렇게 해야만 우울증, 불안증 같은 흔한 정신장애, 즉 부정적 혹은 평탄한(flat) 감정이 저하된 기능을 포함하는 상태의 정반대가 된다는 데 동의했다. 키스와 동료들은 인간의 플로리시가 쾌락적 웰빙(hedonic well-being)과 자아실현적 웰빙(eudaimonic well-being)의 다차원적 결합이라고 개념화했다. 이를 기반으로 프레드릭슨은 인간의 플로리시를 좋은 감정(feeling good)과 좋은 행동(doing good) 모두를 포함하는 행복 이상의 것이라고 묘사하며 "플로리시란 인간 기능의 최상의 범위에 속하는 삶이며 그러한 삶은 선함, 후진 양성, 욕구, 성장, 회복력을 함축한다."라고 말했다. 긍정심리학의 목표는 긍정심리학의 팔마스(PERMAS)인 긍정정서, 몰입, 관계, 의미, 성취, 강점을 통해 플로리시를 증가시키는 것이다.

긍정심리학은 기존 심리학을 부정하지 않는다 긍정심리학은 새로운 학문 영역이지만 기존의 다른 심리학 영역을 연구하는 학자들 역시 주목하고 있다. 특히 사회심리학, 성격심리학, 임상심리학, 조직심리학을 응용한 분야의 학자들이 관심을 가진다. 그러나 일부 심리학자는 긍정심리학에 대한 부정적 시각을 갖고 있다. 긍정심리학이라는 포괄적 의미를 지닌 단어 때문이다. 이들은 자신들이 평생 연구해 온 결과들이 부정심리학으로 평가절하됐다고 생각한다. 피터슨(2014)은 이렇게 자동적으로 이분화하는 것은 불행한 일이며 긍정심리학자들이 의도한 바도 아니라고 말한다. 셀리그만도 말했지만 긍정심리학자는 기존 심리학도 중요하고 필요하다고 생각한다. 긍정심리학을 이끌고 있는 긍정심리학자도 기존 심리학자였다. 긍정심리학자라는 명칭 역시 긍정심리학이라는 영역과 관련된 주제를 연구하는 사람이라는 것을 한 단어로 표현한 것일 뿐이다. 긍정심리학자라고 해서 모두 행복하고, 재능 있고, 덕이 높은 것과 같이 긍정적인 사람이라는 의미도 아니다. 또한 다른 심리학자들이 부정적인 사람이라는 의미도 아니다. 긍정심리학자는 현상에 대한 가장 객관적인 관점에서 사실을 전달해 사람들이 어떤 상황에서 어떤 목표를 수행해야 할지에 대한 균형 잡힌 정보를 제공함으로써 결정을 내리게끔 도와준다. 원인보다 방법을 더 중요시하는 것이다.

또한 긍정심리학은 기존 심리학의 반대편이라 생각하지 않는다. 심리학자들은 인간 행동에 대한 광범위한 이해와 정신질환에 대한 치료법을 개발해 왔다. 심리학의 역사는 지식과 효과적인 치료법에 대한 꾸준한 발전의 역사이다(Baumgardner, 2009). 하지만 긍정심리학은 지금까지 기존 심리학이 관심을 갖고 연구한 영역이 아닌 다루지 않은 분야에 관심을 갖는다. 기존의 심리학이 주로 인간의 부정적 측면을 연구했다면 긍정심리학은 긍정적 측면을 연구하여 균형을 맞추려는 노력이다. 긍정심리학은 심리학자들이 인간의 잠재력, 동기 그리고 역량에 대해 좀 더 개방적이고 수준 높은 조망을 하도록 독려하는 것이다(Sheldon & King, 2001). 긍정심리학은 기존 심리학의 반대편에 있는 것이 아닌 인간행동에 대한 심리학의 이해를 확장하는 것이다(Baumgardner, 2009).

긍정심리학은 면역체계를 강화시킨다　우리의 심리체계는 원래의 상태로 복귀하려는 성향이 있다. 셀리그만은 긍정심리학 연구를 통해 긍정심리학의 도구를 연습하는 것을 체계화했다. 그가 연구한 내용은 다음과 같다.

첫째, 긍정심리학을 통해 많은 학생이 심리질환(스트레스, 무기력, 우울증 등)에 대처할 수 있게 됐고, 미래에 대해 낙관적인 의지를 가지게 됐다. 둘째, 긍정심리학은 학생들의 학업 성적과 사회 활동, 일반인들의 업무 수행 능력에도 많은 영향을 미쳤다. 셋째, 긍정심리학을 통해 희망과 창의성, 자발성, 수용력이 증가했다. 넷째, 긍정심리학을 통해 분노, 화, 불안 등의 부정정서가 감소했다. 다섯째, 긍정심리학을 통해 정직도와 일반적인 통찰력이 증가했으며 역경을 극복하는 회복력이 높아졌다. 긍정심리학을 배우면 어른들과 아이들 모두 '우울'과 '화'의 상태를 막고 앞으로 일어날 수 있는 사고를 감소시키는 효과가 있다는 것을 밝혀냈다. 셀리그만은 "이웃 젊은이들의 약물 복용이나 우울감, 불안, 무기력을 줄일 수 있도록 도와주고 싶다면 그들에게 긍정심리학을 가르쳐 줄 필요가 있다."라고 말했다. 긍정심리학은 십 대들의 심리를 강화시킴으로써 최근 인터넷 등 미디어로 인한 피해와 약물 복용으로 인한 위험을 감소시키는 데 기여할 수 있다. 그들이 긍정심리학 교육을 통해 이미 자신이 가지고 있는 것을 소중히 여기게 되기 때문이다. 그 핵심은 긍정적인 것에 초점을 맞추고 보다 나은 상태를 추구하는 것이다. 효과가 없는 긍정이란 없다. 이는 개인의 삶과 조직의 성과 모두에 적용되는 것이다. 그럼으로써 심리적 · 신체적 면역체계를 강화시킬 수 있다. 면역체계를 강화시킨다는 것은 우리가 전혀 아프지 않다는 것이 아니다. 때로는 아픈 경험을 할지라도 그 상태에서 보다 신속하게 회복될 수 있는 훈련이다. 긍정심리학 훈련은 낙관성, 희망, 대인관계, 자기정체성, 자존감, 회복력을 강화시키는 것이기 때문이다. 셀리그만은 "긍정심리학은 가장 나쁜 상태를 복구하는 것에 불과했던 것이 가장 최선의 삶을 구축하게 하는 방향으로 변화하도록 촉진하는 것이다."라고 말했다.

긍정심리학의 핵심 연구 주제는 긍정경험, 긍정특질, 긍정제도이다　긍정심리학의 기둥이라 할 수 있는 핵심 연구 주제는 세 가지로 압축할 수 있다. 첫째, 긍정경험인 기쁨, 평안, 감사, 만족, 자신감, 희망, 낙관성 같은 긍정정서(Positive emotion)이다. 둘째, 긍정특질(Positive traits)로, 긍정심리학의 핵심인 강점(Strenths)과 미덕(Virtues)은 물론 몰입, 재능, 관심사, 가치, 운동성 같은 개인의 '능력'까지 포함된다. 셋째, 긍정경험과 긍정특질을 독려하는 긍정제도(Positive institutions)로 가족, 학교, 기업, 조직, 언론, 민주주의 사회를 말한다. 여기서 마지막으로 언급된 '긍정제도'란 이를 통해 긍정특질을 발달시키고 발현할 수 있도록 도와주고 촉진하며, 긍정경험을 유발하고 촉진하는 것을 말한다.

사람은 좋은 성격이 아니더라도 행복하고 만족할 수 있고, 긍정성을 가능케 만드는 조직 안에 있지 않더라도 좋은 성격을 가질 수 있다. 남아프리카공화국의 인종차별 정책이 사라진 것은 억압적 폭군에 대항해 옳은 것을 주장할 수 있다는 것을 보여 주는 예이며, 내부 고발자가 생기는 것은 직원들이 직장 내 관례에 항상 순응하지는 않는다는 사실을 보여 주는 예이다. 예산이 부족한 학교에도 똑똑한 학생이 있을 수 있다는 사실은 평범한 교육이 언제나 지적 호기심을 짓밟는 것은 아님을 보여 주고 있다. 이는 앞서 제시한 긍정심리학의 핵심 연구 주제인 긍정경험, 긍정특질, 긍정제도를 삶에 적용했을 때 플로리시하게 만들어 줄 수 있다.

긍정심리학의 연구 주제를 구축하기 위해 초기 긍정경험 연구는 에드 디너(Ed Diener)가, 긍정특질 연구는 미하이 칙센트미하이(Mihaly Csikszentmihalyi), 크리스토퍼 피터슨(Christopher Peterson), 조지 베일런트(George Vaillant)가, 긍정제도 연구는 캐슬린 제이미슨(Katheleen Jamieson)이, 총괄은 셀리그만이 맡았다. 긍정심리학의 연구 주제를 좀 더 세분화하면 다음과 같다.

잘 산다는 것(웰빙)은 무엇을 의미하는가? 행복한 삶이란 어떤 것인가? 행복에 영향을 미치는 요소는 무엇이며, 인간은 어떤 심리적 과정을 통해 행복감을 느끼는가? 지속적으로 행복을 증진시켜 플로리시하게 하려면 어떻게 해야 하는가? 뛰어난 성취를 이루거나 성숙한 인성을 지닌 사람들은 어떤 심리적 특성을 지녔는가? 그리고 그들은 어떤 심리적 과정을 통해 이런 상태에 이르는가? 인간은 어떤 상황에서 자신의 긍정적 품성과 능력을 가장 잘 발현하는가? 인간의 긍정적 품성과 미덕에는 어떤 것들이 있는가? 지독한 고난과 난관을 극복하게 만드는 인간의 특성은 무엇인가? 학교나 기업은 구성원들이 좀 더 행복하게 각자의 강점과 미덕을 더 잘 발휘하도록 어떻게 도울 수 있는가? 영리기업의 성과를 위해 어떻게 도울 수 있는가? 인류의 플로리시를 위해 무엇을 해야 하는가?

긍정심리학의 초기 긍정제도를 연구할 당시 셀리그만은 민주주의, 강한 가족연대, 자유 언론 등을 긍정제도로 꼽았다. 그때만 해도 상업적 조직보다 비상업적 조직인 사회적 기관을 더 많이 염두에 두고 있었기 때문이다. 그러나 최근 긍정심리학이 인기를 얻고, 긍정심리학의 과학적 이론을 기반으로 하는 긍정조직학 연구가 급속히 성장하면서 상업적 조직도 빠르게 확산되고 있다.

긍정심리학은 이념적 활동이나 세속적 종교가 아니다　최근 긍정심리학이 인기를 얻으면서 사회 각 분야에서 개별적으로 연구하거나 응용하는 사람이 늘고 있다. 좋은 현상이다. 하지만 문제도 많다. 긍정심리학의 이론과 도구를 이용하면서도 교묘히 긍정심리학임을 밝히지 않거나 긍정심리학의 과학적 이론과 연구 결과물을 무시하며 긍정심리학을 약화시킬 수 있다(Peterson, 2004). 팔마스(PERMAS)가 없는 긍정심리학은 긍정심리학이 아니다. 피터슨은 앞서 언급한 이들을 "긍정심리학을 나쁘게 이용하는 사람들"이라고 했다. 이들은 긍정심리학을 발전시키고 대중화하려는 사람들이 아니라는 것이다. 긍정심리학의 발전과 대중화와 달리 이들은 긍정심리학자들이 신중하게 연구해 온 이론과 결과물을 토막 내어 그것이 자기 것인 양, 진실인 양 변질시켜 간절하게 원하는 대중에게 제시한다. 서점의 심리학, 자기계발, 행복 관련 서적 코너나 교육 프로그램, 강의를 들어 보면 금방 알 수 있다. 이러한 행위는 긍정심리학의 발전을 저해한다.

긍정심리학은 이념적 활동이나 세속적 종교가 아니다. 이 학문은 일확천금을 벌기 위한 책략도 아니며 웅변가의 마법 같은 주문도 아니다. 이 세상은 그런 것으로 가득 차 있다. 정말 많은 사람이 긍정심리학이 탐구해야 할 플로리시한 삶에 통찰력을 불어넣어 준다. 그러나 긍정심리학이라고 불리기 위해서는 통찰을 과학적인 심리학 도구를 통해 연구해 어떤 아이디어가 문제의 현실과 맞는지 혹은 맞지 않는지, 그것이 어떻게 작용하는지 탐구하는 것이어야 한다. 그만큼 긍정심리학이 과학적이라는 것이다. 피터슨(2004)은 이런 과정을 거치지 않는 이들은 긍정심리학의 연구 결과물을 무시하고, 이룰 수 없는 허황된 꿈을 심어 주며, 많은 이가 겪고 있는 실질적인 문제들을 교묘히 숨김으로써 긍정심리학을 깎아내리거나 적어도 이 학문의 본질을 변질시킨다고 했다. 긍정심리학은 머리로만 이해하는 것도, 가슴으로만 느끼는 것도 아니다. 손과 발로 연습하고 실천하며 내 것으로 만드는 것이다. 그러기 위해서는 기초 이론을 배우고 도구의 개입 방법을 배워 자신이 실천한 후 그 결과로 상대에게 동기부여를 해 줘야 한다.

긍정심리학의 두 가지 이론

긍정심리학은 진화한다. 2002년 긍정심리학을 최초로 알린 『긍정심리학(Authentic Happiness)』을 통해 발표한 '진정한 행복 이론'에서 2012년 『플로리시(Flourish)』를 통해 발표한 플로리시를 위한 '웰빙 이론'으로 진화한 것이다(Seligman, 2011).

⊙ 진정한 행복 이론

　진정한 행복 이론에서 셀리그만(2002)은 긍정심리학의 핵심 연구 주제를 세 가지로 설정했다. 첫째, 행복, 기쁨, 즐거움, 만족, 낙관, 희망 등의 긍정경험, 둘째, 정신건강과 능력을 향상시켜 주는 개인의 강점과 미덕 등의 긍정특질(긍정적 성격 특성), 셋째, 개인의 건강과 행복에 기여하는 긍정적 사회기관이나 지역사회 연구에 대한 긍정제도(긍정적 제도)이다. 셀리그만(2002)은 긍정제도는 강점과 미덕을 장려하고 그것이 다시 긍정정서의 밑거름이 되게 하는 것은 민주주의 사회, 유대감 깊은 가족, 자유로운 연구이며, 희망, 자신감, 신뢰감 등과 같은 긍정정서는 삶이 편안할 때가 아니라 시련이 닥칠 때 큰 힘을 발휘한다고 했다(Seligman, 2002). 삶이 힘들 때 민주주의, 유대감 깊은 가족, 자유로운 언론과 같은 긍정적인 제도를 이해하고 구축하는 것이 매우 중요하다는 것이다. 이 세 가지 연구 주제를 즐거운 삶, 몰입하는 삶, 의미 있는 삶이라고 했다(Seligman, 2002).

　진정한 행복 이론에서 긍정심리학의 주제는 행복이었으며 목표는 만족한 삶이었다. 행복도를 측정해 삶의 만족도를 키우는 것이다. 하지만 셀리그만은 진정한 행복 이론이 완벽하지 않다고 고백했다. 우선 기존 행복 이론에서는 '행복'이라는 말에 내포된 의미가 유쾌한 기분과 밀접하게 연관될 수밖에 없다는 한계를 갖고 있다는 것이다. 행복은 즐거운 순간이나 초콜릿 혹은 애무가 주는 감각적 즐거움이 유발하는 일시적 감정 이상의 매우 폭넓은 개념이라는 것이다(Seligman, 2012).

　행복을 측정하는 기준도 문제가 있었다. 진정한 행복 이론에서는 삶의 만족도를 행복의 측정 기준으로 삼았는데, 이 방법이 정확도가 떨어질 수 있음을 인정했다. 이 기준은 광범위하게 조사된 자기보고식 측정 방법으로 자신의 삶에 얼마나 만족하는가를 1점부터 10점까지, 즉 '끔찍하다'(1점)부터 '이상적이다'(10점)까지의 범위에서 대답할 것을 요구한다. 긍정심리학의 목표는 이 기준을 토대로 삶의 만족도를 높이는 것이었는데, 여기에 문제가 있었다. 사

표 2-2 **진정한 이론의 긍정심리학 핵심 연구 주제**

주제	내용	책임연구자
긍정정서	행복, 기쁨, 만족, 충만함	에드 디너
긍정특질	성격강점, 몰입, 재능, 관심사, 가치	미하이 칙센트미하이, 피터슨, 베일런트
긍정제도	자유, 언론, 가족, 학교, 사업, 커뮤니티, 사회	캐슬린 제이미슨
총괄		셀리그만

람들이 보고하는 삶의 만족도 수준은 그 질문을 받는 시점에서 그들의 기분이 어떠하냐에 따라 결정된다는 사실이 드러났기 때문이다. 수많은 사람을 조사한 결과, 보고 시점의 기분(행복)에 따라 삶의 만족도 수준을 결정하는 비율이 70% 이상이었고, 당시 기분과 상관없이 자신의 삶을 올바로 판단하는 비율은 30%도 채 안 됐다. 그래서 셀리그만(2012)은 일시적인 기분이 긍정심리학의 전부이자 목표가 돼서는 안 된다고 생각했다.

마지막으로, 긍정정서, 몰입, 의미가 별다른 이유 없이 '그 자체가 좋아서' 선택하는 요소를 철저히 설명하지 못한다는 문제가 있었다. 긍정심리학은 강요가 아니라 자신이 좋아서 선택하는 학문이라는 것이다. 이런 문제를 인정하고 셀리그만은 새로 발전된 이론을 발표하면서 긍정심리학의 목표도 행복 측정에 의한 삶의 만족에서 플로리시로 바꿀 것을 제안했다.

셀리그만이 긍정심리학의 새로운 이론을 만들면서 고민을 많이 했던 것은 행복에 관한 일원론과 행복에 대한 실용적인 용어로의 재설정이었다. 다음은 대표적 일원론이다.

> 그리스의 철학자 탈레스는 만물의 근원은 물이라고 했다.
> 아리스토텔레스는 인간의 모든 행위의 궁극적인 목적은 행복이라고 했다.
> 니체는 인간의 모든 행위의 궁극적인 목적은 권력이라고 했다.
> 프로이트는 인간의 모든 행위의 궁극적인 목적은 불안감 회피라고 했다.

이들이 똑같이 저지른 커다란 실수는 일원론이라는 것이다(Seligman, 2011). 일원론에서는 인간의 모든 동기가 단 한 가지로 귀착된다. 일원론은 대부분 가장 적은 변수로부터 결과를 도출한다. 하지만 변수가 너무 적어 특정 현상의 다양하고 미묘한 차이를 설명할 수 없을 때는 어떤 것도 설명하지 못한다. 일원론은 치명적이다(Seligman, 2011). 셀리그만은 13장의 긍정심리 행복에서 밝혔듯이 진정한 행복 이론에서는 아리스토텔레스의 일원론을 수긍했다. 우리가 하는 모든 행위는 행복해지기 위해서라는 것이다. 하지만 긍정심리학이 발전하면서 긍정심리학을 하나의 작은 변수로 설명하기에는 한계가 있다는 것을 자각했다. 셀리그만은 '행복'이라는 말을 좋아하지 않았다. 행복이란 말은 지나치게 남용돼 그 의미를 상실했기 때문이다. '행복'은 교육, 질병 치료, 공공정책, 개인 삶의 변화 같은 실용적인 목적이나 과학 영역에는 참으로 비실용적인 단어라는 것이다.

셀리그만은 긍정심리학의 첫 단계는 '행복'에 관한 일원론을 보다 실용적인 단어로 풀어내는 것이었다. 이 일을 잘해 내는 것이 단순히 단어 의미를 분석하는 것보다 훨씬 더 중요하다고 생각했다. 행복을 이해하기 위해서는 하나의 이론이 필요했던 것이다. 그것이 다원론적 플로리시를 위한 웰빙 이론이다(Seligman, 2011).

◉ 웰빙 이론: 웰빙의 정의와 팔마(PERMA)

먼저, 웰빙의 정의부터 알아보자. 독자들의 이해를 위해 2012년 마틴 셀리그만의 『플로리시』를 번역할 때 내가 셀리그만 교수에게 웰빙의 정의를 부탁하자 그가 직접 이메일로 보내온 내용을 그대로 전한다(우문식, 2016).

"글로벌(global) 웰빙이 가능할까? 많은 과학자는 핵전쟁, 인구과잉, 자원 부족, 열생학적 선택(dysgenic selection), 사운드 바이트(sound byte, 시간과 장소에 관계없이 원하는 사람과 언제든지 의사소통을 할 수 있는 환경)화되는 세상 등을 이야기하며 미래를 어둡게 본다. 인류의 미래가 밝다는 예상은 큰 관심을 끌지 못한다. 그러나 내 생각은 조금 다르다. 나는 인류의 긍정적 미래가 사실상 순식간에 펼쳐질 것이라고 보지는 않는다. 하지만 우리가 그러한 미래에 대해 체계적으로 숙고한다면 그 가능성이 더욱 높아질 것이다. 그러기 위해 우리는 먼저 측정 가능한 웰빙 요소를 제시한 다음, 그 각각의 요소를 어떻게 성취할 수 있는지 탐구하는 것으로 시작할 수 있다. 나는 웰빙 측정에 관해서만 설명하겠다. 자신을 위해 선택하는 것과 관계 있고 무관심과는 상반되는 개념이다. 배타적이고 각각 독립적으로 측정 가능하며, 이상적으로는 모든 요소를 총망라해야 한다. 내 생각에 그러한 웰빙 요소는 다섯 가지이며, 각 요소의 머리글자를 따서 팔마(PERMA)라 부른다.

- P: 긍정정서(**P**ositive emotion)
- E: 몰입(**E**ngagement)
- R: 긍정관계(Positive **r**elation)
- M: 의미와 목적(**M**eaning and purpose)
- A: 성취(**A**ccomplishment)

이 중 어느 한 가지가 웰빙을 만든다고 단정할 수 없지만 하나하나가 웰빙에 기여한다. 다섯 가지 모두 배울 수도 있고 측정할 수도 있다. 자기보고를 통해 주관적으로 측정할 수 있는 항목이 있고 객관적으로 측정할 수 있는 항목이 있다.

지난 10년간 이 웰빙 요소를 측정하는 척도는 큰 발전을 이루었다. 팔마를 모두 합하면 '삶에 대한 만족'보다 더욱 포괄적인 웰빙 지수를 얻게 되고 객관적 지표와 주관적 지표를 겸비할 수 있다. 팔마를 측정해 개인, 기업, 도시의 웰빙 지수를 얻을 수 있다. 현재 영국은 공공정책의 성공 여부를 판단하는 한 가지 기준으로 국내총생산(GDP) 외에 자국의 웰빙 수준도 측정하고 있다. 팔마는 삶의 가능 조건을 약술한 추상적 개념이다. 우울, 침략, 무지 등 불가능 조건은 팔마와 어떤 관계가 있을까? 삶의 불가능 조건은 팔마를 방해하지만 제거하지는 못한다. 중요한 것은 행복과 우울의 상관관계가 −1.00도 아닌 고작 −0.35 정도라는 사실이다. 소득이 삶에 대한 만족에 미치는 영향은 뚜렷한 곡선 형태로 나타난다. 즉, 경제적 안전망을 확보할 경우, 그 이상의 소득 증가는 오히려 삶에 대한 만족도를 더 낮춘다. 우리는 지금까지 불가능 조건을 개선하고 바로잡는 것에만 초점을 맞추어 왔다.

하지만 팔마는 그것만으로는 충분하지 않다고 주장한다. 글로벌 웰빙을 원한다면 팔마를 측정하고 구축해야 한다. 개인의 삶도 마찬가지이다. 개인적인 웰빙, 즉 플로리시한 삶을 원한다면 우울, 불안, 분노를 없애고 부유해지는 것만으로는 충분하지 않다. 그것과 함께 팔마도 구축해야 한다(Seligman, 2011)."

지금까지 알려진 웰빙의 대표적 이론으로는 에드 디너(1997)의 주관적 웰빙(subjective well-being)과 캐럴 리프(Carol Ryff, 1995) 등의 심리학자들이 주장하는 심리적 웰빙(psychological well-being)이 있다. 주관적 웰빙은 개인이 처한 객관적 상황에 따라 어느 정도 좌우되지만, 직장, 건강, 관계 등 삶의 중요한 영역에 대해 개인이 스스로 내리는 주관적·인지적·정서적 평가, 삶에 대한 만족도가 모두 담겨 있고, 기쁨이나 몰입 등 긍정정서와 부정정서도 포함된다. 주관적 웰빙의 세 가지 주요 요소는 삶의 만족, 긍정정서, 부정정서이다. 삶의 만족은 자신의 삶의 중요한 영역(사랑, 일, 자녀 양육, 성취, 여가) 등에 대해 어느 정도 만족하는지에 대한 인지적 판단이다. 긍정정서는 행복이나 기쁨, 즐거움과 같은 정서의 강도와 빈도를 의미하며, 부정정서는 슬픔이나 불안, 분노 같은 정서의 강도와 빈도를 의미한다.

심리적 웰빙은 삶에 대한 활력과 호기심, 자제력, 가치 있는 목적을 추구하는 동기를 갖는 것을 말한다. 캐럴 리프(Carol Ryff, 1995)는 심리적 웰빙을 심리적 욕구를 충족시켜 주는 것으로 자기수용, 개인적 성장, 인생의 목적, 자율성, 긍정적 인간관계, 환경에 대한 지배라고 말했다. 웰빙은 역경에 직면했을 때 회복력의 원천이 되어야 하고 긍정적 기능, 개인의 강점, 정신건강까지도 반영되어야 한다고 했다(Ryff, 1989). 웰빙은 신체적·정신(심리)적·관계적·성취적·도덕적 삶의 유기적 조화라 할 수 있다. 긍정심리학의 플로리시를 위한 웰빙은 주관적 웰빙과 정서적 웰빙을 모두 포함한다고 할 수 있다.

다음은 긍정심리학의 웰빙 이론에 대해 알아보자. 웰빙은 구조물이고, 행복은 실물이다(Seligman, 2012). '실물'은 즉시 측정 가능한 완전한 개념이다. 그러한 개념은 '조작될 수' 있다. '조작될 수' 있다는 말은 대단히 구체적인 일련의 측정 도구로 정의된다는 뜻이다. 예컨 대, 기상학에서 '체감온도'라는 개념은 물이 어는 온도와 바람의 조합으로 정의된다. 진정한 행복 이론은 하나의 실물인 행복을 삶의 만족도로 정의하는 개념으로 설명하려는 시도이다. 이때 사람들은 자신의 삶에 대한 만족 수준을 1~10점까지의 범위에서 평가한다. 삶에서 긍 정정서를 가장 많이 느끼고 가장 많이 몰입하고 가장 많이 의미를 부여하는 사람들이 가장 행복하다. 따라서 그들은 삶의 만족도가 가장 높다. 웰빙 이론은 긍정심리학의 주제가 '실물' 이라는 것을 거부한다. 실제 주제는 '구조물'인 웰빙이다. 웰빙은 측정 가능한 다섯 가지 요소 가 있으며, 그 요소들은 하나의 실물이고 각각 웰빙에 기여하지만 어떤 요소도 웰빙을 정의 하지는 않는다(Seligman, 2012). 다섯 가지 실물로만 정의할 수 있다는 것이다.

　예컨대, 기상학에서는 '날씨'가 그러한 구조물이다. 날씨 그 자체는 실물이 아니다. 실물은 기온, 습도, 풍속, 기압 등이다. 이들 실물은 각각 조작될 수 있고, 날씨의 형성에 기여한다. 한 가지 더 '자유'를 생각해 보자. 자유를 과학적으로 연구하려면 어떻게 해야 할까? 자유는 실물이 아닌 구조물이다. 실물에는 국민이 감지하는 자유의 정도, 언론 검열 빈도, 선거 시행 빈도, 인구 대비 국회의원 비율, 부패 공직자 수와 그 밖의 요소들이 있다. 이들 요소는 자유 라는 구조물의 형성에 기여한다. 이 실물들인 요소들을 측정하는 것만으로도 특정 지역에 어 느 정도의 자유가 존재하는지에 대한 전체적인 그림을 얻을 수 있다(Seligman, 2012).

　웰빙은 그 구조상 날씨나 자유와 같다. 한 가지 요소만으로는 그것을 철저하게 정의하지 못하지만 몇 가지가 합쳐지면 그 구조물을 형성할 수 있다. 그 몇 가지가 바로 웰빙의 다섯 가지 요소인데, 각각의 요소는 측정 가능한 실물이다. 이와 반대로 진정한 행복 이론에서는 삶의 만족도가 행복을 철저히 정의한다(Seligman, 2012). 기온과 풍속이 체감온도를 정의하 는 것과 똑같다는 것이다. 중요한 점은 웰빙의 구성 요소들이 각각 별개의 실물이라는 것이 다. 기존의 진정한 행복 이론에서와 달리 이 요소들은 긍정정서라는 감정 및 생각들, 삶에 몰 입하는 정도, 삶에 부여하는 의미 수준에 대한 단순한 자기보고서가 결코 아니다. 따라서 삶 의 만족도라는 실물이 아닌 웰빙이라는 구조물이 바로 긍정심리학의 핵심 주제이다. 진정한 행복 이론은 아리스토텔레스의 일원론과 위험할 정도로 가깝다. 행복이 삶의 만족도에 의해 조작 가능하기 때문이다. 즉 삶의 만족도로 정의되기 때문이다. 웰빙은 몇 가지 구성 요소가 있어서 일원론과는 안전한 거리를 유지한다. 웰빙은 비강제적인 선택 이론이며, 웰빙의 다 섯 가지 구성 요소는 자유로운 사람들이 그 자체가 좋아서 선택하게 될 것들로 이루어진다 (Seligman, 2012).

⊙ 긍정심리학 팔마스(PERMAS)

긍정심리학의 최초 이론은 진정한 행복(authentic happiness)이며 그 주제는 행복이고 목표는 삶의 만족도이고, 요소는 긍정정서, 몰입, 의미이다(Seligman, 2002). 이 세 가지 요소를 통해 행복을 측정해서 만족도를 높이는 것이었다. 셀리그만(2012)은 진정한 행복 이론에는 세 가지 약점이 있다고 했다. 첫 번째는 '행복'이라는 말에 내포된 의미는 유쾌한 기분과 밀접하게 연관될 수밖에 없다는 것, 두 번째는 삶의 만족도가 행복의 측정 기준으로서 지나친 특권을 누린다는 것, 세 번째는 긍정정서, 몰입, 의미가 사람들이 '그 자체가 좋아서' 선택하는 요소들을 철저히 설명하지 못한다는 것이다(Seligman, 2012).

셀리그만(2012)은 이러한 문제를 보완하고자 긍정심리학의 새로운 이론인 웰빙(well -being) 이론을 발표했다. 웰빙 이론은 긍정정서(Positive emotion), 몰입(Engagement), 관계(Relationship), 의미(Meaning), 성취(Accomplishment)라는 다섯 가지 핵심 요소를 팔마(PERMA)라고 하였으며, 긍정심리학의 주제는 웰빙이고, 목표는 플로리시라고 하였다. 최초의 진정한 행복 이론에서 성격강점이 몰입에 포함되었으나 새로운 이론에서 성격강점은 몰입뿐 아니라 다섯 가지 요소를 모두를 지원하며, 다섯 가지 요인의 기반점이 되었다(Seligman, 2011). 나는 2020년 상담심리학 박사학위논문 「긍정심리학 기반의 긍정심리치료가 행복과 회복력에 미치는 효과」에서 강점(Strength)이 긍정심리학에서 차지하는 중요성과 연구성을 감안해서 셀리그만의 팔마(PERMA)에 강점(S)을 포함시켜 팔마스(PERMAS)로 조작적 정의를 한 바 있다. 플로리시를 위한 긍정심리학의 팔마스는 다음과 같다(Seligman, 2012).

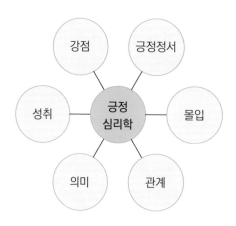

[그림 2-1] 긍정심리학 PERMAS

표 2-3 긍정심리학의 두 가지 이론

	진정한 행복 이론	웰빙 이론
주제	행복	웰빙
측정 기준	삶의 만족도	긍정정서, 몰입, 의미, 긍정관계, 성취
목표	삶의 만족도 증가	긍정정서, 몰입, 의미, 긍정관계, 성취에 의한 플로리시 증가

긍정정서

모든 정서는 감정, 감각, 생각, 행동이라는 네 가지 요소로 구성되어 있다(Seligman, 2002). 사람은 어떠한 계획이나 목표를 세우는 과정에서 판단을 하는데 이때 유발되는 것이 정서이다. 정서는 다시 긍정정서와 부정정서로 나누어지고, 긍정정서(Positive emotion)는 과거의 긍정정서, 현재의 긍정정서, 미래의 긍정정서로 나누어진다(Seligman, 2002).

이들 세 가지 정서는 그 의미가 서로 다를 뿐만 아니라 꼭 밀접하게 연결되어 있지도 않다는 것이 셀리그만(2002)이 세 가지로 분리해 놓은 이유이다. 과거, 현재, 미래의 긍정정서가 모두 행복하다면 더 바랄 나위 없겠지만 늘 그런 것은 아니라고 했다. 과거에 대해서는 자부심과 만족감을 느껴도, 현재는 못마땅하고 미래에 대해서는 비관적인 경우도 있기 때문에 저마다 다른 세 가지 긍정정서를 알게 되면 과거의 정서, 미래의 생각, 현재 겪고 있는 감정을 긍정적인 방향으로 이끌어 갈 수 있다고 했다(Seligman, 2002).

프레드릭슨이 열 가지 긍정정서에 초점을 둔 두 가지 이유

프레드릭슨(2004)은 중요하게 작용하는 긍정정서를 열 가지 선정했다. 기쁨, 흥미, 재미, 자부심, 감사, 평온, 영감, 낙관성, 경의, 사랑이다. 이 열 가지를 선정한 이유는, 첫째, 이 정서들이 점점 더 많은 학자의 연구 대상이 되고 있기 때문이고, 둘째, 오랜 기간에 걸쳐 수백 명의 연구 참가자를 대상으로 일상의 정서경험들을 조사한 결과 이 열 가지 형태가 사람들의 일상생활에서 가장 지배적으로 나타난다는 것을 알았기 때문이다.

프레드릭슨(2001)은 긍정정서가 실제로 유용한 역할을 할 수 있다는 연구를 토대로 긍정정서의 확장 및 구축 이론(broaden and build theory)을 발전시켰는데, 이 이론은 정서에 고유한 기능이 있다고 주장했다. 긍정경험을 하면 순간적으로 사고–행동 레퍼토리를 확장하고 지속적으로는 신체적·사회적·심리적 자원을 구축해서 사람을 변화시키고 상향적 선순환 산출을 이룬다고 했다. 긍정정서의 확장 및 구축 이론의 두 가지 핵심 원리는 긍정경험을 통해 마음과 생각을 열어 주어 보다 더 수용적이고 자발적이며 창의적이게 하고, 보다 더 나은 모습으로 변화시켜 주는 것이다(Fredrickson, 2001).

긍정정서는 부정정서를 '상쇄'시켜 회복력을 키워 주고(Fredrickson, Tugade, Waugh, & Larkin, 2009), 장수와 결혼 만족도, 관계, 수입, 회복력과 깊이 연관돼 있다(Fredrickson & Branigan, 2005; Lyubomirsky, King, & Diener, 2005). 배리 슈워츠(Barry Schwartz, 2002)는 심리치료를 받으려는 우울증 내담자의 긍정정서 대 부정정서 비율이 0.5 대 1보다 더 낮은 경향이 있다는 사실을 밝혀 냈다.

몰입

몰입(Engagement)이라는 개념은 칙센트미하이(1990)의 몰입(flow) 연구에서 탄생했다. 셀리그만(2002)은 심리학에서 칙센트미하이가 이룩한 탁월한 업적은 '몰입'이라는 개념을 정립한 것이라고 했다. 몰입은 업무에 집중하기, 친밀한 관계, 여가를 추구하는 것과 관련된 행복의 한 측면이다. 칙센트미하이(1990)는 몰입이란 '음악과 하나되는 것'처럼 어떤 활동에 몰두해 시간 가는 줄 모르고 극도로 집중하는 심리적 상태'라고 말했다. 개개인이 어떠한 과제를 감당할 수 있을 정도로 충분한 능력을 갖추고 있다면 시간 개념을 잊어버린 채 과제에 깊이 몰두하거나 그것과 '하나'가 될 가능성이 크다. 셀리그만(2002)은 몰입을 향상시키는 한 가지 방법이 내담자가 자신의 '대표강점'을 파악해 일상에서 보다 자주 사용할 수 있게 도와주는 것이라고 했다.

칙센트미하이(Csikszentmihalyi, 1990; Hoonsik, 2015)는 몰입을 경험하기 위한 조건으로 명확한 목표, 신속한 피드백, 과제와 능력 사이의 균형, 집중력 강화, 현재의 중요성이 있다고 했다.

첫째, 명확한 목표가 있어야 한다. 현재 하고 있는 일이 불분명하거나 오랜 기간이 소요되는 일이라면 몰입이 잘 이루어지지 않는다. 명확하고 짧은 시간 안에 결과를 만들어 낼 수 있는 일을 할 때 몰입이 잘 된다.

둘째, 즉각적인 피드백이 중요하다. 내가 하는 일을 왜 하는지, 어떠한 결과를 창출할 것인지 등의 분명한 목표가 없고 그 일에 대한 즉각적이고 적절한 피드백이 없다면 그 일에 계속해서 몰입하기가 어렵다.

셋째, 과제와 능력 사이의 균형이 필요하다. 어떤 과제가 주어졌을 때 너무 어렵거나 쉬우면 몰입 경험이 잘 일어나지 않는다. 수준 있는 과제와 높은 능력이 결합했을 때 최고의 몰입을 경험할 수 있다.

넷째, 집중력도 몰입하는 데 많은 영향을 미친다. 몰입을 경험하기 위해서는 집중력을 강화해야 한다. 주의가 산만한 아이들은 호기심이 분산돼 공부에 몰입하기 어렵다. 어른들도 마찬가지이다.

다섯째, 현재를 중요시해야 한다. 몰입을 경험하기 위해서는 지금 이 순간 외에는 다 잊어버려야 한다. 일상의 고민과 걱정거리를 뒤로하고 미래의 불안감도 잊고 오직 지금에만 집중해야 몰입이 잘 된다.

셀리그만(2002)은 작곡, 암벽 등반, 춤, 체스 등의 활동을 할 때 몰입을 할 수 있는 이유는 이러한 활동이 규칙이 있고, 기술이 필요하며, 목표가 분명하고, 피드백을 제공하며, 통제가 가능하기 때문이라고 했다.

이런 몰입은 빠르게 사라져 버리는 감각적 쾌락에 비해 훨씬 오래 지속되고, 더욱 많은 사고와 해석을 요구하며, 너무 쉽게 익숙해지지 않는다. 몰입은 지루함과 불안, 우울증을 해소해 주는 중요한 해독제가 될 수 있다(Seligman & Rashid, 2018). 많은 심리장애의 특징인 무쾌감증과 무관심, 지루함, 다중 작업, 초조함은 대체로 주의 산만의 징후이다(Donaldson, Csikszentmihalyi, & Nakamura, 2011; McCormic et al., 2005). 고도의 몰입은 보통 지루함과 반추를 날려 버린다. 몰입 활동 이후 성취감을 느끼면 종종 긍정적인 반추의 두 가지 형태인 회상하기와 만끽하기를 할 수 있다(Feldman, Joormann, & Johnson, 2008). 이 같은 몰입의 특징은 긍정심리치료 개입에 효과적으로 적용되고 있다(Grafanaki et al., 2007; Csikszentmihalyi & Nakamura, 2002).

관계

셀리그만(2012)은 긍정관계 또는 긍정관계의 결여가 웰빙에 엄청난 영향을 미친다는 점은 부인할 수 없다고 했다.

디너와 셀리그만(2002)은 아주 행복한 사람들에 대한 연구를 통해 행복도가 높은 상위 10%에 속하는 대학생들 가운데 단 한 사람을 제외하고는 모두 애인이 있다는 사실을 알게 되었다. 아주 행복한 사람은 폭넓고 자기만족적인 사회생활을 한다는 점에서 불행한 사람들과 현저하게 다르다. 아주 행복한 사람은 혼자 지내는 시간을 최대한 줄이고 사회생활을 하는 데 가장 많은 시간을 할애하기 때문에 자타가 공인할 만큼 대인관계가 좋다(Seligman, 2002).

약 50만 년 전에 600cm³였던 인류의 두개골은 현대에 이르러 1,200cm³로 두 배 늘었다(Seligman, 2012). 이렇게 뇌가 커진 이유에 대한 인기 있는 설명은 인간이 도구와 무기를 만들 수 있게 하기 위해서라는 것이다. 영국의 이론심리학자인 닉 험프리(Nick Humphrey, 1986)

는 다른 이유를 내놓았다. 커다란 두뇌는 물리적 문제가 아닌 사회적 문제를 해결해 준다는 것이다. 이것은 극도로 복잡한 문제이다. 순식간에 무기와 도구를 설계할 수 있는 컴퓨터도 풀지 못한다. 하지만 인간은 매일 매 순간 사회적 문제들을 해결해야 하고 해결해 낸다 (Seligman, 2012).

모든 인간은 진화 과정에서 자연도태로 형성된 근본적인 '소속 욕구'를 지니고 있다 (Baumeister & Leary, 1995). 긍정적이고 안정적인 관계는 행복과 강력하게 연관돼 있다 (Wallace, 2013). 미국 시간 사용 조사(American Time Use Survey)에 따르면 사람들은 깨어 있는 대부분의 시간을 적극적으로나 수동적으로 타인과 상호작용하는 데 소비한다. 다른 사람들과 토의하고, 협력하며, 좋은 것을 교환하는 것이다(Bureau of Labor Statistics, 2015). 인간관계의 질은 친구 수나 친구와 함께 보내는 시간 같은 양적 특성보다 훨씬 더 중요하다. 예컨대, 부모와 또래, 선생님을 포함해 광범위한 사회적 지지를 받는 아이들은 학업 성취와 상관없이 그런 지지를 받지 못하는 또래보다 우울증과 불안증을 앓을 확률이 낮고, 행복을 더욱 많이 누린다(Demir, 2010; Suldo, 2011).

대부분의 사람은 다른 사람들과 수동적으로나 적극적으로 어울리는 데 많은 시간을 보낸다(Bureau of Labor Statistics, 2016). 다른 사람들과 함께 보내는 시간의 질도 중요하다. 타인과의 긍정적인 상호작용은 많은 심리적 문제, 특히 우울증을 완화해 주는 완충재 역할을 한다 (Fisher & Robinson, 2009).

의미

삶의 의미는 아주 오랫동안 철학자들의 영역이었고 최근에 와서야 심리학자들이 과학적으로 연구한 영역 중 하나이다(Diener, 2010). 셀리그만과 디너(2004)는 수천 명을 대상으로 무엇을 추구했을 때 삶이 가장 만족스러웠는지를 15번이나 반복해 조사했다. 쾌락의 추구, 긍정감정의 추구, 즐거운 삶의 추구, 관여의 추구, 자신을 위한 시간의 멈춤도 아니었다. 의미의 추구가 삶을 만족시키는 데 가장 중요한 역할을 한 것으로 나타났다. 셀리그만(2002)은 의미 있는 삶은 자기 존재보다 더 원대한 무엇과 하나되는 삶이며, 그 무엇이 더 클수록 삶의 의미도 그만큼 더 커진다고 했다. 빅터 프랭클(Victor Frankl, 1963)은 행복을 바라기만 해서는 얻을 수 없다고 강조했다. 행복은 자신보다 더욱 원대한 목표를 달성하기 위해 일하다 보면 의도치 않게 나타나는 결과라는 것이다. 그런 원대한 목표와 연결 짓는 활동을 성공적으로 하는 사람들은 '의미 있는 삶'을 성취한다(Seligman & Rashid, 2018).

의미 있는 삶을 이루는 방법은 아주 많다. 친밀한 대인관계, 예술적이고 지적인 혁신이

나 과학적인 혁신, 철학적이거나 종교적인 사색, 사회적 또는 환경적 행동주의, 경력을 소명으로 생각하기, 영성 또는 명상처럼 잠재적으로 혼자 추구하는 기타 활동이 있다(Stillman & Baumeister, 2009; Wrzeniewski, McCauley, Rozin, & Schwartz, 1997). 의미 있는 삶을 만들어 나가는 방법과 상관없이 그런 행위 자체가 만족감을 낳고 잘 살아가고 있다는 믿음을 심어 준다(Ackerman, Zuroff, & Moskowitzm, 2000; Hicks & King, 2009).

　인생에 목적이 있다고 느낀다면 자신이 존재하기 때문에 세상이 다르게 느껴지지만, 목적이 없으면 세상은 위협적인 곳이 되고 불안증과 우울증을 유발한다(Schnell, 2009). 목적의 부재는 우울증 발병률을 크게 증가시키는 부분적인 원인이 된다(Ruchenbauer, Yazdani, & Ravaglia, 2007). 프랭클(1998)은 의미는 언제나 가능성을 지니고 있고, 인간의 근본적인 욕구라고 했다. 행복한 삶은 일상생활에서 자신의 대표강점을 날마다 발휘하여 행복을 만들어 가는 것이다. 의미 있는 삶은 행복한 삶에 한 가지가 더해진다. 대표강점을 발휘하되, 지식과 능력과 선을 촉진하는 데 활용하는 것이다. 그렇게 하면 참으로 의미 있는 삶이 될 것이며, 신을 자기 삶의 궁극적인 목표로 삼는다면 숭고한 삶이 될 것이다(Seligman, 2002).

성취

　셀리그만(2012)은 진정한 행복 이론에 대한 세니아(Senia)의 반박 덕분에 변화가 일어난 요소가 바로 이것이라고 했다. 세니아는 사람들이 성공, 성취, 승리, 정복 그 자체가 좋아서 그것을 추구한다고 주장했다. 부와 명예를 위한 성취도 있지만 성취는 종종 그 자체가 좋아서 추구된다. 그것이 긍정정서나 의미, 긍정관계라고 할 만한 어떤 것도 제공하지 못할 때조차 그러하다고 했다(Seligman, 2012). 성취하는 인생을 사는 사람들은 자신이 하는 것에 자주 몰두하며 종종 쾌락을 추구하고 승리할 때 긍정정서를 느끼며, 더 중요한 것을 얻으려고 승리하기도 한다(Seligman, 2012). 셀리그만(2012)은 8회 파리 올림픽에 출전해서 육상 400m에서 금메달을 딴 실존 인물이 가진 긍정심리학의 성취 의미를 설명했다. "신은 저를 빨리 달릴 수 있게 만드셨어요. 그래서 달릴 때마다 저는 신께서 기뻐하시는 걸 느낍니다." 영화 〈불의 전차(Chariots of Fire)〉에서 육상 국가대표 선수 에릭 리델 역을 연기한 배우의 대사이다.

　셀리그만과 라시드(2018)는 성취가 객관적이고 구체적인 성취나 승진, 메달, 보상을 뜻할 수 있지만 성취의 본질은 발전하고 진보하고자 하는 주관적 추구에 있고, 궁극적으로는 개인적으로나 대인적으로 성장하는 것이라고 했다. 긍정심리학에서는 강점과 능력, 재능, 기술, 노력을 이용해 깊은 만족감과 성취감을 느낄 수 있는 뭔가를 하는 게 성취라고 정의한다.

　긍정심리학의 성취에 대한 새로운 발견은 기존의 성취 공식을 바꾸어 놓은 것이다. 지금까지 성취 인지 과정의 기본 공식은 '성취=기술×노력'에서 모두 '기술'을 이루는 요소들이며, 성취의 비인지적 요소는 노력으로 요약되고, 노력은 '과제에 투입된 시간'으로 단순화된다 (Seligman, 2012). 그러나 앤절라 더크워스(Angela L. Duckworth, 2012)의 핵심은 학문적 성취의 인지 과정이 아니라 성격의 역할과 그 공식에서 성격의 특성인 자기통제(self-regulation)와 집념[GRIT: 성장(Growth), 회복력(Resilience), 내재적 동기(Intrinsic motivation), 끈기(Tenacity)]이 '노력'으로 들어가는 지점이었다. 로이 바우마이스터(Roy Baumeister, 2009)는 자기통제가 모든 덕목의 여왕이며 나머지 강점을 가능케 하는 강점이라고 믿는다고 했다. 셀리그만과 라시드(2018)는 자기통제는 자신의 감정, 생각, 행동을 효과적으로 조정할 수 있게 해 주고 감정이 몰아치는 상황에서도 정신적으로 건강한 방향을 택할 수 있는 능력을 준다고 했다. 그렇지만 셀리그만(2012)은 극단적인 특성을 지닌 자기통제가 존재하며, 그것이 바로 집념(GRIT)이라고 했다. 집념은 목표에 대한 높은 열정과 아주 강한 끈기의 결합체이다(Seligman, 2012).

성격강점

셀리그만과 피터슨(2004)은 성격강점이란 인간의 긍정적 특성으로, 시간과 환경이 바뀌어도 지속적으로 나타나려는 경향이 있으며, 여섯 가지 미덕과 스물네 가지 성격강점으로 이루어졌다고 했다. 성격강점의 요인들에 대한 정의를 보면 다음과 같다. 미덕(virtues)은 철학자나 종교 사상가들이 가치 있다고 생각하는 특징이고, 성격강점(character strength)은 미덕을 과정이나 기제 면에서 설명하는 심리적 요인이며, 대표강점(signature strength)은 성격강점 중에서 개인의 특성을 가장 잘 반영하며 주로 사용되는 강점이다(Seligman, 2002). 미덕으로는 3,000년 동안 세계 도처에 퍼져 있는 미덕을 찾고, 아리스토텔레스, 플라톤, 아퀴나스, 아우구스티누스 등 철학자들의 저술, 구약성서, 탈무드, 불경, 코란과 같은 경전, 공자, 노자, 벤저민 플랭클린의 저술, 일본의 사무라이 무사도 정신, 고대 인도의 철학서인 우파니샤드 등, 철학가들과 종교 사상가들이 그 가치를 인정한 중요한 핵심 성품들과 같이 시대와 문화를 막론하고 끊임없이 나타나는 총 200개의 미덕 목록을 작성하여 최종적으로 6개를 선정하였고, 성격강점으로는 18,000개 중에서 24개를 선정했다. 이렇게 선정된 미덕은 지혜와 지식(Wisdom and Knowledge), 용기(Courage), 사랑과 인간애(Love and Humanity), 정의감(Justice), 절제력(Temperance), 영성과 초월성(Spirituality and Transcendence)이다. 이 여섯 가지 미덕은 저마다 그것을 함양하는 확실한 방법들이 있으며, 미덕을 함양하기 위한 실천 도구를 '성격강점'이라 부른다. 따라서 추상적인 미덕과는 달리 강점은 과학적으로 측정하고 평가할 수 있다는 특징이 있다(Seligman & Peterson, 2004).

다음 플로리시 지수 진단법(Flourishing Inventory: FRI)은 셀리그만과 라시드(2018)가 개발한 것으로, 긍정심리학의 행복을 진단하는 가장 유명한 진단법이다. 이 진단법은 행복과 웰빙을 과학적으로 측정하고 만들어 주는 셀리그만의 팔마(PERMA: 긍정정서, 몰입, 관계, 의미, 성취)를 바탕으로 만든 35개 문항을 담고 있다.

　다음 글상자의 문항을 자세히 읽고 오늘을 포함한 최근 일주일 내에 자신에게 가장 잘 맞는 질문의 답을 선택한다. 답을 선택하기 전에 문항을 끝까지 읽는다. 문항 중에는 강점과 관련된 질문도 포함되어 있다. 강점은 자신과 타인을 도울 수 있는 행동, 습관, 생각, 감정 등을 모아 놓은 결합체이다. 강점의 예로는 친절, 희망, 열정, 정직, 협동심(팀워크), 호기심, 창의성, 감사 등이 있다.

전혀 그렇지 않다	거의 그렇지 않다	가끔 그럴 때도 있다	자주 그런 편이다	언제나 그런 편이다
1	2	3	4	5

_____ 1. 나는 기쁨이 넘친다.

_____ 2. 나는 내 강점을 잘 알고 있다.

_____ 3. 나는 정기적으로 교류하는 이들과 좋은 관계를 가지고 있다고 생각한다.

_____ 4. 내가 하는 일은 사회에 영향을 줄 수 있다.

_____ 5. 나는 목표의식이 뚜렷하고 포부가 큰 사람이다.

_____ 6. 나는 건강한 식단을 지향한다.

_____ 7. 나는 과제나 시험에서 낮은 점수를 받는 것과 같은 악재로부터 빨리 회복하는 편이다.

_____ 8. 다른 사람들은 내가 행복해 보인다고 말한다.

_____ 9. 나는 나의 강점을 활용할 수 있는 활동을 찾아 나선다.

_____ 10. 나는 내가 사랑하는 이들에게 친밀감을 느낀다.

_____ 11. 나는 내 삶에 목적이 있다고 생각한다.

_____ 12. 타인의 성공은 나에게 영감이 되어 나의 개인적 목표를 이루는 데 도움을 준다.

_____ 13. 나는 평소 집안일을 할 힘이 남아 있다.

_____ 14. 나는 스트레스를 많이 받는 상황에서 쉽사리 감정에 휩쓸리지 않는다.

_____ 15. 나는 내 삶의 좋은 점들을 인지하고 감사함을 느낀다.

_____ 16. 나는 문제를 해결할 때 강점을 활용한다.

_____ 17. 내가 힘든 일이 닥칠 때 나를 지원해 줄 사람이 언제나 곁에 있다.

_____ 18. 나는 종교적 활동에 참여한다.

_____ 19. 내 인생에서 많은 일을 잘 해냈다.

_____ 20. 나는 나를 건강하게 유지시켜 주는 습관들을 가지고 있다.

_____ 21. 나는 문제를 해결할 때 대책을 찾을 때까지 여러 방면으로 시도를 해 본다.

_____ 22. 나는 안정되어 있다.

_____ 23. 내 강점을 사용하는 활동을 할 때 집중력이 매우 좋은 편이다.

_____ 24. 내 주위엔 나를 성장시키고 행복할 수 있게 도와주는 사람들이 있다.

_____ 25. 나는 내 자아보다 더 높은 곳에 기여하는 일을 한다.

_____ 26. 목표를 세우면 반드시 이룬다.

_____ 27. 나는 잘 때 숙면을 취한다.

_____ 28. 나는 주어진 과제가 아무리 어려워도 절대로 포기하지 않고 계속 노력한다.

_____ 29. 나는 웃을 때 진심 어린 마음으로 크게 웃는다.

_____ 30. 내 강점을 이용해서 활동을 할 때는 시간이 빨리 흘러간다.

_____ 31. 내 말을 경청하고 마음을 헤아려 줄 수 있는 사람이 적어도 한 명은 있다.

_____ 32. 내 강점을 이용해서 다른 사람을 도와준다.

_____ 33. 나는 목표를 성취하고 나면 새로운 목표를 성취하고 싶어진다.

_____ 34. 나는 정기적으로 스포츠나 신체 운동을 즐긴다.

_____ 35. 나는 힘든 상황 속에서도 나의 감정과 행동을 통제할 수 있다.

분야	번호	합계	일반평준
긍정정서	1, 8, 15, 22, 29		21
몰입	2, 9, 16, 23, 30		21
관계	3, 10, 17, 24, 31		22
의미	4, 11, 18, 25, 32		21
성취	5, 12, 19, 26, 33		21
건강	6, 13, 20, 27, 34		
회복력	7, 14, 21, 28, 35		

제2부

긍정심리학의
팔마스(PERMAS)

긍정심리 긍정정서

긍정정서의 진화

인간은 왜 무엇인가를 느끼는 것일까? 우리의 정서는 어떻게 진화된 걸까? 우리는 왜 그토록 끈질기고, 그토록 소모적이며, 그토록 많은 정서를 바탕으로 우리의 삶을 이끌어 가는 것일까?

사람이나 사물에 대해 긍정정서를 느낄 때 우리는 그것에 다가가지만, 부정정서를 느낄 때는 피하게 마련이다. 고소한 냄새를 풍기며 오븐 속에서 초콜릿 쿠키가 익어 갈 때 우리는 그 오븐에 가까이 가고, 누군가가 길거리에 토해 놓은 오물 때문에 역겨운 냄새가 진동할 때 우리는 다른 길로 돌아서 간다. 그것은 아메바나 지렁이 같은 하등 동물들도 마찬가지여서 좋아하는 먹이 쪽으로는 다가가지만 위험한 곳은 피한다. 아무런 감정 없이도 기본적인 감각과 운동 기능을 이용해서 말이다. 그런데 진화 과정 어디쯤에서 한결 복잡하게 분화된 동물들은 정서생활이라는 감상적인 덮개를 뒤집어썼다(Seligman, 2002).

이 수수께끼 같은 문제를 풀기 위한 첫 번째 중요한 단서는 부정정서와 긍정정서를 비교하는 데서 찾을 수 있다. 공포, 비애, 분노와 같은 부정정서는 외부의 위협에 대한 1차 방어선으로서 우리에게 전투 자세를 취하게 한다. 공포는 위험이 잠복해 있다는 신호이고, 비애는 곧 무엇인가를 잃고 있다는 신호이며, 분노는 누군가가 침범하고 있다는 신호이다. 진화 과정에서 보자면 위험, 상실, 침범은 하나같이 생존을 위협하는 것이다. 더욱 심각한 문제는 이런 외부의 위협은 한 사람이 이기는 꼭 그만큼 상대방은 지게 되어 있고, 반드시 승자와 패자를 가려야 하는 제로섬(zero-sum) 게임이라는 데 있다. 말하자면 이런 게임의 최종 결과는 제로라는 얘기이다(Seligman, 2002).

부정정서는 제로섬 게임에서 지배적 역할을 하므로 결과가 심각할수록 부정정서들은 격렬해지고 절박해진다. 진화에서 사활을 건 싸움은 전형적인 제로섬 게임이기 때문에 아주 극단적인 부정정서로 단단히 무장하게 된다. 따라서 자연선택은 부정정서가 발달하는 쪽을 택했다. 생명이 위태로울 때 부정정서를 강렬하게 느낀 우리 조상들은 맞서 싸우거나 도망쳤으며, 그와 관련된 유전자들을 후세에 물려주었다.

모든 정서는 감정, 감각, 생각, 행동이라는 네 가지 요소로 구성되어 있다. 부정정서의 감정 요소는 혐오감, 공포, 불쾌감, 증오심 같은 것들이다. 이러한 감정들은 시각, 소리, 냄새처럼 의식 속으로 파고들어 가 그 안에서 이루어지는 모든 것을 짓밟아 버린다. 승자와 패자를 가리는 게임에서 불리해지고 있다는 감각 요소의 경보를 받으면, 부정정서들은 모든 것을 총동원하여 잘못된 것을 확인한 뒤 그것을 제거하게 한다. 이런 정서들이 일으킨 생각들은 하나로 똘똘 뭉쳐 조급해지고 편협해져서 오로지 무기에만 집중할 뿐 공격자의 머리조차 눈에 들어오지 않는다. 그리하여 싸우든 도망하든 포기하든, 신속하고 단호한 결정을 내리게 한다 (Seligman, 2002).

이것은 감각 부분만 제외하고는 논쟁의 여지가 없는 사실로 굳어져서 다윈이 진화론을 주장한 이래 부정정서에 대한 진화 사상의 뼈대가 되었다. 하지만 우리가 어떻게 긍정정서를 습득하게 되었는지에 대한 공인된 이론은 이상하게도 아직 없다(Seligman, 2002).

과학자들은 현상과 부수적인 현상을 구분한다. 스키너(B. F. Skinner)와 같은 행동주의 심리학자들은 50년 동안 모든 정신생활이 행동의 부수적인 현상으로서 마치 카푸치노 위에 떠 있는 우유 거품과 같다고 주장해 왔다(Seligman, 2002). 사람이 곰을 보고 도망칠 때, 그 사람이 느끼는 공포란 흔히 도망치는 행동 '다음에' 발생하는 주관적인 정신 상태로서, 도망치고 있다는 사실을 상기시켜 줄 뿐이라는 것이다. 예컨대, 행동주의 심리학자들은 공포가 도망치게 하는 엔진이 아니라 도망치는 속도를 재는 속도계 역할을 할 뿐이라고 설명한다.

셀리그만은 비록 행동주의자들의 실험실에서 연구생활을 오래 하긴 했지만, 처음부터 그들의 주장에 반대해 온 사람이다. 그는 '무기력 학습'에 대해 연구하면서 행동주의자들의 학습 이론이 완전히 잘못되었다는 것을 확신하게 되었다. 동물이나 사람은 자신과는 무관하게 일어나는 사건들 사이의 복합적인 관계를 파악하고, 그 결과를 토대로 미래를 예측할 능력이 있다는 사실을 발견했기 때문이다. 복합적인 가변성을 평가하는 것은 판단의 과정이며, 그 판단의 결과로 미루어 미래를 짐작하는 것은 기대의 과정이다. 무기력 학습을 면밀하게 검토해 보면 이런 과정들을 부수적인 현상으로 설명하는 것 자체가 불가능하다. 판단과 기대라는 정신 작용이 포기라는 행동을 유발하기 때문이다. 무기력 학습에 관한 연구가 행동주의자들이 지은 허술한 초가집을 단숨에 날려 버리는 돌풍을 일으킴으로써 1970년대에는 인지과학이 순수심리학계의 권좌에 올랐다.

셀리그만은 부정정서들, 이른바 정신불안이 부수적인 현상이 아니라는 사실을 확신하면서부터 부정정서에 대한 진화론적 해석에 심취했다. 슬픔과 우울증은 단지 무엇인가를 잃게 되리라는 신호일 뿐만 아니라 이탈과 자포자기, 극단적인 경우에는 자살까지 초래한다. 불안과 공포는 위험 신호로서 도망치거나 방어 자세를 취하여 자신을 보호할 준비를 하게 만든다. 또한 분노는 침범에 대한 경계 신호로서 침범하는 자를 물리칠 준비를 갖추고 불의에 대응하게 한다.

그런데 어이없게도 셀리그만은 이 논리를 그의 이론이나 자신의 긍정정서에까지 적용할 생각을 미처 하지 못했다. 행복, 쾌활, 열정, 자긍심, 기쁨과 같은 정서가 그에게는 쉽게 스러질 거품 같았다. 셀리그만 이론에서 그가 회의했던 부분은 긍정정서가 무엇을 일으키기는 할까, 또는 긍정정서를 풍부하게 타고나지 못한 사람이라도 살아가면서 긍정정서를 증가시킬 수 있을까 하는 것이었다. 셀리그만(2007)은 『낙관적 아이(Optimistic Child)』에서 남다른 자긍심과 일반적인 행복은 세상에서 얼마나 잘 사느냐에 따라 계발되는 부수적인 효과라고 썼다. 자긍심의 위력이 아무리 크더라도 세상 사람들과 원만한 관계를 형성하기보다 긍정정서 계발에만 힘쓰는 것은 자칫 목적과 수단을 혼동하게 할지도 모른다는 생각을 했다.

셀리그만은 이런 유쾌한 정서들이 자신에게 찾아온 적이 드물었으며 어쩌다 찾아와도 오래 머무르지 않는다는 사실에 늘 절망했다. 그래서 셀리그만은 이것이 일시적인 기분일 뿐이라고 믿어 왔다. 긍정정서와 부정정서에 관한 자료를 읽기 전까지는 말이다.

긍정정서란

셀리그만(2002)은 모든 정서는 감정, 감각, 생각, 행동이라는 네 가지 요소로 구성되어 있다고 했다. 이 정서는 긍정정서와 부정정서로 구분되며, 긍정정서는 다시 과거의 긍정정서, 현재의 긍정정서, 미래의 긍정정서라는 세 가지로 구분할 수 있다(Seligman, 2002). 긍정정서는 과거에 대한 것일 수도 있고, 현재나 미래에 대한 것일 수도 있다는 것이다. 미래에 대한 긍정정서에는 낙관성, 희망, 신념, 신뢰가 포함된다. 현재에 대한 긍정정서로는 기쁨, 황홀경, 평온함, 열의, 정열, 즐거움 그리고 몰입이 있다. 이러한 긍정정서들은 대부분의 사람이 너무 협소하게 축약되지 않은 정도에서 행복에 대해 이야기할 때 보통 나타나는 것이다. 과거에 대한 긍정정서에는 만족, 감사, 안도감, 성취감, 자부심, 평정이 포함된다.

셀리그만(2002)은 이 세 가지 정서는 그 의미가 서로 다를 뿐만 아니라 꼭 밀접하게 연결되어 있는 것도 아니라고 한다. 과거, 현재, 미래의 긍정정서가 모두 행복하다면 더 바랄 나위 없겠지만 늘 그런 것은 아니다. 가령 과거에 대해서는 자부심과 만족감을 느껴도 현재에는 못마땅해하고 미래에 대해서는 비관적인 경우도 있다. 또한 현재는 매우 즐겁지만 과거는 괴롭고 미래는 희망적일 수도 있다. 이처럼 저마다 다른 세 가지 긍정정서를 알게 되면 과거에 대한 정서, 미래에 대한 생각, 현재 겪고 있는 정서를 긍정적인 방향으로 이끌 수 있다 (Seligman, 2002).

프레드릭슨(2004)은 긍정정서의 열 가지 형태(기쁨, 감사, 평온, 흥미, 희망, 자부심, 재미, 영감, 경이, 사랑)를 선정했다. 오랜 기간에 걸쳐 대학생에서 중년 이상의 근로자에 이르기까지 수백 명의 연구 참가자를 대상으로 정서 경험을 조사한 결과, 긍정정서 중 이 열 가지 형태가 일상생활에서 가장 지배적으로 나타난다는 것을 확인했기 때문이다. 정서는 외부 환경보다는 내면적인 해석에 더 의존하는 매우 개인화된 것이다. 그래서 어떤 사람에게는 무한한 영감을 주는 것이 다른 사람에게는 아무런 감흥을 못 일으키기도 하고, 어떤 사람에게는 즐거운 것이 다른 사람에게는 불쾌감을 불러일으키기도 한다. 이는 플로리시로 가는 길이 사람마다 제각기 다르다는 것을 뜻한다. 다음으로 프레드릭슨(2009)이 제시한 긍정정서의 열 가지 형태가 어떻게 나타나는지 알아보자.

긍정정서의 열 가지 형태

기쁨　기쁨은 주변 환경이 안전하고 친숙할 때, 만사가 순조롭게 이루어질 때, 자신의 노력은 크게 필요하지 않을 때 유발될 수 있다. 기쁨의 원천은 다양하다. 동료가 준비한 깜짝 생일파티나 뜻밖에 발견한 비상금 혹은 새로 사귄 친구들과의 유쾌한 저녁식사가 기쁨을 줄 수 있다. 기쁨은 밝고 가벼운 느낌이다. 기쁠 때는 세상이 생기 있어 보이고 계단을 오르는 발걸음이 가벼워진다. 머리가 맑아지고 기억력도 좋아져서 새로운 아이디어가 많이 떠오른다. 그리고 내면에서 뿜어져 나오는 광채와 미소로 얼굴이 환해진다. 또 무엇이든 받아들이고 싶은 기분이 들고 신이 나서 어디든 뛰어들어 어울리고 싶어진다.

감사　누군가가 수고로움을 마다하지 않고 당신을 도왔다는 사실을 알게 됐다고 가정해 보자. 그것은 멘토로 여기는 사람이 당신을 올바른 길로 이끌어 주거나 당신이 물질적·정신적으로 힘들 때 도움을 준 일일 수도 있다. 혹은 가게 점원이 까다로운 교환 건을 친절하고 능숙하게 처리해 준 일, 옆집 아이가 눈이 많이 온 날 당신의 집 앞까지 쓸어 준 일일 수도 있다. 아니면 당신에게 크나큰 은혜를 베푼 것이 사람이 아닐 수도 있다. 깨끗한 공기를 마실 수 있고, 건강한 신체를 갖고 있으며, 지친 몸을 쉴 수 있는 안전하고 편안한 보금자리가 있는 것에 고마움을 느낄 수도 있다. 어떤 경우든 소중한 선물로 여겨지는 것들을 돌아볼 때 감사하는 마음이 든다. 감사는 우리의 마음을 열어 주며 보답을 하고픈 생각이 들게 한다.

평온　기쁨처럼 평온도 주변 환경이 안전하고 친숙하며 별다른 노력이 요구되지 않을 때 찾아온다. 그러나 기쁨에 비해 평온은 훨씬 더 차분하다. 이를테면 당신이 속한 상황이 지극히 편안하고 무탈해 기분 좋은 한숨이 저절로 길게 나올 때가 바로 평온한 순간이다. 고되지만 보람찬 하루를 보내고 나서 거실 소파에 기대 있을 때, 어느 화창한 날 아침 살갗을 간질이는 시원한 바람이 불고 귓전에 울리는 파도 소리를 들으며 해변의 모래사장을 거닐 때, 좋아하는 찻잔에 따뜻한 차를 담아 곁에 두고 평소 읽고 싶었던 책을 읽을 때도 평온한 느낌이 든다. 평온은 현재의 상황을 음미하고자 하는, 또 그런 상황을 우리 삶에 보다 완전히, 더 자주 통합할 방식을 찾고자 하는 욕구를 일으키는 마음 상태이다.

흥미　뭔가 새롭거나 색다른 것에 관심이 끌려 어떤 가능성에 대한 기대감이나 신비감으로 가슴이 벅차오를 때가 있다. 기쁨이나 평온과 달리 이런 상황은 노력과 관심을 요한다. 뭔가에 완전히 매료돼 거기에 몰입해 탐구하게 만드는 것이 흥미이다. 숲속에서 새로운 길을 만나 그 길이 어디로 이어졌는지 알고 싶을 때, 요리나 카드 게임, 춤 등을 배우며 새로운 기술을 연마하는 도전에 들어갈 때, 새로운 아이디어에 눈뜨게 해 주는 근사한 책을 만날 때 우리는 흥미가 샘솟는다. 흥미가 생기면 개방감과 생기가 느껴진다. 말 그대로 지평이 확장되고 그와 함께 가능성도 열리는 것을 느낄 수 있다. 흥미의 강한 끌어당김은 우리에게 새로운 것을 탐구하고 새로운 아이디어를 받아들이고 더 많이 배우도록 유혹한다.

희망　대부분의 긍정정서는 안전하고 만족스러운 상황에서 발생하지만 희망만은 예외이다. 만사가 이미 순조롭다면 별달리 소망할 것이 없는 까닭이다. 희망은 상황이 갑갑할 때, 즉 상황이 좋지 않게 돌아갈 때, 앞으로 어떻게 전개될지 매우 불확실할 때, 가망이 없거나 절망적으로 보일 때 활동한다. 예컨대, 중요한 시험에서 떨어졌거나 직장을 잃었을 때, 사업에 실패했을 때, 가슴에서 혹이 만져지거나 자전거 사고를 당한 피투성이 아이를 안았을 때 꿈틀대기 시작한다. 이런 절망적인 상황에서 희망은 '최악의 상황에서 오는 두려움 속에서 최상의 상황을 열망'한다. 희망의 저 깊은 밑바닥에는 상황이 바뀔 수 있다는 믿음이 깃들어 있다.

자부심   자부심은 공로를 인정받을 수 있는 업적을 세웠을 때, 노력과 재능을 투자해 성공을 거두었을 때 솟아난다. 예컨대, 세탁기를 고치거나 정원에 나무를 심는 일, 침실을 개조하는 일 등으로 집을 단장하면서 마무리 손길을 가할 때 드는 좋은 느낌이 자부심이다. A학점을 받았을 때, 경주에서 우승했을 때, 계약을 성사시켰을 때, 힘겨운 목표를 이루었을 때, 자신의 아이디어를 담은 책을 출간했을 때 등 학업이나 직업에서 소기의 성과를 거뒀을 때, 자신의 도움이나 친절, 지도로 다른 사람이 변화된 것을 알았을 때, 자신의 소중한 가치를 지켰을 때도 자부심이 샘솟는다. 이러한 일들은 단지 개인의 업적에 그치는 것이 아니라 사회적으로도 가치 있는 일들이다.

재미   간혹 예기치 못한 일로 웃음이 터질 때가 있다. 친구가 당신이 만들어 준 요리를 먹고 익살맞은 표정을 지을 때, 당신이 실수로 어린 자녀를 욕조에 오줌 누였을 때, 누군가가 당신을 뒤에서 깜짝 놀라게 했을 때, 직장 동료가 군대에서 있었던 고통스러운 경험담을 아무렇지도 않게 떠벌릴 때 우리는 재미있어 한다. 사회과학자들은 이런 상황을 '심각하지 않은 사회적 부조화'라 설명한다. 정의상 재미는 심각하지 않은 것이다. 진정한 재미는 억누를 수 없는 웃고 싶은 충동과 그 유쾌함을 다른 사람들과 나누고픈 욕구를 불러일으킨다. 웃음을 나눈다는 것은 현재의 상황을 안전하고 편안하게 받아들이고 있으며 그 축복된 시간을 타인과의 유대 강화에 이용하고 싶다는 신호이다.

영감   우리는 빈번히 인간의 탁월성과 마주친다. 그럴 때 평소의 범상함을 뛰어넘어 더 큰 가능성을 바라보게 된다. 지고한 인품을 목격할 때는 사기가 진작되고 정신적으로 고무된다. 영감을 받으면 주의가 집중되고 마음이 따뜻해지며 이끌림을 받는다. 인간의 타락을 목격하고 흠칫 물러나게 될 때 드는 역겨움과 영감은 정반대의 느낌이다. 영감은 단지 기분을 좋아지게 하는 데 그치지 않고 스스로 그 좋은 마음을 표현하고 좋은 행동을 하고 싶게끔 만든다. 또 더 높은 곳에 도달할 수 있도록 최선을 다하려는 욕구를 불러일으킨다. 감사나 경이와 더불어 영감은 자기초월적 정서 중 하나로 우리를 자아도취라는 껍질에서 이끌어 낸다.

경이　경이는 우리가 뭔가 좋은 것과 장대한 규모로 마주칠 때 생겨난다. 그럴 때 말 그대로 위대함에 압도당하는 듯하고 그에 비해 자신은 한없이 작고 초라하게 느껴진다. 경이는 가던 길을 멈추고 그 자리에 서게 만든다. 사방의 경계가 무너져 내리고 스스로가 더 큰 무언가의 일부라는 느낌에 사로잡힌다. 입이 떡 벌어지게 만드는 그랜드 캐니언의 저녁노을이나 태평양 연안의 험준한 바위 절벽에 부딪히는 파도의 위력을 볼 때 우리는 자연에 대한 경이에 휩싸인다. 닐 암스트롱이 달에 첫발을 내딛는 것을 보았을 때, 파리 노트르담 대성당에서 거대한 스테인드글라스를 통해 쏟아져 들어오는 햇살을 봤을 때는 인간의 위대함에 경이를 느낀다.

사랑　사랑이 각종 화려한 수식어로 장식되는 데는 그만한 이유가 있다. 사랑은 긍정정서의 여러 형태 중 하나에 국한되지 않고 앞서 설명한 기쁨, 감사, 평온, 흥미, 희망, 자부심, 재미, 영감, 경이를 모두 아우른다. 이 여러 형태의 긍정정서는 정황에 따라 사랑으로 변화할 수 있다. 이 좋은 정서들이 안전한 환경과 친밀한 관계 속에서 마음을 움직일 때 우리는 그것을 사랑이라 부른다. 이렇게 다양한 면모 외에도 사랑에는 우리가 사랑하는 이들을 향해 긍정의 의미로 고개를 끄덕이거나 그들에게 몸을 기대는 것과 같은 특유의 비언어적 표현이 있다. 사랑은 우리 신체 내부의 화학적 작용을 변화시켜 평생의 유대감 및 신뢰감, 친밀감과 연계된 생물학적 반응인 옥시토신 수치의 증가를 가져온다.

지금까지 열 가지 형태의 긍정정서에 대해 살펴봤다. 긍정정서는 이렇게 다양한 모습으로 찾아온다. 사랑하는 사람이 집으로 돌아왔을 때 꼭 안아 주고 싶은 마음, 아이들의 우스꽝스러운 행동에 터지는 웃음, 지친 다리를 편안히 쉴 수 있는 의자를 찾았을 때의 안도감, 타닥거리며 타들어 가는 모닥불이나 대양의 거대한 파도 혹은 인간의 탁월성을 바라볼 때 느껴지는 매혹, 자신의 앞날이나 지역사회의 미래에 대해 품은 꿈 등, 긍정정서는 어디에서나 찾아볼 수 있다. 하지만 깨지기 쉬운 것 또한 긍정정서이다. 기쁨이나 평온, 영감을 느낄 수도 있었을 순간에 시선이 한 번 어긋나거나 신경세포 몇 개의 연결이 불발돼 좌절될 수도 있다 (Fredrickson, 2009).

긍정정서와 부정정서는 반대 개념이 아니다

긍정정서에 기쁨, 쾌락, 만족, 열정, 자부심, 희망, 감사, 사랑과 같은 감정이 있다면, 부정정서에는 공포, 불안, 분노, 증오심, 혐오감 같은 감정이 있다. 이러한 정서들은 시각, 소리, 냄새처럼 사람의 의식 속으로 파고들어 간다.

흔히 긍정정서는 좋은 것, 부정정서는 나쁜 것으로 이해하고 부정정서를 무조건 배척하려는 경향이 많다. 그도 그럴 것이 우리는 보통 상대에게 긍정감정을 느낄 때는 다가가지만 부정감정을 느낄 때는 피한다. 부정정서는 특정 행동경향성을 유발하고, 특정 방식으로 행동하게 하며, 위험과 위협에 대응하게 하는 적응적 기능을 한다. 이런 부정정서 덕분에 지금껏 인류가 생존할 수 있었다고 해도 과언이 아니다. 따라서 부정정서가 해롭기만 한 나쁜 정서는 아니다. 부정정서를 단순히 긍정정서의 반대 개념으로 이해해서는 안 된다.

인간의 긍정정서와 부정정서는 서로 독립적이기 때문에 부정정서를 없앤다고 긍정정서가 자동으로 유발되지는 않는다. 긍정정서와 부정정서는 서로 뿌리가 다르기 때문이다. 화, 불안, 긴장 같은 부정정서 상태에 기쁨, 평안, 만족감 같은 긍정정서를 개입시키면 부정정서가 상쇄된다. 긴장과 압박을 받으면 교감신경이 활성화되고 근육이 경직된다. 이 상태가 지속되면 신체의 손상이 따른다. 이때 긍정정서를 개입시키면 부정정서가 상쇄된다는 것이다.

윌리엄 콤튼(William C. Compton, 2004) 긍정정서는 우리의 지적·신체적·사회적 자산을 지속적으로 확장하고 형성하여 위기에 처할 때와 기회가 있을 때마다 활용하게 하며, 긍정정서에 처해 있을 때 다른 사람들이 우리를 더 좋아하게 되고, 따라서 우정, 애정, 유대감이 높아진다고 했다.

부정정서에 휩싸여 있을 때와는 달리 긍정정서 상태에서는 정신 작용이 활발해지고 인내심과 창의력이 커진다. 그런 만큼 새로운 사상과 낯선 경험에도 마음을 열게 된다는 것이다.

표 3-1 긍정정서와 부정정서의 비교

구분	감정 요소
긍정정서	만족, 안도감, 성취감, 자부심, 경이, 감사, 용서, 인내, 사랑, 친절, 기쁨, 쾌감, 흥미, 평온함, 열정, 재미, 영감, 몰입, 낙관성, 희망, 회복력, 자신감, 신념, 신뢰(24개)
부정정서	공포, 불안, 분노, 증오심, 압박감, 비난, 불만, 무기력, 질투, 탐욕, 이기심, 포기, 원망, 한, 적개심, 좌절, 근심, 고통, 혐오감, 낙담, 열등감, 비관성, 우울, 슬픔(24개)

긍정심리학자들은 우리 삶에 다양한 부정적 측면이 존재함을 부인하지 않으며, 부정적 측면을 제거하고 개선하려는 노력의 소중함도 부인하지 않는다. 부정정서가 적절한 수준에서는 적응적인 기능을 하기 때문에 부정정서를 완전히 제거하는 것이 바람직하다고 보지도 않는다. 다만 인간에게는 행복하고 만족스러운 삶을 추구하는 욕구가 더 보편적이며 중요하다고 보는 것이다(Compton, 1996).

피터슨과 스틴(Peterson & Steen, 2005)은 인간의 긍정정서와 부정정서가 서로 독립적이라는 사실을 중시했다. 부정정서의 제거로 긍정정서가 자동적으로 유발되는 것은 아니며, 부정정서의 감소와 긍정정서의 증진은 독립적인 과정이라 했다. 비관성을 약화시키면 부정정서는 감소하지만, 긍정정서가 증가하지는 않는다는 것이다. 행복을 증진시키려면 비관성을 약화시켜 부정정서를 감소시킬 뿐만 아니라 낙관성을 강화하여 긍정정서를 고양시켜야 했다(Peterson & Steen, 2005).

긍정정서와 부정정서가 일어나는 빈도수는 어떨까? 노먼 브래드번(Norman Bradburn) 시카고 대학교 명예교수는 오랫동안 미국인 수천 명의 생활 만족도를 조사하면서 이를 연구했다. 그는 두 정서의 발생 빈도가 완전히 반비례할 것으로 짐작했다. 부정정서를 많이 경험한 사람이 긍정정서를 그만큼 적게 느낄 것이라고 생각했던 것이다. 하지만 여러 차례의 연구 결과 반드시 그렇지는 않다는 것이 밝혀졌다. 긍정정서와 부정정서는 완만한 반비례를 이룬다. 이것은 곧 부정정서가 많을 때 긍정정서는 보통보다 조금 적을 수 있다는 것을 뜻한다.

남성과 여성의 정서 차이는 어떨까? 지금까지 확인된 바에 의하면 우울증 경험은 여성이 남성의 두 배이며, 일반적으로 남성보다 여성에게 부정정서가 더 많다. 그런데 최근 긍정정서의 남녀 차이를 조사한 연구자들은 여성이 남성보다 긍정정서를 훨씬 더 많이 경험한다는 뜻밖의 사실을 발견했다. 뿐만 아니라 여성이 훨씬 더 자주, 더 강렬하게 긍정정서를 경험한다는 사실도 밝혀냈다. 결국 여성이 남성보다 훨씬 더 극단적인 정서생활을 한다는 것이다.

◉ 정서와 감정의 차이

많은 사람이 정서와 감정을 동일시한다. 그래서 긍정정서라고 하면 기쁨, 행복감, 만족, 즐거움 등과 같은 감정을 떠올리기 쉽다. 물론 앞에서 이야기했듯이 감정은 정서를 구성하는 네 가지 요소 중 하나이지만 감정이 곧 정서라고 이해하면 곤란하다.

긍정정서에서 대표적으로 많이 사용하는 용어는 감정(feeling), 정서(emotion)이다. 각각의 용어가 어떤 의미를 갖고 있는지를 알면 정서와 감정을 좀 더 쉽게 구별할 수 있을 것이다.

감정은 '기쁘다' '화가 난다' 같은 순간적으로 일어나는 마음의 상태를 말하고, 정서는 '밝고 활기차다' '어둡고 침울하다' 같은 지속적으로 일관되게 나타나는 마음의 상태를 말한다.

그래도 감정과 정서를 구분하기 쉽지 않다면 다음 예를 살펴보자. 지금까지 살아오면서 가장 행복했던 순간을 떠올려 보자. 어린 시절도 좋고 학창 시절도 좋다. 연애하던 시절이나 결혼생활, 가장 큰 성취를 이루었을 때도 좋다. 그때 느꼈던 기분을 다시 한번 음미해 보라. 느낌이 어떤가? 기분이 좋지 않는가?

그 당시 느꼈던 것이 감정이고 오랜 시간이 흐른 지금 그때를 생각해도 기분 좋은 것이 정서이다. 이것을 긍정정서라고 한다.

◉ 긍정정서의 확장 및 구축 이론

긍정심리학의 중요한 업적 중 하나가 프레드릭슨(2009)의 '긍정정서의 확장 및 구축 이론(broaden and build of positive emotion theory)'이다. 긍정심리학이 등장하기 전까지만 해도 심리학에서는 주로 부정정서만을 연구했다. 부정정서에 대한 연구는 활발했어도 긍정정서에 대한 연구는 거의 없었다.

그러던 중 긍정심리학의 대가 프레드릭슨(2009)이 '긍정정서의 확장 및 구축 이론'을 발표하며 수많은 심리학자에게 호응을 얻었다. 이 이론을 만들기 전까지 프레드릭슨도 학문 연구에 대해 많은 고민을 했다. 그녀의 지도교수까지 긍정정서 연구를 반대할 정도였다. 그렇다고 긍정정서에 대한 연구가 전혀 없었던 것은 아니다. 일부 연구자가 긍정정서에 대한 연구를 시도했다. 이들은 긍정정서도 부정정서만큼 행동경향성이 있을 것이라는 가설을 세웠다. 하지만 긍정정서는 불안과 공포를 느낄 때 도피하고, 분노와 혐오를 느낄 때 공격하거나 회피하는 행동경향성이 나타나지 않았다. 기쁨이나 즐거움, 만족 등은 모호하고 미미한 반응만 나타난 것이다. 그래서 과학자들은 긍정정서는 연구할 가치가 없다고 포기한 것이다 (Fredrickson, 2009).

정서과학에서 특정 행동경향성이라는 개념이 가져다준 가치는 엄청났다. 그래서 학자들이 거기에 집착한 것도 이해 못 할 바는 아니다. 그런데 그것을 긍정정서들에까지 대입하려고 한 것은 문제였다(Fredrickson, 2009). 예컨대, 일부 학자는 기쁨을 '무엇이든 하려는 충동'과 연결 지었고, 다른 학자들은 평온을 '아무것도 하지 않으려는 충동'과 연결 지었다. 그러나 이런 충동들은 싸움이나 도망, 침 뱉기 따위의 충동들처럼 명확하지가 않다. 더욱이 긍정정서들에 수반되는 생리적 변화들은 부정정서들에 연계된 생리적 변화들과 비견할 만한 것이 없는 듯하다. 긍정정서들은 부정정서들의 의의를 설명하는 데에는 손색이 없는 이론적 틀에 그대로 맞아떨어지지 않는다. 이런 문제 때문에, '긍정정서는 어디에 소용이 있는가?'라는 의문은 그동안 상당한 학문적 호기심을 불러일으켜 왔다. 이 난제와 더불어 호기심을 자극하는 긍정정서의 여러 다른 특징을 연구한 끝에, 프레드릭슨(2009)은 1990년대 후반 긍정정서에 관한 '긍정정서의 확장 및 구축 이론'을 수립하기에 이르렀다.

이제 프레드릭슨(2009)의 긍정정서 확장 및 구축 이론에 대해 알아보자. 프레드릭슨에 의하면 가장 행복했던 순간을 떠올려 보기 같은 긍정정서를 경험하게 되면 기분이 좋아진다고 했다. 기분이 좋아지면 머리가 맑아지고 아이디어가 많이 떠올라 창의성이 증진되고 수용성과 자발성이 향상돼 우리의 일시적인 사고와 행동 목록을 확장시킨다. 지속적으로는 운동과 건강관리를 통한 신체적 자원, 스트레스나 우울감을 줄여 주는 심리적 자원, 사회성 지능에 의한 인간관계를 키워 주는 사회적 자원, 순간 인지적 특성을 나타내는 지적 자원을 구축해 준다. 이러한 확장과 구축은 생각과 마음을 스스로 열게 해 개인과 조직을 더 나은 모습으로 변화시켜 상향적 선순환을 일으킨다.

프레드릭슨은 이를 나선형 상승(upward spirals)이라고 했다. 나선형 상승의 예를 살펴보자. 걷기나 달리기 운동을 한 후 활기를 느끼면 기억력이 증진되고 창의성이 향상돼 배우자를 기쁘게 해 줄 수 있는 새로운 아이디어가 잘 떠오른다. 그러면 결혼생활은 더욱 원만해지고 만족도도 높아져 서로에게 헌신하고 감사하게 되며 설령 상대방이 잘못해도 용서하고 싶은 마음이 생겨난다. 긍정정서는 우리의 사고를 열어 준다. 긍정정서의 첫 번째 핵심 진리는 그것

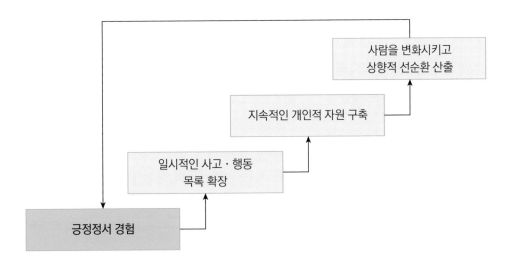

[그림 3-1] 긍정정서의 확장 및 구축 이론

이 우리의 마음과 사고를 열어 주어 우리가 보다 수용적이고 창의적이게 되도록 한다는 것이다. 긍정정서는 우리를 보다 나은 모습으로 변모시킨다. 이것이 긍정정서의 두 번째 핵심 진리이다. 이처럼 긍정정서는 우리의 마음과 사고를 열어 줌으로써 우리가 새로운 기술과 인맥, 지식 및 존재 방식을 발견하고 구축할 수 있도록 허락한다.

긍정정서는 미래를 낙관적으로 생각하도록 돕는다. 낙관적인 생각은 비관적인 생각을 떨쳐 버리고 자신감을 갖게 하고 직장에서 어려움이 생겨도 회복력을 발휘해 고통에서 쉽게 벗어나게 해 주기 때문이다. 이렇게 긍정정서가 조금씩 확장되면서 일어나는 크고 작은 변화들이 구축됨으로써 긍정정서는 일상에서 더 행복하게 해 주고 조직생활의 만족도를 높여 준다.

긍정정서는 개인의 기쁨이나 만족감만 높여 주는 것이 아니다. 조직 내에서 구성원들이 긍정정서를 경험하면 조직에서 가장 버리고 싶어 하는 정서인 분노, 불안, 좌절, 무기력 같은 부정정서를 줄여 주며, 역경을 극복할 수 있는 회복력을 키울 수 있다. 직원 중 누군가가 긍정정서를 경험하게 되면 조직의 다른 직원들뿐만 아니라 고객에까지 전달될 수 있다. 그러므로 긍정정서는 조직의 기능이 잘 발휘되도록 도와주어 조직성과를 창출하게 해 준다. 프레드릭슨은 특히 조직의 리더들이 보여 주는 긍정정서는 확장성이 매우 높다고 한다. 리더의 긍정정서는 조직 전체의 성과를 예측할 수 있기 때문이다.

그러면 프레드릭슨의 긍정정서의 확장 및 구축 이론을 적용하여 검증된 사례에 대해 알아보자. 긍정정서는 우리에게 삶을 바라보는 새로운 시야를 제공한다. 앞서 언급했듯이 '긍정정서는 사고를 열어 준다'는 긍정정서의 첫 번째 핵심 진리이다(Fredrickson, 2009).

가령 당신이 봄날의 꽃이며, 아직은 꽃이 피기 전이라 얼굴이 꽃잎에 완전히 가려져 있다고 상상해 보자. 거우 틈새로만 밖이 내다보일 뿐이어서, 당신은 주변에서 일어나는 일들을 제대로 알지 못한다. 그러나 따사로운 햇빛을 받으면 상황이 달라진다. 나긋나긋해진 꽃잎들이 느슨하게 바깥으로 펼쳐지며 얼굴을 가리고 있던 여린 장막을 걷어 내기 시작한다. 그로 인해 당신은 점점 더 많은 것을 볼 수 있게 된다. 문자 그대로 세상이 확장되고 가능성이 열린다.

어떤 꽃들은 한 번만 피고 말지만, 연꽃처럼 매일 저녁 봉오리를 오므렸다가 아침 햇살을 받으면 다시 피어나는 꽃들도 있다. 햇빛은 모든 녹색식물의 성장에 필수적이다. 때문에 식물들은 빛을 향해 돌리고 몸을 활짝 펼쳐서 최대한 많은 빛을 받아들이려고 한다. 과학자들은 이러한 성질을 '굴광성'이라 한다(Fredrickson, 2009).

사람에게도 이런 굴광성과 유사한 것이 있다. 긍정정서는 모든 인간의 성장에 필수적이다. 우리는 이 점을 본능적으로 알고 있다. 그래서 우리는 긍정정서를 향해 몸을 돌리고 마음을 활짝 열어 최대한 긍정정서를 많이 받아들이려고 애쓴다. 프레드릭슨(2009)은 이를 '확장 효과(broaden effect)'라 부른다.

긍정정서는 사고의 폭을 넓히고 시야의 범위를 확장시키는 기능을 한다. 그 효과는 일시적이다. 해가 지면 연꽃이 움츠러드는 것처럼 우리의 사고도 긍정정서가 사라지면 움츠러든다. 더군다나 부정정서의 위협이라도 받으면 더욱더 위축된다. 우리 사고가 얼마나 이러한 인식의 확장과 위축의 순간들을 자주 넘나들 수 있는가에는 한계가 없다. 긍정정서와 부정정서가 흘러드는 여부에 따라 우리의 인식은 확장되고 위축되기를 반복한다.

프레드릭슨은 20년 동안 긍정정서의 확장 효과를 과학적 도구들로 검증해 왔으며, 그 연구 결과는 그녀의 주장에 확신을 심어 주었다. 그런 만큼 여기서 그녀가 전하는 소식은 단지 개인적인 인생 경험에만 바탕을 둔 것이 아니라, 세계 여러 학자의 연구에 참여했던 수십만 참가자의 행동과 경험에 근거한 과학적인 것이다. 심지어 긍정정서의 확장 효과를 반증하려는 취지의 실험도 수차례 실시되었으나, 거기서도 재차 저항을 물리치고 나온 결과는 결국 긍정정서가 우리의 사고를 확장시킨다는 것이었다. 그리하여 프레드릭슨(2009)은 확장성이 긍정정서의 핵심적인 진리임을 더더욱 확신하게 되었다.

확장성에 대한 실습을 해 보자. 먼저 종이 한 장과 펜 하나를 준비하여 언제든지 쓸 수 있도록 가까이에 준비해 두자. 준비가 됐으면 당신의 손등을 살펴보라. 흔히 우리는 "손바닥 보듯 훤히 안다."라는 말을 쓰곤 하는데, 손바닥이 됐건 손등이 됐건 과연 정말로 우리는 그것을 잘 알고 있을까? 자신의 손등을 자세히 살펴보면서 피부의 질감이나 색깔, 뼈와 혈관의 모양, 관절의 문양 등 보이는 모든 것을 자신에게 설명해 보라. 단 1분의 관찰로 당신은 과거 어느 때보다 자신의 손등에 대해 더 많은 것을 알게 될 것이다.

이제 펜과 종이를 앞에 가져다놓고, 지금 당장 하고 싶은 일들을 적어 보라. 급히 처리해야 할 일이 없는 느긋하고 편안한 자유 시간 30분을 얻었다고 가정하고, 손등을 바라보면서 가졌던 느낌을 돌아본 다음, 그 느낌이 무엇을 하고 싶도록 만들었는지 적어 보라. 목록이 완성되었다면 다시 종이와 펜을 잠시 옆으로 밀쳐 두자.

이제 다음 실험으로 넘어가 보자. 준비가 됐으면 모든 일이 당신 뜻대로 이루어지는 즐거운 순간을 상상해 보라. 당신의 얼굴에는 희색이 만면하다. 잠시 그 즐거운 느낌을 간직한 채로 앉아서, 당신의 주변 환경과 감각의 모든 면을 마음으로 그려 보라. 좋은 느낌이 자라나도록 하고, 이전과는 다른 방식으로 그 느낌을 음미하라.

이제 다시 펜과 종이를 가져다가 새로운 목록을 작성하라. 그 즐거운 기분은 지금 당신으로 하여금 무엇을 하고 싶게 만드는가? 다시 한번 느긋하고 편안한 자유 시간 30분을 얻었다고 가정하고, 기쁨을 떠올렸을 때 들었던 느낌을 돌아본 뒤, 새롭게 하고 싶어진 모든 일을 적어 보라.

두 번째 목록이 완성되었다면 이제 두 목록을 서로 비교해 보라. 손등을 살펴보았을 때 떠오른 생각의 개수와 기쁜 느낌이 들었을 때 떠오른 생각의 개수를 비교해 보라. 어느 쪽 목록이 더 긴가? 사람에 따라 다를 수 있겠지만, 대개는 후자의 목록이 더 길 것이다. 이것이 긍정정서가 우리의 사고를 확장시키는 한 가지 방식이다. 긍정정서는 평범한 날이나 부정정서의 영향하에서 보던 것보다는 확실히 더 많은 가능성을 우리 안에서 끌어내 준다.

프레드릭슨은 박사과정 학생이었던 크리스틴 브래니건(Christine Branigan, 2004)과 함께 이 실험과 크게 다르지 않은 실험을 실시한 적이 있다. 그들은 104명으로 이루어진 표본집단 중 일부에게는 무작위로 즐거움이나 평온한 정서를 유발하는 경험을 하게 했고, 다른 일부에게는 분노나 두려움을 일으키는 경험을, 나머지 일부에게는 특별한 정서가 생기지 않는 중립적인 경험을 하게 했다.

그러고 나서 모든 실험 대상자에게 각각의 정서를 토대로 그 순간 하고 싶은 생각이 든 일의 목록을 작성하도록 요청했다. 그 결과, 즐겁거나 평온한 느낌을 가졌던 사람들이 분노나 두려움을 느꼈던 사람들이나 중립적인 경험을 했던 사람들보다 더 긴 목록을 작성했다. 긍정정서가 그들에게 더 많은 가능성을 열어 준 것이다.

프레드릭슨이 앞서 하도록 한 실험에서는 한 가지는 중립적이고 다른 한 가지는 즐거운 기분을 경험하도록 하는 데 목표가 있었다. 이 목표가 제대로 달성되었다면, 즐거운 기분을 느낀 뒤에 작성한 목록이 길었을 확률이 대개 더 높다. 확장된 가능성이 반영되었기 때문이다. 긍정정서는 우리의 사고를 열어 준다. 그리하여 전에는 미처 보지 못했던 가능성들을 볼 수 있도록 해 준다(Fredrickson, 2009).

긍정정서의 확장 효과는 추상적인 면에서도 적용된다. [그림 3-2]를 보라. 그림이 삼각형으로 보이는가, 아니면 여러 개의 사각형으로 보이는가? 물론 둘 다 맞다. 여기에서 특별히 맞거나 틀린 답은 없다. 사람들의 주의력 범위를 알아보기 위해, 실험 대상자들에게 [그림 3-2]와 유사하게 보이는 도형들의 배열을 고르게 하는 것이다. 그들은 이것을 작은 삼각형들로 이루어진 삼각형과 더 비슷하다고 보기도 하고, 작은 사각형들로 이루어진 사각형과 더 비슷하다고 보기도 한다. 이와 같은 도형 실험들을 통해 프레드릭슨은 사람들이 큰 그림인 삼각형을 볼 수 있는가, 각각의 사각형을 볼 수 있는가 여부가 현재 그들의 정서 상태에 달려 있다는 것을 발견했다. 긍정정서를 주입할 때는 시야가 확장되어 사람들이 큰 그림을 보았다. 그러나 중립성이나 부정정서를 주입할 때는 시야가 축소되어 각 점들을 연결한 큰 그림

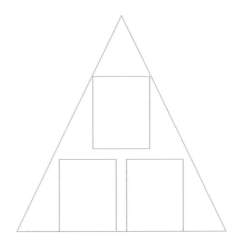

[그림 3-2] 삼각형 모양으로 쌓인 사각형 3개

을 보지 못했다.

이 같은 결과는 단순히 기분을 좋게 함으로써 주의력의 범위를 확장시킬 수 있음을 시사한다. 우리의 정서들은 단순한 인과관계를 거쳐서 우리의 시야와 연결된다. 긍정정서가 우리의 마음에 흐르면 동시에 사고가 확장되어 우리는 나무와 숲을 모두 볼 수 있게 된다 (Fredrickson, 2004).

◉ 긍정정서 비율

현재 우리가 처한 상황이 어떻든, 우리는 우리의 인생과 주변 세상을 보다 나은 모습으로 재구성하는 데 필요한 것을 이미 지니고 있다. 발전과 창의성으로 가득 찬 행복한 삶을 일구고 어려운 시기에도 꾸떡없이 버티는 데 필요한 유효성분이 이미 우리의 내면에 존재한다는 말이다. 이 유효성분은 결코 고갈되지 않아, 필요할 때면 언제든 더 얻을 수가 있다. 우리 안에는 그 유효성분의 보충을 원할 때마다 언제든 길어다 쓸 수 있는 내면의 샘이 있다.

그러나 사람들은 대개 이 성분을 별로 활용하지 못하고 있다. 공급량을 더 확보하지 않고는 최상의 삶을 위한 처방약을 제조할 수 없다. 더 나아가 많은 사람이 자신에게 그런 유효성분이 있다는 사실조차 모르고 있다. 그래서 그들은 내면의 샘물은 건드리지도 않은 채 비틀거리며 엉뚱한 곳을 찾아 헤맨다. 끊임없이 자신의 외부에서 더 나은 삶을 위한 재료를 구하지만, 결국 기대를 충족시키지 못한다. 그 유효성분이 무엇일까? 그것은 바로 긍정정서, 진심어린 긍정정서이다(Fredrickson, 2009).

인간은 아무리 가볍게 스쳐 지나간다 하더라도 긍정정서가 유발하는 즐거운 기분들을 포착할 수 있는 천부적인 능력을 지니고 있다. 긍정정서는 다양한 형태와 풍미로 우리에게 다가온다. 다른 사람과의 유대감이나 누군가에게 사랑받고 있다는 느낌이 들 때를 생각해 보라. 신이 나거나 창의력이 샘솟는 기분일 때, 행복하고 주변과 혼연일체가 되는 느낌이 들 때, 단순히 존재의 아름다움에서 영혼의 감동을 느낄 때, 활력이 넘치거나 새로운 아이디어 및 취미생활로 흥분될 때를 떠올려 보라. 긍정정서는 긍정적인 감정들이 우리의 심금을 울리고 마음을 열 때면 언제나 지배력을 발휘한다.

그러나 이런 진심 어린 긍정정서의 순간은 그리 오래 지속되지 않는다(Fredrickson, 2009). 화창하고 좋은 날씨가 영원할 수 없듯이, 좋은 기분도 이내 사라지고 만다. 본래 인간이란 존재가 그렇게 만들어진 것이다. 긍정정서가 사라지지 않는다면 우리는 변화에 대처하는 데 어려움을 겪고, 좋은 소식과 나쁜 소식, 칭찬과 모욕을 제대로 구분하지 못할 것이다.

삶을 보다 나은 모습으로 재구성할 수 있는 비결은 긍정정서의 이런 일시적 특성을 인정하고 놓아줄 줄 아는 데 있다. 긍정정서를 꼭 붙잡고 있으려고 애쓰는 것보다는 긍정정서의 씨앗을 우리의 삶 속에 더 많이 뿌리는 것, 장기간에 걸쳐 긍정정서의 양을 증가시키는 것이 더 바람직하다. 무엇보다 중요한 것은 긍정정서의 비율이다. 이는 긍정정서의 양을 부정정서의 양과 비교한 것으로, 정확히 말해 일정 기간 동안 긍정정서가 나타나는 빈도를 부정정서가 나타나는 빈도로 나눈 것을 뜻한다. 수학적으로는 간단히 '긍정정서/부정정서'로 표시할 수 있다.

긍정정서 비율의 재미난 점은 그것이 티핑 포인트(tipping point: 한순간에 변화되는 극적인 순간)에 좌우된다는 사실이다. 긍정정서 비율이 일정 수준보다 낮을 때 사람들은 부정정서에 떠밀려 하강곡선을 타게 된다. 그들의 행동은 경직되어 뻔히 예측이 가능해지며, 마음의 부담으로 축 처져 있는 경우가 많다. 그러나 긍정정서 비율이 일정 수준을 넘어서면 사람들은 긍정정서의 날개를 달고 상승곡선을 탄다. 그들의 행동은 창의적이라 쉽게 예측이 불가능하며, 생기가 넘치고 사기가 충천한다.

기업에서도 긍정정서 비율이 중요하다. 기업의 긍정정서를 높이면 업무의 효율성이 증가하고 그만큼 성과가 향상된다는 것이 입증됐다. 프레드릭슨과 로사다(2005)는 기업을 방문해 세 가지 모델에 따라 그들이 각종 업무 회의에서 주고받는 단어를 모조리 기록했다. 세 가지 모델은 첫째, 사람들이 얼마나 긍정적으로 말하거나 부정적으로 말하는지, 둘째, 사람들이 얼마나 타인 중심적이거나 자기중심적인지, 셋째, 사람들이 얼마나 탐구하고 질문하거나 변호와 관점을 옹호하는지이다.

이 연구는 60개 기업에서 수행됐는데 그중 15개 기업은 경제적으로 번성하고 있었고, 26개 기업은 중간 수준이었으며, 19개 기업은 쇠퇴하고 있었다. 그들은 각 단어를 긍정적 단어 혹은 부정적 단어로 구분한 후 긍정성 대 부정성의 비율을 얻었다. 뚜렷한 경계선이 있었다. 긍정성 대 부정성의 비율이 2.9 대 1보다 높은 기업은 번성 중이었고 그 비율보다 낮은 기업은 경제적으로 좋지 않았다. 그래서 기업의 황금률은 3 대 1이라고 한다. 긍정정서가 3 대 1이 넘으면 번성하고 그보다 낮으면 쇠퇴한다는 것이다. 가장 크게 번성하는 기업의 비율은 6 대 1이었다. 그들은 이를 '로사다 비율'이라 한다. 이 사실을 발견한 칠레 출신의 수학자 마셜 로사다(Losad. M)의 이름을 딴 것이다. 이처럼 긍정정서는 인생의 건강과 행복뿐만 아니라 기업 경영의 성패에도 아주 큰 영향을 끼친다.

　하지만 최근 브라운(Brown, 2014)과 동료들은 긍정정서 비율에 대한 중요한 티핑 포인트를 주장할 만한 수학적 근거가 발견되지 않았다는 논문을 발표했다. 이에 대해 프레드릭슨은 지엽적인 수학적 연구의 오류는 인정하지만 본질인 긍정성 비율의 가치는 존중돼야 한다고 강조했다. 다음이 이를 증명해 준다(Fredrickson, 2014).

　존 가트먼(John Gottman) 박사가 500쌍 이상의 부부를 대상으로 실험한 결과에 의하면 기업의 황금률인 3 대 1이 가정에서는 이혼에 이르는 것으로 나타났다. 만족하고 행복한 부부생활을 위해서는 5 대 1이 돼야 하고 3 대 1은 재앙을 낳는 것이다.

　3대 1의 긍정성 비율의 중요성을 뒷받침해 주는 더 명확한 증거는 슈워츠(Schwartz)와 동료들이 밝혀냈다. 그들은 우울증 치료를 받고 있는 남자 66명의 결과를 살펴보았고, 치료 후에 긍정성 비율을 측정해 보았다. 치료를 받기 전에는 긍정성 비율이 0.5로 매우 낮았다. 슈워츠와 동료들은 자기보고와 치료 등급을 기준으로 구분했는데, 환자들 중에 낙관적인 차도를 보인 것은 치료 후 긍정성 비율이 4.3이라는 것을 의미하고, 동일한 기준으로 일반적인 차도를 보였다는 것은 치료 후 긍정성 비율이 2.3이라는 것을 의미한다. 이와는 대조적으로 전혀 차도를 보이지 않는 것은 치료 후 긍정성 비율이 0.7이라는 것을 의미한다. 이렇게 긍정정서는 개인의 수명과 성취, 행복뿐 아니라 조직의 성과에도 큰 역할을 한다.

　당신의 긍정정서 비율은 얼마인가? 프레드릭슨이 개발한 다음의 긍정정서 자가진단 테스트를 해 보라.

긍정정서 자가진단 테스트

지난 24시간 동안 어떤 기분이었는가? 전날을 돌이켜 보며 각 문항의 느낌들 중 가장 강하게 경험한 것을 다음의 0~4등급을 이용해 표시해 보라.

0 = 전혀 그렇지 않았다

1 = 약간 그랬다

2 = 보통이었다

3 = 꽤 그랬다

4 = 매우 그랬다

_____ 1. 웃기거나, 재미나거나, 우스꽝스러운 느낌을 어느 정도나 받았는가?

_____ 2. 화나거나, 신경질 나거나, 약오른 느낌을 어느 정도나 받았는가?

_____ 3. 수치스럽거나, 모욕적이거나, 망신스러운 느낌을 어느 정도나 받았는가?

_____ 4. 경이롭거나, 놀랍거나, 경탄스러운 느낌을 어느 정도나 받았는가?

_____ 5. 경멸적이거나, 조소당하거나, 무시당한 느낌을 어느 정도나 받았는가?

_____ 6. 역겹거나, 불쾌하거나, 혐오스러운 느낌을 어느 정도나 받았는가?

_____ 7. 무안하거나, 겸연쩍거나, 부끄러운 느낌을 어느 정도나 받았는가?

_____ 8. 은혜롭거나, 감사하거나, 고마운 느낌을 어느 정도나 받았는가?

_____ 9. 죄책감이 들거나, 후회스럽거나, 비난받았다는 느낌을 어느 정도나 받았는가?

_____ 10. 밉거나, 증오스럽거나, 의심 가는 느낌을 어느 정도나 받았는가?

_____ 11. 희망적이거나, 낙관적이거나, 기운 나는 느낌을 어느 정도나 받았는가?

_____ 12. 고무되거나, 사기충천하거나, 의기양양한 느낌을 어느 정도나 받았는가?

_____ 13. 흥미롭거나, 관심이 가거나, 호기심이 생기는 느낌을 어느 정도나 받았는가?

_____ 14. 즐겁거나, 기쁘거나, 행복한 느낌을 어느 정도나 받았는가?

_____ 15. 사랑스럽거나, 친밀하거나, 신뢰감이 드는 느낌을 어느 정도나 받았는가?

_____ 16. 자랑스럽거나, 자신감이 들거나, 자부심에 찬 느낌을 어느 정도나 받았는가?

_____ 17. 슬프거나, 우울하거나, 불행한 느낌을 어느 정도나 받았는가?

_____ 18. 두렵거나, 무섭거나, 겁나는 느낌을 어느 정도나 받았는가?

_____ 19. 평온하거나, 만족스럽거나, 평화로운 느낌을 어느 정도나 받았는가?

_____ 20. 스트레스 받거나, 긴장되거나, 부담스러운 느낌을 어느 정도나 받았는가?

긍정정서 비율 계산하기

1. 앞의 질문지로 돌아가서 긍정정서를 나타내는 10개 문항에 동그라미를 쳐 보자. '웃기거나, 경이롭거나, 은혜롭거나, 희망적이거나, 고무되거나, 흥미롭거나, 즐겁거나, 사랑스럽거나, 자랑스럽거나, 평온하거나'로 시작되는 항목들이 그것이다.

2. 앞의 질문지로 돌아가서 부정정서를 나타내는 10개 문항에 밑줄을 쳐 보자. '화나거나, 창피하거나, 경멸적이거나, 역겹거나, 당혹스럽거나, 죄책감이 들거나, 밉거나, 슬프거나, 두렵거나, 스트레스를 받거나'로 시작되는 항목들이 그것이다.

3. 동그라미 친 긍정정서 문항 중에 2점 이상으로 등급을 매긴 문항들의 수를 세어 보라.

4. 밑줄 친 부정정서 문항 중에 1점 이상으로 등급을 매긴 문항들의 수를 세어 보라.

5. 긍정정서 문항의 합계를 부정정서 문항의 합계로 나누어 긍정정서 비율을 계산하라. 이날의 부정정서 점수가 0점이었다면, 0으로 나눌 수 없는 문제를 해결하기 위해 대신 1로 나누라. 여기서 나온 결과치가 해당 일의 긍정정서 비율을 나타낸다.

긍정정서 높이기

긍정정서는 유쾌한 내재적 경험과 즐거운 생기로 반짝인다. 과거에 경험한 긍정적 순간들의 반짝임을 기억하면서, 우리는 새로운 긍정적 순간을 기쁘게 맞이한다. 타고난 본능으로 우리는 긍정정서를 갈구한다. 그러나 반짝이는 것이라고 다 금은 아니듯, 긍정정서에도 유사품과 먼 친척들이 넘쳐 난다. 유사품은 긍정정서에 대한 고대 지혜의 현대적 남용으로써, 마약과 도박, 갖가지 중독이 그에 해당한다. 먼 친척들에는 폭식이나 성적 흥분 같은 육체적 쾌락이 속한다. 이런 가짜 긍정정서는 기분을 좋게 하는 효과가 일시적이며 결과적으로는 악영향을 미치기 때문에, 진정한 긍정정서와 혼동하지 않도록 주의를 기울여야 한다(Fredrickson, 2004).

무익한 부정정서를 제거하는 것은 긍정정서 비율을 높이려는 첫 시도로 훌륭한 접근법이다. 그러나 이번에는 긍정정서 쪽에 집중해 보자. 진심 어린 긍정정서를 키우는 것은 인생에서 플로리시할 가능성을 드높이는 비결이다. 최신 연구들은 긍정정서 비율이 3 대 1 이상이 되면 보다 행복해질 것이라고 말한다. 그러나 그것은 긍정정서가 가져다주는 혜택의 절반도 설명해 주지 못한다. 우리는 또한 전보다 더 창의적으로 변화하고 회복력이 강해질 것이다. 그리고 더 잘 배우고 성장하게 되며 나날이 더 유능해질 것이다. 긍정정서 비율이 일단 이 플로리시의 영토에 진입하고 나면, 당신은 이 세상에 반드시 필요한 긍정적인 기여를 할 준비가 될 것이다. 다음은 프레드릭슨(2004)이 제시한 긍정정서를 높이는 열두 가지 방법이다.

1. 긍정정서 자주 검사하기

긍정정서를 높이기 위해서는 측정을 반복적으로 한다. 앞에 제시한 긍정정서 자가진단 테스트를 아무리 정직하게 완성했다 해도, 오늘 하루의 점수는 미심쩍게 보일 수밖에 없다. 오늘이 전체를 대변할 수 없기 때문이다. 감정은 나날이 달라진다. 그러므로 더 많은 날의 점수를 합산해 평균할수록 가늠치를 더 신뢰할 수 있게 된다. 이를테면 지세를 살필 때, 땅에서 한정된 면적에 국한되어 보는 것보다는 하늘에서 내려다보는 편이 지세를 보다 정확히 파악할 수 있는 방법이 되는 것과 같다. 따라서 하루가 아닌 여러 날에 걸쳐 감정을 측정하는 것이 이상적이다.

프레드릭슨(2009)은 보다 정확한 긍정정서 비율의 수치를 얻기 위해 평소대로 생활하면서 2주 동안 매일 저녁 비슷한 시간에 새 용지로 긍정정서 자가진단 테스트를 실시할 것을 권한다. 현재의 감정 상태를 헤아리면서 전날의 응답들을 보고 있을 필요는 없다는 것이다. 2주가 지나면 전체 기간에 걸친 긍정정서의 수효와 부정정서의 수효를 합한 다음, 긍정정서 비율을 계산하라. 장기간에 걸친 비율을 계산할 때에는 0으로 나눌 수 없는 문제에 맞닥뜨릴 가능성이 매우 낮다는 이점이 생긴다. 어느 날 하루는 특별히 부정정서를 느끼지 않고 지나갈 수 있겠지만, 그런 추세가 2주 내내 지속될 가능성은 희박하다. 또한 보다 많은 자료에 근거한 것이기 때문에, 이 2주간의 긍정정서 비율은 보다 신뢰할 만하며, 현재 자신의 정서 상태가 어떤지에 대해 보다 정확한 추정치를 제공하여 긍정정서를 높일 수 있다.

2. 진실성의 중요성

잠시 '진심 어린(heartfelt)'이라는 용어를 가만히 들여다보자. 가슴속에서 진정으로 긍정정서를 느끼려면 속도를 조금 늦출 필요가 있다. 현대인의 생활은 너무나 정신없이 빠르게 돌아가서, 내면 깊은 곳에 집중하지 못하고 바깥에만 정신이 팔리게 되는 경우가 많다. 이런 양상이 장기화되면 가슴이 무감각해진다. 긍정정서를 높이려면 가슴의 마비를 풀어야 한다. 가슴이 느끼도록, 가슴이 열리도록 하라. 눈과 귀와 지성이 아닌 가슴으로 보고 듣고 느낄 수 있도록 충분히 속도를 늦추라. 주변의 좋은 것들을 들이마시고 깊이 빨아들이라. 그것들과 결합하고 거기에 푹 빠져들라. 진실한 태도와 더불어 이런 느린 속도는 진심 어린 긍정정서를 이끌어 낼 것이다.

왜 이것이 중요할까? 느껴지지 않는 긍정정서는 공허하기 때문이다. 그것은 아무런 이득도 가져다주지 않는다. 사실 그것은 이득이 없을 뿐 아니라 오히려 아주 해로울 수 있다. 거짓된 미소는 분노만큼이나 심장의 기능을 해할 수 있기 때문이다. 긍정정서가 가미되지 않은 긍정 발언은 스트레스 호르몬만 잔뜩 분비시킬 뿐이다. 위선적인 긍정정서는 전혀 긍정정서라 할 수 없다. 그것은 가면을 쓴 부정정서이다. 긍정정서의 몸짓으로부터 진정한 혜택을 입기 위해서는, 속도를 늦추고 그 몸짓들이 의미하는 바를 가슴속 깊이 받아들여야 한다. 그것을 진심 어린 긍정정서로 만들라.

3. 축복을 셈하라

습관적인 사고를 변경함으로써 우리는 나쁜 것을 좋은 것으로 재구성하고, 좋은 일을 더 좋게 만들 수 있다. 심지어는 평범한 일로도 똑같이 할 수 있다. 밋밋하고 단조롭고 진부한 것을 반짝반짝 빛나는 것으로 만들 수 있는 것이다.

이런 정신적 전환은 축복을 셈하는 습관을 기름으로써 가능하다. 전에는 보이지 않았거나 평범하기 짝이 없던 일상의 단면들을, 소중히 여겨 마땅한 선물이라고 고쳐 생각하라. 이를테면, 매일 전철역으로 가는 출근길에서 당신은 똑같은 상점들을 지나게 될 것이다. 지금까지는 꽃집 가판대 앞으로 줄줄이 늘어선 커다란 양동이에 담긴 꽃들을 눈여겨본 적이 없을지도 모른다. 그런데 그 꽃이 어느 날 눈에 들어온다면 어떨까. 그 순간 당신은 그 꽃들이 누군가에게 기쁨의 꽃다발이 될 것이며, 사람들이 집에서 그 꽃들을 꽃병에 꽂으며 행복해지리라는 것을 깨닫게 될 것이다. 그러나 방금 새로 양동이에 그득 담긴 꽃들의 생생한 빛깔과 아찔한 향기가 그대로 전해져 오는 이 순간만큼은 그 풍성한 기쁨은 온전히 당신의 몫이다. 당신은 눈이 확 뜨이고, 살아 있음을 느끼며, 걸음이 빨라지고, 매일 그 꽃집 앞을 지나게 되는 출근길에 감사함을 느낄 것이다. 또 매일 새로운 꽃들을 보게 될 기대에 들뜨고, 날마다 그 가게를 지날 때마다 축복받는 느낌이 들 것이다.

평범해 보이는 일이 축복으로 변하는 일은 대인관계에서 훨씬 더 크다. 친절은 일상에서 너무나 자주 접하게 되는 것이어서 그 의미가 퇴색될 때가 많다. 그러나 당신을 향한 누군가의 친절을 알아차리고 진정으로 인정할 때 감사함이 느껴지고 따뜻한 배려에 가슴이 뭉클해진다. 그 감사한 마음을 말이나 행동으로 표현하면, 당신은 자신의 긍정정서를 높이게 될 뿐 아니라 상대방의 긍정정서 또한 함께 높이게 된다. 그리고 그 과정에서 그 사람의 친절을 더욱 자극하게 되고, 이는 서로의 관계가 더욱 공고해지는 결과로 이어진다.

4. 선행의 가치

친절에는 최소한 두 가지 측면이 있다. 축복을 셈할 때 우리는 흔히 다른 사람들이 나에게 얼마나 잘해 줬는지, 그리고 그로 인해 내가 얼마나 감사한 마음이 들었는지를 평가한다. 그러나 반대로 친절을 베푸는 사람 편에 서는 것도 긍정정서를 증대시킬 수 있는 또 다른 간단하고도 부담 없는 방법이다. 프레드릭슨(2009)은 실험 대상자들에게 그들이 친절하게 행동했던 모든 일을 날마다 기록하라고 요청한 적이 있다. 그 결과, 그들의 긍정정서가 크게 상승했다. 프레드릭슨(2009)은 이 '선행 셈하기' 개입법은 플로리시하는 사람들이 친절에 더 익숙하고, 보다 타인 중심적이며, 어떻게 하면 그들이 긍정적인 변화를 일으킬 수 있을지에 대해 보다 관심을 가지기 때문에 효과를 낸 것 같다고 했다. 친절과 긍정정서는 함께 상승한다. 단순히 자신의 선행을 인지하는 것만으로도 이런 나선형 상승을 일으킬 수 있다.

자신의 선행을 인지하고 평가하는 안목을 기르는 것은 단지 사고 전환의 문제이다. 사고만 전환하면 더 많은 것을 알아차릴 수 있다. 의도적으로 친절한 행동을 더 많이 함으로써 긍정정서를 키울 수 있다는 것은 실험으로 증명된 사실이다.

5. 열정을 좇으라

열정적으로 살라. 스스로에게 놀 시간을 허락하라. 유독 당신을 몰입에 빠져들게 하는 활동을 찾으라. 몰입 상태는 어떤 활동이 부과하는 도전 수준은 높으나 자신의 능력이 그에 부합할 때, 그 활동에 완전히 빠져들게 되는 순간을 말한다. 이때는 우리의 모든 행위와 동작이 자연스레 사고에서 흘러나온다. 취미 활동을 할 때 몰입을 경험하는 사람들이 있는데, 하나의 예가 바다낚시이다. 낚시를 할 때는 몇 시간이고 물속에 서서 자신이 그곳에 영원히 머물

수 있기를 바라는 마음을 가지며 파도를 읽고 낚싯줄을 던진다. 식탁에 오르는 것은 거의 없다. 요리도 몰입의 대상이다. 요리책을 보고, 계획을 세우고, 정성스레 식사 준비를 하는 것을 즐거워한다.

하지만 대개 사람들이 몰입을 경험하는 순간은 일을 할 때이다. 분명한 목표와 피드백이 있기 때문이다. 프레드릭슨도 그렇다고 한다. 그녀는 자신이 지상 최고의 직업을 가졌다고 생각한다. 연구 계획을 세우고, 자료를 분석하고, 새로운 사실을 발견하며, 새내기 학자들을 지도하고, 자신이 배운 정보를 전달할 적절한 방식을 찾는 이 모든 활동을 할 때 시간 가는 줄 모르고 빠져든다.

6. 미래를 꿈꾸라

긍정정서를 증대시킬 또 다른 간편한 방법은 더욱 자주 미래를 꿈꾸는 것이다. 자신이 도달할 수 있는 최고의 결과를 그려 보라. 미래에 성공한 자신의 모습을 세밀하게 시각화하라. 프레드릭슨의 실험 대상자들 중에 무작위로 그런 연습을 하도록 배정받은 사람들이 일상적인 자기반성을 하도록 배정받은 사람들에 비해 신뢰할 만한 긍정정서의 증가를 보였다. 시각화가 어떤 식으로 영향을 미치는지는 아직 분명히 밝혀지지 않았지만, 한 가지 추측은 매일의 목표와 동기가 꿈에 다가가도록 한다는 것이다. 이는 당연히 우리의 일상적인 활동에서 좋은 점을 더 많이 끌어내도록 도울 것이다. 놀랍게도, 시각화는 우리가 그 시각화된 행동을 실제로 실행할 때와 같은 부위의 뇌를 활성화시킨다는 것이 입증되었다. 그 때문에 시각화가 운동선수들에게 그토록 강력한 도구로 활용되어 온 것이다. 정신적 훈련은 신체적 훈련만큼이나 효과적일 수 있다. 적어도 활력을 주는 하나의 긍정적인 보완물임에는 틀림없다.

7. 강점을 활용하라

매일 자신이 가장 잘하고 좋아하는 일을 할 기회를 갖는 사람은 훨씬 플로리시할 가능성이 높다. 강점은 매우 개인적인 것이라 사람마다 다르다. 일부 강점은 일에서 가장 큰 기여를 할 수 있는 특성들을 말하며, 다른 강점들은 심리적인 것으로 함께 연합하여 활용될 때 전반적으로 인생에 기여하고 특유의 영향을 미칠 수 있는 특성들을 뜻한다. 연구 결과, 자신의 강점을 아는 사람이 최고의 성과를 올릴 수 있다는 것이 입증되었다.

긍정심리학 분야에서 초창기에 가장 많이 노력을 기울인 일 중 하나는 셀리그만이 직접 지휘한 호기심과 끈기, 친절, 공정성, 겸손, 낙관성 등이 포함된 스물네 가지 성격강점을 기초로 사람들을 분류하는 신뢰도 높은 설문조사법을 개발하는 것이었다. 셀리그만은 미시건 대학교의 피터슨과 함께 전 세계의 다양한 문화권을 대상으로 설문조사를 벌여, 'VIA(Values-In-Action) 가치행동 검사'라 불리는 성격강점과 미덕에 관한 종합편람을 만들었다. 자신의 강점을 파악하는 아주 유효한 또 다른 방법은 자신을 잘 아는 사람들에게 그들이 보기에 자신이 최상의 능력을 발휘하는 때의 모습에 대해 설명해 달라고 하는 것이다. 이 '반사된 최상의 자기(Reflected Best Self: RBS)'는 로버츠(Roberst)와 더튼(Dutton)이 개발한 것이다. 이 방법은 『하버드 비즈니스 리뷰』에 자기계발을 위한 효과적인 도구로 크게 다뤄진 이래 널리 인정을 받아 왔다.

아무리 자신의 강점을 안다 하더라도 새로운 통찰력으로부터 일시적인 능력 이상을 끌어내는 핵심 비결은 자신의 강점을 더욱 자주 활용할 수 있는 방식으로 업무나 일상생활을 재구성하는 데 있다. 단순히 감사일기를 쓰거나 자신이 달성 가능한 최상의 모습을 머릿속으로 그리는 것보다 업무나 일상생활을 재구성하는 것이 좀 더 노력을 요하는 일이기는 하지만, 그것은 확실하고 반복적인 효과를 약속한다. 통제된 실험에서 단순히 자신의 대표강점을 아는 것과 거기에서 더 나아가 그 강점들을 활용하려고 노력한 경우를 비교한 결과, 강점만 알고 있는 경우는 긍정정서의 증가가 현저하지만 일시적이었던 반면 강점을 활용할 새로운 방식을 찾고 적용한 데서 온 긍정정서의 증가는 현저하면서도 지속적이었다.

8. 다른 사람들과 함께하라

플로리시는 혼자만의 노력으로 달성할 수 없다. 누구도 혼자서는 자신의 잠재력을 완전히 발휘하지 못한다는 것은 과학적으로도 입증된 사실이다. 플로리시하는 사람은 누구나 배우자나 애인, 가까운 친구나 가족 혹은 이 모든 사람과 따뜻하고 신뢰감 있는 관계를 맺고 있다. 쇠퇴하는 사람과 비교해 플로리시하는 사람은 매일 더 많은 시간을 가까운 사람과 보내며 혼자 있는 시간이 적다. 실제로 플로리시와 좋은 사회적 관계를 유지하는 것 사이의 연관성은 매우 강하고 신뢰성이 높아, 학자들은 그것을 플로리시를 위한 필요조건이라 생각해 왔다.

이는 일부분 단순히 다른 사람과 함께 있는 것이 긍정정서를 높일 수 있는 하나의 확실한 방법이 될 수 있음을 말한다. 학자들은 이런 기본적인 사실을 널리 입증해 왔다. 어떤 학자들은 사람들의 일상적 활동과 정서를 추적했으며, 다른 학자들은 실험 대상자들에게 무작위로 다른 사람과 함께 있도록 하거나 그러지 않도록 함으로써 보다 통제된 접근 방식을 취했다. 어떤 방식으로 바라보든 결과는 분명했다. 사람들은 혼자 있는 것보다는 타인과 함께함으로써 긍정정서를 더 많이 얻었다.

　프레드릭슨(2009)은 가급적이면 매일 남들과 함께하라고 말한다. 천성적으로 매우 외향적인 사람이라면 원래 성격대로 행동하면 된다. 그러나 각종 실험에서는 원래의 성향이 내성적인 사람들도 다른 사람들과 있을 때 단순히 외향적으로 행동하는 것만으로도 그 사회적 관계 속에서 더 많은 긍정정서를 끌어낼 수 있다는 것이 입증되었다.

9. 자연과 교감하라

　자연환경은 사회적 환경만큼이나 플로리시에 중요한 요소이다. 따라서 긍정정서를 증가시키기 위한 아주 손쉬운 또 다른 방법은 밖으로 나가는 것이다. 더 정확하게 말하면, 화창한 봄날에 밖으로 나가면 좋다. 이 조언은 프레드릭슨의 학생이었던 맷 켈러(Matt Keller)의 연구에 근거한 것이다.

　맷은 날씨가 긍정정서에 미치는 영향에 지대한 관심을 갖고 있었다. 내내 해가 쨍쨍한 텍사스주에서 살다가, 학교 때문에 미시건주 앤아버로 옮겨 오면서부터 생긴 관심이었다. 앤아버에는 호수가 많아 구름이 자주 끼었다. 앤아버의 구름은 어찌나 낮게 깔리는지, 프레드릭슨 역시 그곳에 살 때 자주 구름이 머리 위로 쌓이는 것 같은 느낌을 받았다. 앤아버의 날씨와 기분 사이의 연관성에 호기심이 발동한 맷은 관련 주제에 대한 연구 논문들을 찾아보았다. 그러나 놀랍게도 좋은 날씨가 기분에 미치는 영향이 시시한 이야기로 치부되어서인지 전혀 경험적인 증거를 발견할 수 없었다. 맷은 그 사실을 믿을 수가 없었다.

　그는 이상할 정도로 학문적 증거가 부족한 이유가 사람들이 바깥에서 보내는 시간 자체가 부족하기 때문일지도 모른다는 생각이 들었다. 안타깝게도, 현대인들은 날씨에 대한 직접적인 노출에서 거의 차단된 채 평균적으로 93%의 시간을 실내에서 보내고 있는 것이다. 이 점에 착안하여 맷은 날씨가 좋을 때 적당한 시간을 바깥에서 보내면 사람들의 긍정정서 수치가 올라가리라고 예측했다.

　프레드릭슨 연구실에서는 연구 참가자들의 사고의 확장이나 마음의 개방성에 대해서뿐 아니라 그들의 기분에 대해서도 정기적으로 자료를 수집하고 있다. 어느 봄날 이 표준적인 질문 양식에 맷은 "오늘 당신은 지금 이 시간까지 얼마나 많은 시간을 바깥에서 보냈습니까?"라는 간단한 질문 하나를 추가했다. 그리고 나중에 미국 국립기후자료센터 홈페이지에서 앤아버 지역의 정확한 날씨 정보를 내려받았다. 이 두 자료를 비교한 결과, 두 가지 확실한 결과가 나왔다. 날씨가 좋은 날 20분 이상을 야외에서 보낸 사람들은 긍정정서의 증가를 보였다. 그러나 바깥에 거의 나가지 않은 사람들의 경우에는 날씨와 긍정정서 사이에서 연관성을 찾아보기 힘들었다. 또 전자의 사람들은 보다 폭넓고 개방적인 사고를 한 것으로 나타났다. 심지어 활동기억폭마저도 늘어났다. 그들은 문자 그대로 더 많은 생각을 머리에 담을 수 있었다. 활동기억폭은 오래전부터 지능의 대리 측정치로 여겨져 왔기 때문에, 참으로 놀라운 발견이 아닐 수 없었다. 단순히 바깥에 나가는 것만으로 더 똑똑해질 수 있다니!

이듬해 봄, 프레드릭슨 연구팀은 실험 참가자들을 밖에서 시간을 보내거나 그러지 않도록 하는 집단에 무작위로 배정한 뒤 긍정정서와 사고의 확장 정도를 측정하여 맷의 예측을 실험적으로 검증해 보았다. 여기에서도 같은 결과가 나왔다. 날씨가 좋을 때 바깥에서 시간을 보낸 참가자들이 긍정정서의 증가와 사고의 확장을 보였다. 이후 1년여 동안 연구가 지속되면서, 이것은 바깥 기온이 활동하기에 적당한 봄과 초여름에만 두드러지게 나타나는 계절적 효과라는 것이 드러났다.

맷의 발견은 자연 체험의 이점에 대한 다른 학문적 연구와도 일치한다. 자연 속에 들어가면 우리는 자기도 모르게 관심이 끌리는 '매혹'과, 그 관심을 완전히 충족시킬 만큼 충분한 면적과 풍성함을 제공하는 자연의 '광대함'을 느끼게 된다. 자연 체험에 따르는 이 두 가지 특징은 긍정정서와 개방성을 일으키며, 또한 자연 속에서 보내는 시간 동안에는 치유되고 회복되는 경험을 하게 된다(Fredrickson, 2009).

10. 생각을 열라

따사로운 햇빛에 꽃이 꽃망울을 터뜨리는 것처럼, 우리의 생각도 긍정정서를 만나면 자연스럽게 열린다. 이 결합의 장점은 긍정정서와 개방성이 서로를 촉진하고 보강하며 나란히 나아간다는 데 있다. 이 쌍방향의 연결성은 반대로 생각을 개방함으로써 긍정정서를 증진시킬 수 있다는 뜻도 된다.

프레드릭슨은 서로 얽히고설키며 올라가는 이 나선형 상승을 7일간의 묵언수행 중에 매 시간 마음챙김 연습을 하면서 본능적으로 감지했다. 수행 기간 동안 경이, 감사, 기쁨, 깊고 영원한 평온 같은 긍정정서가 내면에 가득 찼다. 긍정정서의 새로운 물결을 만날 때마다 배움과 수행에 더욱더 개방적이 되었다. 그리고 깊은 호기심이 일었다. 프레드릭슨은 마음챙김이 어떻게 부정정서를 감소시키는지에 대해서는 증거를 갖고 있었지만, 당시 경험하고 있던 긍정정서를 어떻게 해방시킨 것인지에 대해서는 정확히 알지 못했다. 프레드릭슨은 마음 챙김이 자신이 평생 연구한 긍정정서의 확장 및 구축 이론과 어떤 연관성이 있을지 궁금해 졌다.

묵언수행 때 스승들은 마음챙김이 현재의 순간에 집중하고 개방되는 경험을 함으로써 배 우고 연습할 수 있는 하나의 기술이라고 누차 강조했다. 마음챙김은 일상생활에서 만나는 역 경에 대처할 유용한 수단을 제공해 주었다. 당시 프레드릭슨에게 충격적이었던 점은, 마음챙 김 훈련이 긍정정서와 함께 자연스럽고 자동적으로 발생되는 뭔가를 하도록 가르친다는 점 이었다. 그것은 바로 우리가 생각을 열도록 가르치는 것이다. 마음챙김을 연습할 때, 우리는 직접적으로 긍정정서를 배양하는 것이 아니라 먼저 개방성으로 나아간다. 그러나 개방성과 긍정정서는 결국 서로가 서로를 유발하고 증폭시키면서 한데 융합되기 때문에, 새로 배양된 개방성은 긍정정서로 나아가는 문을 활짝 열어젖히고 나선형 상승을 불러일으킨다.

누구나 가끔씩 생각이 열리고 주의가 집중되는 경험을 해 보았을 것이다. 긍정정서는 먼 옛날 인류의 조상들로부터 면면히 이어져 내려온 특성이다. 자연의 섭리대로, 긍정정서는 우 리의 생각을 열어 준다. 자연은 우리가 인생에서 최소한 약간이나마 마음챙김 명상을, 즉 우 리를 성장의 궤도에 올려놓고 우리에게 자원들을 구축해 주는 개방성을 경험하도록 보장해 주었다. 우리는 진정한 긍정정서를 경험할 때마다 자동적으로 별다른 노력을 기울이지 않고 확장 및 구축의 순간들을 얻는다. 그리고 그 확장 및 구축의 순간들을 더 원한다면 좀 더 자 신을 열면 된다. 주변 환경에 대해 마음챙김 명상을 연습하라. 그럼으로써 당신은 의도적으 로 생각을 열 수 있다. 그것은 긍정정서가 생성하는 것과 똑같은 생각의 개방성에 도달할 수 있는 유용한 수단이다. 인간 정서체계의 구조 덕분에, 일단 의도적으로 개방성을 배양하고 나면 긍정정서는 확장 및 구축에 따르는 무리와 함께 자동으로 발생한다.

이 아이디어들을 뒷받침하기 위해, 한 연구에서 실험 대상자들에게 마음챙김 명상 수행 을 하거나 그러지 않도록 무작위로 과업을 배정했다. 실험군이 명상을 배우기 전과 후에 각 각 전체 참가자들은 두개골 전반에 걸쳐 27개의 작은 센서가 달린 모자로 뇌 활동 검사를 받 았다. 훈련 직후와 4개월 후에서 모두, 명상을 한 사람들이 긍정정서의 증진과 연결되는 좌뇌 활동의 증가를 보였다. 또 다른 연구에서는 이제 막 명상을 시작한 사람들에 비해 명상에 숙 련된 사람들이 긍정정서의 증가는 물론이고 자기인식도과 수용성 면에서도 더 많은 증가를 보인다는 사실을 발견했다. 확실히, 개방성과 긍정정서는 함께 움직인다. 이와 같은 연구 결 과들은 마음챙김 명상을 통해 연습할 수 있는 개방의 노력이 실제로 긍정정서를 높인다는 것 을 말해 준다.

11. 마음을 열라

마음챙김 명상이 사고를 열어 준다면, 예부터 내려온 다른 명상법들은 마음을 열어 주는 데 보다 직접적으로 관여하는 것으로 보인다. 이런 명상법들은 타인과의 유대를 느끼도록 도와서 지역사회에 진정한 긍정정서를 불러일으킨다.

명상에 대한 대부분의 서양 학문이 마음챙김 명상에 중점을 두어 온 데 반해, 프레드릭슨은 그 사촌격 되는 자애명상에 대해 연구해 보고 싶은 생각이 들었다. 자애명상은 『자애명상(loving-kindness meditation)』이라는 저서를 인용해 만들어졌다(Sharon Salzberg, 1995). 프레드릭슨이 맨 처음 자애명상에 관심을 갖게 된 것은 그것이 긍정정서를 유발하는 데 보다 직접적인 목표를 두고 있기 때문이었다. 연구 과정에서 프레드릭슨은 자애명상 수행에서 유발되는 정서적 반향들에 대해 많은 것을 알게 되었다.

자애명상은 온정의 정서와 자신 및 타인을 돌보는 마음을 증대시키기 위해 사용되는 기법이다. 마음챙김 명상과 마찬가지로 자애명상 역시 고대 불교의 정신수양 훈련에서 비롯됐다. 모든 수행에는 흔히 가부좌를 틀고 앉아 눈을 감는 조용한 묵상이 포함되지만, 자애명상은 특히나 열린 마음 자세로 자비심과 동정심을 갖도록 정서를 훈련시키는 데 목표를 둔다. 처음에는 이 자비심이 자기 자신에게로 향하게 하며, 그다음에는 타인을 포함하는 점점 더 큰 원의 영역으로 확대시킨다.

자애명상 수행이 백발백중 긍정정서를 치솟게 하는 마법의 알약은 아니다. 하지만 이런 형태의 명상 수행에서 발생하는 긍정정서는 음미하고 집중하는 능력의 향상에서부터 보다 수월하게 스스로를 받아들이고, 긍정 의미를 발견하고, 타인을 신뢰하기에 이르기까지 사람들의 삶에 광범위한 이익을 가져다준다. 심지어 명상 수행자들은 통증을 덜 느끼고, 감기나 독감에도 잘 걸리지 않는 경향이 있다. 자애명상 연습으로 사람들은 일상의 정서가 흐르는 강바닥을 보다 높은 지대로 옮기는 데 도움을 받으며, 궁극적으로는 우울감이 줄어들고 전반적으로 삶에 대한 만족도가 높아진다. 이 실습은 일정 단어와 문장을 낭송함으로써 '한없이 따스한 마음'이 들도록 도와준다. 이 느낌의 힘은 가족과 종교, 사회계층에 한정되지 않는다. 명상은 자신으로부터 시작해 서서히 넓어져 마지막으로 모든 것의 행복과 웰빙을 기원한다. 시작은 다음과 같은 문장으로 한다.

"저를 행복하게 해 주세요. 저를 온전하게 해 주세요. 저를 안전하게 해 주세요. 저에게 평화와 안정을 주세요."

문장들을 낭송하면서 그것이 의미하는 것에 몰두한다. 자애명상은 우리의 고결한 마음과 타인의 행복을 연결해 준다. 사랑과 친절, 수용의 자애가 당신을 채우게 하라. 그리고 문장을 낭송하면서 이 정서들을 증폭시키라. 명상을 계속하면서 자신의 모습을 머릿속에 그려 자애의 마음이 자신에게 돌아오게 하는 것도 좋다. 자애의 마음을 자신에게 향하게 한 후엔 자신을 정말 아끼는 친구의 모습, 사랑하는 사람의 모습을 떠올려 보라. 그리고 그를 위해 천천히 사랑과 친절의 문장을 낭송한다.

　　　"그를 행복하게 해 주세요. 그를 온전하게 해 주세요. 그를 안전하게 해 주세요. 그에게 평화
　　와 안정을 주세요."

　　문장들을 낭송하면서 가슴 벅차오르는 정서와 의미에 집중한다. 자애의 마음이 부풀어 오른다면 그 마음을 자신이 낭송하는 단어들과 연결해 낭송이 그 마음을 극대화하도록 한다. 명상을 진행하면서 친구와 가족, 이웃, 지인, 타인, 동물 그리고 마지막으로 자신이 어려워하는 사람까지 사랑과 친절의 원에 포함시킨다(Seligman & Rashid, 2018). 자애명상은 관계의 긍정정서를 높여 준다.

12. 부정정서 낮추기

　　긍정심리학은 긍정정서를 중요하게 여긴다. 긍정정서가 다양한 분야에서 더 좋은 기능을 하게 해 주기 때문이다. 그런데 왜 부정정서를 다룰까? 상대적이기도 하지만 부정정서를 줄이는 것이 긍정정서를 높이는 데 가장 빠르고 효과적인 방법이기 때문이다. 긍정심리학의 목표는 부정정서를 줄이는 것이지, 완전히 없애는 것이 아니다. 부정정서가 유용할 때도 있기 때문이다. 예컨대, 누군가의 죽음에 슬퍼하고, 불의와 싸우기 위해 분노하며, 자신이나 자녀에게 해를 입힐지 모르는 것에 두려움을 갖는 것은 도움이 된다. 이 같은 부정정서는 우리에게 현실을 직시하게 하고 정직성을 유지할 수 있게 해 준다. 따라서 긍정심리학의 진정한 목표는 부적절하거나 무익한 부정정서를 줄이는 것이다.

　　프레드릭슨(2004)은 무익한 부정정서를 줄이기 위한 수많은 기술을 축적하고 검증해 왔다. 프레드릭슨의 부정정서를 줄이는 기술을 몇 가지 소개하겠다.

　　첫째, 부정사고를 반박하라　　부정사고를 반박하면 부정정서의 싹을 잘라 버릴 수 있다. 부정

사고를 반박할 때 우리는 약간의 실망과 희망이 뒤섞인 느낌을 받는다. 그 반박에 실패하면 실망에 빠지게 되며 그것은 순식간에 불안과 절망, 수치심, 공포심 등으로 자라난다. 이렇게 무성하게 자란 부정정서 속에는 희망이나 긍정정서가 생겨날 공간이 없다. 부정정서 속에 꼭 꼭 갇혀 버리고 마는 것이다.

그렇다면 부정사고에 대한 반박에 성공하려면 어떻게 해야 할까? 왜곡된 부정사고를 반박하는 법을 배우는 것이 중요하다. 이 기술은 회복력 치료와 인지행동치료의 핵심이기도 하다. 꼭 정신질환을 가진 환자들만 이 기술의 혜택을 볼 수 있는 것은 아니다. 누구나 이 기술을 사용해 사실을 견지하면서 부정정서가 다가오지 못하게 사전에 예방할 수 있다. 이 왜곡된 부정사고 반박 방법은 낙관성의 반박하기와 같다.

둘째, 반추의 손아귀를 뿌리치라　우리 머릿속에서는 종종 혼란이 빚어진다. 배우자와 싸웠다든가 하는 뭔가 좋지 않은 일이 생기면 그 일을 자꾸만 되뇌게 된다. '나한테 이기적이라고 한 건 무슨 뜻일까?' '내가 정말로 이기적인가?' '이러다 이혼하게 되는 건 아닌지 몰라.' '난 혼자 살아야 할 운명일까?' '남편 말이 맞으면 어쩌지?' '어쩌면 그는 더는 나를 사랑하지 않는지도 몰라.' '내가 정말로 그렇게 애교가 없나?' 하는 생각이 꼬리에 꼬리를 물기 때문이다.

학자들은 이런 사고양식을 '반추(反芻)'라고 부른다. 반추는 부정사고와 부정정서를 계속해서 되뇔 때 일어난다. 조그만 걱정을 반추하다 보면 그 걱정이 불안발작으로 확대된다. 약간의 슬픔에 반추를 더하면 우울증으로 악화된다. 분노에 대해서도 마찬가지이다. 내면적으로 경험한 좌절과 분노, 격노가 반추의 부추김으로 신체적 폭력이나 언어적 폭력으로 비화되기도 한다. 반추는 순수한 부정정서의 누룩에 의해 무익한 부정정서로 커다랗게 부풀려져 우리 머릿속을 가득 메운다.

이처럼 반추는 좀처럼 긍정정서에 공간을 허용하지 않는다. 부정사고를 반박할 수 있도록 내버려두지 않는다는 것이다. 그래서 당신이 처한 상황의 진실을 파악하려면 또렷한 시야가 요구된다. 당신이 맞닥뜨린 상황을 객관적으로 생각하기 위해서는 먼저 내리막길로 미끄러지기를 멈추고 반추의 손아귀를 뿌리쳐야 한다. 다행히도 그럴 수 있는 과학적으로 검증된 방법이 있다. 바로 인식이다. 반추의 해로운 사이클이 시작될 때 그것을 알아볼 수 있는 능력이 필요하다. 또 끊임없는 생각의 되새김질이 아무런 이득도 가져다주지 못한다는 것을 인식할 필요가 있다. 그래야 비로소 완전히 다른 무언가를 하기로 선택할 수 있기 때문이다.

셋째, 부정정서의 지뢰를 제거하라　평상시 하루 일과를 돌아보자. 그리고 어떤 상황이 부정정서를 가장 많이 유발하는지 스스로에게 질문해 보자. 그렇게 함으로써 부정정서의 지뢰를 찾을 수 있다. 그때가 출퇴근 시간인가, 식사 시간인가, 아니면 특정 가족 구성원이나 직장 동료와 함께할 때인가? 지뢰를 찾았다면 다시 자신에게 물어보자. 그것이 필요한 부정정서인가, 무익한 부정정서인가, 아니면 둘 다인가?

상황을 면밀하게 검토하라. 그리고 또렷한 시각으로 바라보도록 주의하라. 그래야 필요한 부정정서와 불필요한 부정정서를 구분할 수 있다. 필요한 부정정서는 사실을 있는 그대로 받아들이며 우리를 계속해서 앞으로 나아가게 한다. 소중한 사람을 잃었을 때 눈물이 나는 게 당연하다. 울음은 우리가 슬픔을 털고 일어서도록 하는 데 필요한 것인지도 모른다. 마찬가지로 잘못된 행동에 대해 죄책감을 느끼는 것은 교훈적인 경험이 될 수 있다. 이런 종류의 부정정서는 우리로 하여금 건강과 생산성을 유지하도록 도와준다.

반면, 불필요한 부정정서에서는 얻을 게 아무것도 없다. 그것은 당면한 상황에 비해 엄청나게 크기 때문에 쉽게 눈에 띈다. 불필요한 부정정서는 과도하고 과다하며 전혀 비율에 맞지 않게 부풀려져 있어 보기 흉하다. 어쩌면 거기에는 우리 쪽의 자기중심적인 술책이나 생각 없는 언어적 공격 또는 자기편달의 채찍질 소리가 반영된 것인지도 모른다.

무익한 부정정서를 목격하면 그런 활동이나 상황이 다시 반복될 가능성이 있는지 스스로에게 물어보라. 만약 그렇다면 그런 무익한 부정정서를 꼭 되풀이할 필요가 있는지 생각해보라. 어쩌면 아예 피해 버릴 수도 있을 것이다. 물론 부정정서를 유발하는 모든 상황을 다 피할 수 있는 것은 아니다. 출퇴근하거나 세탁하기, 치과 가기 등이 그런 일들이다. 불필요한 부정정서를 일으키는 어떤 상황을 피할 수 없다면 그것을 억제할 수 있는 최소한의 세 가지 대안이 있다. 상황을 변경하거나, 상황에 다른 각도로 접근하거나, 그 의미를 바꾸는 것이다.

필요하다면 과도한 부정정서를 유발하는 상황의 의미를 바꿀 수도 있다. 인지행동치료의 도구함 중 인지 도구들이 그런 일을 한다. 그 도구들은 한 가지 의미를 다른 의미로 대체하도록 해 준다. 당신의 경우 치과에 가는 것을 고통의 잔치로 볼 수도 있고, 불쾌한 경험을 이기는 도전이나 건강을 지키기 위해 필요한 하나의 수단으로 받아들일 수도 있다.

이런 식의 재해석은 불필요한 부정정서를 제거한다. 일상생활에서 반복적으로 발생하는 무익한 부정정서의 원천을 감지했다면, 어느 순간에 가장 먼저 긍정의 의미를 부여할 필요가 있는지 알 것이다.

넷째, 자신의 대중매체 섭취를 평가하라　매일 아침 당신이 받아 보는 신문의 헤드라인은 긍정적인 제목인가 또는 부정적인 제목인가? 셀리그만이 1967년부터 2000년 초까지 미국에서 발행된 주요 신문 기사에 나오는 단어를 분석한 결과 압도적인 비중으로 등장한 단어가 '화'였다. 그리고 '걱정' '불안'이 그 뒤를 이었다. 최근 들어 '우울'이란 단어도 많이 등장하는 추세라고 한다. 반면, '기쁨'이나 '즐거움'이란 단어는 고작 410번밖에 등장하지 않았고, '행복'은 좀 더 많은 1,710번, '삶의 만족'은 2,580번 나왔을 뿐이다. 전체적인 비율을 보면 부정 단어 3개가 긍정 단어 3개보다 21배나 많았다고 한다. 왜 대중매체는 이렇게 부정적일까?

프레드릭슨은 '폭력적인 기사가 많을수록 시청률이 잘 나온다.'라는 말은 뉴스 보도국의 공공연한 비밀이라고 말한다. 부정정서가 관심을 붙잡고, 사람들을 끌어들이며, 계속해서 보게 한다는 것은 이미 학문적으로 입증된 사실이라는 것이다. 이 점을 마케팅 담당자들도 오래전부터 알고 있었기 때문에 부정정서는 줄곧 전면을 장식하고 있다.

신문과 방송 등 각종 언론매체에 의해 양산되는 부정정서는 종종 폭력성보다 포착하기가 쉽지 않다. 예컨대, 시각적 매체에서 표현하는 날씬함, 성적 능력, 아름다움, 인종에 대한 암묵적인 메시지를 생각해 보라. 가족이나 친구, 학교나 직장보다 대중매체가 훨씬 많이 우리에게 무엇이 기대되며 무엇이 '표준'인가를 가르친다. 시청자는 자신이 표준에 부합하지 않는다는 느낌을 자주 받게 된다. 이것은 수치심을 일으켜 또래와의 교감을 저해할 수 있으며, 그렇지 않다고 하더라도 일상의 즐거움을 축소시킨다.

우리는 먹는 음식에 대해 하나의 문화로 생각하고 지대한 관심을 갖게 됐다. 불필요한 독소의 섭취를 원하지 않으면 유기농으로 재배된 식품을 구입한다. 건강에 해로운 지방을 피하고 싶으면 영양성분표를 참고한다. 그러나 대중매체의 해로운 메시지는 아무 생각 없이 섭취하고 있다. 무익한 부정정서 수치를 높이는 반복적인 활동이 있는지 검토하면서, 매체의 섭취 도중과 후에 어떤 느낌이 드는지 주의 깊게 관찰해 보라. 당신이 느낀 모든 부정정서가 다 필요한 것이었는가? 일부는 불필요한 것이 아니었는가? 불필요한 부정정서라는 포화지방을 줄이기 위해 매체 섭취를 어떻게 변경할 수 있는가? 프레드릭슨이 찾아낸 해결책 하나는 온라인으로 뉴스를 보는 것이다. 그렇게 하면 제목을 훑어보고 나서 무엇을 '먹을지' 선택할 수 있어서이다. 매체 섭취에는 양면성이 있다. 우리에게 정보와 즐거움을 주기도 하지만, 종종 긍정정서 비율을 떨어뜨리는 대가를 치르게 하기도 한다.

다섯째, 부정적인 사람들에게 슬기롭게 대처하라 누군가가 매일같이 당신 앞에 나타나 쓸데없이 부정적인 이야기를 늘어놓는다면 어떨까? 그 사람은 매사 불만이 많은 옆자리의 직장 동료일 수도 있고, 걸핏하면 화를 폭발하곤 하는 직장 상사일 수도 있다. 아니면 배우자가 당신의 기분에 찬물을 끼얹는 데 한몫하는지도 모른다.

프레드릭슨은 이렇게 부정적인 사람들을 어떻게 대해야 하느냐는 질문을 수없이 받는다고 한다. 그럴 때 그녀는 어떤 상황에서든 불필요한 부정정서를 억제할 수 있는 세 가지 기본적인 방법 중 하나를 택하라고 말한다. 그 세 가지 방법은 사회적 상황을 변경하는 것, 상황에 다른 각도로 접근하는 것, 상황의 의미를 바꾸는 것이다. 부정적인 사람들과의 접촉을 피하는 것도 가능하겠지만, 그것은 가장 마지막에 취할 방법이다. 이들 방법으로 충분히 자신에게 내재된 변화의 능력을 이끌어 낼 수 있기 때문이다.

　프레드릭슨은 학자들을 위한 7일간의 명상회에 참여했을 때 커다란 교훈을 얻었다고 한다. 스승들은 참가자들에게 명상 장소에 제시간에 와서 공식적으로 집단 수행이 끝날 때까지 자리를 뜨거나 하여 다른 사람을 방해하는 일이 없도록 하라고 거듭 당부했다. 그런데도 프레드릭슨 옆자리의 남자는 명상 시간마다 매번 10분 정도 늦게 올 뿐 아니라 제멋대로 중간에 나가 버리는 바람에 주변 사람들의 달콤한 수행을 방해하곤 했다.

　주 중반에 스승 한 명이 이 문제를 직접적으로 거론했다. 그 스승은 먼저 우리가 느끼는 분노를 마음으로 받아들이라고 했다. "분노는 상대방에게 그렇게 행동하지 말라고 고함치고 싶은 충동을 일으킵니다. 욕을 해대고 싶게 만듭니다." 하지만 스승은 그러는 대신 화가 나는 상황에서 아무 판단도 하지 않고 아무 반응도 보이지 않는 연습을 할 기회를 준 것에 대해서 늦게 오고 중간에 자리를 뜬 사람에게 속으로 감사하라고 권유했다. 감사하는 마음이 연민을 일으키고 평온을 되찾아 줄 거라는 말이었다. 프레드릭슨은 이 단순한 방법이 얼마나 효과적인지 깨닫고 크게 놀랐다고 한다. 매번 시도할 때마다 그 방법이 짜증스러움을 잠재우고 미소를 떠올리게 해 주었다는 것이다.

　긍정정서의 가치는 긍정정서의 양이 부정정서의 양에 비해 상대적으로 얼마나 많으냐에 따라 좌우된다. 또한 부정정서가 긍정정서보다 더 강하게 느껴진다는 '부정편향' 역시 부정정서를 줄이려는 노력이 보다 빠른 효과를 가져다줄 수 있음을 입증한다. 같은 양일 때 나쁜 것이 좋은 것보다 더 영향력이 강하기 때문이다. 어쩌면 생각보다 우리의 긍정정서 비율은 부정정서의 일일 섭취량에 의해 더 많이 좌우되는지도 모른다. 이 부정정서를 낮추는 방법을 실천해 긍정정서를 키우길 바란다(Fredrickson, 2009).

제4장

긍정심리 과거, 현재의 긍정정서

과거의 정서

셀리그만(2002)은 긍정정서가 과거의 것일 수도 있고, 현재나 미래의 것일 수도 있다고 했다. 이 장과 다음 장에서는 셀리그만의 과거와 현재의 긍정정서, 미래의 긍정정서를 중심으로 다룬다. 과거의 긍정정서에는 감사, 만족, 안도감, 성취감, 자부심, 평정, 용서가 있고, 현재의 긍정정서로는 기쁨, 황홀경, 평온함, 열의, 정열, 즐거움, 몰입이 있으며, 미래의 긍정정서에는 낙관성, 희망, 자기효능감, 신념, 신뢰가 포함된다.

이 세 가지 정서는 그 의미가 서로 다를 뿐만 아니라 꼭 밀접하게 연결되어 있는 것도 아니다. 과거, 현재, 미래의 긍정정서가 모두 행복하다면 더 바랄 나위 없겠지만 늘 그런 것은 아니다. 가령 과거에 대해서는 자부심과 만족감을 느껴도 현재는 못마땅하고 미래에 대해서는 비관적인 경우도 있다. 또한 현재는 매우 즐겁지만, 과거는 괴롭고, 미래는 희망적일 수도 있는 것이다. 이처럼 저마다 다른 세 가지 행복을 알게 되면 과거에 대한 감정, 미래에 대한 생각, 현재 겪고 있는 감정을 긍정적인 방향으로 이끌 수 있다(Seligman, 2002).

◉ 과거의 생각과 정서

과거의 정서는 안도감, 평온, 자부심, 감사, 만족감에서부터 절대 줄지 않는 고통, 원한에 찬 분노에 이르기까지 다양하다. 이런 정서들은 오직 과거에 대한 당신의 생각에 달려 있다. 생각과 정서의 관계는 가장 오래되었음에도 불구하고 여전히 가장 뜨거운 논란이 되고 있는 심리학의 과제이기도 하다. 생각이 먼저냐 혹은 정서가 먼저냐이다. 20세기 초반, 70년 동안 심리학계를 주름잡았던 프로이트 학파의 고전적인 견해는 정서에 따라 생각이 달라진다는 것이었고, 인치치료의 창시자인 아론 벡(Aaron T. Beck)은 생각에 의해 정서가 유발된다고 했다. 먼저 프로이트 주장의 예이다.

> 남동생은 진심으로 당신의 승진을 축하해 주는데 당신의 마음속에서는 분노의 감정이 일렁인다. 당신의 생각은 세차게 몰아치는 정서의 바다에 떠 있는 부서지기 쉬운 뗏목과 같아서, 부모의 사랑을 독차지하고 있는 남동생에 대한 질투심이 타오르고, 무시당하고 홀대받던 기억이 물밀듯이 밀려오기 시작한다. 그리하여 당신은 마침내 남동생을 까닭 없이 분에 넘치는 사랑을 받고 있는 나쁜 놈이라고 생각하기에 이른다.

이런 견해를 뒷받침하는 증거는 매우 많다. 우울할 때는 누구든 행복한 기억보다는 슬픈 기억이 훨씬 더 많이 떠오르기 마련이고, 구름 한 점 없이 화창한 여름날 오후에 뼛속까지 스며드는 으스스한 비의 이미지를 생각하기란 거의 불가능하며, 아드레날린 분비를 촉진하는 약물을 주사하면 스테로이드가 함유된 약물이 일으키는 부작용과 마찬가지로 공포, 불안이 유발되어 악의 없는 사건을 위험과 상실 쪽으로 해석하는 편견을 갖게 되고, 속이 메스껍고 구역질이 나는 것은 지난번에 먹은 생소한 소스 때문이 아니라 위장염 때문인 줄 뻔히 알면서도 그 소스를 보고 구토 증상을 일으키는 것 등이다.

30년 전 순수심리학계에서는 인지과학이 돌풍을 일으키며 프로이트 학파와 행동주의자들을 거세게 비판했다. 인지심리학자들은 사고 행위는 학문의 대상으로서 측정할 수 있으며, 생각이 단순히 정서나 행동의 반영은 더더욱 아니라는 사실을 주장했다. 인지치료 분야의 선도적인 이론가 벡은 인지 작용이 정서를 일으키는 것이지, 정서가 인지 작용을 이끌어 내는 게 아니라고 주장했다. 위험하다는 생각 때문에 불안이 생기고, 놓칠지 모른다는 생각 때문에 슬퍼지고, 침해당할 수 있다는 생각 때문에 분노하게 된다는 것이다.

따라서 이런 기분에 휩싸일 때 할 일은 일련의 생각을 차근차근 더듬어 보면서 그런 기분이 들게 한 생각을 찾아내야 한다는 것이다. 이런 견해를 뒷받침하는 증거 또한 수없이 많다. 우울한 사람들은 과거, 미래, 자신의 능력에 대한 부정적인 생각에 지배당하기 때문에 비관적인 생각을 반박할 방법을 터득하면 병의 재발과 발병 횟수를 줄여 주는 항우울증 치료제와 거의 비슷한 효과를 얻게 된다고 한다. 또한 공황장애에 걸린 사람은 심장이 두근거리거나 숨이 가빠지는 신체적 감각 작용을 심장병이나 뇌졸중의 조짐으로 잘못 해석하는데, 이는 질환이 아니라 단지 불안 때문에 나타나는 증상임을 보여 주면 이런 공황장애는 충분히 치료할 수 있다는 것이다.

이처럼 상반된 두 가지 견해의 차는 아직도 좁혀지지 않았다. 프로이트 학파는 정서가 생각을 이끌어 낸다는 주장을 굽히지 않았고, 인지심리학자들 역시 생각이 정서를 유발한다고 맞섰다. 그러나 경우에 따라 서로가 서로의 원인이 된다는 증거가 있으며, 이것은 21세기 심리학이 풀어야 할 과제이기도 하다. 그러면 정서가 생각을 이끌어 내는 상황은 어떤 것이고, 생각이 정서를 이끌어 내는 상황은 어떤 것일까?

셀리그만(2002)은 여기서 광범위한 해결책은 아니지만 이 부분에 대해 지엽적이나마 예를 제시한다.

사람의 정서생활 중에는 순간적이고 반사적인 것들이 있다. 예컨대, 관능적 쾌락이나 황홀경은 생각이나 해석의 작용이 전혀 필요 없이 즉각적으로 한순간에 일어난다. 당신이 진흙으로 지저분해진 몸을 따뜻한 물로 샤워하면 그냥 기분이 좋아진다. 이를테면 당신이 굳이 '지금 오물이 씻겨 나가고 있다.'라는 생각을 하지 않아도 쾌락을 맛볼 수 있다는 얘기이다. 그렇지만 이와는 대조적으로 과거에 대한 모든 정서는 오로지 생각과 해석에 의해서만 일어난다.

- 리디아와 마크는 이혼했다. 리디아는 마크라는 이름만 들어도 그 남자가 자신을 배신했다는 생각을 먼저 떠올린다. 그리고 20년 전 일인데도 속에서 불이 나듯이 격분한다.
- 현재 요르단에 살고 있는 팔레스타인 난민 압둘은 이스라엘을 생각하면, 한때 자신의 것이었으나 지금은 유대인 손에 넘어간 올리브 농장을 떠올린다. 그럴 때마다 그는 참을 수 없이 고통스럽고 증오심이 불타오른다.
- 에이들리는 자신이 살아온 긴 세월을 돌아보며 평온함, 자부심, 평화로움을 느낀다. 앨라배마주의 가난한 흑인 집안의 딸로 태어나 마치 말라비틀어진 레몬을 빨아먹는 듯한 어려운 상황을 극복했다고 생각하기 때문이다.

이 세 가지 사례에서는 해석이나 기억 또는 생각이 다음에 일어날 정서를 지배한다. 이처럼 솔직하고 확실한 사실을 통해 과거에 대한 자신의 감정을 파악할 수 있다. 더욱 중요한 것은 이것이 숱한 사람들을 자신의 과거에 얽매인 채 살아가게 한 독단에서 해방시킬 수 있는 열쇠라는 사실이다.

◉ 과거에 갇혀 산다는 것

자신의 과거가 미래를 결정한다고 믿는가? 이는 철학에 대한 이상적인 질문이 아니다. 셀리그만(2002)은 만일 과거가 미래를 결정한다고 믿는다면, 자기 자신을 그저 파도치는 대로, 바람 부는 대로 떠밀려 가는 배가 되도록 방치하는 것이나 다를 바 없다고 했다. 결국 이런 믿음은 많은 사람을 타성에 젖게 한다는 것이다. 아이러니하게도 이런 믿음 뒤에 도사리고 있는 이데올로기는 19세기의 천재로 꼽히는 다윈, 마르크스, 프로이트가 주창한 것일 수도 있다.

찰스 다윈(Charles Darwin)은 인간이란 기나긴 과거의 승리를 통해 얻은 산물이라고 해석했다. 우리의 조상이 우리의 조상이 된 것은 그들이 두 가지 전쟁, 즉 생존 투쟁과 짝짓기 투쟁에서 승리했기 때문이라는 것이다. 다윈의 주장대로라면 현대인이 지닌 모든 것은 우리가 계속 살아갈 수 있도록 세밀하게 개조되고 성공적으로 자손을 번식하게 해 준 적응성의 집합체인 셈이다. '모든 것'이라는 말은 어쩌면 다윈의 견해라기보다, 미래의 일이란 과거 조상들이 결정해 놓은 산물이라는 믿음 속에서 조작된 말일지도 모른다.

다윈은 자신도 모르게 사람을 과거 속에 가두어 놓는 데 가담한 공범자가 되었지만, 마르크스와 프로이트는 스스로 적극적인 결정론자가 되었다. 카를 마르크스(Karl Marx)는 계급투쟁이 궁극적으로 자본주의를 몰락시키고 공산주의를 실현하는 '역사적 필연'이라고 보았다. 거대한 경제 세력이 결정한 미래는 과거의 산물로서, 제아무리 '위대한' 사람조차도 개인의 힘으로는 이런 거대한 행진에서 벗어나지 못하기 때문에 과거의 산물을 미래에 반영할 뿐이라는 것이다.

프로이트와 그의 추종자들은 농담이나 꿈처럼 하찮은 일일지라도 인간의 삶에서 일어나는 모든 심리적 사건은 전적으로 과거에 의해 결정된다고 본다. 어린 시절은 단순히 성격 형성기가 아니라 장차 성인이 되었을 때의 성격을 결정하는 시기라는 것이다. 그렇다면 어린 시절에 해결하지 못한 일들이 많을 경우, 우리는 그 어린 시절에 '고착'된 채 성적 충동과 공격적 충동을 해결하기 위해 애쓰면서 여생을 헛되이 보내야 한다. 의학 혁명과 행동주의 및 인지주의 치료법이 나오기 전까지, 정신의학자와 심리학자들은 수없이 많은 진료 시간을 어린 시절의 사소한 기억들을 회상하게 하는 데 투자했다. 아마 이 순간에도 상담치료의 가장 큰 주제가 바로 유년기의 기억일 것이다(Seligman, 2002).

1990년대에 대대적인 인기를 모은 '자활치료 운동'도 바로 이 결정론에서 비롯된 것이다. '내면 아이(inner child)' 치료법이란, 성인이 되어서도 자기정체성을 형성하지 못한 채 혼란스러워하는 것은 스스로 내린 판단이 잘못되었다거나 인격 부족 때문이 아니라 어린 시절에 받은 마음의 상처에서 비롯된 것이므로, 어린 시절 트라우마를 고스란히 안고 있는 과거의 자신을 깨끗이 치유해야 한다는 것이다. 그럴 때에야 비로소 '자기학대'에서 벗어날 수 있다는 것이다.

　그러나 셀리그만(2002)은 이런 치료법은 어린 시절의 사건을 지나치게 과대평가하고 있으며, 과거의 역사가 전반적으로 과대평가되는 경향이 있다고 생각했다. 어린 시절의 사건들이 훗날의 성격 형성에 적게나마 영향을 미친다고 보기 힘들다는 사실이 밝혀졌으며, 실제로 결정적인 영향을 미친다는 주장을 뒷받침하는 설득력 있는 증거도 전혀 없다는 것이다. 어린 시절의 경험이 성인기 발달에 커다란 영향을 미친다는 확신을 얻고 몹시 감격한 연구자들은 50년 전부터 자신들의 학설을 뒷받침해 줄 만한 증거를 찾기 시작했다. 그들은 부모의 사망이나 이혼, 질병, 체벌, 무시, 성적 학대와 같은 어린 시절의 나쁜 경험들이 성인기에 파괴적인 영향을 미친다는 증거가 대단히 많을 것으로 기대했다. 그들은 성인기의 정신건강과 유년기의 상실감에 관한 대대적인 연구를 수행하면서 향후 전망 연구까지 병행했다. 현재 이와 관련된 연구 논문이 수십 편에 이르는 것은 몇 년 동안의 오랜 시간과 막대한 연구비를 투자한 결과이다.

　그러나 결과는 그들의 기대에 미치지 못했다. 증거로 삼을 만한 연구가 있긴 해도 신빙성은 낮았다. 예컨대, 자녀가 열한 살이 되기 전에 어머니가 사망할 경우, 그 아이가 성인이 되었을 때 우울증을 보일 확률은 조금 높을 뿐 심각한 상태는 아닌 데다, 그것도 여성과 연구 대상 중 절반에만 해당되는 것으로 나타났기 때문이다. 아버지의 조기 사망은 자녀에게 별다른 영향을 미치지 않는 것으로 드러났다. 만일 맏이로 태어난 사람이라면, 지능지수가 동생들보다 높을지라도 평균 점수 차이는 1점뿐이다. 부모가 이혼한 경우에도 십 대 초기나 사춘기에 한정적으로 파괴적인 영향을 미치는 정도였다. 더욱이 이 결과라는 것도 정상적인 부모를 가진 통제집단과 비교 연구도 하지 않은 채 도출한 것이다. 그러나 부모의 이혼으로 상처를 입은 아이들도 성장하면서 점차 문제가 해소되기 때문에 성인기에는 그런 상처를 거의 찾아보기 힘들다.

　유아기에 받은 깊은 상처가 성인기의 성격 형성에 영향을 미친다고 해도 그것은 감지하기 힘들 정도로 아주 작을 뿐이다. 예컨대, 성인기에 겪는 장애는 유년기의 불행한 경험 때문이 아니다. 그러므로 성인기에 나타나는 우울, 불안, 불행한 결혼생활이나 이혼, 약물중독, 성적 장애, 실직, 자녀 학대, 알코올중독, 분노 등의 원인을 어린 시절의 불행에서 찾는다는 것은 타당성이 없다.

셀리그만(2002)은 이런 연구들은 결국 방법론이 잘못되었다고밖에 볼 수 없다고 했다. 그들은 어린 시절의 고통에만 치우친 나머지 유전자에 대한 연구를 전혀 외면했다는 것이다. 1990년 이전까지 이렇게 한쪽으로 치우친 연구에 전념한 사람들은 범죄자 부모가 죄를 저지를 성향이 높은 유전자를 자녀에게 물려줄 수도 있다는 사실, 청소년들의 범죄와 자녀를 학대하는 성향은 후천적 교육보다는 본성에서 비롯될지도 모른다는 사실을 미처 생각하지 못했다. 현재는 유전자에 초점을 맞춘 연구들이 수행되고 있다. 따로 떨어져 양육된 일란성 쌍둥이가 성인이 되었을 때의 성격을 비교한 연구가 한 예이며, 입양아가 성인이 되었을 때의 성격을 각각 그들의 친부모와 양부모의 성격과 비교한 연구가 다른 예이다.

이런 연구에서는 유전자가 성인기의 성격에 많은 영향을 미치며 어린 시절 경험이 미치는 영향은 미미하다는 사실이 드러났다. 따로따로 자란 일란성 쌍둥이는 함께 자란 이란성 쌍둥이보다 권위주의, 신앙심, 직무 만족도, 보수주의, 분노, 우울, 지능, 알코올 중독성, 신경증 등의 특성에서 훨씬 더 비슷한 반응을 보였다. 마찬가지로 입양아는 길러 준 부모보다 낳아 준 부모의 성격 특성과 훨씬 더 비슷한 것으로 나타났다. 이 연구들은 어린 시절의 경험이 개인의 성격 발달에 큰 영향을 미치지 않는다는 사실을 시사해 주는 것이다.

이는 곧 어린 시절의 경험이 성인기의 삶을 결정한다고 확신한 프로이트와 그의 추종자들의 주장을 반박하는 것이기도 하다. 셀리그만(2002)이 이것을 강조하는 까닭은 자신의 과거를 지나치게 괴로워하고 자신의 미래를 턱없이 수동적으로 해석하면서 과거의 시련들 속에 갇혀 지내는 사람들이 많기 때문이다. 어린 시절의 경험이 실제로는 성인기의 삶에 거의 또는 전혀 영향을 미치지 않는다는 이 놀라운 사실을 깨닫는 것만으로도 과거에서 자신을 해방시킬 수 있다.

인간이 고통스러운 과거에 갇혀 산다는 믿음을 널리 퍼트린 또 하나의 독단은 정서역동이다. 이것은 프로이트가 씨를 뿌린 뒤 저절로 성장하여 아무런 학문적 검증 없이 대중문화나 순수학문 분야에까지 파급되었다. 정서역동이란 프로이트와 그의 추종자들이 주장하는 이론을 기술하는 데 사용한 '정신역동(psychodynamics)'과 같은 의미이다(Seligman, 2002). 여기서 정서는 풍선처럼 액체가 투과되지 않는 얇은 막으로 차단되어 있는 하나의 체계 속에 있는 힘으로 간주된다. 자신의 정서를 표현하지 못할 경우, 그 정서는 또 다른 출구를 찾아 빠져나가는데, 이것이 흔히 바람직하지 못한 증상으로 나타난다는 것이다.

그런데 프로이트의 이론대로 우울증 환자를 치료하던 중 끔찍한 사례가 발생하면서 극적인 반전이 일어났다. 아론 벡이 창안한 인지치료는 현재 가장 널리 사용되는 효과적인 우울증 상담치료법으로서, 정서역동의 잘못된 전제를 바로잡는 데서 출발했다(Seligman, 2002).

1950년대 말, 벡이 프로이트 학파의 정신분석학 과정을 마치고 우울증 환자의 집단치료를 담당할 때였다. 정신역동 이론대로라면 우울증 환자들이 자신의 과거를 솔직히 털어놓고 자신을 괴롭혔던 모든 상처와 상실감에 대해 상담하면 카타르시스를 느끼고, 따라서 우울증을 치료할 수 있을 것이었다. 벡은 우울증 환자에게 과거의 상처를 표출하고 곰곰이 되짚어 보게 하는 데까지는 아무런 문제가 없다는 것을 알았다. 그런데 문제는 우울증 환자가 과거의 고통스런 경험을 드러내다가 이따금 혼란을 일으켰으며, 벡은 그들의 혼란을 바로잡아 줄 방법을 찾을 수 없었다는 것이다. 이렇게 환자가 혼란을 일으키고 자살기도와 같은 치명적인 위기에 빠진 사례가 발생했던 것이다.

　우울증의 인지치료는 현재와 미래에 대한 생각을 바꿈으로써 우울증 환자를 그의 불행한 과거에서 해방시키는 데 목적을 두었다. 아울러 항우울증 약물의 효과처럼 우울증을 재발하고 악화되는 것을 방지하는 방법을 개발하는 데 심혈을 기울였다. 그런 까닭에 셀리그만은 서슴없이 벡을 위대한 해방자의 한 사람으로 꼽는다.

　셀리그만(2002)은 정서역동의 개념을 비판적으로 검토하고 있는 또 하나의 분야가 분노에 대한 연구라고 했다. 동양 문화와는 달리, 미국은 감정을 드러내는 사회이다. 미국인은 솔직하고 합리적인 태도를 존중하며, 심지어 분노를 표출하는 것이 건강에 좋다고 믿는다. 분노를 표출하지 않으면 그 분노가 훨씬 더 파괴적인 방법으로 다른 어딘가로 분출되어 심할 경우 심장마비를 일으킬 수 있다는 것이다. 그러나 이 이론은 잘못되었음이 판명되고 있다. 오히려 그 반대가 옳다. 침범당하지나 않을까 전전긍긍하다가 분노를 표출하는 것은 더 심각한 심장마비나 더 큰 분노를 유발한다.

　A유형(Type-A) 사람에게는 노골적인 분노 표출이 심장 발작의 직접적인 원인이 될 수 있다. 반면, 시간의 촉박함, 경쟁성, 분노의 억압 등은 A유형 사람들에게는 별다른 영향을 미치지 않는 것으로 드러났다. 하버드 대학교의 연구에서 의과대학생 255명을 대상으로 노골적인 적대감을 측정하는 성격검사를 실시했다. 가장 화를 잘 내는 사람으로 꼽힌 사람은 가장 적게 화를 내는 사람보다 의사생활을 한 지 25년 뒤에 심장질환에 걸릴 확률이 거의 다섯 배나 높은 것으로 나타났다. 또 다른 연구를 보면, 나이 들어 심장마비에 걸릴 위험이 가장 높은 사람들은 고함을 잘 치는 사람, 참을성 없는 사람, 쉽게 분노를 터트리는 사람인 것으로 밝혀졌다. 이 실험 연구에서 남학생의 경우 자신의 분노를 억누르면 혈압이 내려가고, 분노를 표출하면 혈압이 올라갔다. 분노를 표출할 때 혈압이 높아지는 건 여학생도 마찬가지였다. 반면에 순하게 반응할 때는 혈압이 낮아졌다.

　셀리그만(2002)은 이 연구 결과에 걸맞은 정서 연구 방법을 제안한다. 정서가 얇은 막으로 둘러싸여 있다는 주장은 옳은데, 다만 그 이름을 '적응'이라 불러도 좋을 만큼 투과성이 아주 높다. 좋은 일이나 나쁜 일이 일어날 때 그에 합당한 감정이 순간적으로 분출된다는 증거가 있다. 그러나 대개 그 감정은 이내 설정된 범위로 되돌아간다. 이런 사실에서 정서는 스스로 가라앉음을 엿볼 수 있다. 정서의 에너지가 막을 빠져나와 '정서의 삼투작용'을 함으로써 자신이 지닌 본래의 기본 상태로 돌아가게 하는 것이다. 그렇지만 정서를 표출하고 곰곰이 되새기면 그 정서가 증폭되어 과거의 불행을 부질없이 되새기는 악순환 속에 갇히고 만다 (Seligman, 2002).

과거에 일어난 좋은 일들을 부당하게 평가하고 제대로 음미하지 않는 것과 나쁜 일들을 지나치게 강조하는 것은 마음의 평화, 안정, 만족을 해치는 두 가지 주요 원인이다. 과거의 이런 정서들을 안정과 만족으로 바꿀 수 있는 두 가지 방법이 있다. 그 방법은 감사하는 마음과 용서하는 마음이다(Seligman, 2002).

감사하기

인간의 진화에 따르면 인간은 성공보다 실패를 더 잘 기억한다. 인간의 정신은 본래 긍정적인 사건과 경험보다 부정적인 사건과 경험에 더 집중한다. 이를 일컬어 셀리그만은 '부정편향'이라고 한다. 대부분의 사람은 만족스러운 일과 제대로 처리한 일보다 잘못된 일 또는 잘못될지도 모르는 일을 어떻게 해결할지를 생각하느라 더욱 많은 시간을 보낸다. 좋은 사건보다 나쁜 사건을 더욱 철저하게 분석하고, 긍정보다 부정에 훨씬 더 오래 안주하는 경향이 있다. 이런 성향 때문에 삶의 만족도가 최소화되고, 심리적 고통이 최대화된다.

부정경험에 집중하는 법은 굳이 배우지 않아도 할 수 있다. 하지만 긍정경험에 감사하려면 특별한 관심과 노력이 필요하다. 불평하기, 비판하기, 냉소하기는 쉽게 할 수 있지만 감사하기 실습은 어렵다. 긍정경험은 훨씬 더 쉽게 잊어버리고 부정경험을 보다 더 잘 기억한다. 그러므로 자기가 가진 것에 감사하는 기술과 습관을 익히는 게 중요하다.

잘 됐던 모든 일을 당연시해서는 안 된다. 그러다 보면 자신이 누릴 수 있는 권리와 긍정적인 사건도 당연시하게 된다. 이를 피하는 방법은 감사 실습을 매일 하는 습관을 들이는 것이다.

감사는 고마워하는 마음을 전하는 것이다. 이런 경험을 하다 보면 인생에서 긍정적인 것을 알아차리고 인지하게 된다. 결과적으로 긍정의 가치와 의미를 인정하게 된다. 감사는 예견력을 확장시켜 주고, 다른 긍정정서와 긍정추론을 키워 준다.

감사의 종류에는 다음 세 가지가 있다.

1. …… 때문에(덕분에) 감사한 일(일을 할 수 있고, 사랑할 수 있고, 즐길 수 있고 등)
2. …… 그럼에도 감사한 일(무언가 아쉽고, 서운하고, 부족한 점이 있지만 등)
3. 무조건 감사한 일(하나님, 부모, 스승 등)

첫째는 개인적으로 어떤 이유에 의해 자발적으로 일어나는 감사이고, 둘째는 직장이나 어디에 소속돼 통제받는 다소 강제성이 포함된 타의에 의한 감사이며, 셋째는 종교적이고 순종적인 감사라 할 수 있다.

긍정심리학자들은 분노와 우울을 감소시키고 행복을 증진시키기 위해 석가모니부터 토니 로빈스(Tony Robbins)에 이르는 인물들의 모든 훈련 방법을 수집했다. 그리고 이것들을 실제로 활용 가능하고 가르칠 수 있는 형식으로 바꿨다. 무엇이 실제로 효과가 있는지, 효과가 가장 큰 것은 무엇인지, 효과에 대한 참가자의 기대를 확인하고자 했던 것이다.

최종적으로 일주일 동안 행복 훈련을 위한 다섯 가지 활동, 즉 첫째, 감사방문(감사편지를 쓰고 방문하라), 둘째, 감사일기(일주일간 매일 감사한 일 세 가지를 쓰고 그 이유를 설명하라), 셋째, 최선을 다한 나(내가 최선을 다했던 사건에 대해 글로 적고, 일주일간 매일 그 이야기를 다시 읽으라), 넷째, 대표강점 찾기(온라인 혹은 책으로 성격강점 검사를 받고 가장 높은 점수를 기록하라. 이 강점을 한 주 동안 더 많이 사용하라), 다섯째, 대표강점을 새로운 방식으로 사용하기(성격강점을 일주일 동안 '새로운 방식'으로 활용하라)를 선택했다.

'행복 훈련' 참가자들을 대상으로 훈련 전과 후 그리고 훈련이 끝난 6개월 후 행복과 우울을 측정한 결과 감사방문, 대표강점을 새로운 방식으로 사용하기, 감사일기 순으로 분노와 우울을 감소시키고 행복을 증진시킨 것으로 나타났다. 감사방문이 행복에 가장 큰 영향을 미친 것이다.

심리치료적으로 우울증을 앓는 개인은 그렇지 않은 통제집단보다 감사 수준이 거의 50% 더 낮다(Watkins, Grimm, & Kolts, 2004). 실제로 감사는 우울증을 예방할 수 있다(Wood et al., 2008; Tsang, 2006).

조지 베일런트(George Vaillant, 2002)는 성인 남성 발달에 대한 종단 연구에서 삶에 효과적으로 적응하기 위한 핵심은 슬픔이나 아픔, 가해자에 대한 분노를 감사와 포용으로 바꿀 수 있는 능력이라고 했다. 삶에서 성공하기 위해서도 감사하는 태도가 중요하다는 것이다.

또한 감사는 적절하고 실현 가능할 때마다 내담자의 긍정경험뿐만 아니라 부정경험까지도 재구성할 수 있다. 이렇게 재구성이 일어나면 심리 증상이 줄어든다(Lambert, Fincham, & Stillman, 2012). 감사일기 계속 쓰기 같은 지속적인 실습을 통해 보다 더 많이 감사하는 법을 배우면 훨씬 더 긍정적인 대체 전략을 배워 사용할 수 있고, 결과적으로 스트레스가 감소한다(Wood, Joseph, & Linley, 2007).

⊙ 감사의 혜택을 누리는 법

감사는 예견력을 확장시켜 주고 내면의 긍정정서와 긍정자질을 키워 준다. 에먼스와 미쉬라 (Emmons, & Mishra, 2012)는 감사 실습으로 여덟 가지 확실한 혜택을 얻을 수 있다는 연구 결과를 제시했다. 그 여덟 가지 혜택은 다음과 같다.

- **최상의 혜택**: 감사하면 긍정경험에서 최상의 혜택을 얻을 수 있다.
- **자기가치와 자아존중감**: 감사는 자기가치와 자아존중감을 키워 준다. 또한 자기 자신과 다른 사람들이 얼마나 많은 것을 성취했는지 깨닫게 도와주고, 결과적으로 자신감과 자기효능감이 높아진다. 안주하거나 피해의식에 사로잡히는 자기연민 같은 부정적 습관도 버릴 수 있게 도와준다.
- **스트레스 대처 능력**: 감사는 스트레스와 역경에 대처할 수 있게 도와준다. 그뿐만 아니라 초기의 충격에서 벗어난 이후 자기 인생에서 가장 중요한 것이 무엇인지를 평가할 수 있게 해 준다.
- **타인 돕기**: 감사하는 사람들이 남을 도울 가능성이 훨씬 높다. 친절하고 배려 있는 행동을 보다 더 잘 인지해 보답하려고 한다. 이들은 물질주의자가 될 가능성이 훨씬 적고 가진 것에 감사할 줄 아는 성향이 더 강하다.
- **보다 나은 인간관계**: 감사는 인간관계를 강화해 줄 수 있다. 친구들과 가족의 가치를 진정으로 깨달을 때 그들을 더 잘 대우해 줄 가능성이 크다. 당신이 그들을 잘 대우해 주면 당신도 좋은 대우를 받는다.
- **부정적 비교 감소**: 감사를 표현하면 자신을 남과 비교할 가능성이 감소한다. 자신이 가진 것(친구, 가족, 가정, 건강)에 감사하고 만족하게 되며, 가지지 못한 것에 대해 상심할 가능성이 낮아진다.
- **부정적 시간 단축**: 감사를 표할 때 부정적 감정을 단축시킨다. 예를 들어, 감사하다고 느

끼면 죄책감과 탐욕 혹은 분노가 감소한다.

- **적응 둔화:** 새로운 것을 가진 기쁨은 얼마나 오래 지속되는가? 처음에는 행복하지만 그런 기쁨은 오래가지 않는다. 이런 행복감이 보다 오래 지속되도록 물건과 경험의 의미와 가치를 인지해 적응을 둔화시킬 수 있다.

우울증을 앓는 내담자는 자신을 남과 부정적으로 비교하는 성향이 있다. 그런 비교는 자기가치를 깎아내리고 피해의식과 분노를 키운다는 증거가 있다(Nolen-Hoeksema & Davis, 1999). 반면, 감사는 자신이 이로운 것들의 수혜자라는 사실을 깨닫게 도와준다. 배려할 줄 모르면 감사할 수 없다. 감사 실습을 통해 자기몰두에서 사회적 확장으로 관점을 바꿔 다른 사람들의 친절에 대해 생각해 보는 법을 배운다. 간단히 말해, 감사는 힘든 시기에 완충재로 쓸 수 있는 심리자원을 키워 줄 수 있다.

감사는 성격 특성의 효과를 통제하고 난 후 독특하게도 총체적인 수면의 질, 주관적인 수면의 질, 수면 대기 시간, 수면 지속 시간, 주간 활동 기능장애와 깊은 연관이 있다. 수면 이전의 인지 상태에 따라 감사와 수면의 질의 관계가 달라지는 것 같다. 감사하는 사람들은 잠들 때 부정적이고 걱정스러운 생각을 적게 하고 긍정생각을 많이 하는 편이다. 수면 이전의 부정적 인지 상태는 수면을 방해하고, 감사는 그런 부정생각을 줄여 줘 수면의 질을 보장해 주는 것이다. 이와 마찬가지로 수면 이전의 긍정적 인지 상태는 수면에 긍정적인 효과를 낳고, 감사는 긍정생각을 증진시켜 수면의 질을 높여 준다(Wood, Joseph, Lloyd, & Atkins, 2009).

먼저 감사와 용서에 대한 연구자로 유명한 마이클 맥컬로(Michael McCullough)와 로버트 에먼스(Robert Emmons)가 개발한 '감사지수 검사'부터 해 보자. 앞으로 이 장이 끝날 때까지 이 검사를 참고해야 하므로 당신의 점수를 기억해 두기 바란다.

◉ 감사지수 검사

다음 수치 기준을 참고하여 각 진술 문항 앞의 빈칸에 당신의 생각과 가장 비슷한 수치를 써 보라.

전혀 아니다	아니다	그렇지 않은 편이다	보통이다	그런 편이다	그렇다	정말 그렇다
1	2	3	4	5	6	7

_____ 1. 나는 감사해야 할 것이 아주 많다.

_____ 2. 만일 내가 고맙게 여기는 것들을 모두 작성하면 아주 긴 목록이 될 것이다.

_____ 3. 세상을 둘러볼 때 내가 고마워할 것이 별로 없다.

_____ 4. 나는 각계각층의 많은 사람에게 고마움을 느낀다.

_____ 5. 나이가 들수록 내 삶의 일부가 되어 온 사람, 사건, 상황에 감사하는 마음이 더 커지는 것을 느낀다.

_____ 6. 오랜 시간이 흐른 뒤에야 비로소 나는 사람이나 일에 고마움을 느낀다.

점수 계산법

① 문항 1, 2, 4와 5의 점수를 모두 더한다.

② 문항 3과 6의 점수를 역산한다. 다시 말해, 만일 검사지에 7이라고 썼다면 당신의 점수는 1이 되고, 6이라고 썼다면 당신의 점수는 2가 되는 식이다.

③ 문항 3과 6을 역산한 점수를 1번의 합계와 더한다. 이것이 바로 당신의 감사도 점수, 즉 감사지수(GQ-6)이다. 최종 점수는 6점에서 42점 사이가 되어야 한다.

셀리그만이 '영성과 건강(Spirituality and Health)'이라는 웹사이트에서 최근 특집으로 마련한 이 설문조사에 응한 성인 1,224명을 표본집단으로 삼아 그들의 점수와 비교해 보면 당신의 점수를 가늠하는 데 도움이 될 것이다.

35점 이하인 사람은 표본집단의 하위 1/4에 속한다. 36점과 38점 사이라면 표본집단의 하위 1/2에 해당한다. 만일 39점에서 41점 사이라면 당신은 상위 1/4에 속하며, 42점을 받았을 경우에는 상위 1/8에 해당한다. 이 검사에서는 여성이 남성보다 점수가 조금 높았고, 나이 든 사람이 젊은 사람보다 높은 점수를 받았다.

⊙ 감사의 밤

셀리그만(2002)은 펜실베이니아 대학교에서 심리학을 강의한 지도 어언 30년이 지났다고 했다. 그동안 심리학개론, 학습심리학, 동기심리학, 임상심리학, 이상심리학 등 여러 과목을 가르쳤다. 원래 가르치는 일을 좋아하지만, 그는 지난 5년 동안 긍정심리학을 가르칠 때만 큼 기뻤던 적은 없었다. 그 한 가지 이유는 그가 가르친 다른 과목과 달리 긍정심리학의 연구 대상이 인간의 삶 자체여서 삶의 의미를 깨닫고 삶의 변화를 이룰 수 있는 학문이었기 때문이다.

한 예로, 언젠가 셀리그만은 '즐거운 일과 남을 돕는 일을 한 가지씩 하고 비교하기'라는 과제를 내준 적이 있다. 그는 실습 수업이 곧 실천이 될 수 있는 방법들을 모색했다. 그러던 어느 날, 늘 기발한 아이디어를 내곤 하던 레서가 '감사의 밤'이라는 것을 열자고 제안했다. 학생들이 저마다 자신의 삶에서 중요한 사람인데도 단 한 번도 고마움을 전하지 않은 사람들을 한 명씩 초청하는 모임을 갖자는 것이었다. 그리고 자신이 초청한 사람에게 고마움을 담은 감사장을 전달하고, 모든 감사장의 내용에 대해 토론을 하자고 했다. 대신 초청한 사람에게 는 모임이 시작되기 전까지 그 모임의 목적을 비밀에 부치자는 것이었다.

그로부터 한 달 후 금요일 저녁, 치즈와 와인을 준비한 조촐한 모임에 학생들의 어머니 3명, 절친한 친구 2명, 룸메이트 1명, 여동생 1명으로 총 7명이 초대되었다. 3시간이라는 한정된 시간 때문에 강의를 듣는 학생의 1/3만 초대하기로 미리 정해 놓았기 때문이다. 패티가 자신의 어머니에게 읽어 드린 감사장의 내용은 다음과 같았다.

우리는 한 사람의 존재를 얼마나 소중하게 여길까요? 그 사람의 가치를 가장 찬란하게 빛나 는 순금에 비유할 수 있을까요? 한 사람이 지닌 내면의 가치를 모든 사람이 뻔히 알 수 있다면, 제가 굳이 이런 발표를 할 필요는 없을 겁니다. 현실은 그렇지 않기에, 저는 제가 아는 가장 순수한 영혼을 지닌 사람을 소개하려고 합니다. 그분은 바로 저의 어머니십니다. 지금 어머니가 제가 지금 무슨 엉뚱한 짓을 하느냐는 듯 저를 바라보고 계시다는 걸 압니다. 제가 어머니를 선택한 건 당신께서 이 세상에서 가장 순수한 영혼을 지닌 분이어서가 아닙니다. 그렇지만 어머니는 제가 이제껏 만난 그 누구보다 진실하고 순수한 마음을 지니신 분입니다.

생판 모르는 사람들이 어머니에게 전화를 해서 세상에서 가장 사랑하는 사람을 잃은 가슴 미어지는 아픔을 털어놓을 때마다 저는 깜짝깜짝 놀랐습니다. 어머니는 그런 사람들과 통화를 할 때마다 마치 당신 일이기라도 한 양 울음을 터뜨리곤 하셨으니까요. 어머니는 너무나 큰 상실감에 빠진 사람들에게 위안이 되어 주시는 분입니다. 어렸을 때는 이해하지 못했지만, 저는 이제 어머니가 도움을 필요로 하는 사람들을 따뜻이 감싸 주시는 참으로 진실한 분이란 걸 잘 압니다.

제가 알고 있는 사람 중에서 가장 훌륭한 사람을 소개하는 지금, 저는 마냥 기쁩니다. 저는 제 앞에 계시는 어머니처럼 순수한 사람이 되기를 꿈꿉니다. 당신은 평생 동안 어떤 보답도 바라지 않고, 다만 다른 사람들이 기쁘게 살아가기만을 바라셨습니다.

패티가 감사장을 읽는 동안 강의실 안에 있던 사람들의 눈에는 눈물이 그렁그렁했고, 감격한 패티의 어머니는 목멘 소리로 "넌 언제나 박하처럼 향기로운 내 딸이야."라고 말했다. 한 학생은 훗날 이 일에 대해 "감사장을 주는 사람도, 받는 사람도, 지켜보는 사람들도 모두 울었어요. 주체할 수 없이 눈물이 나오더군요. 왜 우는지조차 모르면서……."라고 회상했다. 강의실에서 운다는 것은 지극히 이례적인 일인데, 더욱이 모든 사람이 울음을 참지 못했다면 그건 모든 인간성의 거대한 뿌리를 건드렸기 때문이리라 생각한다.

귀도는 미구엘의 우정에 고맙다는 뜻으로 유쾌한 노랫말을 쓰고 기타 반주에 맞추어 다음과 같이 노래했다.

> 우린 둘 다 씩씩한 남자. 그러니 값싼 감상에 젖진 않을 거야.
> 하지만 내 마음속에는 늘 네가 있다는 것만은 말하고 싶어.
> 친구가 필요할 때면 내게 기대.
> "귀도야." 하고 부르기만 하면 언제라도 달려갈게.

새라는 여동생 레이첼에게 다음과 같은 감사장을 읽어 주었다.

우리 사회에서 위대한 강점을 가진 사람들을 찾을 때 흔히 어린 사람들은 제외합니다. 제가 오늘밤 저보다 어린 사람을 초대한 것은 여러분이 칭찬해야 할 대상에 대해 다시 한번 생각해 보시기를 바라는 마음에서입니다. 저는 여러모로 제 동생 레이첼을 닮고 싶거든요.

동생은 질투가 날 만큼 활달하고 말을 잘합니다. 저보다 어린데도 누구에게나 스스럼없이 말문을 엽니다. 아장아장 걸어 다닐 때부터 그랬어요. 그런 동생 때문에 어머니가 가슴을 졸였던 게 한두 번이 아니었지요. 놀이터에는 늘 새로운 위험이 도사리고 있었어요. 레이첼은 전혀 낯을 가리지 않기 때문에 처음 보는 사람과 이야기하다가 그 사람을 멀리까지 따라간 적이 종종 있거든요. 동생은 제가 고등학교 3학년 때도 저는 겨우 얼굴이나 알까 말까 한 제 동기들과 친하게 지냈습니다. 전 놀라기도 했지만 한편으로 부러웠어요. 어쨌거나 그들은 제 친구가 될 아이들이었으니까요. 그래서 제가 어떻게 된 거냐고 물었더니, 레이첼은 어깨를 으쓱하며 학교 밖에서 만나 어울리기 시작했다는 거예요. 그때 동생은 초등학교 5학년이었어요.

그해 학기말, '감사의 밤'을 평가하는 자리에서 지켜본 사람들이나 감사장을 읽은 당사자들이나 하나같이 "10월 27일 금요일이 생애 최고의 하루였다."라고 한 것은 전혀 뜻밖의 반응이 아니었다. '감사의 밤'은 이제 긍정심리학 강좌에서 가장 인기 있는 수업이 되었다. 셀리그만(2002)은 교수로서도, 한 인간으로서도 그것이 정말 소중한 체험이었다고 했다.

우리 사회에는 자신에게 가장 중요한 의미를 지닌 사람들에게 그들이 이 지구상에 존재한다는 것만으로도 얼마나 고마운 일인지 전할 매체가 없다. 아니, 아주 큰 고마움을 느낄 때조차 우리는 어떻게 감사의 뜻을 전해야 할지 몰라 곤혹스러워한다. 그래서 셀리그만(2002)은 감사의 뜻을 전하는 두 가지 방법을 소개한다. 하나는 감사일기이고, 다른 하나는 감사편지(감사방문)이다.

◉ 감사일기

『타임(TIME)』(2005)은 긍정심리학을 커버스토리로 다루었다. 이때 셀리그만이 가장 심각한 우울증 환자 50명을 대상으로 우울증 검사와 행복도 검사를 한 다음 감사일기를 쓰도록 한 내용이 소개됐다. 이들의 평균 우울증 점수는 34점이었다. 그 정도면 '극단적' 우울증 범주에 속하는데, 바로 그런 사람들은 가까스로 침대 밖으로 나와 컴퓨터 앞에 앉았다가 다시 침대 속으로 들어가는 일상을 반복한다. 그들은 각자 감사일기 쓰기를 실천해 일주일 동안 매일 그날 잘 됐던 일 세 가지와 감사한 이유를 함께 적었다. 그 결과, 그들의 평균 우울증 점수는 34점에서 17점으로, 즉 극단적 우울증에서 경미한 우울증으로 크게 내려갔고 행복 백분위 점수는 15점에서 50점으로 올라갔다. 50명 중 47명이 이제 덜 우울하고 더 행복해졌다. 셀리그만은 지난 40년 동안 심리치료와 약물로 우울증을 치료했지만 이런 결과를 목격한 적은 한 번도 없었다고 했다.

감사일기를 쓸 때는 먼저 매일 밤 잠들기 전에 오늘 일어났던 일 중 잘 됐던 일 세 가지를 쓴다. 이 잘 됐던 일 세 가지 항목 옆에 다음의 질문 중 최소 한 가지에 대한 답을 각각 적는다. 잘 됐던 이유를 쓰는 것이다.

● 왜 오늘 이 잘 됐던 일이 일어났는가? 이 일이 당신에게 어떤 의미가 있는가?

● 이 잘 됐던 일을 떠올리려고 애쓰면서 무엇을 배웠는가?

● 당신 자신이나 다른 사람들이 이 잘 됐던 일에 어떤 식으로 기여했는가?

예컨대, 학교에서 교수한테 칭찬을 받았다면, "교수님한테 칭찬을 받았다. 밤을 꼬박 새워 발표 준비를 열심히 한 것을 인정해 주었기 때문에"라고 적을 수 있다. 오늘 남편이 퇴근길에 아이스크림을 사 왔다면, "남편이 아이스크림을 사 왔다. 내가 퇴근길에 아이스크림을 사 오라는 말을 잊지 않았기 때문에"라고 쓰면 된다. 회사에서 팀장님과 점심을 함께했다면, "팀장님과 점심식사를 함께했다. 이번 달 영업 실적이 많이 올랐기 때문에"라고 쓸 수 있다.

처음엔 다소 어색할 수도 있다. 하지만 2주 정도만 쓰면 익숙해지고 6개월 정도 되면 중독될 것이다. 꾸준히 감사일기를 쓰면 설령 긍정정서를 적게 타고난 사람이라도 얼마든지 긍정정서를 높일 수 있다.

하지만 쓰기에 익숙하지 못한 사람들은 감사일기를 쓰기가 어려울 수 있다. 이런 사람들에겐 좀 더 구체적으로 방법을 알려 주자.

● 오늘 뭔가 아름다운 것을 목격했다. 그것은 _____

● 오늘 뭔가를 아주 잘했다. 그것은 _____

● 오늘 내게 친절한 사람에게 친절을 베풀었다. 그것은 _____

● 오늘 좋은 소식을 들었다. 그것은 _____

● 오늘 고무적인 뭔가를 봤다. 그것은 _____

가끔 잘 됐던 일 쓰기가 식상해지는 사람도 있다. 시간이 흐르면 긍정성과 부정성 모두에 식상해지기 마련이다(Kahneman et al., 2006; Lucas, 2007). 그러므로 감사 전략을 다양화하고 남용을 막아 신선하게 유지하는 것이 중요하다. 감사 표현을 다양화하는 전략은 다음과 같다.

● 번갈아서 한 주에는 감사일기를 쓰고, 그다음 주에는 사랑하는 사람이나 다른 사람에게 감사일기를 읽어 준다.

● 글쓰기 대신 사진 촬영이나 주간 스마트폰 콜라주, 소묘, 스케치 같은 예술 활동으로 감사를 표현한다.

- 긍정사건을 저녁식사 전후 가족에게 이야기하거나 퇴근 무렵 직장에서 이메일로 직장 동료들에게 이야기하는 것처럼 다른 사람들과 적극 교류하면서 이 실습을 한다.
- 한 주나 격주 단위로 가족과 직장, 여가, 자연, 또는 언론에 보도되는 긍정사건에 집중하면서 일부러 분야를 다양화한다.

⊙ 감사편지(감사방문)

먼저 지금까지 살아오면서 당신이 긍정적으로 변화하는 데 결정적인 영향을 받았지만 미처 고맙다는 인사를 하지 못한 한 사람을 선택한다. 그런 다음 긴 감사의 글을 쓴다. 시간적 여유를 갖고 신중하게 써야 한다.

글이 완성되면 고마움을 전달할 사람을 초대하거나 그 사람의 집을 찾아간다. 편지나 전화를 이용하지 말고 직접 얼굴을 맞대고 마음을 전하는 것이 중요하다. 주의할 것은 초대 혹은 방문의 목적을 미리 말해서는 안 된다는 점이다. '그냥 보고 싶어서'라는 말이면 충분할 것이다. 술이나 간단한 먹을거리는 아니라도, 정성껏 만든 감사장만은 포장해서 꼭 가져가야 한다. 그 사람과 마주 앉은 다음에는 상대방의 눈을 바라보면서 감정을 살려 감사장을 큰 소리로 또박또박 읽는다. 다 읽은 다음에는 상대방의 반응을 차분하게 기다린다. 당신이 그 사람을 그토록 소중하게 여기는 계기가 된 구체적인 일에 대해 함께 회상한다.

피터슨은 감사방문은 100% 편지받은 사람을 감동시키고 눈물 흘리게 만들며, 편지를 쓴 사람도 만족감을 느낀다고 한다. 셀리그만도 이 감사방문만을 통해 한 달 동안 더 행복해진다고 한다. 감사방문은 한글을 터득한 유치원생부터 노인까지 누구나 할 수 있다.

> **사랑하는 샐리에게**
>
> 너한테 진심으로 감사하고 싶어서 이 편지를 쓰고 있어. 고등학교 시절 나에게 다정하게 대해 줘서 정말 고마워. 내가 오해받는 것 같았을 때, 화가 나고 외로웠을 때 넌 다정하게 내 이야기를 들어 주고 위로해 줬어. 네가 날 도와줬던 그 시간이 네게는 별것 아닌 것처럼 보였을지 몰라도 내가 지금도 되고자 노력하는 사람이 되는 데 큰 도움이 됐어. 다른 사람들이 말과 조언으로 설교하려 했을 때 넌 행동으로 보여 주고 날 돌봐 줬지. 네가 날 네 차에 태워 주고, 길가에 앉아 한 시간 동안 함께 이야기를 나누었던 거 기억나니? 이렇게 글로 써 놓으면 별일 아닌 것처럼 보일지도 몰라. 하지만 그 일로 내가 얼마나 큰 영향을 받았는지는 글로 다 표현할 수 없어. 네 덕분에 나는 내가 필요한 존재이고 관심받을 만한 가치가 있는 사람이라고 느꼈지. 그게 네가 나한테 준 가장 큰 선물이야. 이

편지는 너 못지않게 나에게도 큰 의미가 있어. 네가 내게 해 준 그 모든 일을 진심으로 고맙게 생각해. 그 일들이 내게 얼마나 큰 의미가 있는지를 이제는 네가 알아줬으면 좋겠어.

⊙ 감사한 마음 유지하는 법

● 감사할 줄 아는 사람과 더욱 많이 어울리고, 그렇지 못한 사람과는 다소 거리를 둔다. 집단 내에서 표출된 정서는 파급효과를 일으키고 집단 전체가 느끼게 된다. 행복하고 감사하는 사람은 전염성이 있다.

● 말이 현실이 된다. 감사하는 사람은 특별한 언어 스타일을 갖고 있다. 또한 선물과 기부, 행운, 풍요, 만족, 축복(blessing), 은총(blessedness)을 뜻하는 언어를 사용한다. 반면, 감사하지 않는 사람은 박탈과 후회, 부족, 필요, 희귀성, 상실을 뜻하는 표현을 쓴다. 감사 능력이 낮은 우울증 환자의 표현은 다소 비슷하고 자아에 중점을 둔다. 예를 들어, "나는 실패자야." "아무도 날 사랑하지 않아." 등이 있다. 감사 능력을 키우고 싶다면 자신의 말을 스스로 점검해 본다. 그렇다고 피상적인 칭찬으로 자신을 치켜세우라는 말은 아니다. 사람들이 당신에게 해 준 잘 됐던 일에 신경 쓰라는 뜻이다.

● 감사편지와 감사방문 경험이 강렬했다면 감사를 전하고 싶은 다른 사람들을 생각해 봤는가? 특별히 당신에게 친절했지만 한 번도 감사를 전하지 못했던 부모와 친구, 교사, 코치, 팀원, 고용주 등을 생각해 본다. 벌써 오래전에 감사를 전해야 했던 사람들일지도 모른다.

● 다른 사람들에게 직접 감사를 표현한다. 감사는 직접적으로, 다시 말해 일대일 만남이나 전화, 편지로 전할 때 가장 효과적인 대인적 속성이다. 단순하게 "고마워."라고 입에 발린 소리는 하지 말자. 구체적으로 감사를 표현한다. 예를 들어, 선생님에게는 당신의 재능을 알아보고 최상의 모습을 끌어내 줘서 고맙다고 말한다. 또는 좋아하는 삼촌에게는 이해해 주는 이가 아무도 없어 힘들었던 사춘기 때 격려해 줘서 고맙다고 말한다. 오랜 친구에게는 괴롭힘을 당할 때 편을 들어줘서 고맙다고 전한다. 이들에게 편지를 써서 구체적으로 감사를 표현한다. 여력이 되고 적절하다면 식사나 뮤지컬, 콘서트, 미술 전시회, 스포츠 행사 등 함께할 수 있는 뭔가를 선물로 제안한다.

용서하기

◉ 분노

　분노, 화, 경멸 같은 정서는 개인이나 조직에서 가장 먼저 버리고 싶은 부정정서이다. 이 정서는 너무 강력해 잊어버리고자 많은 노력을 하지만 쉽게 되지 않는다. 하지만 개인의 건강과 행복, 조직의 팀워크와 성과를 위해서는 반드시 버려야 할 부정정서이다.

　누군가에게 모욕, 무시, 배신, 사기, 폭행 등의 침해를 당하거나 피해를 입으면 마음속에서 분노, 화, 적대감 같은 부정정서가 솟구칠 것이다. 다른 사람으로부터 침해를 당하거나 고통을 당한다면 분노가 치밀고 화가 나는 것은 당연하다. 하지만 이런 부정정서는 일차적으로는 자신을 더욱 힘들게 만들고, 더 나아가 주변 사람과 자신이 포함된 조직에도 해를 끼친다. 당신은 이러한 분노 유발 시 어떻게 대처하는가? 딕 티비츠(Dick Tibbits, 2006)는 분노 유발 시 우리는 아무 일도 없는 척하기, 무시하기, 제삼자에게 화풀이하기, 분노 외면하기, 마음속으로 복수하는 장면 생각하기, 약물 · 술 · 음식 사용하기, 삶을 냉소적으로 대하기와 같은 잘못된 분노 대처법을 사용하고 있다고 했다. 이러한 회피 방법들은 일시적으로는 해소되는 것 같지만 더 깊고 크게 자라난다. 앤서니 그랜드(Anthony Grand, 2010)는 한 번 상처를 받고 분노의 씨앗이 자라기 시작하면 그 상처가 반복되는 경향이 있고, 원한을 품는다는 것은 마음속에 분노의 자리를 마련해 놓는 것이며, 그곳에서 분노를 점점 크게 키워 나간다고 했다.

　부정정서는 사고의 폭을 축소시켜 행동반경에 제한을 주기도 하지만 건강과 관계에도 악영향을 미친다. 레드퍼드 윌리엄스(Redford Williams, 2008)는 "분노와 질병을 연결해 주는 생물학적인 경로가 무척 다양하다."라고 말했다. 최근 연구에 따르면 분노 수준이 높은 사람은 대사증후군에 걸릴 가능성이 크며, 혈당이 높아지고 인슐린 저항이 생긴다고 한다. 혈액 내 지방이 많아지고 체중이 증가해 당뇨가 발생할 확률도 높다고 했다.

　또한 분노는 심혈관계 질환의 주요 요인이 되며, 분노를 표출하면 교감신경계가 활성화되고 심혈관계 반응이 격렬해진다. 그래서 자주 분노하면 혈압이 상승하고 동맥벽이 손상을 입는 것이다. 이것이 손상되면 인트로킨 6가 분비되는데, 이는 간으로 가서 심장질환의 주요 위험 요인인 C반응세포를 분비시킨다. 따라서 오랫동안 자주 화를 내면 심장마비에 걸릴 가능성이 매우 커진다.

　분노를 표출하지 않고 속으로 참아도 몸이 망가진다. 만성적으로 화를 참으면 암세포를 죽이는 NK세포의 활동이 억제된다. 화를 낼 때와 마찬가지로 동맥벽도 손상된다. 또한 지방을 많이 분비해 콜레스테롤 수치가 높아지고, 혈액 속 혈소판을 더 많이 응고시켜 동맥혈관이 막힐 위험이 크다. 결국 분노를 내부에 꼭꼭 가둬 두면 그 감정이 자신을 서서히 병들어 죽게 만든다(Williams, 2012)

분노가 건강에 악영향을 미친다는 연구 결과는 수없이 많다. 하버드 대학교 의대 심혈관질환연구센터 연구팀(1989~1996)이 급성 심근경색에 걸린 환자 3,886명의 발병 원인을 조사한 결과 고함을 잘 치는 사람, 참을성 없는 사람, 쉽게 분노를 터트리는 사람이 심장마비에 걸릴 확률이 4~5배 높은 것으로 밝혀졌다.

분노, 화, 적대감은 대인관계에도 치명적이다. 늘 상대에게 불만을 갖고 보복할 기회를 노리고 있기 때문에 조직에서 친밀한 협업 상호작용의 동기를 저하시킨다. 협업 상호작용 시 소통의 질을 저하시켜 팀워크를 저해하고 조직성과 향상에 악영향을 불러일으킨다.

이처럼 분노는 건강과 관계를 해치고 행복한 삶을 방해한다. 그렇다면 어떻게 해야 분노를 가라앉힐 수 있을까? 시간이 가고 세월이 흐른다고 분노가 가라앉지는 않는다. 분노를 해결하는 유일한 방법은 '용서'뿐이다.

⊙ 용서

자신에게 깊은 상처를 준 사람을 용서하기란 쉽지 않다. 그럼에도 용서는 꼭 필요하다. 용서는 개인의 내적 변화뿐 아니라 관계 변화를 불러오기 때문이다. 그래서 용서는 가까운 사람들과의 관계를 회복시키고, 억울함과 화 같은 부정정서의 소용돌이에 휘말리는 것을 피할 수 있게 한다. 또한 용서는 부정정서를 긍정정서로 바꾸어 주기에 조직 내에서 긍정정서를 확장·구축하는 효과를 얻을 수 있기 때문이다.

일터에서 회사나 팀, 상사, 동료에게 갖고 있는 분노, 화, 적대감, 보복, 불만 같은 부정정서를 털어내지 못하면 개인의 행복은 물론 긍정적인 조직문화를 만들고 조직성과를 내기가 힘들다는 것이다. 이 같은 부정정서는 사람을 죽음으로 몰고 가기도 하지만 일터 역시 죽음의 일터로 몰고 갈 수 있다. 앞으로 행복한 직장생활을 위한 조직문화를 활성화하려면 일터에서도 용서라는 미덕이 필요하다. 용서는 자애와 자비이다. 그래서 모든 종교에서도 용서를 강조한다.

우리는 분노, 화, 적대감, 보복, 불만 같은 너무 무거운 과거의 부정정서의 짐을 지고 산다. 용서란 과거는 과거대로 인정하는 한편 현재를 보듬고 미래를 향해 나아가는 것이다. 따라서 용서는 스스로 마음의 짐을 벗어 버리는 방법이다. 증오, 분노, 앙갚음, 책망 따위에서 자유로워지지 못하면 자신을 스스로 괴롭히는 격이다. 해묵은 상처는 자기 자신을 과거에 얽어매는 쇠사슬이 돼 발길을 붙잡고 늘어진다.

용서를 베풀려면 마음이 너그러워져야 한다는 것은 잘못된 생각이다. 아이라 바이오크(Ira Byock, 2004)는 용서를 마음의 경제학이라 했다. 단 한 번만 지불함으로써 몇 해에 걸쳐 쌓이고 쌓인 마음의 고통을 말끔히 씻어 낼 수 있는 비용이 바로 용서라는 것이다. 이것은 금융투자에서 딱 한 번의 손실을 감수하는 것과 같다. 용서하기를 거부하는 행위는 지금까지 자신이 받은 수없이 많은 상처에 대한 피해를 고스란히 감내하겠다는 뜻이나 다름없다. 나아가 이자로 불어나는 부정적인 마음을 끝까지 지니고 살겠다는 태도이다.

용서는 가해자를 위한 것이 아니라 자기 자신을 위한 것이다. 용서하는 것이 자신을 해코지한 사람을 이롭게 하든 그렇지 않든 그것은 상관없다. 자신의 삶의 질만 생각하면 그만이다. 용서는 자기 자신을 확신하는 데서 비롯된다. 묵은 상처에서 벗어날 때 비로소 자기 삶의 무게가 가벼워진다.

용서하지 못하는 건 은행에 갚아야 할 이자가 늘어나는 것과 같다. 그래서 용서는 마음의 경제학이라고 했다. 이뿐만 아니라 쓰라린 과거의 기억을 떠올리면서 얼마나 많은 시간을 허비하고 있는가. 현재를 느끼고 미래를 기대하며 준비해야 할 시간을 빼앗기고 있는 것이다. 감정이라는 게 영원히 지속될 것 같지만 일정 기간이 지나면 되돌아간다. 어느 기간이 지나면 분명 평온함을 되찾을 수 있다. 중요한 건 당신이 절대 용서할 수 없다는 생각을 버리고 어렵겠지만 그래도 용서할 수 있다고 마음을 누그러뜨리는 것이다.

⊙ 과거의 기억을 바꾸자

셀리그만(2002)은 과거의 경험에서 만족감이나 자부심을 느끼느냐, 아니면 참담함과 수치심을 느끼느냐는 오로지 자신의 기억에 달려 있다고 했다. 감사하는 마음은 생활 만족도를 높여 준다. 또한 감사는 과거에 대한 좋은 기억을 강화시켜 준다. 예컨대, 좋은 일에 대한 기억을 자주 떠올리게 하며, 그 당시의 긍정감정을 되살리게 한다. '감사의 밤'에 어머니에게 감사장을 준 또 다른 학생은 훗날 다음과 같이 말했다.

"어머니는 그날 밤을 영원히 잊지 못할 거라고 하셨어요. '감사의 밤'은 어머니를 소중하게 여기는 제 마음을 전할 수 있는 기회였어요. 마음의 짐을 벗어서인지 저도 한결 홀가분해졌습니다. 그 뒤로 며칠간 어머니도 저도 기분이 최고였답니다. 저는 늘 그날 밤을 생각하며 지냈습니다."

　이 학생의 기분이 최고였던 것은 '감사의 밤' 이후 며칠 동안 어머니가 자신에게 해 준 좋은 일들에 대한 기억이 의식 속에 훨씬 더 많이 스며들어 긍정기억을 자아냈기 때문이다. 이처럼 좋은 기억은 긍정감정을 더욱 강화시켜 행복을 느끼게 한다. 이것은 부정기억도 마찬가지이다. 앞서 소개했던 이혼한 여자는 전남편을 떠올릴 때마다 속았다는 배신감에 휩싸였고, 요르단에서 난민생활을 하는 팔레스타인 남자는 고향을 생각할 때마다 자기 것을 빼앗겼다는 증오심에 빠져들었으니, 두 사람 모두 참담할 것이다. 과거에 대한 부정생각이 뚜렷이 떠오르면 안도감과 만족감을 느끼지 못하기 때문에 이런 감정 상태에서는 평온함과 평화를 얻을 수 없다.

　셀리그만(2002)은 개인뿐만 아니라 국가에도 적용된다고 했다. 한 국가의 지도자가 자기 민족이 겪어 온 오랜 고통의 역사를 끊임없이 되새기도록 자극하면 그 국민은 복수심에 불타게 된다. 유고슬라비아의 대통령 슬로보단 밀로셰비치가 세르비아 민족에게 600년 동안 겪어야 했던 소수민족으로서의 설움을 되새기게 함으로써 발칸반도에는 대량학살과 전쟁이 끊이지 않았다. 1960년 영국에서 독립한 키프로스의 초대 대통령에 당선된 마카리오스 주교는 터키계 주민들에 대한 증오심을 끊임없이 자극했다. 그리하여 같은 키프로스 국민인 그리스계 민족과 터키계 민족 간의 갈등은 갈수록 깊어졌고, 마침내 터키군의 침공이라는 참극을 초래했다. 오늘날 미국에서 인종 분열을 조장하는 정치 모리배들은 기회가 있을 때마다 노예제도의 참상 또는 역차별에 대한 적대감을 들먹여 자신을 지지하는 사람들에게 원한을 심어 준다. 이런 정치꾼들은 단기적으로는 인기를 얻을지 몰라도, 장기적으로는 그들이 제조한 폭력과 증오라는 폭탄으로 자신의 지지자들에게 깊은 상처만 주는 꼴이다.

　반면, 넬슨 만델라 남아프리카공화국 전 대통령은 꼬리에 꼬리를 물고 이어지는 보복 행위를 종식시키려고 노력했다. 대통령 재임 시절, 그는 쓰라린 과거를 되풀이하는 것을 단호히 거부하고 분열된 국민을 통합하는 데 헌신했다. 또한 나이지리아의 야쿠부 고원 중령은 1960년대 말 이보족으로 구성된 비아프라 반군들을 섬멸한 뒤에도 이보족의 처단을 금지함으로써 대량학살을 예방했다. 마하트마 간디와 더불어 인도의 민족운동을 이끌었던 자와할랄 네루는 1947년 조국이 인도와 파키스탄으로 분할된 이후 인도에 거주하는 이슬람교도들에 대한 복수를 막아야 한다고 다짐했다. 그는 초대 총리직에 오르자마자 살육을 금지하고 이슬람교도들을 보호했다.

우리는 부정정서를 극복하는 비결이 긍정정서를 형성하고 지속적으로 계발하는 것이라고 믿게끔 진화되고 있다. 이처럼 정서적 황무지에서 탈출할 수 있는 유일한 길은 용서하고 말끔히 잊거나, 나쁜 기억을 억제함으로써 자신의 과거를 새롭게 쓰는 것이다. 그러나 직접적으로 망각을 촉진하거나 기억을 억제하는 방법은 아직까지 없다. 생각을 억압하면 도리어 역효과를 내서 잊어야 할 대상에 대한 기억을 덧내기 십상이다.

이럴 때는 용서에 맡기는 게 최선이다. 용서는 기억을 억제할 수는 없지만 기억 속에 박혀 있는 가시를 뽑아내고 자신의 생존 전략을 새롭게 쓰게 해 준다. 그러나 용서에 대해 살펴보기에 앞서, 왜 그토록 많은 사람이 과거에 대한 참담한 생각에 얽매여 있는지, 아니 애써 붙잡고 있는지에 대해 생각해 볼 필요가 있다. 과거를 긍정적으로 새로 쓰면 자신에게 일어났던 나쁜 일들을 자연스럽게 치유할 수 있는데 그렇게 하지 못하는 이유는 무엇일까?

안타깝게도 과거의 고통을 보듬고 있는 것은 용서 혹은 망각이나 억제를 통해 자신의 과거를 새롭게 쓰기 전에 청산해야 할 대차대조표가 있다고 생각하기 때문이다. 일반적으로 쉽게 용서하지 못하는 이유를 몇 가지 꼽아 보면 다음과 같다.

- 용서는 불공평하다. 가해자에게 앙갚음할 동기를 약화시키고, 또 다른 희생자를 예방하는 데 필요한 정당한 분노를 억제한다.
- 용서는 가해자에게 사랑을 베푸는 행위일 수도 있지만, 피해자에 대한 사랑의 바람으로 비쳐진다.
- 복수는 정당하고 당연한 일인데도 용서는 그런 복수를 방해한다.

그러나 용서는 고통을 완화시키거나 심지어 긍정기억으로 전환시키기도 해서, 마침내 훨씬 더 큰 생활 만족도를 얻게 한다. 용서하지 않는다고 해서 그 자체가 가해자에게 복수하는 것은 아니지만, 용서할 경우에는 자기 자신을 과거의 고통에서 해방시키기 때문이다.

다음 검사는 맥컬로와 동료들이 개발한 것으로, 가해자에 대해 용서하는 마음이 어느 정도인지 가늠해 볼 수 있는 자료이다. 이 검사를 시작하기에 앞서 최근에 당신에게 큰 상처를 준한 사람을 구체적으로 떠올리면 도움이 될 것이다.

⊙ 용서 동기 검사

당신에게 상처를 입힌 사람에 대한 당신의 최근 생각과 감정을 나타내는 다음 문항들에 답하라. 이 검사의 목적은 당신에게 해를 끼친 사람에 대해 지금 이 순간 당신이 느끼는 감정을 파악하는 것이다. 지금 당신의 생각이나 감정과 가장 비슷한 점수를 써 보라.

전혀 아니다	아니다	보통이다	그렇다	정말 그렇다
1	2	3	4	5

_____ 1. 내가 당한 만큼 그대로 갚아 주겠다.

_____ 2. 되도록 거리를 둘 것이다.

_____ 3. 그에게 나쁜 일이 생기길 바란다.

_____ 4. 그가 죽었거나 멀리 있다고 생각한다.

_____ 5. 그를 믿지 않는다.

_____ 6. 그가 죗값을 치르는 것을 보고 싶다.

_____ 7. 그를 따뜻하게 대하기 힘들다.

_____ 8. 그를 애써 피한다.

_____ 9. 그에게 복수할 것이다.

_____ 10. 그와의 관계를 끊을 것이다.

_____ 11. 그가 고통당하는 것을 보고 싶다.

_____ 12. 그라면 꼴도 보기 싫다.

점수 계산법

회피 동기

회피하고 싶은 마음을 표현한 일곱 문항 2, 4, 5, 7, 8, 10, 12의 점수를 모두 더한다.

● 이 검사를 받은 미국 성인의 평균 점수는 약 12.6점이다. 점수가 17.6점 이상이면 회피 동기가 가장 큰 1/3에 속한다. 만일 22.8점 이상이면 회피 동기가 큰 상위 10%에 속한다. 만일 점수가 이보다 훨씬 높다면 뒤에서 소개하는 '용서하는 법'을 익히면 큰 도움이 될 것이다.

보복 동기

앙갚음하고 싶은 마음을 표현한 다섯 문항 1, 3, 6, 9, 11의 점수를 모두 더한다.

- 점수가 7.7점 정도라면 평균적인 사람이다. 점수가 11점 이상이면 가장 보복 동기가 큰 상위 1/3에 속하며, 13.2점 이상이면 보복 동기가 가장 큰 상위 10%에 속한다. 만일 이보다 더 높은 점수를 받았다면 뒤에서 소개하는 '용서에 이르는 길'을 익히면 도움이 될 것이다.

⊙ 용서는 변화의 과정

누군가가 무심결에 저지른 일은 용서하기 쉽다. 특히 함께 지내 온 아주 가까운 사람이라면 선뜻 용서할 수 있다. 하지만 작정하고 나에게 피해를 입힌 사람을 과연 용서할 수 있을까? 사랑하고 아끼는 부모나 형제가 무심코 저지른 실수 때문에 입은 상처는 '옥에 티' 정도로 생각할 수 있지만, 의도적으로 되풀이해 상처를 준 사람을 정녕 용서할 수 있을까? 때로는 정말 용서하기 힘든 것들이 있다. 하나의 사건이나 사고로 너무 큰 상처를 주거나 굳게 믿었던 사람이 깊은 상처를 입혀 도저히 용서할 수 없다고 느껴질 때는 어떻게 해야 할까? 이럴 때는 용서란 개념을 좀 더 심리치료적으로 확장해야 한다.

심리치료에서 용서는 하나의 사건이라기보다 변화의 과정이다. 또한 부정적인 분노 기반의 부정정서와 부정적 동기, 부정기억을 감소시켜 나가는 과정이다(Worthington, 2005). 피해자는 용서를 통해 복수를 하지 않고 가해자에게 친절과 연민을 베풀겠다고 마음먹는 것이다.

증오의 악순환에 갇혀 응어리를 품고 종결되지 않은 부정기억을 곰곰이 생각하기보다 용서를 하면 복수의 대안이 생긴다. 응어리를 쌓는 것은 지속적으로 일어나는 복잡한 정서 과정이며, 적대심과 잔존 분노, 두려움, 우울증으로 두드러지게 나타난다(Worthington & Wade, 1999). 용서는 과거의 파괴적인 관계에서 건설적인 관계로 바꾸면서 정보를 근거로 선택하는 것이다(McCullough et al., 2014).

용서는 긍정적인 변화를 가해 심리치료를 돕고, 신체 및 정신 건강을 개선하며, 희생자의 개인적 힘을 되찾아 주고, 가해자와 피해자가 화해할 수 있게 도와준다. 그뿐만 아니라 실제 세계의 집단 간 충돌을 해소할 수 있다는 희망을 높여 준다(Cornish & Wade, 2015; Fehr, Gelfrand, & Nag, 2010; Toussaint & Webb, 2005; Van Tongeren et al., 2007).

용서는 많은 것을 의미할 수 있다. 하지만 피해자는 용서가 아닌 것이 무엇인지를 확실하게 알아 두어야 한다. 다음과 같은 것은 용서가 아니다(Enright & Fitzgibbons, 2015; Worthington, Witvliet, Pietrini, & Miller, 2007).

- 가해자의 가해 행위를 사해 준다.
- 사회적으로 수용 가능한 수단을 이용해 정의에 대한 요구를 완화시킨다.
- 잘못된 것을 잊어버린다.
- 용납하고 봐준다(가해자를 참고 견디거나 가해 행위를 못 본 척 넘긴다).
- 정당화한다. 다시 말해, 가해자가 옳은 일을 했다고 믿기 시작한다. 시간이 지나면 괜찮아질 거라고 생각한다.
- 부정적 생각이나 감정을 중립적이거나 긍정적인 것으로 대체해 가해 행위의 자연스러운 결과를 무시한다.
- 균형을 맞춘다. 다시 말해, 다른 뭔가를 해서 가해자에게 복수한다.

⊙ 용서에 이르는 길-REACH

> "어머니가 살해되셨어요. 카펫에도 벽에도 온통 피범벅이었어요."

에버렛 워딩턴(Everett Worthington, 1996)은 동생 마이크로부터 이런 전화를 받고 얼굴이 새파랗게 질렸다. 허둥지둥 녹스빌 본가에 도착한 박사는 자신의 노모가 쇠몽둥이와 야구방망이에 맞아 돌아가셨다는 걸 알았다. 어머니의 음부에는 술병이 꽂혀 있었고, 집 안은 난장판이 되어 있었다.

그가 그토록 용서라는 화두에 매달렸던 것이 근원을 알 수 없는 어떤 영감 때문이었을까? 셀리그만(2012)은 이 용서의 대가(大家)가 갈고닦아 정립한 '용서에 이르는 길'은 마치 숭고한 도덕교육의 본향에서 캐낸 토산물 같다고 했다. 용서하고 싶은 마음은 굴뚝같은데 뜻대로 되지 않는 사람이 있다면 이 방법을 권하고 싶다. 워딩턴 박사는 비록 쉽지도 않고 단숨에 되기도 힘들지만 용서에 이르는 길을 5단계로 나누어 설명한다. 그는 이것을 REACH라고 부른다.

- R(Recall): 받은 상처를 돌이켜 생각하자. 이때는 최대한 객관적인 자세를 취해야 한다. 가해자를 악한으로 생각해서도, 자기연민에 휩싸여서도 안 된다. 천천히 심호흡을 하면서 마음을 가라앉히고 그때의 사건을 되짚어 보아야 한다. 워딩턴 박사가 자신의 어머

니가 살해되던 당시를 떠올리면서 쓴 시나리오는 다음과 같다.

나는 불 꺼진 집에 침입할 준비를 하는 두 젊은이의 감정이 어땠을지 상상했다. 어둠에 잠긴 집 앞에서 맞는 열쇠를 찾느라 허둥댔을 것이다.

한 사람이 이렇게 말했겠지.

"됐어, 찾았어. 칠흑처럼 깜깜한 걸 보니 집에 아무도 없는 게 분명해."

또 다른 사람은 "마당에 차도 없어. 송년 파티에 간 모양이야."라고 맞장구쳤을 것이다. 어머니가 운전을 못 하시기 때문에 차가 없다는 것을 그들이 알 리가 없었을 테니까.

그러다 어머니를 발견하곤 소스라치게 놀라며 이렇게 생각했을 테지. '이런, 제기랄. 들켰어. 도대체 어떻게 된 거지? 저 할망구가 하늘에서 떨어진 거야, 땅에서 솟은 거야? 저 노인네가 날 알아볼 거야. 그럼 우린 감옥에 가겠지. 이 할망구 때문에 내 인생은 끝장날 거야.'

- E(Empathize): 감정이입을 하자. 나에게 피해를 준 이유가 무엇인지 가해자의 입장을 헤아려 보려고 노력하는 것이다. 이것은 그다지 쉬운 일이 아니다. 그래도 가해자에게 해명할 기회를 주었을 때 그가 했을 법한 이야기를 꾸며 본다. 다음의 설명을 참고하면 도움이 될 것이다.
  - 가해자는 자신의 생존이 위협당한다고 느낄 때 무고한 사람을 해칠 것이다.
  - 남을 공격하는 사람은 대개 그 자신이 공포, 불안, 고통에 휩싸여 있기 십상이다.
  - 사람들은 자신의 본성 때문이 아니라 어쩔 수 없는 상황에서 남을 해치는 경우가 있다.
  - 사람들은 대개 다른 사람을 해칠 때는 제정신이 아니다. 그 때문에 마구잡이로 폭력을 휘두른다.

대부분의 사람은 피해를 당하면 모든 책임을 가해자에게 귀인시킨다. 한번 입장을 바꾸어서 생각해 보자. '나에겐 책임이 없는가?' 하고 말이다. Worthington(1996)이 진행하는 프로그램에 참가한 한 여성은 10년 전 대학 때 남자 친구에게 성폭행을 당했다. 이 여성은 10년 동안 그에 대한 분노를 지니고 있다가 심리 증상을 일으켜 고통을 겪고 있었다. 감정이입을 통해 그 당시를 자세하게 묘사하게 했다. 상담이 진행되면서 그 여성은 원인 제공을 자신이 먼저 했다는 사실을 발견했다. 자신이 먼저 키스를 하고 만졌다는 것이다.

- A(Altruistic Gift): 용서는 이타적 선물임을 기억하자. 이것 또한 몹시 어려운 단계이다.

먼저 자신이 다른 누군가를 해코지하고 죄의식에 시달리다가 용서를 받았던 때를 돌이
켜 보라. 그 용서는 자신이 다른 사람에게 받은 선물인 셈이다. 용서를 필요로 하는 사
람은 자신이고, 그 용서라는 선물을 고마워하는 것 또한 자신이기 때문이다. 용서는 대
개 주는 사람의 기분도 한결 좋아지게 하는 선물이다. 그런 의미에서 다음의 격언은 되
새겨 봄 직하다.

한 시간 동안 행복하고 싶거든 낮잠을 자고
하루 동안 행복하고 싶거든 낚시를 하고
한 달 동안 행복하고 싶거든 결혼을 하고
한 해 동안 행복하고 싶거든 유산을 물려받고
평생 동안 행복하고 싶거든 남에게 베풀라.

그러나 용서하는 것은 이기심의 발로가 아니다. 아니, 오히려 용서라는 선물은 피해자가 가
해자에게 베푸는 선물이다. 용서가 진정한 선물이 되려면 스스로 마음의 상처와 원한을 극복
할 수 있다고 다짐해야 한다. 선물을 주면서도 원망을 떨쳐 내지 못하면 자유를 얻지 못한다.

● C(Commit): 공개적으로 용서를 밝히자. 워딩턴은 자신의 환자들에게 가해자에게 보내
는 용서의 편지를 쓰게 하거나, 일기, 시, 노래로 용서를 표현하게 하거나, 절친한 친구
에게 자신이 한 용서에 대해 털어놓게 한다. 이런 것들이 모두 '용서 계약서'가 되는 셈
인데, 이것이 마지막 단계로 나아가게 해 주는 밑거름이 된다.

용서편지는 자신이 원하는 대로 써도 되지만 몇 가지 기준에 맞추어 쓰는 것이 좋다. 먼저
용서편지를 쓰는 이유와 무엇에 분노하고 있는지를 구체적으로 쓴다. 다음은 가해자의 행동
이 피해자에게 어떤 영향을 주었는지와 가해자의 입장과 행동을 이해하려 한다고 쓴다. 마지
막으로는 앞으로 계속되는 분노에 어떻게 대응할지와 용서하겠다는 내용을 쓴다. 그리고 가
능하면 앞으로 모든 것이 원하는 대로 잘 되길 바란다는 진솔된 마음을 전하도록 한다. 용서
편지는 머리가 아닌 가슴으로 쓰는 것이 좋다. 편지는 가해자에게 보내지 말고 일정 기간 보
관해 두면서 가끔 읽어 보라. 그리고 가해자에 대한 부정정서가 일어나지 않는다고 생각할
때 촛불에 태워 버리라.

- H(Hold): 용서하는 마음을 굳게 지킨다는 의미이다. 이 마지막 단계 또한 어려운 것이, 그 사건에 대한 기억이 어느 순간 불쑥 되살아나곤 하기 때문이다. 용서란 원한을 말끔히 지워 없애는 게 아니라 기억 끝에 달려 있는 꼬리말을 긍정적으로 바꾸는 것이다. 거듭 말하지만 용서하지 않는다는 사실만으로 가해자에게 보복하는 것은 아니다. 원한을 곱씹으며 기억에 얽매이기보다 기억에서 헤어나기 위해 노력해야 한다. 직접 작성한 용서편지를 읽으며 "나는 용서했다."라는 말을 되뇌면 이 단계를 극복하기가 한결 쉬울 것이다.

어쩌면 이 모든 것이 터무니없는 훈계쯤으로 들릴지도 모른다. 그러나 이것이 하나의 이론으로 정립되기까지는 REACH와 같은 용서법을 뒷받침해 줄 만한 최소한 여덟 가지의 실험 연구를 거쳤다. 그중에서도 현재까지 가장 규모가 크고 탁월한 실험 연구는 스탠퍼드 대학교의 칼 토레센(Carl Thoresen) 교수가 주도한 합동 연구이다. 이 실험은 무선표집을 한 259명의 성인을 두 집단으로 나누어 실험집단에게는 9시간, 즉 1회 90분씩 총 6회에 걸쳐 용서에 대한 강연을 실시했고, 다른 통제집단은 '용서도' 검사만 한 뒤 두 집단을 비교한 것이다.

이 실험에 사용된 강연 원고는 분노를 삭이고 가해자를 객관적인 관점에서 바라보는 태도에 역점을 두고 작성했다. 그 결과, 분노와 스트레스가 적고 낙관적이며 건강한 사람일수록 용서를 더 잘하고, 용서함으로써 과거의 고통에서 해방되는 효과가 큰 것으로 나타났다.

◉ 용서를 유지하는 법

- 용서하는 마음을 유지할 수 있느냐는 가해자가 앞으로 가해 행위를 삼갈지에 좌우될 수 있다. 특히 피해자와 가해자가 앞으로 만날 가능성이 있을 경우 더더욱 그렇다. 간청에 못 이겨 하는 약하고 진실되지 못한 사과도 용서를 받고 싶다는 인상을 줄 수 있다. 하지만 그런 사과만 받아서는 용서하는 마음을 유지하기 어려울 수 있다.
- 용서하지 못한 채 부정기억이나 응어리에 계속 집착하면 고혈압과 심장질환, 심장마비, 만성통증에 걸릴 확률이 높아진다는 사실을 명심하길 바란다. 용서는 자신의 전반적인 행복에 이롭다.
- 용서하는 마음을 유지하려면 REACH 5단계를 주기적으로 재검토하고, 당신의 실행 의지를 재확인한다. 믿을 만한 친구와 함께하는 게 더 좋다.
- 용서하는 마음을 유지하거나 용서의 이득을 확대시키기 위해 앙심을 품고 있는 사람들의 목록을 작성하고, 그 사람들을 개인적으로 만나 이야기를 나누거나 그들에게

REACH를 적용할 수 있는 방법을 시각화한다. 본래의 가해 행위를 적절한 맥락과 관점에서 살펴봐야 한다는 사실을 잊지 말기 바란다.

● 처음에는 가해 행위나 가해자를 용서할 수 있어도 그 마음을 유지하지 못하고, 실제로는 앙심과 모욕감 또는 상처를 계속 키우는 소극적인 수단에 의지할 수도 있다. 따라서 지속적으로 변화하기 위해 용서 과정을 살펴보는 게 중요하다.

◉ 지나온 삶의 평가

과거의 긍정정서를 마치면서 자신이 지나온 삶에 대한 평가를 해 보라. 현재의 일시적인 감정이란 불안정한 것이어서, 자신의 미래를 예측하고 계획하기 위해서는 지난날의 삶의 흔적을 돌이켜 보는 것이 더 도움이 된다. 관련도 없는 순간적인 행복이나 슬픔에 대한 감정은 전체적인 삶의 질(quality of life)을 평가하는 판단력을 흐리게 할 수 있다. 바로 며칠 전에 겪은 실연 때문에 전체적인 생활 만족도가 급속히 낮아지는가 하면, 이번 달부터 인상된 봉급 때문에 생활 만족도가 현저히 올라가는 것도 그 때문이다.

셀리그만(2002)은 자신의 삶을 평가하는 방법을 다음과 같이 소개한다. 새해를 맞을 때마다 30분간 조용한 시간을 내어 '1월 회고록'을 작성한다. 마음이 들뜨거나 순간적인 기분에 휩쓸리지 않을 고요한 시간을 택해 지난 10여 년간 매해 1월을 회고하고 지난해들의 기록을 비교해 본다. 최악을 1로 하고 최고를 10으로 정한 점수표를 기준으로 자신이 소중하게 여기는 덕목들에 대한 만족도를 평가하고, 두어 줄 정도로 짤막하게 총평을 적는다.

● 사랑
● 직업
● 경제력
● 놀이 혹은 여가 활동
● 친구
● 건강
● 생산성

여기에 '지나온 삶'이라는 항목을 하나 더하여, 지난 10년간 내 삶이 어떻게 변했는지 자세히 비교해 본다. 지난날의 삶은 현재의 삶을 정확하게 평가할 수 있는 잣대로서 자신을 기만

할 수 없는 행동의 지표가 된다.

현재의 긍정정서

⊙ 쾌락과 만족

셀리그만(2002)은 현재의 긍정정서에는 쾌락(pleasure)과 만족(satisfaction)이 포함된다고 했다. 쾌락은 짜릿한 감각적 요소와 격렬한 정서적 요소를 지닌 기쁨으로, 철학자들은 이를 가리켜 '원초적 감정'이라 한다. 황홀경, 전율, 오르가슴, 희열, 환희, 안락함이 여기에 속한다. 이런 감정들은 생각할 겨를도 없이 순식간에 일었다가 덧없이 사라진다.

만족은 자신이 몹시 좋아서 하는 활동에서 생기지만 반드시 원초적인 감정을 자아내지는 않는다. 그보다는 자신이 하는 일에 푹 빠져서 자신의 존재마저 잃어버릴 정도로 몰입하게 한다. 토론에 참석하기, 암벽 타기, 좋아하는 책 읽기, 춤추기, 농구하기 등에 시간 가는 줄 모를 정도로 빠질 뿐만 아니라 남다른 기량을 연마하기 위해 노력하고 자신의 강점으로 개발하고 싶은 활동을 통해 얻게 된다. 만족은 쾌감보다 오래 지속되고, 진지한 사고 작용과 해석 과정이 따르며 습관화되지도 않을뿐더러 자신의 강점과 미덕을 발휘해 얻는 것이다. 만족의 핵심은 몰입과 강점이다.

쾌락에는 육체적 쾌락과 정신적 쾌락이 있다. 육체적 쾌락은 감각기관을 통해 즉각적으로 느껴졌다가 이내 사라진다. 그런 만큼 사고 작용이 거의 혹은 전혀 개입하지 않는다. 감각기관이 진화한 것도 긍정정서와 밀접하게 관련돼 있기 때문이다. 만지거나 맛을 보는 것, 냄새를 맡는 것, 몸을 움직이는 것, 보는 것, 듣는 것은 직접적으로 쾌락을 유발한다.

정신적 쾌락은 육체적 쾌락과 공통점이 많다. 원초적인 긍정감정이라는 점, 순간적으로 일었다가 이내 사라진다는 점, 쉽사리 습관화된다는 점에서 그렇다. 그러나 외부로 발산하는 방식이 훨씬 더 복잡하고 인지적이며 다양하다는 점에서는 육체적 쾌락과 다르다.

정신적 쾌락은 강도에 따라 강렬한 정신적 쾌락, 보통의 정신적 쾌락, 낮은 정신적 쾌락으로 나눌 수 있다. 강렬한 정신적 쾌락으로는 도취, 무아지경, 황홀경, 전율, 환희, 열광, 희열, 흥분 등이 있고, 보통의 정신적 쾌락으로는 기쁨, 반가움, 유쾌함, 즐거움, 재미, 활기, 감격 등이 있으며, 낮은 정신적 쾌락으로는 편안함, 포만감, 안도감, 여유, 일체감, 위안 등이 있다.

쾌락을 증가시키면 긍정정서를 키울 수 있다. 쾌락이란 용어에는 즐거움이 포함돼 있다는 것을 이해하면 된다. 쾌락을 증가시키는 방법으로는 습관화와 중독, 마음챙김, 음미하기가 있다. 이 세 가지를 잘 활용하면 긍정정서를 증가시키는 데 많은 도움이 될 것이다.

◉ 습관화와 중독

당신이 전율, 환희를 느끼는 어떤 일을 오랫동안 하지 않는다면 어떻겠는가? 전율과 환희 같은 쾌락을 느끼는 일을 멈췄을 때 그 일을 하고 싶다는 열망이 생기면 중독의 위기에 처한 것이다. 쾌락은 분명 어느 정도는 긍정정서를 높여 준다. 그런데 문제는 이것이 반복되다 보면 자극에 무뎌지면서 더 강한 자극이 필요해지고 나중에는 마치 약물중독처럼 돼 버린다는 것이다. 부자와 빈자의 행복도가 크게 차이 나지 않는 것도 그 때문이다. 어느 순간 아주 당연한 것처럼 여기면서 적응해 버린다. 행복을 가로막는 장벽인 셈이다.

쾌락은 외부 자극이 없어지면 그 자극이 자아내는 긍정정서는 아무런 흔적도 남기지 않은 채 사라진다. 물론 이러한 현상에도 예외는 있다. 멋진 영화를 본 다음 날에도 당시의 감동이 되살아난다거나 평생 네댓 번 맛볼까 말까 한 고급 와인처럼 여운이 오래 남는 것들도 있다.

하지만 똑같은 쾌락에 탐닉하면 이런 효과를 얻지 못한다. 맛있는 아이스크림을 두 번째 먹을 때의 쾌감은 맨 처음 맛볼 때보다 덜하고, 네 번째 먹을 때는 그저 칼로리 높은 음식일 뿐이다. 이때쯤 되면 그 아이스크림은 밍밍한 물이나 다름없다. 습관화 혹은 적응이라 부르는 이 과정은 엄연한 신경학적 현상이다. 신경세포는 새로운 사건에는 서로 연합해 반응하지만 새로운 정보를 얻을 수 없는 사건에는 대응하지 않는다. 신경세포를 기준으로 보면 똑같은 자극에 대해 잠시 동안 반응을 보이지 않는 이른바 불응기에 해당하며, 뇌 전체를 기준으로 보면 새로운 사건은 받아들이고 그렇지 않은 사건들은 무시하는 것이다. 이러한 현상을 뇌가소성이라고 한다. 계속 새로운 자극에 의해 변한다는 것이다. 이런 사건이 많을수록 반응할 필요가 없는 사건들은 폐기 처분해 버린다.

쾌락은 아주 빨리 사라지기도 하지만 부정적인 영향을 남기는 경우도 많다. 습관화나 중독이 되기 때문이다. 등이 가려울 때 긁으면 시원해지지만 긁기를 멈추는 순간 가려움증은 견디기 힘들 정도로 심해진다. 이를 악물고 참으면 가려움증은 사라지지만 긁고 싶은 갈망이 워낙 큰 탓에 웬만한 의지로는 떨쳐 내기 힘들다. 흡연, 연거푸 터지는 기침, 일단 먹기 시작하면 끊임없이 손이 가는 땅콩, 먹어도 또 먹고 싶은 아이스크림 등이 그런 경우이다. 더더욱 심각한 문제는 이것이 약물중독의 과정과 같다는 사실이다. 당신의 쾌락을 향상시킬 필요성이 바로 여기에 있다. 중독을 피하고 쾌락의 늪에 빠지지 않을 방법이 있기 때문이다.

어떤 일에 쾌락을 느낄 때가 있다면 얼마나 자주 그 일을 하는지 떠올려 보라. 초콜릿을 좋아하는 사람은 손에서 초콜릿이 떠나지 않고, 커피를 좋아하는 사람은 커피를 입에 달고 살 것이다. 그래서 전율이나 환희 등 쾌락을 누릴 수 있는 일들을 최대한 누리되, 시간 간격을 넓혀 틈틈이 경험하게 하는 것이다. 커피도 하루에 6~7잔을 마신다면 1~2잔으로 줄이거나 하루를 건너뛰는 등 간격을 넓혀 보자. 그러면 다음번에 커피를 마실 때 그 맛이 더욱 좋을 수밖에 없다. 조금만 현명해지면 커피 한 잔을 통해서도 이전보다 더 많은 여유와 평안함을 누릴 수 있다. 쾌락의 질을 향상시키는 것이다.

　만약 금단 현상처럼 그 일이 몹시 하고 싶어지면 바로 그 순간에 당신 스스로 재미와 흥미를 느낄 수 있는 깜짝 놀랄 일을 해 보라. 혹은 가족이나 친지끼리 서로 뜻밖의 기쁨을 주고받을 수 있도록 쾌락이라는 '선물'을 나눠 보라. 애인과 배우자, 동료에게 그들이 마시고 싶은 커피를 대신 건넨다든가, 퇴근길에 장미꽃 한 송이를 사 들고 가 보자. 동료의 책상이 허전하거나 삭막해 보이지는 않는가? 그렇다면 내일 아침 작은 꽃병 하나를 놓아 보자. 처음에는 어리둥절해하다가 기뻐할 동료의 얼굴이 상상이 되는가? 이것이 쾌락을 잘 사용하는 방법이다. 자신도 기쁨을 누리면서 다른 사람에게 기쁨을 선사하다 보면 어느 순간 더 행복해하고 있는 자신을 발견할 것이다(Seligman, 2012).

◉ 마음챙김

　마음챙김(mindfulness)은 우리가 순간순간 느끼는 감각, 감정, 생각 그리고 주위 환경에 대해 자각하고 그 자각을 편견 없이 중립적 태도로 유지하는 과정이다. 마음챙김은 우리가 바꿀 수 없는 것을 받아들이고 바꿀 수 있는 것을 알아차릴 수 있게 한다.

　우리가 살면서 겪는 특정 사건, 경험, 교류는 우리 기억 속에 저장된다. 그런 일들을 떠올릴 때마다 슬픔이나 기쁨, 분노, 불안, 죄책감, 혼란의 감정에 휩쓸리게 되고, 때로 이런 감정에 특별한 자각이 없는 상태로 반응한다. 여기서 마음챙김은 우리의 생각과 감정에 즉각 반응하지 않고 그 흐름을 스스로 관찰하고 자각하는 과정을 말한다.

　마음챙김은 또한 특정 상황에 처했을 때, 특히 우리를 괴롭히는 상황에서 보이는 행동과 반응을 자각하는 능력을 향상시킨다. 그리고 우리는 행동이 어떻게 서로에게 영향을 끼치는지도 배울 수 있다. 편견 없이 자각 능력을 향상시키는 것은 우리가 다른 관점에서 문제를 직시하는 것에 대해 더 수용적인 태도를 가질 수 있게 도와준다.

　예를 들어, 마음챙김을 친구와 있었던 부정경험에 적용해 보면 더 넓은 관점에서 그 사건을 바라볼 수 있다. 친구와의 부정경험은 어쩌면 둘 중 하나가 범한 행동으로 인해 생긴 일이 아닐 수도 있다. 어쩌면 친구는 둘의 사이와는 전혀 무관한 이유로 화가 나 있었을 수도 있다. 마음챙김을 통해 복잡한 경험을 부분으로 나눠 관찰하고 그 과정을 통해 좀 더 넓은 시야와 깊은 통찰력을 습득할 수 있다. 또한 마음챙김을 통해 개방성, 자기통제력, 사회성 지능을 향상시킬 수 있다(Seligman & Rashid, 2018).

> 3년간의 수행을 마친 승려가 스승의 암자에 도착한다. 문을 열고 안으로 들어서는 그 승려는 깊고 오묘한 부처의 가르침을 모두 깨달았다는 자신감에 차 있다. 스승이 어떤 질문을 하든 문제없다는 듯한 자세이다.
> "꼭 하나만 묻겠다."
> 스승의 나직한 말에 승려가 대답한다.
> "네, 스승님."
> "꽃이 문간에 세워 둔 우산의 오른쪽에 있더냐, 왼쪽에 있더냐?"
> 이 질문에 입도 벙긋 못하고 얼굴만 붉히던 승려는 그대로 물러나 3년간의 수행을 다시 시작한다.

'마음챙김'은 무심함이 우리 삶에 만연해 있다는 사실을 깨닫는 데서 시작된다. 현재의 자신을 찾으라는 것이다. 우리는 숱한 경험을 눈여겨보지 못한다. 무심코 행동하고 무심하게 반응할 뿐 깊이 생각하지 않는다.

엘렌 랭거(Ellen Langer, 2002)는 자료를 복사하기 위해 줄 서 있는 사무실 직원들 사이에 끼어드는 실험을 했다. 짐짓 새치기를 하려고 밑도 끝도 없이 "제가 당신 앞에 서도 되겠습니까?"라고 물었을 때는 거절당했다. 그런데 "중요한 자료를 급히 복사해야 하는데 제가 당신 앞에 서도 되겠습니까?"라고 물었을 때는 허락을 받았다.

좀 더 세심하게 관심을 기울이는 방법을 개발한 엘렌 교수 덕분에 우리는 현재의 순간을 새롭게 인식할 수 있게 됐다. 이 방법의 핵심은 진부한 상황을 새롭게 인식하게 하는 관점 전환의 원칙이다.

앞만 보고 정신없이 달리기보다 느긋하고 여유 있는 자세를 취하면 우리는 현재라는 시간에 훨씬 더 마음을 쏟게 된다. 동양의 명상법은 여러 가지가 있지만 대부분 날마다 규칙적으로 수행하는 것이어서 속도를 중시하는 서양인들의 조급한 마음을 차분히 가라앉히는 데 더없이 좋다. 명상은 불안을 다스리는 데도 효과가 있다. 차분하고 여유가 있을 때에야 비로소 현재에 관심을 기울일 수 있기 때문에 꽃이 문간에 세워 둔 우산의 오른쪽에 있는지 또는 왼쪽에 있는지 기억할 가능성이 훨씬 더 큰 것이다.

⊙ 음미하기

음미(savoring)란 지금까지 의미를 부여하지 않았던 주변의 사물, 사람 등을 되새기고 새로운 의미를 부여하여 즐기는 것이다. 음미하기의 선구자 프레드 브라이언트(Fred Bryant, 1989)는 음미하기란 인생의 긍정적인 경험에 집중하고 그런 경험을 감상하는 사색 과정이라고 정의했다. 또한 음미하기의 다양한 측면은 다음과 같다고 설명했다.

- 음미하기에는 네 가지 유형이 있다. 첫째, 만끽하기(자신의 성취와 행운, 축복을 크게 기뻐하거나 그것에 만족하기), 둘째, 감사하기(감사하고 감사 표현하기), 셋째, 즐기기[물질적 편안함과 감각을 즐기면서 (전혀 자제하지 않고) 크게 기뻐하기], 넷째, 경탄하기(경이나 놀라움을 가득 느끼기). 아름다움은 종종 경탄을 불러일으킨다. 덕을 행하는 것도 경탄을 자아낼 수 있다. 예컨대, 당신은 역경을 직시하고 헤쳐 나가는 사람의 강점에 경탄할 수 있다.
- 친구들과 가족과 함께 물체나 경험을 음미하면 당신의 인생에서 의미 있는 사람들과 보다 더 깊은 관계를 맺을 수 있다.
- 음미하기에는 노력이 필요하다. 다중작업을 처리하고 '움직이고, 움직이고, 움직여야' 한다는 압박감에 대항해야 한다.
- 음미하기는 연습할수록 더욱 자연스러워진다. 잠깐 시간을 멈추고 현재 당신이 그릴 수 있는 모든 풍경을 음미해 보자. 자신의 과거를 음미해 보고, 자신의 현재를 음미해 보고, 자신의 미래를 음미해 보자. 옛 친구를 만나 즐겁게 그 시절을 돌아보며 대화를 나눠 본 게 언제였는가? 뜨거운 온천물에 몸을 담그고 편안하고 여유롭게 현재를 즐겨 본 게 언제였는가? 마지막으로 여행을 준비하거나 즐거운 모임을 기다리면서 흥분되고 설레는 기분을 느껴 본 게 언제였는가? 기억이 까마득하다면 그만큼 숨 가쁘게 살아왔다는 이야기이다. 당신이 충분히 느낄 수 있는 행복을 놓치고 살아왔다는 것이다.

지금껏 살아오면서 당신이 가장 행복했던 순간을 떠올려 보자. 당신이 열심히 노력해 대학입시 합격자 발표를 듣던 순간? 첫 월급을 타서 당당히 부모님께 용돈을 드렸던 순간? 사랑하는 사람과 결혼식을 올리던 순간? 아이가 처음 걸음마를 배우던 순간? 학부모가 되던 순간? 가장 가치 있게 성취한 순간? 이렇게 행복했던 순간을 평소 얼마나 자주 음미하는가? 만약 신혼여행의 추억이 담긴 앨범을 자주 들춰 보는 사람이라면 행복한 사람일 가능성이 높다. 인생의 소중한 장면이 담긴 사진을 냉장고에 붙여 놓거나 스크랩북을 만들어 자주 회상하는 사람이라면 행복한 사람일 가능성이 높다. 행복한 사람들은 자신이 처한 부정정서를 잘 다스릴 뿐만 아니라 긍정경험을 충분히 음미하면서 행복을 키워 나간다.

브라이언트와 베로프(Bryant & Beroff, 2002)가 음미하기와 관련해 실험을 한 적이 있다. 가장 행복했던 순간이나 좋은 경험을 음미하는 사람, 가장 행복했던 순간이나 좋은 경험을 떠올리되 그 기억과 관련된 기념물을 보면서 음미하는 사람, 아무 기억도 음미하지 않는 사람이라는 세 집단으로 나눠 실험한 것이다.

실험에서는 기념물을 보면서 그때의 좋은 기억을 음미한 사람들이 가장 행복해했다. 아무 기억도 음미하지 않는 사람들에 비하면 월등한 행복을 느꼈다는 것이다. 지금 사무실 책상이나 집 안을 둘러보자. 책상 위에 친구들과의 졸업여행 사진이 놓여 있거나 지난 휴가지에서 사 온 물건이나 바닷가에서 주워 온 돌멩이 같은 기념물이 보이는가? 그렇다면 좋은 경험을 충분히 음미하면서 행복을 느끼고 있다는 것이다.

과도한 물질주의, 치열한 경쟁, 과정보다 결과만을 중시하는 사회, 속도와 미래지향성만을 중시하는 가치관이 우리 삶에 속속들이 스며들어 경제적 부유함에 우리의 정신적 현재를 빈곤하게 한다. 휴대전화에서 우주선에 이르기까지 현대의 첨단기술은 대부분 더 빨리, 더 고급스럽게, 더 많은 일을 해내게 하는 것들이다. 끊임없는 시간 절약과 미래에 대한 설계 요구 때문에 우리는 현재라는 광대한 터전을 잃고 있다.

브라이언트와 베로프는 작은 농원을 만들고는 현재라는 터전을 잃어버린 현대인들이 현재를 발견하고 즐길 수 있도록 '음미하는 곳(Savoring)'이라고 이름 지었다. 이렇게 음미하기란 자신이 살면서 겪은 여러 가지 긍정경험에 관심을 기울이고 그것을 한층 더 키우는 걸 의미한다. 긍정경험을 충분히 느껴서 행복감을 증폭시키고 그 감정이 지속되도록 노력하는 것이다.

음미하기는 과거의 좋은 경험들만 떠올리는 건 아니다. 평소 밥을 먹을 때 허겁지겁 먹는가, 아니면 충분히 맛을 느끼면서 천천히 먹는가? 길을 걸을 때 무심히 걷는가, 아니면 주변을 자세히 살피면서 걷는가? 산을 오를 때 오직 정상에 올라가는 게 목표인가, 아니면 나무와 계곡, 바람을 느끼면서 오르는가? 멀리 떨어져 있는 부모나 자식의 편지를 대충 줄거리만 읽는가, 아니면 함께 있는 것처럼 다정하고 따스하게 읽는가? 저녁에 친구들과 모임이 있을 때 아무 느낌 없이 약속 장소에 나가는가, 아니면 설레고 흥분되는 기분으로 그 시간을 기다리는가?

만약 후자를 택했다면 이미 생활 속에서 충분히 음미하면서 살아가고 있는 사람이다. 이렇게 음미하기는 과거를 긍정적으로 돌아보고, 현재를 충분히 즐기며, 미래를 기대하는 모든 걸 말한다. 음미하기는 과거, 현재, 미래의 긍정정서를 모두 높여 줄 수 있는 방법이다. 이렇게 했을 때 당신의 인생이 얼마나 풍요롭고 풍성해지겠는가? 당신이 음미하는 순간 하찮고 보잘것없게 여겨지던 모든 게 의미 있는 것으로 다가오게 된다.

우리는 '음미하는 곳'에서 브라이언트와 베로프 그리고 학생들이 오감을 총동원해 걷고 있는 모습을 떠올리는 것만으로도 행복해진다. 눈으로 보고, 귀로 듣고, 입으로 맛보고, 코로 냄새 맡고, 피부로 감촉을 느낀다는 건 그 자체로 살아 있음을 느끼는 일이다. 음미하기란 지금껏 당신이 무관심하게 스쳐 갔던 모든 것에 관심을 기울이는 것이다. 행복은 자신에게만 모든 관심을 쏟는 게 아니다. 세상에 관심을 갖고 더 깊은 눈을 지니게 될 때 자신의 행복도 더욱 커지는 것이다.

브라이언트와 베로프에게 음미한다는 것은 곧 즐거움을 발견하고 만족을 느끼는 찰나를 포착하려는 의식적인 노력이다. 브라이언트와 베로프가 산을 오르다가 틈틈이 쉬면서 음미하는 예와 아이들의 편지를 읽으며 음미하는 예를 살펴보자.

"나는 차가운 공기를 깊이 들이마셨다가 천천히 내쉰다. 그때 어디선가 코를 찌르는 냄새가 풍겨 이리저리 둘러보니 내가 딛고 선 바위 틈새에서 자라고 있는, 하늘거리는 라벤더 한 송이가 눈에 들어온다. 나는 눈을 지그시 감고 저 아래 골짜기에서 불어오는 바람 소리를 듣는다. 높다란 바위에 걸터앉아 온몸으로 따뜻한 햇살을 받으며 황홀경에 빠져 본다. 그리고 이 순간을 영원히 추억할 작은 돌멩이 하나를 주워 온다. 까칠까칠한 것이 사포 같다. 문득 돌멩이의 냄새를 맡아 보고 싶은 이상한 충동에 사로잡혀 코를 킁킁거린다. 케케묵은 냄새가 물씬 풍기는 것이 아득히 먼 옛날을 떠올리게 한다. 아마도 이 땅이 생긴 이래 그 자리를 죽 지켜왔으리라."

- 브라이언트

"내 아이들이 쓴 편지를 좀 더 찬찬히 볼 수 있는 조용한 시간을 내어 차례차례 읽어 간다. 따뜻하고 부드럽게 내 몸을 어루만져 주는 샤워 물줄기처럼 편지 속의 글들이 느릿느릿 굴러와 내 몸을 감싸도록 나는 한 줄 한 줄 천천히 읽어 나간다. 눈물이 날 만큼 정겨운 대목도 있고, 자신의 주변에서 일어나는 일을 날카롭게 꿰뚫은 자못 놀라운 대목도 있다. 마치 내가 편지를 읽고 있는 이 방에 함께 있기라도 하듯 아이들 모습이 생생하게 떠오른다."

– 베로프

음미하는 능력은 배워서 구축할 수 있는 자원이다. 단순히 좋은 일을 받아들이는 것을 넘어 그것의 풍미를 느끼고 그 즐거움의 면면을 깊이 감상할 수 있다. 이런 음미에 대해 그동안 알지 못했다면 그 방법을 배움으로써 기분 좋은 일들이 일어나기 전과 도중과 후에 그 좋은 일의 진수를 이끌어 내어 긍정정서를 세 배는 더 증가시킬 수 있다. 음미한다는 것은 단순히 진정한 즐거움을 의도적으로 발생시키고, 강화하고, 연장시키는 방식으로 좋은 사건들에 대한 좋은 면들을 충분한 여유를 가지고 일일이 감상하는 것이다. 하지만 음미는 분석이 아니라는 점을 명심하자. 긍정정서를 제고하는 일에는 지나치게 정신적 개입을 하면 안 된다. 경험을 전체적으로 받아들이고 그것이 전하는 느낌을 감상하되 해부하거나 분석하지는 말라는 것이다. 과도한 분석이 긍정정서를 위축시키기 때문이다. 음미는 브라이언트와 베로프의 예에서 볼 수 있듯이 상황을 변경함으로써 가능해지기도 한다.

프레드릭슨(2009)이 개최한 긍정심리학 세미나에 참석했던 대학원생 존은 자신의 삶에서 음미를 더하는 실험을 해 보았다. 그때 그는 대학원 첫 학기를 보내고 있었고, 그로 인해 사랑하는 가족과 여자 친구와 떨어져 지내며 전화 통화로만 안부를 묻곤 했다. 전화 통화가 그에게 그토록 중요한 의미를 지녔던 적은 평생 처음이었다. 하지만 그는 자신이 십 대 시절부터 나쁜 통화 습관을 갖고 있음을 깨닫게 됐다. 전화 통화를 하면서 인터넷 검색을 하거나, 통화에 집중할 수 있는 적당한 장소를 찾지 않았다.

음미에 관한 학문적 결과에 고무된 존은 자신에게 뭔가 문제가 있다는 생각이 들었다. 중요한 사람들과의 전화 통화에서 그에 합당한 대우를 하지 않았던 것이다. 그래서 그는 이전과는 다르게 행동하기로 결심했다. 여자 친구나 부모님에게 전화를 걸거나 받을 때는 컴퓨터를 끄고 편안한 의자가 있는 조용한 곳을 찾아갔다. 그러자 그들이 자신에게 하는 말과 거기에서 오는 느낌에 더욱 주의를 기울일 수 있게 됐고 한결 거리낌 없이 대화할 수 있게 됐다. 긍정정서가 높아졌으며 특히 사랑과 희망이 샘솟았다. 자신의 인생에서 중요한 사람들과 전화 통화를 하는 환경을 변화시킴으로써 존은 그들과 나누는 순간을 음미할 수 있었다. 그 느낌이 얼마나 기분 좋고 큰 유대감을 주는지 놀라울 따름이었다.

좋은 일은 음미하라. '쥐구멍에 든 볕' 같은 긍정정서는 나쁜 것 속에서 좋은 것을 찾아내거나, 부정적인 것을 긍정적인 것으로 전환하는 데서 생겨난다. 그러나 긍정정서를 높이는 또 다른 전략은 뭔가 긍정적인 것을 한층 더 긍정적인 것으로 바꿈으로써 좋은 것 속에서 보다 좋은 것을 찾는 것이다.

뭔가 좋은 일이 일어날 조짐이 보일 때, 당신은 스스로에게 뭐라고 말하는가? 운수대통할 일이 생길 때 무슨 생각을 하는가? 백미러에 뭔가 근사한 광경이 스쳐 지나갈 때 머릿속에 무슨 생각이 떠오르는가? 이럴 때 보이는 사람들의 반응은 제각기 다르다. 어떤 사람들은 의심부터 품고 본다. '정말로 그런 일이 내게 일어날 리 없어.' '말도 안 돼!' '오래 안 갈 줄 알았어.' 하는 식이다. 다른 사람들은 어느 쪽으로든 별로 생각하지 않는다. 그들에게 좋은 일은 문득 찾아오는 것만큼이나 순식간에 사라지는 듯하다. 그러나 또 어떤 사람들은 그 좋은 일을 음미할 방법을 찾는다.

그것이 미래의 일이든 현재의 일이든 과거의 일이든, 그들은 그것을 오래가고 더 확산될 방식으로 생각한다. 뭔가 좋은 사건이 일어나기 전에 이들은 아마 "……하면 근사할 거야." 하고 스스로에게 이야기할 것이다. 사건이 진행 중일 때는 '전부 다 빨아들이고 싶어!'라고 생각할지도 모른다. 그리고 일이 끝난 뒤에는 마음의 눈으로 그 일을 되돌아보며, 그것이 주었던 좋은 느낌을 모조리 되살릴 것이다. 이런 식으로 음미할 줄 아는 사람들은 인생에서 더 많은 긍정정서를 이끌어 낸다.

사람들이 자연스럽게 음미할 수 있느냐 그렇지 못하느냐는 흔히 그들 스스로 자신들이 좋은 일을 겪을 만한 자격이 있다고 생각하는지 그렇지 못한지와 같은 자부심의 문제이다. 그럼에도 음미하기는 계발할 수 있는 정신적 습관이다.

프레드릭슨(2009)은 음미하는 능력은 구축할 수 있는 자원이라고 했다. 단순히 좋은 일을 받아들이는 것을 넘어서, 우리는 그것의 풍미를 느끼고 그 즐거움의 면면을 깊이 감상하는 법을 배울 수 있다. 이런 음미에 대해 그동안 알지 못했다면, 그 방법을 배움으로써 기분 좋은 일들이 일어나기 전과 도중과 후에 그 좋은 일의 진수를 이끌어 내어 긍정정서를 세 배는 더 증가시킬 수 있을 것이다. 음미한다는 것은 단순히 진정한 즐거움을 의도적으로 발생시키고, 강화하고, 연장하는 방식으로 좋은 사건들을 고찰하는 것을 의미한다.

음미하는 법 배우기에는 속도를 늦추고 주의를 기울여 집중하는 일이 수반된다. 식사 준비를 할 때, 파릇파릇한 야채의 신선한 느낌과 곁들인 각종 허브 향에서부터 양념을 조절하면서 맛을 보고 나중에 가족이나 친구들과 손수 준비한 음식을 함께 나누는 것에 이르기까지, 좋은 면들을 일일이 충분한 여유를 가지고 감상하는 것과 같다.

음미가 개인적인 활동에만 국한되는 것은 아니다. 연구 결과, 행운에서 끌어낸 긍정정서를 배가하는 가장 간단한 방법 중 하나는 그 좋은 소식을 배우자나 애인, 가까운 친구와 나누는 습관을 들이는 것임이 입증되었다. 사람들에게 알리고 함께 축하하라. 물론 상대방이 어떻게 반응하는지가 중요하다. 그들은 아무 대꾸도 하지 않거나 "그런 상 아무한테나 다 주는 건데, 몰랐구나?" 하며 찬물을 끼얹음으로써 기분을 망쳐 놓을 수도 있다. 아니면 당신의 성공을 축하하고, 자랑스럽게 생각하고, 당신이 그 행운을 충분히 기뻐하고 만끽하도록 격려할 수도 있다. 그들이 적극적으로 당신을 지지한다면 한 가지 좋은 일에서 빚어진 긍정정서가 더 크게 자라는 계기가 될 것이다. 그리고 덤으로 그런 사람들과의 관계도 더욱 돈독해지고, 친밀해지고, 끈끈해질 것이다. 그 일은 또다시 음미할 더 많은 이유를 주고, 그것은 다시 더 큰 긍정정서를 가져올 것이다(Fredrickson, 2009).

◉ 음미를 위한 세 가지 선행 조건

브라이언트(2003)는 음미하기에 다음 세 가지 선행 조건이 필요하다고 했다.

1. 그 순간에 일어나는 일들에 대해 지금 여기(here and now)라는 느낌을 받아야 한다. 주위에 초점을 맞추고 일몰 보기나 따뜻한 물로 샤워하기 등의 특정 활동을 한다.
2. 사회적 욕구나 자기존중감 욕구를 제쳐 놓아야 한다. 다른 사람의 시선을 의식하거나 염려하는 것, 출세나 성공, 가족문제 등을 제쳐 놓는다.
3. 현재 경험의 즐거움에 주의 깊게 초점을 둬야 한다. 여러 가지 생각하지 말고 특정 대상에 초점을 두고 그것을 감상한다.

연합된 정서에 주의를 기울이고 그 정서에 대하여 생각하고 어떤 정서인지 확인하는 것이 음미의 효과를 높인다. 지금 느끼는 자신의 정서가 무엇인지, 음미하는 정서의 특성과 미묘한 차이에 초점을 둔다.

◉ 음미의 다섯 가지 방법

세 가지 선행 조건을 알아봤다면 다음 방법들을 시도해 보자. 이 다섯 가지는 브라이언트와 베로프(2003)가 대학생 수천 명을 대상으로 실험한 결과 알아낸 음미하기 증진 방법이다. 이들 방법을 이용해 당신에게 일어난 좋은 일을 더 자주 음미해 보자. 그러면 이전보다 한층 행복하고 풍요로운 인생이 느껴질 것이다.

첫 번째 음미하기: 공유하자 경험을 함께 나눌 수 있는 사람을 찾아 그 순간을 얼마나 소중하게 여기는지 들려주자. 기쁨은 나누면 배가된다. 친구와 앉으면 TV 프로그램 이야기만 하는가? 이제 당신의 좋은 경험을 들려주자. 그러면 당신은 더 행복해지고 친구와의 관계도 친밀해질 것이다. 이렇게 공유하기는 다른 사람의 사회적 지지를 통해 자신의 긍정정서를 높이는 것이다.

두 번째 음미하기: 추억을 만들자 등산길에 작은 돌멩이를 주워 오거나, 휴대전화나 컴퓨터 바탕화면에 행복한 순간의 사진을 띄워 놓거나, 책상에 친구들과 찍은 사진을 놓아두자. 휴대전화나 스크랩북, 앨범을 뒤적이면서 행복했던 순간을 떠올리는 것도 좋다. 기념물을 볼 때마다 행복했던 그때의 느낌이 되살아날 것이다. 추억 만들기는 긍정경험을 나중에 잘 회상할 수 있도록 노력을 기울이는 것이다.

세 번째 음미하기: 자축하자 당신에게 좋은 일이 생기면 수줍어하거나 기쁨을 억제하지 말고 마음껏 기쁨을 누리자. 실적이 좋다거나 발표를 훌륭하게 해냈다면 그 일에 다른 사람들이 얼마나 깊은 인상을 받았는지 되새기고 결과를 위해 기울인 노력을 칭찬하고 격려해 주자. 자축하기는 자신에게 생긴 긍정적인 사건을 스스로 기뻐하고 축하해 주는 것이다.

네 번째 음미하기: 집중하자 자신이 하는 일에만 집중하고 나머지는 완전히 차단한다. 수프를 만들어 먹을 때를 생각해 보자. 잠시 딴 데 정신을 파는 사이 수프가 눌어붙는다. 실내음악을 들을 때도 오로지 음악에만 집중하기 위해 눈을 지그시 감아 보자. 온전히 집중하지 못하면 다른 일에도 지장을 준다. 집중하기는 지금 하는 일에만 집중하고 나머지는 완전히 차단해 몰입하는 것이다.

다섯 번째 음미하기: 심취하자 자신이 하고 있는 일에 전념한 채 다른 것은 생각하지 말고 오로지 느끼기만 한다. 다른 일을 떠올리거나, 현재 자신의 일이 어떻게 진척될지 궁금해하거나, 더 좋은 방법을 궁리하느라 마음을 흩트리지 않도록 한다. 음미하기는 분석하는 것이 아니라 느끼는 것이다. 심취하기는 어떤 일을 하든 거기에만 전념해 기쁨을 최대화하는 것이다.

이상의 방법은 네 가지의 음미하기, 즉 칭찬과 축하받기, 은혜에 감사하기, 순간의 경이로움에 감탄하기, 만끽하기를 할 때도 도움이 된다. 이제는 지금까지 설명한 것들을 직접 체험해 볼 차례이다. 만일 이것을 그냥 건너뛸 생각이라면 여기서 아예 책을 덮기 바란다. 솔직히 말하면 기대하는 게 아니라 당신에게 '강요'하는 것이다. 낱말 하나하나를 음미하면서 다음 글을 찬찬히 읽어 보라.

> 나는 이내 표백되어 버릴 평화와 나를 아프게 쑤시는 희열이 있는
> 이 공허한 공간에서 내려가리라.
> 그러면 시간이 나를 조여 오고, 내 영혼은 단조로운 일상에 갇히리라.
> 그러나 나는 알고 있다.
> 삶이 더는 나를 옥죄지 않으리라는 것을.
> 시간이 차츰차츰 나를 해방시켜 주리라는 것을.
> 나는 이미
> 끊임없이 표백되고 한없이 공허한 공간에 서 보았으므로.

⊙ 음미신념검사

음미란 어떤 긍정적인 사건을 정신적으로 확장하는 행위이다. 예를 들어, 친구들에게 즐거운 기억을 들려주며 그 유쾌한 과거 경험을 자세히 효과적으로 묘사해서 현재 훨씬 더 많은 긍정정서를 체험할 때 우리는 음미하고 있는 것이다. 또한 식사 시간에 아주 맛있는 음식을 천천히 씹으면서 평소보다 그 맛을 더 오래 더 충분히 느낄 때 우리는 그 행복한 경험을 음미한다. 브라이언트와 동료들은 오래전부터 음미하기를 과학적으로 연구해 왔다. 그들은 과거에 거둔 성공을 시각화함으로써 또는 스포츠 트로피 같은 기념품에 초점을 맞춤으로써 지난날을 긍정적으로 음미하면 사람들이 더 행복해진다는 것을 발견했다.

다음에서 지시하는 대로 음미신념검사를 시행해 보라.

음미신념검사

방법: 각 문항이 자신과 어느 정도 일치하는지 판단하여 그것에 가장 가까운 점수를 적으라. 정답이나 오답은 없다. 최대한 정직하게 대답하라.

매우 그렇지 않다						매우 그렇다
1	2	3	4	5	6	7

_____ 1. 좋은 일이 일어나기 전에 나는 미리 그 일을 기대하며 무척 즐거워한다.

_____ 2. 나는 즐거운 감정을 아주 오래 지속하기가 어렵다.

_____ 3. 나는 행복했던 순간을 떠올리는 것을 좋아한다.

_____ 4. 나는 좋은 일이 일어나기 전에 그것에 대해 너무 많이 기대하는 것을 좋아하지 않는다.

_____ 5. 나는 유쾌한 순간을 최대한 즐기는 법을 알고 있다.

_____ 6. 즐거운 일을 경험한 후, 나는 그것에 대해 너무 많이 떠올리는 것을 좋아하지 않는다.

_____ 7. 곧 일어날 좋은 일에 대해 생각할 때 나는 기대감에 무척 즐겁다.

_____ 8. 즐거운 시간을 보내야 할 때 나에게 '최악의 적'은 바로 나 자신이다.

_____ 9. 유쾌한 지난 일을 떠올리면 기분이 아주 좋아진다.

_____ 10. 곧 일어날 즐거운 일을 미리 음미하는 것은 기본적으로 시간 낭비이다.

_____ 11. 좋은 일이 일어날 때 나는 어떤 것을 생각하거나 또는 행함으로써 그 즐거운 감정을 더 오래 지속시킬 수 있다.

_____ 12. 유쾌한 추억을 떠올릴 때 나는 자주 슬픔을 느끼거나 실망하게 된다.

_____ 13. 즐거운 일이 실제로 일어나기 전에 나는 속으로 그 일을 미리 즐겁게 경험한다.

_____ 14. 나는 행복한 순간이 주는 기쁨을 누리지 못하는 것 같다.

_____ 15. 나는 내가 경험한 즐거운 순간들을 기억해 두었다가 나중에 떠올리는 것을 좋아한다.

_____ 16. 즐거운 일이 실제로 일어나기 전에 나는 그것을 예상하며 크게 흥분하기가 어렵다.

_____ 17. 나는 내게 일어나는 좋은 일을 충분히 음미할 수 있다.

_____ 18. 즐거웠던 지난 일에 대해 생각하는 것은 시간 낭비이다.

_____ 19. 곧 있을 행복한 순간이 어떨지 상상할 때 나는 기분이 아주 좋다.

_____ 20. 나는 즐거운 일들을 충분히 즐기지 못한다.

_____ 21. 나는 유쾌한 기억에서 또 한 번 아주 쉽게 기쁨을 끌어낸다.

_____ 22. 즐거운 일이 일어나기 전에 그것에 대해 생각할 때 나는 불안하거나 불편하다.

_____ 23. 나는 원할 때는 언제나 아주 쉽게 즐거워진다.

_____ 24. 즐거운 순간이 끝나서 사라지면 그것에 대해서는 생각하지 않는 것이 최선이다.

음미는 과거, 현재, 미래를 지향하는 행위로 여겨진다. 결혼식 앨범을 한 장씩 넘길 때 우리는 과거의 경험을 음미한다(추억한다). 뜨거운 온천에서 느긋하게 쉬고 있을 때 우리는 현재의 경험을 음미한다. 곧 있을 여행에 잔뜩 흥분하고 어떤 신나는 일이 있을까 즐겁게 상상할 때 우리는 미래의 경험을 음미한다(기대한다). 음미신념검사는 세 가지 유형의 음미가 각각 과거, 현재, 미래에 초점을 맞춘다는 주장을 기초로 고안된 것이다. 다음 채점 방법 중 하나를 이용해서 고객의 음미 점수를 계산하고 그가 어떤 유형의 음미를 지향하는지 확인할 수 있다.

음미신념검사 채점 방법

음미신념검사(SBI)를 통해 다음 네 가지 검사의 점수를 얻을 수 있다.

① 기대하기(anticipating) 하위검사 점수
② 순간 음미하기(savoring the moment) 하위검사 점수
③ 추억하기(reminiscing) 하위검사 점수
④ SBI 총점

SBI 점수를 계산할 때 브라이언트 연구진은 두 가지 방식을 추천한다. 이 검사를 창안하면서 사용한 원래 채점 방식에서는 긍정정서 문항을 전부 계산하고 부정성 문항을 전부 계산한 후 긍정정서 점수에서 부정성 점수를 뺀다. 그렇게 평균 점수를 얻고, 같은 방식으로 각 하위검사 점수와 SBI 총점도 구한다. 이 채점 방식을 따르면 각 하위검사 점수는 -24점에서 +24점 범위에, SBI 총점은 -72에서 +72 범위에 있다.

각 문항 점수를 더하여 SBI 채점하기

① 기대하기 하위검사 점수
  A. 1, 7, 13, 19번 문항의 대답을 모두 더한다.
  B. 4, 6, 16, 22번 문항의 대답을 모두 더한다.
  C. A의 점수에서 B의 점수를 뺀 값이 기대하기 하위검사 점수이다.
② 순간 음미하기 하위검사 점수
  A. 5, 11, 17, 23번 문항의 대답을 모두 더한다.
  B. 4, 6, 16, 22번 문항의 대답을 모두 더한다.

C. A의 점수에서 B의 점수를 뺀 값이 순간 음미하기 하위검사 점수이다.

③ 추억하기 하위검사 점수

A. 3, 9, 15, 21번 문항의 대답을 모두 더한다.

B. 6, 12, 18, 24번 문항의 대답을 모두 더한다.

C. A의 점수에서 B의 점수를 뺀 값이 추억하기 하위검사 점수이다.

④ SBI 총점

A. 1, 3, 5, 7, 9, 11, 13, 15, 17, 19, 21, 23번의 총 12개 문항(홀수 번 문항)의 대답을 모두 더한다.

B. 2, 4, 6, 8, 10, 12, 14, 16, 18, 20, 22, 24번의 총 12개 문항(짝수 번 문항)의 대답을 모두 더한다.

C. A의 점수에서 B의 점수를 뺀 값이 SBI 총점이다.

◉ 만족과 쾌락은 어떻게 다른가

셀리그만(2002)은 지금까지 쾌락과 기쁨을 소개하고, 아울러 그런 감정들을 향상시킬 수 있는 몇 가지 방법을 소개했다. 쾌락을 경험하는 시간을 적절히 조절하거나, 친구나 연인끼리 서로 뜻밖의 즐거움을 누릴 수 있는 작은 배려를 통해 쾌락의 습관화를 예방할 수 있다. 자신의 경험을 마음 깊이 새겨 두었다가 다른 사람들에게 들려 줌으로써 함께 나누고 자축하며, 현재 자신이 하고 있는 일에 집중하고 심취하면 한결 느긋하게 삶을 즐길 수 있을 것이다. 칭찬을 받아들이고 감사하며 감탄하고 만끽하는 것은 모두 삶의 기쁨을 증폭시킬 수 있는 방법이다. 이와 같은 방법들을 활용하여 '쾌락적인 삶'을 누린다면 그야말로 큰 행운이 아닐 수 없다.

이런 방법들을 실천하고 효과를 얻으려면 즐겁게 생활하라. 한 달에 하루씩 쉬는 날을 정하여 자신이 가장 좋아하는 일에 흠뻑 빠져 보라. 그날만큼은 하고 싶은 일을 맘껏 해 보라. 일일계획표를 작성하여 앞서 소개한 방법들을 한껏 활용해 보라. 번잡한 일상을 훌훌 털어 버리고 오직 계획표대로만 실행해 보라.

우리는 흔히 만족과 쾌락을 같은 뜻으로 사용한다. 사뭇 대조적인 삶의 중요한 요소를 한데 뭉뚱그리는 우리의 언어생활 때문에 자칫 만족과 쾌락을 얻는 활동이 똑같다고 착각할 수 있다. 우리는 무심코 캐비어, 마사지, 지붕 위에 떨어지는 빗소리 등 우리에게 쾌감을 주는 것들도 좋아한다고 말하고, 배구, 고전소설, 불우이웃 돕기 등 우리가 만족을 느끼는 것들에 대해서도 좋아한다고 말한다. '좋아하다(like)'라는 낱말을 잘못 사용함으로써 올바른 사고 작용을 방해하는 것이다. 이 단어는 본래 수많은 것 중에서 자신이 선택한다는 의미를 담고 있다. 우리가 만족과 쾌락을 같은 뜻으로 쓰다 보니 자신이 선택하는 긍정정서도 본질적으로 쾌락과 똑같은 것으로 여기게 되고, 따라서 무심결에 캐비어를 먹을 때나 고전소설을 읽을 때나 모두 쾌감을 느낀다고 말하는 것이다.

기초적인 긍정정서라 함은 좋아하는 음식 먹기, 가려운 등 긁기, 좋아하는 향수 뿌리기, 더러워진 몸 씻기 등 원초적인 감정에 사로잡히는 활동들에서 얻는 것이다. 반면, 노숙자들에게 따뜻한 차를 나눠 준다거나, 자연과학자의 눈과 소설가의 상상력을 겸비했다고 평가받는 바레트(Barrett Andrea)의 수준 높은 소설을 읽거나, 브리지 게임이나 암벽 등반을 할 때 느끼는 긍정정서에 대해서 단정적으로 말하기는 어렵다. 똑같은 행동을 하더라도 다른 사람들은 대부분 특별한 정서를 느끼지 못하는데 어떤 사람은 유독 특별한 정서를 느끼는 경우가 있기 때문이다.

만족과 쾌락의 차이는 곧 행복한 삶과 쾌락적인 삶의 차이와 같다. 긍정정서가 아주 낮은 브리지 챔피언이자 최고경영자인 렌의 경우를 다시 보자. 셀리그만이 그를 두고 행복한 삶을 영위한다고 말하는 핵심은 바로 렌의 만족 때문이다. 온갖 방법을 다 동원해도 그를 쾌활하고 신명 나는 삶 속으로 끌어들일 수는 없지만, 그는 자신의 생활에 완전히 심취해 있다. 브리지 챔피언, 증권사 CEO, 열렬한 축구광으로서 말이다. 이처럼 만족과 쾌락을 엄격하게 구분하면 세계 인구의 절반이 긍정정서가 몹시 낮다고 할지라도 그들이 반드시 불행한 삶을 사는 것은 아니라는 희망적인 결과를 얻게 된다. 다시 말해, 긍정정서가 낮은 사람도 얼마나 만족을 얻느냐에 따라 행복을 누릴 수 있다는 얘기이다.

현대인들은 쾌락과 만족을 구분하지 않은 채 두루뭉술하게 사용하지만, 고대 아테네인들은 이를 엄밀히 구분했다. 아리스토텔레스는 행복과 육체적 쾌락을 구분하고, 행복(eudaimonia)을 춤출 때의 우아함에 비유한다. 우아함은 그 춤에 수반되는 어떤 독립된 동작도 아니며 춤이 끝난 다음에 얻는 결과물도 아니다. 우아한 동작은 아름다운 춤이 되기 위해 없어서는 안 될 중요한 요소이다. 명상의 '즐거움'에 대해 말한다는 것은 명상하는 행위 그 자체를 말할 뿐, 명상에 수반되는 어떤 정서를 의미하는 게 아니다.

아리스토텔레스의 에우다이모니아(eudaimonia)는 셀리그만이 말하는 만족과 같은 의미로서 올바른 행동의 핵심 요소이다. 이것은 육체적 쾌락으로는 얻을 수 없을뿐더러, 어떠한 쾌락적 도구로도 자아낼 수 없는 정신 상태이다. 오직 숭고한 목적을 지닌 활동을 통해서만 얻을 수 있다. 앞서 소개했듯이 쾌락은 발견하고 다듬고 향상시킬 수 있지만, 만족은 그렇지 않다.

쾌락은 감각과 정서에 관한 것이지만, 만족은 개인의 강점과 미덕의 실행에 관한 것이다.

⊙ 쾌락이 우울증을 불러오는 이유

현재의 우울증 환자는 1960년대에 비해 10배나 많으며, 청소년층의 우울증이 두드러지게 증가하고 있다. 40년 전에는 처음으로 우울증 증상을 보인 연령의 중간값이 29.5세였으나, 현재는 14.5세이다. 구매력, 교육 수준, 영양 상태 등의 객관적인 행복 지수가 선진국에서 꾸준히 올라가고 있는 반면 주관적인 행복 지수는 후진국에서 꾸준히 올라가고 있다는 사실은 역설적이다. 이런 이상 현상을 어떻게 이해해야 할까?

셀리그만(2002)은 이런 현상을 가능하게 하는 원인보다 불가능하게 하는 원인을 살펴보는 게 더욱 이해하기 쉬울 것이라고 했다. 우선 이 이상 현상은 생리적인 것이 아니다. 인간의 유전자나 호르몬은 40년 동안 거의 변하지 않았기 때문에 우울증 환자가 10배나 증가한 원인으로 보기 힘들다는 것이다. 생태 환경 때문도 아니다. 셀리그만의 동네에서 약 60km 떨어진 곳에 현대 문명의 혜택을 전부 거부하고 마치 18세기 사람들처럼 사는 '아미시 교도(Old Order Amish)'들이 있는데, 이들은 필라델피아에 사는 사람들에 비해 우울증에 걸릴 확률이 1/10밖에 되지 않는다. 똑같은 물과 공기를 마시며 먹는 음식도 비슷한데 말이다. 물론 생활 환경이 열악한 탓도 아니다. 이미 살펴보았듯이 우울증이 증가하는 이 역설적인 현상은 선진국에서만 나타나기 때문이다.

우울증 확산이라는 이상 현상을 유발하는 원인으로는 행복을 얻기 위해 손쉬운 방법들에 지나치게 의존하는 자세를 꼽을 수 있다. 모든 선진국에서는 쾌락에 이르는 쉬운 방법들, 가령 TV, 각종 약물, 쇼핑, 섹스 도구, 게임, 각종 초콜릿 제품 등을 점점 더 많이 개발하고 있다.

당신이 지금 글을 쓰면서 버터와 블루베리 잼을 바른 토스트를 먹고 있다고 하자. 물론 당신이 직접 식빵을 구운 것도 아니고, 버터를 만들지도 않았으며, 블루베리를 따지도 않았다. 글쓰기와 달리 당신의 아침식사는 기술도 노력도 필요 없이 손쉽게 구할 수 있다. 그런데 만일 삶 전체가 당신의 강점이나 도전정신을 전혀 발휘하지 않고도 쾌락을 손쉽게 얻을 수 있는 것들로 이루어졌다면 과연 어떻게 될까? 그렇다면 당신은 분명 우울증에 걸리고 말 것이다. 만족을 얻기 위해 스스로 선택한 삶을 살기보다 쉽사리 쾌락을 얻을 수 있는 길을 택하는 동안 당신의 강점과 미덕은 사라질 것이다.

셀리그만(2002)에 따르면 우울증의 주요 증상 가운데 하나는 자아도취라고 했다. 우울증에 걸린 사람들은 자신의 느낌을 실제보다 과장한다. 자신이 슬픔을 느끼면 그 슬픔을 곰곰이 생각하고 미래의 삶과 모든 활동에 투사하여 결국 자신의 슬픔을 증폭시킨다.

　감정에 충실한 것과는 달리, 만족을 규정하는 기준은 감정과 의식의 부재, 즉 완전 몰입이다. 만족은 자아도취에 빠지지 않게 하며, 만족을 자아내는 몰입을 많이 경험한 사람일수록 덜 우울해진다. 바로 여기에서 청소년 우울증을 예방할 수 있는 효과적인 방법을 찾을 수 있다. 그것은 더 많은 만족을 얻기 위해 노력하는 한편 쾌락을 추구하는 활동을 줄이는 것이다. 쾌락은 얻기 쉽지만, 자신의 강점을 발휘한 산물인 만족은 얻기 어렵다. 따라서 자신의 강점을 파악하고 계발하려는 굳은 의지는 훌륭한 우울증 완화제가 된다.

　쾌락적인 삶을 멀리하고 더 많은 만족을 얻을 수 있는 활동을 시작한다는 것이 말처럼 쉽지 않다. 만족하면 자연스레 몰입하게 되지만, 그러기까지는 기술과 노력이 필요하다. 게다가 만족을 얻으려면 도전에 맞서야 하고, 때에 따라 실패할 가능성도 있기 때문에 더더욱 망설이게 된다. 테니스를 한다거나, 발전적 토론에 참여한다거나, 리처드 루소(Richard Russo)의 작품을 읽는 등의 활동은 적어도 처음에는 굉장히 힘들다. 그러나 쾌락은 다르다. 시트콤을 보거나, 자위를 하거나, 비싼 향수를 뿌리는 등의 행동은 누구나 쉽사리 할 수 있다. 식빵에 버터 또는 잼을 발라 먹거나, TV에서 축구 중계를 보는 것도 아무런 노력이나 기술이 필요 없으며, 실패할 가능성도 전혀 없다.

　쾌락은 강력한 동기 유발 요소이지만 변화를 일으키지는 않는다. 그런 면에서 쾌락은 사람들에게 현재의 욕구에 만족한 채 편안함과 안정감을 찾게 하는 보수적인 힘이다. 그러나 자아도취는 항상 즐거운 것만도 아니고, 때로는 극심한 스트레스를 주기도 한다. 등산가에게는 탈진, 혹독한 추위 때문에 온몸이 얼어붙을 것 같은 고통, 추락 사고를 당할 위험이 으레 따르게 마련이지만, 그렇다고 해서 그들은 산에 오르는 일을 결코 그만두지는 않는다. 물결이 넘실거리는 청록빛 바다가 훤히 보이는 아름다운 해변의 야자수 아래에 앉아 칵테일을 음미하는 것도 좋지만, 그것은 살을 에는 듯한 바람이 부는 산마루에서 느끼는 환희와는 비교가 안 된다.

긍정심리 미래의 긍정정서

미래의 긍정정서인 신념, 신뢰, 자신감, 자기효능감, 희망, 낙관성도 현재의 긍정정서와 마찬가지로 행복 연습 도구를 통해 확장시키고 구축해 행복을 만들어 갈 수 있다.

미래에 대한 기대나 희망을 갖고 있는가? 미래를 낙관적으로 바라보는가? 혹은 불안하고 초조해질 때가 있는가? 미래를 생각하다 보면 언제나 희망에 부풀어 오르는 건 아니다. 오히려 불안하고 초조해질 때가 많을 수 있다. 평소 불안한 감정을 많이 느낀다면 미래의 긍정정서를 높여야 한다. 미래의 긍정정서의 핵심은 낙관성과 자기효능감이다.

자기효능감

자기효능감(self-efficacy)은 앨버트 밴듀라(Albert Bandura, 1977)가 사회학습이론(social learning theory)에서 제시한 개념으로 어떤 일을 성공적으로 해낼 수 있다는 자신의 능력에 대한 믿음과 자신을 지배할 수 있다는 확신이다. 자기효능감은 자신을 얼마나 가치 있게 여기는가에 대한 판단 기준인 자아존중감(self-esteem)과는 다르다. 자기효능감은 한 개인이 특정 과제를 얼마나 확신과 지배력을 갖고 실행해 나가는지가 반영되어 있다. 자기효능감은 자신에 대한 전반적인 지각을 의미하는 자기개념(self-concept)과 자아존중감보다는 구체적 상황이나 과제에 국한된 능력에 대한 신념이다(상담학 사전, 2016).

밴듀라(1986)에 따르면 자기효능감이 높은 사람은 아무리 어려운 일이 닥쳐도 그것을 피해야 하는 불가능하고 무시무시한 위협으로 받아들이는 것이 아니라 정복해야 할 흥미로운 도전으로 여긴다. 이들은 빠른 회복력과 건전한 시각을 지녔기에 실패를 겪어도 금세 다시 일어나며 자신을 문제 있는 사람으로 격하하지 않는다. 뛰어난 기술과 역할 모델, 지식을 동원해 한층 더 노력하며 제대로 해낼 때까지 몇 번이고 다시 시도하는 것을 주저하지 않는다.

이와 같이 자기효능감은 자신에게 일어날 문제를 해결할 수 있다는 믿음과 성공할 능력에 대한 확신을 나타낸다. 그렇다면 실생활에서 자기효능감을 활용하는 방법을 알아보자. 직장에서 자신의 문제해결 능력을 확신하는 사람은 리더로 우뚝 서지만, 자기 능력을 의심하는 사람은 좌절하고 불안해한다. 그는 자기의심을 무심코 노출하고, 동료들은 그 말을 새겨듣고 다른 사람에게 조언을 구한다.

린과 그렉은 통신회사의 같은 부서에서 일한다. 두 사람 모두 신입사원이며 비슷한 교육과 훈련을 받았다. 입사 6개월 후, 두 사람은 서로 다른 궤도에 올라섰다. 그렉은 작은 성공을 여러 차례 거두고도 그 업무에 필요한 능력을 갖추고 있는지 자신하지 못했다. 주어진 업무를 완수할 수 있다는 믿음이 아직도 없었다. 반면에 린은 사소한 성공을 통해 자신감을 키워 나갔다. 업무에 활용할 수 있는 재능과 기술이 자신에게 있음을 깨달았는데, 작은 성공을 거둘 때마다 그 깨달음은 점차 확고해졌다. 이 차이는 린과 그렉이 일반적인 문제에 대응하는 방식에서 드러난다. 문제를 해결할 수 있다는 믿음과 자신감 덕분에 린은 회사에서 자주 직면하는 난제들을 적극적으로 풀어 나갔다. 반면에 그렉은 비슷한 난제에 수동적으로 대응했다. 해결 방법도 모르고 능력도 부족하다고 믿어서 타인이 제시한 해결책을 그대로 받아들였다. 회복력을 발휘한 결과, 린은 경영진의 눈에 띄었다. 더 많은 책임을 떠맡았고 고급 직원교육 세미나에 참석할 기회를 얻었다.

당신도 자신이 자기효능감이 넘치는 사람이 되거나 꿈을 실현하는 데 '필요한 자질'을 갖추고 있는지 궁금할 것이다. 또 태어날 때부터 성격이 낙관적이고 발랄하며 능력을 인정해 주고 목표를 이루도록 도와주는 이들을 주변에 둔 축복받은 몇 명만이 성공할 수 있는 것인가 하는 생각이 들지도 모른다. 자기효능감을 키우고 싶다면 자신의 자기효능감이 어느 정도인지, 자신의 자기효능감에 대한 정보를 수집해 보라. 밴듀라(1997)는 개인이 자기효능감에 대한 정보를 얻으면 자기효능감을 키울 수 있다고 했다. 정보는, 첫째, 자신의 수행에 대한 관찰을 통해, 둘째, 모델이 수행하는 것에 대한 관찰을 통해, 셋째, 타인의 설득을 통해, 넷째, 생리적 지표를 통해 얻을 수 있다.

자기효능감을 키우는 방법

　근육을 키울 때는 겉보기에 간단하면서도 실행하기는 좀 어려운 네 가지 방법을 주로 이용하는데 자기효능감을 키울 때도 마찬가지이다. 다음의 밴듀라가 제시하는 네 가지 방법을 이용하면 자기효능감을 높일 수 있다.

- 역할 모델을 만든다. 성취 욕구가 높은 이들은 성공한 인물의 전기를 열심히 읽지만, 주변 사람들 중에서 목표 달성과 관련된 모범을 보여 주는 역할 모델을 찾는 것도 중요하다. 운동선수의 경우 자기와 같은 목표를 이미 이룬 다른 선수와 함께 훈련할 경우 놀라운 성과를 얻는다는 사실도 입증되었다. 이 방법을 이용하면 지금껏 꿈에서만 그리던 목표가 익숙한 얼굴을 가진 현실로 다가오기 때문이다. 익명의 알코올중독자들 (Alcoholics Anonymous: AA) 같은 자조 모임에서 참가자들을 이끄는 사람이나 빅 브라더/빅 시스터(Big Brother/Big Sister) 프로그램의 멘토들도 이와 동일한 전제하에 자기 역할을 수행한다.
- 치어리더를 곁에 둔다. 나를 믿어 주고 또 항상 적절하고 도움이 되는 의견을 들려 주는 신뢰할 수 있는 사람이 곁에 있으면 자신의 능력에 대한 믿음이 커지고 다른 때라면 감히 시도하지 못할 일에도 위험을 무릅쓰고 도전하게 된다. 멘토나 코치, 현명한 연장자가 정서 발달에 지대한 영향을 미치고 적절한 치어리더 옆에서 큰 힘을 얻는 것도 이런 이유 때문이다. 내가 듣고 싶은 말만 해 주거나 현재 안주한 곳에서 벗어나라고 부추기지 않는 치어리더는 적절치 못한 치어리더이다.
- 스트레스를 잘 관리한다. 자기효능감이 낮은 사람은 우울한 기분이나 신체적 고통을 핑계로 최선을 다하지 않는 예가 많다. 스트레스나 신체 증상을 적절히 관리하는 법을 배우면 좀 더 낙관적인 기분으로 끈기 있게 목표를 달성하게 된다.
- 성공을 경험한다. 자기 존재를 새롭게 정의할 수 있는 '성공'을 경험하는 것이야말로 자기효능감을 키우는 가장 효과적인 방법이다. 다른 사람이 성공하는 모습을 보거나 꼭 성공하라고 격려를 받거나 정신을 집중해 눈앞의 일에 최선을 다하는 것도 물론 중요하지만 자신을 진정으로 믿게 되려면 커다란 목표를 여러 조각으로 나눈 뒤 하나씩 달성해 가는 방법밖에 없다.

낙관성 키우기

◉ 왜 낙관성인가

아빠는 갓 태어난 딸이 요람에서 자는 모습을 내려다보고 있다. 방금 병원에서 집으로 데려왔다. 어여쁜 딸의 모습에 경외감과 함께 감사의 마음이 복받친다. 아빠는 딸이 고개를 돌려 자기를 바라보지 않을까 기대하면서 딸의 이름을 부른다. 하지만 딸의 눈은 움직이지 않는다. 요람 난간에 달린 장난감을 집어 흔들어도 아기의 눈은 움직이지 않는다. 아빠는 덜컥 겁이 났다. 혹시 아기에게 문제가 있는 것은 아닌지 걱정하며 아내에게 방금 일어난 일을 이야기한다.

"애가 소리에 전혀 반응하지 않는 것 같아. 듣지 못하는 것은 아닐까?"

"우리 아기는 틀림없이 다 정상이야."

아내가 잠옷을 추스르며 말한다. 그러고는 함께 아기 방으로 간다.

엄마가 아기의 이름도 부르고 딸랑딸랑 방울 소리도 내보고 손뼉도 쳐 본다. 엄마가 아기를 들어 올리자 아기가 바로 몸을 뒤로 젖혀 꿈틀대면서 옹알거린다.

"이를 어째! 애가 듣지를 못해." 하고 남편이 말한다.

아내가 "괜찮을 거야."라고 한 후 말을 잇는다.

"그렇게 말하기엔 너무 일러. 태어난 지 얼마나 됐다고. 아직 눈의 초점도 못 맞추는데."

"그래도 그렇지. 손뼉을 아무리 세게 쳐도 꼼짝도 않잖아."

여전히 불안해하는 남편을 보며 아내는 책장에서 책을 한 권 꺼내 '청각' 항목을 찾아 소리 내어 읽는다. "신생아가 큰 소리를 듣고도 놀라지 않는다거나 소리 나는 쪽으로 몸을 돌리지 않는다고 놀라지 마십시오. 깜짝 놀라는 반사 행동과 소리에 주의를 기울이는 행동이 발달하는 데는 어느 정도 시간이 걸릴 수 있습니다. 필요하다면 소아과를 방문해 아기의 청각에 대한 검사를 의뢰할 수 있습니다."

다 읽고 난 아내가 "이제 좀 안심이 돼?" 하고 말해도 남편은 불안감을 떨쳐 버리지 못한다. 여전히 딸이 아무것도 듣지 못한다는 사실을 되풀이해 이야기하며, 할아버지가 청각장애였기 때문에 딸도 청각장애일 가능성이 있다고 걱정한다.

"잠깐! 왜 자꾸 나쁜 쪽으로만 생각해? 월요일에 바로 소아과에 전화해 보면 되잖아. 일단 기운을 내라고. 자, 담요를 똑바로 펼치게 아기 좀 안고 있어. 담요가 다 흘러내렸네."

남편은 아기를 받아 안았다가 얼마 안 있어 아내에게 다시 안겨 준다. 주말 내내 남편은 서류 가방을 열고 다음 주 업무 준비를 할 기운도 없다. 아내를 따라 집 안을 왔다 갔다 하며 만약 아기가 청각장애라면 그 아이의 일생이 어떻게 될까 하고 시름에 잠겼다. 듣지 못하면 언어도 발달하지 않을 것이며 결국 자신의 어여쁜 딸이 사회와 격리된 채 홀로 소리도 없는 세상에 갇혀 살지 모른다는 등 최악의 경우만 머릿속에 떠올렸다. 그는 절망에 빠진 채 일요일 밤을 보내야 했다. 아내는 소아과 전화응답 서비스를 통해 월요일 이른 시간에 예약해 두었다. 그러고는 집안일도 하고 책도 읽고 남편도 진정시키며 주말을 보냈다.

　소아과 검사 결과는 부모를 안심시킬 만한 것이었다. 하지만 남편의 마음은 가벼워지지 않았다. 일주일 후 지나가는 트럭 소리에 아기가 처음으로 깜짝 놀라는 반응을 보이자 비로소 마음이 풀리면서 딸을 얻은 기쁨을 다시 누리기 시작했다.

　이 사례에서 남편과 아내는 세상을 서로 다른 눈으로 바라본다. 남편은 비관적이다. 안 좋은 일이 생기면 계속 나쁜 쪽으로만 생각한다. 그럴수록 불안감은 더 커지고 최악의 상황을 상상하며 우울해한다. 그런 상태가 오래가면 건강도 안 좋아진다. 반면, 아내는 낙관적이다. 설령 나쁜 일이 닥쳐도 가능한 한 좋은 쪽으로 생각한다. 그저 일시적일 뿐이며 이겨 낼 수 있는 것 혹은 극복해야 할 도전이라고 생각한다. 뜻밖의 일을 당해도 금세 털어 버리고 곧 원기를 회복한다. 건강 상태도 아주 좋다.

　비관적인 사람의 특징은 안 좋은 일이 오랫동안 지속돼 자신의 모든 일을 위태롭게 하고 나아가 그런 것들이 모두 자기 탓이라고 쉽게 생각하는 것이다. 낙관적인 사람은 세상을 살면서 똑같이 어려운 일에 부딪혀도 비관적인 사람과 정반대로 생각한다. 낙관적인 사람은 실패를 겪어도 그저 일시적인 후퇴로 여기며 그것의 원인도 일부로 보는 경향이 있다. 실패가 자기 탓이 아니라 주변 여건이나 불운 혹은 다른 사람으로 인한 것이라고 생각한다. 이런 사람들은 실패에 주눅 들지 않는다. 안 좋은 상황에 처하면 이를 오히려 도전으로 간주해 더 열심히 노력한다.

　일의 원인을 해석하는 이 두 가지 사고습관에서도 많은 차이가 난다는 것을 알 수 있다. 비관적인 사람이 더 쉽게 포기하고 더 자주 우울해진다는 것이다. 그 사실을 증명하는 수백 개의 연구가 있다. 이런 연구 결과들은 낙관적인 사람이 학교나 직장에 있을 때 혹은 놀이를 할 때도 훨씬 뛰어난 성과를 낸다는 사실을 보여 준다. 낙관적인 사람이 적성검사의 예측을 뛰어넘는 일은 흔히 있는 일이다(Seligman, 2006). 이 장은 셀리그만의 이론인 무기력 학습과 낙관성 학습을 중심으로 다룬다.

⊙ 낙관성과 비관성

여러 직업 중에서도 특히 낙관성을 필요로 하는 대표적인 직업 중 하나가 보험회사 직원이다. 일반적으로 보험회사 직원들은 밥 먹듯이 거절을 당한다. 10명의 고객을 만나면 적어도 9명에게 딱지를 맞는다고 한다. 어쩌다 한두 번이 아니라 매일 수시로 거절을 당하면 누구나 위축되고 일에 재미를 느끼기 어렵다. 실제로 보험회사 직원들은 이직률이 아주 높다. 그것도 동종 업계로의 이직이 아니라 아예 보험업계를 떠나는 경우가 많다. 보험회사마다 조금씩 다르지만 통상적으로 입사한 지 1년 안에 직장을 떠나는 사람이 절반이 넘고, 4년이 지나면 80%가 직장을 떠난다고 한다.

직원들의 이직률이 높으면 회사에도 타격이 크다. 미국 메트로폴리탄 라이프(Metropolitan Life) 보험회사는 이런 문제를 해결하고자 긍정심리학 창시자인 셀리그만에게 도움을 청했다. 셀리그만(2006)은 낙관성이 문제를 해결하는 열쇠라 판단하고 낙관성과 보험 일과의 상관관계를 조사했다. 우선 이미 성공적으로 보험 일을 하는 직원들이 얼마나 낙관적인 사람인지부터 알아보았다. 200명의 경력사원을 대상으로 낙관성을 측정하는 질문지를 돌렸는데, 대상자의 절반은 실적이 매우 좋은 직원들이었고 나머지 반은 실적이 아주 형편없는 사람들이었다. 조사 결과, 실적이 좋은 사람들이 실적이 나쁜 사람들보다 훨씬 더 낙관적인 것으로 나타났다. 낙관성 점수를 기준으로 실험 대상자를 낙관성이 좋은 그룹과 나쁜 그룹으로 나누었을 때 낙관성이 좋은 그룹이 입사한 후 2년 동안 37%가량 더 많은 실적을 올렸음을 확인할 수 있었다. 또한 낙관성 점수가 상위 10% 안에 드는 직원들은 하위 10%에 드는 직원들보다 88%나 더 많은 실적을 올렸다.

이직률에도 낙관성이 영향을 미치는 것으로 나타났다. 메트로폴리탄 라이프 보험회사는 오래전부터 영업직원으로 적합한 사람들을 선별하기 위한 검사법 중 하나인 '경력 프로파일(Career Profile)'을 시행해 적어도 12점 이상 얻은 사람들 중에서 직원을 선발했다. 셀리그만은 경력 프로파일을 통과해 발령 전 교육까지 마친 104명의 직원을 대상으로 낙관성 검사를 했다. 보험회사 신입사원들은 놀라울 정도로 낙관적이었다. 그들의 낙관성 점수는 10점 만점일 때 평균 7점 이상으로 다른 직종의 평균을 훨씬 웃돌았다. 결국 아주 낙관적인 사람들이 보험회사에 지원한 셈이었다.

셀리그만은 1년 후 신입사원들이 회사에 아직 잘 다니고 있는지 조사했다. 그 결과, 입사 첫해에 104명 가운데 59명이 사직한 것으로 나타났다. 어떤 사람들이 사직했는지를 알아보기 위해 전체를 낙관성 점수가 높은 그룹과 낮은 그룹으로 나누었을 때 상대적으로 낙관성 점수가 낮은 그룹의 사직률이 그렇지 않은 그룹보다 2배가량 높았다. 낙관성 점수가 하위 1/4에 속하는 직원들은 상위 1/4에 속하는 직원들보다 3배나 더 높은 사직률을 보였다.

이러한 조사 결과를 바탕으로 셀리그만은 낙관성의 중요성을 확인하고, 메트로폴리탄 라이프 보험회사 경영진의 동의하에 직원을 채용할 때 전통적인 검사 방법인 경력 프로파일과 셀리그만이 개발한 낙관성 검사 도구인 귀인양식검사(Attributional Style Questionnaire: ASQ)를 모두 실시했다. 그런 다음 1만 5,000명의 지원자 중 1,000명은 기존의 방식대로 경력 프로파일을 통과한 사람들 중에서 채용했고, 낙관성 점수는 고려하지 않았기 때문에 낙관적인 사람들과 비관적인 사람들이 절반씩 섞여 있었다.

이와는 별도로 낙관적인 직원들로 구성된 '특수인력'을 조성했다. 즉, 경력 프로파일을 아깝게 통과하지 못한(9~11점) 지원자 중 낙관성 점수가 상위 절반에 속하는 사람 129명을 뽑았다. 물론 이들에게는 그들이 특수인력이라는 사실을 알리지 않았다.

셀리그만(2006)은 2년에 걸쳐 경력 프로파일을 기준으로 선발된 1,000명의 정규직원, 낙관성 점수로 뽑은 129명의 특수인력을 관찰했다. 그 결과, 1,000명의 정규인력 가운데 낙관적인 사람들은 비관적인 사람들보다 많은 판매실적을 올렸다. 첫해에는 겨우 8%였지만 입사 2년째에는 31%나 더 많이 팔았다.

특수인력의 실적은 사뭇 놀라웠다. 이들은 정규인력 가운데 비관적인 사람들보다 입사 첫해에 21% 더 많은 판매실적을 올렸다. 그리고 2년째에는 57%나 더 많이 팔았다. 게다가 이들은 정규인력의 평균과 비교해 보아도 입사한 지 2년에 걸쳐 27% 더 많은 판매실적을 올렸다. 실제로 이들은 최소한 정규인력 가운데 낙관적인 사람들만큼 좋은 판매실적을 올렸다.

이처럼 낙관성은 조직의 성공에 큰 영향을 미친다. 직원을 채용할 때는 적성과 동기도 중요하지만 낙관성이 없으면 시련이 닥쳤을 때 인내하지 못하기 때문이다. 특히 보험회사 직원처럼 거절을 많이 당하는 직업은 낙관성이 가장 중요하다. 보험회사처럼 신입사원 모집과 훈련에 비용이 많이 들고 이직률이 높은 직종의 경우에는 직원을 채용할 때 낙관적인 사람을 선발하는 것이 좋다. 낙관적인 사람들이 낙관적인 조직을 만들어 개인과 조직 모두를 발전시킬 수 있기 때문이다.

공직 선거에서도 비관적인 사람보다 낙관적인 사람이 선출될 확률이 더 높다. 실제로 지난 90년 동안 미국 대통령 선거와 상원의원 선거에서 더 낙관적인 사람이 거의 당선됐다. 1988년 공화당의 부시와 민주당의 듀카키스의 대결에서도 선거 초반에는 듀카키스가 우세했지만 부시의 TV 토론이나 유세 내용이 듀카키스의 내용보다 일관되게 더 낙관적이었다. 결국 부시가 초반의 예상을 깨고 당선됐다. 낙관적인 사람은 건강도 더 좋은 편이며, 우리 대부분이 중년에 흔히 겪는 신체적 질병도 훨씬 덜 겪으면서 건강하게 나이를 먹는다. 게다가 낙관적인 사람은 수명도 길다. 셀리그만(2006)의 연구에서는 낙관적인 사람이 비관적인 사람보다 8년 더 사는 것으로 나타났다.

◉ 낙관성이란 무엇인가

낙관성은 미래에 대한 긍정적인 기대와 전망이다. 미래에 일들이 긍정적으로 잘 펼쳐질 것이라는 전반적인 기대이며, 자신의 행동과 노력으로 인해 추구하는 목표를 성취할 수 있을 것이라는 희망이다.

미래에 대한 긍정적인 기대와 희망은 역경을 겪었을 때 쉽게 포기하거나 좌절하지 않고 일어날 수 있는 원동력으로 작용한다. 낙관성에는 힘든 상황에서도 끝까지 포기하지 않고 스스로의 능력을 믿게 하는 힘이 있기 때문이다. 살면서 아무런 역경도 겪지 않기란 불가능하다. 누구나 크든 작든 수없이 많은 역경을 만나는데, 이때 희망의 끈을 놓지 않고 행복한 미래를 만들어 나갈 수 있게 도와주는 힘이 바로 낙관성이다.

낙관성이라고 하면 어려운 상황이 닥쳤을 때 무조건 "괜찮아, 걱정하지 마, 다 잘될 거야."라고 긍정의 주문을 맹목적으로 되풀이하는 것으로 오해하는 사람들이 있다. 사실 긍정적으로 생각하는 것도 중요하다. 하지만 진정한 낙관성이란 앵무새처럼 긍정적인 주문을 되풀이해 외우는 것이 아니다. 현실을 정확히 인식하면서 미래에 대한 희망을 포기하지 않고 준비하는 것이 진정한 낙관성이다.

낙관성에는 현실적 낙관성과 비현실적 낙관성이 있다. 판단 착오로 주식 투자에 실패했을 경우 현실적 낙관성을 가진 사람과 비현실적 낙관성을 가진 사람은 대응 방식이 다르다. 현실적 낙관성을 가진 사람은 '왜 실패했을까? 아무래도 종목 분석이 충분하지 못했어. 아무리 믿을 만한 사람이 추천해 주었어도 직접 분석해 보고 확신이 들 때 투자했어야 했는데, 다음 번엔 실수하지 말자.'라고 생각한다. 반면, 비현실적 낙관성을 가진 사람은 실패의 원인을 분석해 보지 않고 무조건 낙관적으로 '괜찮아. 벌 때가 있으면 잃을 때도 있는 거지.' 하고 대수롭지 않게 생각하고 또 투자를 한다. 백전백패이다. 이러한 비현실적 낙관성은 가끔 낙관성을 왜곡하기도 한다.

그 대표적인 사례가 '스톡데일 패러독스(Stockdale paradox)'이다. 스톡데일 장군은 베트남 전쟁이 한창 벌어진 때인 1965년에서 1973년까지 8년 동안 베트남 하노이 힐튼이라는 악명 높은 수용소에서 수십 차례의 혹독한 고문을 받으면서도 살아남은 인물이다. 그는 혹독한 현실을 인식하고 이겨 낸다면 반드시 희망이 있다는 믿음으로 살아남았다. 하지만 "다음 크리스마스에는 구출될 거야." "다음 추수감사절에는 풀려날 거야."라며 막연하게 기다리던 사병들은 기다리다 지쳐 모두 죽었다. 혹자는 이를 가리켜 낙관적인 사람들은 다 죽었다며 낙관성을 비판했다. 미국의 경영학자 짐 콜린스(Jim Collins)마저도 위대한 기업으로 도약하는 기업들을 연구하며 '스톡데일 패러독스'라는 이름을 붙여 낙관성을 경계했다. 이것은 낙관성이 아닌 비현실적 낙관성이다. 혹독한 현실을 인식하고 이겨 내기 위해 최선을 다해 대비하는 현실적 낙관성이 아닌 "풀려날 거야." "구출될 거야."와 같이 막연히 기대만 하고 있는 비현실적 낙관성인 것이다.

　낙관성이란 맹목적인 믿음이 아니라 실패를 했을 때 부정적인 사고를 하지 않는 것이다. 비관적인 사람은 주식 투자에 실패했을 경우 "내가 하는 일이 그렇지, 뭐. 이럴 줄 알았어."와 같이 말한다. 그렇게 생각하면 삶은 절대 바뀌지 않는다. 낙관적인 사람은 현실을 받아들이면서도 스스로를 부정하지 않고 자신이 유능하다고 생각하며 자신이 미래의 긍정적 결과에 영향을 미칠 수 있다고 믿는다. 그래서 희망을 품고 위험을 감수하고 인내하기 때문에 성공할 가능성이 높은 것이다. 또한 낙관적인 사람은 장애에 부딪히거나 좌절을 겪을 때 막연한 믿음만을 갖는 게 아니라 좋아질 것이라고 믿고 창의성을 발휘해 문제를 해결할 수 있는 대안을 찾아낸다. 어떤 상황에서도 최종 목표를 보고 간다는 것이다.

⊙ 무기력 학습

　비관적인 사람과 낙관적인 사람은 무엇이 다를까? 비관적인 사람은 뭔가 안 좋은 일이 생기면 먼저 최악의 것을 상상한다. 파산해서 감옥에 가는 것은 아닐지, 이혼이나 해고로 이어지는 것은 아닐지 노심초사한다. 쉽게 우울해지고 한동안 매사가 귀찮아져 건강까지 영향을 받는다. 이와 반대로 낙관적인 사람은 나쁜 일이 닥쳐도 안 좋은 쪽으로는 거의 생각하지 않는다. 그저 일시적일 뿐이며 이겨 낼 수 있는 것 혹은 극복해야 할 도전이라고 생각한다. 뜻밖의 일을 당해도 금세 털어 버리고 곧 원기를 회복한다.

　비관적인 사람의 특징은 안 좋은 일들이 오랫동안 지속돼 자신의 모든 일을 위태롭게 하고 나아가 그런 것들이 모두 자기 탓이라고 쉽게 생각한다는 것이다. 낙관적인 사람들은 세상을 살면서 똑같이 어려운 일에 부딪혀도 비관적인 사람과 정반대로 생각한다. 낙관적인 사람은 실패를 겪어도 그저 일시적인 후퇴로 여기며 그것의 원인도 하나의 경우에 한정된 것으로 보는 경향이 있다. 실패가 자기 탓이 아니라 주변 여건이나 불운 혹은 다른 사람으로 인한 것이라고 생각한다. 이런 사람들은 실패에 주눅 들지 않는다. 안 좋은 상황에 처하면 이를 오히려 도전으로 간주해 더 열심히 노력한다.

왜 이런 차이가 생기는 것일까? 낙관적인 사람과 비관적인 사람의 차이를 이해하기 위해서는 낙관성의 개인적 통제에 대한 중요한 두 가지 개념을 이해해야 한다. 그것은 바로 '무기력학습(learned helplessness)'과 '설명양식(explanatory style)'이다. 이 둘은 서로 밀접한 관계가 있다. 우울증의 한 가지 특징인 무기력은 자살을 예측할 수 있는 가장 정확한 요소이기도 하다.

셀리그만(1965)은 자신이 할 수 있는 게 하나도 없는 전기 충격을 처음 경험한 개가 점차 수동적으로 변해 역경에 맞서는 것을 포기한다는 사실을 발견했다. 최초의 전기 충격을 무기력하게 경험하고 나면, 개들은 그 후부터 경미한 전기 충격에도 그저 가만히 앉아 고통을 고스란히 겪으며 도망치려는 시도도 하지 않고 충격이 사라지기만을 기다린다. 이것이 바로 무기력 학습으로 포기 반응, 어떻게 해도 안 된다는 생각에 단념하는 반응을 말한다. 즉, 자신이 뭔가를 변화시키려고 시도했지만 변화시킬 수 없다고 여기고 스스로 포기하는 것이다.

하지만 똑같은 충격을 받았더라도 모두 무기력 학습 반응을 나타내는 것은 아니다. 첫 번째 경험에서 똑같은 강도의 전기 충격을 받았지만 도망칠 수 있었던 개들은 그 후에 무기력해지지 않았다. 어떤 어려움도 이겨낼 수 있는 지배력(Mastery)이 있는 것이다. 그래서 무기력 학습의 반의어는 지배력이라고 한다.

사람을 대상으로 한 실험에서도 같은 결과가 나타났다. 폐쇄된 공간에 갇힌 채 견디기 힘든 소음을 자기 힘으로 제거할 방법이 없어 고스란히 듣고 있어야 했던 사람들에게 이후 똑같은 소음을 가하고 이번에는 버튼을 눌러 소음을 제거할 수 있는 환경을 만들어 주었다. 그런데 70%가 버튼을 누르지 않았다. 무기력을 학습해 버렸기 때문이다. 당신이 어떤 어려움에 부딪힐 때마다 불가능하다고 지레 좌절하고 포기해 버린다면 그 70% 가운데 한 명이란 말이 된다.

셀리그만(1965)은 실험에 대한 만족감에 뒤이어 어느덧 새로운 의문들이 솟구쳐 올랐다. 그렇다면 도대체 어떤 사람들이 쉽게 포기하고 어떤 사람들이 결코 포기하지 않는 것일까? 자신의 일이 쓸모없게 되었을 때 또는 사랑하던 연인이 떠나가 버렸을 때 그 일을 이겨 내는 사람들은 어떤 사람들일까? 또 왜 그럴까? 분명히 어떤 사람들은 좌절하여 무기력한 개처럼 주저앉아 버린다. 반면에 어떤 사람들은 무기력에 굴복하지 않았던 일부 실험 참여자처럼 다시 기운을 내어 역경을 극복하려 애쓴다. 이런 모습을 보고 '인간 의지의 승리'라거나 '삶의 용기'라고 말하는 감상주의자들이 있다. 하지만 이런 명칭으로 설명할 수는 없다.

7년에 걸쳐 실험 연구를 해 온 셀리그만(1965)이 보기에 패배에 직면해서도 기운을 차리는 놀라운 속성은 더 이상 신비한 것이 아니었다. 이것은 타고난 속성이 아니라 학습될 수 있는 것이었다. 이 발견에 담긴 어마어마한 의미를 밝혀내는 것이 지난 15년간 셀리그만이 해 온 작업이었다.

⊙ 설명양식

셀리그만(1975)은 무기력 학습의 연구를 인정받아 옥스퍼드 대학교의 강연 요청을 받았다. 옥스퍼드 대학교는 강연을 하기가 겁나는 곳이다. 그것은 대학 건물의 뾰족한 첨탑이나 괴물 조각 때문이 아니고 이곳이 700년 이상 세계 지성계를 이끌어 왔다는 사실 때문도 아니다. 그것은 옥스퍼드의 거물 교수들 때문이다. 1975년 4월 어느 날 이들이 젊은 미국 심리학자의 강연을 들으려고 떼를 지어 모여들었다. 당시 셀리그만은 런던 모즐리 병원(Maudsley Hospital) 정신의학과에서 안식년을 보내고 있었는데 옥스퍼드에서 그의 연구에 관해 발표할 기회가 생긴 것이었다. 연단에 서서 강연을 준비하며 긴장한 눈빛으로 강당을 둘러보니 1973년 노벨상 수상자인 동물행동학자 니코 틴버겐(Niko Tinbergen)이 보였다. 최근 아동 발달 분야의 흠정 교수(Regius Professor)로 임명되어 하버드 대학교에서 옥스퍼드 대학교로 옮겨 온 저명한 심리학자 제롬 브루너(Jerome Bruner)도 보였다. 그 밖에 현대 인지심리학의 창시자이자 세계에서 손꼽히는 응용심리학자인 도널드 브로드벤트(Donald Broadbent), 영국 정신의학계의 최고참 마이클 겔더(Michael Gelder), 불안과 뇌 분야 전문가로 유명한 제프리 그레이(Jeffrey Gray)도 있었다. 이들은 셀리그만이 일하는 분야의 위인들이었다. 셀리그만은 마치 기네스, 길구드, 올리비에 알렉 기네스 같은 대선배들 앞에서 독백을 읊기 위해 무대로 떠밀려진 배우와도 같은 심정이었다.

드디어 무기력 학습에 관한 셀리그만의 강연이 시작되었다. 그가 어떤 주장을 펼 때는 고개를 끄덕이는 사람도 몇몇 있었고 농담을 할 때는 대부분 웃음을 터뜨리는 등 거물 교수들이 꽤 반응을 보이자 셀리그만은 어느 정도 안심이 되었다. 그런데 앞줄 한가운데에 그를 불안케 하는 낯선 사람이 한 명 있었다. 그는 농담할 때도 웃지 않았고 강연의 몇몇 결정적인 지점에서는 또렷이 고개를 가로저었다. 셀리그만은 자신도 모르게 저지른 실수들을 그가 전부 꿰차고 있는 듯한 느낌이 들었다.

드디어 강연은 끝을 맺었고 호의적인 박수 소리에 셀리그만은 안도의 한숨을 내쉬었다. 이제 중요한 일은 끝났고 토론자로 지정된 교수가 관례에 따라 행하는 의례적인 논평만이 남아 있었다. 그런데 그때 보니 앞줄에서 계속 고개를 가로젓던 사람이 바로 토론자였다. 그는 존 티즈데일(John Teasdale)로 런던 모즐리 병원 심리학과에서 옥스퍼드 대학교 정신의학과로 옮겨 온 신참 전임강사였다.

티즈데일은 청중을 향해 말했다. "솔직히 말해 연사의 매혹적인 이야기에 홀려서는 안 된다고 생각합니다. 이것은 완전히 부적절한 이론입니다. 셀리그만은 피험자들 가운데 1/3이 전혀 무기력해지지 않았다는 사실을 그럴싸하게 둘러대고 있습니다. 이 사람들이 왜 무기력해지지 않았을까요? 그리고 무기력해진 사람들 가운데 일부는 곧 기운을 차렸고 나머지는 그러지 못했습니다. 몇몇 피험자는 오직 무기력을 학습했던 바로 그 상황에서만 무기력을 보였습니다. 소음을 피하려는 시도를 더 이상 하지 않았지요. 그런가 하면 다른 사람들은 아주 새로운 상황에서도 포기했습니다. 왜 그랬을까요? 어떤 사람들은 자신감을 잃고 소음을 피하지 못한 책임을 자신에게 돌렸습니다. 그러나 다른 사람들은 풀 수 없는 문제를 제시한 연구자를 탓했습니다. 왜 그랬을까요?"

많은 거물 교수가 난처한 표정을 지었다. 티즈데일의 날카로운 비판은 모든 것을 의심스럽게 만들었다. 셀리그만은 강연을 시작할 때만 해도 10년의 연구 성과가 확실해 보였다. 그러나 이제 그것이 미해결된 문제들로 가득 차 보였다.

셀리그만은 말이 안 나올 정도로 큰 충격을 받았다. 티즈데일이 옳다는 생각이 들었다. 왜 스스로 그런 비판점들을 생각하지 못했는지 당황스러울 뿐이었다. 셀리그만은 과학이 진보하는 방식이 이런 것이 아니겠냐는 식으로 우물거렸다. 그리고 티즈데일이 자신에게 지적한 모순점들을 혹시 그 자신은 풀 수 있는지 그에게 반문하였다.

"예, 풀 수 있을 것 같은데요."라고 그가 말했다. "다만 지금은 시기나 장소가 적절치 않아 보입니다."

셀리그만은 티즈데일이 자신의 옥스퍼드 강연에 대해 반론을 제기한 순간, 수년에 걸친 자신의 연구가 물거품이 될지도 모른다는 생각이 머리를 스쳐갔다. 당시만 해도 티즈데일의 반론이 셀리그만이 가장 원하던 방향으로, 곧 어려운 처지에 빠져 고통받는 사람들을 돕기 위해 그와 동료들의 연구 결과를 사용하는 방향으로 수렴될 수 있다는 것을 전혀 깨닫지 못했다.

그렇다. 티즈데일도 인정했듯이 2/3에 해당하는 사람들은 무기력해졌다. 그러나 그가 강조했듯이 1/3에 해당하는 사람들은 무기력에 굴복하지 않았다. 이들을 무기력하게 만들기 위하여 상황을 조작했지만 이들은 결코 포기하지 않았다. 이것은 역설이었다. 그리고 이것이 풀리지 않는 한, 셀리그만의 이론도 진지하게 받아들여질 수 없었다. 셀리그만은 강연이 끝난 뒤 티즈데일과 함께 강당을 떠나면서 그에게 혹시 적절한 이론을 구성하기 위하여 함께 작업할 의향이 없는지 물었다. 그가 셀리그만의 제안에 동의했고, 그래서 둘은 그 뒤 정기적으로 모임을 갖기 시작했다. 셀리그만은 티즈데일이 제기했던 문제에 관하여, 곧 왜 어떤 사람들은 무기력해지고 또 어떤 사람들은 무기력해지지 않는지에 관하여 그의 생각을 물었다. 그는 대강 다음과 같은 해결책을 제시했다. "사람들이 자신에게 일어난 나쁜 일에 대해 스스로 어떻게 설명하는지가 중요할 겁니다. 특정한 종류의 설명을 하는 사람들이 무기력에 빠지기 쉬울 거예요. 그렇다면 이런 설명방식을 바꾸도록 가르치는 것이 우울증 치료에 효과적인 방법이 될지 모릅니다."

셀리그만은 펜실베이니아 대학교 동료인 린 에이브럼슨(Lyn Abramson)과 주디 가버(Judy Garber)와 당시 유행하던 버나드 와이너(Bernard Weiner)의 귀인이론(attribution theory)을 바탕으로 연구를 시작했다.

1978년 2월에 발행된 『이상심리학회지』 특별판에 셀리그만과 에이브럼슨과 티즈데일이 함께 쓴 논문이 실렸으며, 이로 인해 낙관성의 설명양식이 탄생하게 되었다(Seligman, 1978). 설명양식은 사건이 일어난 이유를 스스로에게 습관적으로 설명하는 방식이다. 이것은 무기력 학습을 크게 좌우하는 역할을 한다. 실험 결과에서도 알 수 있듯이 낙관적인 설명양식은 무기력을 없애고 비관적인 설명양식은 무기력을 퍼뜨린다. 일상 속에서 실패나 중대한 패배에 직면했을 때 과연 얼마나 무기력에 빠져들지 혹은 다시 기운을 차릴지는 스스로에게 사태를 설명하는 방식에 달렸다. 설명양식이란 '마음속 세상'을 비추는 거울과도 같은 것이다. 사람들은 저마다 '아니야' 혹은 '그래'라는 말을 품고 산다. 둘 가운데 어떤 말이 자기 마음속에 있는지 셀리그만이 개발한 낙관성 검사를 통해 자신의 낙관성 혹은 비관성 수준을 정확하게 알 수 있다.

각 문항의 주어진 상황을 묘사한 것을 읽고 당신이라면 어떻게 할 것인지 생각해 보라. 개중에는 당신이 전혀 겪어 본 적이 없는 일도 있겠지만 개의치 마라. 또한 주어진 답이 자신의 생각과 다를 수도 있다. 그래도 A나 B 중에서 자신의 생각과 더 가깝다고 여기는 하나를 골라야 한다. 설령 주어진 답이 못마땅하더라도 바람직한 답을 고르지 말고 실제로 당신이 그럴 것 같은 답을 골라야 한다.

1. 내가 책임자로 있는 사업 계획이 큰 성공을 거두었다.　　PsG

　A. 내가 팀원들의 일을 꼼꼼히 감독했기 때문이다.　　1

　B. 팀원들 모두가 많은 시간과 노력을 쏟아부었기 때문이다.　　0

2. 남편(아내/남자 친구/여자 친구)과 다툰 뒤 화해했다.　　PmG

　A. 내가 상대를 용서해 주었다.　　0

　B. 나는 상대를 늘 용서해 준다.　　1

3. 차를 몰고 친구 집을 찾아가다 길을 잃었다.   PsB

    A. 내가 길을 잘못 들었다.   1

    B. 친구가 길을 엉터리로 가르쳐 줬다.   0

4. 남편(아내/남자 친구/여자 친구)이 놀랍게도 내게 선물을 했다.   PsG

    A. 그 사람이 직장에서 돈이 생겼기 때문이다.   0

    B. 어제 저녁 내가 근사하게 한턱냈기 때문이다.   1

5. 남편(아내/남자 친구/여자 친구)의 생일을 깜박 잊었다.   PmB

    A. 나는 원래 사람들 생일을 잘 기억하지 못한다.   1

    B. 요즘 다른 일 때문에 정신이 없었다.   0

6. 나를 흠모하는 누군가가 꽃을 보내왔다.   PvG

    A. 그 사람이 나를 매력적으로 보았다.   0

    B. 나는 사람들에게 인기가 좋다.   1

7. 지방자치단체의 공직에 출마해 당선되었다.   PvG

    A. 선거 운동에 온 힘을 기울였다.   0

    B. 나는 무슨 일이든 열심히 한다.   1

8. 중요한 약속을 지키지 못했다.   PvB

    A. 가끔 무엇을 잊을 때가 있다.   1

    B. 가끔 메모 수첩을 확인하는 것을 잊을 때가 있다.   0

9. 지방자치단체의 공직에 출마해 낙선하였다.   PsB

    A. 선거 운동을 충분히 하지 못했다.   1

    B. 당선된 상대 후보가 더 많은 사람을 알고 있었다.   0

10. 집에서 손님들을 위하여 훌륭한 저녁 시간을 마련하였다.   PmG

    A. 내가 그날 저녁에는 유난히 멋지게 행동했다.   0

    B. 나는 그런 모임을 마련하는 데 재능이 있다.   1

11. 제때에 경찰에 신고해 큰일을 막았다.   PsG

    A. 이상한 소리가 들렸기 때문이다.   0

    B. 그날 나는 주의를 놓지 않고 있었다.   1

12. 1년 내내 아주 건강했다.   PsG
    A. 주위에 아픈 사람이 별로 없었으므로 전염될 위험도 없었다.   0
    B. 잘 먹고 휴식을 충분히 취하려고 노력하였다.   1

13. 도서관에 연체료로 만 원을 내야 한다.   PmB
    A. 독서에 열중하다 보면 책을 반납하는 것을 잊곤 한다.   1
    B. 보고서 작성에 열중하다 보니 책을 반납하는 것을 잊었다.   0

14. 주식으로 돈을 많이 벌었다.   PmG
    A. 내 주식중개인이 훌륭한 결정을 하였다.   0
    B. 내 주식중개인은 일류 투자가이다.   1

15. 운동경기에서 내가 우승했다.   PmG
    A. 그때는 누구든 이길 자신이 있었다.   0
    B. 나는 언제나 열심히 연습한다.   1

16. 중요한 시험을 망쳤다.   PvB
    A. 나는 시험을 본 다른 사람들만큼 똑똑하지 않다.   1
    B. 시험 준비를 충분히 하지 못했다.   0

17. 정성껏 요리했는데 친구가 거의 손도 대지 않았다.   PvB
    A. 나는 요리에 소질이 없다.   1
    B. 내가 요리를 너무 서둘러 했다.   0

18. 오랫동안 연습했는데도 경기에서 지고 말았다.   PvB
    A. 나는 운동에 별로 소질이 없다.   1
    B. 이 종목은 내가 잘 못한다.   0

19. 한밤중에 어두운 길을 운전하다가 휘발유가 떨어지고 말았다.   PsB
    A. 휘발유가 얼마나 남았는지 점검하지 않았다.   1
    B. 휘발유 계량기가 고장 났다.   0

20. 더 이상 참지 못하고 친구에게 화를 냈다.   PmB
    A. 그 친구는 늘 성가시게 군다.   1
    B. 그 친구는 그날따라 기분이 안 좋았다.   0

21. 소득세 신고서를 제때에 제출하지 않아서 벌금을 물어야 한다.   PmB

    A. 세금 내는 것을 늘 미루는 편이다.   1

    B. 올해에는 세금 내는 것을 게을리했다.   0

22. 데이트 신청을 했는데 거절당했다.   PvB

    A. 그날은 제대로 되는 일이 하나도 없었다.   1

    B. 데이트를 신청할 때 말이 꼬이고 말았다.   0

23. 게임쇼 사회자가 청중 가운데 나를 뽑아 쇼에 참여하게 되었다.   PsG

    A. 좋은 자리에 앉았던 덕분이다.   0

    B. 내가 가장 열성적으로 보였기 때문이다.   1

24. 파티에 갔는데 함께 춤추자는 제의를 자주 받았다.   PmG

    A. 내가 원래 파티 체질이다.   1

    B. 그날 밤 내 모습은 완벽했다.   0

25. 남편(아내/남자 친구/여자 친구)이 내 선물을 별로 마음에 들어 하지 않았다.   PsB

    A. 선물 같은 것을 고를 때 생각을 많이 하지 않는 편이다.   1

    B. 그 사람이 까다로운 편이다.   0

26. 입사 면접을 아주 잘 치렀다.   PmG

    A. 면접을 치르는 동안 자신감이 넘쳤다.   0

    B. 나는 원래 면접을 잘 치른다.   1

27. 내 농담에 다들 웃었다.   PsG

    A. 그것은 내가 생각해도 재미있는 농담이었다.   0

    B. 내가 농담을 꺼낸 시점이 완벽했다.   1

28. 회사에서 너무 촉박하게 과제를 부여받았지만 결국 제때에 해냈다.   PvG

    A. 나는 회사 일을 잘한다.   0

    B. 나는 모든 일을 잘한다.   1

29. 요즘 많이 지친 느낌이 든다.   PmB

    A. 평소에 쉬지 않기 때문이다.   1

    B. 이번 주에 특히 바빴기 때문이다.   0

30. 어떤 사람에게 함께 춤추자고 했다가 거절당했다.   PsB

    A. 내가 춤을 잘 못 추기 때문이다.   1

    B. 그 사람이 춤추는 것을 좋아하지 않기 때문이다.   0

31. 질식사할지도 모를 사람을 살려 냈다.   PvG

    A. 질식을 막는 법을 알고 있다.   0

    B. 위급상황에서 어떻게 해야 하는지를 알고 있다.   1

32. 애인이 잠시 냉각기를 갖자고 한다.   PvB

    A. 내가 너무 자기중심적이었다.   1

    B. 애인에게 충분히 시간을 쓰지 못했다.   0

33. 친구의 말에 마음의 상처를 입었다.   PmB

    A. 그 친구는 늘 다른 사람에 대해서 생각도 안 하고 말을 지껄인다.   1

    B. 그 친구가 기분이 언짢아 내게 화풀이하였다.   0

34. 사장이 내게 조언을 구했다.   PvG

    A. 내가 그 분야는 잘 알기 때문이다.   0

    B. 내가 훌륭한 조언을 잘하기 때문이다.   1

35. 친구가 어려울 때 도와줘서 고맙다고 인사를 하였다.   PvG

    A. 나는 그 친구가 어려울 때 기꺼이 돕는다.   0

    B. 나는 사람들을 잘 돕는다.   1

36. 파티에 참석해 사람들과 아주 즐거운 시간을 가졌다.   PsG

    A. 다들 매너가 좋았다.   0

    B. 내 매너가 좋았다.   1

37. 의사가 내 몸매가 좋다고 말했다.   PvG

    A. 나는 운동을 게을리하지 않으려고 애쓴다.   0

    B. 나는 건강에 신경을 많이 쓴다.   1

38. 남편(아내/남자 친구/여자 친구)의 제안으로 낭만적인 곳에서 주말을 보냈다.   PmG

    A. 그 사람은 며칠간 쉴 필요가 있었다.   0

    B. 그 사람은 평소 새로운 곳을 찾아다니기를 즐긴다.   1

39. 의사는 내가 설탕을 너무 많이 먹는다고 한다.   PsB

    A. 나는 식습관에 별로 신경 쓰지 않는다.   1

    B. 모든 것에 설탕이 들어 있어 설탕을 안 먹을 수가 없다.   0

40. 중요한 사업의 책임자를 맡으라는 제안을 받았다.   PmG

    A. 내가 최근에 비슷한 사업을 성공적으로 마무리했기 때문이다.   0

    B. 내가 관리감독에 재능이 있기 때문이다.   1

41. 최근에 남편(아내/남자 친구/여자 친구)과 크게 다투었다.   PsB

    A. 요즘 내가 스트레스를 많이 받아 신경이 날카로웠다.   1

    B. 요즘 그 사람이 화를 잘 냈다.   0

42. 스키를 타다가 크게 넘어졌다.   PmB

    A. 스키는 어렵다.   1

    B. 노면이 얼어 있었다.   0

43. 회사에서 멋진 상을 받았다.   PvG

    A. 내가 중요한 문제를 해결했기 때문이다.   0

    B. 내가 최고의 사원이기 때문이다.   1

44. 내 주식 값이 떨어져 오를 기미가 보이지 않는다.   PvB

    A. 주식을 살 때 경기 동향에 관해 잘 몰랐다.   1

    B. 주식 선택을 잘못했다.   0

45. 로또에 당첨되었다.   PsG

    A. 운이 좋았을 뿐이다.   0

    B. 번호를 잘 골랐다.   1

46. 휴가 때 불은 체중이 줄지를 않는다.   PmB

    A. 다이어트는 장기적으로 볼 때 효과가 없다.   1

    B. 내가 선택한 다이어트 방법이 나빴다.   0

47. 병원에 입원했는데 방문객이 별로 없다.   PsB

    A. 나는 아프면 신경이 날카로워진다.   1

    B. 내 친구들은 번거로운 일을 모른 척한다.   0

48. 상점에서 내 신용카드가 거절당했다.   PvB

    A. 나는 때로로 내가 돈이 많다고 착각하곤 한다.   1

    B. 나는 때로로 청구서 지불을 잊곤 한다.   0

낙관성 점수 채점표

낙관성 차원	점수	낙관성 차원	점수
PmB(나쁜 일, 영속적)		PmG(좋은 일, 지속적)	
PvB(나쁜 일, 만연적)		PvG(좋은 일, 만연적)	
HoB(희망적, 절망적)			
PsB(나쁜 일, 개인적)		PsG(좋은 일, 개인적)	
B=		G=	
G−B =		(낙관성 점수)	

PmB=0~1: 아주 낙관적, 2~3: 대체로, 4: 보통, 5~6: 조금 비관적, 7~8: 아주 비관적

PmG=7~8: 아주 낙관적, 6: 대체로 낙관적, 4~5: 보통, 3: 비관적, 0~2: 매우 비관적

PvB=0~1: 아주 낙관적, 2~3: 대체로, 4: 보통, 5~6: 조금 비관적, 7~8: 아주 비관적

PvG=7~8: 아주 낙관적, 6: 대체로, 4~5: 보통, 3: 조금 비관적, 0~2: 아주 비관적

HoB=0~2: 아주 희망적, 3~6: 상당히 희망적, 7~8: 보통, 9~10: 상당히 절망, 12~16: 아주 절망

PsB=0~1: 자기효능감 아주 강함, 2~3: 자기효능감 꽤 강함, 4: 보통, 5~6: 꽤 약함, 7~8: 아주 약함

PsG=7~8: 아주 낙관적, 6: 상당히, 4~5: 보통, 3: 조금 비관적, 0~2: 아주 비관적

B=3~6: 아주 낙관적, 6~9: 꽤 낙관적, 10~11: 보통, 12~14: 꽤 비관적, 14 이상: 변화 요구됨

G=19 이상: 아주 낙관적, 17~19: 꽤 낙관적, 14~16 : 보통, 11~13: 꽤 비관적, 10: 아주 비관적

G−B=8 이상: 매우 낙관적, 6~8: 꽤 낙관적, 3~5: 보통, 1~2: 꽤 비관적, 0 이하: 아주 비관적

---

* 낙관성을 설명하는 세 가지 특징이 있는데, 영속적(permanence), 만연적(pervasiveness), 개인적(personalization)이다. 영속적은 한 개인이 절망하는 기간을 결정하는 특성으로, 나쁜 사건 때문에 느낀 무기력을 지속적으로 여기는지, 아니면 일시적인 것으로 여기고 쉽게 극복하는지를 가늠한다. 만연적은 절망감의 여파를 다른 영역까지 확산시키는지, 아니면 애초에 일어난 한 가지 영역에만 한정시키는지를 결정한다. 개인적은 절망감을 자신과 내부에서 찾는지, 아니면 타인과 외부에서 찾는지를 가늠한다

◉ 비관적인 사람과 낙관적인 사람의 설명양식 차이

낙관적인 사람과 비관적인 사람은 똑같은 사건을 두고도 설명양식이 다르다. 앞서 언급했듯이, 설명양식이란 개인이 사건에 대응하는 습관적인 방식으로 그 사건의 원인을 미리 규정

하는 태도이다.

당신은 인생에서 겪게 되는 크고 작은 불행의 원인에 관하여 어떻게 생각하는가? 쉽게 포기하는 사람들은 자신의 불행에 관하여 흔히 "내 탓이야. 앞으로도 그럴 거야. 어찌해도 소용없을 거야."와 같이 말한다. 반면에 불행에 굴하지 않는 사람들은 "상황이 안 좋았어. 어쨌든 좀 지나면 나아지겠지. 이게 인생의 전부는 아니잖아?"와 같이 말한다.

불행한 일에 대해 습관적으로 행하는 설명양식은 실패했을 때 그냥 내뱉는 말 이상의 것이다. 이것은 아동기와 청소년기에 학습된 사고습관이다. 설명양식은 세상에서 자신의 처지를 어떻게 보는가에 따라 크게 달라진다. 자신이 중요하고 가치 있는 존재라고 생각하는가, 아니면 하찮고 가망 없는 존재라고 생각하는가? 이것이 낙관적인 사람과 비관적인 사람을 가르는 척도이다.

설명양식은 크게 세 가지 차원에서 살펴볼 수 있다. 그것은 개인적(personalization) 차원(내 탓 vs 남 탓), 영속적(permanence) 차원(항상 vs 가끔), 만연적(pervasiveness) 차원(전부 vs 일부)이다. 이 설명양식을 바꾸면 당신이 비관적인 사람라고 해도 얼마든지 낙관적인 사람이 될 수 있다.

표 5-1 비관적인 사람과 낙관적인 사람의 설명양식 차이

나쁜 일

구분	영속적 차원	만연적 차원	개인적 차원(책임의 주체)
비관적인 사람	항상(지속적)	전부	내 탓(내부)
낙관적인 사람	가끔(일시적)	일부	남 탓(외부)

좋은 일

구분	영속적 차원	만연적 차원	개인적 차원(책임의 주체)
비관적인 사람	가끔(일시적)	일부	남 탓(외부)
낙관적인 사람	항상(지속적)	전부	내 탓(내부)

◉ 영속적 차원: 나쁜 일은 '항상' 일어나는가, '가끔' 일어나는가

예: 이번 달 실적이 좋지 않았을 때 당신의 반응은 다음 두 가지 중 어느 쪽인가?

1. 나는 항상 이 모양이야. 상사 눈 밖에 났을 거야. 이제 완전히 끝장이야.
2. 열심히 했는데 기대만큼 안 나왔네. 그래도 저번 달에는 잘했으니까 다음에도 잘할 수 있을 거야.

1번을 골랐다면 절망했을 것이고, 2번을 골랐다면 실망은 했겠지만 그래도 다음번에는 더 노력할 것이다. 낙관적인 사람은 나쁜 일이 생겼을 때 일시적이고 특수한 것으로 보기 때문에 어쩌다 한 번 나쁜 일이 생겼고 금방 지나갈 것이라고 생각한다. 이에 반해 비관적인 사람은 나쁜 일에 대해서는 '항상'이라고 생각한다. 영속적이고 보편적인 것으로 생각하기 때문에 자신에게 나쁜 일은 항상 일어나고 앞으로도 나쁜 상태가 지속될 것이라고 받아들인다.

반대로 좋은 일에 대해 낙관적인 사람은 자신에게는 항상 좋은 일이 생기고 지속될 것이라고 받아들이고, 비관적인 사람은 가끔 생기는 것이라고 받아들인다. 좋은 일과 나쁜 일을 정반대로 받아들이는 것이다. 낙관성을 키우려면 나쁜 일이 생겼을 때 지속되는 것이 아니라 금방 지나갈 것이라고 생각하는 습관을 가져야 한다. 처음에는 오랫동안 굳은 사고방식을 바꾸기가 어렵겠지만 자꾸 노력하다 보면 사고습관을 바꿀 수 있을 것이다.

쉽게 포기하는 사람들은 자신에게 생긴 불행한 일의 원인이 항상 일어나고 영원히 변하지 않을 것이라고 생각한다. 불행이 늘 따라다니며 삶에 훼방을 놓을 거라고 생각한다. 반면에 무기력에 저항하는 사람들은 나쁜 일의 원인이 가끔 일어나고 일시적인 것이라고 생각한다.

영속적 원인(비관적)	일시적 원인(낙관적)
"이제 끝장이야."	"지금은 너무 지쳤어."
"다이어트 해 봐야 소용없어."	"그렇게 먹어 대는데 다이어트가 되겠어?"
"당신은 늘 잔소리야."	"내 방 청소를 안 하면 꼭 잔소리구먼."
"우리 사장은 나쁜 사람이야."	"사장의 기분이 안 좋군."
"우리는 얘기도 안 하는 사이이다."	"우리는 요즘 얘기한 적이 없다."

나쁜 일에 관하여 '항상 그렇다' 또는 '결코 그렇지 않다'는 식으로 영속적인 특성들을 사용해 생각하는 사람은 영속적 비관적인 설명양식을 지니고 있다. 반면에 '때때로 또는 가끔 그랬다'는 식으로 나쁜 일들을 제한하고 일시적으로 돌리는 사람은 낙관적인 설명양식을 지니고 있다.

이제 앞에서 했던 검사를 살펴보자. 우선 'PmB' 표시가 되어 있는 8개 항목을 찾아보라. 여기서 'PmB'는 '영속적 나쁨(Permanent Bad)'을 뜻하는 것으로, 5, 13, 20, 21, 29, 33, 42, 46번 문항에 해당한다.

이 문항들은 당신이 나쁜 일의 원인을 얼마나 영속적인 것으로 생각하는지를 검사하고 있다. 뒤에 0이 붙은 것은 낙관적인 태도이고 1이 붙은 것은 비관적인 태도이다. 예를 들어, 5번 문항에서 남편(아내/남자 친구/여자 친구)의 생일을 깜박 잊은 이유를 "다른 일 때문에 정신이 없었다."보다 "원래 사람의 생일을 잘 기억하지 못한다."라는 식으로 설명한 사람은 좀 더 변하기 어려운 원인을 가진 셈이고 따라서 비관적인 태도를 가지고 있다. 8개의 PmB 문항 오른쪽에 있는 점수들을 모두 합산하여 161쪽에 있는 채점표의 PmB 칸에 적도록 하자.

합산 점수

0~1은 매우 낙관적인 사람이다.

2~3은 꽤 낙관적인 사람이다.

4는 평균이다.

5~6은 꽤 비관적인 사람이다.

7~8은 아주 비관적인 사람이다.

그렇다면 왜 영속적 차원이 그렇게 중요할까? 그리고 존 티즈데일이 문제를 제기했듯이 왜 어떤 사람들은 곧바로 다시 기운을 차리는 반면 또 어떤 사람들은 영원히 무기력하게 남아 있는 것일까?

사람은 누구나 실패를 경험하면 적어도 잠시 무기력해지기 마련이다. 이것은 복부에 주먹한 방을 맞은 것과도 같은 것이다. 주먹을 맞으면 아프지만, 아픔이란 또한 사라지는 것이다. 어떤 사람들에게 그런 아픔이란 거의 순식간에 사라진다. 앞의 검사에서 0~1의 점수를 얻은 사람들이 바로 그런 사람들이다. 반면에 아픔이 지속되는 사람들이 있다. 괴로움이 부글부글 끓어오르고 요동치다가 한으로 맺혀 버린다. 앞의 검사에서 7~8의 점수를 얻은 사람들이 바로 그런 사람들이다. 이런 사람들은 작은 실패를 경험해도 무기력에 빠진 채 며칠 또는 몇 달을 보낸다. 이들이 중대한 실패를 경험한다면 영원히 재기하지 못할지도 모른다.

좋은 일에 대한 낙관적 설명양식은 나쁜 일에 대한 낙관적 설명양식과 정반대된다. 좋은 일의 원인이 영속적이라고 생각하는 사람은 일시적이라고 생각하는 사람보다 더 낙관적이다.

일시적 원인(비관적)	영속적 원인(낙관적)
"오늘은 운이 좋네." "열심히 했으니까." "상대방이 지친 모양이군."	"나는 언제나 운이 좋아." "나는 재능이 있으니까." "상대방이 형편없군."

　낙관적인 사람들은 좋은 일을 경험하면 '항상 그렇다'는 식으로 자신의 지속적인 특성이나 능력 탓으로 돌린다. 반면에 비관적인 사람들은 기분이나 노력 같은 일시적인 원인을 들면서 '가끔 그렇다'는 설명을 한다.

　앞서 검사를 하면서 일부 문항은 좋은 일에 관한 것임을 눈치챈 사람도 있을 것이다. 예컨대, "주식으로 돈을 많이 벌었다."가 그런 문항이다. 영속적 좋음 'PmG(Permanent Good)'로 표시된 2, 10, 14, 15, 24, 26, 38, 40번 문항들의 점수를 매겨 보자. 옆에 1이 쓰여 있는 것들이 영속적이고 낙관적인 답변이다. 해당 점수들을 합산하여 161쪽에 있는 채점표의 PmG 칸에 기입하자.

합산 점수

7~8은 좋은 일이 지속될 가능성에 대해 매우 낙관적으로 생각하는 사람이다.

6은 꽤 낙관적인 사람이다.

4~5는 평균이다.

3은 꽤 비관적인 사람이다.

0~2는 매우 비관적인 사람이다.

　좋은 일의 원인이 지속적인 것이라고 믿는 사람들은 성공한 뒤에도 더욱 열심히 노력한다. 반면에 좋은 일의 원인이 일시적이라고 믿는 사람들은 성공을 거두고도 그것을 뜻밖의 행운으로 치부하며 일을 그만둘 수 있다.

◉ 만연적 차원: 삶 '전부'를 실패했는가, '일부'를 실패했는가

예: 면접에서 떨어졌을 때 당신의 반응은 다음 두 가지 중 어느 쪽일까?

1. 나는 정말 쓸모없는 사람이야. 면접도 떨어졌는데 운동은 해서 뭐하겠어? 잠이나 자자.

2. 꼭 들어가고 싶었는데 실망스럽네. 할 수 없지, 뭐. 운동으로 기분이나 풀어야겠다.

1번을 골랐다면 비관적인 사람이고, 2번을 골랐다면 낙관적인 사람이다. 면접에서 떨어졌다면 대부분 실망한다. 낙관적인 사람도 마찬가지이다. 다만 낙관적인 사람은 다른 일자리를 찾으려고 다시 이력서를 쓰고 노력을 기울이면서 일상생활을 평소처럼 지속해 나간다. 친구도 만나고 운동도 하면서 실패를 그 문제에만 국한시키는 것이다. 자신감은 좀 떨어지겠지만 다른 일에 도전하기도 한다. 하지만 비관적인 사람은 모든 일에서 자신감을 잃어버리고 만다. 하던 운동도 그만두고 친구들도 안 만나고 삶 전체를 포기해 버리는 것이다.

이렇게 절망감을 한 가지 영역에만 국한시키는지, 아니면 다른 영역에까지 확산시키는지를 결정하는 게 만연성이다. 낙관적인 사람은 만연적 측면에서 볼 때 어떤 실패를 겪어도 그 실패를 일부로 생각하지만, 비관적인 사람은 자신의 실패를 삶 전체로 해석한다. 낙관성을 키우려면 쓸데없이 실패를 확대 해석해서는 안 된다. 반대로 좋은 일이라면 전체로 확대해 생각하면 낙관성을 키울 수 있다.

앞서 설명한 영속적 차원이 시간에 관한 것이라면 만연적 차원은 공간에 관한 것이다. 다음의 예를 살펴보자. 어느 대형 상점의 경리부 직원 절반이 해고되었다. 노라와 케빈도 이때 해고되어 우울한 심경에 빠졌다. 둘 다 수개월 동안 다른 일자리를 찾아 나설 기운을 차리지 못했다. 소득세 신고도 하지 않았고 그 밖에 경리 일을 회상케 하는 것들은 모두 외면하였다. 하지만 노라는 사랑스럽고 적극적인 아내로서 역할을 게을리하지는 않았다. 노라의 인간관계는 정상적이었으며 건강도 양호한 편이었고 일주일에 3일은 밖에서 계속 일을 하였다. 반면에 케빈은 크게 낙담하여 아내와 어린 아들도 무시한 채 저녁 내내 암울한 생각에 잠겨 있었다. 또한 남들 보기가 힘들다며 사람들 모임에도 참석하지 않으려 했고 농담을 들어도 웃지 않았다. 케빈은 조깅도 그만두었고 겨울 내내 감기에 걸려 고생했다.

어떤 사람들은 실직이나 실연과 같은 인생의 중요한 문제에 부닥쳐도 그것을 한쪽에 제쳐 두고 정상적인 삶을 이어 간다. 반면에 어떤 사람들은 한 문제 때문에 모든 면에서 고통을 겪는다. 삐져나온 실오라기 하나 때문에 직물 전체가 풀려 버리듯 인생 전체가 파국을 맞이하는 것이다.

중요한 것은 바로 이 점이다. 실패의 원인이 만연적인 성격을 띤다고 보는 사람은 한 분야에서 실패하면 다른 분야에서도 포기하게 된다. 반면에 일부의 설명양식을 사용하는 사람은 한 분야에서는 무기력해지더라도 다른 분야에서는 꿋꿋하게 자기 삶을 이어 간다.

나쁜 일에 대한 만연적 설명과 일부라고 보는 설명의 예를 들자면 다음과 같다.

만연적 차원(비관적)	일부 차원(낙관적)
"선생님들은 모두 공평하지 못해." "내가 좀 쌀쌀맞은 편이지." "책은 아무 쓸모없다."	"○○○ 선생님은 공평하지 못해." "그 사람한테 좀 쌀쌀맞게 굴었지." "이 책은 아무 쓸모없다."

노라와 케빈에게 낙관성 검사를 실시해 본 결과 둘 다 영속적 차원에서 높은 점수를 얻었다. 이 점에서는 둘 다 비관적인 사람인 셈이었다. 이 둘은 해고된 뒤 모두 오랫동안 우울증에 시달렸다. 그러나 만연적 차원에서 둘의 점수는 정반대였다. 케빈은 해고 때문에 다른 모든 일에도 지장이 생길 것으로 생각했다. 자신이 모든 일에서 서툴다고 생각했다. 반면에 노라는 나쁜 일의 원인이 매우 일부라고 생각했다. 노라는 해고를 당하자 자신이 경리 분야에서 서툴다고 생각했다.

옥스퍼드에서 존 티즈데일과 함께 먼 길을 산책하면서 셀리그만은 티즈데일이 제기했던 역설에 관하여 의견을 나누었다. 왜 어떤 사람들은 포기하고 또 어떤 사람들은 포기하지 않는지를 이해하기 위하여 그들은 이 역설을 세 부분으로 나누었다. 그리고 각 부분마다 어떤 사람이 포기하고 어떤 사람이 포기하지 않는지에 관하여 가설을 세웠다.

첫째 가설은 영속적 차원에 따라 포기의 지속기간이 결정될 것이라는 것이었다. 곧 나쁜 일에 대해 영속적 설명을 하는 사람은 장기간 무기력에 빠지는 반면, 일시적 설명을 하는 사람은 이내 기운을 차릴 것이라고 예측했다.

둘째 가설은 만연적 차원에 관한 것이었다. 만연적 설명을 하는 사람은 여러 상황에 걸쳐 무기력에 빠지는 반면, 일부로 설명을 하는 사람은 역경에 직면한 분야에서만 무기력에 빠질 것이라고 예측했다. 케빈은 만연적 차원에서 고통을 겪고 있는 셈이었다. 그는 해고의 원인이 만연적인 성질을 띤다고 보았고, 그래서 마치 인생의 모든 면에서 역경이 닥친 것처럼 행동했다. 케빈의 만연성 점수가 말해 주듯이 그는 대참사를 스스로 만들어 내는 사람이었다. 그리고 끝으로 셋째 가설은 개인적 차원에 관한 것이었다. 이에 관해서는 뒤에서 설명하도록 하겠다.

혹시 당신도 대참사를 스스로 만들어 내지는 않는가? 혹시 당신도 이 검사에서 만연적 설명을 사용하지는 않았는가? 예컨대, 18번 문항에서 운동경기에 진 이유를 운동에 소질이 없기 때문(만연적 원인)이라고 하였는가, 아니면 그 종목을 잘 못하기 때문(일부 원인)이라고 하였는가? 만연적 나쁨 'PvB(Pervasiveness Bad)'로 표시된 항목인 8, 16, 17, 18, 22, 32, 44, 48번의 점수를 합산하여 161쪽에 있는 채점표의 'PvB' 칸에 기입해 보라.

합산 점수

0~1은 매우 낙관적인 사람이다.

2~3은 꽤 낙관적인 사람이다.

4는 평균이다.

5~6은 꽤 비관적인 사람이다.

7~8은 매우 비관적인 사람이다.

이제 반대의 경우를 살펴보자. 좋은 일에 대한 낙관적 설명양식은 나쁜 일에 대한 것과 정반대이다. 낙관적인 사람들은 나쁜 일의 원인을 일부로 보는 반면, 좋은 일을 경험하면 다른 모든 일도 좋아질 것으로 생각한다. 반대로 비관적인 사람들은 나쁜 일의 원인을 만연적인 것으로 보는 반면, 좋은 일의 원인은 일부로 본다. 노라를 해고한 회사가 다시 임시직을 제안하자, 노라는 '나 없이는 회사가 안 돌아간다는 것을 이제야 깨달았군.' 하고 생각했다. 하지만 케빈은 똑같은 제안에 대해 '일손이 모자라는 모양이군.'이라고 생각했다.

일부 원인(비관적)	만연적 원인(낙관적)
"내가 수학에 재능이 있거든."	"내가 재능이 있거든."
"내 주식중개인은 석유회사 주식에 정통하다."	"내 주식중개인은 증권계에 정통하다."
"그 여자에게 매력적으로 보였기 때문이다."	"사람들에게 매력적으로 보였기 때문이다."

좋은 일의 만연성에 대한 자신의 점수를 매겨 보자. 이것은 'PvG'로 표시된 6, 7, 28, 31, 34, 35, 37, 43번 문항에 해당한다.

오른쪽에 0이 쓰여 있는 대답은 일부이고 따라서 비관적인 것이다. 예를 들어, 35번 문항은 친구에게 도와줘서 고맙다는 인사를 받았을 때 어떻게 반응하는지에 관한 것이었다. 당신의 대답은 일부이고 비관적인 것이었나?(즉, '나는 그 친구가 어려울 때 기꺼이 돕는다.') 아니면 만연적이고 낙관적인 것이었나?(즉, '나는 사람들을 잘 돕는다.')

해당 점수들을 모두 합하여 'PvG' 칸에 기입하도록 하자.

합산 점수

7~8은 매우 낙관적인 사람이다.

6은 꽤 낙관적인 사람이다.

4~5는 평균이다.

3은 꽤 비관적인 사람이다.

0~2는 매우 비관적인 사람이다.

⊙ 희망: 절망적인 태도와 희망적인 태도

사람들이 희망을 갖느냐 갖지 못하느냐는 설명양식의 두 차원인 영속성과 만연성에 달렸다. 불행의 원인을 일시적이고 일부인 것으로 볼 때 우리는 희망을 가질 수 있다. 왜냐하면 일시적 원인은 무기력을 시간적으로 한정하고 일부인 원인은 무기력을 관련 상황에만 제한할 것이기 때문이다. 반면에 영속적인 원인은 무기력을 먼 미래에까지 확장하고 만연적 원인은 우리로 하여금 인생 전체에서 무기력하게 만들 것이다. 따라서 자신의 불행을 영속적이고 만연적인 원인 탓으로 돌리는 것은 곧 절망에 빠지는 길이다.

절망적 원인	희망적 원인
"내가 어리석어서 그랬어." "남자들은 다 폭군이야." "이 혹이 암일 확률은 50%이다."	"내가 술이 취해서 그랬어." "남편의 기분이 안 좋았어." "이 혹이 아무것도 아닐 확률은 50%이다."

앞의 검사에서 단일 점수로서 가장 중요한 것은 희망(HoB) 점수이다. 'PvB' 합계와 'PmB' 합계를 더하면 나쁜 일에 대한 당신의 희망 점수를 얻게 된다.

합산 점수

0~2은 매우 희망적인 사람이다.

3~6은 꽤 희망적인 사람이다.

7~8은 평균이다.

9~11은 꽤 절망적인 사람이다.

12~16은 매우 절망적인 사람이다.

역경에 처했을 때 영속적이면서 동시에 만연적인 설명을 하는 사람들은 장기간에 걸쳐 여러 상황에서 스트레스를 이기지 못하고 좌절하는 경향이 있다.

희망 점수는 단일 점수로서는 가장 중요한 점수이다.

◉ 개인적 차원: 나쁜 일이 일어난 게 '내 탓'인가, '남 탓'인가

설명양식의 마지막 차원은 개인적 차원이다.
예: 길을 가다가 깨진 보도블록 틈에 구두굽이 끼었을 때 당신은 어떤 반응을 보이는가?

1. 내가 그럼 그렇지. 나는 어딜 가나 운이 없다니까.
2. 보도블록이 깨졌네. 관리를 잘 안 하는 모양이야. 구청에 전화해서 바로잡으라고 해야
   겠어.

　1번을 골랐다면 기분이 가라앉았을 것이고, 2번을 골랐다면 기분이 나빠질 이유는 없을 것이다. 그런데 몇 번을 골랐든 돌이켜 보면 평소 일이 잘못됐거나 나쁜 일이 생길 때마다 비슷하게 생각했을 것이다. 당신은 일이 잘못되거나 틀어지면 주로 누구 잘못이라고 생각하는가? 내 탓? 아니면 남 탓이나 그럴 수밖에 없었던 주변 환경 탓? 비관적인 사람들은 습관적으로 내 탓이라고 생각한다. 특히 이런 사람들은 전면적인 자기비난으로 이어지는 경우가 많다. 1번처럼 보도블록 틈에 구두굽이 낀 것조차 자신이 운이 없어서라고, C학점을 받으면 자신이 멍청해서라고 생각하는 것이다.

　하지만 2번처럼 생각한다면 어떻게 달라질까? 적어도 문제의 원인이 다른 데에 있다고 생각하기 때문에 비관적인 사람들처럼 우울해하고 자기비하를 하지는 않는다. 물론 무조건적인 내 탓이 문제인 것처럼 무조건적인 남 탓도 위험하다. 중요한 건 습관적으로 내 탓이라고 생각하는 태도를 버리는 일이다.

　나쁜 일을 당했을 때 우리는 자신을 탓할 수도 있고(내부 귀인), 또는 다른 사람이나 상황을 탓할 수도 있다(외부 귀인). 실패를 자기 탓이나 내부 요인으로 돌리는 사람들은 결과적으로 자기효능감에 상처를 입는다. 자신이 무가치하거나 재능이 없거나 매력이 없다고 생각한다. 반면에 나쁜 일을 남 탓이나 외부 요인으로 돌리는 사람들은 자기효능감에 상처를 입지 않는다. 전체적으로 보아 이런 사람들은 자신을 탓하는 사람들보다 자기애가 더 강하다. 자기효능감이 약해지는 것은 보통 나쁜 일을 자기 탓으로 돌리는 설명양식 때문이다. 일반적인 통념으로는 나쁜 일을 남 탓으로 돌리는 것은 책임 회피나 양심의 문제가 될 수도 있다. 하지만 비관적인 사람이나 우울증 환자는 내 탓으로 귀인했을 때 "내가 잘했더라면 실패는 없었을

거야"와 같은 자신에 대한 자책감과 죄책감, "역시 나는 그것을 감당할 능력이 안 돼."와 같은 무능감, "내 성격이 이 모양인데 뭘 하겠어."와 같은 체념을 유발할 수 있다.

내부(내 탓) 원인(약한 자기효능감)	외부(남 탓) 원인(강한 자기효능감)
"내가 어리석은 탓이야." "포커 게임에는 재능이 없어." "내 생활이 불안정하거든."	"네가 어리석은 탓이야." "포커 게임에선 운이 따르질 않아." "내가 가난하게 자랐거든."

당신의 개인적 나쁨 'PsB(Personalization Bad)' 점수를 살펴보라. 이것은 3, 9, 19, 25, 30, 39, 41, 47번 문항에 해당한다. 옆에 1이 적힌 항목들이 내부 원인으로 개인적 차원의 비관적인 태도에 해당한다. 해당 점수들을 합산하여 161쪽에 있는 채점표의 'PsB' 칸에 기입하자.

합산 점수

0~1은 자기효능감이 매우 강한 사람이다.

2~3은 자기효능감이 꽤 강한 사람이다.

4는 평균이다.

5~6은 자기효능감이 꽤 약한 사람이다.

7~8은 자기효능감이 매우 약한 사람이다.

설명양식의 세 가지 차원 가운데 개인적 차원이 가장 이해하기 쉽다. 이것은 아이들이 가장 먼저 배우는 말들을 살펴보아도 알 수 있다. "내가 안 했어요. 쟤가 그랬어요." 하지만 개인적 차원을 과대평가해서는 안 된다. 이것은 자신에 대한 느낌에만 영향을 미친다. 반면에 영속적 차원은 우리의 행위에 영향을 미친다. 왜냐하면 그것이 얼마나 많은 상황에서 얼마나 오랫동안 무기력에 시달릴지를 결정하기 때문이다.

다른 차원들과 달리 개인적 차원은 쉽게 꾸며낼 수 있다. 평소 자기 탓을 많이 하던 사람이라 하더라도 이 책을 읽은 뒤에는 자신의 어려움을 외부 탓으로 돌리는 설명양식으로 바꿀 수 있을 것이다. 자신의 어려움을 남의 탓으로 돌리는 설명양식으로 바꾸는 것은 그리 어려운 일이 아니다. 그러나 비관성을 극복하기 위하여 나쁜 일의 원인을 일시적이고 일부인 것으로 설명하라는 얘기는 쉽게 따라 할 수 없을 것이다. 하지만 뒤에 나오는 비관적인 사람을 낙관적인 사람으로 바꾸기를 통해 변화시킬 수 있다.

당신의 점수를 합산하기 전에 한 가지 더 일러둘 점이 있다. 좋은 일에 대한 낙관적 설명양식은 나쁜 일에 대한 것과 정반대된다. 즉, 이 경우에는 내부에서 원인을 찾는 것이 바람직하다. 자기 때문에 좋은 일이 생겼다고 믿는 사람들은 다른 사람이나 주변 상황 때문에 좋은 일이 생겼다고 믿는 사람들보다 자기애가 강한 편이다.

외부 원인(비관적)	내부 원인(낙관적)
"웬 행운이야?" "동료들 덕분에⋯⋯."	"행운도 아무한테나 오나?" "내가 원래⋯⋯."

당신의 개인적 좋음 'PsG(Personalization Good)' 점수는 어떠한가? 1, 4, 11, 12, 23, 27, 36, 45번 문항이 여기에 해당한다. 여기서는 옆에 0이 적힌 항목들이 외부 원인에 해당하고 따라서 비관적이다. 반대로 1이 적힌 항목들은 내부 원인에 관련된 낙관적인 것들이다. 해당 점수들을 합산하여 161쪽에 있는 채점표의 'PsG' 칸에 기입하자.

합산 점수

7~8은 매우 낙관적인 사람이다.

6은 꽤 낙관적인 사람이다.

4~5는 평균이다.

3은 꽤 비관적인 사람이다.

0~2는 매우 비관적인 사람이다.

이제 전체 점수를 계산해 보자.

1. 세 개의 B 점수들을 더하라(PmB+PvB+PsB). 이것은 당신의 B(나쁜 일) 총점이다.
2. 세 개의 G 점수들을 더하라(PmG+PvG+PsG). 이것은 당신의 G(좋은 일) 총점이다.
3. G에서 B를 뺀 점수(G-B)가 당신의 최종 점수가 된다.

그렇다면 이 점수들은 무엇을 뜻하는가?

B 총점

3~6은 놀라울 정도로 낙관적인 사람이다.

6~9은 꽤 낙관적인 사람이다.

10~11은 평균이다.

12~14는 꽤 비관적인 사람이다.

14 이상은 변화가 절실히 요구되는 사람이다.

G 총점

19 이상은 좋은 일에 대하여 매우 낙관적으로 생각하는 사람이다.

17~19는 꽤 낙관적인 사고방식을 가진 사람이다.

14~16은 평균이다.

11~13은 꽤 비관적으로 생각하는 사람이다.

10 이하는 굉장한 비관적인 사람에 해당한다.

G에서 B를 뺀 최종 점수

8 이상은 전체적으로 매우 낙관적인 사람이다.

6~8은 꽤 낙관적인 사람이다.

3~5는 평균이다.

1~2는 꽤 비관적인 사람이다.

0 이하는 매우 비관적인 사람이다.

자신이 비관적인 사람이라면?

당신이 비관적인 설명양식을 사용한다면 그것은 큰 문제이다. 앞선 검사에서 좋지 않은 점수를 얻은 사람은 아마도 네 영역에서 어려움을 겪게 될 것이다. 첫째, 그런 사람은 쉽게 우울해지곤 한다. 둘째, 그런 사람은 자신이 하는 일에서 자기 재능에 못 미치는 성과를 거둘 가능성이 크다. 셋째, 몸의 건강과 면역 기능이 별다른 이유도 없이 저하되어 있기 쉽다. 특히 나이가 들수록 더 심해질 수 있다. 넷째, 사는 것이 썩 즐겁지 않을 것이다. 비관적인 설명양식은 이런 불행을 가져온다.

만약 당신의 비관성 점수가 평균치에 해당한다면 평상시에는 별 문제가 없을 것이다. 그러나 위기상황에서는, 다시 말해 우리 모두가 살면서 겪게 되는 역경 시기에는 불필요한 대가를 지불할 가능성이 크다. 역경이 들이닥칠 때 당신은 필요 이상으로 우울증에 시달릴지 모른다. 예를 들어, 자신의 주식 값이 떨어졌다거나 사랑하는 이에게 버림받았다거나 원하던 일자리를 얻지 못했다면 당신은 어떻게 반응하리라고 생각되는가? 이런 상황에서 당신은 아마도 큰 슬픔에 잠길 것이다. 사는 재미가 사라져 버릴 것이다. 새로운 도전에 나서기가 매우 힘들 것이다. 몇 주 또는 심지어 몇 개월 동안 미래가 무망해 보일 것이다. 아마도 이미 여러 차례 이런 느낌이 든 적이 있을 것이다. 이것은 대부분의 사람이 겪는 일로, 매우 흔하기에 정상 반응이라고 부를 정도이다.

그러나 역경에 직면해 넘어지는 일이 흔하다고 해서 그것이 바람직하다거나 그런 식으로 살 수밖에 없다고 이해해서는 안 된다. 좀 더 나은 설명양식을 배우면 역경을 더 잘 이겨 내고 우울증에도 덜 시달리게 될 것이다.

⊙ ABC 확인해서 낙관성 키우기

사람들은 불행한 사건을 겪으면 그것에 대해 여러 가지 생각을 하게 된다. 그리고 그 생각들은 금세 믿음으로 굳어진다. 이런 믿음이 습관처럼 굳어지거나, 의식적으로 주의를 집중하지 않으면 자신이 그런 믿음을 갖고 있다는 사실조차 깨닫기 어렵다. 게다가 이런 믿음은 어떤 감정을 느끼고 어떤 행동을 할지를 결정한다. 따라서 믿음의 성격에 따라 결과도 크게 달라진다. 그 믿음이 올바른 것이라면 큰 문제가 없지만 대부분 왜곡된 믿음이다. 믿음 자체가 왜곡된 것이니 결론 또한 제대로 내리기가 어렵다.

마치 도미노처럼 불행한 사건(A)이 왜곡된 믿음(B)을 낳고, 이는 다시 잘못된 결론(C)으로 연결된다. 불행한 사건보다 왜곡된 믿음이 잘못된 결론으로 연결되어 감정과 행동을 결정하는 것이다. 이 악순환의 고리를 끊지 않고서는 낙관성을 키우기 어렵다. 세상은 A–C가 아닌 A–B–C로 작동하기 때문이다. 다음 'ABC 확인하기'는 셀리그만과 동료들이 개발한 것으로 낙관성뿐만 아니라 인지심리치료와 회복력 기술에도 적극 도입되고 있다.

⊙ ABC 확인하기

앞에서도 이야기했지만 왜곡된 믿음이 굳어져 있으면 자각하기조차 쉽지 않다. 하지만 악순환의 고리를 끊으려면 자신의 삶 속에서 ABC가 일상적으로 어떻게 작동하고 있는지를 살펴보아야 한다. 우선 ABC의 작동원리를 이해하기 위해 다음 빈칸을 채워 보자. 불행한 사건(A)과 관련된 왜곡된 믿음(B)과 잘못된 결론(C) 중 하나만 제시돼 있다.

상황 1.   A. 주차를 하려는데 다른 사람이 새치기했다.

            B. 나는 _____라고 생각했다.

            C. 나는 화가 나서 창문을 내리고 그 사람한테 소리를 질렀다.

상황 2.   A. 숙제를 안 한다고 아이한테 큰 소리를 질렀다.

            B. '내가 개떡 같은 엄마지.'라는 생각이 들었다.

            C. 나는 _____을 느꼈다(혹은 했다).

상황 3.   A. 가장 친한 친구가 전화를 받지 않았다.

            B. 나는 _____라고 생각했다.

            C. 나는 하루 종일 우울했다.

상황 4.   A. 가장 친한 친구가 전화를 받지 않았다.

            B. 나는 _____라고 생각했다.

            C. 그 일로 불쾌하지 않았고 내 할 일을 했다.

상황 5.   A. 아내(혹은 남편)와 다투었다.

            B. '내가 뭐 하나 제대로 하는 게 없지.'라고 생각했다.

            C. 나는 _____을 느꼈다(혹은 했다).

상황 6.   A. 아내(혹은 남편)와 다투었다.

            B. '저 사람이 원래 기분이 엄청 안 좋았지.'라고 생각했다.

            C. 나는 _____을 느꼈다(혹은 했다).

상황 7.   A. 아내(혹은 남편)와 다투었다.

            B. '나는 언제든지 오해가 풀리게 할 수 있어.'라고 생각했다.

            C. 나는 _____을 느꼈다(혹은 했다).

제시된 일곱 가지 상황의 빈칸을 채우다 보면 ABC가 각각 어떻게 상호작용하는지를 알 수 있다. 우선 상황 1에서는 새치기에 대한 생각이 화를 촉발했다. B로 '저 도둑놈이 내 자리를 훔쳐갔네.' 혹은 '저런 뻔뻔하고 치사한 짓을 하다니.'와 같은 부정적인 왜곡된 믿음이 나올 수 있다.

상황 2는 불행한 사건의 원인을 자신에게서 찾은 경우이다. 사실은 아이가 숙제를 안 해 소리를 지른 것임에도 자신이 '개떡 같은 나쁜 엄마'이기 때문에 소리를 질렀다고 자책하며 슬퍼한다. 이처럼 불행한 사건이 개인적인 특성 때문에 생긴 것이라고 생각하면 낙담하고 포기하기 쉽다. 게다가 그 특성이 지속적이고 만연적인 것이라면 낙담도 오래갈 것이다.

상황 3과 4는 둘 다 가장 친한 친구가 전화를 받지 않은 상황이다. 만약 상황 3에서처럼 뭔가 지속적이고 만연적인 것을 생각했다면(예: '나는 늘 이기적이고 남 생각을 할 줄 몰라. 그러니 놀랄 일도 아니지.') 우울해질 것이다. 그러나 만약 상황 4에서처럼 불쾌함을 느끼지 않았다면 '그 친구, 이번 주 내내 야근하고 있나 보네.' 혹은 '친구가 기분이 안 좋은가 보네.'라고 생각할 것이다. 이처럼 원인이 일시적이고 일부분이며 자신이 아닌 외부에 있다고 생각한다면 마음이 심란해질 일이 없다.

상황 5, 6, 7은 아내 혹은 남편과 다툰 상황이다. 만약 상황 5에서처럼 '내가 뭐 하나 제대로 하는 게 없지.'라고 생각한다면(지속적이고 만연적이며 내부적인 설명) 우울해지고 화해의 시도도 하지 않을 것이다. 반면, 만약 상황 6에서처럼 '저 사람이 원래 기분이 엄청 안 좋았지.'라고 생각한다면(일시적이고 외부적인 설명), 어느 정도 화가 나고 조금 낙담하면서 일시적으로만 침체될 것이다. 그러나 기분이 풀리면 아마도 뭔가 화해를 시도할 것이다. 만약 상황 7에서처럼 '나는 언제든지 오해가 풀리게 할 수 있어.'라고 생각한다면, 화해를 시도할 것이고 나아가 금방 기분도 좋아지면서 기운이 넘치게 될 것이다.

이처럼 ABC에서는 어떻게 믿느냐(B)에 따라 결론(C)이 달라진다. 이 작동 원리를 이해하는 것이 악순환의 고리를 끊는 출발점이다.

⊙ 조직에서 ABC 이해하기

메트로폴리탄 라이프 보험회사는 낙관성 점수가 높은 직원을 뽑아 이직률을 줄이고, 매출 실적을 올린 후 셀리그만에게 또 다른 도움을 청했다. 비관적인 간부들을 낙관적으로 바꾸어 달라는 것이었다. 조직에 비관적인 사람들이 많다고 해도 걱정할 필요는 없다. 비관성을 낙관성으로 바꿀 수 있는 방법이 있기 때문이다. 우선 ABC를 이해해야 한다. A는 불행한 사건이며, B는 왜곡된 믿음, C는 잘못된 결론이다. ABC에 대해서는 이미 앞에서 자세하게 설명했지만 다음에 제시된 문장들을 완성해 보면서 ABC를 좀 더 확실하게 이해하도록 하자. 이 예 중에는 자신과 밀접한 관련이 있는 것도 있고 그렇지 않은 것도 있는데, 관련이 없더라도 관련이 있다고 상상하고 빈칸을 채우도록 하자.

예 1.　　A. 손쉽게 물건을 팔 수 있는 기회를 놓쳤다.

　　　　 B. '나는 형편없는 영업사원이야.'라고 생각했다.

　　　　 C. 나는 _____을 느꼈다(또는 했다).

예 2.　　A. 상사한테 꾸중을 들었다.

　　　　 B. 나는 _____라고 생각했다.

　　　　 C. 나는 하루 종일 우울했다.

예 3.　　A. 상사한테 꾸중을 들었다.

　　　　 B. 나는 _____라고 생각했다.

　　　　 C. 나는 그 일로 전혀 언짢지 않았다.

예 4.　　A. 일주일 내내 고객과 만날 약속을 하나도 따내지 못했다.

　　　　 B. 나는 '무엇 하나 제대로 하는 게 없어.'라고 생각했다.

　　　　 C. 나는 _____을 느꼈다(또는 했다).

예 5.　　A. 일주일 내내 고객과 만날 약속을 하나도 따내지 못했다.

　　　　 B. 나는 '지난주에는 아주 좋았는데.'라고 생각했다.

　　　　 C. 나는 _____을 느꼈다(또는 했다).

예 6.　　A. 일주일 내내 고객과 만날 약속을 하나도 따내지 못했다.

　　　　 B. 나는 '이번 주 우리 상관의 지시가 엉터리였다.'라고 생각했다.

　　　　 C. 나는 _____을 느꼈다(또는 했다).

　예 1에서 우리는 슬프고 맥이 빠지고 매사가 귀찮아질 것이다. '나는 형편없는 영업사원이야.'라는 설명은 개인적이고 영속적이며 만연적인 설명이다. 다시 말해, 우울증으로 가는 지름길인 것이다.

　예 2와 예 3은 똑같은 사건이라도 어떻게 생각하느냐에 따라 결과가 달라질 수 있음을 보여 준다. 예 2에서 상사의 꾸중을 듣고(A) 하루 종일 우울했다면(C) 그 사이를 연결하는 설명(B)은 '어떻게 하면 보고서를 잘 쓸 수 있을지 나도 모르겠어.' 또는 '나는 언제나 일을 엉망으로 만들어 버려.'와 같은 영속적이고 만연적이며 내재적인 설명이 될 것이다. 반대로 예 3처럼 상사의 꾸중을 듣고도 전혀 언짢지 않으려면 설명을 어떻게 바꿔야 할까? 스스로 변화시킬 수 있는 혹은 가변적인 어떤 것을 꾸중의 이유로 삼으면 된다. 예컨대, '보고서를 잘 쓰려면 어떤 도움이 필요한지 알아.' 또는 '교정을 보면 돼.'라고 생각할 수 있다. 두 번째로 필요한 것은 덜 만연적인 형태로 생각하는 것이다. 예컨대, '이번 보고서는 좀 문제가 있었어.'라고 생각할 수 있다. 세 번째로 필요한 것은 자기를 탓하지 않는 것이다. 예컨대, '그 상사가 기분이 나빴어.' 또는 '시간적인 여유가 없었어.'라는 식으로 생각하는 것이다. 만약 당신이 이와 같은 세 방향으로 당신의 왜곡된 믿음을 자연스럽게 바꿀 수 있다면, 불행한 사건을 성공을 위한 도약대로 바꿀 수 있다.

예 4, 5, 6도 같은 상황을 어떻게 생각하느냐에 따라 결과가 달라짐을 보여 준다. 예 4처럼 '무엇 하나 제대로 하는 게 없어.'(영속적이고 만연적이며 내부적인 설명)라고 생각한다면 당신은 슬퍼지고 아무것도 하지 않을 것이다. 그러나 예 5처럼 '지난주에는 아주 좋았는데.' 하고 생각한다면 슬픔이 커지는 것을 막고 일을 계속할 것이다. 또 예 6처럼 '이번 주 우리 상관의 지시가 엉터리였다.'(일시적이고 일부적이며 외부적인 설명)라고 생각한다면 상관에게는 언짢은 마음이 들겠지만 다음 주에는 나아질 것이라는 희망도 갖게 될 것이다.

이상의 예에서도 알 수 있듯이 우리가 나쁜 일에 대해 어떻게 생각하는가에 따라 그 뒤에 이어지는 우리의 감정과 행동이 달라진다. 이 점을 확실하게 이해해야 낙관성을 키울 수 있다.

⊙ 자신의 ABC 기록하기

자신의 일상생활에서 ABC가 어떻게 작동하는지를 알아내려면 ABC 일기를 쓰는 것이 좋다. 하루나 이틀에 걸쳐 자신의 생활에서 5개의 ABC를 기록하는 것만으로도 충분하다. 그 정도만 기록해도 평소 자신의 ABC가 어떻게 작동하는지를 알 수 있다.

ABC를 기록하려면 평소 의식하지 않지만 마음속에서 늘 벌어지는 독백에 주의를 기울여야 한다. 아주 사소한 것이라도 어떤 불행한 사건과 그 사건 때문에 드는 감정 사이의 연결을 찾아내는 것이 관건이다. 예를 들어, 전화로 대화를 나누던 친구가 전화를 빨리 끊고 싶어 하는 인상을 풍긴다면(마음을 약간 상하게 하는 불행한 사건) 슬픈 마음이 들 것이다(결과로 생긴 감정). 이런 작은 사건도 ABC 기록이 될 수 있다.

ABC 기록은 세 부분으로 작성하도록 한다. 우선 첫 번째 부분인 '불행한 사건(A)'에는 일상생활의 거의 모든 것이 해당될 수 있다. 예컨대, 수도꼭지가 새는 일, 친구가 눈살을 찌푸린 일, 아기가 계속 울어 대는 일, 요금 청구서가 많이 나온 일, 무뚝뚝한 배우자 등이 불행한 사건이 될 수 있다. 이런 상황을 객관적으로 기록하도록 한다. 단, 일어난 사실만 기록하고 그 것에 대한 평가는 하지 않도록 한다. 예를 들어, 배우자와 다투었을 경우 자신의 말이나 행동 에 상대방이 불만스러워했다고 기록할 수는 있다. 하지만 '아내(혹은 남편)가 부당했다.'와 같 은 평가는 '불행한 사건'에 기록하면 안 된다. 사실이 아닌 추론이기 때문이다. 추론은 두 번 째 부분인 '왜곡된 믿음'에 기록할 수 있다.

　왜곡된 믿음(B)이란 불행한 사건에 대한 자신의 해석이다. B를 기록할 때는 생각과 감정을 분리해야 한다는 점을 주의해야 한다. 감정은 세 번째 부분인 '잘못된 결론(C)'에 기록해야 할 내용이다. '다이어트를 망쳐 버렸네.' 또는 '나는 능력이 없는 것 같아.' 등은 왜곡된 믿음이다. 불행한 사건은 맞을 수도 있고 틀릴 수도 있다. 반면, '슬프다'는 것은 감정이다. 이때 '슬프다' 는 감정이 맞는지 틀리는지를 따지는 것은 무의미하다. 슬프다고 느끼면 슬픈 것이다.

　마지막 '잘못된 결론(C)' 부분에는 자신의 감정이나 행동을 기록하도록 한다. 내가 슬픈지, 걱정이 되는지, 기쁜지, 죄책감을 느끼는지 등을 적으면 된다. 여러 감정이 들면 모두 적으 라. 다시 말해, 자신의 확인 가능한 모든 감정과 행동을 기록하도록 한다. '기운이 전혀 없다.' '배우자의 사과를 받아 낼 계획을 짰다.' '침대에 다시 누웠다.' 등이 모두 결과로 일어난 행동 일 수 있다.

　다음은 흔히 경험할 수 있는 ABC의 몇 가지 예이다. 이 예들을 참고해 자신의 ABC를 기록 해 보자.

ABC 예 1

- **불행한 사건:** 남편이 애들을 목욕시키고 재우기로 했는데, 회사 일을 마치고 집에 와 보 니 다들 TV 앞에 몰려 있었다.

- **왜곡된 믿음:** 남편은 왜 내 부탁을 들어주지 않을까? 아이들을 목욕시키고 재우는 것이 그렇게 어려운 일일까? 이제 저 즐거운 분위기에 찬물을 끼얹으면 나만 악당이 되겠지?

- **잘못된 결론:** 정말로 화가 치밀어 남편한테 변명할 기회도 주지 않고 마구 소리를 지르기 시작했다. 거실로 가서 "잘 있었어?"라는 말 한마디 없이 TV를 꺼 버렸다. 나만 악당이 됐다.

ABC 예 2

- **불행한 사건:** 일을 마치고 일찍 집에 와 보니 아들 녀석이 친구들과 차고에서 마리화나를 피우고 있었다.

- **왜곡된 믿음**: 도대체 저 녀석은 자기가 무엇을 하고 있다고 생각하는 것일까? 오늘은 완전히 박살을 내야지! 얼마나 무책임한 짓을 한 건지 깨닫게 해 줘야 해. 저 녀석은 도무지 믿을 수 없어. 내뱉는 말이 하나같이 다 거짓말이야. 저 녀석 말은 귀담아들을 필요가 없어.

- **잘못된 결론**: 나는 아이에게 미칠 정도로 화를 냈다. 자초지종을 묻지도 않고 아이한테 '믿지 못할 비행청소년'이라고 했다. 그날 저녁 내내 화가 가시지 않았다.

ABC 예 3

- **불행한 사건**: 호감 있는 남자에게 전화를 해서 같이 영화를 보러 가자고 했다. 그랬더니 그 남자가 회의 준비 때문에 다음 기회로 미루자고 했다.

- **왜곡된 믿음**: 그래, 뻔한 변명이지. 내 감정을 자극하지 않으려고 했을 뿐이야. 실제로는 나와 만나고 싶지 않은 것이지. 도대체 내가 뭘 기대하고 그런 짓을 했담? 너무 노골적으로 행동했어. 내가 먼저 다른 사람한테 데이트를 신청하는 짓은 이제 안 할 거야.

- **잘못된 결론**: 내가 바보 같고 황당하고 꼴 보기 싫었다. 함께 영화 보러 갈 사람을 찾으니 친구들한테 표를 주기로 마음먹었다.

ABCDE 반박하기

ABC를 확인했다면 낙관성을 키우는 데 반은 성공한 것이나 마찬가지이다. 나쁜 일이 생겼을 때 어떻게 생각하고 믿는가에 따라 결과가 달라진다는 것을 깨달으면 비관적인 생각을 바꿔 낙관성을 키울 수 있다. 그러려면 기존의 자신의 생각과 행동을 지배하던 ABC에 반박해야 한다.

어떻게 반박해야 하는지 걱정하지 않아도 된다. 사람은 누구나 반박할 수 있는 능력이 있다. 그 능력은 특히 자신이 무심코 저지른 실수를 비난하는 사람들과 맞설 때 잘 발휘된다. 예를 들어, 직장에서 경쟁자가 "당신은 직원들을 위해서도 부사장이 되면 안 돼. 그럴 자격이 없어. 당신은 몰인정한 데다 이기적이어서 누구도 당신을 지지하지 않을 거야."라고 비난하면 당신은 그 사람이 지적한 사항에 대한 반증을 구체적으로 제시하며 낱낱이 반박할 수 있다.

⊙ 반박하는 방법

일단 타당한 근거가 없다고 생각되는 자신의 비관적인 생각을 파악했다면 다음 ABCDE 방법으로 반박하는 연습을 하자. 불행한 사건에 뒤따른 왜곡된 믿음을 효과적으로 반박하면 낙담과 포기라는 습관적인 반응을 없애고 활기와 유쾌한 기분을 되찾을 수 있다. 따라서 불행한 일을 겪은 후에 이를 당연시하는 자신의 믿음을 효과적으로 반박하면 다양한 기회와 행복을 지레 포기하는 당신의 절망적인 태도를 바꿀 수 있다.

- A(Adversity): 당신에게 생긴 불행한 사건
- B(Belief): 그 불행한 사건을 당연하게 여기는 왜곡된 믿음
- C(Consequence): 그 왜곡된 믿음을 바탕으로 내린 잘못된 결론
- D(Disputation): 자신의 왜곡된 믿음에 대한 반박
- E(Energization): 자신의 왜곡된 믿음을 정확하게 반박한 후에 얻은 활력

이해를 돕기 위해 예를 들어 보겠다. ABC를 반박했을 때 결과가 어떻게 달라지는지를 보여 준다. 회복력(resilience)에 관한 강의를 하는 강사가 강의 평가서를 받았는데 그중 다음과 같은 내용이 있었다.

> "나는 이 수업에 몹시 실망했다. 인상 깊은 점이 있다면 그 강사는 어쩌면 그토록 시종일관 지루한 수업을 할 수 있을까 하는 것뿐이었다. 리치먼드 교수보다 차라리 시체가 더 활기찰 것 같은 생각이 들 정도였다. 다른 건 몰라도 이 수업만큼은 듣지 말기를!"

이 평가서는 강사에게 생긴 불행한 사건(A)임이 분명하다. 이 평가서를 본 강사는 평가를 인정하지 않고 학생 탓을 한다. 학생이 시건방져서 그런 평가를 한 것이고, 요즘 학생들이 디지털 사운드 시스템을 갖춰 놓고 수업하기를 바라기 때문에 화려한 멀티미디어가 없으면 따분해할 수밖에 없다고 믿어 버린다. 또한 충실하게 자료를 준비해서 생각할 기회를 제공한다고 해도 그 학생들은 감당할 능력이 없다고 매도하며 악의적인 평가는 무시해 버리는 게 좋다고 생각한다. 왜곡된 믿음(B)의 전형적인 모습이다.

믿음이 왜곡됐으니 잘못된 결론(C) 또한 부정적이다. 학생에게 잘못을 돌려도 도저히 참을 수 없어 그 강사는 아내에게 전화를 걸어 고래고래 고함을 치면서 평가서를 읽어 준다. 너무

나 건방지고 버릇없는 요즘 학생들이 괘씸해 늦은 밤까지 분을 삭이지 못한다.

여기서 끝나면 강사는 행복과는 거리가 멀어질 수밖에 없다. 하지만 생각을 다음과 같이 바꿨다고 가정해 보자(D).

> '그 학생이 무례한 건 사실이야. 하지만 내 강의라고 싫어하는 학생들이 왜 없겠어. 그러니 상심할 일은 아니야. 그건 수많은 평가서 중 하나일 뿐이니까. 그렇지만 솔직히 이번 평가서 결과는 예전만 못한 것 같군. 내가 강의 준비에 소홀한 점도 없지 않았을 거야. 혹독한 평가서를 반성의 기회로 삼아야 해. 학습 교재를 준비하는 데도 좀 더 노력해야지.'

생각을 바꿔 상황을 다시 정리하자 강사는 화가 많이 누그러졌다. 그 학생의 표현 방식에 대해서는 여전히 괘씸한 생각이 들지만 전체적 시각으로 받아들일 수 있게 됐다. 강의 준비를 소홀히 해 왔다는 사실을 인정하긴 싫지만 강의 수준을 높이는 데 심혈을 기울일 작정이다. 아울러 새로운 학습 도구를 개발하는 데도 더욱 신경 쓰고 기존 강의안도 보완해야겠다는 생각도 했다. 반박을 함으로써 활력(E)을 얻게 된 것이다.

⊙ 왜곡된 믿음에 반박하는 방법

왜곡된 믿음과 그에 따른 결과를 반박하면 활력을 얻을 수 있다. 하지만 오랫동안 왜곡된 믿음을 갖고 있었다면 스스로 그 믿음에 반박하기가 쉽지만은 않다. 반박이 잘 안 될 때 자신을 효과적으로 설득할 수 있는 방법이 있다. '그게 사실인가?'의 명백한 증거 제시하기, '다르게 볼 여지는 없는가?'의 대안 찾기, '그래서 어떻다는 것인가?'의 숨은 진실 찾기, '그것이 어디에 쓸모 있는가?'의 실질적인 접근 등의 네 가지 방법을 이용해 반박하면 된다.

명백한 증거 제시하기는 그 믿음이 사실과 전혀 다르다는 것을 밝히는 것이다. 충분한 시간을 두고 유리한 증거를 확보하는 것이 좋다. 파국을 부르는 왜곡된 믿음을 뒤집을 수 있는 명백한 증거를 찾으면 반박하기가 쉬워진다.

대안 찾기는 부정적인 믿음을 갖게 한 원인을 찾고 그중에서 덜 파괴적인 원인에서 대안을 찾는 것이다. 그러려면 자신의 왜곡된 믿음이 생기게 한 모든 가능성을 샅샅이 조사해 바꿀 수 있는 원인에 먼저 초점을 맞추는 것이 바람직하다.

숨은 진실 찾기는 부정적인 믿음이 불리하게 작용할 때 그 불행의 구렁텅이에서 해방될 수 있는 방법이다. 설령 부정적인 믿음이 사실일지라도 그 믿음 속에 내재돼 있는 의미가 무엇인지 따져 보는 것이 중요하다. 다시 부정적인 믿음을 반박할 '증거'를 찾아봐야 한다.

마지막으로, 실질적인 접근은 말 그대로 효과적으로 반박할 수 있는 방법을 찾아보는 것이다. 공평한 세상이라는 믿음을 얻으려면 어떤 마음가짐으로 살아야 할지를 생각해 보고 공평한 미래가 되게끔 세상을 바꿀 수 있는 방법을 모색한다. 자신의 삶을 어떻게 바꿀 것인지 생각해 보는 것도 중요하다.

⊙ 반박 연습하기

실제로 반박하는 연습을 돕기 위해 두 가지 예를 제시한다. 첫 번째는 나쁜 일에 관한 것이고, 두 번째는 좋은 일에 관한 것이다. 일상생활에서 겪게 되는 사건에 대해 자신에게 생기는 믿음이 어떤 것인지 생각하고 그 결과를 관찰해 자신의 믿음을 철저하게 반박한다. 그런 다음 반박에 성공했을 때 어떤 활력이 생기는지 살펴보고 그 결과를 적어 보는 것이다. 자신의 부정적인 믿음을 반박하는 앞의 네 가지 방법을 활용하면 큰 도움이 될 것이다.

나쁜 일에 관한 반박 예

● **불행한 사건:** 남편과 아이가 생긴 뒤 모처럼 첫 외식을 하면서 그만 말다툼이 벌어졌다. 처음에는 종업원의 말투가 상냥하다 아니다 하며 사소한 말다툼으로 시작했는데, 나중에는 아이가 외가 쪽을 닮아 눈이 작다느니, 친가 쪽을 닮아 고집이 세다느니 하며 싸움이 커졌다.

● **왜곡된 믿음:** 아이 때문에 좋았던 부부관계에 금이 갔다고 생각한다. 이혼밖에는 길이 없다고 생각하면서도 과연 혼자서 아이를 키울 수 있을까 걱정된다.

● **잘못된 결론:** 너무나 슬프고 절망적이고 두렵다. 도저히 식사를 할 수가 없고 남편을 바라보는 것조차 끔찍하다.

● **반박:** 환상 속에서 살고 있는 자신을 발견한다. 지난 두 달 동안 단 3시간도 편안하게 못 잤다. 낭만적인 생각을 한다는 건 무리였다. 지금도 젖이 불어서 흘러내릴까 봐 걱정이다. 이번 외식을 망쳤다고 그게 이혼 사유가 될 수는 없다. 우리 부부는 이보다 훨씬 더 힘든 시련도 이제껏 잘 이겨 내지 않았던가. 좀 더 여유를 갖고 우리 부부만의 오붓한 시간을 보낼 수 있도록 노력하기로 마음먹는다. 다음에는 훨씬 더 좋은 시간이 될 것이다.

● **활력 얻기:** 기분이 한결 좋아지고 오로지 남편만 생각하기 시작했다. 젖이 흘러내릴까 봐

걱정된다는 말도 남편에게 솔직하게 털어놓는다. 종업원의 태도에 대해서도 웃어넘길 수 있는 여유가 생긴다. 부부는 이번 실수를 교훈 삼아 다음 주 근사한 저녁 데이트도 약속한다. 솔직히 털어놓으니까 남편도 나도 훨씬 더 즐겁고 사랑도 더욱 깊어졌다.

좋은 일에 관한 반박 예

좋은 일을 비관적으로 해석하는 태도는 나쁜 일을 비관적으로 해석하는 태도와 정반대이다. 비관적인 사람들은 좋은 일이 생기면 일시적이고 특수한 현상이라 생각하기 때문에 자신이 그 좋은 일과 아무런 관계가 없다고 여긴다. 이처럼 좋은 일을 비관적인 태도로 받아들이면 자기에게 굴러 들어온 복을 걷어차는 격이다.

- **불행한 사건**: 상사는 내가 제시한 아이디어가 썩 마음에 든다고 말했다. 그러면서 중역 회의에 참석해 그들 앞에서 프레젠테이션을 해 보라고 했다.
- **왜곡된 믿음**: 아냐, 그럴 리 없어. 상사가 내게 그렇게 중요한 회의에 참석해 달라고 하다니 도무지 믿기지 않아. 난 비웃음만 살 거야. 직속 상사에게 칭찬받은 것으로 충분해. 내 운은 거기까지야. 내가 결정적인 의견을 내놓긴 했지만 솔직히 난 회사 중역들의 질문에 명쾌하게 답변할 만한 전문 지식도 없어. 그러니 결국 창피만 당하고 말 거야.
- **잘못된 결론**: 나는 극도로 불안감을 느껴서 아무것도 집중하지 못했어. 최종 기획 회의에 참석해 최선을 다했어야 했는데 마음의 갈피를 잡지 못하고 갈등하다가 일만 밀리고 말았어.
- **반박**: 아냐, 잠깐 생각 좀 해 보자. 이건 좋은 일이지 결코 나쁜 일이 아니잖아? 다른 사람들과 토론하긴 했지만 최종 아이디어를 얻기까지 내가 결정적인 공을 세운 게 사실이야. 그러니 그게 내 아이디어라고 해도 틀리진 않아. 심지어 내가 적어 놓은 아이디어를 부서원들이 돌려 가며 읽기도 했지. 직속 상사가 나를 선택한 건 내가 적임자라고 판단했기 때문이야. 그는 내가 잘할 수 있다고 확신한 거야. 나도 마땅히 그래야 해.
- **활력 얻기**: 오랫동안 차분하게 내 자신을 돌아본 후 동료 몇 명을 모아 놓고 프레젠테이션 연습을 해 보기로 결심했다. 사실 그 도전에 마음이 설레기 시작했고 연습하면 할수록 그만큼 자신감도 커졌다. 그러다 보니 프레젠테이션을 일목요연하게 진행할 요령도 터득했다.

⊙ 우울증, 낙관성 학습으로 예방과 치료가 가능하다

　현대인들 사이에 만연해 있는 병 중 하나가 우울증이다. 우울증은 참으로 무서운 병이다. 자신도 모르는 사이에 정신을 황폐하게 만들고 심할 경우 스스로 삶을 끊는 극단적인 행동을 하게 하기 때문이다.

　우울증 환자가 급증하는 만큼 우울증을 연구하는 사람들도 많다. 셀리그만에 의해 낙관성 학습이 등장하기 전에는 우울증에 관한 이론은 정신분석적 이론과 생의학적 이론 두 가지가 전부였다. 정신분석적 이론을 정립한 프로이트는 우울증이 자신에 대한 분노에 따른 것이라고 주장했다. 그의 이론에 의하면 아이는 엄마 품속에 있을 때부터 자기 자신을 미워하는 것을 배우게 된다. 예를 들어, 아이가 엄마를 찾는데 엄마가 다른 일로 바빠 미처 아이를 돌보지 못하면 아이는 크게 분노하는데, 엄마를 너무 사랑하기 때문에 엄마를 미워하지는 못하고 자기 자신에게 화를 내게 된다는 것이다.

　프로이트의 이론에 따르면 우울증으로부터 벗어나기란 결코 쉬운 일이 아니다. 잘 기억하지도 못하는 어릴 적 갈등과 분노를 해결해야 하기 때문이다. 정신분석학에서는 오랜 시간에 걸쳐 오래전 기억을 되살리기 위한 대화를 유도해 우울증을 치료하려 든다. 하지만 이런 방법으로 해결할 수 있는 문제는 특별한 치료를 하지 않고도 몇 달 지나면 대부분 자연스럽게 사라지는 것이다. 셀리그만의 연구에서는 우울증을 호소하는 환자의 90% 이상의 사례에서 우울증이란 일시적인 것으로 나타났다. 증상의 지속기간은 3~12개월 정도였다. 무엇보다 지금까지 수천 명의 환자가 수십만 번의 치료 시간을 가졌지만 정신분석의 우울증 치료 효과는 증명되지 않았다.

　셀리그만은 생의학적 이론이 정신분석학 이론보다는 설득력이 있다고 말한다. 생의학적 이론을 따르는 정신과 의사들은 뇌 화학물질의 불균형을 초래하는 유전적인 생화화적 결함으로 우울증이 생긴다고 보기 때문이다. 그래서 약물이나 전기충격 요법을 사용해 우울증을 치료하는 데 나름 효과가 있다. 셀리그만은 뇌의 문제로 우울증이 생긴다는 의견은 일부 옳다고 인정하지만 우울증의 경중을 따지지 않고 동일한 치료를 하는 것에는 동의하기 어렵다고 말한다. 약물치료는 중증의 우울증 치료에는 도움이 되지만 아직까지 경미한 우울증을 치료하는 데도 효과가 있다는 증거는 없기 때문이다. 무엇보다 약물치료는 환자를 의존적으로 만든다. 자신보다는 약물을 신뢰하기 때문에 약을 중단하면 우울증이 재발하는 경우가 많다.

　결국 셀리그만은 정신분석학 및 생의학적 이론도 우울증을 완전하게 설명하지는 못한다는 결론을 내렸다. 그러면서 다음과 같은 문제를 제기했다.

- 대부분의 우울증이 정신과 의사들이나 정신분석학자들이 주장하는 것보다 훨씬 단순한 것이라면 어떻게 할 것인가? (90% 일시적, 지속기간 3~12개월)
- 우울증이 병이 아니라 심한 저기압의 심리 상태라면 어떻게 할 것인가?
- 우리의 행동 방식이 과거의 갈등에 얽매여 있지 않다면 어떻게 할 것인가?
- 우울증이 사실상 현재의 어려움 때문이라면 어떻게 할 것인가?
- 우리가 유전자나 뇌의 화학 작용에 얽매여 있지 않다면 어떻게 할 것인가?
- 우리 모두가 살다 보면 겪게 마련인 불운과 실패를 잘못 해석함으로써 우울증이 생기는 것이라면 어떻게 할 것인가?
- 그저 실패의 원인을 비관적으로 해석하기 때문에 우울증이 생기는 것이라면 어떻게 할 것인가?
- 학습을 통해 비관성을 떨쳐 버리고 실패를 낙관적으로 바라보는 기술을 획득할 수 있다면 어떻게 할 것인가?

이런 의문을 바탕으로 셀리그만은 행복을 만드는 도구인 낙관성 학습 프로그램을 우울증을 예방하거나 치료하는 데 활용했는데, 그 결과는 놀라웠다. 우울증을 치료하는 데는 물론 예방하는 데도 효과가 있었다. 여러 연구 중 대표적인 연구 내용을 하나만 소개하면 다음과 같다.

필라델피아 근처의 애빙턴 군구에서 수행한 연구로 10~12세 아이들 중 경미한 우울 증상을 보이거나 부모가 자주 다투는 집의 아이들을 선정하고 크게 낙관성 학습 프로그램에 참여하는 아이들과 그렇지 않은 아이들로 나누어 2년 동안 추적조사를 했다. 전반적으로 추적조사 시간에 경미하거나 심각한 우울 증상을 보인 아이가 전체의 20~45%로 매우 높았다. 하지만 낙관성 학습 프로그램에 참여했던 아이들은 그렇지 않은 아이들에 비해 우울 증상을 보인 아이들이 절반 정도에 불과했다. 두 팀의 차이가 가장 극명하게 나타난 것은 훈련 과정이 끝난 직후였는데, 낙관성 훈련을 받지 않은 아이들이 낙관성 훈련에 참여한 아이들보다 더 상당히 많은 우울 증상을 보였다.

제6장

긍정심리 몰입

셀리그만(2011)은 몰입(Engagement)도 여전히 팔마스(PERMAS)의 한 요소라고 했다. 긍정 정서처럼 이 요소 역시 주관적인 느낌으로만 측정된다. 예컨대, "시간 가는 줄 몰랐다." "그 일에 완전히 빠졌다." "전혀 자각하지 못했다."와 같은 반응이다. PERMAS에서 긍정정서와 몰입은 모든 요인이 오직 주관적으로만 측정되는 두 가지 범주이다. 쾌락적 요소, 즉 기쁨을 주는 요소로서 긍정정서는 쾌락, 희열, 안락, 따스함 같은 일상의 주관적인 웰빙 변수들을 모두 포함한다. 그러나 몰입 상태에서는 대체로 사고와 감정이 결여된다는 점을 염두에 두어야 한다. 그래서 그 상태를 돌이켜 보며 그저 "재밌었어." 또는 "정말 굉장했어."라고만 말할 뿐이다. 주관적으로 기쁜 상태는 현재에 있지만, 주관적으로 몰입한 상태는 오직 회상 속에만 있다(Seligman, 2011).

긍정정서와 몰입은 PERMAS 요소가 되기 위한 세 가지 성질에 쉽게 부응한다. 첫째, 긍정 정서와 몰입은 웰빙에 기여한다. 둘째, 많은 사람이 반드시 다른 요소를 얻기 위해서가 아니라 그 자체가 좋아서 이 두 가지 요소를 추구한다. 셋째, 이 두 요소는 나머지 요소와는 독립 적으로 측정된다.

몰입은 음악과 하나 되는 것, 시간 가는 줄 모르는 것, 특정 활동에 깊이 빠져든 동안 자각 하지 못하는 것을 말한다. 이런 요소를 지향하는 삶을 '몰입하는 인생'이라고 한다. 몰입은 긍 정정서와는 전혀 다르다. 심지어 상반되는 요소이다. 몰입한 사람에게 지금 어떤 생각을 하 며 어떤 감정을 느끼고 있는지 묻는다면 그들은 대체로 '아무 생각도 느낌도 없다'고 대답하기 때문이다. 몰입의 순간, 우리는 몰입 대상과 하나가 된다. 몰입에 필요한 주의집중은 사고와 감정을 구성하는 인지적·정서적 자원들을 전부 사용한다.

몰입에 이르는 지름길은 없다. 몰입의 세계에 들어서기 위해서는 자신의 대표강점과 재능들을 효율적으로 사용해야 한다. 긍정정서에 이르는 지름길은 존재한다. 이것 역시 몰입과 긍정정서의 차이 중 하나이다. 우리는 마스터베이션을 하거나, 쇼핑을 하거나, 마약을 흡입하거나, TV를 볼 수 있다. 따라서 몰입하기 위해서는 자신이 지닌 대표강점들을 확인하고 그것을 더욱 자주 활용하는 법을 배우는 것이 중요하다.

몰입(flow)은 미하이 칙센트미하이가 만든 용어로 어떤 활동에 고도로 집중하는 정신 상태를 말한다(Csikszentmihalyi, 1990). 1935년 전쟁으로 황폐화된 유럽의 헝가리에서 태어난 그는 1950년대 후반에 미국으로 이주했다. 그는 시카고 대학교를 나왔고 1999년 클레어몬트 대학원 대학교로 옮기기 전까지 오랜 기간 시카고 대학교에서 학생들을 가르쳤다.

심리학에서 칙센트미하이(1990)가 이룩한 탁월한 업적은 '몰입'이라는 개념을 정립한 것이다(Seligman, 2002). 시간 가는 줄도 모른 채 완전히 몰입할 때는 언제일까? 절대로 그만두고 싶지 않을 만큼 절실하게 하고 싶은 것이 무엇인지 정확하게 깨닫는 때는 언제일까? 그림 그리기? 사랑하기? 배구? 강연? 암벽 등반? 누군가의 고민을 귀 기울여 들어주기? 칙센트미하이는 이 문제를 제기하면서 여든 살이 된 자신의 형 이야기를 들려주었다.

> 얼마 전에 부다페스트에 계신 이복형님을 찾아갔거든요. 형님은 정년퇴임을 한 뒤로 광물을 관찰하기를 일삼았지요. 그런데 형님이 이런 말씀을 하시더군요. 며칠 전 아침을 먹고 나서 수정을 꺼내 현미경으로 살펴보고 있었는데, 내부 구조가 갈수록 어두워 보이기에 구름이 해를 가린 모양이라고 생각했다는 거예요. 그래서 고개를 들어 하늘을 보니 벌써 날이 저물어 있었다고 하시더군요.

그의 형은 시간 가는 줄도 몰랐던 것이다. 칙센트미하이는 이런 상태를 '무아도취(enjoyment)'라고 부른다. 그는 생리적 욕구를 만족시키는 데서 오는 쾌락과 무아도취를 구분한다. 새로운 관점에서 사물을 바라보게 하는 독서나 미처 몰랐던 새로운 사상에 눈뜨게 해 주는 대화처럼, 박빙의 테니스 경기에서 최선을 다하는 것도 무아도취에 빠지는 것이다. 타사와 경쟁하여 거래를 성사시키는 순간이나 공들인 작품을 훌륭하게 완성하는 순간에도 무아도취에 빠질 수 있다. 이런 경험은 그때 당시에 느끼는 쾌락과는 엄연히 달라서, 훗날 '그때 참 재미있었다'고 회상하며 다시 하고 싶은 생각이 들게 한다.

칙센트미하이는 전 세계 각계각층의 남녀노소 수천 명을 인터뷰하면서 가장 큰 만족을 얻었을 때의 기분이 어땠는지 물었다. 그것은 칙센트미하이의 형의 경우처럼 정신적 만족으로 표현할 수 있을 것이다. 아니면 다음과 같이 일본 교토의 십 대 오토바이족이 수백 대의 오토바이를 몰 때처럼 집단 활동에서 얻는 만족일 수도 있다.

> 우리가 오토바이를 몰 때 처음에는 완전히 난장판이에요. 그러다 오토바이가 순조롭게 달리기 시작하면서부터 공감대가 형성되거든요. 이것을 뭐라 표현하면 좋을까, 마음이 하나가 되고, 우리 모두가 한 몸이 되면서 무엇인가 알게 됩니다. 그러다 문득 깨닫죠. 우린 일심동체라는 것을. 우리가 한 몸이라는 것을 깨달을 때 희열을 느껴요. 그때부터 속도를 최대로 높이기 시작하는데, 이때야말로 지상 최고의 황홀경에 빠지게 되죠.

이처럼 정신 상태는 신체적 활동에서 비롯되기도 한다. 어느 발레리나는 다음과 같이 말한다.

> 일단 발레를 시작하면 둥둥 떠다니듯 즐기면서 내가 하는 몸짓을 느낀답니다. 그러면 몸이 한결 가벼워지죠. 모든 것이 내 뜻대로 잘 되면 무아지경에 빠져 온몸이 땀범벅이 될 정도로 혼신의 힘을 다하게 되고요. 당신도 몸짓으로 자신을 표현해 보세요. 그게 바로 발레의 목적이거든요. 몸짓 언어로서 의사소통을 하는 것입니다. 나는 음악과 더불어 우아하게 발레를 함으로써 객석의 사람들에게 내 자신을 멋지게 표현하는 셈이에요.

명상가, 오토바이족, 체스 플레이어, 조각가, 공장 근로자, 발레리나 등 저마다의 활동에는 엄청난 차이가 있지만, 그들이 만족을 느끼는 심리적 요소는 매우 비슷하다. 만족의 심리적 요소는 다음과 같다(Seligman, 2002).

- 전문 기술을 필요로 하는 도전적인 일이다.
- 정신을 집중한다.
- 뚜렷한 목적이 있다.
- 즉각적인 피드백을 얻는다.
- 쉽사리 몰입한다.
- 주체적으로 행한다.

- 자의식이 사라진다.
- 시간 가는 줄 모른다.

칙센트미하이가 처음으로 몰입에 대해 흥미를 느끼기 시작한 것은 매우 창조적인 활동을 하는 화가들을 연구하면서이다(Csikszentmihalyi, 1990). 예술가들은 그림을 그리고, 작업이 잘 진행될 때 배고픔도, 피곤함도, 불편함도 잊었다. 하지만 그림이 완성되면 그것에 흥미를 잃고 또 다른 작업을 찾았다. 칙센트미하이는 그 작업의 기저에 내적 동기가 있다는 것을 알고 충격을 받았다. 화가들은 외적인 결과와 외적인 보상을 염두에 두면서 작업하지 않았다.

비록 당시의 일부 연구자가 내적 동기에 대해 관심을 가졌고, 내적인 만족감과 훌륭한 수행 사이의 연관성을 발견하였지만, 그 누구도 내적으로 동기화된 능숙한 작업을 하는 동안 나타나는 주관적 현상에는 주목하지 않았다(Deci, 1975; White, 1959). 칙센트미하이는 몰입에 대한 연구를 시작하는 데 있어 어떤 활동을 하는 이유가 우선적으로 '즐거움'이라고 생각하는 사람을 인터뷰했다. 그는 체스 플레이어, 암벽 등반가, 발레리나 등 많은 사람과 이야기를 나누었다. 서로 다른 활동 사이에서도 몰두는 매우 유사한 특성이었다. 이러한 특성이 지금 우리가 말하고 있는 몰입을 의미한다.

몰입할 때는 시간이 빨리 간다. 모든 주의가 활동 그 자체에 집중된다. 사회적 주체로서의 자아에 대한 감각을 잃게 되고, 몰입을 경험한 후에는 고무된다. 몰입은 감각적인 쾌락과는 다른 것이다. 사실 몰입이 되는 순간 감정이 사라지고 완전한 무의식 상태에 이른다. 사람들은 몰입을 고도의 내적인 즐거움이라고 묘사하지만, 이것은 나중에 판단해서 할 수 있는 말이지 몰입과 동시에 기쁨을 느끼는 것은 아니다.

다음은 시카고 팀의 프로 농구선수 벤 고든이 경기를 뛸 때의 '몰입의 영역'에 대한 느낌을 묘사한 것이다.

> 몇 쿼터인지, 얼마나 시간이 지났는지의 감각을 잃는다. 관중의 소리를 듣지 못한다. 얼마나 득점한지 모른다. 생각하지 않는다. 그저 경기를 뛸 뿐이다. 본능에 따르기만 할 뿐이다. 그러나 이러한 느낌이 사라질 때는 달라진다. 나는 스스로 "자, 나는 더 적극적으로 할 수 있어." 하고 스스로에게 최면을 걸어야 한다. 이 순간 몰입이 사라졌다는 것을 인식하게 된다. 이제 더이상 본능적이지 않다(Kennedy, 2005).

몰입은 자신의 역량을 최대로 발휘한 경험으로 설명할 수 있기 때문에 몰입의 개념은 긍정심리학에서 주목받고 있다(Nakamura & Csikszentmihalyi, 2002). 몰입은 인간이 존재할 때부터 있어 왔다(Csikszentmihalyi, 1988). 그러나 칙센트미하이는 그 경험에 이름을 부여하고, 구체화시키고, 강화하는 조건과 결과를 연구할 수 있도록 기반을 다졌다. 긍정심리학의 많은 개념과 달리 몰입은 경험표집법을 사용하여 집중적으로 연구되었다. 경험표집법은 일명 호출기 기법이라고 불리는데, 연구자가 참여자에게 무선호출기를 들고 다니게 하면서 임의적인 시간 간격마다 울리게 한다(Larson & Csikszentmihalyi, 1978). 그리고 연구자는 참여자에게 그 시간에 무엇을 하고 있는지, 어떤 감정을 느끼고 있는지 응답하도록 요구한다.

칙센트미하이가 이끄는 연구진은 경험표집법(experience sampling method: ESM)을 활용하여 몰입의 빈도를 측정했다. 이 방법은 참가자들에게 무선호출기를 나눠 주고 밤낮없이 무작위로 호출한 뒤, 호출을 받은 그 순간에 그들이 하는 생각, 느끼는 감정, 몰입의 정도를 기록하는 것이다. 이 연구진은 다양한 직종에 종사하는 수천 명을 대상으로 100만 가지가 넘는 데이터를 수집했다.

그중에는 몰입을 자주 경험하는 사람들도 있었지만 거의 느끼지 못하는 사람들도 많았다. 칙센트미하이가 한 연구 중에 몰입 정도가 높은 십 대와 낮은 십 대를 각각 250명씩 정하여 추적조사를 한 것이 있다. 몰입 정도가 낮은 십 대는 '쇼핑'을 주로 한다. 그들은 친구들과 몰려다니며 백화점 쇼핑을 즐기거나 TV를 많이 본다. 몰입 정도가 높은 십 대는 취미 활동이나 스포츠를 좋아하고, 숙제를 열심히 한다. 두 집단을 비교해 본 결과, 단 한 가지를 제외한 모든 면에서 몰입 정도가 높은 십 대들의 정신이 더 건강한 것으로 나타났다. 그러나 그 한 가지 예외에 주목해야 한다.

몰입 정도가 높은 십 대들은 몰입 정도가 낮은 십 대들을 훨씬 더 즐겁게 생활하는 사람들로 여기며 그들처럼 해 보고 싶어 한다. 그러나 몰입 정도가 높은 십 대들이 하는 모든 활동은 당장은 재미없게 느껴지지만, 훗날의 삶에서는 오히려 크게 보상받을 수 있는 것들이다. 몰입 정도가 높은 십 대는 대학교에 진학할 확률이 높고, 원만한 대인관계를 이루기 쉬워 성공할 확률도 그만큼 높기 때문이다. 이는 몰입이 훗날 활용할 수 있는 심리적 자본을 형성하는 정신 상태라고 한 칙센트미하이의 이론과 일치한다.

이러한 종류의 많은 연구로부터, 심리학자들은 몰입이 기술과 과제 난이도의 수준이 최적의 균형을 이루는 상황에서 가장 많이 발생한다는 것을 알았다(Moneta & Csikszentmihalyi, 1996). 즉, 몰입은 사람과 환경이 함께 상호작용하여 나타난다. 다행히도, 몰입을 경험하는 데 있어 전문가일 필요는 없다고 했다. 현재 당면한 과제 난이도가 자신의 기술 수준과 적절하게 균형을 이루는 것이 중요하다. 너무 어렵거나 자신의 기술이 너무 낮을 경우 몰입의 과정에 방해가 된다. 한편, 개인의 기술이 향상될수록 몰입에 필요한 과제 난이도가 변한다는 것은 그리 반가운 사실은 아니다. 전문 기술에 맞게 과제 난이도가 높아지지 않는다면 활동에 몰입되는 마술 같은 일은 사라질 것이다.

몰입 경험의 조건

작곡, 암벽 등반, 춤, 체스 등의 활동을 할 때 몰입을 할 수 있는 이유는 이러한 활동이 규칙이 있고, 기술이 필요하며, 목표가 분명하고, 피드백을 제공하며, 통제가 가능하기 때문이다 (Seligman, 2002). 이 밖에도 몰입을 경험하려면 여러 가지 조건이 맞아떨어져야 한다. 칙센트미하이(1999)는 몰입을 경험하기 위한 조건으로 명확한 목표, 신속한 피드백, 과제와 능력 사이의 균형, 집중력 강화, 현재의 중요성, 통제, 시간 감각, 자의식 상실의 여덟 가지가 있다고 했다.

첫째, 명확한 목표가 있어야 한다. 현재 하고 있는 일이 불분명하거나 오랜 기간이 소요되는 일이라면 몰입이 잘 이루어지지 않는다. 명확하고 짧은 시간 안에 결과를 만들어 낼 수 있는 일을 할 때 몰입이 잘 된다. 그래서 몰입을 경험하기 위해서는 목표가 분명해야 한다. 즉, 어떤 활동에 깊이 관여하려면 매 순간 자신이 무엇을 해야 하는지 정확히 알고 있어야 한다. 여가 시간보다 직장에서 일할 때 몰입이 잘 되는 이유는 업무 규정과 명확한 목표가 있기 때문이다.

둘째, 즉각적인 피드백도 중요하다. 자신이 하는 일을 왜 하는지, 어떠한 결과를 창출할 것인지 등의 분명한 목표가 없고 그 일에 대한 즉각적이고 적절한 피드백이 없다면 그 일에 계속해서 몰입하기가 어렵다. 스포츠나 오락게임에 몰입이 잘 되는 것은 재미도 있지만 그때그때 즉각적인 피드백이 있기 때문이다.

셋째, 과제와 능력 사이의 균형도 필요하다. 어떤 과제가 주어졌을 때 너무 어렵거나 쉬우면 몰입 경험이 잘 일어나지 않는다. 수준 있는 과제와 높은 능력이 결합했을 때 최고의 몰입을 경험할 수 있다. 아무리 호기심이 생기는 일이라도 능력이 따라 주지 못해 해낼 자신이 없다면 몰입은커녕 시작도 못 하거나 시작했다가도 금방 포기하게 된다. 공부를 잘하는 학생들은 대부분 공부할 때 몰입을 잘한다. 그만큼 실력을 갖추었기 때문이다. 반대로 학습 능력이 떨어지는 학생들은 몰입을 잘 못한다. 열심히 공부해도 실력이 부족하니 따라갈 수가 없고 의욕이 떨어질 수밖에 없다. 하지만 누구나 더 열심히 노력해서 능력과 실력을 키운다면 과제와 능력의 균형을 맞추어 몰입을 경험할 수 있다.

넷째, 집중력도 몰입하는 데 많은 영향을 미친다. 몰입을 경험하기 위해서는 집중력을 강화해야 한다. 주의가 산만한 아이들은 호기심이 분산돼 공부에 몰입하기 어렵다. 어른들도 마찬가지이다. 집중력이 약한 사람들은 한 가지 일을 진득하게 하지 못한다. 어떤 일을 하다가도 해야 할 다른 일이 생각나면 그 일을 한다. 어떤 일이든 집중을 못 하니 벌여 놓은 일들은 많지만 뒷수습을 못해 문제가 생기는 경우도 많다. 물론 재미없는 일을 억지로 하다 보니 집중하지 못할 수도 있지만 설령 재미없는 일이라도 집중하다 보면 일에 흥미를 느끼고 몰입할 수 있다. 집중력을 키우기 위해서는 자신의 대표강점을 일상에서 발휘해 흥미를 유발하고, 분명한 목표와 즉각적인 피드백이 가능한 기회를 자주 포착하도록 하자. 그렇게 하면 그 일에 흠뻑 매료돼 몰입을 경험하게 된다.

다섯째, 현재를 중요시해야 한다. 몰입을 경험하기 위해서는 지금 이 순간 외에는 다 잊어버려야 한다. 일상의 고민과 걱정거리를 뒤로하고 미래의 불안감도 잊고 오직 지금에만 집중해야 몰입이 잘 된다. 일단 몰입에 빠져들면 더 이상 잡생각이 머릿속에 파고들지 못한다. 그런데 말처럼 쉽지 않다. 공부하다가도 친구나 게임 생각이 나고 직장에서 업무를 보면서도 집에 있는 아내나 자녀들 생각이 불쑥불쑥 난다. 마치 컴퓨터 바탕화면에 어지럽게 깔려 있는 폴더처럼 우리 머릿속은 늘 복잡하다. 몰입을 하려면 지금 당장 이 순간에 집중해야 한다. 지금 미팅을 하면서 중요한 전화가 올 텐데 언제 오려나 하고 노심초사하거나 미팅 끝나고 해야 할 일을 생각하는 것은 몰입을 방해할 뿐만 아니라 일을 엉망으로 만들어 버릴 가능성이 크다. 컴퓨터 바탕화면에 수없이 많이 깔린 폴더를 모두 지워 버리고 오직 '현재'라는 폴더만 남겨 놓자.

여섯째, 자신을 장악할 수 있다는 통제감을 느끼게 된다. '내가 하는 일과 그 결과를 통제할 수 있다'는 느낌을 갖는 것이다. 즉, 실제 생활에서 흔히 고민하는 '내가 일을 잘못하면 어떻게 될까'와 같은 걱정과 우려가 사라지고 집중력이 살아남에 따라 완전한 통제력을 갖고 있는 것처럼 느끼게 된다. 우리는 일상에서 갑작스러운 장마나 폭설로 인한 재해, 급격한 환율 변동과 주가지수처럼 자기 의지대로 통제할 수 없는 일들에 너무 많이 노출돼 있다. 하지만 몰입을 경험하면 제한된 범위 내에서는 완전히 자신을 통제할 수 있다고 느낀다.

일곱째, 시간 감각에 변화가 온다. 몰입 경험의 특징 중 한 가지는 시간에 대한 감각을 인지하지 못하는 것이다. 사랑하는 사람이나 친한 친구들과 만나 재미있는 이야기를 하다 보면 시간이 금방 지나간다. 한 시간쯤 지났을 거라 생각했는데 몇 시간이 훌쩍 지나가 놀란 경험을 한 적이 있을 것이다. 또 자신이 좋아하는 일에 푹 빠질 때도 마찬가지이다. 칙센트미하이 이복형의 몰입 상태 예에서 볼 수 있듯이 말이다.

마지막으로 자의식 상실을 경험하게 된다. 몰입 상태에 빠지게 되면 현재 하고 있는 일에 푹 빠져서 그 활동을 관찰하거나 평가하는 의식이 존재하지 않는다. 한마디로 무아지경의 상태에 빠지는 것이다. 그래서 몰입을 하면 좋고 싫은 감정을 느끼기 어렵다. 행복한지도 모른다. 행복을 느끼는지 알려면 내면의 상태에 관심을 기울여야 하는데, 몰입은 완전히 심취해서 내면의 소리는 물론 누가 옆에서 말을 걸어도 모른다. 자의식을 상실해서 그렇다. 대부분 사람은 몰입 경험을 하는 동안 자의식을 망각하지만 그 이후로는 자부심이 높아진다. 칙센트미하이(1999)는 하루 동안 자부심의 변화를 측정했는데 몰입 상태에 근접한 이후에는 개인의 자부심 수준이 상당히 올라간다는 사실을 발견했다.

몰입은 이와 같이 모든 활동 분야에서 경험할 수 있는 것이지만, 대개 자발적이라고 인식할 때 생겨난다(Kleiber, Larson, & Csikszentmihalyi, 1996). 예컨대, 대부분의 학생에게 숙제는 과제 난이도와 기술 사이에 균형이 이루어지기는 하지만 숙제의 강제성 때문에 몰입의 상태를 이끌어 내기 어렵다. 실제로 학교에서 이루어지는 어떤 활동을 통해서도 학생들이 몰입을 경험하는 하는 일이 거의 없다. 또한 TV 시청이나 친구들과 어울려 놀기와 같은 청소년의 일상 활동도 가능한 필요충분조건에 미치지 못하기 때문에 몰입을 이끌어 내지 못한다.

여기서 우리는 지금까지의 연구로는 알 수 없는 역설에 직면한다. 왜 사람들은 몰입에 대한 경험이 매력적임을 알고 있음에도 몰입을 가능케 하는 활동을 자주 하지 않는가? 왜 사람들은 훌륭한 고전에 빠져드는 대신 재미 위주의 소설을 읽는가? 왜 사람들은 진지한 문제에 대해서 이야기하지 않고 친구들과 일상적인 이야기를 주고받는가? 왜 우리는 도전적인 일보다는 쉽기만 한 일을 선택하는가?

우리 모두가 인정할 법한 소위 질 낮은 몰입(junk flow)이라 불리는 다른 경험에서 답을 찾아볼 수도 있다. 이러한 몰입에는 오락 게임, 리얼리티 TV 쇼, 최신 연예 소식 등이 있으며 이러한 것들에도 몰입의 요소인 몰입과 몰두가 포함되어 있다. 하지만 이러한 경험은 특별한 도전이 없고 우리를 고무시키지 못한다. TV 예능 프로그램 〈무한도전〉의 재방송을 보며 에너지를 얻는 사람이 있다면 그것은 극히 드문 예이다. 사람들은 거짓 몰입에 잘 휩쓸린다. 경험하기 쉽기 때문이다. 그러나 진정한 몰입은 궁극적으로 더 나은 보상을 주지만 어렵기 때문에 관심을 가지지 않는다.

그 이유는 정확히 알 수 없지만 몰입을 경험하는 빈도수는 사람마다 다르다. 그리고 청소년기에 더 많은 몰입 경험을 한 학생들은 창조적인 영역에서 성취를 하는 등 장기적으로 좋은 결과를 얻는다(Rathunde & Csikszentmihalyi, 1993). 심지어 더 건강할지도 모른다(Patton,

1999: Nakamura & Csikszentmihalyi, 2002).

이러한 현상은 조직에서 심리적 자원의 구축으로 설명될 수 있다. 몰입으로 생겨난 긍정심리 자원이 추후에 긍정적인 효과를 어떻게 가져오는지 탐색하기 위해 몰입에 대한 연구와 긍정정서에 대한 연구를 연결시킬 수 있다(Moneta & Csikszentmihalyi, 1996; Shernoff, Csikszentmihalyi, Shneider, & Shernoff, 2003).

몰입은 닛산(Nissan)과 볼보(Volvo)의 산업 디자이너에서부터 몬테소리 학교 교사, 건축가, 미식축구 코치 지미 존슨(Jimmy Johnson)에 이르기까지 여러 업종에 종사하는 사람들로부터 주목을 받았다(Nakamura & Csikszentmihalyi, 2002). 어떤 처치에서는 몰입을 촉진하거나 적어도 몰입을 방해하지 않기 위해 환경을 재구성한다. 다른 처치에서는 개인적인 부분을 통해 몰입을 하도록 도움을 준다. 예컨대, 그 사람이 가지고 있는 기술은 무엇인가? 그 사람에게 적절한 과제 난이도는 어떠한가?

몰입의 원리는 심지어 심리치료의 맥락에서도 사용하고 있다(Massimini & Delle Fave, 2000). 그것은 더 많은 몰입을 경험하도록 개인의 일상생활을 재구성한다. 정신적인 문제가 대체로 그러하듯이, 반복되고 그러한 반복이 상습적일 때 우리는 거기에 안주해 버린다. TV 시청과 자발적인 봉사활동을 대조해 보자. 우리는 누군가가 "이런, 나의 TV 시청 기술이 날로 좋아지고 있어! 내 기술을 완성하게끔 내일까지 도저히 기다릴 수가 없겠는걸." 하고 말하는 것을 들어 보지 못했을 것이다. 하지만 자발적으로 하는 일일 경우, 일을 하는 과정에서 기술을 발전시킬 필요가 있다면 이것도 하나의 어려운 과제가 될 수 있다. 우울하거나 분노에 찬 사람이 TV 쇼를 시청하는 것보다 다른 사람을 돕는 데 더 많은 시간을 보낼 때 그 증상이 감소됨을 보여 주는 것은 놀랄 일이 아니다(Delle Fave & Massimini, 1992).

특히 우울증과 같은 심리적 장애를 가진 사람은 어려운 활동을 시작하는 것이 어려워서 도전할 기회를 충분히 가지지 못한다(Allison & Duncan, 1988). 그러므로 그들에게 어떻게 어려운 활동을 시작하고 도전의 기회를 접하는지를 가르쳐야 한다. 심리치료 관련 지식에 의하면, 우울증에 걸린 사람들도 일을 하고 사람들과의 친분을 유지하며 바쁘게 살다 보면 그렇게 하는 동안만은 우울증 때문에 생기는 문제를 느끼지 못한다. 만약 이 원리가 타당하다면 그것을 이론으로 만들어 볼 만하다.

칙센트미하이뿐만 아니라 많은 학자가 몰입에 대해 논의하면서 그 예로 예술적인 창조활동이나 암벽 등반을 제시했기 때문에, 몰입은 개인적 활동을 통해 경험하는 것이 일반적인 것처럼 여겨진다. 하지만 몰입의 개념이 혼자 하는 순간으로 제한되어 있지는 않다. 사실 몰입의 가장 익숙한 예들은 좋은 대화, 오케스트라의 협연, 팀 스포츠, 직장 내 협력 활동 등 분명히 사회적인 활동이다. 칙센트미하이가 마이크로플로라고 기술한 현상과 같이 집단 몰입은 더 연구해 볼 가치가 있다. 이는 아주 단시간 내에 몰입을 이끌어 냈다가 다시 주의력을 회복하는 이점이 있다.

대표강점은 몰입을 가능하게 만들어 주는 열쇠

칙센트미하이(2009)는 자신이 좋아하고 만족하는 일을 할 때 몰입을 경험할 수 있다고 했다. 물론 근무 시간 내내 몰입 상태를 유지하는 것은 어렵다. 최적의 상태일 때 두세 차례 몇 분간 일어나는 정도지만 그것만으로도 충분히 근무 시간 전체가 즐겁고 행복할 수 있다.

사실 업무 시간은 몰입을 경험하기에 가장 적절한 시간이기도 하다. 여가 활동과는 달리 직장에서 일하는 것 자체가 몰입할 수 있는 조건을 많이 형성하기 때문이다. 일반적으로 업무의 역할과 규칙이 정해져 있으며 대인관계에도 뚜렷한 목적과 원칙이 있다. 게다가 업무 능력에 대한 피드백이 수시로 이루어진다. 업무 시간에는 대개 자신이 맡은 일에 집중해야 하기 때문에 산만해질 우려가 적다. 주의가 산만해지면 재능은 물론 강점까지도 제대로 발휘하기 힘들다. 따라서 사람들은 흔히 집보다 일터에서 일하고 싶어 한다.

이처럼 직장은 몰입하기에 적합한 기회를 제공하는 곳인데, 직장에서 하고 싶지 않은 일을 생계 때문에 억지로 한다면 그것만큼 불행한 일도 없다. 일하는 동안 누릴 수 있는 가장 큰 행복이 몰입이다. 몰입해 일하면 몸도 마음도 즐겁고 시간 가는 줄도 모른다. 마치 화살처럼 시간이 빨리 지나가 금방 점심시간이 되고 금방 퇴근 시간이 된다.

그렇다면 직장에서 몰입을 경험하려면 어떻게 해야 할까? 몰입은 자신이 해야 할 일과 그 일을 할 수 있는 능력이 완벽하게 맞물릴 때 일어난다. 따라서 자신의 대표강점을 확인하고 그것을 날마다 발휘할 수 있는 직업을 선택하면 몰입하는 행복을 누릴 수 있다.

자신의 대표강점을 고려하지 않고 단지 사회에서 좋은 직업이라 인정하는 직업을 가졌을 경우 몰입하기도 어렵도 행복해지기도 어렵다. 최근 여론조사에서 개업 변호사들을 대상으로 직업 만족도를 조사했는데, 약 52%가 자신의 직업에 불만을 느낀다고 답했다. 수입만 보면 경제적인 문제 때문이 아니라는 것은 군이 말할 필요도 없다. 변호사는 자기 직업에 환멸을 느끼는 것 말고도 일반 사무직에 종사하는 사람들에 비해 우울증에 걸릴 위험이 훨씬 높다. 미국에서 변호사는 우울증, 자살, 이혼율이 가장 높은 직업이기도 하다(Seligman, 2002).

변호사의 사례는 직업을 구할 때 연봉을 비롯한 일반적인 조건보다 대표강점을 고려해야 한다는 것을 말해 준다. 대표강점을 날마다 발휘할 수 있는 직업은 이른바 '천직'이라 할 수 있다. 천직을 갖고 있는 사람들은 당연히 행복할 수밖에 없다. 다만 행복을 더 발전시키려면 대표강점을 발휘할 수 있는 직업을 가졌다는 데 만족해서는 안 된다. 수시로 재교육을 받아 대표강점을 더욱 많이 활용할 수 있도록 노력해야 한다(Seligman, 2002).

물질적 보상보다 몰입 경험을 추구하라

셀리그만(2002)은 선진국에서의 직장생활 풍속도는 빠른 속도로 변하고 있다고 했다. 특히 놀라운 것은 돈이 그 위력을 잃고 있다는 사실이다. 선진국 국민들의 생활 만족도는 차츰 낮아지고 있다. 미국의 경우 지난 30년 동안 실질소득은 16% 증가한 반면, '아주 행복하다'고 응답한 사람은 36%에서 29%로 감소했다. 급기야 『뉴욕타임스(New York Times)』는 '돈으로는 행복을 살 수 없다'는 기사까지 실었다.

그러나 이 기사를 접한 직장인들이 승급, 승진, 초과근무 수당이 많아져도 생활 만족도에는 전혀 보탬이 되지 않는다는 것을 알았을 때, 그다음에는 어떻게 할 것인가? 왜 사람들은 다른 직업들을 마다하고 한 가지 전문직에 종사하려 하는가? 직장인들이 자기 회사에서 착실하게 근무하는 까닭은 무엇일까? 최고 품질의 제품을 만들기 위해 몸과 마음을 다 바치는 근로자들은 과연 무엇을 바라고 그렇게 하는 것일까?

이제 우리의 경제는 '돈의 경제'에서 '만족도 경제'로 급변하고 있다. 이러한 추세는 때에 따라 증가와 감소를 되풀이하지만 지난 20여 년 동안의 추이로 볼 때 개인 만족도가 더 크게 작용하고 있음을 알 수 있다. 현재 미국에서 최고소득 분야는 법조계로서, 1990년대의 최고소득 직종이었던 의약계를 능가했다. 그러나 뉴욕의 대형 법률회사에서는 현재 신규 채용이 어려워 기존 인력을 활용하는 대책을 마련하는 데 부심하고 있다. 법조계에 막 들어온 신참들, 심지어 경력자들까지도 새로운 직장을 찾아 줄줄이 떠나고 있기 때문이다. 주 80시간의 근무를 두어 해 동안만 꾹 참고 견디면 평생 갑부로 살 수 있다는 유혹이 신참들에게는 더 이상 통하지 않는 것이다(Seligman, 2002).

이런 풍토에서 새롭게 등장한 말이 바로 '생활 만족도'이다. '내 직업이 불만족스럽다면 어떻게 해야 할까?' 하고 진지하게 자문하는 사람들이 많다. 내게 묻는다면 나는 "현재 느끼는 것보다 당신의 직업에 훨씬 큰 만족을 얻을 수 있다."라고 대답하고 싶다. 직장생활을 할 때 자신의 강점을 되도록 많이 활용하고 재교육을 꾸준히 받는다면 충분히 더 큰 만족을 얻을 수 있다.

여기에서는 직업 만족도를 최대화하기 위해 직장에서 자신의 대표강점을 활용하는 방법에 대해 초점을 맞추고 있다. 이것은 비서, 변호사, 간호사, 최고경영자 등 모든 직종에 적용된다. 자신의 강점과 미덕을 날마다 필요한 곳에 활용하기 위해 재교육을 받는다면, 매너리즘에 빠져 귀찮기만 했던 일에 재미를 느끼고 이를 자신의 천직처럼 여기게 될 것이다(Seligman, 2002). 천직이란 나에게 가장 만족스러운 직업을 말하는데, 만족을 얻는 만큼 물질적 보상보다는 일 자체에서 큰 보람을 얻는다. 셀리그만(2002)은 머지않아 직장을 선택하는 기준이 물질적 보상보다는 일에서 경험하는 몰입으로 바뀔 것으로 전망했다. 직원의 몰입을 촉진하는 기업이 금전적 보상에 의존하는 기업보다 인기를 얻을 것이다. 이보다 더더욱 중요한 것은 최소한의 자유를 누릴 수 있는 현재의 직업 풍토에서 인간으로서의 기본적인 생활을 보장하는 사회안전망 이상의 정책이 실시되고 진정한 행복을 추구하게 되리라는 사실이다(Seligman, 2002).

생업직, 전문직, 천직의 차이

천직, 즉 일에 대한 높은 몰입도는 돈보다 생산성을 더욱 향상시킬 수 있는 확실한 방법이다.

셀리그만은 지난 25년 동안 수요일 밤마다 밥과 포커 게임을 했다. 밥은 달리기 선수였다. 역사 교사였던 그는 퇴임한 뒤 1년 동안 달리기로 세계 일주를 했다. 81세의 고령임에도 테니스광으로 매우 활동적인 생활을 즐겼다. 그는 에이디론댁스 산맥을 가로질러 고어산의 봉우리까지 올라갔다가 수요일 저녁 7시 30분이면 어김없이 필라델피아로 돌아왔고, 다음 날 아침 동트기 전에 다시 울긋불긋 단풍 든 산을 향해 달려가곤 했다. 그런데 8월의 기다리던 수요일에 셀리그만은 밥과의 포커 게임을 할 수 없었다. 이른 아침에 밥이 펜실베이니아 랭커스터 마을에서 트럭에 치여 혼수상태에 빠진 것이다. 그의 혼수상태는 사흘 동안 계속되었다.

"환자의 산소호흡기를 떼는 데 선생님께서 동의해 주셨으면 합니다."

밥의 담당의사가 셀리그만에게 말했다.

"환자의 변호사 말로는 선생님께서 환자와 가장 절친한 친구라기에 드리는 부탁입니다. 현재로선 친지에게 연락할 길이 없거든요."

여의사가 그 무시무시한 말을 천천히 입 밖에 내고 있을 때, 셀리그만은 하얀 가운을 입은 우람한 사내를 곁눈질하고 있었다. 그는 환자용 변기를 치운 다음, 다른 사람들의 신경에 거슬릴까 조심하며 약간 비딱하게 벽에 걸려 있는 액자를 바로잡기 시작했다. 그는 하얀 설경이 그려진 그림을 꼼꼼히 살피더니, 액자를 똑바로 세워 놓고는 몇 발짝 뒤로 물러나 살펴보았다. 어딘가 못마땅한 기색이었다. 셀리그만은 그제도 그 사내가 똑같은 일을 하는 것을 보았다. 말없이 누워만 있는 친구를 지켜보던 셀리그만에게 잠시나마 눈요기가 되어 준 그 희한한 청소부에게 고마움을 느꼈다.

"잘 생각해 보십시오."

여의사는 멍해 있는 셀리그만에게 이 말을 던지고 자리를 떴다. 셀리그만은 의자에 주저앉아 그 청소부를 바라보았다. 그는 설경이 그려진 그림을 내리고 그 자리에 달력을 대신 걸었다. 달력을 찬찬히 살피더니 아무래도 안 되겠던지 다시 달력을 내려 커다란 종이봉투에 집어넣었다. 그가 달력 대신 꺼낸 건 모네의 수련 그림이었다. 그 그림을 원래 액자가 있었던 자리에 걸었다. 그러더니 윈슬로 호머의 바다 풍경화 두 점을 꺼내 밥의 침대 맞은편 벽에 걸었다. 다시 밥의 침대 오른쪽 벽으로 가서는 아래에는 샌프란시스코의 흑백 사진을, 위에는 화사한 장미를 찍은 컬러 사진을 걸었다.

"무엇을 하시는 분인지 여쭤 봐도 되겠습니까?"

셀리그만은 조심스레 물었다.

"제 직업이요? 저는 이 층을 담당하고 있는 청소부입니다. 매주 새로운 그림들과 사진들을 가져오지요. 저는 이 층에 있는 모든 환자의 건강을 책임지고 있는 사람이니까요. 선생님 친구분은 병원에 온 뒤로 아직까지 깨어나지 못하시지만, 의식이 돌아오는 순간 이 아름다운 그림들을 볼 거라고 믿습니다."

코테스빌 병원에서 근무하는 그 청소부는 자신의 직업을 환자용 변기를 비우거나 바닥을 쓸고 닦는 일로만 여기지 않고, 환자의 건강을 지키고, 병마와 다투고 있는 시간을 아름답게 채워 줄 그림들을 가져오는 것이라고 믿었다. 다른 사람들이 보기에는 하잘것없는 청소부였을지 모르지만, 그 스스로 자신의 직업을 숭고한 천직으로 바꾼 것이다(Seligman, 2002).

사람은 자신의 삶과 직업의 관계를 어떻게 규정지을까? 학자들은 '직업 정체성'을 생업직, 전문직, 천직으로 구분한다. 생업은 사는 데 필요한 돈을 벌기 위한 직업이다. 때문에 그 직업을 통해 다른 보상을 얻으려 하지 않는다. 생업은 여가 활동이나 가족 부양 등을 위한 수단일 뿐이며, 따라서 급료를 받지 못하면 당연히 일을 그만둔다. 전문직은 직업에 따른 개인적 투자를 많이 한다. 이것은 돈으로 성공을 평가하기도 하지만, 출세도 중요하게 여긴다. 승진하면 승급은 물론 명예와 권력이 함께 따른다. 법률회사에 근무하는 변호사는 동업자를 만나 개업하고, 조교수는 부교수로 승진하고, 중간관리자는 부사장으로 출세하기를 꿈꾼다. 하지만 더 이상 올라갈 자리가 없을 때 상실감과 소외감이 밀려들기 시작하고, 그때부터 만족과 의미를 얻을 수 있는 일을 찾아 나선다.

천직은 일 자체에 모든 정열을 쏟는 직업이다. 자기 직업을 천직으로 여기는 사람은 더 많은 사람의 행복과 더 중요하고 큰 것을 추구하기 때문에 천직에는 종교적인 의미가 함축되어 있다. 천직은 부와 명예를 얻지 않아도 그 일을 하는 것만으로도 자기를 실현하는 것이다. 그런 만큼 물질적 보상이나 명예가 보장되지 않아도 그 사람은 일을 계속한다. 전통적인 의미로서의 천직은 성직자, 법관, 의사, 과학자 등 전문성이 뛰어나고 사회적으로 인정받은 일에 속하는 것이었다. 그러나 셀리그만은 어떤 생업이든 천직이 될 수 있으며, 아무리 존귀한 직업이라도 생업에 지나지 않는 경우가 있다는 중요한 사실을 깨달았다. 자신이 하는 일을 생업으로 여기며 소득에만 관심을 기울이는 의사의 직업은 천직이 아니며, 쓰레기를 치우는 청소부일지라도 자신은 세상을 한결 깨끗하고 위생적인 곳으로 만드는 사람이라고 자부하면 그의 직업은 천직이다.

이처럼 중대한 사실을 발견한 사람은 뉴욕 대학교의 경영학 교수인 에이미 레즈네스키(Amy Wrzesniewski)가 이끄는 연구진이었다. 그들은 정식으로 채용된 병원 청소부 28명을 대상으로 조사한 결과, 자신의 일을 천직으로 여기는 청소부는 자기 일을 의미 있는 직업으로 만들기 위해 애쓴다는 사실을 알게 되었다. 이러한 청소부들은 스스로를 환자의 쾌유에 중요한 존재라고 여기는가 하면, 시간을 효율적으로 배분하고, 의사나 간호사들이 요청하기 전에 스스로 알아서 일을 처리함으로써 의료진이 환자 진료에 전념하게끔 해 준다. 또한 앞서 소개한 코테스빌 병원의 청소부처럼 환자들이 입원해 있는 동안 밝게 지낼 수 있도록 도와주는 일을 스스로 찾아서 했다. 물론 개중에는 자신의 일을 병실 청소로만 보는 청소부도 있었다.

이제 당신의 직업 정체성은 어떤지 알아보자.

직업 만족도 검사

다음 3개의 글을 읽고 물음에 답하라.

● A씨가 직장에 다니는 목적은 생활에 필요한 돈을 벌기 위해서이다. 만약 경제적으로 안정되어 있다면 지금 하고 있는 일을 그만두고 다른 일을 선택했을 것이다. 그에게 직업

이란 숨쉬기나 잠자기와 같은 생존 활동이다. 이 사람은 직장에서 근무할 때면 퇴근 시간이 빨리 오기만을 기다릴 때도 적지 않다. 게다가 주말이나 휴일을 손꼽아 기다린다. 다시 태어난다면 그는 현재의 직업을 택하지 않을 것이고, 친구들이나 자녀들이 그 일을 하겠다고 하면 말릴 것이다. 그는 하루빨리 이 직업을 그만두고 싶어 한다.

- B씨는 기본적으로 현재의 일을 좋아하지만, 5년 후까지 계속 머물러 있지는 않을 생각이다. 대신 더 품위 있고 높은 지위로 올라갈 계획을 세우고 있다. 그가 최종 목표로 삼고 있는 직위는 서너 개쯤 있다. 때로는 지금 자신이 시간을 낭비하고 있다는 생각도 들지만, 더 나은 지위를 얻기 위해서는 현재 위치에서 최선을 다해야 한다는 사실도 잘 알고 있다. 그는 빨리 승진하고 싶다. 승진한다는 것은 곧 자신의 업무 능력을 인정받는 것이며 동료 직원들과의 경쟁에서 이겼다는 증거이기 때문이다.

- C씨는 현재 자신의 삶에서 가장 중요한 일을 하고 있다. 그런 만큼 자신의 직업이 아주 마음에 든다. 직업은 곧 현재의 자신을 규정하는 중요한 요소이고, 자기 자신을 다른 사람들에게 알릴 수 있는 첫 번째 조건이기 때문이다. 그는 일거리를 집으로 가져와 공휴일에도 일을 하는 게 좋다. 직장 동료들과도 친구처럼 친밀한 관계를 유지하고, 직업과 관련된 단체나 동아리 활동도 활발하게 하는 편이다. 그는 자신의 일을 사랑하고, 그 일을 함으로써 사회에 기여하고 있다고 생각한다. 친구들이나 자녀들에게도 이 일을 하도록 권할 생각이다. 또한 본의 아니게 그만두어야 하는 불행한 사태만 벌어지지 않는다면 이 일에 자신의 평생을 바치고 싶다.

당신은 A씨와 얼마나 비슷한가?

　　매우 _____ 조금 _____ 별로 _____ 전혀 _____

당신은 B씨와 얼마나 비슷한가?

　　매우 _____ 조금 _____ 별로 _____ 전혀 _____

당신은 C씨와 얼마나 비슷한가?

　　매우 _____ 조금 _____ 별로 _____ 전혀 _____

(매우=3, 조금=2, 별로=1, 전혀=0)

직업 만족도를 1에서 7까지로 나누었을 때(1=아주 불만족, 2=불만족, 3=조금 불만족, 4=보통, 5=조금 만족, 6=만족, 7=아주 만족), 당신의 만족도는 얼마인가? _____

C씨와 조금 혹은 아주 많이 비슷하고 직업 만족도가 5 이상이라면, 당신은 C씨처럼 자신의 직업을 천직으로 여기며 현재의 직업에 아주 만족하는 사람이다. 여기에 속하지 않는 사람이라면 재교육을 받는 게 좋다. 청소부 중에도 자기 직업을 생업으로 여기는 사람과 천직으로 여기는 사람이 있듯이 비서, 기술자, 간호사, 요리사, 미용사 등 모든 직종도 이와 마찬가지이다. 중요한 것은 자신이 바라는 직업을 찾는 것이 아니라 자신이 바라는 직업이 되도록 열심히 노력하는 것이다.

미용사 다른 사람의 머리를 깎고 치장해 주는 미용사에게 필요한 것은 미용 기술만이 아니다. 지난 20여 년간 미국의 대도시에서 활동하는 미용사들은 친밀한 인간관계를 맺기 위해 최선을 다해 왔다. 자기 신상에 관한 이야기들을 먼저 털어놓고 인간관계의 벽을 허물려고 노력하는 것이다. 그런데 쌀쌀맞은 고객들에게 사적인 질문을 하면 대답을 하지 않는 경우가 많다. 그래도 이런 고객들을 불쾌하게 하는 미용사는 '해고'된다. 따라서 대인관계 기술이나 사교성을 계발하기 위해 애쓰는 미용사는 훨씬 즐겁게 일할 수 있다.

간호사 최근 병원들이 수익성에 초점을 맞추다 보니 간호사들은 획일적이고 기계적으로 일을 처리해야 하는 처지에 놓여 있다. 이것은 전통적으로 볼 때 비난받아 마땅한 일이다. 어떤 간호사는 환자의 고충들을 해결해 주기 위해 애쓴다. 어찌 보면 하찮은 일까지 꼼꼼하게 살펴서 동료 간호사나 의사들에게 알려 줌으로써 환자 진료에 도움을 준다. 환자 가족들에게 환자의 생활에 대해 묻기도 하고, 환자가 빨리 회복하도록 여러모로 관심을 기울이고, 환자의 의욕을 북돋기도 한다.

요리사 단순히 음식을 만드는 것이 아니라 예술가다운 요리사가 되기를 꿈꾸는 사람들이 갈수록 많아지고 있다. 이들은 음식을 최대한 아름답게 장식하기 위해 노력한다. 한편으로 갖가지 음식을 선보이기 위해 개발하고, 한 가지 요리를 전문적으로 연구하기도 한다. 그들은 요리법을 익히는 기능사에서 시각적 아름다움을 더하는 예술가가 되기 위해 자기계발에 힘쓴다.

특정 전문직 종사자들보다 앞서 예로 든 분야에 종사하는 사람들이 자신의 직업을 단순 기능직에서 시각적 아름다움과 전체적인 조화를 이룰 수 있는 직업으로 변모시키기 위해 훨씬 더 많은 노력을 기울인다. 자신의 직업을 재창조하는 핵심은 바로 천직으로 승화시키는 것이라고 생각한다. 자신의 대표강점을 발휘할 수 있는 것이어야 비로소 천직으로 삼을 수 있는 것이다. 우표 수집이나 춤추기 등의 열정적인 일은 자신의 대표강점을 발휘할 수 있을지언정 천직으로 여기지는 않는다. 천직이란 열정 이외에 더 많은 사람의 행복에 기여하는 것이다 (Seligman, 2002).

대표강점이 몰입을 가능케 하는 열쇠이다

직장에서 자신의 대표강점을 활용할 수 있는 방법을 찾고 그 일을 통해 더 많은 사람의 행복에 기여한다면, 직업을 고달픈 생계 수단에서 만족을 얻을 수 있는 천직으로 바꿀 수 있을 것이다. 일하는 동안 누릴 수 있는 가장 큰 행복은 몰입하는 것인데, 이것은 일을 할 때 그 일에 완전히 심취하는 것이다.

앞서 말했듯이 몰입이란 의식적인 사고나 아무런 감정이 없이 현재에 대해 갖는 긍정정서이다. 칙센트미하이는 몰입을 경험하는 상태를 만족한 일과 연결시켰다. 몰입이 하루 8시간 근무하는 내내 유지될 수는 없다. 최적의 상태일 때 두세 차례 몇 분간 일어나는 것이다. 몰입은 당신이 해야 할 일과 그것을 할 수 있는 능력이 완벽하게 맞물릴 때 일어난다. 자신의 능력이 재능은 물론 강점과 미덕까지 포함한다는 사실을 깨달을 때, 어떤 직업을 선택하고 그 직업을 어떻게 발전시켜야 할지가 명확해진다.

발명가이자 수백 종의 특허권 보유자이기도 한 제이콥 래비노는 83세에 칙센트미하이에게 다음과 같이 말했다.

> "당신이 기꺼이 그 이론을 주창한 것은 당신이 그것에 관심이 있기 때문이지요. 나처럼 발명하는 사람들도 그런 걸 좋아합니다. 새로운 아이디어 제안 자체가 재미있으니, 아무도 그 아이디어를 인정해 주지 않아도 개의치 않지요. 뭔가 낯설고 색다른 것을 제안한다는 그 자체만으로도 충분하니까요."

발명가, 조각가, 대법원 판사, 역사가 등 위대한 일을 하는 사람들이 일을 할 때 몰입을 많이 경험한다는 사실은 그다지 놀라운 일이 아니다. 물론 우리처럼 평범한 사람들도 몰입을 경험할 수 있으며, 오히려 일상적인 일들에 전념할 때 더 많이 느낄 수 있다.

칙센트미하이는 몰입의 양을 측정하기 위해 지금은 전 세계적으로 사용하고 있는 경험표집법(ESM)을 처음으로 고안했다. 경험표집법은 피험자에게 무선호출기를 나눠 주고 밤낮없이(2시간 간격으로) 무작위로 호출한 다음, 호출 소리가 울리는 순간 피험자에게 어디에서 누구와 무엇을 하고 있는지 기록하고 아울러 자신의 의식의 합을 수로 평가하게 하는 것이다. 이를테면 얼마나 행복한지, 얼마나 집중하고 있는지, 자긍심은 얼마나 높은지 등을 평가한다. 이 연구조사의 핵심은 몰입이 일어나는 상황을 파악하는 것이다.

놀랍게도, 미국인들은 여가 활동을 할 때보다 직장에 있을 때 몰입을 훨씬 더 많이 경험하는 것으로 나타났다. 미국 청소년 824명을 대상으로 실시한 연구에서 칙센트미하이는 여가 활동 시간을 적극적 활동 시간과 소극적 활동 시간으로 나누었다. 게임이나 취미 활동 등 적극적으로 활동하는 시간에는 정해진 시간의 39% 동안 몰입한 반면, 부정적인 감정을 일으킨 것은 17%였다. 한편, TV를 보거나 음악을 듣는 등 소극적으로 활동하는 시간에는 14% 동안 몰입을, 37%의 시간 동안 부정감정을 경험했다. 일반적으로 사람들이 TV를 볼 때는 다소 우울해진다는 조사 결과도 있다. 그렇다면 여가 활동 시간을 어떻게 활용하느냐에 따라 몰입을 경험하는 시간이 많이 달라진다고 할 수 있다. 다음과 같은 칙센트미하이의 충고를 되새겨 봄 직하다.

> 멘델의 저 유명한 유전 실험은 그의 취미 활동에서 얻은 결과이다. 그런가 하면 벤저민 프랭클린이 렌즈를 갈아 이중초점 안경을 고안하고 피뢰침을 발명한 것도 일로서가 아니라 흥미 때문이었고, 19세기 미국의 시인 에밀리 디킨슨이 후세에 길이 남을 명시를 남긴 것도 은둔생활을 하면서 삶의 질서를 찾기 위해 노력했기 때문이다.

실직자가 거의 없는 잉여 경제 환경에서는 급여 수준보다는 몰입을 경험하는 정도가 직업을 선택하는 기준으로 작용할 것이다. 더 많이 몰입하기 위해 직업과 자기계발 방법을 선택하는 데는 특별한 비법이 필요한 것이 아니다. 몰입은 일상적인 활동이든 원대한 야망이든, 자신의 능력에 걸맞은 일을 할 때 일어나기 때문이다. 몰입할 수 있는 요령을 덧붙이자면 다음과 같다.

- 자신의 대표강점을 확인한다.
- 대표강점을 날마다 발휘할 수 있는 직업을 택한다.
- 대표강점을 더욱 많이 활용할 수 있도록 재교육을 받는다.
- 고용주라면 업무에 걸맞은 대표강점을 지닌 직원을 채용하고, 관리자라면 업무에 지장

이 없는 한 직원에게 재교육을 받을 수 있는 기회를 제공한다.

변호사가 자기 직업에 만족하지 못하는 까닭

잠재된 당신의 몰입 능력을 이끌어 내고 만족할 만한 직업을 구하는 방법을 알아보는 데 법조인들의 사례가 좋은 길잡이가 될 것이다.

법조인은 명예와 부를 한꺼번에 거머쥐는 전문직이다. 때문에 법학대학원은 언제나 신입생들로 북적거린다.

존스홉킨스 대학교 연구진은 조사 대상 104개 직종 중에서 심각한 우울증 환자가 현저하게 증가한 직종을 조사하였는데 1위가 변호사였다. 변호사가 우울증에 걸릴 확률은 일반 사무직 종사자들보다 3.6배나 높았다. 뿐만 아니라 변호사들은 다른 업종의 종사자들보다 알코올에 중독되거나 불법 약물을 사용하는 비율이 훨씬 높은 것으로 나타났다. 변호사들, 특히 여성 변호사들은 이혼율도 상대적으로 높아 보인다. 변호사 중에서 조기 퇴직 또는 전업을 하는 사람들이 많다. 변호사는 전문직 종사자 중에서 소득이 가장 많은데도 불행하며 건강하지도 않다는 조사 결과가 이를 시사한다.

긍정심리학자들은 변호사들의 사기가 저하되는 주원인을 세 가지로 꼽는다. 첫 번째는 비관성이다. 부정적인 사건이 일어났을 때, 비관적인 사람은 흔히 영속적이고 만연적인 설명양식에서 그 원인을 찾는다. 비관적인 사람들은 불행한 사건을 영속적이고 삶 전체를 송두리째 파괴하고 자기 힘으로는 통제할 수 없는 것으로 여기는 반면, 낙관적인 사람들은 그것을 일부로 여기며 일시적이며 극복할 수 있는 것으로 받아들인다. 그런 만큼 비관적인 사람은 어떤 일을 하든 쉽게 적응하지 못한다(Seligman, 2002).

예컨대, 비관적인 사람은 여러 직업 전선에서 패배자가 되기 십상이다. 그런데 한 가지 두드러진 예외가 있다. 법조계에서는 비관적인 사람이 더 탁월한 능력을 발휘한다. 셀리그만과 동료들은 버지니아 법학대학원의 1990년도 신입생 전체를 대상으로 낙관성 검사를 실시했다. 그런 다음 3년 동안 그 학생들을 추적 조사했다. 그런데 다른 영역을 사전 조사한 결과와는 대조적으로, 법학대학원생들은 낙관적인 사람보다 비관적인 사람의 실력이 더 뛰어났다. 구체적으로 말하면, 법학대학원의 비관적인 학생들이 평균 성적이 높고 법률 학술지에 논문이 실리는 등 전통적인 학업 성취도 평가에서 훨씬 우수했던 것이다.

비관성이 변호사들에게 유리하게 작용한다고 보는 데는 그럴 만한 이유가 있다. 문제를 지속적이고 만연적인 삶 속에서 파악하는 태도가 바로 법조인이 갖추어야 할 신중함의 요소이기 때문이다. 신중한 예견력이야말로 온갖 함정이나 모든 업무 처리 과정에서 일어날 수 있는 불행한 사태를 내다볼 수 있는 훌륭한 변호사가 갖추어야 할 조건이다. 일반인들은 전혀 생각지도 못할 총체적인 문제나 속임수를 예측하는 능력을 갖추면 자신의 의뢰인이 돌발적인 사태에 대비하게끔 도와줄 수 있는 변호사로서 인정받게 될 것이다. 만일 본래 이런 신중한 예견력이 없는 사람이라면 더욱 많은 노력을 들여서 익혀 배워야 할 것이다. 그러나 안타깝게도 유능한 직업인이 되게 해 주는 개인의 특성이 그 사람을 꼭 행복하게 해 주는 것은 아니다.

변호사는 사무실 밖에서 직무와 무관한 일을 할 때도 신중한 예견력(혹은 비관성)에서 벗어나기가 힘들다. 불행한 일들이 자신의 의뢰인들에게 어떻게 작용할 것인지 정확하게 예측할 줄 아는 변호사는 자기 자신의 불행에 대해서도 그런 예견력이 작용한다. 비관적인 변호사는 낙관적인 변호사에 비해 동업을 부정적으로 생각하고, 자기 직업에 대한 환멸이 크며, 배우자를 더 불신하는가 하면, 자신의 경제 활동이 파국으로 치달을 것이라고 생각하는 경향이 크다. 이처럼 자기 직업에 대한 비관성이 삶 전체로 만연되어 우울증에 걸릴 위험이 매우 큰 것이다.

특히 젊은 변호사들의 사기를 저하시키는 두 번째 원인은 중압감이 큰 상황에서 자유재량권이 적다는 사실이다. 자유재량권이란 담당자가 갖는 혹은 가지는 게 마땅하다고 여겨지는 선택 결정권이다. 근무 조건과 우울증 및 심장병의 상관관계에 대한 연구에서 업무량과 자유재량권이 어느 정도인지 측정했다. 그 결과, 업무량이 많고 자유재량권이 낮은 직업일수록 건강을 해치고 사기를 저하시키는 것으로 나타났다. 이런 직업에 종사하는 사람들이 우울증과 심장병에 걸린 사례가 상대적으로 훨씬 많았던 것이다.

간호사와 비서는 흔히 건강에 불리한 직종으로 분류되는데, 대형 법률회사의 젊은 변호사들 또한 이에 속한다고 볼 수 있다. 이들은 자유재량권이 낮고 중압감이 높은 직종에 종사하는 것뿐만 아니라 업무적 특성상 부정적인 일에 매달리는 직업적 자괴감에 시달린다. 뿐만 아니라 젊은 변호사는 대개 직속상관과 접촉할 뿐 의뢰인과는 전혀 만날 기회가 없기 때문에 업무에 대한 발언권이 사실상 없는 셈이다. 그래서 법률회사에 취직한 처음 몇 년 동안은 도서관에 틀어박혀 상관이 지시한 자료를 수집하거나 변론서 초안을 작성해야 한다(Seligman, 2002).

변호사들이 자기 직업에 만족하지 못하는 세 번째 원인은 승자와 패자를 엄격하게 가려야 하는 직업적 특성 때문이다. 미국 법조계는 점점 제로섬 게임이 많아지고 있다. 자신이 혜택을 누리는 만큼 다른 사람들에게 손실을 입히는 직무를 수행하는 사람들은 그만큼 정서적 상처를 입게 된다. 긍정정서는 윈-윈 게임을 촉진하는 계기가 되는 반면, 분노, 불안, 슬픔 따위의 부정정서는 제로섬 게임에서 불거진다는 것을 살펴보았다. 오늘날처럼 변호사업이 제로섬 게임에 치중할 때, 변호사는 일상생활에서 부정정서를 더 많이 느낄 수밖에 없다(Seligman, 2002).

　　그렇다고 해서 법조계에서 제로섬 게임을 완전히 제거하기는 힘들다. 미국의 사법제도 자체에 적대적인 경쟁이 내재해 있기 때문이다. 법률제도가 진실을 가릴 수 있는 왕도라고 생각하지만, 사실은 한쪽이 얻는 만큼 다른 한쪽은 잃을 수밖에 없는 전형적인 제로섬 게임이다. 사법제도의 극치를 이루는 것이 바로 경쟁이다. 그런 만큼 변호사들은 공격성, 판단력, 분석력, 냉정함을 갖추도록 교육받는다. 이로써 법조인들의 정서 상태를 예측할 수 있다. 그들은 우울하고, 불안하며, 분노하는 시간이 많을 수밖에 없는 것이다(Seligman, 2002).

변호사의 직업 만족도 향상시키기

　　긍정심리학을 잣대로 변호사의 사기 저하의 원인을 진단해 보자면 비관성이 강하고, 자유재량권이 낮으며, 적대적 경쟁을 치르는 거대한 사업체의 일원이기 때문이라는 세 가지 요소를 꼽을 수 있다. 앞의 두 가지는 해결할 방법이 있다. 셀리그만의 저서 『낙관성 학습(Leaned Optimism)』에 지속적이고 효과적으로 비관성을 극복할 수 있는 방법이 자세히 소개되어 있다. 변호사에게 더 큰 문제는 비관성이 직장생활을 넘어서 생활 전체로 일반화될 수 있는 만연성이다.

　　이처럼 비관성을 자신의 삶 전체로 만연시켜 적용하는 태도를 고칠 수 있는 방법은 믿을 만한 증거를 제시하여 반박하는 것이다. 이를테면 '나는 절대로 동업은 안 할 거야.'라거나 '내 남편은 부도덕해.' 같은 부정생각이 떠오르면, 그것을 마치 당신을 망치려고 작정한 누군가가 비난하는 소리처럼 생각하고 그 비난을 반박할 증거를 정리하는 것이다. 이 방법은 일상생활에 대한 비관성을 극복하는 데는 효과가 있지만 직장생활에서는 그렇지 못하다. 법률회사나 학교처럼 집단적인 환경에서는 낙관성을 좀 더 융통성 있게 익힐 수 있다. 만일 법률회사나 법학대학원 강의에서 이 방법을 활용한다면, 신참 변호사들의 업무 수행 능력과 사기를 높이는 데 큰 효과를 얻게 될 것이다.

　　중압감은 큰 반면 자유재량권은 낮은 데서 비롯되는 사기 저하도 해결할 방법이 있다. 변호사의 업무량이 과도한 것은 불가피한 현실이다. 그러나 자유재량권을 좀 더 허용한다면 신참 변호사들은 더 큰 만족을 얻고 업무 능력도 향상될 것이다. 그 한 가지 방법은 변호사들의 일과를 조절하여 업무에 대한 개인의 권한을 늘려 주는 것이다. 이 방법을 효과적으로 활용한 예로, '볼보'를 들 수 있다.

볼보는 1960년대 조립 라인에서 일하는 근로자들을 똑같은 부품만 하루 종일 조립하는 단순노동에서 해방시켜, 조별로 자동차 완제품 한 대를 조립하게 함으로써 업무 권한을 높여 주었다. 이와 마찬가지로 법률회사에서도 신참 변호사들에게 의뢰인을 직접 만나고, 상사들의 지도를 받으며 협상 과정에 참여하여 전체적인 업무를 파악할 수 있는 기회를 부여한다면 큰 효과를 얻게 될 것이다. 많은 신참 변호사가 사직하는 전례 없는 사태에 직면한 법률회사에서 이런 방법을 활용하는 사례가 늘고 있다.

변호사업계를 지배하고 있는 제로섬 게임은 완전히 없애기는 쉽지 않다. 좋든 나쁘든 자신의 의뢰인을 위해 적대적인 경쟁 속으로 뛰어들어 최선을 다할 때 자신의 입지를 굳힐 수 있기 때문이다. 활발한 무료변론 활동, 재판보다는 중재와 타협으로 해결하려는 노력, 재발 방지를 위한 '치료 중심의 판결' 등은 모두 적대적인 경쟁을 예방하는 데 큰 도움이 되지만, 이것은 임시방편에 불과하다. 그러나 대표강점을 활용하면 적대적인 경쟁의 장점도 살리고 직업 만족도까지 높여서 일석이조의 효과를 얻을 수 있다(Seligman, 2002).

변호사가 법률회사에 처음 입사하면 변호사로서 갖추어야 할 신중한 판단력과 뛰어난 화술을 계발할 수 있으며, 아울러 그간 활용하지 못한 자신의 대표강점들, 예컨대, 리더십, 창의성, 공정성, 열정, 끈기, 사회성 지능 등을 발휘할 수 있다. 현재 변호사로서의 기량을 충분히 발휘하고 있는 사람이라면 이러한 강점들이 별로 도움이 되지 않을 것이다. 설령 이런 강점들이 필요한 상황일지라도 이미 적응력이 뛰어난 변호사는 굳이 이런 강점들을 계발할 필요가 없을 것이다.

모든 법률회사에서는 신참 변호사들이 저마다 지니고 있는 대표강점이 무엇인지 분명하게 파악할 수 있다. 아울러 사기가 저하된 직원, 의욕적인 직원, 생산적인 직원의 차이도 쉽게 알 수 있다. 하루 1시간씩 '대표강점 계발' 시간을 마련하여 평소와는 다른 업무를 경험하고 강점을 발휘할 기회를 준다면 직원들은 회사 발전에 크게 기여할 것이다(Seligman, 2002).

- 사만다의 강점은 열정이다. 이것은 변호사 업무에서는 거의 발휘되지 않는다. 사만다는 법원 도서관에서 의료 사고에 관한 변론서를 작성하는 한편, 자신의 탁월한 언어 능력을 발휘하여 홍보 담당 직원과 함께 회사 홍보 자료도 작성한다.
- 마크의 강점은 용감성이다. 이것은 법정 변호사에게 유리한 강점인데, 그간 신참 변호

사들의 변론을 작성하는 업무를 맡아서 이 강점을 제대로 살리지 못했다. 다가오는 재판에서는 꽤 유명한 변호사와 맞서기 위해 유능한 동료 변호사와 함께 결정적으로 공박할 계획을 세웠다.

- 새라는 창의성이 남다르다. 이 강점은 판례를 주도면밀하게 분석하는 데는 별 도움이 되지 않지만, 자신의 또 다른 강점인 끈기를 발휘한다. 창의성과 끈기가 결합되면 사정은 완전히 달라진다. 예일대 법학대학원 교수가 되기 전에 법률회사 소속 변호사로 활동했던 찰스 라이히(Charles Reich)는, 복지사업은 정부가 베푸는 특혜가 아니라 국민의 고유재산이라는 사실을 주장하기 위해 케케묵은 판례를 꼼꼼히 분석했다. 그 결과, 법조계에서 전통적인 '재산' 개념보다 그가 명명한 '새로운 재산'이라는 용어를 채택하는 계기를 마련했다. 이것은 곧 복지비용은 지불해야 마땅한 것이지, 공무원들이 마음 내킬 때 선심을 쓰는 게 아니라는 뜻이다. 새라도 특정 판례에 대한 새로운 이론을 모색하는 업무를 할 수 있을 것이다. 판례를 꼼꼼히 분석하는 것은 유전을 탐사하는 것과 같다. 유전을 발견할 확률은 아주 희박하지만 찾아낼 경우에는 대단한 업적을 세우게 될 것이다.
- 조슈아는 사회성 지능이 뛰어나다. 이 강점 또한 도서관에서 저작권법에 대한 판에 박힌 업무를 담당하는 변호사에게는 좀처럼 활용할 기회가 없는 특성이다. 조슈아의 대표강점은 연예인이나 자신이 서명한 계약서 내용조차 제대로 모르는 골치 아픈 의뢰인들을 상대할 때 빛을 발할 것이다. 고객을 관리하는 데는 소송 절차를 밟는 것보다 좋은 인간관계를 맺기 위한 노력이 필요하기 때문이다.
- 스테이시는 리더십이 탁월해서 근무 환경 개선을 위한 신참 변호사 단체의 대표를 맡고 있다. 그녀는 익명으로 쓴 건의사항을 모아 회사 대표에게 제출하고 동료들의 복지 향상을 도울 수 있을 것이다.

앞서 소개한 '직업을 재창조하는 방법'은 법조인에게만 적용되는 것이 아니다. 기본적으로 두 가지 사실만 염두에 둔다면, 이 책에서 살펴본 사례들을 자신의 업무 환경에 응용할 수 있을 것이다.

첫째, 대표강점은 거의 대부분 윈-윈 게임에서만 효과를 얻을 수 있다는 사실이다. 스테이시가 건의사항을 모으고 동료들의 불만을 해결하려고 노력할 때, 동료들은 그녀를 더욱 존경할 것이다. 또한 동료들의 건의사항을 회사 대표에게 제출하면 그 대표는 직원들의 사기를 진작시킬 수 있는 방법들을 더욱 잘 알게 될 것이며, 아울러 스테이시는 자신의 강점을 발휘함으로써 긍정정서를 유발하게 된다.

둘째, 직장에서 긍정정서를 많이 느낄수록 생산성이 높고, 이직률이 낮으며, 회사에 대한 충성도가 높다는 사실이다. 강점을 발휘하면 긍정정서를 얻는다. 무엇보다 중요한 것은 스테이시와 동료들은 저마다 강점을 인정받고 활용할 기회가 주어질 때 회사에 오래 근무할 가능성이 높다. 설령 그들이 주 5시간 동안 소송 절차와 무관한 일을 할지라도 마침내 소송 과정에 직접 참여할 날이 올 것이기 때문이다.

앞서 예로 든 법조인이라는 직업은 회사가 직원의 업무 능력을 계발하도록 독려하는 방법 그리고 주어진 근무 환경 속에서 직원들이 저마다 만족을 얻기 위해 자기 직업을 재창조하는 방법을 알려 주기 위한 한 가지 예일 뿐이다. 어떤 일이 궁극적으로 적대적 경쟁을 치러야 목표를 달성할 수 있다고 해서 그것이 꼭 윈-윈 게임이 될 수 없다는 뜻은 아니다. 스포츠와 전쟁은 가장 대표적인 적대적인 경쟁이지만, 둘 다 윈-윈 전략을 세울 수 있다. 기업체나 운동선수들의 경쟁이나 심지어 전쟁조차도 한 사람의 영웅이나 단결된 조직으로 승리할 수 있다. 강점을 발휘함으로써 윈-윈 전략으로 공략하면 분명히 성공할 방법이 있다. 이러한 윈-윈 전략으로 접근할 때 업무를 훨씬 더 재미있게 수행할 수 있으며, 생업이나 전문직을 천직으로 전환시킬 수 있고, 몰입을 경험할 기회가 많을뿐더러 생산성도 더욱 향상될 수 있다. 게다가 커다란 만족까지 얻을 수 있으니, 이것이야말로 행복한 삶으로 성큼 다가서는 것이다(Seligman, 2002).

몰입과 관여

'관여(Engagement)'란 무엇일까? 긍정심리학에서는 '몰입'과 '관여'를 혼용하고 있어 우리나라에서는 관여를 몰입으로 인식하는 경향이 있지만 관여는 몰입보다 더 포괄적인 개념이다. engagement의 사전적 의미는 약속, 계약으로 많이 알려져 있지만 그보다는 engage라는 동사가 지닌 '관여하다, 참여하다, 관심을 끌다, 사로잡다'라는 의미로 이해하는 것이 바람직하다.

칙센트미하이를 비롯한 몇몇 학자의 관여에 대한 정의를 살펴보면 관여가 어떤 의미인지 좀 더 확실하게 이해할 수 있다. 칙센트미하이와 나카무라는 '열정 관여(vital engagement)'에 대해 "즐거움의 몰두와 주관적 삶의 의미를 경험하며 세상에 적극적으로 임하는 태도"라고 정의했다. 한편, 브리트와 동료들은 '직원 관여'에 대해 "자신이 맡은 업무에 대한 성과를 중요하게 여겨 그것에 대해 책임감을 느끼고 헌신함으로써 탁월한 업무 성과를 내려는 것"이라고 정의했다.

열정 관여도 중요하지만 최근 조직에서는 직원 관여가 인적 자원 활동의 핵심 요소로 부상하고 있다. 직원들이 자기가 맡은 일에 적극적으로 관여하면 할수록 조직의 효율성, 수익성, 생산성은 크게 향상된다. 이를 입증하는 증거는 수도 없이 많다. 그중 스테어스와 길핀이 찾아낸 증거에 의하면 직원들의 관여는 행복, 출석률, 이직률, 노력, 성과, 업무의 질, 판매 성과, 수입, 이윤, 고객 만족, 배당금, 비즈니스 성장, 성공과 관련이 있다.

하지만 안타깝게도 최근 평가에 의하면 직원들 중 일에 적극적으로 관여하는 직원은 19%에 불과하다. 흔히 20 대 80 법칙이 조직을 지배한다고 하는데, 이는 열심히 일하는 20%의 직원이 나머지 80%의 직원을 먹여 살린다는 것이다. 조직의 대부분을 차지하는 80%의 직원들이 적극적으로 일에 관여하게 만들 수 있다면 조직이 더 많은 성과를 내고 직원들이 행복해질 수 있음은 두말할 것도 없다.

직원이 적극적으로 일에 관여하면 조직에만 이익이 될 것이라 생각하는 사람들이 있는데 이는 잘못된 생각이다. 사람이 일에 관여하면 기분이 좋아지고 스스로를 유능하게 느끼며 소속감을 갖게 된다. 일에 관여하는 정도가 약해 몰입하지 못하면 일하는 게 고역스럽게 느껴져 스트레스가 더 쌓일 수밖에 없다.

일에 관여하지 않는 직원들이 많으면 많을수록 조직은 큰 손해를 본다. 갤럽(2003)은 영국에서 직원들이 일에 관여하지 않고 주식이나 뉴스 서핑을 하거나 잡담을 하는 등 업무와 관련 없는 일을 하면서 낭비하는 비용이 얼마인지를 조사한 적이 있다. 그 비용은 무려 연간 3억 7,000만~3억 9,000만 파운드에 달하는 것으로 나타났다. 일개 조직이든 국가경제든 이러한 손실을 감당할 만큼 여유로운 곳은 없음에도 아직까지 상황이 개선됐다는 지표는 없다.

그렇다면 어떻게 해야 직원들이 일에 적극적으로 관여할 수 있을까? 긍정심리학에서 제시한 방법은 직원들의 강점과 재능을 살려 주는 것이다. 이외에도 긍정정서, 몰입, 의미, 목표 설정의 네 가지가 직원 관여에 큰 영향을 미치는 것으로 나타났다. 긍정정서는 자발적인 관여를 높여 주고, 몰입 경험은 관여의 좋은 표시가 되며, 자신의 일이 의미가 있다고 믿는 것은 관여도가 건강하게 유지되고 있다는 표시이다. 마지막으로 올바른 목표 설정은 직원들의 관여, 행복, 즐거움, 성과, 만족을 증가시켜 준다. 직장인들의 관여도가 높을 때 행복도 증진된다. 어떻게 직원들의 강점과 재능을 살려 주고, 긍정정서를 키우며, 몰입, 의미, 목표 설정을 하는지는 각각 해당하는 장에서 소개한다. 여기서는 직원 관여가 조직에서 직원들이 일에 몰입하게 만들고, 그로 인해 행복한 직장생활을 할 수 있게 만드는 중요한 요소라는 것만 확실하게 기억해 두길 바란다.

다음은 라시드(Rashid, 2018)가 개발한 몰입(Flow) 검사이다.

몰입(Flow) 검사

몰입은 고도의 집중력 상태가 유지되는 심리적 상태이다. 자신의 기술 수준이 도전 과제에 충분하다면 개인은 몰입 경험에 깊게 몰두하거나 일치할 가능성이 있다. 다음 문항의 1에서 5까지 스스로에게 점수를 주라.

몰입 경험 수준

75~75 이상   최상

50~74   보통

50 이하   이하

전혀 그렇지 않다	별로 그렇지 않다	가끔 그렇다	자주 그렇다	항상 그렇다
1	2	3	4	5

_____ 1. 나는 나에게 주어진 업무나, 활동, 어려움을 이겨 낼 기술이 있다고 느낀다.

_____ 2. 나는 최선을 다하거나 최고 수준의 기술 효율성과 능력을 사용한다.

_____ 3. 나는 별 의도적 계획이 없이 그냥 무의식적으로 일들이 발생한다.

_____ 4. 나는 정신적 혹은 육체적 훈련이 필요한 업무도 수월하고 매끄럽게 수행할 수 있다

_____ 5. 나는 보통 구체적이고 명확한 목표나 증표를 통해 자신의 성과를 확인할 수 있다.

_____ 6. 나는 명확하게 제시된 목표가 없어도 내가 무엇을 해야 하는지에 대한 강한 직감력을 갖고 있다.

_____ 7. 나는 나의 현 상태를 알고 있다.

_____ 8. 나는 상황의 요구에 따라 나의 성과 능력을 조절할 수 있다.

_____ 9. 나는 집중력이 좋다.

_____ 10. 나는 집중에 방해를 받더라도 빠르게 재집중할 수 있다.

_____ 11. 나는 보통 나의 성과를 잘 통제하고 관리할 수 있다.

_____ 12. 나는 만약 일시적인 실수나 차질을 겪어 성과에 잠시 문제가 생기더라도 금방 다시 상황을 통제할 수 있다.

_____ 13. 나는 타인이 나의 성과를 지켜보거나 평가하는 것에 대해 걱정을 하지 않는다.

_____ 14. 나는 내가 하고 있는 일과 물아일체가 된다.

_____ 15. 나는 시간에 신경을 쓰지 않고 시계를 보지 않게 된다.

_____ 16. 나는 그 경험을 한 후 시간이 빨리 지나간 것처럼 느낀다.

_____ 17. 나는 업무에 몰입할 때 과거나 미래의 걱정들이 사라진다.

_____ 18. 나는 내가 100% 현재(지금)에 있다고 생각한다.

_____ 19. 나는 그 경험을 보람 있고 즐겁다고 느낀다.

_____ 20. 나는 다시 그런 경험을 하고 싶고, 다음 경험을 전보다 더 향상시키고 확대시킬 필요성을 느 낀다.

긍정심리 도구: 마음챙김

명상은 단순히 마음을 편안하게 만드는 것이 아니라 뇌를 변화시켜 행복을 증진시켜 준다. 2006년 『뉴욕타임스』를 비롯한 미국의 주요 언론에는 티베트 불교의 지도자 달라이 라마에 대한 흥미로운 기사가 실렸다. 달라이 라마가 신경과학회에서 명상 수련을 하면 뇌에 변화가 일어난다는 내용의 강연을 했다는 것이다. 이는 단순한 추측이 아니다. 실제로 지속적으로 명상 수행을 해 온 티베트 승려 175명을 대상으로 뇌 연구를 한 결과 한 사람도 예외 없이 오른쪽 전전두엽에 비해 왼쪽 전전두엽의 활동이 우세한 것으로 나타났다. 왼쪽 전전두엽 피질은 낙관적이고 열정에 차 있고 기력이 넘치는 등 긍정정서 상태일 때 활기를 띠는 부분이다. 지금은 고인이 된 애플의 창업자 스티브 잡스도 30년간 매일 명상을 했다고 한다. 그는 "생각을 단순하게 만들 수 있는 단계에 도달하면 산도 움직일 수 있다."라고 말했다.

지금 당신의 머릿속은 어떤가? 혹시 웹사이트 여러 개를 동시에 띄워 놓은 컴퓨터 화면 같지는 않은가? 온갖 걱정으로 복잡해 도저히 무엇에든 몰입하기 힘들다면 명상을 해 볼 것을 추천한다. 생각할 것도 많고 해야 할 것도 많은 바쁜 현대인이 따로 시간을 내어 명상하기란 쉽지 않을 수도 있다. 하지만 하루 20분 정도의 명상은 6시간 정도의 수면 효과와 맞먹는다고 한다. 하루 20분만 시간을 내어 명상을 지속적으로 하면 잠을 푹 자고 일어났을 때처럼 머리가 맑아지고 마음도 편안해져 그만큼 몰입하기도 쉬워진다.

명상을 하는 방법은 여러 가지가 있지만 긍정심리학에서는 마음챙김 명상을 추천한다. 마음챙김 명상의 창시자 존 카밧진(John Kabat-Zinn)에 따르면 마음챙김 명상이란 정신적인 게으름과 무감각을 극복하기 위해 주의력과 자각 수준을 높이는 명상법이다. 모든 감각을 열고 지금 이 순간에 주의를 기울이고 자각하면서 살아갈 수 있도록 해 주는 정신 상태를 말하며, 내면의 모든 생각과 감정을 분석하거나 판단하지 않고 그냥 관찰하는 것이다. 불교에서 시작한 명상법이지만 본질은 종교에만 국한된 것이 아니라 보편적인 것이어서 이미 미국에서는 특정 종교와 상관없이 1970년대 후반부터 심리치료에까지 널리 활용되고 있다. 카밧진은 만성적인 정신질환을 치료하기 위해 1979년 미국 매사추세츠 의과대학에 마음챙김센터를 개소하여 마음챙김에 근거한 스트레스 완화(mindfulness based stress reduction: MBSR) 프로그램을 실시하였다.

마음챙김 명상은 현재를 자각하는 것이다. 가장 이상적인 수행 시간은 20~25분이라고 알려져 있는데, 처음 시작하는 사람들은 5분, 10분에서 시작해 점점 늘려 가면 된다. 명상은 누구에게도 방해받지 않고 편안히 앉아 있을 수 있는 장소에서 하는 것이 좋다.

적절한 장소를 찾았다면 조용히 눈을 감고 편안한 자세로 심호흡을 한다. 천천히 크게 숨을 들이마시고 내쉬면서 숨결을 느껴 본다. 숨을 들이마시고 내쉴 때마다 감각이 어떻게 변해 가는지 살핀 다음 다시 보통 때처럼 숨을 쉬어 보자. 자연스럽게 호흡하면 된다. 들숨은 어떤 느낌이고, 날숨은 어떤 느낌인가? 호흡에 주의를 기울인다고 해서 호흡 자체가 목적은 아니다. 그 목적은 지금 이 순간, 이곳에 있는 연습을 하기 위해서이다. 명상을 처음 하는 사람이라면 가만히 앉아 있는 것도 힘들고 머릿속은 온갖 생각으로 어지러울 것이다. 스스로에게 괜찮다고 말해 주자. 자연스러운 현상이다. 자신을 나무라는 대신 주의가 흐트러졌다는 걸 깨달았다면 다시 호흡으로 돌아오면 된다.

떠오르는 생각이나 느낌을 억지로 억압해서는 안 된다. 오히려 역효과를 일으킬 수도 있다. 그저 생각이 흐르는 대로 내버려 두고 있는 그대로의 사실을 받아들이자. 다시 자각하고 시작하면 된다.

마음챙김 명상에는 기본적인 세 가지 기술이 있다. 연결(오감), 분리(생각), 확장(감정)이 그것이다. 연결은 다섯 가지 오감을 모두 활용해 지금 어디에서 무엇을 하는 경험과 연결시키는 것이다. 분리는 생각을 있는 그대로 바라보는 것이다. 어떤 상황이 벌어져도 휘둘리지 않는다. 확장은 자신의 마음을 열어 감정을 위한 공간을 만드는 것이다. 그리고 부정감정이든 긍정감정이든 고통스러운 감정이든 밀어내려 하지 말고 자유롭게 흘러들어 오도록 한다. 그냥 자각만 하고 있는 것이다.

마음챙김 명상은 멈추기와 존재하기에 관한 것이며, 그것이 전부이다. 당신이 어디에 가든 당신은 거기에 있다는 것이다. 그럼 일상에서 명상 연습은 어떻게 해야 할까? 다음은 카밧진이 알려 주는 멈추기 명상 방법이다.

하루를 보내는 동안 한 번쯤 멈추고 앉아서 당신의 호흡을 느껴 보라. 5분이 될 수 있고 단 5초도 좋다. 현재 순간을 완전히 받아들이고, 당신이 느끼고 있는 것과 당신이 파악하고 있는 상황도 받아들이자. 이런 순간에는 어떤 것도 바꾸거나 고치려고 하지 말고 그냥 호흡하면서 모든 것을 그대로 놔두라. 이 순간에 어떤 것을 다르게 고쳐야 한다는 의무감에 대해서는 떨쳐 버리라. 당신의 지성과 감성 속에서 이 순간이 정확히 있는 그대로 존재하도록 스스로에게 허용하라. 그리고 당신이 정확히 당신 자신으로 존재하도록 허용하라. 그리고 난 후 준비가 되었을 때 당신의 가슴이 가라고 하는 방향으로 움직이라. 주의 깊고 확고부동한 마음으로…….

　　마음챙김 명상은 저절로 이루어지는 것이 아니다. 주의를 집중하고 멈추는 연습을 해야 한다. 그렇게 기술을 갈고닦아야 이루어지는 것이다.

제7장

긍정심리 긍정관계

긍정관계의 이론적 배경

셀리그만(2011)은 긍정관계 또는 긍정관계의 결여가 웰빙에 엄청난 영향을 미친다는 점은 부인할 수 없다고 했다. 셀리그만과 디너(Diener)는 공동 연구를 하며 가장 행복한 사람으로 밝혀진 상위 10%의 학생들을 집중 연구했다. 그런데 이들 '가장 행복한' 사람들은 보통 사람들이나 불행한 사람들과 확연히 다른 점이 하나 있었다. 바로 폭넓은 인간관계였다.

가장 행복한 사람은 혼자 있는 시간이 가장 적고 사회 활동을 하는 시간이 가장 많았으며 자타가 공인할 만큼 대인관계가 좋았다. 외향적이고 사교적인 성격으로 어떤 일에든 열정적으로 동참하면서 관계를 맺을 기회가 많고 사람에게 긍정적인 피드백을 받으면 행복지수는 더 높아지는 것이다.

행복의 원인으로 긍정관계를 말하는 학자는 그들뿐만이 아니다. 『행복의 가설(Happiness Hypothesis)』의 저자 헤이트(Haidt, 2011)도 행복은 사이(관계)에서 온다고 했다. 그만큼 복잡한 사회일수록 관계가 중요하다는 것이다.

셀리그만(2011)에 의하면 약 50만 년 전에 $600cm^3$였던 인류의 두 개 뇌는 현대에 이르러 $1,200cm^3$로 두 배 늘었다고 했다. 인간의 뇌가 커진 이유는 무엇일까? 이렇게 뇌가 커진 이유에 대한 인기 있는 설명은 인간이 도구와 무기를 만들 수 있게 하기 위해서라는 것이다. 도구를 사용해 물리적 세계를 다루려면 정말로 똑똑해야 하기 때문이다. 영국의 이론심리학자인 닉 험프리(Nick Humphrey, 1986)는 다른 이유를 내놓았다. 두뇌는 물리적 문제가 아닌 사회적 문제를 해결하기 위해 커졌다는 것이다.

학생들과 토론할 때 어떻게 하면 마지의 주장이 말도 안 된다는 것을 알려 주고 탐이 불쾌해하지 않게 지적하고 데릭이 창피해하지 않으면서 자신의 오류를 인정하게끔 설득할 수 있을까? 이것은 극도로 복잡한 문제이다. 순식간에 무기와 도구를 설계할 수 있는 컴퓨터도 풀지 못한다. 하지만 인간은 매일 매 순간 사회적 문제들을 해결해야 하고 또 해결해 낸다. 인간의 거대한 전전두엽은 수십억 개의 신경연결을 쉬지 않고 이용해서 발생 가능한 사회적 문제를 모의 실험한 다음에 가장 적절한 행동 방침을 선택한다. 따라서 커다란 뇌는 인간관계 모의실험 장치이며, 진화는 조화로우면서도 효과적인 인간관계를 고안하고 실행하는 바로 그 기능 때문에 커다란 뇌를 선택해 왔다.

커다란 뇌는 사회적 문제 모의실험 장치라는 주장과 꼭 들어맞는 또 하나의 진화론적 관점은 집단 선택(group selection, 협동적인 집단은 살아남고 비협동적인 집단은 도태한다는 자연선택론)이다. 영국의 저명한 생물학자이자 논객인 리처드 도킨스(Richard Dawkins, 1976)는 개체가 자연선택의 유일한 단위라는 이기적 유전자 이론을 널리 알렸다. 세계적으로 가장 유명한 생물학자 중 두 명의 윌슨[(에드먼드 O. 윌슨(Edmund O. Wilson, 2007)과 데이비드 슬론 윌슨(David Sloan Wilson, 2007)]은 집단은 자연선택의 기본 단위라는 증거를 모았다. 그들의 이론은 사회성 곤충(social insects)에서 시작된다. 말벌, 꿀벌, 흰개미, 개미 같은 곤충들은 모두 공장과 요새, 통신체계를 갖추고 있으며, 인간이 척추동물 세계를 지배하듯이 이들은 곤충 세계를 지배한다. 사회성은 가장 성공적인 고도의 적응 방식으로 알려져 있다. 셀리그만은 시력보다 사회성이 훨씬 더 뛰어난 적응력을 발휘하며, 사회성 곤충의 생존에 관한 가장 그럴듯한 진화론적 관점은 개체 선택이 아닌 집단 선택인 것 같다고 했다.

집단 선택 이론은 단순하다. 두 인간 집단을 떠올려 보자. 각 집단은 유전적으로 다양한 개인으로 이루어져 있다. '사회성' 집단은 사랑, 연민, 친절, 협동, 자기희생 등, 즉 '벌집 정서(hive emotions)'를 촉진하는 정서적 뇌 구조와 타인의 마음을 그대로 비춰 주는 거울뉴런(mirror neuron)과 같은 인지적 뇌 구조를 지닌다. '비사회성' 집단은 사회성 집단과 똑같이 물리적 세계에 대한 지식이 있고 강인하지만 상대 집단의 벌집 정서는 갖고 있지 않다. 이제 이두 집단이 전쟁이나 기근 같은, 오직 한 집단만 살아남을 수 있는 죽음의 경쟁에 돌입한다. 그 결과는 뻔하다. 사회성 집단이 이길 것이다. 그들은 협동하고 무리 지어 사냥하고 농사를 지을 수 있기 때문이다. 사회성 집단 전체의 서로 다른 유전자 세트는 보존되고 복제된다. 그리고 이 유전자에는 벌집 정서와 타인에 대한 신뢰, 타인의 생각과 감정을 이해하는 능력에 필요한 두뇌 메커니즘이 포함되어 있다.

사회성 곤충이 실제로 벌집 정서를 갖고 있는지, 비정서적 방식을 찾아내고 활용해서 집단 협동을 지속하는지 우리는 결코 알아내지 못할 것이다. 하지만 인간의 긍정정서에 관해서는 잘 알고 있다. 그것은 대체로 사회적이며 관계 지향적이다. 정서적으로 인간은 벌집에 알맞은 존재이다. 같은 벌집에 사는 다른 구성원들과의 긍정관계를 필연적으로 추구하는 생명체인 것이다.

셀리그만(2011)은 커다란 사회적 뇌와 벌집 정서, 집단 선택을 근거로 긍정관계가 PERMAS의 다섯 가지 기본 요소 중 하나라고 판단했다. 중요한 사실은 긍정관계는 언제나 긍정정서나 몰입, 의미, 성취를 가져다준다는 것이다. 이 말은 긍정정서나 의미, 성취를 얻기 위해서 관계를 맺는다는 뜻이 아니다. 그보다는 긍정관계가 호모사피엔스의 성공에 너무도 기본적인 요소이기 때문에 진화는 인간이 그것을 반드시 추구하게 하려고 나머지 세 가지 요소를 덧붙여서 긍정관계를 부추겨 온 것이다(Seligman, 2011).

긍정관계는 다이어트에도 효과적이다. 낸시 메이킨(Nancy Makin, 2006)은 몸무게가 무려 318kg이었다. 그녀는 먹으면 기분이 나빴다. 기분이 나쁠수록 더 먹었다. 오랜 기간 외출마저 하지 않았고 집 안에서 가족하고 지내는 시간이 전부였다. 그러던 어느 날 그녀는 여동생에게 컴퓨터를 선물받았다. 다행히 그녀는 인터넷을 할 줄 알았다. 평소 정치에 관심이 많았던 그녀는 인터넷 채팅방에 들어가 친구를 사귀었고 수시로 정보를 교환하기도 했다. 그들은 낸시의 외모를 평가하지 않았고 늘 친절하고 따스하게 대했다. 그녀는 자신이 소중하다는 것을 깨닫고 자존감을 느끼기 시작했다. 그러다 보니 하루하루가 즐겁고 기대가 됐다. 그러자 살이 빠지기 시작했다. 별도로 운동도 하지 않고 약도 먹지 않았으며 수술도 하지 않았다. 오직 폭식만 하지 않았을 뿐이다. 그녀는 놀랍게도 3년 동안 240kg이 빠졌다. 그녀는 자신을 더 좋아하게 되면서 살이 빠지기 시작했다고 했다. 그리고 자기 자신을 더 좋아하게 된 이유로는 인터넷에서 만난 좋은 친구들과 긍정관계를 키웠기 때문이라고 말했다.

행복은 사랑과 같은 말

조지 베일런트(George Vaillant, 2009)가 70년 하버드 프로젝트인 성인 발달 연구(The Study of Adult Development)를 요약한 기사가 『애틀랜틱(The Atlantic)』에 실렸다. 베일런트는 40년 연구 프로젝트 감독직을 맡아 인터뷰를 했을 때 두 가지 무모한 일반화를 도출했다. '인생에서 유일하게 진정으로 중요한 것은 다른 사람들과의 인간관계이다.'와 '행복은 사랑과 동일하다.'였다. 멋진 인생의 핵심 요소들을 알아내기 위해서 수백만 달러와 70년의 세월을 투자한 연구를 두고 베일런트가 왜 감상적인 것처럼 보이는 일반화를 내렸는지 지금부터 설명해 보고자 한다(Vaillant, 2009).

베일런트가 인간관계를 높이 평가했을 때 과학에 근거를 둔 것이 아니라 마음에서 우러난 말을 한 것이었을까? 그는 그 답을 알아내려고 자료를 다시 찾아보기 시작했다. 1938년에서 1942년 사이에 하버드 대학교 2학년 학생들 268명을 뽑아 2009년까지 향후 70년 동안 추적 조사를 한 연구 결과를 검토해 봤다. 하지만 인간관계의 중요성을 강조하는 그 자료를 제시하기 전에 먼저 그 연구의 배경을 소개해야 할 것 같다.

1938년에 시작된 이 연구는 질병보다는 건강에 영향을 미치는 요소를 파악하기 위해서 의료학과 심리학을 이용했다. 이 연구를 계획한 사람은 학생 건강 서비스 이사(Student Health Service Director) 알리 복(Arlie Bock)이었다. 알리 복은 이 연구가 미국에서 보다 훌륭한 장교 후보생들을 선출하는 데 도움이 되기를 바랐다. 그렇기 때문에 이 연구의 본래 목적은 최상의 친구들이 아니라 지도자들과 슈퍼맨들을 찾아내는 것이었다.

이 연구의 예측 기준은 생체 영향과 운동선수다운 용맹성, 남성적 체격(여성적인 것과 대조됨), 지능, 러닝머신에서 오랫동안 달리는 인내력, 우정(친밀함보다 외향성과 더 깊이 연관됨)이다. 이러한 변수들은 모두 상호 연관되어 있고, 대학교 학기 말에 미래의 성공을 예측하기 위해 실시하는 남성 국제 등급 평가와 깊이 연관되어 있다.

이 연구의 계획자들 가운데서 인간관계의 중요성을 고려한 사람이 아무도 없었다면 그 어느 곳의 사회과학자들도 따뜻하고 친밀한 인간관계를 떠올리지 못했을 것이다. 많은 정신과 의사는 체격이 인격을 결정짓는다고 믿었다. 또한 대영제국이 '총, 균, 쇠' 덕분에 운 좋게 건국된 것이 아니라 인종적 우월성을 기반으로 세워졌으며, 인간관계가 아닌 본능이 무의식을 지배한다고 믿는 사회과학자들이 아직도 많다. 1940년대에 우리 고등학교 영어 선생님은 '혼자 여행할 때가 제일 빠르다'는 키플링(Kipling)의 정신을 우리에게 철저하게 주입시켰다.

사람들은 친밀한 인간관계의 중요성이 지속적인 관심을 받게 된 것이 얼마나 최근의 일인지를 잊어버린다. 앞서 소개한 이 연구에 참여한 남성들은 10시간 내내 인터뷰를 하면서 최고의 친구나 여자 친구가 아닌 자위와 혼전 성교에 관한 질문을 받았다.

이런 배경을 바탕에 깔고서 다른 사람들과의 관계가 이 세상에서 그 무엇보다 더 중요하다는 증거, 그것도 70년간의 증거를 풀어 놓고자 한다. 베일런트는 50~80세의 사람들이 보람된 삶을 살 수 있을지 예측하기 위해서 어린 시절과 초기 성인기라는 변수의 힘을 연구했다.

베일런트가 보람된 말년 인생의 기준으로 삼은 것은 10종 경기 평가 기준이다. 이 기준에서 경제적 성공을 나타내는 두 종목은 높은 소득과 높은 직위이다. 생물학적 성공을 반영하는 네 가지 종목은 80세까지 장수하는 것이다. 단, 객관적으로나 주관적으로 건강할 뿐만 아니라 정신적으로나 신체적으로도 건강한 상태를 유지하고 있어야 한다. 원만한 인간관계를 나타내는 세 종목은 행복한 결혼생활(40~70세)과 친밀한 부자관계, 70세에 누리고 있는 사회적 지지이다. 마지막 '종목'은 조기 금연이다. 계속된 흡연은 건강을 크게 해치는 요인으로, 인간관계를 파괴하는 두 가지 주된 요인인 알코올중독과 주우울증을 예견해 주는 표시자였다.

이 열 가지 변수는 저마다 각각 달라 보이지만 아주 긴밀하게 상호 연관되어 있었다. 그래서 베일런트가 경제적 성공과 관련된 종목들을 이용해 자신의 주장을 펼치자 보람된 삶을 반영하는 다른 결과들이 드러났다.

이 연구의 본래 연구자들이 지지하는 보람된 말년 인생을 예측해 주는 잠재인자가 여덟 가지 있었다. 이러한 예측인자들은 친밀한 인간관계와는 비교적 무관했다. 특히 IQ와 부모의 사회계층은 의심할 의지가 없이 인간관계와는 상관이 없었다. 모든 하버드 대학생이 입에 금수저를 물고 태어난 것이 아니라는 사실을 명심하기 바란다. 그들 가운데 절반은 어머니가 대학교를 다니지 않았고, 장학금을 받고도 학기 중에 일까지 하거나 둘 중 하나는 해야 학비를 지불할 수 있었다.

이 연구에서 이론화한 다른 여섯 가지 예측변수는 훌륭한 장교와 사업 경영자가 될 수 있는가 그렇지 않은가를 예측해 주는 것이었다. 가능한 80개 조합(8개 예측변수에 10개 결과를 곱한 수) 중 8개 조합에서만 그러한 변수들이 '보람된' 삶을 상당히 정확하게 예측해 주었는데 그러한 예측이 확실하지는 않았다.

건강하게 잘 늙어 가는 삶에 영향을 미치는 다섯 가지 공통된 위험 변수는 조상의 요절 이력과 알코올중독자 친척의 존재 여부, 우울증 환자 친척의 존재 여부, 짧은 교육 기간, 어린 시절의 발달상 문제이다. 이러한 변수들은 50개 조합 가운데 10개 조합에서만 명확한 관련성을 갖고 있었다.

하지만 베일런트가 21세기 과학의 힘을 빌어서 인간관계가 멋진 인생을 결정짓는 가장 중요한 요인이라는 가설을 시험해 보자 훨씬 더 정확한 예측이 가능해졌다. 1940년대는 말할 것도 없고 21세기의 따스한 인간관계를 측정하기는 어렵기 때문에 네 가지 간접적인 측정 단위를 사용했다.

그중 첫 번째 예측변수는 어머니와 아버지, 형제자매와 맺는 따스한 인간관계와 결부되는 화목한 가정생활을 평가하는 것이다. 이 지표는 남자 대학생들과 그들의 부모를 심층 인터뷰한 결과에 토대를 두었고, 1940년 이후의 사건들을 모르는 독립된 두 평가자가 도출한 것이었다. 1972년까지는 이 지표가 그다지 중요해 보이지 않았다.

두 번째 예측변수는 연구진이 21세 남성의 전반적인 건전성을 평가한 A, B, C, 합의 평점(consensus rating)이었다.

- A='심각한 문제 없이 곤란할 수도 있는 문제를 잘 다룬다.'
- B='남자아이가 다른 사람들과의 따뜻한 접촉이 부족'하거나 너무 '민감한' 경우
- C='기분 변화가 두드러진' 또는 '두드러지게 비교적인' 남성

세 번째 예측변수는 20~35세 남성의 비자발적 대응 방식에서 나타나는 '성숙도'나 '미성숙도'였다. 성숙한 대처 기제는 '억제(인내와 금욕)'와 '이타심(자신을 위해서 하고 싶었던 것을 다른 사람을 위해 하는 것)' '기대(어떤 사건 이전에 고통스러운 감정을 의식적으로 떠올리는 것)'이다. 한편, 미성숙한 대처 기제는 '공상(가상의 친구들)' '투사(외적 요인 탓하기)' '침울증(불평하고 도움을 거부하는 증세)' '행동화(성질을 부림)'이다. 이처럼 미성숙한 행동을 하면 친구를 얻지 못한다.

마지막 예측변수인 '대상관계(30~47세)'에서 감점 요인이 되는 항목은 '결혼 기간 10년 이하' '자녀 없음' '자녀와의 관계 소원' '친구 없음' '원가족과 연락하지 않음' '활동하는 클럽 없음' '다른 사람들과 게임을 즐기지 않음'이었다. 이 변수는 47세 이전의 사람에게는 적용하지 않았지만 미래의 직업적 성공을 극적으로 예측해 주었기 때문에 사용했다.

사랑은 수입과 직업적 성공을 예측해 준다. 온화한 인간관계를 측정해 주는 이 네 가지 단위는 서로 밀접하게 연관되어 있었다. 그보다 더 중요한 사실은 이 변수들이 수입과 직업적 지위를 상당히 잘 예측해 주었다는 것이다. 가능한 8개 조합(예측변수 4개에 수업과 직업적 성공이라는 결과 2개를 곱한 것) 모두가 명확한 관련성을 지녔다.

예컨대, '대상관계'에서 최고 점수를 받은 남성 58명은 『후즈 후(Who's Who)』 인명사전에 등재될 가능성이 세 배 더 높았고, 이들의 1977년도 최대 수익은 연간 8만 1,000달러였다. 이와는 대조적으로 '대상관계'에서 최하 점수를 받은 남성 31명은 평균적으로 최대 3만 6,000달러를 벌었다. 가장 온화한 어린 시절을 보낸 남성 41명의 평균 연간 수익은 8만 1,000달러였던 반면, 불우한 어린 시절을 보낸 남성 84명의 최대 수익은 5만 달러였다. 또한 가장 성숙한 (공감적) 대응 방식을 갖춘 남성 12명은 연간 수익이 12만 3,000달러였던 반면, 가장 미성숙한

(자기애적) 대응 방식을 갖춘 남성 16명의 연간 수익은 5만 3,000달러였다. 한편, 최상층 부모 밑에서 자란 남성들과 중하층 부모 밑에서 성장한 남성들의 최대 수익 차이는 4,000달러밖에 되지 않았다.

인간관계를 반영하는 이 네 가지 변수는 또한 우수한 건강 결과를 예측해 주었다. 32개 조합(4개 변수에 건강 결과 8개를 곱한 결과) 가운데 25개 조합이 명확한 관련이 있었고, 12개는 매우 명확한 관련이 있었다.

청소년 시기의 사회계층과 지능, 러닝머신에서 오래 달리는 인내력, 체질은 1940년 하버드 대학교 졸업생들이 잘 늙어 가는 과정에 별다른 영향을 미치지 못했다. 이와는 대조적으로 공감적 인간관계 능력의 예견력은 상당히 뛰어났다.

그렇기 때문에 베일런트가 맨 처음에 밝혔던 주장으로 이 글을 마무리 짓겠다. 행복은 사랑과 같은 말이다(Vaillant, 2009).

긍정관계를 위한 네 가지 방법

피터슨(Peterson, 2009)은 "긍정심리학란 무엇인가?"라는 질문에 서슴없이 "타인이다."라고 대답했다. 관계라는 것이다. 다음은 긍정심리학에서 중요하게 여기는 긍정관계에 대해 알아본다.

사랑의 능력 키우기 사랑은 세 가지 형태를 띤다. 우리를 돌보고 보호해 주는 사람들을 사랑하는 것과 우리가 보호하고 돌보는 사람들을 사랑하는 것, 서로를 특별한 존재로 만들어 주는 배우자를 사랑하는 것이 사랑이다. 한 사람에게 한 가지 형태 이상의 사랑을 느낄 수 있고, 그러한 사랑의 형태는 시간이 지나면서 달라질 수 있다. 사랑의 특징은 도움과 위로, 수용을 주고받는 것이다. 사랑은 강렬한 긍정정서와 헌신, 심지어는 희생까지도 포괄한다.

상대의 강점 보기 우리는 대부분 상대의 긍정적인 면보다 부정적인 면에, 강점보다 약점에 초점을 맞추는 데 익숙하다. 특히 동성이든 이성이든 처음에 느꼈던 긍정적인 모습과 강점도 시간이 지남에 따라 평범해지고 부정적으로 보이거나 약점으로 바뀌기도 한다. 이때쯤이면 벌써 관계에 심각한 틈이 생기고 있다고 보면 된다. 상대에 대한 긍정적 환상과 강점을 먼저 보고 찾으려고 노력하면 그만큼 인간관계가 긍정적으로 발전한다.

공감, 경청(적극적이고 건설적으로 반응하기)　인간관계에서 가장 중요한 것은 상대를 기분 좋게 해 주는 것이며 상대가 자신을 좋아해 주는 것이다. 그래야 자신에 대한 믿음을 갖게 되고 마음의 문을 연다. 이것이 공감과 경청 능력이다. 적극적이고 건설적인 반응 기술은 상대를 기분 좋게 해 주고 자신을 좋아하게 만들어 주는 행복 연습 도구이다. 상대가 긍정적인 이야기를 했을 때 공감과 경청으로 반응하는 방식은 네 가지가 있다. 첫째, 적극적이며 건설적인 반응(진실하고 열광적인 지지), 둘째, 소극적이며 건설적인 반응(절제된 지지), 셋째, 적극적이며 파괴적인 반응(긍정적 사건의 부정적인 측면 지적하기), 넷째, 소극적이며 파괴적인 반응(긍정적인 사건 무시하기)이다.

소통(시간의 선물을 하기)　인간관계에서 균열이 생기는 이유 중 하나는 서로가 원할 때 함께하지 못하는 것이다. 그것은 특히 부부관계에서 많이 발생한다. 아내는 사소한 것이라도 자신이 원할 때 누군가가 함께 있어 주고 자기 생각 혹은 이야기에 공감하고 공유해 주길 바란다. 소통을 하고 싶은 것이다. 이러한 바람들을 채워 주지 못하면 그 공간은 다른 부분들로 메우게 된다. 이때부터 관계는 균열이 생기게 되는 것이다. 시간의 선물만큼 서로의 관계를 회복시켜 주고 아름답게 만들어 주는 것도 드물다. 시간의 선물에는 상대방에 대한 사랑, 배려, 공감, 관심, 소통이 포함돼 있기 때문이다.

사랑의 능력 키우기

서로 상대를 독점하고 싶고 서로에게 깊이 빠져 있으며, 서로를 돕고 의존하는 경향성을 보인다면, 최소한 서구적인 관점에서는 그것을 사랑이라고 말한다. 사랑도 또한 세분화될 수 있다(Hendrick & Hendrick, 1992, 2002; Lee, 1973).

한 가지 일반적인 구분은 열정적인 사랑과 동료애적인 사랑이다(Berscheid & Walster, 1978; Walster, Walster, & Berscheid, 1978). 열정적인 사랑은 연애 초기에 생겨나고 극도로 몰두하게 되며 절정에서 번민까지 극적인 감정 변동이 일어난다. 동료애적인 사랑은 삶이 얽힌 두 사람이 공유하는 흔들리지 않는 애정이다. 일반적으로 열정적인 사랑은 성적인 욕망이 줄어듦에 따라 동료애적인 사랑으로 바뀌어 간다고 하지만 두 유형의 사랑의 관계는 보다 복잡하다. 그들은 순차적이라기보다는 공존하는 것일 수 있으며(Hatfield, 1988), 혹은 다른 한편의 사랑을 경험하지 않고 한 가지 사랑만을 경험할 수도 있다. 사실상 이전 부분에서 언급한 최고의 친구에 대한 연구는 동료애적인 사랑에 대한 것일 수도 있다. 따라서 우리는 우정과 사랑에 있어 확실한 선을 그어야 하는데, 단지 십 대들만이 그렇게 할 수 있지 않을까 생각된다. 어떤 상황에서 가장 중요한 것은 열정과 동료애로 나타낼 수 있으며 낭만적인 사랑에서는 두 가지를 모두 필요로 한다(Noller, 1996; Sprecher & Regan, 1998).

『사랑의 원리』는 고대부터 현대에 이르기까지 사랑의 철학적인 역사에 대한 세 권짜리 책인데, 저자 어빙 싱어(Irving Singer, 1984a, 1984b, 1987)는 여기서 네 가지 전통으로 사랑을 구분했다. 에로스(eros)는 욕구, 필라(phila)는 우정, 나모스(namos)는 신의 의지나 사랑하는 사람의 욕구에 복종하는 것, 아가페(agape)는 신성을 추구하는 이타적인 것이다.

오늘날 우리가 생각하는 낭만적인 사랑이 몇 세기 전에도 존재했는지의 여부는 지속적인 역사적 논쟁거리이다. 확실히 낭만적 사랑을 바탕으로 한 결혼은 서구에서는 18세기 이후에 시작된 상대적으로 현대적인 발견이며 다른 세계에서는 아직 일반적이지 않은 곳도 있다(Gadlin, 1977; Murstein, 1974). 그러나 이러한 사실들이 현대 서구의 결혼의식에 영향을 미친 중세시대의 우아한 사랑 이전에는 열정이 없었다는 것을 의미하지는 않는다. 또한 두 사람 간의 강한 끌림인 열정적인 사랑은 인류에게 보편적이어서 결국 서로를 성행위와 결혼으로 이끈다고 주장하는 사람들도 있다.

인간이 이기적이지 않은 건 사랑 때문이다

우리 인간은 일련의 불안한 사업에 열광적으로 빠져드는 경향이 있다. 브리티시 컬럼비아 대학교 경영학과 교수인 리프 반 보벤(Leaf Van Boven)은 이성을 잃을 정도로 푹 빠져드는 일들이 얼마나 흔한지 증명해 보였다. 반 보벤은 대학 로고를 새긴 맥주컵을 학생들에게 주었다. 이 컵을 5달러를 받고 교내 상점에 팔아도 좋다고 했다. 원할 경우 자신이 가져도 좋고 아니면 경매에 붙여 팔 수도 있게 했다. 또한 경매에 참여하여 대학 로고가 새겨진 펜이나 배지 등 비슷한 가격대의 물건과 맞바꿀 수도 있게 했다.

그런데 이상한 현상이 일어났다. 평균적으로 입찰 가격이 7달러 이하일 때는 자신이 받은 선물을 내놓으려 하지 않은 반면, 똑같은 물건인데도 다른 사람 것일 때는 평균 4달러로 낙찰되어도 좋다는 반응을 보였던 것이다. 단순히 자기 것이라는 사실 때문에 그 물건을 아주 가치 있다고 생각하며 강한 집착을 보이는 것이다. 이로써 우리 인간(homo sapiens)은 경제 '원칙'에 따라 오로지 합리적인 방식으로만 거래하는 호모 에코노미쿠스(homo economicus)가 아님을 미루어 짐작할 수 있다.

직업이란 노동을 그에 합당한 임금과 교환하는 것 이상으로 큰 의미가 있는 것이라고 한다면, 사랑이란 우리가 얻기를 바라는 대가로서의 애정보다 훨씬 더 큰 의미가 담겨 있다는 것이다. 이것은 낭만적인 연애를 추구하는 사람들에게는 전혀 놀랄 일이 아니지만 사회과학자들에게는 큰 충격이 아닐 수 없다. 직업은 노동 대가로서의 임금을 초월한 만족의 원천이 될 수 있으며, 그 결과 직업이 천직으로 승화되면 전력투구하여 자기만의 놀라운 능력을 발휘할 수 있다. 사랑은 이보다 한 단계 더 나아간다.

인간을 경제 논리로만 해석하는 호모 에코노미쿠스의 원리로 보자면, 인간은 근본적으로 이기적이다. 인간의 사회생활도 시장경쟁에서처럼 실리에 바탕을 둔 여러 경제 원칙의 지배를 받는 것으로 파악한다. 그런 만큼 구매를 할 때나 주식투자를 할 때면 "이것이 과연 어떤 도움이 될까?" 하고 묻곤 한다. 또한 기대가 클수록 다른 사람에게 더 많은 것을 투자한다. 그러나 사랑은 이러한 법칙을 거부하는 가장 숭고한 진화 방식이다.

'은행가의 역설'을 생각해 보자. 윌리라는 사람이 은행가에게 대출을 부탁하러 왔다. 윌리는 신용 상태가 흠잡을 데 없이 좋고, 담보물도 훌륭하고, 비전도 있어 보이기 때문에 은행가는 그에게 대출을 해 줄 것이다. 이번에는 호레이스라는 사람이 대출을 받으러 왔다. 호레이스는 지난 대출금도 상환하지 못했고, 담보물도 거의 없으며, 늙고 병든 그의 앞날은 먹구름만 짙게 깔린 듯 보인다. 그래서 그의 대출 신청은 거부된다. 여기서 대출금이 그다지 필요하지 않는 윌리는 쉽게 대출을 받고, 대출금이 절박한 호레이스는 대출을 받지 못하는 역설이 발생한다. 이처럼 호모 에코노미쿠스가 지배하는 세상에서는 경제적 위기에 처해 정말로 도움이 필요한 사람들은 대개 파산하게 될 것이다. 합리적인 사람이라면 그런 사람들에게 기회를 주지 않는 게 당연하다. 이와는 달리 더 큰 부를 쌓을 만한 사람들은 끊임없이 기회를 얻을 것이다. 마침내 그들이 늙어 위기에 빠지지 않는 한은 말이다.

사람은 너나없이 좌절감에 빠질 때가 있다. 늙고 병들어 추레하기 짝이 없고, 재력도 권력도 잃고 만다. 예컨대, 회수할 가능성이 전혀 없는 투자 부적격자인 셈이다. 우리는 왜 그 즉시, 옛말처럼 성엣장(流氷)을 타고 죽을 곳을 찾아 떠나지 않는 것일까? 이렇게 암담한 현실 속에서도 기력을 회복하고 더 오래 삶을 즐길 수 있는 까닭은 어디에 있을까? 그것은 바로 사랑과 우정이라는 이타적인 힘을 가진 타인들이 도와주기 때문이다.

이처럼 사랑은 은행가의 역설에 대한 '자연선택'이 주는 해답이다. 사랑은 다른 무언가로 대치할 수 없는 정서이다. 사랑은 자신이 받은 것에 상관없이 지극한 마음을 쏟는 인간의 능력으로, '인간은 이기적인 동물'이라는 보편적 이론을 비웃는다. 이를 단적으로 상징하는 것이 있다. 바로 "오늘 이 시간부터 행복할 때나 불행할 때나, 부유할 때나 가난할 때나, 아플 때나 건강할 때나, 죽음이 우리를 갈라놓을 때까지 사랑하고 아끼겠습니다."라고 하는 결혼 서약이다.

결혼을 행복의 중요한 요인으로 꼽는 이유

긍정심리학에서 볼 때 결혼은 아주 놀라운 효과를 발휘한다. 셀리그만과 디너가 공동으로 수행한 '가장 행복한 사람들에 대한 연구'에서는 행복한 사람 상위 10%에 속하는 사람들 가운데 한 명을 제외한 모두가 사랑하는 사람이 있다고 대답했다.

많은 연구를 통해 확인할 수 있는 한 가지 분명한 사실은 결혼한 사람이 그렇지 않은 사람보다 더 행복하다는 것이다. 결혼한 사람 중 40%가 '아주 행복하다'고 한 반면, 결혼을 하지 않은 사람들 중 이와 같이 응답한 사람은 23%였다. 이것은 심리학자들이 조사한 모든 민족과 17개 국가에도 예외 없이 적용되는 사실이다. 결혼은 직업 만족도, 경제력, 공동체 생활보다 더 강력한 행복 요소이다. 데이비드 마이어스(David Myers)는 「미국의 역설(American Paradox)」이라는 탁월한 논문에서 "동등한 입장에서 서로 이끌어 주고 평생 허물없이 지낼 수 있는 가장 친한 친구보다 행복을 예측할 수 있는 강력한 잣대는 없다."라고 했다.

우울증은 이와는 정반대 상황에서 나타난다. 다시 말해, 우울증이 가장 적은 사람은 결혼한 사람이었고, 그다음은 미혼자, 한 번 이혼한 사람, 동거하는 사람, 두 번 이혼한 사람 순이었다. 아울러 사람들이 상심하는 주원인은 중요한 인간관계의 단절이다. 미국인을 대상으로 실시한 대규모 설문조사에서 '자신에게 일어난 가장 나쁜 일'이 무엇이냐는 질문에 절반 이상이 이혼이나 사별이라고 응답했다. 결혼이 감소하고 이혼은 증가하면서 우울증 환자 또한 급속도로 많아지고 있다.

글렌 엘더(Glen Elder)는 가족사회학의 대가로서, 샌프란시스코에서 3대째 살아온 사람들을 대상으로 설문조사를 실시했다. 그 결과, 그는 결혼이 시련에 완충재 역할을 한다는 사실을 알게 되었다. 농촌의 빈곤, 1930년대 미국의 대공황, 전쟁의 참혹함을 가장 잘 견딘 사람들도 바로 결혼한 사람들이다. 3장에서 이미 설정되어 있는 개인의 행복 범위 내에서 최대한 행복을 누릴 수 있는 방법에 대해 살펴보았듯이, 실제로 결혼은 행복한 삶을 누리게 해 주는 외적 요소라는 사실이 입증된 셈이다.

그 이유는 무엇일까? 먼 옛날부터 지금까지 대부분의 문화권에서 결혼제도를 만들고 유지해 온 까닭은 무엇일까? 어쩌면 이런 질문이 하나 마나 한 소리로 들릴 테지만, 사실은 그렇지 않다. 사랑을 연구 주제로 다루는 사회심리학자들은 이 질문에 대해 심오한 답변들을 제공했다. 코넬 대학교 심리학과의 신디 헤이잔(Cindy Hazan)은 사랑에 세 가지가 있다고 말했다. 첫째는 상대방을 인정하고, 편안하게 해 주고 도와주며, 자신감을 심어 주고 이끌어 주는 사람들의 사랑이다. 그 좋은 예가 자식에 대한 부모의 사랑이다. 둘째는 물질적·정신적 양식을 제공해 주고 의지할 수 있는 사람들에 대한 사랑이다. 부모에 대한 자식의 사랑이 바로 여기에 속한다. 마지막으로 남녀 간의 사랑이다. 이것은 셋 중 가장 이상적인 사랑으로, 상대방의 강점과 미덕을 가장 이상적으로 여기며 약점과 단점에는 개의치 않는다. 결혼은 한 울타리 안에서 이 세 가지 사랑 모두를 누리게 해 주는 남녀의 결합이다. 이것이 바로 결혼을 커다란 행복의 요인으로 꼽게 되는 특성이기도 하다.

많은 사회과학자가 환경주의를 고스란히 인정했다면, 우리는 결혼이 사회의 인습에 따라 만든 제도라고 믿었을 것이다. 신부 들러리, 종교나 민속에 따른 풍습, 신혼여행은 사회적 산물이겠지만, 결혼의 기본 구조는 훨씬 더 의미심장한 데에 근거하고 있다. 진화는 번식의 성공에 아주 관심이 크고, 따라서 결혼제도를 상당히 중요하게 여긴다. 인간의 성공적인 번식이라 함은 다산을 의미하는 게 아니다. 인간은 부모에게 많은 교육을 받아야 하는, 머리가 큰 미성숙한 상태로 태어난다. 그런데 이 교육은 부모가 둘 다 있을 때에만 효과가 있다. 늘 곁에서 보호해 주고 가르쳐 주며 안전한 울타리가 되어 주는 부모를 둔 아이는 부모에게 외면당한 아이보다 훨씬 더 많은 것을 배운다. 따라서 서로 지극한 관심을 주었던 조상의 자손들은 생존경쟁력이 클 가능성이 높았고, 그런 만큼 그들의 유전자가 유전될 가능성도 높았다. 이처럼 결혼은 문명사회가 아닌 자연선택의 '발명품'이었던 것이다.

이것은 공상하면서 지어낸 진화에 얽힌 추리소설이 아니다. 안정적인 성관계를 맺는 여성은 규칙적으로 배란하고, 불안정한 성생활을 하는 여성보다 폐경기가 훨씬 늦게 찾아온다. 부부관계가 원만한 부모 밑에서 자란 아이들이 그렇지 못한 아이들보다 모든 면에서 능력이 뛰어나다. 예컨대, 아버지와 어머니가 모두 친부모인 가정에서 자란 아이들은 1/3만 낙제 점수를 받은 반면, 이혼 또는 재혼한 가정에서 자란 아이들은 1/2이 낙제 점수를 받았다. 또한 정서불안으로 치료를 받은 비율은 친부모와 함께 사는 아이들이 1/4인 데 비해, 그렇지 않은 아이들은 1/3이었다. 이보다 훨씬 더 충격적인 사실은 안정적인 결혼생활을 하는 부모의 아이들이 이혼한 부모의 아이들에 비해 혼전 성관계를 맺는 시기가 훨씬 늦고, 결혼 상대에 대해 훨씬 긍정적인 태도를 보이며, 연애 기간 또한 훨씬 긴 것으로 나타났다는 것이다.

사랑할 능력과 사랑받을 능력의 차이

사랑할 능력과 사랑받을 능력은 엄연히 다르다. 셀리그만이 이런 사실을 깨달은 것은 다양한 집단을 조사하면서 강점과 미덕의 목록을 작성하고 스물네 가지 강점을 정리하면서였다. 셀리그만(1999) 연구팀은 강점 목록에서 '친밀한 이성관계'나 '사랑'을 중요하게 여겼지만, 자신이 '강점의 여왕'이라고 부르는 강점을 빠뜨렸다는 베일런트의 신랄한 비판을 받고서야 비로소 사랑할 능력과 사랑받을 능력의 차이를 확실하게 깨달았다.

베일런트(1999)가 사랑받을 능력의 중요성에 대해 설명할 때, 셀리그만은 바비 네일을 떠올렸다. 10년 전 캔자스 위치타에서 셀리그만은 브리지 게임에 입문한 10년 동안 브리지계의 살아 있는 전설로 유명한 바비 네일과 한 조가 되어 일주일 동안 게임을 하는 행운을 누렸다. 물론 그가 브리지의 명인일뿐더러 이야기꾼 소질도 남다르다는 사실은 익히 알고 있었다. 그를 직접 만나고 나서야 알게 된 사실은 그가 중증 장애인이라는 점이었다. 네일의 키는 140cm쯤 되어 보였지만 뼈가 점점 퇴화되는 병에 걸려 허리가 거의 반으로 굽은 탓에 실제보다 훨씬 더 작아 보였다. 셀리그만이 승용차에서 그를 안아 게임 장소로 옮기는 동안 네일은 도박꾼과 카드놀이 사기꾼에 얽힌 재미있는 일화들을 끊임없이 들려주었다. 그는 새털처럼 가벼웠다.

셀리그만에게 가장 인상 깊었던 것은 네일이 들려준 우스운 이야기도, 그날 게임을 우승으로 이끈 그의 브리지 솜씨도 아니었다. 그보다는 그가 셀리그만이 그를 도와준 일에 대해 셀리그만 스스로 굉장한 자부심을 갖게 했다는 사실이었다. 지난 50여 년 동안 길을 건너는 시각장애인을 돕고, 구걸하는 사람들에게 동정을 베풀고, 휠체어에 앉아 있는 여자들을 위해 문을 열어 주는 등 보이스카우트 정신을 실천했던 셀리그만은 그들이 보인 형식적인 감사나 심지어 진심으로 도우려는 사람들에 대한 적개심에 익숙했다. 그런데 네일은 이와는 사뭇 다른 특별한 마력을 발휘했다. 다른 사람의 도움을 마냥 기쁘게 받아들이는 것은 물론 무언의 깊은 감사를 보내는 것이었다. 그는 도움을 청하면서도 전혀 위축되는 기색이 없었을 뿐만 아니라 자신을 도와주는 셀리그만이 대단한 일을 하는 것처럼 느끼게 하는 묘한 힘이 있었다.

베일런트가 말하는 동안, 셀리그만은 다시 서너 달 전 가까스로 용기를 내어 휴스턴에 있는 네일에게 전화를 했던 일을 떠올렸다. 아쉽게도 얼마 전에 네일이 죽었다는 소식을 들었다. 이제 그의 마력은 더 이상 볼 수 없지만, 네일에게서는 사랑받을 능력이 샘물처럼 솟아났으며, 이로써 그의 삶, 특히 노년의 삶이 훌륭하게 빛났다.

사랑하는 방식과 사랑받는 방식

다음은 당신이 사랑하고 사랑받는 방식에 대해 신뢰할 만한 검사를 해 보기 바란다. 인터넷 사용자라면 웹사이트 www.authentichappiness.com에 소개되어 있는 크리스 프레일리(Chris Fraley)와 필립 세이버(Phillip Shaver)가 공동 제작한 '친밀성' 검사를 해 보기를 당부한다. 부부나 애인이 있는 사람은 둘이 함께하면 도움이 될 것이다. 인터넷을 이용하면 자신의 사랑 방식에 대한 상세하고 즉각적인 피드백을 받을 수 있다. 만약 인터넷을 사용하지 않는 독자라면, 다음 3개의 글을 읽고 자신이 어디에 속하는지 대략 파악해 보라.

친밀성 검사

사랑하는 사람과의 관계를 묘사한 다음 3개의 글 중에서 자신의 경우와 가장 가까운 것이 무엇인지 생각해 보라.

1. 나는 비교적 사람들과 쉽게 친해지며, 서로가 서로에게 의지하는 것에 대해 편안함을 느낀다. 혹시 버림받을지도 모른다는 생각은 해 보지도 않았고, 내게 각별히 가까이 다가오는 사람에 대한 거부감도 없다.
2. 나는 사람들과 친해지는 게 조금 불안하다. 그들을 완전히 믿는다거나 그들에게 의지하기가 힘들다. 누군가가 내게 특별한 관심을 나타내며 다가오면 불안해진다. 내 애인은 내게 그저 편안한 사이보다는 더 친밀한 사람이 되어 주기를 바란다.
3. 나는 가까워지기를 바라는데 사람들은 내게 다가오기를 꺼린다. 나는 이따금 애인이 나를 진심으로 사랑하지 않는다거나 나와 함께 있기 싫어할지도 모른다는 걱정을 한다. 나는 다른 사람과 완전히 하나가 되고 싶은데, 나의 이런 바람을 부담스러워하며 피하는 사람들도 있다.

이 친밀성 검사는 성인기에 사랑을 주고받는 세 가지 방식을 설명한 것으로, 이것이 어린 시절의 경험에서 비롯된다는 유력한 증거가 있다. 제시된 1번은 안전한 사랑, 2번은 회피적 사랑, 3번은 불안한 사랑을 나타낸다.

이런 사랑 방식을 정리하는 데 얽힌 아주 흥미로운 심리학 이야기가 있다. 제2차 세계대전이 끝난 직후, 유럽에서는 전쟁통에 부모를 잃어 국가 시설에서 임시로 보호하고 있는 수많은 아이에 대한 관심이 고조되었다. 환경이 동물의 행동에 미치는 영향에 대한 연구, 즉 비교행동학에 관심이 많았던 영국의 정신분석학자 볼비(Bowlby, 1951)는 이 불행한 아이들에게 누구보다 관심을 쏟았다. 지금도 그렇지만, 그 당시 사회복지사들 사이에 만연한 통념은 당대의 정치적 현실을 반영한 것이었다. 이를테면 한 사람이 아닌 여러 보모가 아이들을 두루 먹여 주고 보살펴 주는 것을 바람직하게 여겼다. 이것은 아이의 건강한 발육과 발달에 특별한 의미가 없는 양육 방법이다.

　하지만 이러한 독단을 굳게 믿은 당시의 사회복지사들은 아이의 친부모, 특히 지독히 가난하거나 남편이 없는 어머니에게서 되도록 많은 아이를 떼어 놓을 자격을 얻었다. 이런 아이들이 성장한 모습을 면밀히 조사한 볼비는 그들이 몹시 궁핍한 생활을 하며 대개 절도 전과가 있다는 사실을 발견했다. 절도를 저지른 아이들 중에서 유아기에 부모와 헤어지는 고통을 겪은 아이들이 굉장히 많았는데, 그는 이 아이들에 대해 "피상적인 인간관계 속에서 애착이 결핍되고 무감각해져 쉽게 분노하고 반사회적 행동을 한다."라고 진단했다.

　볼비가 부모와 자식 간의 강력한 유대감은 그 무엇으로도 대신할 수 없다고 주장하자 학계와 사회복지 기관들은 강력하게 반발했다. 프로이트의 영향을 받은 심리학자들은 아이들의 문제는 현실의 궁핍이 아닌 해결되지 못한 내적 충동에서 비롯되었다고 맞섰고, 아동복지 시설에서는 자신들이 보호하고 있는 아이들의 신체적 욕구만 해결해 주면 충분하다고 주장했다. 이 논쟁의 소득이라면 부모와 격리된 아이들의 행동 발달을 학문적으로 연구·실험할 계기가 되었다는 점이다.

　실험 기간 동안, 아이가 아파 병원에 입원해 있을 때 주 1회 1시간에 한하여 부모의 병문안을 허락했다. 볼비는 이 과정을 사진으로 찍고 아이의 행동을 기록했다. 이 실험 결과, 아이의 행동은 3단계로 나타났다. 처음에는 울음을 터뜨리거나, 악을 쓰거나, 문을 요란스럽게 두드리거나, 침대를 마구 흔드는 식으로 저항했다. 이것은 짧게는 몇 시간에서 길게는 며칠 동안 계속되었다. 이것은 볼비의 안정 애착, 불안 애착, 회피 애착 중 불안 애착이다. 그다음에는 절망이었는데, 이때는 흐느껴 울거나 마지못해 반응하는 소극적인 태도를 보였다. 그리고 마침내는 단절이었다. 이때는 부모를 외면하되, 다른 어른이나 아이들과 새로운 관계를 맺고 새로운 보모를 받아들였다. 가장 놀라운 사실은 회피 애착 유형인데 아이가 단절 단계에 이르면 엄마가 다시 찾아와도 전혀 기뻐하지 않았다는 것이다.

　존스홉킨스 대학교 유아교육학과 에인스워스(Ainsworth)는 볼비의 이론을 바탕으로 실험을 실시했다. 에인스워스가 명명한 '낯선 상황', 즉 아이들이 장난감을 이리저리 살펴보며 놀고 있는 동안 엄마는 뒤에 가만히 앉아 있는 놀이방 안에, 여러 쌍의 엄마와 아이를 함께 있게 했다. 얼마 뒤 낯선 사람이 들어오고 엄마가 방을 나가는데, 그 낯선 사람은 아이가 장난감을 가지고 놀도록 구슬린다. 엄마가 다시 돌아와 뒤에 가만히 앉아 있다 나가고, 낯선 사람은 들어와서 달래기를 몇 차례 반복한다. 이 '잠깐의 격리' 실험을 통해 유아의 반응을 자세히 살펴본 에인스워스는 앞서 언급한 세 가지 사랑 방식이 나타난다는 사실을 발견했다.

'안정된 유아'는 엄마가 마치 자신의 안전을 확실히 지켜 주는 '안전기지'라도 되는 듯 놀이방을 탐색하며 잘 논다. 엄마가 방을 나가면 유아는 하던 행동을 멈춘다. 그러나 대개 낯선 사람과 친해지면 다시 놀기도 한다. 다시 엄마가 방으로 들어오면, 한동안 엄마에게 꼭 매달려 있다가도 쉽게 떨어져 다시 놀기 시작한다.

'회피적인 유아'는 엄마가 함께 있을 때는 놀지만, 안정된 유아와는 달리 잘 웃지도 않고 엄마에게 장난감을 보여 주며 재롱을 부리지도 않는다. 또한 엄마가 방을 나가도 크게 위축되지 않고 낯선 사람을 자기 엄마인 양 대하는데, 이따금 엄마보다 더 잘 따를 때도 있다. 다시 엄마가 방으로 들어오면 유아는 엄마를 무시하거나 아예 눈조차 마주치지 않는다. 엄마가 안아 주면 유아는 안기기는 하지만 스스로 매달리지는 않는다.

'불안한 유아(에인스워스는 '반항적인 유아'라고 부른다)'는 엄마를 '안전기지' 삼아 놀이방을 탐색하면서 노는 행동을 전혀 하지 않는다. 격리되기 전까지 엄마에게 꼭 매달려 있으며, 엄마가 방을 나가면 어쩔 줄 몰라 한다. 또한 낯선 사람에게도 편안함을 느끼지 못하고, 엄마가 다시 돌아오면 재빨리 뛰어가 안겼다가도 화를 내고 돌아선다.

유아 행동 연구의 선구자 격인 볼비와 에인스워스는 행동과학이라는 말 그대로 객관적 학문의 주제가 되기를 바라며 이를 '애착(attachment)'이라 불렀다. 그러나 1980년대 심리학계의 자유정신에 영향을 받은 헤이잔과 셰이버는 볼비와 에인스워스가 연구한 것은 애착이라는 행동이 아닌 사랑이라는 정서였으며, 그것이 유아기뿐만 아니라 인간이 '태어나서 죽을 때까지' 평생 동안 적용된다고 밝혔다. 아울러 그들은 걸음마를 시작하는 아이였을 때 부모를 대하는 방식이 평생을 통해 맺는 친밀한 관계에서도 똑같이 작동한다고 주장한다. 이를테면 어머니라는 '작동 모델'은 아동기에 형제자매나 가장 친한 친구를 대할 때도 사용되고, 청년기에 첫사랑을 만날 때도 고스란히 나타나며, 심지어는 결혼생활을 할 때도 사용된다는 얘기이다. 그러나 이런 작동 모델은 불변하는 것이 아니라 살아가는 동안 부정경험이나 긍정경험에 따라 달라질 수 있다. 그럼에도 다양한 인간관계를 맺는 과정에서 사랑 방식을 선택하는 데 작동 모델의 영향을 받는 것은 사실이다(Seligman, 2001).

사랑 방식을 선택하게 하는 작동 모델

기억　안정된 사람은 필요할 때마다 부모가 늘 곁에 있어 주고, 따뜻하고, 애정이 넘치는 사람이었음을 기억한다. 회피적인 사람의 기억에 남아 있는 어머니는 차갑고, 거부하고, 필요할 때 옆에 없는 사람이다. 불안한 성인은 아버지를 불공평한 사람으로 기억한다.

태도　안정된 사람은 자긍심이 높고 자기불신이 거의 없다. 다른 사람이 자신을 좋아한다고 믿는 만큼, 자신의 믿음을 깨뜨리는 불행한 일을 겪지 않는 한 다른 사람들을 신뢰하고 의지하며, 착하고 이로운 사람들이라고 여긴다. 회피적인 사람은 결백하다는 사실이 입증될 때까지 다른 사람들을 불신하고 의심하며, 거짓된 사람으로 여긴다. 이들은 특히 대인관계에서 자신감이 부족하다. 불안한 사람은 자신의 삶에 대한 주도권이 없다고 느끼며, 다른 사람들의 행동을 이해하거나 예상하지 못하기 때문에 어쩔 줄 몰라 한다.

목적　안정된 사람은 자신이 사랑하는 사람들과 친밀한 관계를 맺으려 노력하며, 의존하면서도 독립성을 유지하기 위해 애쓴다. 회피적인 사람은 사랑하는 사람들과 일정한 거리를 유지하려 애쓰고, 친밀함보다 목적 달성에 더 큰 비중을 둔다. 불안한 사람은 집착한다. 이들은 끊임없이 버림받을까 걱정하기 때문에 사랑하는 사람의 자율성과 독립성을 해친다.

고민 해결　안정된 사람은 마음이 혼란스러울 때 사람들에게 솔직히 고민을 털어놓고 건설적으로 해결하기 위해 노력한다. 회피적인 사람은 속내를 드러내지 않는다. 고민이 생겨도 다른 사람에게 털어놓지 않고 숨기거나, 말을 하면서도 화를 낸다. 불안한 사람은 고민과 분노를 크게 떠들어 대며, 위기감을 느낄 때는 지나치게 상대의 비위를 맞추려 애쓴다.

안정된 사람은 자신의 사랑 이야기를 다음과 같이 말한다.

우린 정말 좋은 친구였어요. 정식으로 데이트를 시작하기 훨씬 전부터 서로 잘 알았거든요. 그래서 취향도 비슷해요. 또 한 가지 그 사람이 맘에 드는 건 내 친한 친구들과도 잘 지낸다는 거죠. 우린 항상 대화를 많이 해서 싸울 때조차도 대화로 해결할 정도니까요. 그 사람은 도리에 어긋나는 일을 하지 않아요. 게다가 우린 서로의 존재를 존중합니다. 종속적 관계가 아닌 동등한 관계인 셈이죠. 우린 서로를 굳게 믿어요.

반면, 회피적인 사람의 경우를 보자.

내 애인은 나와 가장 친한 친구입니다. 나는 그가 그 어떤 친구보다도 내게 각별한 존재라고 생각해요. 그는 결혼을 한다거나 한 여자와 오랫동안 사귀겠다는 생각을 하지 않는 사람이에요. 나 역시 결혼 생각은 하지 않으니까 그게 편해요. 그가 지나치게 가까워지는 것도, 서로에게 지나치게 기대는 걸 싫어한다는 것도 알아요. 그 점도 제 맘에 듭니다. 어떤 사람이 당신과 가까워지고 당신의 삶에 깊숙이 개입하려 든다면 이따금 귀찮지 않겠어요?

마지막으로, 불안한 사람의 생각은 다음과 같다.

어느 날 그곳에 갔더니 그 사람이 벤치에 앉아 있더군요. 나는 한눈에 반해 버렸어요. 그는 지금까지 내가 본 사람 중에 가장 멋있었거든요. 첫인상이 그랬답니다. 그래서 함께 공원을 거닐다가 점심을 먹었죠. 우린 아무 말없이 그냥 앉아 있었어요. 그래도 어색하지 않던 걸요. 뭐랄까, 처음 만난 사람끼리 무슨 말을 할지 몰라 할 때 쑥스럽고 어색하잖아요. 그런데 우린 달랐거든요. 처음 만나 그냥 앉아 있기만 했는데 아주 오래된 연인처럼 느껴지는 거예요. 채 10초도 안 돼서 말이죠. 첫눈에 반한 겁니다.

안정 애착이 부부관계에 미치는 영향

이들 연구자는 일단 안정적인 태도, 회피적인 태도, 불안한 태도를 지닌 성인들을 파악한 다음, 부부생활이 어떻게 이루어지는지 조사했다. 이들이 수행한 실험 연구와 실생활 설문조사 결과 볼비가 처음에 제기했던 것처럼 안정 애착이 원만한 부부생활에 긍정적인 요소로 작용한다는 사실이 확인되었다.

사랑 방식이 서로 다른 부부의 생활을 기록한 일지를 연구하는 과정에서 두 가지 중대한 사실이 드러났다. 첫째, 안정된 사람들은 친해지는 것을 아주 자연스럽게 받아들이고, 관계에 대한 불안감이 훨씬 적다. 둘째, 그들은 결혼생활에 대한 만족감이 훨씬 크다. 이것은 첫째 사실보다 더 중요한 것으로 지적되고 있는데, 원만한 결혼생활을 지속하기에 가장 알맞은 남녀의 결합은 둘 다 안정 애착을 형성한 사람들이다. 그러나 실제로는 한 사람만 안정된 태도를 지닌 부부가 많다. 이런 부부의 결혼생활은 과연 어떨까? 설령 부부 중 한 사람만 안정적이라고 해도, 회피적이거나 불안한 태도를 보이는 그 배우자는 덜 안정적인 배우자와 함께 사는 사람들보다 결혼생활에 대한 만족도가 훨씬 높다.

안정된 사람들이 원만한 결혼생활을 지속할 수 있는 세 가지 이로운 조건은 상대에 대한 배려, 성생활, 불행에 대한 대처 능력이다. 안정된 사람은 배우자에 대한 사려가 깊고, 상대적으로 훨씬 친밀한 관계를 형성할 뿐만 아니라, 관심을 필요로 할 때와 필요로 하지 않을 때가 언제인지 잘 알고 그에 걸맞게 행동한다. 따라서 이들은 배우자가 원하든 그렇지 않든 아랑곳없이 관심을 쏟아야 한다는 '강박'에 사로잡힌 불안한 사람들이나, 어느 정도 거리를 두고 배우자가 관심받기를 바랄 때조차 냉담한 반응을 보이는 회피적인 사람들과는 대조적이다.

성생활도 사랑 방식에 따라 다르다. 안정된 사람은 외도를 하지 않으며 사랑 없는 섹스를 불쾌하게 여긴다. 회피적인 사람은 실제 횟수는 많지 않지만 섹스를 거부하지 않으며, 사랑 없는 섹스를 상대적으로 많이 즐긴다. 불안한 여성은 노출증이나 관음증 등 성도착적 행동을 하는 반면, 불안한 남성은 섹스를 훨씬 적게 한다.

걸프전 중에 부부를 대상으로 이루어진 두 가지 연구를 통해 결혼이 위기에 처했을 때 안정된 사람, 회피적인 사람, 불안한 사람의 반응이 서로 다르다는 사실이 드러났다. 이스라엘에서 실시한 한 연구에서 이라크의 미사일 공격이 시작되자 안정적인 부부는 배우자에게 위안을 얻으려 애썼다. 반면, 회피적인 부부는 위안을 얻으려 하지 않았으며, 불안한 부부는 자기 자신의 안전만 걱정했다. 이로써 불안한 사람과 회피적인 사람은 심신증이나 적대감이 상당히 높다는 사실을 알 수 있다.

미국인의 입장에서 보면, 걸프전에 나간 군인들은 자신의 배우자와 헤어져야 했다. 이들을 조사한 연구자들은 사랑하는 방식이 서로 다른 사람들이 이별과 재회에 대해 어떤 반응을 보이는지 파악할 수 있었다. 에인스워스의 유아 행동 관찰 연구에서처럼, 안정 애착을 형성한 사람들은 결혼 만족도가 아주 높았으며, 남편이 제대한 후에도 부부 갈등이 훨씬 적었다.

셀리그만(2001)은 거의 모든 기준에서 볼 때, 안정 애착을 형성한 사람들이 이성교제나 결혼생활을 훨씬 더 성공적으로 한다는 것을 알 수 있다. 그런 만큼 친밀한 관계가 안정 애착을 형성하는 데 어떤 작용을 하는지 연구하는 것이 긍정심리학의 중요한 과제라고 했다.

상대방의 강점 보기

셀리그만(2002)은 결혼 문제를 다루고 있는 책들 대부분이 불행한 결혼을 잘 참고 극복하는 방법에 관한 것이었기 때문에 울적한 마음을 떨치기 어려웠다고 했다. 여기에는 아내를 폭행하는 남편, 원한만 쌓이는 아내, 고약한 시어머니 등 서로가 서로를 탓하며 관계가 악화되는 이야기들뿐이었다.

그래서 이다음에서는 파탄 직전에 있는 결혼의 문제를 해결하는 것이 아니라 원만한 부부 관계를 한층 발전시킬 수 있는 방법을 알아보는 것에 초점을 맞추었다. 물론 완벽한 해결책은 아니지만, 여기에서 결혼생활을 향상시킬 만한 좋은 정보들을 소개하려고 한다.

강점과 미덕을 발휘하라

결혼이 자신의 대표강점을 발휘하는 일상 수단이 될 때 부부는 더 행복해진다. 사실 결혼은 날마다 감사를 전할 수 있는 일상 수단이기도 하다. 남자가 여자에게, 여자가 남자에게 사랑을 느끼는 것은 바로 상대방이 지닌 강점과 미덕 때문이다. 그러나 첫눈에 반하는 장밋빛 사랑은 퇴색하기 마련이어서, 제아무리 소문난 잉꼬부부라 해도 결혼생활에 대한 만족도는 10여 년 동안 차차 낮아진다. 처음에는 자신의 마음을 사로잡았던 배우자의 강점이 어느새 당연하게 생각되고, 감탄의 눈길로 바라보던 배우자의 행동은 보기 싫어지고 경멸스럽기까지 한다. 어디 그뿐인가. 처음에는 마냥 좋기만 하던 착실함과 극진함이 이젠 답답하게만 보이고, 한결같은 모습은 심지어 짜증스럽기까지 하다. 발랄한 말솜씨는 쓸데없는 수다로만 들리고, 지조는 고집불통으로, 끈기는 독기로, 친절함은 경박함으로 보인다.

가트먼(Gottman)은 많은 사람이 존경하는 결혼생활 전문가이다. 가트먼(1992)은 이혼할 부부와 원만한 부부관계를 지속할 부부를 예측한 다음, 이 예측 자료를 토대로 더 행복한 결혼생활을 꾸리기 위한 프로그램을 개발한다. 자신의 '사랑 실험실'에서 주말 내내 하루 12시간씩 수백 쌍의 부부가 생활하는 모습을 지켜본 가트먼은 90%의 정확도로 이혼할 부부를 예측한다. 그는 이혼으로 이어지게 하는 부부 갈등의 요인으로 다음을 꼽는다.

● 신랄하고 모진 말다툼

- 배우자에 대한 비난
- 경멸감 표시
- 자기방어적인 과민한 대응
- 무조건 배우자의 의견을 무시하는 태도
- 거부하는 몸짓

가트먼(1992)은 또한 세월이 흐를수록 행복해질 부부들도 정확하게 예측한다. 이런 부부는 하루 평균 1시간씩 배우자를 위해 투자한다. 가트먼이 발견한, 행복한 결혼을 유지하기 위한 비결은 다음과 같다.

- **아침에 헤어질 때:** 아침에 출근하기 전에 서로 배우자가 해야 할 하루 일과 중에서 한 가지를 알아 둔다(2분×5일=10분).
- **저녁에 다시 만날 때, 하루 일과를 마친 뒤:** 서로 가볍고 편안한 이야기를 나눈다(20분×5일=1시간 40분).
- **애정 표시:** 쓰다듬기, 포옹, 키스 등으로 다정하고 포용할 수 있는 분위기를 조성한다(5분×7일=35분).
- **주말 데이트:** 부부만의 오붓한 시간을 보내면 정이 깊어진다(주 1회 2시간).
- **칭찬과 감사:** 적어도 하루에 한 번씩 칭찬하고 감사하는 마음을 전한다(5분×7일=35분).

배우자의 강점

다음에서 당신의 배우자가 지닌 대표적인 강점 세 가지를 표시해 보라.

지혜와 학식
1. 창의성 _____
2. 호기심 _____
3. 개방성(판단력) _____
4. 학구열 _____

5. 예견력 _____

용기

6. 용감성 _____

7. 끈기 _____

8. 정직 _____

9. 열정 _____

사랑과 인간애

10. 사랑 _____

11. 친절 _____

12. 사회성 지능 _____

정의감

13. 시민정신 _____

14. 공정성 _____

15. 리더십 _____

절제력

16. 용서 _____

17. 신중함 _____

18. 겸손 _____

19. 자기통제력 _____

영성과 초월성

20. 감상력 _____

21. 감사 _____

22. 희망(낙관성) _____

23. 유머 감각 _____

24. 열정 _____

당신이 고른 배우자의 세 가지 강점에 대해, 최근 배우자가 그 강점을 발휘한 사건을 적어 보라. 당신이 쓴 글을 배우자에게 보여 주고 배우자도 직접 이 검사를 해 보도록 권해 보라.

강점 _____

사건 _____

_____

_____

_____

강점 _____

사건 _____

_____

_____

_____

강점 _____

사건 _____

_____

_____

_____

　이 방법에서는 자기 자신과 배우자가 생각하는 '이상적인 자아(ideal self)'가 중요하다. 이상적인 자아란 강점을 최대한 발휘하여 자신의 최고 목표를 실현할 능력이 있다고 스스로 믿는 자아상이다. 사람은 자신이 가장 소중하게 여기는 최고의 이상을 실현하며 살고 있다고 느낄 때 만족을 얻으며, 자신의 강점을 발휘하면 만족감이 한층 커진다. 배우자가 이런 사실을 알아줄 때 인정받았다는 자부심을 느끼게 되고, 배우자의 믿음을 저버리거나 실망시키지 않으려고 더욱 노력한다. 이 놀라운 각성을 발전시킨 것이 바로 셀리그만이 '환상 간직하기'라고 부르는 결혼생활의 원칙이다.

　뉴욕 주립대학교의 샌드라 머레이(Sandra Murray)는 사랑을 학문적으로 연구하는 사랑학 전문가로서, 사랑의 환상을 객관적으로 연구한다. 머레이는 사랑에 영향을 주는 환상의 효과를 측정하는 방법을 개발했다. 다시 말하면, 많은 부부와 연인에게 실제 자신의 배우자(또는 애인)와 상상 속의 이상적인 배우자를 다양한 강점과 약점을 기준으로 평가하도록 했다. 아울러 그들의 친구들에게 남편과 아내에 대해 따로따로 평가하도록 했다. 여기서 중요한 척도는 배우자의 평가와 친구의 평가에서 나타난 차이였다. 긍정적인 부분에서 차이가 클수록 배우자가 당신에게 갖고 있는 사랑의 '환상'이 큰 것이다.

주목할 만한 사실은 그 환상이 큰 부부일수록 행복하고 안정된 결혼생활을 한다는 점이다. 결혼생활에 만족한 부부는 친한 친구들이 전혀 강점으로 여기지 않는 것조차 서로의 강점으로 본다. 이처럼 배우자의 약점도 호의적으로 미화시키는 부부들과는 달리, 결혼생활에 만족하지 못하는 부부는 서로에 대한 '일그러진 이미지'를 갖고 있다. 이들은 친구들이 평가한 것보다 배우자의 강점을 훨씬 더 적게 보는 것이다. 가장 행복한 부부는 배우자를 긍정적으로 대하며, 약점보다는 강점을 부각시키면서 불행한 일도 함께 극복할 수 있다고 믿는다. 이런 부부는 실제로 불행한 일을 겪을 때조차 배우자를 긍정적으로 보는 경향이 크며, 이러한 경향은 서로에 대한 환상의 강도에 비례한다.

머레이가 지적하듯이, 긍정환상을 통해 자기를 실현하는 것은 자신을 이상형으로 여기는 배우자의 믿음을 저버리지 않게끔 노력하기 때문이다. 또한 긍정환상은 부부간의 불화나 갈등에 대한 완충재 역할을 하는데, 이는 일상의 피곤함을 다소 도발적으로 표출해도 서로가 너그러이 받아 주는가 하면, 실수를 눈감아 주고 약점을 강점으로 계발할 수 있도록 격려해 주기 때문이다.

행복한 부부는 먼저 상대방의 의견을 존중해 주는 '공감적' 대화법을 재치 있게 활용할 줄 안다. 의견 충돌이 있을 때마다 사소한 것에 병적으로 집착하는 남편의 '어처구니없는' 단점을 가볍게 받아넘기는 한 아내는 "나는 이런 방법이 효과가 있다고 믿어요. 우린 이제껏 사소한 의견 충돌로 큰 싸움을 벌인 적이 없었으니까요."라고 말했다. 또 어떤 아내는 자신감이 부족한 남편에 대해 "남편을 더욱 따뜻하게 대해야겠다는 생각이 들어요."라고 말했다. 집요하고 완고한 배우자에 대해 "난 남편의 굳은 신념을 존중해요. 그래야 부부관계가 돈독해질 수 있다고 믿거든요."라고 말하는 아내도 있다. 그런가 하면 남편의 질투심을 '자기 존재를 소중하게 여기는' 징표라고 이해하는 아내도 있다. 너무 쉽게 결정하는 아내에 대해 "처음에는 아내가 경솔하게 보였는데, 만일 아내가 그런 태도를 고친다면 우리의 부부관계가 힘들어질 것 같아요."라고 여기는 남편도 있다. 또한 숫기가 없는 아내를 두고 "내가 밝히고 싶지 않은 나만의 비밀을 억지로 캐내려 하지 않아요. 외려 아내의 그런 점이 저는 좋습니다."라고 말하는 남편도 있다.

이처럼 부정정서를 교묘하게 미화시키는 것은 결혼생활을 낙관적으로 해석하는 태도와 관계가 깊다. 앞에서 이미 행복, 직업적 성공, 신체적 건강, 우울증 극복에 대해 낙관적으로 설명하는 방식이 얼마나 중요한지 살펴보았다. 사랑도 이와 마찬가지이다. 거듭 말하지만, 낙관적인 사람은 불행한 사건을 일시적이고 일부인 것으로 여기며, 좋은 일은 영속적이고 만연적으로 받아들인다. 프랭크 핀첨(Frank Fincham)과 토머스 브래드버리(Thomas Bradbury)는 10여 년간 낙관성이 결혼생활에 미치는 영향에 대해 연구했다. 그 결과, 낙관적인 사람과 비관적인 사람이 결합한 부부 유형 중에서 단 한 가지 유형 말고는 모두 결혼생활을 지속한다는 사실을 알게 되었다. 그 한 가지 예외가 바로 비관적인 사람끼리 결혼한 부부이다.

　둘 다 비관적인 사람인 부부에게 불행한 일이 생기면 비관성이 급속히 악화되는 '연쇄적 하강'이 작용한다. 예컨대, 아내가 늦게 퇴근한 경우를 보자. 늘 비관적으로 생각하는 남편은 "나보다 일이 더 중요하다는 거지?"라며 억지를 부린다. 역시 비관적인 사람인 아내는 그런 남편을 보고 "식구 먹여 살리려고 하루 종일 힘들게 일하고 온 사람에게 염치없이 그게 할 말이야?"라며 몰아세운다. 남편은 발끈해서 다시 "당신이란 사람은 잘못을 일러 줘도 좋게 듣는 법이 없어."라며 대응한다. 그러면 아내는 "당신은 무턱대고 떼쓰는 어린애랑 다를 게 하나 없어."라고 맞선다. 이런 말다툼은 끝없이 계속된다. 이 지경이 되기 전에 좀 더 일찍 어느 쪽이든 낙관적으로 대응했더라면 서로 헐뜯고 상처 입히는 비극을 막을 수 있었을 것이다. 남편을 몰염치한 사람으로 몰아세우는 대신 "일찍 퇴근해서 당신이 지어 준 맛있는 저녁 먹고 싶었는데, 중요한 고객이 5시에 느닷없이 찾아왔지 뭐예요."라고 말했다면 어땠을까? 아니면 염치없다고 면박당한 남편이 "당신이 일찍 귀가하는 게 내겐 그만큼 중요하단 얘기야."라고 말할 수도 있었을 것이다.

　결국 이 연구는 부부가 모두 비관적인 사람일 때 그 결혼생활이 위태롭다는 것을 보여 준 셈이다. 만일 당신과 당신의 배우자가 낙관성 검사에서 조금 비관적이거나 아주 비관적이라는 평가가 나왔다면, 비관성을 극복할 수 있는 적극적인 조치를 취해야 한다. 두 사람이 같이 낙관성 검사를 일주일에 한 번씩 해 보기 바란다. 평균 이상의 점수를 받을 때까지 꾸준히 해야 한다.

　낙관성과 비관성이 결혼에 미치는 영향에 대한 연구로, 54쌍의 신혼부부를 4년 동안 추적 조사한 것이 있다. 긍정적 태도가 결혼 만족도를 높여 주고, 이 만족도가 다시 긍정적 태도를 높여 주듯이, 결혼 만족도와 비관성의 관계도 마찬가지이다. 54쌍의 부부 중에서 연구를 수행한 4년 동안 이혼하거나 별거한 부부가 16쌍이었으며, 긍정적인 부부일수록 결혼생활을 지속할 가능성이 큰 것으로 나타났다.

이 연구 결과를 단적으로 말하면 낙관성이 결혼생활에 도움이 된다는 것이다. 배우자가 불쾌한 행동을 할 때는 그 행동의 원인을 일시적이고 부분적인 것에서 찾도록 노력하라. 예컨대, "그는 늘 무심해." "그는 신경질쟁이야." "그는 술주정뱅이야."라고 하기보다 "남편이 피곤한 모양이야." 혹은 "기분이 안 좋은 모양이네." "숙취 때문일 거야."라고 받아들이는 게 바람직하다. 이와 반대로 배우자가 기분 좋은 일을 할 때는 영속적이고 만연성이 큰 것에서 원인을 찾으라. "반대에 굴복한 거야." 또는 "오늘은 운이 좋았던 거야."라고 하기보다 "아내는 현명해." 또는 "아내는 그 게임의 일인자야."라는 식으로 받아들이라.

사랑할 능력과 사랑받을 능력을 대표강점으로 가진 복받은 사람들이 있다. 그러나 많은 사람이 이 강점을 지니고 있지 않기 때문에 사랑할 능력과 사랑받을 능력을 열심히 계발해야 한다. 남다른 언어 지능과 능력을 지닌 사람은 작가가 되기에 유리하다. 그러나 평범한 사람도 꾸준히 노력하면 작가가 될 수 있다. 원만한 부부관계도 이와 마찬가지이다. 친절, 감사, 용서, 사회성 지능, 정직, 유머, 열정, 공정성, 자기통제력, 겸손 등의 모든 강점이 행복한 결혼생활로 이끌어 주는 징검다리가 될 수 있다.

시간의 선물

최근에 특별한 사건이나 일도 없었는데 관계가 불편하고 어색한 사람이 있는가? 그렇다면 그 원인을 한번 찾아보라. 대부분이 상대가 원할 때 시간을 함께하지 못해서, 상대와 시간을 함께하지 못해서 나타나는 현상들이다. 시간의 선물은 사랑, 소통, 공감, 배려, 존중이 포함된다. 시간과 선물이란 용어는 피터슨(2009)이 만들었다. 시간의 선물은 사랑하는 사람에게 우리가 줄 수 있는 가장 귀중한 선물이다.

피터슨은 긍정심리학 강의에서 오 헨리(O. Henry, 2006)의 「매기의 선물(The Gift of the Magi)」이라는 짧은 이야기를 시작으로 이 활동을 소개한다. 이 이야기는 젊은 부부가 자신이 가장 소중하게 여기는 것을 팔아 서로에게 필요한 것을 선물하는 내용이다. 크리스마스를 맞이한 아주 남루한 연인이 있었다. 그들은 서로를 위해 선물을 살 능력이 없었다. 남편이 소유한 가장 값비싼 물건은 회중시계였다. 그의 아내가 가진 것 중 가장 값비싼 것은 길고 아름다운 머리카락이었다. 남편은 아내의 머리를 빗을 수 있는 빗을 사기 위해 시계를 팔았고, 아내는 남편의 시곗줄을 사기 위해 가발가게에 머리카락을 팔았다. 슬픈 이야기인가? 전혀 아니다.

많은 사람이 타인을 위해 살지 않는다. 그러나 우리는 타인에게 나누어 줄 무척 소중한 선물이 있다. 그것은 결코 되돌릴 수 없는 것이기 때문이다. 그 선물이 바로 시간이다.

　우리가 가장 존경하는 선생님이나 좋아하는 친구들을 떠올리면 그들은 모두 오랫동안 헌신적으로 스스로를 바친 인물이다. 이때 그들이 나에게 어떻게 무엇을 주었느냐가 아니라 나에게 어떻게 해 주었느냐가 중요하다. 사실 몇 해 전에 피터슨은 감사의 편지를 썼다. 이 글을 쓰면서 비로소 자신을 위해 시간을 할애해 준 아주 친한 이 친구에게 많은 부분에서 감사함을 깨닫게 되었다.

　　바쁜 와중에도 나에게만은 시간을 내주고 어려운 일이 있을 때도 우리의 우정이 깨지지 않은 것에 나는 고마워하고 있어. 같은 광경도 보는 사람에 따라 다르게 보이지. 너의 좋은 점은 눈으로는 확인할 수 없어. 다만 그것은 네 안에 있고, 네가 살아온 과정 안에 있고, 네가 나에게 해 준 모든 것 안에 있어. 아주 멋진 너의 인생 속에 내가 있다는 사실에 정말 감사해.

　시간의 선물은 자신을 위한 방법이기도 하지만 이타성을 발휘하는 데도 유용하다. 이타성은 어떤 부탁도, 재정적 보상도 바라지 않고 자기 의지대로 남에게 이득을 베푸는 것이다. 누구나 이 세상에서 중요한 삶을 살고 싶어 하고 더 나은 세상을 만들어 나가고 싶어 한다. 이타성의 심리적 혜택은 다음과 같이 다양한 분야에서 상당히 크다.

- 자원봉사는 수명 증가, 일상생활 활동 수행 능력 개선, 더욱 건전한 대처 행동, 타인과의 긍정적인 상호작용 증가, 만성 통증과 입원 감소, 전반적인 심리적 고통 감소와 연관이 있다(Casiday, Kinsman, & Fisher, 2008; Musick & Wilson, 2003; Nedelcu & Michod, 2006; Soosai-Nathan, Negri, & Delle Fave, 2001).
- 또 다른 증거에 따르면 관련된 많은 특성을 조정하고 나서 자원봉사하는 사람들은 훨씬 높은 신체 활동 수준을 유지했고, 자가평가 건강 상태가 훨씬 좋았으며, 우울 증상도 훨씬 적었다(Pillemer et al., 2010).
- 자원봉사와 기부는 행복, 웰빙과 깊이 연관돼 있다. 사람들은 더욱 행복해지겠다는 목표를 달성하려고 상품을 구매하고 소비하지만 구매 행동으로는 좀처럼 그 목표를 달성하지 못한다(Kasser & Kanner, 2004; Lyubomirsky, 2007). 상품의 매력은 쾌락적 적응 때문에 시간이 지나면서 사라지지만 경험은 시간이 지나면서 더욱 좋아진다(Kasser & Kanner, 2004; Van Boven & Gilovich, 2003). 사람들은 상품을 살 때 끊이지 않는 확실한 만족감이나 즐거움을 얻을 거라고 기대한다. 반면, 자원봉사 등의 경험을 할 때는 자신

의 참여가 가치 있는지 없는지와 같은 보다 더 깊은 성찰을 한다. 게다가 상품은 유용성과 관련이 있지만 경험은 정서와 관련이 있다. 경험은 사람과 사람을 연결해 준다. 반면, 상품과 전자기기, 특히 오늘날의 기술 장치는 사람을 사람으로부터 멀리 떼어 놓는다. 실제로 페이스북과 다른 소셜미디어 플랫폼에서는 많은 사람과 연결돼 있어도 사무실 동료들과 옆집 사람, 옆방에 있는 사랑하는 사람들과는 소원하게 지내는 경우가 흔하다.

- 남을 돕는 사람들은 건강해진다. 무작위 연구에서 영어를 유창하게 구사하고 만성 건강 문제가 없는 10학년 캐나다 학생 106명이 두 달 동안 초등학생을 돕는 자원봉사를 했다. 이 연구에서는 C-반응 단백질 수치와 총 콜레스테롤 수치, 신체질량지수를 포함한 심혈관 위험 표지자를 주시했다. 그 결과, 공감과 이타적 행동이 가장 많이 증가한 사람들과 부정적 기분이 가장 많이 감소한 사람들은 시간이 지남에 따라 심혈관질환 위험이 가장 많이 감소했다(Schreier, Kimberly, Schonert-Reichl, & Chen, 2013). 이 연구는 긍정적인 연상의 유행병적 증거를 최초로 제시한다.

- 하버드 대학교 정치과학자 로버트 퍼트넘(Robert Putnum, 2000)은 지난 25년에 걸쳐 거의 50만 명을 인터뷰해 경험적 증거를 수집했다. 그 결과에 따르면 긍정관계를 기반으로 형성된 사회적 자원이 상당히 약해졌다. 1950년대와 비교했을 때 대부분의 조직에서 적극적 참여 비율이 50% 이상 감소했고, 워크숍 참석률도 50%에서 25%까지 떨어졌다. 또한 친구를 집에 초대하는 비율이 45%까지 감소했다. 퍼트넘은 이타성과 자원봉사, 자선 활동이 1950년대 이후 꾸준히 하락하고 있는 암울한 진실을 시사했다.

남을 도우면 건전하지 못한 생각에서 훨씬 건전한 행동적 노력으로 관심이 쏠리기 때문에 자신만의 생각에 빠지는 주의집중을 다른 방향으로 전환할 수 있다. 건전하지 못한 생각에 빠지면 취약해지고 희생자라는 자기인식이 강해진다. 반면, 건전한 행동적 노력을 하면 자기효능감이 높아진다. 하지만 앞서 언급했듯이 자원봉사와 이타적 행동은 전반적으로 감소하고 있다. 긍정심리학이 이런 안타까운 경향에 어떤 영향을 미칠 수 있을까? 그것은 시간의 선물을 통해 이타성을 확장시키는 것이다.

긍정심리 도구 연습: 시간의 선물

당신이 관심을 두고 있는 사람을 떠올려 보자. 당신이 가진 것이 시간뿐이라면 그 사람을 위해서 무엇을 해 줄 수 있는가? 돈이나 물건으로 호의를 보이는 방법도 있지만 이 연습 활동에서는 당신이 소비한 시간만큼 친절의 정도가 표현된다. 그들을 위해서 무엇을 하든, 그들과 함께 무엇을 하든, 그 사람을 위해 시간을 어떻게 쓸 것인지 계획하라. 그 사람을 위해 쓸 수 있는 최대한의 시간을 쓰고 요령을 부리려고 하지 마라. 손목시계를 풀어 버릴 준비도 하라. 그리고 당신에게 도움을 받은 사람에게 당신이 얼마만큼의 시간을 들였는지 말하지 마라. 그저 그 일의 결과로써 자연스럽게 알게 하라.

이 활동은 성공적이었다. 지침에 따라서 연습 활동을 실행하면 대부분은 친절을 베푸는 행동에 큰 기쁨을 느낄 것이다. 그러나 이것을 방해하는 것은 바로 시간 그 자체이다. 시간을 할애할 만큼 충분한 시간을 갖고 있지 않은 사람도 있기 때문이다. 즉, 인생의 한 분야에 시간을 할애하면 그만큼 다른 분야에서는 반드시 어려움이 발생한다. 동료 가운데 한 사람은 자녀에게 시간을 할애하였다. 그녀는 시계가 없는 방에서 큰딸과 색칠공부를 하면서 오후를 보냈다. 그러나 그녀는 작은딸과 놀아 주지 않은 것에 대해 마음이 쓰였다. 아마 그녀는 두 딸 모두와 무언가를 했어야만 했을 수도 있다. 하지만 그러고 나면 그녀의 남편을 등한시한 것이 걱정되었을 것이다. 이렇게 걱정은 끝이 없을 것이다.

우리가 시간을 만들어 낼 수는 없다. 당신은 할 일이 너무 많다고 친구에게 불평했던 경험이 있을 것이다. 당신의 친구는 "넌 시간 관리에 문제가 있어."라며 심리학자처럼 말할 수도 있다. 당신은 "아니야, 난 아주 완벽하게 시간 관리를 하고 있어. 문제는 시간 관리가 아니라 시간이 충분하지 않다는 거야."라고 대답할 수 있다. 피터슨은 이것이 바로 이 활동의 요점이라고 했다. 그리고 그것은 시간을 초과해서 사용하는 것이 단지 선택의 문제가 아니기 때문에 시간을 어떻게 분배할지 신중하게 결정해야 한다는 것을 의미한다.

공감, 경청

옛날에 동양의 한 군주가 지혜로운 신하들에게 좌우명으로 삼을 만한 문장을 지으라는 명령을 내렸다고 한다. 그 문장은 시공을 초월해 언제 어디서나 진리로 통하는 것이어야 했다.

이에 신하들은 "그리고 이것 또한 멸망하리라."라는 문장을 지었다. 이 문장에는 얼마나 많은 의미가 담겨 있는가. 교만할 때는 그 마음을 스스로 경계할 것이요, 고통의 나락에서 헤맬 때는 얼마나 큰 위안이 될 것인가.

링컨 대통령은 다른 사람의 말을 경청하기로 유명했다. 링컨이 남달리 섬세하면서도 정치를 하는 동안 끊임없이 자신에게 쏟아진 비난과 불만에 대해 귀 기울여 들었음을 엿볼 수 있는 사료가 많다. 이를테면 그는 "그게 당신 탓은 아니다." 또는 "그게 당연하다."처럼 상대방의 입장을 이해하고 동정하는 말을 곧잘 사용했다. 내가 특히 링컨을 존경하는 것도 바로 이렇게 경청하는 태도 때문이다.

흔히 대화란 '말하기'와 '말할 차례를 기다리기'로 이루어진다. 그러나 말하고 기다리기 식의 대화는 결혼생활을 비롯한 모든 관계에서 원만한 의사소통을 이루기에는 부족하다. 바람직한 의사소통 방법을 연구하는 사람들은 공감적 듣기를 분석하고 개발했다. 이것이 원만한 결혼생활을 더욱 향상시키는 데 도움이 될 것이다.

바람직한 듣기의 기본 원칙은 '정당성의 인정'이다. 화자에게 가장 궁금한 것은 자신이 한 말을 상대방이 이해했느냐 하는 것이다. 그러니까 상대방에게 "이해해." "무슨 말인지 알아." "설마 그럴 리가." 등의 반응을 보고 싶어 하는 것이다. 아울러 청자가 동의하는지, 아니면 적어도 동정하는지 알고 싶어 한다. 고개를 끄덕이거나 "물론이지." "맞아." "그렇고 말고."와 같이 맞장구를 쳐 준다거나, 하다못해 "그게 당신 탓은 아니죠."와 같이 최소한의 동정을 받고 싶어 한다. 배우자가 하는 말을 제멋대로 무시해서는 곤란하다. 심각한 문제일수록 배우자의 의견을 존중하는 자세를 보여야 한다. 설령 자신이 말할 차례가 되어도 반대 의견은 되도록 삼가는 것이 좋다.

상대방의 말을 경청하지 못하는 외적인 이유는 단순한 부주의 때문이다. 아이 울음소리, 듣기에 방해되는 소음, TV 소리, 전화 통화 등의 외적 방해 요소는 미리 제거해야 한다. 또한 이런 환경에서는 되도록 대화를 하지 않는 게 좋다.

상대방의 말에 주의를 기울이지 못하게 하는 내적 요인도 있다. 예컨대, 피곤하다거나, 딴생각을 한다거나, 이야기가 지루하다거나, 반박할 거리를 생각하는 것 등이다. 만일 당신이 이런 내적 요인 때문에 자칫 배우자에게 무시당한다는 느낌을 줄 우려가 있을 경우에는 대화를 중단할 방법을 찾아야 한다. 피곤하거나 지루해서 상대방의 말에 집중하기가 어려울 때는 솔직하게 말하는 게 좋다. "당신과 얘기를 나누면 좋겠는데, 내가 지금 너무 피곤해요." "소득세 문제 때문에 머리가 너무 복잡해요." "오늘 메이지에게 모욕당한 일이 자꾸만 떠올라 당신 말이 귀에 들어오지가 않네요. 우리 조금 뒤에 얘기하면 안 될까요?"라는 식으로 말이다.

배우자가 말하는 동안 반박할 거리만 찾는 것은 쉽게 고치기 힘든 나쁜 습관이다. 한 가지 방법이 있다면 배우자가 한 말을 정리하여 되묻는 식으로 짧게 대꾸하는 것이다. 이것을 제대로 하자면 상대방의 말에 주의를 기울여야 한다.

경청을 방해하는 또 한 가지는 당신의 정서 상태이다. 사람은 누구나 기분이 좋을 때는 다소 모호한 말을 해도 말하는 사람에게 호의적인 반응을 보인다. 그러나 기분이 좋지 않을 때는 응어리진 마음에 동정심은 온데간데없이 야멸스런 말들만 떠오르고, 상대방의 진의를 나쁘게 받아들이기 십상이다. 이때도 "오늘은 되는 일이 하나도 없었어요." "심통부려서 미안해요." "저녁 먹은 뒤에 얘기하면 안 될까요?"처럼 솔직하게 털어놓는 게 상책이다.

이런 방법들을 익히면 일상적인 대화에는 효과적이지만 감정이 격해지기 쉬운 문제를 논의할 때는 별로 도움이 되지 않는다. 부부관계가 위태로울 때는 감정적으로 날카롭게 대립하기 십상이어서 큰 싸움이 되는 경우가 많을 뿐 아니라 원만한 부부 사이에도 민감한 문제는 있게 마련이다. 마크먼, 스탠리, 블룸버그는 이처럼 민감한 문제를 원만하게 해결하는 방법을 원자로 운전에 비유한다. 말하자면 날카로운 대립에서 발생한 격렬한 감정을 건설적으로 이용하거나, 깨끗이 마무리 짓기 힘들 만큼 얽히고설킨 문제라면 아예 폭발시켜 버리는 게 낫다는 얘기이다. 그러나 원자로에는 연쇄 반응을 조절하는 제어봉(制御棒)이 있듯이, 당신에게도 격렬한 감정을 다스릴 도구가 있다. 그것은 바로 말하는 사람과 듣는 사람이 지키도록 정해져 있는 '화자와 청자의 의식'이다.

만일 감정이 격해지기 쉬운 문제, 예컨대, 돈, 섹스, 시댁 혹은 처갓집 문제로 의견이 충돌할 때는 바로 '화자와 청자의 의식'을 따르려고 노력하는 게 좋다. 의식을 시작할 때, 발언권이 화자에게 있음을 상징하는 의사봉을 준비한다. 명심할 것은 의사봉이 없는 사람은 상대방의 발언을 들어야 하는 청자라는 것이다. 할 말을 다 한 화자는 발언권을 넘겨 줄 것이다. 그때 성급하게 해결책을 제시하려고 해서는 곤란하다. 문제를 해결하기에 앞서 감정적 대립을 해소하려고 노력해야 한다. 이를테면 상대방의 질의에 응답하는 시간인 셈이다.

발언권을 가진 사람은 오직 자신의 생각과 감정만을 말해야 하며, 자신이 판단한 상대방의 생각이나 감정을 언급해서는 안 된다. 그러려면 '당신'보다는 '나'를 중심으로 말하는 게 좋다. "당신이 끔찍하게 느껴져."보다 "당신이 내내 그 여자와 이야기를 할 때 나는 정말이지 혼란스러웠어."처럼 자신의 기분이나 감정을 상대방에게 전하도록 말해야 한다. 두서없이 장황하게 말하지 말고, 충분한 시간을 갖고 조리 있게 말하는 자세도 중요하다. 이따금 호흡을 가다듬으면서 듣는 사람에게 대꾸할 기회를 주는 것도 좋다.

듣는 사람은 말하는 사람이 요청할 때 자기가 들은 내용을 나름대로 정리해서 상대방의 말을 되짚듯이 말하되, 반박하거나 해결책을 제시해서는 안 된다. 물론 거부의 몸짓을 하거나 표정을 지어서도 곤란하다. 상대방이 한 말을 이해했다는 표시만 해야 한다. 반박은 자신에게 발언권이 있을 때 하면 된다.

한 가지 구체적인 사례를 보자. 테시와 피터는 아들 제레미의 유치원 입학 문제로 감정이 격해 있다. 그동안 대화를 회피했던 남편 피터가 TV 앞에 서 있자 아내 테시가 억지로 발언권을 준다.

> 피터(화자): 나도 제레미를 어느 유치원에 보내야 할지, 또 꼭 올해 보내야 하는지 생각 많이 했소.
> 테시(청자): 생각을 많이 했는데, 아직 유치원에 보내기엔 이를지도 모르겠다 이거예요?
> 피터(화자): 그래요. 제레미가 나이에 비해 철이 덜 들어서, 제대로 된 환경이 아니면 그 애가 어떻게 행동할지 확신이 안 선단 말이오.

피터가 다른 말을 꺼내기 전에 자신의 생각을 되묻는 아내의 말을 인정했다는 사실을 주목하라.

> 테시(청자): 제레미가 나이에 비해 성숙한 아이들 속에서 잘 해낼지 걱정된단 말이죠, 그래요?

남편의 핵심을 정확히 이해했는지 확신이 서지 않는 테시가 다시 남편의 말을 요약해서 묻는다.

> 피터(화자): 글쎄, 그보다도 그 애가 그렇게 오랫동안 당신이랑 떨어져 지낼 준비가 되었는지 모르겠단 거요. 물론 지나치게 의존적인 아이가 되기를 바라지도 않고, 또……

이쯤에서 피터는 발언권을 아내에게 넘긴다.

> 테시(화자): 아무튼 당신이 그렇게 말해 주니 고마워요. 난 사실 당신이 이 문제에 대해 그토록 진지하게 생각하는 줄 몰랐거든요. 당신이 아이 문제에 전혀 신경 쓰지 않는 것 같아 속상했어요.

테시가 발언권을 넘겨받자, 남편이 한 말의 정당성을 인정한다.

피터(청자): 내가 걱정하는 게 반갑단 소리 같군.

테시(화자): 그럼요. 이게 어디 쉽게 결정할 문제예요? 만일 제레미를 올해 유치원에 보내야 한다면 애한테 적합한 유치원을 골라야 해요.

피터(청자): 아이에게 알맞은 유치원을 찾으면 올해 보내는 게 좋겠단 거요?

테시(화자): 그렇죠. 아주 좋은 유치원만 찾으면 한번 시도해 볼 만도 해요.

남편이 자신의 말을 귀담아듣는 데 기분이 좋아진 테시는 그런 자신의 기분을 남편에게 전한다.

피터(청자): 좋은 유치원을 찾기만 하면 보내겠단 얘기로군.

테시(화자): 해 보면 좋겠다는 거지, 아직 결심한 건 아니에요.

피터(청자): 그러니까 맘에 쏙 드는 유치원이 있어도 선뜻 결정하기 힘들다, 이거요?

테시(화자): 맞아요. 당신 생각은 어때요?

지금까지 살펴보았듯이, 원만한 부부관계를 더욱 발전시킬 수 있는 두 가지 원칙은 배우자에 대한 배려와 어느 누구도 자신을 대신하지 못하는 대리 불가능성이다. 사랑하는 사람을 배려하는 데 인색해서는 안 된다. 앞서 소개한 부부간의 대화 기술을 활용하면 상대방을 공감하고 배려하는 마음을 키울 수 있다. 배우자가 지닌 강점을 칭찬하는 것도 상대방을 공감하고 배려하는 좋은 방법이다. 그러나 잘하는 것 못지않게 자주 하는 것도 중요하다. 셀리그만은 사랑에 관한 한 '효과적인 시간 활용'이라는 편리한 개념을 적용해서는 안 된다고 믿는다. 사랑하고 사랑받는 사람들끼리 상대방의 말을 얼마나 '잘' 들어주느냐에 못지않게 얼마나 '자주' 들어주느냐도 중요하기 때문이다. 직장이나 학교에서 받는 스트레스나 끊임없는 일상의 괴로움 때문에 상대방을 따뜻이 공감해 주고 배려하지 못할 때도 사랑은 절대 희석되지 않는다. 대리 불가능성은 부부관계의 반석이다.

의사소통

⊙ 확신에 찬 의사소통

의사소통에는 소극적인 방식, 공격적인 방식, 확신에 찬 방식이 있다. 이 방식들의 차이점은 무엇일까? 각 방식의 단어, 어투, 속도, 몸짓은 무엇일까? 각 방식은 어떤 메시지를 전달할까? 예컨대, 수동적인 소통 방식은 "어쨌든 당신은 내 말에 절대 귀 기울이지 않을 거야."라는 메시지를 전달한다. 긍정심리학 연구에서 알아낸 바에 따르면, 대부분의 사람은 한 가지 소통 방식을 지향하며, 이 방식을 억제하는 빙산믿음을 찾아내는 것이 무엇보다 중요하다. '사람들은 약점이 조금만 보여도 이용할 것이다.'라는 빙산믿음을 지닌 사람은 대체로 공격적인 소통 방식을 지향한다. '불평하는 것은 나쁘다'고 믿는 사람은 소극적인 소통 방식을 갖고 있으며, '세상에는 신뢰할 만한 사람이 많다'는 믿음은 확신에 찬 소통 방식을 끌어낸다.

따라서 다음의 다섯 단계로 이루어진 확신에 찬 의사소통 방식을 교육한다.

① 상황을 확인하고 이해하려고 노력한다.
② 그 상황을 주관적으로 정확하게 묘사한다.
③ 관심을 표현한다.
④ 상대방의 견해를 묻고 그것을 받아들이려고 노력한다.
⑤ 그의 견해를 받아들일 때 얻게 될 이점을 나열한다.

이 연습 도구는 셀리그만(2008)이 이끄는 미육군 회복력 훈련(Master Resilience Training: MRT)에 포함된 중요한 도구이다. 훈련에 참가한 부사관들은 군인으로서 흔히 접하는 상황을 다룬 역할극을 통해 이 소통 방식을 연습한다. 즉, 전우가 술을 너무 많이 마시더니 만취한 상태로 운전을 한다, 아내가 별 필요도 없는 물건을 자꾸 사들인다, 동료 대원이 물어보지도 않고 자신의 소지품을 계속 갖다 쓴다 등이다. 이 역할극에 이어 부사관들은 자신이 현재 실제로 직면한 곤란한 상황을 확인하고 확신에 찬 소통 방식을 실제로 적용해 본다. 자신이 가족에게 어떤 방식으로 말하고 있는지 조사하다 보면 마음이 아프다. 아내에게는 너무 공격적으로 말하고 자녀에게는 너무 강압적으로 말한다고 고백하는 부사관이 많다. 매사 신속하고 명령을 지향하는 군대에서 일하다가 가정에서 훨씬 더 효과적인 민주적인 소통 방식으로 바꾸기가 어렵기 때문이다. 이 수업이 끝난 후, 한 부사관이 복도에서 셀리그만에게 고맙다면서 "3년 전에 이걸 배웠더라면 전 이혼하지 않았을 겁니다."라고 말했다. 군대뿐만 아니라 어디에서든 가정과 직장에서 자주 접하는 상황을 다룬 역할극을 통해 이 소통 방식을 연습하는 것이 좋다.

⦿ 적극적이고 건설적인 반응 기술

스웨덴에 "기쁨은 나누면 배가되고, 슬픔은 나누면 반이 된다."는 속담이 있다. 살다 보면 좋은 일도 일어나고, 나쁜 일도 일어난다. 어떤 사람은 부정사건을 재구성해 좀 더 넓은 시각에서 바라보려고 한다. 반면, 부정사건을 떨쳐 내기 힘들어 계속 반추하는 사람들도 있다. 연구 결과에 따르면 사람들은 부정정서보다 긍정정서를 2.5배 더 많이 느끼고, 긍정정서와 부정정서를 동시에 경험하는 경우도 흔하다(Trampe, Quoidbach, & Taquet, 2015). 하지만 사람들은 부정적인 측면의 잠재력, 특히 계속 떠오르거나 '딱 들러붙어 떨어지지 않는' 성향 때문에 부정적인 측면에 사로잡히면 쉽게 빠져나오지 못한다. 어떤 사람들은 긍정사건도 밝히길 주저한다.

사람들은 역경과 어려움, 다툼, 트라우마를 겪을 때 대체로(항상은 아니지만) 배우자와 동반자, 친구, 가족, 공동체의 지지를 얻으려고 한다. 사회적 지지가 정서적 · 신체적으로 유익하다는 연구 결과가 있다. 이런 사실은 치료자에게 그다지 새로운 것이 아니다. 하지만 동전의 다른 면을 생각해 봤는가? 잘 됐던 일도 일어나고, 대체로 잘 됐던 일이 나쁜 일보다 훨씬 많이 일어난다.

셸리 게이블(Shelly Gable, 2004)은 긍정적인 이야기를 하고 잘 됐던 일을 다른 사람들과 나눌 때 어떤 개인 내 결과와 대인적 결과가 나오는지를 연구했다. 랭스턴(Langston, 1994)은 사람들이 긍정사건을 경험하고 그 이야기를 다른 사람들과 나눌 때 긍정사건 자체의 유의성과 관련된 증가치보다 훨씬 큰 긍정적인 영향을 받는다는 사실을 밝혀냈다. 랭스턴은 이를 일컬어 '증폭화(capitalization)'라고 했다. 게이블도 긍정적인 소식을 다른 사람들과 공유해 추가 혜택을 누리는 과정을 증폭화라고 했다. 증폭화는 보고 느끼고 가치를 정하고 확대하는 과정이다. 이런 요소들은 공유자와 반응자가 모두 타당하다고 느끼기 때문에 더욱 강력해진다. 증폭화는 반응을 조절하는 기술도 선사해 준다.

게이블과 동료들은 네 가지 반응 기술을 제시했다. 〈표 7-1〉에 제시된 반응 기술 중 적극적이고 건설적인 반응 기술은 일상적인 긍정적인 효과와 행복이 긍정사건 자체와 다른 일상

표 7-1 사랑하는 사람들이 긍정사건 공유에 반응하는 4가지 유형

	건설적인 반응 기술	파괴적인 반응 기술
적극적인 반응	열정적 지지 보내기, 자세한 경험 설명하기, 타당하고 이해받는다는 느낌, 사건 재체험과 확장하기, 사건 전개와 사건 발생 이유에 대해 구체적으로 질문하기, 추가적으로 발생할 수 있는 긍정사건이 무엇인지 질문하기 **사례** "그거 멋진데!" "그렇다니 정말 기뻐. 넌 새로운 직책을 맡아서 아주 잘 해낼 거야." **표현** 계속해 시선 마주침, 미소 지음, 긍정정서 표현	긍정사건 일축하기, 대화 중단하기, 수치심과 당혹감, 죄의식 또는 분노 **사례** "승진했다면 한 주 내내 일하고, 토요일 오전에도 일해야 할 거야." **표현** 부정적 측면 지적, 찡그린 표정과 이맛살 찌푸리기 등 비언어적 신호로 부정정서 표현
소극적인 반응	조용하게 절제된 지지 보내기, 대화 흐리기, 중요하지 않고 오해받는다는 느낌, 당혹감과 죄의식 **사례** "승진 대상으로 여겨지다니 잘됐다." **표현** 행복하지만 열정이 부족한 억제된 표현, 경시함, 적극적인 정서 표현을 거의 또는 전혀 하지 않음.	사건 무시하기, 대화를 시작도 안 함, 혼란과 죄의식 또는 실망감 **사례** "승진했다고? 음, 빨리 옷 갈아입어. 그래야 저녁 먹으러 가지. 나, 배고파." **표현** 시선을 거의 또는 아예 마주치지 않음, 관심 부족, 외면, 방을 나감.

적인 사건의 영향보다 훨씬 더 크게 증가하는 현상과 관련이 있다.

다른 사람들이 증폭화 시도에 적극적으로나 건설적으로(수동적으로나 파괴적으로가 아니라) 반응하면 그 혜택이 훨씬 더 향상된다는 사실도 게이블(2004)과 동료들이 밝혀냈다. 게다가 증폭화 시도에 대체로 열정적으로 반응하는 동반자와의 친밀한 관계는 관계 행복(친밀감, 일상적 결혼생활 만족도 등)의 증가와 연관돼 있었다. 최근의 연구 결과에 따르면 긍정사건에 대한 적극적이고 건설적인 반응은 커플의 친밀감을 향상시켜 주고, 일상적인 행복을 키워 주며, 갈등을 줄여 준다. 긍정적 이야기와 동반자 반응은 모두 상호작용의 친밀성 경험에 기여한다. 구체적으로 말해, 증폭화는 다음과 같은 상태를 뜻한다.

● 좋은 소식을 나누는 동반자와 다른 사람들이 타당성을 느낀다. 증폭화를 통해 자신들이 중요하다는 메시지를 받는다.
● 긍정사건을 다른 사람들에게 말할 수 없거나 말하지 않기로 했을 때보다 말할 때 훨씬 더 긍정정서를 경험하고 보다 높은 삶의 만족도를 느낀다.

● 공유의 혜택은 긍정사건 그 자체를 경험해 얻는 긍정정서와 삶의 만족도보다 훨씬 크다.

● 긍정사건을 공유하면 그 사건에 대한 의문이 생기고, 그 사건의 중요한 측면과 영향력에 대해 토의하게 된다. 결과적으로 이 모든 요소가 관계를 돈독하게 해 준다.

긍정심리학에서는 가족의 대표강점뿐만 아니라 그들이 더욱 확장된 가족에 섞여 들어가는 방법을 이해하고 인정해 긍정관계를 맺으라고 권한다. 가족의 강점을 인정하면 서로에 대한 감사와 연결성이 더욱 강해질 가능성이 높아진다. 서로의 강점을 알면 예전에 오해했던 가족의 행동을 새로운 통찰력으로 바라볼 수도 있다. 결과적으로 가족 구성원은 서로의 강점을 알고 인정하며 칭찬해 줄 수 있고, 상호작용과 그런 강점들을 중심으로 이뤄지는 가족 중심 활동도 개선된다.

긍정적 이야기는 안정적인 유대관계와 친밀감 형성에 중요한 요소이다. 긍정심리학에서는 구체적인 자기공개 유형을 권장한다. 이런 자기공개는 건설적이고 긍정적인 방식으로 한다. 긍정적 이야기는 잠재력을 키우고 확장시키고 형성하며(Fredrickson, 2001), 좀처럼 되돌릴 수 없다. 이와는 대조적으로 부정사건은 장기적인 피해를 입히고 보다 빠른 반응을 요구한다. 또한 유해한 상황을 바꾸고자 규제를 요구할 때는 치명적일 수도 있다(Pratto & John, 1991).

긍정관계에서 가장 중요한 것은 무엇일까? 상대의 기분을 좋게 해 주고 상대가 나를 좋아하게 만드는 것이다(우문식, 2016). 적극적이고 건설적인 반응 기술이 상대방을 기분 좋게 해 주고 나 자신을 좋아하게 만드는 도구이다. 인간관계는 상호적인 것이다. 손바닥도 마주쳐야 소리가 나듯이 인간관계도 어느 한쪽만 노력해서는 긍정관계를 만들기 어렵다. 원만한 소통이 이루어지지 않는다는 것이다. 긍정관계를 만들기 위해서는 상대방이 어떤 긍정적인 이야기를 했을 때 잘 반응해 주어야 한다. 어떻게 반응하느냐에 따라 그 사람과의 관계가 좋게 발전할 수도 있고, 보기만 하면 으르렁거리는 원수지간이 될 수도 있다.

먼저 자신이 사람들이 말할 때 평소 어떻게 반응해 왔는지부터 살펴보자. 친구가 좋은 자동차를 샀다고 자랑할 때, 좋은 성적을 거뒀다고 말할 때, 새 집을 장만했다고 뿌듯해할 때 어떻게 반응해 왔는지 잠시 생각해 보자. 만약 친구가 다이어트에 성공한 일을 들떠서 이야기한다면 다음 중 어떤 반응을 보이는지 골라 보자.

① "우리, 뭐 먹으러 갈까?"
② "얼마 못 가서 금방 다시 살이 찔걸?"

③ "잘됐네."

④ "한눈에도 날씬해진 걸 알겠어. 축하해! 주변에서는 뭐라고 그래? 날씬해졌다고 하지? 거울 보면 기분이 어때?"

만약 1, 2, 3번 가운데 하나를 골랐다면 친구는 이야기해 놓고도 곧 후회하거나 만족스럽지 못했을 것이다. 하지만 4번을 골랐다면 친구와의 관계가 더욱 친밀해졌을 가능성이 높다.

사람들은 어떤 이야기를 했을 때 부정적인 반응보다는 긍정적인 반응을 기대한다. 예컨대, 새 차를 뽑고 잔뜩 기대에 부풀어 "이 차, 어때?"라고 질문했을 때 시큰둥하게 "응, 괜찮네."라고 대답하면 기분이 나빠진다. 반대로 "정말 끝내주는데! 시승식은 누구와 했어? 제일 먼저 어디에 가 보고 싶어?"라는 반응을 보이면 기분이 좋아진다.

제8장
긍정심리 삶의 의미·가치

의미 있는 삶은 자기 존재보다 더 큰 무엇에 소속되어 그곳에 기여하는 것이다. 삶의 의미는 행복에 어떤 영향을 줄까? 셀리그만과 디너는 수천 명을 대상으로 15번이나 반복해 무엇을 추구했을 때 삶이 가장 만족스러웠는지를 조사했다. 그 결과는 놀라웠다. 삶을 만족시키는 데 가장 중요한 역할을 한 것은 쾌락의 추구, 긍정감정의 추구, 즐거운 삶의 추구, 관여의 추구, 당신을 위한 시간의 멈춤이 아니라 의미의 추구인 것으로 나타났다. 예상과는 달리 쾌락의 추구는 삶의 만족도에 거의 공헌하지 못했다. 관여의 추구 역시 강력했다. 즐거움이 중요한 역할을 할 때는 즐거움과 함께 관여나 의미를 추구할 때였다.

홀로코스트(Holocaus) 당시 나치 수용소에서 살아남을 확률은 통계적으로 28명 중 1명이 채 되지 않았다. 그런데 살아남은 사람들에게는 공통점이 있었는데 자기가 살아야 할 분명한 이유나 삶의 의미를 갖고 있었다는 것이다. 『죽음의 수용소에서』의 저자 빅터 프랭클(Viktor Frankl) 역시 그중 한 사람이다. 그는 성공한 정신과 의사였지만, 수용소에서는 다음 끼니를 마련하고 살아남는 게 삶의 전부였다. 프랭클은 이 경험을 바탕으로 자기 존재의 의의와 가치를 깨닫게 하는 의미치료를 개발하기도 했다. 삶의 의미가 없으면 희망을 포기한 죄수처럼 무기력하게 사라지고 말 것이다.

의미 있는 삶을 이루는 방법은 아주 많다. 예컨대, 친밀한 대인관계와 생산성, 이타성, 사회적 행동주의나 사회적 서비스, 소명과 영성으로 경험하는 경력이 있다. 자기 인생에 목적이 있다고 느낀다면 자신이 존재하기 때문에 세상이 다르게 느껴진다. 반면, 목적이 없으면 세상은 위협적인 곳이 되고, 불안증과 우울증을 유발한다(Schnell, 2009). 목적의 부재는 우울증 발병률을 크게 증가시키는 부분적인 원인이 된다(Ruchenbauer, Yazdani, & Ravaglia, 2007).

'의미'는 목적의식과 성취감을 느끼게 해 주는 장기적 목표 추구 활동을 향상시키는 세상에 대한 일관적인 이해를 일컫는다. 바우마이스터(Baumeister, 2005)는 의미 추구가 다음과 같은 인생의 네 가지 목적에 도움이 된다고 한다.

- 의미는 과거와 현재, 미래를 포함한 시간대 내에서 인생의 목표를 정확히 하는 데 도움이 된다.
- 의미는 자기효능감이나 자기통제력을 제공한다. 의미는 우리가 세상의 사건에 좌우되는 장기의 '졸'에 불과한 것이 아니라 그 이상의 존재라고 믿을 수 있게 한다.
- 의미는 행동을 정당화하는 방법을 창조할 수 있게 도와준다.
- 의미와 연관된 활동들은 종종 공동체 의식을 공유하는 사람들의 유대감을 형성한다.

빅터 프랭클은 의미에 관한 중요한 연구[「의미에 대한 의지(The Will to Meaning」(1988); 「인간의 의미 탐색(Man's Searching for Meaning)」(1963); 「의사와 영혼(The Doctor and the Soul)」(1973) 등]에서 의미는 언제나 가능성을 지니고 있고, 인간의 근본적인 욕구라고 했다. 환경에 상관없이 개인은 언제나 자유롭게 관점을 선택해 자신의 경험을 바라본다. 프랭클은 또한 프로이트와 아들러의 연구를 기초 삼아 의미 추구도 쾌락 추구나 권력 추구와 함께 인간의 핵심 속성에 포함시켜야 한다고 주장했다.

의미가 반드시 인생 전체를 아우르는 거창한 개념이어야 할 필요는 없다. 상황적 의미도 있다. 상황적 의미란 보다 작은 규모의 사건과 관련된 의미를 말한다. 예컨대, 카드 게임과 비디오 게임, 스포츠 게임에서 승리하면 단기 목적과 그와 관련된 가치를 얻기 때문에 흥분을 맛볼 수 있다. 하지만 그 게임이 필연적으로 인생 전반에 큰 의미를 부여하는 것은 아니다.

의미는 대인적 환경에 존재하는 경향이 있다. 인간은 사회적 동물이기 때문에 자기 집단을 발전시키는 목표나 집단의 가치에서 파생된 목표를 갖기 쉽다.

인생에 의미를 부여하면 정신건강이 좋아진다는 증거가 있다. 의미를 실현하는 방법은 아주 많다. 보통 이타성을 발휘하고 남에게 봉사해 자신보다 더욱 원대한 뭔가에 소속돼 헌신하는 것은 의미에 중요한 요소이다(Steger, 2012).

의미의 본질은 연결성이다. 의미는 물질적으로 완전히 동떨어진 두 개체도 연결시켜 줄 수 있다. 단, 그 두 개체가 동일한 범주에 속하거나, 동일한 사람이 소유한 것이거나, 공동의 목표 달성을 위해 사용하는 것이라면 가능하다. 안타깝지만 이런 사회적·공동체적 연결성은 '극단적 개인주의'의 상승으로 크게 약해졌다. 셀리그만(1991)은 극단적 개인주의가 '우울증 적 설명양식(depressive explanatory style)'을 극대화해 사람들이 흔한 실패의 원인을 영속적이 고 만연적이며 개인적인 것으로 돌리게 만든다고 주장했다. 또한 개인적 실패가 재앙 수준의 영속적인 것처럼 보이기 때문에 보다 크고 자애로운 제도(신, 국가, 가족)의 감소가 이루어지 고 있다는 사실도 지적했다.

셀리그만(2011)은 의미를 PERMAS의 세 번째 요소로 둔다. 의미는 한 가지 주관적인 생각 을 갖고 있다. 예컨대, "저번에 기숙사에서 밤새워 얘기했을 때만큼 의미 있는 대화를 한 적 이 없었지?" 같은 생각이다. 따라서 이 요소는 긍정정서의 범주에 포함되기도 한다. 주관적 요인이 긍정정서의 방향을 결정한다는 점을 기억하라. 쾌락이나 희열, 안락 등의 긍정정서를 느끼는 사람은 그 감정을 오해할 리가 없다. 자신이 느끼는 감정이 오해의 여지를 잠재우는 것이다. 하지만 의미는 그렇지 않다. 당신은 밤새워 나눈 대화가 크게 의미 있었다고 생각할 지도 모른다. 그러나 오랜 시간이 지난 후 더 이상 마리화나에 취하지 않은 상태에서 대화 내 용을 떠올려 보고는 그것이 그저 철부지의 헛소리에 지나지 않았음을 깨닫는다.

의미는 주관적인 상태에만 있는 게 아니다. 역사, 논리, 일관성에 대한 냉정하고 보다 객관 적인 판단은 주관적인 판단과 모순되기도 한다. 아주 우울한 기질의 에이브러햄 링컨은 몹시 절망해서 자신의 인생이 무의미하다고 판단했을지도 모르지만, 우리는 그의 인생이 의미로 충만했다고 판단한다. 제2차 세계대전 이후 장 폴 사르트르(Jean Paul Sartre)와 그의 추종자들 은 그의 실존주의 희곡『출구 없는 방(No Exit)』을 의미 있는 작품으로 판단했겠지만, 지금은 그 희곡이 그릇된 사고, 즉 '타인은 곧 지옥이다'로 요약되어 별 의미가 없는 작품처럼 보인 다. 오늘날에는 타인과의 친교와 인간관계가 삶에 의미와 목표를 부여한다는 것에 이견이 없 기 때문이다.

의미 역시 PERMAS의 요소가 되기 위한 세 가지 성질을 충족시킨다. 첫째, 의미는 웰빙에 기여한다. 둘째, 의미는 종종 그 자체가 좋아서 한다. 셋째, 의미는 긍정정서와 몰입 그리고 긍정관계와 앞으로 다룰 요소인 성취와 독립적으로 정의되고 측정된다.

일의 의미

스테어스와 길핀(Stairs & Gilpin, 2010)은 몰입을 즐거움, 도전, 의미의 산물로 본다. 이 정의는 자신의 일을 의미 있는 것으로 보는 사람들이 일에 몰입할 가능성이 더 높음을 의미한다. 일의 의미에 대한 우리의 인식은 일의 목적에 대해 우리가 취하는 관점에 영향을 받는다. 연구에 따르면, 사람들은 일을 생계직이나 전문직이나 소명직이라는 세 가지 가운데 하나로 본다(Wresniewski, 2003). 일을 생계직으로 볼 때 사람들은 실질적인 수입에 초점을 둔다. 전문직을 지향적인 사람들은 더 큰 자존감, 커진 힘, 더 높은 사회적 지위 같은 전문성이 가져다주는 보상을 위해 일한다. 소명 지향적인 사람들은 주로 그 일이 가져다주는 만족감을 위해 일한다. 그들은 자신의 일이 세상을 좀 더 좋은 곳으로 만드는 데 도움이 된다고 믿는다. 그것 자체가 보상이다. 이들 세 가지 일에 대한 지향은 그 역할이 아닌 그 사람과 연관된다. 그래서 교사로 일하는 사람은 자신의 일을 생계직이나 전문직이나 소명직으로 볼 것이다. 다른 관점을 보여 주는 이들 각각은 다른 수준의 몰입과 연관된다.

노동인구의 대략 1/3이 자신의 일을 소명으로 본다는 것은 축복받은 일이다. 삶에서 목적의식을 갖고 자기 일이 의미 있다고 믿는 것은 진정한 행복과 인생을 잘 살고 있다는 만족감과 긍정적으로 연관된다(Seligman, 2006년). 의미 있는 일은 또한 일에 대한 더 큰 만족감, 일과 관련된 알코올중독에 빠질 가능성의 저하, 일과 삶 사이의 갈등 저하, 더 큰 확실성과 경력 결정에 대한 자기능률, 좀 더 본질적인 동기부여 등 다른 많은 좋은 일과 연관된다(Steger & Dik, 2010). 소명직은 일에 대한 높은 몰입 수준과 연관된다. 하지만 그들의 일을 소명으로서 경험하지 않는 개인들도 높은 수준의 몰입을 경험할 수 있다. 그렇다면 일을 좀 더 호감이 가고 의미 있게 만들기 위한 세 가지 전략, 즉 개인적인 전략, 지향적인 전략, 리더십 전략을 살펴본다.

일의 의미를 높이기 위한 전략

◉ 개인

다행히도 사람들은 자신의 일에서 의미를 찾고자 하는 강한 욕구를 가지고 있다. 우리는 특히 '나는 누구인가?' 하는 관점에서 항상 세계를 이해하고자 한다. 그래서 우리는 우리의 일에서 의미를 발견하는 데 효과적으로 프로그램되어 있다. 그것은 정체성에 대한 우리의 인식에 도움이 된다. 우리는 조직에서 이 과정을 본다. 예컨대, 한 조직에서 어쩌면 주요 목적에 부수적인 어떤 직무를 맡은 사람들을 상상해 보라. 그는 놀랍게도 마치 그 회사의 구원이 자신의 손에 달린 것처럼 행동한다. 그들은 자기가 하는 일에 큰 의미, 어쩌면 그를 문방구류 공급을 관리하는 사람으로'밖에' 보지 않는 그 조직의 나머지 사람이 그에게 부과한 것보다 더 큰 의미를 부여한다. 하지만 그들은 관리자들이 아주 무능하기 때문에 자신의 성실한 행동을 통해서만이 스테이플러 부족 사태로부터 조직을 구할 수 있다는 식의, 종합적으로 형성된 믿음을 가지고 있다. 조직의 무관심이나 심지어 비웃음에도 불구하고 그런 종합적인 의미를 만들어 내는 능력은 직원의 더 큰 몰입을 위한 아주 효과적인 의견의 제시보다 더 존중받아야 한다.

　좀 더 개인적인 차원에서 어떤 사람들은 더 적극적인 방법으로 조직에서 자신의 몰입 수준을 높이는 문제에 접근한다. 그들은 자신의 일을 다시 만들어 낸다. 예컨대, 그들은 자신의 강점에 더 적합하도록 직무에 접근하는 방식을 바꿀 수도 있다. 일의 우선사항을 재조정해서 자신이 가장 즐기는 부분을 하는 데 더 많은 시간을 들일 수도 있다. 일의 정의를 바꾸어서 스스로 더 많거나 더 다양한 사람과 상호작용할 수도 있다. 심지어 일을 구성하는 직무들을 바꾸어서 자신이 싫어하는 직무는 버리고 즐기는 직무를 더 많이 도입할 수도 있다 (Wresniewski, 2003). 그런 행동은 흔히 경영자들의 빈축을 산다. 경영자들은 그것을 부당한 '선별'로 본다. 하지만 그것은 일에 대한 몰입을 증가시키는 아주 창의적인 방법일 수 있다.

⊙ 조직 전략

　조직 차원에서의 적극성이 또한 직원 몰입의 가능성에 영향을 준다. 조직은 직원들이 하고 있는 일에 대해서, 그리고 주주들에게 돈을 벌어다 주는 것을 넘어서는 조직의 목적에 대해서 의미 있고 호감이 가는 설명을 만들어 내기 위해 노력할 수 있다. 강령만으로는 충분하지 않다. 좀 더 큰 목적에 대한 이런 인식은 그 회사가 행동하는 방식에서 분명해야 한다. 게다가 그것들은 조직 내 개인들이 자신이 어떤 자리에 잘 맞고 무엇에 이바지하는지를 정확히 이해하도록 도와줄 수 있다. 조직은 몰입도를 고려해서 직원을 모집할 수 있다. 강점을 발휘하게 하고 긍정강화를 받아들이고 몰입을 경험하는 것과 같은 몰입의 기회를 강화하는 요인을 알아내고 증폭시키는 감정평가 방식을 이용할 수 있다. 경영자들로 하여금 그들이 몰입에 미치는 영향과 그들이 하는 아주 중요한 역할을 잘 이해하도록 할 수 있다.

⊙ 리더십 전략

리더의 행동이 또한 직원들의 몰입 수준에 영향을 미친다. 리더는 다른 사람들과의 관계를 형성해야 한다. 앞서 언급한 공유된 목적의식과 사명감을 만들어 내고 그것을 열심히 따르는 사람들을 조직에 몰입시켜야 한다. 의미와 몰입은 고용주와 고용인 사이의 책무라는 상호관계에 의해 강화된다. 리더는 사람들이 심리적으로 편안하게 자신의 일에 힘을 쏟도록 할 수 있고, 부정적 결과에 대한 두려움 없이 자신의 여러 측면 그리고 일에 대한 열의, 포부, 열정을 드러낼 수 있다. 능력과 경험뿐 아니라 조직 적합성을 고려해서 직원을 모집할 수 있다. 훈련에 힘을 쏟고, 고용인들에게 권한을 주고, 일에 적합한 조직의 보상을 보장하고, 잘 소통할 수 있다. 이 모든 실천이 차이를 만들어 낸다(Steger & Dik, 2010).

⊙ 삶의 의미 검사

삶의 의미는 아주 오랫동안 철학자들의 영역이었고 최근에 와서야 심리학자들이 과학적으로 연구한 영역 중 하나이다. 삶의 의미는 모든 인간의 기본적인 욕구이다.

삶의 의미 검사(MLQ)는 마이클 스티거(Michael Steger)와 동료들이 개발했다. 그들은 삶의 고통과 자주 중첩되는 오래된 삶의 의미 검사를 개선하는 데 관심이 있었다. 세 번의 연구를 거쳐 그 옛날 검사의 44개 문항을 이론상 중요하고 통계상 변별력 있는 10개 문항으로 축소했으며, MLQ가 판별 타당도가 높다는 것을 발견했다. 이 특별한 검사를 두 가지 하위검사로 나눌 수 있다. 하위검사 중 하나는 개인의 삶에서 의미의 실재를 측정하고, 다른 하나는 개인의 삶에서 의미의 추구를 측정한다. 삶의 의미라는 광범위한 주제를 '실재'와 '추구'라는 더 작은 두 영역으로 나눔으로써 고객이 삶에서 자연스럽게 의미를 창조하는 과정에서 얻는 이익과 그 이익의 크기에 대해 고객과 생산적인 대화를 시작할 수 있다. 스티거 연구진은 이것을 다음과 같이 요약해서 설명한다.

MLQ가 의미 추구와 실재를 독립적으로 측정하므로 이론적이나 경험적으로 더욱 융통성 있는 조사가 가능하다. 삶에서 큰 의미를 느끼면서도 여전히 더 많은 의미를 추구하려고 애쓰는 사람들을 확인할 수 있으며, 이들과 자신의 삶에는 의미가 충분하다고 여겨서 더 이상은 의미를 추구하지 않는 사람들을 비교할 수 있다. 예컨대, 디트리히 본회퍼(Dietrich Bonhoeffer), 말콤 엑스(Malcolm X), 마하트마 간디(Mahatma Gandhi)의 삶은 커다란 목적과 의미가 실재하는데도 더 큰 의미와 목적을 공공연하게 적극적으로 추구한 대표적인 예이다(steger, 2006).

삶의 의미 검사(MLQ)

잠시 시간을 갖고 숙고해 보라. 자신의 존재와 삶을 중요하고 의미 있게 해 주는 것은 무엇인가? 다음 문항에 가능한 한 진실하고 정확하게 대답하라. 또한 이 문항들은 매우 주관적인 질문이며 정답이나 오답은 없다는 점을 부디 기억하라. 다음의 점수 범위 내에서 대답하라.

결코 아니다	대체로 아니다	다소 아니다	다소 그렇다	약간 그렇다	대체로 그렇다	매우 그렇다
1	2	3	4	5	6	7

_____ 1. 나는 내 삶의 의미를 알고 있다.

_____ 2. 나는 내 삶을 의미 있게 해 주는 것을 찾고 있다.

_____ 3. 나는 내 삶의 목적을 찾으려고 언제나 노력한다.

_____ 4. 내 삶에는 뚜렷한 목적의식이 있다.

_____ 5. 나는 내 삶을 의미 있게 해 주는 것이 무엇인지 잘 알고 있다.

_____ 6. 나는 만족을 주는 일생의 목적을 찾아냈다.

_____ 7. 나는 내 삶이 중요하다고 느끼게 해 주는 것을 언제나 찾고 있다.

_____ 8. 나는 내 삶의 목적 또는 사명을 찾고 있다.

_____ 9. 내 삶에는 뚜렷한 목적이 없다.

_____ 10. 나는 내 삶의 의미를 찾고 있다.

주: 이 검사는 두 가지 하위검사, 즉 의미의 '실재'를 측정하는 검사와 의미의 '추구'를 측정하는 검사로 나눌 수 있다.
　- 실재: 1, 4, 5, 6, 9번(대답을 역으로 계산)
　- 추구: 2, 3, 7, 8, 10번

연구 초창기에 스티거는 개인의 삶에 의미를 부여하는 것을 연구했다. 최근에는 관심 영역을 바꿔서 고용인이 업무에서 의미를 창출하게 도와줌으로써 리더, 관리자, 조직이 고용인의 웰빙에 어떤 영향을 미칠 수 있는지를 연구한다. 미국, 캐나다, 영국, 이스라엘에서 수행된 연구를 통해 스티거는 의미 있는 업무가 개인의 웰빙과 행복으로, 더 나아가 세상에 긍정적인 변화를 일으키려는 친사회적 열망으로 이어지는 과정을 추적했다. 대학생, 의료기관 자원봉사자, 민간 치안단체 자원봉사자, 데이케어 센터 근무자, 대학 교수, 병원과 금융회사 직원 등 다양한 분야와 직위에 있는 사람들을 대상으로 한 연구 모두 동일한 결과를 제시한다. 즉, 소명 또는 천직을 찾았다고 느낀 사람들(의미 있는 일을 찾아낸 사람들)은 더욱 행복하고 자기 일에 더욱 몰두하며 자신의 삶이 전반적으로 더욱 의미가 있다고 여겼다. 스티거의 연구 결과는 조직은 '의미감이 풍부한' 직원을 고용하거나 키워 내는 데 관심을 기울여야 한다는 것을 암시한다. 그들은 조직에 더욱 헌신하고 더욱 의욕적으로 일하며 직업에 더욱 만족하기 때문이다. 의미 있는 업무는 개인의 '좋은 삶'에 꼭 필요하다고 강조한다. 스티거는 의미감이 풍부한 직원은 '최고 경영자'의 호감을 얻을 수 있다는 점도 지적한다. 그런 직원은 '비용 효율적'인 직원으로 보인다는 것이다(Steger, 2010). 그들은 조퇴하거나 아파서 결근할 가능성이 더 적고 적대감과 우울 수준도 더 낮은데, 그 덕분에 적대적인 근무 환경 및 우울증 치료와 연관된 생산성 손실이 줄어들 수도 있다. 스티거는 업무에 의미를 최대한 부여하기 위해 개인과 조직이 추구해야 할 주도적 행동에 관한 이론을 내놓았다. 그는 콜로라도 주립대학교의 동료 교수인 브라이언 딕(Bryan Dik)과 함께 보세 컨설팅(Voce Consulting)을 세워서 리더와 조직들이 의미 있는 업무를 장려하게 도와준다. 또한 청소년이 의미 있는 일의 중요성을 인식하고 그것을 찾을 수 있게 도와주려고 중학교에서는 일련의 심리학적 개입을 시행하고 있다. 스티거는 의미 있는 업무가 좋은 업무이고 의미감이 풍부한 직원이 좋은 직원이라면 사람들은 단순히 돈을 버는 수단 이상의 가치가 있는 일을 찾아내는 방법을 배워야 한다고 결론을 내린다. 의미 있는 일은 가치 있는 삶을 이루는 아주 중요한 요소이기 때문이다.

⦿ 가치

우리는 성격강점 연구에서 이런 강점들이 잘못된 목적을 위해 사용될 수 있는가에 대해 의문을 제기할 수 있다. 성격강점은 분명 도덕적인 가치를 지니고 있지만, 전제군주도 유능한 리더라고 불릴 수도 있으며, 자살폭탄 테러범도 어떤 면에서는 용감하다고 볼 수 있고, 신랄하게 냉소적인 사람을 유머러스하다고 볼 수도 있다. 이런 개인들 중 어느 누구도 도덕적으로 선함을 보여 주지 못하지만, 그래도 성격강점은 분명 여전히 존재한다. 다른 식으로 말하자면, 누군가가 그 특성을 칭찬받을 만하게 드러내지 않는다 해도, 그 특성 자체는 분명 강점이 될 수 있다(Peterson, 2009).

누군가를 훌륭하다고 간주하기 위해서는 다른 점들을 고려해야 할 필요가 있으며 여기에는 그의 성격강점들이 지향하는 더 큰 목표가 포함되어 있다. 따라서 누군가는 허리케인 구제 기금을 조직하거나 혹은 폭력적인 비디오 게임들을 판매함으로써 재산을 축적하는 데 리더십을 활용할 수도 있을 것이다. 누군가는 싸움을 걸거나 혹은 싸움에 말려들지 않음으로써 용감해질 수 있다. 또한 누군가는 사람들을 한데 모으거나 혹은 그들 사이를 이간질함으로써 익살꾼처럼 보이기도 한다. 하지만 궁극적으로는 행동이 지향하는 목표가 선함을 결정한다.

　따라서 좋은 삶이란 우리가 가치 있다고 여기는 목표들을 분명하게 표현하고 추구하는 것이다. 이 목표들이 바로 가치이다. 가치들은 사실상 일반적으로 도덕적이고, 종교적이며, 정치적이고, 우리가 살아가는 삶과 살고자 하는 삶 속에서 강렬하게 드러난다. 공공 의제에 의해 1999년도 실시된 설문조사에 따르면, 미국의 성인들은 오늘날 젊은이들이 직면한 가장 심각한 문제를 약물이나 폭력 문제보다 가치를 배우려 하지 않는 태도라고 보았다.

　가치 연구는 사람들이 제각기 가치 있다고 여기는 것이 있다는 관점에서 시작하고 있으며, 실질적으로 모든 이가 가치에 대한 자기만의 신념을 가지고 있기 때문에 각기 다르다. 이러한 신념들 및 사람들의 삶 속에서 신념의 역할 등을 연구하며, 이런 가치 중 일부를 채택하거나 배제하는 것 등이 긍정심리학자들의 과제이다(Peterson, 2009).

　가치에 대한 놀라운 결과들이 나타난다. 예컨대, 배리 슈워츠(Barry Schwartz, 2004)의 연구는 연구자가 자료가 이끄는 대로 끌려갔을 때 일어나는 일들을 보여 주고 있다. 그는 우리 대다수가 사실상 모성애라는 가치를 '순수하게 좋은 것'이라고 여기는 것에 대한 자기 자신의 '선택'에 대해 관심을 가졌다.

　일화에 따르면 그는 청바지를 사러 옷 가게에 들르는 일을 좋아했고, 수십 년간 구매를 해왔다. 이것은 늘 일상적이고 단순한 일이었다. 자신의 사이즈를 기억하고, 그 사이즈에 맞는 청바지를 사고, 그 옷을 길들이며, 좀 늘어났다 싶을 때까지 입는 것이다. 그러나 그가 지난번 청바지를 사러 갔을 때에 비해 이번에 청바지를 사러 갔을 때는 청바지 회사들의 새로운 상품을 발견할 수 있었다. 그가 상점에서 본 것은 리바이스(Levi's)와 리(Lee) 간의 사이즈 이외의 바랜 색상, 헐렁한 스타일, 편안한 스타일, 부츠 컷 스타일, 밑단이 좁아지는 스타일 등 수십 개의 선택사항이었다. 그리고 물론 청바지라도 이제는 색상이 블랙진, 그린진, 그레이진 등으로 나뉘며, 청록색, 짙은 녹색, 사막의 장미색 등 내가 확실하게 알지 못하는 색상들도 몇 가지 있다. 슈워츠는 너무 선택해야 할 것들이 많아 당황했고, 바지 한 벌을 사는 데도 많은 시간이 걸렸다. 그는 자기가 제대로 청바지를 골랐다고 인정하면서도 동시에 자기가 과연 선택을 제대로 한 건지에 대해 만족하지 못했다.

선택과 선택을 내리는 자유는 세상에서 가장 근본적인 가치이며, 특히 처음부터 개인 권리와 자율성을 중요시했던 미국에서는 더 그렇다고 할 수 있다. 종교, 직업, 거주지, 친구, 배우자 등을 선택하는 자유는 소중한 가치이다.

그러나 슈워츠는 일반적 사회적 인식을 넘어서, 선택에 혹시 단점은 없는지에 대해서 실험을 했으며, 자료는 청바지를 샀던 그의 경험을 다시금 뒷받침해 주고 있다. 우리가 내려야 하는 선택들의 수가 증가할수록, 우리는 사소한 결정을 내리는 데도 시간을 많이 들인다. 그리고 선택한 것에 대해 후회를 하기도 한다. 선택해야 할 사항들이 증가할수록 '다른 것을 골랐으면 어땠을까?'라는 생각이 점점 많아진다. 그래서 두 가지 이상의 선택권들은 하나보다 더 만족을 줄 수도 있지만, 선택해야 할 사항이 너무 많아질 때는 심리적으로 이득이 될 것이 별로 없을 수 있다.

슈워츠(2002)와 동료들이 한 후속 연구에 따르면, 많은 이가 여러 선택을 내려야 할 때 그들이 선택하는 방법에서 일관적인 모습이 보인다. 한 가지는 여러 대안 중에서 가장 좋은 선택을 내리길 원하는 이들이 있다는 것이다. 다른 한 가지는 이만하면 좋은 선택이라고 만족하는 이들이 있다는 것이다. 노벨상 수상자인 이론가 허버트 사이먼(Herbert Simon, 1956)이 쓴 용어를 인용해서 슈워츠는 전자의 사람들을 최대자라고 불렀는데, 이유는 그들의 목표는 선택으로부터 어떤 종류의 성공이 오든지 간에 그 성공을 최대화하는 데 있기 때문이다. 후자는 만족자라고 불렀는데, 만족하는 사람들의 경우 그들의 목표는 만족할 만한 수준의 선택을 내리는 데 있기 때문이다.

아무도 전적으로 최대자의 특징만을 가지거나 아니면 전적으로 만족자만의 특징을 가지지는 않는다. 그러나 사람들은 다음과 같은 문장들에 대한 동의 여부에 따라 암묵적인 연속선상에서 자신을 위치를 확인해볼 수 있다(Schwartz, 2004).

- 나는 두 번째로 좋은 것에 만족하지 못한다.
- 내가 내 직업에 얼마나 만족하고 있느냐에 상관없이 더 좋은 기회를 찾아 나서는 것이 옳다.
- 쇼핑할 때 딱 마음에 드는 옷을 고르느라 너무 힘들다.

사람들의 반응들을 보면 그들이 실질적으로 어떻게 결정을 내리는지 그리고 그것이 미친 심리적인 영향을 알 수 있다. 우리가 예상할 수 있듯이, 최대자는 결정을 내리는 데 시간이 오래 걸리지만, 더 흥미로운 것은 결정에 대한 그들의 만족감이 덜하다는 데 있다. 심지어 만족자들이 내린 빠른 결정보다 그들이 내린 결정이 '더 나은' 경우에도 그러하다.

　슈워츠는 대학교를 졸업하는 학생들을 대상으로 그들이 첫 번째 직장을 선택하는 것에 대해 연구했다. 최대자는 직장에서 안정적이 되는 데 만족자보다 더 오랜 기간이 걸렸으나 평균 봉급은 더 많았다. 안정 기간이 오래 걸려도 봉급을 더 많이 준다면 할 만한 일이기 때문에 그것은 좋은 거래 조건이 될 것이다. 그러나 이런 졸업생들을 추적한 조사에 따르면, 최대자들은 높은 봉급에도 불구하고 만족자들보다 자신의 직업에 대한 만족도가 낮은 것을 볼 수 있었다. 일반적으로 최대자는 만족자들보다 삶의 만족도가 낮았다. 이는 선택의 역설이라고 할 수 있다. 무언가를 원했고 그것이 더 많을수록 좋겠지만, 선택권이 많다는 것이 반드시 행복을 보장해 주지는 않는다.

　자신과 자신의 결정 방법에 대해 객관적인 시각으로 바라봄으로써 이런 연구가 지니는 추가적인 함의들을 더 깊게 생각해 볼 수 있다.

가치의 기능

　가치는 그 자체로 가치가 있는가? 가치 없이 완벽하게 운영되는 단체나 개인들이 이론상으로는 존재할 수 있다(Scott, 1963). 그러나 그들이 실제로는 존재하지 않는 듯하다. 이것이 사회역사적으로 임의로 발생한 우연적인 것인지 혹은 인간의 깊은 내면에 자리 잡은 것인지는 잘 알지 못하지만 가치는 거의 보편적인 것이다(Wright, 1994). 대부분의 이론가는 개인이나 단체 차원에서 가치의 기능적 의미에 대해 논하기 위해 가치가 도처에 편재한다는 사실을 사용하고 있다. 비록 우리가 무의식적으로 행복한 삶을 안락하거나 쾌락적인 삶과 동일시하지 않는다 해도 이런 모든 기능은 행복한 삶에 기여할 수 있다. 물론 그것에 대해서는 정의를 내려야 하겠지만, 우리는 옳은 것을 하기를 원한다. 왜냐하면 그렇게 하는 것이 옳기 때문이다.

　개인의 경우, 가치는 행동의 목표뿐만 아니라 이러한 목표들이 평가되는 기준을 제시한다(Williams, 1951). 가치는 우리가 선호하는 것을 넘어서 선호해야 하는 것을 말한다. 이상적인 기준에 있어 가치들이 언제나 성취되는 것은 아니다. 비록 일반적으로 가치와 행동들 간에 적당한 경험적 연관성은 있을지라도, 우리는 사람들의 구체적 행동들이 그들이 강조하는 것과 일치하지 않더라도 놀라서는 안 된다.

　사실 연구에서는 다음과 같은 질문이 계속된다. 가치와 행동이 가장 일치할 것 같은 때는 언제인가? 다음은 우리가 누군가의 신념이 그들의 행동 속에 반영될 것이라고 예상할 수 있는 상황들에 대한 요약이다(Peterson, 1997).

- **한 사람이 한 가치를 처음으로 습득하게 되는 상황:** 직접 경험으로부터 생긴 가치들은 간접적으로 습득된 가치들보다 개인의 행동과 더 일치한다.
- **가치가 그 사람의 자아상을 정의하는 데 도움이 되는 정도:** 그가 누구이건 간에 특정 가치에 매여 있다면, 보통 매우 일관적으로 행동하게 된다.
- **사람들이 행동할 때 자의식이 있는지 여부:** 때로 사람들은 스스로가 가치와 일관적으로 행동하는가를 생각하기에 앞서 그들이 지닌 가치에 대해 숙고해 볼 필요가 있다. 예컨대, 별생각 없이 사회적 각본에 따라 행동하는 이들과 같이 행동의 의미에 대해 생각하지 않는 이들은 비일관적으로 행동하는 경향이 있다.
- **특정 가치를 반영할 것으로 짐작되는 특정 행동에 대한 사람의 평가:** 특정한 방식으로 행동하는 것에 대해 찬성하거나 반대하는 강한 규준이 있다면, 그들의 가치는 행동에 대해 별로 영향을 미치지 않는다. 여기서 개인들은 가치보다 타인들이 가진 기대에 부합하도록 일관되게 행동한다.
- **행동으로 섣불리 일반화할 수 없는 가치:** 예컨대, 미에 대한 매우 일반적인 가치들은 알루미늄 캔을 재활용하는 것 같은 특정 행동을 예측하지는 못하지만 재활용의 미덕에 대한 특정한 신념은 예측할 수 있다.
- **가치와 관련된 행동의 범위:** 만일 행동들이 반복적으로 다양한 방식으로 측정된다면 사람이 믿는 것과 행동하는 방법 간의 상관관계는 상당히 커질 것이다. 다른 식으로 말하면, 만일 우리가 누군가가 한 행동들을 모두 보게 된다면, 행동들은 가치들을 반영할 가능성이 더욱 커진다는 것이다.

우리가 어떤 가치에 따라 행동할 때 우리는 행동의 주된 원인인 우리의 환경이나 생물학적 기질로부터 자유로워진다. 예컨대, 종교적 가치들은 우리가 화났을 때도 다른 쪽 뺨을 내밀거나 혹은 우리의 욕구와는 상관없이 특정 음식이나 성적 행동들을 금하도록 할 수 있다. 이런 식으로 볼 때, 가치는 우리로 하여금 즉각적으로 무심코 행동하는 것을 막아 주며, 독자적인 의지를 가지고 행동할 수 있도록 해 준다(Peterson, 2009).

가치들은 표현된다. 그것들은 세상에게 그리고 우리 자신들에게 우리가 누구이며 무엇이 우리에게 가장 중요한 것인지를 알려 준다. 우리는 차에 가치를 표현하는 범퍼 스티커를 붙이거나, 팔에 가치를 표현한 기호를 문신하기도 한다. 우리는 타인과 우리 자신에게 반복하는 우리의 가치가 내포된 선호 좌우명, 즉 모토(motto)를 가지고 있다(Burrell, 1997). 다시 말하건대, 우리가 늘 그 모토를 지키느냐 아니냐는 중요하지 않다. 모토는 우리가 자신을 어떻게 드러내고 싶은가에 관한 것이다. 그럼에도 우리가 가치에 부합하게 살아갈 때 옳다고 느끼며, 심지어 그런 시도조차 하지 못할 때는 수치심이나 죄책감을 느낀다. 가치의 최종 기능은 우리가 행동하고 느끼는 것에 정당성을 부여해 주는 데 있다(Kristiansen & Zanna, 1994).

가치들은 또한 사회적 기능들도 가지고 있다. 같은 단체의 사람들은 같은 종류의 가치를 공유한다. 적어도 그 가치들은 단체의 목표와 관련되어 있다. 무엇이 바람직한 것인가에 대해 공유한 생각은 어떤 집단이 가진 특징일 수 있는데, 그 이유는 공유하고 있는 그 생각이 바로 왜 그 단체가 존재하는지, 왜 사람들이 그 단체에 참여하고 싶어 하는지, 그리고 왜 그 단체가 유지되어야 하는지를 설명해 주기 때문이다. 그래서 『뉴욕 타임스』의 모토인 '활자화할 수 있는 모든 뉴스'는 이런 개념들을 하나의 간결한 문장으로 전달해 준다. 저널리즘의 우수성은 기자들에게 요구되는 것이고, 독자들에게 약속된 것이다.

공유된 가치들은 광범위하게 적용되는 일반적 규칙을 정확히 알려 주는 효과적인 방식으로 단체 내의 행동을 규정해 주고 있다. 그래서 단체의 구성원들은 규범을 개정하거나 정당화하는 작업을 굳이 할 필요가 없게 된다. '부모들은 늘 옳다'는 것은 많은 전통 가정에서 믿어 온 가치이다. 그리고 '아이들은 항상 옳다'는 것은 많은 여피족 가정, 적어도 레스토랑에서 옆자리에 앉은 여피족 가정들이 명백히 믿어 온 가치임에 틀림없다(Peterson, 2009). 어쨌든 공유된 가치들은 단체 내 갈등을 줄인다. "그것이 우리가 늘 해 오던 방식이다. 그것을 하는 것이 옳은 일이다. 싫으면 떠나라."

공유된 가치들은 일탈자들에 대한 제재를 정당화하며, 가치들은 외부 공격에 대항해서 단체가 집단적으로 분개하도록 한다. 단체의 동정적 반감을 일으키지 않으면서도 처벌이 가능해진다. 단지 출근 시간이 5분 늦었다고 해서 해고하는 것은 잔인하고 가혹한 것 같지만, 규칙이나 동료들을 존중하지 않았다는 이유로 해고하는 것은 훨씬 합당하게 들린다. 비록 그가 했던 특정한 규칙 위반이 5분 지각한 것이라도 말이다.

단체 구성원들이 지닌 가치들 또한 그들이 다른 단체들을 판단하게 하며, 좋든 나쁘든 간에 그들을 어떻게 대할지를 결정한다. 유대인들, 기독교인들 그리고 무슬림들이 모두 아브라함의 자녀들인가? 아니면 그들은 원래부터 충돌할 수밖에 없는 사람들인가? 때로 만인구원설로도 불리는 이와 관련된 도덕적 범주에 속하는 사람들이 중시하는 가치는 이러한 질문이 어떻게 답해질 수 있는가를 알려 준다(P. Singer, 1981, 1993).

개인적 차원에서와 마찬가지로, 단체의 가치들은 공개성명서이다. 특정 단체는 세상에 어떻게 알려지길 원할까? 대부분 미국의 주는 모토를 가지고 있으며(Burrell, 1997) 13개의 원래 주가 가졌던 모토들이 영국에 대항한 1776년 혁명을 정당화하는 정서를 전달하고 있다는 것은 우연의 일치가 아니다. 뉴햄프셔의 슬로건은 '자유가 아니면 죽음을'이고, 로드아일랜드의 슬로건은 '희망'이다. 델라웨어는 '자유와 독립'이며, 뉴저지는 '자유와 번영'이다. 펜실베이니아는 '덕, 자유 그리고 독립'이다. 매사추세츠는 '칼로써 평화를 구하지만 자유가 있는 곳에서만 평화가 있다.'로 좀 길지만 같은 내용을 담고 있다. 미시건주의 모토는 자유와 관계없으며 분명히 관광과 관련이 더 많다. 바로 '만약 기쁨의 땅을 찾으신다면 바로 이곳입니다.'이다.

공유된 가치들은 단순히 사회적 통제의 수단일 뿐 아니라 현 체제를 보호하는 방법이기도 하다. 변화는 또한 가치 때문에 가능하며, 어떤 종류의 사회행동주의는 그것을 가치의 언어로 바꿔 쓰는 식으로 어떤 계획에 명분을 부여함으로써 다시 활성화되기도 했다.

평화봉사단은 세계 평화, 이해 그리고 우정을 증진시키기 위해 1961년에 설립되었다. 오늘날 평화봉사단은 또한 미국의 젊은이들이 세상을 보고, 영어 이외의 언어를 배우며, 진로를 결정하기 위한 길을 제시해 준다. 그것 자체에는 이의가 없지만 오로지 이런 동기들이 수십 년에 걸쳐 18만 명 이상의 평화봉사단원들의 노력들을 지속시키기 위해 도덕적 활력을 불어넣었다고 하기에는 충분치 않다.

지금부터는 심리학자들이 가치에 대해 연구해 온 것들을 기술하려 한다. 무엇이 가치이고, 무엇이 아닌가도 중요한 질문이 될 수 있다. 우리는 가치들을 어떻게 파악하고 평가할 수 있는가? 보편적으로 인정된 가치들에 대해 논하는 것이 가능한 일인가? 다른 가치들 간의 균형은 어떻게 맞추어야 하는가? 그것들이 어디서 그리고 어떻게 비롯되었는가? 가치 변화가 가능한가? 가능하다면 어떤 영향을 끼칠 것인가?

⊙ 무엇이 가치인가

우리는 가치, 이를테면 가족의 가치, 국가의 가치, 문화적 가치 등에 대해 수많은 말을 듣는다. 일반적인 용어로 가치는 어떤 목표들이 다른 것보다 더 우선시된다는 지속적 신념이다(Rokeach, 1973, 1979). 물론 사람들과 사회는 가치에 있어 서로 다르며, 그 차이가 행동에 중요한 영향을 미친다.

긍정심리학에서 관심 있게 다루었던 다른 주제들과 달리 가치는 오랫동안 인류학, 경제학, 정치학, 사회학, 심리학 등의 사회과학 분야에서 연구 주제였으며, 사실 연구의 중심이기도 했다(F. Adler, 1956; Barth, 1993; Dukes, 1955; W. F. Hill, 1960; Hull, 1945; Kluckhohn, 1951;

Scitovsky, 1993; Sherif, 1936; Vernon & Allport, 1931). 여기서 심리학이 가치 연구를 하는 것에 대해 특별하게 여기고 싶다. 그 이유는 가치의 내재된 과정과 의미에 대한 심리학의 관심 때문이다(Peterson, 2009). 심리학적 접근법들은 가치를 단순히 명사로만 다룰 뿐 아니라 동사로도 다룬다. 우리가 어떻게 바람직한 목표들에 도달할 수 있을까?(Rohan, 2000)

윌리엄 스콧(Willam Scott, 1963)은 가치에 대해 폭넓게 연구하고, 그것이 어떻게 정의되고 측정될 수 있는지에 대해 고심했다. 스콧(1959)은 매우 경험주의적인 학자였고, 가치를 연구하기 위해 사람들을 인터뷰하는 방식으로 연구에 착수했다. 그의 인터뷰 전략은 일련의 가벼운 질문들로 라포를 형성한 다음 본론으로 들어가는 방법이었다.

> 당신이 동경하는 다양한 사람들에 대해 생각해 보라. 그리고 그들에게 있어 무엇이 그토록 그들을 동경하게 만들었는가에 대해 숙고해 보라. 이제 일반적인 질문에 대해 생각해 보자.
> 누군가에 있어 무엇이 그(그녀)를 훌륭하게 만드는? 특별히 동경할 만한 개인적 특성들에는 어떤 것들이 있는가? 당신이 언급한 특성들에 대해 생각해 보라. 당신이 보기에 어떤 특징이 타고난 것이라고 생각하는가? 그리고 모든 사람도 그것을 좋은 것이라고 여기는가?(Scott, 1963, p.17)

스콧은 '옳다' '그르다'와 같은 민감한 용어들을 사용함으로써 인터뷰 대상자들을 화나게 하지 않는 대신에, 사람들이 가치 있다고 여기는 것에 대해 파악하기 위해 '동경하는'이라는 단어를 고의적으로 선택했다. 그러나 후속 인터뷰의 질문들에서 드러난 바에 의하면, 대부분의 사람은 '동경하는' 특성을 도덕적으로 옳다고 분류하는 것에 대해 주저하지 않았다.

스콧은 '① 본래적으로 좋은, 즉 궁극적인, ② 절대적으로 좋은, 모든 상황에서 적용되는, ③ 보편적으로 좋은, 모든 이에게 적용되는' 것으로 간주되는 선호 목표로서의 가치라며, 보다 풍성하게 가치를 정의하기 위해 이처럼 제한 없이 서술적으로 묘사를 했다. 확실히 좀 더 애매한 답변들("상황에 따라 다릅니다.")을 제시한 이들도 있지만 대다수는 가치를 이런 용어들로 간주했다. 실제로 대부분의 인터뷰 대상자는 제대로 된 생각을 가지고 있다면 자신과 같은 방식으로 대상을 바라보아야 하고, 그 결과 같은 가치들을 가져야만 한다고 믿었다.

비록 스콧의 인터뷰는 동경하는 특성들에 대한 질문으로 시작했기 때문에 성격강점에 대한 연구와 비슷한 것 같지만, 여기서는 차이점에 주목해 보자. 그는 우리가 이 특성들을 우리 행동 속으로 구현하든 그렇지 못하든 간에 타인들에게서 동경하는 특성들에 대해 물었다.

스콧의 인터뷰 대상자들은 2세대 전의 대학생들이었으며, 그는 그들이 파악한 동경하는 특성들이 절대적이거나 보편적이었다고 주장하지는 않았다. 그럼에도 불구하고 그의 인터뷰에서 등장했던 다음과 같은 가치들이 어느 정도 일반적이라는 것을 알 수 있다.

- 성취
- 독립성
- 충성
- 자기조절

- 창의성
- 주지주의
- 신체적 용기
- 사회적 기술

- 정직
- 친절
- 종교성
- 지위

이 가치들은 전부는 아니더라도 대부분은 모든 이가 인정하는 이상적인 것들이다. 이것은 가치에 대한 또 다른 중요한 점을 보여 주고 있다. 가치는 대체로 많은 사람이 긍정적이라고 여기며, 모두 중립적인 것보다는 상위 수준의 것들이다. 사람들이 각자 다른 가치들을 가지고 있다고 말할 때, 이보다 더 정확한 표현은 사람들이 다른 가치의 우선순위를 가지고 있다는 것이다. 우리는 가치를 순서화하고, 갈등이 생겼을 때 이 순서를 사용해 판단한다(Tetlock, 1986). 그러나 또 다른 중요한 점은 거의 대부분의 사람이 여러 가치로 구성된 가치체계를 가지고 있다는 것이다.

평등한 모든 존재가 한 그룹을 향해 충성하는 것은 모든 이가 인정하는 가치를 지녔기 때문이다. 배신과 변덕이 난립하는 리얼리티 TV 쇼에 출연하지 않은 한 그룹에 대해 상상해 보자. 실제 세계에서 충성은 다른 한편으로 널리 인정받는 가치인 정직과 충돌할 수도 있다. 비판의 상황이 명확하더라도 그 집단을 비판하지 않는 것과 같이 어떤 이들은 충성함으로써 그 갈등을 해결하지만, 황제가 옷을 입지 않았다고 폭로하는 것과 같이 다른 이들은 정직으로 해결한다. 두 경우 모두에서도 하위 가치가 중요하지 않다고 말할 수 없으며, 이것은 단지 그 순간에 우선하는 가치를 더 중요시했을 뿐이다.

다음으로 가치가 사회적이기도 하다는 점을 강조하고 싶다. 개인 구성원들은 바람직한 목표들에 대해 동의하는 경향이 있기 때문에 조직은 가치들을 공유하는 집단으로 묘사될 수 있다. 공유된 가치들은 집단의 특정한 특성들 중 하나이며, 단순한 무리, 즉 동시에 같은 장소에 있는 사람들과 구분하게 해 준다.

예컨대, 스콧(1963)은 우리가 예상했듯이, 많은 단체가 공유된 가치들과 관련해서 서로 다르다는 것을 보여 주었다. 그래서 대학교의 연극 학회 구성원들은 일반적인 대학생들보다 창의성을 더 강조하고 있다. 남학생 및 여학생 사교클럽 회원들은 사회성과 충성을 특히 강조한다. 신학생들은 종교성에 가치를 둔다. 운동선수나 야외활동 단체들은 신체적 능력을 강조한다. 그리고 한 재미있는 비교에서, 스콧은 일탈 행동에 대해 자부심을 가졌던 콜로라도 대학교 학생단체 일원들을 대상으로 연구했으며, 그들이 독립심과 불순응의 가치들을 공유했다는 것을 밝혀냈다.

스콧은 또한 대학생들이 그 자신의 가치와 일치하는 가치들을 가진 단체들에 가입한다는 것을 보여 주었으며, 더 나아가 단체 구성원들은 단체의 공유된 가치들에 대해 유사점이나 차이점의 측면에서 동료들에게 평가된다는 것도 보여 주었다. 흥미로운 것은 비록 이들이 자발적인 조직이었고 추후에 다른 곳으로 이동해 갈 여지도 거의 없다는 것은 유념해야 함에도 불구하고, 그의 연구에서 단순히 대학교 단체에 참여하는 것으로 인해 구성원들이 시간이 지나면서 공유된 가치들에 더 가까워진다는 증거는 거의 없었다는 것이다.

가치는 바람직한 목표에 대해 개인이 가지고 있거나 단체가 공유하고 있는 신념이다. 그 것들은 특정한 상황들을 초월하며 우리가 어떤 행동을 선택할지에 대한 방향을 제시하고, 타인과 우리 자신을 평가한다. 그리고 다른 상대적 중요성에 따라 서열화된다(S. H. Schwartz & Bilsky, 1987). 더 나아가 가치는 진공 상태에 있지 않다. 그것들은 세계에 대한 그리고 세계가 어떻게 되어야 하는가에 대한 누군가의 더 큰 이데올로기의 일부분이다(Maio, Olson, Bernad, & Luke, 2003).

⊙ 가치의 분류

우리가 지지하는 수많은 가치는 수가 한정되어 있지만, 잠재적으로 매우 광범위하다. 바람직한 목표들에 대한 사람들의 인식을 파악할 수 있을 만큼 넓으면서도 과학적으로 손쉽게 다룰 수 있을 만큼 좁은 의미의 가치를 선별하려면 어떻게 해야 할까?

어떤 심리학자들은 단순히 중요한 핵심 가치들을 파악하기 위해 자신들만의 직관, 경험, 예감 등에만 의존했다. 가치 연구의 선구자인 밀턴 로키치(Milton Rokeach, 1973)는 존재의 이상적인 상태에 대한 신념인 소위 '궁극적 가치'라고 했던 것을 구별하기 위해 사람들이 무엇을 가치 있게 여겼는지에 대한 자신의 견해들에 주로 의존했다.

- 편안한 삶
- 세계 평화
- 가족의 안전
- 내면의 조화

- 신나는 삶
- 미의 세계
- 자유
- 성숙한 사랑

- 성취감
- 평등
- 행복
- 국가 안보

- 즐거움
- 자기인식

- 구제
- 진정한 우정

- 자아존중감
- 지혜

로키치는 또한 '궁극적 가치'에 도움을 주고 뒷받침한다고 여기는 이상적 행동 방식들에 대한 신념들인 소위 '도구적 가치'에 대해서도 분명히 설명했다. 그러나 그의 도구적 가치(수단)와 궁극적 가치(목적)를 구분하는 것은 실제에서 들어맞지 않는다(S. H. Schwartz, 1994).

윌리엄 스콧 같은 다른 심리학자들은 좀 더 체계적이었고, 사람들의 가치를 파악하기 위해 인터뷰나 혹은 포커스 그룹들을 사용했다. 그리고 여전히 다른 이들은 연구할 만한 가치들을 찾아내기 위해 기존의 이론들에 의존한다.

예컨대, 초기의 그리고 여전히 영향력 있는 가치 목록들은 하버드의 심리학자인 고든 올포트(Gordon Allport)와 동료들에 의해 오래전에 제안된 것이다(Allport, 1937; Allport, Vernon, & Lindzey, 1960; Vernon & Allport, 1931). 그들의 출발점은 사람들의 기본 '유형'들에 대한 초기 이론이었다(Spranger, 1928). 비록 현대 심리학자들은 사람들이 각자 어떤 특정한 심리적 신념만 가질 것이라고 쉽사리 가정하지는 않는다고 해도(Haslam & Kim, 2003) 여전히 그들의 신념을 서로 분류할 수 있으며, 이로써 그들의 신념이 각 분류에 의해 파악된 원형과 얼마나 유사한가의 측면에서 실제로 사람들을 설명해 볼 수 있다. 올포트 등은 이 전략에 대해 다음 여섯 가지 기본 가치를 제안하고 있다.

- **이론적 가치**: 진리와 그것의 발견을 가치 있게 여김
- **경제적 가치**: 유용하고 실용적인 것을 가치 있게 여김
- **미적 가치**: 아름다운 것과 조화로운 것을 가치 있게 여김
- **정치적 가치**: 권력과 영향력, 명성을 가치 있게 여김
- **사회적 가치**: 타인과 그들의 복지를 가치 있게 여김
- **종교적 가치**: 더 큰 우주에서 초월성과 교감을 가치 있게 여김

이전의 이론에 근거한 가치 목록의 또 다른 예는 사람들이 가치 있게 여기는 목표를 구체화하기 위해 정치학자인 로널드 잉글하트(Ronald Inglehart, 1990)가 매슬로(1970)의 '욕구단계론'을 사용한 것이다. 매슬로는 인간의 동기들이 우리가 주목하는 순서를 반영하면서 위계적인 구조 속에서 일렬로 정렬될 수 있다고 생각했다.

밑바닥에는 배고픔이나 목마름 같은 생물학에 근거한 욕구들이 있다. 우리는 이런 욕구들

을 오랫동안 충족시키지 않고 내버려 둘 수는 없는데 그렇게 되면 우리 삶이 위험해지기 때문이다. 이런 욕구들이 단지 충족되었을 때, 위협적인 위험으로부터 자유로워지고 싶은 욕구들이 높아진다. 매슬로는 이런 욕구를 신체적 및 심리적 안전의 욕구라고 했다. 우리는 세계가 안정적이며 일관적인 곳이라고 믿을 수 있어야 한다. 그다음 단계의 순위는 사랑이다. 이는 우리가 타인을 찾고, 사랑하고, 사랑받도록 한다. 사랑에 대한 이런 욕구를 성공적으로 충족시켰다면, 자신이나 타인에게 존중받고 싶어진다. 매슬로는 우리의 지식, 이해, 새로움에 대한 욕구들을 모두 인지적 욕구라고 분류했고, 그것들이 그다음 단계에 위치한다고 했다. 다음으로, 우리는 미적 욕구를 가지고 있다. 즉, 질서와 미에 대한 욕망이다. 그 단계에서 거의 윗자리를 차지하는 것은 자아실현이다. 이것은 자기의 재능, 능력, 잠재 능력을 최대한으로 사용하고 활용하는 것을 뜻한다(Maslow, 1970). 매슬로는 우리가 더 높은 욕구들의 만족을 추구하기 전에 하위 욕구들을 만족시켜야 한다고 주장했다. 자아실현의 욕구는 달성하기가 특히 어려운 단계인데, 그것은 단지 하위 욕구들이 성공적으로 충족되었을 때만 접근 가능하기 때문이다(Peterson, 2009).

비록 매슬로의 이론이 욕구에 대한 것이며 가치에 대한 것은 아니지만, 잉글하트는 각 욕구를 사람들이 바람직하다고 여기는 최종 상태로 간주했으며, 이로써 가치 목록을 만들게 되었다. 그는 매슬로의 단계에서 가장 아래에 있는 욕구들에 해당하는 생존의 가치와 가장 위에 있는 욕구에 해당하는 자기표현 가치를 구분했으며, 전 세계의 다양한 국가에서 그런 가치들의 예들을 측정하는 연구를 계속해 오고 있다. 매슬로의 기본 전제를 유지하면서, 시간이 흐르면서 더 부유해진 국가들은 대개 생존의 가치로부터 자기표현 가치로 전환해 가는 예견된 결과를 보여 준다.

가치를 추론하기 위해 사용된 또 다른 이론은 철학자 시셀라 복(Sissela Bok, 1995)이 제안한 것으로, 그녀는 사람들이 보편적으로 가진 가치를 파악하고자 했다. 그녀의 견해에 따르면, 가치가 보편적인가 그렇지 않은가를 파악할 때 중요한 것은 추상 수준이라는 것이다. 매우 일반적인 용어로 말하면, 모든 시대와 장소의 사람들은 세 가지 가치를 인정해야 한다. ① 상호배려와 상호관계의 긍정적 의무, ② 폭력, 시기, 배신을 하지 말라는 부정적 명령, ③ 긍정적 의무와 부정적 명령에 대한 갈등의 사례들에서 기본적인 공정성과 절차적 정의를 위한 규준들이다. 복은 이것을 최소주의 가치라고 했다. 그 이유는 그것이 '빈약함'의 이미지를 떠올리게 하기 때문이다. 그러나 그녀가 의도한 의미는 이런 가치는 실제 사회에 대한 최소한의 요구 조건들을 구현한다는 것이다. 이런 가치 중 하나라도 없다면 사회가 지속되리라고 상상하기 힘들다.

최대자 가치들도 있다. 이 가치는 더 수가 많고 광범위하며, 정교하고, 문화적인 상황들도 고려하고 있다. 예컨대, 피임과 낙태에 관한 로마 가톨릭 교회의 가르침이다. 어떤 특정 문화 집단은 최소자와 최대자라는 두 가치를 모두 인정하고 있으며, 따라서 그것들을 서로 구분해야 할 이유가 없다. 그러나 어떤 이가 모든 종류의 집단에게 말을 해야 할 때, 예컨대, UN 회원이 인권에 대해 전 세계를 상대로 연설을 해야 할 때, 그는 그것들에 대해 반드시 밝히고, 깨끗이 정리하고 이야기해야 한다.

중요한 인간 가치를 구별하기 위한 이론과 관련된 예는 심리학자 샬롬 슈워츠와 동료들의 연구에서 찾아볼 수 있다(Schwartz, 1992, 1994, 1996; Schwartz & Blisky, 1987, 1990; Schwartz & Sagiv, 1995). 복처럼, 그들은 생존하고 번성하기 위해 개인과 단체가 보편적으로 필요로 했던 것에 대한 견해를 밝히는 것에서 출발한다. 특히 ① 개인의 생물학적 욕구들, ② 사회적 협동과 상호작용에 대한 요구들, ③ 단체의 복지에 관한 제도적 요구들을 지적했다. 이런 틀 안에서 복의 가치체계는 로키치가 제안한 가치 목록에 상당히 의존하면서, 더 구체적인 가치들에 연계시키고 있다.

피터슨(2009)은 어떤 이론가들이 특정 단체들과는 관련 있지만 어떤 단체들과는 별다른 관련이 없는 좀 더 제한적인 가치 목록들을 제안하고 있음에 주목했다. 그래서 윌리엄 스콧 (1963)은 미국 대학생들을 대상으로, 특히 남학생 및 여학생 사교클럽들의 학생들을 대상으로 연구했다. 기어트 홉스테드(Geert Hofstede, 2001)는 직장에서의 가치에 대해 연구했다. 가치가 상황 초월적인 의미가 있다는 것을 감안할 때, 이런 특정 집단에 반영된 가치들이라도 다소 일반적인 특성이 있으며, 대학 사교클럽이나 직장 이외의 것들에 관심을 가지고 참여하는 이론가나 연구자들도 그런 가치들을 활용하는 것은 어찌 보면 당연한 일인 것이다 (Peterson, 2009).

가치 목록의 수가 많아질수록, 중요한 가치들을 파악하기 위해 사용된 가장 전형적인 전략은 심리학자가 이전의 연구 결과물들을 통합하고, 정교화하고, 면밀하게 조정하는 것이었다 (Braithwaite & Law, 1985). 그리 놀랄 일은 아니지만, 대부분의 심리학자는 어떤 입장에서도 대부분 그들이 인식하는 상당히 많은 중요한 가치가 있다는 것에 동의하고 있다.

이 접근법의 문제는 사람들 간의 새로운 가치의 출현을 알아차리지 못한다는 데 있다. 왜냐하면 그것이 예전 가치에 대한 기존의 이론화에만 의존하고 있기 때문이다. 예컨대, 티모시 캐서(Timothy Kasser, 2005)는 어떤 집단에서 새로이 등장한 가치인 소위 '시간적 풍요함'을 소개해서 심리학계의 주의를 끌었다. 이는 삶 속에서 진정으로 하고 싶은 것을 할 충분한 시간이 있는 삶을 가치 있게 여기는 것이다. 그는 더 익숙한 가치인 물질적 풍요와 시간적 풍요를 병렬해서 서로 대비시켰고, 그의 연구에서 그것들은 서로 모순이 있으며, 더 나아가 시간적 풍요는 물질적 풍요보다 행복의 더 강력한 예측 요인이라는 것을 밝혀냈다. 삶의 만족에서 더 강한 상관관계를 보이는 요인 중 하나는 레저 활동에 쓰는 시간의 양이다(Peterson, 2009). 시간적 풍요를 가치 있게 여기는 것은 만족한 삶을 살아갈 기반을 마련해 주며, 긍정심리학자들로부터 더 많은 관심을 받을 만하다. 더 일반적으로 당신이 속한 단체나 사회에 대해 생각해 보자. 과거나 현재의 가치 목록에 없는 새로운 가치들이 나타나고 있는가?

⊙ 가치 측정하기

연구하기에 의미 있는 가치가 주어진다면 우리는 이것을 어떤 방식으로 살펴볼 것인가? 연구자들은 사람들이 관심 있어 하는 추상적인 개념을 평가하기 위한 구체적인 방법을 찾아내야 한다. 비록 '무의식적인' 가치에 대한 논의를 하더라도, 연구자들은 대부분의 경우에 사람들은 그들이 생각하는 것이 바람직하므로 그들의 가치에 대해 말할 수 있다고 가정해 왔다(S. Epstein, 1989). 지금까지 가치를 측정하는 대부분의 전형적인 방법은 자기보고이다(Braithwaite & Scott, 1991). 이러한 방법을 사용하게 되면 의미 있는 개인차들이 발견된다.

몇몇 연구자는 주어진 가치를 반영할 수 있는 특정 태도와 행동을 문항으로 구성하였다. 응답 유형을 살펴보면 가치는 이미 언급되어 있다. 만약 응답자가 정기적으로 종교 행사에 참여하며, 매일 기도하고, 종교 서적에서 인생의 방향을 찾는다고 응답한다면, 연구자들은 응답자의 종교적 가치가 강하다고 결론 내리게 된다. 이러한 방법에는 문제가 있다. 비록 행동과 태도가 더 일반적인 가치에 관련되어 있다 하더라도 그 관계가 완벽히 중복되는 것은 아니다. 응답자는 사회적 요구를 만족시키기 위해서 교회에 출석할 수도 있다. 왜냐하면 공동체 사회에서 교회에 다니는 것이 응답자가 사회적 지위를 획득할 수 있는 방법이 될 수 있고, 단순히 응답자가 사는 도시에서는 다른 흥밋거리가 없기 때문에 교회에 다니게 되기도 하기 때문이다. 또한 응답자가 종교에 가치를 두기 때문에 교회에 다닐 수 있다. 우리가 어떻게 응답자의 행동 뒤에 숨겨진 의도를 알 수 있을까? 만약 우리가 종교에 대해 이렇게 구체적이고 오류에 빠지기 쉬운 문항으로 질문을 한다면 우리는 단서를 잃게 된다(Allport, 1950). 이 연구와 관련된 문제는 행동과 태도가 가치와 부합하는 정도에 대한 연구가 불가능하게 되거나 행동과 태도가 가치에 부합하는 정도를 결정하는 환경에 대한 연구를 할 수 없게 된다는 것이다.

초기의 가치 연구자들도 이러한 문제를 유념하고 있었다. 그리고 추상적인 가치에 대한 일반적인 질문은 타당성이 없다는 이유만으로 간접적인 측정 방법을 선택했다. 보다 최근의 연구자들은 질문들이 너무 멀리 빗나가지만 않는다면 타당도와 신뢰도 면에서 경험과학적으로 유의하다고 증명된 가치들에 대해 사람들이 추상적인 판단을 할 수 있다는 것을 발견했다(S. H. Schwartz et al., 2001).

사람들이 그들의 가치에 대해 즉각적인 대답을 할 수 있다면 그들에게 무엇에 대해 질문을 해야 할 것인가? 다시 말하면, 우리는 의미 있는 개인차를 발견할 수 있어야 한다. 몇몇의 연구자는 특정 가치에 대한 질문에 대해 긍정-부정으로 간단히 대답하는 설문지를 사용하였다. 다른 연구자들은 심리학에서 익숙한 5점 척도나 7점 척도로 특징을 세분화한 질문을 만들었다. 이러한 것들이 비록 다양한 반응을 획득할 수 있는 장점은 있지만 앞에서 언급한 대로 대부분의 질문은 너무 중립적인 답만 보여 줄 수도 있다는 문제가 있다.

가치 측정에 대한 한 접근 방법에서는 가치마다 질문을 한 가지씩 하였는데, 연구의 결과는 효과적이었지만 의심이 가는 부분이 있었다. 연구자들이 같은 가치에 대해 다른 질문을 하였을 때 질문들에 대한 답들이 한 가지로 수렴되긴 하였지만 완벽하지는 않았는데, 이것은 같은 개념을 다른 방법으로 측정하기 위해 애쓰면서 그 질문들을 신중하게 통합하려 했음을 보여 준다.

각각의 다른 가치 측정 연구를 통합하기 위해 응답자들에게 각각의 다른 가치들에 대해 순위를 매기도록 요구하였다. 가치의 순위를 매기는 연구는 사람들이 일상생활에서 실제로 가치를 어떻게 사용하는지를 반영할 것이라는 이론에서 나왔다. 순위를 매기는 것은 가치체계를 특징짓는 위계적 사고방식을 측정하는 것이다. 그래서 로키치 가치조사(Rokeach Value Survey)에서는 연구 참여자들에게 18개의 가치 목록을 미리 보여 주고 그 가치들에 대해 다시 순위를 매기도록 하였다. 연구 참여자들에게 가치가 적힌 낱개의 카드나 라벨을 주고 순서를 정하여 정리하도록 하였다.

순위 매기기 전략은 각 개인의 선호 조사로 알려졌다. 가치에 대한 각각의 순위는 다른 가치에 대한 개인의 상대적인 판단에 따라 매겨진다(Cattell, 1944). 선호 조사를 가지고 모든 사람에게 절대적인 비교를 할 수는 없다. 우리는 단지 자유를 1순위로 매긴 참여자가 자유를 2순위나 3순위 또는 그보다 하위 순위로 매긴 사람들보다 자유를 절대적으로 중요하게 생각하고 있다는 것은 알 수 있다.

순위 매기기 방법의 또 다른 단점은 연구 참여자가 제한된 항목들만 고려하게 된다는 것이다. 18개 가치의 순위를 매기는 것은 다루기 힘들 수도 있다. 피터슨(2009)이 카드를 나열하여 순위를 매기는 연구에 참여하였을 때 그 결과들은 과학이라기보다는 때로 한 편의 희극에 가까운 적이 있다. 카드가 분실되거나 구겨지고 찢기는 등 연구가 어려움에 빠지기도 했다.

하지만 저자보다 더 숙련된 연구자들이기만 하다면 순위 매기기 방법도 점수 평정 방법으로 가치의 상대적 중요도를 평가한 것과 거의 흡사한 결과가 나온다는 것은 듣던 중 반가운 소식이다. 이것은 연구자들이 단순한 순위 매기기 기법에 의존하게 되는 이유이기도 하다. 만약 선호 조사가 이론적으로 도움이 된다면, 선호 점수에 점수 평정으로부터 얻어진 결과를 합산할 수 있을 것이다(Park, Peterson, & Seligman, 2004).

가치의 보편 구조

앞에서 가치 목록은 여러 심리학자에 의해 오랜 시간에 걸쳐 만들어졌다는 것을 알아봤다. 이러한 사실은 세계 여러 나라에서 가치를 연구하는 것으로 세계적으로 공통적인 인간 가치에 대해 신중하게 연구한 샬롬 슈워츠에 의해 지지되었다. 또한 그가 구조라고 명명한 다른 가치들 간의 관계에 대한 연구는 주목할 만하다. 그는 이 연구에서 개개의 가치에 의미를 두지 않고 전체적인 가치체계에 대해 연구를 하였다(Peterson, 2009).

이 연구는 학문적으로 아주 중요하다. 왜냐하면 다른 가치와 구별되는 특정 가치를 가지고 있다는 것은 결과적으로 그에 대한 무언가가 뒤따른다는 미묘한 결론을 보여 주기 때문이다. 가치를 강조함에 있어서 우리는 다른 가치를 경시하는 경향이 있고, 주어진 경험적인 발견에 대해 명확하게 확신을 할 수 있는 것은 아니다. 그래서 캐서(2002)는 유물론자들이 불행하다고 밝힌 바 있다. 그러나 이것은 물질을 좇는 것 자체가 삶의 만족도를 낮추는 것인지 혹은 유물론자 개개인이 다른 사람들에게 가치를 두지 않아서 사회적인 상호작용의 근원이 되는 행복에 관심을 기울이지 않게 되는 것인지는 알 수 없다.

앞서 언급한 바와 같이 샬롬 슈워츠는 궁극적인 가치를 정리한 로키치 목록을 만들었다. 그는 이 목록을 만들기 위해 응답자들에게 중요하다고 여기는 가치들을 순서대로 나열하도록 요구하였다. 그리고 응답자들에게 다시 자신이 매긴 순위를 개인적 중요성에 근거하여 인접한 가치들끼리 얼마나 유사하고 유사하지 않은지에 대해 평가를 내리도록 하였다. 여기서는 언급하지는 않았지만 복잡한 통계 과정을 통해 슈워츠는 첫 번째로 사람들이 가치를 구별하는 것에 관심을 두었고, 두 번째로는 구별된 가치들이 서로 어떻게 연결되어 있는지에 대해 관심을 기울였다. 그와 동료들은 이 연구를 70개의 다른 나라에서 반복하여 실행하였고, 각각의 연구에서 같은 결과를 찾아냈다.

다음 10개의 다른 가치는 연구가 이루어진 모든 나라에서 일관되게 구별되었다.

- **성취**: 사회적의 기준과 일치하여 능력의 발휘를 통한 개인적 성공
    - 예) 포부
- **박애**: 직접적인 사회관계 속에서 다른 사람들의 복지를 유지 · 향상시키는 것
    - 예) 용서
- **순응**: 사회의 기준과 기대에 반하는 행동의 제지
    - 예) 공손함
- **쾌락주의**: 개인의 만족과 기쁨
    - 예) 음식, 성, 여가 시간의 즐거움
- **권력**: 사회적 지위, 명성, 권세 그리고 다른 사람을 다루는 능력
    - 예) 부
- **안전**: 안전, 조화 그리고 사회의 안전성
    - 예) 법과 질서
- **자기주도**: 독립적인 사고와 행동
    - 예) 자유
- **자극**: 흥미, 신기함, 삶에서의 도전
    - 예) 다양성
- **전통**: 문화나 종교적 관습에의 존중과 수용
    - 예) 종교적 헌신
- **보편성**: 이해, 감사 그리고 인류와 자연의 보호
    - 예) 사회적 정의, 평등, 환경보호론

이러한 가치들은 [그림 8-1]에서 볼 수 있듯이, 2개의 기본적 차원으로 구조화된다. 그림에서와 같이 원형의 틀 위에서 성취와 권력처럼 2개의 가치가 서로 인접해 있다고 하면, 그 2개의 가치는 서로 호환성이 있어 같은 사람들이 동시에 그 둘을 추천하는 경향이 있다. 만약 박애와 성취처럼 2개의 가치가 원형의 틀 위에서 서로 반대의 자리에 위치해 있다고 하면, 그 2개의 가치는 서로 모순되기 때문에 같은 사람들에 의해 지지되지 않는 경향이 있다. 그러나 중간의 북쪽에 놓인 모든 가치를 보자. 가치들 간의 관계에 대한 누군가의 견해는 가치들 간의 상대적인 중요도, 즉 결국은 가치 우선순위를 의미한다. 예컨대, 안전을 중요하다고 믿는

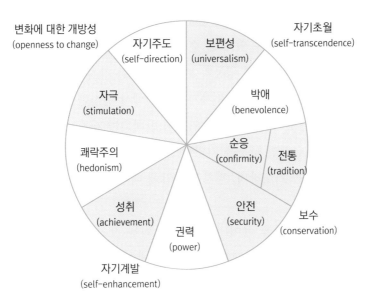

[그림 8-1] **가치 간의 거래**

어떤 사람은 자극이 안전보다 가치가 없기 때문에 나쁜 것이라고 생각하지 않는다. 반면, 순응과 전통은 [그림 8-1]에서 나타난 것처럼 사람들이 이 두 가치를 구분해 낼 수는 있지만 다른 가치들과 여전히 유사점이 많다는 것이다. 특히 전통은 순응보다 이러한 특성이 더 극단적으로 나타나기도 한다.

이론가들은 곡선 모델을 기본적인 영역으로 나눔으로써 내용을 더 심화시켰다. 슈워츠의 곡선 모델에서 이러한 경향은 더 뚜렷이 보인다. 그림에서 보이는 것처럼 한 영역은 성취 및 권력과 같은 자기계발과 관련된 가치이거나 보편성, 박애와 같이 자기초월과 관련된 가치일 수 있다. 우리는 이 영역을 자아 대 타인, 개인주의 대 집단주의, 또는 독립 대 상호 의존으로 이름 붙일 수 있다. 또한 우리는 생존 가치와 자기표현의 가치로 잉글하트의 분류를 사용할 수 있다. 이러한 영역들은 함축적으로 아주 작은 차이를 지니고 있으나 사람의 가치 우위가 그들이 개인의 이익을 강조하는지 또는 교류하는 집단이나 다른 사람들의 이익을 강조하는지를 반영할 수 있다(Peterson, 2009).

그림에서 가치 구조의 기본을 이루는 두 번째 영역은 사람들이 좁은 식견으로 정치적 용어라 해석하지 않는다면 보수와 진보라고 부르고 싶다. 이 영역은 순응, 전통, 안전과 같은 보수 영역과 쾌락주의, 자극, 자기주도와 같은 변화에 대한 개방성 영역으로 나누어진다. 이러한 대조에 대한 또 다른 이름은 전통 대 세속(Baker, 2005), 또는 로한(Rohan, 2000)이 제시한 대로 조직 우위 대 개인의 가능성 우위로 부를 수 있다.

우리가 이 2개의 영역을 무엇이라 부르건 간에 슈워츠의 곡선 모델은 다른 사람들의 가치 체계를 전체적인 면에서 살펴볼 수 있게 해 주며 결과 내에서 가치 거래도 할 수 있도록 해 준다. 로한(2000)은 슈워츠의 구조에서 평등과 보편성에 높은 가치를 두었는데, 그 예로 인간의 권리 활동을 제시했다. 대부분의 활동은 자기관리 면에서 인접한 가치에 더 높은 가치를 둔다고 알고 있다. 왜냐하면 권력은 보편성과 완벽히 반대되는 가치이기 때문에 우리는 인권운동가들이 그들 사이에 계급적인 구분을 거의 만들지 않았으면 하고, 정치 활동을 할 때 호화스러운 호텔에 묵지 않기를 기대하며, 정치적 탄압에 대해 부정적으로 반응하기를 기대한다(Peterson, 2009).

이와 비슷하게 관심과 토론을 끌어내는 일과 관련된 가치에 대해 생각해 보자. 피터슨(2009)은 연방통신위원회의 검열, 사회보장의 민영화에 대한 이야기를 기초로 하여 시작하고자 한다. 당신이 이 사건들에 대해 어떻게 생각하든, 당신이 중요한 가치라고 여겨지는 테두리 안에서 평가를 할 것이고 이와 연관된 가치들은 슈워츠의 곡선 모델로 예측할 수 있을 것이다.

◉ 가치 검사

가치는 개인이 중요하다고 믿으며, 결정을 내리고 타인의 행동을 판단하는 지침으로 사용하는 개인적 신념과 이상을 말한다. 개인이 중시하는 가치는 그의 유전자, 가정교육, 자라 온 문화, 지금까지 쌓아 온 그 사람 고유의 경험적 산물이다. 모든 사람이 동일한 가치에 공감하는 것은 아니며, 누구나 여러 가지 가치를 중시한다. 샬롬 슈워츠는 수십 개국의 수만 명에게 질문해서 문화에 상관없이 보편적인 가치들을 확인했다. 그가 찾아낸 가치는 앞에서도 알아봤지만 모두 열 가지였다. 그는 이 가치들이 세계 전역에서 공통적으로 중시되며, 특정 가치를 철저히 추구하는 개인은 원형 모델에서 정반대 지점에 위치한 가치보다 이웃한 가치를 중시할 가능성이 높다고 확신한다(Diener, 2010).

개인의 가치 조사

다음 원형은 열 가지 가치를 보여 준다. 당신이 각 가치를 얼마나 중요시하는지에 따라 1점에서 5점 범위 내에서 대답하라.

전혀 중요하지 않다	다소 중요하지 않다	보통이다	다소 중요하다	매우 중요하다
1	2	3	4	5

자극(stimulation)

자기주도(self-direction)

보편성(universalism)

박애(benevolence)

순종(conformity)

전통(tradition)

안전(security)

권력(power)

성취(achievement)

쾌락주의(hedonism)

_____ 1. 나는 새롭고 흥미진진한 것을 시도하는 것을 아주 좋아한다. (자극)

_____ 2. 타인을 돕는 것이 가장 중요하다. (박애)

_____ 3. 나는 평등을 위한 투쟁을 지지한다. (보편성)

_____ 4. 성공하는 것은 중요하다. (성취)

_____ 5. 나는 규칙을 따르는 것이 중요하다고 생각한다. (순종)

_____ 6. 나는 창의성과 개성을 중시한다. (자기주도)

_____ 7. 어떤 것이 기분을 좋게 해 준다면 그것을 한다. (쾌락주의)

_____ 8. 전통은 나의 토대이다. (전통)

_____ 9. 나는 권력을 열망한다. (권력)

_____ 10. 나는 일상적인 것을 좋아하고 예기치 못한 것은 싫어한다. (안전)

_____ 11. 나는 대체로 다른 사람들이 시키는 것을 한다. (순종)

_____ 12. 나는 '약자'를 옹호하는 것을 좋아한다. (보편성)

_____ 13. 나는 인생에서 쾌감을 추구한다. (쾌락주의)

_____ 14. 나는 다른 사람에게 지시하는 것을 좋아한다. (권력)

_____ 15. 타인을 돌보는 것은 인생에서 가장 중요한 일 중 하나이다. (박애)

_____ 16. 나는 신기한 것을 갈망한다. (자극)

_____ 17. 나는 무슨 일이 있어도 나의 핵심 가치를 고수한다. (자기주도)

_____ 18. 나는 의식(ritual)을 중요시한다. (전통)

_____ 19. 목표 달성은 인생에서 가장 큰 기쁨 중 하나이다. (성취)

_____ 20. 나는 예측 가능한 삶을 갈망한다. (안전)

_____ 21. 나는 짜릿한 흥분을 느끼는 것이 좋다. (자극)

_____ 22. 나는 상황을 책임지는 것을 즐긴다. (권력)

_____ 23. 무엇이 예상되는지 아는 것은 내게 도움이 된다. (안전)

_____ 24. 최고의 목표는 인류에 봉사하는 것이다. (박애)

_____ 25. 지금까지 언제나 해 온 대로 하는 것이 변화를 시도하는 것보다 더 중요하다. (전통)

_____ 26. 나는 진짜 나답다고 느끼는 것이 중요하다. (자기주도)

_____ 27. 쾌락을 추구하고 고통을 피하는 것은 당연하다. (쾌락주의)

_____ 28. 모든 사람은 근본적으로 평등하다. (보편성)

_____ 29. 사람들이 정해진 규칙을 따를 때 만사가 더욱 순조롭게 돌아간다. (순종)

_____ 30. 인생에서 원하는 것을 얻는 것은 내가 가장 중요시하는 가치 중 하나이다. (성취)

개인의 가치 조사 점수를 얻으려면 열 가지 가치별로 점수를 더한다. 각 가치에 해당하는 문항은 3개이며, 따라서 그 점수는 5점에서 15점 범위에 있다. 12점에서 15점을 얻은 가치에 특히 관심을 기울이라.

⊙ 연습하기: 선택하기

피터슨(2000)은 필라델피아로 이사를 가면서 차를 팔았고 대중교통을 이용할 수 있었기 때문에 새로 차를 구입하지 않았다. 그런데 2003년에 앤아버로 돌아오면서 다시 차가 필요했고 구하고자 하려는 차와 상관없이 신속하고 효율적으로 차를 구입하게 되었다. 그는 만족자가 될 필요가 있던 처지였고, 그것은 그에게 유리하게 작용했다. 그는 이 사건을 통해 무언가를 깨달았고 실제로 그의 삶에서 배리 슈워츠(2004)의 생각을 확인했다.

그는 택시를 타고 앤아버의 외곽에 있는 지방의 한 자동차 판매상에 가서 중고차를 30분 동안 둘러보았다. 그러고는 만족할 만한 차를 찾았고 바로 소매가격으로 수표를 썼다. 더 싸게 살 수 있는 것을 그가 더 많이 지불했을까? 그렇다. 그가 그 지역에서 최고의 차를 구입했을까? 그렇지는 않다. 그렇다면 그가 그 차에 대해 만족하고 있을까? 분명 그렇다.

이러한 그의 경험과 대조해 볼 이야기가 있다. 차를 새로 바꾸는 데 오랜 시간을 들인, 보기에 몹시 괴로운 일이 틀림없었을 피터슨 친구의 이야기이다. 피터슨의 친구는 소비자 후기가 어떠한지 조사했고, 지역 신문을 철저히 뒤지고 인터넷 검색을 하였다. 그는 전화 통화로 많은 시간을 썼고, 잠재적인 가능성을 점검하기 위해 시승하는 데 더욱 많은 시간을 할애했다. 그는 여러 달 동안 하루에 몇 시간씩 시간을 쓰고 나서야 결국 결정을 내렸다. 그는 자신이 살고 있는 곳의 150마일 이내의 지역 안에서 더 나은 차 중 하나를 구입했다고 짐작하며, 적당한 가격으로 지불했다고 확신했다. 그러나 그는 그의 차에 만족할까? 조금도 그렇지 않다. 그가 놓친 차가 아직도 그를 따라다니고 있다.

　슈워츠의 연구는 만족자가 최대자보다 일반적으로 더 행복하다는 것을 보여 주고 있지만, 슈워츠는 삶의 모든 영역에서 만족자가 되라고 주장하지는 않았다. 아이를 키우는 것을 생각해 보자. 부모가 "나는 내 아이를 위해 이만하면 충분한 소아과 의사를 찾았어."라고 말하는 것을 들어 본 적 있는가? 오히려 슈워츠는 사람들이 언제 만족자가 되고 언제 최대자가 되어야 하는지를 배워야 한다고 제안한다.

　간단히 말해서, 우리는 언제 어떻게 선택해야 하는지를 배워야 할 필요가 있다. 이러한 제안의 맥락에서 시도할 수 있는 연습 활동이 있다. 단순한 것에서 더 복잡한 것에 이르기까지 당신이 최근에 결정을 내린 몇 가지를 떠올려 보라. 각각을 결정하는 데 얼마나 많은 시간과 조사와 염려를 쏟았는가? 그리고 각 결정에 있어 현재 얼마나 만족하고 있는가?

　만약 육촌 동생의 생일 카드를 고르는 일이 결혼을 결정하거나 당신과 당신의 배우자가 살 집을 장만하는 일련의 과정과 같다고 한다면 아마도 무엇인가 한참 잘못되었을 것이다. 당신이 바란 '완벽한' 카드를 발견하는 것이 먼 친척 동생에게 더없이 기쁜 반응을 이끌어 내지 않는다면 왜 그렇게 고뇌하며 골랐는가? 또는 당신이 아마도 3달러를 아끼기 위해 구매하는 데 20시간을 썼고 5달러를 아끼지 못해 여전히 안달해하고 있다면 한 걸음 물러나 최저 임금을 곰곰이 생각해 보라. 이와 같이 결정하는 과정은 당신이 시간을 얼마나 가치 있게 여기는가에 대해 무엇을 함의하는가?

　슈워츠의 제안에 따르면 당신이 결정을 하는 데 있어 고민이 되는 소비 영역이 무엇인지 확인해 보라. 그리고 이러한 영역에서는 결정을 내리는 방식에 있어서 임의적으로 제약을 두어 보라. 두 곳 이상의 상점에 들르지 마라. 10달러 이하의 물건을 구입하는 데 15분 이상을 쓰지 마라. 고민되면 파란색 물건만 사라. 다음으로, 당신의 결정을 변경할 수 없도록 만들라. 이것은 최대자들을 괴롭히는 후회와 '만약 이렇다면' 하는 것들을 없앨 수 있다. 환불이나 교환을 해 주지 않는 상점을 가라. 영수증은 버리라. 집과 다소 떨어진 휴가지나 출장지에서 구입하라. 끝으로, 당신이 가진 것에 감사해하고, 당신이 가지지 않은 것은 동경하지 마라.

당신은 아마도 심지어 당신이 구입한 각 물건의 좋은 점 세 가지를 쓰고 싶을지 모른다.

   몇 개의 문제시되는 결정 영역에서 다음에 하게 되는 여러 선택을 이 단계에 따라 시도해 보라. 그리고 그 결과를 평가해 보라. 당신의 결정이 더 빠르고 더 쉬워졌는가? 당신이 결정한 것에 만족하는가? 결정이란 당신이 선택할 수 있는 것임을 보았는가? 당신은 최대자가 되고 싶다고 결심할 수 있다. 만약 그렇다면 당신은 직접적으로 이 방식을 선택해야 한다(Peterson, 2000).

제9장

긍정심리 성취

"교수님의 2002년도 이론은 옳지 않아요." 2005년, 응용긍정심리학 석사과정 입문반을 위한 긍정심리학개론 시간이었다. 셀리그만의 기존 이론에 대해 토론할 때 대학원생인 세니아 메이민이 말했다. "『긍정심리학』에서 다룬 2002년도 이론은 인간은 무엇을 선택하는가에 관한 이론이에요. 하지만 거기엔 커다란 허점이 있어요. 바로 성공과 정복이 누락되었다는 거죠. 사람들은 그저 승리하기 위해 성취하려고 하기도 해요." 진정한 행복 이론에 대한 세니아의 반박 덕분에 변화가 일어난 요소가 바로 성취이다. 세니아는 사람들이 성공, 성취, 승리, 정복 그 자체가 좋아서 그것을 추구한다고 주장했다. 그녀의 말이 옳다는 사실과 긍정정서와 의미, 즉 즐거운 인생과 의미 있는 인생을 그 자체가 좋아서 추구한다는 것을 설명하지 못한다는 사실을 셀리그만은 점차 확신하게 되었다. 새로 추가된 두 가지 상태는 '웰빙'의 요소가 될 자격이 충분하며 쾌락이나 의미에 종속되어 추구되지 않는다.

성취나 업적은 종종 그 자체가 좋아서 추구된다. 그것이 긍정정서나 의미, 긍정관계라고 할 만한 그 어떤 것도 제공하지 못할 때조차 그러하다.

듀플리킷 브리지 게임의 전문 플레이어 중에는 실력을 키우고 문제를 해결하고 몰입하기 위해 게임을 하는 사람들이 있다. 게임에서 이기면 굉장한 희열감을 느낀다. 그것을 '아름다운 승리'라고 부른다. 그러나 게임을 잘했다면 지더라도 기분이 좋다. 이 전문 플레이어들은 게임을 하면서 몰입 또는 긍정정서, 심지어 완전한 기쁨을 추구한다. 오직 이기기 위해서만 게임을 하는 전문 플레이어들도 있다. 패배할 경우, 게임을 아무리 잘했어도 그들은 극도의 슬픔에 빠진다. 그러나 승리한다면, 비록 '추악한 승리'라 해도 그 일은 굉장한 일이다. 어떤 사람들은 이기려고 속임수를 쓰기도 한다. 그들에게는 승리가 긍정정서를 일으키지도 않고 승리 추구가 몰입을 불러일으키지도 않는 것 같다. 패배가 승리의 경험을 너무 쉽게 무효로 만들기 때문이다. 그 경험은 의미를 부여하지도 못한다. 브리지 게임이 자아보다 더 중요한 것은 결코 아니기 때문이다.

승리만을 위한 승리는 재산 추구에서도 찾아볼 수 있다. 일부 재벌은 부를 추구하고 깜짝 놀랄 만한 자선 행위로 재산의 상당액을 기꺼이 나눠 준다. 존 D. 록펠러와 앤드류 카네기가 모범을 보였으며, 척 피니와 빌 게이츠, 워렌 버핏은 자선 행위에 관한 한 이 시대의 귀감이다. 록펠러와 카네기 모두 삶의 전반기에는 엄청난 돈을 벌어들였고, 그중 상당 부분을 과학, 의학, 문화, 교육 분야에 기부하면서 삶의 후반기를 보냈다. 전반기에는 오직 승리가 좋아서 승리하는 삶을 살았고, 후반기에는 그 삶에서 의미를 창조한 것이다.

'기부자'와는 대조적으로 '축재자'도 있다. 돈을 제일 많이 갖고 죽는 자가 이긴다고 믿는 사람들이다. 그들의 삶에는 승리가 가장 중요하고 의미 있는 일이다. 패배는 곧 크나큰 좌절이므로 그들은 돈을 더 많이 벌 수 있는 경우가 아니라면 자신의 돈을 내놓지 않는다. 이러한 축재자들과 그들이 세운 기업 덕분에 다른 많은 사람이 삶을 건설하고 가정을 꾸리고 그들만의 의미와 목적을 창조할 수 있다는 사실은 부인하기 힘들다. 하지만 이것은 축재자가 가진 승리욕의 부산물일 뿐이다.

따라서 PERMAS에는 다섯 번째 요소인 성취가 필요하다. 일시적인 상태로는 업적이며, 확장된 형태로는 '성취하는 인생', 성취를 위해 업적에 전념하는 인생이다. 그러한 인생은 순수하지만 결코 순수해 보이지 않는다는 점을 인정해야 한다. 즐거운 인생, 몰입하는 인생, 의미 있는 인생도 마찬가지이다. 성취하는 인생을 사는 사람들은 자신이 하는 것에 자주 몰입하며 종종 즐거움을 추구하고 승리할 때 긍정정서를 느끼며, 더 중요한 것을 얻으려고 승리하기도 한다. "신은 저를 빨리 달릴 수 있게 만드셨어요. 그래서 달릴 때마다 저는 신께서 기뻐하시는 걸 느낍니다." 영화 〈불의 전차(Chariots of Fire)〉에서 제8회 파리 올림픽에 출전해서 400m 금메달을 딴 영국 육상 국가대표 선수인 에릭 리델 역을 연기한 배우의 대사이다. 그럼에도 셀리그만은 성취가 웰빙이론의 다섯 번째 기본 요소이며 이것을 추가함으로써 이 이론은 한 단계 더 발전하여 사람들이 그 자체가 좋아서 선택하는 것들을 보다 완전하게 설명해 준다고 확신한다(Seligman, 2011).

이 장에서는 피터슨(2009)의 성취를 위한 기존 이론과 셀리그만(2011)의 긍정심리학의 새로운 성취이론을 중심으로 알아본다.

개인적 흥미 계발

　당신은 학교를 좋아하든 그렇지 않든 간에 좋아하는 과목이 있었을 것이다. 지적·정서적으로 그 활동에 참여하게 될 때, 수학, 문학 혹은 물리학 같은 과목에 대한 학생들의 관심을 개인적 흥미 계발(well-developed individual interests)이라고 부른다(Renninger, 1990, 2000). 그런 흥미 계발을 하면 그 과목에 대해 끊임없이 호기심이 생기며, 그것을 더욱 배우고 싶어지게 된다. 이러한 학습은 내재적으로 동기부여가 되어 있으며, 이런 사람들은 심지어 좌절이나 실패를 할 때도 끈질긴 인내심으로 견디어 낸다(Krapp & Fink, 1992; Prenzel, 1992; Renninger & Hidi, 2002; Renninger & Leckrone, 1991). 개인적 흥미를 잘 계발한 학생들은 즉각적으로 성취를 보여 줄 수도 있고 그렇지 않을 수도 있지만, 장기적으로 볼 때 그 분야에서 뛰어나지 않을 수 있다. 흥미 계발을 위해서는 전문가가 되기까지 오랜 시간 동안 학교 안팎에서 어떤 상황에서도 전문성을 갖추기 위해 준비하고 이를 유지하도록 노력해야 하기 때문이다.

　만약 당신이 좋아하는 것이 있다면, 흥미 계발이 무엇인지 확인하는 것은 어렵지 않으므로 다양한 과목을 생각해 보고 다음의 질문에 얼마나 동의하는지를 점검해 보라(Peterson & Seligman, 2004).

1. 나는 지금 이 _____ 과제를 할 수 없지만, 미래에는 할 수 있게 될 것이다.
2. 나는 _____에 대해 새로운 것을 배우는 것을 좋아한다.
3. 나는 _____ 과제를 정확하게 하기 위해서라면 어떤 일도 할 것이다.
4. _____에 대해 배우는 것은 매우 멋진 경험이다.
5. 나는 _____에서 좋은 점수를 받는 것보다는 그것을 해내는 것이 더 중요하다.

어떤 분야에 흥미를 가지고 있다면 그 분야에 대해 더 알려고 하기 때문에 당신은 좋아하는 과목에 대한 다음의 진술에 동의할 것이다.

1. 내가 알고 있는 다른 것들에 비해서 나는 _____에 대해 더 많이 안다.
2. 내가 좋아하는 다른 것들에 비해서 나는 _____을 더 좋아한다.
3. 나는 _____을 하느라고 가능한 한 시간을 많이 보낸다.

4. _____에 대해 일하는 것은 힘들지만, 정말로 그렇게 느끼지는 않는다.

5. 만약 내가 그것에 신경을 더 쓴다면, _____을 정말 잘할 수 있게 되는 방법을 알게 될 것이다.

미국의 대도시 외곽에 사는 넉넉지 않은 지역 공립학교의 10학년 학생 린네를 생각해 보자 (Peterson & Seligman, 2004). 린네는 신화를 좋아하기 때문에 라틴어 수업을 수강했다. 학교의 언어 주간에 그녀는 수업 시간에 여신의 복장을 하고 나타났다. 선생님은 그녀의 복장이 매우 훌륭하고, 어울리며, 관습에서 벗어난 것이라고 그녀의 행동을 묘사했다. "린네는 라틴어 하는 것을 좋아해요."라고 선생님은 말했다. "린네는 선생님과 라틴어로 이야기해요. 여러분 중에는 누가 그렇게 하나요?!"

다른 학생들은 그녀가 여신처럼 옷을 입고 나타나는 것을 당연하게 여긴다. 실제로 라틴어 반 학생들은 매일 전 수업에서 배운 라틴어와 관련된 로마와 고대 그리스의 역사와 신화를 열거하는데, 린네는 그중 17개 이상 열거하며 거의 항상 그녀가 본 영화와 연관시킨다. 반 학생들은 놀리기 위해 린네가 목록을 열거해 갈 때 하는 것처럼 눈을 굴리는 행동을 따라 하곤 하지만 사실 그녀를 좋아하기 때문에 유머를 곁들여 가며 그녀의 얘기를 잘 듣는다.

린네는 라틴어 배우기를 좋아했고, 그녀가 뉘앙스를 숙달할 수 있게 된 것에 대해 자신감을 가졌다. 라틴어 공부와 과제를 하는 것이 흔한 일이 아닌 학교 풍토에도 불구하고, 그녀는 배우고자 하는 노력을 통해 스스로 지지받는다고 생각했다. 흥미롭게도, 그녀는 수업에서 좋은 점수를 받았음에도 불구하고, 좋은 점수를 받는 데 급급하지 않았고 오히려 배운 것을 거의 기억하지 못한다고 느꼈다.

라틴어는 무엇이 그리 특별한가? 아마도 린네는 선생님이 격려한 덕에 라틴어에 완전히 몰입하게 되었을 것이다. 또한 더 심화된 학습을 하기 위해 교실 밖에서도 학습 자료를 찾아내고 만들어 내는 식으로 라틴어를 자기 것으로 만들고자 했다. 이러한 활동을 통해 성공적으로 라틴어를 배울 수 있었고, 더 깊어지는 호기심을 충족시킬 수 있는 지적인 기반을 마련할 수 있었다.

어떤 학생은 라틴어나 수학에 대한 흥미를 계발하게 되지만, 또 어떤 학생들은 학교를 등지고 오락 게임이나 십 대 아이돌의 허상에 그들의 열정을 소진해서 교사들이나 부모들에게 골치 아픈 숙제거리가 되곤 한다. 문제의 원인을 대중문화에 돌리기보다 우리는 일반적으로 학교는 왜 그렇게 지루한지에 대해 자문해야 한다(Noddings, 2003).

흥미를 추구하게 하는 것은 단지 그것의 뚜렷한 결과물이 아니다. 분명히, 라틴어를 배우는 것은 대부분의 십 대에게는 컴퓨터 게임을 하는 것만큼 쓸모없는 일이다. 우리는 활동의 본질적 속성을 보아야 하며, 흥미를 추구하게 하는 것들은 그것이 새롭고 복잡하고 불확실하기 때문이다(Berlyne, 1960). 흥미를 느끼기에는 활동이 너무 혼란스럽거나 모호한 때가 오기도 하지만, 좋은 교육이란 어떤 주제를 학생들에게 소개할 때 그들이 받아들일 수 있는 최적의 수준에 맞게 이루어진다. 1812년 서곡은 음악 입문자에게 바흐의 푸가보다 더 '흥미롭다'(Murray, 2003). 공룡은 해캄보다 더 '흥미롭다'. 일단 기초가 잘 다져지면, 특정 분야의 지식은 더 많은 흥미를 유발하고 나선형으로 점점 확장된다(Loewenstein, 1994).

학업에 관한 흥미를 불러일으키고 유지하는 데 있어서 또한 중요한 것은 린네의 사례에서 확인하였듯이 교사 혹은 멘토이다. 흥미 계발은 내재적으로 보상을 주지만, 그것은 아무것도 없는 상태에서 갑자기 나타나지는 않는다. 대학 2학년 때, 피터슨은 어려우면서도 지루한 항공공학을 전공하고 싶어 했으면서도 쉽기로 소문이 난 심리학 입문 수업을 수강했다. 피터슨은 심리학에 매력을 느꼈을 뿐만 아니라 그가 맡은 토론을 이끌어 주었던 수업 조교는 그의 학습에 진심 어린 관심을 보여 준 동반자였다. 그 이후 그는 전공을 심리학으로 바꿨고, 심리학자가 되었다.

흥미 계발이 잘 유지된다면, 분명히 재능이 길러질 것이다(Fried, 1996, 2001). 교사들은 단지 정보를 주고 지도를 하는 것만이 아니라 도전적인 과제를 주고 지지해 준다(Renninger, 2000). 린네의 이야기에서 보았듯이, 동료나 부모의 지지 역시 도움이 된다.

연령에 따라 학생들이 필요로 하는 지지의 종류는 다르다. 아주 어린아이들은 소소한 격려와 함께 배움의 상황으로 던져질 필요가 있다(Piaget, 1950). 그러나 좀 더 나이가 들면 함께 어려움을 겪게 되며, 학습에 있어서 더욱 명시적인 도움이 중요해진다. 일반적으로 학업에 대한 흥미는 학생들이 중학교에 들어갈 때 시든다(P. Gardner, 1985; Wigfield, Eccles, MacIver, Reuman, & Midgley, 1991). 아마도 수강 선택권이 제한적이고, 경쟁으로 결정되는 성적·역기능적인 교육 현실과 같은 중학교의 고유한 특성이 흥미를 줄어들게 하는 주범일 것이다(Fölling-Albers & Hartinger, 1998; Hoffmann, 2002). 학생들의 흥미가 일단 토대를 잘 구축하면, 일반적인 지원은 덜 필요하지만 구체적인 지도는 여전히 중요하다.

흥미 계발이 내재적으로 동기화되어 있는 경우일지라도, 그들은 먼 미래에 보상을 받는다. 특정 학문 영역에서의 최종적인 성취야말로 명백한 보상이다. 또한 보다 일반적인 유익함도 있다. 생애 초기에 교육을 통해 더 많이 개입할수록, 훗날 인지적 손상이 줄어든다(Katzman, 1973). 흥미를 유지하고 새로운 흥미를 계발하는 능력을 가지면 건강하게 잘 늙어 간다(Krapp & Lewalter, 2001; Renninger & Shumar, 2002; Snowdon, 2001). 종업원 중에서 학구열이 강한 사람들은 도전적인 일에 더 잘 대처한다(McCombs, 1991). 더 일반적으로, 학습할 때 흥미와 즐거움을 경험할수록 스트레스가 감소하게 되는데(Sansone, Wiebe, & Morgan, 1999), 흥미를 오래 유지하는 것은 신체적 · 정서적 웰빙을 유발한다(Elliot & McGregor, 2001; Heson & Srivastava, 2001).

직업적 흥미

"너는 자라서 무엇이 되고 싶니?"

세 살짜리 아이들은 비록 환상 속에서 답을 찾기는 하나, 이러한 질문에 공주님이나 사자가 되고 싶다고 대답한다(Gottfredson, 1981). 놀라울 만큼 아주 많은 십 대, 특히 십 대 남학생들이 되고 싶어 하는 직업으로는 '전문 운동선수'가 언급되는데, 이와 같은 직업에 대한 환상은 청소년기나 그 이후에도 지속될 것이다(Helwig, 1998).

대부분은 결국 더욱 현실적이게 된다. 미국 노동부 통계(2004)에 따르면 미국에만 3만여 개의 다양한 직업이 있음에도 사람들은 그 많은 직업이 존재한다는 것을 확인하지 못하며, 처음 직업세계에 발을 디딜 때는 잘 알지도 못하면서 어설프게 직업을 찾는다는 것이 문제였다. 청소년기의 일은 잔디 깎기와 같이 소년이 하는 일과, 아기 돌보기와 같이 소녀가 하는 일로 나누어진다. 이런 직업들은 지루할 뿐만 아니라 그 일에 종사하는 어린 청소년들이 성인과 만나는 일이 거의 드물다(Steinberg, 1985).

피터슨(2009)은 지난 몇 년간 대학에서 직업과 경력에 관한 상담을 해 오면서 학생들이 여름 동안 인턴이나 시간제 자원봉사자로 가능한 한 많은 일을 경험해야 한다는 것을 배웠다. 이런 과정에서, 그들은 어떤 직업을 선택해야 하며 직업이 그들의 삶에 어떤 긍정적인 역할을 하게 되는지를 어른들과 이야기할 필요가 있다. 여가 흥미와 학습 흥미에서 확인한 바들은 역시 직업 흥미에도 적용된다. 지식은 호기심과 흥미를 불러일으키며, 이것은 더욱 심화된 지식, 전문성, 성취로 이끌어 준다. 그리고 멘토의 역할을 다시 한번 더 강조할 만큼 아주 중요하다.

자녀들에게 그들이 흥미를 보이고 좋아하는 것을 경험해 볼 수 있도록 직업군에 대한 견본을 경험하게 해 줄 수도 있다. 그러나 심리학이 적성검사의 형태로 최대한 어울리는 직업의 예시를 알려 준다 해도 사실 이것은 불가능하다(Hansen, 1990, 1994). 직업 상담가들이 한 개인이 표현한 흥미와 특정 직업이 요구하는 특징을 연결하여 유사한 것끼리 짝을 맞추기 위해 사용한 것들이 바로 검사지이다(Zytowski, 1973).

　스트롱 직업적성검사(SVIB)는 아마도 가장 유명한 직업적성검사 중 하나일 것이다(D. P. Campbell, 1971). 이 검사지의 형식과 그 안에 내재된 논리는 아주 간단하다. 응답자들에게 박물관 가기, 우표 수집, 골프와 같은 수백 개의 활동을 제시한 다음 그것을 좋아하는지 아닌지 혹은 무관심한지 응답하게 하는 것이다. 그 후 각 개인의 응답 프로파일을 다른 직업에 종사하는 사람들의 평균적인 반응과 비교한다. 응답자는 자신이 높은 선호도를 보인 직업을 더욱 신중하게 탐색할 것이다.

　이 검사는 심리학자들이 그저 따라 하기만 하면 되는 요리책 절차 혹은 보험통계 접근법이라고 명명한 것을 내포하고 있다. 그 이유는 그 테스트의 개발과 점수화 및 해석이 간단하고 객관적인 규칙을 따르고 있기 때문이다. 심리학 전반에서 가장 유명한 검사인 미네소타 다면적성검사(MMPI)도 같은 보험통계 접근법을 사용한다(Butcher, Dahlstrom, Gragam, Tellegen & Kaemmer, 1989; Hathaway & McKinley, 1943). MMPI에서의 응답과 해당하는 심리적 장애에 대한 진단 기준을 만족하는 다른 개인의 것을 연결시켜서 임상의학자가 개인을 진단할 수 있게 도와준다. 항목은 뻔한 것일 수도 있고 해석해야 하는 것일 수도 있으나, 소위 요리책 접근법에 내재된 이론이 반드시 그것을 요구하지는 않는다. 그래서 이 검사 항목 중 하나는 워싱턴이나 링컨이 미국의 위대한 대통령인지 아닌지를 묻기도 했다. 한 개인이 선택한 응답을 보면 한 가지 혹은 그 이상의 진단이 가능하지만, 나는 이를 통해서 그들의 상태를 추론하는 것을 대수롭게 여기지는 않는다.

　SVIB는 사람들이 가장 높은 흥미도를 보이며 그들 스스로를 타인과 차별할 수 있도록 하는 직종과 연결시켜 준다. 만일 누군가 한 직업에 관심이 있다면 그 사람은 그 일을 보다 오래할 것이며 잘할 것이다(Reeves & Booth, 1979). 이 검사지가 능력을 측정하는 것이 아니란 점을 지적할 필요가 있겠다.

　예컨대, 내가 만일 치의학에 관심이 있다 하더라도 이를 때우거나 뽑을 만한 손재주가 부족하다면 그것은 내게 적합한 분야가 아니다. 심리학과 학부생들에게서 자주 보이는 문제가 하나 있다. 그들은 심리적 장애에 흥미를 느낀다. 따라서 임상심리학자가 되기를 바라고 인내, 공감, 적당한 분리 등과 같은 필수적인 기술을 간과한 채 임상심리학자가 되기 위한 몇 년의 필수 훈련 과정이나 문제적인 사람들이 당연히 문제를 일으킬 수 있다는 것을 전혀 고려해 보지 않는다. 그중 몇몇은 그 직업을 가지고 나서야 그것을 자각한다.

　그럼에도 SVIB와 같은 적성검사는 유용한 정보를 제공한다. 점수는 장기간 꽤 일관적이고 사람들이 실제로 가질 직업을 예측한다. 게다가 직업과 연관된 흥미 프로파일은 수십 년간 변함이 없었다. 세상이 변해 감에도 불구하고 오늘날의 화학자들은 1930년대의 화학자들과 매우 똑같이 그들의 기호를 표현한다.

이 검사의 가장 큰 문제는 그들이 기준을 제공하기 위해 이미 존재하는 집단을 사용했다는 것이다. 그래서 그들은 필연적으로 현상 유지를 하게 되어 있고 그저 따라 하기만 하면 되는 기법에 대한 의존성은 의도하지 않은 그들의 혼돈을 보여 준다. 만일 대부분의 화학자가 백인 남자라면 흑인 여자가 직업으로 화학자를 고려 중일 때 SVIB를 사용하여 그녀를 상담하는 것이 합리적인가? 이 문제를 해결하기 위해서 전통적으로 남자와 여자에게 각기 다른 설문지를 써 왔지만 만일 특정 직업에 종사하는 여자의 수가 적다면 이 전략은 소용없게 된다.

보다 일반적인 적성검사의 단점은 직업 자체가 변한다는 것이다. 실제로 모든 직업이 이전부터 존재했던 것은 아니다. 미래의 직업과 관련된 흥미가 과거의 직업과 겹치고 우리가 그 공통분모를 이해한다면 적성검사는 사람들이 새로운 직업을 선택할 수 있도록 돕게 된다. 그러나 만일 미래의 직업이 알 수 없는 방식으로 결합된다면 이런 질문지들도 응답자들을 도울 수 없을 것이다.

많은 적성검사는 이론적 배경이 취약하다. 즉, 그것을 의도적으로 변경하거나 일반화하는 것이 어렵다는 뜻이다. 그러나 존 홀랜드의 검사는 놀라운 예외인데, 이는 명시적인 이론을 바탕으로 하고 있다. 홀랜드의 업적은 그가 성격심리학의 전통적인 영역에 창조적인 변화를 가미했다는 것에 있다. 일반적으로 직업과 관련된 성격심리학은 성격적 기질을 측정한 다음 이 점수를 사람들의 직업 선택이나 직업 수행과 연결시키려고 한다. 홀랜드는 이렇게 하는 대신 직업을 가지고 시작한다. 사람들이 일주일에 40시간 이상, 1년에 50주 이상, 18세부터 65세까지 하는 일이 바로 그들의 성격이라는 가정을 가지고 시작하는 것이다.

수많은 적성검사와 직업 선호도 검사로부터 홀랜드는 여섯 가지 기본적인 유형을 밝혀냈다. 이것은 그들의 직업 관련 흥미도와 그들이 탁월한 수행을 보이는 직업의 종류의 측면에서 분류한 것이다.

- **현실형**: 사물이나 도구나 기계를 만지거나 동물을 다루는 것을 좋아하는 사람
  예) 기계공, 건설업자
- **탐구형**: 신체적·생물학적 혹은 문화적 현상을 관찰하고 탐구하기를 좋아하는 사람
  예) 과학자, 저널리스트
- **예술형**: 예술품을 창조하는 것을 좋아하는 사람
  예) 소설가, 음악가

- **사회형**: 다른 사람과 함께 일하기를 좋아하거나 정보를 주고 훈련을 제공하여 그 사람을 계발시키고 치유하거나 계몽하는 것을 좋아하는 사람

  예) 사회운동가, 교사
- **진취형**: 조직의 목표나 경제적 이윤 창출을 위해 일하기를 좋아하는 사람

  예) 세일즈맨, 주식 브로커
- **관습형**: 정보를 체계적으로 조작하거나 기록을 보관하는 것을 좋아하는 사람

  예) 회계사, 서기

그의 유형이 직업적 요구에 잘 들어맞을 때 그 노동자의 만족도가 가장 높고 수행이 최고조에 이른다(Smart, 1982).

능력

앞서 강조했듯이 흥미는 우리가 재능을 계발하는 데 시간을 투자하고 필요한 교육을 습득하도록 이끌어 줄 수는 있겠지만 능력과 동일한 것은 아니다. 심리학자들은 능력을 저마다의 관점에서 연구해 왔다. 이제 우리가 이 주제에 관해 이야기해 볼 차례이다. 객관적 기준이 있고 어떤 행동에 있어 사람들의 수행에 차이가 있을 때 능력이 드러난다. 초시계로 시간을 재듯 단거리 선수들은 빠르게 혹은 느리게 뛸 수 있다. 어렵거나 불명확한 단어들을 사전에서 찾듯이 학생들은 올바르게 혹은 틀리게 철자를 말할 수도 있다. 작곡가들은 듣는 이로 하여금 감동의 눈물을 흘리게도 하고 지루하여 하품을 하게도 만드는 음악을 창작할 수 있다.

심리학자들은 재능, 기술, 적성, 역량 그리고 특히 지능과 같은 온갖 종류의 용어를 끌어와 능력을 설명해 왔다. 이러한 용어들은 동일한 의미를 내포하고 있지 않으며, 이들 간에 반복적으로 드러나는 현저한 차이는 과연 문제의 그 용어가 사람들이 실제로 한 것 혹은 그 사람들이 그 일을 하는 데 갖고 있는 잠재력을 말해 줄 수 있는가이다. 따라서 학생들은 대학에 원서를 넣을 때 자신의 고등학교 성적표와 SAT 점수를 대학 입학사정 위원회에 제출한다. 성적표는 학생들의 학업 성취도를 보여 주는 반면에 SAT는 그들이 성취할 수 있는 잠재력을 보여 준다. 때때로 이러한 차이는 성취와 능력의 차이로 여겨진다.

능력과 관련된 특정 수행으로부터 추론된다는 것을 고려할 때, 이러한 차이가 실제로 얼마나 타당성이 있는지에 대해 수년간 이어진 뿌리 깊은 논쟁이 있다. 피터슨은 이 모든 용어를

넓은 의미에서 동일하게 사용하고, 사람들이 실제로 하는 일을 중시함으로써 이 논쟁을 비켜 가고자 한다. 예컨대, '천재'라는 용어는 IQ가 굉장히 높은 사람을 지칭하지만 그의 실질적인 업적이 동시대 및 후세 사람들에게 막대한 영향을 준 사람이라고 천재를 정의하기도 한다(Simonton, 1984). 아리스토텔레스, 공자, 레오나르도 다빈치, 베토벤 그리고 다윈은 천재이다. 반면에 천재적인 입학사정관은 여전히 공부벌레와 완벽한 SAT 점수를 원한다.

당신은 앞서 심리학자들이 비록 분류, 질병분류표, 분류법과 같은 심오한 학문적 명칭을 내주었음에도 결국 목록을 즐겨 만든다는 것을 알게 되었다. 능력에 대한 심리학적 연구들도 예외는 아니다. 초기 연구에서는 주의력, 논리력, 기억력과 같이 이미 수 세기 전에 제안된, 이성에 기초한 '능력'이라는 관점에서 사람들이 능숙한가 그렇지 않은가에 대한 연구를 축적해 왔다(Nunnally, 1970). 곧 다시 언급하겠지만 이것들은 추상적이며 지적인 것에 매우 치우쳐 있다.

보다 넓은 관점에서 보면 사람들은 수백, 수천, 심지어 수백만 개의 능력을 가지고 있다. 세상이 변해 감에 따라 언제든지 생겨나는 새로운 능력들은 또다시 새로운 능력을 만들어 낸다. 예컨대, 베이비부머 세대들은 자라면서 멀티태스킹이라는 말을 한 번도 듣지 못했고, 이를 장려해야 할 능력으로 간주하지 않았으나 요즘은 다르다. 우리 대다수에게 멀티태스킹은 암산 능력보다 더 유용한 기술이다.

수백만 개의 능력이 있다는 것은 우리에게 잘 와 닿지는 않는다. 그래서 심리학자들은 이러한 여러 능력을 기본적인 작은 범주로 나누고자 하였다. 다양한 능력이 고르게 반영될 수 있도록 범주를 묶었는지, 또한 범주가 너무 억지스럽게 묶이지는 않았는지가 계속해서 논쟁되어 왔다. 따라서 능력이 한 가지인지, 몇 가지인지, 혹은 여러 가지인지에 대한 관심은 매우 높아 왔다.

다중지능

능력이 여러 개라는 이론 중 가장 널리 알려진 것은 하워드 가드너(Howard Gardner, 1983)의 다중지능 이론이다. 그는 일곱 가지의 기본 능력을 구별하였다.

- **언어지능**: 언어의 의미와 기능에 대한 민감성. 연설가, 시인 및 작사가에게 나타남
- **논리-수학지능**: 추상적인 방식으로 개념들을 조직하는 능력. 수학자와 이론물리학자의

업적을 통해 분명히 드러남

- **공간지능**: 이미지들을 변형시키는 능력을 포함하는 시각적 또는 공간적 이미지를 위한 능력. 항해자, 당구선수 그리고 조각가에게 나타남
- **음악지능**: 규정된 음조와 리듬에 맞게 음을 생성하고 조작하는 능력. 음악가에게 드러남
- **신체운동지능**: 신체 움직임에 관한 운동 감각을 숙달하는 능력. 무용가, 외과 의사 그리고 운동선수 등에게서 나타남
- **자기성찰**: 자신의 감정에 접근하는 능력. 내성(內省)적인 소설가에게 나타남
- **인간친화**: 타인을 그리고 무엇이 그들의 동기인지를 이해하는 능력. 정치인, 종교지도자, 임상의학자, 판매원에게 드러남

처음 세 가지 유형의 지능은 일반적으로 지능검사와 능력검사로 측정되는 추상적이고 지적인 능력이지만 가드너는 전통적으로 심리학자들이 다른 유형의 지능들을 경시해 왔어도 다른 지능들도 똑같이 중요하다고 생각하였다.

가드너에게 지능은 개인이 봉착하는 어려움들을 해결할 수 있도록 하는 일종의 문제해결 능력이다. 그는 자신의 이론에 열거된 능력들은 진화 과정에서 생겨났다고 추정하였다. 따라서 이러한 지능들은 생물학에 기초한 것이다. 이러한 능력들은 아마 서로 독립적일 것이다. 한 개인은 한 가지 지능에서 높거나 낮을 수 있으며, 독립적으로 또 다른 지능에서 낮거나 높을 수도 있다.

한 개인의 특성과 어떻게 서로 다른 지능들이 조화를 이루는지를 고려하는 것은 중요하다. 우리는 일곱 가지의 지능을 개별적으로 논할 수 있지만, 가드너(1993b, p. 9)가 스스로 "기술적인 의미에서 지능들은 괴짜들에게서만 순수한 형태로 발견될 수 있다."라고 말한 바 있다. 예컨대, 프로이트는 개인 지능의 좋은 예시가 되어 주지만 또한 훌륭한 저자(언어지능)이며 지지자들을 매혹시키는 그리고 대중의 관심을 사로잡는 뛰어난 재능(사회지능)이 있다 (Gardner, 1993a).

어떻게 가드너는 수많은 후보 지능 중에서 이 일곱 가지의 지능을 알아낼 수 있었을까? 그는 몇 가지 능력을 채택했고, 그중 하나가 뇌 손상으로 인해 선택적으로 뇌의 다른 부분과 구분되는 특정 능력들이 있는지 없는지를 보는 것이었다. 만약 신경 조직 손상이 한 가지 능력에 선택적으로 침범하거나 위해를 가하지 않으면 그 능력이 생물학적 기반을 가지고 있다고 주장할 수 있다. 또한 가드너는 이러한 능력들의 차별적인 발달 과정, 그 특정한 능력들을 사용할 때 쓰는 연합된 표상들 그리고 그 능력들에 있어 뛰어난 신동들의 실례에 관해서도 살

퍼보았다. 이러한 모둔 기준이 동일한 능력을 가리킬 때 그는 이 능력을 기본 지능으로 분류하였다.

가드너(1993b)는 추상적인 언어력 및 논리력이 모든 사람이 사고할 때 사용하는 이상적인 능력이라고 제안한 발달심리학자 피아제(1950)의 이론화를 비판하면서 그의 이론의 원천을 설명하였다. 가드너는 그 대신에 이상적인 것들의 범위가 있음을 제안하였다. 그의 말을 그대로 인용하면 다음과 같다.

> 만약 내가 인간은 서로 다른 재능을 갖고 있다는 것을 단지 언급만 했다면 이와 같은 주장은 논쟁을 불러일으키지 않았을 것이다. 그리고 나의 저서도 주의를 끌지 못했을 것이다. 하지만 나는 '다중지능'에 대해 쓰기로 신중하게 결정을 내렸다. 그리고 '다중'은 알려지지 않았지만, 영역별로 구분된 사람의 능력들이 여러 처치를 강조하기 위해 사용하였고, '지능'은 역사적으로 IQ 검사지에 있는 능력들만큼 중요한 능력들임을 강조하기 위하여 사용하였다.

더 나아가 그는 자신의 이론이 일반 대중과 교육학자들 사이에서 사용될 것이라는 예상을 하지 못했다는 점을 언급하였다. 아마 그가 IQ 검사지의 횡포 그리고 재능이 있기 위한 방법은 한 가지라는 견해에 대한 만연한 불평을 대변한 것인지도 모른다.

한 초등학교에서 읽기 능력에 따라 한 반을 두 집단으로 나누었다. 두 집단은 각각 독수리반, 참새반으로 불렸다. 어느 집단의 읽기 수준이 더 높았을까? 초등학교와 중학교 시절에 모든 면에서 특권을 누린 집단은 어디였을까? 가드너에 따르면, 요점은 구별하지 말아야 한다는 것이 아니다. 우리는 더 많이 구별 지어야 한다. 물론 학생들은 서로 다른 읽기 능력을 갖고 있지만 이 능력을 미술, 음악 그리고 체육에서 학생들을 분류하는 데 고려 없이 자동적으로 사용해서는 안 된다.

가드너가 자신을 긍정심리학자로 간주할 수도 있고 그렇지 않을 수도 있지만 그는 어느 누구의 어떤 능력도 폄하하지 않으면서 수월성을 논했다는 점에서 긍정심리학 분야를 수립하는 데 확실히 기여했다. 지난 20년간 그는 자신의 이론이 지닌 교육적 함의에 집중하는 데 헌신하였다.

어떻게 각기 다른 지능들을 평가할 수 있을까? 가드너(1991a)는 한 학교의 모든 학생이 동일한 날 같은 시각에 동일한 능력 혹은 성취도 검사 필기시험을 보게 했다. 그런 후 단순한 양적인 점수로 나타내기 위해 단순히 답안지 지시에 따라 점수가 매겨지는 '공식 평가'에 대해 반대론을 펼쳤다. 그리고 나서 이러한 점수들은 학생들과 학교를 평가하고, 학생들을 어떤 과목은 듣게 하고 또 어떤 과목은 듣지 못하게 하고 그리고 미묘하지만 매우 중요한 것 중 하나로 학교와 더 넓은 사회에서 무엇이 강조되어져야 하는지를 결정하는 일에 사용되었다. 수학이나 과학처럼 효율적인 공식 평가로 적합하게 하기 위한 과목들은 미술과 같이 형식적 인 평가를 하지 않는 다른 분야들보다 더 중요하게 여겨진다.

가드너(1991a)의 공식적 평가에 대한 대안은 그들의 일상생활 속에서 얻은 개인의 능력들 에 대한 정보를 바탕으로 한 맥락 중심 평가이다. 한 학생의 미술적 능력은 그 아이가 그린 데생과 수채화 그림들을 살펴보면서 평가할 수 있다. 또 다른 학생의 운동 능력은 경기 중에 그 아이의 수행을 봄으로써 평가할 수 있다. 가드너는 정통한 공예가들이 자신의 견습생들을 양성하고 평가하기 위해서 수천 년간 사용해 온 전략들과 상황 지향적 평가를 연계시켰다. 그 젊은 견습생은 천천히 일을 연습하면서 숙련자를 관찰하고 도울 수 있을 것이다. 평가는 계속적이고 일관되며 개별화되어 있고, 견습생의 고유한 흥미와 관련된 명확한 기술 시연에 기초한다. 상황에 대한 평가는 추론이 최소화되었음을 뜻하는 생태학적 타당성의 방법론적 장점을 갖고 있다.

능력에 따라 서로 다른 유형의 평가가 필요하다. 그러므로 상황에 대한 평가는 사람들의 실제 능력들만큼이나 다양하다. 가드너(1993b)는 학생들과 직장인들도 단지 SAT 점수 혹은 성적 평점만을 입학지원서 혹은 고용위원회에 제출하는 것이 아니라 각자의 실질적인 프로 젝트와 업적에 대한 포트폴리오도 제출해야 한다고 주장하였다. 미술가들과 음악가들은 이 미 그렇게 하고 있으며 언젠가 내가 대학 강사를 뽑는 위원회에 있게 된다면 실제 학급 강의 를 녹화한 동영상을 검토하는 것을 상상해 볼 수 있다.

재능 계발 방법은 다양한 재능만큼 다양해야 한다. 사람들은 각자 다른 학습 능력과 학습 방법을 갖고 학교교육을 시작할 뿐만 아니라 누군가가 세상의 거의 모든 지식 혹은 그중 대 표적인 것들만이라도 정통하길 기대할 수 있던 시절은 머나먼 옛날이다(Gardner, 1991b). 하 나의 획일적인 교육과정은 불가능한 목표를 추구한다. 학교의 미래는 학생들이 중심이 되어 야 한다. 이는 학생들이 학교를 운영한다는 것이 아니라 학생의 성향과 능력에 따라 적절한 학습이 이루어지는 것을 의미한다. 특히나 일상생활이 변화되어 감에 따라 지능이 일상생활 에서 사용되기 위한 것이라는 사실을 유념하여야 한다. 만약 학교의 교육과정에 주제를 포함 시키는 유일한 근거가 과거상의 이유라면 설득력 없는 변명이다(Peterson, 2009).

성취

> 고딕 양식의 대성당을 장식하는 이무깃돌을 새기는 중세 석공에 관한 이야기가 있다. 때때로 석공들의 작품들은 처마 돌림띠 뒤에 숨겨져 있거나, 지면에서 어떠한 지점에서도 눈에 안 띄는 대성당 높은 곳에 있었다. 석공들은 대성당이 완공되고 비계가 분해되고 나면 사람들 눈에 영원히 보이지 않을 것임을 알면서도 이러한 부분의 이무깃돌들도 다른 곳에 있는 것들과 마찬가지로 최대한 정성 들여 조각하였다. 하나님의 눈을 위해 새겨졌다고 한다. 수천 가지 여러 이야기로 달리 쓰였지만 이것이 인간의 성취에 대한 이야기이다.
>
> — 찰스 머레이(Charles Murray, 2003)

엄청난 인내를 겸비한 흥미와 능력은 일의 규모와 관계없이 성취의 비결이다(Murray, 2003). 피터슨은 여기에서 비범한 성취들을 논하길 원한다. 이에 초점을 맞춘 데는 두 가지 이유가 있다. 첫째, 각 시대별 성취들은 흥미로우며 실로 감동적이다. 둘째, 이것으로 긍정심리학의 핵심을 설명할 수 있다. 만약 우리가 최고의 사람들에게 관심이 있다면 우리는 가장 재능 있는 사람들을 연구해야 할 것이며 그들이 최고가 될 수 있었던 배경과 환경 속에서 그들을 연구해야 할 것이다.

이러한 배경은 긍정심리학의 '자연 발상지'로 묘사될 수 있으며, 탁월한 기량이 인정받고 격려받으며 장려되는 곳들을 포함한다(Peterson & Seligman, 2003b). 명백한 예시들 중 자연 발상지로서 적격인 것을 직장, 운동, 공연예술, 우정과 사랑, 자녀 양육 그리고 학교라고 제안하고자 하였다.

어떤 연구들은 종종 응용심리학으로 구분되지만, 최근 맥락에서 만약 기초심리학이 이것과 동떨어진 것이라고 본다면 이는 모호한 분류이다. 피터슨은 응용과 기초의 구분이 완전히 잘못되었다고 본다. 긍정심리학은 이것을 가장 잘 드러낼 수 있는 소재를 찾아야만 한다는 것이다.

이러한 곳들은 연구 참여자들의 심리학 주제들 그리고 정신의학 클리닉과 같은 전형적 연구 주제를 항상 포함하지는 않을 수도 있다. 이러한 맥락에서 긍정심리학자들은 사춘기 청년들 혹은 상처받은 영혼들과 같은 접근하기 쉬운 표본에만 의지할 수 없다. 단도직입적으로 말해서, 대학생을 대상으로 하는 연구들은 만약 우리의 관심이 일반 심리학에 있다면 어느 정도 의심하게 되고, 만약 우리의 관심이 긍정심리학에 있다면 완전히 별난 것이다.

가장 뛰어난 사람들을 연구하기 위해서 가드너(1993a, 1997)가 알버트 아인슈타인, 마샤 그레이엄, 파블로 피카소, 아이거 스트라빈스키 그리고 버지니아 울프와 같은 비범한 사람들의 삶을 광범위하게 검토했듯이, 뛰어난 개인들에게 초점을 두고 사례 연구를 할 수 있다. 심리학적 사례 연구들은 보다 평범한 삶을 사는 우리를 포함하여 일반인에게도 적용 가능한 이론을 만들어 내고 평가하기 위해서 단순한 전기를 넘어선다는 것을 강조해야 한다.

가드너는 비범하기 위한 네 가지 방식이 있음을 제안하였다. 몇몇 작곡 분야에서 모차르트와 같은 성취 영역의 대가로서, 정신분석학의 프로이트와 같이 완전히 새로운 분야의 창시자로서, 소설가 제임스 조인스처럼 내적 삶을 탐구하는 내관자(introspector)로서 그리고 정치계의 간디와 같이 지도자로서의 비범성을 들 수 있다. 우리는 탁월성의 복수 개념에 대한 주제를 다시 살펴본다. 이와 같은 특정한 유형이 세상에서 가장 존경받는 천재들처럼 각 직장의 간부들에게도 손쉽게 적용될 수 있기를 희망한다.

또 다른 연구 전략은 보다 많은 저명한 사람을 살펴보는 것이다. 이 점에서 연구들은 많은 표본의 특성들을 평가하고 이러한 특성들의 원인과 결과를 결정하는 보다 전통적인 심리학적 연구의 느낌이 많이 난다. 물론 다른 점은 이러한 사람들을 연구 '참여자'라고 부르는 것이 잘못됐다는 점이다. 왜냐하면 이들은 어떤 연구에 참여하겠다고 동의한 것이 아니라 공식적인 자료가 남도록 그저 자기 삶을 살았을 뿐이다. 그리고 단지 공식 자료가 연구의 대상이 된 것뿐이다(Smith, 1992).

이러한 접근은 연구의 대상이 되는 과거의 기록이 최초에 어떻게 만들어졌는지, 자료의 변화 과정에서 어떤 내용이 추가 혹은 삭제되었는지에 대해 알 수 없기 때문에 연구자가 정확한 데이터를 접할 수 없다는 것이 큰 결점이다. 활자, 정교한 농사 기술, 가축 사육 그리고 바퀴와 같은 가장 두드러진 인간의 성취의 경우 어떤 개인이 그것을 만들었다는 점을 의심하지는 않지만, 우리는 이러한 천재들이 누구였는지를 알 수는 없다. 그리고 역사는 일반적으로 권력자들이 기록했기 때문에 과거의 자료가 편견을 반영할 수 있다는 그럴듯한 우려가 항상 있다.

그럼에도 불구하고 뛰어난 개인들에 대한 간접적인 연구들 덕분에 우리의 생각은 풍부해진다. 심리학자 딘 사이먼튼(Dean Simonton, 1984, 1994, 1997, 2000)은 이러한 연구에 있어 세계 최고의 권위자이다. 물론 분야별 탁월성에서 출발하여 역사적 자료로부터 흥미를 하나의 변수로 신뢰할 만하게 분석하는 연구에 그의 전 생애를 쏟아부었다. 그는 정치 지도자, 작가, 예술가, 장군, 작곡가 그리고 유명한 심리학자와 같은 역사적으로 흥미를 유발하는 개인들에 대한 몇몇 표본을 연구하였다.

사이먼튼은 어떻게 결론짓는가? 어떤 분야에서든 성취는 단일한 요인에 의해 결정되는 것은 결코 아니지만, 그 대신에 심리학적·사회적·역사적으로 복합적인 요인을 항상 반영한다. 몇몇 일반화는 가능하다. 한 가정에서 첫째로 태어나는 것은 나중의 공적 사고의 유연성과 지배성과 외향성에 대한 성격 특성의 정도와 어느 정도 상관이 있다. 그 분야에서의 기술, 공식교육 그리고 역할 모델의 존재는 대체로 성취의 가장 중요한 결정 요인들이다.

더욱이 계속 강조하듯이 개인의 성취가 영향력이 있기 위해서는 그 개인이 적재적소에 그리고 적시에 있어야만 한다. 예컨대, 사이먼튼(1992)은 지난 1,500년간의 일본 여성 작가들을 연구하였다. 어떤 시대건 여성들의 영향력은 남성우월의식에 대한 사회의 관념에 따라 달라진다. 미국에 있는 여성들의 성취도 유사할 것이다(Mowrer-Popiel, Pollard, & Pollard, 1993).

근래에 출간된 찰스 머레이(2003)의 책은 각 시대의 가장 훌륭한 인간의 성취 그리고 그러한 성취를 거둔 사람들에 대한 사이먼튼의 연구를 보다 넓은 관점에서 확장하였다. 머레이는 미술, 천문학, 생물학, 화학, 지질학, 문학, 수학, 의학, 음악, 철학, 물리학, 공학과 같이 노력이 필요한 여러 분야에 각각 중점을 두었고 전 세계의 당대 저명한 학자들이 만든 백과사전과 입문서에 개별 학자들이 공헌한 부분을 확인함으로써 저명함을 측정하였다. 각각의 경우, 한 개인의 저명함을 증명해 줄 각 출처들이 수긍할 만한 것이어야 한다는 것은 심리검사의 신뢰도만큼이나 중요하다. 역사 자료에는 물론 편견이 있기는 하지만, 이것은 널리 두루 쓰인다.

머레이는 자신이 중점을 둔 각 분야에서의 성취를 논의했지만, 분야별 '가장 뛰어난' 수백 명의 사람을 비교한 것에 기반하여 일반적으로 성취에 대해서 그가 주창한 몇몇 결론은 다음과 같다.

- 만물박사는 거의 틀림없는 각기 다른 능력들을 요하는 하나 이상의 분야에서 뛰어난 사람을 말한다.
- 열심히 노력하는 것은 결정적이다. 즉, 가장 뛰어난 자는 단순히 뛰어나기만 한 사람보다 훨씬 더 많은 시간을 투자했고, 훨씬 더 많은 것을 만들어 냈다.
- 멘토는 중요하다.
- 적시에 그리고 적재적소에 있어야 한다. 반드시 평화롭지는 않더라도 번성하는 정치 혹은 금융 중심가 그리고 명문대의 본고장인 도시들과 같은 사회에는 뛰어난 시민들이 많다.
- 특출함은 삶이 의미 있는 목적을 갖고 있고, 자기효능감이 높은 문화에서 발생하는 경향이 높다.

이와 같은 결론은 대부분의 사람에게 적용 가능한 것 같다. 당신은 최선을 다하기 위해서 자신의 흥미와 능력을 확인하고, 이에 적합한 분야를 찾아 노력하고, 멘토를 찾고, 많은 시간을 들이며, 자신이 하는 일의 의미와 자율성에 대한 신념이 필요하다(Peterson, 2009).

지금까지 피터슨(2009)의 성취에 이르는 과정을 알아봤다. 성취를 이루기 위해 다양한 이론과 사례 인용도 흥미로웠지만 그의 긍정심리학에 대한 뜨거운 애정과 열정에 감격했다. 피터슨은 긍정심리학을 사랑했다. 그는 긍정심리학을 꽃피워서 세상을 더 행복하게 바꾸고 싶어 했다. 하지만 그는 놀라운 업적과 성취를 남기고 먼저 떠났다. 우리는 그를 영원히 잊지 못할 것이다. 그의 업적은 앞으로 수많은 후배 심리학자에 의해 쌓여 갈 것이다. 이미 시작이 됐다. 노력만으로 되는 세상은 아니다. 그렇다고 단순히 뛰어나다 해서 성취하는 것도 아니다. 중요한 것은 많은 노력을 하되 어떻게 노력을 해서 성취를 이루어 내느냐이다. 이것을 긍정심리학자들이 최근에 밝혀냈다. 지금부터는 셀리그만(2011)과 앤절라 더크워스(2011, 2016)가 밝혀낸 긍정심리학의 성취에 대해 알아본다(우문식, 2019).

GRIT(집념)

셀리그만(2011)은 펜실베이니아 대학교 심리학과의 박사 과정은 경쟁이 심하다고 했다. 지원자는 매년 수천 명에 달하는데, 고작 열 명 정도를 뽑는다. 긍정심리학에는 한 해에 서른 명 정도 지원하고 겨우 한 명이 선택된다. 선택되려면 보통 미국 또는 유럽 유수 대학 출신으로 완벽에 가까운 평점에 심리학 석사학위 소지자로 700점을 훨씬 넘는 GRE(Graduate Record Examination, 대학원 입학 능력 시험) 점수에 세 장의 추천서가 있어야 한다.

⊙ 성공과 지능

지원서는 1월 1일까지 제출해야 한다. 진을 빼는 일련의 개인 인터뷰가 끝나면 2월 말에 합격자가 발표된다. 셀리그만이 이곳 심리학과에 몸을 담은 후 45년 동안 이것이 박사 과정 전형 절차였다. 그런데 지금까지 단 한 사람의 예외가 있었다. 바로 앤절라 더크워스였다.

2002년 9월 가을학기 시작을 앞두고 6월에 뒤늦은 지원서가 한 통 도착했다. 그것은 그 자리에서 쓰레기통에 던져져야 했을 테지만 대학원장 존 사비니가 끼어들었다. 그는 언제나 괴짜였다. 정말 가십 같은 비인습적인 주제에 관해 연구했고, 가십은 법적 형태의 도덕적 제재지만 법적 제재보다 처벌 수준이 더 낮다고 주장했다. 어떤 연구를 하든지 그는 학구적인 사회심리학계의 흐름을 거슬렀다.

"그게 엄청 늦게 왔다는 건 알아. 하지만 마티, 자넨 이 입학 에세이를 꼭 읽어야 해." 존이 메일을 보내왔다. 앤절라가 쓴 에세이였다. 그 내용의 일부는 다음과 같다.

> 졸업할 무렵, 저는 케임브리지의 공립학교 교실에서 자원봉사자로서 아주 많은 시간을 보냈습니다. 적어도 하버드의 대강의실과 실험실에서 보낸 시간과 비슷할 겁니다. 실패하는 도시 공립학교 안에서 실패하는 도시 학생들의 현실을 직접 눈으로 보면서 저는 호기심 대신 양심을 선택했습니다. 졸업 후, 저는 공립교육 개혁 추구에 헌신했습니다. 대학 4학년 시절에 저는 저소득 중학생을 위한 비영리 서머스쿨을 찾아냈습니다. …… 미국 전역의 다른 공립학교의 모델이 된 서머브리지 캠브리지는 공영 라디오 방송국과 많은 신문에 특집으로 보도되었고 케네디 스쿨에서 사례 연구로 이용했으며 매사추세츠주 정부의 '우수 혁신상'을 안겨 주었습니다. 그 후 저는 마샬 장학금을 받아 옥스퍼드 대학교에서 2년을 보냈습니다. 제 연구 주제는 난독증에서 시각 정보의 거대세포신경경로와 대세포신경경로 …… 그 시점에 저는 박사학위를 추구하지 않기로 결심했습니다. …… 그 후 공립 고등학교 교사, 비영리 지도자, 차터스쿨(charter school, 자율성이 보장된 공립학교) 자문위원, 교육정책 저술가로서 6년을 보냈습니다.
>
> 성취 수준의 최상층과 최하층에 있는 학생들과 오랜 시간을 보낸 지금, 저는 학교 개혁에 대해 완전히 상반된 관점을 갖게 되었습니다. 제 생각에 문제는 학교만이 아니라 학생 자신에게도 있습니다. 그 이유는 바로 공부가 힘들다는 것입니다. 사실 배우는 일은 재미있고 흥미진진하고 흐뭇합니다. 하지만 종종 두렵고 피곤하고 때로는 기가 꺾이기도 합니다. 더 이상은 배움을 원하지 않는 학생, 자신은 배울 수 없다고 믿는 학생, 공부할 때 요점을 보지 못하는 학생은 대체로 절대 공부하지 않습니다. 학교나 선생님이 아무리 훌륭해도 마찬가집니다. …… 지능은 높지만 언제나 성취도가 낮은 학생을 돕기 위해 교육자들과 부모들은 성격이 지능보다 중요하다는 것부터 인식해야 합니다.

셀리그만은 1964년에 펜실베이니아 대학원에 제출한 자신의 입학 에세이를 찾아내서 이 글과 비교해 보지 않기로 결심했다.

거의 한 세기 동안 사회적 통념과 정치적 공정성은 학생들의 성취 실패에 대해 교사, 학교, 학급 규모, 교과서, 학자금, 정치가, 부모를 비난해 왔다. 학생이 아닌 다른 이유나 다른 사람에게 비난을 전가했다. 뭐라고요? 그럼 피해자를 비난해요? 그 학생의 성격을 비난할까요?

감히 그럴 수는 없습니다! 사회과학에서 성격은 한물간 지 이미 오래였다.

긍정성격

19세기에는 정치학, 도덕성, 심리학이 모두 성격에 관한 것이었다. '우리 본성의 더 착한 천사들'에게 호소한 링컨의 첫 번째 취임사는 미국인들이 좋은 행동과 나쁜 행동에 대해 설명하는 방식을 상징한다. 1886년 시카고에서 벌어진 헤이마켓 폭동(Haymarket riot)이 전환점이었다. 일반적인 노동자 파업이 있었고, 지금까지 밝혀지지 않은 어떤 사람이 파이프 폭탄을 던지자 경찰이 발포했다. 5분 만에 그곳은 아수라장이 되었으며 경찰 8명과 수많은 시민이 사망했다. 이때 독일 이민자들에게 비난이 쏟아졌다. 언론은 그들을 '피에 물든 짐승' '악귀'라고 불렀다. 이민자들의 나쁜 도덕성 때문에 사망자가 생겼다는 것이 여론이었다. 그들에게는 무정부주의자라는 꼬리표가 붙었다. 그중 4명이 교수형을 당했고, 1명은 사형 집행 직전에 자살했다.

좌익 진영에서는 교수형 집행에 엄청나게 반발했다. 이 흐름에 편승하여 터무니없는 주장이 하나 떠올랐다. 바로 나쁜 성격에 대한 기존의 통념을 대체하는 설명이었다. 유죄 판결을 받은 무정부주의자들은 모두 하층 노동자 출신이었다. 그들은 영어를 하지 못했고, 자포자기했으며, 끼니도 잇기 힘든 임금으로 공동주택의 단칸방에서 온 가족이 복작거리며 살았다. 새로 부각된 견해는 범죄를 양산하는 것이 나쁜 성격이 아닌 열악한 환경이라는 것이었다. 신학자와 철학자들이 이 외침을 받아들였고, 그 결과 '사회과학'이 탄생했다. 사회과학은 성격이나 유전보다 환경이 사람들이 하는 짓을 더 잘 설명한다는 점을 입증하려 했다. 심리학과 사회학, 인류학, 정치학은 그 전제를 거행하는 일에 20세기를 거의 전부 소비했다.

우리는 미래를 지향한다

인간의 나쁜 행동을 성격으로 설명하지 않고 환경 때문이라고 하자 수많은 변화가 일어났다. 첫째, 개인은 자신의 행동에 더 이상 책임을 지지 않았다. 행동의 원인이 그 사람이 아닌 상황에 있기 때문이다. 이 말은 개입을 바꿔야 한다는 뜻이다. 즉, 더 좋은 세상을 원한다면 성격을 바꾸려고 애쓰거나 나쁜 행동을 처벌하고 좋은 행동을 보상하는 일에 시간을 낭비하지 말고 나쁜 행동을 양산하는 환경을 개선해야 한다는 것이다. 둘째, 진보적인 과학은 범죄, 무지, 편견, 실패 그리고 인간에게 닥치는 그 밖의 모든 해악을 야기하는 상황을 따로 분리해야 했다. 그래야만 그 상황을 교정할 수 있었다. 돈을 이용해서 사회문제를 교정하는 것이 일차적 개입이 되었다. 셋째, 연구는 좋은 사건이 아닌 나쁜 사건에 초점을 맞춰야 했다. 사회과학에서는 새미가 학교 성적이 낮은 이유가 배가 고파서, 학대당해서, 배움을 중시하지 않는 집안 때문이라고 변명하는 것이 얼마든지 가능해졌다. 대조적으로 우리는 좋은 행동을 하는 사람을 폄하하지 않는다. 좋은 행동의 전주곡이 되는 환경을 들먹여서 그 행동을 '변명'하는 것이 말이 안 되기 때문이다. 새미가 연설을 아주 잘해 낸 이유가 그 아이가 좋은 학교에 다니고 배불리 먹고 부모님의 사랑을 듬뿍 받았기 때문이라고 말하는 것은 이상하다. 넷째, 상황적 관점은 우리가 미래를 지향하지 않고 과거에 지배당한다는 전제를 제기했다.

통상적인 심리학, 즉 피해자, 부정정서, 정신이상, 질병, 비극에 대한 심리학은 헤이마켓 폭동의 의붓자식이다. 이 모든 것에 대한 긍정심리학의 입장은 통상적 심리학과 크게 다르다. 즉, 때때로 사람들은 실제로 피해자이다. 셀리그만은 끔찍한 아이티 지진이 일어난 다음 날 이 글을 쓰고 있다고 했다. 지금 고통을 받거나 사망한 수십만 명은 진짜 피해자이다. 하지만 사람들은 자신의 행동 그리고 자신의 성격에서 나온 뜻밖의 선택에 종종 책임이 있다. 책임과 자유의지는 긍정심리학에 꼭 필요한 과정이다. 환경을 비난한다면 개인의 책임과 자유의지는 설사 사라지지는 않더라도 최소화된다. 이와 반대로 행동이 성격과 선택에서 나온다면 개인의 책임과 자유의지는 적어도 부분적으로는 원인이 된다.

이것은 개입하는 방법을 직접적으로 암시한다. 즉, 긍정심리학의 관점에서 이 세상은 나쁜 상황을 교정함으로써 더 좋아질 뿐만 아니라 좋은 성격과 나쁜 성격을 모두 확인하고 형성함으로써 또한 더 좋아질 수 있다. 보상과 처벌은 단지 행동만이 아니라 성격에도 영향을 미친다. 불행한 사건과 실패, 비극, 부정정서가 과학의 연구 대상이듯이, 행복한 사건과 높은 성취, 긍정정서는 긍정심리학의 타당한 연구 대상이다. 긍정적 사건을 연구 대상으로 진지하게 받아들이면 우리는 새미의 탁월한 성취를 그 아이가 배불리 먹었거나 선생님이 훌륭하거나 부모가 배움을 중시하기 때문인 것으로 변명하거나 폄하하지 않는다. 대신 새미의 성격, 재능, 강점에 관심을 갖는다. 끝으로, 인간은 과거에 지배당하기보다는 종종, 어쩌면 더 자주 미래를 지향한다. 따라서 기대, 계획, 의식적 선택을 측정하고 구축하는 과학은 습관, 충동, 환경의 과학보다 더욱 강력하다. 우리가 과거에 지배당하지 않고 미래를 지향한다는 것은 극도로 중요하며, 사회과학의 유산과 심리학의 역사에 정면으로 배치된다. 그럼에도 그것은 긍정심리학의 기본적이고도 절대적인 전제이다.

앤절라 더크워스(2011)는 입학 에세이에서 학교에서의 실패가 학생을 피해자로 만든 시스템만의 잘못이 아니라 실패한 학생의 성격이 부분적인 원인일 수도 있다는 견해를 제시했다. 그 견해는 셀리그만 내면의 긍정심리학자를 매혹시켰고 존 사비니의 교육학의 초석이었던 괴짜들의 훈육에 호소했다. 올바른 유형의 괴짜가 여기 하나 있었다. 최고의 지적 성취를 입증하는 다수의 증명서와 탁월한 교육을 받았지만 사회적 통념에 길들여지지 않고, 성공한 학생의 성격강점과 실패한 학생의 성격결점을 진지하게 연구하려는 괴짜가 등장한 것이다.

지능이란

◉ 속도

셀리그만은 앤절라의 입학을 허락하기로 하고 즉시 앤절라와 인터뷰했다. 그녀를 처음 보는 순간, 한 가지 기억이 되살아났다. 셀리그만은 1970년대에 앨런 코어스 교수와 함께 펜실베이니아 대학 기숙사 시스템을 고안했다. 그들이 창조해 낸 정신적 삶은 개선되었으며, 오늘날까지 살아남았다. 그중 파티는 훌륭했다. 학생들은 그 파티를 '매스터 블래스터'라고 불렀다. 어느 해 파티장 한복판에서 우아하게 춤을 추는 리자라는 학생이 있었다. 보통 아주 빠르고 비트가 강한 록음악을 틀어 놓았다. 리자는 한 박자에 두 스텝을 움직여서 다른 모든 사람보다 두 배는 더 빨리, 초저녁부터 늦은 밤까지 춤을 추었다.

이 기억이 앤절라와의 첫 대면에 이어 떠올랐다. 그녀는 언어계의 리자였다. 셀리그만이 아는 모든 사람보다 두 배는 더 빨리, 지치지도 않고 말을 했다. 그러면서도 줄곧 대단히 논리정연했다.

학문적 삶에서 속도는 매혹의 대상인 동시에 혐오의 대상이다. 속도는 셀리그만이 진짜 지능이라고 여기는 것에서 중추적인 역할을 한다. 많은 부모와 교사는 지적인 속도를 무척 중요시했다. 따라서 우리가 본받아야 할 전형은 1950년대 라디오 쇼 〈퀴즈 키드〉의 스타였던 두 영재 디키 프리먼과 조엘 쿠퍼먼이었다. 그들은 문제가 채 끝나기도 전에 다른 참가자들보다 더 빨리 정답을 내놓았다.

속도에 대한 부모들과 교사들의 편견은 우연한 사회적 통념이 아니다. 속도와 IQ는 놀라우리만치 상관관계가 높다는 사실이 드러났다. '선택-반응 시간'이라는 실험에서 피험자들은 불빛과 버튼이 2개 있는 스크린 앞에 앉는다. 그리고 초록 불이 들어오면 왼쪽 버튼을, 빨간

불이 들어오면 오른쪽 버튼을 최대한 빨리 누르라는 지시를 받는다. 사람들이 버튼을 누르는 속도와 IQ는 50%에 가까운 높은 상관관계가 있다. 선택-반응 시간이 빠르다는 말은 단순한 운동신경의 문제가 아니다. 운동신경과 '단순한 반응 시간'의 상관관계는 무시해도 좋을 수준이기 때문이다.

지능은 정신의 속도와 왜 그렇게 밀접한 관계가 있을까? 셀리그만의 아버지 에이드리언 (Adrian) 셀리그만은 뉴욕주 항소법원의 부공보관이었다. 그의 아버지의 일은 판사 7명의 비문법적이고 알아듣기 힘든 견해를 받아 적은 다음 읽을 수 있는 법률 용어로 바꾸는 것이었다. 아버지는 기막히게 빨랐다. 법원 속기사로서 예리한 관찰자였던 그의 어머니의 말에 따르면 아버지는 다른 법률가들이 근무 시간 내내 해야 하는 일을 한 시간 만에 끝낼 수 있었다. 그래서 남은 7시간 동안은 자신의 작품을 확인하고 수정하고 또 수정했다. 그 결과, 최종 완성품은 다른 공보관들의 것보다 훨씬 우수했다.

법적 견해 재작성, 세 자리 수 곱셈, 어릴 때 살던 집의 창문 수를 머릿속으로 세기, 어떤 혈관에서 처음 동맥경화가 생길지 예측하기, 근처 야산에 적이 매복해 있는지 여부 결정하기 같은 복잡한 정신적 과제는 신속하고 자동적인 요소와 훨씬 더 많은 노력을 요하는 보다 느린 언어적 요소를 갖는다. 당신은 아프가니스탄에서 야산에 신속하게 접근하는 노련한 하사이다. 당신은 야산 진입로를 훑어보고, 지금껏 치른 교전을 토대로 갓 파헤친 흔적이 있는 흙과 침묵과 동물 소리가 안 들리는 것이 위험 신호라는 것을 즉시 알아차린다. 이 과제의 많은 부분이 자동으로 처리될수록 당신이 힘든 요소를 해낼 여유 시간이 많아진다. 이제 2분 남은 시간에 당신은 기지로 무전을 쳐서 적군의 위치에 관한 최신 정보를 얻는다. 그날 아침 가장 가까운 마을에서 낯선 사람 셋을 포착했다고 한다. 이 모든 것이 매복 또는 급조 폭탄을 의미한다. 그래서 당신은 야산을 돌아가는 에움길을 선택한다. 남은 2분이 인명을 구한 것이다.

하사의 정신적 속도는 그가 이미 갖고 있는 그 과제의 자동적 요소의 비율을 보여 준다. 이것을 셀리그만은 진지한 브리지 게임을 할 때마다 목격한다. 셀리그만은 지금까지 25만 번 이상 패를 쥐었다. 그리고 4명의 플레이어가 각자 1슈트로 이루어진 13장의 카드를 쥐는 것은 이제 셀리그만에게는 자동적이었다. 그래서 상대방이 스페이드 6장, 하트 5장을 갖고 있다는 것을 알아차리면 셀리그만은 그에게 다이아몬드 2장에 클로버가 없거나 또는 클로버 2장에 다이아몬드가 없거나 또는 각각 1장씩이라는 것을 즉시 알아차린다. 경험이 더 적은 플레이어들은 남아 있는 카드를 계산해야 한다. 어떤 사람은 혼잣말을 하기도 한다. 실제로 10만 번째 패를 쥐기 전까지 셀리그만은 '다이아몬드 둘 클로버 없고, 아니면 클로버 둘 다이아몬드 없고, 아니면 클로버 하나 다이아몬드 하나.'라고 속으로 말해야 했다. 브리지 패는 우리가 치르는 거의 모든 시험처럼 시간제한이 있다. 듀플리킷 브리지 게임에서 각 패에 할당된 시간은 고작 7분이다. 따라서 자동적인 요소가 많을수록 힘든 요소를 해낼 여유 시간이 더 많아진다. 이길 가능성이 가장 높은 플레이는 단순한 피네스(finesse), 스퀴즈(squeeze) 또는 엔드 플레이(end play)이다.

훌륭한 브리지 플레이어나 훌륭한 외과 의사나 훌륭한 파일럿이 나머지 사람과 다른 점은 그들이 지닌 아주 많은 지식이 자동으로 작동된다는 것이다. 전문가가 하는 것의 대부분이 자동으로 이루어질 때 사람들은 그가 '직관이 뛰어나다'고 말한다. 그러므로 셀리그만은 속도를 아주 중요하게 여긴다.

앤절라는 이것을 다음과 같이 설명한다.

사람들은 고등학교 물리 시간에 물체의 운동을 '거리=속도×시간'과 같이 설명한다는 것을 기억할 겁니다. 이 공식은 속도와 시간의 효과가 상호 독립적이며 가산적이지 않고 상호 의존적이며 승법적이라는 것을 명시합니다. 시간이 0이라면 속도가 얼마든 거리는 0이 됩니다. …… 제가 보기에 거리는 성취를 적절하게 비유합니다. 성취는 무엇일까요? 출발점에서 목표까지의 진전이 아닐까요? 목표가 출발점에서 멀수록 성취는 커집니다. 거리가 속도와 시간을 곱한 결과인 것처럼, 기회를 상수로 놓으면 성취는 기술과 노력을 곱한 결과입니다. 계수를 배제하면 '성취=기술×노력'입니다.

엄청난 노력은 보통의 기술을 보완할 수 있습니다. 마찬가지로, 엄청난 기술은 보통의 노력을 보완할 수 있습니다. 하지만 어느 하나가 0일 경우에는 그렇지 않습니다. 더욱이 노력을 추가한 결과는 기술이 탁월한 개인일 경우 훨씬 더 커집니다. 목세공 장인이 2시간 동안 해낸 일은 동일한 시간에 아마추어가 해낸 일보다 더 많습니다.

따라서 기술의 중요한 요소는 당신이 지닌 얼마나 많은 것이 자동으로 작동하느냐 하는 것이다. 그것이 과제의 기본 단계를 얼마나 빨리 완수할 수 있는가를 결정한다. 청소년기에 셀리그만은 점점 빨라졌다고 했다. 앤절라와 거의 똑같은 속도로 학력을 쌓아 나갔다. 대학원도 쏜살같이 통과했다. 말도 빠를뿐더러 연구도 빨리 완수했다. 석사학위를 받은 지 고작 2년 8개월 후에 박사학위를 받았다. 그리고 브라운 대학교에서 셀리그만의 교수였던 존 코빗에게서 불쾌한 편지를 받았다. 자신이 오래전에 세운 3년이라는 기록을 셀리그만이 깨뜨렸다는 것이다.

⊙ 느림의 미덕

그러나 지능과 높은 성취에는 아찔한 속도보다 더 중요한 것이 있다. 속도는 과제의 비자동적인 부분을 수행할 여분의 시간을 제공한다. 지능과 성취의 두 번째 요소는 느림과 속도가 제공한 '여분의 시간을 전부 가지고 당신이 하는 것'이다.

> 정신적 속도에는 대가가 따른다. 정신이 심호흡을 해야 할 때 나는 미묘한 차이를 놓치고 지름길을 선택했다. 모든 단어를 낱낱이 읽어야 할 때 대충 읽었다. 다른 사람의 말에 차분히 귀 기울이지 않았다. 처음 몇 마디만 듣고 그가 어떤 말을 할지 짐작해서 끼어들었다. 그리고 나는 거의 언제나 불안했다. 속도와 불안은 함께 움직인다(Seligman, 2011).

1974년에 셀리그만 연구팀은 에드 퍼그(Ed Pugh)를 고용했다. 그는 시각수용체 1개를 자극하는 데 필요한 광자(photon)는 몇 개인가와 같은 질문의 정확한 답을 연구하는 지각심리학자였다. 에드는 느렸다. 몸놀림은 느리지 않았고 모음을 길게 빼는 말투도 아니었다. 그는 말하는 속도와 질문에 반응하는 시간이 느렸다. 그들은 에드를 '생각이 깊은 사람'이라고 생각했다.

에드는 전설적인 윌리엄 에스테스(William K. Estes)의 화신이었다. 윌리엄은 가장 위대한 수학 학습 이론가이자 셀리그만이 만난 가장 느린 심리학자이다. 윌리엄과의 대화는 고통이었다. 셀리그만은 2년 동안 꿈을 연구했다. 하룻밤에 약 2시간에 걸쳐 빠른 안구운동 수면을 취하는 동안 신체는 마비되고 육식동물의 공격에 취약하다는 점을 고려할 때 호모 사피엔스는 어떤 꿈꾸기를 완성했는지에 관해 주로 연구했다.

30년 전에 가진 어떤 대규모 모임에서 윌리엄을 만났을 때 셀리그만은 물었다. "꿈꾸기의 진화적 기능은 무엇이라고 생각하지?" 그는 눈도 깜빡이지 않고 5초, 10초, 30초 동안 나를 응시했다. 그리고 1분 후에 말했다. "마틴, 자네는 각성의 진화적 기능이 무엇이라고 생각하지?" 셀리그만은 에드와 함께 파티에 있었다. 윌리엄의 오랜 침묵 후, 또 그런 침묵이 이어질 때, 셀리그만은 에드에게 물었다. "자넨 어떻게 그렇게 느려졌어?" "처음부터 느리진 않았어, 마틴. 예전에는 빨랐지, 거의 자네만큼. 나는 느려지는 걸 배운 거야. 박사학위를 받기 전에 예수회 학생이었거든. 나의 소시우스(socius, 예수회 학생의 사회성을 키워 주는 멘토. 학생을 공부시키는 멘토는 따로 있음) 말씀이 내가 너무 빠르다더군. 그래서 매일 문장을 하나씩 주시고는 오후 내내 나무 밑에 앉아 그 문장에 대해 생각해 보라고 하셨지." "에드, 나도 느려지게 해 줄 수 있어?"

실제로 그는 할 수 있었다. 그들은 쇠렌 키르케고르(Sören Kierkegaard)의 『두려움과 떨림(Fear and Trembling)』을 함께, 그러나 일주일에 한 페이지씩 읽었다. 게다가 셀리그만의 누나 베스(Beth)는 셀리그만에게 초월명상을 가르쳐 주었다. 20년 동안 하루에 40분씩 셀리그만은 충실하게 초월명상을 실천했다. 셀리그만은 느림을 배웠다. 그리고 지금은 그 당시의 에드보다 훨씬 더 느려졌다.

'성취=기술×노력'의 공식에서 느림은 어떤 역할을 할까?

⊙ 실행 기능

브리티시컬럼비아 대학교의 발달심리학 교수인 아델 다이아몬드(Adele Diamond)는 유아들의 속도를 늦춘다. 충동적인 아동은 나이가 들면서 더욱 충동적이 된다는 것이 오래전부터 알려져 왔다. 월터 미셸(Walter Mischel)의 고전적 마시멜로 연구가 그 사실을 입증했다. 앞에 놓인 마시멜로 1개를 먹어치운 아이들은 마시멜로 2개를 먹으려고 몇 분 기다린 아동들보다 수행이 서툴렀다. 10년 이상 지난 후, 그들은 기다릴 수 있었던 아이들보다 학교 성적과 SAT 점수가 더 낮았다. 아델은 빠른 정서적·인지적 충동 통제에 대한 아동의 실패는 결정씨앗(seed crystal)으로서, 여기서부터 학교에서의 무수한 실패가 시작된다고 믿는다. 교사는 충동적인 아이들에게 짜증을 내고 절망하며, 이 아이들은 학교에 점차 흥미를 잃는다. 그들은 규칙을 지키기 힘들어하며 더욱 불안해지고 점점 더 회피한다. 교사는 이들에게서 점차 기대를 거두고, 학교는 끔찍한 곳이 된다. 실패의 악순환이 시작된 것이다.

아델은 빠른 과정을 중단시켜서 이 아이들의 속도를 늦추는 것이 가장 중요하다고 믿는다. 느림은 실행 기능이 과제를 떠맡을 수 있게 해 준다. 집중하고 집중을 방해하는 자극은 무시하기, 새로운 정보를 기억하고 이용하기, 행동을 계획하고 계획을 변경하기, 빠르고 충동적인 생각과 행동을 억제하기로 실행 기능은 구성된다.

아델은 데보라 레옹(Deborah Leong)과 엘레나 보드로바(Elena Bodrova)의 '마음의 도구' 교육과정의 기술을 이용해서 충동적인 아동의 속도를 늦춘다. 그 기술 중 하나는 구조화된 놀이이다. 교사가 네 살 아동에게 가능한 한 오래 서 있으라고 지시하면 그 시간은 평균 1분이다. 하지만 그 아동은 공장 경비요원 역할을 맡은 가상 놀이 상황에서는 4분 동안 가만히 서 있을 수 있다. 아델은 '마음의 도구' 교육을 받은 아동은 실행 기능을 요하는 테스트에서 더 높은 점수를 받는다는 것을 발견했다. 이렇듯 느림의 과정은 실행 기능을 더 많이 이용하게 해 준다.

　더불어 과제의 많은 부분을 재빨리 자동으로 처리하는 느림의 과정들은 무엇일까? 창의성은 확실히 그중 하나이다. '성취=기술×노력'의 공식에서 성취를 정의하는 것은 단순히 모든 운동이 아니라 고정된 구체적인 목표, 즉 벡터(vector, 크기와 방향을 갖고 있는 양)를 향한 운동이다. 성취는 단순한 거리와는 다르다. 목표에 이르는 길은 보통 몇 가지가 존재한다. 어떤 길은 빨리 갈 수 있고, 어떤 길은 더디다. 막다른 길도 있다. 어느 길을 취할지 결정하는 것은 느림의 과정이다. 이 과정을 '계획하기'라고 부른다. 이것을 뛰어넘어 새로운 길을 만드는 것은 창의성이 의미하는 것의 많은 부분을 차지한다.

학습 속도: 속도의 첫 번째 파생물

　주어진 과제에 대한 정신적 속도는 그 과제와 관련된 얼마나 많은 재료가 자동으로 처리되는지를 반영한다. 이 재료를 '지식'이라고 한다. 즉, 그 과제에 관해서 당신이 이미 알고 있는 것들이다. 과제를 처리하는 속도는 시간이 지남에 따라 달라질 수 있으며, '가속도'와 나란히 움직인다. 가속도는 역학에서 속도의 첫 번째 파생물이다. 시간에 따른 정신적 속도의 증가, 즉 정신적 가속도 같은 것이 존재할까? 당신은 새로운 지식을 얼마나 빨리 습득할 수 있는가? 주어진 과제에서 자동으로 처리될 수 있는 재료의 양이 시간과 경험에 따라 증가할 수 있을까? 이것이 학습 속도로, 시간 단위당 얼마나 많이 학습할 수 있는가를 반영한다.

　앤절라는 빨랐다. 정신적 속도가 인간에게 가능한 최고 한도로 빨랐다. 그래서 인터뷰 시간에 면접위원들을 저 멀리 날려 버렸다. 입학위원회는 전례를 뒤집고 굴복해서 그녀를 받아들였다. 입학 즉시 그녀는 좋은 학생과 나쁜 학생의 성격 조사에 대한 웅대한 프로젝트를 시작했다. 하지만 당혹스러운 일이 일어났다. 이것을 설명하려면 성취의 본질을 더 깊이 검토해야 한다.

　앤절라는 빨랐지만 심리학에 무지했다. 한심할 정도로 아는 게 없었다. 지금까지 받은 거의 모든 교육이 심리학 바깥 영역에 속했기 때문이다. 긍정심리학과 친해지게 해 주려고 셀리그만은 2002년 8월에 마련한 엘리트 이벤트에 앤절라를 초대했다. 셀리그만은 해마다 여름이면 일주일 일정으로 세미나를 열어서 전 세계의 가장 탁월한 대학원생과 박사후 과정 학생, 선도적인 긍정심리학자 스무 명을 한데 모은다. 초대받으려는 경쟁이 치열하며 모두 지적 교양 수준이 아주 높다. 입을 여는 데 전혀 거리낌이 없는 앤절라는 대화에 적극 참여했다. 하지만 그녀에 대한 평가는 실망스러웠다. "교수님이 우리한테 떠맡긴 그 고물차는 도대체 누굽니까?" 어느 고참 심리학자의 논평이었다.

자동차의 품질을 논하는 한 가지 기준은 속도이다. 정신적 속도는 매우 훌륭한 품질이다. 아주 많은 오래된 지식을 자동으로 작동시키기 때문이다. 그러나 아직은 자동으로 작동하지 않는 새로운 지식을 습득하는 속도는 빠를 수도 있고 느릴 수도 있다. 시간 단위당 증가하는 속도, 즉 가속도는 속도의 첫 번째 파생물이다. 이것이 자동차의 품질 기준에 추가된다. 정신적 가속도, 즉 학습된 새로운 지식이 시간 단위당 학습에 공헌하는 비율은 우리가 '지능'이라고 부르는 꾸러미의 또 다른 일부이다. 앤절라의 정신적 가속도는 정신적 속도만큼이나 경이적이라는 것이 드러났다.

모든 사람이 대학원에서 학습하고, 대학원생이 자신의 작은 영역에서 전문 지식을 꽤 빨리 습득할 거라고 예상한다. 그러나 셀리그만이 아는 학생 중에 앤절라의 속도로 학습한 사람은 한 명도 없었다. 그녀는 지능, 동기, 성공에 관한 방대하고 방법론적으로 복잡한 문헌의 대가가 되었다. 몇 개월 만에 다른 학생들은 지능을 다룬 심리학 문헌과 방법론에 관해 앤절라에게 조언을 구하게 되었다. 채 일 년도 못 돼서 앤절라는 고물차에서 페라리 엔초가 되었다.

셀리그만(2011)의 성취이론에서 지금까지 탐구한 것은 다음과 같다.

- **속도**: 더 빠르고, 자동으로 작동하는 관련 재료가 많을수록 그 과제에 대해 더 많이 알게 된다.
- **느림**: 성취의 자발적이고 아주 중요한 과정으로 계획하기, 수정하기, 실수 확인하기, 창의성 등을 거친다. 속도가 더 빠르고 지식이 많을수록 실행 기능을 이용할 여분의 시간이 더 많아진다.
- **학습 속도**: 새 정보를 자동적인 지식 계좌에 얼마나 빨리 저축할 수 있는지를 반영하며, 더 빠를수록 느린 실행 기능을 이용할 시간이 훨씬 더 많아진다.

자기통제력과 GRIT(집념)

앞서 소개한 세 가지 인지 과정은 기본 공식인 '성취=기술×노력'에서 모두 '기술'을 이루는 요소들이다. 그러나 앤절라가 노리고 있는 커다란 사냥감은 학문적 성취의 인지 과정이 아니라 성격의 역할과 그 공식에서 성격이 '노력'으로 들어가는 지점이었다. 노력은 과제에 소비한 시간의 양이다. 입학 에세이에서 선언했듯이, 앤절라가 탐구하기로 작정한 것은 비인지적 요소들이었다. 성취의 비인지적 요소는 노력으로 요약되고, 노력은 '과제에 투입된 시간'으로 단순화된다. 노력 영역의 거장은 키가 크고 점잖지만 고집이 센 스웨덴 사람으로 플로리다 주립대학교 교수인 안데르스 에릭슨(Anders Ericsson)이다.

에릭슨은 고도의 전문 지식을 쌓는 초석은 신이 주신 천재성이 아니라 의도적인 연습, 즉 의도적인 연습에 소비한 시간과 에너지의 양이라고 주장했다. 모차르트가 모차르트인 이유는 특출한 음악적 재능을 타고나서가 아니라 어릴 때부터 재능을 활용하는 데 모든 시간을 소비했기 때문이라는 것이다. 세계 최고의 체스 플레이어들은 사고 속도가 더 빠르지도 않고 말의 움직임에 대한 유리한 기억을 저장하고 있지도 않다. 그보다는 플레이 경험이 아주 많아서 경험이 적은 사람들보다 말의 위치로 패턴을 알아차리는 일에 훨씬 더 뛰어나다. 그리고 그 능력은 순전히 경험의 양에서 생겨난다. 세계 일류 피아노 독주자들은 스무 살 무렵이면 연주 시간이 1만 시간에 달한다. 이와 대조적으로 그 아래 수준의 피아니스트들은 5,000시간, 진지한 아마추어 피아니스트들은 2,000시간 정도이다. 의도적 연습의 전형은 에릭슨의 대학원생 중 한 명인 차오 루이다. 그는 원주율 자릿수 기억으로 기네스북 세계 기록을 갖고 있다. 무려 6만 7,890자리까지 외운다. 다음의 조언은 간단명료하다. 어떤 것에든 세계적인 수준이 되고자 한다면 그것에 10년 동안 매주 60시간을 소비해야 한다.

한 아동이 얼마나 많은 시간과 의도적 노력을 기꺼이 성취에 할애할지를 결정하는 것은 무엇일까? 성격일까? 자기통제력은 의도적 노력을 유발하는 성격 특성이다. 앤절라는 매스터맨 고등학교 학생들을 상대로 자기통제력에 관한 첫 번째 연구에 뛰어들었다. 필라델피아 중앙에 있는 매그닛스쿨(magnet school, 특별한 영역에 재능 있는 학생들을 교육하는 특수학교)인 매스터맨은 5학년에 올라가는 전도유망한 학생들을 받아들이지만, 그중 많은 수는 중도에 포기하고 진짜 경쟁은 9학년부터 시작된다. 앤절라는 누가 성공할지 예측할 때 자기통제력과 IQ를 어떻게 비교할지 알아내고 싶었다.

IQ와 학문적 성취의 관계는 검증된 수많은 척도를 통해 충분히 연구된 분야 중 하나이지만 자기통제력은 그렇지 않다. 그래서 앤절라는 8학년 학생들이 보여 준 자기통제력의 다양한 면을 포함하는 복합 척도를 개발했다. 바로 아이젱크 주니어 충동성 척도(Eysenck Junior Impulsiveness Scale, 충동적으로 말하는 것과 행동하는 것에 대한 예/아니요 질문들로 구성)와 부모와 교사 자기통제 평가 척도[평균 아동(4점)에 비해서 이 아동은 '극도로 충동적이다'(7점)에서 '극도로 자기통제적이다'(1점)까지 측정] 그리고 만족의 보류(돈과 시간의 범위에 걸친 자기통제 측정. 예: "당신은 오늘 1달러를 받는 것이 더 좋습니까, 아니면 2주일 후에 2달러를 받는 것이 더 좋습니까?")이다. 그다음 해에 걸쳐 관찰한 결과, 고도로 자기통제력이 높은 8학년 학생들의 특징은 다음과 같았다.

- 평균 평점이 더 높았다.
- 성취검사 점수가 더 높았다.
- 셀렉티브 고등학교(selective high school, 학습 능력이 탁월한 학생을 시험으로 선발·교육하는 공립 고등학교)에 들어갈 확률이 더 높았다.
- 숙제를 더 일찍 시작하고 더 많은 시간을 소비했다.
- 결석하는 횟수가 더 적었다.
- TV를 더 적게 보았다.

성적을 예측할 때 IQ와 자기통제력을 어떻게 비교할까? IQ와 자기통제력은 서로 상관이 없다. 다시 말해서, IQ가 높으면서 고도로 자기통제적인 학생이 많은 것처럼, IQ가 낮으면서 고도로 자기통제적인 학생도 엇비슷하게 많다. 그 반대도 마찬가지이다. 자기통제력은 학문적 성공을 IQ보다 약 2배 정도 더 잘 예측한다.

이 프로젝트는 앤절라의 대학원 첫해 논문이었다. 셀리그만은 논문을 출판하게 제출하라고 앤절라를 격려했고, 그녀는 그렇게 했다. 셀리그만은 학술지에 논문을 실은 경험이 아주 많다. 하지만 최고 권위의 학술지로부터 게재 승인을 알리는 답장을 받은 것은 이 논문이 처음이었다. 게다가 수정이나 검토도 전혀 요구하지 않았다. 앤절라는 다음과 같이 이 논문을 결론지었다.

> 미국 청소년의 학습부진은 주로 부적합한 교사, 지루한 교과서, 커다란 학급 규모 탓으로 돌려진다. 우리는 학생들이 자신의 지적 잠재력에 부응하지 못하는 또 다른 이유를 제시한다. 즉, 그들은 자기통제를 연습하지 못했다. …… 미국의 많은 아동이 장기적 이익을 위해 단기적 쾌락의 희생을 요하는 결정을 내리는 데 곤란을 겪는다. 따라서 자기통제력 구축 프로그램은 학문적 성취를 구축하는 왕도가 될 수도 있다.

이것은 또한 여학생과 남학생의 학교 성적 차이에 대한 영원한 수수께끼 중 하나를 해결해준다. 초등학교에서 대학교까지 여학생들은 모든 주요 과목에서 남학생보다 성적이 더 높다. 여학생의 평균 IQ가 남학생의 평균 IQ보다 높지 않더라도 결과는 똑같다. 사실 남학생들은 지능검사와 학력검사에서 여학생보다 아주 조금 우수한 정도이다. IQ는 남학생의 성적을 평균 이상으로 정확히 예측하는 반면, 여학생의 성적은 예측하지 못한다. 자기통제가 이 퍼즐의 잃어버린 조각이 될 수 있을까?

　앤절라는 8학년에 올라가는 여학생들과 남학생들에게 자신이 개발한 자기통제 복합 척도를 실시해서 8학년 말의 대수학 점수, 출석, 수학 학력검사 점수를 예측했다. 여학생들은 실제로 남학생들보다 학급 성적이 더 높았지만, 수학 학력검사 점수는 두 집단 사이에 큰 차이가 없었다. 예상과 달리, 학력검사는 여학생의 학급 성적을 제대로 예측하지 못했다. 중요한 점은 여학생들은 복합 척도의 모든 요소에서 자기통제력 수준이 남학생들보다 훨씬 더 높았다는 것이다. 그러면 질문이 생긴다. 자기통제력 수준에서 여학생들의 우위가 학급 성적에서의 우위를 설명해 줄까? 이 질문의 대답을 알아내기 위해서는 '위계적 다중회귀(hierarchical multiple regression)'라는 통계 기법이 효과적이다. 이 기법은 기본적으로 자기통제력 차이를 제거하면 성적 차이도 사라질 것인지 묻는다. 그래서 나온 대답은 '사라진다'는 것이다.

　그런 다음 앤절라는 다음 해에 매스터맨 고등학교에서 IQ를 이용하여 이 연구를 되풀이했다. 여기서도 역시 여학생들은 대수학, 영어, 사회 과목에서 성적이 더 높았고, 자기통제력 수준은 훨씬 더 높았다. IQ 점수는 이 여학생들보다 남학생들이 상당히 더 높았다. 그리고 IQ와 표준화된 학력검사는 이 연구에서도 역시 여학생 집단의 학급 성적을 제대로 예측하지 못했다. 위계적 다중회귀 기법을 사용한 결과, 여학생들의 자기통제력 수준은 그들의 우월한 학급 성적에 역시나 중요한 요인이었다.

　이 사실은 여성들이 대학교 때까지 언제나 더 좋은 성적을 얻는 이유에 대한 의문을 해결해 준다. 하지만 여성보다 남성이 전문 학위와 석사학위를 더 많이 따고 더 높은 임금을 받는 이유는 알려 주지 못한다. 여성들의 우월한 자기통제력은 나이가 든다고 사라지지 않는다. 하지만 대학 졸업 후 여성이 가진 자기통제력의 강점을 약화시키는 문화적 요인들 때문에 궁지에 몰리는 여성들이 많다.

　자기통제력이 학업문제를 잘 예측하지만 그 밖의 다른 문제는 얼마나 예측할 수 있을까? 예컨대, 비만의 근원은 결정적 시기, 즉 사춘기 초기의 체중 증가에 있다. 앤절라는 학교 양호 기록을 통해 자신이 2003년에 자기통제력 수준을 측정한 5학년 학생들의 체중을 확인하고, 그들의 8학년 때 체중이 얼마인지 물었다. 자기통제력은 성적을 예측했듯이 체중 증가도 예측했다. 자기통제력 수준이 낮은 아동들은 자기통제력 수준이 높은 아동들보다 체중이 더 많이 늘었다. IQ는 체중 증가에 어떤 영향도 미치지 않았다.

　아동의 성취를 최대화하고자 한다면 자기통제력을 장려해야 한다. 사회심리학자 로이 바우마이스터(Roy Baumeister)는 자기통제력이 모든 덕목의 여왕이자 나머지 강점을 가능케 하는 강점이라고 믿는다. 그런데 극단적인 특성을 지닌 자기통제력이 존재한다. 바로 집념 (GRIT)이다. 실제로 앤절라는 더 나아가 집념까지 탐구했다. 집념은 목표에 대한 높은 열정과 아주 강한 끈기의 결합체이다. 어느 정도의 자기통제력은 상당한 성취를 가능케 한다는 사실을 지금까지 살펴보았다. 그런데 정말로 이례적인 성취를 가능케 하는 것은 무엇일까?

이례적인 성취는 아주 드물다. 이 말은 언제나 참인 항진명제(tautology)처럼 들릴지도 모른다. 즉, 이례적이라는 말은 '매우 드물다'는 뜻이다. 하지만 이것은 항진명제가 아니며, 그렇기 때문에 천재성 뒤에 숨겨진 토대를 노출하지 않는다. 셀리그만은 이 '천재성'을 정말로 이례적인 성취의 동의어로 사용할 것이라고 했다. 사람들은 대부분 천재성이 단순히 성공의 정규분포곡선 꼬리 부분의 극단에 있다고 생각한다. 종 모양의 이 곡선은 키, 매력, 아름다움, 학교 성적과 같은 평범한 현상의 분포를 잘 보여 준다. 하지만 성취의 분포를 설명하는 데는 완전히 실패했다.

인간의 높은 성취

저명한 사회학자 찰스 머레이는 대표작 『인간의 성취(Human Accomplishment)』에서 먼저 스포츠를 예로 들어 설명한다. 프로 골퍼들은 평생 PGA 투어에서 몇 번이나 우승할까? 평균 0번에서 1번 사이이다. 즉, 가장 빈번하게 나오는 값은 0이다. 그러나 4명의 프로 골퍼는 30번 넘게 우승했다. 아놀드 파머는 통산 61승, 잭 니클라우스는 72승이다. 타이거 우즈도 통산 72승이다. 한 플레이어의 PGA 투어 우승 횟수 분포곡선은 종 모양과는 거리가 멀고, 오목하게 점차 상승하다가 왼쪽으로 극단적으로 꺾여 절벽처럼 치솟는다.

이런 종류의 곡선을 통계학 용어로 대수 정규분포(log-normal)곡선이라고 하는데, 이것은 변수의 자연대수 값이 정규분포를 따른다는 뜻이다. 아주 똑같은 패턴이 테니스, 마라톤, 체스, 메이저리그에서도 나타난다. 그리고 성취하기가 어려울수록 이 곡선은 점점 더 깎아지른 절벽을 닮아 간다. 각 스포츠 영역에는 뛰어난 경쟁자가 많지만 거인은 겨우 2~3명에 불과하다. 그들은 모든 주목을 한몸에 받으며, 단순히 뛰어난 플레이어들과는 연속선상에 있지 않다. 똑같은 현상이 모든 사회의 부에도 적용된다. 극소수의 사람이 다른 모든 사람보다 어마어마하게 더 많이 소유한다. 산업계도 마찬가지라고 한다. 고용인의 20%가 이익의 80%를 생산한다는 사실은 이미 잘 알려져 있다.

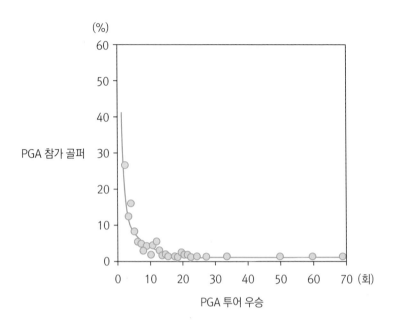

(%)

PGA 참가 골퍼

PGA 투어 우승

[그림 9-1] PGA 투어 우승 횟수

이것을 증명하기 위해 머레이는 천문학, 음악, 수학, 동양 철학, 서양 철학, 미술, 문학을 포함하는 21개 지적 영역에서 천재성의 분포 모양을 수량화한다. 각 영역에서 선도적인 인물이 인용되는 비율은 결코 종 모양이 아니다. 겨우 2~3명의 거인이 상당 부분의 영광과 권력을 움켜쥐고 있다. 중국 철학에서 거인은 공자 단 한 사람이다. 기술 영역에서는 제임스 와트와 토머스 에디슨 두 사람이다. 서양 음악에서는 베토벤과 모차르트이고, 서양 문학에서는 셰익스피어 한 명이다.

최고의 성취자들은 평균적으로 뛰어난 성취자를 정규분포곡선에서보다 훨씬 큰 차이로 앞지른다. 천재성의 이러한 분포 모양은 가산적이 아니라 당연히 승법적이다. 이것이 천재성의 숨겨진 토대이다. 트랜지스터 발명으로 노벨상을 수상한 윌리엄 쇼클리(William Shockley)는 과학 논문 출간 횟수에서 이 패턴을 발견했다. 극소수의 과학자가 다수의 논문을 발표하는 데 반해, 대다수의 과학자는 고작 한 편 또는 단 하나도 발표하지 않는다. 쇼클리는 다음과 같이 썼다.

예컨대, 과학 논문 출간과 상관이 있는 요인들을 생각해 보자. 일부 요인은 다음과 같은데, 이는 중요도 순이 아니다. ① 좋은 문제에 대해 숙고하는 능력, ② 그 문제를 연구하는 능력, ③ 가치 있는 연구 결과를 알아차리는 능력, ④ 연구를 중단하고 결과를 작성할 시점을 결정하는 능력, ⑤ 논문을 적합하게 작성하는 능력, ⑥ 비판에서 건설적으로 이익을 얻는 능력, ⑦ 논문을 학술지에 제출하겠다는 결정, ⑧ 끈질긴 변화 시도(논문 제출의 결과로서 필요할 경우) …… 어떤 사람이 이 여덟 가지 요인 각각에서 다른 사람을 50% 능가한다면 그의 논문 생산성은 25배 더 높을 것이다(Shockley, p. 286).

이것이 집념, 즉 결코 굴복하지 않는 극단적인 자기통제력의 근거이다. 극도의 끈기라는 성격 특성은 극한의 노력을 야기한다. 집념이 강할수록 과제에 소비하는 시간이 늘어나고, 그 시간은 우리가 타고난 기술에 단순히 가산되지 않는다. 목표를 향한 진전을 승법적으로 증가시킨다. 그래서 앤절라는 집념 검사를 개발했다. 이제 집념 검사를 받아 보고 자녀에게도 실시해 보라.

다음의 기준을 이용해서 다음 여덟 가지 문항에 대답하라.

전혀 그렇지 않다	별로 그렇지 않다	다소 그렇다	대체로 그렇다	매우 그렇다
1	2	3	4	5

_____ 1. 나는 새로운 생각과 계획 때문에 기존의 생각과 계획에 집중하지 못할 때가 있다.*

_____ 2. 나는 좌절을 해도 용기를 잃지 않는다.

_____ 3. 나는 특정 아이디어나 프로젝트에 잠깐은 집착하지만 나중에는 흥미를 잃는다.*

_____ 4. 나는 열심히 노력한다.

_____ 5. 나는 목표를 세우지만 나중에는 다른 목표를 추구하기로 결정할 때가 많다.*

_____ 6. 나는 두세 달 이상 걸려야 완성하는 프로젝트에는 계속 집중하기가 어렵다.*

_____ 7. 나는 시작한 것은 무엇이든지 끝을 낸다.

_____ 8. 나는 부지런하다.

* 별표 문항은 점수가 반대이다.

점수 계산 방법

1) 2, 4, 7, 8번 문항의 점수를 더한다.

2) 1, 3, 5, 6번 문항은 점수를 역산한 다음, 24에서 그 점수를 뺀다.

3) 앞에서 나온 두 점수를 더한 값을 8로 나눈다.

다음은 성별 표준 점수이다.

십분위수(1/10)	남성(4,169명)	여성(6,972명)
1st	2.50	2.50
2nd	2.83	2.88
3rd	3.06	3.13
4th	3.25	3.25
5th	3.38	3.50
6th	3.54	3.63
7th	3.75	3.79
8th	3.92	4.00
9th	4.21	4.25
10th	5.00	5.00
평균, 표준 편차	3.37, 0.66	3.43, 0.68

집념에 대해 앤절라는 무엇을 알아냈을까? 교육 수준이 높을수록 집념이 강했다는 것이다. 놀라운 일은 아니다. 그런데 어느 것이 먼저일까? 교육을 더 많이 받아서 집념이 강해졌을까? 아니면 집념이 강한 사람들은 수많은 실패와 모욕을 끈질기게 견디고, 교육을 더 많이 받는 걸까? 후자가 그럴듯하지만, 이것은 아직 밝혀지지 않았다. 보다 놀라운 사실은 교육 수준을 배제할 경우, 나이가 더 많은 사람들이 나이가 적은 사람들보다 집념이 더 강했다는 것이다. 특히 65세 이상 집단은 다른 어떤 연령 집단보다 집념이 더 강했다.

집념의 혜택

◉ 평균 평점

펜실베이니아 대학교 심리학과 학생 139명이 집념 검사를 받았다. 셀리그만 연구팀은 그들의 SAT 점수를 알고 있었는데, 이 점수는 IQ를 거의 정확하게 추정했다. 앤절라는 학생들의 학업을 줄곧 추적했고, 그들의 성적을 계속 확인했다. 높은 SAT 점수는 높은 성적을 예측했다. 사실 이것은 높은 SAT 점수의 유일하게 입증된 혜택이다. 높은 집념 점수 또한 높은 성적을 예측했다. 중요한 점은 SAT 점수를 상수로 놓을 경우, 더 높은 집념이 더 높은 성적을 지속적으로 예측했다는 것이다. SAT 점수에 상관없이 집념이 더 강한 학생이 다른 학생보다 성적이 더 좋았으며, SAT 점수가 더 낮은 학생들이 집념은 더 높은 경향이 있었다.

⦿ 미 육군사관학교

2004년 7월, 미 육군사관학교에 입학한 신입생 1,218명은 수많은 다른 검사와 함께 집념 검사를 받았다. 군대는 심리검사를 통해 성취를 예측하는 것에 매우 진지하다. 흥미롭게도, 집념 검사는 특이해 보였다. '지원자의 총점', 즉 SAT 점수, 지도력 평가 점수, 체력 점수를 모두 합한 전체 점수와 상관관계가 없었기 때문이다. 집념 검사는 혹독한 여름 훈련, 보통 '짐승의 병영'이라고 불리는 이 훈련을 완수할 신입생과 낙오할 신입생을 그 어떤 검사보다 더욱 정확히 예측했으며, 다른 검사들을 모두 종합한 것보다 더 잘 예측했다. 또 5년간의 평균 평점과 임무 수행 점수를 예측했지만, 이것은 보다 전통적인 검사들도 마찬가지였고 집념 검사가 전통적 검사의 예측 수준을 능가하지는 못했다. 사실 평균 평점은 간단한 자기통제 척도가 집념 검사보다 더 잘 예측했다. 앤절라는 2006년에 미 육군사관학교에서 이 연구를 반복했고, 더 나아가 집념이 부동산 매매는 물론이고 미 특수부대의 잔류 부대원까지 예측한다는 사실을 알아냈다.

⦿ 영어 철자 말하기 대회

영어 철자 말하기 대회에는 세계 곳곳의 7~15세 아동 수천 명이 참가한다. 2005년, 워싱턴에서 열린 치열한 결선에 오른 아동은 273명이었다. 앤절라는 대규모 표본에 IQ 검사와 집념 검사를 시행했다. 또 그 아동들이 난해한 단어의 철자를 공부하는 데 소비하는 시간도 기록했다. 집념은 결선 진출을 예측한 반면, 자기통제는 예측하지 못했다. 단어를 다루는 IQ 영역인 언어지능 역시 결선 진출을 예측했다. 평균 집념 점수를 크게 웃도는 결선 진출자들은 연령에 따라 증가했고, 결선 진출자의 IQ는 21% 높았다. 통계 수치는 집념이 강한 결선 진출자가 다른 진출자보다 철자를 더 잘 맞힌다는 사실을 보여 주었다. 적어도 부분적으로는 그들이 단어 공부에 더 많은 시간을 소비하기 때문이었다. 앤절라는 다음 해 대회에서 이 연구를 똑같이 시행했고, 이번에는 집념으로 얻는 모든 혜택이 추가 연습 시간 때문이라는 것을 발견했다.

성공 요소 구축하기

'성취＝기술×노력'이라는 공식에서 나온 성취의 요소를 검토해 보자.

① **빠름**: 과제에 대해 사고하는 속도는 그 과제의 얼마나 많은 부분이 자동으로 처리되느냐, 즉 한 개인이 그 과제와 관련하여 이미 갖고 있는 기술 또는 지식의 양을 반영한다.

② **느림**: 기본적으로 지닌 기술이나 지식과 달리, 계획하기, 작업 확인하기, 기억 되살리기, 창의성 등의 실행 기능은 느린 과정이다. 속도와 의도적인 연습으로 미리 습득한 지식과 기술이 더 많을수록 느린 실행 기능을 이용할 여분의 시간이 더 많아지고, 따라서 결과가 더 좋아진다.

③ **학습 속도**: 학습 속도가 빠를수록 과제 해결을 위해 시간 단위당 축적할 수 있는 지식이 많아진다.

④ **노력**(=과제에 들이는 시간): 과제에 소비하는 시간은 목표를 추구할 때 당신이 지닌 기술의 양을 승법적으로 증가시킨다. 또 이것은 첫 번째 요소에 몰입한다. 과제에 소비하는 시간이 많을수록 추가되는, 즉 당신에게 '딱 달라붙은' 지식과 기술이 많아지는 것이다. 과제에 헌신하는 시간의 양을 결정하는 주요 성격 특성은 자기통제력과 집념이다.

따라서 자신이나 자녀의 더 높은 성취가 목표라면 어떻게 해야 할까?

첫 번째 요소를 구축하는 법, 즉 사고의 속도를 높이는 방법에 대해서는 알려진 것이 별로 없다. 그러나 속도는 지식을 달성해 낸다. 속도가 빠를수록 연습에 소비하는 시간 단위당 습득하고 자동으로 작동하는 지식이 더 많아진다. 따라서 과제에 더 많은 시간을 소비한다면 지식을 성취해 낼 것이다. 자녀가 재능을 타고나지 않았더라도 의도적인 연습이 지식 기반을 구축해서 엄청난 도움이 될 것이다. 연습하고 연습하고 또 연습하라.

두 번째 요소인 느림의 구축은 실행 기능이 작동할 여지를 허락한다. 계획하기, 기억하기, 충동 억제하기, 창의성이 성장할 수 있게 해 준다. 정신의학자 에드 할로웰(Ed Hallowell)은 주의력결핍과잉행동장애(ADHD) 아동에게 "너의 정신은 페라리이고, 나는 브레이크 전문가란다. 네가 브레이크 밟는 법을 배우게 도와줄 거야."라고 말한다. 명상, 신중함 배양(천천히 말하기, 천천히 걷기, 천천히 먹기, 끼어들지 않기) 모두 효과적이다. 어린 아동에게는 '마음의 도구'도 효과적일 수 있다. 인기는 없지만 아주 중요한 덕목인 참을성을 키우는 법에 대해 훨씬 더 많이 알아야 할 필요가 있다.

셀리그만(2011)이 아는 한, 학습 속도, 즉 시간 단위당 얼마나 많이 습득하는가를 지식 자체의 양과 별개로 측정하기는 거의 불가능하다. 따라서 학습 속도를 높이는 방법에 대해서는 알려진 것이 전혀 없다.

더 많은 성취를 가능케 하는 진짜 요인은 더 많은 노력이다. 노력이란 과제 연습에 소비한 시간의 양, 더도 덜도 아닌 딱 그만큼의 시간을 이른다. 과제에 소비한 시간은 두 가지 방식으로 성취를 향상시킨다. 즉, 기존 기술과 지식을 승법적으로 증가시킨다. 또한 기술과 지식을 직접 증가시킨다. 가장 좋은 소식은 노력은 얼마든지 변화시킬 수 있다는 것이다. 특정 과제에 소비하는 시간의 양은 의식적인 선택에서 나온다. 자유의지의 산물인 것이다. 노력에 들이는 시간을 선택하는 데는 긍정적 성격의 적어도 두 가지 측면이 영향을 미친다. 바로 자기통제력과 집념이다.

인간의 더 높은 성취는 플로리시의 다섯 가지 요소 중 하나이며, 그렇기 때문에 의지와 성격은 긍정심리학 분야에서 중요한 연구 대상이다. 앞으로 10년 안에 집념과 자기통제력을 높이는 법에 관한 중요한 사실을 찾아낼 수 있기를 희망한다. 사실 그럴 것이라 예상한다.

최근까지 셀리그만은 긍정심리 교육을 귀중하게 생각했지만 그것이 과연 현실 세계에서 확립될 수 있을지는 의심했다. 그런데 긍정심리 교육 전파의 진원지가 된 어떤 중대한 일이 지금 일어났다.

목표 설정

캐롤라인 애덤스 밀러(Caroline Adams Miller, 2009)는 목표 설정과 관련해 사람들이 가장 잘 못 생각하고 있는 점 가운데 하나가 바로 목표를 이루기 위해서는 몇 가지 사항만 알면 충분하다고 생각하는 것이라고 했다. 실제로 구체적이고(specific), 측정 가능하며(measurable), 달성할 수 있어야 하고(attainable), 현실적이며(realistic), 기한이 정해져 있는(time-sensitive) 목표를 정해야 한다는 사실을 기억할 수 있도록 이들 단어의 머리글자를 따서 만든 SMART라는 두문자어를 많이 사용하기도 한다. 목표를 처음 세우는 사람에게는 괜찮은 방법이지만 동기

부여 전문가와 연구자들을 통해 개인의 성공에 중요하다는 사실이 밝혀진 엄청나게 복잡한 문제들을 제대로 처리하기에는 역부족이다(Miller, 2009).

밀러(2009)는 셀리그만의 제자로 긍정심리학과 목표 설정 이론을 최초로 결합시켰다. 이 목표 설정은 밀러(2009)가 연구한 내용 중심으로 다룬다.

사실 '현실적인' 목표를 세울 경우에는 자신의 상상력과 재능을 최대한 발휘하지 못할 수 있는 반면, 지나치게 대담한 목표는 자신의 특정한 감정 상태와 상황에는 적합할지 몰라도 다른 사람에게는 맞지 않을 수 있다. 따라서 본격적으로 목표 설정 목록 작성을 시작하기 전에 지금껏 듣거나 읽어 보지 못한 목표 설정의 새로운 측면 몇 가지를 소개하고자 한다.

⊙ 새해 결심이 자주 실패하는 이유

어떤 이들은 예전에 새해 계획을 세웠다가 원하는 결과를 얻지 못한 경험 때문에 목표를 세우는 것을 망설이기도 한다. 멋진 근육을 자랑하는 모델들이 등장하는 TV 광고에 자극을 받은 남녀가 체육관을 찾거나 체중 감량 프로그램에 등록했다가 새해가 시작된 지 겨우 3~4주 만에 포기하고는 목표 수립은 시시한 일이라고 판단하는 것이다.

심리학자들도 새해 결심을 이루는 데 실패하는 이런 현상에 매우 익숙하기 때문에 매년 1월 셋째 주 월요일을 '1년 중 가장 우울한 날'이라고 부를 정도이다. 사람들이 보통 이 시기쯤에 목표 달성을 포기하는 이유는 첫 번째 장애물을 만나거나, 명절 기간 동안의 과소비 행태가 고스란히 드러나는 신용카드 대금 고지서 때문에 의기소침해지거나, 날씨마저 우중충해 기분을 고조시켜 주지 못하기 때문인 것으로 판단된다. 이들은 자기가 적절한 목표를 제대로 세웠는지 검토하기보다는 그냥 패배를 인정하고 새해 결심이 효과가 없다는 결론을 내리고 만다.

하지만 새해 결심에 대한 연구 결과, 확실한 이유를 바탕으로 제대로 정한 새해 결심은 한 개인의 생활에 크나큰 변화를 가져올 수 있으며 미래의 성공에도 도움이 된다고 한다. 새해 맞이 목표를 세운 사람과 그렇지 않은 사람의 성공률을 추적 조사한 한 연구 결과를 살펴보면, 새해 결심을 한 사람의 경우에는 6개월 뒤 목표 성공률이 46%에 달한 반면 목표를 세우지 않은 사람의 성공률은 4%에 불과했다!

목표 설정 과정 자체가 강력한 효과를 발휘한다는 것은 분명하지만, 최신 연구에서 원하는 일을 달성할 가능성을 3배까지 높여 주는 것으로 밝혀진 방법들을 비롯해 성공률을 극적으로 높일 수 있는 확실한 목표 설정 방안을 몇 가지 소개하겠다.

⊙ 의욕을 북돋아 주는 구체적인 목표

에드윈 로크(Edwin Locke)와 게리 레이섬(Gary Latham)은 수십 년 동안의 공동 연구 끝에 목표 설정 이론을 정립한 뛰어난 학자들인데, 이들이 만든 이론은 일터에서 변화를 이끌어 내는 데 가장 확실한 경영 기법이라고 불릴 정도로 효과가 뛰어난 방법이다. 메릴랜드 주립 대학교 명예교수인 로크와 토론토 대학교 로트먼 경영대학원에서 교수직을 맡고 있는 레이섬은 『목표 설정 및 과업 수행 이론(A Theory of Goal Setting and Task Performance)』이라는 교재를 공동 집필했고, 목표 설정과 관련해 가장 중요하지만 우리가 간과하는 경우가 많은 부분을 강조한 수많은 연구 활동을 감독했다.

레이섬의 말에 따르면 성과 목표를 달성하고자 하는 사람은 '의욕을 북돋아 주면서도 구체적인' 목표를 세워야 하는데, 대부분의 목표가 실패로 끝나는 가장 큰 이유가 바로 이런 특징이 결여되어 있기 때문이다. "사람들은 목표를 이루기 위해 열심히 노력하는 것은 싫어하면서도 긍정적 결과가 나오기를 바라면서 목표를 일부러 모호하게 세운다. 이런 함정을 피하는 유일한 방법은 의욕을 돋우면서도 구체적인 성과 목표를 세우는 것이다." 그러면서 레이섬은 "손쉬운 목표를 세우는 것은 실패했을 때도 자신을 탓할 필요가 없다는 뜻이다."라고 덧붙였다(Latham, 2009).

수백 가지 서로 다른 상황에서 일하는 사람들을 관찰한 레이섬과 로크는 이들의 생산성과 업무 결과를 지속적으로 저하시키는 두 가지 목표 조건이 있다는 사실을 알았는데, 그것은 바로 '손쉬운 목표'와 '목표가 아예 없는 것'이다. 손쉬운 목표란 의욕을 별로 높여 주지 못하고 자신의 능력을 최대한 발휘할 필요가 없는 목표이다. 이런 평범한 목표를 세워 두면 늘 평균 이하의 결과만 얻게 된다.

후속 연구를 실시한 제시카 트레이시(Jessica Tracy)는 이런 식의 평범한 목표는 평소의 쾌적한 상태에서 벗어나 과업 달성을 위해 열심히 노력할 때만 얻을 수 있는 '진정한 자존감'을 높이는 데도 효과가 없다고 판단했다.

그렇기 때문에 우리는 인생 목표를 정할 때 흔히들 지침으로 삼는 '현실적인'이라는 단어에 이의를 제기한다. 우리가 세운 최상의 목표들 중에는 언뜻 보기에 비현실적으로 느껴지는 것도 있지만 자세히 살펴보면 자신이 쏟은 최선의 노력을 통해 가장 기대되는 결과를 얻을 수만 있다면 얼마든지 달성 가능한 것들이다.

다음 사례는 처음에는 비현실적으로 보였지만 결국 '의욕을 북돋아 주는 구체적인' 목표였음이 드러난 경우에 관한 이야기이다.

역사상 가장 뛰어난 수영 선수 가운데 한 명인 마이클 펠프스가 아직 올챙이이던 시절, 그를 가르치던 코치 밥 바우먼은 펠프스의 부모를 자기 사무실로 불러 함께 훈련 목표를 세우자고 했다. 바우먼은 차후 몇 년간 계속될 대담한 훈련 계획을 제시했는데, 그 훈련의 궁극적인 목표는 펠프스가 아직 십 대일 때 올림픽 메달을 따는 것이었다. 하지만 그런 목표에 관한 대화를 나누던 당시 펠프스의 나이는 겨우 열한 살에 불과했기 때문에 그의 부모는 깜짝 놀라 코치를 바라보면서 제정신이냐고 물었다. 뛰어난 선수를 알아보는 눈을 가진 바우먼은 지금 당장은 이런 목표가 비현실적으로 보이겠지만 재능 있는 소년에게 압박감을 주지 않으면서 정상까지 이끌어 줄 목표임이 확실하다고 단언했다. 기특하게도 어린 펠프스는 이 목표를 자신의 것으로 받아들였고 실제로 바우먼이 예언한 시기가 되기도 전에 그 모든 목표를 달성했다. 비현실적으로 보이는 목표가 실은 자신의 모든 것을 쏟아붓도록 유도하면서 의욕을 북돋아 주는 목표일 수도 있다는 사실을 증명한 것이다.

로크와 레이섬의 말에 따르면 '목표가 전혀 없는 것'은 '손쉬운 목표'를 세우는 것보다 훨씬 나쁜 결과를 낳는다. 목표를 세우는 데 실패한 사람들—새해 결심을 비웃는 사람을 비롯해—은 노력해서 달성해야 할 일도 없고 자기발전을 위한 기준도 없기 때문에 결국 남들보다 못한 처지에 놓이게 된다. '그저 최선을 다하기만 하면 되는' 목표도 '손쉬운 목표'나 '목표 없음'과 같은 범주에 속하는데, 이것은 아이들이 구체적인 목표를 세우고 그것을 달성하기 위해 노력하라고 격려하는 것이 아니라 그저 '최선을 다하라고' 독려하기만 하는 선의의 부모들이 자주 말하는 목표이다. 제대로 알지 못한 채로 그런 목표를 세운 이들에게는 유감스러운 일이지만, '최선을 다하기만 하는' 목표는 다음에 소개하는 상황을 제외하면 대부분 탁월한 성과를 올리는 데 불리하다.

'의욕을 북돋는 구체적인' 목표란 현재 자신의 손이 닿지 않는 곳에 있으면서 말이나 글로 명확하게 정의할 수 있는 목표이다. 의욕을 높여 주는 구체적인 여가 목표의 예로 뜨개질하는 법을 배워 명절 선물로 목도리 2개를 뜨는 것을 들 수 있다. 손쉬운 목표—쾌적한 상태에서 벗어나 자신의 한계에 도전할 필요가 없으며 달성 가능성이 상당히 높은 목표—로는 인터넷에서 뜨개질 패턴을 찾아보는 것 등이 있겠지만 이런 목표는 그 자체로 하나의 완전한 목표라기보다는 첫 번째 목표 달성을 위한 중간 단계에 불과하다. 목표가 전혀 없다는 것은 새로운 기술을 배우는 데 따르는 책임을 전혀 지지 않겠다는 얘기인데, 그러면 나중에 가서 결국 새롭고 색다른 취미생활을 시작하기 위해 아무런 노력도 기울이지 않은 것을 후회하게 될 수도 있다.

⊙ 예외 없는 규칙은 없다

다음 목표를 수립하는 과정으로 넘어가기 전에 로크와 레이섬이 말한 목표 달성을 위해 '최선을 다하기만 하는' 것의 한 가지 예외 상황에 대해 알아보자. 성공에 필요한 도구나 자원이 부족한 경우에는 '최선을 다하는 것'만이 목표를 향해 전진하는 유일한 방법이다. 예컨대, 공공 서식 작성과 관련해서는 아주 기본적인 지식밖에 없는 십 대 초반의 자녀에게 소득세 신고서 작성을 부탁한다고 생각해 보자. 이렇게 '학습 목표'가 수반되는 상황에서는 '최선을 다하는' 마음가짐으로 과업에 임하는 것이 좋다. 그래야 성공 가능성을 완전히 배제하지 않으면서도 처음부터 실현 가능성이 거의 없는 비현실적인 성과 목표를 강요하지 않게 된다.

⊙ 측정이 불가능한 일은 실현도 불가능하다

로크와 레이섬은 많은 연구를 통해 측정 가능한 목표를 세워야 보다 성실하고 꾸준한 노력을 기울일 수 있다는 사실을 알았다. 이들이 집필한 독창적인 교재에는 이 내용이 "측정 불가능한 것은 실현도 불가능하다."라고 멋지게 요약되어 있다. 이 말의 의미는 목표는 의욕을 높이고 구체적이어야 할 뿐만 아니라 그 실현 과정에 책임감을 더해 주는 기준, 즉 '하위 목표'가 있어야 한다는 것이다. 일례로, 미국 대통령에 당선되기 위해서는 후보자들이 대권 경쟁을 계속할 것인지 결정할 수 있도록 대의원을 모으는 과정이 있다. 선거전을 계속 치르기에 충분한 돈을 가지고 있는가도 측정 가능한 목표 달성의 한 부분이다. 은행에 수백만 달러의 잔고가 없다면 세상에서 가장 노련하고 카리스마적인 정치인이라도 원하는 결과를 얻을 수 없기 때문이다.

자신의 목표에 대해 생각할 때면 거기에 측정 가능한 부분이 있는지 자문해 보라. 예컨대, 노후한 주택을 다시 짓거나 학생들에게 교과서를 기증하기 위한 돈을 모금하고자 하는 지역사회를 위해 자원봉사를 하고 싶다면, '6월까지 5,000달러를 모금하려면 일주일에 두 시간씩 시간을 내서 모금 활동 방법을 논의해야 한다.'처럼 확실하게 측정 가능한 부분이 있어야 한다. 이런 식으로 하위 목표를 세워 두면 큰 그림에 압도당하지 않으면서 목표 달성을 위한 작은 걸음을 뗀 것을 축하할 수 있다.

'좀 더 행복해지자.'와 같은 목표는 측정이 불가능한 모호한 목표이다. 이 목표를 어떻게, 언제까지, 어떤 방법을 이용해서 이룰 것인가? 어떤 이에게는 지금보다 더 행복해지는 것이 확실하게 의욕을 높여 주는 구체적인 목표일 수도 있겠지만 그 진행 과정을 측정할 방법이 없다면 실현 가능성이 있는 목표라고 할 수 없다.

⊙ 피드백

측정 가능한 목표의 필요성과 밀접한 관련이 있는 것이 바로 성공 가능성을 크게 높여 주는 꾸준한 피드백이다. 이 말은 측정 가능한 목표의 일부분을 이용해 피드백을 받은 뒤 이것을 이용해 효과가 없는 전략을 수정해야 한다는 뜻이다. 타이거 우즈는 동서고금을 통틀어 가장 위대한 골프 선수가 되기 위해 '주도면밀한 연습'을 계속했다. 경기 실력을 향상시키려고 애쓰는 다른 골프 선수들처럼 우즈도 연습 그린에 자주 나와 한 양동이 가득한 공을 치고는 했다.

하지만 자세히 살펴보면 우즈는 목표 설정 이론을 몸소 실천한 가장 훌륭한 예이며 그와 동료 선수들 사이에 큰 차이가 생긴 것도 이 때문이다. 우즈는 양동이 가득 담긴 공을 가지고 의욕을 북돋는 구체적인 목표를 정하고 확실한 측정 방법(핀에서 3m 떨어진 지점에서 공을 치는 것)을 이용했으며 연습 경기를 하는 동안 받은 피드백(공이 자기가 원하는 만큼 핀 가까이 가지 않는 경우 등)을 활용해 자세와 스윙을 교정했다.

이런 식으로 우즈는 피드백을 이용해 구체적인 목표를 달성할 수 있었고, 덕분에 그의 전략은 구체적인 목표나 그 목표를 측정할 방법도 없고 피드백도 받지 못한 채로 한 양동이 분량의 공을 친 다른 골프 선수들과 확연히 다른 결과를 가져왔다.

⊙ 지향 목표와 회피 목표

가장 좋은 목표는 그 안에 흥미와 열정을 자아내는 부분을 가지고 있다. 이런 목표는 눈이 휘둥그레지고 심장박동이 빨라지게 만들며 한시라도 빨리 그 목표를 이루기 위해 시간을 바치고 싶어진다. 이런 것을 가리켜 '지향' 목표라고 하는데 글자 그대로의 의미를 지니고 있다. 이 목표는 '9월 1일까지 인근 골프 코스에서 100타를 깬다.'와 같은 긍정적인 결과를 '지향'하도록 도와준다. 골프가 당신이 가장 좋아하는 여가 활동이라면—그리고 좋아하는 이들과 함께 어울리며 시간을 보낼 수 있게 해 준다면—이 목표는 당신에게 기쁨을 안겨 주는 결과를 지향하도록 하는 것이다.

'회피' 목표 또한 글자 그대로의 의미가 내포되어 있다. 앞서 말한 골퍼가 '9월 1일까지 늘 함께 골프를 치는 4인조 중에서 꼴찌를 면하자.'라는 목표를 세웠다면 이는 부정적인 결과를 회피하기 위한 목표이다. 우리는 이 두 가지 목표가 서로 다르다고 생각할 뿐만 아니라(하나는 기대를, 다른 하나는 두려움을 품고 있다) 뭔가를 피하고자 할 때는 그것을 지향할 때보다 정신적·육체적 에너지가 많이 소모되기 때문에 지향 목표가 회피 목표보다 에너지를 적게 소모한다는 사실도 알아냈다. 당신도 목표를 정할 때 그것을 표현하는 단어나 바탕이 되는 감정에 주의를 기울여 회피하는 듯한 느낌을 피해야 한다.

⊙ 내재적 목표와 외재적 목표

목표 설정과 관련된 문헌에서 찾아낸 놀라운 사실 중 하나는 당신이 자기 자신을 위해 세운 목표, 자신의 진정한 욕구와 가치관, 관심사가 반영된 목표야말로 진정으로 즐길 수 있고 최선을 다해 이루려고 하며 달성한 뒤에도 마음껏 기뻐할 수 있는 목표라는 것이다. 이런 목표를 가리켜 '내재적' 혹은 '자기조화적' 목표라고 부른다. 우리가 어렸을 때는 스스로 하고 싶은 일과 부모가 우리에게 원하는 일을 구분하기 어려운 때도 있었지만, 어른이 된 뒤에는 자기가 이루고 싶은 일이 무엇이고 그것을 이루고자 하는 이유는 무엇인지 확실하게 알아야 한다.

'외재적' 목표는 내재적 목표와 반대되는 개념이다. 이것은 다른 사람이 당신을 위해 정해준 목표이거나 스스로 이뤄야 한다고 생각하기 때문에 이루려고 애쓰는 목표이다. 가족의 직업 전통(예: 의사 또는 교사로 일하는 것)을 따르거나 누군가가 권해서 선택한 직업에 만족하지 못하는 노동자들 사이에서 이런 목표를 흔히 찾아볼 수 있다. 외재적 목표는 다른 사람들에게서 높은 평가를 받을 수 있으리라고 생각되는 재산과 돈, 명성의 축적을 중심으로 이뤄지는 경우도 많다.

로퍼(Roper) 여론 조사원들의 조사 결과에 따르면 돈이 곧 '만족스러운 삶'을 정의한다고 생각하는 미국인들이 늘어나고 있다. 1975년에는 만족스러운 삶을 살려면 '많은 돈'이 필요하다고 대답한 미국인이 전체의 38% 정도였지만 1996년에는 63%가 이런 대답을 했다. 이것은 1970년대와 1990년대 사이에 대학에 입학한 신입생들의 대답과도 유사하다. 예전에는 '의미 있는 인생철학'을 발전시키는 것을 중요시하던 학생들이 이제는 '돈을 많이 버는 것'을 가장 중요한 가치로 꼽는 경우가 압도적으로 많아졌다(75%)(Caroline Miller, 2009).

조심하지 않으면 훗날 이 외재적 목표가 우스꽝스러운 방식으로 여러분을 괴롭힐 것이다.

1장에서 소개한 하버드 대학교 강사이자 작가인 탈 벤 샤하르는 학생들이 입추의 여지 없이 들어찬 강의실에서 긍정심리학을 가르치는데, 한때 자신에게 기쁨을 안겨 준다고 생각했던 일들—이스라엘의 스쿼시 챔피언이 되거나 박사학위를 따는 일 등—가운데 대부분이 사실 그렇지 않다는 사실을 깨달은 뒤 우연히 이 분야에 발을 들여놓게 되었다. 그는 자기가 이런 목표를 받아들인 이유가 어떻게든 꼭 이루고 싶다는 열망 때문이 아니라 의무감 때문이었음을 깨달았고 삼십 대 초반을 공허감 속에서 보냈다고 느끼는 이유도 이 때문이었다. 자기가 진짜 하고 싶은 일은 학생들을 가르치는 것이라는 사실을 깨달은 그는 에너지를 쏟는 방향을 바꿨고, 결국 지금껏 손에 넣지 못했던 만족감을 얻었다.

레이섬은 내재적 목표를 '무엇보다 중요한 비전 목표'에 비유하는데, 이는 자기 인생 전체에 대한 사명 선언문을 작성하는 것과 비슷하다. 그는 마틴 루서 킹의 "나에게는 꿈이 있습니다."라는 연설처럼 목표와 거대한 비전을 결합시키면 개인과 조직이 많은 일을 이룰 수 있다고 말했다. 자신을 위한 목표를 세울 때는 스스로 '내 비전은 무엇이고 이것을 어떻게 목표와 연계시킬 수 있을까?'를 자문해 보자.

◉ 가치 중심적인 목표

이것은 자신의 가치관에 부합하는 목표는 자기 것으로 온전히 받아들여 실현할 가능성이 높다는 사실을 강조하는 말이다. 예컨대, 자신의 가치관과 부합하는 목표는 다음과 같은 것이다.

줄리는 언제나 가족들과 함께 보내는 시간을 소중히 여겼으며 어릴 때부터 부모님과 함께 보내는 시간은 지금껏 받은 그 어떤 선물이나 돈보다 중요하다는 사실을 알고 있었다. 이제 두 아이의 엄마가 된 그녀는 한 달에 두 번씩 출장을 다니고 출장을 가지 않을 때는 늦게까지 야근을 해야 하는 직장생활의 부담 때문에 내적 갈등이 심해지는 것을 느끼고 있었다. 형편상 직장을 그만둘 수는 없었지만 자신의 중요한 가치관과 현재의 인생 목표가 일치하지 않는 것 때문에 갈수록 의기소침해졌다. 그래서 줄리는 두 아이와 함께 보내는 시간을 늘리기 위해 약간 힘들지만 구체적이고 측정 가능한 목표를 몇 가지 세우기로 했다. 그리고 등하교 시간에 아이들을 돌볼 수 있도록 일주일에 두 번씩 회사에서 일찍 퇴근하고 한 달에 이틀은 재택근무를 할 수 있게 해 달라고 상사에게 부탁하는 등의 일을 자기가 얼마나 잘하고 있는지 주기적으로 검토했다. 줄리는 또 해마다 아이를 한 명씩 데리고 휴가 여행을 갈 계획도 세웠는데, 이 여행은 특정 장소를 방문하는 것이 목적이 아니라 그저 아이와 같이 시간을 보내기 위한 것이었다. 줄리는 구체적인 목표를 가지고 계획을 세운 덕분에 즉시 기분이 좋아졌을 뿐만 아니라 이런 '지향' 목표가 자신의 내적 믿음을 반영한다는 사실에 더욱 들떴다.

◉ 상충되지 않는 목표와 지렛대 목표

우리가 어릴 때는 무슨 일이든 다 할 수 있고(우주비행사도 되고 동시에 훌륭한 야구 선수가 되어 명예의 전당에 이름을 올리는 등) 열심히 노력하기만 하면 마음먹은 일은 뭐든 다 이룰 수 있다고 생각하는 경우가 많았다. 이런 순진한 꿈을 깨뜨리고 싶지는 않다. 게다가 야심과 투지를 지닌 사람이 큰 포부를 실현하는 일도 종종 있기 때문이다.

하지만 나이가 들면 다른 목표를 뒷받침하거나 '지렛대' 역할을 하지 못하는 꿈과 상충되지 않는 인생 목표를 세우도록 신경을 써야 한다. 연구에서는 논리적으로 서로 어울리지 않는 두 가지 목표를 가진 사람은 둘 중 한 가지도 제대로 이루지 못한다는 사실이 밝혀졌다. 일례로, 캐롤라인 고객 가운데 한 명은 서른 살까지는 결혼을 하겠다는 목표를 가지고 있었지만, 그 도시에서 열리는 각종 행사에 최대한 많이 참석해 유명 신문의 사교 면에 자주 언급되라는 어머니가 정해 준 목표 때문에 자기가 한 사람과의 관계에 깊이 얽매이는 것을 피하고 있다는 것을 깨달았다. 사교계 명사가 되겠다는 목표는 캐롤라인 고객에게 부가된 외재적 목표일 뿐만 아니라(그녀는 우리가 알려 준 인생 목표 수립 방안을 이용하기 전까지는 이 목표가 자신의 가치관과 일치하지 않는다는 사실조차 모르고 있었다) 누군가와의 관계에 전념하면서 다른 이들은 모두 배제한 채 그 관계를 끝까지 이루고 싶다는 내적 목표를 이루는 것을 방해하고 있었다.

목표는 자신의 욕구나 꿈과 조화를 이뤄야 할 뿐만 아니라 다른 목표를 실현하는 데도 활용할 수 있어야 한다. 이 말은 곧 인생 목표 목록에 있는 목표 하나를 이루면 그것이 다른 목표를 이루는 데도 도움을 준다는 얘기이다. 예컨대, 요가 강사가 되어 직접 교습소를 차리는 것이 소원이라면 '매년 가장 친한 친구와 요가 수련원에 들어간다.' '인도에 다녀온다.' '매주 새로운 요가 자세를 두 가지씩 연습한다.' 같은 목표를 통해 이 목표를 실현하는 데 도움을 받을 수 있다. 이렇게 다른 목표를 실현할 때 활용 가능한 목표는 만족도를 높이고 추진력을 키우며 전체적인 목표 달성 가능성을 높여 준다는 연구 결과도 있다.

◉ 글로 적으면 현실이 된다

목표 설정 전문가들은 목표를 글로 적어 놓으면 적지 않았을 때보다 더 나은 결과가 나온다는 것을 당연한 일로 받아들이고 있다. 자기가 언제든 볼 수 있는 곳에 목표를 적어 놓으면 스스로에게 한 다짐을 되새기는 효과가 있고, 목표 달성에 필요한 다른 사람의 지원이나 아이디어도 제공받을 수 있다. 유명한 스포츠 심리학자들은 운동선수에게 하루 종일 자신의 목표를 되새길 수 있도록 항상 손 닿는 곳에 놓여 있는 명함 같은 데에 곧 있을 트라이애슬론 경기에서 달성하고 싶은 랩 타임 등의 목표를 적어 놓으라고 독려한다.

일기 쓰기의 효과를 연구한 로라 킹(Laura King)은 일단 자기 목표를 글로 적으면 그 목표를 달성하는 데 도움이 될 만한 사람이나 상황을 찾기 위해 자동으로 주변 환경과 머릿속을 검색해 보기 시작한다는 가설을 세웠다. 목표를 글로 적는 그 간단한 과정이 보다 희망찬 심적 태도를 자극하고, 이것이 다시 다양한 해결책을 제시하는 창의적인 '경로' 사고를 일깨우는 것이다. 목표를 글로 적으면 '목표 갈등'을 바로 파악하고 자신이 추구하는 바를 제대로 조정할 수 있다. 예컨대, 전 과목에서 A학점을 받겠다는 목표를 세운 대학생은 사교클럽 활동에 적극적으로 참여하겠다는 두 번째 목표와 이 목표를 동시에 이루고 싶지는 않을 것이다.

게리 레이섬은 '비즈니스계에서 구체적인 업무 관련 목표를 수립하고 달성하기 위해 자주 사용하는 행동 계약'은 꾸준한 노력을 이끌어 내고 목표를 성공시키는 데 놀라운 힘을 발휘한다는 말도 했다. 이상적인 행동 계약에는 "내가 하고자 하는 일은 무엇이고 그 일을 어떻게 이룰 것이며 성공할 경우 내가 받게 되는 보상은 이것이다."와 같은 내용이 담겨 있다. 고집 센 학생이나 다이어터들을 대상으로도 이런 행동 계약에 관한 연구를 실시했다. 레이섬은 "계약을 체결한 그룹은 계약을 전혀 체결하지 않은 그룹보다 훨씬 나은 성과를 보였다!"라고 말했다.

당신도 이 책을 이용할 때 일기 쓰기의 힘을 활용해 자신의 목표를 기록하고 계속 되새기라고 권하고 싶다. 하지만 일기 쓰기 외에도 컴퓨터 화면 보호기에 목표를 적어 놓거나, 판타제인(Fantazein) 시계에 메시지를 삽입해 하루 종일 시계 위에서 자기 목표가 번쩍이게 하거나, 각자의 인생 목표를 적어 놓는 웹사이트에 자기 목표를 올리거나, 친구 또는 자신에게 이메일로 목표를 적어 보내는 등의 다양한 방법이 있다.

또 일기장을 사용하는 구식 방법도 있는데, 오프라 윈프리도 자기 일기장을 가리켜 꿈이 실현된 장소라고 말하기도 했다. 오프라는 TV 방송국을 설립하겠다는 결정을 알리면서 그 목표가 15년 전에 일기장에서 처음 탄생했다는 말도 덧붙였다.

제10장

긍정심리 성격강점

왜 강점인가

"당신의 강점은 무엇인가요?"라고 물었을 때 망설이지 않고 바로 자신의 강점을 대답할 수 있는 사람은 많지 않다. 반대로 "당신의 약점은 무엇인가요?"라는 질문에는 강점을 물었을 때보다 대답이 쉽게 나온다. 보통 사람들은 살아오면서 자신의 강점보다는 약점을 많이 느끼고 의식하기 때문이다.

긍정심리학 창시자인 셀리그만(2002)은 이것이 '부정 편향' 때문이라고 했다. 우리가 부정성인 약점과 문제에 중점을 두는 것은 적응적 전략이라는 것이다. 무언가 잘못돼 간다는 것은 불길한 결과를 암시하기 때문에 역사적으로 볼 때도 약점과 문제를 잘 알고 해결하는 사람이 생존경쟁에서 유리했다. 하지만 지금은 다르다. 개인이나 조직 모두 약점보다는 강점을 잘 활용할 때 어떤 일에서든 더 좋은 결과를 내고 그만큼 행복해질 수 있다는 것이 여러 연구 결과와 사례에서 입증됐다.

세계적 경영학자 피터 드러커(Peter Drucker)는 "약점으로는 그 어떤 성과도 낳을 수 없다. 성과를 낳는 것은 강점이다. 강점을 파악해야 한다."라고 했다. 실제로 보통 상사에게 약점을 지적받으면 그것을 보완하기 위해 짜증을 내며 지루하게 하루 일과를 마친다. 반면, 강점을 칭찬받으면 그것을 살려 자신의 능력을 최대한 발휘하고 활기차고 즐겁게 하루를 마무리할 수 있다. 즐겁게 일했을 때 성과가 좋은 것은 두말할 나위도 없고 무엇보다 즐겁게 일하는 직원들은 행복하다. 긍정정서 그 자체보다 자신의 능력을 발휘해 스스로 긍정정서를 자아내는 것을 원하기 때문이다.

그럼에도 사람들은 마약, 초콜릿, 성기구, 사랑이 배제된 성행위, 자위 행위, 쇼핑, TV 시청 등 순간의 쾌락을 위한 방법이나 도구를 무수히 개발해 왔다. 이러한 손쉬운 방법으로 행복, 기쁨, 환희, 평안, 황홀경을 얻을 수 있다는 믿음대로 살다가 큰 부와 성공을 쌓고도 심리적 허탈감에 빠져 괴로워하는 사람들이 무수히 많다.

셀리그만은 이처럼 자신의 강점과 미덕을 발휘하지 않고 순간적이고 외적인 자극을 이용해 긍정정서를 경험하면 끝내는 공허함, 불확실성, 우울증에 빠지게 되고 결국 죽을 때까지 불안하고 고통스러운 현실 속에서 살아가게 된다고 말했다. 순간적인 쾌락이 아닌 자신의 강점과 미덕을 발휘해 얻은 긍정정서야말로 진정한 긍정정서이다.

성격강점이란

성격강점은 긍정심리학의 최초 이론인 진정한 행복 이론(2002)에서는 몰입에 포함되었다. 하지만 웰빙 이론(2012)에서는 팔마(PERMA) 전체의 기반이 되었다. 그만큼 성격강점이 긍정심리학에서 차지하는 비중이 늘어난 것이다. 이 책에서는 강점(Strength)의 S를 팔마(PERMA)에 추가해 팔마스(PERMAS)라 한다. 긍정심리학의 목표는 플로리시이고 사명은 예방이라고 했다. 이미 앞에서 말한 긍정심리학의 탄생 배경에서 셀리그만의 딸 니키의 이야기를 소개하며 예방의 중요성을 알아봤다. 다음 사례도 예방 관점에서 바라보자.

줄리언 제인스는 연구실에서 지인에게 선물받은 희귀한 아마존 도마뱀을 애완동물 삼아 키웠다. 처음 몇 주간 그 도마뱀은 아무것도 먹지 않았다. 줄리언은 도마뱀이 굶어 죽을 것 같아 무엇이든 먹여 보려고 온갖 방법을 다 써 보았다. 상추, 망고, 다진 돼지고기도 주고, 파리도 잡아 주었다. 살아 있는 곤충도 줘 보고, 중국 요리를 사다 주기도 하고, 과일 주스도 만들어 주었다. 하지만 도마뱀은 거들떠보지도 않은 채 잠만 잤다.

그러던 어느 날 줄리언은 햄 샌드위치를 사 와 도마뱀에게 주었다. 역시 별 반응이 없었다. 늘 신문 읽기로 하루를 시작하는 줄리언은 그날도 역시 『뉴욕타임스』부터 읽었다. 정치 면을 다 읽은 다음 신문지를 던져 놓았는데, 그게 마침 햄 샌드위치 위에 떨어졌다. 그 순간 도마뱀은 살금살금 기어서 신문지 위로 뛰어오르더니 그것을 갈가리 찢은 다음 눈 깜짝할 사이에 햄 샌드위치를 먹어치웠다.

도마뱀은 무엇을 먹기 전에 은밀히 기어가고, 와락 덤벼들어 갈가리 찢은 다음에야 먹도록 진화되어 왔다. 그러니까 사냥은 도마뱀의 강점인 셈이다. 자신의 강점을 발휘하고 나서야 식욕을 느낄 정도로 도마뱀의 삶에서 사냥이라는 강점은 필수 요소였던 것이다. 이 사례는 우리에게 두 가지 사실을 시사해 준다. 첫째는 도마뱀의 강점을 사전에 알았다면 좋았겠다는 것이고, 둘째는 도마뱀에게 행복에 이르는 지름길이란 없다는 것이다. 인간은 이 아마존 도마뱀보다 엄청나게 복잡하고 고등한 동물이지만, 그 복잡함은 자연선택에 따라 수백만 년 동안 발달해 온 뇌의 정서 작용에 바탕을 두고 있다. 인간이 느끼는 온갖 쾌락과 식욕도 갖가지 행동과 결부되어 있다. 이런 행동들은 은밀히 기거나 와락 덮치고 갈가리 찢는 것과 비교할 수 없을 만큼 정교하고 유연한 행동이지만, 이런 행동을 무시할 때는 상당한 희생이 따른다.

개인의 강점과 미덕을 발휘하지 않은 채 손쉽게 만족을 얻을 수 있다고 믿는 것은 어리석은 일이다. 그건 도마뱀을 굶어 죽게 할 뿐만 아니라, 막대한 부를 쌓고도 우울증에 시달리는 수많은 사람을 정신적 허탈감에 빠지게 한다. 그래서 사전에 강점을 발견하는 것과 아는 것, 적용하는 것이 중요하다.

그렇다면 강점이란 구체적으로 어떤 것일까? 사람은 저마다 도마뱀처럼 특성을 갖고 있다. 인도 콜카타에서 평생을 가난하고 병든 사람들을 위해 봉사하며 살았던 마더 테레사 수녀와 제2차 세계대전을 승리로 이끌며 영국의 국민적 영웅이 된 윈스턴 처칠 총리의 특성은 다르다. 테레사 수녀가 친절과 사랑, 영성, 정직 등의 특성이 강했다면, 처칠 총리는 리더십, 열정, 용감성 등의 특성이 강했다고 할 수 있다. 또 우리가 천재 발명가로 부르는 에디슨이나 인류 최초로 비행기를 만들어 하늘을 날았던 라이트 형제, 애플 신화를 창조한 스티브 잡스는 남다른 창의성과 호기심, 끈기, 학구열이 뛰어났다고 볼 수 있다(Seligman, 2012). 우리나라의 반도체와 자동차 신화를 각각 이룬 고 이병철 회장은 예견력과 창의성이, 고 정주영 회장은 용감성과 열정이 남달랐다.

이렇게 사람마다 지닌 특성은 다 다르다. 하다못해 동일한 유전자를 물려받은 형제자매도 과연 한 배 속에서 나온 사람인지 의심스러울 정도로 판이하게 다른 경우도 많다. 이러한 특성은 꼭 좋은 것만 있는 것은 아니다. 긍정적 특성이 있는가 하면 부정적 특성도 있다. 성격강점이란 인간의 긍정적 특성을 의미한다. 이 '긍정적'의 의미는 성격강점이 인간에게 탁월함(excellence)과 플로리시(fluorishing)를 제공한다(Yearly, 1990).

현재 전 세계적으로 가장 많이 사용되는 2개의 강점이 있다. 하나는 셀리그만과 피터슨이 만든 스물네 가지 VIA 성격강점(VIA Character Strengths)이며, 다른 하나는 갤럽이 개발한 서른네 가지 재능강점인 스트랭스 파인더(Strengs Finder)이다. VIA 성격강점이 삶의 전체 영역을 다룬다면, 스트랭스 파인더는 직무 영역을 다루고 있다. VIA(2014)는 스트랭스 파인더를 사람의 뼈와 살로, 성격강점은 몸 전체를 순환시켜 주는 피로 표현하기도 했다.

최근에 인성(character)이 우리나라 교육의 중요한 키워드로 자리 잡으며 성격강점을 인성 강점이라고도 한다. 2015년 우리나라에 「인성교육진흥법」이 만들어질 때 긍정심리학(성격강점) 이론이 중요한 역할을 했다. 정창우(2013)는 긍정심리학의 인성강점은 고전적인 지혜, 정의, 절제를 덕목에 포함시키면서도 현대 인성교육과 배려, 윤리적인 인간적 성격을 포함하고, 심리학 특유의 감성지능(EQ), 사회지능(SQ) 등의 개념을 포함하고 있다고 했다. 성격강점에는 고전적·현대적 인성의 가치 덕목 목록이 모두 들어 있기 때문이다. 최근에는 성격강점 360도 검사법이 개발돼 사용되고 있다. 검사 방법은 스물네 가지 성격강점 내용을 20여 명의 가족이나 친지에게 보내 자신의 강점이 무엇인지 알려 달라는 것이다. 이를 통해 객관적으로 자신의 강점을 평가받을 수 있다.

성격강점은 최근까지 개인이나 학교, 조직에서 많이 사용되고 있는 성격검사들과도 차이가 있다. MBTI, DISK, Big5 등의 성격검사는 인간의 성격을 유형으로 분류한다. 아직까지 대부분의 심리학자는 이 유형이 고정적이라고 한다. 프로이트의 영향을 받은 것이다. 그가 인간의 성격이 다섯 살 무렵에 결정된다고 주장했기 때문이다. 하지만 오랜 세월에 걸친 심리치료 후, 프로이트는 인간의 성격을 조금은 바꿀 수도 있다고 결론 내렸다(Reivich & Shatte, 2003). 긍정심리학의 성격강점은 유형이 아닌 정도의 차이이다. 누구나 다 갖고 있지만 정도의 차이가 있다는 것이다. 그래서 이 강점은 학습에 의해 변화시킬 수 있고 키울 수 있다는 것이다(Seligman, 2012).

성격강점은 셀리그만과 피터슨의 오랜 노력에 의해 만들어졌다. 이들은 강점을 만들 때 가치를 중요하게 생각했다. 그래서 제목도 가치 행동(Value in Action: VIA) 성격강점이라고 했다. 하지만 성격강점이 사회 각 분야로 급속도로 확산되면서 VIA라는 개념도 바뀌었다. 이제 가치 행동이 아닌 길(VIA)이라는 의미로 쓰인다. VIA는 라틴어에서 유래했다. 미국의 거리를 애비뉴(avenue)로 표기하듯 유럽에서는 VIA로 표기하기도 한다(VIA, 2014).

성격강점은 세계에 두루 퍼져 있는 여섯 가지 미덕과 그 아래 스물네 가지 실천 도구를 말한다. '여섯 가지 미덕'이란 시대와 문화를 막론하고 철학가들과 종교 사상가들이 인정한 중요한 핵심 가치인 지혜와 지식, 용기, 사랑과 인간애, 정의감, 절제력, 영성과 초월성을 말한다. 이 여섯 가지는 저마다 그 미덕을 함양하는 확실한 방법이 있다. 그 실천 방법으로 만들어진 것이 '스물네 가지 강점'이다(Seligman, 2002).

예컨대, 절제력이라는 미덕은 자기통제력, 신중함, 겸손이라는 강점을 발휘해 얻을 수 있다. 자기통제력이 뛰어난 사람이 유혹을 참아 내고 자신을 절제할 수 있지 않겠는가? 추상적인 미덕과는 달리 강점은 과학적으로 측정하고 평가할 수 있다. 미덕은 3,000년 동안 세계 도처에 퍼져 있는 미덕을 찾고, 플라톤, 아리스토텔레스, 아퀴나스, 아우구스티누스 등 철학자들의 저술, 구약성서, 탈무드, 불경, 코란과 같은 경전, 공자, 노자, 벤자민 프랭클린의 저술, 미국의 보이스카웃 정신, 일본의 사무라이 정신, 고대 인도의 철학서인 『우파니샤드』 등 총 200가지의 덕목 목록 작성을 통해 최종 6개로 정리됐으며, 강점은 1만 8,000가지의 목록 가운데 스물네 가지를 선정한 것이다(Seligman, 2002).

하버드 대학교 교육대학원 원장이며 다중지능 창시자인 하워드 가드너(Howard Gardner, 2014)는 "셀리그만과 피터슨의 성격강점 발견은 심리학 반세기 중 가장 위대한 업적이다."라고 밝히고 성격강점의 유무성을 인정했다.

지혜와 지식	용기	사랑과 인간애	정의감	절제력	영성과 초월성
창의성, 호기심, 수용성(판단력), 학구열, 예견력	용감성, 끈기, 정직, 열정	사랑, 친절(배려), 사회성	팀워크(협동심), 공정성, 리더십	용서, 겸손(존중감), 신중함, 자기통제력	감상력, 감사, 희망, 유머, 영성

긍정심리학에서는 왜 스물네 가지의 강점을 선정했을까? 셀리그만과 피터슨(2002)은 다음의 네 가지를 주목했다. 첫째, 대부분의 문화권에서 중요하게 여기는가이다. 예컨대, 철저한 시간 개념을 갖고 있는 시간 관리는 자본주의 국가에서는 무척 필요한 강점이다. 하지만 인도나 아프리카 같은 나라에서는 시간 관리에 대한 필요성을 특별히 느끼지 못한다. 둘째, 목적을 위한 수단으로서가 아닌 그 자체로 가치가 있는가이다. 지능과 시간 관리가 강점이 되지 못하는 이유는 그것이 목적을 위한 수단으로 사용된다는 때문이다. 스물네 가지 성격강점은 각자 모두 독립적이며 과학적인 검증을 마쳤다. 그래서 강점 하나하나 자체에 가치가 있는 것이다. 셋째, 학습에 의해 변화할 가능성이 있는가이다. 대부분의 성격검사는 유형별로 나눈다. 그리고 성격을 고정적으로 본다. 성격은 바뀌지 않는다는 것이다. 하지만 긍정심리학의 성격강점은 유형이 아니고 정도의 차이이다. 세상에는 성자도 없지만 죄인도 없다. 더 성자 같고 더 죄인 같은 사람만 있을 뿐이다. 이는 유형이 아니고 정도의 차이인 것이다. 긍정심리학에서는 성격도 바꿀 수 있다는 것이다.

프레드릭슨(2014)은 성격에 대한 전형적인 논의 중 한 가지 부정적인 가정은 심리적 강점은 확고히 고정돼 있어 변경할 수 없다는 것이라고 했다. 끊임없이 변화하는 성질을 지닌 우리의 신체와 뇌를 돌아볼 때 심리적 강점 또한 습관으로 보는 것이 더 타당하며, 이 습관은 대부분 지속되지만 세월이 흐르면서 변하는 습관도 있다는 것이다(Fredrickson, 2014). 그래서 스물네 가지 성격강점은 일반적으로 안정적이지만 시간이 흐르면 변할 수도 있다. 이는 환경에 의해 변화할 수 있고 학습에 의해 변화할 수 있다는 것이다.

성격강점과 재능은 다르다

많은 사람이 성격(인성)강점과 재능을 같은 뜻으로 받아들인다. 성격강점과 재능은 모두 긍정심리학의 연구 주제이고 유사점도 많지만 몇 가지 두드러진 차이점이 있다.

첫째, 성격강점은 종교와 철학, 선한 성품을 기반으로 하는 도덕적 개념을 갖고 있지만, 재능에는 도덕적 개념이 없다. 예컨대, 정직, 용감성, 창의성, 친절은 강점의 한 종류로 모두 도덕적 개념과 관련이 있다. 반면, 절대음감, 빨리 달리기, 연기 등과 같은 재능은 도덕적 개념과는 상관없이 개인이 남들보다 뛰어나게 잘하는 장기에 가깝다.

둘째, 재능은 타고나는 것이어서 후천적으로 발전시키기가 어려운 반면 강점은 선천적인 특성은 약하더라도 후천적인 노력으로 얼마든지 계발할 수 있다. 재능도 노력하면 발달시킬 수 있다고 생각하는 사람도 있겠지만 한계가 있다. 100m 달리기를 한다고 가정해 보자. 시간을 단축시키기 위해 준비 자세에서 엉덩이를 더 높이 쳐들고, 상체를 앞으로 미는 연습을 하고, 더 빨리 달릴 수 있는 주법을 익힌다고 해도 타고난 재능을 조금 더 향상시키는 데 그칠 뿐이다. 하지만 강점은 다르다. 창의성, 신중함, 겸손, 친절과 같은 강점들은 노력하면 할수록 더 강화된다.

셋째, 성격강점은 사람들의 재능이나 능력을 밝혀내는 것이 아니다. 재능은 사람들이 어떤 일을 얼마나 잘하느냐 하는 것이다. 하지만 성격강점은 사람들이 자신이 어떤 사람이며 일을 할 때 무엇에 비중을 두느냐에 관한 것이다. 대체로 사람들은 자신이 드러낼 때 그리고 사람들이 자신의 진정한 가치를 알아주고 인정해 줄 때 뿌듯함을 느낀다. 그런 상황에 있을 때 그들은 점점 더 성과를 높이며 그들의 재능도 최대화된다. 이와는 반대로 진정한 자아가 무시 혹은 오해를 받거나 커다란 기계 장치에 부속된 하나의 톱니에 지나지 않는 취급을 당할 때 사람들은 의욕을 잃고 답답함을 느낀다.

넷째, 성격강점은 사람들을 자기가 하고 있는 일 그리고 그 일을 함께 진행하고 있는 사람들과 연결되도록 해 준다. 재능은 사람들이 일을 잘하게 해 주지만 사람들이 일을 중요하게 느끼는 순간은 일이 그들의 대표강점과 연결될 때이다. 이것은 일에 '소명'이라는 특징이 생기는 과정이다. 또한 일이 사람에게서 가장 중요한 것을 이끌어 내는 순간이다.

비유하자면, 한 조직의 사람들이 가진 재능과 자원들을 조직을 이루는 뼈와 근육으로 여긴다면 각 구성원의 성격강점은 모든 것을 잘 돌아가게 해 주는 피와 같으며 결합조직이라 할 수 있다. 피가 원활하게 순환되고 결합조직이 잘 이루어질 때 궁극적으로 구성원 개인과 조직의 성과를 높일 수 있다.

다섯째, 재능은 기계적으로 습득하는 경우가 많지만(이것은 다장조이다), 강점은 대개 자율의지에 따라 결정된다(카운터 직원이 잘못 계산하여 50달러를 더 거슬러 주었을 때 그것을 사실대로 말하는 데는 개인의 의지가 필요하다). 재능에도 몇 가지 선택이 필요하지만, 그건 계발과 활용을 어느 정도로 할 것이냐에 관한 것일 뿐이다. 즉, 그 재능을 지닐 것인지의 여부를 선택하는 것은 아니다.

예컨대, '제인은 아주 총명한데 좋은 머리를 썩히고 있다.'라는 표현이 가능한 것은 여기에 제인의 의지력 부족이 드러나 있기 때문이다. 그녀가 높은 지능지수를 스스로 선택한 것은 아니지만, 우수한 두뇌의 계발과 활용이라는 면에서 잘못 선택함으로써 자신의 재능을 낭비하고 있다는 것이다. 그러나 '제인은 아주 친절한 사람이지만, 자신의 친절을 썩히고 있다.'라는 표현은 있을 수 없다. 강점은 낭비할 수 없는 것이다. 강점은 언제 발휘하고 어떻게 지속적으로 계발하느냐를 선택하고, 처음으로 습득할 시기를 선택하는 것이다. 결단을 내리고 꾸준히 노력한다면 평범한 사람들도 얼마든지 강점들을 습득할 수 있다. 그러나 재능은 의지에 따라 습득할 수 있는 것이 아니다.

카운터 직원에게 50달러를 되돌려 주면서 뿌듯함을 느끼는 것은 왜일까? 그것은 정직이라는 타고난 특성을 어느 날 갑자기 칭찬받았기 때문이 아니라, 올바른 일을 한 것에 대한 자부심을 느끼기 때문이다. 다시 말해, 점원의 계산 착오로 수지맞았다며 그 돈을 슬그머니 자기 주머니에 넣는 것보다 사실을 밝히는 쪽을 선택하는 것이 훨씬 더 어렵기 때문이다. 그것이 누구나 쉽게 할 수 있는 일이라면 뿌듯함을 느낄 리 없다. 그러니까 심각한 내적 갈등을 극복할 때 자신에 대한 자부심이 더욱 커지는 것이다.

굳은 의지가 없이는 미덕을 발휘할 수 없는 까닭에, 미덕을 발휘한 사람들이 그만큼 더 우러러보인다. 현대인들은 미덕이란 개인의 의지와 선택에 따라 크게 좌우된다고 믿지만, 그 이면을 들여다보면 외적 환경의 영향을 훨씬 더 많이 받는 게 사실이다.

셀리그만(2002)은 긍정심리학의 개입이 기존 심리학의 개입과 다른 이유가 바로 여기에 있다고 했다. 기존 심리학은 일반적으로 정신장애 치료에 관한 것으로서 장애를 줄이는 데 초점을 맞춘다. 정신장애를 효과적으로 치료하기 위한 개입은 대단히 어렵기 때문에, 개인의 의지를 이끌어 내기보다는 외적 영향을 활용하는 방식으로 쏠리기 마련이다. 그 결과, 개인의 의지와는 전혀 무관한 약물치료에 의존하게 된다. '훈련이 전혀 필요 없다'는 약물치료의 커다란 장점 때문이다(Seligman, 2002).

심리치료를 이따금 '위장'이나 '조작'이라는 말에 빗대기도 하는데, 이것은 정확한 비유이다. 폐쇄공포증 환자를 3시간 동안 벽장에 가두어 두거나, 자폐아를 충격에서 벗어날 수 있게끔 더욱 꼭 껴안아 주거나, 우울증 환자에게 자신의 부정적인 생각을 반박할 증거를 정리해 주는 등의 치료 과정에서는 치료사가 적극적이고 환자가 고통을 참으며 시키는 대로 따라 하면 제법 효과를 본다. 그러나 정신분석치료처럼 치료사가 수동적으로 환자의 말을 듣기만 하고 가만히 있으면 별 효과가 없다(Seligman, 2002).

그러나 삶의 긍정적인 요소를 증가시키고 싶을 때 외부의 도움보다는 자신의 의지가 훨씬 더 중요하다. 강점과 미덕을 계발하고 일상생활에서 활용하는 것은 선택의 문제이다. 강점과 미덕의 계발이란 학습과 훈련을 통해 조건화하는 것이 아니라 발견과 창조를 통해 자기화하는 것이다(Seligman, 2002).

성격강점은 장점과도 구별된다. 장점은 이미 내가 잘 아는 것이고 잘하는 것이다. 하지만 성격강점은 내가 좋아하는 것이고 아직 모르는 것이 있다. 성격강점은 성격적 특성이기 때문이다.

성격강점의 기준

그렇다면 강점의 기준은 무엇일까? 셀리그만(2002)은 강점에는 세 가지 기준이 있다고 했다. 첫째, 강점은 시간과 환경에 상관없이 계속 나타나는 심리적 '특성'이다. 딱 한 번 어디에선가 친절을 베풀었다고 해서 인간애라는 강점을 발휘하는 건 아니다. 둘째, 강점은 '그 자체로서 가치'가 있다. 강점은 대개 좋은 결과를 낳는다. 예컨대, 조직에서 리더십을 발휘하면 신망을 얻고 승진을 하게 된다. 그러나 강점은 바람직한 결과를 낳지 않더라도 그 자체로 소중하다. 우리가 어떤 활동을 하는 것은 만족과 의미 그 자체를 얻기 위함이지, 꼭 긍정정서나 뛰어난 결과만을 만들어 내기 위함이 아니듯 말이다. 강점은 또한 부모가 새로 태어난 자식에게 거는 희망에서도 엿볼 수 있다. '내 아이는 창의적이고 용감하며 사회성이 뛰어난 사람이 됐으면 좋겠다.'라는 희망처럼 말이다.

셋째, 강점은 우리가 갖추고 싶은 정신 상태이다. 한 사람이 강점을 발휘한다고 해서 주위 사람들이 자기 강점을 드러낼 기회가 줄어드는 것도 아니다. 도리어 강점을 발휘하는 것을 보면 감동하고 용기를 얻는다. 지켜보는 사람들의 마음에 질투가 아닌 부러움이 가득 차오른다. 즉, 강점을 발휘하는 사람은 참된 긍정정서를 느끼게 되고, 이를 지켜보는 사람들도 자신의 강점을 발휘하고픈 욕구를 불러일으키므로 모두가 발전하고 성공하는 승자가 될 수 있다.

그렇다면 성격강점을 분류할 때 무엇을 기준으로 구분했을까? 셀리그만(2002)은 스물네 가지의 성격강점은 다음의 모든 것을 만족시키는 것들이라고 했다.

- **보편성**: 문화와 시대를 초월해서 어디에서나 흔히 볼 수 있다.
- **자아실현**: 성취감을 준다.
- **도덕적 가치**: 유익을 주는 결과가 명확하게 따라오지 않더라도 그 자체만으로 도덕적 가치가 있다.
- **타인의 영향**: 타인의 강점을 본 사람들이 이를 질투하지 않고 감탄하게 된다.
- **부정적 반의어**: 마음에 당기지 않는 반대 요소들이 담겨 있다(예: 친절, 불친절).
- **특질성**: 행동, 사고, 감정 전체에 걸쳐 뚜렷하게 나타나는 식으로 고유의 속성을 가지고 있고, 어떤 상황에서든 일반적으로 충분히 나타나며, 시간이 흐르면서 점점 더 안정적으로 자리 잡는다.
- **차별성**: 분류체계에 따라 분류해 보면 다른 긍정적 특징들과 확연히 구분된다.
- **전형인 인물**: 성격강점이 유난히 두드러지게 나타나는 사람이 있다.
- **신동**: 의식을 하기도 전에 이러한 강점을 드러내는 아동이나 청소년이 있다.
- **선택적 결여**: 어떤 개인에게는 특정 성격강점이 전혀 나타나지 않기도 한다.
- **촉진제도**: 사회적인 훈련이나 과정을 통해 이를 계획적으로 유지하고 계발하고자 한다.

성격강점의 과학적 연구 결과

피터슨(2004)은 성격강점이 문항 일치도 면에서 신뢰할 만하고, 성격강점에 대한 자기보고가 이에 대한 타인의 보고와 일치된다는 점에서 타당하며, 최소 6개월 이상 안정적인 상태를 보인다고 했다(Peterson, Park, & Seligman, 2005b; Peterson & Seligman, 2004). 이 연구에서 피터슨이 놀랐던 점이나, 좋은 성격에 대한 과학적인 접근의 가치를 중심으로 지금까지의 경험과학적인 연구 결과를 설명하고자 한다.

첫째, 전 세계와 미국 내 성인들이 스물네 가지 성격강점을 인정하는 것에 있어서 놀라울 정도로 유사하다는 것을 확인하였다(Park, Peterson, & Seligman). 아제르바이젠부터 짐바브웨에 이르기까지 54개국에서 가장 공통적으로 '그와 가장 유사한 것'이라고 인정한 강점은 친절, 공정성, 정직, 감사, 개방성이며, 일관성 있게 낮게 보고한 것은 신중성, 겸손, 자기통제력이었다([그림 10-1] 참조). 국가별 순위 간에 주로 .80+의 범위에서 높은 상관을 보였고, 문화, 인종, 종교, 경제에서 차이를 드러내지 않았다.

가장 높은 점수를 보인 강점과 가장 낮은 점수를 보인 강점의 순위를 비교해 보면 종교성이 미국 남부에서 다소 명확하게 나타난다는 것을 제외하고 미국의 모든 50개 주는 공통적이었고, 성, 연령, 교육 그리고 최근 대통령 선거에서 공화당을 지지하는 주에서 사는지 또는 민주당을 지지하는 주에서 사는지에 따른 차이는 크게 나타나지 않았다. 이러한 결과는 보편적인 인간의 본성과 발전하는 사회를 위해 최소한으로 요구되는 성격이 무엇이어야 하는지를 드러낸다(Bok, 1995).

둘째, 미국 성인과 미국 청소년 간의 강점 프로파일을 비교해 보면 순위에 있어서 전반적으로 일치되지만, 미국 성인과 다른 나라의 성인 간의 비교 결과보다는 확연하게 일치도가 낮다(Park, Peterson, & Seligman, 2005). 희망, 협동심, 열정은 미국 성인보다 미국 청소년에게 더 공통적인 반면, 감상력, 정직, 리더십, 개방성은 성인에게 더 공통적으로 나타난다([그림

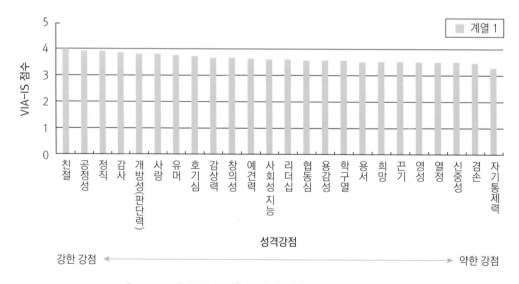

[그림 10-1] 미국 표본(N=83, 576)의 VIA-IS 평균 점수

* 점수 범위 1(나와 매우 다르다)~5(나와 매우 비슷하다)

10-2] 참조). 우리가 성격강점을 신중하게 계발하고자 하는 데 관심을 기울임에 따라, 우리는 출발선의 위치에서 타인의 강점을 증진시키려고 할 뿐만 아니라 성인기에 이르기까지 특정 강점이 손상되지 않도록 해야 한다(Park & Peterson, 2005).

셋째, 성격강점의 정의 중 일부에 따르면 그것이 자아실현에 기여한다고 할지라도, 열정, 감사, 희망, 사랑과 같은 정의적인 강점이 학구열과 같은 지적인 강점보다 삶의 만족과 더 강한 상관을 보인다(Peterson, Park, & Seligman, 2004, 2005).

피터슨, 박난숙과 셀리그만(Peterson, Park, & Seligman, 2004, 2005)은 성인과 청소년 그리고 부모가 기술한 매우 어린 아동까지 이러한 경향을 보임을 확인했다. 이들은 또한 이러한 정의적 강점이 후속되는 삶의 만족을 이끌어 낸다는 장기적인 증거도 몇 가지 갖고 있다 (Peterson et al., 2005). 타인은 매우 중요하다. 타인에게 향하는 성격강점은 우리를 행복하게 만든다.

넷째, 9 · 11 테러사건 직전 두 달 동안 온라인 조사에 참여했던 미국인들의 성격강점 점수 와 9 · 11 이후의 점수를 비교해 보면, 영성, 희망, 사랑의 성격강점이 증가했다. 유럽에 주거 하는 응답자의 경우는 이러한 경향성이 나타나지 않았다(Peterson & Seligman, 2003a). 이 강 점은 토마스 아퀴나스(1966)의 사상에, 또는 앨런 잭슨이 9 · 11에 대해 컨트리 음악상을 받 은 노래 '당신은 어디 있었나요?'에서도 나타나는 이론적인 덕목을 포함한다. 이러한 자료를

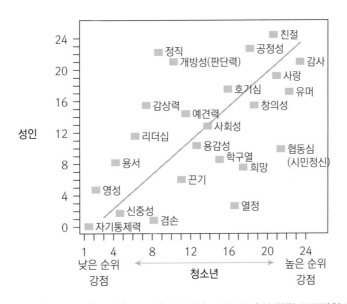

[그림 10-2] 미국의 청소년(N=250)과 성인(N=83,576)의 강점 프로파일 비교

* 강점은 1위(가장 낮은 빈도)에서 24위(가장 높은 빈도)에 걸쳐 순위를 매겼다.

이해하는 한 가지 방법은 테러관리이론이다. 이 이론은 사람들이 문화적으로 두드러지는 가치와 관련된 정체성을 증가시킴으로써 고유의 도덕성에 도래하는 위기를 관리한다는 것이다(Greenberg, Pyszczynski, & Solomen, 1986).

다섯째, 최선을 다하는 사람들을 연구하는 첫걸음으로서, 성인을 대상으로 훌륭한 성격의 관점에서 일과, 사랑 그리고 여가의 세 가지를 동시에 연구했다(Peterson & Seligman, 2004). 이러한 주제로 연구하는 전형적인 연구들처럼 응답자들에게 현재의 직업, 대인관계, 여가 활동에 대해 물어보는 것보다, 그들은 그들에게 삶에서 어느 순간이든 가장 열심히 했던 직장일, 진실한 사랑, 가장 친한 친구 그리고 가장 즐겨 하는 취미에 대해 생각해 보라고 요청했다. 또한 응답자들에게 '해당 사항 없음'이라는 보기도 제시하였고, 소수의 젊은 성인은 이것을 선택하였다.

흥미롭게도, 응답자들은 현재의 직업, 대인관계나 과거의 여가 활동을 항상 보고하지는 않았다. 심지어 사람들이 직장에 대해서는 연봉, 위상, 지리적 위치 같은 것을, 관계에 대해서는 훌륭한 외모나 경제적으로 안정된 정도를, 여가 활동에서는 순수하게 감각적인 즐거움과 같은 진부하고 낡은 기준으로 선택하고 판단할 것 같지만, 이것은 응답자들이 보고한 경험의 특징을 충분히 드러내지 못했다. 그 대신 사람들이 가장 가치를 두는 것은 각자의 성격강점과 일치하는 직업, 대인관계, 취미라는 것이다. 예컨대, 친절 성격강점을 가진 사람은 특히 다른 사람들에게 멘토가 될 수 있는 직업을 좋아하였고, 호기심 성격강점을 가진 사람은 모험적이고 낭만적인 배우자를 좋아하였으며, 학구열 성격강점을 지닌 사람은 여가 시간에 정원을 가꾸는 것을 좋아했다.

여섯째, 이들은 이전에 경험했던 삶의 위기에서 나타난 성격강점의 효과를 연구하기 시작했다(Peterson, Park, & Seligman, 2006). 긍정심리학이 처음으로 윤곽을 드러낼 때, 셀리그만과 칙센트미하이(2000)는 긍정심리학이 평화롭고 번영하는 사회를 만드는 데 밑바탕이 될 것이라고 생각했다. 긍정심리학의 목표는 -5에 있는 사람들을 0으로 끌어올리는 것뿐만 아니라 +2에 있는 사람들을 +6으로 끌어올리는 것이다. 따라서 긍정심리학은 대개의 심리학이 그러하듯이 전형적으로 사업성이 있는 주제인 고통이나 정신병리와는 거의 관련이 없을 것이다(Peterson, 2005).

9·11 사태 이후 많은 긍정심리학자의 생각이 바뀌었으며, 그것은 특정 상황에 직면했을 때 사람들에게 무엇이 가장 중요한지를 일깨워 준다(Brokqw, 1998). 위기는 성격을 시험하는 시련이 될 수도 있고 그렇지 않을 수도 있으나, 시련은 분명히 덕목 윤리학자들이 '올바른 성격강점'이라고 말하는 것들이 무엇인지를 보여 준다(Peterson & Seligman, 2004).

그 증거로 위기를 극복했을 때 사람들에게 정말로 인생에 중요한 것에 대해 새롭게 감사하게 하고, 감사한 마음에 따라 행동할 수 있도록 준비시키는 일화는 충분히 많다. 적응 유연성과 트라우마 이후의 외상 후 성장(PTG)에 대한 구체적인 평가와 관련된 보다 체계화된 연구들은 적어도 어떤 사람들은 전형적인 이론이 예측하는 것보다도 위기 상황에서 상처를 덜 받는다는 것을 보여 준다(Bonnano, 2004; Linley & Joseph, 2004a; Masten, 2001; S. E. Taylor, 1985; Tedeschi & Calhoun, 1995). 그러나 사람들이 사실상 얼마나 자주 성격강점을 발견하고 계발함으로써 힘든 경험에서 유익함을 얻을 수 있는지는 아직 분명치 않다.

확실한 결론을 내리기에는 제약이 있다. 그중 하나는 적어도 미국에서는 만연한 것으로서 회복력(resilience)에 대한 문화적 풍토인데, 이것은 사람들로 하여금 나쁜 기억을 좋은 기억으로 간주하게끔 만든다(McAdams, 1993, 2005). 생존자로서 자아정체성을 규정하는 것은 한 사람의 정체성의 중요한 측면이며, 위기상황 이후에 어떻게 반응할 것인지에 대한 방향성을 결정한다. 피터슨은 이러한 정체성이 진정성이 없는 것이라고 말할 만큼 냉소적이지 않으나, 위기를 경험하지 않은 사람들과 비교하는 것은 자기 자신을 다시금 명확하게 확인하고, 성숙과 같이 흔히 있는 변화로 인한 혼동을 배제한다는 점에서 필요하다고 하였다.

피터슨과 박난숙과 셀리그만(2004, 2005)의 연구는 이러한 제한점을 피하였다. 이들의 연구가 회고적인 설계 형태로 자기보고에 의존하고 있지만, 이들은 시행하고 있는 조사가 끝날 때까지 이와 같은 위기상황에 대해 의문을 제기하지 않았다. 그래서 이들 연구의 참여자들은 응답을 할 때 생존자라는 정체성의 관점을 반영하지 않았다.

피터슨과 박난숙과 셀리그만(2004, 2005)은 세 가지 연구를 했다. 첫째, 성격강점을 측정하기 위해 성격강점 검사를 시행하고, 참여자들에게 질병이나 정신장애, 폭력과 같은 트라우마적인 사건을 경험했는지 물어본다. 각 질문에서 위기를 경험한 사람들이 위기를 경험하지 않은 사람에 비해 상대적으로 특정 성격강점의 수준이 높은 것으로 나타났다. 예컨대, 심각한 질병에 걸렸다가 그것을 극복한 사람이라면 용감성, 친절, 유머와 관련되는 것으로 나타났다. 다음으로, 이러한 강점은 높은 삶의 만족과 관련이 있었다. 현재의 결론을 궁극적으로 적용해 보자면, 이러한 강점을 목표로 하는 개입은 단순히 위기 속에서 생존하는 것뿐만 아니라 다음 위기 이후에 보다 성장할 수 있도록 도와준다고 기술할 수 있다.

연구의 결론에서 피터슨과 박난숙과 셀리그만(2004, 2005)은 비록 사전에 의문을 가지지 않았던 성격이라는 관점에서 한 사람이 모든 강점을 가질 수 있다는 가정에 대해서 살펴보았다. 즉, 최근 연구에서 피터슨과 박난숙과 셀리그만(2004, 2005)은 성격강점을 확인했고, 그것을 측정하고, 이들의 상관관계와 결과에 대한 밑그림을 주도면밀하게 그려 보았다. 이는 놀랄 것도 없이 그 자체로 긍정적이었다. 이 연구의 결과는 가능한 한 많은 성격강점을 사용할 수 있도록 계발하는 것과 관련된다.

이후 피터슨(2006)은 심리장애를 강점의 부재, 즉 강점의 정반대나 강점의 남용(AOE)으로 간주할 수 있다고 주장했다. 또한 성격강점의 부재가 실제 정신병리학의 특징이라고 했다. 피터슨(2016)은 먼저 떠났지만 심리치료에서 성격강점 연구는 셀리그만과 라시드(2014, 2018, 2019)에 의해 지속적으로 연구되어 증상 중심의 DSM에 대응하는 강점 조절장애 진단표를 발표하기에 이르렀다. 감사와 친절, 호기심, 사랑, 희망은 삶의 만족도와 깊은 관련이 있고, 사회성 지능과 용서, 자기통제력, 끈기 부족은 심리문제와 관련이 있다고 증명됐다(Seligman & Rashid, 2018).

배리 슈워츠와 케네스 샤프(Barry Schwartz & Kenneth Sharpe, 2011)는 일상생활에서 필요에 따라 성격강점을 거래할 필요가 있다는 점을 간과한다는 이유로 성격강점 분류체계 프로젝트를 비판했다. 그들은 "이 드레스가 나에게 잘 어울리나요?"라는 말과 함께 비평을 시작한다. 이 글을 읽는 독자들은 이처럼 부적절한 질문을 하는 사람들이 있다는 것을 떠올리며 웃음을 지을 것이다. 이러한 질문에는 어떻게 답을 하는가? 친절한 사람들은 아마 "당신은 정말 아름다워요."라고, 정직한 사람들은 "형편없어요."라고, 신중한 사람들은 "초록색은 참 멋진 색이군요."라고 답할 것이다.

슈워츠와 샤프가 '실천적인 지혜'라고 이름 붙인 사회지능이 모든 종류의 미묘한 차이를 설명하는 구체적인 상황에서의 해답을 찾도록 우리를 도와준다고 주장할지라도, 이러한 딜레마에서 정답은 없다. 그녀는 드레스를 바꿔 입을 시간이 있는가, 그녀에게 다른 드레스가 있기는 한가 등의 핵심은 사람들이 계속 친절하고 정직할 수는 없다는 점이다. 거래는 반드시 필요하다.

슈워츠와 샤프는 사람들이 특징적인 방식으로 성격강점들 간에 거래를 한다고 생각했다. 우리 중 누군가는 친절하게 보일 것이고, 반면에 또 어떤 사람들은 정직하게 보일 것이다. 이런 경우라면 우리는 성격강점 검사로 측정했을 때 어떤 성격강점이 높다는 것은 다른 성격강점이 낮다는 것과 관련되는 것과 같이 다른 것들과 상반되는 관계에 있는 특정 성격강점을 확인하고자 한다. 이러한 거래의 구조는 실제 세계가 어떻게 좋은 성격을 그 자체로 드러내 보이도록 하는지에 대해 보여 줄 것이다.

이러한 결과를 얻을 수 있도록 통계적 절차를 활용하여, 슈워츠와 샤프는 정말로 성격강점 간 거래뿐만 아니라 간단한 해석까지도 발견하였다. [그림 10-3]은 지각, 정서, 인성 등과 같은 서로 다른 영역에서 심리학자들이 사용한 복합 모형의 두 가지 차원에 따라 성격강점 간의 관계를 묘사하고 있는데, 특히 원을 중심으로 각 성격강점의 배치라는 관점에서 개념 간에 이론적·경험과학적 관계를 설명하고 있다.

　가로축은 창의성, 호기심과 같이 자신과 관련된 강점과 협동심, 공정과 같이 타인과 관련된 강점을 가리키며, 세로축은 개방성, 신중성과 같이 인지적인 자기통제력이나 사랑, 감사와 같이 정서적인 표현을 포함하는 강점을 가리킨다. 그래프상에서 두 강점이 가까이 있는 것은 무리 없이 동시에 나타날 수 있는 것들이나, 멀리 떨어진 2개의 강점은 거래가 일어나기 쉽다. 물론 이러한 거래가 당연하지는 않으나, 사람들이 평소에 서로 다른 방법으로 좋은 성격을 드러낸다는 점이 성격강점의 거래가 이루어짐을 암시한다고 볼 수 있다.

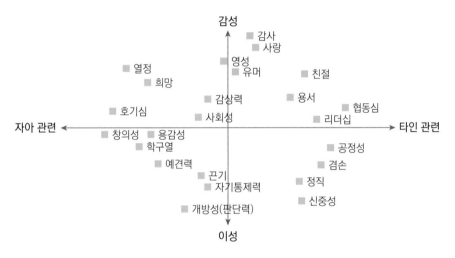

[그림 10-3] **성격강점 간의 거래**

* 두 성격강점이 서로 멀리 떨어질수록 한 사람이 평상시에 2개의 강점을 동시에 드러낼 가능성이 적다.

스물네 가지 성격강점 분류 및 특성

⊙ 성격강점 분류 및 특성

　성격강점은 여섯 가지 미덕과 그 안에 호기심, 학구열, 리더십, 겸손, 친절, 사랑 등 인간의 강점을 스물네 가지로 분류했다. 셀리그만(2012)은 이것을 '스물네 가지 강점'이라 부른다. 스물네 가지 외에도 연관된 강점을 포함하면 60여 가지가 된다. 함께 참고하면 도움이 될 것이다. 성격강점의 목표는 성격을 구성하는 기본적인 특성들을 분별해 내는 것이고 이것은 전 세계 어디에서나 자아실현, 만족, 번영 등 '행복한 삶'으로 나아가는 통로라고 할 수 있다. 분류체계는 과학 공동체에 제공하려는 목적 아래 과학적으로 측정할 수 있는 것으로 구성됐다.

지혜와 지식

지혜와 지식(Wisdom and Knowledge)은 더 나은 삶을 위해 지식을 습득하고 활용하는 것과 관련된 것으로, 인지적(cognitive) 강점이라 한다.

① **창의성**(Creativity, 재능, 독창성): 문제를 해결할 때 새로운 혹은 색다른 생각을 좋아하거나 미적인 이상향을 추구한다. 예술적으로 표현하거나 혹은 사물이나 사건에 접근하는 새로운 길을 찾음으로써 창의성을 드러낼 수 있다. 사람들은 당신을 좋은 상상력을 가진 독창적인 사람이라고 말한다.

② **호기심**(Curiosity, 흥미, 모험심): 모든 것에 대해 관심과 호기심이 있다. 스스로를 새로운 경험에 항상 열려 있는 탐구자로 여길 때가 많다. 때론 이러저런 것들에 대해 궁금하게 여기며 새로운 것, 색다른 것에 끌릴 때가 많다. 새로운 장소, 새로운 사람, 새로운 상황, 새로운 아이디어를 찾아내기를 좋아한다.

③ **개방성**(Open-mindedness, judgment, 판단력, 비판적 사고): 판단력은 특정 주제, 사안 혹은 관점에 관한 정보를 얻게 하는 강점이다. 판단력은 열린 생각이나 혹은 비판적인 사고와 관련 있다. 이 강점을 가진 사람은 정보를 철저히 따져 본다. 모든 가능성을 고려하고 무엇이든 다각적인 면에서 살펴보며 의사결정을 내리기 전에 모든 관련 사실을 확보한다.

④ **학구열**(Love of learning): 이 강점을 가진 사람은 책을 읽거나, 박물관 혹은 도서관에 가거나, 강의를 듣거나, 교육방송을 보면서 지식을 쌓을 때 기분이 좋아진다. 때로는 새로운 것을 배우면서 문이 활짝 열린 것 같은 기분을 느끼며 학습을 중단하고 싶은 마음이 전혀 생기지 않는다. 오래된 혹은 새로운 주제를 깊이 파고들어 가기를 좋아하며 어떤 것에 대해 얕은 지식에 머무르는 것으로는 만족하지 않는다. 강의를 하거나 가르치는 것도 좋아한다.

⑤ **예견력**(Perspective, 통찰력, 지혜): 어떤 상황에 놓이면 그 상황에서 큰 그림을 볼 때가 많다. 따라서 조언이나 상담을 받으려고 찾아오는 사람들이 많고, 그들에게 통찰력 있고 핵심 있는 관점을 제시해 준다. 인생에서 일어나는 중대사에 관한 중요하고 힘든 질문을 집중적으로 다룰 수 있고, 다른 사람과 자신을 충분히 납득시킬 수 있으며, 의미 있

는 세상을 바라보는 시각을 가지고 있다.

용기

용기(Courage)는 내적·외적 난관에 직면하더라도 추구하는 목표를 성취하고자 하는 의지를 실천하는 정서적 강점을 포함한다.

⑥ **용감성**(Bravery, 용맹, 용기): 용감성은 옳다고 판단되면 하물며 다른 사람들이 반대할 때 조차도 굽히지 않는 것과 관련 있는 강점이다. 용감성은 두려움, 개인적인 어려움과 당당히 마주하는 능력이며 어려움에 도전함으로써 용기를 보여 줄 수 있다. 용감성은 싸움터에서 보여 주는 용기나 신체적 용기가 확대된 개념이다. 예컨대, 도덕적 용기와 정신적 용기까지 모두 포함된다.

⑦ **끈기**(Persistence, 근면성 및 성실성): 어떤 장애물이 있더라도 자신이 시작한 것을 반드시 끝내는 인내를 보여 줄 수 있는 강점이다. 이 강점은 목표를 설정하고 그 목표에 도달하기 위해 열심히 노력하는 것, 일에 깊이 관여하는 것, 자신이 하는 일을 즐기는 것과 깊은 관련 있다. 끈기 강점을 활용하는 사람들은 성실하고 열심히 일한다.

⑧ **정직**(Honesty, 신뢰, 진정성): 대부분의 상황에서 진실하고 신실한 방식으로 행동한다. 사람들이 대개 '보이는 그대로다.'라고 묘사하는 바로 그런 사람임에 틀림없다. 항상 진실하려고 노력하고 한 번 뱉은 말이나 약속은 꼭 지키려고 노력한다. 한마디로 겉과 속이 같고 말과 행동이 일치하는 사람이다.

⑨ **열정**(Zest, 열의, 열망, 활기): 대개 인생에 적극적으로 다가가는 편이며 흥분과 에너지를 경험한다. 매일 기대를 갖고 삶을 맞이하며 멀찌감치 물러서서 관망하기보다 인생에 적극적으로 뛰어든다. 열정적이기 때문에 활동량도 많고 많이 움직이는 만큼 건강도 좋은 편이다.

사랑과 인간애

사랑과 인간애(Humanity)는 다른 사람을 보살피고 친밀해지는 것과 관련된 대인관계 (interpersonal) 강점이다.

⑩ **사랑**(Love, 사랑하고 사랑받는 능력): 다른 사람들과 가깝고 그들에게 깊은 관심을 둔다. 동시에 다른 사람들로부터 기분과 행복에 대해 깊은 관심을 받는다. 때로는 자신의 필

요보다도 다른 사람의 필요를 더 앞세우기도 하며 거기서 기쁨을 느낀다. 자신에게 정말 중요한 사람들에게 따뜻함과 불쌍히 여기는 마음을 드러내기도 한다.

⑪ **친절**(Kindness, 배려, 관대함): 친절은 좋은 인간관계에서 나타나는 강점이다. 사람들에게 예의를 지키고 친절하게 대하려는 경향이 있으며 다른 사람들을 돕는 것이 쉽고 또 즐겁다. 뭔가 이득이 있어서가 아니라 친절을 베푸는 것 자체가 좋아서 친절하게 행동한다. 친절을 베푸는 부분적인 이유는 다른 사람들을 행복하게 해 주는 것이 좋아서이다.

⑫ **사회성 지능**(Social intelligence, 정서적 · 개인적): 사람들과 어울리기를 좋아하며 어떻게 하면 사람들을 움직일 수 있는지를 안다. 상황을 잘 파악하며 자신의 동기 유발 상태는 물론 다른 사람들의 동기 유발 상태와 기분을 잘 읽어 낸다. 주변 분위기에 잘 흡수되며 공식적인 분위기든 또는 비공식적인 분위기든, 사전에 계획된 것이든 또는 갑자기 발생한 것이든 다양한 사회적 상황에서 적절하게 처신하는 방법을 알고 있다.

정의감

정의감(Justice)은 개인과 집단 간의 상호작용을 건강하게 만드는 건강한 공동체 생활과 관련된 사회적 강점이다.

⑬ **팀워크**(Teamwork, 협동심, 시민정신, 충성심): 팀 구성원과 같은 자세를 가진 사람이며 혼자 일할 때보다 그룹의 일원으로서 일할 때 더 잘한다. 그룹의 일원으로서 그룹에 대한 책임감을 느끼며 자신의 개인적인 이익보다 그룹의 이익을 더 중시한다. 또한 그룹을 지지하며 리더들을 존경하고 더 큰 규모의 그룹 혹은 공동체와의 조화를 즐긴다. 팀워크는 건강한 공동체 혹은 고기능 그룹 조성에 기여하도록 해 주는 구성원 모두의 강점이다.

⑭ **공정성**(Fairness, 공평성, 정의): 모든 사람이 사적인 감정으로 다른 사람들에 대한 결정을 하지 않고 똑같은 기회를 누리는 것이 항상 중요한 문제이다. 모든 사람을 공정과 평등의 원칙에 따라 대하려고 노력한다. 도덕성 딜레마를 다른 관점에서 보는 것에 탁월할 때가 있다.

⑮ **리더십**(Leadership): 그룹이라는 상황에 있으면 부득불 리더가 되며 다른 사람들이 행동을 취하도록 영향을 준다. 조직을 짜고 그룹 활동을 계획하기를 좋아해 집단 활동을 잘 조직하고 이끈다. 때로는 사람들이 어떻게 할 것인지 방향을 잡기 위해 찾아온다. 그룹

의 성공과 도전에 대한 책임이 자신에게 있다고 여긴다.

절제력

절제력(Temperance)은 지나침으로부터 보호해 주는 긍정적 특징들로 독단에 빠지지 않고 무절제를 막아 주는 중용적 강점이라 할 수 있다.

⑯ **용서**(Forgiveness, 자비): 용서는 자비와 관련이 있다. 상처를 마음에서 내보내고 원한을 품지 않는다. 용서가 미움과 분노로부터 보호해 준다는 것을 알기 때문이다. 사람들에게 기회를 한 번 더 줘서 다시 상황을 바로잡을 수 있도록 해 준다. '문제나 갈등을 쉽게 잊어버릴 수 있는 것'이 상대적으로 쉽다. '과거는 과거일 뿐'이라는 격언처럼 사람들이 실수했더라도 다시 새롭게 출발하는 모습을 보고 싶어 한다.

⑰ **겸손**(Modesty, 존중감, 겸양): 겸손은 나보다 다른 사람들을 앞세우고 존중하는 것이며 내가 다른 사람들보다 특별하거나 더 중요한 사람인 것처럼 행세하지 않는 것이다. 겸손한 사람은 튀려고 하기보다는 다른 사람들과 융화하는 사람이다. 뭔가를 이뤄 냈을 때 자신이 한 것을 떠벌리지 않으며 결과가 모든 것을 말해 주도록 한다.

⑱ **신중성**(Prudence, 조심성, 분별력): 신중함이 묻어나는 사람들은 어떤 상황의 결과를 통해 생각하며 나중에 후회할 말이나 행동을 하지 않으려고 노력한다. 다시 돌이켜야 할 수도 있는 위험을 자초하지 않으며 적절한 것과 적절하지 않은 것의 차이를 안다. 신중성은 성실성, 자기주장, 따뜻한 대인관계, 통찰력과 관계가 있다.

⑲ **자기통제력**(Self-regulation, 자기조절, 자제력): 인생에서 균형 감각, 질서, 진전을 이루도록 해 준다. 거기에는 충동, 갈망, 감정을 절제하는 것도 있다. 이 강점은 대인관계에서 신체적·심리적 증상을 덜 겪으며, 자기수용과 자신감을 더 많이 가지는 등 개인적 적응을 좀 더 잘하는 것과 연결돼 있다.

영성과 초월성

영성과 초월성(Transcendence)은 현상과 행위에 대해 의미를 부여하고 커다란 세계인 우주와의 연결성을 추구하는 초월적 혹은 영적 강점이다.

⑳ **감상력**(Appreciation of beauty and excellence, 심미안, 경의, 감탄, 고상함): 감상력은 아름다움과 탁월한 것을 인정하고 누리는 것이다. 매일 일상적으로 주변에 둘러싸인 아름다움

을 느끼며, 일이 좋은 결과를 낳았을 때 그리고 행사가 탁월하게 수행됐을 때 그것을 인정하고 감사할 줄 안다. 사소한 것들이 가진 아름다움에도 주목하고 인정한다. 다른 사람들이 당연하게 여기는 것들에도 감탄할 줄 아는 사람이다. 그리고 숲이나 도심지를 걷거나, 책이나 신문을 읽거나, 사람들의 삶에 대해 배우거나, 스포츠 또는 영화를 보는 것과 같이 주변에서 경험하는 것들로 인해 경이로움과 감탄에 사로잡힐 때가 많다.

㉑ **감사**(Gratitude): 건강, 운이 좋았던 것, 인간관계 등 자신이 가진 것들에 감사할 때가 많다. 받은 축복을 세어 보거나, 얼마나 복 받은 삶을 살았는지 혹은 복 받은 삶을 살고 있는지에 대해 생각해 본다. 자신에게 그리고 사랑하는 사람들에게 일어난 좋은 일들에 감사하다고 느낄 뿐만 아니라 감사를 표한다.

㉒ **희망**(Hope, 낙관성, 미래지향성): 희망이라는 강점이 있는 사람은 주로 인생의 밝은 면을 보고, 다른 사람들이 부정적인 면만을 볼 때도 긍정적인 면을 찾아낸다. 대부분 자신이 세운 목표를 달성해 낼 수 있다고 믿으며 미래에 대해서도 가장 좋은 모습을 기대하며 미래의 계획도 세운다.

㉓ **유머**(Humor, 유쾌함): 다른 사람의 얼굴에 미소가 번지게 하는 것을 좋아한다. 여기에는 장난기도 포함된다. 자신이 웃는 것뿐만 아니라 다른 사람들을 웃기는 것도 좋아해 다른 사람들이 함께 있으면 재미있다고 느끼는 사람이다. 어두운 상황에서도 그 상황에 담긴 밝은 면을 드러낼 수 있다. 유머는 힘든 상황을 좀 더 견딜 수 있게 해 주고 평범한 것에는 생동감을 가져다준다. 어려움을 겪고 있는 사람들에게 쉼을 주고 스트레스를 받고 있는 사람들의 긴장을 풀어 준다.

㉔ **영성**(Spirituality, 삶의 목적의식, 종교성, 신앙심): 인생의 의미와 목적에 관한 나름의 신조가 있으며 그것으로 평안을 얻는다. 때로는 이런저런 면에서 자신의 신조에 맞는 행동을 하는데, 예컨대 묵상, 기도, 자연만물과의 소통, 종교예식에 참석한다. 자신을 영적인 사람이나 종교적인 사람으로 보거나 혹은 둘 다에 해당한다고 본다.

스물네 가지 강점은 이상과 같다. 미덕과 강점 각각의 이론적 배경과 특징을 이해하고, 자신이 어떤 강점을 갖고 있는지 살펴보자. 이 성격강점은, 첫째, 최고의 것, 좋은 것, 올바른 것, 선한 것에 초점을 맞추게 해 긍정적인 생각을 하게 해 준다. 둘째, 가정과 직장에서 행복을 증대시켜 준다. 셋째, 인간관계를 향상시켜 준다. 넷째, 건강에 균형을 찾게 해 준다. 다섯째, 직장 혹은 학교에서 성과를 높여 준다. 여섯째, 인생의 목표를 달성하게 도와준다.

⊙ 성격강점 연습 도구: 성격강점 찾기

그동안 약점이나 단점을 보완하려고 시간과 노력을 쏟은 적이 있는가? '나는 왜 이렇게 용기가 부족하고 매사에 소심할까?'라고 생각해 본 적이 있는가? 그 생각에 골몰하다 보면 열등감을 느끼거나 자책하기도 하고, 더러는 좌절하거나 그 약점을 숨기려고 용기 있는 척 일부러 허세를 부리기도 한다. 이제는 그럴 필요가 없다. 그동안 자신의 강점을 몰랐다고 해도 강점을 찾아 지금부터 얼마든지 발휘할 수 있기 때문이다.

강점이 없는 사람은 없다. 강점은 자신을 파악하고 이해하도록 해 주는 심리적 도구로, 누구나 강점을 찾아 곧바로 일상에 적용할 수 있다. 이게 강점과 재능의 중요한 차이이다. 재능은 타고나는 경우가 많고 또한 오랜 시간 갈고닦아야 빛이 난다. 하지만 강점은 곧바로 발휘할 수 있고 특별하게 더 키우고 싶은 강점이 있다면 배우고 습득해서 자기 것으로 만들어 갈 수도 있다. 강점은 특별한 사람이 아닌 누구에게나 있다. '친절'이라는 강점을 지닌 사람이 자원봉사 활동이나 타인을 돕는 일에 강점을 발휘한다면 더 큰 만족을 느낄 것이다. 자신의 성격에 딱 들어맞는 일을 한다면 얼마나 의욕과 활기가 넘치겠는가. 일, 사랑, 자녀 양육, 여가 등 일상생활에서 강점을 발휘하면 열정과 환희, 몰입을 경험하면서 진정한 자아를 찾아서 살고 있다고 느낄 것이다.

강점을 정확하게 찾는 방법은 인터넷에서 검사하는 방법과 책을 통해 약식으로 검사를 하는 방법이 있다. 셀리그만이 운영하는 홈페이지(www.authentichappiness.org)와 VIA 홈페이지(www.viastrengths.org), 긍정심리치료검사(PPTI)를 위해 개발된 대표강점 설문지(SSQ-72, www.tayyabrashid.com), 한국긍정심리연구소 홈페이지(www.kppsi.com)에서 찾을 수 있다. 다음은 셀리그만의 『긍정심리학』(2002)과 『플로리시』(2012)에 제시되어 있는 성격강점 검사지이다. 셀리그만과 피터슨(2014)이 개발한 것으로, 240개 문항 중 변별력이 가장 높은 문항을 선별한 약식 검사 방식이다.

	나와 매우 비슷하다	나와 비슷하다	보통이다	나와 다르다	나와 매우 다르다
A	5	4	3	2	1
B	1	2	3	4	5

1. _____ a) 어떤 일을 하는 데 필요한 새로운 방법을 찾는 걸 좋아한다.

   _____ b) 내 친구들은 대부분 나보다 상상력이 뛰어나다.   두 문항을 더한 답 _____

2. _____ a) 언제나 세상에 대해 호기심이 많다.

   _____ b) 쉽게 싫증을 낸다.   두 문항을 더한 답 _____

3. _____ a) 판단력이 필요한 주제가 있을 때면 매우 이성적으로 사고한다.

   _____ b) 성급하게 판단하는 경향이 있다.   두 문항을 더한 답 _____

4. _____ a) 새로운 것을 배울 때 전율을 느낀다.

   _____ b) 박물관이나 다른 교육적 장소에 한 번도 가 본 적이 없다.   두 문항을 더한 답 _____

5. _____ a) 항상 꼼꼼히 생각하고 더 큰 것을 볼 줄 안다.

   _____ b) 내게 조언을 구하러 오는 사람은 거의 없다.   두 문항을 더한 답 _____

6. _____ a) 강력한 반대도 무릅쓰고 내 주장을 고수할 때가 많다.

   _____ b) 고통과 좌절 때문에 내 의지를 굽힐 때가 많다.   두 문항을 더한 답 _____

7. _____ a) 한 번 시작한 일을 끝까지 해낸다.

   _____ b) 일을 할 때면 딴전을 피운다.   두 문항을 더한 답 _____

8. _____ a) 약속을 반드시 지킨다.

   _____ b) 친구들은 내게 솔직하게 말하는 법이 없다.   두 문항을 더한 답 _____

9. _____ a) 무슨 일을 하든 전력투구한다.

   _____ b) 의기소침할 때가 많다.   두 문항을 더한 답 _____

10. _____ a) 자신의 기분과 행복 못지않게 내 기분과 행복에 관심을 기울이는 사람이 있다.

    _____ b) 다른 사람들이 베푸는 사랑을 제대로 받아들이지 못한다.   두 문항을 더한 답 _____

11. _____ a) 자발적으로 이웃을 도와준다.

    _____ b) 다른 사람들의 행운을 내 일처럼 좋아한 적이 거의 없다.   두 문항을 더한 답 _____

12. _____ a) 어떤 성격의 단체에 가도 잘 적응할 수 있다.

    _____ b) 다른 사람들의 감정에 아주 둔하다.   두 문항을 더한 답 _____

13. _____ a) 어떤 단체에 가입하면 최선을 다한다.

_____ b) 소속 집단의 이익을 위해 내 개인적인 이익을 희생시킬 생각은 없다.

두 문항을 더한 답 _____

14. _____ a) 어떤 사람에게든 똑같이 대한다.

_____ b) 내가 싫어하는 사람을 공정하게 대하기가 힘들다.

두 문항을 더한 답 _____

15. _____ a) 일일이 참견하지 않고도 사람들이 단합해 일하도록 이끌어 준다.

_____ b) 단체 활동을 조직하는 데는 소질이 없다.

두 문항을 더한 답 _____

16. _____ a) 과거의 것을 문제 삼지 않는다.

_____ b) 기어코 복수하려고 애쓴다.

두 문항을 더한 답 _____

17. _____ a) 다른 사람들이 나를 칭찬할 때면 슬그머니 화제를 돌린다.

_____ b) 스스로 한 일을 치켜세우는 편이다.

두 문항을 더한 답 _____

18. _____ a) 다칠 위험이 있는 일은 하지 않는다.

_____ b) 나쁜 친구를 사귀거나 나쁜 사람들을 만나는 경우가 있다.

두 문항을 더한 답 _____

19. _____ a) 내 감정을 다스릴 줄 안다.

_____ b) 다이어트나 운동을 오래하지 못한다.

두 문항을 더한 답 _____

20. _____ a) 음악, 미술, 영화, 스포츠, 수학의 아름다움과 경이로움을 보고 전율한 적이 있다.

_____ b) 평소에 아름다움과는 전혀 무관하게 지낸다.

두 문항을 더한 답 _____

21. _____ a) 아무리 하찮은 일이라도 항상 고맙다고 말한다.

_____ b) 내가 받은 은혜에 대해 거의 생각하지 않는다.

두 문항을 더한 답 _____

22. _____ a) 항상 낙관적인 면만 본다.

_____ b) 내가 하고 싶은 일을 하기 위해 철저하게 계획한 적이 거의 없다.   두 문항을 더한 답 _____

23. _____ a) 되도록 일과 놀이를 잘 배합한다.

_____ b) 우스갯소리를 거의 할 줄 모른다.

두 문항을 더한 답 _____

24. _____ a) 삶의 목적이 뚜렷하다.

_____ b) 사명감이 없다.

두 문항을 더한 답 _____

출처: Seligman (Authentic Happiness, 2002; Flourish, 2012).

다음 강점들의 점수를 쓴 다음 1에서 24까지 순위를 매겨 보라. 가장 높은 3~7개가 대표강점이다.

1. 창의성	2. 호기심	3. 판단력(개방성)	4. 학구열
5. 예견력	6. 용감성	7. 끈기	8. 정직
9. 열정	10. 사랑	11. 친절	12. 사회성 지능
13. 팀워크(협동심)	14. 공정성	15. 리더십	16. 용서
17. 겸손	18. 신중성	19. 자기통제력	20. 감상력
21. 감사	22. 희망(낙관성)	23. 유머 감각	24. 영성

　　책으로 강점 검사가 끝났으면 높게 나온 점수 순으로 번호를 매겨 보자. 각 강점마다 10점이 만점이다. 책으로 강점 찾기를 했을 때 9~10점이 나오는 3~7개가 당신의 대표(상위)강점이다. 인터넷으로 했을 때는 상위 7개의 상위강점이 대표강점이다. 그다음 12개가 중간강점이고 나머지 5개가 하위강점이다. 대표강점이 더 중요하다는 것이지, 중간강점이나 하위강점이 중요하지 않다는 것은 아니다. 스물네 가지 강점 모두가 중요하다. SSQ-72는 5개를 대표강점이라고 한다(Seligman & Rashid, 2018).

제11장

긍정심리 대표강점(1):
지식과 지혜, 용기, 사랑과 인간애

대표강점

대표강점(signature strength)은 성격강점 중에서 개인의 성격 특성을 가장 잘 반영하며 자주 사용되는 강점이다. 강점을 찾았다면 이번에는 강점 중에서도 자신을 대표하는 '대표강점'을 찾아보자. 상위강점 7개를 자세히 살펴보자. 대부분은 평소에 자신의 모습을 가장 잘 나타내는 강점이지만 그중 쉽게 공감하지 못하는 강점도 있을 수 있다. 그것은 당신에게 큰 선물이 될 수 있다. 왜냐하면 당신이 환경의 지배 등에 영향을 받아 아직 자신에 대해 몰랐던 성격 특성을 새롭게 발견했기 때문이다.

일상에서 대표강점을 발휘하려면 그것의 특징을 아는 것이 중요하다. 특징을 알아야 동기 부여가 되기 때문이다. 대표강점은 스물네 가지 성격강점 중 자신의 성격 특성이 가장 잘 나타나는 강점을 말한다. 일반적으로 대표강점은 사람을 이루는 중심 요소이며 그 사람은 그것을 쉽게 표출하고 그것을 표출할 때 자신에게 동기 유발과 함께 에너지가 생기는 것을 느낀다. 대표강점은 표출되려는 강한 힘을 가지고 있으며 거부할 수 없을 정도이다. 그렇기 때문에 대표강점을 아는 것은 매우 중요하다.

그렇다고 스물네 가지 성격강점 중 대표강점만 중요하다는 것은 아니다. 사람의 성격이 가진 중간강점과 하위강점도 여전히 중요한데, 그 이유는 조절하는 역할을 하기 때문이다. 대표강점은 많은 성격강점 중 어떤 것들은 다른 사람들에게는 그렇지 않은데 자신에게만 유난히 더 자연스럽게 나타나는 것들이다.

　이렇게 찾은 대표강점은 현재 자신의 모습이자 정체성이라 할 수 있다. 대표강점의 특성은 다음과 같다.

- 내 강점에 대해 '진정한 내 모습'이라고 할 수 있도록 내가 가진 것이어야 하며 나의 진짜 모습과 일치해야 한다(소유감과 진정성, "이게 진짜 나야.").
- 내 강점을 드러낼 때, 특히 처음으로 드러낼 때 큰 기쁨을 느낀다.
- 내 강점을 활용해 배우거나 일할 때 학습과 일의 속도가 매우 빠르다.
- 내 강점을 활용할 새로운 방법을 열심히 찾아낸다.
- 내 강점에 따라 행동하기를 열망한다("나 좀 내버려 둬.").
- 내 강점을 활용할 때 피곤하기는커녕 오히려 기운이 난다.
- 통찰과 직관으로 강점을 발견한다.
- 내 강점을 주로 활용할 수 있는 개인적인 일(프로젝트, 창업)을 스스로 고안하고 추구한다.
- 그 강점을 활용할 때 황홀경에 빠지기까지 한다.
- 강점을 사용하고자 하는 내적 동기를 가진다.

　대표강점은 이와 같은 특성들이 나타난다. 자신의 강점 찾기에서 최상위강점들은 대부분 이런 조건을 충족시킨다. 셀리그만은 이 대표강점들을 되도록 많이 사용하라고 말했다. 만일 최상위강점들 중 이 조건을 충족하는 것이 하나도 없다면 일, 사랑, 여가 활동, 자녀 양육에 활용한다고 해도 큰 효과를 얻기 힘들다는 것이다. 셀리그만이 착안한 행복한 삶의 공식은 자신의 대표강점들을 주요 일상 활동 속에서 날마다 활용해 큰 만족과 참된 행복을 자아내는 것이다.

　"저는 아름다운 것을 음미하는 감상력이 제 대표 성격강점이라는 사실을 알았어요. 그 전에는 제가 그런 식으로 세상을 바라본다고 생각하지 못했죠. 그런데 알고 보니 그것이 바로 제가 제 인생의 모든 것에 접근하는 방식이었어요. 저는 공부를 할 때 자연 속에서 시간을 보내려고 하죠. 친구들과 함께 어울리다가 친구들의 불평을 들을 때면 그 말 속에 숨은 진실을 찾아내려고 애써요. 그리고 그렇게 찾아낸 진실이 아름다운 것이라고 생각하죠. 저는 새로운 기술들과 낡은 기술들, TV 쇼, 사람들을 보면서 아름다움을 찾아냅니다. 다른 사람들이 그냥 지나쳐 버리는 것들을 저는 볼 수 있죠. 아름다움은 하루 종일 제 마음속에서 가장 중요한 부분을 차지하고 있는 것 같아요. 경이와 경외심은 언제나 저를 기다리고 있죠."

이 학생은 자신의 대표 성격강점이 자신의 본모습(정체성)을 어떻게 묘사하는지, 자신이 인생을 어떻게 살아가는지(행동)에 대해 이야기한다. 이처럼 우리의 대표 성격강점은 우리의 긍정적 정체성과 이 세계에서 우리가 행동을 취하는 방식을 보여 준다.

이제 대표강점을 일상에서 자연스럽게 활용하기 위해 구체적으로 어떻게 연마하고 활용하는지 방법을 알아보자.

대표강점 연마 및 활용법

스물네 가지 성격강점이 어떻게 활용되고 있는지는 개인에 따라 다르다. 어떤 성격강점은 과하게 활용되거나 충분히 활용되지 않는다. 이를 긍정심리치료(Positive Psychotherapy: PPT)에서는 강점 남용과 강점 사용 부족이라고 한다(Seligman & Rashid, 2018). 모든 심리적 증상의 원인은 성격강점 남용이나 사용 부족으로 보며, 그래서 적시에 적절하게 활용하는 강점 실용지혜를 강조한다. 성격강점 검사에서 대표강점을 확인했다면 그 강점들을 어떻게 사용하고 있는지 일주일 동안 관찰해 보라. 그러면 강점 실용지혜를 확인할 수 있다.

그렇다면 대표강점을 어떻게 연마할 수 있을까? 직장이나 집, 여가 활동 중 대표강점을 활용하기 위해서는 연습이 필요하다.

대표강점을 연마하는 것도 중요하다. 셀리그만은 대표강점을 일주일 동안 연마하라고 했다. 대표강점을 찾았다고 그것이 온전히 자신의 것이 되는 것이 아니다. 원석이 세공사의 여러 세공 단계를 거쳐 다이어몬드가 되듯이 대표강점도 익숙하도록 연마해야 하는 것이다. 대표강점을 키우는 다음의 각 방법에서 자신의 대표강점을 키우는 방법을 찾아보고 자신만의 새로운 방법을 고안해 보자. 강점을 키우는 이 방법은 스물네 가지 강점을 바탕으로 라시드(2014, 2018)가 만든 목록을 보완한 것이다.

대표강점 연마 방법을 찾아낸 다음에는 한 주 동안 강점을 연마하는 연습 시간을 따로 배정해 보자. 예컨대, 대표강점이 창의성이라면 기존의 관습적인 방식 대신 자신만의 새로운 방식을 창조해 내는 능력이 뛰어난 사람이다. 이런 사람은 도예, 사진, 조각, 그리기, 채색하기 수업에 참여할 수 있으며, 저녁에 한두 시간을 할애해 디자인 공모전을 준비하거나 시나리오를 쓸 수 있다.

대표강점이 유머라면 친구들에게 재미있는 이메일을 보내길 권한다. 그리고 일주일에 세 번씩 새로운 농담을 배우고 그것을 친구들에게 활용해 보고, 시트콤, 재미있는 쇼 혹은 영화를 보거나 만화책을 매일 읽는 것도 좋다. 대표강점이 자기통제력이라면 욕구나 충동을 자제하는 능력이 뛰어나기 때문에 저녁에 TV를 보는 대신 헬스클럽이나 공원에서 운동할 수 있다.

또 대표강점이 감상력이라면 적어도 하루에 한 번은 멈춰 서서 일출이나 꽃, 새 소리와 같이 자연의 아름다움을 느껴 보고 매일 보았던 가장 아름다운 것에 대해 일기를 써도 좋다. 매일 다니는 익숙한 길 대신 새로운 길을 따라 출퇴근하거나 매일 저녁 버스에서 한두 정거장 미리 내려서 걸어올 수도 있다. 가능한 한 당신의 창의성을 발휘해 다양한 방법을 찾아보자. 대표강점이 리더십이라면 친구들을 위해 사교 모임을 만든다. 직장에서 즐겁지 않은 일을 도맡아 하고 그것을 완수한다. 그리고 처음 만난 사람이 편안하게 느끼도록 행동한다.

대표강점을 연마하는 연습을 쉽게 할 수 있는 사람이 있는가 하면 힘들다고 느끼는 사람도 있을 것이다. 중요한 건 당신의 대표강점을 믿고 일상생활에서 자주 활용할 수 있게 연마해야 한다는 것이다.

대표강점의 연마로 일상에서 대표강점을 활용하기가 익숙해졌다면 이제 나머지 강점을 연마하자. 중요도의 차이가 있을 뿐, 나머지 모든 강점도 중요하다. 이 강점들도 1만 8,000가지 강점에서 선발된 스물네 가지 강점들이기 때문이다. 이들 강점으로 개인이나 조직에서 발생하는 문제들을 해결할 수 있으며 인성도 함양시킬 수 있다. 그런 다음 한두 개를 선택하고 이 강점을 매일 새로운 방법으로 사용해 보면 행복이 지속적으로 유지되는 효과를 경험할 수 있다. 이는 이미 셀리그만과 피터슨(2002)에 의해 체계적인 검사로 그 효과가 입증된 것이다.

다음은 대표강점을 어떻게 개인과 조직, 사회에 적용해 플로리시할 수 있는지 셀리그만, 폴리(Polly), 라시드의 대표강점 특징과 대표강점 이야기, 대표강점 키우는 방법 등을 소개한다.

⊙ 지혜와 지식

지혜와 지식(Wisdom and knowledge)은 더 나은 삶을 위해 지식을 습득하고 활용하는 것과 관련된 것으로, 인지적(cognitive) 강점이라 한다.

(1) 창의성

창의성(Creativity, 재능, 독창성)은 모두에게 영향을 미치는 독창적인 아이디어나 해결책을 이끌어 내는 강점이다.

- **특징**: 창의성이 뛰어난 사람은 무언가 하고 싶은 일이 있을 때, 그 목적을 달성하기 위해 새로우면서도 타당한 방법을 찾는 데 남다른 능력이 있다. 당신은 더 좋은 방법이 가능한데도 관습적인 방식으로 무엇인가를 하는 것에 결코 만족하지 못한다.
- **반의어**: 따분함, 단조로움, 상상력 없음, 독창성 없음
- **인물**: 스티브 잡스, 스티븐 스필버그
- **관련 직업**: 영화감독, 카피라이터, 음악가, 프로그래머, 디자이너, 요리사

창의적 자신감을 쌓는 방법

○ 데이비드 켈리(David Kelley)

오늘은 당신을 초대해 이 여행이 어떻게 펼쳐지는지 보여 드리겠습니다. 제게 이 여행은 더그 디에츠 같아 보입니다. 디에츠는 기술자죠. 디에츠는 의료영상 장비를 디자인하는데 그 중에서도 대형 장비를 취급합니다. 제너럴 일렉트릭(General Electric: GE)에서 근무한 그의 경력은 아주 화려했죠. 하지만 그에게도 위기의 순간이 있었습니다.

어느 날, 디에츠는 병원에서 자신이 만든 MRI 기기가 어떻게 사용되고 있는지 살펴보다가 한 젊은 가족을 발견했죠. 그 가족의 어린 여자아이가 겁에 질려 울고 있었어요. 알고 보니 그 병원에서 소아과 환자의 80%는 진정제를 맞아야 디에츠의 MRI 기기 안으로 들어갈 수 있었죠. 더그는 그 사실에 크게 실망했답니다. 그전까지만 해도 자신이 이뤄 낸 업적을 무척 자랑스러워했거든요. 더그는 MRI 기기로 사람의 생명을 구해 내고 있었으니까요. 하지만 아이들이 그 기기를 얼마나 무서워하는지 알고는 마음의 상처를 크게 받았죠.

그 당시 디에츠는 …… 스탠퍼드 대학교에서 수업을 듣고 있었어요. 디자인 사고와 공감, 반복적 시제품화에 대한 수업이었죠. 디에츠는 그 수업에서 배운 새로운 지식을 활용해 놀라운 일을 해냈습니다. MRI 스캔 경험 전체를 완전히 새롭게 디자인한 것입니다. 그가 생각해 낸 아이디어는 바로 MRI 기기를 아이들이 모험을 즐기는 공간으로 바꾼 것입니다. 디에츠는 검사실 벽을 색칠해 수평선을 표현했고 벽과 바닥, 스캐너, 심지어 촬영 기술자의 창문에도 비닐 그래픽 스티커를 붙여 해적선 같은 분위기를 연출했어요. 촬영 기술자도 어린이 박물관

직원처럼 아이들을 잘 아는 사람에게 재교육받도록 했죠. 이제 아이들이 MRI 검사실로 들어서면 경험의 장이 열립니다. 의료진은 아이들에게 해적선이 어떻게 움직이고 어떤 소리를 내는지 이야기해 주죠. 그러고는 마침내 아이들이 검사실에 들어섰을 때 "좋아, 이제 해적선에 들어가는 거야. 그런데 여기서는 꼼짝도 하지 말고 가만히 있어야 해. 그래야 해적들이 널 찾지 못할 테니까."라고 말합니다.

그 결과는 극히 놀라웠습니다. 진정제를 맞아야만 했던 어린이 환자의 비율이 80%에서 10%로 급격하게 줄었으니까요. 결국 병원과 GE 모두가 행복해졌습니다. 매번 마취 전문의를 부를 필요가 없어졌기 때문에 하루에 더욱 많은 아이를 검사할 수 있었거든요. 덕분에 검사 횟수가 양적으로 크게 증가했죠. 하지만 디에츠는 질적인 결과에 더욱더 신경 썼습니다. 한번은 디에츠가 한 아이의 엄마와 함께 있었는데 그 엄마는 검사를 받으러 들어간 아이를 기다리고 있었죠. 얼마 후 어린 여자아이가 검사실에서 나오더니 엄마에게 달려가 이렇게 말했어요. "엄마, 내일 또 올 수 있어요?" (웃음소리가 터져 나옴)

디에츠는 개인적으로 크게 변모하고 혁신적 디자인을 창조했던 이 이야기를 내게 수차례 들려줬지만 그 어린 여자아이의 이야기를 할 때마다 어김없이 눈물을 글썽거렸죠.

창의성 강점을 키우는 방법(Rashid, 2015, 2018)

① 관심 있는 분야에 대한 독창적인 아이디어를 적어도 매주 하나씩 생각해 다듬는다. 그 주제에 대한 기존 자료를 정독하고 지금껏 아무도 다루지 않았던 주제를 숙고해 보면 새로운 아이디어를 얻을 수 있다.

② 형제자매나 친구 가운데 어려움을 겪고 있는 사람에게 최소한 한 가지 창의적인 해결책을 제시한다. 친구들과 함께 브레인스토밍을 해 힘겨운 도전 과제를 해결할 방법을 찾는다. 친구들이 어떻게 창의적인 사고를 이끌어 내는지 유심히 지켜본다.

③ 창의성으로 명성을 떨치는 사람들의 이야기를 읽고 그들이 어떻게 그처럼 독특한 사람이 됐는지 알아낸다. 내 삶의 독특한 면을 찾아보고 그러한 측면을 창의적인 목적에 활용할 방법을 생각해 본다.

④ 찌꺼기(남은 음식이나 문방용품 등)로 새로운 물건을 만들어 본다. 쓰다 남은 것을 무조건 버리지 말고 예술작품이나 실용적인 물건으로 바꿀 수 있는지 생각해 본다.

⑤ 내가 가장 잘하는 일을 더 많이 할 수 있는 색다르고 창의적인 방법을 찾아본다. 이러한 창의적인 방법으로 일이나 허드렛일을 더욱 즐겁게 한다.

⑥ 매주 적어도 한 가지 일을 색다르고 창의적인 태도로 처리한다. 창의성을 발휘할 여지

가 거의 없는 일이라면 색다르고 새로운 환경에서 해 본다.

⑦ 일주일에 한 번 나의 열정을 기사나 에세이, 짧은 글, 시, 그림에 담아 본다. 그러고는 그 결과물을 취미가 같은 다른 사람들에게 보여 줄 수 있는 길을 찾아본다.

⑧ 나와 내 동료의 공동문제를 해결할 수 있는 독창적이고 실질적인 방안을 적어 본다. 그 목록을 신문이나 소식지, 웹사이트에 공개한다.

⑨ 방이나 집을 새롭게 꾸며 본다. 새로운 것을 사지 않더라도 기존의 가구를 재배치해 공간을 넓게 활용해 본다.

⑩ 도자기나 사진술, 스테인드글라스, 조각, 회화 수업을 듣는다. 이 중 한 가지 분야에 재능이 있다면 강사로 일해 본다.

(2) 호기심

호기심(Curiosity, 흥미, 모험심)은 흥미를 느끼고, 새로운 것을 추구하며, 새롭고 다양한 도전적인 경험을 추구하는 강점이다.

● **특징**: 호기심을 가진 사람은 불분명한 것들을 그냥 지나치지 않고 해결해서 호기심을 충족해야 직성이 풀린다. 새로운 것에 대한 적극적 관심을 보이며 참여하고 있는 모든 활동에 대해 호기심을 갖고, 매력적인 과제와 주제를 찾으며, 탐색과 발견을 시도한다.

● **반의어**: 지루한 것, 권태, 무관심, 비관성

● **인물**: 토머스 에디슨, 장 앙리 파브르

● **관련 직업**: 고고학자, 과학자, 방송 PD, 작가, 심리학자, 여행가

아이처럼 창의적으로 생각하라

○ 톰 헤프너(Tom Heffner)

"아들, 네 속옷 안에 뭐가 들어 있니?" 나는 아들의 속옷 중앙에서 하얀색 천조각이 번쩍거리는 걸 보고 의아해서 물었다. 그때 우리는 막 저녁을 먹은 참이었고, 나는 여느 때의 저녁처럼 아들의 목욕물을 버리다가 뭔가 이상한 것을 발견했다. 알고 보니 세 살배기 아들이 엄마의 생리대 하나를 슬쩍해 자기 속옷에 붙여 놓은 것이었다.

"봐요, 아빠. 내가 바지에 쉬해도 옷이 더러워지지 않을 거예요. 이거 진짜 멋지죠, 아빠?"

나는 아들의 말이 옳다고 인정할 수밖에 없었다. 게다가 그것은 아들의 힘겨운 배변 훈련

문제를 해결해 주는 창의적인 해결책이었다. 나는 껄껄 웃으면서 아들의 창의성에 감탄하지 않을 수 없었다. 그 이후로 아들은 다른 대표강점뿐만 아니라 창의성을 표출하는 법을 배워 나가면서 독창적인 행동을 끊임없이 보여 줬다.

성격강점의 하나로 봤을 때 창의성은 상당히 파악하기 쉬운 특성이다. 창의성은 우리의 삶이나 주변 사람들의 삶에 긍정적인 영향을 미치는 참신하고 적응력이 뛰어난 아이디어를 생산하는 능력이다.

창의성을 지닌 사람은 앞으로 닥칠 문제나 도전, 기회를 자신 있게 마주할 수 있다. 개인적 삶이든 조직생활이든 삶은 모두 도전과 문제, 기회로 가득 차 있다. 창의성을 발휘해 인생에서 직면하는 도전과 문제를 자신 있게 마주하면 무기력에 빠지지 않는다. 무기력을 감지할 수 있는 상태까지 가지 않는 것이 행복을 유지하는 핵심 방법이다.

호기심 강점을 키우는 방법(Rashid, 2015, 2018)

① 일주일에 세 번 30분 동안 책이나 저널, 잡지, TV, 라디오, 인터넷을 이용해 관심 분야에 대한 지식을 넓혀 나간다. 그 분야의 전문가에게 부탁해 좋은 자료를 추천받는다.

② 적어도 한 달에 두 번은 다른 문화권의 사람을 만나 한 시간 동안 이야기를 나누며 그 사람의 문화를 배운다. 나의 문화를 호기심 어린 시각으로 탐구하고 비판하지 않으며 개방적으로 받아들인다.

③ 매년 최소 한 번은 새로운 마을이나 도시, 나라를 여행한다. 이때 가능하면 자동차보다 자전거를 타거나 걸어서 다닌다. 그 지역에 사는 몇몇 사람과 이야기를 나누며 그 지역 공동체에 대해 더 많이 배운다.

④ 제약을 두지 말고 학습을 보다 넓게 확장한다(예: 아이스크림을 만들면서 물리학 혹은 화학을 공부하거나 요가를 배우면서 각기 다른 근육 집합에 대해 배운다). 이러한 학습 경험을 친구와 함께 해 보고 서로의 생각을 나눈다.

⑤ 기자나 연구가, 교사처럼 새로운 정보를 매일 얻을 수 있는 직업을 찾아본다. 이런 일에 종사하면 언제나 생기와 활력이 생긴다.

⑥ 관심사가 같은 사람을 찾아 그 분야에서 실력을 키우는 방법을 배운다. 매주 혹은 격주로 그 사람과 점심을 먹으면서 서로의 지식을 나눈다.

⑦ 내가 좋아하는 주제에 대해 알려지지 않은 것을 목록으로 작성하고 그것을 깊이 연구해 답을 찾아낸다. 관심사가 같은 전문가와 친구한테서 큰 도움을 받을 수 있다.

⑧ 내가 이미 갖고 있는 지식과 기술에 반하는 것을 시도해 본다. 관심 있는 주제에 대한

프레젠테이션을 하거나 세미나를 연다. 혹은 그 주제를 잘 모르는 친구들에게 상세하게 설명해 준다.

⑨ 한 분야에서 호기심을 감소시키는 요소를 찾아내고 호기심을 되살릴 수 있는 세 가지 새로운 방법을 찾아낸다. 그 주제에 대한 회담과 쇼 혹은 모임에 참석하는 방법도 고려해 본다.

⑩ 매주 적어도 한 시간씩 숲과 공원, 개울, 뜰 등에서 시간을 보내며 자연의 섭리를 탐구해 본다. 그 과정에서 받은 인상과 느낌을 글이나 그림으로 표현한다.

(3) 개방성

개방성(Open-mindedness, judgment, 판단력, 비판적 사고)은 자신과 다른 사람들에게 도움이 될 만한 정보를 객관적이고 이성적으로 가릴 줄 아는 강점이다.

● **특징**: 개방성(판단력)이 뛰어난 사람은 자신이 누구인지 다각적으로 생각하고 검토한다. 모든 측면을 고려하여 조사하고 판단하며 증거에 근거하여 생각을 변화시키고 모든 증거를 동등한 비중으로 고려한다.
● **반의어**: 자기중심적, 생각이 부족함, 멍청한 행동
● **인물**: 체슬리 셸런버거, 이병철
● **관련 직업**: 헤드헌터, 증권분석가, 경영자, 기자, 조종사

부족하지도 과하지도 않은 적정 수준을 찾으라

○ 샌디 루이스(Sandy Lewis)

나는 이 성격강점을 약칭해 개방성이라고 부르지만 판단력과 비판적 사고라는 개념도 이 성격강점에 포괄돼 있다는 사실을 명심하길 바란다. 이 성격강점을 잘 이용하면 탁월하게 문제를 해결할 수 있다. 중대한 결정을 탄탄한 근거에 바탕을 두고 명확하게 내릴 수 있다. 또한 모호하거나 극히 편파적이 될 수도 있는 상황을 객관적으로 바라보는 뛰어난 지도자가 될 수 있다.

개방성을 적절하게 사용할 경우 우선적으로 성격강점 검사에서 개방성이 가장 높게 나타났고, 그 능력을 자신과 타인의 이익을 위해 사용하는 사람을 살펴보자. 그랜트는 라틴아메리

카에서 대규모 기술회사를 이끌어 나가는 미국 태생의 공학자이다. 그런데 미국으로 이사하는 문제 때문에 라틴계 아내와 다투고 있었다. 그랜트의 거주 지역은 개발되는 추세였고, 그랜트는 자신의 신생 팀에서 떨어져 나갔을 때 발생할 영향을 우려했다.

나는 그랜트를 처음 만났을 때 자기인식이 아주 강한 사람이라는 인상을 받았다. 사업 감각이 면도날처럼 날카로웠고, 실행에 능했으며, 팀과 가족의 감정적 요구를 개방적으로 수용하고 그들과의 소통도 개방적이었다. 그랜트는 3년 가족 계획을 세워야 할 필요성을 깨달았고 아내의 참여를 이끌어 내어 아내와 더욱 나은 관계를 맺어 나갔다. 또한 합리적인 일정을 짤 때도 직원들과 감정적으로 소통할 수 있게 정기회의 체계를 만들었다. 그랜트는 가족과 팀 모두의 요구를 살피고 그에 적절한 행동을 취할 수 있었다. 타인의 생각과 요구, 흥미를 개방적으로 수용하면서 장애를 헤쳐 나가 명확하게 생각을 정리했다.

개방성이 뛰어난 사람들은 종종 공식적인 추론이 필요할 때 뛰어난 수행 능력을 발휘한다. 예컨대, 새로운 상품의 작업 흐름(혹은 워크플로우)을 디자인하거나 버그 발생이 잦은 프로그램의 문제를 해결할 때 그렇다. 이들은 도전을 해결할 수 있는 문제로 보고 새로운 아이디어들과 대안을 개방적으로 받아들인다.

개방성을 충분히 사용하지 못할 경우 이 성격강점을 충분히 사용하지 않는 사람들은 결정을 내릴 때 편협하거나 엄격해 보일지도 모른다. 조세는 뛰어난 생화학자였다. 35년 경력을 자랑하는 조세 박사는 자기 분야에서 해결 불가능해 보이는 기술적 문제의 해결책을 찾아내는 사람으로 유명했다. 하지만 동료와 효율적인 관계를 맺지 못해 어려움을 겪고 있었다. 정책이나 절차에 대한 개방적인 토론을 할 때마다 조세는 다른 좋은 정보가 있음에도 섣불리 판단을 내리고 성급하게 조치를 취했다. 이런 행동은 조직 내에서 조세의 성장을 제약하는 한계가 됐다. 조세는 모든 사람이 자신에게 반대한다고 생각하기 시작했다. 또한 자신의 본래 생각을 확증해 주는 정보만 수용하는 '확증 편향'에 빠지는 경우가 잦았다.

조세는 자의식을 들여다보면서 그러한 자신의 행동이 인간관계와 장래를 망치고 있다는 사실을 깨달았다. 그 즉시 결정을 내리기 전에 타인의 조언에 귀 기울이고 새로운 자료를 수집하기 시작했다. 다시 말해 조세는 개방성이라는 성격강점을 보다 충분히 활용한 것이다.

개방성(판단력) 강점을 키우는 방법(Rashid, 2015, 2018)

① 내가 가장 최근에 탐탁지 않게 여겼던 행동 세 가지(목표를 끝까지 추구하지 않은 행동 등)를 찾아보고, 더 나은 대안을 브레인스토밍해 찾아본다. 행동했을 경우와 아무것도 하

지 않았을 경우를 모두 고려한다.

② 신뢰할 수 있는 현명한 친구에게 최근의 전형적인 내 행동 세 가지를 비판해 달라고 부탁한다. 그들의 평가를 듣고 화내거나 방어적으로 대응하지 않겠다고 약속한다.

③ 가장 최근에 충분히 생각하지 않고 행동했던 일 세 가지를 찾아본다. 다음번에는 행동하기 전에 열까지 헤아리거나 생각할 시간을 갖는다거나 하는 조치를 취한다.

④ 민족적 또는 종교적 배경이 다른 사람에게 조언을 해 준다. 학생이 스승한테서 배우는 만큼 스승도 학생한테서 배울 수 있다는 사실을 명심한다.

⑤ 일주일에 적어도 한 번은 중요한 문제에 대한 인종과 종교를 초월하는 공통의 주제를 생각해 본다. 또한 종교에 따라서 관점이 달라지는 이유도 생각해 본다.

⑥ 어떤 활동을 시작하고 나서 '왜? 언제? 어떻게?'라고 자문해 본다. 이 같은 소크라테스식 접근법으로 일상을 새롭고 신선하게 만든다.

⑦ 과거의 실패나 실망의 원인을 찾아본다. 거기에 어떤 패턴이 있는지, 어떻게 하면 나아질 수 있을지 곰곰이 생각해 본다.

⑧ 중요한 문제에 대한 결정을 내릴 때 찬반 의견을 적어 보고 휴식 시간에 양측 의견을 되짚어 본다. 휴식 시간에는 앞일을 미리 생각하기보다 예전의 논점을 돌이켜 본다.

⑨ 내가 종종 내 의견을 확고히 하는 데 필요한 정보를 찾는지, 아니면 내 견해를 넓히기 위해 새로운 정보를 찾는지 생각해 본다. 그러면 최신 정보를 많이 보유할 수 있다.

⑩ 다음번에 힘든 일이 생길 때는 먼저 최상의 시나리오와 최악의 시나리오를 생각해 보고 가장 현실적인 행동 노선을 정한다. 이 기본적인 계획을 따르면 목표뿐만 아니라 목표 달성 수단까지 갖게 되므로 궁극적으로는 시간이 절약된다.

(4) 학구열

학구열(Love of learning)은 기술을 습득하고, 호기심을 충족시키며, 기존 지식을 넓혀 나가고, 뭔가 완전히 새로운 것을 배우면서 긍정정서를 느끼는 강점이다.

- **특징**: 학구열이 높은 사람은 강의실에 있을 때나 혼자 있을 때나 새로운 것을 알고 싶어 한다. 정신적·물질적으로 외적 보상이 없을 때도 그 분야의 학식을 쌓고 새로운 기술, 주제, 지식을 숙달한다.
- **반의어**: 지성에 대한 저항, 지루한 것, 권태, 무관심
- **인물**: 세종대왕, 마리 퀴리

● **관련 직업**: 과학자, 연구원, 대학 교수, 전문 강연자, 컨설턴트

학구열 공유

○ 라이언 니믹(Ryan Niemiec)

2009년 열린 국제긍정심리협회(International Positive Psycology Association) 헌장 회의에서 오늘날 긍정심리학 분야의 우수한 전문가와 연구학자, 치료사 16명과 한자리에 앉았을 때 나는 긍정정서, 몰입, 의미를 동시에 경험할 수 있는 기회를 얻었다. 우리는 영상 인터뷰를 하면서 인터뷰 대상자의 업무와 성격강점 및 덕목의 연관성을 연구했다. 편안하게 앉아서 영상 인터뷰 녹화 테이프를 살펴보고 검토한 끝에 여기서 소개하고 싶은 몇 가지 주제를 찾아냈다.

나는 모든 지도자에게 자신들의 가장 뛰어난 성격강점이 무엇인지 말해 달라고 했다. 지도자들에게 가장 사랑받는 성격강점이 학구열이라는 사실은 어쩌면 놀랄 일이 아닐지도 모른다. 실제로 지도자 16명 가운데 10명이 학구열을 자신의 대표강점이라고 말했다.

나는 그 이유가 이렇다고 생각한다. 성격강점 중 하나인 학구열은 지식과 지혜를 체계적으로 구축한다는 점에서 호기심과 다르다. 조사, 특히 우수한 과학적 조사는 새로운 지식이나 기존 지식을 이해하는 새로운 방식을 찾는 체계적인 연구와 관련이 있다. 학구열을 대표강점으로 보유한 사람들은 학습하는 과정을 즐기는 자신의 능력을 자신하며, 학습 자체가 본질적인 보상이 된다고 생각한다.

학구열은 그처럼 훌륭한 사상가와 연구가의 생활과 밀접하게 연관된 핵심 기제이다. 예컨대, 긍정심리학자이자 저자인 에드 디너(Ed Diener)와 토드 카시단은 실험실에서 데이터를 처리하고, 새로운 발견에 흥미를 가지며, 기회가 있을 때마다 새로운 지식을 열렬히 탐구하는 일을 잘해 내고 있다. 두 사람은 모두 자기 일에 몰두하면서 편안함을 느끼고 그 와중에도 목표를 지향한다.

이 두 사람은 그들이 설명한 것처럼 일할 때 몰입 상태(자동적인 몰입 경험)와 감상 상태(의식적으로 경험을 즐기는 상태)가 교대로 나타난다는 사실을 깨달았다. 이 두 과정이 학구열을 북돋아 준다. 실제로 디너와 카시단은 그 자체가 보상이 되는 활동을 하면서 통제력을 만끽하다 보면 시간이 어떻게 가는지도 몰랐다.

학구열은 대부분의 성격강점과 의미 있는 형태로 결합한다. 하지만 학구열과 가장 자주 결합되는 성격강점은 호기심이다. 호기심은 학구열이라는 전동기계에 치는 기름과 같아 학구

열이 최고 기능을 유지하도록 해 준다. 감상력과 판단력(개방성), 감사를 연구하는 조너선 헤이트(Jonathan Haidt)는 호기심과 학구열이 결합하면 탐험가가 된 것 같은 매력적인 경험을 할 수 있다고 말했다. 새로운 문화 연구에 빠진 민족지 학자처럼 헤이트는 정치와 도덕, 성격 분야를 탐구한다. 이런 분야에 관심을 갖는 사람은 많지 않고, 만약 있다면 사회심리학자뿐이다.

긍정심리치료 개발자인 타이얍 라시드는 학구열과 사회성 지능이 자신의 가장 뛰어난 성격강점이라고 했다. 이처럼 대인관계 성격강점과 인지적 성격강점이 결합되면 고객의 진정한 모습을 알아내는 데 유익하다. 사회성 지능 덕분에 타인의 감정과 동기를 간략하게 물어보고 확인하고 이해하는 능력이 생기기 때문이다.

긍정정서를 연구하는 긍정심리학자 바버라 프레드릭슨은 학구열이라는 대표강점과 아름답고 훌륭한 것을 즐기는 감상력을 결합시켰다. 이것은 그녀가 관심을 갖는 실제 연구에 상당히 잘 들어맞는 조합이다. 이러한 조합 때문에 프레드릭슨은 긍정경험이 얼마나 아름다운지를 더 알고 싶어 하고, 그 아름다움에 끌려 긍정정서를 연구한다.

피터슨과 그의 동료는 학구열이라는 성격강점이 유쾌한 삶이나 의미 있는 삶보다 몰입적인 삶과 강력한 상호관계를 맺는다는 사실을 발견했다. 그렇기 때문에 학구열은 업무와 놀이, 인간관계에서 몰입과 유대감을 키우고 싶은 사람에게 가장 좋은 성격강점이 된다. 긍정심리학의 많은 지도자는 학구열이라는 성격강점을 높이 평가한다. 그러므로 앞으로 인류 번성에 대한 연구가 잘 이뤄질 것이라고 낙관할 만하다.

학구열 강점을 키우는 방법(Rashid, 2015, 2018)
① 신문이나 TV, 인터넷에서 현재 진행되는 세계적인 행사를 찾아본다. 다양한 출처의 보도기사를 비교해 차이점을 살펴보고 각각의 보도를 비판적으로 평가한다.
② 친구와 함께 교수와 학습의 날을 정해 친구에게 한 가지 기술을 배우면서 내가 잘하는 것도 가르쳐 준다. 완전히 새로운 것을 접할 수 있게 관심사가 다른 친구를 찾아본다.
③ 새로운 장소를 즐겁게 여행하면서 배운다. 새로운 곳에 가면 관광하거나 지역 박물관을 찾아 그 지역 문화와 역사에 대해 더욱 많이 배운다.
④ 일주일에 적어도 두 번 새로운 단어를 5개씩 배우고 그 뜻과 사용법까지 익힌다. 사전이나 웹사이트를 이용하거나 이메일로 새로운 단어를 받아 학습한다.
⑤ 관심 있는 주제에 대한 논픽션 소설을 매달 한 권씩 읽는다. 관심사가 같은 사람을 찾아다 읽은 책을 서로 바꿔 읽는다.

⑥ 적어도 일주일에 한 번 도서관을 찾아가 한 가지 주제에 대한 책을 읽고 조사한다. 그 분야의 발전에 도움이 되는 실용적인 생각을 적어 보고, 관심사가 같은 사람들과 그에 대해 이야기를 나눈다.

⑦ 관심사가 같은 사람과 대화를 한다. 정기적으로 점심시간에 만나거나 함께 프로젝트를 수행할 계획을 세운다.

⑧ 지역 북클럽에 참가한다. 지역 도서관에서 북클럽에 대한 정보를 찾아보고 만약 북클럽이 없다면 도서관의 도움을 받아 북클럽을 만들 수 있다.

⑨ 동료에게 내 지식을 알려 줄 수 있는 주제를 찾아보고 겸손한 태도로 정보를 나눠 준다.

⑩ 관심 있는 세미나와 워크숍, 회의에 참여해 관심사가 같은 사람들과 어울리고 이후에도 만남을 계속 갖는다.

(5) 예견력

예견력(Perspective, 통찰력, 지혜)은 세상 이치를 정확하게 깨닫는 것이며, 사회적으로는 다른 사람의 말에 귀 기울이고, 그들의 이야기를 평가해 현명하게 조언해 주는 강점이다.

- **특징:** 예견력이 뛰어난 사람은 탁월한 사람들의 경험을 참고해 자신들의 문제를 해결하려고 한다. 이것은 너나없이 모두 수긍하는 세상의 이치를 정확히 아는 능력이다. 지혜로운 사람은 삶에서 가장 중요하고 복잡한 문제들을 잘 헤쳐 나갈 줄 안다.
- **반의어:** 어리석음, 생각이 부족함, 멍청한 행동
- **인물:** 소크라테스, 공자
- **관련 직업:** 판사, 교사, 상담심리사, 철학자, 미래학자

기대에 부응하지 못할 때는 그만두라

○ 댄 토마술로(Dan Tomasulo)

나는 지난해 심리학 박사학위 과정을 밟을 때 돈이 다 떨어져 정규직을 구해야 했다. 게다가 뉴욕주에서 학생들을 소홀히 대하고 학대하기로 악명 높은 윌로브룩(Willowbrook)에서 정신박약아들을 데리고 나와 그룹홈을 운영하기 시작했다.

그런데 정말이지 감당하기 어려운 일이었다. 나는 그룹홈에서 살았고 하루 18시간씩 일했다. 고객들이 서로를 죽이지 못하게 막으려고 안간힘을 쓰는 동시에 학생들을 가르치기 위해

공부를 하고, 논문도 구상하느라 진이 다 빠졌다. 직원들이 하나둘씩 일을 그만두었고, 그룹홈의 운영 규칙 때문에 머리가 터질 것 같았으며, 마을 사람들의 냉대에 마음이 너덜너덜해지고 불안해졌으며 좌절감에 빠졌다. 그래서 내 논문 지도교수이자 스승인 코헨 교수님에게 조언을 구하기로 마음먹었다.

코헨 교수님은 대학교에서 논문을 가장 많이 발표한 교수님이었지만 친절하면서도 현명하기로 유명했다. 뛰어난 예견력을 자주 발휘해 사람들의 이해를 도와줬다. 혼란한 상황을 명확하게 정리해 줄 수 있었다.

널찍하고 인상적인 코헨 교수님의 사무실은 지성인의 왕국이었다. 바닥에서 천장까지 책과 언론자료들이 가득 차 있었다. 코헨 교수님은 언제나 선반에 책을 정리해 넣느라 바빴다. 내가 코헨 교수님을 찾아갔을 때 그는 내게 앉으라고 하고는 나와 이야기를 하는 동안에도 계속해서 책을 정리했다.

"안녕하세요?" 내가 먼저 인사를 건넸다.

코헨 교수님은 사무실 중앙에 놓인 책상 맞은편의 의자를 가리켰고, 나는 그 자리에 앉았다.

"요즘 일을 감당하기 힘든 지경에 처해 뭘 어떻게 해야 할지 모르겠어요. 너무 많은 일이 일어나고 있어요." 나는 바로 본론으로 들어갔다.

"어떤 일을 말하는 거지?"

"제가 정신적 장애가 심한 사람들과 뭘 하고 있는지 모르겠어요. 잠도 못 자고, 직원들이 그만두지 못하게 붙잡아 둘 수도 없어요. 지금 제 주변에는 IQ 36에 비언어적 폭력을 행사하는 여성과 키가 2m나 되는 거인증 남성, 공감각이 있고 이식증과 분변 실금 증세를 보이는 남성, 프래더-윌리 증후군과 간헐적 폭발성 장애를 가진 여성, 알아들을 수 없는 말을 웅얼거리는 다운증후군 환자, 긴장증 여성이 있다고요."

코헨 교수님은 책 정리에 몰두하느라 대답을 하지 않았다.

"제 직원들은 어떤지 아세요? 일주일 내내 면접을 봐서 누군가를 고용하면 겨우 이틀 버티다 나가 버려요. 지금 전 혼란스럽기 짝이 없는 상태예요."

코헨 교수님은 여전히 책을 정리하고 있었다.

"폭력적인 여자에 거인증 환자, 이식증 환자, 공감각자, 분변 실금 증세에 걸린 남자라." 코헨 교수님은 말을 하다가 잠시 멈췄다. "흥미로운데. 거기다 프래더-윌리 증후군, 간헐적 폭발성 장애, 긴장증, 다운증후군 환자까지 있다니 정말 흥미로워. 게다가 괜찮은 직원이 없고 자넨 혼란스럽다는 거지?"

"네, 이게 제 인생이에요. 학위를 따지 못하면 대학교에서 일하지 못하거나 허가증을 얻지 못해요. 이 모든 일을 다 해낼 수 없어요." 나는 두 손을 높이 쳐들면서 말했다. "제가 통제할 수 없는 상황에 처했다고요. 그 모든 사람과 제 자신을 다 돌볼 수 없어요. 문서 작업과 관료 체계도 감당할 수 없다고요. 다 할 수 없어요!"

코헨 교수님은 내게 다가와 옆에 나란히 섰다. 그러고는 왼손을 내 오른쪽 어깨에 올려놓더니 깊은 한숨을 쉬었다.

"그럼 포기해."

"뭐라고요?"

"난 지금 그만두라고 충고하는 거야." 코헨 교수님이 내 어깨를 두 번 툭툭 두드리더니 책장으로 돌아갔다.

"그만두라고요?"

"그래, 그냥 그만두는 거야. 자네 계획대로 되는 일이 하나도 없고, 자네의 개인적인 삶이 혼란에 빠진 데다 책임감이 무거워 감당할 수 없는 지경이고, 앞으로 무슨 일이 일어날지 전혀 모르겠다는 거지?"

"네, 맞아요."

"그럼 그만둬."

"제 논문은 어떡하고요?"

코헨 교수님은 거만하게 손을 내저었다. "그것도 잊어버려. 논문이 무슨 필요가 있겠나. 논문을 써 봤자 정신장애가 있는 사람들을 돌보는 일을 하게 될 테니까 두통이 잦아지고 실망감이 깊어지고 장애물이 많아질 거야. 다 잊어버리게."

"……."

마침내 나는 교수님의 말뜻을 알아들었다.

"감사합니다, 교수님."

코헨 교수님은 계속 책을 정리했다.

"그래, 다 그만두고 편한 삶을 택하게나."

코헨 교수님의 예견력 덕분에 나는 다시 목표에 매진하고 보다 효과적이고 효율적으로 일할 수 있었다. 그해에 나는 논문을 끝냈고, 교수직을 얻었으며, 결국에는 허가증도 얻었다. 코헨 교수님이 쉬운 일은 없다는 사실을 깨우쳐 준 덕분에 나는 제자리로 돌아갈 수 있었다.

예견력은 지혜라는 덕목 내부에 있는 하나의 발전소이다. 결정을 내리기 전에 모든 측면에서 상황을 바라보는 것과 관련됐기 때문에 단순하게 높은 지능이 아닌 그 이상의 능력이다.

연구 결과에 따르면 예견력은 직장에서 많이 사용하는 성격강점 10위 안에 들고, 고등학교 학생들이 높이 평가하는 능력이며, 행복을 찾아가는 여정의 핵심이다. 또한 학생들의 GPA 성적을 잘 예측해 주며 스트레스와 정신적 외상의 부정적 영향을 막아 주는 중요 요소이다.

나는 현재 대학원생들을 상담해 주는 위치에 있다. 대학원생들은 혼란에 빠지고 감당할 수 없는 상황에 처하거나 방향을 잃었을 때 나를 찾아온다. 그들은 아마도 나를 예견력 있는 사람이라고 생각할 것이다. 그들에게 내가 해 줄 조언이 뭐냐고? "핫도그를 팔아 보는 게 어떻겠니? 그것도 질 좋은 핫도그로."

예견력 강점을 키우는 방법(Rashid, 2015, 2018)

① 가장 최근의 대표적인 내 행동과 결정 다섯 가지를 찾아보고 그 동기를 떠올려 본다.

② 현명한 사람(현존하는 사람이나 별세한 사람)을 찾아보고, 그 사람의 삶을 그린 글을 읽거나 영화를 감상하고 나서 그들의 삶이 나의 결정과 행동에 어떤 영향을 미칠지 알아본다. 그 사람의 철학을 나 자신의 철학과 비교해 본다.

③ 누군가에게 조언할 때는 먼저 그 사람의 이야기에 충분히 공감한다. 가까운 시일 내에 나도 그 사람에게 조언을 구한다.

④ 이웃에 사는 아이의 스승이 된다. 내가 어릴 때 존경했던 역할 모델을 떠올리고 그 사람과 똑같은 자질을 기르려고 노력한다.

⑤ 매주 연습 삼아 나의 방대한 인생관을 한두 문장으로 설명해 본다. 일시적인 사건에 영향을 받아 내 전체적 관점이 달라진다면 일상의 기쁨과 고난 속에서 내 관점을 유지하는 방법을 브레인스토밍해 본다.

⑥ 지혜로운 인용문을 읽어 보고 실천할 수 있는 작은 행동 방침을 적어 본다. 그것을 사무실 책상이나 휴대폰에 저장해 둔다.

⑦ 향후의 내 행동으로 어떤 도덕적 영향과 잠재적 결과가 생길지 의식하고 고려해 본다.

⑧ 가장 힘든 일을 낙관적으로 끈기 있게 처리하는 연습을 한다. 그러한 일이 모여 보다 큰 그림이 된다는 사실을 명심한다.

⑨ 세계적인 사건 하나를 역사적 관점과 문화적 관점, 경제적 관점에서 분석해 본다. 각기 다른 관점에서 바라볼 수 있게 다양한 관련 집단의 자료를 이용한다.

⑩ 어떤 문제에 대한 개인적인 경험을 담은 책을 읽거나 영화를 보고 나의 신념과 감정을 연계해 본다. 내 의견이 너무 격해질 때 그 문제의 인간적인 측면을 떠올려 본다.

⊙ 용기

용기(Courage)는 내적·외적 난관에 직면하더라도 추구하는 목표를 성취하고자 하는 의지를 실천하는 정서적 강점을 포함한다.

(6) 용감성

용감성(Bravery, 용맹, 용기)은 위협, 도전, 시련, 고통을 당해도 물러서지 않고 해야 할 일을 하는 강점이다.

- **특징:** 용감성 있는 사람은 위협, 도전, 고통, 시련 등을 당해도 물러서지 않고, 반대에 부딪히거나 대중적인 호응을 얻지 못하더라도 확신을 갖고 말하고 행동한다. 용감성에는 육체적인 용감성뿐만 아니라 도덕적 용감성과 정신적 용감성도 포함된다.
- **반의어:** 비겁함, 기개 없음, 지나친 근심, 노이로제
- **인물:** 유관순, 크리스토퍼 콜럼버스
- **관련 직업:** 소방관, 직업군인, 시민운동가, 스턴트맨, 경호원

용감성을 재는 단위는 무엇인가

○ 리사 샌솜(Lisa Sansom)

나는 『용감성 지수(Courage Quotient)』의 저자인 로버트 비스워스-디너(Robert Biswas-Diener)를 만나 인터뷰를 했다. 우리는 그 자리에서 용감성과 성격강점, 자기회의, 긍정심리학의 미래에 대해 토론했다.

리사: 이 인터뷰를 준비하면서 제 아이들에게 용감성에 대해 궁금한 점이 있는지 물어봤어요. 그러자 열 살 난 아들이 묻더군요. "용기를 어떻게 재나요? 용기를 재는 단위가 뭐예요?"

로버트: 그거 아주 굉장한 질문이군요. 아이들은 언제나 최고의 질문을 던진다니까요. 촉광이 광도를 재는 단위이듯이 용감성의 단위는 의지력이라고 할 수 있답니다. 용감성은 대부분 두려움을 극복하고 행동하려는 의지를 뜻합니다. 자기통제력과 의지력이라는 성격강점이 바로 용감성의 가장 중요한 요소죠.

리사: 용감성을 어떻게 정의 내리나요?

로버트: 용감성을 연구한 다른 사람들의 자료를 살펴보고 나서 몇 가지 특징적인 공통점을 발견했어요. 개인적 위험 인지, 두려움, 불확실한 결과가 바로 그 공통점이죠. 이 세 가지가 바로 결정적인 요소입니다. 용감한 행동은 위험과 두려움, 불확실성을 극복했을 때 나오죠.

리사: 당신이 책 전반부에서 소개했던 육체적 용감성에 대한 전형적인 이야기는 사람들이 충분히 예상할 수 있는 것이었죠. 그 책을 집필하면서 발견한 가장 뜻밖의 사례는 무엇이었나요?

로버트: 사람들은 보통 용감성 하면 육체적으로 용감한 행동을 제일 먼저 떠올립니다. 가장 이해하기 쉬운 행동처럼 보이니까요. 하지만 한 기업 간부는 사람을 고용하는 게 가장 용감한 행동이라고 말했죠. 사람을 고용한다는 말은 그 사람에게 투자한다는 뜻입니다. 게다가 어떤 사람을 고용하느냐에 따라 팀의 역학관계가 달라지죠. 팀의 문화도 달라집니다. 누군가를 해고하는 일이 훨씬 더 간단하고 그 결과도 훨씬 더 잘 알 수 있죠. 단기적으로 감정적 반발이 일어날까 봐 걱정스러울지도 모르지만 6개월 지나면 그 영향력이 그다지 남아 있지 않기 때문에 그런 감정은 상당히 다스리기가 쉬워요. 하지만 누군가를 고용하면 6개월 후 엄청난 결과가 나타날 수도 있죠.

제가 찾아낸 또 다른 용감성의 사례는 새로운 것을 시작하는 겁니다. 학교에 가거나 새로운 일을 찾는 것, 누군가와 결혼하는 것, 새로운 도시로 이사 가는 것 등이 용감한 행동이죠. 이런 일은 거의 매일 일어나고 있지만 낙관적이고 용감한 행동입니다.

리사: 매일 일어나는 행동도 용감성 범주에 들어가나요?

로버트: 용감성에 대한 주제 가운데 제가 가장 좋아하는 게 나오는군요. '용감성을 깨닫지 못하는 무지'라는 거죠. 사람들은 자신이 했던 용감한 행동을 낮춰 말하는 경향이 있어요. "난 그냥 누구라도 했을 행동을 했을 뿐이야."라고 말하거나 "내가 진짜 용감했다면……." 하는 이야기를 자주 하죠. 하지만 이런 비교는 진정으로 용감했던 행동을 깎아내리는 것입니다.

리사: 사람들이 자신들의 용감한 행동을 높이 평가한다면 어떤 이득을 얻게 되나요?

로버트: 본질적으로는 사람들이 자신들의 일반적인 강점을 이해할 때와 마찬가지로 자애심과 자부심, 더욱 많은 에너지, 어려운 과제를 수행하는 끈기를 얻게 됩니다. 그렇게 되면 자신의 가장 좋은 모습을 볼 수 있죠.

리사: 용감성에서 가장 중요한 점은 무엇이라고 생각하나요?

로버트: 저는 사람들에게 책을 증정할 때 "용기는 행복한 삶을 찾아가는 가장 빠른 길이다."라는 글을 남기죠. 용기는 행복한 삶과 같은 말이라고 생각합니다. 두려움은 매우 정상적이고 이성적인 감정이지만 풍요롭고 가치 있는 삶을 만들어 나가는 행동을 저지하죠. 활동적인 삶을 살아가는 사람들은 어느 정도 용기를 발휘하고 있는 거랍니다. 용기는 무언가를 기꺼

이 하고자 하는 마음을 뜻하죠.

하지만 두려움은 또한 선물이 되기도 합니다. 자기회의도 엄청난 시사적 가치를 지닌 선물이죠. 사람들은 때때로 회의적인 태도로 자신에게 의문을 품습니다. 그건 아주 건전한 일이죠. 그런 성찰은 자기계발에 중요한 요소이며 일을 시작하는 중요한 과정입니다. 하지만 두려워할 때가 아닐 때 두려움에 사로잡혀 물러서고 싶지는 않죠. 그렇기 때문에 양쪽의 균형을 맞춰 주는 행동이 필요합니다. 용감성은 행동해야 할 때와 행동하지 말아야 할 때를 아는 지혜이기도 합니다.

용감성 강점을 키우는 방법(Rashid, 2015, 2018)

① 한 집단에서 인기가 없는 아이디어를 말이나 글로 강력하게 옹호한다. 내 의견을 굽히지 않으면서도 다른 사람들의 의견을 존중한다.

② 나 자신뿐만 아니라 다른 사람들에게 현실을 일깨워 주는 까다로운 질문을 던져 본다. 상냥하고 친절하게 질문을 던지되, 말하기나 답하기 어렵다는 이유만으로 떠오르는 의문을 마음속에 담아 두지 않는다.

③ 힘거운 상황에 처했을 때 내 가치가 내게 어떻게 힘이 돼 줬는지를 생각해 보고 그 가치를 명확하게 정립한다. 또한 그 가치가 걸림돌이 되는 상황도 생각해 보고 해결책을 찾아본다.

④ 일상생활에서 용감하게 행동한 현대인의 사례를 수집하고 그와 관련된 신문이나 잡지 기사를 스크랩한다.

⑤ 사회적 압박이나 동료의 압박에 굴하지 않고 고귀한 가치와 대의를 실행할 수 있는 의미 있는 방법을 택한다. 예컨대, 글을 쓰거나 소리 높여 말하고 시위에 참여하거나 운동 조직에 가입한다.

⑥ 건설적인 사회적 변화를 이끌어 내기 위해 작지만 실질적인 조치를 취한다. 지역의 자원봉사 조직에 참가하는 것이 가장 좋은 방법이다.

⑦ 어린 동생이나 구타당하는 여자처럼 스스로를 지키지 못하는 사람을 보호해 주거나 두둔해 주고 앞으로 내게 의지해도 된다는 믿음을 그들에게 심어 준다.

⑧ 역경을 극복하고 용감하게 행동하는 사람이 되려고 애쓴다. 용감하게 행동하는 다른 사람들을 칭찬한다.

⑨ 남과 다르다고 두려워하지 말고 긍정적인 태도를 취한다. 나의 믿음과 개성에 어긋나지 않는 행동을 한다.

⑩ 다른 사람과 친구가 되는 것을 두려워하지 않는다. 친구의 강점에 힘입어 내 강점까지 키울 수 있는 방법을 생각해 본다.

(7) 끈기

끈기(Persistence, 근면성 및 성실성)는 한 번 시작한 일을 포기하지 않고 마무리해 완성하는 강점이다.

- **특징**: 끈기 있는 사람은 한 번 시작한 것은 반드시 끝마치며, 어려운 프로젝트를 맡겨도 불평 없이 책임을 완수하고 더 좋은 결실을 맺기 위해 노력한다. 이룰 수 없는 목적에 무모하게 집착하지 않는다.
- **반의어**: 게으름, 나태, 포기, 노력하지 않기, 흥미 잃기
- **인물**: 록펠러, 박지성
- **관련 직업**: 영화배우, 변호사, 운동선수, 수사관, 등반가, 판매원, 개발자

투지를 가지라고? 마음가짐부터 고치라

○ 에밀리야 지보토프스카야(Emiliya Zhivotovskaya)

인간은 습관의 동물이다. 그렇기 때문에 소비한 에너지로 최대의 이득을 얻는 패턴과 틀, 지름길을 찾는다. 일을 빨리 처리해야 할 때는 즉각적으로 감사를 받고 싶은 욕망이 증가한다. 이메일과 온라인 쇼핑, 문자메시지 대화의 시대에는 원하는 일이 빨리 일어나기를 바라기 쉽고 그렇게 되지 않을 때는 포기하기 쉽다.

랜디 포쉬 카네기멜론 대학교 교수는 죽음을 3~6개월 정도 앞두고 한 마지막 강의에서 스크린에 벽 그림을 붙였다. 그러고는 원하는 것 앞에 벽이 나타난다면 그 벽은 '하지 말라'고 말하는 것이 아닌, '얼마나 간절하게 원하는 것인가?'라고 묻는 것이라고 했다. 포쉬 교수는 청중에게 끈기와 열정, 종종 집념라고도 하는 자질을 동원해 목표를 추구하는 능력을 키우라고 말했다.

집념이 있는 사람들은 성공을 향해 끈기 있게 나아가는 경향이 있다. 연구 결과에 따르면 집념이 있는 사람들은 나이와 교육 수준을 감안해도 투지가 약한 사람들보다 훨씬 더 행복하다. 또한 투지가 없는 반 친구들보다, 심지어 표준화 시험에서 훨씬 높은 점수를 받은 학생들보다도 평균 점수가 더 높다.

작가 잭 캔필드는 나무를 베는 게 목표라면 매일 나가 다섯 번씩 나무를 후려치라고 말했다. 그러면 결국에는 나무가 쓰러질 테니까. 목표를 달성하기 위해 끈기 있게 노력하면 마침내 목표를 달성할 수 있다는 것은 이치에 닿는 말이다. 문제는 왜 많은 사람이 꾸준히 노력하지 못하는가이다.

우리 세계에는 집념을 기르는 데 방해가 되는 장애물이 있다. 인터넷과 TV 광고, 무한한 선택권이 있는 시대에 관심은 잘 팔리는 인기 상품이다. 선택의 세계에 휩쓸리기 쉽지만 다수의 프로젝트에 관심을 갖다 보면 관심을 유지하고 투지를 기르기가 어렵다. 나는 코치로 일하면서 다음 프로젝트로 넘어가고 싶은 열의가 넘쳐 2단계에서 20단계로 바로 건너뛰고 싶어 하는 사람을 많이 만났다.

나는 그처럼 참을성 없는 사람들을 도와주고 싶어서 그들에게 앞으로 성취하고 싶은 일을 목록으로 작성하라고 조언했다. 잠재적인 프로젝트를 목록에 넣어 두면 지금 당장은 그 일을 잊어버릴 수 있다. 언제든지 목록을 꺼내 확인해 볼 수 있으니까 말이다. 또한 현재의 프로젝트에 집중할 수도 있다. 뿐만 아니라 현재 프로젝트를 좀 더 그럴싸하게 포장하고 자신들의 성격강점을 보다 잘 활용하는 방법도 찾아낼 수 있다. 어디 그뿐인가. 대형 프로젝트를 관리하기 쉽고 성취할 수 있는 작은 과제로 쪼갤 수도 있다. 그리고는 규칙과 지침이 있는 게임을 즐기듯이 일을 처리해 나갈 수 있다.

집념의 또 다른 중요한 측면은 노력이다. 성취는 어떤 과제에 재능과 시간을 쏟아부은 산물이다. 어떤 사람은 과제를 수행할 때 시간을 투자해야 한다는 사실을 받아들이기 힘들어한다. 캐럴 드웩(Carol Dweck) 박사는 그런 사람들이 '고착형 사고방식'을 가지고 있다고 말한다. 고착형 사고방식을 가진 사람은 노력이 나쁜 징조라고 생각한다. 필요한 능력을 모두 갖추고 있고 선천적으로 영리하고 재능 있는 사람이라면 그다지 많은 노력을 기울일 필요가 없지 않겠는가. 이러한 생각 때문에 장기적인 목표를 달성하기 위해 열심히 노력하려는 의욕이 감소한다.

드웩의 주장에 따르면 흥미롭게도 고착형 사고방식이 무엇인지 알기만 해도 사람들의 신념체계가 달라진다. 도전을 받아들이고 배움의 기회를 추구하는 노력이 천부적인 능력보다 성공에 더 큰 영향을 미친다고 생각하는 성장형 사고방식을 수용할 가능성이 훨씬 커지는 것이다. 또한 보다 집념이 넘치는 관점에서 보다 많은 노력과 시간을 투자하게 된다.

나는 몇 년 전 뉴욕시 하프마라톤을 완주했다. 그것은 상당히 도전적인 목표였다. 내 평생 6km 이상 달려 본 적이 없었으니 말이다. 마라톤 경주에 참가하는 데도 집념이 필요했지만 완주하려면 더 강력한 투지를 불태워야 했다. 그럼에도 마라톤을 완주하고 나자 스스로 무척 자랑스러웠고 긍정정서가 솟아나 나 자신이 훨씬 더 강인해졌다. 또한 내가 힘든 일도 해낼 수 있고 시간과 노력을 투자하면 내 수행 능력을 높일 수 있다는 믿음이 생겼다.

끈기 강점을 키우는 방법(Rashid, 2015, 2018)

① 매주 작은 목표를 다섯 가지 정한다. 그 목표를 실질적인 실천 단계로 나눠 기한 내에 완수하고 진행 과정을 매주 점검한다.

② 인내를 보여 주는 역할 모델을 정해 그 사람의 발자취를 따라갈 수 있는 방법을 정한다. 내가 알고 있는 현존 인물을 역할 모델로 삼았다면 끈기라는 강점에 대해 그 사람과 이야기를 나눠 본다.

③ 꽃 피는 식물을 이른 봄에 심어 여름까지 가꿔 본다. 식물의 수명 주기를 관찰하고 식물을 돌보는 나 자신을 높이 평가한다.

④ 시간 관리에 대한 세미나나 워크숍에 참여한다. 거기서 배운 핵심 아이디어를 기록해 매주 검토한다.

⑤ 끈기가 필요 없는 일을 수행할 때 손실을 줄이는 방법을 알아낸다. 가장 생산성이 뛰어난 분야에 에너지를 쏟아붓는다.

⑥ 대형 프로젝트를 계획해 기한보다 일찍 끝낸다. 도중에 예상치 못한 장애를 만나도 포기하지 않는다.

⑦ 의미 있고 마음에 드는 활동 두 가지를 선택해 거기에 100% 몰두한다.

⑧ 가장 중요한 목표를 달성하기 위해 평소보다 더 열심히 일하고 생산성이 탄력을 받아 증가하도록 한다.

⑨ 목표 달성의 동기를 제공해 주는 영감 넘치는 인용문이나 시를 읽는다. 이런 글은 영감이 필요할 때를 대비해 종이에 적어 휴대하고 다닌다.

⑩ 내 목표를 적어 정기적으로 읽어 보고 영감을 받을 수 있는 곳에 붙여 둔다. 목록을 감당할 수 없을 만큼 길게 만들지 않는다.

(8) 정직

정직(Honesty, 신뢰, 진정성)은 자신을 거짓과 꾸밈이 없이 드러내고 개인의 행동이나 생각, 감정을 수용하며 책임지는 강점이다.

● **특징**: 정직한 사람은 진실하게 말하고 참되게 행하며, 진솔하고 위선을 부리지 않는 신

실한 사람이다. 보다 광범위하게는 진실한 방법으로 자신을 표현하고 속이지 않으며 자신의 감정이나 행동에 책임을 진다.

- **반의어**: 기만, 거짓말, 불성실, 겉치레, 가식, 가짜
- **인물**: 조지 워싱턴, 황희 정승
- **관련 직업**: 최고 재무 관리자, 의사, 예술가, 성직자, 교장

있는 그대로 자기 모습에 익숙해지기

○ 얀 스탠리(Jan Stanley)

가을이 다가오면서 기온이 떨어지면 나는 제일 편안하고 따뜻한 울 스웨터를 꺼내 입는다. 그중에서도 금색 단추가 달린 회갈색 파인 게이지 카디건을 제일 좋아한다. 그 카디건은 모양도, 냄새도, 감촉도 모두 진짜 울 같다. 손 닿는 곳에 현미경이 있었다면 그 카디건의 가느다란 울 섬유를 관찰할 수 있을 것이다. 우리 자신은 어떠한가? 우리 몸의 섬유 조직 하나하나까지 모두가 진짜인 우리 자신에 대해서는 뭐라고 말할 수 있을까?

나의 울 스웨터처럼 하나에서 열까지 모두 자기가 말하는 그대로의 모습을 보여 주는 사람들이 지니고 있는 성격강점이 하나 있다. 이 성격강점은 조금씩 다른 세 가지 특성을 지니고 있다. 첫째, 정직은 자신이 정한 약속이나 기준에 따라 살아가는 것, 즉 자기가 한 약속을 지키는 것이다. 둘째, 정직은 진실한 말과 행동에 전념하는 것이다. 셋째, 진정성은 자신의 가치와 신념에 따라 살고, 자신에게 진실하며, 그 진실을 바깥세상에 알리는 것이다. 진정성 있는 사람은 허울만 근사하게 자신을 포장하지도 않고, 어떤 가식도 떨지 않는다. 그렇기 때문에 우리는 진정성 있는 사람들에게 끌린다.

내가 가장 흥미를 느끼는 특성은 바로 진정성이다. 진정성은 시간과 지리, 문화를 초월해 언제 어디서나 가치 있는 성격강점이다. 하지만 그에 대한 경험적 연구, 특히 행복과의 관련성에 대한 연구는 감사와 희망, 낙관성 같은 다른 성격강점에 대한 연구보다 뒤처져 있다. 다행스럽게도 지금은 그러한 상황이 달라지고 있다. 진정성은 우리의 행복에 영향을 미치는 핵심 요소이기 때문이다.

정직 강점을 키우는 방법(Rashid, 2015, 2018)

① 아무리 사소한 거짓말도 기억해 두고 거짓말을 매일 조금씩 줄여 나가도록 노력한다.

② 내가 중요한 사실을 빼놓고 말하지 않은 경우(중고 상품을 팔 때 중요한 정보를 밝히지 않은

경우 등)가 있는지 생각해 보고, 내가 그 피해자가 된다면 기분이 어떨지 생각해 본다. 다른 사람들과 거래할 때는 정보를 기꺼이 제공하도록 노력한다.

③ 다음번에 도전적인 과제를 맡을 때는 내 지위나 인기의 변화에 연연하지 않고 공정하게 생각하고 행동한다. 결정을 내릴 때는 동료의 사회적 압력에 굴하지 않는다.

④ 나의 중요한 행동 다섯 가지가 내 말과 일치하는지, 아니면 역으로 내 말이 행동과 일치하는지 살펴보고 언행을 일치시킨다.

⑤ 내가 도덕적으로 가장 확고하게 확신하는 분야를 알아내고 그 확신에 비춰 장기적인 측면에서 우선시해야 할 것을 정한다.

⑥ 친구와 가족에게 사소한 선의의 거짓말(빈말)도 하지 않는다. 만약 했다면 바로 사과한다.

⑦ 다른 사람들과 창의적이지만 정직하게 대화를 나누는 방법을 생각해 보고 나 자신의 진실한 모습을 드러낸다.

⑧ 진실하고 정직한 행동을 할 때와 그렇지 않은 행동을 할 때 내가 얼마나 만족감을 느끼는지 살펴보고, 그 만족도로 나의 정직을 평가한다.

⑨ 생각을 확고히 하고 종합하기 쉽도록 도덕적 의무감에 대한 의견을 적어 본다.

⑩ 진실하고 정직하게 행동할 수 있는 일을 찾아본다. 정직과 솔직한 소통을 장려하는 조직에서 일한다.

(9) 열정

열정(Zest, 열의, 열망, 활기)은 활기와 에너지를 갖고 열정적이고 도전적으로 자신이 하는 일에 임하는 강점이다.

● 특징: 열정이 강한 사람은 활기가 넘치고 정열적이다. 자신이 하는 일에 몸과 마음을 다 바치고, 새날에 할 일을 고대하며 아침에 눈을 뜬다. 열정적으로 일에 뛰어들며, 언제나 뜨겁게 살아 있음을 느낀다.
● 반의어: 게으름, 의기 소침함, 둔감함, 지침, 무기력, 혼미함
● 인물: 정주영, 모차르트
● 관련 직업: 운동선수, 사업가, 뮤지컬 배우, 발레리나, 음악가

열정과 열의를 되찾으라

○ 파울라 데이비스-락(Paula Davis-Laack)

어떤 사람은 지치고 녹초가 된 상태로 잠에서 깨어난다. 반면, 넘치는 에너지로 하루를 시작할 준비가 된 상태로 깨어나는 사람도 있다. 활기차게 하루를 시작할 준비 태세를 갖추는 능력은 매일 아침을 깨워 주는 스타벅스 커피에 든 카페인이 아니다. 그보다 훨씬 심오한 것이다. 그것은 바로 열정과 열의라는 성격강점이다.

열정은 정신적·육체적인 활력처럼 수동적인 성격강점으로 정의된다. 마지못해서가 아니라 활기차게 삶에 임하고 살아 있음을 느끼는 것이다.

열정이라는 성격강점에 대한 흥미로운 연구 결과가 많다. 열정은 희망과 팀워크라는 성격강점과 더불어 성인보다는 청소년한테서 더욱 자주 나타난다. 성인이 돼 가면서 열정이 식어 가는 것 같다.

모든 성격강점이 저마다 장점을 지니고 있지만 열정과 감사, 희망, 사랑 같은 '감성' 성격강점을 지닌 사람들이 판단력과 학구열 같은 '이성' 성격강점을 지닌 사람들보다 훨씬 더 쉽게 자신들의 삶에 만족한다.

9,000명 넘는 근로자를 대상으로 실시한 조사에서 열정은 업무 만족도와 사람들이 자신의 직업을 천직으로 생각하는지를 예측해 주는 요소였다. 안타깝지만, 오늘날에는 많은 사람이 열정이 아닌 그 반대의 감정을 느낀다. 진이 빠져 피곤해한다.

몇 년 전 그런 사람을 만난 적이 있다. 나는 7년 동안 상업용 부동산 분야의 변호사로 일했는데 마지막 해에는 뭔가 잘못됐다고 느꼈다. 만성적으로 피곤했고 짜증이 나고 아팠다. 변호사로 일하면서 아드레날린 공급관이 막히자마자 내 몸이 무너져 내렸다. 내가 변호사로 일했던 마지막 12개월 동안 했던 일이 그 자리에 오르기까지 했던 일보다 훨씬 많았다. 게다가 소화불량으로 세 번이나 응급실에 실려 갔고 매주 공황발작을 일으켰다. 하지만 내가 소진 상태에 처해 있다는 사실을 몰랐다.

지금은 소진 상태와 그것이 사람들과 조직에 미치는 영향을 연구하고 있다. 소진 상태는 보통 열정의 부재 상태이다. 소진 상태의 세 가지 중요한 요소 가운데 하나는 탈진이다. 소진 상태는 직무 요구가 너무 많고, 직무 자원이 너무 적으며, 스트레스에서 충분히 회복하지 못할 때 나타난다. 압박감이 너무 크고 업무량이 처리할 수 없을 정도로 많거나 의뢰인이나 동료와 소통하는 게 감정적으로 힘들어질 때 직무 요구가 감당할 수 없을 만큼 많아진다. 또한 정보와 자발성, 새로운 것을 배울 수 있는 기회, 힘이 돼 주는 지도자, 동료와의 질 높은 관계

같은 직무 자원이 부족해질 수도 있다. 한편, 육체적 활동과 취미를 즐기고 다른 사람들과 어울리기 시작하면 상처에서 회복될 수 있다. 어떤 활동을 할 때 활기가 생기는지 알아내어 그 활동을 하는 것이 소진 상태를 예방하고 열정을 회복하는 결정적인 방법이다.

나는 군인에서 복지시설 전문가, 변호사에 이르기까지 다양한 집단의 사람을 대상으로 성격강점 검사를 했다. 그런데 열정을 대표강점으로 지닌 사람이 너무나 적다는 사실에 언제나 크나큰 충격을 받는다.

내가 2009년 초반 처음으로 성격강점 검사를 받았을 때 열정과 열의는 나의 스물네 가지 성격강점 가운데 거의 최하위권에 속했다. 내가 소진 상태에 빠지고 탈진한 상태였기 때문에 그럴 만도 했다. 나는 월요일에 일하러 가기가 두려웠고 한때 내게 크나큰 에너지를 안겨 줬던 많은 사람 및 활동과 단절된 상태였다. 결국 2009년 6월 변호사 일을 그만두고 그해 말에 긍정심리학 석사학위 과정을 밟기 시작했다. 그 후 수업 과제로 강점검사를 다시 받아야 했다. 이번에는 열정과 열의가 내 스물네 가지 성격강점 순위에서 4위를 차지했다.

나는 법조계를 떠나 내게 진정으로 중요한 일을 하기로 결정한 덕분에 에너지와 활력을 얻을 수 있는 일을 다시 시작하게 됐다. 열정을 키우려고 일을 그만둬야 할 필요는 없지만 자신의 에너지를 높여 주거나 소모시키는 활동에 얼마나 많은 시간을 투자하고 있는지는 파악해 둬야 한다.

열정을 키우고자 한다면 '에너지 파괴와 키우기'라는 내 훈련법을 시도해 보길 바란다. 먼저 가로 2행, 세로 2열의 표를 그린다. 그러고 나서 다음과 같이 제목을 적어 넣는다.

직장에서 내 에너지를 키워 주는 활동 **활동:** 여기에 투자하는 시간 비율 **비율:**　　　%	가정에서 내 에너지를 키워 주는 활동 **활동:** 여기에 투자하는 시간 비율 **비율:**　　　%
직장에서 내 에너지를 소모시키는 활동 **활동:** 여기에 투자하는 시간 비율 **비율:**　　　%	가정에서 내 에너지를 소모시키는 활동 **활동:** 여기에 투자하는 시간 비율 **비율:**　　　%

각각의 칸에 속하는 활동을 적어 넣는다. 이 단계를 끝내고 나면 각각의 칸에 투자 시간 비율을 기록한다. 나와 함께 일하는 대부분의 사람은 가정과 집에서 자신들의 에너지를 소모시키는 활동에 상당히 많은 시간을 투자하고 있다는 사실을 깨닫는다. 이 훈련의 목적은 에너

지를 키워 주는 활동을 더 많이 하는 것이다.

　　열정이라는 성격강점은 당신이 직장과 인생에서 어떻게 생활하는지를 보여 주는 중요한 지표가 될 수 있다. 기업과 개인 모두 열정에 좀 더 많은 관심을 기울이는 것이 현명할 것이다.

열정 강점을 키우는 방법(Rashid, 2015, 2018)

① 내가 '하지 않아도' 되고 아무도 강요하지 않는 신체 활동을 하나 선택한다. 그 활동으로 내 에너지 상태가 어떻게 달라지는지 주의 깊게 살핀다.

② 규칙적인 수면 시간을 정하고, 잠자기 서너 시간 전에는 아무것도 먹지 않고, 침대에서는 일하지 않으며, 저녁 늦게는 카페인을 섭취하지 않는 습관을 들여 수면위생을 개선한다. 그러고 나서 내 에너지 상태가 어떻게 달라지는지 살핀다.

③ 일을 시작하기 전에 어떻게 하면 그 일을 적극적으로 신나게 할 수 있을지 생각해 본다.

④ 시트콤이나 코미디 영화를 매주 시청한다. 친구들을 초대해 함께 본다.

⑤ 하이킹이나 자전거 타기, 등산, 속보, 조깅 같은 바깥 활동을 매주 한 시간 동안 한다. 바깥 활동과 나의 내적 감각을 모두 음미한다.

⑥ 이미 하고 있는 일을 창의적으로 색다르게 보다 열정적으로 한다.

⑦ 일주일에 적어도 두세 번 운동하고 내 몸의 에너지가 어떻게 달라지는지 살펴본다. 꾸준하게 실천하고 기록할 수 있는 규칙적인 운동 습관을 키워 나간다.

⑧ 항상 하고 싶었지만 하지 못했던 육체적 소모가 큰 활동(자전거 타기, 달리기, 스포츠, 노래, 연기)을 한다. 그 활동이 즐겁다면 계획을 세워 규칙적으로 한다.

⑨ 나의 다음번 성취와 승리 두 가지를 축하하고 다른 사람들을 초대해 기쁨을 함께 나눈다.

⑩ 오랜 친구를 찾아가 좋았던 옛 시절을 회상하며 내 기분을 살펴본다.

⊙ 사랑과 인간애

　　사랑과 인간애(Humanity)는 다른 사람을 보살피고 친밀해지는 것과 관련된 대인관계(interpersonal) 강점이다.

(10) 사랑

사랑(Love)은 사람과의 친밀한 관계를 소중하게 여기며 다른 사람을 사랑하고 사랑을 받아들일 수 있는 강점이다.

- **특징**: 이 강점을 가진 사람은 다른 사람과의 밀접한 관계를 소중히 여기며, 상호 호혜적으로 나눔과 배려를 실천한다. 당신이 자신에게 느끼는 것과 똑같은 감정으로 당신을 대하는 사람이 있다면 이 강점을 지니고 있다는 증거이다.
- **반의어**: 소외감, 소원함, 고독, 미움, 혐오, 원한, 증오
- **인물**: 예수, 나이팅게일
- **관련 직업**: 교사, 유치원 교사, 간호사, 사회복지사, 성직자

진실된 사랑과 거짓된 사랑을 구분하는 법

○ 조지 베일런트(George Vaillant)

진실한 사랑이란 무엇일까. 고대 그리스인과 시인, 심리학자, 심지어 큐피드까지도 원래는 매우 유용한 인적자원이지만 사랑에 대해서는 조금도 우리를 도와주지 못한다. 이들 전문가는 욕망에 집착해 지속적인 애착을 간과한다. 부처도 지속적인 애착을 높이 평가해 연민에 치중하기 때문에 실망스럽기는 마찬가지다. 사랑은 연민이다. 하지만 연민이 언제나 사랑이 되지는 않는다. 진실한 사랑은 애착을 느끼는 것이고 선택적이며 지속적이다. 이와는 대조적으로 연민은 무심해지고 현재에 뿌리를 둘 때 가장 강렬해진다. 인간의 사랑만이 아니라 다 자란 포유류의 사랑도 지속적이고 놀랍도록 이타적인 애착을 느끼는 것이다. 짝짓기를 하는 행위는 대체로 자발적인 것이 아니라 옥시토신 분비와 거울신경세포에 영향을 받는 생물학적 반응이지만 이타심에서 나오는 것이기도 하다.

그리스 철학자는 애착을 이해하지 못했고, 인지심리학자는 언제나 그렇다. 그리스의 아가페(보편적이고 이타적인 사랑)는 선택적이지 않고, 에로스(테스토스테론과 에스트로겐, 나만 생각하는 욕망)는 지속적이지 않다. 사랑은 신성한 신의 이미지처럼 세월이 흘러도 변치 않는 성질을 지니고 있다. 신약성서에 나오는 "하나님은 사랑이시다."라는 구절에 담긴 정신은 남을 의식하는 무신론적 『소비에트대백과사전』에서도 찾아볼 수 있다. 이 사전에 정의된 사랑은 '서로 상반되는 생물학적인 것과 영적인 것, 개인적인 것과 사회적인 것, 친밀한 것과 일반적인 것이 교차하는 지점'이다. 소설가 로렌스 더럴(Laurence Durrell)은 이렇게 말한다. "가장

풍요로운 사랑은 시간의 중재를 받는 것이다." 이와는 대조적으로 욕망을 좇다 보면 아주 멋지지만 무척 다급해 보이는 드럼 연주자에게 뛰어들게 된다. 열정적인 하룻밤 잠자리 상대는 다음 날 다시 봤을 때 따분하고 추해 보일 수도 있다. 하지만 그 사람과 보낸 하룻밤은 정말 근사하지 않았는가!

부처는 애착을 우려했다. 정확하게 말해 애착이란 많은 슬픔의 근원이라고 보았다. 사랑의 세계가 바로 그러하다. 사랑은 위험하다. 실제로 많은 사람이 때로는 기쁨처럼 사랑도 감당하기 힘들어한다. 기쁨과 감사를 표현할 때처럼 사랑을 느낄 때도 상처받기 쉬워지는 것 같고, 때로는 자신이 너무나 약해지는 것 같아 사랑을 되돌려주기는커녕 받아들이기도 두려워한다. 아이가 죽거나 사랑하는 사람이 떠난다면 어떻겠는가. 이와는 대조적으로 윌리엄 블레이크(William Blake)는 애착의 상실과 회복을 포괄해 애착이 얼마나 중요한지를 이해했기 때문에 이렇게 말했다. "기쁨과 슬픔은 훌륭하게 짜여 있어 …… 모든 슬픔과 비애 아래에는 언제나 두 겹으로 짜인 기쁨의 비단이 깔려 있다." 그러니 사랑을 잃었다고 너무 슬퍼하지 마라.

그렇다면 중독과 애착의 차이는 무엇일까? 고독한 냉소주의자는 '사랑에 빠지는 것'은 중독의 또 다른 형태에 불과하다고 말한다. 옥시토신 분비로 깊어지는 애착은 사실 상당히 위험한 감정이다. 애착이 생기면 사랑에 빠져 절대 헤어 나오지 못한다. 돈 후안과 부처의 생각이 옳았다. 애착을 갖지 마라! 영화 〈마이 페어 레이디〉에 등장한 언어학자 헨리 히긴스(Henry Higgins)는 이렇게 한탄한다. "그녀를 만나기 전에는 독립적이고 만족스러운 삶을 차분하게 살아왔어. 물론 언제나 그 시절로 다시 돌아갈 수 있지만……. 난 이미 그녀의 모습과 목소리, 그 얼굴에 길들어져 버렸네. 젠장! 젠장! 젠장!" 그렇다면 중독과 포유류의 사랑은 어떻게 다를까?

지금부터 차근차근 따져 보겠다. 첫째, 포유류의 사랑은 독특하게도 옥시토신 분비로 생겨나고 중독과는 상관이 없는 대뇌변연계와 연관돼 있다. 중독과 사랑이라는 감정이 모두 훨씬 덜 국한적인 도파민이라는 신경전달물질의 영향을 받는다는 사실은 나도 인정한다. 흥미롭게도 도파민은 아편 수용체가 있는 뇌의 영역에 집중돼 있다. 이러한 뇌 영역은 거짓 사랑이자 종종 치명적 '사랑'이라고도 하는 선택적이고 지속적인 헤로인 중독과 연관돼 있다.

하지만 헤로인 중독과 사랑을 구분해 주는 결정적인 차이가 하나 더 있다. 둘째, 중독은 나 자신만을 생각하는 것이고, 애착은 상대가 전부라고 생각하는 것이다. 중독은 이렇게 소리친다. "아아, 난 정말 불쌍해!" 하지만 사랑은 다른 사람들에게 애정 어린 목소리로 이렇게 묻는다. "기분이 좀 나아졌어요?"

세 번째 차이점은 사람들이 빠르게 중독에 익숙해진다는 것이다. 그렇기 때문에 똑같은 효과를 맛보려면 점점 더 많은 것이 필요하다. 이와는 반대로 진정한 사랑의 부드러운 손길은 절대 식상해지지 않는다.

네 번째 차이점은 중독을 끊으면 교감신경이 흥분된다는 것이다. 예컨대 발열이나 발한이 일어나고, 심장박동이 상승하고, 고혈압이 동반되고, 누구라도 자신을 껴안으려고 하면 그 사람에게 짜증스러운 고함을 지르게 된다. 이와는 대조적으로 남편이 아내의 묘지를 찾아갔을 때는 부교감신경의 영향을 받는 금단증세가 나타난다. 예컨대 조용히 흐느끼고, 맥박이 느려지고, 자신의 어깨에 팔을 둘러 위로해주는 친구에게 감사함을 느낀다. 애정 어린 애착 때문에 느끼는 슬픔은 어떤 면에서는 우리의 확장과 구축(프레드릭슨의 긍정정서의 확장 및 구축 이론-옮긴이)을 도와주는 긍정정서이다. 반면 중독은 우리의 육체와 정신, 영혼을 파괴한다.

마지막으로 진정한 애착과 중독을 가려 주는 결정적인 테스트는 언제나 '모닝 애프터(morning after)'이다. 엄마 곰은 다음 날 아침 자기 품에 안긴 새끼들을 발견하고 기뻐한다. 반면 떠들썩한 술판을 벌였던 원기왕성한 사람은 새벽에 자기 품에 있는 사람을 보고 그다지 열광하지 않는다.

사랑이란 대체 어디서 나오는 걸까? 종교, 교육이나 인생 코칭을 통해 사랑하는 법을 배우지는 않는다. 사랑은 부처의 마음챙김에서 나오는 것도 아니다. 사랑은 우리의 유전자에 각인돼 있는 것이자 생리적 현상이며 우리를 사랑해 주고 우리의 사랑을 받아 주는 사람들한테서 배우는 것이다.

뇌호르몬 옥시토신은 모든 포유류가 출산할 때 나온다. 이 호르몬은 극히 친밀한 접촉을 싫어하는 포유류의 자연스러운 반응을 극복할 수 있게 해 주는 것 같다. 그렇기 때문에 옥시토신은 '포옹 호르몬'이라 불린다. 갓난아기 때는 단기적으로 옥시토신이 과다 생산된다. 이성에게 반하는 청소년기와 더불어 사춘기에도 옥시토신 수치가 상승한다. 갓난아기를 엄마의 품에 안겨 주거나 연인이 성행위에서 절정에 도달하도록 축복해 준다면 뇌의 옥시토신 수치가 올라간다. 본래 일부일처제로 생활하며 모성이 깊고 애정이 많은 초원 들쥐(설치류)는 옥시토신을 제거당할 때 비정하고 난잡하며 새끼를 돌보지 않는 산악 들쥐로 변한다. 옥시토신이 없으면 부모의 협력과 책임감이 사라진다.

하지만 사랑은 단순하게 유전자와 호르몬만의 문제가 아니다. 뮤지컬 〈남태평양(South Pacific)〉에서 프랑스인 농장주가 불렀던 노래 가사처럼 '증오하고 두려워하는 법을 배워야 한다'면 사랑하는 법도 배워야 한다.

사랑의 전부는 애착이나 음악, 향기이다. 사랑은 말로 호소하지 않는다. 노래로 호소할지는 몰라도 말은 아니다. 그러므로 사랑과 관련된 행동적 자기통제력은 외톨이의 뇌에서 나오는 것이 아니다. 사랑하는 이에게 애착을 느끼면서 끝없이 발달하고 형성되는 뇌에서 나온다. 고립된 환경에서 자란 원숭이는 폭식을 하고 구석에서 웅크려 지낸다. 다른 원숭이들과 즐겁게 어울려 노는 것이 아니라 죽음을 불사하고 싸우며 교미할 줄 모른다. 이처럼 고립된 원숭이는 '자연스럽게 할 수 있는 일'을 평생 동안 제대로 하지 못한다.

이와는 반대로 고립된 원숭이가 어미나 형제자매와 단 1년이라도 함께 지낸다면 어울려 노는 법을 배울 수 있다. 사회적 지배 성향을 품위 있게 벗어 버리고 솜씨 좋게 교미에 성공하는 법을 알게 된다.

마지막으로 사랑 노래도 사랑을 전하는 좋은 도구라는 사실을 독자들에게 상기시켜 주는 것이 좋을 것 같다.

사랑 강점을 키우는 방법(Rashid, 2015, 2018)

① 동반자와 함께 서로의 대표적 성격강점을 모두 기리는 날을 정한다. 그날 하루 동안은 서로의 강점이 얼마나 보완적인지에 대해 이야기한다.

② 시나 편지, 스케치 같은 창의적인 수단으로 사랑하는 내 마음을 표현한다. 상호적 사랑을 상기시켜 주는 중요한 장소나 행사 혹은 상황을 촬영해 둔다.

③ 하이킹이나 놀이공원 가기, 자전거 타기, 공원 산책, 수영, 캠핑, 조깅 등 좋아하는 활동을 누군가와 함께 한다. 양쪽이 모두 좋아하는 활동이 없다면 아무거나 하나를 골라 함께 한다.

④ 부모님의 젊은 시절 모습을 녹화해 아이들과 함께 틀어 본다. 이와 비슷한 방법으로 가족이 소중한 추억을 녹화하도록 도와준다.

⑤ 모든 가족이 자신에게 생긴 좋은 일을 매일 기록하는 가족 축복일기를 쓴다. 일주일 중 하룻밤은 축복일기를 훑어보며 지난 7일 동안 일어났던 일 중 가장 좋은 일 몇 가지를 큰 소리로 읽어 본다.

⑥ 사랑하는 사람에게 무슨 일이 일어나도 무조건적으로 사랑하겠다고 말하거나 말이 아닌 다른 수단으로 표현한다. 항상 이 확고한 마음으로 사람을 대한다.

⑦ 포옹이나 키스, 부드러운 마사지 등 육체적 접촉으로 사랑을 표현한다. 사랑하는 사람의 화답하는 접촉도 받아들인다.

⑧ 사랑하는 사람의 행동이 아닌 함축적 동기에 신경을 쓴다. 그들의 영구적인 기질이 아

닌 일시적인 기분이 어떤지 살피고 해로워 보이는 행동을 일깨워 준다. 그들의 기질과
변덕스러운 기분을 받아들인다.

⑨ 선물을 주며 사랑을 표현한다. 가능하면 선물을 사기보다 직접 만든다.

⑩ 서로에게 중요한 날이나 행사를 항상 챙긴다. 생일과 기념일에 여행, 파티 같은 특별한
계획을 세운다.

(11) 친절

친절(Kindness, 배려, 관대함)은 다른 사람을 돕고 보살피며 선한 행동을 하려는 강점이다.

- **특징**: 친절한 사람은 절대 자기 이익만을 좇지 않고 다른 사람에게 선행을 베푸는 일을
  즐겨 한다. 전혀 모르는 사람들에게도 그렇다. 나 아닌 다른 사람들의 최대 관심사를 잣
  대로 상대방과 관계를 맺는 다양한 방식을 포함한다.
- **반의어**: 이기심, 인색함, 비열함, 마음 좁은 옹졸함
- **인물**: 앨버트 슈바이처, 빌 게이츠
- **관련 직업**: 공무원, 간호사, 승무원, 여행가이드, 상담사, 판매원

마지못해 도와주는 사람인가, 진심으로 도와주는 사람인가

○ 브리짓 그렌빌-클리브(Bridget Grenville-Cleave)

모르는 사람이 지나갈 때까지 문을 잡아 준다든가 식료품을 자동차까지 들어 준다든가 하
는 사소한 친절도 성심을 다해 베푼다면 보다 행복해질 수 있다. 자존감을 키워 나가고, 긍정
적인 사회적 상호작용을 주고받고, 다른 사람을 돕고자 하는 마음을 키워 나가면서 우리 자
신이 더 행복해질지도 모른다. 친절한 행동은 인간관계의 질을 향상시켜 준다.

내가 이스트런던 대학교에서 MAPP 연구를 진행할 때 우리 팀의 한 소규모 그룹이 친절한
행동을 무작위로 실험해 보았다. 어느 토요일 저녁, 우리는 교수진 여름 파티를 하고 남은 버
드와이저를 다른 학생들, 즉 학교 기숙사로 돌아가는 길에 만난 학생들, 마을로 돌아가려고
정거장에서 학교 버스를 기다리는 학생들, 교내 빨래방에서 부지런히 세탁을 하는 학생들에
게 나눠 줬다. 물론 그 효과를 과학적으로 측정할 수 없었지만 물건을 공짜로 나눠 주자 분명
히 기분이 좋았다. 게다가 버드와이저를 공짜로 받은 사람들의 미소와 즐거운 표정, 감사의
말로 미뤄 보아 그들도 기분이 좋은 것 같았다. 몇몇 사람은 뭔가를 공짜로 받은 게 처음이라

는 듯한 표정을 지었다. 우리는 물건을 공짜로 나눠 주면서도 다른 꿍꿍이가 있는 게 아니라고, 옛날 TV 프로그램 〈몰래 카메라(Candid Camera)〉에 나가는 게 아니라고 몇 번이고 말해 줘야 했다.

네타 와인스타인(Netta Weinstein)과 리처드 라이언(Richard Ryan)은 다른 사람을 돕는 일이 어떤 결과를 가져오는지 연구했다. 특히 자발적 도움과 비자발적 도움이 행복에 미치는 영향을 비교했다. 자발적으로 남을 도울 때는 남을 돕고 싶어 자기 것을 무료로 나눠 준다. 반면, 비자발적으로 남을 도울 때는 죄의식을 느끼거나 남을 도와주라는 지시를 받아서 혹은 남을 도와주면 보상을 받을 수 있기 때문에 마지못해 자기 것을 나눠 준다. 와인스타인과 라이언은 자발적 도움을 평가하는 방법과 비자발적 도움을 이끌어 내는 지시 방법을 정해 연구했다.

그런데 놀라운 결과가 나왔다. 다른 사람을 돕는 일 자체는 주관적인 행복감과 활력, 자부심을 기준으로 측정해 봤을 때 대체로 행복과 거의 관련이 없었다. 2주 동안 비자발적이었지만 남을 더 많이 도운 사람은 조금도 더 행복해지지 않았다. 누군가를 도와준 날이 그렇지 않은 날보다 더 행복한 것도 아니었다. 하지만 자발적인 도움은 행복에 실질적이고 지속적인 영향을 미쳤다.

이러한 연구 결과로 미뤄 본다면 남을 돕는 사람은 남을 돕는 행위 자체가 아니라 그 행동의 동기가 무엇인가에 따라 보다 행복해질 수도 있고 그렇지 않을 수도 있는 것 같다. 이것은 남을 도우면 자신이 행복해진다는 일반적인 통념을 좀 더 명확하게 정의한 중요한 연구 결과이다.

그렇다면 도움을 받은 사람들도 훨씬 더 행복해졌을까? 자발적인 도움을 받은 사람들은 전보다 행복해졌지만 비자발적인 도움을 받은 사람들은 그렇지 않았다. 심지어 비자발적인 도움을 받느니 어떤 도움도 전혀 받지 않는 게 더 행복할 거라고 말하는 사람들도 있었다! 자발적인 도움을 받은 사람들은 자신들을 도와준 이들이 보다 열심히 노력했다고 생각했기 때문에 그들과 더 가까워졌다고 느꼈다.

이 연구에서 또 한 가지 짚고 넘어가야 할 사항은 도움을 받은 사람들에게 그들을 도와준 사람들의 동기를 말해 주지 않았다는 점이다. 그렇기 때문에 도움을 받은 사람들은 도와준 사람과 부딪히며 겪은 질적인 경험에만 영향을 받았다. 자발적인 도움을 받으면 비자발적인 도움을 받을 때보다 자신이 훨씬 더 가치 있는 사람이라고 느끼게 된다는 것이다. 하지만 나는 개인적으로 이 주장이 전적으로 옳다고 확신하지는 못하겠다. 몇몇 사람은 자신을 도와주는 사람의 진정한 동기를 직관적으로 감지할 수 있을지도 모른다.

전적으로 옳지는 않더라도 이 연구는 자신의 도움이 다른 사람의 행복에 미치는 영향에 대한 흥미로운 의문점을 제시해 준다. 특히 남을 도울 수밖에 없는 상황이거나 처음부터 아예 남을 돕지 않는 게 차라리 더 나을 것 같은 상황이 아닐 때 자신의 도움이 다른 사람의 행복에 미치는 영향을 조명해 준다. 그러므로 마지못해서 또는 억지로 남을 돕는 일은 재고해 봐야 한다. 이 연구 결과에 따르면 진심으로 남을 도울 게 아니라면 아예 돕지 않는 게 나은 것 같다.

친절 강점을 키우는 방법(Rashid, 2015, 2018)

① 지인에게 매주 세 가지 친절을 베푼다. 예컨대, 아프거나 우울해하는 친구에게 전화를 걸고, 시험 때문에 바쁜 친구 대신 장을 봐 주고, 나이 든 친척의 식사를 준비해 주거나 아이를 봐 준다.

② 이메일이나 편지를 쓸 때 혹은 전화 통화를 할 때 좀 더 친절하고 부드러운 말을 쓴다. 원거리 소통 방식은 사람을 직접 만나 이야기할 때와 달라야 한다는 사실을 깨달아야 한다.

③ 내 소지품(잔디 깎는 기계, 눈 치우는 기계, 점퍼 케이블 등)을 다른 사람들과 나눠 쓴다. 장비 사용법을 모르거나 어떤 일을 끝내려고 애쓰는 사람들에게 도와주겠다고 제의한다.

④ 운전할 때 다른 사람들에게 양보하고 보행자와 자전거 타는 사람을 배려한다. 건물에 들어가고 나갈 때 다른 사람들을 위해 문을 잡아 준다.

⑤ 바람 빠진 타이어를 교체하는 사람을 도와주거나 고장 난 자동차의 주인에게 휴대전화를 빌려 준다. 도로에서 도움이 필요한 사람을 만날 경우에 대비해 점퍼 케이블과 불꽃 신호기를 트렁크에 넣고 다닌다.

⑥ 매주 한 번씩 모르는 사람에게 친절을 베푼다. 줄을 선 사람에게 차례를 양보하거나 이용 시간이 다 된 주차 미터기에 동전을 넣어 주거나, 선반에 남은 마지막 상품을 다른 사람에게 양보한다.

⑦ 아프거나 병원에 있는 사람에게 꽃과 카드를 가져다주고 그 사람의 기분이 눈에 띄게 나아질 때까지 곁에 있어 준다.

⑧ 양로원이나 호스피스 병원에 있는 사람에게 음식이나 꽃, 앨범 등 좋아하는 것을 가져다 준다.

⑨ 갖고 있는 물건을 모두 적어 보고 꼭 필요한 것만 남겨 두고 나머지는 기부한다. 필요 없는 것을 줄여 나가면서 내 기분이나 자아 개념이 어떻게 달라지는지 살펴본다.

⑩ 지역 자원봉사단체에서 활동하거나 직접 자원봉사 활동을 조직하고 다른 사람들에게 친절을 베푼다.

(12) 사회성 지능

사회성 지능(Social intelligence, 정서적·개인적)은 자신과 다른 사람이 어떻게 행동하는 것이 적절한지, 그 동기와 감정을 간파하는 강점이다.

● **특징**: 사회성은 자신의 감정을 잘 다스리며 스스로 행동을 이해하고 바로잡을 줄 아는 능력이다. 타인에 대한 동기와 감정을 인지하고 서로 다른 사회적 상황에 적응하기 위해 무엇을 해야 하는지, 인간관계를 증진하는 방법을 안다.
● **반의어**: 우둔함, 자기기만, 통찰력 부족, 정형화
● **인물**: 오프라 윈프리, 빌 클린턴
● **관련 직업**: 외교관, 방송 진행자, 중개인, 상담심리사, 정치인

공감 그리고 공감이 주는 것

○ 아렌 코헨(Aren Cohen)

피터슨은 긍정심리학을 세 단어(Other people matter)로 집약해 정의할 수 있다고 했다. 바로 '타인이 중요하다'는 것이다. 어떻게 하면 다른 사람이 우리 자신에게 중요한 존재가 될까? 그 답은 바로 공감할 때이다.

공감은 흔히 다른 사람의 감정을 이해하고 나누는 능력이라고 한다. 다른 사람들과 사이좋게 어울려 지낼 수 있다면 그들이 우리에게 중요한 존재가 되는 상황이 펼쳐진다. 다른 사람들을 이해하지 못하는데 어떻게 그들을 중요하게 생각할 수 있겠는가. 다른 사람의 감정을 꿰뚫어 보면 그 사람의 경험에 동참하고, 좋은 감정이든 나쁜 감정이든 무관심이든 그 사람의 감정을 이해할 수 있다. 공감할 줄 아는 사람은 주변으로 눈을 돌릴 수 있기 때문에 더 나은 사람이 된다. 또한 주변 사람들을 우리가 품고 있는 것과 똑같은 감정을 지닌 인간으로 볼 수 있다. 공감하면 다른 사람의 감정적 삶에 관여하게 되기 때문에 그 사람을 제대로 파악할 수 있다.

몇 년 전에 뉴욕시 조기 아동학습 원더플레이 회의에 참석했다. 그 회의 주제는 '공감 능력과 회복력 키우기: 조기 교육자의 역할'이었다. 오전에 기조 연설자 두 명이 연설하고 오후에 두 차례의 소그룹 토의가 열려 하루 종일 이어지는 회의였다. 모든 내용이 흥미진진했지만 가장 인상 깊은 프레젠테이션은 카일 프루엣(Kyle Pruett) 박사의 '공감과 가르칠 수 있는 순간'이었다.

大표강점 연마 및 활용법

프루엣 박사는 공감이란 '다른 사람의 감정 경험을 주의 깊게 지각하는 것'이라고 정의했다. 또한 공감이 동감(sympathy, 감정 공명)이나 자의식(자신의 감정을 다른 사람의 감정에 투영하거나 동물을 의인화하는 것과 유사함)보다 강력한 영향력을 행사하는 이유에 대해 토의했다. 공감은 다른 두 감정과는 달리 양방에게 상호적 의무를 지워 준다. 누군가에게 동감할 때는 그 사람에게 어느 정도 관심을 갖는다. 반면, 누군가에게 공감할 때는 그 사람이 느끼는 감정을 느끼고 그 사람을 위해 행동을 취한다. 그 사람이 즐거워하면 그 사람과 함께 팔짝팔짝 뛰고, 그 사람이 슬퍼하면 그 사람을 꼭 껴안아 준다.

공감 능력은 어디서 나오는 걸까? 어릴 때 우리 내면의 공감 능력을 어떻게 키워야 공감할 줄 아는 어른이 될까? 아동심리학자 안나 프로이트(Anna Freud)와 장 피아제(Jean Piaget)는 공감 능력이 도덕성 발달의 일부분이라고 생각했다. 공감할 줄 아는 아이들은 이 세상이 '나를 중심으로 돌아가는 게' 아니라는 사실을 안다.

프루엣 박사는 청중에게 '공감 궤도(empathic trajectory)'를 보여 줬다. 0세에서 8세까지 아동의 두뇌가 공감 능력을 어떻게 발달시키는지를 보여 주는 것이었다. 아이는 생후 9개월에 다른 사람에게 감정이 있다는 사실을 알게 된다. 생후 1년에서 18개월 사이에는 슬퍼하는 아이에게 자기 인형이나 이불을 빌려 준다. 아이가 점점 커 가면서 두뇌가 성숙하고 언어 능력이 발달함에 따라 공감하는 행동과 남을 돕는 행동이 발달하고, 자기 자신 이상을 생각하는 법을 배운다. 아이가 7세나 8세가 되면 '정당한 것'이라는 기본적인 생각을 뛰어넘어 자신만의 도덕적 사고와 사회적 정의를 정립하기 시작한다.

프루엣 박사는 공감하는 법을 어떻게 가르칠지 혹은 공감 능력이 천부적인 것인지에 대한 질문을 던졌다. 그뿐만 아니라 남성과 여성이 공감 능력을 발휘하는 방식이 다르다고 생각하는지 물었다. 흥미로운 대답이 나왔지만 더욱 많은 연구가 필요해 보인다.

사회성 지능은 다른 사람의 감정 경험을 주의 깊게 인식하는 행동이다. 다른 사람이 중요하다는 것은 알지만 그들이 어떻게 우리에게 중요한 존재가 되는지가 훨씬 더 중요하다. 공감할 줄 모르는 사람은 자리만 차지하고 있는 존재라고도 볼 수 있다. 공감하면 다른 사람의 감정에 반응할 수 있다.

현재 조기 교육자는 공감 능력을 가르치는 방법이나 가르칠 수 있는 것인지를 연구하고 있다. 이것은 내게 큰 의미가 있는 일이다. 내가 알고 있는 긍정적이고 좋은 치료법을 모두 떠올려 봤지만 공감 능력을 단련시켜 주는 치료법이 거의 없었기 때문이다.

스티븐 포스트(Stephen Post) 박사와 질 니마크(Jill Neimark)는 그들의 저서 『왜 사랑하면 좋은 일이 생길까(Why Good Things Happen to Good People)?』에서 베풂의 많은 이점에 대해 토론했다. 이들은 베풂을 광범위하게 정의해 단순하게 물질적인 의미에서 베푸는 것만이 아니라 축하와 충성, 유머를 포괄해 자아를 나눠 주는 다른 방법도 소개했다. 그러한 베풂의 정의에서 내 시선을 사로잡은 것은 공감할 때만 그것이 가능하다는 의견이었다. 베풀면 다른 사람들의 기분을 좋게 만들 수 있기 때문에 우리 자신에게도 이득이 된다. 이것은 우리 모두가 공감 능력을 발휘해 봤기 때문에 잘 아는 사실이다. 실제로 7세나 8세 때 우리가 배운 황금률도 "네가 대우받고 싶은 대로 남을 대우하라."가 아니었던가. 예상치 못한 것이 있다면, 남을 대우해 주는 것이 우리 자신에게 좋다는 것이다. 공감 능력을 발휘해 남에게 베풀면 심리적인 보상과 물질적인 보상을 얻는다. 어려운 시기에 다른 사람들에게 손을 뻗어 물질적인 것뿐만 아니라 정신과 영혼을 너그럽게 나눠 주면 대부분의 사람은 이 세상에서 보다 행복해진다.

사회성 지능 강점을 키우는 방법(Rashid, 2015, 2018)

① 친구들과 형제자매의 이야기를 경청하면서 반박하지 않고 공감하며, 그들의 이야기가 끝났을 때 내 느낌만 말한다. 대화를 나누는 동안 내가 말할 차례만 기다리지 않는다.

② 누군가가 내 기분을 상하게 한다면 그 사람의 동기 중 긍정적인 요소를 적어도 하나 정도는 찾아본다. 그들이 기질이나 본성 때문이 아니라 일시적이고 상황적인 요인 때문에 무례하게 행동했을지도 모르므로 그 이유를 생각해 본다.

③ 4주 동안 매일 다섯 가지 개인적인 감정을 기록하고 그 패턴을 살펴본다. 나의 감정적 패턴을 바꿔 놓는 상황이 정기적으로 발생하는가?

④ 가까운 사람에게 내가 그 사람의 감정을 이해하지 못했던 때가 있었는지 물어보고, 앞으로 내가 그 사람의 감정을 어떻게 헤아려 주길 바라는지 물어본다. 다음에 그 사람과 어울릴 때 내가 취할 수 있는 작지만 실질적인 행동 방법 몇 가지를 생각해 본다.

⑤ 친구들 가운데 타인의 감정을 가장 잘 공감하면서 대화를 나누는 친구를 찾아본다. 그런 친구를 주의 깊게 관찰해서 감탄할 만한 그들의 사회적 기술을 모방하려고 노력한다.

⑥ 누군가에게 해가 될지도 모르지만 토론의 기회를 열어 주는 강력하고 결정적인 논쟁은 한 달에 적어도 두 번 보류한다. 논쟁의 감정적인 '호소력'보다는 이성적인 면에 에너지를 쏟아붓는다.

⑦ 적극적인 관찰자가 되어 불편한 사회적 상황을 지켜보고 어떠한 판단도 보류한 채 관찰한 바를 묘사한다. 그 상황이 과열되거나 통제 불능이 됐는지, 그렇다면 그 이유는 무엇이었는지를 살핀다.

⑧ 다른 사람들의 긍정적인 성격을 주의 깊게 살피고 고맙게 여긴다. 그들과 대화하면서 내 생각을 말한다.

⑨ 좋아하는 TV 프로그램이나 영화를 무음으로 시청하고 나서 감상을 적어 본다. 내가 대화를 할 때 어떤 비언어적 소통 방법을 사용하는지 살핀다.

⑩ 지금까지 내 감정을 드러내 보이지 않았던 사람에게 적절하게 표현한다. 그 사람의 반응을 주의 깊게 살피고 내 감정을 처리한다.

제12장

제12장
긍정심리 대표강점(2):
정의감, 절제력, 영성과 초월성

정의감

⊙ 정의감

정의감(Justice)은 개인과 집단 간의 상호작용을 건강하게 만드는 건강한 공동체 생활과 관련된 사회적 강점이다.

(13) 팀워크

팀워크(Teamwork, 협동심, 시민정신, 충성심)는 개인의 이익보다 집단의 이익을 추구하고자 구성원들이 힘과 뜻을 모아 노력하는 강점이다.

- **특징:** 이 강점을 갖고 있는 사람은 한 집단의 탁월한 구성원이며, 언제나 헌신적이고 충실하게 자기 몫을 다하고 집단의 성공을 위해 열심히 노력한다. 집단의 목적과 목표의 중요성을 알고 있다.
- **반의어:** 이기주의, 자기중심주의, 자기애
- **인물:** 트와일라 타프, 김구
- **관련 직업:** 소방관, 팀 리더, 환경운동가, 시민운동가, 운동선수

지위와 상관없이 공평한 경쟁의 장을 만드는 팀워크

○ 섀넌 폴리(shannon polly)

극장 안은 어두웠다. 사람들이 엄청난 비밀이 밝혀지는 순간을 기다리며 웅성거렸다. 뮤지컬 〈스위니 토드(Sweeney Todd)〉가 공연되는 중이었다. 우리 대학교 사람들은 첫 번째 희생자가 도끼에 찍혔을 때(이 공연에서는 면도날에 베였을 때) 무슨 일이 일어나는지를 친구들한테 들어 알고 있었다. 의자 바닥과 발판이 아래로 떨어지면서 의자에 앉아 있던 배우가 아래층으로 뚝 떨어지는 것이었다.

그 당시 나는 러벳 부인 역을 맡아 무대에 나갈 차례를 기다리고 있었다. 그때 음악 소리 사이로 비명소리가 들렸다. 리허설을 했을 때와 똑같은 소리였다. 하지만 이번에는 방금 살해당한 등장인물을 연기하는 배우의 비명소리가 아니었다. 실제 비명소리였다. 의자가 부서져 배우가 피를 흘렸다. 혼돈의 도가니였다. 무대에는 안개가 깔려 있어서 무슨 일이 벌어지고 있는지 아무도 몰랐다. 오케스트라는 무슨 일이 일어났는지 모른 채 연주를 계속했고, 다친 배우는 정강이에서 피가 흐르고 코가 부러졌을지도 몰랐지만 '쇼는 계속돼야 한다'는 규칙을 지키려고 했다. 그래서 계속 노래를 불렀고 다음 위치로 움직였다. 하지만 다른 배우와 기술자, 음악가는 이번은 예외라고 생각했다. 무대 경영자가 공연을 중단시키고 조치를 취했다. 작품에 관여한 모든 사람이 초경계 상태에 들어갔다.

이것은 팀워크가 집단의 성격강점이자 개인의 성격강점으로서 어떻게 발휘되는지를 잘 보여 준 실례였다. 이 순간에는 모든 사람이 작품에 필요한 조치를 취하기 위해 이기심을 버렸다. 배우가 병원으로 실려 가자 기술자들은 서로의 일을 대신해 줬다. 오케스트라는 지시가 내려올 때까지 기다렸다. 심지어 관객석에서 의사 한 명이 무대로 올라와 치료를 도와줬다. 20분 만에 의자를 고쳤고 우렁찬 박수소리가 울려 퍼졌다.

예술작품 제작 현장에 있어 본 사람이라면 얼마나 많은 사람의 이해관계가 얽혀 있는지 잘 알 것이다. 하지만 사람들이 자신들의 지위와 상관없이 작품의 성공을 위해 해야 할 일을 할 때 배우와 관객 모두가 최상의 경험을 한다.

팀워크가 지나친 경우도 있다. 나는 업무량이 압도적으로 많다고 불평하는 한 고객을 코칭하다가 난관에 부딪혔다. 그 고객은 새 경영자가 된 데다 이전의 업무까지 처리해야 했고 대학원에 다시 다니기 시작했다. 우리는 몇 차례 만나 그녀의 가치를 연구하고 자가치료의 이득에 대해 토의했다. 그러다가 그녀의 성격강점을 살펴보았고 팀워크가 그녀의 대표강점임을 알았을 때 좋은 생각이 떠올랐다. 이 고객은 맡은 역할을 다하는 것을 자신의 행복보다 우선시했다. 마침내 자신의 성격강점과 남용의 징조를 명확하게 알아볼 수 있었다. 그 이후로는 녹초가 되지 않게 행동을 조절할 수 있었다. 그 과정에서 업무를 위임하면 다른 사람들도 성장할 기회를 얻을 수 있기 때문에 업무 위임이 팀에도 이롭다는 사실을 깨달았다.

그렇다면 팀워크를 대표강점으로 지니고 있는 사람을 어떻게 찾아낼 수 있을까? 팀 목표와 일치하는 행동을 취하고 내 고객처럼 개인적 만족보다 팀 목표를 우선시하는 사람을 찾아보면 된다. 팀워크는 큰 그림을 보는 동시에 그 안에 속한 자신의 자리까지 볼 수 있는 능력과 관련돼 있다.

팀워크 자체를 강화하고 당신이 참여하는 팀을 향상시키는 네 가지 방법은 다음과 같다.

첫째, '나'보다 '우리'를 우선시한다.
둘째, 그룹과의 연관성을 상기시킨다.
셋째, 마음을 열고 호기심을 가진다.
넷째, 긍정정서에 주목하고 그 감정을 표현한다.

이 네 가지 방안은 모두 자신의 이익을 잊어버리고 집단 전체를 생각하는 것과 관련이 있다. 감독 모자를 쓰고 자신의 집단에서 1m쯤 떨어진 곳에 서서 일이 어떻게 돌아가고 있는지 살펴보자. 모두가 협력하지 않으면 쇼는 계속되지 않는다.

팀워크 강점을 키우는 방법(Rashid, 2015, 2018)
① 내가 가장 잘하는 분야의 지역 공동체 서비스 프로젝트에 매주 자원하고 그곳에서 같은 열정을 지닌 친구를 찾는다.
② 적어도 매년 한 사람의 목표를 설정해 주고 목표 달성 과정을 정기적으로 점검한다. 필요하다 싶을 때마다 그 사람을 도와주고 격려한다. 그 사람이 보답하고 싶어 한다면 내 목적 하나를 달성하게 도와달라고 한다.
③ 마을이나 학교 팀에서 운동을 한다. 선의의 경쟁 정신을 이끌어 내어 이웃 사람들의 유대를 강화한다.
④ 헌혈이나 장기 기증을 한다. 수급 부족 시기에는 이웃 사람들도 나처럼 행동하도록 격려한다.
⑤ 이웃 혹은 친구에게 좋아하는 요리를 해 준다. 이웃 혹은 친구가 아프거나 바쁠 때처럼 특별히 도움이 필요한 상황을 노린다.

⑥ 길에 떨어진 쓰레기를 주워 휴지통에 버린다. 쓰레기를 줍는 사람을 보면 그 사람에게 감사해하고 도와준다.

⑦ 그룹 토론을 장려하고 의견이 분분할 때 의견 일치를 이끌어 내려고 시도한다. 합의가 이뤄지지 않더라도 토론하다 보면 각각 견해가 다른 사람들을 더욱 잘 알게 된다.

⑧ 매달 적어도 한 번 사교 모임을 주선하거나 그런 모임에 참석한다. 지역 공동체의 각기 다른 분야에 종사하는 사람들을 한자리에 초대한다.

⑨ 매주 적어도 30분씩 투자해 공공장소를 청소한다. 친구와 함께 청소하거나 지나가다 발걸음을 멈춘 사람에게 함께 청소를 하자고 제의한다.

⑩ 다른 곳으로 떠나는 이웃에게 송별회를 열어 주거나 새로 이사 온 이웃에게 환영회를 열어 준다. 새로 온 이웃들의 관심사를 알아보고 그들이 참여할 만한 지역 공동체 조직이나 프로젝트를 추천해 준다.

(14) 공정성

공정성(Fairness, 공평성, 정의)은 편향된 개인적인 감정의 개입 없이 모든 사람에게 동등하고 공평한 기회를 주는 강점이다.

- **특징**: 공정한 사람은 자신의 개인적인 감정에 따라 다른 사람들에 대한 결정을 편파적으로 하지 않는다. 공정하고 정의롭게 모든 사람에게 똑같은 기회를 준다.
- **반의어**: 불공정성, 선입견, 편견, 변덕
- **인물**: 마하트마 간디, 안창호
- **관련 직업**: 판사, 경기 심판, 옴부즈맨, 공무원, 중개인, 기자, 방송 PD

공정한 원숭이와 정의의 여신

○ 션 도일(Sean Doyle)

아들은 중학생이 됐을 때 모든 것에 토를 달았다. 뭐 하나 순순히 수긍하는 적이 없었다. 크든 작든 부당한 것이나 거짓된 불만을 감지하면 조금도 허용하지 못했다. 사춘기란 우리 모두가 겪었듯이 시간이 지나면 낫는 병이라는 건 나도 잘 안다. 하지만 중학생 아들과 어떻게든 잘 지내 보려고 애쓰는 그 순간에는 그게 전혀 도움이 되지 않았다. 그래서 긍정심리학에 푹 빠진 다른 부모들처럼 나도 아들의 성격강점을 알아보려고 아들에게 성격강점 검사를 받게 했다(이쯤에서 난 아이들에게 멍청이 아빠가 됐다). 검사 결과, 앤디는 공정성과 용감성이 가장 뛰어났다. 그러니 앤디가 모든 것에 맞서 싸우려고 할 만도 했다.

공정성은 우리 문화에서 가장 가치 있는 덕목이자 친절 다음으로 가장 흔한 성격강점이다. 또한 업무상 요구에 가장 잘 들어맞는 5대 성격강점 가운데 하나이기도 한다. 이 5대 성격강점이란 공정성과 정직, 개방성(판단력), 예견력, 열정을 말한다. 사람들은 판사와 경찰, 상사, 부모가 공정하길 바란다. 사업 거래나 입법 정책을 두고 협상할 때는 상대의 요구 조건을 낮추려고 공정성에 호소한다.

공정성은 대학생들의 학교 생활 만족도뿐만 아니라 성적에도 영향을 미친다. 야생 개코원숭이는 부당하게 괴롭힘을 당하는 원숭이의 털을 골라 준다. 또한 리더십과 공정성 같은 시민의 자질을 크게 발휘하는 학생은 사랑과 친절을 크게 베푸는 친구보다 교실에서 훨씬 더 많은 인기를 누린다.

그리스인과 로마인은 공정성을 아주 높게 평가해 스톨라를 입고 저울과 풍요의 뿔을 든 정의의 여신을 숭배했다. 인간들이 점점 폭력적으로 변해 도를 넘어서고 사리사욕만 채우고 있을 때 다른 모든 신은 인간 세상을 등졌지만 그리스의 '별 아가씨' 아스트라이아는 마지막까지 남아 인간들에게 공정성을 호소했다. 또한 원숭이도 공정성을 매우 높게 평가해 아무리 맛있어도 공평하게 나눠 갖지 못하는 것은 거부한다. 심지어 어떤 침팬지는 짝이 얻지 못하는 먹이는 먹으려고 하지 않는다.

불멸의 여신으로 상징되고 원숭이가 높이 평가하는 이 공정성은 대체 어떤 덕목일까? 공정성은 정의와 연관돼 있지만 정의와는 다소 다르다. 아리스토텔레스는 『니코마코스 윤리학(Nichomachos Ethics)』에서 법적 정의와 의식적 정의를 구분했다. 다시 말해, 그는 합법적인 것과 공평하고 옳은 것을 구분했다. 서로 다른 권리나 가치가 충돌할 때는 법에 호소할 수 있다. 하지만 법은 시대나 환경, 장소에 따라 달라질 수 있다. 공정성의 의미가 달라질 수도 있다는 말이다.

한편, 저울을 든 로마의 여신 아에퀴타스(평등)는 인간에 불과한 입법자가 예견할 수 없는 상황이 닥치면 법이 변해야 한다는 개념을 상징한다. 공정성이란 균형과 평등을 유지하는 것이다.

그럼에도 우리 인간은 '무엇이 공정한 것인가?'라는 문제로 고심하고 또 고심한다. 진보당과 보수당은 모두 공정성을 추구하지만 그 의미는 서로 다르다. 정계에서 좌파에 속한 사람들에게 공정성이 평등을 의미한다면 우파에 속한 사람들에게는 비례 원칙을 뜻한다. 부유한 사람들이 사회경제적 사다리의 맨 아래에 있는 사람들을 착취한다는 견해가 있는 반면, 이와는 대조적으로 몇몇 사람이 다른 사람들이 받는 것과 완전히 다른 뭔가를 받게 되더라도 사람들은 그들의 기여도에 따라 보상받아야 한다는 견해도 있다.

열세 살짜리 우리 아들은 용감한 데다 공정하기까지 해서 자기에게 득이 되지 않는 경우에도 부당함을 감지하면 용감하게 맞서 싸웠다. 이런 식으로 아들을 바라보자 한때는 불평불만만 늘어놓는 것 같았던 아들의 행동이 새롭게 보였다. 간디와 만델라, 마틴 루서 킹도 용감성과 공정성이라는 두 가지 성격강점을 발휘해 역사를 바꿔 놓았다.

그런데 때로는 그런 성격강점이 우리의 발목을 잡을 수도 있다. 어떤 한 사람이 근본적으로 아주 공정하다고 생각하는 것이 다른 사람들에게는 무의미하거나 불온한 것으로 비쳐질지 모르기 때문이다. 우리의 강점은 약점이 아니라 진정한 장점이지만 역효과를 불러일으킬 수도 있다.

자신이 누구인지를 가장 진실하게 보여 주는 것이 공정성이라면 공정성은 자신이 세상을 바라보는 렌즈가 되기도 한다. 당신은 공정하게 대우받기를 바라고, 낯선 타인들이 서로를 공정하게 대하기를 바란다. 하지만 우리가 살아가는 이 세상이 언제나 공정한 것은 아니다. 경주를 할 때 모든 사람이 같은 선에서 출발하지는 않는다. 승진에서 제외될 수도 있다. 사랑하는 사람에게 속을 수도 있다. 다른 사람들이 당신을 이용할지도 모른다.

이 세상이 근본적으로 공정한 세계라고 생각한다면 그렇지 않은 상황에 민감해진다. 공정성은 우리 세계에서 비례 원칙과 평등을 실현시켜 주는 훌륭하고 강력하며 필수적인 성격강점이다. 법을 만들고 바꾸는 데도 영향을 미친다. 약한 자를 보호하는 수단이기도 하다. 하지만 우리의 성격강점 때문에 생겨나는 편견과 바람에 귀 기울이지 않는다면 중요한 다른 가치를 보지 못할 수도 있다. 저울의 균형을 맞춰 주는 다른 요인을 간과하게 될지도 모른다.

따라서 균형을 맞추기 위해 노력하라. 옳은 것을 지키기 위해 싸우라. 조약돌을 계속해서 하나씩 하나씩 주워 아에퀴타스의 은쟁반에 올려놓으라. 그러다 보면 한쪽 쟁반이 기울지도 모른다. 그렇다면 다음번에는 소홀히 했던 다른 쪽 쟁반에 조약돌 2개를 올려놓아야 한다. 이로써 공정성의 여신 아스트라이아를 다시 불러올 수 있다. 우리 모두를 하나로 묶어 주는 그 불멸의 자질을 발휘하라.

공정성 강점을 키우는 방법(Rashid, 2015, 2018)

① 다음번에는 내가 나의 실수를 인정하는지 생각해 본다. 앞으로 내 실수를 좀 더 솔직하게 인정하도록 노력한다.

② 모든 사람이 토론이나 활동에 동등하게 참여하도록 격려한다. 특히 무시당한다고 느끼

는 사람의 참여를 이끌어 낸다. '포용자'가 되어 명성을 쌓아 나간다.

③ 내가 좋아하는 것과 싫어하는 것을 토대로 판단을 내리는지, 아니면 정의와 공정의 원칙에 따라 판단을 내리는지 스스로 점검해 본다. 앞으로 판단을 내릴 때는 개인적 기호에 따르지 않도록 최대한 노력한다.

④ 내가 속한 집단을 옹호한다. 다른 집단에 소속된 사람들을 존중하면서 타인의 권리를 대변한다.

⑤ 다음번에 토론할 때는 사회적으로 바람직하다는 이유로 공정성을 소홀히 하지 않는지 스스로 점검해 본다. 다른 사람들의 감정을 고려하면서 객관적인 태도를 유지한다.

⑥ 공정하지 못하게 행동했거나 보다 공정하게 처리할 수 있었던 일을 떠올려 보고 적어 본다. 그리고 나서 향후의 행동이 어떻게 개선될 것인지를 생각해 본다.

⑦ 사회적 정의에 대한 중요한 문제를 말이나 글로 표현해 매체에 전한다. 단호하고 합리적이며 관계자 전원을 존중하는 태도로 글을 쓴다. 긍정성과 강점을 강조하는 어휘를 사용한다.

⑧ 성차별이나 민족차별을 하는 친구와 공정성에 대해 정중하게 토론한다. 그 사람에게 사람을 차별하는 이유를 물어보고, 과거의 나쁜 경험 탓에 그런 편견을 가졌을지도 모른다는 사실을 일깨워 준다. 상대의 말을 잘 들어주고 올바른 행동을 보여 주는 모범적인 사람이 된다.

⑨ 공정성과 사회적 정의, 형평성을 보여 주는 영화나 다큐멘터리를 시청한다. 그러한 영상물의 주제가 내 인생에서 일어나는 일과 어떤 관계가 있는지 생각해 본다.

⑩ 간디와 마틴 루서 킹, 만델라처럼 사회적 정의를 몸소 실천해 보인 유명인의 전기를 읽는다. 그들의 강점 중 어떤 것을 자신도 지니고 있는지 생각해 본다.

(15) 리더십

리더십(Leadership)은 집단 활동을 조직하고 관리해 성과를 이끌어 내는 강점이다.

- **특징**: 리더십을 갖춘 사람은 단체를 조직하고 관리하는 능력이 남다르다. 일을 추진할 때 내가 속한 집단을 고무하고 집단 내에서 좋은 관계를 맺으며, 집단 활동을 조직하고 관심을 갖고, 조직 내의 누구에게도 원한을 품지 않는다.
- **반의어**: 리더십이 결여된 사람, 도전을 받아들이지 않는 사람, 소통 부재
- **인물**: 이순신, 윈스턴 처칠

● **관련 직업:** 경영자, 감독, 선장, 교장, 정치인, 군지휘관

톰 래스 인터뷰

○ 마거릿 그린버그(Margaret Greenberg)

경영 서적에 사랑 이야기가 나온다고? 톰 래스(Tom Rath)와 배리 콘치(Barry Conchie)의 『강점 기반 리더십(Strengths Based Leadership: Great Leaders, Teams, and Why People Follow)』에 사랑 이야기가 어떤 식으로 등장하는지 본다면 아마도 깜짝 놀랄 것이다. 이 책이 다른 책과 차별화되는 이유는 추종자들이 지도자에게 요구하는 것을 새롭게 연구했기 때문이다. 그 연구의 네 가지 주제는 신뢰, 연민, 안정 그리고 희망이다.

나는 래스와 인터뷰하면서 그가 알고 있는 리더십의 비밀을 파헤쳐 보았다.

그린버그: 이 책에서 얻을 수 있는 가장 중요한 내용은 무엇인가요?

래스: 이전의 연구에서 훌륭한 지도자가 반드시 다재다능해야 하는 것은 아니라는 사실이 밝혀졌어요. 하지만 훌륭한 팀에선 그래야 할지도 모르죠. 이 책에서 전하는 세 가지 주요 내용은 이렇습니다. 첫째, 자신의 강점을 알아야 합니다. 둘째, 적합한 사람들로 팀을 구성하고 팀원들의 강점을 파악해야 합니다. 셋째, 추종자들의 욕구를 충족시켜야 합니다. 이것이 바로 추종자들이 지도자에게 요구하는 것을 새롭게 연구한 결과죠.

그린버그: 선생님은 이번 책에서 "다른 사람들이 당신을 따를 때 당신은 조직의 리더가 된다."라고 주장하셨죠. 저희가 리더십을 연구할 때는 보통 지도자에게 어떤 일을 하는지 물어봅니다. 선생님이 한 것처럼 추종자의 의견을 묻는 일은 거의 없죠. 그것에 대해 좀 더 자세하게 말씀해 주세요.

래스: 지도자에게는 추종자들이 필요하고, 지도자가 변화를 이끌어 낼 수 있는지 없는지를 가장 잘 판단할 수 있는 사람이 바로 지도자를 따르는 개개인이라는 사실을 간과하는 경우가 종종 있죠. 그래서 전 세계 2만 명에게 자신의 인생에 가장 큰 영향을 미친 지도자를 떠올려 보라고 했어요. 그러고는 그 사람을 따르는 이유를 자기 나름대로 자유롭게 설명해 달라고 했죠. 그 후에 그 사람들의 대답과 반응을 분류하고 정리했어요.

그린버그: 가장 놀라운 결과는 무엇이었나요?

래스: 예상했던 대답이 최상위권에 들지 못한 것을 보고 깜짝 놀랐죠. 추종자가 비전이나 명확성 혹은 목적에 대한 이야기를 꺼내지 않았거든요. 논문에서 가장 많이 언급되는 요소가 없다

니 아이러니하죠. 지도자는 회사가 전략적으로 나아가고자 하는 방향을 생각해야 합니다. 하지만 인간관계를 유지해 나가기 위해서 정기적으로 해야 하는 기본적인 것들이 있죠.

그린버그: 그 밖에 또 다른 놀라운 결과가 있었나요?

래스: 책에서 많이 언급되지 않은 또 다른 결과는 추종자들이 자신들에게 가장 중요한 영향을 미친 사람과 관계를 유지하는 평균 기간이었죠. 그 기간은 10년이었어요. 평균 10년 동안 효력을 발하는 리더십은 진정으로 탄탄한 인간관계에서 찾아볼 수 있습니다. 5명 혹은 500명에게 그러한 영향력을 행사하면서 그들과 탄탄한 인간관계를 맺으려면 많은 시간과 인내심이 필요하죠. 지도자는 이 사실을 명심해야 합니다.

그린버그: 사랑이라는 요소는 어떻게 생각하나요? 사람들이 가장 강력한 영향력을 행사한 지도자를 묘사할 때 사랑을 언급했나요?

래스: 사람들은 멘토나 경영자, 배우자, 부모, 교사 같은 훌륭한 지역 지도자에 대해 이야기할 때 배려, 연민과 더불어 사랑이라는 말을 상당히 자주 사용했어요. 사랑이라는 말은 그들의 관계가 얼마나 친밀한지를 보여 주죠. 가장 큰 영향력을 행사한 조직 지도자와 세계적인 지도자에 대해 물어보자 사람들은 배려와 연민 같은 단어를 사용했어요.

그린버그: 선생님은 리더십의 영역을 실행과 영향력 행사, 관계 구축, 전략적 사고라는 네 영역으로 나누었고, 크게 성공한 조직 지도자들과의 인터뷰 내용을 소개하면서 각각의 영역을 설명해 주셨죠. 그 내용에 대해 좀 더 자세히 말씀해 주세요.

래스: 제가 인터뷰한 사람들은 제가 오랫동안 존경해 왔던 분들입니다. 그들이 사람들과 상호작용하고 조직을 구축하는 방식은 저마다 완전히 달랐죠. 웬디 콥[교육봉사 단체 티치 포 아메리카(Teach for America)의 창립자이자 CEO]은 처음 만난 그 순간부터 온몸에서 성취감을 내뿜었어요. 그녀는 조직을 기초부터 탄탄하게 키울 때까지 매일, 매주, 매달, 매년 해야 할 일을 어떻게 전략적으로 수행했는지 말해 주더군요. 콥은 논문을 쓰기 시작한 지 12개월도 지나기 전에 『뉴욕타임스(New York Times)』 1면에 실렸고, 캘리포니아에서 500명의 교사를 모집했으며, 250만 달러 이상의 매출을 올렸죠. 그 결과를 생각하면 지금도 어안이 벙벙합니다.

하지만 머빈 데이비스(스탠더드차타드은행 회장)와의 인터뷰가 가장 인상적이었어요. 세계적인 영국 은행 회장 하면 보통 사람들은 인간관계에 중점을 두고 회사를 운영하는 사람으로는 떠올리지 않아요. 그런데 데이비스는 7만 가구의 행복이 자기 회사에 달려 있다는 이야기를 했죠. 데이비스의 직속 부하 직원 몇 명과도 인터뷰를 했는데, 그들은 자신들이 개인적으로 어려운 일을 겪었을 때 데이비스가 얼마나 큰 힘이 되어 줬는지 모른다고 말하더군요. 그런 식으로 세계적인 은행을 설립하고, 그 과정에서 줄곧 상당히 돈독한 인간관계를 형성했다는 것은 참으로 주목할 만한 점입니다.

그린버그: 지도자들의 공통적인 강점이 있었나요?

래스: 아니요. 그것도 제가 얻은 큰 깨달음 가운데 하나였죠. 크게 성공한 지도자들을 살펴봤지만 일관된 특징은 많지 않았어요. 상위 5위 안에 들어가는 강점이 상당히 비슷한 사람은 2명 있었어요.

그린버그: 지도자들한테서 자주 받는 질문이 하나 있어요. "직원들이 자기 부서만 생각하지 않고 업무를 더 잘 수행하기 위해 다른 부서들과 보다 적극적으로 협력하게 만들려면 어떻게 해야 합니까?"라는 거예요. 이 질문에는 어떻게 답할 건가요?

래스: 약간은 초등 수준의 답처럼 들릴지도 모르지만 사람들의 이야기를 끌어낼 수 있는 기본적인 일을 해야 한다고 생각합니다. 예를 들자면, 자주는 못하더라도 정기적으로 만나는 사람들과 얼굴을 맞대고 앉아서 그들을 알아 나가는 시간을 갖는 것이 이상적이죠. 약간의 시간을 투자해 그들의 강점에 대해 이야기하면 그들 각자가 중요한 기여를 할 수 있다는 사실을 알게 되죠. 팀이 결성됐는데도 제대로 돌아가지 않는 경우가 얼마나 흔한지 알고 깜짝 놀랐어요. 기업들은 속도가 중요한 경우가 아니라면 그러한 대화의 가치를 알아볼 수 있어야 합니다. 예컨대, 저는 이곳 직장에서 5명과 친밀한 인간관계를 맺었어요. 그들과 그처럼 친밀한 관계를 맺지 못했더라면 10분에서 15분 정도 걸렸을 소통 시간이 덕분에 10초에서 15초 정도로 짧아졌죠.

그린버그: 팀의 구성을 들여다보고 인간관계 형성 강점이 있는지 살펴본다면 아주 흥미로울 것 같아요. 그러한 강점은 사람들이 얼마나 협조적으로 일하는지와 관련이 있겠죠?

래스: 좋은 지적입니다. 우리와 함께 일했던 리더십이 뛰어난 많은 팀이 인간관계 형성에 매우 약했습니다. 2년 전에 저희 팀에도 그런 문제가 생겨 이에 대해 생각을 많이 해 봤어요. 저희 팀원 가운데 한 사람은 팀원 간 화합을 이끌어 내고 인간관계를 형성하는 일을 저보다 열 배나 더 잘했죠. 그래서 전 그 사람에게 솔직하게 말했어요. "내가 이 팀을 관리하고 있을지는 몰라도 당신이 나보다 그 일을 더 잘한다는 걸 압니다."라고 말이죠. 그러자 그 사람은 보다 다양한 사람과 함께 일하는 더 나은 환경을 조성할 수 있도록 저를 많이 도와줬습니다.

리더십 강점을 키우는 방법(Rashid, 2015, 2018)

① 젊은 친척과 나이 든 친척을 모두 초대해 세대 간 교류가 이뤄지는 가족 모임을 만든다.

이때 나이별로 어울리게 두기보다는 다 함께 대화를 나눌 수 있도록 한다. 사람들이 세대 간 공통점에 주목하도록 유도한다.

② 부당한 대우를 받은 사람을 옹호한다. 다른 지도자들이 집단 활동 과정에서 공정성을 강조하도록 격려한다.

③ 어떤 행사나 활동의 리더 역할을 돌아가면서 맡는다. 다른 사람들에게 리더가 될 기회를 제공하고 그 경험에 대해 이야기를 나눈다.

④ 내가 좋아하는 리더의 전기를 읽거나 영화를 감상하고 나서 실질적으로 어떤 영감을 받았는지 가늠해 본다. 내가 그 리더와 어떤 성격강점을 공유하고 있는지 생각해 본다.

⑤ 두 사람이 논쟁을 벌일 때는 다른 사람들을 초대해 그들의 의견을 수용하고 문제해결에 중점을 두어 논쟁을 중재한다. 서로를 존중하고 열린 마음으로 상대의 의견을 받아들이는 토론 분위기를 조성한다.

⑥ 어떤 활동이나 임무, 프로젝트를 주도하고 집단 구성원의 의견을 적극적으로 수렴한다. 발언을 거의 하지 않는 사람들을 격려해 그들의 의견까지 이끌어 낸다.

⑦ 직장에서 깜짝 생일파티 같은 행사를 조직해 동료를 초대한다. 이 기회를 이용해 동료와 개인적으로 친해질 수 있다.

⑧ 내가 가진 재주를 동네 아이에게 가르쳐 주고, 나이 차이에 개의치 않고 아이들의 말을 진지하게 들어준다.

⑨ 주제별 모임과 기념일, 깜짝 파티, 가족 강점의 날 등 새로운 가족 전통을 만들어 이끌어 나간다. 가족 구성원을 대표강점에 따라 나누어 조직하는 일을 돕는다.

⑩ 나의 리더십 스타일을 향상시킬 수 있는 방법을 적어 본다. 옛날에 나를 따랐던 사람들에게 내가 어떤 지도자였는지 물어본다.

⊙ 절제력

절제력(Temperance)은 지나침으로부터 보호해 주는 긍정적 특징들로 독단에 빠지지 않고 무절제를 막아 주는 중용적 강점이라 할 수 있다.

(16) 용서

용서(Forgiveness, 자비)는 잘못을 행한 사람을 용서하고, 그에게 다시 기회를 주며, 분노를 버리고 앙심을 품지 않는 강점이다.

- **특징**: 이 강점을 지닌 사람은 자신에게 잘못한 사람을 용서하고 항상 잘못을 만회할 기회를 준다. 용서하면 가해자에 대한 기본적인 동기나 행동이 대체로 훨씬 긍정적으로 바뀐다. 앙심을 품거나 가해자와 마주치는 일을 애써 피하지 않고 너그러운 마음으로 친절하게 대하는 경우가 많다.
- **반의어**: 분노, 악의에 차 있음, 무자비함, 복수심, 매정함
- **인물**: 부처, 넬슨 만델라
- **관련 직업**: 성직자, 상담심리사, 교사

용서냐, 복수냐

○ 루이자 주얼(Louisa Jewell)

지난 토요일, 동네 교회에서 열리는 연소 성찬 연례의식(Annual Fire Communion Service)에 참석했다. 이 의식에 참석한 사람은 자신이 가장 떨쳐 버리고 싶은 것을 간략하게 적은 종이 쪽지를 불태우고 촛불을 켜서 다가오는 새해에 이루고 싶은 소망을 빈다. 나는 과거로 흘려버리고 싶은 게 무엇이 있을지 곰곰이 생각해 보고 나서 그것을 교회에서 나눠 주는 발연성 종이에 적었다. 그러고는 줄을 서서 다른 사람들이 불 속으로 종이를 던져 넣는 모습을 지켜보았다. 마침내 내 차례가 됐을 때 종이를 천천히 불 가까이 가져가 그 속에 던져 넣었다. 그 즉시 화염이 일면서 종이가 흔적도 없이 사라졌다. 그 순간, 수년 동안 내 마음을 억눌렀던 짐이 불에 탄 종이처럼 사라지는 것 같았다.

그 종이에는 내가 12년 넘도록 마음에 담고 있던 일이 적혀 있었다. 나는 오래전에 가까운 가족한테서 큰 상처를 입은 적이 있다. 하지만 그 사람을 측은하게 여기고 완전히 용서하기로 마음먹었다. 그래야 내가 건강하고 행복할 수 있으니까 말이다. 나는 그 사람이 왜 그런 짓을 했는지 이해했고, 그 사람이 옳은 행동을 했다고 느꼈기 때문이 아니라 이제 그만 그 일에서 벗어나고 싶어서 그 사람을 용서했다. 오랜 세월 동안 나는 몇 번이고 반복해 그 사람을 용서했지만 마음의 안정을 얻지 못했다. 결국에는 이럴 때 용서하는 것이 진정으로 옳은 행동인가라는 의구심을 갖기 시작했다. 바로 그때부터 용서의 부정적 면을 깊이 파헤치는 데 몰두했다. 용서하는 것이 타당하지 않은 경우가 있을까?

용서가 부정적인 결과를 가져올 수도 있다는 전제(맙소사!)는 용서의 긍정 효과를 보여 주는 광범위한 연구 결과에 반한다는 사실을 잘 알고 있다. 용서에 대한 많은 연구에 따르면 용서는 언제나 행복 찾기의 정답이 되는 것 같다. 하지만 다른 덕목과 마찬가지로 용서도 적절

하게 사용하는 것이 좋다고 나는 생각한다. 한쪽 극단으로 치우쳐 무엇이든 조금도 용서하지 못하면 고립되고 냉혹한 사람이 될 수 있다. 반면, 또 다른 쪽 극단으로 치우쳐 무차별적으로 용서를 베풀면 나약해지는 것 같아 자존감을 잃을 수도 있다. 그러므로 언제 어떻게 용서를 베풀어야 할지 알아야 용서의 혜택을 극대화할 수 있다.

문제를 폭력으로 해결하는 방법을 지지하는 것은 아니지만 복수가 반드시 뿌리 뽑아야 하는 병폐가 아니라 발전을 이끌어 내는 자연스러운 인간 행동이라는 견해에 흥미를 느꼈다. 연구학자 마이클 맥컬러프(Michael McCullough)는 이런 의구심을 던진다. "복수처럼 큰 희생이 따르는 행동이 …… 환경에 잘 적응하는 데 전혀 도움이 되지 않는다면 왜 모든 종이 그런 행동을 하겠는가? …… 복수가 인간의 행동 목록에 남을 수 있는 이유는 무엇일까?" 맥컬러프는 그 이유로 다음의 세 가지를 들었다.

- **해악 억제:** 누군가가 나를 해하면 내 마음속의 복수 프로그램이 발동해 내가 그 사람에게 다시 해를 가할지도 모른다. 그리고 그 사람이 이 사실을 안다면 또다시 나를 해할 가능성이 낮아질 것이다.
- **사회에서 허용되는 행동 기준 정립:** 내가 누군가에게 해를 입었을 때 나도 그 사람에게 해를 가한다면 그 사람의 공동체 사회나 집단에게 '나를 건드리지 마라. 그랬다가는 나도 너를 해칠 것이다.'라는 메시지를 보내게 된다.
- **인간 사회에서 협력 증진:** 인간이 어떻게 문명을 일으켰는가? 사람들의 이기적인 행동을 벌하면 그런 사람들이 공동선의 실현에 협력하도록 만들 수 있다.

이러한 보복은 만족감을 얻으려는 것이 아니라 폭력의 대가를 치르게 하려는 것이다. 예컨대, 지하철 무임승차를 한 사람에게 벌금을 부과하거나, 남편에게 학대당한 여자가 결혼생활을 끝내고 떠나 남편이 결혼이란 관계에서 얻을 수 있는 혜택을 누리지 못하게 하는 것이다. 대가를 치르게 하지 않는다면 가해자가 또다시 해악을 저지르는 것을 어떻게 막을 수 있겠는가. 그렇다면 용서를 해야 할지, 보복을 해야 할지 알려 주는 지침이 있을까?

연구 결과에 따르면 부정행동을 거의 하지 않는 배우자를 보다 많이 용서하는 사람은 결혼 직후 2년 동안 결혼생활에 보다 큰 만족감을 느꼈다. 하지만 부정행동을 자주 하는 배우자를 용서하는 사람의 결혼생활 만족도는 급격하게 하락했다. 이 결과로 알 수 있듯이 용서가 긍정적인 결과를 낳는지 또는 부정적인 결과를 낳는지는 가해자의 행동이 지속적인지 아닌지에 달려 있다.

가해자가 피해자의 안전과 가치를 보호해 주는 행동을 할 경우에는 피해자가 가해자를 용서함으로써 자존감이 높아질 수 있다. 한편, 가해자가 자신의 행동을 바로잡지 않고 계속해서 남을 학대할 경우 피해자가 가해자를 용서한다면 피해자의 자존감이 약해진다. 그러므로 용서는 피해자가 안전하고 가치 있는 관계를 보장받을 때만 베푸는 것이 가장 현명하다.

나는 용서를 남발하면 학대가 계속된다고 생각한다. 그런데 그렇게 학대가 계속될 때도 사람들은 가해자를 용서한다. 보복이 답이라고 생각하지는 않지만 피해자는 끝까지 자기주장을 펼쳐 가해자를 납득시키고 가해자가 합당한 대가를 치르게 해야 한다. 안전이 보장되는 동시에 용서는 과거의 죄를 과거로 흘려 버리고 보다 긍정적인 것을 찾아 앞으로 나아갈 수 있는 강력한 도구가 될 수 있다. 그러므로 용서를 할 때 자존감을 유지하고 이용당한다는 느낌을 받지 않도록 하는 것이 중요하다.

용서를 할 때 자존감이 살아나거나 약해지는 상황을 구분하려면 용서할지 말지 결정하는 데 영향을 끼치는 요소를 파악해야 한다. 복수가 목적이 될 수 있는 것처럼 용서도 인간 생존에 중요한 진화와 사회적 관계 유지에 중요한 영향을 미친다. 집단이나 팀에서 긍정적인 인간관계를 맺고 싶다면 사람들이 인간관계를 발전시키기 위해 나쁜 의도를 버릴 수 있는 방법을 고안해야 한다. 과거의 불만을 버리지 못하면 소중한 인간관계를 유지할 수 없다.

보복이나 용서를 유발하는 것이 무엇인지 안다면 용서하기 더 쉬운 환경을 조성할 수 있다. 용서하는 본능을 유발하는 세 가지 요소는 다음과 같다.

- **안전**: 사람들은 자신을 다시는 해치지 않을 것 같은 사람들을 용서하는 경향이 있다.
- **가치**: 인간관계를 장기적으로 유지하는 게 가치 있을 것 같고, 인간관계를 회복해 이득을 얻을 수 있다면 용서를 베풀 가능성이 더 높아진다.
- **연민이나 배려**: 연민을 느끼는 상대를 훨씬 더 쉽게 용서하는 경향이 있다. 이런 상대는 종종 의도치 않게 우리를 해친 사람들이다. 집이나 회사, 지역사회에서 용서하기 쉬운 환경을 조성할 수 있다면 용서가 넘쳐날 것이다.

내 경우에는 이번 일만 제외하면 용서가 아주 효과적이었다. 이번에는 행동을 바로잡을 생각을 조금도 하지 않고 의도적으로 계속해서 날 괴롭혔던 누군가를 용서하고 또 용서했다. 그런데 그것이 오히려 내 자존감에 부정적인 영향을 미쳤다. 마침내 내가 그런 행동을 더 이상 용납하지 않기로 결정했을 때 그 상황에서 빠져나와 더 이상 괴롭힘을 당하지 않을 수 있었다. 이처럼 내가 내 주장을 내세우고 자존감을 되찾았을 때 비로소 나는 진정으로 그 사람을 용서했고 평온을 얻었다.

용서 강점을 키우는 방법(Rashid, 2015, 2018)

① 내가 누군가에게 상처를 주고 용서받았던 때를 떠올려 보고 타인도 용서한다. 정식으로 사과하라고 요구하지 않는다.

② 가해자의 관점에서 왜 그 사람이 내게 상처를 줬는지 이해하려고 노력한다. 그러고 나서 가해자에게 앙심을 품는 것이 가해자보다는 오히려 내게 독이 되는 것은 아닌지 가늠해 본다.

③ 과거에 내게 상처를 줬던 사람을 만나 용서한다고 말하거나 친절하게 대한다. 그 사람이 가족이라면 더더욱 그러해야 한다.

④ 가해자가 바르게 행동하길 기원한다. 그 사람이 과거에 바르게 행동했던 순간을 떠올려 본다.

⑤ 앙심을 품으면 내 기분이 나빠지는지 생각해 본다. 파괴적인 감정(분노, 증오, 공포, 걱정, 슬픔, 불안, 질투 등)이 생겨나는가? 이러한 파괴적인 감정이 당신의 행동에 미치는 영향 세 가지를 적어 본다.

⑥ 누군가를 용서하기 전과 후에 내 감정이 어떤지 살펴본다. 이때의 감정과 앙심을 품을 때의 감정을 비교해 본다.

⑦ 내가 앙심을 품고 있는 사람들의 목록을 작성한다. 그러고 나서 그들을 개인적으로 만나 지나간 일을 지나간 대로 둘 수 있는지 이야기해 보거나 그 가능성을 머릿속으로 그려 본다.

⑧ 내가 믿는 신께 용서를 구하고 그 후의 내 감정을 살펴본다.

⑨ 다음번에 누군가에게 모욕을 당할 때 어떻게 대처할지 생각해 둔다. 그 대처 방안을 정기적으로 떠올리면서(가능하면 연습해 보고) '아무리 심하게 모욕을 당해도 생각한 대로 대처하겠다.'라고 다짐한다.

⑩ 가해자에게 보복을 할지 말지 생각해 본다. 가해자를 용서한다면 어떤 일이 일어날지를 상세하게 그려 보고, 그 상황에 대처할 방안을 일기에 적는다. 앙심을 품는 훈련이 아닌 용서하는 훈련임을 잊지 말고, 용서하겠다고 다짐할 때까지 화를 누그러뜨린다.

(17) 겸손

겸손(Modesty, 존중감, 겸양)은 과장된 허세를 부리거나 특권적인 존재로 생각하지 않으며,

다른 사람을 존중하고 조언을 잘 받아들이는 강점이다.

- **특징**: 겸손한 사람은 뭇 사람들의 시선을 받으려 하기보다 자신이 맡은 일을 훌륭히 완수하는 데 힘쓴다. 스스로 돋보이려 애쓰지 않으며, 다른 사람들은 그 겸손함을 귀하게 여긴다. 또한 자신을 낮출 줄 알며 자만하지 않는다. 자신이 이룩한 성공과 업적을 누구나 할 수 있는 일처럼 대수롭지 않게 생각한다.
- **반의어**: 거만, 자만, 오만, 과장, 자기중심주의
- **인물**: 신사임당, 척 피니
- **관련 직업**: 성직자, 상담심리사, 사회복지사, 화훼 전문가, 비서

겸손은 이타적이 되는 것: 겸손의 신비

○ 캐서린 브리튼(Kathryn Britton)

자신의 최고 강점이 겸손이라면 어떻겠는가? 한 친구는 그렇다는 사실을 알고 상당히 풀이 죽었다. 겸손은 다소 …… 따분하게 들리니까 말이다. 하지만 이 문제를 파헤쳐 보자 그 여성이 사건의 중심에서 빠져나와 주변 사람들의 욕구와 행동에 주의를 기울이는 요령을 터득했다는 사실을 알 수 있었다. 갑자기 겸손이라는 성격이 그 여성에게는 아주 적합하고 가치 있는 일부분처럼 보이기 시작했다.

조지메이슨 대학교 교수 준 프라이스 탱니(June Price Tangney)는 겸손이란 다채롭고 다각적인 측면을 지니고 있어 다음과 같은 특징을 드러낸다고 설명했다.

- 겸손한 사람은 자신의 약점과 단점을 포함해 자기 자신을 정확하게 평가하기 때문에 지나치게 호의적이지도, 지나치게 비판적이지도 않다.
- 겸손한 사람은 이전의 사상과 모순되는 개념을 포함해 새로운 정보를 열린 마음으로 받아들인다.
- 겸손한 사람은 이 세상에서 차지하는 자신의 자리를 더 넓은 시각으로 바라볼 수 있다. 또한 보통 사람들보다 이기적인 편견에 영향을 덜 받는 편이다.
- 겸손한 사람은 자신을 잊고 사건 중심에서 벗어날 수 있다.

겸손은 대체 어디서 나오는 걸까 몇몇 연구에 따르면 성취감, 외양, 사회적 인정 같은 많은

외부적인 요인보다 훨씬 군건한 기반을 갖고 있거나 무조건적인 사랑을 받고 있어서 자부심을 느끼고 안정감을 얻을 때 겸손이 흘러나오는 것 같다.

겸손한 사람이 다른 사람들보다 훨씬 더 군건한 기반을 갖고 있다니, 다소 놀라운 사실이었다.

겸손의 장점은 무엇일까 벤저민 프랭클린(Benjamin Franklin)은 몇 년 동안 겸손하게 행동하고 나자 사람들과의 대화가 더욱 즐거워졌다는 사실을 깨달았다. 그뿐만 아니라 다른 사람들도 그의 의견을 좀 더 잘 들어줬다. 또한 프랭클린은 자신의 의견이 틀렸을 때도 훨씬 쉽게 회복할 수 있었다.

경영연구학자 짐 콜린스(Jim Collins)는 겸손과 강인한 의지를 결합한 리더십이 바로 좋은 사람에서 위대한 사람으로 발돋움하는 핵심 요소라고 주장한다. 지도자는 보통 조직의 성공을 다른 사람들의 공으로 돌리고, 결과가 좋지 않을 때는 그 일을 자기 탓으로 돌리는 겸손한 태도를 취한다. 이들은 차분하고 단호해 보이며 자기 자신을 조직의 요구 아래에 둘 수 있다. 내 경험에 비추어 말하건대, 겸손한 지도자 밑에서 일하는 것은 감흥이 넘치는 놀라운 경험이 될 수 있다.

어떤 사람이 겸손함을 갖추고 있는가 청소년을 대상으로 광범위한 인터뷰를 실시한 결과, 겸손은 물론 특히 다른 관점을 받아들이는 개방성이 목적의식이 강한 십 대와 연관됐다는 사실이 드러났다. 십 대 한 명은 인터뷰에서 다음과 같이 대답했다.

"혼자서는 아무것도 할 수 없다는 게 핵심적인 믿음이라고 생각해요. 사실 혼자 할 수 있다고 생각하는 모든 일이 수많은 다른 사람의 도움을 받아야 가능한 일이죠. …… 무슨 일이든 혼자 해낼 수 있는 일은 없다고 생각해요. 그 밖에 다른 많은 도움이 필요하니까요."

겸손한 사람은 다른 사람들에게 깊은 인상을 주고 그들을 지배하려는 성향이 그다지 강하지 않다. 또한 특별한 대우를 받으려고 애쓰는 일도 많지 않다. 겸손한 사람은 자신에게 집착하지 않기 때문에 자기집착에서 얻는 것과는 다른 혜택을 누린다. 이와는 달리 과장된 자기 이미지를 유지하려고 하다 보면 심리적으로 부담을 느낄 수 있다.

어떻게 겸손함을 키워 나갈 수 있을까 프랭클린은 수년 동안 특히 대화를 할 때 겸손을 발휘했다. 예를 들자면, 그는 다른 사람들의 주장을 반박하면서 즐거워하려고 하지 않았고, 자신의 의견이 확고하다는 뜻을 내비치는 말을 삼갔다. 이러한 대화 습관을 오랫동안 반복하자 겸손하게 대화하기가 점점 더 쉬워졌다. 프랭클린은 진실로 겸손하기보다는 겸손한 척하기가 훨씬 쉽다는 사실을 인정했다. 그의 말을 빌리자면 자만심은 떨쳐 버리기기 무척 어렵기 때문에 "자만심을 완전히 버렸다고 생각할 때도 스스로가 겸손하다고 자만할지도 모른다."

아이들은 부모와 교사, 지역 공동체 지도자 혹은 영웅들 가운데서 모범이 되는 사람을 유심히 살펴보면서 겸손을 배운다. 겸손한 영웅은 누굴까? 평생 동안 노력하고 자기 자신을 정확하게 평가한 프랭클린일까? 『작은 아씨들(Little Women)』에서 주목을 끌지 않고 조용히 다른 사람들을 도왔던 베스일까? 자신에게 쏟아지는 관심을 자신이 돌보는 사람들에게로 돌렸던 테레사 수녀일까? 아니면 개인적 한계를 인정하는 것과 같은 겸손의 요소를 포괄하는 12단계 프로그램을 개발한 익명의 알코올중독자모임(Alcoholics Anonymous)의 창립자일까? 겸손을 보여 주는 본보기가 될 만한 사람들은 주목을 끌지 않기 때문에 찾기가 어려울 수도 있다.

다른 사람들에게 신세진 것이 있는지를 좀 더 주의 깊게 살펴보는 연습을 한다면 겸손함을 키울 수 있다. 예컨대, 감사하게 생각하는 것이나 용서받기를 바라는 것을 적어 본다. 또한 믿고 의지할 만한 것을 찾는다면 겸손의 근원인 심리적 안정감을 얻을 수 있기 때문에 겸손함을 키울 수 있다.

이렇게 겸손의 실체를 알고 나니 겸손이라는 성격강점에 대해 경탄하지 않을 수 없다.

> 나는 모든 위대한 사람이 한 것보다
> 훨씬 용감한 행동을 했도다.
> 하지만 용감한 사람은 그러한 행동을
> 드러내지 않고 숨기노라.
>
> - 존 던(Jone Donne)

겸손 강점을 키우는 방법(Rashid, 2015, 2018)

① 나의 성취를 과시하고 싶어도 일주일 동안 참았다가 그동안 나의 대인관계가 어떻게 달라지는지 살펴본다. 내가 최근 소식을 바로 알리지 않고 기다렸다는 사실에 사람들이 놀라는가?

② 어떤 업무를 처리할 때 내가 다른 누군가보다 훨씬 일을 잘한다면 자기자랑을 삼간다. 다른 사람들이 내 능력을 알아차릴 때까지 기다린다.

③ 다른 사람들이 스스로를 과시할 때 나는 자랑을 하지 않는다. 주변 사람들이 과시하는 사람을 어떻게 대하는지 살펴본다.

④ 내가 집단 내에서 다른 사람들보다 말을 더 많이 하는지 주의 깊게 살핀다. 내가 말할 차례만 기다리기보다 다른 사람들의 말을 집중해 듣는다.

⑤ 여러 가지 면에서 나보다 낫고 진실한 사람을 찾으면 그 사람을 진심으로 칭찬한다. 다른 사람들의 칭찬을 겸허하게 받아들인다.

⑥ 하루가 끝날 무렵, 내가 다른 사람들에게 깊은 인상을 주거나 과시하려고 했던 행동을 돌이켜 보고 다시는 그런 행동을 하지 않겠다고 다짐한다.

⑦ 수수하게 입고 겸손하게 말하고 나서 내 기분이 어떻게 달라지는지 살펴본다.

⑧ 환경 자원을 절약한다. 재활용 상품을 더 많이 사용하고, 환경을 해치는 상품의 사용을 자제하며, 진짜 필요한 상품만 구매한다.

⑨ 나의 실수를 인정하고 나보다 어린 사람한테도 사과를 한다. 후대에 모범을 보여야 하는 나의 역할을 명심한다.

⑩ 단 한 사람과 육체관계를 맺는 식으로 성욕을 적절하게 조절한다. 상대와 얼마나 친밀해지는지, 상대가 얼마나 즐거워하는지에 신경 쓴다.

(18) 신중성

신중성(Prudence, 조심성, 분별력)은 불필요한 위험에 빠지지 않게 하고, 나중에 후회할 말이나 행동을 하지 않는 강점이다.

- **특징:** 신중한 사람은 나중에 후회할 말이나 행동을 하지 않으며, 모든 결정사항을 충분히 검토한 후에야 비로소 행동으로 옮긴다. 가능한 한 멀리 보고 깊이 생각하며, 더 큰 성공을 위해 눈앞의 이익을 좇으려는 충동을 억제할 줄 안다.
- **반의어:** 무모함, 어리석음, 경솔함, 무책임, 무분별함, 성급함
- **인물:** 버락 오바마, 허준
- **관련 직업:** 한의사, 의사, 약사, 회계사, 비행기 조종사, 과학자, 편집자, 안전관리사

신중성을 칭찬하며

○ 캐서린 브리튼(Kathryn Britton)

오래전 에너지 위기가 닥쳤을 때 사람들은 연료 공급을 걱정했고, 주유기 앞에 줄을 서서 기다리는 일에 지쳤다. 그 당시 회사 사보에서 연료 절약에 대한 기사를 읽었다. 그 기사에서는 트렁크에서 스페어타이어를 빼라고 제안했다. 스페어타이어는 거의 필요 없는 것인데 그 무게 때문에 운전할 때 연료가 많이 소모된다는 주장이었다.

말할 필요도 없지만 나는 그 즉시 스페어타이어를 빼려고 차로 달려가지는 않았다. 사실 아직까지는 운이 좋아 스페어타이어를 사용한 적이 없었지만 타이어에 바람이 빠져 길가에 서 있는 내 모습을 상상할 수 있었다. 그런 상황에서 스페어타이어가 없다면 얼마나 안타까울지 상상하고도 남았다. 나는 자동차 여행을 할 때마다 일이 잘못될 경우를 대비해 스페어타이어를 싣고 다니는 작은 희생을 기꺼이 치를 생각이다. 필요할 일이 없기를 간절히 바라면서도 높은 보험료를 내는 것도 같은 이유에서이다.

앞일을 계획하고 가능한 결과를 상상하며 합리적인 판단을 내리는 능력은 신중성과 조심성, 분별력이라는 성격강점이다. 신중성은 과소평가된 성격강점이다. 성격강점 검사를 받은 일단의 사람이 모여 자신들의 최대 강점을 이야기한다고 상상해 보자. 대부분의 사람이 '사회성 지능'과 '호기심' '용감성' '창의성' '영성' 등의 성격강점을 자신만만하고도 기쁘게 외칠 것이다. 하지만 최고 강점이 '겸손'이나 '신중성'인 사람들은 어떨까?

몇 년 전 나는 고등학교 학생들의 성격강점을 파악하려고 실시한 표적집단 연구에 대한 기사를 읽었다. 일반적으로 청소년은 자신들의 성격강점을 상당히 잘 파악했지만 겸손을 수줍음과 신중성을 내숭과 각각 혼동하는 경향이 있었다. 조심성과 신중성은 고루하고 소심한 자질처럼 보였다. 성인은 단어를 좀 더 분별 있게 골라서 쓰겠지만 그럼에도 신중성이 자신들의 최대 성격강점이라는 사실에는 다소 실망스러운 표정을 짓는 것 같다. 요즘 사람들이 위험에 도전하는 자질을 찬양하기 때문일까, 아니면 신중성이 잘 사는 인생에 중요한 가치라는 사실을 충분히 인식하지 못하기 때문일까?

신중성을 발휘하면 무엇을 얻을 수 있는지 생각해 보자. 신중성은 좋은 결과를 가져오는 것과 그렇지 않은 것을 알아내기 위해 미리 생각하는 자질과 관련이 있다. 신중성에 뒤따라오는 것을 모두 생각해 보자. 오늘의 행동이 미래에 어떤 결과를 낳을지 예상할 수 있고, 가능한 결과를 상상할 수 있으며, 대안에 대한 판단을 내릴 수 있다. 신중성이 성격강점인 사람은 판단을 내리기 전에 불완전하고 종종 상충하는 정보를 다뤄야 하기 때문에 모호한 상황을

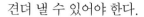

견뎌 낼 수 있어야 한다.

심리학자 닉 해슬램(Nick Haslam)은 신중성의 특성을 다음과 같이 정의했다.

① 장기적인 목표와 염원을 마음에 품고 미래를 내다보는 태도이다.
② 자멸적인 충동을 억누르고 즉각적인 호소력이 부족하다 해도 유익한 활동을 끈기 있게 해 나가는 능력이다.
③ 삶의 선택을 사색하고 신중하게 고려하며 현실적으로 생각해 보는 태도이다.
④ 처음에는 충돌할 수도 있는 다양한 목표를 조화시키는 능력이다. 먼 도시에서 일해 달라는 제의를 받았다고 가정해 보자. 매우 흥미로운 일이지만 그 일을 하려면 이사를 가야 한다. 배우자는 이미 좋은 직장에 다니고 있어 변화를 그다지 반기지 않는다. 아이들은 전학 가기 싫어한다. 새 직장에 다니면 배우자의 가족과 훨씬 더 가까워지겠지만 자신의 가족과는 멀어진다. 그러므로 직장 경력의 향상과 가족의 행복이라는 목표를 조화시켜야 한다.
⑤ 주변 사람들의 욕구를 해치지 않고 개인의 선을 추구하는 능력이다.

이렇듯 신중성은 자동차에 스페어타이어를 넣고 다니는 것에 그치지 않는다. 미래를 상상하는 것이자 다수의 목표를 세우고 평가하며 조화시키는 것이다. 또한 어려운 선택을 하는 것일 수도 있다.

신중성은 미래를 그려 보는 능력과 관련이 있다. 많은 사람이 신중성이란 더 나은 미래를 그려 볼 수 있고 그 미래를 실현하는 방법을 계획할 수 있는 능력이라고 생각한다. 프레드 소퍼(Fred Soper)는 말라리아로 고통받는 사람이 없는 세상을 구현하기 위해 노력하는 선구적인 유행병 학자였다. 소퍼는 신중성이란 안전한 길을 택하거나 작은 목표에 안주하는 것이 아님을 몸소 행동으로 증명했다. 소퍼의 계획은 관찰과 현장 연구에 기반을 두고 있어서 실용적이었다. 소퍼는 말라리아의 위험을 다수의 관점에서 설명했다. 단 한 가지 방법으로 그 문제를 해결하려고 하지 않았다. 그래서 다수의 목표를 세우고 하나뿐인 자기 인생에서 그러한 목표를 달성해야 했다.

사람들이 자신들의 행동이 가져올 장기적인 영향을 고려하는 세상을 그려 보자. 사람들이 어디에 살고 어디에서 일하는지와 같은 인생의 중요한 결정을 내릴 때, 또는 어디에서 쇼핑하고 놀 건지와 같은 일상적인 결정을 내릴 때 이산화탄소 배출량을 생각한다고 상상해 보자.

참나무는 자라는 데 오랜 시간이 걸리기 때문에 참나무를 심는 사람은 가족밖에 없다는 프랑스 속담이 있다. 손자손녀가 무성한 참나무 잎사귀 아래를 걷는 모습을 떠올릴 수 있어야 그 정도 노력을 기울일 수 있다는 것이다. 오늘날에는 단기적인 생각이 넘쳐난다. 기업들은 다음 분기 이익만 생각하고, 정치가들은 단기적인 이득을 거두는 데 주력한다. 하지만 신중함의 장기적 사고 능력을 높이 평가한다면 사람들은 가족 전체에게 이로운 행동을 취할 것이다.

신중함, 만세!

신중성 강점을 키우는 방법(Rashid, 2015, 2018)
① 적어도 일주일에 열 번은 무슨 말이든 하기 전에 두 번 생각해 보고 그 결과가 어떠한지 살펴본다.
② 주의 깊게 운전하고 시간 제약 때문에 생겨나는 비상사태가 내 생각보다 얼마나 적은지 깨닫는다. 고속도로의 교통안전을 우선시한다. 특히 출퇴근 시간이나 연휴, 주말처럼 교통이 복잡한 때는 더더욱 교통안전에 유의해야 한다.
③ 앞으로 세 번, 중요한 결정을 내리기 전에 외부의 방해 요소를 모두 제거한다. 마음을 비우고 생각을 정리하는 시간을 갖는다.
④ 나의 결정이 1년, 5년, 10년 후 어떤 결과를 가져올지 그려 본다. 이러한 장기적 결과를 고려해 단기적인 선택을 한다.
⑤ 불안하거나 의기소침할 때보다는 긴장이 풀려 느긋해질 때 중요한 결정을 내린다. 압력을 받는 상황에서 결정을 내려야 한다면 몇 초 동안 숨을 깊이 들이마시고 마음을 비운다.
⑥ 나와 내게 중요한 사람 모두에게 영향을 미치는 문제에 대해 최종 결정을 내리기 전에 내게 중요한 사람과 의논한다. 내가 잘 아는 사람의 충고가 얼마나 중요한지를 명심한다.
⑦ 최종 결정을 내리기 전에 유익성과 위험성을 분석한다. 눈에 보이는 것뿐만 아니라 눈에 보이지 않는 위험과 이익도 고려한다.
⑧ 사소한 일을 속이거나 사소한 거짓말을 하기 전에 최초의 거짓말을 숨기려고 또 다른 거짓말을 열 가지나 더 할 필요가 있는지 자문해 본다. 정직하지 못하면 얼마나 지독한 파멸이 닥치는지를 그려 본다.
⑨ 보통 승패로 결론 나거나 어느 쪽도 이길 가망이 거의 없는 경쟁 상황은 피한다. 대신 협력을 도모하고 원원(win-win)할 수 있는 상황을 찾아낸다.

⑩ 세 가지 다음 프로젝트의 질과 효율, 지혜를 평가하고 개선 방안을 적어 본다. 각각의 프로젝트를 보다 광범위한 맥락에서 숙고해 본다.

(19) 자기통제력

자기통제력(self-regulation, 자기조절, 자제력)은 자신의 다양한 감정, 욕구, 충동을 적절하게 잘 통제하는 강점이다.

- **특징**: 이 강점을 지닌 사람은 적절한 시기가 올 때까지 자신의 욕망, 욕구, 충동을 자제한다. 기분 나쁜 일이 생겨도 자신의 감정을 잘 다스리고 부정적인 감정을 다스려 평온한 상태로 만든다.
- **반의어**: 통제 불능, 충동적, 폭발적, 격렬한, 수련이 안 됨
- **인물**: 아놀드 슈워제네거, 김연아
- **관련 직업**: 운동선수, 연예인, 정치인, 안전관리사, 모델

두뇌가 습관을 좌우한다

○ 에밀리 반소넨버그(Emily vanSonnenberg)

없는 게 차라리 낫겠다 싶은 습관이 적어도 하나는 있다고 솔직하게 인정하는 사람이 얼마나 많은가. 자신에게 정직하다면, 달리 말해 자신이 인간임을 깨닫는다면 당신도 고개를 끄덕일 것이다. 그렇다고 해서 실망하지는 말고 고개를 들라. 좋은 소식이 있으니까. 습관은 익히는 것이다. 그러므로 나쁜 습관을 버리고 새로운 습관을 익혀 바람직한 습관을 대체할 수 있다! 하지만 어떻게? 습관 형성에 기초가 되는 두뇌 작용과 새로운 습관을 형성하는 데 필요한 것을 살펴보자.

사람들은 흔히 습관이란 파괴적인 활동에 자동적으로 참여하는 행동이라고 생각한다. 그런 경우가 아무리 잦다 해도 습관은 행복을 증진하는 활동에 자동적으로 참여하는 행동이 될 수도 있다. 새롭고 긍정적이며 실제로 크게 도움이 되는 습관을 가지고 싶지는 않은가?

이쯤 되면 이런 생각이 떠오를지도 모른다. '으으으윽, 일하러 가기 전에 운동하는 좋은 습관(혹은 매일 밤 잠자기 전에 감사일기를 쓰는 습관, 친구와의 우정을 키우는 데 더욱 헌신하는 습관, 물을 더 많이 마시거나 채소를 먹는 습관)을 익히려면 대체 얼마나 노력해야 하는 거지?'

긍정적이고 새로운 습관을 익히려면 당연히 노력이 필요하다. 일정 기간 결연한 태도로 꾸

준히 노력하면 자주 하던 행동이 자동적으로 나올 수 있다. 자신의 내면에 잠든 의지력을 조금만 이끌어 내면 새로운 긍정행동을 습관으로 만들 수 있다.

몇몇 연구자는 습관 형성에 영향을 미치는 두뇌 영역이 있다는 사실을 밝혀냈다. 기저핵이라는 이 영역은 동작 제어나 감정, 인식, 보상 기반 학습에 큰 영향을 미친다. 기저핵 내부에는 습관 형성에 영향을 미치는 두 가지 영역이 있다. 그중 한 영역은 동작을 제어하고, 감각운동 기능(보고 듣고 움직이는 기능 등)과 관련이 있다. 나머지 영역은 융통성 있는 행동을 제어하고, 연관성을 인지하고 만들어 내는 것과 관련이 있다. 예컨대, 살사를 추는 것처럼 자기 신체 일부를 색다른 방식으로 움직여 기분이 좋아진다면 두뇌의 기저핵 영역이 활동하고 있다는 소리이다. 뭔가 새로운 것을 시도해 성취감을 느낄 때 연관성이 생겨난다. 그때 우리 두뇌는 그 새로운 행동이 우리에게 큰 이득이 된다고 인식한다.

뭔가 새로운 행동을 한 번 했다고 치자. 그 새로운 행동을 습관으로 만들려면 얼마나 오랫동안 반복해야 할까? 습관이 자리 잡기까지 필요한 기간이 정해진 것은 아니다. 그 기간은 대략 2주에서 8개월 사이이다. 얼마나 습득하기 어려운 활동인지, 개인의 노력이 얼마나 헌신적인지에 따라 그 기간이 달라진다. 예컨대, 매일 아침마다 출근 전에 윗몸 일으키기 60번 하는 것보다는 매일 물 한 잔 마시는 습관을 들이기가 훨씬 쉽다. 연구에서는 새로운 습관을 들이는 실험에 참가한 사람이 평균 66일 만에 성공을 거뒀다. 66일을 기점으로 반복하던 활동이 학습 안정기에 들어서면서 자동적으로 나오게 된다.

새로운 습관을 익힐 때 유념해야 할 점이 한 가지 있다. 어떤 활동을 반복해 습관으로 만들 때는 초반부 노력이 매우 중요하다는 점이다. 그렇기 때문에 새로운 습관을 익히려고 매일 같은 행동을 반복하다 하루를 건너뛸 거라면 66일이라는 습관 형성 기간에서 후반부의 하루를 선택하길 바란다. 학습 향상 효과가 가장 큰 시기가 습관 형성 기간 초반부이기 때문이다.

나쁜 습관을 버리고 싶다면 효과가 상당히 좋은 방법이 하나 있다.

① 버리고 싶은 나쁜 습관을 찾아낸다.

② 그 대신 갖고 싶은 긍정습관을 고른다.

③ 나쁜 습관대로 행동하기 직전 자신의 몸에서 일어나는 감각 자극을 인지한다.

④ 부정자극에 반응하지 않고 새로운 긍정습관과 관련된 생각, 행동에 의식적으로 집중한다.

⑤ 익히고 싶은 긍정습관 대신 그 습관을 키워 주는 구체적인 행동을 취한다. 다음의 몇 가지 실례를 살펴보길 바란다.

적어도 66일 동안 그러한 대체 행동을 계속해서 반복해야 한다. 그러한 행동을 방아쇠로 삼아 낡은 습관에서 벗어나 새로운 습관을 강화하는 것이다. 던져 버리고 싶은 행동을 대체할 수 있는 새로운 긍정습관이 몇 가지 있다. 이러한 행동을 취하면 긍정정서와 성취감이 증가하고 친밀한 관계와 의미가 깊어져 훨씬 더 행복해질 수 있다.

- 저녁마다 감사일기를 쓴다. 상사에 대한 불만을 토해 내고 싶을 때 그 감사일기를 꺼내 읽어 본다.
- 도가 지나칠 정도로 술을 마시고 싶을 때는 낯선 사람에게 친절하게 대한다.
- 자리에서 일어나 몸을 계속 움직이는 데 도움이 되는 새로운 운동을 파트너와 함께 해 본다.
- 냉장고 앞으로 가서 간식을 더 꺼내 먹고 싶을 때마다 새로운 단어를 하나 배운다.
- TV 앞에 앉아 있기보다는 새로운 취미 활동을 하거나 예전에 즐겨 했던 취미 활동을 다시 해 본다.

새로운 습관이 자동 반사 반응이 되기까지는 두 달 좀 넘게 걸린다. 내면의 의지력을 발휘해 그 행동을 끝까지 반복해야 한다. 머지않아 더 이상 의식하지 않고도 그 긍정행동을 하게 되는 날이 온다. 자동적으로 그 행동을 하게 되는 것이다.

좋은 습관이나 나쁜 습관은 익힐 수 있는 것이다. 하나를 고르기만 하면 된다. 당신이 취하고 싶은 행동을 몇 달 동안만 의식적으로 꾸준히 한다면 그 행동은 하기가 놀라울 정도로 쉬워진다. 긍정습관은 삶을 바꿔 놓을 수도 있다. 긍정습관을 들이느냐 마느냐는 자신에게 달려 있다.

> "우리가 반복적으로 하는 일이 우리 자신을 결정짓는다. 그러므로 탁월함을 이루는 것은 행동이 아닌 습관이다."
>
> – 아리스토텔레스

자기통제력 강점을 키우는 방법(Rashid, 2015, 2018)
① 특정 과제에 집중할 때는 전화기와 TV, 인터넷 같은 방해 요소가 있는지 살펴보고 제거한다. 기력이 소진되지 않도록 짧은 휴식을 취한다.
② 유혹 요소를 제거한다. 예컨대, 다이어트를 할 때는 간식거리를 주변에 두지 않고 금주

를 할 때는 술집에 가지 않는다. 또한 금연할 때는 담배 대신 껌을 가지고 다니며 쇼핑을 줄일 때는 신용카드나 돈을 집에 두고 다닌다. 주변 사람들에게도 유혹 요소를 멀리하고 내 생활방식을 바람직하게 바꿔 나갈 수 있도록 도와달라고 부탁한다.

③ 다음번에 화가 날 때는 내 감정을 통제하고 그 상황의 긍정적인 면에 집중하도록 노력한다. 내가 내 감정과 반응을 어느 정도 통제할 수 있는지 알아야 한다.

④ 내가 조직적으로 끝까지 실천할 수 있는 일과를 조심스럽게 정한다. 필요하면 그 일과를 약간 조정해도 좋지만 핵심 요소는 건드리지 않는다.

⑤ 나의 생체 시계에 주의를 기울인다. 내가 가장 활발하게 기능할 때 가장 중요한 일을 처리한다.

⑥ 나의 일상생활을 개선하고 내 과제를 완수할 수 있는 목표를 설정한다. 예컨대, 방을 청소하고, 빨래를 하고, 설거지를 하고, 책상을 깨끗이 치우고, 가구를 다시 배치해 공간을 최대한 넓게 쓴다.

⑦ 화가 나면 점차적으로 긴장을 늦춘다. 생각의 흐름을 일시적으로 끊어서 걷잡을 수 없는 생각에 빠지지 않도록 한다.

⑧ 마음대로 하고 싶은 충동을 성공적으로 억눌렀을 때 자기조절에 성공한 나 자신을 칭찬한다. 나의 생활양식이 달라졌음을 알아챈 친구들의 칭찬도 받아들인다.

⑨ 대부분의 내 활동을 정기적으로 하는 시간과 장소를 정해 둔다. 시간을 미리 배분해 두면 한 번에 모든 목표를 달성하려고 서두르거나 스트레스를 받을 일이 없어진다.

⑩ 본받을 만한 역할 모델을 찾아 꼼꼼하게 분석해 본다. 그 세부사항에서 영감을 얻어 목표를 조절한다.

⊙ 영성과 초월성

영성과 초월성(Transcendence)은 현상과 행위에 대해 의미를 부여하고 커다란 세계인 우주와의 연결성을 추구하는 초월적 혹은 영성 강점이다.

(20) 감상력

감상력(Appreciation of beauty and excellence, 심미안, 경의, 감탄, 고상함)은 다양한 삶의 영역에서 나타나는 아름다움, 탁월함을 인식하고 감상하는 강점이다.

- **특징**: 이 강점을 지닌 사람은 장미를 보면 가던 길을 멈추고 그 향기를 음미한다. 모든 분야의 미, 빼어난 작품과 기교를 감상할 줄 알며, 자연과 예술, 수학과 과학 등, 세상 모든 것에서 아름다움을 발견한다. 스포츠 스타의 묘기나 인간미가 넘치는 아름다운 행동을 목격할 때면 그 고결함에 깊이 감동한다.
- **반의어**: 요지부동, 관심 없는, 무지함, 무감각한, 무미건조한, 피상적인, 진부한, 정제되지 않음, 조악한
- **인물**: 월트 휘트먼, 미켈란젤로
- **관련 직업**: 음악가, 화가, 작가, 시인, 여행가

감상력의 부가급부

○ 셰리 피셔(Sherri Fisher), 학습과 번영(Learn&Flourish) 이사

오늘 아침 나는 여느 때처럼 이어폰을 끼고 동네를 가볍게 산책했다. 내가 선곡한 근사한 음악에 맞춰 발걸음을 옮겼다. 눅눅한 바람이 동쪽에서 거세게 불어왔다. 가장 가까운 해변에서 24km 이상 떨어져 있지만 바람에 실려 오는 안개 냄새만 맡아도 몇 블록밖에 떨어지지 않은 곳에서 파도가 치고 있다고 상상할 수 있었다. 아직 이른 아침이었고, 납빛이 도는 회색 하늘은 여전히 곳곳에 안개가 짙게 깔린 땅보다 훨씬 더 어두웠다. 대부분의 사람 눈에는 그다지 아름다운 날이 아니었다.

산책이나 조깅을 하거나 자전거를 타고 지나가는 사람들 가운데 "날이 참 좋죠?"라고 인사를 건네는 사람은 한 명도 없었다. 심지어 천방지축으로 동네를 뛰어다니던 강아지 퍼글도 100년 된 단풍나무에서 처음 떨어진 단풍잎들이 깔린 현관 계단에 조용히 앉아 있었다. 오래된 단풍나무 뿌리가 그 집을 둘러싼 돌담 사이로 비집고 올라왔다. 나는 내 주변에서 보고 듣고 느끼고 냄새를 맡을 수 있는 모든 아름다움에 벅찬 기쁨을 느꼈다.

매일 오늘과 똑같이 산책하면서도 새롭고 생기 넘치는 것을 하나도 경험하지 못할지도 모른다. 하지만 나는 아름답고 훌륭한 것을 감상할 수 있는 성격강점을 지니고 있기 때문에 나무덤불의 큼직한 꽃을 찾아 날아드는 벌에서 바람에 실려 오는 가을 냄새, 방금 내 곁을 달려 지나간 사람의 편안한 발걸음에 이르기까지 모든 것을 놓치지 않고 음미할 수 있다. 지금 내가 스쳐 지나가는 집 앞뜰의 무성한 풀밭에는 기다란 꽃대에 아직 활짝 피지 않은 초록색 금잔화 꽃봉오리가 몇 개 달려 있다. 내년이면 화려한 모나크 나비가 저 탐스러운 꽃을 찾아오겠지.

나는 항상 걷던 길을 따라 가다가 눅눅한 바람에 쓰레기 냄새가 묻어 오는 은행 주차장으로 향했다. 거기서부터 속도를 높여 달리기 시작했다. 400m쯤 달려가자 모든 창문이 널빤지로 막힌 고풍스러운 집이 나왔다. 개발자가 나무를 모두 뽑아 버리고 잔디를 걷어 냈으며 땅을 파헤쳐 놓은 상태였다. 얼마 전 두 가족이 그곳에서 어린아이들과 함께 개를 키우며 살았다. 나는 그들이 현관 돌계단에 놓인 화분에 물을 주는 모습도 지켜보았다. 지금은 그 돌계단이 사라지고 없다. '이런 일을 허가한 사람은 누굴까?' 나는 아름답고 탁월한 것을 감지하는 내면의 목소리로 자문해 보았다.

모든 성격강점이 가진 사람에게는 당연하게 느껴지듯 감상력을 지닌 사람도 아름답고 탁월한 것을 감상하는 것이 당연하고 옳은 일이라고 느낀다. 나는 아름답거나 탁월하지 않은 것(나 자신도 그렇다고 인정하는 것)을 봐도 감상력 발동 버튼에 불이 들어오기 때문에 내가 감상력을 지니고 있다는 사실을 알 수 있다. '윽' 소리가 날 정도로 역겹다는 느낌(고양되는 느낌과 반대)이 들기 시작할 때면 나는 잊지 않고 속으로 '나는 지금 아름답고 탁월한 것을 음미하고 있다.'라고 말한다. 내게는 나처럼 감상력을 지닌 친구도 있다. 우리는 아름답고 탁월한 것을 음미한 경험에 대한 사진이나 글을 정기적으로 주고받는다.

아름답고 탁월한 것을 느끼는 감상력은 단순하게 쓰레기장이나 부동산 개발 지역을 더 좋아하는 능력에 그치지 않는다. 아름답고 탁월한 것을 지각하고 주의 깊게 살필 때 외경심과 경이, 고양된 감정을 느낀다. 험악한 회색 하늘과 반대로 경외심을 자아내는 쌍무지개를 상상해 보라. 기운을 북돋아 주는 감각적 경험을 하면 초월적인 감정을 느낄 수 있다.

아름답고 탁월한 것을 음미하는 감상력은 또 언제 발휘될까? 누군가의 더없이 뛰어난 기술과 미덕 앞에서 강렬한 외경심을 느끼고 그러한 감정을 개방적으로 받아들이는 순간을 떠올려 보라. 자유투가 농구 골대 가장자리도 건드리지 않고 매끄럽게 빨려 들어가거나 골키퍼가 믿을 수 없을 정도로 높이 뛰어올라 공을 막아 내는 광경에 "와아" 하는 탄성이 터져 나올 때 그런 외경심을 느낄 수 있다.

외경심은 강렬한 감정이 치솟아 뭐라고 설명하지 못할 정도로 훌륭한 영화를 보고 나서 거의 말을 잇지 못하는 상태라고 할 수도 있다. 솜씨 좋게 선택한 몇 마디 말로 자신의 생각을 명확하게 표현한 작가의 글을 읽고 나서 느끼는 감정일 수도 있다. 혹은 불타는 건물에서 사람과 애완동물을 구조한 소방관에게 감사하는 누군가를 보고 나서 느끼는 깊은 경애심을 일컬을 수도 있다.

호기심처럼 좀 더 인지적인 성격강점과는 달리 아름답고 탁월한 것을 음미하는 감상력은 강렬한 감정과 연관돼 있다. 감상력을 지닌 사람은 '정말 사랑스럽지 않은가? 저런 걸 만들다

니, 정말 놀라운 사람이야.'라고 생각해서가 아니라 그런 감정을 강하게 느끼기 때문에 자신에게 감상력이 있다는 사실을 안다.

이러한 감상력이 발현될 때는 신체가 반응하고 얼굴 표정이 달라진다. 예컨대, 눈이 크게 떠진다거나 입이 벌어지고 닭살이 돋으며 눈물이 난다. 그뿐만 아니라 놀라운 경탄을 자아내는 경험을 함께 했을 때는 목이 메기도 한다.

음악과 미술, 건축, 스포츠, 자연 같은 것 외에 종교적이고 영적인 경험도 종종 아름답고 탁월한 것을 음미하는 감상력과 연관된다. 감상력은 한 사람이 도덕적으로나 영적으로 발전하는 길이다. 신성한 힘을 느끼는 감각은 외경심과 밀접하게 연관돼 있다. 창조의 아름다움과 자연 세계의 힘에 깊이 감사하는 마음은 감상력이라는 성격강점을 지니고 있다는 징표이다.

뇌우 소리에 겁을 먹는 사람이 있는 반면 외경심을 느끼는 사람도 있다. 이런 순간을 마주할 때 아름답고 훌륭한 것을 음미하는 감상력을 지닌 사람은 자아를 초월해 이 세상이 선사하는 광활함과 놀라움을 깨달을 수 있다. 그 순간에는 시간이 느리게 흘러간다. 또한 앞으로도 감상력을 발휘하고 싶다고 느낄지도 모른다.

개방적이고 긍정적이며 감사하는 사람이 되고 싶다면 아름답고 탁월한 것을 느끼는 감상력을 기르라. 그렇게 하면 주변 사람들에게 영감을 줄 수 있다.

감상력 강점을 키우는 방법(Rashid, 2015, 2018)

① 매일 적어도 한 번씩 주변의 아름다운 자연(일출, 일몰, 구름, 햇살, 눈, 무지개, 나무, 흔들리는 나뭇잎, 지저귀는 새, 꽃, 과일, 채소 등)을 감상하고 힘들 때마다 그 기억을 떠올려 본다.

② 한 주도 빠짐없이 내 삶에 영향을 미치는 타인의 선의를 깨닫고 그 아름다움에 감탄한다.

③ 다음번 프로젝트 세 가지 중 특별히 신경 써야 할 것을 하나 골라 꼼꼼하게 처리하기보다는 느긋하게 음미하면서 우선적으로 처리한다.

④ 아름다운 것을 감상하는 사람의 어휘와 표현, 몸짓, 행동을 눈여겨보며 그들이 내가 모르는 경이로운 삶의 일면을 알고 있는 것은 아닌지 가늠해 본다.

⑤ 주변을 아름답게 꾸민다. 좋아하는 예술작품을 벽에 걸어 두고, 기분 좋은 색깔로 벽을 칠하며, 일하기에 안락하고 느긋하게 지낼 수 있는 공간을 마련한다.

⑥ 음악을 듣거나 영화를 감상하고 나서 특히 감명 깊었던 미적 특징을 되짚어 본다.

⑦ 특별한 날 집 외부를 꾸민다. 내가 개인적으로 챙기지 않는 공휴일에 이웃집은 어떻게 장식됐는지 감상한다.

⑧ 자연 풍경이나 사랑하는 사람을 촬영해 컴퓨터 바탕화면에 깔아 둔다. 바탕화면 사진을

매주 바꾼다.

⑨ 아름다움과 사랑, 유대감이 깃든 것을 적어도 하루에 한 번 떠올려 본다. 나의 삶 가운데서 특히 아름다운 일면을 주의 깊게 살펴본다.

⑩ 계절마다 달라지는 미묘한 변화를 음미한다. 계절 변화와 성장, 부활에 깃든 아름다움을 찾아본다.

(21) 감사

감사(Gratitude)는 누군가가 준 유형의 혜택이나 아름다운 자연 앞에서 평온함을 느끼는 순간과 같은 선물을 받고 마음속으로 고마워하는 강점이다.

● **특징**: 고마움을 아는 사람은 자신에게 일어난 일을 늘 기쁘게 생각하며, 절대 당연한 것으로 받아들이지 않는다. 그래서 항상 고마움을 전할 시간을 마련한다. 감사는 남달리 돋보이는 어떤 사람의 도덕적 성품을 감상하는 것이다.
● **반의어**: 감사한 마음이 없는, 권력적인, 무례한, 고마워하지 않는
● **인물**: 루 게릭, 헬렌 켈러
● **관련 직업**: 성직자, 자원봉사자, 기초단체 의원, 교사

감사하기 힘들 때

○ 섀넌 폴리(Shannon Polly)

비가 오던 날 밤이었다. 나는 막내딸과 함께 응급실에 갔다가 막 돌아온 참이었다. 뭐 그렇게 큰일로 병원에 간 것은 아니었다. 건포도가 코에 들어간 것뿐이었다. 그런데 이비인후과에서는 귀만 치료하는 게 분명했다. 코를 치료하려면 응급실로 가야 했다. 다시 건강해진 아이와 함께 집으로 돌아왔으니 감사하다는 마음이 들어야 마땅했다. 막내딸의 코 안에 건포도가 없다는 사실을 알아내는 데 2시간 15분밖에 걸리지 않았으니 무척 감사해야 했다. 응급실에 갔다 하면 평균 4시간에서 5시간은 걸리니까 말이다. 병원 화장실에 지갑을 두고 왔는데 누군가가 그 지갑을 주워 내용물이 그대로 들어 있는 채로 경비원에게 가져다줬을 때 나는 진심으로 감사해야 했다. 간호사는 8년 동안 일했지만 지갑이 그대로 돌아온 적은 없었다고 말했다.

나는 감사에 대한 연구논문을 읽었고, 간부들과 군인들에게 감사에 대해 가르치는 영예로운 일을 맡았다. 하지만 내가 응급실을 나왔을 때는 고맙다는 생각이 들기보다 짜증스러웠

다. 석 달 전에도 소아과를 찾아갔지만 코에 건포도가 없다는 진단을 받았는데 남편이 병원에 가 보라고 채근했기 때문이었다.

대체 왜 그런 걸까? 단지 내가 감사를 잘 못하기 때문일까? 어쩌면 그럴지도 모른다. 감사는 성격강점 검사에서 내가 가장 낮은 점수를 받은 성격강점이기도 했다. 긍정심리학 치료사가 감사를 잘 못한다니, 이 얼마나 아이러니한 일인가. 혹시 단지 부정편향 때문에 내가 감사를 잘 못하는 것일까? 혹은 쾌락적응 현상 때문일까? 아니면 그냥 감사하는 일이 어렵기 때문일까?

이 세상을 반쯤 비어 있는 유리잔으로 보는 고객을 코칭해 준 적이 있다. 그 고객의 아내는 남편의 그런 가치관 때문에 괴로워했다. 그 고객은 자신에게 뭔가 잘못된 것이 있는지 내게 물었다. 내가 부정편향에 대해 설명하자 그 사람은 마음을 놓는 것 같았다.

사람들은 모두 부정적인 것을 먼저 보고 긍정적인 것보다 부정적인 것에 훨씬 큰 비중을 둔다. 그 옛날 동족들이 포식동물이 없는지 보려고 지평선을 살필 때 동굴 바깥에 홀로 핀 꽃을 감상했던 혈거인은 포식동물에게 잡아먹혀 자신의 유전자를 후손에게 물려주지 못했을지도 모른다. 이처럼 위험이 있는지 살피는 것은 적응하는 데 상당히 유익하다. 하지만 문제는 현대 인간의 두뇌가 마감을 놓치는 것을 생명과 몸이 위험해지는 것과 동일시한다는 것이다. 그렇기 때문에 마감을 놓칠 때도 생명을 위협을 받을 때와 똑같이 코르티솔이 지나치게 많이 분비돼 우리 몸을 해친다.

좋은 일이 일어났을 때 사람들은 그 일에 익숙해진다. 새 차가 있으면 행복해질 거라고 생각하는 한 새 차를 사도 생각만큼 행복해지지 않는다. 인간은 자신이 어떨 때 행복해지는지를 잘 예측하지 못한다.

쾌락적응 현상도 감사하는 마음에 영향을 미칠 수 있다. 가장 유명한 긍정심리학 치료 기법은 '좋은 일 세 가지 적기'이다. 매일 밤 그날 자신에게 일어났던 좋은 일 세 가지를 생각해 보고 그 일들이 자신에게 어떤 의미가 있었는지, 왜 그런 일들이 일어났는지를 적는 것이다. 연구 결과에 따르면 이 훈련으로 건강이 더 좋아지고 잠을 더 잘 자게 되며 인간관계가 더 좋아진다. 하지만 일부 연구자는 사람들이 매일 이 훈련을 하면 일주일에 한 번만 했을 때보다 행복을 적게 느낀다는 사실을 발견했다. 사람들이 이 감사하는 훈련에 익숙해지기 때문인 것 같다.

그렇다고 해서 내 말을 오해하지는 말길 바란다. 다 큰 어른들도 자기들 인생에서 좋은 것과 가족에게 감사하지 못했던 것을 보기 시작했을 때 눈물을 흘리는 모습을 보았다. 하지만 감사하기 어려워하는 사람도 있다. 한 치수가 모두에게 맞지는 않기 때문이다.

감사의 혜택은 손에 잡기 쉬운 것이 아니기 때문에 감사하는 능력을 기르려면 많은 노력을 기울여야 한다. 내가 할 수 있는 몇 가지 방법은 다음과 같다.

첫째, 친절과 끈기, 사회성 지능이라는 나의 상위권 성격강점을 이용해 감사라는 내 하위권 성격강점을 키워 나간다. 예를 들자면, 친절한 내 성격을 이용해 감사편지를 쓴다. 하지만 감사편지를 많이 쓰려면 끈기가 약간 필요하다. 또한 내 사회성 지능을 발휘해 누군가가 제대로 감사를 받았다고 느끼지 못할 때를 감지해 낸다. 이렇게 하면 보다 많은 것에 감사하게 된다.

둘째, 종종 감사가 최고의 성격강점인 사람을 찾아본다. 연구 결과에 따르면 자기 능력을 보다 자신 있게 발휘할 수 있는 한 가지 방법은 모범이 되는 사람을 찾는 것이다. 나도 감사하는 내 능력을 믿고 키워 나가기 위해 감사할 줄 아는 사람들과 어울리려고 노력한다. 나는 코칭 자격 취득 과정을 밟을 때 고객 몇 명에게 무료로 코칭해 줬다. 그중 한 고객의 최고 성격강점이 감사였다. 그 사람을 코칭할 때는 언제나 기분이 좋았다. 그 사람은 무료로 코칭받는 기회를 얻어 무척이나 고마워했고, 나는 그 사람을 도우려고 더 열심히 노력했다. 우리의 상호작용이 어떻게 진행되는지도 유심히 살펴보았다. 그 사람은 어떻게 그토록 감사를 잘하게 됐을까? 나는 남의 도움을 받을 줄 아는 그의 태도가 그러한 감사 능력에 부분적으로 영향을 끼친다는 사실을 깨달았다. 그 사람은 모든 것을 통제하려고 애쓰지 않았다. 결과적으로 그 사람은 더욱 많은 일을 해냈고, 다른 사람들이 그를 도와주면서 만족감을 느낄 수 있도록 해 줬다.

셋째, 내 인생에서 유난히 불행했던 사건을 떠올려 본다. 그러고는 오늘 그 사건을 얼마나 자주 떠올렸는지 자문해 본다. 보통 그 답은 '그렇게 자주는 아니다.'였다. 그 과거의 사건과 나의 현재 상황을 비교해 보면 지금은 내가 훨씬 더 좋아졌다는 사실을 깨닫게 된다. 요점은 과거를 무시하는 것이 아니라 과거를 바라보는 현재의 새로운 기준 틀을 만들라는 것이다. 그 새로운 틀에 비춰 보면 과거의 스트레스 상황이 어떻게 지금의 나를 있게 했는지, 내 인생에서 진실로 중요한 것이 무엇인지를 알 수 있다.

그렇다면 보다 많이 감사하려면 어떻게 해야 할까? 자신의 상위권 성격강점을 이용해 하위권 성격강점을 키울 수 있다. 감사를 최고 성격강점으로 발휘하는 본보기를 찾아볼 수 있고, 과거의 부정적인 사건과 자신의 현재 상태를 비교해 볼 수 있다. 좋은 소식은 감사하기 힘든 할 경우에도 좀 더 열심히 노력하면 감사하는 마음을 키워 나갈 수 있다는 것이다.

감사 강점을 키우는 방법(Rashid, 2015, 2018)

① 내가 당연시하는 사소하지만 중요한 것을 매일 하나씩 골라 염두에 두고 앞으로 일을 해 나간다.

② 아무리 미미하더라도 나의 성공을 도와준 모든 사람에게 감사를 표한다. 성공하려면 나 자신의 노력뿐만 아니라 다른 사람들의 도움도 필요하다는 사실을 깨닫는다.

③ 단순하게 '고맙다'는 말만 하지 말고 그보다 더 구체적인 설명을 덧붙여 감사를 표하고 (예: "현명한 충고를 해 주셔서 감사합니다."), 사람들의 반응이 어떻게 달라지는지 살펴 본다.

④ 매일 적어도 10분 동안 즐거운 경험을 음미하고 이때 의식적인 판단은 보류한다.

⑤ 적어도 일주일에 한 번은 식사하기 전에 그 한 끼 식사에 깃든 모든 사람의 노고를 떠올 려 본다.

⑥ "안정된 마음은 현재 이곳에 있는 좋은 것을 보고, 불안한 마음은 현재 이곳에 없는 부 정적인 것을 본다."라는 말이 있다. 이 말에 비춰 봤을 때 내 마음 상태는 어떠한지 생각 해 보고 아침저녁으로 5분 동안 마음을 평온하게 가다듬는다.

⑦ 매일 잠자리에 들기 전에 잘 됐던 일 세 가지를 꼽아 보고 왜 잘 됐는지를 일기장에 적 는다.

⑧ 예전에 한 번도 감사를 표하지 못했던 사람에게 고맙다고 말한다. 직접 찾아가서 말하 는 것이 좋다. 그렇게 했을 때 서로의 감정이 어떻게 달라지는지도 살펴본다.

⑨ 내가 얼마나 자주 진심으로 고맙다고 말하는지 살펴본다. 사람들이 문을 잡아 주는 등 사소하지만 친절한 행동을 할 때 반드시 그들에게 고맙다고 말한다.

⑩ 매일 아침 불안하게 느껴지는 일 세 가지를 적어 본다. 잠자리에 들기 전 그날 있었던 좋은 일 세 가지와 그 일이 좋았던 이유를 적어 본다.

(22) 희망

희망(Hope, 낙관성, 미래지향성)은 계획한 일이 잘 될 것이라는 기대와 희망을 갖고 그것을 성취하기 위해 노력하는 강점이다.

● **특징**: 이 강점을 지닌 사람은 자신이 최고가 될 날을 기대하며 계획을 세우고 그 계획대 로 실천한다. 희망, 낙관성은 미래에 대한 긍정적인 자세를 드러내 주는 강점들이다. 현 재 자신이 있는 곳에서 즐겁게 생활하고 목표를 향해 힘차게 나아간다.

● **반의어**: 비관성, 절망, 침울성, 무기력

● **인물**: 마틴 루서 킹, 마틴 셀리그만

● **관련 직업**: 사업가, 제품개발자, 마케팅 전문가, 정치인, 긍정심리치료사

희망 되찾기

○ 더그 터너(Doug Turner)

교회 지도자나 회사의 인사 담당자로서 개개인과 커플을 만나다 보면 종종 희망을 잃은 사람들을 마주하게 된다. 그런 사람들은 직장생활에서나 인간관계에서 희망을 잃어버렸고, 인생의 목표를 달성할 수 있다는 희망도 놓쳐 버렸다. 그들과 이야기를 나누면서 도울 방법을 찾는 동안 릭 스나이더(Rick Snyder)와 그의 희망 이론이 계속해서 내 머릿속에 떠올랐다. 스나이더 박사는 자신의 저서 『행복 안내서(Handbook of Hope)』(p. 10)에서 다음과 같은 간단한 공식으로 희망의 세 가지 요소를 설명했다.

$$A \Rightarrow B$$

여기서 A는 사람을 말하는데, A는 바라는 목표(B)를 달성하는 길이나 경로(화살표)를 자기 스스로 개척해 나갈 수 있다고 생각한다. 이 세 가지는 사람들이 인생을 살면서 희망적인 태도를 유지하는 데 필수적인 요소이다. 희망을 가지려면 목표가 필요하고, 그 목표를 이룰 수 있다고 우리 스스로가 믿어야 하며, 목표를 달성할 수 있는 방법, 즉 길을 알아야 한다.

나는 이 간단한 공식으로 사람들이 무엇 때문에 주저하는지 알아내고, 그들에게 잃어버린 희망을 되찾을 수 있는 방법을 추천해 줄 수 있다고 생각했다. 인생이 꼬인 한 젊은 여성을 만난 적이 있다. 그 여성은 완전히 비탄에 빠져 희망을 잃어버린 상태였다. 그 당시 내가 그녀에게 또다시 행복해지고 앞으로 아주 밝은 미래가 펼쳐질 거라고 자신 있게 말했던 것이 생각난다. 그 말에 전혀 믿을 수 없다는 표정을 지었던 그녀의 얼굴도 기억난다. 나는 그 여성이 필사적으로 행복해지고 싶어 한다고 생각했지만 그녀는 자기가 행복해질 수 있다고 믿지 않았고, 행복해지는 길도 전혀 볼 수 없었다

내가 그 여성과 만난 지 몇 주, 몇 달이 지나자 그녀는 앞으로 나아갈 수 있는 여러 가지 길을 찾아내기 시작했다. 그리고 자신의 미래를 그려 보기 시작했다. 그렇게 되자 자신감도 생겼다. 그 여성의 걸음걸이에서 그러한 변화가 극명하게 드러났다. 친구가 삶의 희망을 되찾아 나가는 모습을 보는 것은 진정으로 감흥이 솟아오르는 경험이었다.

사람들이 희망의 세 가지 요소 중 무엇을 잃어버리고 있는지 알아낸다면 그들이 잃어버린 것을 되찾아 줄 수 있는 치료법도 알아낼 수 있다. 어떤 사람들에게는 목표가 없다. 또 어떤 사람들은 자신감이나 동기를 잃어버렸다. 목표와 자신감을 갖고 있지만 어디서부터 시작해

야 할지 확실히 모르는 사람들도 있다. 가끔씩 하나의 길이 막히면 목표를 달성할 수 있는 다른 길을 찾아야 하는데, 이때 사람들은 도움을 필요로 한다.

희망의 세 가지 요소를 확보(재확보)하는 데 도움이 되는 다양한 훈련법과 치료법이 있다. 나는 사람들에게 자신의 잠재력을 새롭게 꿰뚫어 보기 위해 가능한 한 최상의 미래를 그려 보라고 요구한다. 그렇게 하면 목표를 달성할 만한 능력이 자신에게 있다는 자신감을 키워 나갈 수 있기 때문이다. 나는 SMART라는 간단한 목표 설정 모델을 이용해 사람들이 구체적이고 실행 가능하며, 자신들의 가치와 일치하고, 정해진 시간 내에 달성할 수 있는 현실적인 목표를 설정하도록 도와준다. 사람들이 자신들의 동기와 목표를 이어 주는 다양한 방법과 길을 찾도록 도와줄 때는 간단한 브레인스토밍이나 마인드맵 기법을 이용하길 좋아한다.

희망을 품지 않고 진정으로 행복해질 수 있는 사람이 있다고는 상상하기가 어렵다. 또한 행복하지 않은데 진정으로 희망차게 살 수 있는 사람이 있다고도 믿기 어렵다. 행복과 희망은 떼려야 뗄 수 없는 관계에 있는 것 같다. 스나이더 박사의 희망 모델은 우리가 관심을 가지는 사람들에게 도움이 되는 다양한 길을 제시해 준다.

희망 강점을 키우는 방법(Rashid, 2015, 2018)

① 힘든 일이 생길 때마다 나 자신이나 가까운 누군가가 역경을 극복하고 성공했던 상황을 떠올려 본다.

② 1년, 5년, 10년 후 내가 어디서 어떤 사람이 되어 있기를 바라는지 그려 보고 그렇게 되는 방법을 생각해 본다.

③ 내가 잘못 내렸던 결정을 떠올려 본 후 나 자신을 용서하고 앞으로 더 나은 결정을 내릴 수 있는 방법을 알아본다. 과거의 실수에 사로잡혀 괴로워하기보다는 거기서 교훈을 얻는다.

④ 역경에 처했을 때 과거에 그와 비슷한 일을 극복했던 방법을 곰곰이 생각해 보고 앞으로도 그 방법을 사용하도록 한다.

⑤ 전날 있었던 나쁜 일을 모두 적어 보고 거기서 긍정적 측면을 각각 최소한 두 가지씩 찾아본다.

⑥ 긍정적인 사고양식과 부정적인 사고양식을 모두 적어 보고 그에 따라 향후 나의 실적이 어떻게 달라질지 생각해 본다. 보다 긍정적인 생각을 하면 내 실적이 개선되는지 실험해 본다.

⑦ 역경을 극복하고 성공한 사람의 이야기를 읽어 보고 내게도 그와 비슷한 일이 있었는지

생각해 본다.

⑧ 향후의 고난을 예상해 미연에 방지하려고 하기보다는 헤쳐 나가면서 시야를 넓힌다.

⑨ 향후의 세 가지 어려운 과제 가운데 내게 가장 적합한 것을 찾아보고 올바른 행동을 생각해 실천한다.

⑩ 일주일에 두 번, 적어도 15분씩 낙관적인 생각을 한다. 그러한 생각과 그것을 실현할 수 있는 행동 방안을 적어 보고 친구들에게 이야기해 그들의 도움을 받는다.

(23) 유머

유머(Humor, 유쾌함)는 웃고 우스갯소리를 하는 것을 좋아하고, 역경 속에서도 밝은 면을 찾아내며, 다른 사람에게 웃음을 선사하는 강점이다.

- **특징**: 유머 감각이 뛰어난 사람은 잘 웃거나 다른 사람들에게도 웃음을 선사한다. 또한 삶을 긍정적으로 보는 경향이 크다. 꼭 필요한 말이 아니더라도 유쾌한 농담을 잘한다.
- **반의어**: 냉혹함, 따분함, 심술궂음, 고집이 셈, 지루함
- **인물**: 찰리 채플린, 유재석
- **관련 직업**: 개그맨, 파티플래너, 예능작가, 유머 강사

인생의 밝은 면을 보라

○ 호메이라 카비르(Homaira Kabir)

"큰 소리로 자주 웃고, 그대 자신도 웃어넘겨라."

- 첼시 핸들러(Chelsea Handler)

할머니는 유머 감각을 널리 전파하는 사람으로 유명했다. 젊었을 때는 할머니의 우렁찬 웃음소리가 작은 동네 곳곳에 울려 퍼졌다는 소문이 있었다. 나는 어릴 때 할머니와 함께 살았는데, 할머니는 언제나 나와 함께 웃어 주는 영원한 동반자였다. 할머니는 다 큰 어른들의 재치를 받아 줄 때처럼 나의 유치한 유머도 자연스럽게 받아 줬다. 훗날 내가 남편에게 청혼을 받았을 때 할머니는 우리의 결혼을 전적으로 찬성했다. 그 사람이 웃음이 많아서 나를 행복하게 해 줄 거라고 확신했기 때문이었다.

할머니는 글을 읽을 줄 몰랐지만 사람의 마음을 꿰뚫어 보는 통찰력을 갖고 있었다. 수십

년이 지난 지금, 나는 할머니가 직감적으로 알았던 것을 과학적으로 연구하고 있다. 유머는 심혈관계를 안정시켜 주고, 우울증 증세를 개선해 주며, 인간관계를 증진해 주고, 더 위대한 인생 목표를 제시해 주기 때문에 인생을 잘 살아가는 데 큰 도움이 된다.

연구 결과에 따르면 유머는 뛰어난 지도자가 반드시 갖춰야 할 자질로, 힘든 시기에 스트레스를 줄여 줄 뿐만 아니라 업무 현장의 사기를 높여 준다. 부모가 되는 길도 유머가 가미된다면 훨씬 덜 험난해진다. 쾌활한 기질의 엄마는 가정이 혼란스러울 때도 차분하게 그 위기를 헤쳐 나갈 수 있기 때문에 아이들과 안정적인 애착관계를 형성할 수 있다. 부부가 인생의 밝은 면을 볼 줄 알 때 결혼생활이 더욱 돈독해진다.

또 다른 연구 결과에 따르면 유머는 사별의 아픔을 회복하는 데도 큰 도움이 된다. 유머는 상실의 아픔을 통찰하는 데 도움이 되기 때문에 우울증을 완화해 주고 보다 원대한 삶의 목표를 제시해 준다. 웃음 요가 같은 치료 요법은 웃음을 이끌어 내어 스트레스 반응을 가라앉히고 결과적으로 초월성이라는 신비한 경험을 선사한다.

인간의 삶에서 유머가 중심이 된다는 사실은 어릿광대와 코미디언이 사회에서 차지하는 의례적인 역할에 잘 나타나 있다. 시간과 문화를 초월해 사람들에게 웃음을 주는 일은 사회에서 중요한 일부분을 차지했다. 그 옛날 중국 왕조의 광대와 중세 유럽의 어릿광대, 고대 로마의 어수룩한 마임 연기자, 오늘날 즉흥 코미디 클럽에서 활동하는 스탠드업 코미디언을 보면 알 수 있지 않은가.

하지만 사람들에게 웃음을 주는 유머가 짜증을 불러일으키거나 분노를 폭발시킬 수도 있다. 예컨대, 내 딸은 자기와 쌍둥이인 남자 형제가 자꾸 우스갯소리를 하는 게 싫다면서 도와 달라고 절망적인 비명을 질러 댄 게 한두 번이 아니었다. 대체 유머가 무엇이기에 극과 극을 달리는 공감과 연민, 분노와 경멸을 둘 다 불러일으킬 수 있는 걸까?

그 답은 유머 자체의 발달 과정에서 찾아볼 수 있다. 인간 이외의 다른 영장류도 사회생활을 하지만 언어가 발달하면서 인간은 즐겁게 웃고 농담을 주고받기 시작했다. 유머는 두뇌 발달의 극적인 변환기에 의식의 발현과 동시에 생겨났을 가능성이 크다.

인간은 의식이 생겨나면서 지나온 과거와 앞으로 다가올 미래에 대해 조리 있게 이야기할 수 있게 됐다. 미래를 생각하는 능력이 생기면서 곧 닥쳐올 위험과 결국에는 죽음을 맞이할 우리의 운명을 깨닫게 됐다. 그렇다고 해서 삶을 두려워하기만 한다는 것은 아니다. 생물학적 존재의 한계를 뛰어넘으려는 욕망이 생겨나고, 유한한 자신보다 훨씬 더 영속적인 뭔가에 소속돼 의미를 찾고자 하는 바람이 생겨나기도 했다. 이렇게 의미를 찾자 감정이 격변하는 인생에서 얻지 못했던 안정을 찾았다. 또한 유머 감각을 발휘해 보다 넓은 관점에서 바라보자 사소한 걱정에 사로잡혀 살았던 삶이 얼마나 어리석었는지를 깨달았다. 그리하여 유머로 끊임없이 변하는 혼란스러운 상황을 헤쳐 나갈 수 있었다.

　의식과 함께 다른 사람들의 틀 안에 존재했던 자아도 깨어났다. 도덕과 문화가 발달하면서 생존의 핵심 열쇠인 사회 구조 내에서의 평화로운 공존이 가능해졌다. 유머는 부족 내부의 인간관계를 형성해 주고, 종종 집단 간 관계를 해치더라도 내집단 간 유대를 공고히 해 줬다.

　하지만 오늘날의 부족은 200명쯤 됐던 고대 부족보다 그 규모가 더 크다. 현재 우리는 글로벌 시대에 살고 있다. 그렇기 때문에 한 인류로서 번성하고자 한다면 70억 인구의 감성과 문화를 고려해 유머 감각을 발휘해야 한다. 언제나 그렇게 하기가 쉽지는 않지만 반드시 그렇게 해야 한다.

　그렇다면 어떻게 해야 하는가? 다른 사람을 희생양으로 삼아 웃음을 이끌어 낸다면 인간의 가치와 단절되고 만다. 상호 연결된 현 세계에서는 모든 문화와 전통을 고려하는 타인 중심적인 성격강점을 쌓아 나가야 한다. 공감 능력을 키우려면 개개인의 경험을 다른 사람의 고통과 연관 짓고 다른 문화를 직접 경험해 봐야 한다.

　내 아들도 타인에게 시선을 집중한다면 막 싹트기 시작한 코미디언 자질을 좀 더 잘 키워 나갈 수 있을지도 모른다. 그러자면 듣는 사람의 감성을 건드리는 유머는 더 이상 유머가 아니며, 스탠드업 코미디는 각기 다른 환경에서 취향과 기질, 특성이 각기 다른 관객 모두에게 적합하느냐에 따라 그 성공 여부가 달라진다는 사실을 아들에게 상기시켜 줘야 할 것 같다. 쌍둥이 누이가 복잡한 수학 문제를 풀려고 애쓰고 있을 때 사각팬티를 입은 채 어슬렁거리거나 귀에 양말을 걸고 다니는 짓은 그다지 적절해 보이지 않으니까 말이다. 아들이 사회성 지능을 갖추고 좀 더 조리 있게 행동할 때까지는 다른 사람의 웃음을 이끌어 내지 못하는 행동은 당장 그만두라고 경고해야 할지도 모르겠다. 아들의 유머를 다른 사람들에게 납득시키려고 하다가는 도와달라는 절망적인 비명소리가 끝없이 이어질 수도 있으니까.

　뉴욕의 유명한 유머 작가 E. B. 화이트는 유머를 설명하는 것이 개구리를 해부하는 것과 비슷하다고 말했다. "그렇게 할 수는 있지만 그 과정에서 대상이 죽어 버리기 쉽죠." 내 딸이 상상력을 키워 유머 감각을 길러 나가도록 도와줄 수도 있을 것 같다. 딸아이에게 얼마 전에 본 코미디를 흉내 내는 아들의 모습에 큰 소리로 웃었던 순간을 상기시켜 주고, 그 일을 계기로 둘의 관계가 얼마나 좋아졌고 둘 다 얼마나 행복해졌는지를 떠올려 보라고 할 수도 있다. 터무니없는 뜻밖의 의도에도 감사할 줄 알게 되면 딸아이도 분명히 상상력을 키워 성장할 수 있을 것이다.

　하루가 끝날 무렵, 우리가 원하는 것은 행복하고 의미 있는 삶이 전부이다. 물론 인생이 목표를 달성하려고 애쓰다 끝나 버리는 의미 없는 여정이 될 수도 있지만, 유머 감각을 발휘한다면 방대한 경험의 바다에서 대부분의 것을 가볍게 웃어넘기고 진정으로 중요한 것을 찾을 수 있다.

내 가족은 할머니를 기억할 때마다 할머니의 환한 미소를 떠올린다. 할머니의 직감대로 남편은 많은 웃음과 기쁨으로 우리의 하루하루를 채워 주고 있다. 살아서나 죽어서나 우리 인간은 다른 사람에게 어떤 기분을 안겨 주는 사람인가로 기억될 것이다. 행복은 모든 불행을 이긴다.

유머 강점을 키우는 방법(Rashid, 2015, 2018)

① 대부분의 상황에서 재미있고 더욱 밝은 면을 찾아낸다. 모든 일을 충분히 진지하게 받아들이면서도 지나치게 진지하게 받아들이지 않는 타협점을 모색한다.

② 일주일에 세 번씩 새로운 농담을 배워 친구들에게 던져 본다. 웃음으로 집단의 분위기가 얼마나 좋아지는지를 눈여겨본다.

③ 유머 감각이 뛰어난 사람을 사귄다. 그런 사람들이 유머라는 성격강점을 어떻게 이용해 어려운 상황과 나쁜 소식을 처리하는지 지켜본다.

④ 적어도 한 달에 한 번은 친구들과 함께 볼링이나 하이킹, 크로스컨트리, 자전거 타기 등을 즐긴다. 내가 사람들과 함께 웃을 때 집단 활동이 어떻게 개선되는지 주의 깊게 살펴본다.

⑤ 친구들에게 재미있는 내용의 이메일을 보낸다. 그냥 행운의 편지를 복사해 보내기보다나 자신의 삶에서 얻은 유머를 다른 사람들과 나눈다.

⑥ 농담과 몸짓, 재미있는 활동으로 매일 누군가의 얼굴에 웃음을 찾아 준다. 다른 사람들의 기분을 살피고 그것에 대처한다.

⑦ 매일 시트콤이나 재미있는 쇼, 영화를 보거나 코믹 만화를 읽는다. 코믹 만화를 스크랩하고 친구들에게 볼 만한 쇼를 추천해 준다.

⑧ 우울한 친구의 기분을 북돋아 주고 즐겁게 삶을 살아가는 법을 몸소 보여 준다.

⑨ 누군가의 흉내를 내 보고 그 경험을 가까운 사람들에게 이야기한다. 친절하고 재치 있게 행동한다.

⑩ 눈이 올 때 눈사람을 만들거나 해변에서 발리볼을 한다. 내 안에 깃든 '내면의 아이'를 끄집어내어 어린 시절에 즐겼던 일을 재미있게 해 본다.

(24) 영성

영성(Spirituality, 삶의 목적의식, 종교성, 신앙심)은 종교생활이나 인생의 궁극적인 목적과 의미에 대한 일관성 있는 신념을 가지고 살아가는 강점이다.

- **특징:** 이 강점을 지닌 사람은 우주의 더 큰 목적과 의미에 대한 믿음이 크다. 그래서 더 큰 계획에서 자신의 쓰임새가 있을 것이라고 생각하며, 그런 믿음을 밑거름 삼아 행동하고 편안함을 얻는다. 종교를 믿든 안 믿든, 당신은 더 큰 우주에 자신이 속해 있다고 확신한다.
- **반의어:** 신앙심 없음, 목적의식 없음, 신념 부족
- **인물:** 마더 테레사, 달라이 라마
- **관련 직업:** 종교지도자, 성직자, 시민운동가, 과학자, 철학자, 심리학자

영성 건강 단련법

○ 다이애나 부퍼드(Diana Boufford)

인생에서 물질적으로나 사회적으로나 혹은 재정적으로 손실을 입거나 인지력과 기억력 상실을 경험하는 순간에는 어떻게 영성 건강을 유지할 수 있을까? 사실 이런 일은 노년기에 훨씬 자주 보다 빠르게 일어난다.

때로는 질병이나 생활환경 때문에 노년기에 조기 스트레스 반응 징후가 나타난다. 여든아홉 살의 M 부인은 제2차 세계대전 당시 시베리아 강제수용소에서 살아남은 생존자였다. 그녀가 치료를 받아야 했을 때 강제수용소 시절의 기억이 다시 떠올라 우울증에 빠져들었다.

내가 그녀를 만나러 갔을 때 M 부인은 수술 후 만성 통증이 지속됐고, 집을 떠나 낯선 사람들과 함께 지내야 하자 가족이 가축 운반차에 실려 강제수용소로 보내졌을 때처럼 무섭고 외롭고 불안했다고 말했다. M 부인은 자신이 보살펴 줘야 하는 남편이 있는 집으로 간절하게 돌아가고 싶어 했다. 하지만 회복 속도가 느려 재활시설에 계속 머물러야 했다.

나는 M 부인에게 그녀와 같은 시기에 시베리아의 아우슈비츠 강제수용소에 있었던 빅터 프랭클의 이야기를 들려줬다. 프랭클은 거기서 직접 목격하고 겪은 것을 바탕으로 생존의 목적과 의미가 있는 사람은 거의 모든 상황에서 살아남을 수 있다고 믿었다.

나는 M 부인에게 질문을 던졌다. "많은 사람이 살아남지 못했는데 어떻게 시베리아 강제수용소에서 살아남을 수 있었나요?"

M 부인은 잠시 생각에 잠겼다. 그러더니 나를 쳐다보며 대답했다. "동정심 때문이었어요. 그 끔찍한 곳에서 살아남을 수 있었던 건 동정심 덕분이었죠."

"그게 어떻게 도움이 됐나요?" 내가 다시 물었다.

그러자 M 부인은 이가 너무 많아 잠시도 가만히 있지 못했던 한 소녀의 이야기를 해 줬다 (강제수용소에 갇혔을 때 M 부인은 열네 살이었다). 그 여자아이는 머리에 끔찍한 상처가 있었고 피부를 뜯어먹는 벌레 때문에 생긴 그 상처에서 피가 흘렀다.

"전 그 아이에게 매일 머리를 감는 수밖에 없다고 말했죠! 그러고는 머리카락을 관리하는 법을 가르쳐줬어요. 제가 할 수 있는 일은 그것뿐이었죠. 전 그 아이와 다른 모든 사람에게 동정심을 느꼈고, 그 덕분에 살아남을 수 있었던 것 같아요." M 부인이 말했다.

나는 M 부인에게 그때와 똑같은 감정과 기술을 이용하면 집에서 떨어져 지내는 상황과 수술 후의 통증, 회복 과정을 이겨 낼 수 있다고 말했다. M 부인이 요양원을 떠나기 전에 요양원 직원은 그녀의 기분뿐만 아니라 대처 반응도 좋아졌다고 말했다. 그 후로 M 부인은 다른 사람들과 좀 더 자주 대화를 나눴고 다른 환자들의 일상적인 일과도 도와줬다.

이 이야기는 정신적 외상을 입고 고통받았던 몇몇 사람이 다른 생활 영역에서 성장해 회복될 뿐만 아니라 예전보다 훨씬 더 나아지는 외상 후 성장이라는 개념을 잘 설명해 주고 있다.

영적 건강의 주춧돌은 기본적인 욕구를 초월해 자신보다 훨씬 위대한 뭔가에 이바지하고 싶어 하는 자질이다. 정신적 외상을 입고 역경에 처할 때 영적 성장을 할 수 있다. 사람들은 삶의 목적과 의미가 있어야 삶을 이어 나갈 수 있다. 삶의 의미를 되찾았을 때 삶의 질이 크게 개선될 수 있다. 심지어 더 이상 사회에 기여하지 못하는 사람도 자신의 욕구가 다른 사람들에게 목적과 의미를 준다는 사실을 깨닫고 그들의 도움을 받아들일 수 있다.

나는 깊은 상실감이나 역경 때문에 슬퍼하는 사람들에게는 프랭클 박사의 책에 나오는 또 다른 개념을 자주 소개해 준다.

절망은 의미 없는 고통과 같다　사람들이 자신의 고통에서 어떤 의미를 찾을 수 있을 때 절망에 빠져들지 않고 역경을 극복할 힘과 결의를 찾아낼 수 있다. 반면, 아무런 의미가 없다고 느낀다면 절망의 나락으로 떨어진다.

노인들은 종종 자신들의 삶을 되돌아보는 데 많은 시간과 에너지를 쏟아붓는다. 옳았든 틀렸든 상관없이 자신들이 했던 모든 선택을 곰곰이 생각해 본다. 또한 자신들의 인생에서 부딪쳤던 도전을 조직적으로 검토하면서 어떤 결단을 내리려는 것 같다.

자신의 삶을 성찰하고 자신이 연민과 용서를 베풀며 내렸던 다양한 결정을 받아들일 수 있는 사람들은 흔히 자신은 물론이고 다른 사람들과 평화롭게 지내는 방향으로 나아갈 수 있다. 이들은 자기 자신에게 크게 만족하며 실수를 했어도 인생을 잘 살아왔다고 느낄 수 있다. 종종 실수에서 큰 교훈을 얻어 더 나은 선을 이루었다고 말할 것이다.

이 여정에 탑승하지 못하거나 자신을 용서하지 않는 사람들은 종종 절망에 빠진다. 어쩌면 슬픔과 비통함에 짓눌려 너무 늦었다고 생각하고 많은 것을 잃었다고 생각할지도 모른다. 종종 자신이나 다른 사람들에게 고마워했다가 그들을 비난하는 끝없는 순환의 고리에 빠져 고통스러운 상황을 더욱 악화시킨다. 이들은 고통에서 어떤 의미도 찾아내지 못한 채 헤어 나오지 못한다. 여기에다 노년기에 더 자주 찾아오는 상실의 아픔까지 더해지면 심각한 우울장애로 치료를 받아야 하고, 자살을 할지도 모른다.

이와는 반대로 결의와 용서, 칭찬에 중점을 두어 인생을 성찰해 보면 의미와 목적이 있는 나날을 보낼 수 있다. 이야기와 조언, 우정을 나누며 추억을 공유하는 집단 환경에서는 회상에 젖을 수 있다. 가족과 친구, 동네 사람의 죽음, 심지어 자신의 죽음으로 상실감을 느낄 때도 통찰력과 지혜를 발휘하면 보다 큰 의미를 찾아낼 수 있다.

사람들은 슬픔을 다른 사람들과 나누면서 극복해 나간다. 정신의 성장을 도모하고 평생을 바쳐 얻은 지혜를 후대에 물려주는 것은 가장 중요하고 영적으로 각성된 활동이다. 감히 말하지만 이러한 활동은 모든 사람이 성취할 수 있는 도덕적 책임이자 윤리적이고 영적인 책임이다.

사람들은 인생의 혹한기에도 적절한 도구와 지지만 있다면 영적으로 크게 성장하고 만족할 수 있다. 영적 건강을 유지하는 데 도움이 되는 몇 가지 활동은 다음과 같다.

- **감사편지 쓰기**: 당신의 인생을 바꿔 줬는데도 적절한 감사를 표현하지 못했던 사람에게 편지를 쓴다. 이미 이 세상을 떠난 사람들에게도 감사편지를 쓴다.
- **세 가지 좋은 일 기록하기**: 일기를 쓰고 매일 자신에게 일어난 세 가지 좋은 일을 기록하고, 왜 그 일들이 자신에게 의미가 있었는지 기록한다.
- **인생 성찰하기**: 당신의 인생에서 지금보다 훨씬 힘들었던 시기를 다시 떠올려 본다. 그 시기에 역경을 극복해 나가면서 얻었던 모든 기술과 통찰력을 되짚어 본다. 그 경험에서 어떤 좋은 점을 얻었는가? 무엇을 배웠는가? 거기서 배운 것을 다른 사람들에게 전해 줄 수 있었는가? 거기서 배운 것이 당신과 다른 사람들에게 어떤 도움이 됐는가?
- **회상 모임에 참여하기**: 인생을 살면서 맛보았던 다양한 기쁨과 역경을 서로 나누는 회상 모임에 참여한다. 다른 사람들의 이야기를 주의 깊게 듣는다. 연민을 느끼고 수용할 줄

아는 능력을 키워 나간다.

- **애도하기**: 모든 상실에는 슬픔이 따라온다. 매일 주저 없이 울고 경의를 표하며 조금씩 슬픔을 벗어던진다. 슬픔과 상실에 집착하지 않는다. 그 대신 사랑과 추억을 수용하고 키워 나간다. 슬퍼하는 다른 누군가를 지켜보며 함께 있어 준다.

- **조언하기**: 누군가에게 조언을 해 주거나 누군가의 조언을 받는다. 조언을 받는 것이 너 그러운 행동임을 명심하길 바란다.

- **봉사하기**: 다른 사람들에게 이득이 되는 행동을 한다. 다른 사람들의 말을 잘 들어주고, 다른 사람들에게 따뜻한 손길을 내밀며, 당신을 도와주는 사람들의 인간애를 인정한다.

- **용서하기**: 당신 자신과 다른 사람들을 용서한다. 오랫동안 품었던 앙심을 기꺼이 버리고 그보다 훨씬 더 위대한 사랑과 자유를 품고 살아간다. '분노를 품고 살아가는 것은 독을 먹고 다른 사람이 죽기를 기다리는 것과 같다.'

- **기도하고 명상하기**: 기도는 신과 대화하는 것이고 명상은 자각하는 것이라는 말을 자주 들었다. 시간을 들여 마음을 비우고 내면의 자아와 소통하면 평화롭고 현실적이며 사랑이 넘치는 곳에서 살아가는 능력이 향상된다.

성찰하고 공유하고 용서하는 이러한 활동을 하면 육체적으로나 정신적으로 큰 한계를 지니고 있는 사람들도 인생에서 상실감을 맛보는 고통스러운 상황에서 의미를 찾을 수 있다.

영성 강점을 키우는 방법(Rashid, 2015, 2018)

① 매일 10분 동안 심호흡하고 긴장을 풀며 명상에 잠긴다(호흡에 집중하면서 마음을 비운다). 그 후에 기분이 어떤지 살펴본다.

② 매일 30분 동안 영적 또는 종교적 책을 읽는다. 신뢰하고 존경하는 누군가와 함께 그 책 속에 든 사상에 대해 토론한다.

③ 다른 종교를 탐구한다. 예컨대, 수업을 듣고, 인터넷으로 자료를 찾아보며, 종교가 다른 사람을 만나거나 다른 종교 집회에 참석한다. 그러한 신앙을 실천하는 사람들과 이야기를 나누고 그들을 인간 대 인간으로 알아 나간다.

④ 내 삶의 근본적인 목적을 찾고 나의 행동과 삶의 목적을 일치시킨다. 내가 그 목적을 달성하기 위해 무엇을 했는지 매일 자문해 본다.

⑤ 나를 보다 고귀한 존재와 이어 주거나 내가 보다 큰 계획의 일부임을 일깨워 주는 활동을 매일 적어도 하나씩 한다. 내가 보다 광범위한 삶의 맥락 속에 존재하고 있음을

명심한다.

⑥ 하루에 5~10분 동안 산만한 요소를 모두 제거한 채 속으로 예배를 드리거나 기도를 한다.

⑦ 나의 일상적인 활동이 영적인 의미를 지니고 있는지 살펴보고, 만약 그렇지 않다면 그 문제를 해결할 방도를 생각해 본다.

⑧ 나의 영적인 믿음과 행동이 어떻게 나와 타인을 진실하게 이어 주는지를 숙고해 본다. 내가 사랑하는 사람들한테서 영적인 유사점을 찾아본다.

⑨ 내 삶에서 사람과 사람을 강력하게 연결해 주는 경험을 매주 목록으로 작성한다. 내가 다른 사람들의 삶에 얼마나 자연스럽게 섞여 들어가는지를 유의해 살펴본다.

⑩ 문제를 찾아 해결해 주는 데 유용한 내 능력에 감사하는 사람들과 관계를 맺는다. 그들 에게 의지하고 나도 그들에게 의지가 되어 준다. 내 인간관계의 신뢰 수준을 잘 파악 한다.

대표강점 적용 사례

연습이 끝났다면 다음 사례를 보고 대표강점을 개인적으로 삶의 중요한 영역인 일, 사랑, 자녀 양육, 여가 활동에서 적용할 계획을 세워 보자.

사례 1 대기업에 다니는 30대 초반인 강현철 대리의 예를 보자. 그의 대표강점은 사랑, 친절, 희망, 유머, 팀워크, 정직이다. 그는 긍정심리학의 플로리시 코스에서 자신의 대표강점을 찾고 흥분을 감추지 못했다. 지금까지 자신이 어떤 사람이지도 모른 채 앞만 보고 달려왔는데 강점 검사를 통해 자신의 정체성을 알게 됐기 때문이다. 강 대리는 사랑 강점을 발휘해 사귀고 있는 여자 친구에게 청혼했다. 사랑의 강점에는 사랑할 능력과 사랑받을 능력이 포함돼 있다. 자신에게 사랑할 능력이 있다는 확신을 가진 것이다. 결혼 승낙을 받고 희망 강점을 발휘해 개인과 직장에서의 미래에 대한 계획을 세웠다. 희망 강점 안에는 낙관성과 미래지향성이 포함돼 있다. 개인적으로는 '사랑하는 아내와 상의해 자녀를 몇 명 낳겠다, 교육은 어떻게 시키겠다, 부부가 함께 어떤 취미를 공유하겠다, 이런 집에서 이런 남편, 이런 아빠가 돼 행복한 가정을 만들어갈 것이다.'와 같은 계획을 세웠다.

직장에서는 '강점인 유머, 팀워크, 정직을 발휘해 동료와 상사에게 존중받고 인정받아서 언제까지 과장으로, 부장으로, 임원으로 승진을 하겠다.'라는 계획을 세웠다. 또 친절 강점을 발휘해 가정과 직장에서뿐만 아니라 지역의 봉사 활동에도 참가하고 일주일에 한 번은 선행을 하겠다고 마음먹었다. 그리고 바로 아내 될 사람과 결혼 준비를 하면서 직장에서 맡은 프로젝트를 진행하며 자신의 대표강점인 친절, 유머, 팀워크, 정직을 적용했다. 이렇게 자신의 대표강점을 활용할 계획을 세우고 일상에서 발휘하다 보니 평소에 자주 갖던 미래에 대한 걱정과 불안이 사라진 것은 물론 직장에서 직원들과의 관계도 더 좋아지고 스트레스와 불만도 없어졌다. 더 긍정적이고 활력이 넘치고 적극적이고 자발적인 사람으로 바뀌었다.

사례 2 조직에서는 강점을 어떻게 활용할까? 첫째, 조직 자체를 강점 기반 조직으로 만든다. 이는 일반적인 의미에서의 강점, 조직 구성원 개개인의 강점을 중심으로 조직 문화를 확립하라는 말이다. 영국에서 긍정심리학을 전문적으로 연구하고 확산시키는 연구소인 CAPP는 강점 기반의 조직이다. 그들은 그것을 자랑스럽게 여기며 강점 문화를 발전시키는 다양한 개입을 실천한다. 예컨대, CAPP에서 일하는 사람은 누구나 자신이 일상에서 발휘하는 대표강점 한두 개를 묘사한 '강점 만화'를 하나씩 갖고 있다. 그 만화들을 액자에 넣어 사무실 벽에 걸어 두기 때문에 액자를 볼 때마다 모든 직원이 조직에 개인적 자원을 제공한다는 것을 상기시켜 준다.

이 밖에도 구성원의 강점을 인정하는 방법은 많다. 세계적 여론조사 전문 기업인 미국의 갤럽 연구소는 각 사무실 문패에 개인의 이름과 그의 강점 목록을 함께 적어 놓는 방법으로 구성원의 강점을 인정한다. 조직 내에서의 긍정 피드백도 강점 기반 조직을 만드는 데 도움이 된다. 무조건 입에 발린 칭찬을 하라는 것이 아니라 유익하고 고마운 결정이나 업무에 대해 솔직하고 긍정 피드백을 하라는 것이다. 개선하면 좋을 점을 지적할 때 솔직한 칭찬을 함께 하면 조직원들이 피드백을 훨씬 더 쉽게 받아들일 수 있다. 강점을 일종의 습관으로 만드는 방법을 찾는 브레인스토밍은 조직을 더욱 활기차고 생산적이며 창의적인 곳으로 만들어 준다.

강점을 기초로 직원을 채용하는 방법도 강점 기반 조직을 자연스럽게 만들 수 있는 좋은 방법이다. 전통적인 채용 방식은 기술과 경험을 빈자리와 완벽하게 조화시키는 것이다. 예컨대, 마케팅 업무를 담당할 사람을 뽑을 때 마케팅을 해 본 경험이나 그 능력이 있는 사람을 뽑는 방식이다. 이 방식은 뚜렷한 매력과 이점이 있지만 지원자의 심리적·성격적 특성에 의한 잠재력을 최대한 포착하지는 못한다. 어떤 지원자가 콜센터에서 다년간 근무한 경력이 있다는 사실을 알면 그의 언어 능력, 신뢰성, 심지어 친화력까지도 가늠할 수 있다. 하지만 그 사실은 그의 창의성, 열정, 낙관성에 대해서는 별로 알려 주지 않는다. 이 성격적·심리적 특성들은 생산성과 이직률에 결정적인 영향을 미치기 때문에 매우 중요하다. 인사 담당자는 지원자에게 어떤 강점을 갖고 있는지 질문할 수 있다. 이 질문은 다양한 정보를 끌어내고 지원자가 면접에 더욱 적극적으로 임하고 더욱 몰입하게 해 준다. CAPP는 최근에 영국 최대 보험사인 노위치 유니언(Norwich Union)과 함께 강점에 기초한 채용 전형을 개발했다. 특정 기술 또는 콜센터 근무 연수 같은 특정 경력을 추구하는 대신 노위치 유니언은 특정 강점을 찾는 광고를 내보냈다. 이 광고는 학습 가능한 기술 대신 보다 선천적인 핵심 강점과 성격을 강조했다. 노위치 유니언의 채용 광고는 얼마나 성공적이었을까? 강점에 기초한 채용 전략을 시도한 부서들은 채용 후 처음 4개월 동안 직원의 몰입도가 현저히 증가했고 업무 수행 수준이 우수했으며 직원 이직률은 절반으로 줄었다.

셀리그만이 미국 메트로폴리탄 라이프 보험회사에서 진행한 연구 결과도 직원을 채용할 때 왜 강점을 중요시해야 하는지를 알려 준다. 낙관성 점수를 기준으로 실험 대상자를 낙관성이 좋은 그룹과 나쁜 그룹으로 나누었을 때 낙관성이 좋은 그룹이 입사한 뒤 2년 동안 37%가량 더 많은 실적을 올렸음을 확인할 수 있었다. 또한 낙관성 점수가 상위 10% 안에 드는 직원들은 하위 10%에 드는 직원들보다 88%나 더 많은 실적을 올렸다.

강점에 기초한 채용은 왜 그렇게 성공적일까? 한 가지 이유는 오늘날의 일터가 역사상 유례없이 빠른 속도로 변하고 있기 때문이다. 컴퓨터를 비롯한 IT 기술이 빠르게 변하기 때문에 조직 관리자는 규칙적으로 신기술을 업데이트해야 한다. 또한 지리적·사회적 이동성이 증가함에 따라 새로운 팀원, 사무실, 관리자에게도 규칙적으로 다시 적응해야 하는데, 그러기 위해서는 재능과 경력만으로는 한계가 있다.

조직에서 강점이 특히 중요한 곳은 관리 영역이다. 뛰어난 관리자는 주로 강점에 초점을 맞춘다는 갤럽 조사 결과가 있다. 강점 기반의 관리가 가능하려면 관리자가 자신의 강점을 알아야 하고 함께 일하는 직원들의 강점을 찾아 주고 강화하는 것을 중시해야 하며, 그렇게 할 능력을 갖춰야 한다. 관리자가 강점에 초점을 맞추려면 직원 개개인의 성격에 맞게 자신의 관리 전략과 상호작용 방식을 개별화해야 한다. 과다한 업무량과 시간, 실적 압박 때문에 관리자는 모든 직원을 일일이 격려하기가 쉽지 않다. 오히려 관리자 자신도 의욕을 상실할 때가 많기 때문이다.

마지막으로, 조직 전체 직원들의 대표강점 데이터베이스를 만드는 것도 강점 기반 조직을 만드는 좋은 방법이다. 그렇게 하면 개인별, 팀별 대단위부터 소단위까지 조직 전체의 강점을 관리할 수 있다. 직원 개개인의 대표강점 관리는 조직 차원에서 기존의 재능이나 자격, 경력보다 조직의 활성화와 조직성과에 유용하게 활용할 수 있을 것이다.

성격강점 검사를 통해 직원의 대표강점 찾기, CAPP '강점 만화'처럼 그 강점을 기억하기 위한 개입 실천하기, 직원이 자신의 대표강점을 업무에 적용하게 도와주기 등이 모두 시도할 만한 전략이다.

조직에서 강점과 특히 밀접한 관계가 있는 영역은 아웃플레이스먼트(재취업 교육)이다. 조직의 경쟁력을 강화하고 장기적인 발전을 위해서는 어쩔 수 없이 함께 일하던 직원을 해고해야 할 때가 있다. 해고를 당하는 직원은 두말할 것도 없이 괴롭겠지만 그 모진 결정을 내리고 나쁜 소식을 전할 수밖에 없는 관리자들도 고통스럽기는 매한가지이다. 강점 기반은 일터에 남은 직원들의 활기를 돋우고, 관리자가 회복력을 발휘하게 해 주며, 떠나는 직원을 위한 아웃플레이스먼트에도 적용될 수 있다.

강점은 가장 작은 것을 행하여 가장 큰 변화를 일으키는 방법을 제공한다. 강점은 직원이 지닌 막대한 천연 자원이며 엄청난 성장이 가능한 영역이다. 강점 기반 조직을 구축해서 직원들의 강점을 찾아 주고 연마하게 해서 업무에 적용하게 하는 것은 조직 구성원들의 활력, 효과성, 생산성, 창의성, 긍정성, 의미를 높이는 확실한 방법이다.

사례 3   셀리그만은 1년의 치료 중단 기간을 포함해 약 6년 동안 엠마라는 여성을 치료해 오고 있다. 2년 전, 거의 유일한 친구의 죽음을 겪은 후 엠마는 다시 심리치료실을 찾았다. 최근 셀리그만은 엠마의 치료에 긍정심리학의 행복 연습 도구 세 가지를 적용했다. 유아기부터 성장기, 심지어 최근까지 엠마는 모든 방식으로 학대를 받았고 중증 우울증에 자살 시도 경력까지 있었다.

지난 몇 달 동안 셀리그만은 그녀에게 긍정심리학 요소를 적용하기로 결정했다. 제일 먼저 엠마를 대표강점 검사에 참여시켰다. 그녀는 자신을 보잘것없는 '인간 쓰레기'라고 믿고 있었는데, 그 모습이 아닌 깊이 감춰진 참모습을 볼 수 있도록 도와주기 위해서였다. 그 검사는 명확한 자아상을 세울 토대였으며, 그가 들고 있는 깨끗한 거울에 비친 선명한 엠마의 모습을 상징하는 도구였다. 진전은 더뎠다. 하지만 엠마는 강점에 대해 이야기하며 자신의 진짜 강점을 찾아냈고 그중 몇 가지 강점 때문에 자신이 얼마나 곤란을 겪었는지 알아차리게 됐다. 그리고 그 강점과 그 밖의 강점들을 유리하게 활용할 영역을 확인하고, 계발되지 않은 자신의 강점을 키우는 데 도움이 될 강점들이 무엇인지 발견했다.

사흘 후 엠마는 종이 두 장을 들고 나타났다. 거기에는 엠마가 시도하려고 마음먹은 일곱 가지 항목과 단계가 적혀 있었다. 그 내용을 읽는 동안 셀리그만은 눈물을 흘렸고, 엠마는 내

내 웃는 얼굴이었다. 엠마는 여간해선 웃지 않았다. 셀리그만은 참으로 기쁜 순간이었다고 한다. 게다가 엠마는 무기력 학습과 연관된 가장 중요하고도 가장 힘겨운 수렁에서 벗어나고 있었으며 심리치료 대상의 일부였던 그 밖의 모든 개인적인 문제를 떨쳐 내게 됐다.

대표강점 연습 도구: 대표강점 실천 계획 세우기

일, 사랑, 자녀 양육, 여가 활동, 학업 등에서 가장 중요하고 시급하게 해결해야 할 문제가 있는가? 그렇다면 그 문제에 대표강점을 어떻게 적용해서 문제를 어떻게 해결할지, 목표를 어떻게 이룰지 계획을 세워 보자.

대표강점 실천 계획서

copyright© 2013 by kppi

프로젝트명:

대표강점	실천 계획

[그림 12-1] 대표강점 실천 계획서

제3부

긍정심리학의 기회

긍정심리학의 변형

셀리그만(2012)은 긍정심리학의 변형이 가능하다고 했다. 플로리시 기회가 된다는 것이다. 긍정심리학은 행복, 코칭, 심리치료(상담), 인성, 조직성과, 교육, 회복력, 건강 등에 변형시킬 수 있고 기회를 얻을 수 있다. 하나의 학문을 변형하는 일에는 맨 먼저 이론이 필요하다. 그 다음에는 과학이, 이어서 응용이 필요하다(Seligman, 2012). 긍정심리학은 이러한 조건들을 충족시킨다.

① **이론**: 긍정심리학은 팔마스(PERMAS: 긍정정서, 몰입, 의미, 성취, 관계, 강점)에 대한 연구이다. 삶의 이 여섯 가지 측면을 측정하고 분류하고 구축하려고 시도한다. 측정, 분류, 구축, 시도라는 네 가지를 정확히 실행함으로써 실행의 범위를 정의하고 그것을 임상심리학, 정신의학, 사회사업, 결혼, 가족상담과 구별함으로써 혼돈에서 질서를 끌어낼 것이다.

② **과학**: 긍정심리학은 유효한 과학적 증거에 근거한다. 경험으로 검증된 방법을 이용하여 측정하고 실험하고 연구하고 무작위 배정 및 위약 통제된 연구 결과를 분석해서 어떤 개입이 실제로 효과적이고 어떤 것이 엉터리인지 평가한다. 긍정심리학은 이 황금 기준을 통과하지 못하는 개입은 비효과적이라고 판단하여 폐기한다. 증거에 기초한 개입과 검증된 웰빙 척도는 코칭의 책임감 있는 실행 범위를 설정할 것이다.

③ **응용**: 반드시 심리학자가 되어야만 긍정심리학을 실천하거나 코치가 될 수 있는 것은 아니다. 프로이트의 추종자들이 저지른 중대한 실수는 오직 정신과 의사들만 정신분석을 할 수 있게 제한한 것이다. 긍정심리학은 또 하나의 자기방어적인 협회를 보호하는 안전막이 될 마음이 없다. 긍정심리학 이론, 긍정적 상태 및 긍정적 특성의 타당한 측정, 효과적인 개입, 상담, 코칭 기술 부문에서 충분한 훈련을 받는다면, 그리고 고객을 더욱 노련한 전문가에게 맡겨야 할 시점을 안다면 실제로 당신은 긍정심리학이라는 씨앗을 뿌리는 사람이 될 것이다(Seligman, 2012).

캐롤라인 애덤스 밀러(Caroline Adams Miller)는 셀리그만의 말에 동의했다. 키 180cm의 근육질 몸매에 두려움을 모르는 여성인 캐롤라인은 첫 번째 MAPP(Master of Applied Positive Psychology) 과정에서 가장 눈에 띄는 학생이었다. "저는 전문 코치예요, 교수님. 그리고 코치가 된 게 자랑스러워요. 하지만 정말 맘에 안 드는 게 한 가지 있어요. 바로 존중받지 못한다는 거예요. 저희는 사실 일부 전문 코치 모임을 비웃어요. 저는 코칭이 더욱 존중받을 방법을 열심히 찾고 있어요. 그리고 교수님은 제게 꼭 필요한 정보를 주셨어요."

캐롤라인은 자신의 목표에 따라 산다. MAPP 학위를 받은 후에도 잃어버린 커다란 조각을 찾아서 코치의 세계에 덧붙였다. MAPP를 통해 그녀는 목표 설정 이론을 알게 되었다. 코치 훈련 과정 중에는 한 번도 들어 보지 못한 이론이었다. 졸업 논문에서 캐롤라인은 목표 설정 이론을 긍정심리학 행복 연구 및 코칭 기술과 연계시켰다. 이 연구를 기반으로『베스트 인생 만들기(Greating Your Best Life)』를 출간했다. 이 책은 자기계발 분야의 베스트셀러로서 일반인은 물론이고 코치들을 위해 연구에 기초한 목표 설정을 다루고 있다. 현재 그녀는 꽉 들어찬 청중 앞에서 강연을 하며, 그녀의 책은 전 세계 스터디 그룹의 애독서이다.

직업에 따른 긍정심리학 변형에 대해 캐롤라인은 자신의 경험을 말한다. "긍정심리학은 제 직업을 소명으로 바꾸었습니다. 그리고 다른 사람들이 일상의 행복 속에서 의미 있는 목표를 추구하고 자신의 역할을 깨닫게 도와줄 능력을 제게 주었어요. 저는 전에는 결코 생각하지 못한 방식으로 큰 변화를 일으키고 있어요. 아침에 일어날 때마다 제가 이 세상에서 가장 운 좋은 코치라고 생각해요."

미국뿐만 아니라 우리나라에서도 긍정심리학은 전문 코치들에게 인기가 있다. 긍정심리학은 이론, 과학, 응용뿐 아니라 과학적으로 검증된 진단과 평가를 하고 사람들을 변화시켜 줄 방법을 전하기 때문이다. 이렇게 코칭 분야에서 긍정심리학을 변형시켜 플로리시하듯이, 다음부터 다루는 행복, 교육, 조직, 상담치료 등에서도 긍정심리학의 변형을 통해 플로리시를 이룰 수 있다.

제13장

제13장
긍정심리 행복

행복의 진화

철학과 심리학은 무엇이 의미 있는 삶이고 좋은 삶을 만드는지 행복의 본질을 설명하고 규명하는 데 전념해 왔다(Hooper, 2016). 철학은 심리학보다 그 출발에서 유리했다. 기원전 4세기 고대 그리스의 철학자 아리스토텔레스는 '미덕의 삶(virtuous life)'과 '쾌락적 삶(pleasant life)'을 대비시켰다. 미덕의 삶 또는 에우다이모니아(eudaimonia)란 자신뿐 아니라 남들에게도 유익한 개인의 성장이라는, 더 높은 목표를 가진 삶이다. 인간의 번영(flourish)이란 스스로 최선의 자아가 되려는 노력이었다. 아리스토텔레스는 이를 쾌락적 삶 또는 헤도니아(hedonia)와 대비시키는데, 쾌락적 삶은 오로지 현재 자신의 육체적이고 감정적인 욕구에 충실한 삶을 말한다.

제니 후퍼(Jeni Hooper, 2012)는 철학이 고대 이래 무엇이 '좋은 삶'을 이루는지에 대해 고민해 왔지만, 심리학의 과학적 연구는 주로 정신장애와 학습장애 같은 복합적인 요구들을 이해하고 완화하는 방법을 찾기 위해 시작되었다고 했다. 20세기에 심리학은 대부분의 사람의 삶과는 무관해져서 일상의 삶에 대해 실제적으로 안내해 주는 역할은 거의 하지 못하게 되었다. 심리학은 사회적 약자들의 필요를 위해 싸우는 것으로 인정받았지만, 장애와 정신건강상의 문제가 있는 사람들을 돕는 데 초점을 맞춤으로써 주류 심리학은 대부분의 사람의 삶과 멀어졌다(Hooper, 2012).

긍정심리학은 비교적 새로운 과학 분야로, 1998년 셀리그만 교수가 미국심리협회 회장 임기 동안에 자신이 주재하는 주제로 시작했다. 셀리그만은 무엇이 최적의 행복을 촉진하는지에 대한 과학적 연구에 다시 초점을 맞출 것을 심리학계에 요청했다. 셀리그만은 심리학이 소수보다는 다수의 삶에 대한 영향력을 확대하는 데 독보적인 역할을 했다. 그의 연구는 우울증의 기저에 잠재한 메커니즘들을 알아내는 데 아주 중요한 역할을 했다.

셀리그만 연구팀은 직접적으로 다룰 수 있는 우울증의 밑바탕에서 진행되는 심리적 과정을 규명했다. 이 연구팀은 무기력이 학습된다는 사실을 증명했고, 우울증이 무기력 학습에서 온다는 것을 밝혔다. 이러한 비관적인 사고방식은 사람들로 하여금 부정적 믿음에 매달려 자신이 처한 상황을 개선하려는 시도를 포기하게 한다. 게다가 인지행동치료의 발달에 기여한 셀리그만은 우울한 생각을 물리치기 위한 긍정심리 기술을 가르치는 예방 프로그램으로 큰 성과를 거두었다. 심리학계의 다른 많은 사람과 다르게, 셀리그만은 인간의 불행에 대한 대응책을 제시하기보다는 예방책을 개발하고, 전문적이고 복잡한 치료보다는 삶을 효과적으로 관리하고 행복해지는 방법을 사람들에게 제공하는 편이 타당하다고 생각했다.

행복을 검토한 것이 셀리그만 교수가 처음은 아니었다. 인본주의 심리학은 1950년대부터 무엇이 우리 삶에 깊이와 의미를 가져다주는지를 연구했다. 인본주의 심리학의 접근법은 이론적이어서, 무엇이 행복을 가져다주는지 기술하고 설명하는 데 그쳤다. 이것이 상담과 치료의 발전에 큰 영향을 미쳤지만 일반 대중에게는 큰 영향을 미치지 못했다(Hooper, 2012). 인본주의 심리학은 동기부여에 특히 관심을 쏟았다. 에이브러햄 매슬로는 아마도 이 시기의 가장 유명한 동기부여 이론을 발전시켰다. 매슬로의 욕구단계 이론에 따르면, 사람들은 생존에 근본적으로 다른 중요성을 갖는 여러 단계의 욕구를 갖는다.

① 생리적 욕구(먹을 것, 입을 것, 쉴 곳 등)
② 안전의 욕구(안전, 보호 등)
③ 사랑과 소속의 욕구(우정, 가족 등)
④ 존중의 욕구(호의적 평가, 신뢰, 성취, 존경 등)
⑤ 자아실현의 욕구(창의성, 문제해결, 도덕성 등)

매슬로는 다른 개인적인 욕구를 해결하려면 먼저 기본적인 생존 욕구들이 충족되어야 한다고 믿었다. 그의 이론에 따르면 기본적인 욕구가 충족되지 않을 때 개인은 그 상황을 해결하거나 도피하려는 생각에 사로잡혀서 다음 단계에 집중할 수가 없다. 안전하고 건강하며 충분히 사랑받고 가족과 공동체 내에서 인정받고서야, 사람들은 개인적인 성장과 발전의 단계로 나아갈 수 있다. 매슬로는 이를 자아실현이라고 했다.

매슬로의 이론은 상호 협력적인 사회가 제공하는 강력한 토대의 중요성을 강조하고 있다는 점에서 호소력을 갖는다. 그의 이론은 전쟁이 끝난 후 사회를 재건하고 대공황의 여파에 대처하느라 분주한 시기에 나왔다. 매슬로의 목적에 이의를 제기한 사람은 아무도 없었지만, 이들 동기부여의 단계가 말 그대로 서로 별개이고 위계적으로 계층화되어 있는지는 분명치 않다. 우리는 사람들이 아주 중요한 목표를 추구하는 동안에 개인적인 안락과 물질적인 행복을 상당 부분 희생하면서 자아를 실현하는 목표에 집중할 수 있고 또 집중한다는 것을 알고 있다. 하지만 모든 것을 감안할 때, 궁핍이나 위험이 오래도록 지속되는 상태에서 어떻게 인생을 발전시켜 나갈 수 있는지 그리고 굶주리거나 공격을 받으면서도 인생을 발전시켜 나가는 것이 얼마나 어려운지 매슬로의 이론은 다시 한번 말해 준다(Hooper, 2012).

긍정심리학은 영역과 방법론에서 인본주의 심리학과 차이가 있다. 삶의 질을 개선하는 요인들에 대한 우리의 이해를 높이는 경험적 연구를 이용함으로써 단순한 이론 정립을 넘어선다. 긍정심리학은 과학이라는 것이다. 지난 20년 동안 사람들이 플로리시하려면 무엇이 필요한지에 대한 통찰이 풍성하게 이루어졌다. 이는 일반적으로 행복 연구로 일컬어지지만 실은 행복을 넘어 플로리시까지 훨씬 더 폭이 넓다. 1998년에 시작된 이래 이제 급속히 발전하는 분야가 된 긍정심리학은 우리 모두와 연관된 행복 및 삶에 관한 만족감과 관련해서 주요 문제들에 답해 주는 연구 증거를 제시하고 있다. 긍정심리학은 자신의 잠재력을 충분히 실현하지 못한 사람들의 삶을 바꿔 놓는 데 크나큰 역할을 하고 있다. 자아실현을 이루어야만 행복한 것이 아니며, 생존의 욕구가 충족되지 못하더라도 행복할 수 있다는 것이다(우문식, 2019).

개인의 행복에 대한 실질적 연구는 삶의 질을 높이는 구성 요소들에 대한 풍부한 통찰을 제공한다. 이는 좋은 삶이 육체적·감정적 만족에서만 오는 게 아니라는 아리스토텔레스의 견해를 확인시켜 준다. 실로 돈으로 행복을 살 수는 없으며, 오늘날 소비를 통한 행복 추구의 형태로 나타나는 쾌락주의는 기껏해야 더 깊숙한 곳에 있는 드러나지 않은 욕구의 단기적 임시방편에 지나지 않는다.

좋은 삶 또는 미덕의 삶은 우리의 육체와 감정을 돌볼 뿐 아니라 마음과 정신을 만족시키는 더 깊은 의미를 찾을 것을 요구한다는 관점이 연구 결과로 뒷받침되고 있다. 종교를 가진 사람들의 행복도가 더 높을 수 있지만, 정신적 차원은 종교하고만 연관되는 것이 아니다. 연구자들은 정신적 차원이 우리 삶에 욕구를 초월하는 의미와 목적을 가져다줄 수 있음을 알게 되었다.

2장 '긍정심리학의 이해'에서 설명했듯이 셀리그만의 책 『플로리시』에서는 행복과 웰빙에 대한 개념을 확장시켰다. 최초의 '진정한 행복' 이론에서 주장했던 일원론을 다원론으로, 긍정심리학의 주제와 목표를 행복과 만족한 삶에서 웰빙과 플로리시로 확장한 것이다(2장 참조). 여기서 셀리그만은 사람들이 무엇을 어떻게 해서 플로리시하는지 그리고 결코 삶이 낙관적이지 않은 사람들이 어떻게 앞으로 나아갈 수 있는지를 밝힌다.

긍정심리학의 행복

긍정심리학에서 행복을 중요하게 연구하는 이유는 행복이 사람들의 주된 관심사이기 때문이다(King & Napa, 1998). 우리는 선택에 있어 그리고 무언가를 추구함에 있어 가장 중요한 것이 행복이라는 점을 자녀와 친구들 그리고 우리 자신에게 이야기하곤 한다. 철학자들은 행복이 추가적인 이론적 설명이 필요 없는, 이유 없는 전제라고 하기도 한다.

그럼에도 불구하고 피터슨은 수십 년 전에 시작된 2개의 연구를 통해 행복을 설명하고 있다. 이 장은 셀리그만, 피터슨 등이 2012년 셀리그만의 『플로리시(Flourish)』가 출간되기 전까지 연구한 내용을 피터슨이 정리한 내용 중심으로 설명하고자 한다.

다음 내용은 긍정심리학의 행복과 긍정정서를 설명할 때 빼놓지 않고 항상 소개하는 대표적인 사례이다. 각 연구는 행복은 주관적으로 아주 오래 지속되었을 때 나타나는 결과라는 것을 보여 준다. 첫 번째 연구는 캘리포니아 오클랜드의 사립 여학교인 밀스 대학교의 졸업 앨범에 관한 것이다. 많은 고등학교 및 대학교와 마찬가지로, 밀스 대학교는 매년 졸업생의 사진이 담긴 졸업 앨범을 냈다.

버클리의 심리학자 리 앤 하커와 다처 켈트너(Lee Anne Harker & Dacher Keltner, 2001)는 1958년부터 1960년까지의 졸업 앨범에 담긴 114장의 사진을 분석했다. 3명을 제외하고 모든 여학생은 웃고 있었지만, 웃는 표정은 저마다 달랐다. 눈가 주위에 근육이 수축할 때 생기는 주름의 정도가 진심으로 행복하다는 것을 드러내는 뒤센 미소(Duchenne's Smile)를 기억해 보라. 이 졸업 앨범의 뒤센 미소는 10점 척도에서 평균 3.8 정도였다.

연구자들은 중요한 생애 사건에 대한 종단 연구의 참여자였던 여성의 사진을 추출했다(Helson, 1967). 특히 연구자들은 졸업 앨범을 찍은 후 수십 년이 지났으므로 참여 여성의 결혼 여부와 결혼에 대한 만족도를 파악했다. 밝혀진 것처럼, 졸업 앨범 속 미소의 뒤센 미소 정도는 다음의 두 가지 결과를 예측했다. 졸업 앨범 속에서 행복감과 같은 긍정정서를 표현했던 여학생들은 중년 여성이 되었을 즈음에도 더 행복한 결혼생활을 하고 있었다.

　회의론자는 이러한 결과가 신체적 매력과 같은 몇몇 다른 변인의 영향을 반영한 결과가 아닌지 의문을 제기했다. 신체적인 매력이 일반적으로 사람들에게 행복을 가져오는 절대적 통로가 아니라는 사실을 제쳐 두더라도(Argyle, 2001), 예쁘다는 것이 특정 표본 내의 이러한 결과를 설명하지는 못했다. 하커와 켈트너는 사진의 신체적 매력도 정도를 평정했는데, 뒤센 미소 정도와는 매우 다른 결과를 보여 준 이러한 평정은 만족스러운 결혼을 예측하지 못했다. 그렇다면 사진으로부터 무엇을 말할 수 있는가? 표정에 드러난 행복에 주목한다면, 당신은 누가 행복한 삶을 살게 될지 알게 될 것이다.

　두 번째 연구는 미국의 교육 수도회인 노트르담 수녀원의 수녀들이 쓴 자전적 에세이 중 정서적 내용이 담긴 부분을 분석했다. 1930년 원장수녀가 수녀들에게 그들의 어린 시절과 그들이 다녔던 학교와 종교적 경험 및 종신서원을 하게 된 이유에 대한 짧은 자전 에세이를 쓰라고 했다. 이것은 수백 문장의 글로, 대학에서 썼던 자기소개서와 비슷하다. 졸업 앨범 사진과 마찬가지로 자기소개서를 썼던 순간을 기억하기 싫겠지만, 대수롭지 않다고 생각하면 괜찮을 것이다. 다시 한번 생각해 보자.

　수녀들이 쓴 짤막한 자서전은 분명 그 당시에만 읽혔겠고, 수십 년 동안 파일로 존재할 뿐 누구도 읽지는 않았을 것이다. 그러는 사이 그들의 수도회는 학문 공동체를 도왔으며, 특히 알츠하이머의 수수께끼를 풀고자 하는 연구자들을 돕는 데 헌신하였다. 그들의 삶, 그들의 기록 그리고 실제로 그들의 뇌를 연구자들이 연구할 수 있도록 공개했고, 수녀들의 헌신 덕분에 우리는 많은 것을 알게 되었다(Snowdon, 2001). 수입, 식이 요법, 교육, 건강 관리 정도, 습관 등과 같은 삶의 많은 부분이 동일하기 때문에, 수녀들은 의학과 심리학의 관점에서 볼 때 좋은 연구 대상이다. 즉, 건강에 대한 다른 환경적 요인을 고려하지 않아도 되며 온전히 심리적 영향만을 검증할 수 있다.

　켄터키 대학교의 데보라 대너, 데이비드 스노든과 월러스 프리젠(Deborah Danner, David Snowdon, & Wallace Friesen, 2001)은 1917년 이전에 태어난 180명의 수녀가 쓴 에세이를 읽고, 긍정정서 단어가 포함된 문장의 수와 부정정서 단어가 포함된 문장의 수를 산출하는 방식으로 에세이의 정서적 내용을 통제하였다. 다음은 그 예시이다. 첫 번째는 대부분 정서에 대해 중립적으로 묘사한 글인 반면, 두 번째는 행복이 가득 찬 글이다.

　수녀 1: 나는 1909년 9월 26일에 2남 5녀의 장녀로 태어났다. …… 본원에서의 예비 수녀 기간
　　　　동안 나는 노트르담 대학교에서 2학년 라틴어와 화학을 가르쳤다. 주님의 은혜 안에서

우리의 사명인 전도, 내적 치유를 위해 힘쓰겠다.

수녀 2: 주님은 한없는 은혜를 나에게 주시며 나의 삶을 바꾸어 놓으셨다. 내가 노트르담 대학교에서 공부하며 예비 수녀로 보낸 지난해는 너무도 행복했다. 이제 나는 큰 기쁨으로 거룩한 습관을 얻고, 신의 사랑이 함께하는 수녀회에서의 삶을 고대하고 있다.

1990년대까지 표본의 약 40%가 사망했고, 60여 년 전에 쓰였던 에세이의 정서적 내용에 관해 연구했던 연구자들은 살아 있는 사람들과 지속적으로 연락해 왔다. 그 결과, 행복과 같은 긍정정서 내용은 놀랍게도 장수와 관련이 있었던 반면, 부정정서 내용은 관련이 없었다. 에세이 작성자의 상위 25%에 해당하는 더 행복한 수녀들은 하위 25%에 해당하는 덜 행복한 수녀들보다 평균적으로 10년 정도 오래 살았다. 기존 연구들에 비추어 보면 흡연 여부가 기대수명에서 7년의 차이를 가져오는데, 이것도 상당한 차이이긴 하나 행복의 영향보다는 적은 것이다.

그렇다면 삶의 이야기로부터 무엇을 말할 수 있는가? 표출된 행복에 초점을 둔다면 당신은 누가 오래 살게 될지를 구분할 수 있을 것이다.

이러한 연구는 모두 치밀하게 설계된 것은 아니기 때문에, 젊은 시절에 드러난 행복이 그들을 장수하고 만족스러운 사람으로 살도록 이끌었는지의 과정에 대해서는 알지 못한다. 우리는 이러한 결과가 마술로 인한 결과라기보다는 오히려 웃음과 언어로 느릿하게 좋은 삶을 만들어 가는 행복한 여성들과 그들의 평범한 일상 활동이 만들어 낸 결과라고 짐작할 수 있다. 행복하지 않은 여성들은 점차적으로 이런 결과를 낳는 데 실패했고, 삶은 그렇게 나락으로 떨어졌다.

그렇다면 다시, 행복은 누군가의 삶이 어떻게 전개되는지와 관련된 유전학적 변인에 의해 잘못 산출된 결과와는 무관할지도 모른다. 그러나 회의론자들은 과학적인 연구 결과들은 단지 그들의 해석 방식이 잘못되었다고 지적하는 것 이상의 많은 것을 포함한다고 말한다. 자신만의 근거로 그들이 선호하는 해석이 보다 논리적이라는 것을 입증해야 한다는 부담은 회의론자들에게로 옮겨진다. 따라서 반대할 이유가 생기기 전까지 밀스 대학교의 졸업 앨범 연구와 표정의 가치에 대한 수녀 연구를 수용할 수 있을 것이다. 피터슨(2006)은 행복이란 단순히 순간의 감정이 아니라 미래에 대한 중요한 영향력이라는 결론을 내렸다.

행복의 의미

행복은 중요하다. 그러나 행복이란 무엇인가? 행복은 즐거운 순간이나 초콜릿 또는 애무가 주는 감각적 즐거움이 유발하는 무언가와 동일시되는 경향이 있다(Seligman, 2002). 쾌락에 의한 즐거움은 분명 행복의 일부분이지만, 수천 년 동안 철학자들은 행복의 의미를 신중하게 고찰하였고, 행복을 일시적 감정 이상의 매우 폭넓은 개념으로 생각하였다(Guignon, 1999; Russell, 1930, 1945). 그들은 행복해지기 위해 따라야 할 주요 원리를 제안한다.

즐거움을 극대화하고 고통을 최소화하고자 한 쾌락주의는 즉각적인 감각적 만족을 옹호했던 아리스티푸스(B. C. 435~366)가 수천 년 전에 만든 것이다(J. Watson, 1895; 3장). 에피쿠로스(B. C. 342~270 BCE)는 우리의 기본적인 도덕적 의무가 우리의 즐거운 경험을 극대화시키는 것이라고 제안하며 쾌락주의를 윤리적 쾌락주의로 세분화하였다. 초기 기독교 철학자들은 쾌락주의가 죄를 짓지 않고자 하는 목표와 모순된다고 비난하였지만, 에라스무스(1466~1536)와 토머스 무어(Thomas Moore, 1478~1535)와 같은 르네상스 시대의 철학자들은 인간이 쾌락을 만들고자 '인위적인' 방법에 몰두하지만 않는다면 인간이 행복해지는 것은 신의 바람이라고 했다(Peterson, 2006).

이후에 데이비드 흄(David Hume, 1711~1776)과 제러미 벤담(Jeremy Bentham, 1748~1832)과 같은 영국 철학자들은 공리주의의 토대를 마련하기 위해 쾌락주의를 심리학으로 끌어왔다. 이때 심리학은 급진적 행동주의를 제외한 모든 것이 정신분석의 근간이라 할 수 있다(Peterson, 2006). 쾌락주의는 쾌락적 심리학이라는 새로운 이름으로 오늘날까지 건재하고 있다(Kahneman, Diener, & Schwarz, 1999). 여하튼 현대 서구 사회에서는 'Don't worry, Be happy(걱정하지 말고 행복하세요.)'와 같이 즐거움을 추구하는 것이 만족감에 이르는 방법으로 널리 인정받고 있다.

쾌락주의와 반대되는 입장은 내적 자아의 진정성을 의미하는 아리스토텔레스(B. C. 284~322)의 자아실현 행복(유다이모니아)이다. 이러한 관점에 따르면, 긍정심리학의 진정한 행복은 자신의 미덕을 확인하고, 그것을 계발하고, 그러한 미덕에 맞게 살아가는 것을 의미한다(Aristotle, 2000). 아리스토텔레스는 감각적 기쁨을 저속한 쾌락주의자들의 전유물로 생각했다. 존 스튜어트 밀(John Stuart Mill, 1806~1873)과 버트런드 러셀(Bertrand Russell, 1872~1970)은 이러한 입장을 옹호했고, 로저스(Rogers, 1951)의 전인적 인간에 대한 이상, 매슬로(Maslow, 1970)의 자아실현 개념, 리프와 싱어(Ryff & Singer, 1996)의 심리적 웰빙에 대한 비전 그리고 라이언(Ryan, 2000)의 자기결정 이론과 같은 보다 현대적인 심리적 개념이 이를 단단히 뒷받침하고 있다. 자아실현 행복을 강조하는 이론을 통합시키는 것은 사람들이 그들 자신의 가장 좋은 것을 계발해야 하며 그러한 기술과 재능을 특히 타인이나 인류의 복지를 포함한 보다 큰 선을 위해 사용해야 한다는 것을 전제한다. 다시 말해, 현대 사회에서 의미 있는 삶의 추구는 만족에 이르는 하나의 방법으로 폭넓게 받아들여지고 있다.

서로 다른 심리학적 전통은 만족에 이르는 두 가지 이론을 제안한다. 이 두 가지 전통적인 입장들은 서로 독립적으로 이어져 왔으며 자신들의 주제를 명명하기 위해 혹은 그 개념을 다른 학파에서 사용하는 것을 막기 위해 '행복(happiness)'이란 말을 사용했다. 때때로 논쟁이 일어나는 것은 분명하지만, 연구자들이 심리적으로 좋은 삶에 이르는 방법으로써 쾌락 행복과 자아실현 행복의 장점을 모두 활용한다는 것을 알 수 있다(Compton, Smith, Cornish, & Qualls, 1996; Ryan & Deci, 2000; Waterman, 1993).

최근 셀리그만과 피터슨의 몇몇 연구는 자아실현 행복이 삶의 만족도의 예언 변인으로써 쾌락을 능가할 수 있음을 제안했다(Huta, Park, Peterson, & Seligman, 2005; Peterson, Park, & Seligman, 2005b). 다양한 표집과 방법을 사용하여, 그들은 자아실현 행복의 목표와 활동을 추구하는 사람들이 쾌락을 추구하는 사람보다 훨씬 만족한다는 사실을 발견했다. 이러한 영향은 성인의 연령, 성별 그리고 미국, 캐나다 및 기타 국가의 거주 지역에 상관없이 막강하게 나타났다. 부자로 죽은 사람일지라도 다른 사람을 도우며 살고 죽었던 사람만큼 행복하지는 않을 것이다.

이것은 쾌락주의가 삶의 만족도와 관계가 없다는 것을 말하는 것은 아니다. 같은 조건하에서 쾌락 행복이 자아실현 행복보다 장기적 행복에 덜 기여한다는 것이다. 그러나 피터슨(2006)은 항상 그 둘 중에 하나를 선택할 필요는 없다고 했다. 사실 플로리시한 삶은 두 가지 특징을 모두 보인다. 더욱이 이러한 지향성은 삶의 만족도 측면에서 시너지 효과를 낼 수 있다. 전체는 때때로 부분의 합 이상일 수 있다. 동시에 전체는 부분의 합 이하일 수도 있다. 쾌락 행복도 자아실현 행복도 추구하지 않는 사람은 자신의 삶에 매우 불만족할 것이다(Peterson, 2006).

결론은 사람들이 만족감을 느끼기 위해서는 행복에 이르는 적어도 하나 이상의 방법은 필요하다는 것이다. 셀리그만(2002)은 이러한 요점을 설명하는 그의 친구 '렌'의 이야기를 자세히 언급했다. 렌은 긍정정서가 매우 낮았고, 웃거나 미소 짓기 혹은 남 괴롭히기를 거의 하지 않았다. 타인에 대해 민감하기는 했으나 그의 태도는 차가웠다. 렌은 헌신과 성공을 추구하는 직업을 가졌고 매우 부유했다. 또한 취미 삼아 브리지 게임이나 스포츠를 했다. 좋은 친구들도 있었고, 셀리그만에 따르면 미남이었으며 멋진 남자였다.

　렌은 잘 살아왔지만, 여자들에게 매력적이지 않다는 것이 그의 오래된 문제였다. 그는 재미있는 사람이 아니었다. 누가 따분한 사람과 함께하기를 원하겠는가. 당신은 렌을 개인적으로 받아들일 수 있지만, 그의 암울한 상태를 변화시킬 수 없기 때문에 그에게 매력을 느끼지 못한다고 생각할 수 있다. 실제로 이야기가 전개되면 미국 여자들에게 렌이 매력적이지 않다는 것이 드러난다. 매력적인 남자에 대해 다른 개념을 가지고 있는 유럽 출신의 여자들은 정서적인 어려움을 넘어 그의 현실적 조건을 보게 되며, 모든 것이 훌륭하다고 생각한다. 다행히도, 결국 렌은 유럽 출신의 여자와 결혼을 했다.

　렌이 준 교훈은 무엇인가? 그에게 치료나 약물은 필요하지 않았다. 그는 심리상담을 5년 동안 받았지만 효과도 없었다. 그의 어떤 것도 '고칠' 필요는 없었던 것이다. 그는 단지 긍정정서가 낮은 사람이었고, 열정적인 모습을 보이지 않았다. 행복에 이르는 그러한 통로는 그에게 열려 있지 않았다. 다만 그는 다른 가능한 길을 선택했고, 다른 방법을 통해 좋은 삶을 이어갔다.

　긍정정서가 평균보다 낮은 절반의 사람들은 그들을 격려해 주고 재미있게 해 주는 감사할 만한 사람들이 있고, 자신이 미소 짓는 것을 귀찮게 여기지 않는다면 그들의 삶은 꽤 좋은 것일 수 있다.

　쾌락 행복과 자아실현 행복은 행복에 이르는 방법을 고갈시키지 않는다. 그러나 몰입(engagement) 추구라는 다른 방법을 생각해 보고, 활동에 매우 몰입한 상태로 수행하는 심리상태인 몰입에 대한 칙센트미하이(1990)의 글을 상기해 보라. 긍정정서 경험이 중요 과제인 몰입은 쾌락 행복과는 다르다(Csikszentmihalyi, 1999). 적어도 정해진 시간 내의 한 시점에서 몰입과 쾌락은 양립할 수조차 없다. 그리고 자아실현 행복을 추구하는 것은 가령 무료급식소에서 자원봉사를 하거나 호스피스를 하는 사람과 같은 일부 사람에게는 때때로 몰입 경험을 줄 수 있다. 브리지 게임이나 스크래블 보드게임의 예에서 알 수 있듯이 몰입 경험을 할 수 있는 모든 활동이 개인에게 의미 있는 것도 아니고 의미 있는 모든 활동이 몰입 경험을 수반하는 것도 아니다.

　셀리그만(2005)은 피터슨에게 중요하게 여기는 무언가에서 이기는 것, 스포츠나 게임과 같이 말 그대로 대회나 일, 또는 사랑처럼 보다 은유적인 경기에서 이기는 것과 같이, 성취를 추구하는 것이 행복에 이르는 다른 가능한 경로에 포함되어야 한다고 말했다. 플로리시를 위한 긍정심리학 웰빙 이론에 성취가 필요하다는 것이었다(우문식, 2019). 그러나 당시 피터슨은 승리의 삶이 앞서 논의했던 쾌락 행복, 자아실현 행복, 몰입 행복에 포함된다는 것을 납득할 수 없었다. 그것은 널리 인정되거나 공표되지 못했으며(McClelland, 1961), 다른 방법과 차이가 있는 것도 아니었다. 그러나 적어도 몇몇 사람은 끊임없이 경쟁하고, 자기 자신과 자신의 행복을 삶의 채점표에 평가한다는 것은 부정할 수 없다. 피터슨은 그 이후 성취의 추구가 삶의 만족도와 관련되는지와 이것이 다른 관점보다 중요한 것인지에 대해 탐색하기 시작했다. 그가 발견한 것이 무엇이든, 행복 그리고 행복을 추구한다는 것은 복잡한 것이다.

셀리그만과 스틴, 박난숙, 피터슨(2005)은 마치 인지나 동기가 심리학의 핵심 주제인 것처럼 행복이 긍정심리학 내에서 주된 관심의 대상이라는 것을 제시하며 이러한 복잡성을 인정했다. 누구도 행복 자체를 연구할 수는 없으며 다만 구체적으로 정의되거나 그에 따라 측정된 특정 행복의 징후만을 연구할 수 있다는 것이다.

행복의 전통적 입장

따라서 긍정심리학자들은 행복에 대한 추상적 정의와 추가적으로 행복을 어떻게 구체화하여 연구할 것인지에 관심을 갖는다. 우리는 누군가가 다른 사람보다 더 행복하다고 혹은 어떤 집단이 다른 집단보다 더 행복하다고 어떻게 말할 수 있는가? 우리는 한 사람의 행복이 증가하는지, 감소하는지 혹은 유지되는지를 어떻게 알 수 있는가?

행복을 측정하는 방법에 대해 생각할 때, 셀리그만과 로이즈만(Seligman & Royzman, 2003)이 행복을 설명하고자 제시한 논의 속의 이론적 구분은 유용하다. 이것은 행복에 관한 세 가지 전통적 이론으로, 각각은 측정에 대한 함의를 포함하고 있다(Peterson, 2006).

첫 번째 이론은 쾌락적 행복이다. 쾌락적 행복은 우리의 의식적 경험 속의 있는 그대로의 감정을 중요하게 여긴다. 행복한 삶이란 즐거움이 극대화되고 고통이 최소화되는 것이다. 이러한 관점에 따르면 행복이란 일생에 걸쳐 나타나는 이러한 특정 감정들의 총합이며, 카네만(Kahneman, 1999)은 이것을 행복을 설명하는 상향식 접근으로 명명했다. 확실히, 여기에는 엄밀한 구분이 필요하다. 누군가의 삶에 있어 즐거움과 고통의 유형은 확실히 중요한 문제이다(Velleman, 1991).

우리는 순간적인 즐거움의 양이 동일한 두 가지 유형의 삶을 상상할 수 있다. 하나는 마냥 즐거운 어린 시절, 명랑한 청년기, 불안한 장년기, 비참한 노년기처럼 행복이 점진적으로 감소하는 사례와 그와 반대되는 양상으로 행복이 점차 향상되는 사례이다(Seligman & Royzman, 2003).

카네만과 동료들이 지지했던 피크 엔드 이론을 떠올려 보자. 이 이론은 우리가 쾌락적 에 피소드를 어떻게 기억하는지에 있어 사건의 끝맺음이 중요하다는 이론이다. 여기에 행복에 관한 상향식 관점과 이에 필요한 조건에 대한 두 가지 방법론적 함의가 있다.

　첫째, 행복을 측정하는 좋은 방법은 순간의 상태를 측정하는 것이다. 긍정심리학자들은 칙 센트미하이의 경험표집법(ESM; Larson & Csikszentmihalyi, 1983)에 동의했다. 연구 참여자는 호출기를 받는다. 그들은 호출기를 가지고 다니면서 임의적으로 삑 하는 소리가 울리면 그들 이 어디에 있는지, 무엇을 하고 있는지, 어떻게 느끼는지, 무슨 생각을 하고 있는지를 설문지 에 작성해야 한다. 경험표집의 방식은 응답자가 PDA 같은 기계에 작은 키보드로 반응을 적 게 하는 것이지만, 보통의 경우 연필과 종이만 있어도 충분하다.

　경험표집법은 기억력의 문제를 피할 수 있다(Stone, Shiffman, & de Vries, 1999). 연구 참여자 들은 그들이 보통 하는 일에 대해 생각할 필요가 없다. 그들은 오직 지금 순간에 진행되고 있 는 것만을 보고하면 된다. 연구자들에게 진행 과정의 즉시성은 매일의 생각, 느낌 및 행위에 대한 결론을 내리도록 해 준다. 경험표집법의 또 다른 이점은 연구자가 그 순간 참여자의 주 변 환경을 고려하게 해 준다는 것이다. 심리학의 최근 경향은 우리의 행동이 일어나는 환경 을 중요하게 생각한다는 것이다. 경험표집법은 호출기가 수영장, 나이트클럽, 교회 혹은 경 찰관이 마약 거래를 감시하기 위해 순찰하는 상황에서는 잘 작동하지 못하지만, 피험자의 환 경을 어렴풋이 짐작하게는 해 준다(Hormuth, 1986).

　둘째, 상향식 평가만큼 중요한 것은 사람들에게 자신의 삶의 궤적과 양상을 총체적으로 요 약해 보도록 하는 것이다. 그렇게 하지 않으면 나무를 보다가 숲을 놓치는 격이 되며, 순간의 즐거움에 대해 비판적으로 생각하지 못하게 된다. 극단적인 예로는 유명한 철학자 비트겐슈 타인의 삶을 들 수 있다. 모든 것을 다 고려해 보자면 그는 너무도 번뜩이는 지성을 가졌으면 서 동시에 극도로 자기비판적이고 지독한 정신불안을 겪었다. 그러나 그는 임종 직전 케임브 리지에서 병상에 누워 죽어 갈 때 마지막으로 이런 말을 남겼다. "사람들에게 나는 정말 멋진 삶을 살았노라고 말해 주게."(Monk, 1990)

　두 번째 이론은 즐거움의 여부와 상관없이 당신이 원하는 것을 얻는 것이 중요하다고 주장 하는 욕구 이론이다(Griffin, 1986). 다시, 이러한 관점을 토대로 행복을 확인하는 최선의 방법 은 사람들이 원하는 것을 확인하는 것이 그들 자신의 몫이므로 그들에게 직접 묻는 것이다. 욕구 이론과 쾌락주의는 우리가 고통보다는 기쁨을 원한다는 점에서 보통 유사하지만, 욕구 이론은 고통에 관심이 없고, 쾌락주의는 사실 무엇이든 욕구의 이유에 관심이 있다는 점에서 서로 다르다. 게다가 즐거움과 고통은 우리가 원하는 것을 소진시키지 않는다.

철학자 로버트 노지크(Robert Nozick, 1974)는 다음의 상상 실험을 제안했다. 당신이 인생을 탱크 안에서 안전하게 보내게 하는 경험 기계가 개발되었거나, 당신의 뇌의 일부분을 자극하여 당신이 원하는 경험을 하게 하는 기계가 당신 뇌에 장착되어 있다고 상상해 보라. 당신이 원하는 것이라면 이러한 경험은 생생하고 강렬하며 장기간 일어날 뿐만 아니라 즐거우면서도 '실제' 순간과 구분되지 않는 것이다. 이러한 경험 기계에 대한 상상은 흥미롭다. 그러나 노지크에 따르면 사람들은 자신의 행위와 특성을 통해 즐거움을 '얻고자' 하므로 이런 가상의 경험을 거부한다. 마치 영화 〈매트릭스(The Matrix)〉의 주인공이 컴퓨터 시뮬레이션 속의 삶을 거부한 것과 같이 말이다. 우리가 원하는 결정적인 것은 뇌과학의 환상이 만들어 낸 것이 아닌 진짜 삶이다. 우리가 원하는 것을 다른 사람이 천박하거나 하찮은 것으로 생각한다면 어떨까?

세 번째 이론은 객관주의이다. 이 관점에서는 세계에는 실제로 소중한 것이 있으며, 행복은 질병으로부터의 자유, 물질적 안락, 출세, 우정, 아이, 교육, 지식 등과 같은 것을 얻는 것을 포함한다. 집요하게 즐거움을 찾고, 문란한 성생활, 약물중독, 약자에 대한 고질적 착취 등을 통해 자신이 원하는 것을 얻는 사람들을 생각해 보라. 긍정심리학자들은 대부분은 그들이 쾌락주의와 욕구 이론에서 제시한 기준을 완벽하게 충족시켰음에도 불구하고 그들을 '진정으로' 행복한 사람으로는 칭하지 않는다.

객관주의의 방법론적 함의는 개인이 획득한 것이 정말로 귀중한 것인지 확인할 필요가 있다는 것이다. 물론 그것이 무엇인지에 대한 결정이 문제로 남아 있다. 피터슨(2006)은 철저한 상대주의자가 주장하는 것보다는 중요하다고 합의된 것이 꽤 많이 있다고 생각하지만 여전히 무엇이 객관적으로 좋은 것인지에 대해서는 애매하고 상충되는 부분이 있다고 생각한다.

미국이나 그 외의 모든 사회에서 사실상 가치 있게 여기는 교육에 대해 생각해 보자(M. C. Waters, 1990). 일류 학교나 일류 체육학교의 교직원처럼, 학점 관리와 동시에 운동선수로서 유리한 이력을 준비해야 하는 학생 운동선수와 그들의 마음속에서 이루어지는 거래에 대한 논쟁을 자주 듣게 된다. 직업 운동선수가 아니라면 실제적인 갈등을 겪지 않겠지만, 전문적 경력은 허황된 생각이기 때문에 항상 학업을 선택해야 한다. 그러나 장차 스포츠 산업에 참여하게 될 만큼의 높은 기량이 있는 대학교의 운동선수들은 어떠한가?

몇 년 전에 울버린의 스타 축구 선수였던 피터슨의 학생 하나는 피터슨에게 그의 과목의 기말 시험을 치지 않는다면 어떤 일이 일어나는지 물어본 적이 있다. 피터슨은 그 학생의 학점을 확인했고, 그가 시험을 봐서 최소한의 점수만 받는다면 과목을 이수하고 학점도 얻고 그의 어머니가 기뻐할 정도의 점수를 얻게 된다는 것을 알게 되었다. 반면, 그가 시험을 치지 않는다면 그는 이 과목을 이수하지 못할 것이다.

그는 왜 시험을 치지 않는 것으로 고민했을까? 그는 미식축구 리그 평가연합과 갈등을 피할 수 없었고, 경기에 참여하여 기량을 발휘한다면 좋은 팀에 스카우트될 것이고, 향후 몇 년간 그의 연봉은 정확히 만 달러 차이가 날 것이다. 누군가는 그의 어머니가 이 또한 기뻐하지 않을까 생각할 것이다. 그렇다면 여기서 객관적으로 좋은 것이란 무엇인가? 그가 대학 학위를 얻는 것인가, 아니면 가족과 자신의 생계를 책임지는 것인가? 그가 할 수 있는 최선의 것은 이 둘 중 하나를 선택하는 것이다. 요점은 행복을 설명하는 데 있어 객관적 결과 이론은 그리 간단한 것이 아니며, 그의 감정과 바람에 대한 개인의 종합적인 평가를 고려해야 한다는 것이다(Peterson, 2006).

이러한 이야기는 객관적 결과 이론에 대한 반박으로 쓰이기에는 너무 흔치 않은 사례이다. 그러므로 미국 및 전 세계에서의 다음과 같은 경향에 대해 고려해 볼 필요가 있다. 모든 기준에 있어서 전형적인 사람에게 객관적으로 좋은 것은 수십 년에 걸쳐 증가해 왔다. 문맹률이 높아졌고, 기대수명이 길어졌으며, 정보는 더 손쉽게 이용할 수 있게 되었고, 안전과 안락을 제공하는 물자는 훨씬 더 풍부해졌다. 그러나 자기보고된 행복은 이러한 객관적으로 좋은 것들처럼 증가하지는 않았다. 여론조사에 따르면, 오늘날 미국 사람들은 40~50년 전 사람들만큼 행복하지 않다. 그레그 이스터브룩(Gregg Easterbrook, 2003)은 이러한 현상을 진보의 역설이라고 불렀고, 데이비드 마이어스(David Myers, 2000)는 우리가 객관적으로 좋은 것을 더 누적할수록 우리의 영적인 축대를 잃었다고 주장하면서 동일한 결론을 내렸다(Jung, 1933).

아마도 역설이란 없을 것이다. 사람들은 절대적인 잣대가 아닌 상대적인 잣대에 따라 행복을 보고한다. 즉, 우리는 행복이 증가하는 경향이 있다고 쉽사리 결론 내려서는 안 된다. 간략하게 논하자면, 이러한 관점은 하나의 해답을 제공하지만, 연구 응답자가 수치 척도에 어떻게 반응하느냐 그 이상의 문제이다. 이유가 잘 이해되지는 않지만, 심각한 우울증 역시 지난 반세기에 미국과 다른 산업국가에서 극적으로 증가하였고, 오늘날 젊은이들은 그들에 비해 객관적으로 좋은 것이 더 적고 경제대공황과 제2차 세계대전을 겪었던 그들의 부모나 조부모보다 삶에서 심각한 우울증을 겪을 가능성이 10배나 높았다(Robins et al., 1984). 임상적 우울증은 단순히 누군가가 조사에 어떻게 응답하는지의 문제가 아니다.

객관주의 이론은 아무리 자신의 행복이 객관적인 기준에 부합되지 않더라도 사람들이 자신의 행복에 대해 주관적으로 언급하는 것을 무시하도록 한다. 중요한 것은 그들이 가지고 있는 것이다. 그러나 우울증이 전염병처럼 확산되는 상황을 고려한다면 이것은 이해하기 어려운 논리이다(Peterson, 2006).

최선의 이론은 행복에 관한 이와 같은 서로 다른 관점을 조화롭게 절충하는 것이다. 행복을 위한 최고의 측정 방법은 종합적인 검사 도구에 의존하는데, 종합적인 검사에는 개별 검사와 전문적이며 객관적인 관찰자가 하는 검사가 모두 포함된다. 디너와 동료들이 전 세계의 심리적 웰빙을 측정하기 위해 사용할 도구를 개발하여 그 활용을 장려하고 있지만, 사실 현재까지 마땅한 검사가 없는 실정이다(Diener, 2000; Diener & Seligman, 2004).

한편, 연구자들은 보통 사람들을 관찰하거나 면담하여 측정하고, 사람들이 가치를 보고한 것을 토대로 측정한다. 주관적 경험으로써 행복을 측정하려는 이러한 접근은 대부분의 사람이 행복에 대해 어떻게 생각하는지를 보여 주기 때문에 추천할 만하다. 행복은 개인적 경험이며 실로 개인마다 고유한 것이다. 사람들은 우표 수집가, 시카고 컵스의 팬, 트럭 운전기사처럼 그들이 어떻게 사는지에 따라 행복이 저마다의 색깔을 지닌다고 할 수 있다. 그렇다면 연구자들은 결국 행복이 그들만의 일임을 인정해야 한다. 누가 그들을 행복하지 않다고 할 수 있겠는가. 그러므로 연구자들도 그들이 자신들의 행복 개념을 반대한다면 이의를 제기할 것이다.

연구자들 사이에 다음의 용어가 등장했다(Diener, 1984). 삶의 질은 좋은 삶을 나타내는 정서, 경험, 평가, 기대 및 성취의 모든 것을 포함하는 중요한 용어이다. 주관적 웰빙은 흔히 상대적으로 높은 긍정정서, 상대적으로 낮은 부정정서 그리고 총체적으로 삶이 좋은 것인지에 대한 인지적 평가로 정의되는 보다 구체적인 개념이다. 마지막의 삶에 관한 평가는 종종 삶의 만족도를 이용한다.

이러한 용어들은 연구에서 서로 대체할 수 있으며, 보다 대중화된 글에서는 행복을 이러한 개념들과 일상적인 동의어로 소개한다(Argyle, 2001; Baker & Stauth, 2003; Lykken, 2000; Myers, 1993; Seligman, 2002). 연구자들은 종종 삶의 만족도 척도를 선호하는데, 그것은 시간의 흐름에 안정적이면서 사람의 환경 변화를 포착할 수 있을 만큼 민감하기 때문이다(Pavot & Diener, 1993; Schuessler & Fisher, 1985). 그러나 주관적 웰빙이나 행복처럼 이러한 모든 것을 확인하고자 하는 경향이 증가하고 있으며(Diener & Seligman, 2002), 경험적인 연구 결과에 따르면 이름이 무엇이든 서로 다른 측정 도구가 대개 상당히 일치하고 있다는 것이다.

이에 덧붙여 연구자들은 또 다른 이유로 자기보고 연구와 면담에 관심을 갖는다. 연구자들은 비용이 저렴한 것은 물론 단순하며 직접적인 측정 도구를 만들고자 한다. 연구자들 중에는 표준화된 질문 몇 개로 사람들이 행복한지의 여부를 확인하고 싶어 한다. 흔히 기간은 '지금 당장' '지난 4주 동안' 혹은 '대체로'와 같이 구성되며, 연구는 그에 맞추어 진행된다. 최근 행복과 웰빙에 대해 소개된 대부분의 연구는 이러한 측정 방법을 사용한다.

많은 인기를 얻고 있음에도 불구하고 이러한 접근에 대해 두 가지 반론도 있다. 첫째, 자기 보고는 주관적 경험에 대한 것일지라도 간단한 것이 아니다. 긍정심리학자들은 사람들이 자신에 대해 이야기하는 것을 기계적으로 의심하지는 않지만, 자기보고를 확실한 정보로 여기지도 않는다(Peterson, 2014). 평가가 이루어지는 맥락에 따라 사람들의 응답은 고의적이든 우연이든 다른 방향으로 변질될 수 있다. 극단적 예 하나를 생각해 보자. 개인 상해 소송 원고에서는 그의 고통과 괴로움이 강조되며, 감정과 생활이 좋다는 점은 최소화될 것이다. 연봉제에 대해 상사하게 말할 때, 직원은 자신이 일을 매우 좋아한다고 말할 것이다. 조심스럽지만, 특히 웰빙을 과장할 필요가 없는 연구 참여자들도 행복한 것이 매우 가치 있게 여겨지는 미국에서는 자신들이 행복하다고 보고한다. 왜냐하면 웰빙이 사회적으로 바람직한 반응으로 기대되기 때문이다(Diener & Suh, 2000).

몇 년 전에, 피터슨의 학생 중 한 명은 항상 피터슨이 고개를 젓게 하였다. 피터슨이 대화를 시작할 때 그녀에게 "어떻게 지내니?"라고 물으면, 그녀는 항상 열정적으로 "좋아요." "굉장히 좋아요." 혹은 "대단히 좋습니다."라고 대답했다. 확실히 그녀를 위로해 줄 필요가 없었기 때문에, 이러한 모습은 그녀를 '신경이 덜 쓰이는 사람'으로 만들었지만, 피터슨은 그녀를 잘 알았기 때문에 그녀를 항상 믿지는 않았다. 그녀는 아프거나 남자 친구와 문제가 있거나 혹은 일로 좌절했을 때도 항상 좋았고, 다른 상황에서도 역시 "요즘은 별로 좋지 않아요."라고 결코 말하지 않았다. 이런 태도 때문에 피터슨은 그녀의 자기보고를 진심으로 받아들이지 않게 되었다.

그런데 그녀는 고의적으로 부정직한 것일까? 피터슨은 그렇게 생각하지 않는다. 그녀는 원래 밝은 사람이다. 하지만 그녀도 늦은 밤에 홀로 사색에 잠겨 있을 때 자신의 주관적 경험 내의 어두운 면을 인정할 것이라 생각한다. 그러나 그녀는 결코 이것을 다른 사람 혹은 적어도 피터슨에게만은 노출하지 않을 것이다.

이것은 연구자에게 어떤 해석의 여지를 주는가? 피터슨의 학생이 전형적인 유형이라면 그리 반길 만한 일은 아니다. 왜냐하면 이것은 행복에 관한 자기보고 설문지가 개인에게 깊숙이 내재된 심리학적 특성을 연구하는 것과는 대조적인 사회적 대본만 만들어 내는 것을 의미하기 때문이다.

슈워츠와 스트랙(Schwarz & Strack, 1999)은 사람들이 행복 혹은 전반적인 만족도를 측정하는 연구에 응답할 때 실제로 무엇을 하는지에 관한 흥미로운 글을 썼다. 그들은 사람들이 사실상 우리 내면에 있는 행복이라 부를 수 있는 안정적인 것을 들여다보려고 하지 않는다고 주장했다. 대신에 그들은 다른 판단을 할 때와 같이 시간 내의 특정 시점에서 판단을 한다.

이것은 수많은 외부 영향에 민감한 심리적 과정 때문에 발생하며, 연구자의 입장에서는 다소 성가신 문제이다.

슈워츠와 스트랙이 쓴 것처럼, 모든 것이 동일하다면 사람들은 그들이 현재의 순간에 어떻게 느끼는지를 전반적인 삶의 만족도에 관한 판단의 기초로 삼는다. 최근의 실패로 인해 아연실색하거나 승리로 의기양양해질 때, 사람들은 자연스럽게 삶 그 자체를 좋거나 혹은 나쁘게 보고한다. 보다 일반적으로, 이 저자들은 행복에 대한 판단은 사람들이 판단을 하도록 요청받은 순간에 쉽게 접근할 수 있는 정보에 기초하며, 그 순간에 두드러진 정보들이 쉽게 활용된다고 주장했다. 따라서 연구에서 청년들에게 그들의 데이트 횟수를 묻고, 다음으로 전반적인 사람의 만족도에 대해 묻는다면, 상관관계는 상당히 높을 것이다(Strack, Martin, & Schwarz, 1988). 데이트를 많이 한다고 응답한 사람은 그들의 마음에 이러한 '사실'이 중요하게 되고, 그들이 전반적으로 좋은 삶을 살고 있다고 보고한다. 그리고 데이트를 많이 하지 못한다는 것을 스스로 상기한 사람에게는 반대로 나타날 것이다. 이러한 질문이 단순히 순서가 바뀐다면, 데이트 횟수에 대한 기억은 최근의 것이 아니기에 삶의 만족도와의 상관관계는 여전히 정적이기는 하겠지만 물론 훨씬 작아질 것이다.

대중매체가 온통 인도양에 들이닥친 쓰나미의 무서운 참상으로 떠들썩하던 2005년 1월에 피터슨은 논평의 초고를 썼다. 밖에는 폭설이 사납게 내렸고 피터슨은 목이 아팠으며, 아직 90분짜리 겨울 학기 수업을 완전히 준비하지 못했지만, 자신의 삶이 꽤 괜찮다고 생각했다. 특히 그에게는 수마트라가 아닌 앤아버에 살고 있다는 점이 유난히 와닿았다. 그에게는 쓰나미가 발생하지 않았다는 사실 때문에 전체적인 판단력이 조금 흐려졌고, 앞서 언급한 특정 지역의 혼란만 잘 반영하였다.

게다가 슈워츠와 스트랙에 따르면 삶의 만족도에 대한 질문을 받은 응답자들은 상대적인 판단을 하였다.

> 보드빌 농담은 어떻습니까?
> 당신의 아내는 잘 지내고 있습니까?
> 무엇과 비교해서 그렇습니까?

이 농담은 웃기지는 않지만, 우리가 종종 비교하여 판단한다는 보다 심원한 진실을 전달한다. 웰빙의 경우, 다양한 비교 대상이 있다. 우리는 삶을 현재의 것, 과거의 것, 미래의 것과 비교할 수 있을 뿐 아니라 소위 비합리적 사고라 불리는 존재하지 않는 것과 비교할 수도 있다. 암 환자의 하향식 사회 비교의 예처럼 말이다. 판단에 대한 이러한 영향 중 어떠한 것도 웰빙을 평가하는 과정을 변하게 하지는 않지만, 우리가 그것을 간과한다면 해석에는 문제가 생긴다.

아시아인은 전 세계 다른 지역의 사람보다 삶의 만족도를 낮게 보고하는 경향이 있다 (Diener, Suh, Smith, & Shao, 1995). 이것은 또 다른 설명을 가능케 하는 명백한 현상이지만, 아마도 가장 간단한 설명은 다른 동료보다 튀면 안 된다는 아시아의 규범 때문이라고 볼 수 있다. 일본 속담에서는 "위로 향한 손톱은 맹포격을 받게 된다."라고 하는 반면, 미국에서는 "위로 향한 손톱은 자신만의 TV 쇼를 얻게 된다."라고 한다. 아마도 아시아의 연구 참여자들은 자신의 삶이 타인의 삶보다 더 낫다고 말하고 싶어 하지 않는 것 같다. 따라서 그들은 어중간한 통제 척도를 선택한다.

덧붙이자면, 그러한 규범이 삶에는 영향을 주지만 사람들이 연구 설문에 응답할 때 영향을 주지 않는다고 해서 이러한 설명이 그 결과를 사소한 것으로 만드는 것은 아니다. 아시아 사람들은 대체로 당장의 행복을 누리는 것을 다소 자제하는 경향이 있고, 그것을 표현하는 것이나 심지어 경험하는 것 자체를 자제하려고 한다(Peterson, 2006).

슈워츠와 스트랙(1999)은 웰빙에 대한 판단에 또 다른 영향을 주는 다양한 연구를 기술하였는데, 표면상으로는 하찮은 요인임에도 불구하고 입증할 만한 영향력이 있었다. 실제로 연구자가 동일한 페이지에 전반적인 웰빙 질문과 삶에 대한 다른 질문을 포함시킨다면, 삶에 대한 대답은 웰빙에 대한 대답에 영향을 미치며, 사람들은 일관된 대화 맥락에서 '새로운 정보'를 제공하고자 하는 기준을 따른다. 우리가 누군가에게 결혼 만족도에 대해 질문하고 다음에 그의 전반적인 삶의 만족도에 대해 질문한다면, 그는 나중 질문을 "결혼 외에 당신의 삶은 어떻습니까?"로 이해한다. 별도의 문항처럼 보이도록 이 두 질문을 서로 다른 페이지에 실었다면 질문에 대한 응답은 동일한 경향성을 띠지 않았을 것이다.

짐작하는 것처럼, 슈워츠와 스트랙은 일반적인 행복 측정 방식이 이러한 영향 때문에 유효하지 않다고 결론지었다. 그들은 대신에 행복을 온라인으로 측정하고 응답을 누적하는 경험표집법을 사용할 것을 추천한다.

피터슨(2006)은 진지하게 그들의 논의를 받아들였지만, 완전히 수용하지는 않는다고 했다. 첫째, 이러한 비판의 근거는 자신의 웰빙과 삶의 만족도처럼 중요하고 명백한 주제에 대해서도 사람들이 우둔하다는 점에 있다. 사람의 본성에 대한 이러한 부정적 관점은 철학적 관점이지, 데이터가 뒷받침해 주는 과학적인 것은 아니다. 사람들의 판단은 명백히 질문의 제시 순서와 구성의 변화에 의해 영향받을 수 있다. 그러나 이러한 조작의 영향이 강력하다는 것에는 논쟁의 여지가 있다(Eid & Diener, 2004; Schimmack, Boeckenholt, & Resenzein, 2002).

둘째, 자기보고된 웰빙과 전반적인 삶의 만족도를 측정하는 일에 문제가 많다면, 왜 결과 점수가 신뢰성 있고 안정적인가? 졸업 앨범 연구와 수녀 연구처럼 수많은 객관적인 삶의 결과와 관련이 있는 이유는 무엇인가? 이러한 점수가 왜 명백히 유전적인가?

셋째, 전반적인 판단이 상향식 과정에 의해 영향을 받는다는 많은 증거가 있는 것처럼 특정 판단이 하향식 과정에 영향을 받는다는 또 다른 증거도 있다(Fiske & Taylor, 1984).

슈워츠와 스트랙은 개인이 판단하는 삶의 전반적인 웰빙은 그가 그 순간에 느끼는 감정에 의해 결정된다고 주장했다. 충분히 납득은 가지만 어떻게 순간에 느끼는 감정이 그 사람의 전체 삶에 대한 웰빙을 결정할 수 있을지는 의문스럽다(Schimmack, Diener, & Oishi, 2002). 피터슨은 동료들과 함께 대학생들의 낙관성과 그들이 현재의 삶을 어떻게 보는지를 연구했다. 낙관적인 학생들은 매일매일의 삶이 도전과 기회들로 가득 차 있다고 보는 데 반해, 비관적인 학생들은 그들의 일상이 혼란과 좌절로 가득 차 있다고 보고 있었다(Dykema, Bergbower, & Peterson, 1995). 예컨대, 이웃의 고양이를 주말 동안 봐 주어야 하는 동일한 상황에 대해 낙관적인 학생은 이제 곧 즐거운 일이 시작될 거라고 생각하는 반면, 비관적인 학생들은 갑작스런 재앙이 닥쳤다고 생각했다.

웰빙에 대한 자기보고식 측정에 결함이 있다고 해서 그들이 해결할 수 없는 절망적인 결함이 있다는 것을 의미하지는 않는다.

> 당신의 웰빙 지수는 어떻습니까?
> 무엇과 비교해서요?

일반적인 삶의 만족도를 측정하는 방식의 자기보고식 설문은 그들이 경험표집법 결과에 얼마나 잘 일치하는가를 기준으로 확인된다. 일치는 중요하다(Sandvak, Diener, & Seidlitz, 1993). 측정의 타당성을 판단하는 가장 적절한 방법은 아마도 설문 결과의 관점에서 우리가 알 수 있는 것이 무엇인가를 살펴보는 것이다. 결과가 일관성이 있는가, 사리에 맞는가 그리고 흥미로운가? 당신은 앞으로 나올 결과들을 이러한 기준에서 판단해 볼 수 있을 것이다 (Peterson, 2014).

행복의 측정

　　행복과 웰빙에 대한 심리학자들의 관심은 거의 100년 전에 시작되었다(Angner, 2005). 초기의 자기보고식 설문에서는 단 한 가지 문항만으로 행복을 측정하였다(Bradburn, 1969; Campbell, 1981; Campbell, Converse, & Rodgers, 1976; Cantril, 1965). 이 중 몇몇의 설문 문항은 일반적인 삶에 대한 인지적 판단을 측정하며, 다른 설문에서는 사람들에게 일, 건강, 가족, 여가 활동 등과 같은 삶의 장면을 주고 그 안에서 그들의 행복을 설명하도록 하기 때문에 이러한 설문은 영역 특수적 측정 방법으로 불린다. 일반적인 측정과 영역 특수적 측정은 종종 같은 것으로 받아들여지기도 한다. 그러나 삶의 한 영역에서 만족을 느끼는 사람은 다른 영역에서도 만족을 느끼며, 삶의 전반에 걸쳐 만족을 느낄 수도 있지만, 실제로 일치도는 높지 않다. 때문에 우리는 전반적인 삶의 만족감과 관련된 다양한 장면에서 각기 다른 만족감을 측정해야 한다(Peterson, 2006).

　　예컨대, 박난숙과 휴브너(Park & Heubner, 2005)는 미국과 한국 청소년들의 행복에 대한 비교 연구를 실시하였다. 두 나라 모두에서 가족에 대한 만족감은 강하고, 그것이 균등하게 전반적인 삶의 만족감과 관련이 있다는 연구 결과는 놀랄 만한 것이 아니다. 그러나 미국에서는 한국에 비해 자신과 관련된 만족감이 전반적인 삶의 만족감보다 훨씬 더 강하게 관련되어 있었다. 반면, 학교에 대한 만족감이 전반적인 삶의 만족감과 연관되는 정도는 미국보다 한국의 청소년들이 더 강하게 나타났다. 이러한 양상은 두 나라의 지배적인 문화적 가치와 강조점이 다르다는 관점에서 이해할 수 있다.

　　이러한 맥락에서 디너와 루카스(Diener & Lucas, 2000)도 2개 이상의 나라에서 영역 특수적 만족감 측정과 전반적인 삶에 대한 만족감 측정을 비교하는 연구를 수행하였다. 미국에서는 그 사람이 가장 만족스러워하는 영역을 스스로 어떻게 평가하는지가 전체적인 만족감을 가장 잘 예측하는 것으로 나타났다. 그 사람은 자신의 직업 때문에, 결혼으로 인해, 또 신체적 건강 이상으로 인해 불행할 수도 있다. 그러나 그의 자식이 훌륭하면 그로 인해 전반적인 삶은 근사해질 수 있다. 일본에서는 이와 다른 양상이 발견되었다. 전반적인 만족감은 그 사람의 만족감이 가장 낮은 영역에 의해 가장 잘 예측되었다. 일, 결혼, 건강이 모두 만족스러울지라도 자녀가 열등하면 전반적인 만족감은 낮았다.

　　이러한 연구 결과는 예외가 반드시 존재하는 폭넓은 일반화라고 할 수 있으며, 우리 모두는 삶의 만족을 계산하는 자신만의 방법이 있다. 어떤 사람들은 부분의 총합일 수도 있고, 일본인들과 같은 양상을 보인다면 부분을 합한 것보다 전반적인 행복을 더 낮게 보고할 것이며, 미국인들과 같은 양상을 보인다면 부분의 합보다 전반적인 행복을 다소 부풀려 보고할 것이다(Peterson, 2006).

최근 연구자들은 일반적인 웰빙, 삶의 만족도와 행복을 다양한 방식으로 측정한다(Fordyce, 1977; Lyubomirsky & Lepper, 1999; Peterson, Park, & Seligman, 2005b; Steen, Park & Peterson, 2005). 매우 보편적인 도구는 삶의 만족도 측정 도구(Diener, Emmons, Larsen, & Griffin, 1985)이다.

당신은 스스로 얼마나 행복하고 얼마나 불행하다고 느끼는가? 평소에 느끼는 행복을 가장 잘 설명해 주는 항목 하나를 골라 ✓ 표시를 하라.

- □ 10. 극도로 행복하다(말할 수 없이 황홀하고 기쁜 느낌).
- □ 9. 아주 행복하다(상당히 기분이 좋고 의기양양한 느낌).
- □ 8. 꽤 행복하다(의욕이 솟고 기분이 좋은 느낌).
- □ 7. 조금 행복하다(다소 기분이 좋고 활기에 차 있는 느낌).
- □ 6. 행복한 편이다(여느 때보다 약간 기분 좋은 느낌).
- □ 5. 보통이다(특별히 행복하지도 불행하지도 않은 느낌).
- □ 4. 약간 불행한 편이다(여느 때보다 약간 우울한 느낌).
- □ 3. 조금 불행하다(다소 가라앉은 느낌).
- □ 2. 꽤 불행하다(우울하고 기운이 없는 느낌).
- □ 1. 매우 불행하다(대단히 우울하고 의욕이 없는 느낌).
- □ 0. 극도로 불행하다(우울증이 극심하고 전혀 의욕이 없는 느낌).

이제 감정을 느끼는 시간에 대해 생각해 보라. 평균적으로 당신은 하루 중 얼마 동안이나 행복하다고 느끼는가? 또 얼마 동안이나 불행하다고 느끼는가? 행복하지도 불행하지도 않은 보통 상태는 어느 정도인가? 당신이 생각하는 시간을 다음 빈칸에 %로 적으라. 세 가지의 합계는 100%가 되어야 한다.

평균적으로

행복하다고 느끼는 시간 ＿＿＿＿＿＿ %

불행하다고 느끼는 시간 ＿＿＿＿＿＿ %

보통이라고 느끼는 시간 ＿＿＿＿＿＿ %

이 검사를 받은 미국 성인 3,050명의 평균 점수는 10점 만점 가운데 6.92였다. 시간으로 보면 행복한 시간 54%, 불행한 시간 20%, 보통 26%로 나타났다. 한국 성인 500명의 평균 점수는 7.05였고 시간으로 보면 행복한 시간 50%, 불행한 시간 12%, 보통 38%였다(우문식, 2012).

아동과 청소년에게 적합한 웰빙 측정 도구가 있으며(Park, 2004b), 아주 어린 아동일 경우에도 자신의 기분을 표현하는 얼굴 그림을 가리키는 방식으로 그들의 웰빙을 측정할 수 있다(Peterson, 2006).

측정을 개의치 않고도 누군가가 스스로 '얼마나 많이' 행복한가 또는 만족하는가를 보고하는 것은 양적인 점수를 할당할 수 있다. 이러한 점수는 심리학자들이 '개인차'라고 부르는 것을 측정하는데, 여기서 중요한 단어는 '차이'이다. 사람들 사이의 차이가 없는 측정은 이러한 종류의 설문조사에 있어 특별히 유용하지는 않다(Peterson, 2006).

개인차의 측정에 타당성을 평가하기 위해 심리학자들은 각각의 측정에 있어 내적 일관성 또는 신뢰도와 안정성, 검사-재검사 신뢰도를 확인했다. 이러한 기준들을 기준으로 볼 때, 행복과 주관적 웰빙의 측정은 매우 적절하며, 확실히 일관성이 있었고, 창의력, 가치, 정치적 태도와 외향성, 양심과 같은 성격 특성들을 측정하는 도구들과 같이 안정적이었다.

어렵지만 더욱 중요한 문제는 이러한 측정 도구들의 타당도를 확보하는 것이다. 이미 피터슨은 자기보고식 검사에 영향을 미치는 것들에 대해 논의한 바 있다. 행복에 대한 측정이 진정 그들이 측정하고자 하는 것을 재고 있는가? 만약 행복에 대한 객관적인 측정 도구가 있다면 그와 같은 기준들을 버리고 단순히 설문지에 응답하고 그들이 만족하는지 아닌지를 확인하면 된다. 그다음 설문의 문항들이 타당한지 아닌지를 알 수 있을 것이다.

의료계에서는 병을 진단할 때 종종 증상에 대한 자기보고에 기초하여 검사실에서 그 질병과 관련 있을 것이라고 예측되는 어떠한 세균을 검사할지를 결정하곤 한다. 이것이 가능하다면, 우리는 견고한 진단적 검사를 가졌다고 할 수 있을 것이다. 가장 견고한 검사조차도 완벽할 수는 없기 때문에 의료계라 할지라도 근본적인 것을 측정하는 도구 따위는 없는 것이다. 그곳에는 보이지 않는 실수들과 오류들이 있다. 심리학 연구에서는 이러한 문제들이 더욱 어려운 과제이며 견고한 검사 도구를 개발하려는 시도조차 거의 없다(Peterson, 2006).

심리학적 특성들을 측정하기 위한 견고한 진단적 검사는 원칙적으로 존재하지 않을 것이라고 생각한다. 만약 그러한 검사가 존재한다면 아마도 생물학적 또는 신체적 특성들과 관련된 심리학적 특성들을 객관적으로 측정하는 형식을 취했을 것이다. 누군가가 행복에 대한 견고한 검사 도구로서 호르몬 분석을 요구하거나 구조적인 뇌 영상을 활용하는 뉴로이미징 양식을 요구한다고 가정해 보자. 대부분의 경우에 자기보고식 검사는 이러한 검사들과 일치할 것이다. 여전히 몇 가지 예외는 존재한다. 몇몇은 견고한 기준들을 만족하면서도 행복하지 않다고 말할 것이고, 반대로 몇몇은 기준을 충족하지 않았음에도 불구하고 스스로 행복하다고 말할 것이다. 우리는 그들이 틀렸다고 말해야 할까? 그들은 암이나 에이즈가 없다는 실험 검사 결과에도 불구하고 스스로 병에 걸렸다고 믿는 사람들과 같은 것인가? 피터슨은 다르다고 생각한다고 한다. 더욱 일반적인 관점으로 볼 때, 심리학적 특성은 자기 스스로의 기준으로 측정될 때 가장 정확하게 측정될 수 있다. 왜냐하면 그것들은 다른 사람의 기준에 따라 낮아질 수 있는 것이 아니기 때문이다.

견고한 진단적 검사가 존재하지 않는 상황에서 심리학자들이 타당성을 확보하기 위해 해야 하는 일들은 고생스럽기 그지없다. 그들은 다른 검사 도구들과 함께 도구들을 사용하고, 전체적인 경향성을 살펴야만 한다(Campbell & Fiske, 1959). 이론적으로 예상했던 관련성이 나타났는가? 관련성은 매우 중요하지만, 이론적으로 낮은 관련성을 예상했을 때는 때때로 못 보고 지나치게 될 때도 있다. 수년 동안 수백 번의 연구를 거친 후 주어진 도구들의 타당성을 결정할 때가 올 것이다. 도구를 지지하는 이론적 배경은 반드시 합당한 것이어야 한다. 왜냐하면 이 이론이 판단에 대한 기본 원칙이기 때문이다.

행복과 웰빙을 측정하는 연구들은 매우 빈번하게 수행되어 그 도구들이 최소한 어느 정도 수준의 타당성을 갖추었다는 결론을 내리기에 충분하다. 다른 검사들은 서로 제법 일치하는 경향을 나타낸다. 그리고 각기 다른 검사 도구의 결과들이 다양한 변인과 관련성을 나타내는 경향성을 살펴보면 일관성을 찾아볼 수 있다. 놀라운 결과들이 발견될지라도 측정에 대한 우리의 생각을 바꾸지는 못하며 오히려 행복에 대한 우리의 직관과 이론들을 더욱 명확하게 해 주기에 충분하다(Peterson, 2006).

누가 행복한가

행복 연구로부터 얻은 가장 놀랍고도 일관적인 결과는 대부분의 사람이 비교적 행복하다는 것이다(Diener, 1996). 측정 도구와 연구에 참여한 피험자들이 대부분 미국 남부나 중립국

어딘가에 사는 서민이라는 점은 아직 고려하지 않았다. 피터슨(2006)은 이러한 사람들이 인생을 너무나 비참하고 끔찍하다고 여길 거라고 믿는 동료 학자들에게 행복에 대한 이러한 사실을 받아들이자고 한다.

행복에 대한 설문은 많은 나라에서 수행되었고 그 결과들은 주로 차이를 강조하는 방식으로 발표되었다(Diener & Diener, 1995; Inglehart & Klingemann, 2000). 예컨대, 부유한 국가의 국민이 가난한 국가의 국민보다 평균적으로 더 행복하다는 사실은 한 국가 내에서 수입과 개인의 행복 간 관계가 적다는 단순한 결과와는 다소 차이가 있다. 가장 행복하지 않은 사람은 동유럽의 전 공산주의 국가의 국민이며 가장 행복한 사람은 북유럽의 기독교 국가의 국민이다. 아시아의 국민은 그들의 풍요로움으로 예상한 것과 달리 덜 행복한 반면, 남아메리카 국민이 더 행복하다. 이러한 차이는 흥미롭지만, 미국에 사는 백만장자(Diener, Horwitz, & Emmons, 1985) 또는 인도 캘커타 도로 위의 거주자들(Biswas-Diener & Diener, 2001)일 수도 있는 대부분의 사람의 본질적인 행복의 차이가 전혀 없는 것처럼 오해해서도 안 된다.

왜냐하면 주관적 웰빙 연구는 일반적인 대중에 대한 설문으로부터 시작되었기 때문에 대학 과목을 수강하는 젊은 성인들만을 대상으로 한 심리학 연구들과는 차이가 있다. 웰빙 연구의 대상은 훨씬 더 방대하기 때문에 누가 더 행복하고 덜 행복한지에 대해 많은 것을 알려준다.

웰빙 또는 삶의 만족도를 측정하는 도구들은 그 외의 다른 질문들도 포함하여 무엇이 어떻게 연관되는지를 확인하곤 한다. 다양한 도구를 사용한 여러 연구를 종합해 보면 삶에 대한 만족도, 주관적 웰빙과 같은 행복 관련 요인들뿐만 아니라 그렇지 않은 요인들에 대한 합의된 의견도 도출해 낼 수 있다.

표 13-1 행복, 삶의 만족도와의 긍정적 상관

0에서 낮은 상관	중간 정도	높은 상관
나이	친구 수	감사
성별	결혼 유무	낙관성
교육	종교에 독실한 정도	취업 유무
사회적 지위	여가 활동의 수준	성관계 횟수
수입	신체적 건강	긍정적 감동을 경험한 비율
자녀 유무	양심	행복 측정치의 검사-재검사
인종(다수 대 소수 민족)	외향성	신뢰도
지능	신경과민(부적 상관)	일란성 쌍생아의 행복
외모의 매력도	자기통제력	자기효능감

〈표 13-1〉은 아가일(Argyle, 1999, 2000), 디너(1984, 1994), 디너, 서은국, 루카스와 스미스(Diener, Suh, Lucas, & Smith, 1999), 마이어스(Myers, 1993), 마이어스와 디너(1995) 그리고 윌슨(W. Wilson, 1967)의 연구들에 기초하여 합의된 내용을 요약한 것이다.

이러한 결과들과 웰빙 척도의 질문들 중 상관이 강하게 나타나는 요인들을 확인했다. 0부터 1까지의 정적 상관 범위는 어떤 변인에서 높게 매겨진 것과 다른 어떤 변인에서 높게 매겨진 것이 유사한 관련성을 가지고 있다는 것을 산포도로 보여 준다. 부적 상관 범위는 -1부터 0으로 어떤 변인에서 높게 매겨진 것이 다른 어떤 변인에서 낮게 매겨진 것과 관련성을 가지고 있다는 것을 산포도로 보여 준다. 상관의 수준이 크면 클수록 두 변인의 관련성은 커진다. 관련이 전혀 없는 변인의 경우 상관은 제로가 되며 산포도의 점들은 흩어져 있게 된다.

상관의 수준이 직접적인 의미를 갖고 있는 것은 아니다(Estepa & Sanchez Cobo, 2001). 우리는 상관계수가 0이라는 것이 무엇을 의미하는지를 알게 되었고, 방금 읽었듯이 ±1이 무엇을 의미하는지도 안다. 그러나 실제로는 연구자들이 이렇게 명확한 수치를 결코 구하지 못한다. 대신에 심리학적으로 강한 상관이 있다고 나타나는 수치들은 약 0.3 정도이며, 이러한 범위의 상관이 심각하게 받아들여질 만한 수준인지에 대한 논란이 수년에 걸쳐 이어지고 있다.

수십 년 전, 월터 미셸(Walter Mischel, 1968)은 성격 연구에서 0.3 수준의 상관은 하찮은 수치라는 영향력 있는 논평을 내놓았다. 이 논쟁은 종종 재포장되었으나, 최근의 견해는 상관계수 0.3 정도는 심각하게 받아들일 정도로 가치가 있다는 것이다(Peterson, 1992). 문제는 인식에 있다. 상관이 0.3이라는 것은 1보다는 0에 가깝기 때문에 그다지 깊은 관련성을 가진 것처럼 보이지는 않는다(Peterson, 2006).

만약 의학적으로 사망 확률 65%인 조건에 있다고 가정해 보자. 그리고 죽을 확률을 35%로 낮출 수 있는 치료가 있다고 가정해 보자. 당신은 이 치료를 받을 것인가? 성공이 보장되지는 않아도 가능성만 있다면 당연히 받을 것이다. 요점은 병을 치료하기 위한 치료를 결정하기 위해 당신이 정확히 0.3이라는 상관계수를 적용했다는 것이다(Rosenthal & Rubin, 1982). 또는 유사한 관련성을 보여 주는 다음의 상관계수를 생각해 보라(Meyer et al., 2001).

- 아스피린 덕분에 심장마비로 인한 사망 감소율: 상관계수 0.03
- 화학요법과 유방암으로부터의 생존율: 상관계수 0.03
- 흡연과 폐암: 상관계수 0.08
- 항히스타민제의 사용과 코 속 울혈의 감소: 상관계수 0.11
- 대학 성적과 직업 수행: 상관계수 0.16

우리는 이 모든 상관을 매우 심각하게 받아들인다. 만약 우리가 심장마비의 위험을 안고 있다면 우리는 매일 아스피린을 삼킬 것이다. 우리가 만약 유방암을 가지고 있다면 적극적인 치료를 선택할 것이다. 우리가 만약 흡연을 한다면 끊어야 한다고 생각할 것이다. 우리가 만약 콧물을 흘린다면 항히스타민제를 원할 것이다. 우리가 방금 대학교를 졸업한 사람을 채용하려 한다면, 그녀의 대학교 성적을 알고 싶을 것이다. 메이어와 동료들이 결론을 내렸듯이 0.3에 달하는 상관계수는 연구자들을 기쁘게 할 만하며 낙담할 만한 수치가 아니다.

상관계수의 범위를 설명할 때, 연구자들은 종종 0과 ±0.2는 '낮은' 상관, ±0.3 수준은 '중간 정도'의 상관, ±0.5를 넘어서면 '높은' 상관과 같은 언어적 명칭을 사용한다. 사회과학에서는 중간 정도의 상관이 주로 확신을 주는 수치로 사용된다(Peterson, 2006).

피터슨은 앞서 설명한 대로 〈표 13-1〉에서 '낮은' '중간 정도의' '높은' 등의 용어로 상관의 정도를 정리하였다. 다음은 피터슨이 당신을 위해 중요한 부분을 요약한 것이다.

첫째, 나이, 성별, 인종, 교육과 수입과 같이 사람들이 그들의 삶을 어떻게 살아가는지를 결정하는 매우 강력한 인구통계학적 요인들은 행복과 관련이 있긴 하지만 낮은 수준이었다. 이러한 결과는 행복이 모든 이에게 열려 있다고 해석할 수도 있다.

둘째, 행복과 더 높은 상관을 보인 것은 사회적 또는 대인관계적인 요인들로 친구의 수, 결혼, 외향성과 감사하는 마음 등이었다. 그 외에도 높은 상관을 보인 신앙심, 여가 활동과 직업 유무는 사람과 사람을 만나게 해 주는 역할을 하는 것들이었다.

다른 사람들을 만나는 것이 행복과 관련된다면, 세상을 등진 은둔자 중에는 행복한 사람이 없을지도 모른다. 이 결론을 뒷받침하기 위해 디너와 셀리그만(2002)은 〈표 13-1〉에서 매우 행복한 집단과 행복하지 않은 집단 사이의 상관을 보여 주었던 비교와는 다르게 행복한 사람과 매우 행복한 사람을 비교하였다. 그들의 놀라운 연구 결과에 따르면 〈표 13-1〉에서 높은 상관으로 나온 요인들이 다 떨어져 나간다 할지라도 한 가지는 분명했다. 바로 타인과의 좋은 관계이다. 그들이 조사한 매우 행복한 사람들은 모두 주변 사람들과 가까운 관계를 맺고 있었다. 심리학 연구물들에서 이러한 사실에 대해 언급한 적이 거의 없다 할지라도 좋은 사회관계는 궁극의 행복에 있어 필요조건으로 보인다.

셋째, 낙관성, 외향성, 양심, 자기효능감 그리고 당신에게 일어날 일들을 스스로 통제할 수 있다는 자기통제력과 같은 몇몇 성격 특성은 행복과 중간 정도 또는 높은 상관을 보였고, 신경과민과는 부적 상관을 보였다. 한 가지 가능한 설명은 이러한 상관들이 소위 연구자들이 상식적인 도구 요인이라고 부르는, 자기 자신을 표현하거나 말하는 방식을 나타낸다는 것이다. 행복한 사람들은 자신의 긍정적 성격 특성에 귀인을 둔 반면, 행복하지 않은 사람들은 그

렁지 않았다. 피터슨은 이 점이 결과를 상당 부분 설명한다고 보며, 이러한 결과를 통해 행복
이 그 사람 자체와 세상에 대한 그의 관점에 의해 만들어질 수 있다는 점을 보여 준다고 생각
한다.

교회 출석률로 측정하는 신앙심과 행복 간의 상관이 설명하는 바와 같이 많은 요인이 서로
서로 연결되어 있다. 우리는 신체적 건강이 다른 요인들에 영향을 줄 수 있다는 점을 기억해
야 한다. 매우 아픈 환자는 결국 교회에 갈 수 없게 될 것이다. 낮은 경제 수준의 사람들은 교
육을 덜 받고, 건강 관리를 받을 기회가 없으며, 여가를 즐길 기회가 거의 없다.

이러한 관련성은 1차적인 상관분석으로는 잘 나타나지 않을 수도 있으나 자세히 들여다보
면 더 확실해진다. 수입과 행복 간의 상관을 보면, 전체적인 상관은 낮지만 수입이 낮은 집단
만을 따로 떼어 분석하면 상관은 훨씬 강력해진다. 사람이 행복해지려면 반드시 기본적인 욕
구는 충족되어야 한다. 이것만 충족되면 수입은 큰 문제가 되지 않는다.

행복의 결론

상관을 보여 주는 〈표 13-1〉에서 얻은 가장 중요한 결과는 사회과학 연구에서 상관관계는
인과관계를 보여 주지 못한다는 사실이다. 이는 두 변인이 둘 사이의 어떠한 인과관계 없이 단
지 관련성만을 보일지도 모른다는 것이다.

〈표 13-1〉과 같은 결과를 보게 되면 우리는 원인과 결과의 관점에서 해석하고 싶어진다.
어떤 경우에는 이러한 '원인'들이 행복을 불러온다고 결론짓고 싶어지며, 또 어떤 경우에는
반대로 행복이 이러한 요인들을 끌어낸다고 결론짓고 싶기도 하다. 상식 수준에서 이러한 다
양한 해석을 정리할 수 있다. 행복은 나이 들게끔 하지는 않는다. 그러나 행복이 결혼, 우정,
건강에 영향을 미치는가의 여부를 궁금해하는 것은 그럴싸해 보인다. 또는 사회과학자들이
연구에서 갈피를 잡지 못하게 하는, 제3의 변인이라고 불리는 것이 있을 수도 있다. 가령 측
정되지는 않았을지라도 다른 두 변인 간의 명백한 상관관계에 영향을 미치는 것이 여기에 해
당한다.

류보미르스키와 킹, 디너(2005)는 '닭이 먼저냐, 달걀이 먼저냐'라는 이러한 문제를 해결하
기 위해 행복에 관한 연구를 두 갈래로 나누어 면밀하게 검토하였다. 시간의 흐름에 따라 변
인의 변화를 측정하는 종단 연구와 긍정정서를 정교하게 조작하고 결과를 확인하는 연구로
구분하였다(Argyle, 2001). 이렇게 분류된 연구 결과들은 행복이 실제로 상관이 있다고 알려진

요인들을 이끌어 낸다는 추론을 지지해 주었다. 그들은 행복한 사람이 후에 '결혼, 우정, 취업, 수입, 일의 수행, 정신건강, 심리적 건강'과 같은 다양한 삶의 영역에서 성공을 경험하게 된다고 결론 내렸다.

그러나 이와 대비되는 연구도 있다. 셀리그만의 제자인 로렌 알로이와 린 에이브럼슨(Lauren Alloy & Lyn Abramson, 1979)은 우울한 대학생과 우울하지 않은 대학생들을 모집했고, 그들에게 간단한 과제를 주었다. 실험 참가자들의 앞에는 버튼과 녹색 신호등이 깜빡이는 램프를 두었다.

알로이와 에이브럼슨은 대학생들에게 녹색 신호등을 통제할 수 있는 권한을 주되, 집단에 따라 그 권한의 크기를 달리했다. 한 집단에게는 녹색 신호등을 통제할 권한을 완전히 주었다. 따라서 그들이 버튼을 누를 때마다 어김없이 불이 켜졌고, 반대로 누르지 않으면 절대 켜지지 않았다. 그러나 다른 집단의 경우에는 버튼을 누르든 누르지 않든 언제나 불이 켜지도록 장치했다.

이 과정이 끝난 뒤, 모든 학생에게 자신이 녹색 신호등을 얼마나 통제했다고 생각하는지에 대해 물었다. 우울한 학생들은 자신들이 통제한 때와 그렇지 못한 때를 모두 정확히 간파하고 있었다. 우울하지 않은 학생들은 자신이 통제한 때는 정확히 알고 있었지만, 통제 권한이 없었을 때조차 자신이 35% 정도 통제한 것으로 생각했다. 이 밖에도 우울한 사람들의 참모습을 엿볼 수 있는 증거는 많다(Seligman 2002). 우울한 사람은 자신의 능력이 얼마나 되는지 정확하게 판단하는 반면, 행복한 사람은 다른 사람들의 평가보다 자신의 능력을 훨씬 더 높게 평가하는 경향이 있다. 행복한 사람은 실제 일어났던 일보다 좋은 일이 훨씬 더 많았다고 생각하지만, 나쁜 일은 대개 많이 잊어버린다. 반면에 우울한 사람은 좋은 일이나 나쁜 일이나 모두 정확하게 기억한다(Seligman, 2002).

알로이와 에이브럼슨(1979)의 연구에서는 우울한 학생들이 우울하지 않은 학생들보다 모든 관계에서 일어나는 결함들을 더 정확하게 찾아낸다는 흥미로운 결과가 나타났다. 다시 말해, 연구 참여자 중에서 우울한 사람이 자신과 전혀 무관한 문제에 대해 더 정확하게 이야기하는 경향을 보였다. 반대로 우울하지 않은 사람들은 "그 불은 내가 버튼을 두 번 눌렀을 때 번쩍였어요. 처음엔 2초, 그다음엔 5초간이요."와 같이 문제를 더 복잡하게 발전시켰지만 잘못된 가정을 만들었다.

이러한 결과는 우울한 사람들은 불합리하고 현실과 동떨어져 있다는 지금까지의 이론과 대비되었기 때문에 큰 반향을 불러일으켰다(Beck, 1967; Jahoda, 1958). 알로이와 에이브럼슨(1979)은 이러한 내용을 담은 논문을 발표하면서 부제를 "슬프지만 똑똑한"이라고 붙였고, 연구 결과는 세세한 실험 과정뿐 아니라 연구의 내용도 폭넓게 일반화되었다.

지금 맥락에서 이러한 일반화는 행복한 사람들이 바보이므로 실제 세계에 대해 알고 싶다면 행복한 사람들이 하는 말을 들어서는 안 된다는 결론이 날 수 있다. 그렇다면 해결책은 무엇인가? 유타 대학교의 리사 애스핀월(Lisa Aspinwall) 교수는 실생활에서 중대한 결정을 내릴 때는 우울한 사람보다 행복한 사람이 더 현명하게 판단한다는 설득력 있는 증거들을 수집했다.

애스핀월은 피험자들에게 건강을 해치는 것으로 알려진 끔찍한 정보들을 제공했다. 커피를 즐겨 마시는 사람들에게는 카페인과 유방암의 관계에 대한 기사를 제공한다든지, 일광욕 예찬자들에게는 선탠과 피부암의 일종인 흑색종(黑色腫)의 연관성을 다룬 기사를 제공하는 식이었다. 애스핀월은 그에 앞서 낙관성 검사를 실시하거나 과거에 있었던 즐거운 경험을 회상하게 하는 방법을 통해 긍정정서를 유발한 다음, 그것을 기준으로 피험자들을 행복한 집단과 불행한 집단으로 나눈 뒤 자료를 나눠 주고 읽게 했다. 그로부터 일주일 뒤 건강을 해치는 요인들에 대해 얼마나 기억하는지 물어보았다. 그 결과 행복한 사람이 불행한 사람보다 부정적 정보를 훨씬 더 많이 기억하고 있으며, 그 정보에 대한 신뢰도도 훨씬 더 높은 것으로 드러났다.

이 논쟁의 결과에 따르면 정상적인 일이 일어났을 경우 행복한 사람은 지난날의 긍정경험들을 굳게 믿는 반면 우울한 사람은 회의적으로 받아들인다. 마지막 10분 동안 녹색 신호등이 뜻대로 통제되지 않은 듯이 보일 때조차 행복한 사람은 과거의 경험에 비추어 끝내 자기 뜻대로 모든 일이 이루어질 것이며, 조금만 지나면 자신이 녹색 신호등을 통제하게 될 거라고 생각한다. 그러니까 앞서 밝힌 35%라는 수치는 자신이 실제로 녹색 신호등을 통제하지 못한 시점에 대한 대답이었던 셈이다. "하루에 커피 세 잔을 마시면 유방암에 걸릴 위험이 높아질 것이다."처럼 충격적인 사안을 대할 때, 행복한 사람은 재빨리 회의적이고 분석적으로 대응 방식을 바꾼다.

인간은 냉담하고 부정적인 감정에서는 전투적인 사고 작용이 활발해진다. 따라서 이런 감정일 때는 잘못된 것을 찾아 제거하는 일에만 온통 신경이 집중된다. 한편, 긍정감정에서는 창의적이고 인내를 갖고 건설적이며, 남을 배려하고, 융통성 있는 사고 작용을 촉진시킨다. 이러한 사고방식은 잘못된 것을 찾기보다 올바른 것을 발견하는 데 초점을 맞춘다. 그러니까 자신의 결점을 찾거나 방어적인 자세를 취하기보다 미덕과 강점을 계발하고 베푸는 일에 힘쓰게 되는 것이다.

이를 종합해 보면 다음과 같은 결론을 도출할 수 있다. 슬픔과 우울이 현실에 대해 보다 정확하게 인식한다는 것과 관련된다는 것이 증명되기는 했지만, 행복이 대부분 삶의 다양한 장면에서 매우 바람직한 결과들과 관련되어 있다는 결론에는 이견이 없다(Peterson, 2006).

행복 만들기

지금까지 고대부터 현재까지, 쾌락적 행복에서 긍정심리학 행복까지의 역사적·이론적 진화 과정을 고찰해 보았다. 하지만 '행복이 무엇인가?'라는 질문뿐 아니라 '행복은 무엇이다.'라는 명확한 해답도 제시하지 않았다. 행복은 자체를 연구할 수 없으며, 측정된 특정 행복의 징후만을 연구할 수 있다고 했기 때문이다(Seligman, Steen, Park, & Peterson, 2005). 그만큼 행복이란 무엇인가는 주관적이든 객관적이든 정의 내리기가 복잡한 주제이다. 하지만 지금까지 긍정심리학의 행복 연구가 괄목할 만큼 이루어졌다. 그러한 연구를 기반으로 완벽하지는 않지만 긍정심리학의 행복에 대한 개념은 제시돼야 한다고 생각한다(우문식, 2018).

행복은 어제오늘의 이야기가 아니다. 이미 2,000년 전 아리스토텔레스부터 지금까지 수많은 사람이 이야기하고, 책을 쓰고 가르쳤다. 하지만 긍정심리학이 나오기 전까지는 그 누구도 행복을 지속적으로 유지시키고 증진시킬 수 있는 과학적인 방법을 이야기하는 사람이 없었다. 대부분 행복은 내 안에 있다, 행복은 가까이 있다, 행복은 마음먹기에 달렸다 같은 추상적 개념이었다. 그리고 행복하려면 내려놓아라, 멈춰라, 버려라와 같이 관조적이고, 좋은 대학, 좋은 직장, 좋은 차나 집과 같이 조건적이며, 맛있는 아이스크림이나 초콜릿을 먹는 것, 이성 간 짜릿한 접촉과 같이 감정적이고 감각적인 것이었다.

이런 것은 행복에 도움은 되지만 대부분 일시적인 감정이다. 행복은 이러한 일시적 감정이 아니고 지속적인 긍정정서이며 개인의 감정을 넘어 개인과 공동체의 성공까지 아우르는 광의적 개념이다. 과정과 결과가 어떻든 마음만 편안하고 즐겁다고 해서 그것이 행복의 전부는 아니다.

그렇다면 긍정심리학의 행복은 무엇이며, 이러한 행복을 만들어 주는 것은 무엇일까? 지금까지 연구된 긍정심리학의 행복으로는 디너의 정서적 기쁨과 인지적 만족의 주관적 안녕감, 칙센트미하이의 즐거움과 만족의 몰입적 행복, 도덕적 삶의 기반인 셀리그만의 PERMAS를 들 수 있다. 여기에 내가 지난 20여 년 동안 연구하면서 발견한 역경을 이겨 내는 힘의 회복력을 추가할 수 있다. 이 네 가지 행복을 과학적으로 키워 주는 것이 긍정심리학이다. 여기에 긍정심리학 행복의 대표적 이론과 검증된 증거는 행복은 원하는 것을 얻는 데 있다, 행복은 안과 밖에서 온다, 행복은 사이에 있다는 헤이트(Haidt, 2006)의 행복 가설, 그리고 세트 포인트, 환경, 자발적 행동인 류보미르스키(Lyubomirsky, 2001)의 행복 공식이다.

긍정심리학은 행복이 무엇인지에 대한 연구가 아니다. 어떻게 하면 더 행복해질 수 있을까에 대한 방법을 과학적으로 연구하는 학문이다. 긍정심리학에는 행복을 만들어 주는 여섯 가지 요소인 긍정정서, 몰입, 관계, 의미, 성취, 강점이 있다. 이 요소들 안에는 행복을 만들어 주는 연습 도구들이 있는데, 이 도구들을 통해 행복을 만드는 것이다. 행복은 자연적으로 오는 것이 아니라 만드는 것이다. 그래야 지속 가능하고 키울 수 있다(우문식, 2017).

그렇다면 인간의 플로리시를 위한 행복은 어떻게 만들 수 있을까? 디너를 비롯한 국내외 많은 전문가는 우리나라가 행복하지 않은 이유를 네 가지로 꼽는다. 첫째, 과도한 물질주의, 둘째, 지나친 경쟁, 셋째, 과정과 결과에 대한 그릇된 생각, 넷째, 비교문화이다. 사회 전반적인 측면에선 일리가 있다. 하지만 나는 이 같은 행복하지 못한 사회적 문제도 있지만 이보다 더 중요한 이유는 개개인이 갖고 있는 행복에 대한 인식의 오류라고 생각한다(우문식, 2019).

⊙ 행복에 대한 인식의 오류

행복에 대한 인식의 오류란 행복에 대한 막연한 기대와 맹목적 집착, 완벽한 행복 추구를 말한다(우문식, 2019).

막연한 기대

행복을 원한다면 어떻게 만들어야 할까? 현실을 직시하고서 왜 행복이고, 무엇이 행복이고, 어떻게 해야 행복해질 수 있는지에 관심을 갖고 배우며 노력해야 한다. 하지만 '열심히 살다 보면 행복해질 거야.' '내년에는 행복해질 거야.' '몇 년 지나면 행복해질 거야.' 등과 같이 막연한 기대만 하고 있는 것이다. 막연한 기대는 현실 기피이고 사람을 무기력하게 만들며 지치게 한다. 지나치면 사람을 죽음으로 몰고 가기도 한다.

베트남전쟁에 참전했던 스톡데일(Stockdale) 장군은 작전 수행 중 포로로 잡혀 1965년에서 1973년까지 8년 동안 악명 높은 하노이 호아로 수용소에 갇혔다. 그는 수용 기간에 수십 차례 가혹한 고문과 핍박을 받았지만 혹독한 현실을 받아들이고 극복한다면 반드시 살아서 돌아갈 수 있다는 희망과 함께 매일 아침 운동과 독서로 회복력을 키웠다. 결국 그는 살아서 풀려났다. 하지만 '다음 크리스마스에는 구출될 거야.' '다음 추수감사절에는 풀려날 거야.'라며 막연하게 기다리던 사병들은 기다리다 지쳐 대부분 죽었다. 막연한 기대가 낳은 불행이다.

맹목적 집착

미국 하버드 대학교 긍정심리학 교수 탈 벤 샤하르(Tal Ben Shahar, 2017)는 행복의 역설을 강조한다. 행복에 너무 집착하면 행복하지 않다는 것이다. 그는 행복을 태양에 비유한다. 우리가 햇빛을 보고 싶다고 뜨거운 태양을 보면 자외선 등으로 인해 눈에 손상을 입을 수 있다. 그럼 어떻게 해야 할까? 샤하르는 무지개를 보라고 한다. 무지개가 태양의 색깔이기 때문이다. 행복도 마찬가지이다. 행복을 원한다고 행복에만 집착하면 오히려 행복에 해가 될 수 있다. 햇빛을 보기 위해 무지개를 보듯이 행복에 맹목적으로 집착하지 말고 행복을 과학적으로 만들어 주는 요소인 긍정정서, 몰입, 관계, 의미, 성취, 강점을 보라는 것이다. 그 안에는 행복을 만들어 주는 연습 도구들이 있기 때문이다.

완벽한 행복 추구

에드 디너(Ed Diener, 2008)와 동료들은 완벽한 행복 추구는 일상적인 활동을 하기에 가장 좋은 상태가 아니라고 했다. 특히 가치 있는 자기성찰을 하거나 사랑하는 이의 죽음이나 산산이 깨진 꿈 같은 정상적인 삶의 변화를 헤쳐 나가도록 도와주는 슬픔이나 죄책감 같은 평범한 감정을 무시하거나 억누르려고 애쓸 경우 그 부작용이 매우 심하다. 그냥 자신에게 닥친 현실을 솔직하게 인정하는 것이 좋다. 불행한 사건으로 인해 슬픔에 잠겨 괴로운 표정을 짓고 있으면 이런 모습이 주위 사람들에게 신호를 보내 이 역경의 시기를 이겨 내는 데 필요한 도움을 받을 수 있고, 이것은 결국 지속적인 행복을 느끼는 데 없어서는 안 될 사회적 지원을 강화한다. 에드 디너(2008)와 동료들은 69개 나라의 11만 8,519명을 대상으로 설문조사를 실시했다. 연구자들은 행복이 수입이나 교육 수준, 정치 참여, 자원봉사 활동, 건설적인 관계 등과 얼마나 밀접한 관련이 있는지 연구했다. 그들은 "적당한 수준 이상의 행복도가 증가하면 삶의 몇몇 부분에 오히려 해를 끼칠 수도 있다."라고 지적했다. 자신의 행복도를 9나 10이 아닌 8로 평가한 이들의 경우, 자기 삶에 대해 느끼는 약간의 불만이 교육이나 지역사회, 직장 환경을 개선하고자 하는 동기로 작용할 가능성이 높았다. 계속해서 10점만 받으려고 애쓰는 사람보다 8점이나 9점을 받은 사람 쪽이 더 건강할 뿐만 아니라 돈도 더 많은 것도 이런 이유 때문일 수 있다.

행복의 인식 전환

진정한 행복을 원한다면 이젠 행복에 대한 올바른 인식뿐 아니라 인식의 전환이 필요하다. 첫째, 행복은 조건이 아니다. 우리나라 사람들은 조건을 좋아한다. 그래서 행복도 조건을 찾는다. 그러나 앞에서 류보미르스키, 셸던과 쉬케이드(Lyubomirsky, Sheldon, & Schkade, 2005)의 행복 공식에서 확인하였듯이 조건이 충족된다고 행복하지는 않다는 것이다.

둘째, 행복은 만드는 것이다. 고전적인 행복론을 주장하는 독자들은 반론을 제기할 수 있을 것이다. 셀리그만(2002)은 '행복은 만들 수 있다'고 말했다. 행복은 좋은 유전자나 행운으로 얻어지는 것이 아니라 바이올린 연주나 자전거 타기와 같이 부단한 연습과 노력으로 만들 수 있음이 그동안 과학적으로 증명되었다. 셀리그만(2011)은 긍정심리학의 새로운 이론을 그의 저서 『플로리시』에 발표하면서 "나는 이제 당신의 플로리시를 만들어 줄 수 있다."라고 했다. 일시적 행복이 아닌 지속적인 행복을 만들어 줄 수 있다는 것이다.

셋째, 행복은 경쟁력이다. 1543년 폴란드 천문학자 코페르니쿠스가 우주는 태양을 중심으로 돈다는 지동설을 발표했다. 하지만 사람들은 믿지 않았다. 오히려 핍박했다. 하지만 지동설은 결국 사실로 밝혀졌다. 태양을 중심으로 지구가 돈다는 것이다. 이 같은 일들이 최근 심리학에서도 일어나고 있다. 행복이 성공을 만들어 준다는 것이다. 긍정심리학 분야를 이끄는 최고의 연구자이자 학자인 류보미르스키와 디너, 로라 킹(Laura King)은 수많은 데이터를 조직적으로 검토한 결과, 실제로 우리 중에서 가장 행복한 사람이 직업부터 교우관계에 이르기까지 다양한 분야에서 성공을 거둘 수 있고 일상적인 기준에서 조금이라도 더 행복하게 사는 것이 삶의 각 부분에서 목표를 달성하는 데 긍정적인 영향을 미친다는 결론을 내렸다. 이들이 연구한 목표 가운데에는 만족스러운 직업이나 안정된 교우관계, 건강 등이 당신의 목록에 들어가 있을 것이다.

셀리그만(2009)이 미국, 영국, 호주의 등 초중고교에서 긍정교육을 한 이후 학생들은 언어, 작문, 수학, 등 학습 능력이 향상됐으며, 호기심, 학구열, 창의성 등 성격강점과 몰입, 즐거움, 사회적 기술, 즉 연민, 협동, 자기주장, 자기통제력 등이 높아졌다. 삼성경제연구소(2013)가 직장인들을 대상으로 설문조사를 한 결과, 행복한 직장인이 불행한 직장인보다 직장에서 더 높은 성과를 올리고 성공하는 것으로 나타났다. 이제 행복은 경쟁력이라는 것이다. 긍정심리학의 행복은 최종적 목표가 아니라 또 다른 목표를 위해 사용될 수 있는 자원인 것이다(우문식, 2019).

⊙ 행복 만드는 법

행복이 바람직한 삶의 결과를 가져다준다면, 행복을 만드는 방법이 있을까? 행복이 유전의 수레바퀴에 걸려 있다는 주장을 하는 많은 비관적인 사람과 연구자는 긍정도구 개입을 통해 행복을 만드는 데 제한을 가한다. 또는 행복의 유전론을 강조하면서 행복 공식의 설정 값은 이미 정해져 있으므로 사람이 이를 끌어올릴 수 없다고 주장한다. 예컨대, 리켄과 텔레겐 (Lykken & Tellegen, 1996)은 쌍생아 연구를 통해 실제로 유전론의 증거를 확인하였다. 그들은 행복을 만들 수 있는지에 대한 자신들의 연구 결과를 발표하면서 "행복해지려고 하는 것은 키를 더 키우고 싶다는 것과 같이 쓸데없는 노력이다."라는 암울한 결론을 내렸다. 하지만 후속 논문에서 리켄(2000)은 이러한 결론을 철회하였고, 행복은 가능한 이미 설정된 값 내에서는 변화될 수 있다고 하였다. 행복은 만들 수 있다는 것이다. 그는 우울, 공포, 수치, 분노, 후회를 행복을 갉아먹는 요소로 설명하였다. 우리가 이러한 행복 저해 요소를 제어할 수 있을 때, 행복은 당연히 증가할 것이다. 행복의 구성 요소에 긍정정서와 같이 다른 것들에 비해 유전적인 영향을 많이 받는 요인들이 존재한다는 것은 인정한다. 그리고 쾌락의 늪이라는 표현이 쾌락적 관성을 설명하는 상징적 비유이지 생물학적 사실이 아니라는 것은 일단 차치해 두자(Peterson, 2014). 삶의 만족도에 대한 종단 연구에서 남성에게는 실직, 여성에게는 이혼과 같은 특정 생애 사건이 다시 직장을 구하고 재혼을 하여도 행복에 지속적으로 큰 영향을 미친다고 보고했다(Lucas, Clack, Georgellis, & Diener, 2003, 2004). 행복 공식 이론을 지지하는 연구자들은 이미 설정된 값이 이러한 생애 사건에 의해 재조정되었다고 말할 것이지만, 피터슨(2016)은 결국 단순히 이것은 처음의 이미 설정된 고정된 값이란 없다는 것으로 결론 내릴 수 있다고 한다. 그러나 피터슨이 언급한 바와 같이 유전성이 높다는 말은 변할 수 없다는 의미가 아님을 다시 한번 강조할 필요가 있다. 셀리그만(2001)은 행복 공식의 이미 설정된 값을 인정하며 그의 『긍정심리학』에서 다음과 같은 류보미르스키, 셸던과 쉬케이드(2005)의 행복 공식을 상세하게 소개하고 있다.

⊙ 행복 공식

행복 공식은 상당히 과학적이다. 다양한 환경과 조건에 처한 사람 누구든지 행복 공식에 따라 움직이면 행복해질 수 있다. 행복을 만드는 공식은 다음과 같다.

$$H=S+C+V$$

여기에서 H(Happiness)는 실제로 내가 경험하는 지속적인 행복 수준이다. S(Setpoint)는 이미 설정된 행복의 범위이자 설정 값이고, C(Circumstances)는 삶의 상황(조건)이며, V(Voluntary activities)는 개인이 스스로 통제할 수 있는 자발적 행동을 의미한다. 이 중 우리가 주목해야 할 것은 C와 V이다. S는 행복에 미치는 영향이 50%로 이미 유전의 영향과 자동조절기 같은 설정된 값으로 바꾸기 어렵기 때문에 행복을 만들려면 결국 C와 V에 집중해야 한다. 이는 바로 자신의 삶의 상황과 자신이 할 수 있는 자발적 활동이다. 이 공식에서 특이한 점은 삶의 상황이 행복에 미치는 영향은 10%로 그렇게 크지 않다는 것이다. 이는 지금까지 많은 사람이 행복을 조건으로 생각했기 때문이다.

상황은 자신이 바꿀 수 있는 것과 바꿀 수 없는 것 두 가지가 있다. 인종, 성별, 나이, 장애는 자신이 바꿀 수 없는 상황이고, 재산, 결혼 여부, 사는 곳은 노력하면 바꿀 수 있는 상황이다. 최소한 삶의 일정 시기 동안 상황은 일정한 상태를 유지하기에 이것들은 자신이 적응할 가능성이 높은 종류의 것들이다. 반면, 자발적인 활동은 행복에 미치는 영향이 40%로 강점, 긍정정서, 몰입을 활용한 명상, 운동, 신기술 습득 또는 여가 생활처럼 자신이 선택하는 것들이다. 이런 활동들은 대부분 노력과 주의를 필요로 한다. 그만큼 자발적 활동을 하기가 쉽지는 않지만 일단 적극적으로 참여해 실천하면 행복을 만들 수 있다.

지속적인 행복(H)

개인의 지속적인 행복과 순간적인 행복은 엄연히 다르다. 순간적인 행복은 초콜릿, 코미디 영화, 안마, 찬사, 꽃, 새로 산 블라우스 등의 다양한 방법으로 쉽사리 증가시킬 수 있다. 그러나 여기서는 순간적으로 불쑥 솟구쳤다 쉽게 사라지는 행복을 증가시키기 위한 길잡이가 아니다. 자신의 행복에 대해서 당신 자신보다 더 잘 아는 사람은 없다. 중요한 것은 당신의 지속적 행복을 증가시키는 것인데, 순간적인 긍정감정이 아무리 많아도 지속적인 행복을 증가시키는 데는 아무런 도움이 되지 않는다. 여기서 검사할 것은 일반 행복도이다. 다음 검사는 캘리포니아 리버사이드 대학교 심리학 교수 소냐 류보미르스키(Sonja Lyubomirsky)가 고안한 것이다.

이 검사 문항의 답을 모두 더한 뒤 8로 나눈 결과가 바로 당신의 일반 행복도 점수이다. 미국 성인의 평균 점수는 4.8점이다. 검사를 받은 사람 중 2/3가 3.8~5.8점을 받았다.

'행복을 영속적으로 증가시킬 수 있을까?'라는 질문에 어쩌면 당신은 웬 뚱딴지 같은 소리냐며 의아해할지도 모르겠다. 열심히 노력하면 모든 정서나 성격 특성이 향상된다고 믿는 사람도 있을 것이기 때문이다. 셀리그만도 처음 심리학을 공부하던 40년 전에는 그렇게 믿었고, 심리학계에서도 인간의 무한한 변화 가능성을 주장하는 이론이 지배적이었다. 이를테면 올바른 환경 속에서 열심히 노력하면 인간의 모든 정신 활동을 향상시킬 수 있다는 것이다.

일반 행복도 검사

다음 진술이나 물음에 대하여 자신이 해당한다고 생각되는 점수에 표시하세요.

1. 나는 대체로 내 자신에 대해 이렇게 생각한다.

1	2	3	4	5	6	7
아주 불행하다						아주 행복하다

2. 내 동료들과 비교했을 때, 나는 내 자신을 이렇게 생각한다.

1	2	3	4	5	6	7
아주 불행하다						아주 행복하다

3. 일반적으로 아주 행복한 사람들이 있습니다. 이런 사람들은 장차 일어날 일에는 아랑곳없이 최대한 삶을 즐깁니다. 당신은 자신의 삶을 얼마나 즐기십니까?

1	2	3	4	5	6	7
아주 불행하다						아주 행복하다

4. 일반적으로 지독하게 불행한 사람들이 있습니다. 우울하지 않은데도 그들은 전혀 행복해 보이지 않습니다. 당신은 얼마나 불행하다고 생각하십니까?

1	2	3	4	5	6	7
아주 불행하다						아주 행복하다

그러나 1980년대에 쌍둥이와 입양아에 대한 성격 연구가 활발히 진행되면서부터 셀리그만의 확신은 산산조각이 났다. 이란성 쌍둥이에 비해 일란성 쌍둥이의 성격이 훨씬 더 비슷하며, 입양아의 성격은 양부모보다 친부모에 더 가깝다는 연구 결과가 나온 것이다. 현재 수백 가지에 달하는 이러한 연구 결과를 종합해 볼 때, 대부분의 성격 특성은 유전될 확률이 50% 정도라는 결론을 얻게 된다. 그러나 유전성이 높다고 해서 그것이 곧 타고난 특성을 바꾸기 어렵다는 뜻은 아니다. 유전성이 높은 특성 중에서도 성적 취향이나 몸무게는 거의 변하지 않는 반면, 비관성이나 소심함은 얼마든지 변할 수 있다(Seligman, 2002).

당신의 일반 행복도 점수 중 절반가량은 친부모의 성격에 따라 이미 결정된 것이라고 해도 전혀 틀린 말은 아니다. 이것은 곧 인간은 이미 정해져 있는 행복한 삶이나 불행한 삶 쪽으로 나아가도록 '조종하는' 유전자를 타고난다는 이야기일 수도 있다. 가령 긍정정서가 낮다면, 사람들을 만나기가 꺼려지고 혼자서 지내고 싶은 충동을 자주 느낄 것이다. 행복한 사람은 사교성이 매우 높기 때문에 다양한 사회 활동을 통해서 행복을 만든다는 것도 일리가 있다. 따라서 자신을 조종하는 유전자의 자극을 물리치지 않는다면, 노력함으로써 일굴 수 있는 행복보다 훨씬 더 낮은 행복을 느낄지도 모른다.

행복 자동조절기

시카고 하이드 파크 근처에 사는 이혼녀 루스에게는 일주일마다 일리노이주에서 발행하는 5달러짜리 복권을 사는 일이 삶의 낙이다. 이처럼 그녀가 복권 구입에 병적으로 매달린 것은 떨쳐 내기 힘든 우울함 때문이다. 아마도 이때 그녀가 심리치료를 받았다면 '우울증'이라는 진단을 받았을 것이다. 루스가 우울증에 시달리기 시작한 것은 3년 전 남편이 자신을 버리고 다른 여자에게 가 버린 뒤부터였다. 그러나 곰곰이 생각해 보면 적어도 중학생 시절, 그러니까 25년 전에도 자신은 늘 우울했던 것 같았다.

그러던 어느 날 기적이 일어났다. 루스가 상금이 무려 2,200만 달러나 걸린 일리노이 복권에 당첨된 것이다. 그녀는 온 세상을 다 얻은 듯 기뻤다. 그 후로 루스는 니먼마커스 백화점에서 선물포장을 하던 일을 당장 그만두고, 부유촌인 에반스톤에 방 18개짜리 집을 구입했다. 그리고 베르사체 옷들을 사고 최고급 승용차 재규어도 구입했다. 게다가 쌍둥이 아들을 둘 다 명문 사립학교에 보냈다. 그런데 이상하게도 갈수록 그녀의 기분은 가라앉기만 했다. 겉보기에는 남부러울 게 없는데도, 그해 연말 심리치료사는 루스에게 만성 우울증이라는 진단을 내렸다.

이런 사례를 대할 때마다 심리학자들은 사람은 저마다 이미 설정된 행복의 범위, 즉 어김없이 되돌아가야 하는 유전적인 행복도가 있을 것이라는 의구심을 품는다. 안타깝게도 이미 설정된 행복의 범위란 온도 자동조절기와 같아서, 엄청난 행복을 느끼다가도 이내 자기 본래의 행복도로 되돌아가게 하는 역할을 한다. 거액의 상금이 걸린 복권에 당첨된 22명을 대상으로 연구한 결과, 이들은 더없이 행복하다가도 늘 이전의 행복도로 되돌아가기 때문에 통제집단에 속한 다른 22명의 행복도보다 높지 않은 것으로 나타났다. 그러나 다행스럽게도 이 행복 자동조절기는 불행한 일을 당했을 때 그 불행에서 우리를 건져 내는 역할도 한다. 실제로 우울증은 일시적으로 반복되는 증상이어서 우울증이 생겼다가도 한두 달 지나면 회복되곤 한다. 심지어 척수를 다쳐서 하반신이 마비된 사람도 두 달쯤 지나면 부정정서보다 긍정정서가 더 지배적이라고 한다. 한두 해 정도 지난 뒤에는 이들의 평균 행복도가 건강한 사람의 그것보다 조금 낮을 뿐 큰 차이가 없다는 것이다. 전신마비 환자들 가운데 84%가 자신들의 삶을 보통이거나 보통 이상이라고 생각한다는 조사도 있다. 이는 사람은 저마다 긍정정서 수준과 부정정서 수준이 일정하게 정해져 있으며, 이미 설정된 개인의 범위는 곧 유전으로 결정된 행복도라는 주장과 일치하는 것이다.

쾌락의 늪

행복 증진을 가로막는 또 하나의 장벽은 '쾌락'으로서, 자신도 모르는 순간에 이 쾌락에 빠져들면 그때부터 아주 당연한 것처럼 적응해 간다. 부를 축적하고 크게 성공하면 기대치는 그만큼 올라간다. 지금까지의 성공과 재산으로는 더 이상 만족을 느끼지 못하고 더 큰 것을 바라게 된다. 따라서 자신의 행복도를 최고로 끌어올리려고 안간힘을 쓴다. 그러나 더 많은 부를 쌓고 더 큰 성공을 이룬 뒤에는 또다시 더더욱 큰 것을 바라게 되는 식으로 끝없이 되풀이된다.

만일 이런 쾌락의 늪이 없다면, 부와 성공을 이룬 사람일수록 훨씬 행복할 것이다. 그런데 현실은 그렇지 않다. 부자나 가난한 사람의 행복도에는 큰 차이가 없다. 여러 연구 결과를 종합해 볼 때 부와 성공이 행복에 미치는 영향은 놀랄 정도로 적다는 사실을 알 수 있다.

- 해고나 승진 같은 중대한 사건도 석 달만 지나면 행복도에 영향을 미치지 않는다.
- 끊임없이 쌓여 가는 부와 행복도의 상관관계는 굉장히 낮다. 평균적으로 볼 때 부자는 가난한 사람보다 조금 더 행복할 뿐이다.
- 미국을 비롯한 선진국의 경우, 지난 50년 동안 실질소득은 급격히 증가했지만 생활 만족도는 전혀 증가하지 않았다.
- 최근의 개별적인 급여 인상으로 직업 만족도를 예측할 수는 있지만 봉급 인상의 평균치는 예측 척도가 되지 못한다.
- 여러 가지 혜택을 누릴 수 있는 물질적 부와 마찬가지로 신체적 매력 또한 행복도에 큰 영향을 미치지 않는다.
- 무엇보다도 가장 큰 재산으로 꼽는 신체 건강도 행복도와 별 상관이 없다.

그러나 적응에도 한계는 있다. 사람이 끝내 적응하지 못하는 일이 있는가 하면, 아주 서서히 적응하는 일도 있다. 교통사고로 자식이나 배우자를 잃은 경우가 한 예이다. 이런 엄청난 비극을 당한 사람은 4년에서 7년 정도가 지난 뒤에도 여느 사람들에 비해 훨씬 더 우울하고 불행해한다. 알츠하이머 환자를 둔 가족은 시간이 지날수록 점점 더 불행하다고 느끼며, 인도나 나이지리아처럼 아주 가난한 나라의 국민은 수백 년간 늘 가난 속에서 살아왔으면서도 그 가난에 적응하지 못해 잘사는 나라의 국민보다 행복도가 훨씬 낮은 것으로 나타났다.

이처럼 S 변수들, 즉 유전적 특성, 쾌락의 늪, 이미 설정된 값은 모두 개인의 행복도를 높이는 데 걸림돌이 된다. 그러나 나머지 두 가지 변수인 환경(C)과 개인의 자율성(V)은 행복도를 높이는 데 강력한 영향을 미친다.

환경(C)

환경은 사람에 따라 행복을 증진시키는 요소로 작용하기도 한다. 그러나 안타깝게도 환경을 바꾼다는 게 말처럼 쉽지 않을뿐더러 비용도 많이 든다. 생활환경이 어떻게 행복도를 높이는지에 대해 살펴보기 전에 먼저 다음 질문에 답해 보라.

1. 미국인 가운데 우울증 치료를 받은 사람은 몇 퍼센트일까?
2. 미국인 가운데 자신의 생활 만족도가 보통 이상이라고 응답한 사람은 몇 퍼센트일까?
3. 정신질환자 중에서 스스로 부정감정보다 긍정감정이 더 많다고 생각하는 사람은 몇 퍼센트일까?
4. 다음 미국인 집단 중 긍정정서보다 부정정서가 더 많을 것 같은 집단은?
   _____ 가난한 흑인
   _____ 실직자
   _____ 노인
   _____ 중증 장애인

미국 성인들은 이 질문에 대해 우울증 치료를 받은 사람은 49%, 생활 만족도가 보통 이상이라고 생각하는 사람은 56%, 정신질환자 중 스스로 긍정정서가 더 많다고 생각하는 사람은 33%일 것이라고 응답했지만, 실제로 당사자들의 응답은 각각 8~18%, 83%, 57%였다. 사실 사회경제적으로 불리한 위치에 있는 네 집단 모두 당사자들은 대단히 행복하다고 응답한 반면, 이 조사에 응한 미국 성인들 중 83%가 가난한 흑인에 대해서는 정반대로 응답했고, 실직자에 대해서는 전원이 정반대로 응답했다. 노인과 중증 장애인에 대해서는 각각 38%와 24%

의 미국 성인들만이 긍정정서가 더 많을 것이라고 응답했다. 우리는 이 조사를 통해 사람들은 대부분 객관적인 환경에 아랑곳없이 자신의 행복도는 높게, 다른 사람의 행복도는 현저히 낮게 평가한다는 사실을 알 수 있다.

행복에 관한 본격적인 연구가 이루어지기 시작한 1967년에 워너 윌슨(Warner Wilson)은 당시까지 알려져 있던 일반적인 통념들을 정리했다. 그리고 행복한 사람의 조건을 다음과 같이 꼽았다.

- 돈
- 결혼
- 사회관계
- 젊음
- 건강
- 종교생활

이 가운데 절반은 터무니없지만 절반은 옳다. 이제부터 외적 환경이 행복에 미치는 영향에 대해 지난 35년 동안 밝혀진 사실들을 토대로 살펴보자. 개중에는 뜻밖의 사실들도 있다.

돈

"나는 부도 경험했고 가난도 경험했다. 부자가 더 좋다."

- 소피 터커

"행복은 돈으로 살 수 없다."

- 속담

언뜻 서로 모순되는 듯한 이 두 인용문은 알고 보면 모두 맞는 말이다.

미국 경제전문지 『포브스』가 선정한 100대 갑부로서, 평균 순수입이 1억 2,500만 달러에 달하는 어마어마한 부자들조차도 보통 시민들보다 조금 더 행복할 뿐이다. 그렇다면 지독히 가난한 사람들은 어떨까? 심리학에 상당히 조예가 깊은 비스워스-디너(Biswas-Diener)는 지구의 땅 끝에 있는 캘커타, 케냐의 농촌, 캘리포니아 중부에 있는 도시 프레스노, 1년 내내 얼어붙은 그린란드의 동토 지대를 돌아다니며 세상에서 가장 척박한 땅에서 사는 사람들의 행복도를 조사했다. 아울러 인도 캘커타에 사는 매춘부 32명, 노숙자 31명을 인터뷰하고 그들의 생활 만족도를 검사했다.

> 칼파나는 35세의 여성으로 매춘부 생활을 한 지 20년이 되었다. 어머니가 세상을 뜨자 동생들을 먹여 살리기 위해 어쩔 수 없이 시작한 일이었다. 그녀는 지금도 한 달에 한 번씩 고향에 있는 동생들을 찾아가 만난다. 칼파나는 이곳 고향에서 보모를 구해 자신의 딸을 맡기고 있다. 그녀는 콘크리트로 지은 작은 셋방에서 혼자 사는데, 그곳에는 침대, 거울, 식기 몇 가지와 힌두교 신들을 모신 제단이 한쪽에 꾸며져 있다. 그녀는 공인 1급에 속하는 매춘부여서, 손님 1인당 2달러 50센트를 받는다.

상식적으로 우리는 캘커타의 빈민들은 자신들의 삶에 진저리칠 것이라고 생각한다. 그러나 놀랍게도 실제로는 그렇지 않다. 그들의 평균 생활 만족도는 3점 만점에서 1.93으로 조금 부정적이며, 2.43을 기록한 캘커타 대학교 학생들보다 낮은 것은 사실이다. 그러나 구체적인 항목별 점수는 높아서 도덕성 2.56, 가족 2.50, 친구 2.40, 식사 2.55 등이다. 그중에서 가장 만족도가 낮은 항목은 수입으로 2.12였다.

> 칼파나는 옛 고향 친구들이 자신을 멸시하지 않을까 내심 두려워하지만, 가족에게만큼은 그렇지 않다. 외려 한 달에 한 번씩 동생들을 찾아가는 게 큰 낙이다. 그녀는 자신이 딸을 맡길 보모를 구하고 의식주를 해결할 수 있을 만큼 돈을 벌고 있다는 사실에 고마워한다.

그러나 비스워스-디너는 캘커타의 노숙자들과 캘리포니아의 부랑자들을 비교하면 캘커타 노숙자의 생활 만족도가 현저하게 높다는 사실을 발견했다. 캘리포니아 부랑자의 평균 생활 만족도는 1.29로, 캘커타 노숙자의 생활 만족도 1.60보다 훨씬 낮았다. 2.27인 교육 기회와 2.14인 식사 등의 만족도는 중간을 웃돌았지만, 대부분은 만족도가 몹시 낮은 편으로, 수입 1.15, 도덕성 1.96, 친구 1.75, 가족 1.84, 주거지 1.37이었다.

물론 이것은 가난한 사람들의 일부를 대변하는 표본 조사에 지나지 않지만, 그냥 무시해 버리기에는 충격적인 결과이다. 비스워스-디너의 조사 결과에서 극빈은 사회악이며 지독한 가난에 허덕이는 사람들은 행복을 거의 느끼지 못한다는 사실을 엿볼 수 있다. 그럼에도 가난한 사람들도 나름대로 삶에 만족하고 있다. 물론 이것이 미국보다 인도의 빈민들에게 훨씬 많이 해당하지만 말이다. 만일 이것이 사실이라면 기회의 부족, 높은 유아 사망률, 열악한 주거 환경과 비위생적인 음식, 인구 과밀, 실업, 열악한 노동 환경 등과 관련해 가난을 줄이기 위해 노력해야 할 것이다. 그러나 생활 만족도가 낮은 것은 이와 별개의 문제이다.

당신의 행복에 영향을 미치는 것은 돈 그 자체보다 돈이 당신 삶에서 차지하는 비중이다. 물질만능주의는 도리어 행복을 저해하는 듯하다. 돈을 가장 중시하는 사람은 실질소득이 아무리 많아도 자신의 소득은 물론 삶 전체에 대해 늘 부족감을 느끼기 때문이다(Seligman, 2001).

결혼

결혼은 저주스런 족쇄라고도 하고 영원한 기쁨의 원천이라고도 한다. 이 두 가지 비유는 어느 것도 적확하지는 않지만, 여러 자료를 검토해 볼 때 전자보다는 후자가 더 타당성이 있어 보인다. 행복에 큰 영향을 미치지 않는 돈과 달리, 결혼은 행복과 꽤 관련이 깊다. 시카고 대학교 여론조사센터에서 지난 30년 동안 3만 5,000명을 대상으로 실시한 조사에서는 기혼자 가운데 40%는 '아주 행복하다'고 응답한 반면 미혼자, 별거 중인 사람들, 이혼하거나 사별한 사람들은 24%만이 '아주 행복하다'고 응답했다. 동거는 개인주의 문화가 팽배한 미국에서는 더 많은 행복을 가져다주지만, 일본이나 중국처럼 집단생활을 중시하는 나라에서는 오히려 행복을 감소시킨다고 한다. 결혼생활에 더 큰 영향력을 행사하는 것은 나이나 소득보다 행복으로서, 이것은 남녀 모두 같았다. 그러나 키르케고르가 냉소적으로 인용한 "불행한 결혼을 택하느니 차라리 목을 매는 쪽을 택하겠다."라는 표현도 아주 황당무계하지만은 않다. 결혼생활이 불행하면 삶 자체가 절대 행복할 수 없기 때문이다. 심지어 '아주 불행한' 결혼생활을 하는 사람들 가운데 행복도가 미혼자나 이혼한 사람들보다 더 낮은 경우도 적지 않다.

이처럼 결혼과 행복의 상관관계가 높다면, 결혼한 사람은 누구나 행복할 것이다. 그렇지만 이것은 결혼생활 연구자들이 보증할 만큼 행복한 부부를 대상으로 얻을 결과일 뿐이다. 게다가 고약한 사실이 두 가지 더 있다. 행복한 사람이 결혼할 확률도 높고 화목한 결혼생활을 유지할 가능성이 크다는 것과 미모나 사교성 같은 제3의 변수들도 행복도와 결혼 가능성을 높여 줄 수 있다는 것이다. 예컨대, 우울한 사람은 결혼생활을 하면서 더욱 말수가 적어지고, 짜증이 늘며, 자기중심적인 사람이 될 가능성이 많기 때문에 배우자에게 사랑받기 힘들다. 따라서 기혼자가 미혼자보다 더 행복하다고 단정 짓기에는 무리가 있는 듯하다(Seligman, 2001).

사회관계

디너와 셀리그만은 아주 행복한 사람들에 대한 연구를 통해, 행복도가 높은 상위 10%에 속하는 대학생들 가운데 단 한 사람을 제외하고는 모두 애인이 있다는 사실을 알게 되었다. 아주 행복한 사람은 폭넓고 자기만족적인 사회관계를 맺고 있다는 점에서 불행한 사람들과 현저하게 다르다. 아주 행복한 사람은 혼자 지내는 시간을 최대한 줄이고 사회관계를 갖는 데 가장 많은 시간을 할애하기 때문에 자타가 공인할 만큼 대인관계가 좋다.

이 연구 결과는 결혼과 행복의 상관관계를 뒷받침해 준다. 행복한 사람이 사회관계를 활발하게 한다는 것은 곧 사교성이 좋은 사람이 결혼할 기회가 많다는 뜻이니, 결국 애초부터 행복한 사람들이 그만큼 결혼할 확률이 높은 셈이다. 그러나 어떤 경우이든 원인과 결과를 명확히 구분하기란 쉽지 않다. 폭넓은 사회관계와 결혼이 행복을 증진시켜 줄 가능성이 큰 것은 사실이다. 그러나 행복한 사람은 애초부터 많은 사랑을 받기 때문에 폭넓은 대인관계를 형성하고 결혼할 가능성도 더 높을지 모른다. 아니면 외향적인 성격이나 탁월한 말솜씨와 같은 제3의 변수 덕분에 폭넓은 대인관계를 유지하고 더 큰 행복을 누릴 수도 있다(Seligman, 2001).

나이

월슨이 35년 전에 수행한 연구에서는 젊음이 더 큰 행복을 예측할 수 있는 확고한 잣대임이 밝혀졌다. 젊음이 과연 행복의 잣대인지 재확인한 결과, 연구자들은 젊은이가 누리는 막대한 행복도 사그라질 수 있다는 것을 알게 되었다. 노인은 매사에 불평만 하는 완고한 사람이라는 생각도 실제와는 거리가 멀다. 40개국의 성인 6만 명을 대상으로 조사한 연구자들은 행복을 세 가지 요소, 즉 생활 만족도, 유쾌한 감정, 불쾌한 감정으로 나누었다. 연구 결과, 생활 만족도는 나이가 들면서 조금씩 증가했으며, 유쾌한 감정은 조금씩 감소했고, 불쾌한 감정은 아무런 변화가 없었다. 사람이 나이가 들어 감에 따라 크게 변하는 것은 정서의 강도이다. '이 세상 최고 같다.'나 '절망의 나락에서 헤어나지 못할 것 같다.' 등의 극단적인 기분은 나이가 들고 세상 경험이 많아지면서 점차 사그라진다(Seligman, 2001).

건강

으레 건강을 행복의 관건으로 여기는 것은 한평생을 건강하게 사는 것보다 더 중요한 게 없다고 믿기 때문이다. 그러나 객관적으로 양호한 건강은 행복과 무관하다. 정말로 중요한 것은 주관적으로 느끼는 건강인데, 아무리 중병에 걸렸을지라도 자신이 건강하다고 확신할 때에야 비로소 시련을 이겨 낼 수 있는 힘이 생긴다. 의사의 진단을 받고 병원에 입원하는 것은 생활 만족도에 아무런 영향을 미치지 않지만, 자기 스스로 병에 걸렸다고 판단한 경우에는 부정정서의 영향을 받는다. 심지어 말기 암 환자의 생활 만족도와 객관적으로 건강하다는 진단을 받은 사람들의 생활 만족도 간에도 큰 차이가 없었다.

치료가 쉽지 않은 중병을 오래 앓을 경우, 일반적인 생각에 못 미치지만 행복과 생활 만족도가 감소하는 게 사실이다. 심장병 같은 만성 질환으로 입원한 사람들은 1년쯤 지나면 행복도가 현저하게 높아지지만, 5년 이상 입원한 사람은 시간이 지나면서 감소한다. 이를테면 심하지 않은 병일 경우 불행하게 느끼지 않지만 중병일 경우에는 불행하다는 생각에 젖게 된다(Seligman, 2001).

종교

종교는 한낱 환상에 지나지 않는다며 프로이트가 종교를 비난한 이후 50년 동안 사회과학계에서는 여전히 종교에 관해 모호한 입장을 취했다. 순수과학계에서는 종교가 죄의식, 성적 억압, 다른 종교에 대한 편협성, 반지성주의, 맹종주의를 유발한다고 비난했다. 그러나 20여 년 전에 신앙생활이 심리 작용에 긍정적 영향을 미친다는 연구 결과가 나오면서 예전과는 다른 각도에서 접근하기 시작했다. 미국의 경우 종교인이 약물중독, 범죄, 이혼, 자살 등을 행하는 확률이 훨씬 적었기 때문이다. 아울러 신체적으로도 훨씬 더 건강하고 더 오래 사는 것으로 나타났다. 신앙생활을 하는 장애아의 어머니는 우울증을 한층 쉽게 극복하는가 하면, 종교인들이 이혼, 실직, 질병, 사망에 이르는 경우가 훨씬 적었다. 게다가 종교인이 비종교인보다 삶에 만족하고 더 행복해한다는 연구 결과가 꾸준히 나오고 있다.

종교인이기 때문에 더 건강하고 한결 적극적인 사회생활을 하는 것인지 혹은 그 반대인지를 가늠하기란 쉽지 않다. 많은 종교는 약물 복용, 범죄, 방탕을 금지하는 대신 자선, 절제, 근면을 중요한 덕목으로 꼽는다. 더 큰 행복, 우울증 해소, 슬픔을 극복하는 힘과 종교와는 직접적인 관련이 없다. 행동주의 심리학이 전성기를 누리고 있을 당시, 종교에서 정서적 위안을 얻는 것은 사회적 활동이 그만큼 많았기 때문이라고 설명했다. 종교인들은 다른 사람들과 만나 서로 따뜻이 배려하는 친교 활동을 하며 공감대를 형성하기 때문에 너나없이 큰 행복을 느낀다. 그러나 이보다 더 근본적인 종교의 역할은 미래에 대한 희망을 심어 주고 삶의 의미를 부여하는 것이라는 게 셀리그만의 생각이다(Seligman, 2001).

어찌 보면 미래에 대한 희망과 신앙심의 관계는 종교인이 얼마나 효과적으로 절망을 물리치고 행복을 증가시키는지 그 이유를 캐는 초석일지도 모른다. 최근까지도 행복한 사람의 조건이 고소득, 결혼, 젊음, 건강, 종교라는 것은 널리 인정받는 사실이었다. 그런 만큼 셀리그만은 지금까지 행복에 영향을 미친다고 주장해 온 외적 환경이라는 변수에 대해 살펴보았다. 셀리그만(2002)은 만일 당신의 행복도를 지속적으로 증가시키기 위해 외적 환경을 바꾸고자 한다면 다음과 같이 해 보라고 한다.

① 가난한 독재국가에서 살지 말고 부유한 민주국가에서 살라(효과가 크다).
② 결혼하라(효과가 크지만 인과관계는 불분명하다).
③ 광범위한 사회관계를 형성하라(효과가 크지만 인과관계는 불분명하다).
④ 신앙생활을 하라(중간 정도의 효과가 있다).

그러나 오로지 행복도와 생활 만족도를 높이기 위해서라면 다음과 같은 일을 하려고 애쓸 필요는 없다.

⑤ 더 많은 돈을 벌라(이 책을 사는 데 부담을 느끼지 않을 정도라면 돈은 거의 혹은 전혀 효과가 없을 뿐만 아니라 물질만능주의자일수록 덜 행복하다).
⑥ 건강을 지키라(중요한 것은 객관적 건강이 아닌 주관적 건강이다).

당신은 여기에서 절대로 불가능하거나 바꾸기 힘든 요소들이 있다는 것을 발견했을 것이다. 설령 앞서 소개한 모든 외적 환경을 바꿀 수 있다고 할지라도 그것이 당신에게 큰 도움이 되지 않은 것은 외적 환경 요소를 모두 합쳐도 당신의 행복도는 고작해야 8~15% 정도 높아지기 때문이다(Seligman, 2001).

자발적 행동(V)

지금까지 환경(C)이 외적 환경이었다면, 자발적 행동(V)은 내적 환경이다. 그 핵심이 바로 PERMAS(긍정정서, 몰입, 관계, 의미, 성취, 성격강점)이다. 내적 환경은 당신의 통제력을 발휘해서 자발적인 행동으로 성장할 수 있게 도와준다. 행복에 영향을 미치는 행복 공식의 설정값은 50%, 삶의 환경(조건)은 10%이다. 나머지 40%는 자발적 행동에 있다. 최근 들어 지속적으로 반론은 제기되고 있지만 설정된 값이나 삶의 환경은 행복에 큰 영향을 미치지 못한다. 하지만 자발적 행복은 40%로 스스로 노력을 통해 만들어 갈 수 있음을 알려 준다. 셀리그만(2001)은 행복이 바이올린 연주, 자전거 타기 기술과 같이 연습과 노력으로 만들 수 있다고 했다.

내적 환경인 자발적 행동은 당신의 자율 의지에 큰 영향을 미친다. 만일 당신이 바꾸려는 결단을 하고 엄청난 노력이 필요하다는 사실만 명심한다면, 당신의 행복도는 지속적으로 증

가하고 당신은 행복을 만들 수 있을 것이다(우문식, 2019)

행복 연습 도구: 행복 워밍업

　다음은 일상에서 긍정정서를 배양해서 행복을 만드는 연습 도구이다.

　오늘 하루 동안 당신에게 일어난 사소하지만 좋은 일들을 잠깐 생각해 보자. 누구나 일상 생활에서 수시로 경험하는 사소한 것들이 실은 행복을 만들 수 있는 간단한 방법이다. 당신은 미처 생각하지 못했는가? 하지만 다른 사람들은 이미 이런 긍정경험들을 통해 행복을 만들고 있다.

　이 행복 연습 도구는 긍정심리학과 인생목표 설정 이론을 최초로 결합한 캐롤라인 애덤스 밀러(Caroline Adams Miller)가 개발한 것이다.

- 아침식사를 만들어 쟁반에 올린 다음 사랑하는 사람에게 직접 가져다준다.
- 오후 시간에 동료들에게 초콜릿이나 차 한 잔을 갖다 준다.
- 횡단보도를 건너는 어르신이 계시다면 불안하지 않게 건너실 수 있도록 그분과 똑같은 속도로 30cm 뒤에서 걸어간다.
- 지하도나 육교 계단에서 노약자들의 물건을 들어 주거나 손을 잡고 도와준다.
- 익숙하지 않은 음악 장르의 공연을 보러 가거나 뭔가 새롭고 색다른 일을 시도해 본다.
- 관심 있는 책을 읽고 중요하다고 생각하는 문장 10개를 옮겨 적어 본다.

　이 중 횡단보도를 건너는 어르신이 계시다면 30cm 뒤에서 걸어가라. 그분은 신호등이 바뀔까 봐 불안한 마음으로 건너고 계신다. 하지만 누군가가 뒤에 있다는 사실만으로 안심하고 편안한 마음으로 건너가실 수 있을 것이다. 당신은 그냥 따라만 가지 말고 뒤에 걸어가면서 '내가 이 어르신이 편안한 마음으로 건너실 수 있도록 무언가 역할을 하고 있구나.' 하는 뿌듯한 느낌을 받는 것이다.

행복 연습 도구: 좋은 하루 만들기

우리는 누군가와 헤어질 때 대부분 "좋은 하루 되세요."라는 말을 많이 한다. 특별한 의미를 부여하지 않고 으레 하는 말이지만 기분은 좋다. 이 '좋은 하루 보내기'는 크리스토퍼 피터슨이 착안해 많은 사람의 실험을 통해 입증된 행복 연습 도구이다.

좋은 하루를 보내려면 실제로 무엇을 해야 하는가? 사람들마다 서로 다른 답을 내놓기 때문에 이 연습 활동은 두 단계로 나누어 할 수 있다.

- **1단계:** 당신이 좋은 하루를 보낸다는 것이 무엇인지를 정해야 한다. 그리고 나서 우선 하루 중 좋게 하는 것과 좋지 않게 하는 것이 무엇인지를 주의 깊게 관찰하는 것이 필요하며, 관련된 특성이 무엇이고 그것을 규정할 수 있는지 살펴보아야 한다.
- **2단계:** 만약 이런 것을 확인할 수 있다면 기분을 좋게 하는 요인을 극대화하고 불쾌하게 하는 요인들을 최소화함으로써 어떻게 앞으로 변화시킬 수 있는가를 탐색해야 한다.

'좋은 하루 만들기'에 대한 간단한 전제들이 여기 있다. 좋은 삶은 어떠한 상태나 기질, 습관들이 보다 쉽게 표출될 수 있는 사회적·제도적 환경뿐만 아니라 종종 그것을 가능하게 하는 심리학적 상태와 기질 그리고 습관의 관점에서 논의된다. 하지만 좋은 삶에 이르는 또 다른 방법이 있다. 그것은 우리의 평범하고 일상적인 활동, 즉 우리의 상태나 기질, 습관 그리고 보다 광범위한 환경과 관련이 없는 행위들이다. 물론 이런 모든 것이 우리의 행위뿐 아니라 행복에도 영향을 미칠 것이다. 그러나 피터슨은 당신이 연습 활동을 통해 구체적인 행동을 실천할 것을 제안한다. 예컨대, 만약 당신이 부모님께 안부전화를 했다거나 운동을 하고 일기를 썼다거나 봉사를 한 것으로 그날이 좋은 하루였다고 말할 수 있다면 이런 일들을 하는 시간을 늘리고 그렇지 않은 날들을 줄이자.

이런 연습이 어쩌면 진부해 보일 수도 있으나 기분 좋은 하루를 보내기 위해 무엇을 해야 하는지를 생각해 볼 수 있는 좋은 방법이다. 만약 이런 것을 추상적인 것으로만 생각했다면 구체적인 수준에서 이것이 적절한 해답은 아닐 수도 있다. 따라서 공책이나 연습장을 구하거나 혹은 엑셀 워크시트를 만들어서 당신이 하루 동안에 무엇을 했는지 추적해 보라. 어떤 사람들은 시간대별 일지 형식으로 쓰는 것을 쉽게 생각하는 사람이 있는 반면 어떤 사람들은 자신들의 하루를 두드러지게 드러낸 행동의 관점에서 분석하는 것이 더 낫다고 생각한다.

즉, 하루를 마무리하는 시점에서 총체적인 평가를 해 보는 것이다.

    10＝인생에서 가장 훌륭했던 하루

    9＝굉장했던 하루

    8＝훌륭했던 하루

    7＝아주 좋았던 하루

    6＝좋았던 하루

    5＝평균적이거나 평범했던 하루

    4＝평균이었던 하루

    3＝나빴던 하루

    2＝끔찍했던 하루

    1＝인생에서 최악이었던 하루

적어도 2주, 가능하면 3주 동안 이런 식으로 해 보자. 모두 마칠 때까지는 당신의 기록을 되돌아보지 말고, 그런 다음에 되돌아가서 하루하루의 패턴과 주간 패턴을 살펴보라. 좋았던 날들에 당신이 무엇을 했는지의 관점에서 좋았던 날들을 좋지 않았던 날들과 비교해 보라. 그리고 나서 나를 좋게 만들어 주는 것이 무엇인지와 좋지 않게 만들어 주는 것이 무엇인지 각각 5개를 골라서 좋게 하는 것을 더 늘리고 좋지 않게 하는 것을 줄여 나가라. 이러한 훈련을 한 모든 사람은 하나의 양상이 명백히 드러난다고 말했으며, 때로는 그것이 그들을 놀라게 했다.

아주 좋은 하루를 보내는 자신만의 특별한 방식을 활용한다는 것이다. 이 연습 활동의 핵심은 자신만의 방식을 찾아 그것을 기초로 자신만의 전략을 개발하는 것이다. 그런 다음 그 전략에 의해 평범한 날들을 좋은 날들로 바꾸는 것이다.

나를 좋게 하는 것이 무엇인지 확인했다면 당신이 현재 1～10점 사이에 몇 점인지 체크하고 3개월 후에 다시 한번 체크해 보자. 그렇게 할 때 당신은 더 좋은 하루를 만들면서 긍정정서와 행복을 키워 나갈 수 있다.

제14장

긍정심리 교육(1): 개인 강점, 정서적 웰빙

긍정심리 플로리시 교육

긍정심리학의 목표는 플로리시(flourish)이다. 플로리시한 삶을 살 수 있으려면 먼저 플로리시할 수 있는 능력을 익혀야 한다. 지금까지 대부분의 연구는 성숙하고 독립적인 성인들이 어떻게 플로리시하는지 그리고 그들의 웰빙 정도를 높여 주는 게 무엇인지 살피는 데 초점을 두었다. 하지만 이 장은 한 단계 더 나아가 교육심리학자인 제니 후퍼(Jeni Hooper, 2012)의 학습 연구를 중심으로 어린 시절에 이들 능력을 어떻게 키울 수 있는지 알아본다. 이어서 어른들의 충실한 뒷받침이 실제로 어떻게 작용해서 아이들이 플로리시하는 데 이상적인 조건을 만들어 내는지를 알아볼 것이다.

상당수의 아이가 마땅히 누려야 할 어린 시절을 누리지 못하고 있다. 점점 더 많은 아이가 거의 유행병처럼 번지는 불안과 우울증으로 인해 정신 건강상의 문제를 안고 있다. 잘 성장하고 있는 듯이 보이는 아이들도 스스로 불행하다고 느끼며 낮은 자신감을 보인다. 플로리시 교육은 웰빙을 키우는 데 매우 효과적이다. 이 장에서 다룰 플로리시 교육이 가장 효과적인 대상 연령은 만 3~11세이다. 조기에 개입하는 것이 위기가 닥쳐서야 개입하는 것보다 더 낫다는 건 의심할 여지가 없기 때문이다.

긍정심리학은 웰빙을 다룬다. 인간의 발전과 삶에 대한 만족감에 영향을 미치는 보편적 진리를 찾고자 하는 것이다. 긍정심리학의 목적은 개인과 사회가 플로리시하게 하는 요인 그리고 아이들이 희망찬 출발을 하고 독립을 위해 준비하는 데 중요한 역할을 하는 요인을 찾아 내어 촉진하는 것이다.

세계보건기구(WHO)는 웰빙을 '개인이 자신의 능력을 알고, 인생에서 으레 생겨나는 스트 레스들에 대처할 수 있으며, 생산적이고 효과적으로 일하고, 공동체에 기여할 수 있는 상태' 로 정의한다. 긍정심리학의 웰빙은 팔마스(PERMAS)이며, 이 팔마스를 키우는 것이다.

모든 아이가 각자 고유한 잠재력을 갖고 있지만, 모두가 자신의 능력을 발전시켜 꽃피우고 성취감과 만족감을 느끼는 삶을 만들어 나가는 건 아니다. 자신의 잠재력과 현실 사이의 격 차가 너무 커서 인생에서 닥치는 도전들이 좋은 삶으로 가는 길을 가로막는 경우도 있다. 하 지만 많은 아이의 경우 작은 변화가 큰 차이를 만들어 낼 수 있다.

이 교육은 아이들의 개인적인 요구를 어떻게 충족시킬지에 대한 논의에서 시작된다. 그런 다음 플로리시의 핵심을 이루는 네 가지 요인(우리의 선택을 이끄는 내면의 나침반인 개인 강점, 긍정적 균형을 만들어 내는 정서적 웰빙, 신뢰를 쌓고 관계를 형성하는 긍정 의사소통, 장애물을 피하 고 좌절에서 다시 일어나는 방법인 회복력)에 대해 다룬다.

개인 강점

다음의 네 가지 주요 영역은 플로리시 교육의 핵심이다. 이들 각 영역에서 자신의 강점을 찾고 키워 나가는 방법을 배운다면 아이들은 플로리시할 것이다.

① **개인 강점-우리의 선택을 이끄는 내면의 나침반**: 아이들은 동기를 부여하고 동력을 제공해 주는, 다시 말해 즐겁고 쉽게 배우게 해 주는 능력과 재능을 가지고 있다. 개인 강점은 우리에게 무엇이 중요한지를 알려 주고, 우리의 개인적인 가치관과 신념에 영향을 미쳐 우리가 어떤 선택을 할지를 알려 준다.

② **정서적 웰빙-긍정적 균형 만들어 내기**: 행복, 낙관성, 감사와 같은 긍정정서는 정서적 웰빙 에 중요한 영향을 미친다. 우리의 정신 건강, 에너지 그리고 감정적인 균형감은 웰빙 정 도에 긍정적 영향을 받아 좋아지거나 높아지고 스트레스에 부정적인 영향을 받는다.

③ **긍정 의사소통-신뢰를 쌓고 관계 형성하기**: 의사소통은 말로만 이루어지는 것이 아니다. 몸 짓, 얼굴 표정, 어조 등 모든 것이 메시지를 전달한다. 긍정 의사소통은 우리를 다른 사 람들과 연결시켜 주며 우리 자신의 생각과 감정을 이해하고 조절할 수 있게 해 준다.

④ 회복력-장애물을 피하고 좌절에서 다시 회복하는 방법: 스트레스를 받아도 감정적으로 흔들리지 않고 해결책을 찾기 위해 분명하게 사고하는 능력이 회복력의 본질이다. 회복력은 우리가 외부 스트레스의 영향을 제거하고 자신의 실수와 실망에 대처하게 해 준다. 여기에는 미래에 대비해서 해가 될 수 있는 상황을 피하고 재빠르게 움직여 예기치 못한 상황을 처리하는 것이 포함된다.

아이들은 모두 다르고, 플로리시 교육의 기본은 아이들 각각의 개인적인 요구에 맞춰 정보와 방안을 제시하는 것이다. 마찬가지로 어른들의 개인적인 가치관과 삶의 경험도 아이들을 인도하고 멘토링하는 데 도움이 되는 풍부한 원천이 된다. 이 장의 목적은 당신의 타고난 스타일을 바꾸기보다는 뒷받침해 주는 것이다.

아이들이 플로리시(행복, 자신감, 성공)하려면 자신의 강점을 일상적으로 사용할 필요가 있다. 대부분의 아이와 아주 많은 어른은 자신의 강점을 충분히 인식하지 못한다. 그래서 자신에게 맞지 않는, 즉석에서 만들어진 방법으로 놀고 학습한다. 자신의 강점을 이해하고 자기한테 맞는 선택을 할 때 아이들은 좀 더 즐거운 시간을 보내게 되고, 그리하여 성공은 좀 더 쉽고도 자연스럽게 온다. 어른들이 확실하게 아이의 강점을 발견해서 개발한다면 발전은 자연스럽게 가속도가 붙는다. 토비를 보면 알게 되는 것처럼, 많은 아이의 아주 작은 변화가 큰 차이를 만들어 낸다.

토비 이야기

제니 후퍼(2012)가 토비를 처음 만났을 때 토비는 불만에 가득 찬 여덟 살짜리 아이였다. 아이는 학교에서 거의 공부를 하지 않았고 집에서는 곧잘 성질을 부리고 말이 별로 없었다. 하지만 토비가 항상 그런 건 아니었다. 최근까지도 아이는 학교에 가는 게 즐거운 듯 보였다. 선생님이 어떤 주제를 조사하거나 무언가를 만들 수 있는 실제적인 과제를 내줄 때 특히 그랬다. 그런데 아이가 달라져서, 학교 가는 길에 꾸물거리고 집에 돌아와서는 그날 학교에서 있었던 일들에 대해 얘기하기를 꺼렸다. 부모는 아이의 이런 태도에 매우 당황하고 걱정스러워했다. 그래서 다른 취미거리가 도움이 되었으면 하는 바람에서 아이에게 음악 교습을 받게 했다. 처음 시작은 좋았지만 아이의 열정은 곧 수그러들었다. 피아노를 배우기 시작했지만 싫어했고, 그다음에는 기타를 배우기 시작했으나 이 역시 실망스러운 듯했다. 학교와 부모는 아이에게 동기부여가 안 돼서 그렇다고 보았지만 이런 상황에서 어떻게 해야 할지를 몰랐다. 아이의 부모는 상담을 하러 와서 물었다. "어떻게 아이한테 동기부여를 할 수 있을까요?"

◉ 드러나지 않는 불안

처음 만났을 때 토비는 말하기를 꺼렸다. 하지만 좋아하는 게 뭔지 물어보자 표정이 밝아졌다. 토비는 자기가 쓴 괴물 이야기를 보여 주면서 이야기를 쓰는 것보다 학교에서 '선생님이 써 오라고 하신' 숙제를 하는 게 더 어렵다고 했다. 아이의 생활에 대해 좀 더 알아본 결과, 토비의 학급에서는 아이들의 학습 발달을 공식적으로 관리하기 위해 정기적으로 시험을 보았다. 학교는 성실히 아이들의 학습 발달을 향상시키려 했지만, 토비는 이로 인해 드러나지 않는 불안감을 갖게 되었다. 처음에는 열심히 노력했지만 시험 결과가 모든 사람을 실망시키는 듯했기 때문에, 토비는 시험 보는 걸 걱정했고 차츰 자신감을 잃었다. 이제 토비는 어떻게 해야 어른들을 즐겁게 해 줄 수 있는지 알 수가 없었다. 그런 까닭에 토비는 뭔가를 시작하는 데 더뎠고 이런 회피 전략으로 실패했다는 느낌으로부터 자신을 보호하려는 듯했다. '시도하지 않으면 실패할 일도 없는 것'이다. 학교에서는 토비가 자신이 하고 있는 것에 대해 자신감을 갖기 전에 수업 진도를 나가 버리기 때문에, 이제 이 아이가 자신의 성취에 대해 자랑스러워할 일은 거의 없었다.

◉ 지금 상황을 이해하면 미래를 대비할 수 있다

활발한 여덟 살 소년 토비는 미래를 생각하는 것이 다소 어려운 일임을 알게 되었다. 어른들이 자신의 앞날에 무엇이 도움이 될지 아주 염려하고 있음을 알았기 때문에, 그게 중요하다는 걸 아이도 알았다. 하지만 토비는 바로 지금 자신의 삶을 풍요롭게 해 줄 것에 더 큰 관심이 쏠렸다.

음악 교습은 처음에는 재미있었지만 피아노나 기타나 반복 연습이 많았기 때문에 곧 싫증이 났다. 그런 반복 연습은 토비에게 진짜 음악처럼 들리지 않았다. 그 순간은 전혀 즐겁지가 않았다. 아이는 항상 바빴기 때문에 자유롭게 놀 기회도, 학교와 숙제 그리고 음악 교습 사이에서 혼자 보낼 시간이 거의 없었다. 당연하게도 아이는 혼란스럽고 좀 신물이 난 상태였다. 토비가 말한 것처럼 '더 많은 걸 할수록 더 많은 걸 원하기 때문에' 아이는 뭔가 시도하는 걸 포기해 버렸다.

◉ 해결책

아직 계발되지 않은 잠재력을 가진 토비는 자신의 강점이 뭔지를 알아야 했다. 토비의 글쓰기, 음악, 창조적인 놀이와 관련해서 세 가지 계획이 합의되었다. 아이의 태도는 빠르게 좋아졌다. 토비가 상상력 넘치는 글쓰기와 음악에 흥미가 있음을 알게 되면서 상황은 호전되기 시작했다. 토비는 학교에서 글쓰기 반에 들어갔다. 글쓰기 반 교사는 완성된 이야기들을 아래 학년 아이들에게 읽어 주게 했다. 토비는 사람들에게 들려 주기 위한 글을 쓰는 데 유용한 방법들을 배웠고, 자기보다 어린아이들이 관심을 보여 주자 용기도 생겼다. 가족은 토비가 드럼을 배우게 해 주었다. 에너지가 넘치는 토비에게는 피아노나 기타를 배우는 것보다 그게 더 잘 맞았기 때문이다. 드럼은 아이의 리듬감과 집중력을 키워 주었다. 또 매일 자유 시간을 주어서 밖에서 친구들과 함께 놀거나 집에서 놀 수 있게 해 주었다. 이제 아이는 더 재미있게 놀 뿐 아니라 공부도 잘하고 있으며, 훨씬 더 쾌활하면서 여유를 갖게 되었다.

◉ 토비의 강점에 집중하기

토비의 학교와 가족은 모두 아이가 여덟 살 소년으로서 즐겁게 지내는 시간이 더 많아야 한다는 것을 알았다. 그래서 학습 속도를 좀 더 늦춘다면 아이의 성취를 공고히 할 것이라는 점을 납득했다. 모든 사람이 토비가 자신의 잠재력을 성취하도록 도우려는 좋은 의도에서 시작했지만, 그러한 외부의 압력이 오히려 역효과를 가져와 아이가 자신을 과소평가하고 불안감을 느끼게 만든 것이었다. 토비의 강점에 초점을 맞추고 긍정경험을 하게 해 주자 긍정적이면서 도움을 주는 새로운 관계가 생겨났다. 토비는 플로리시하기 시작했다. 자신의 강점에 자신감을 갖게 되었고, 이제 자기 생각을 들어주는 어른들에게 의지할 수 있음을 알았다. 그래서 아이의 학습은 어른들과 공유하는 경험이 되었다.

◉ 무엇이 잘못되었을까

어린 토비의 눈에는 왜 그렇게 세상이 힘든 곳으로 비쳤을까? 아이에게는 자신을 사랑해 주고 취미 활동을 할 수 있도록 격려해 주는 가족이 있었다. 학생들이 최선의 결과를 얻도록 하는 데 주력하는 학교도 있었다. 하지만 그럼에도 토비는 불안하고 혼란스러워했다. 자신이 모든 사람을 실망시키고 있다고 믿었고 그들의 유익한 조언을 비난으로 들었다. 토비는 압박을 받고 있다고 느꼈으며 자신의 강점보다는 '실패'를 더 의식했다.

⊙ 작은 걸음, 큰 변화

실은 토비의 빠른 발전을 위해서는, 어른들이 토비에게 주는 메시지를 조금만 바꾸기만 하면 되었다. 모든 사람이 아이의 약점보다 강점에 집중하고 그 능력을 이용해서 아이가 성공하도록 돕기 시작하자 토비의 열정은 되살아났다.

⊙ 토비의 핵심 강점 발전시키기

이전에는 부정적 메시지로 인해 토비의 열정을 소모시키던 다음 세 가지 핵심 강점에 주력해 보았다.

정서적 웰빙
- 토비는 자기 감정을 조절하고 그냥 재미있게 지낼 수 있는 자유 시간이 좀 더 필요했다.
- 학교 수업이 끝난 후 최소 1시간 동안 마음껏 놀 수 있게 해 주어 아이가 스스로 즐거운 일을 할 수 있는 기회를 갖게 했다.
- 그 결과 아이는 훨씬 더 긍정적으로 바뀌었고 가족과 교사들이 자신을 위해 세심히 선택한 모든 활동에 기꺼이 참여했다.

긍정 의사소통
- 아이의 노력에 대해 더 많이 칭찬해 주었다.
- 토비는 분명하고도 구체적이면서 좀 더 긍정적인 피드백을 받을 필요가 있었다.

강점 학습
- 글쓰기 반에 들면서 토비는 풍부한 창의성과 상상력이라는 강점을 사용해서 자신의 노력에 대한 실제적인 결과물을 얻었다.
- 호기심과 열정 강점을 사용해서 음악에 대한 아이의 관심을 다시 살핀 후 활기 넘치면서 흥미진진한 드럼을 선택할 수 있게 해 주었다.

⊙ 즐거움과 도전

모든 아이는 세계에 대해 배우고, 긍정적이면서 자신을 안전하게 지키는 결정을 내릴 줄 알아야 한다. 아이들은 이를 직접적으로는 어른들의 가르침에서, 간접적으로는 스스로의 관찰을 통해 배운다. 어른과 아이의 파트너십이 즐거울 때도 있지만 심한 힘겨루기가 분명 소모적일 때도 있을 것이다. 아이들의 에너지는 엄청나지만 정신은 어리고 허약해서 강하고 회복력 있는 어른으로 성장하려면 세심한 뒷받침과 양육이 필요하다. 아이의 플로리시를 키우고 발전시키는 열쇠는 어른들과 맺는 관계의 질이다. 플로리시 교육은 아이들의 웰빙을 위해 무엇이 필요한지를 알려 주는 안내서이자 아이들을 도우려는 어른들을 위한 실용적인 설명서이다.

⊙ 개인의 웰빙을 만드는 여섯 가지 구성 요소

아이들의 웰빙을 만들어 주기 위해서는 아이들이 갖고 있는 고유성과 개인성을 이해하고 그 요구를 맞추어 주어야 한다. 다음은 아이들의 여섯 가지 고유성과 개인성이다.

1. 아이들은 모두 다르다

아이들은 각각 고유한 재능, 기질, 활력을 가지고 있다. 이것이 아이들이 세상에 반응하는 방식을 형성한다. 아이의 기질은 그 아이를 보고서 가장 먼저 알게 되는 것이다. 아이가 용감한가 또는 수줍은가, 활발한가 또는 조용한가, 자신감이 넘치는가 또는 좀 불안해하는가 하는 것 말이다. 이것이 아이가 자신을 둘러싼 환경 및 사람들과 소통하는 방식을 형성한다. 아이를 아는 것이 이 교육의 첫 번째 원칙이다. 아이가 자신의 잠재력을 발견하고 드러내도록 도우려면 아이에 대한 기대보다는 아이가 갖고 있는 것을 통해 접근해야 한다.

2. 아이는 빚어지기를 기다리는 찰흙이 아니다

인간은 아무것도 모르는 채로 삶을 시작하고 독특한 개인으로 발전할 커다란 잠재력을 가지고 있다. 하지만 인간은 빚어질 준비가 된 찰흙이 아니다. 현재 우리는 개인의 다양성이 유전자와 환경이 동등한 정도로 상호작용한 결과로 생겨난 것임을 알고 있다. 누군가의 청사진에 따라 아이에게 영향을 미치려는 시도는 양자 모두의 실망과 좌절로 이어질 가능성이 크다. 특히 아이보다 어른에 의한 동기부여가 더 크다면, 초기에 부모의 압력에 의해 계발된 재능의 가능성이 항상 유지되지는 않는다. 재능이 처음의 가능성을 유지하지 못할 뿐 아니라 그 아이의 웰빙은 심각한 영향을 받을 수 있다. 억압된 아이들은 스트레스 반응을 보이면서 그 상황을 벗어나거나 다른 것을 선택하고 싶어 하며 그 어떤 일도 하지 않으려 한다. 아이의 재능은 되살아나더라도 요구가 많은 어른과의 관계는 그렇지 못할 것이다. 바이올리니스트 바네사 메이는 자신이 매니저 일을 봐 주던 엄마를 어째서 해고했는지에 대해 "그것이 엄마가 나를 가두어 놓은 황금빛 새장에서 벗어나는 방법이었습니다."라고 말했다.

3. 고유한 잠재력은 발견해서 키울 수 있다

관계를 만들어 가는 것과 마찬가지로 아이를 알려면 시간을 함께 보내면서 아이의 관심사를 알고 경험을 공유하는 것이 필요하다. 그럴 시간을 내는 게 어려울 수도 있다. 어떤 이는 가족들이 기어를 바꾸어 삶의 속도를 늦추고 우선사항에 초점을 맞출 것을 제의하지만, 또 어떤 이는 아이가 부모와 함께할 수 있도록 수시로 시간을 낼 것을 지지한다. 학교의 교수법은 개인별 학습과 적극적이고 호기심 많은 학습자인 아이들의 관심을 사로잡는 것의 중요성을 인정한다.

한 여교사가 학교를 졸업하고 얼마 되지 않아 여섯 살 아이들을 가르칠 때, 스물두 살의 순진한 그녀는 아이들이 그녀의 관심을 끌려고 얼마나 애쓰는지 보고서 놀라고 감동했다. 모든 접시가 돌아가게 하는 건 쉬운 일이 아니었지만, 그녀가 정말로 자기 말을 귀 기울여 듣고 자신이 어떤 특별한 성취를 이루었는지 알고 있음을 보여 주자 분명 아이들은 생기가 넘쳤다.

부모든 전문가든 아이에게 관심을 집중하는 방법을 찾는 것은 아이를 이해하고 아이에게 영향을 미칠 수 있는 관계를 만들어 나가는 데 아주 중요하다. 아이들은 무엇보다도 독특한 개인으로서 인정받고 이해받기를 원한다.

4. 어른은 아이의 최고 모습을 되비추는 거울이다

아이들은 주변 사람들의 반응을 통해 자신을 이해하게 된다. 성장하는 아이에게는 자신의 행동과 성취를 되비춰 주는 거울이 필요하다. 그럼으로써 아이는 자신을 좀 더 분명하게 알 수 있다. 어른이 그 거울이다. 아동기의 첫 10년에 아이들은 자신이 무엇을 원하는지 알지만 일을 순조롭게 진행하는 방법은 알지 못한다. 자신의 발달을 돌아보는 아이의 능력이 발전하기 시작하더라도 어른의 긍정적 피드백과 공감은 아이가 긍정적이면서 자신감을 갖게 해 준다.

5. 멘토링과 역할 모델

멘토링이란 경험 많은 사람이 자신의 모든 잠재력을 계발하려는 사람을 격려하며 후원하는 관계이다. 멘토는 멘티의 요구에 초점을 맞추어 멘티가 발전을 이루기 위한 방법을 찾도록 도와줄 수 있다. 어떤 멘토는 후원하는 멘티의 잠재력을 높이 사고, 어떤 멘토는 자립과 진취성을 격려한다. 멘토링이란 일반적으로 쓰이는 양육법 또는 교수법에 관한 것이라기보다는 각 개인이 가진 잠재력을 '이끌어 내는', 원래 의미에서의 교육에 관한 것이다.

6. 자신의 요구를 알고 충족시키기

아이와의 좋은 관계란 상대의 요구를 서로 지지해 줄 수 있는 두 성인 간의 균형 잡힌 관계와는 근본적으로 다르다. 당신이 아이들을 전문적으로 잘 안다면 아이가 당신을 좋아하거나 당신을 가족 일원으로서 사랑할 수도 있지만, 아이와 당신의 감정적 친밀함이 항상 건강한 어른들 사이에서 기대되는 협조관계로 이어지는 것은 아니다. 적용 규칙이 다름을 인정하면, 아이들이 사회적으로 민감하고 다른 사람들의 요구를 이해할 수 있도록 가르칠 때 당신의 요구를 다른 데서 충족시킬 수 있을 가능성이 더 커진다. 핵가족화가 더욱 진행되어 부모들이 자신의 정서적 요구를 뒷받침해 줄 친밀한 관계를 거의 갖고 있지 못한 오늘날, 많은 아이가 부모의 비현실적인 기대에 직면하게 된다. 우리는 긍정 의사소통에 대해 살펴보면서 당신이 어떻게 자신이 가진, 관계 맺기와 관련된 강점을 알아낼 수 있는지 검토할 것이다.

지금까지 아이들의 고유성과 개인성에 대해 살펴보았다. 이제 아이들이 자신의 잠재력을 발견하고 충실한 삶을 살기 위해 갖추어야 할 것이 무엇인지 살펴보자.

개인 강점—우리의 선택을 이끄는 내면의 나침반

개인 강점은 플로리시에 가장 중요하다. 이것은 우리가 누구이고 우리에게 중요한 것이 무엇이며 우리가 무엇을 선택해야 하는지를 드러내 준다. 자신의 고유한 강점을 발견하고 사용하도록 도와주면 아이들은 정체성을 찾고 개성을 드러낼 수 있다.

- 강점이란 아이들의 마음을 강하게 끄는 관심사와 능력을 말한다.
- 강점은 성공과 만족을 가져다주기 때문에 동기부여가 된다.

- 강점을 계발하고 사용하면 해당 능력과 지식을 계속해서 쌓아 가고자 하는 욕구와 긍정적 에너지가 생겨난다.
- 강점은 아이들이 세계를 알고 자신에 대해 좀 더 실질적으로 알게 해 준다.
- 강점은 긍정경험을 제공해 준다("내가 그걸 해냈어." "내가 그렇게 만들었어."). 이는 자율감과 유능감을 갖게 해 준다.
- 매일 강점을 사용하면 그것이 성취를 촉진하는 도구상자가 될 수 있다.

⊙ 강점 이해하기

강점은 어떻게 동기를 부여할까

인간의 생존은 항상 무슨 일인가를 하고자 하는 욕구에 달려 있다. 강한 생존 욕구는 먹을거리, 안전 그리고 좋은 동료에 대한 욕구를 충족시키도록 우리를 추동한다. 이러한 욕구가 우리로 하여금 아무 일도 않고 가만히 앉아 있지 못하게 하고, 극도로 피곤하거나 방금 자랑스러운 일을 해내어 '승리에 안주'할 수 있는 상황이 아닌 한 쉼 없이 할 일을 찾도록 만든다.

모든 아이가 탐구하고 배우려는 불타는 욕구를 가지고 인생을 시작한다. 그리고 아이들 마음속 호기심의 불꽃은 충족되어야만 한다. 이런 욕구에 매달리고 몰두하도록 도와주고 길을 열어 주는 것이 성공과 목적 없는 실험을 가른다. 아이들은 유능하고 성공하기를 원하지만, 세심하고 많은 정보를 가진 어른의 도움이 없다면 아이들의 노력은 무계획적이면서 좌절을 겪을 수 있다. 교육이 지식과 성취에 대한 이러한 욕구에 길을 열어 주는 한 가지 방법이기는 하지만, 아이들은 삶의 모든 측면에서 자신의 강점을 발산할 배출구가 필요하다.

강점이란 무엇일까

강점이란 심리적 · 신체적 행동 및 능숙함과 관련 있는 말이다. 긍정심리학의 성격강점은 개인이 갖고 있는 긍정적 특성을 말한다. 사전을 찾아보면 강점의 의미는 좀 더 폭넓다. 즉, 강점이란 유익하거나 힘의 원천으로 여겨지는 것이다.

강점은 아이들이 자신의 힘을 발견해서 긍정적이고 생산적으로 사용할 수 있도록 해 주기 때문에 중요하다. 강점은 역동적이어서 수시로 사용할수록 커진다. 어떤 강점을 가지고 있을 때 사람들은 그것을 사용하고 싶어 한다. 강점을 적극적으로 사용하면 그것이 우리의 활기를 북돋우고 우리의 관심을 잡아끈다. 그래서 우리는 거기에 모든 것을 건다. 모든 노력, 관심, 생각 그리고 신체적 에너지를 완전히 쏟는 것이다. 도전에 부딪히면 우리는 해결책을 찾고 싶어 한다. 어떻게 하면 아이들이 일상생활에서 동기를 부여받고 만족감을 경험하도록 도울 수 있을까?

강점은 개인 정체성의 일부분을 이루기 때문에 매우 중요하다. 자신의 강점을 발견하지 못하는 아이들은 불안하고 자신 없어 하거나 좌절해서 방향을 잃고 만다. 자기에게 무엇이 도움이 되는지를 알기 위해 우리 모두가 우리 안에 가지고 있는 역동적인 에너지를 쏟아 내고 키워야 한다. 이것이 강점이 의미하는 바이다.

강점은 타고난 능력 이상의 것으로서, 잠재력처럼 한 번도 사용된 적 없이 표면 아래에서 잠자고 있다. 강점은 우리가 선택해서 사용하는 것이고, 그렇게 함으로써 우리는 에너지와 만족감을 얻는다. 강점은 능력, 동기부여, 노력 그리고 사회적 지지가 결합해서 생겨난다.

강점=능력+동기부여+노력+사회적 지지

앞에서 우리는 토비의 사례를 보았다. 토비의 이야기는 능력이 저절로 강점이 되는 것은 아님을 보여 준다. 능력은 밖으로 발산되어야 하고 지지가 필요하다. 아이의 발전은 사회적 자극과 실제 경험에 달려 있다. 자신의 강점을 알려면 강점 검사를 통해 알 수 있지만 적절한 환경이 필요하다. 강점은 과학적으로 검증된 성격강점도 있지만 일상에서 나타나는 행동적 특징도 있기 때문이다. 어른들이 토비에게 보내는 메시지가 엇갈려서 토비는 혼란스러웠고, 그래서 자신에 대해 의심하기 시작했다. 부드러운, 다시 말해 가벼운 도움과 이것저것 탐색하면서 '혼자 해볼 수 있는' 여지를 주자 토비의 열정은 되살아났다. 아이의 강점은 다시 성장하기 시작했고 아이에게 큰 만족감을 주었다.

아이가 추진력을 제공하고 어른이 이끈다

어린아이가 첫걸음을 뗄 때, 다시 말해 열심히 혼자 힘으로 걸으려 할 때 보면 이를 알 수 있다. 비슷하게, 자기가 뭘 원하는지 알고 '안 돼'라는 말에도 쉽게 포기하지 않는 두 살 난 아이의 거침없는 투지에서도 이러한 추진력을 볼 수 있다. 어린아이들이 가지고 있는 에너지와 투지는 인간 잠재력의 극히 중요한 동인(動因)이다.

긍정심리학은 이 추진력이 어떻게 생겨나서 개인의 강점을 발휘하게 하는지 탐구한다. 우리 각자는 독특하고 역동적인 강점을 가지고 있고 그것이 우리의 성격과 학습 방식을 형성한다. 이들 강점은 우리의 가치관과 신념, 생각과 학습 그리고 우리가 사회에서 다른 사람들과 관계 맺는 방식에 영향을 미친다. 우리의 강점은 또한 시간을 어떻게 보낼지에 대한 우리의 선택을 결정한다. 강점은 우리 정체성의 근본을 이루고 자기결정 이론에서 말하는 유능성과 자율성을 반영한다.

　모든 아이는 자신의 역동적인 힘을 발견하고 강점을 키우기 위해 도움을 받아야 하며, 그렇게 해서 유능해지고 성공할 수 있다. 자율성과 유능성에 대한 욕구는 우리의 웰빙에 가장 중요하고 그것이 없으면 우리는 좌절해서 불만을 갖게 된다.

'무기력 학습' 피하기

　또래 친구들과 비교해서 특별히 뛰어난 점이 없는 아이들은 인정받기 위해 애쓴다. 이 아이들은 안으로부터 웰빙을 만들기 위해 자신이 선호하는 강점을 사용할 기회를 더 많이 갖고 싶어 하는, 특히 긴급한 욕구를 가지고 있다. 모든 아이는 자기가 자신의 세계에 어떤 일이 일어나게 할 수 있다는 점을 알아야 한다. 우리 어른들은 아이들이 '무기력 학습'을 피하게 해 줄 수 있다. 무기력 학습은 자기가 자신의 세계에 긍정적 영향을 미칠 수 없다고 느낄 때 생겨난다.

　교육심리학자인 제니 후퍼는 특수학교 및 일반학교들이 복잡하면서 맹렬한 욕구를 가진 아이들을 지지해 주도록 도와준다. 모든 교사와 부모는 많은 욕구를 가진 아이들이 풍부한 경험을 하도록 해 주는 것이 극히 중요하다는 점을 잘 안다. 이 아이들은 스스로 선호하는 강점들을 가지고 있다. 아이들에게는 하고 싶은 일, 만족감을 가져다주는 일이 있다. 아이들이 어려워하는 새로운 능력을 익히도록 도와주는 게 중요하기는 하지만, 자신에게 만족감을 가져다주는 일을 하는 기회를 갖게 될 때만이 아이들은 플로리시할 것이다. 우리는 둘 사이에서 적절히 균형을 잡아야 한다.

　헤일리라는 아이는 발달에 심각한 영향을 미치는 극심한 학습장애를 가지고 있다. 그래서 특수학교에 다니면서 의사소통 능력을 익히고 일반교육을 받도록 도와주는, 아이에게 맞춘 교육과정에 따라 배우고 있다. 헤일리의 강점 가운데 하나는 친절이다. 아이는 학교나 집에서 다른 사람들을 도와주는 걸 좋아한다. 학급의 잡무를 돕도록 하자 헤일리는 상당히 만족스러워했다. 아이는 자신이 학습장애를 가지고 있어서 공부에서 심히 좌절할 수 있다는 점을 알고 있다. 헤일리가 가진 친절이라는 강점을 키워 주면 그러한 좌절을 상쇄하고 아이의 관심을 자신이 긍정적으로 기여할 수 있는 것으로 이끄는 데 도움이 된다. 헤일리는 일상에서 친절이라는 자신의 강점을 사용할 수 있기 때문에 그것이 가져다주는 자율성과 유능성을 수시로 경험한다.

강점은 의미와 만족감을 가져다준다

강점이란 우리가 쉽게 잘 수행할 수 있는 것을 의미하지만, 꼭 어떤 재능인 것은 아니다. 재능이라는 말에는 소수의 사람만이 성취하는 특출한 성과가 뒤따른다. 이와 달리 강점은 우리 자신의 욕구에 부응하는 것이다. 그것은 본질적으로 동기부여이며 외부의 보상이나 칭찬에 좌우되지 않는다. 강점은 옆에서 보는 사람이 있건 없건 하고 싶은 것이다. 대회에서 수상한 적은 없지만 악기를 연주하는 걸 좋아하는 사람들을 생각해 보라. 강점의 사용은 우리에게 개인적인 만족감을 가져다주고, 그래서 재차 그 능력을 사용하고 싶도록 만든다.

강점은 아이의 정체성의 일부분을 이룬다. 그것은 어린 시절에 걸쳐 성장하고 변화한다. 우리의 어린 시절을 풍성하게 해 주던 일부 강점은 관심사가 달라짐에 따라 사라지겠지만 또 다른 강점들은 에너지와 초점과 만족감을 주는 아이들 자신의 역동적인 일부분이다.

어린 시절은 변화와 성장의 시기이다. 따라서 하나의 관심사가 사라지고 다른 관심사로 옮겨가는 것을 문제로 여겨서는 안 된다. 하나의 강점이 아이의 인생에서 어떤 역할을 할지 너무 일찍 예측하거나 이러한 개인적인 탐구들을 평생의 목적을 만드는 것이라고 보는 것은 잘못이다. 때로는 그렇기도 하지만 또 때로는 아이들의 관심사가 달라지기도 한다. 우리가 어른으로서 해야 할 역할은 어떤 강점을 집중적으로 키우려 애쓰거나 지시하기보다는 상황을 조성해 주고 도와주는 것이다.

⊙ 강점 확인하기

스무 가지 최고 강점

스무 가지 강점을 선정했는데, 그 각각이 어른으로 성숙해 갈 때 아이의 발전과 웰빙을 뒷받침하는 데 중요한 역할을 한다. 이 스무 가지 강점 모두가 어떤 아이에게든 유익한 긍정 자질이지만, 모든 아이가 이 모든 강점을 타고나는 것은 아니다. 어떤 강점은 쉽게 생겨나지만 또 어떤 강점은 그것이 필요한 경우에 노력해서 실행할 수 있는 학습된 행동이다.

〈표 14-1〉에 스무 가지 최고 강점이 나와 있다. 그것은 다시 개인 강점, 학습 강점, 사회적 강점이라는 세 가지 영역으로 나뉜다. 후퍼는 이 스무 가지 주요 강점을 '최고 강점'이라고 하는데, 아이들이 그 위에서 정체성을 형성할 수 있는 중요한 뼈대를 이루기 때문이다.

강점 확인에 관한 대부분의 연구는 성인에게 초점을 맞추고 있다. 심리학자들은 성숙하고 유능한 어른들에게서 볼 수 있는 다양한 능력을 살핀다. 이들은 사람에 따라 어떤 상황에서 이끌어 낼 수 있는 능력이 다양하다는 점을 인정한다. 긍정심리학의 성격강점, 갤럽의 파인

표 14-1 스무 가지 최고 강점

개인 강점	• 이들 강점은 동기부여의 잠재적인 원천이다. • 아이가 세상과 관계 맺는 방식에 영향을 미친다.
1. 삶에 대한 활력/열정	• 대부분의 경우에 에너지와 흥분을 가져다주고 사람들과 활동들에 대해 외향적이고 호기심을 보인다.
2. 명랑성/유머	• 가능한 재미를 찾아내어 다른 사람들과 나눌 수 있다.
3. 용기/용감성	• 새롭고 도전적인 상황에 접근하는 데서 용감성을 보여 준다.
4. 인내심/회복력	• 상황이 어려워질 때 '진정한 투지'를 보여 준다.
5. 자기주도력/개선 능력	• 스스로 동기를 부여하고 그 성과를 개선하기 위한 방법을 열심히 찾는다.
6. 침착성/자기통제력	• 장기적인 이익을 위해 잠깐 동안의 감정을 조절할 수 있다.
7. 희망/낙관성	• 미래를 가능성이 가득 찬 것으로 본다.
학습 강점	• 이들 강점은 아이의 마음을 끌고 아이의 흥미를 지속시키는 유형의 활동들을 확인시켜 준다. • 성취감과 만족감을 준다.
8. 호기심	• 자연 세계와 인간 세계에 대한 호기심 • 사물과 그것의 작동법에 대한 관심
9. 창의성	• 상상력을 이용해서 새롭고 다양한 가능성을 찾는다.
10. 음악성	• 리듬과 멜로디에 끌린다.
11. 모험심	• 움직이는 것과 신체적 도전을 좋아한다.
12. 언어 사랑	• 말의 소리와 리듬 그리고 그것이 메시지를 전달하는 방식에 즐거워한다.
사회적 강점	• 이들 강점은 유대관계를 키워 플로리싱하게 해 주는 가치관과 신념이다.
13. 사랑/사교성	• 다른 사람들과 깊은 관계를 맺는다.
14. 친절/관용	• 다른 사람들의 요구에 대해 실제적으로 신경 쓴다.
15. 정직/진정성	• 용기가 필요한 일을 할 때 자신의 가치관에 따른다.
16. 공정성/정의감	• 쉬운 일보다는 바람직한 일을 지지한다.
17. 감사	• 다른 사람의 도움에 고마워한다.
18. 사회성 지능	• 다른 사람의 감정 신호를 빠르게 알아차린다.
19. 의사소통 능력/경청하는 능력	• 언어와 생각을 통해 다른 사람과 관계를 잘 맺는다.
20. 리더십/영감	• 다른 사람에게 동기를 부여하고 그들의 행동을 이끈다.

더 스트랭스, MPPI의 리얼라이즈 2 등 많은 강점 검사 도구가 나와 있는데, 이 검사 도구들에서 예순 가지가 넘는 강점을 확인할 수 있다. 이들 검사 도구는 대개 인생 전반에서, 직장에서 사람들이 자신의 특정한 강점을 확인하도록 도와주기 위해 이용된다.

아이들의 능력은 생성되는 단계이고 시간이 지나면서 달라지기 쉽기 때문에, 아이들에게는 다른 접근법이 필요하다. 아이들의 강점을 발달시키기 위한 지침은 아동기 발달에서 일반적으로 중요한 이들 핵심 강점을 뒷받침해 주는 데 초점을 맞추어야 한다.

'최고 강점'으로 선정한 스무 가지 강점은 아주 높이 평가받는 강점 분류에서 나온 것이다. 이 분류에 나오는 강점들 가운데서 아동기에 일찍 생겨나기 시작하는 강점들만을 포함시켰다. 후퍼는 셀리그만과 피터슨의 VIA 검사(Values in Action Questionnaire)와 린리의 리얼라이즈 2를 참조했다. 또 학습 강점 영역에서는 가드너의 다중지능을 참조했다.

최고 강점들은 아이의 플로리시를 높이는 힘을 가지고 있으며, 아이들이 플로리시하기 위해 능력을 쌓아 가는 아동기에 긍정적 여정을 시작하게 해 준다.

좋은 성적보다 훨씬 더 많은 강점이 있다

음악 강점을 가진 사람은 악기를 능숙하게 다루기 전에 많은 시간 동안 연습할 것이다. 음악 형식과 리듬에 대한 애정이 악기를 능숙하게 연주하기 위해 오랜 시간 의기소침한 채로 끈기 있게 배우게 하는 내적 추진력이다. 강점에 대한 동기부여의 역할은 강점들이 어떻게 아이의 삶을 형성하는지를 이해하는 데 아주 중요하다. 강점은 우리의 선택에 영향을 미치고 우리가 앞으로 나아가도록 추동한다. 우리는 우리의 강점을 발휘할 수 있는 선택을 하고 옆에서 지켜보는 사람이나 어떤 보상이 없더라도 그렇게 할 것이다. 우리는 오직 강점 자체를 위해 그렇게 하고, 그럴 때 열정이 넘치고 집중한다.

강점을 찾아 계발하기

강점은 선순환을 만들어 낸다. 아이들은 다른 것보다 자기 마음을 끄는 무언가를 발견하고 성공과 만족감을 성취할 때 그것의 매력이 더 커짐을 알게 된다. 아이들은 자기가 가진 강점에 마음이 끌린다. 그 강점이 길이길이 유용할 것이어서가 아니라 지금 당장의 어떤 욕구를 충족시켜 주는데 그것도 재미있는 방식으로 그렇게 해 주기 때문이다. 재미와 놀이는 진화론적인 목적을 갖는 것으로 보인다. 놀이에서 경험하는 즐거움이 우리로 하여금 계속해서 몰두하고 실행하게 한다.

오늘날 아동기의 부정적인 면

우리는 최근까지도 아이들의 강점을 키워 주는 것이 얼마나 중요한 일인지 제대로 이해하지 못했다. 이전 시대 사람들은 꼭 어른이 아니어도 각자 할 수 있는 한 최선을 다해 가족과 지역사회에 기여했다. 이는 아이들이 유능해지고 몰두하는 게 중요하다는 점을 알아서라기보다는 필요에 의해서였다.

가족이 생계를 꾸리도록 돕기 위해 일을 해야 했던 것이 자연스럽게 아이들이 자신의 강점을 발휘할 수 있게 해 주었다. 산업사회 이전 아이들의 삶은 생존에 초점이 맞춰져 있었고 그들은 끊임없이 힘든 일을 해야 했지만, 어른들은 아이들에게 점점 더 큰 책임을 지우는 경향이 있었다. 이는 아이와 함께 일하면서 아이가 일을 빨리 배우기를 바라는 상황에서 자연스러운 일이다. 이전 세대의 아이들은 자신의 강점을 인정받고 발휘했다.

과보호는 아이의 강점을 억누른다

세계의 자원이 풍부해져 매일의 생존에 대한 의존성이 덜해지면서 부유한 나라들에서는 아이들이 일을 해야 하는 필요성이 없어졌다. 산업혁명 시대 아동 노동의 참상은 아이를 보호하고 가능한 한 아동기를 길게 유지시키고자 하는 욕구를 강화시켰다. 우리는 소란한 삶으로 들어서기 전에 보호받고 보살핌을 받아야 하는 기간, 다시 말해 순수의 시기라는 이상화된 아동기의 이미지를 가지고 있다. 이는 매력적인 이미지이며 우리가 상대적으로 부유하기 때문에 가능할 뿐이다. 개발도상국 아이들의 혹독한 삶은 아이들을 보호하고자 하는 우리의 욕구를 더욱 부추긴다.

아이의 세계를 한정하지 않기

하지만 우리는 본의 아니게 아이들을 위해 한정된 세계를 만들어 낸다. 선의의 안전망과 보호조치들이 제약이 되어 간다. 우리는 아동기라는 황금 새장을 만들고 있다. 이전 시대에 여성들은 그 가정의 상대적인 부의 표시로서 노동력에서 제외되었지만 흔히 억압과 구속감을 느꼈다. 오늘날 아이들은 성장하고 배우는 시간을 자유롭게 가질 수 있게 되었지만 그 대가로 자유와 자율성을 잃었다.

어른들이 아이들의 삶을 보호하고 지도하고 관리하면서 아이들이 정말로 신나고 동기를 부여해 주는 것을 찾아내 실험해 볼 수 있는 기회는 줄어들었다. 오늘날 아동기는 아이들에게 유익한 정도보다 훨씬 더 제한되고 있어서 아이들의 문제 행동이나 어른들과의 갈등으로 이어질 수 있다.

바쁜 생활이 주는 영향

생활방식의 변화가 어떻게 아이들에게 의도하지 않은 결과를 가져왔는지를 보여 주는 한 예가 자동차 통학이다. 걸어서 통학하는 것은 이제 드문 일이 되었고, 승용차나 버스 통학이 유익한 것으로 여겨진다. 하지만 걸어서 학교에 가 학교 수업이 시작되기 전에 운동장에서 노는 시간은 이전 세대의 아이들에게 재미있고 여유 있는 시간을 제공해 주었다. 아이들은 스스로를 유능하게 느끼게 해 주는 재주넘기나 줄넘기 같은 새로운 기술을 연습하며 기분을 풀면서 학교에 도착했다. 오늘날 자동차 통학은 많은 가정에게 스트레스의 한 가지 원천이다. 아이들은 아침에 어정거리고 가족들은 출발이 늦어져 스트레스를 느끼고 자동차 안에서 언쟁을 벌여 불안을 더할 뿐이다.

아이에게는 새로운 역할이 필요하다

우리 사회는 부주의하게도 자연이 우리의 생존을 위해 준비해 준 역동적인 에너지를 별로 발산하지 못하는 채로 아이들을 방치하고 있다. 아이들은 더 이상 가족을 도와 일할 필요가 없는 반면에, 자신의 힘과 세계에 대한 영향력을 키우고자 하는 아이들의 욕구는 다른 곳으로 경로 변경을 하지 못하고 있다. 우리 세계는 의심할 여지 없이 더 안전하고 더 건강해졌지만, 우리는 본의 아니게 아이들 각자가 타고나는 강점을 계발하고 깨우치는 일이 가장 중요하다는 점을 잊고 있다. 이것이 흔히 보이는 행동 문제들의 뿌리 깊은 원인이라고 할 수 있다.

아이의 행동에 무슨 일이 일어난 걸까

오늘날 아이들이 갖고 있는 힘과 에너지를 그냥 놀리는 경우가 너무도 흔하다. 그래서 아이들은 만족할 만한 배출구를 찾거나, 아니면 어른들이 체계적으로 조직한 활동을 통해 그 힘과 에너지를 쓰게 되어 자기 스스로 무언가를 해볼 여지가 거의 없다. 최근 인기를 끌고 있는 한 양육 프로그램에 의하면 아이들이 부모들과 함께 무언가를 하는 시간은 하루 평균 49분밖에 되지 않는다. 이렇게 되면 아이들이 자신의 강점을 탐구하고 사용하는 데 필요한 경험이 부족해질 수 있다. 아이들의 까다로운 행동은 수수께끼와도 같은데, '무엇이 이 아이를 행복하게 만들까?' '아이가 어떻게 자율성과 유능성을 찾는 법을 배워서 자기 강점을 창의적으로 사용할 수 있을까?'라는 질문을 해 보면 그것을 더 잘 이해할 수 있으리라 믿는다.

⦿ 강점을 발전시켜 사용하기

자기발견 촉진하기

아이에게 성장을 위해 내적으로 동기부여할 여지를 주는 것은 아이의 안전에 대한 관심과 우리의 교육 방식에 의해 복잡해질 수도 있다. 아이들이 자신의 호기심을 탐구하고 충족시키도록 돕는 방법을 알아야 한다. 이것이 강점 발달에 극히 중요하다. 아이들은 자신이 누구인지, 무엇을 좋아하는지를 알아 가는 시간이 필요하고 자신의 강점을 발달시켜야 한다.

표 14-2 자기발견 학습을 촉진하는 열 가지 방법

1. 하루에 충분한 여가 시간을 주어서 아이가 자유롭게 선택하여 스스로 즐길 수 있도록 해 준다.
2. 필요하다면 아이가 시간을 아껴서 그 시간을 쓸 수 있는 방법을 찾는다.
3. 창의적이고 상상력 넘치는 놀이를 생각해 낼 수 있는 흥미진진한 장난감과 재료 그리고 안전한 공간을 제공해 준다. 자신의 상상력에 의지해서 노는 자유 시간이 익숙하지 않은 아이들에게는 처음에 어렵겠지만 연습을 통해 나아질 것이다.
4. 창의성은 자유에서 나온다. 아이가 스스로 어떤 생각이나 동기에 이르도록 하고 싶다면 장난감 가게에는 자주 가지 않는 게 좋다.
5. 장난감과 용품들을 번갈아 내놓아서 아이가 무엇을 골라야 할지 모르게 만들거나 놀이를 완전히 끝내지도 않은 채 이 놀이 저 놀이로 옮겨다니지 않게 한다.
6. 아이가 노는 시간을 중단시키지 않는다. 아이들은 흔히 아침에 자유롭게 노는 데 몰두하는데, 그러면 부모들은 억지로 중단시켜 집중을 방해하게 된다. 시간제한이 있다면 놀이를 그만두는 시간을 확실히 하고 좀 더 어린 아이들에게는 부엌에서 쓰는 타이머를 이용한다.
7. 아이에게 구구절절 물어보고 싶은 마음을 물리친다. 이는 아이들로 하여금 탐구하고 실험하기보다는 결과를 얻어야 하는 것으로 느끼게 만들기 때문이다. 행복하고 성취감을 느끼는 아이는 부모에게 이야기를 해 주고 싶어 하겠지만 모든 놀이가 큰 영향을 미치는 결과를 가져오지는 않는다.
8. 자기발견에 도움이 되지 않는 TV나 컴퓨터를 멀리하게 한다. 이 둘은 피곤한 아이들을 위한 소극적이고 쉬운 해결책이다.
9. 다른 아이들과 어울리는 놀이와 아이 혼자서 하는 자기발견 놀이를 구분한다. 모든 아이에게 이 두 가지 종류의 놀이가 모두 필요하지만, 자신의 강점을 아는 것은 자유로운 탐구에 달려 있다. 이것이 항상 친구들과 함께하는 놀이와 양립하는 것은 아니다.
10. 아이의 자기발견 놀이가 충분하지 못한 건 아닌지 살핀다. 또래들과의 분쟁, 어른이 이끄는 활동에 대한 무관심은 아이의 공식적인 학습, 친구들과 함께 하는 놀이 그리고 자기발견 학습 사이의 균형이 새롭게 조정되어야 함을 말해 주는 신호일지 모른다.

학교는 어떻게 아이들의 개인 강점을 키워 줄 수 있을까

아이가 마지못해 학교에 다니고 있어서 내성적이 되거나 다른 학생들에게 지장을 주면, 아이를 정상 궤도로 되돌리기 위한 스트레스가 커진다. 아이가 하는 일 그리고 아이가 스스로 유능하다고 느끼고 더 움츠러드는 것을 통제할 수 있는 기회에 대해 교사가 한층 더 감독하게 되고, 이는 악순환을 만들어 낼 수 있다.

후퍼가 학교에서 본 많은 행동 문제는 자기 주변에서 일어나는 일에 대해 자신이 뭐라고 할 능력도 없고 뭐라고 하지도 못한다고 느끼는 상황에서 벗어나고 싶은 욕구에서 나온다. 아이들은 신경을 갉아먹는 불만으로부터 관심을 돌리는 일들을 하기 시작하고, 최소한의 재미와 흥분을 가져다주는 일들을 찾는다. 학교에서는 이를 분열성 행동이라고 하는데, 아이가 그런 행동을 하는 이유를 설명해 줄 만한 특별한 개인적인 문제나 정서상의 문제를 가지고 있는 것으로 보이지 않기 때문이다. 교사들은 흔히 그런 행동이 유발된 이유를 설명해 줄 계기를 찾으려 한다. 행동주의 접근법을 따르는 사람들은 환경이 행동에 중요한 영향을 미친다고 본다. 그들은 그런 행동이 유발된 이유를 설명할 분명한 계기가 없다는 데 대해 당혹스러워한다. 하지만 그 원인은 아이의 성공에 대한 욕구가 좌절될 때 아이의 마음속 느낌과 관련이 있을 것이다.

뛰어난 교수법, 높은 성취도 그리고 유능성과 자율성에 대한 각 학생의 욕구를 위한 뒷받침 사이에 균형을 이루는 학습 환경을 만들어 내려는 학교가 점점 늘고 있다. 학교에서의 강점 운동은 특히 미국에서 입지를 넓혀 가고 있다.

최고 강점들을 찾아 키워 주기

앞의 〈표 14-1〉에 제시된 스무 가지의 최고 강점은 그것이 자발적일 때 아이의 웰빙을 키워 줄 수 있다. 하지만 강점 사용이 강요되거나 어른들의 지시에 따른 것이라면 각 강점을 키워 주는 진정성과 자발성이 약화될 위험이 있다. 우리는 뒤에서 강점과 학습된 행동의 차이를 살펴볼 것이다. 〈표 14-3〉은 에너지와 성취도가 어떻게 상호작용해서 최고 강점을 만들어 내는지 보여 준다.

표 14-3　에너지와 성취도는 어떻게 상호작용하여 최고 강점을 만들어 내는가

높은 에너지	낮은 에너지
계발되지 않은 강점 • 아이가 관심을 보인다. • 다른 사람들은 몰라본다. • 충분히 사용되지 않거나 제한적으로 발산된다.	행동 강점 • 활기 있다. • 스스로 동기부여한다. • 자주 사용된다. • 최고의 성취도를 보인다. • 만족한다.

낮은 성취도	높은 성취도
약점	학습된 행동
• 낮은 동기부여	• 높은 성취도
• 약한 개인적인 성취도	• 다른 사람의 요구에 의해 이루어진다.
• 감정적 소모	• 감정적 소모
• 피하거나 수행하면서 스트레스를 받는다.	• 자발적인 경우가 드물다.

출처: Linley, Willars, & Biswas-Diener (2010).

최고 강점을 찾는 방법

아이들이 무엇을 어떻게 하는지 살피는 것이 최고 강점을 찾는 최상의 방법이다. 우리는 성취도를 평가하기보다는 무엇이 아이에게 동기를 부여해 주고 활기를 북돋워 주는지 알아보려 한다. 우리는 타고난 능력을 가지고도 그것을 사용할 열의가 거의 없는 많은 아이를 만났다. 자녀가 잘하기를 바라는 부모들이 어린아이들을 온갖 댄스 교실, 스포츠 경기, 음악학교로 데리고 다닌다.

후퍼는 원칙적으로 학습 능력을 문제 삼지 않는다. 그것은 유용하다. 우리 삶의 모든 영역에는 학습 능력이 필요하다. 기업 쪽에서 확실히 자리를 잡은 리얼라이즈 2 strengths profile을 만든 알렉스 린리는 이러한 능력을 학습된 행동이라고 부른다. 사람들이 높은 성취도를 보이지만 자신의 능력을 발휘하고도 고무되지 않는 게 언제인지를 아는 게 중요하다고 린리는 강조한다. 이는 학습된 행동을 과도하게 사용하는 것을 피하는 데 극히 중요하다. 많은 노력을 들여 낮은 만족감을 얻으면 소모적인 결과를 가져오기 때문이다. 이는 극도의 피로감으로 이어질 수 있다.

부모가 더 열정적인 영재아들에게서 이런 예를 찾아볼 수 있다. 재능이 반드시 강점인 것은 아니다. 그것이 우리 정체성의 핵심 부분이 되지 않는 한 말이다. 그것이 재능인지 강점인지는 그 아이가 자신을 음악가로 여기는지, 아니면 6단계 수준으로 바이올린을 연주하는 사람으로 여기는지에 달려 있다. 우리는 우리 자신의 강점을 선택한다. 오랜 시간 동안 노력을 기울여 어떤 능력을 훈련하는 것은 지금 하고 있는 것에 대해 열정을 느낀다면 문제가 되지 않는다. 하지만 그것이 본질적으로 만족스럽지 않은 일이라면 스트레스가 많고 소모적일 뿐이다.

강점을 알아내려면 강점임을 드러내 보여 주는 다음과 같은 징후에 주의를 기울이라.

최고 강점임을 알려 주는 일곱 가지 징후

1. 에너지와 열정

● 행동과 말에서 긍정적 에너지가 보이는가?

● 행동이 활발하고 에너지가 넘치는가?

● 자세가 편안하고 열려 있는가?

● 긍정적 언어로 표현하는가?

● 어조가 생기 넘치는가?

● 쾌활해 보이는가?

2. 끈기와 노력

● 의욕적인 호기심을 가지고 다음 단계에 접근해서 숙달하는가?

● 거기에 몰두하면 시간이 휙 지나가는가?

● 5분 동안 경고를 해야 그것을 멈추는가?

3. 수월성

● 능숙하고 정확하게 그것을 해내서 수월해 보이는가?

● 이 강점을 사용할 때 평소보다 더 기력이 넘치는가?

4. 관심과 몰입

● 이 강점을 사용할 때 세상 모든 것에 대한 생각을 떨쳐 버리는가?

● 세부사항에 정확성을 기하는 데 세심한 주의를 기울이는가?

5. 학습 속도

● 최소한의 도움으로 빠른 발전을 보이는가?

● 그 능력의 다양한 요소를 짜맞추는 방법을 쉽게 아는가?

● 배운 것을 새로운 상황에 쉽게 적용할 수 있는가?

6. 도전의식

● 하는 일이 복잡해지면 거기에 자주적으로 잘 대처하는가?

7. 문제를 해결하고자 하는 열의

● 도움이 필요한 경우 다른 사람들한테서 도움을 구하고 배우고 싶어 하는가?

● 문제를 해결해서 척척 해 나가면 흥분하는가?

이 일곱 가지 징후를 보인다면 그 아이는 강한 동기를 가진 자발적인 학습자이다. 하지만 아이가 오랜 시간 동안 그런 것 같지 않더라도 절망하지는 마라. 강점은 완전한 형태로 모습을 드러내지는 않으며, 그것이 성장하고 발달하는 데는 시간과 기회가 필요하다. 최고 강점을 찾아내기 위한 〈표 14-4〉의 점검표를 이용해서 아이의 강점을 살펴볼 수 있다. 이는 '해야 할 일의 목록'이 아니다. 모든 아이가 모든 항목에 해당되리라고는 기대하지 마라. 이는 아이에게 자연스러운 것이 무엇인지를 살피고 그 강점이 아이 자신에게 자연스러운 만족감을 가져다주리라는 점을 알고서 그것을 소중히 여기도록 아이를 돕기 위한 것이다.

표 14-4 최고 강점 찾기

강점	사용 빈도	높은 에너지 수준	수월성
개인 강점			
1. 삶에 대한 활력/열정 2. 명랑성/유머 3. 용기/용감성 4. 인내심/회복력 5. 자기주도력/개선 능력 6. 신중성/자기통제력 7. 희망/낙관성			
학습 강점			
8. 호기심 9. 창의성 10. 음악성 11. 모험심 12. 언어 사랑			
사회적 강점			
13. 사랑/사교성 14. 친절/관용 15. 정직/진정성 16. 공정성/정의감 17. 감사 18. 사회성 지능 19. 의사소통 능력/경청 　　하는 능력 20. 리더십/영감			

이 점검표에서 사용 빈도, 에너지 수준과 열정, 수월성을 통해 아이의 강점을 확인할 수 있다. 이것은 아이의 강점, 학습된 행동, 약점에 대해 개괄적으로 말해 준다. 흔히 아이의 약점에 초점을 맞추고 싶겠지만, 그것은 아이에게 기운을 북돋아 주거나 자신감을 갖게 해 주지 못한다. 아이들이 강점을 최대한 발휘할 수 있도록 뒷받침하려면 아이들에게 가장 중요한 것에서 시작해야 한다. 처음에는 가장 중요한 세 가지 강점에 집중하는 것이 좋다. 어린아이들에게 이것은 처음에 어렵겠지만, 자기인식을 높이도록 도와준다면 아이들은 어떻게 하면 시간을 생산적으로 쓸지 좀 더 쉽게 현명한 선택을 할 수 있을 것이다.

표 14-5 **최고 강점 세 가지**		
최고 강점	**현 상태**	**새로운 기회**
1		
2		
3		

아이가 확실히 선호하는 영역을 알면 이 강점을 사용할 기회를 더 많이 만들어 내는 방법을 생각해 볼 수 있다. 아이가 새로운 능력을 익히는 것과 강점을 사용하는 것 사이에 적절한 균형이 이루어지고 있는가?

아이들은 학교에서 새로운 능력을 익히면서 많은 시간을 보내는데, 그것을 숙달하고자 애를 쓴다. 이것이 아이들에게 좌절감과 무능감을 남길 수 있다. 아이들은 평균적으로 대부분의 어른들보다 더 많은 시간을 쉽지 않은 일을 하면서 보낸다. 이는 좌절감을 줄 수 있고, 아이의 감정이 한층 성숙할수록 그로 인해 아이가 아직 스스로 감당하지 못할 스트레스에 노출될 수 있다. 아이의 강점을 찾아서 그것을 사용할 기회를 만들어 좋은 결과를 얻는다면 성공을 가져올 뿐 아니라 아이의 자신감도 높여 준다.

왜 강점을 키워 주어야 할까

아이들이 자발적이고 개인적으로 강점을 선택하는 것이라면, 우리는 비켜서서 그냥 지켜

봐야만 할까? 아이들이 더 많은 개인적인 공간을 요구하는 것은 분명 사실이지만, 자기 삶을 통제하는 능력이 떨어지는 것도 사실이다. 우리는 자신의 강점을 찾아 사용할 수 있는 아이들에게 한계를 지우는 장애물들을 제거해 주어야 한다. 아이들이 강점을 키우기에 적절한 환경을 만들려면 어른들의 계획적인 지지가 필요하다.

아이들이 강점을 키우도록 돕는 열 가지 방법

1. 아이들이 자신의 강점을 독자적으로 찾아내고 키워 나갈 수 있도록 하루에 적어도 1시간 정도는 자유롭게 놀게 내버려 두라.
2. 아이가 열정과 즐거움을 가지고 하는 일이 무엇인지 관심을 기울이고 그러한 자발성과 노력을 칭찬해 주라. 결과보다는 과정에 초점을 맞추라.
3. 당신의 열정과 당신에게 동기부여가 되는 것을 아이와 공유하라. 그러면 아이는 또 다른 시각을 경험하고 자신의 관심사를 다른 사람들과 비교해 볼 수 있다.
4. 당신이 아이와 같은 나이에 즐겨 했던 것과 왜 그것이 당신에게 중요했는지에 대해 아이에게 말해 주라. 아이가 무엇이 다른 사람들에게도 효과가 있는지를 알 수 있도록 도와주라. 이는 개성과 다양성에 대해 인식하게 해 준다.
5. 특별한 강점을 뒷받침해 주는 장난감이나 재료를 이용할 수 있게 해 주라.
6. 한층 더 나아간 탐구와 놀이에 이용할 수 있는 창의적인 재료가 될 만한 것들을 서로 결합시켜 보라.
7. 이야기, 게임 그리고 역할 놀이를 할 기회를 제공해서 최고 강점을 탐구하고 상상력을 발휘해서 사용할 수 있도록 하라.
8. 긍정적 피드백을 해 주어 아이의 노력에 주목하고 그것을 높이 평가해 주라.
9. 아이가 가진 강점을 공유하고 있어서 유용한 역할 모델이 될 수 있는 다른 사람들에 대해 당신이 할 수 있는 일을 찾아보라.
10. 아이가 자발적으로 자기 강점을 사용할 기회를 만들어 주라. 하지만 강요해서는 안 된다.

계발되지 않은 강점 찾기

아이가 온 힘을 기울이지 않는다고 실망하지는 마라. 대신에 앞의 '최고 강점임을 알려 주는 일곱 가지 징후' 글상자에 나와 있는 진술을 살짝 바꾸어서 이런 질문을 해 보라. '이 아이가 이렇게 느끼도록 도와주려면 어떻게 해야 할까?' 그러면 당신의 도움을 받아 발휘될 수 있는, 아직 계발되지 않은 강점을 찾을 수 있을 것이다.

어디서 찾을까

아이들은 자유롭게 놀 때 자연스럽게 자신의 강점을 발휘하는 경향이 있다. 적어도 하루에 한 시간은 아무런 간섭도 받지 않고 자기가 하고 싶은 대로 하게 해 주면 아이가 자기 강점을 탐구하고 실험하도록 용기를 북돋아 줄 수 있다. 아이가 자기가 하는 놀이에 대해 하는 이야기 그리고 아이의 에너지와 열정이 어떤 가능성 있는 강점을 드러내 보여 주는지에 주목하라.

최소한의 도움으로 가장 큰 차이 만들어 내기

불꽃을 일으켜 강점을 키우도록 돕는 것은 미묘한 과정이다. 인위적으로 부채질을 해서 빠르게 거대한 불길을 일으키기보다는 서서히 타오르게 하는 것이다. 적극적으로 가르치거나 지도하기보다는 기회들을 만들어 냄으로써 아이가 자기 힘으로 자신의 강점을 찾아내도록 도와주라. 아이들이 성장할수록 관심사도 늘어나고 변화한다. 빠를 뿐 아니라 아이 자신의 힘으로 움직이는 순전한 흥분을 가져다주는 썰매와 고카트(작은 경주용 자동차)를 만드는 데 대한 관심은 아주 많은 방면으로 계발될 수 있는 어린 시절의 강점일 수 있다. 아이에게 탐구하고 배우고자 하는 역동적인 욕구를 키워 주고자 한다면 어른이 나서서는 안 된다. 그다음에 일어날 일에 대해서는 거의 예측할 수 없다.

유능성과 자율성 키우기

아이의 인생에 가장 중요한 교훈은 자기결정으로 했다는 느낌이다('내가 했다' '내가 그렇게 만들었다'). 아이가 만족감을 얻을 수 있는 활동에 참여할 기회를 더 많이 가질수록 더 많은 동기부여가 된다.

어린아이의 강점 길러 주기

○ 엘리자베스 엘리자르디(Elizabath Elizardi)

각각 일곱 살과 네 살인 두 딸 그리고 남편과 함께 식탁에 앉아 있을 때였다. 어느 순간, 두 딸의 다툼이 치열해졌다. 처음에는 가볍게 농담을 주고받는 혈기왕성한 두 아이의 대화는 적절하게 방향을 잡아 주지 않으면 한순간에 중상모략을 일삼는 격전으로 전락할 수 있다.

그러한 격전이 한창 벌어지던 도중에 모두를 경악하게 만든 한마디가 튀어나왔다. 그것은 바로 '멍청하다'는 말이었다. 이것은 많은 부모가 나쁘다고 생각하는 말 가운데 하나이자 욕설이며 절대 입에 담아서는 안 되는 말이었다. 나는 아이들에게 교훈을 줄 수 있는 그 순간을 노상강도처럼 훔쳐 아이들 앞에 무기처럼 휘둘렀다. 대화의 방향을 바로잡아 준 그 순간은 사람들과 그들의 타고난 선함에 대해 토의하는 흥미로운 시간이었다.

나는 모든 사람이 선한 일을 할 수 있고 선한 마음을 내면에 지니고 있기 때문에 '멍청한' 사람은 이 세상에 없다고 재빨리 지적해 줬다. 나는 내 아이들이 우리 모두의 내면에 강점과 아름다움이 있다는 사실을 이해할 수 있길 바랐다. 언제나 좋은 점을 찾아봐야 한다.

아이들은 많은 사람이 이 세상에서 다른 사람들과 상호작용할 때 취하는 것과 똑같은 행동을 한다. 옳고 선하고 강인한 점을 인정해 주기보다는 서로의 약점을 지적하고, 잘못된 점을 꼬집고, 자신의 신경에 거슬리는 점을 이야기한다. '멍청함'이라는 미끄러운 비탈을 타고 내려가기란 얼마나 쉬운지 모른다.

부모의 관찰과 기록이 강점을 밝혀 주는 믿을 만한 기준이 된다면 어디서부터 시작해야 할까?

- **아이가 노는 모습을 지켜본다**: 두세 살 아이의 강점을 알아보는 가장 좋은 방법은 다른 아이들과 어울려 노는 모습을 주의 깊게 살피는 것이다. 주의 깊게 경청하고 강점을 찾아내자.
- **아이에게 가장 근사했던 경험을 돌이켜 본다**: 아이가 최상의 모습을 보여 줬던 순간이 있었는가? 언제 혹은 어디서 아이가 빛을 발했는가?
- **아이의 선생님에게 질문을 던져 본다**: "아이의 강점이 무엇인가요?" "우리 아이가 어떤 아이인가요?"
- **아이에게 다양한 활동을 시킨다**: 당신이 하고 싶은 활동만 시킬 것이 아니라 춤이나 음악, 예술, 문학, 운동, 자연 등 다양한 활동을 아이에게 시킨다. 아이의 흥미를 유발하는 요소가 그러한 활동에 포함됐는지 살펴본다.
- **부모 보고서를 제출한다고 가정해 본다**: "아이의 강점을 말해 보세요." 혹은 "아이가 진정으로 잘하는 것은 무엇인가요?"라는 질문에 뭐라고 대답할 것인가?
- **아이의 이야기를 들어준다**: 아이들은 자신들이 세상을 어떻게 바라보는지에 대한 실마리를 이야기로 전해 준다. 그러므로 식사 시간이나 자동차에서 혹은 잠자기 전에 아이와 대화하는 시간을 마련한다. 아이의 이야기를 들으면서 어떤 강점이 발휘되는지 주의 깊게 살핀다. 하루 일과를 말해 주는 아이의 이야기에서 실마리를 찾아내고 그 단어들 속에 숨은 강점을 발견한다.

새 정원에 꽃을 심을 때는 먼저 비옥한 토양이 필요하다. 성격강점은 비옥한 토양과 같고, 그 아래에 파묻혀 있는 활동이 아름답고 무성하게 피어날 꽃들의 씨앗이다. 정원을 가꾸는 몇 가지 방법을 소개하자면 다음과 같다.

- **강점 식사 시간을 갖는다**: 아이의 대표강점 가운데 하나가 감사라고 가정해 보자. 아이가 한 주 동안 감사라는 강점을 얼마나 잘 발휘했는지에 대한 칭찬 카드를 써서 아이의 저녁 식탁 자리에 놓아둔다.
- **아이의 강점이 일상생활에서 어떻게 발휘되는지에 대해 이야기를 나눈다**: 아이가 자신의 강점을 새로운 방식으로 발휘할 수 있도록 돕는다. 정해진 한 주 동안 아이가 참여해 자신의 대표강점을 발휘할 수 있는 모든 활동을 목록으로 작성한다. 그 목록을 잘 보이는 곳에 두고 아이에게 매일 한 가지 새로운 활동을 해 보라고 격려한다.
- **서로의 강점에 대한 의견을 수집한다**: 식탁에 하얀 식탁보를 깔고 가족 구성원에게 직물 마커로 그 위에 각자의 생각을 쓰라고 한다. 강점 카드를 만들고 어떤 상황에서 어떻게 행동할지 물어본다.
- **매주 강점 하나를 고른다**: 식사 시간이나 잠자리에 들기 전에 강점 하나를 고르고 그 강점이 어떠한지에 대해 토의한다. 그 강점이 당신의 인생에서 어떻게 나타나는지에 대해 이야기한다.
- **강점 벽을 만든다**: 아이의 방에 강점 벽을 만든다. 아이의 강점을 보여 주는 창작물을 수집한다.
- **긍정적인 포트폴리오를 만든다**: 아이에게 특별한 나무 상자를 구해 주고 그 상자를 자기 마음대로 장식하라고 한다. 아이가 자신의 가장 뛰어난 모습을 보여 주는 창작물을 수집하도록 격려한다.
- **강점 이야기책을 만든다**: 실생활에서 찾아낸 그림을 하얀색 종이에 붙이고 그 아래에 선을 긋는다. 아이가 자신의 생활에 대한 이야기를 쓰고 강점에 대해 말하도록 도와준다.
- **아동 서적에 나오는 강점 이야기를 아이에게 들려 준다**: 특정한 강점을 발휘하는 등장인물이 나오는 그림책이나 챕터북을 찾아본다. 어린아이의 강점을 찾아내어 키워 주면 아이가 자신의 본래 모습에 감사할 줄 알고 가능성을 키워 나갈 수 있다.

긍정심리학이 말하는 아이의 성격강점
성격강점(character strengths)은 아이들의 긍정적 성격 특성을 말한다. 아이의 성격강점은 여섯 가지 미덕에 스물네 가지 강점으로 되어 있으며, 이 강점엔 도덕적 개념과 선한 품성의 개념이 포함되어 있어서 인성강점이라고 하기도 한다. 긍정심리학의 사명은 예방이다. 셀리그만(2002)은 가능한 한 어릴 때 강점을 찾아 주라고 했다. 아이들이 일곱 살이 되면 대표강점의 특성이 나타난다는 것이다.

아이들한테서 확연하게 드러나는 성격강점은 무엇일까? 피터슨과 박난숙(2006)의 논문에는 부모들이 3~9세 사이의 아이를 묘사한 내용이 실려 있었다. 그 내용을 분석하자 아이들의 행복 수치뿐만 아니라 스물네 가지 성격강점이 나왔다. 그 연구논문의 결과에 따르면 어린아이들의 경우 사랑과 열정, 희망이 행복과 연관성을 보였고, 그보다 좀 더 나이 든 아이들의 경우 감사하는 마음이 행복과 연관됐다. 부모들이 아이들한테서 가장 흔히 발견하는 공통적인 성격강점은 사랑과 친절, 창의성, 겸손이었고, 그렇지 않은 성격강점은 정직과 감사, 공정성, 용서, 개방성이었다. 몇몇 강점은 아이들이 좀 더 성숙했을 때 명확하게 나타나는 것 같다. 한편, 희망과 열정, 사랑 같은 특정 성격강점은 어린아이들한테서 강하게 나타나지만 항상 강하게 유지되지는 않는다.

유전학과 환경이 아이의 성격 형성에 영향을 미친다는 점을 고려한다면 아이 개개인의 독특한 강점 조합을 어떻게 밝혀내고 만들어 내고 장려할 수 있을까?

당신의 강점을 자유롭게 발휘할 수 있고 당신에게 적합한 강점을 다른 사람들이 알아볼 때 기분이 어떤지 생각해 보라. 당신의 아이들도 그런 기분을 느낄 수 있기를 바라지 않는가? 하지만 어린아이들의 강점을 찾아 주고 키워 주면 단순하게 아이들의 기분이 좋아지는 수준을 넘어서는 일이 벌어진다. 연구 결과에 따르면 아이들의 정서적이고 감정적인 행복이 크게 향상되고 아이들이 커서 불안과 우울증에 사로잡힐 위험이 감소한다.

아이들의 성격강점을 찾아내면 아이들과 그들의 독특한 재능을 감사하게 여길 수 있다. 당신의 성격강점을 발휘하면 좋은 점을 찾아낼 수 있다. 또한 문제점이 영속적이고 만연해 있다는 대신 일시적이고 부분적인 것이라고 낙관적으로 생각할 수 있다. 아이들은 시간이 흐르면서 강점을 중심으로 정체성이나 소유의식을 키워 나가기 시작할 것이다. "이게 나야." "이것 때문에 내가 독특하고 특별한 사람이 되는 거야."라는 이야기를 하기 시작하는 것이다. 당신은 아이들에게 그들이 유능하고 자신감 넘치며 목표를 달성할 수 있는 사람이라는 믿음을 불어넣어 줄 수 있다. 그들에게 '설득력 있는 타인'이 되는 것이다. 성격강점을 활용하면 당신과 당신 아이 모두가 긍정정서를 느낄 수 있고 어려운 상황에 필요한 자원의 샘을 채울 수 있다.

셀리그만(2002)은 긍정정서는 호기심을 낳고, 호기심이 커지면 다양한 능력을 익히게 되고, 그 능력이 숙달되면 더 많은 긍정정서를 자아내며, 아울러 아이의 대표강점을 발견할 수 있게 된다고 하였다. 그런 만큼 일곱 살 이하의 자녀를 긍정적으로 키우기 위해 부모나 교사가 해야 할 중요한 일은 긍정정서를 증가시키는 것이다. 일곱 살쯤 되면 아이의 대표강점의 특성이 두드러지게 나타나기 시작한다. 캐서린 달스가드(Katherine Dahlsgaard)는 10장에서 제시한 셀리그만과 피터슨의 성인 성격강점 검사를 기반으로 해서 아동 성격강점 검사를 개발했다. 이 검사는 아이의 대표강점을 찾아서 성장시켜 주는 데 큰 도움이 될 것이다.

⊙ 아이의 성격강점 검사

웹사이트에서 직접 검사를 받는 것이 가장 좋다. 검사가 끝나는 즉시 자세한 피드백을 받을 수 있기 때문이다. 웹사이트(www.authentichappiness.org)를 방문하여 자녀의 강점 검사를 해 보라.

인터넷을 사용하지 않는 독자를 위해 약식 검사를 여기에 소개한다. 아이가 열 살 이하일 경우에는 큰 소리로 읽어 주고, 그 이상일 때는 아이가 직접 하게 하라. 이 검사는 웹사이트에 소개된 검사지에서 강점별로 가장 변별력이 큰 문항을 2개씩 고른 것이다. 이 검사 결과에 따라 아이의 강점 순위를 매기는 것은 웹사이트에서 할 때와 비슷하다.

	나와 매우 비슷하다	나와 비슷하다	보통이다	나와 다르다	나와 매우 다르다
A	5	4	3	2	1
B	1	2	3	4	5

1. 창의력

   a) 언제나 재미있는 새로운 아이디어를 제안한다.

   b) 내 또래 아이들보다 상상력이 훨씬 더 뛰어나다.

이 두 점수를 더하여 여기에 쓰라. _____

이것이 당신 자녀의 창의력 점수이다.

2. 호기심

   a) 혼자 있을 때도 전혀 심심하지 않다.

b) 알고 싶은 것이 있을 때는 대부분의 내 또래 아이들보다 책이나 컴퓨터를 더 열심히 찾아본다.

두 점수를 더하여 여기에 쓰라. _____

이것이 당신 자녀의 호기심 점수이다.

3. 개방성(판단력)

a) 친구들과 게임이나 놀이를 하는 도중에 문제가 생기면 그 원인을 금방 알아낸다.

b) 부모님은 언제나 내 판단이 틀렸다고 지적하신다.

두 점수를 더하여 여기에 쓰라. _____

이것이 당신 자녀의 판단력 점수이다.

4. 학구열

a) 새로운 것을 배우면 무척 기쁘다.

b) 박물관에 가는 게 정말 싫다.

이 두 점수를 더하여 여기에 쓰라. _____

이것이 당신 자녀의 학구열 점수이다.

5. 예견력

a) 어른들은 내가 나이에 비해 아주 어른스럽다고 말씀하신다.

b) 사람이 살아가는 데 정말로 중요한 것이 무엇인지 알고 있다.

이 두 점수를 더하여 여기에 쓰라. _____

이것이 당신 자녀의 예견력 점수이다.

6. 열정

a) 내 삶을 사랑한다.

b) 아침에 눈을 뜰 때마다 새로운 하루를 시작한다고 생각하면 흥분된다.

이 두 점수를 더하여 여기에 쓰라. _____

이것이 당신 자녀의 열정 점수이다.

7. 용감성

a) 아무리 두려워도 내가 한 말을 끝까지 지킨다.

b) 설령 놀림감이 되더라도 옳다고 생각한 대로 한다.

이 두 점수를 더하여 여기에 쓰라. _____

이것이 당신 자녀의 호연지기 점수이다.

8. 끈기

　　a) 부모님은 언제나 내가 끝까지 잘했다고 칭찬하신다.

　　b) 목표를 이룩한 것은 내가 열심히 했기 때문이다.

이 두 점수를 더하여 여기에 쓰라. ＿＿＿＿＿＿

이것이 당신 자녀의 끈기 점수이다.

9. 정직

　　a) 다른 사람의 일기나 편지는 절대로 훔쳐보지 않는다.

　　b) 곤경에서 빠져나올 수 있다면 거짓말이라도 할 것이다.

이 두 점수를 더하여 여기에 쓰라. ＿＿＿＿＿＿

이것이 당신 자녀의 정직 점수이다.

10. 친절

　　a) 새로 전학 온 친구에게 잘해 주려고 노력한다.

　　b) 부탁받지 않고도 자진해서 이웃이나 부모님을 도와드린 적이 있다.

이 두 점수를 더하여 여기에 쓰라. ＿＿＿＿＿＿

이것이 당신 자녀의 친절 점수이다.

11. 사랑

　　a) 내가 누군가의 삶에서 가장 중요한 사람이라는 것을 알고 있다.

　　b) 형이나 누나, 사촌형제와 심하게 싸우더라도, 나는 여전히 그들을 진심으로 사랑한다.

이 두 점수를 더하여 여기에 쓰라. ＿＿＿＿＿＿

이것이 당신 자녀의 사랑 점수이다.

12. 사회성 지능

　　a) 어떤 단체에 가입해도 그 회원들과 잘 어울린다.

　　b) 즐거울 때든 슬플 때든 화날 때든, 항상 그 이유를 알고 있다.

이 두 점수를 더하여 여기에 쓰라. ＿＿＿＿＿＿

이것이 당신 자녀의 사회성 지능 점수이다.

13. 협동심(팀워크, 시민정신)

　　a) 동아리 활동이나 방과후 활동을 하는 것이 정말 즐겁다.

　　b) 학교에서 실시하는 단체 활동을 정말 잘할 수 있다.

이 두 점수를 더하여 여기에 쓰라. _____

이것은 당신 자녀의 시민정신 점수이다.

14. 공정성

a) 설령 내가 싫어하는 사람이라도 그 사람을 공정하게 대한다.

b) 나는 잘못하면 언제나 그 사실을 시인한다.

이 두 점수를 더하여 여기에 쓰라. _____

이것이 당신 자녀의 공정성 점수이다.

15. 리더십

a) 다른 아이들과 게임이나 운동을 할 때면, 아이들은 언제나 내가 주장이 되기를 바란다.

b) 친구들이나 우리 팀에 속한 아이들은 나를 주장으로서 신뢰하고 존경했다.

이 두 점수를 더하여 여기에 쓰라. _____

이것이 당신 자녀의 지도력 점수이다.

16. 용서

a) 누군가가 내 기분을 상하게 하더라도, 절대로 그 사람에게 앙갚음하려고 하지 않는다.

b) 사람들이 잘못했을 때 용서한다.

이 두 점수를 더하여 여기에 쓰라. _____

이것이 당신 자녀의 용서 점수이다.

17. 겸손

a) 내가 말하기보다는 다른 사람들에게 말할 기회를 더 많이 준다.

b) 사람들은 나에게 잘난 척한다고 말한다.

이 두 점수를 더하여 여기에 쓰라. _____

이것이 당신 자녀의 겸손 점수이다.

18. 신중성

a) 나를 위험에 빠뜨릴 것 같은 상황이나 친구들은 피한다.

b) 어른들은 내가 말이나 행동을 할 때 현명하게 선택한다고 말씀하신다.

이 두 점수를 더하여 여기에 쓰라. _____

이것이 당신 자녀의 신중성 점수이다.

19. 자기통제력

　　a) 필요하다면 비디오게임이나 TV 시청을 당장 그만둘 수 있다.

　　b) 항상 일을 늦게 한다.

이 두 점수를 더하여 여기에 쓰라. _____

이것이 당신 자녀의 자기통제력 점수이다.

20. 감상력

　　a) 대부분의 내 또래보다 음악이나 영화 감상, 춤추기를 훨씬 더 좋아한다.

　　b) 가을에 나뭇잎 색깔이 변해 가는 모습을 보는 게 기쁘다.

이 두 점수를 더하여 여기에 쓰라. _____

이것은 당신 자녀의 감상력 점수이다.

21. 감사

　　a) 내 생활을 생각할 때 고마워할 것이 많다.

　　b) 선생님께서 나를 도와주실 때 "고맙습니다."라고 말하는 것을 잊어버린다.

이 두 점수를 더하여 여기에 쓰라. _____

이것이 당신 자녀의 감사 점수이다.

22. 희망(낙관성)

　　a) 학교 성적이 나쁘게 나오면 항상 다음에는 더 잘 나올 것이라고 생각한다.

　　b) 이다음에 아주 행복한 어른이 될 것 같다.

이 두 점수를 더하여 여기에 쓰라. _____

이것이 당신 자녀의 희망 점수이다.

23. 유머 감각

　　a) 아이들은 대부분 나랑 같이 놀 때 정말 재미있어 한다.

　　b) 친구가 우울해 보이거나 내 기분이 좋지 않을 때, 더 즐거운 분위기를 만들려고 일부러 재미있는
　　　행동을 하거나 우스갯소리를 한다.

이 두 점수를 더하여 여기에 쓰라. _____

이것이 당신 자녀의 유머 감각 점수이다.

24. 영성

　　a) 사람은 저마다 특별한 존재이며 중요한 삶의 목적이 있다고 믿는다.

　　b) 불행한 일이 생기면 신앙심으로 극복할 수 있다.

이 두 점수를 더하여 여기에 쓰라. _____

이것이 당신 자녀의 영성 점수이다.

이제 당신은 웹사이트의 기준에 따라 자녀의 점수를 확인하거나, 이 책에서 스물네 가지 성격강점의 점수를 매겼을 것이다. 웹사이트를 이용하지 않는다면, 아이의 스물네 가지 강점 점수를 다음 표의 빈 칸에 쓴 다음 가장 높은 점수 순서로 순위를 매겨 보라. 대개 9점에서 10점을 받은 항목이 5개 이하인 데, 이것이 바로 당신 아이의 대표강점들이다. 이것을 표시해 두라. 4점에서 6점을 받은 것은 약점에 속한다.

1. 창의력		2. 호기심		3. 개방성(판단력)		4. 학구열	
5. 예견력		6. 열정		7. 용감성		8. 끈기	
9. 정직		10. 친절		11. 사랑		12.사회성 지능	
13. 협동심(팀워크)		14. 공정성		15. 리더십		16. 용서	
17. 겸손		18. 신중성		19. 자기통제력		20. 감상력	
21. 감사		22. 희망		23. 유머 감각		24. 영성	

대표강점을 찾았다면 앞의 10장, 11장, 12장에서 제시한 대표강점의 특성과 특징, 연마, 코칭 방법, 인물 등을 참조해 적용하게 하라.

정서적 웰빙—긍정적 균형 이루기

다음을 생각해 보자.

- 정서적 웰빙은 어떻게 개인적 · 사회적 성공 및 학습상의 성공을 뒷받침해 줄까?
- 왜 초기 경험이 모든 면의 발달에 확실한 기초가 될까?
- 불안한 출발이 다시 균형을 찾을 수 있도록 정서적 안정감을 키우는 방법은 무엇일까?
- 탐구와 학습을 위해 아이들에게 필요한 에너지와 열정을 높이는 방법은 무엇일까?
- 정서적 능숙성이 발달하도록 지지해 주는 방법은 무엇일까?
- 아이가 정서적으로 긍정적 균형을 이루도록 도와주는 방법은 무엇일까?

⊙ 정서적 웰빙 이해하기

정서적 웰빙이 행복과 동일한 것은 아니다. 정서적 웰빙을 이루려면 우리가 일상에서 경험하는 행복한 사건들을 늘리는 것 이상이 필요하다. 웰빙은 감정을 조절하는 능력에서 나온다. 정서적 웰빙이란 "삶을 위한 에너지와 호기심 그리고 자제력과 가치 있는 목적을 추구하는 동기를 갖는 것이다(Hooper, 2012)."

정서는 우리가 일상의 생존을 돕거나 방해하는, 우리를 둘러싼 세계 내의 그 무엇에든 기민해지게 한다. 아동기 초기의 아기는 주변에서 일어나는 일에 수동적으로 반응할 뿐이고 환경을 통제하지 못한다. 웰빙은 우리가 감정적 경험과 이성적 사고를 얼마나 잘 통합해서 우리에게 적합하고 우리의 강점과 경험에 유효적절한 선택을 하느냐에 달렸다.

정서 발달의 다음 세 가지 측면이 결합되어 웰빙을 이룬다.

① 가족과 단단히 결속되어 보호와 지지를 받고 있다는 느낌
② 자기인식과 유능감을 발달시켜 자신의 감정과 다른 사람들과의 관계를 성공적으로 조절하기
③ 방어기제에 의해 생겨난 '부정편향'을 조절해서 긍정정서의 균형을 이루는 능력

정서는 우리에게 어떤 도움을 줄까

모든 감정은 쓸모가 있으며 우리의 생존에 기여한다. 우리는 위험을 무릅쓰고 참거나 못 본 척한다. 어떤 감정은 우리에게 해를 끼칠 수 있는 것을 멀리하게 하지만, 또 어떤 감정은 모든 게 잘 되어 가고 있다는 신호를 보내 주어 우리가 자유롭게 우리 삶에 긍정적으로 기여하는 활동에 집중하게 해 준다.

우리가 해를 입지 않도록 지켜 주기 위해 존재하는 감정이 우리를 즐거운 경험으로 이끄는 긍정감정보다 수가 더 많다. 이는 확실히 생존에 유익한 것이었지만, 이로 인해 오늘날 가정과 지역사회가 아이의 삶에 긍정감정을 불어넣어 주고 부정감정들을 줄여 주는 것이 극히 필요하다. 이는 먹고 마시는 것과 같은 육체적 즐거움보다 더 중요한, 건강한 방식으로 이루어져야 한다. 아이들은 서서히 어른들의 지도를 받아 배운 것에 기초해서 스스로 선택하는 법을 배운다.

다양한 감정을 규정하기란 간단한 일이 아니다. 감정을 나타내는 말은 대단히 많으며, 의미의 미묘한 차이로 인해 과학자들은 어떤 감정에 어떤 정확한 딱지를 붙여야 할지 그리고 어떤

감정이 기본적인 것이고 어떤 감정이 이차적인 것인지에 대해 쉽게 동의하지 못하고 있다.

다음에서 제시하는 여덟 가지는 기본적인 감정으로 널리 여겨지고 있다(Hooper, 2012).

1. 화

화는 위험을 감지했을 때, 누군가에게 권리를 침해당했을 때 일어나는 강력한 반응이다. 화의 진화적 가치는 위험으로부터 우리 자신을 지키는 에너지를 만들어 낸다는 것이다. 화를 내면 아드레날린이 분비되어 혈액순환을 촉진해 피가 빠르게 근육에 전달되어 싸움에 대비한다. 하지만 이는 또한 불안의 표시이기도 해서 무언가가 막 우리가 살고 있는 세계의 기반을 약화시켜 우리에게 심각한 해를 끼치려 할 참임을 느끼고 있음을 드러낸다. 화와 같은 유의 다른 감정들로는 짜증, 과민성, 분노, 적대감, 성가심, 격분, 증오, 격노 등이 있다.

화 다스리기　낮은 수준의 일반적인 스트레스가 화를 낼 가능성을 높인다. 길게 줄을 서거나 교통체증으로 길이 막히는 경우처럼 보통보다 훨씬 더 낮은 수준의 스트레스 상황이 화를 폭발시킬 수 있다. 일반적인 스트레스를 줄이고 긍정경험을 많이 할수록 화를 내는 빈도와 강도를 줄일 수 있다.

삶의 속도를 늦추고 적극적으로 즐거운 경험을 하는 것이 화를 유발하는 경험에 대해 과도하게 반응하는 위험성을 줄여 준다. 환경이 아이에게 주는 스트레스를 살피는 것이 화를 조절하기 위한 첫걸음이다. 화는 이해해서 해결해야 하는, 지각된 위험에 대한 반응이다. 행동 코칭이 아이가 자신의 감정을 이해해서 해결책을 찾도록 돕는 유익한 접근법인데, 이에 대해서는 나중에 상세히 설명하도록 하겠다.

2. 두려움

두려움은 화와 동일하지만 상반되는 반응인데, 이 경우 위험은 무섭고 극복할 수 없는 것처럼 보인다. 그 위험이 반격할 수 없는 것으로 여겨지면, 두려움은 대개 회피나 소극적인 반응으로 이어진다. 두려움을 자아내는 무언가를 회피하면 아이들은 그 두려운 대상이 자신에게 해를 입힐지 어떨지, 또는 그것을 극복할 수 있을지 어떨지를 알지 못할 것이다. 따라서 두려움은 일단 거기에 사로잡히면 심히 벗어나기 힘든 감정이다. 이와 관련된 감정으로는 경계심, 불안, 신경과민, 무서움, 공포 등이 있다.

두려움 다스리기　아이들은 두려운 대상이 자신을 해칠 수 없다는 것을 알아야 한다. 그러려면 두려운 대상에 서서히 그리고 신중히 노출될 필요가 있다. 어른이 두려워할 게 없음을 보여 주면서도 아이의 두려움을 진심으로 받아들여 묵살하지 않는 것이 중요하다. 이렇게 하면 아이의 두려움이 차츰 줄어들도록 도울 수 있다. 아동기에 불안과 두려움을 느끼는 것은 흔한 일로, 이 시기의 아이들이 가지고 있는 취약성과 한정된 통제력을 반영한다. 두려움을 정복하는 것은 아이들에게 자신감을 가져다준다. 이것이 무서운 이야기나 놀이동산의 놀이 기구들이 그렇게도 즐거운 이유이다.

3. 슬픔

슬픔은 더 큰 위험으로부터 자신을 보호하기 위한 상실에 대한 반응이다. 이로 인해 무기력이 쇠해져 우리는 꼼짝하지 못하게 된다. 예전에 슬픔은 싸움에서 패배했음을 받아들이게 하고 상처 입은 사람에게 회복할 시간을 준다고 보았다. 현재는 대체로 슬픔이 개인의 분리 및 상실과 연관되어 있다고 본다. 비탄은 극심한 감정적 고통을 낳는데, 이 고통에 대해 애통해하고 회복할 시간이 필요하다. 슬픔은 본질적으로 통제력의 상실과 연관되어 있다. 이러한 무기력이 만성이 될 때 우울로 이어질 수 있다. 이와 관련된 감정으로는 비탄, 비애, 외로움, 절망, 우울감이 있다.

슬픔에 대처하기　슬픔이 자연스럽게 치유되려면 시간과 안심할 수 있고 힘을 주는 환경이 필요하다. 사람들은 아이들의 슬픔에 불편해해서 비탄과 상실에서 회복되는 것에 대해 비현실적인 기대를 할 수 있다. 부모와의 분리를 경험하는 아이들에게 더 이상 함께 살지 않는 부모의 상실뿐 아니라 온전한 가족생활의 상실에 대한 슬픔은 특히 힘들 수 있다. 배출구나 통제 방법이 없는 슬픔은 우울증으로 더 깊어질 수 있다.

4. 즐거움

즐거움은 기운을 북돋우는 감정으로, 세상 모든 것이 잘 되어 간다는 느낌에 대응된다. 즐거움은 우리를 들어 올려 생산적인 일에 참여하도록 격려한다. 관련된 감정으로는 행복, 기쁨, 만족, 황홀함이 있다. 단기적인 즐거움은 먹고 마시는 것에서 찾을 수 있지만 이는 오래가지 못한다. 즐거운 경험은 오래 지속되는 효과를 갖는다. 그래서 하루의 여행이나 한 번의 연극 또는 영화 관람이 아이스크림을 먹는 것보다 더 많은 영향을 준다. 과식하는 아이와 가정들은 흔히 한정된 생활로 이어져서, 운동뿐 아니라 기분을 고양시키는 효과를 위해 함께 바깥으로 나가도록 권유받는다.

즐거움 만들기   지역사회의 행사는 즐거움을 가져다주고 사람들과의 유대를 쌓아 준다. 지역사회의 활동은 지역사회에서 유대를 쌓는 데 큰 도움이 된다. 많은 사람이 즐거움을 홀로 추구하게 되었다. 사람들이 서로 고립되면서 우울증을 앓는 사람들의 비율이 높아지고 있다. 활동을 함께 하는 것은 사회적 유대감을 쌓고 유지시켜 주며 공동체를 만드는 데서 중요한 부분이다. 학교들은 운동, 예술, 연극에 초점을 두어 강한 목적의식을 공유하게 하고자 한다. 강점에 기초한 학교 운동은 강점에 초점을 두어 개인과 지역사회의 정체성을 만들어 나가기 위해 스토리텔링과 지역사회의 기념행사를 포함한 공동의 활동을 적극적으로 권장한다(Eades, j., 2008).

5. 사랑

사랑은 동반자, 가족, 친구들 사이에 친근한 유대감을 만들어 주는 강렬하고 한결같은 감정이다. 사랑은 상대를 보살피고 그 보답으로 사랑받고자 하는 욕구를 낳는다. 사랑은 상호 의존 관계에 요구되는 친밀함을 만들어 내고 경쟁적인 요구나 관점에 대한 우리의 반응을 유화시킨다. 사랑은 관용, 포용, 충실함을 가능하게 한다. 사랑과 같은 유의 감정으로는 우정, 헌신, 흠모가 있다.

사랑을 지속시키기   사랑은 타협에 의거한 양방향의 관계이다. 사랑은 말보다는 행동에 의거한다. 아이의 요구에 대한 부모의 사랑은 주고받는 것으로 이루어지는 양면성이 있는 관계이다. 사랑은 말보다 행동으로 할 수 있다. 부모가 아이의 요구를 민감하게 알아차리고 대응하는 것이 어떻게 아이의 발전을 북돋는지에 대해서는 뒤에서 좀 더 상세히 살펴본다. 다른 사람의 사랑을 잃는 것은 깊은 정신적 외상을 남기고 아이들은 자주 자신이 사랑받고 있고 소중한 사람인지를 확인한다. '관심 끌기'라는 말은 이런 자연스런 행동을 해석하는 데 도움이 안 된다.

6. 놀라움

놀라움은 소중한 감정이다. 놀라움은 우리가 우리를 둘러싼 환경에 안주하지 않게 해 주고, 그래서 우리는 해가 될지도 모르는 변화를 알아차릴 수가 있다. 가족이나 친구들이 우리를 위해 변화가 일어날 수도 있음에 주의를 기울이게 된다. 가족과 친구들이 우리를 위해 준비한 깜짝 파티가 기쁨과 불안이 뒤섞이게 할 수 있는 것은 이 때문이다. 어린아이들이 항상 놀라움을 좋아하지는 않아서, 아주 기뻐하기보다는 충격을 받고 혼란스러워져서 그것을 계확한 사람을 실망시킬 수도 있다. 놀라움은 불안과 두려움의 반응과 밀접한 관련이 있는 것으로 보인다. 여기에 충격, 경악, 경탄, 경이가 포함될 수 있다.

놀라움과 변화 관리하기 언어 능력이 발달하기 전 단계에 있는 어린아이들에게 일상은 세계를 이해하도록 도와주는 중요한 것이다. 예측 불가능성은 불안을 자아내고, 그래서 세계가 불안하게 보이도록 만들 수 있다. 놀라움은 그것이 우리에게 소중하지만 예기치 못한 것을 가져다줄 때 유쾌해진다.

7. 혐오감

혐오감은 우리 몸에 해를 끼치고 병에 걸리게 할 수도 있는 것으로부터 우리를 보호해 준다. 심한 냄새는 특히 혐오감을 불러일으키는데, 이는 흔히 부패 및 부식과 관련이 있다.

혐오감에 대처하기 아이들은 강한 혐오감 반응을 보인다. 이는 아이들이 해로운 것을 만지거나 먹지 않도록 단념시켜 보호해 준다. 하지만 아이들은 다양한 음식에 익숙해질 시간이 필요한데, 새로운 음식을 접했을 때 혐오감을 보일 수 있다. 경멸, 무시, 멸시, 증오, 반감, 싫증, 역겨움이 혐오감과 밀접한 관련이 있다.

8. 부끄러움

부끄러움은 즐거움과 마찬가지로 지역사회를 지탱해 주는 사회적인 감정이다. 부끄러움은 사회적 반감에 대한 중요한 반응으로, 이러한 반응을 불러일으키는 행동을 멈추게 함으로써 아이들을 지킨다. 부끄러움은 아동기 초기에 우리를 사랑하고 보살피는 사람들에 대응해서 발전하며, 아이가 좀 더 활동적이고 독립적이 되어 위험해질 가능성이 높아질 때 깊은 유대감을 유지하도록 도와주는 반응이다. 죄책감, 쑥스러움, 회한, 창피함, 후회, 뉘우침이 이와 같은 유의 감정이다.

부끄러움의 역할 부끄러움은 반감을 일으키는 행동을 기억하게 만드는 데 유용한 작용을 한다. 부끄러움이 지나치면 굴욕감을 줄 수 있고, 거부감을 낳아 집단을 묶어 주는 유대감 너머로 아이를 밀쳐낼 수 있다. 사랑이 부족할 때 부끄러움이 줄어들 가능성이 크다. 지지를 받지 못하는 아이는 자신의 본능에 의지하게 될 수밖에 없고 자신을 보살피는 다른 사람을 신뢰할 수 없기 때문이다. 신뢰를 쌓고 사랑의 관계를 만드는 것이 역설적이게도 부끄러움을 느끼는 아이의 능력을 새롭게 해 준다. 부끄러움은 많은 오해를 받는 감정이다. 만일 부끄러워하지 말라고 한다면 사람들로 하여금 자기중심적이 되어 다른 사람들에게 공감하지 않도록 부추기는 셈이 된다.

이상의 여덟 가지 감정은 행동을 통제하는 데 큰 영향을 미친다. 부정감정은 우리에게 잠재된 위험에 대해 경고해 주는 반면 긍정감정은 활기를 북돋워 배우고 성장하기 위해 노력을 지속하도록 도와준다. 우리를 보호해 주는 감정들이 긍정감정들보다 더 많아서, 심리적 웰빙에 영향을 미칠 수 있는 부정편향을 만들어 낸다. 이제 일상생활에서 정서적 웰빙이 어떻게 만들어지고 증진될 수 있는지 살펴보자.

⊙ 정서 학습과 웰빙

어른들이 자신을 부양해 주고 보호해 주고 있음을 알 때 아이들은 안전함을 느껴 부정감정이 줄어들고 약해진다. 그럴 때 아이는 내적 혼란이 줄어들며 주변을 둘러보고 세계와 그 안의 사람들을 발견할 수가 있다. 감정적인 뇌의 당장의 요구에 몰두하기보다는 외부로 주의를 집중할 수 있다. 평온하고 행복한 아이는 자유로이 배울 수 있다.

정서 학습과 안도감

감정은 지성에게만 맡겨 두기에는 너무나 중요한 결정을 내릴 때 우리를 이끈다. 우리는 어려운 결정을 하면서 먼저 '직감'에 이끌렸다는 이야기를 한다. 그런 다음에 우리는 다양한 가능성들을 따져 보는 의식적인 사고를 통해 이들 감정을 뒷받침한다.

이는 언뜻 납득이 안 되고 직감은 못 믿을 것이라는 일반적인 생각과는 다를지 모른다. 하지만 감정 조절과 관련된 뇌 부위에 손상을 입은 사람들을 연구한 과학자들은 그것이 의사결정 능력에 영향을 미친다는 데 주목했다. 그들은 옳다고 느껴지는 것으로 자신을 이끌어 주는 감정적 나침반이 없는 채로 다양한 선택 사이에서 왔다 갔다 했다. 인지신경과학자인 안토니오 다마시오(Antonio Damasio) 박사는 그들이 정서 학습에 접근하지 못하기 때문에 그들의 의사결정이 악화된다고 말한다.

정서 학습은 중요한 인생 경험의 순간을 포착해서 우리가 옳다고 느끼는 것을 결정하도록 도와준다. 정서 학습은 무의식적인 기억으로 축적된다. 우리는 의식하지 못하지만 그것은 '직감적 반응'을 통해 과거에 무엇이 우리에게 효과가 있었는지 또는 효과가 없었는지를 상기시킨다. 감정은 의사결정을 이끌어 주며, 감정의 조언 없이 우리는 무엇을 할지 확신하지 못한다.

정서적 기억이 우리의 결정을 이끈다

정서 학습은 아동기 초기에 시작되는데, 웰빙에 없어서는 안 될 요소이다. 하지만 정서적 기억은 우리의 의식이 접근할 수 없는, 언어와 무관한 뇌 부위에 축적되기 때문에 우리가 그것을 검토하기란 쉽지 않다. 지크문트 프로이트는 정서 학습의 중요성을 알았지만 정서적 기억이 의도적으로 억압된다고 보았다. 이제 우리는 초기의 정서 학습이 변연계라는, 뇌의 다른 부위에 축적된다는 사실을 안다. 그것은 억압되기 때문이 아니라 다르게 작동하기 때문에 의식적인 인식의 범위 밖에 있다.

감정적 뇌는 아이의 안전을 지키기 위해 존재한다. 이것은 뇌 가운데서도 비교적 단순한 부분으로, 잠재적인 위험을 감지해서 이 정보를 저장해 두었다가 비슷한 일이 다시 일어나면 이전의 감각 패턴을 새로운 사건에 연결시킴으로써 빠르게 반응할 수 있다. 소리, 냄새, 이미지 그리고 다른 감각들은 지각 패턴을 연결시키는 이러한 간단한 방식으로 미래에 참조하기 위해 저장된다. 타는 냄새가 나는가? 그렇다면 이게 비상사태일까? 짖어 대는 소리는 예전에 나를 위협했던 커다랗고 시커먼 생물체와 연관이 있는 걸까?

정서 학습이 긍정적일 때 그것은 웰빙을 촉진하고 무의식적으로 저장된 그 패턴은 아이가 새로운 상황에서 침착성을 유지하고 낙관적이 되도록 도와준다. 하지만 삶이 불안정할 때 아이의 정서 학습은 가능한 위험에 대해 아주 민감해진다. 그렇게 되면 상황을 위협적인 것으로서 잘못 해석할 가능성이 크고, 그것은 과도하게 흥분한 감정 상태와 행동장애로 이어진다.

정서적 웰빙을 독자적으로 관리하는 능력을 발전시키는 과정은 아동기와 청소년기 전체에 걸쳐 서서히 진행된다. 아이의 정서적 웰빙은 아이가 감정에 휘둘리지 않고 감정을 통제하도록 도와주는 노련한 어른의 도움에 크게 의존한다.

인간의 뇌는 많은 부위로 이루어진 복잡한 기관이지만 흔히 다음 세 가지 기능 영역을 갖는 것으로 여겨진다(Hooper, 2012).

① 뇌간은 호흡, 순환, 체온 조절, 소화, 균형 잡기 같은 본능적인 과정을 관리한다.
② 감정적 뇌 또는 대뇌 변연계는 강한 감정을 유발하고 뇌간과 함께 공격 또는 회피 반사 작용을 활성화한다.
③ 이성적 뇌 또는 대뇌피질은 모든 사고와 반사 작용을 담당하는 고위의 뇌이다. 이는 뇌의 가장 큰 부분으로, 뇌의 85% 정도를 차지하는 것으로 추정된다. 자기인식, 창의성, 적극적인 문제해결을 담당한다. 결국 우리의 개인적인 기억과 모든 공식적인 학습은 뇌

의 이 부위에 의지한다. 아이가 태어날 때 대뇌피질 속의 뇌세포는 충분하지만 아직 서로 연결되어 있지 않은 상태이다.

뇌간과 대뇌 변연계는 태어날 때부터 잘 발달되어 있지만 대뇌피질이 충분한 능력을 갖추려면 경험과 학습이 필요하다. 사고하는 두뇌가 성숙해지려면 시간이 걸리고 잘 작동하려면 침착하고 주의 깊은 상태에 있어야 한다. 감정적인 뇌는 대뇌피질을 무시할 수 있으며 지각된 위험이 학습 과정을 심각하게 방해할 수 있다.

감정적인 뇌 이해하기

감정은 뇌, 즉 대뇌 변연계 깊은 곳에 기반을 두고, 언어와 사고를 관리하는 대뇌피질에 앞서 발달한다. 감정적 지각은 빠르고 강력하다. 감정적인 뇌로 가는 메시지는 천천히 모든 것을 따져 보고 결정을 내리는 이성적인 뇌보다 훨씬 앞서 빠르게 처리된다. 우리는 무슨 일이 일어나는지 '알기' 오래전에 위험을 '감지할' 수 있다. 자동차를 운전하거나 자전거를 타게 되면 이 신속한 반응체계가 우리의 생존에 얼마나 중요한지를 알 수 있다. 우리는 자세한 것까지는 알 수 없어도 위험한 상황이 닥치면 즉각 반응한다.

감정은 빠르게 움직이고 만약 내버려두면 우리를 압도할 것이기 때문에 감정을 이해하고 조절해야 한다. 감정은 상황에 대한 정확한 판단과는 거리가 멀다. 감정은 아주 작은 것에 근거해서 결론으로 비약한다. 감정의 그러한 속도는 '이건 그때와 같은 상황이야……'와 같은 신속한 패턴 인식 덕분에 가능하다. 소스라치게 놀라는 반응이 감정적인 뇌가 작동함을 보여 주는 좋은 예이다. 살짝 스트레스를 받고 있는 상황에서 어두운 밤에 어떤 소리를 듣거나 그림자 속에 숨어 있는 무언가를 상상할 때 우리는 소스라칠 가능성이 더 크다.

이전의 두려움과 실망감이 확고하게 내장되어 감정적 경보체계를 가동시키는 패턴이 만들어진다. 이는 빠르게 실행되고 의식적인 인식 바깥에서 일어나기 때문에, 매번 이전에 발생한 위험과 막연히 비슷한 일이 일어나는 감정적 무기력으로 이어질 수 있다.

호전적인 변연계가 부추기는 비이성적인 두려움을 조절할 수 있으려면 감정적 반응과 사려 깊은 생각 사이에 균형을 이루도록 학습하는 것이 아동기의 주요한 과제 가운데 하나이다. 하지만 우리는 감정을 완전히 불신하며 무시하려 했던 이전 세대의 전철을 밟지 않도록 주의해야 한다. 우리에게 필요한 것은 세 가지 뇌 부분의 통합이다.

아동기 경험은 앞서 제시한 세 가지 뇌 부분이 얼마나 잘 통합하는지를 결정한다. 아이들의 감정적인 뇌는 매우 예민하고 과도하게 흥분하기 쉽다. 어떤 아이들은 잠시도 가만히 있지를 못하고, 자주 공격하거나 방어하려는 원초적인 욕구에 휘둘러서 만연한 불안이나 풀리지 않는 강한 분노의 지배를 받는다. 이런 아이들은 안전하고 안심할 수 있기 위해 필요한 도움을 아직 경험하지 못한 것이다.

또 다른 아이들은 어떤 희생을 치르더라도 괴로움을 피하고 싶어 한다. 그래서 과도하게 이성적으로 통제된 삶을 살기 위해 사랑과 기쁨을 포함한 모든 감정으로부터 스스로를 분리한 채 성장한다. 안전하지만 감정의 발육이 멈춘 것이다. 이런 아이들은 상황을 악화시킬 수 있으므로 소란을 피우지 않으려 한다. 아이의 감정에 강하게 반응하는 어른들은 아이들이 냉정을 잃는 경험을 불안하거나 무서운 경험으로 만들 수 있고, 아이들은 그것을 피하도록 학습하게 된다.

운이 좋은 아이들은 도움이 필요할 때를 알아서 도움을 받는다. 즉, 문제를 해결해서 감정을 호전시킨다. 그런 아이들은 이성적인 뇌가 자신의 반응을 어떻게 조직할 수 있는지를 알아서 운 좋게 자기 삶에 좋은 작용을 하는 사회적 인식, 연민, 친밀감을 갖게 된다.

감정적인 뇌의 역할

감정적인 기억이 가진 문제점 가운데 하나는 다른 기억과 다른 지속성에 있다. 이 기억은 회복력이 매우 커서 쉽게 잊히지 않는다. 감정적 기억의 영역은 영속성을 필요로 하는 운동 학습과 연관된다. 우리가 운동 기억을 쉽게 잊는다면 걷거나 자전거 타는 법을 잊어버려서 위험한 결과를 가져올 것이다. 그래서 우리는 어제 사용한 전화번호는 잊어버릴지 몰라도, 수년 전 우리를 울렸던 어떤 일을 떠올리게 하는 아주 사소한 암시만으로도 오래전에 잊어버렸던 감정들이 불시에 되살아나 우리를 사로잡을 수 있다.

불안한 삶과 관련된 감정적 기억들을 많이 저장하고 있을 때, 아이들은 인지된 위험에 대해 계속해서 강력하게 반응할 것이다. 이런 아이들은 위험에 민감해져 있어서, 그들의 감정 온도 조절 장치를 재설정할 수 있게 해 주는 많은 긍정적이고 안심할 수 있고 평온한 이미지로 그러한 이미지를 덧씌울 필요가 있다.

프로이트가 억압된 기억에 대해 이야기한 이후로 아동기 초기의 경험과 그것이 지속적으로 미치는 영향에 대한 관심이 쏟아졌다. 이제 무엇이 아이들에게 안정감을 주는지, 감정적으로 취약한 아이들을 돕기 위해 이러한 지식을 어떻게 이용할지에 대해 살펴보자.

정서적 안정감은 어떻게 학습되는가

갓난아기들은 속수무책으로 태어나서 전적으로 어른의 보살핌에 의존한다. 어른들의 섬세한 도움이 없다면 아이는 살아남지 못할 것이다. 아기들의 우렁찬 울음소리는 자신의 욕구에 주의를 끌기 위한 것이면서 또한 폐를 훈련시키기 위한 것이기도 하다. 그들의 웰빙은 보살핌에 달려 있다. 갓난아기들은 스스로 마음을 진정시키거나 감정을 가라앉힐 수 없고 어른의 도움을 받아야만 다시 평온함을 찾을 수 있다.

평온하고 불안감을 없애 주는 부모는 차츰 아이를 진정시키고 안심시킬 수 있다. 정서적 웰빙은 괴로움을 최소화해서 아이가 재빨리 평온한 상태를 회복하도록 도와주는, 초기의 이런 확실한 보살핌에서 시작된다. 아기는 어른에게 의지해서 자신의 감정을 알게 된다. 그래서 자신의 감정적 요구에 압도되는 일 없이 양육에 따르는 막대한 부담에 대처할 수 있는 부모가 필요하다. 양육자가 감정이 없거나 일관성이 없으면 아기가 오랜 시기 동안 과도하게 흥분된 상태에 놓일 수 있다.

아기들은 어른의 표정을 알아차리고 반응할 수 있다. 평온하고 안정된 부모가 아이를 차츰 평온하고 안정되게 할 수 있다. 불안하거나 화를 내는 양육자가 아기를 먹이거나 기저귀를 갈 수는 있을 것이다. 하지만 아기의 감정을 적절히 달래 주지 못해 아기가 불안해서 쉽게 화를 내게 된다.

아이들은 부모에게 의지해서 자신의 욕구를 알고 해석한다. 엄마와 아이의 강한 유대관계는 아이의 요구를 민감하게 받아들여 어떤 괴로움도 빨리 알아차리고 해결하게 해 준다. 이러한 뒷받침은 아이가 재빨리 괴로움에서 회복되고 자신이 보살핌을 받을 것이라는 것을 확실히 알도록 도와준다. 적절한 양육은 또한 자기 감정을 누그러뜨리는 행동을 보여 주어 아이가 차츰 그러한 행동을 모방해서 부모가 없어도 스스로 평온해지도록 한다.

자신의 경험에 따라 아이는 차츰 '세계가 어떻게 작동하는지에 대한 내적 모델'을 만들어 낸다(Gernardt, 2004). 이 내적 모델은 어른들이 어떻게 반응하는지 예측하도록 아이들을 도와준다. 갓난아기는 신체적으로 약하고 무기력하지만 어른의 반응이 적대적인지 또는 자기를 도와주려는 것인지 감지하는 두드러진 능력을 가지고 있다.

주 양육자가 아이의 요구에 즉각적이면서 언제든 반응할 때 아이는 자신이 보살핌을 받으리라는 예측을 하고 양육자와 함께 있는 것을 즐거워한다. 아이는 자신이 방긋 웃거나 까르르 소리를 내어 웃으면 어른이 자기와 놀아 주고 배고프거나 불편할 때 울면 보살펴 주리라는 것을 알게 된다. 요구가 즉각적으로 충족될 때 아이는 행복하고 평온해질 수 있다.

괴로움과 감정적인 뇌

감정적으로 안정된 아이들은 대개 빨리 마음을 진정시키고 다시 놀이를 시작한다. 엄마와 아이가 상호작용하는 모습을 담은 필름을 통해 어떻게 엄마와 아이 사이에 좀 더 빠른 진정 과정이 발전하는지가 자세히 연구되었다. 아기의 요구를 아는 어머니들은 아이가 어떤 감정을 느끼는지를 알아서 소통한다. 아이가 옹알이를 하며 행복해할 때 엄마는 기쁘게 반응해서 두 사람 사이에 상호적인 기쁨의 춤이 활발히 오간다. 아이가 괴로워하면 엄마는 편안하게 해 줄 것이고 반응 속도를 늦춤으로써 아이를 진정시키고 안정시킬 것이다. 아이의 감정이 즐거움이건 슬픔이건 엄마는 아이의 감정에 맞는 이해와 실제적인 반응을 보여 준다. 그 속도와 패턴은 아이가 보이는 각각의 미세한 반응에 의해 결정된다. 이런 경험을 통해 아이들은 다음과 같은 중요한 세 가지를 알게 된다.

① 엄마가 자기한테 보이는 반응을 통해 자기 감정 알기
② 자기가 평온한 감정을 느끼는 것이면 무엇이라도 엄마가 받아들일 수 있다는 믿음
③ 자기가 적절히 소통하는 것에 반응하는 엄마에게 의지해야 한다는 것

과거가 미래를 결정하지는 않는다

아이들의 웰빙을 이루는 데 초기의 정서 학습이 얼마나 중요한지를 알아보았다. 하지만 그렇다고 해서 어려움을 가진 아이들과 가족들이 종신형에 처해지는 것은 아니다.

인간은 변화하는 놀라운 능력을 갖고 있다. 초기 경험이 뇌의 발전에 중요한 영향을 미치기는 하지만 뇌는 적응할 수 있다. 이른바 신경가소성을 가지고 있는 것이다. 덕분에 뇌는 새로운 경험으로부터 배울 수 있다. 좋은 경험이 차츰 부정경험을 무효화한다. 아이들은 자신이 잘해 내도록 도와줄 새로운 관계를 만들 수 있다. 도움을 받아 긍정관계를 특징짓는 세심함과 소통성을 키울 때 부모는 가족관계를 바로잡을 수 있다. 세계가 작동하는 방식에 대한 새로운 내적 모델을 만들어 내기에 결코 늦지 않은 것이다.

아이의 정서적 안정감을 살펴 이해하기

아이들이 자주 두려워하거나 불안해하거나 감정이 변덕스러울 때 이는 안정감과 평온함을 얻기 위해 애쓰고 있음을 보여 주는 분명한 징후이다. 아이가 새로운 경험을 피하거나 또는 위험을 감수하거나 실수하기를 꺼리는 것도 좀 덜 분명하기는 하지만 감정적 취약성을 드러내 주는 징후일 수 있다.

정서적으로 안정된 아이들은 어른의 도움을 좀 더 잘 구할 수 있다. 이런 아이들은 자기 감정으로부터 주의를 돌리게 해 주는 활동에 참여하는 기회들에 반응할 수 있고 자신이 즐길

수 있는 것에 참여할 수 있다. 정서적으로 불안정한 아이들은 어떤 감정 상태에 '갇혀' 있어서 자기 감정을 조절하여 빠져나가기가 어려울 가능성이 더 크다. 힘이 되어 주는 관계를 만드는 데는 시간이 걸릴 수 있다.

아이의 신뢰를 얻어 불안한 감정을 누그러뜨리는 열 가지 방법

1. 아이가 속상하다는 것을 당신이 알고 있으며 아이의 감정을 받아들일 수 있다는 점을 아이에게 알려 주라. 말뿐 아니라 몸짓과 목소리를 통해 아이를 안심시켜 주라.
2. 아이가 죄책감이나 보복을 받을지도 모른다는 생각 없이 자기 감정이 어떤 것인지 인식하도록 도와주라. '화가 난 것 같구나' 하는 식으로 아이가 느끼는 감정에 이름을 붙여 주라.
3. 아이가 괴로움을 해결하도록 기꺼이 돕고 그 과정에서 아이를 지지할 것이라고 말해 주라.
4. 아이가 평온함을 되찾을 수 있는 안정된 공간을 만들어 주라. 어른의 도움을 주거나 평온해지는 활동을 하게 해서 생리적 흥분을 가라앉히도록 도와주라.
5. 강렬한 감정으로 벌을 받거나 거부당하지는 않지만 파괴적인 행동은 용납될 수 없음을 분명히 하라.
6. 아이가 처음의 혼란에서 회복되면 무슨 일인지를 살펴보고 아이가 어떻게 달리 반응할 수 있는지에 대해 이야기를 나눠 보라.
7. 상처받기 쉬운 아이는 수시로 자신의 강점을 떠올리도록 해 주고 자신을 소중히 여기도록 격려해 주라. 아이가 오락 활동을 위해 또는 어떤 문제를 해결하기 위해 자신의 강점을 사용해 보게 하라.
8. 아이가 강한 소속감을 가져서 거부당할까 봐 두려워할 필요가 없음을 확실히 알게 해 주라. 아이의 기분이 혼란스러우면 기분이 좋아지도록 당신이 돕고 싶어 한다는 점을 알려 주라. 하지만 아이의 혼란이 불편하다거나 용납할 수 없다는 느낌을 주지 않도록 하라. 정서가 불안정한 아이는 자신이 잘해 낼 때만이 다른 사람들에게 받아들여질 수 있다고 생각하게 된다.
9. 아이가 어른 및 또래들과 관계를 만들고 강화할 수 있는 기회를 만들어 주라. 도와주고 함께 나누는 것은 상호의존성을 강화한다. 타협이나 상호작용은 아이가 자신에 대해 좋은 감정을 갖기 위한 강력한 토대이다. 다른 사람들이 아이를 존중하고 소중히 여기며 보살펴 주기 때문이다. 공동체 의식이 클수록 아이는 더 안정감을 느낄 수 있다. 정서적으로 취약한 많은 아이가 도움을 받지 않는 한 또래 집단으로부터 배제되는 위험에 처하게 된다.
10. 변화의 속도가 더디다고 좌절하지 마라. 거부당할 것을 예상하는 아이는 신뢰를 쌓는 과정이 더딜 것이다. 불신이 사람들을 멀리하는 방어 장벽을 만들어 낼 수도 있다.

다음으로 아이들이 자신의 감정을 다스리는 방법을 알아본다.

⊙ 정서적 유능성을 이해하고 키우기

아이들은 자기 감정을 인식하고 이해해야 할 필요가 있다. 그러면 감정적인 뇌의 작용을 통제할 수 있다. 정서적 유능성이란 감정을 인식하고서 행동을 결정짓기 전에 자신의 생각을 고려하는 능력이다. 감정적인 뇌는 아주 강력해서 그것을 통제하는 것은 일생의 주요한 성취이다. 감정적인 뇌와 이성적인 뇌를 통합하는 것은 코끼리를 타는 것과 비교된다(Haidt, 2006). 인간은 자신이 가고 싶은 곳을 계획하지만 인간 아래에 있는 코끼리는 엄청나게 힘이 세고 강해서 전혀 예측할 수가 없다.

정서적 웰빙을 관리하기 위해 필요한 다섯 가지 능력이 있다.

① **자기 감정 알기**: 매 순간 자기 감정을 점검할 수 있으면 무엇을 할지 결정할 수 있다.
② **감정 관리하기**: 강렬한 감정을 스스로 통제할 수 있으면 하는 일을 망칠 수 있는 강렬한 감정에 휘둘리지 않을 수 있다.
③ **자기 동기부여**: 장기적인 목적에 힘쓰기 위해 단기적으로 흥미를 끄는 것 사이의 갈등을 관리하는 것이다. 충동적인 감정에 저항하는 데는 상당한 자기수양과 자제력이 요구된다.
④ **다른 사람의 감정 알기**: 공감은 다른 사람의 감정을 알 수 있게 해 준다. 마음이론은 감정과 욕구를 구분할 수 있게 해 준다.
⑤ **관계를 발전시켜 유지하기**: 관계의 기술은 다른 사람의 요구에 대한 민감성과, 친밀한 관계와 신뢰를 쌓기 위한 능숙한 사회적 기술에 달려 있다.

이 다섯 가지 능력은 일생에 걸쳐 점차적으로 발전한다. 어떤 사람들은 코끼리 타는 방법을 익히지만 또 어떤 사람들은 코끼리에 대해 제한적인 통제력을 가질 뿐이다. 정서적 유능성은 세심한 어른의 도움 없이는 거의 발달시키기 어렵다. 이제 아이들이 어떻게 자기 감정을 알고 관리하도록 도울 수 있는지 살펴보자.

1. 자기 감정 알기

특히 아이들은 강렬한 감정에 휘둘리기 쉽고, 본래 취약해서 보호를 받을 필요가 있다고 여겨진다. 그래서 자연은 아이들에게 초강도의 감정적 반응을 갖춰 주었다. 이 초강도의 감정적 반응은 아이에게 잠재적인 위험을 알려 주고 아이 근처에 있는 어른 또한 그러한 사실을 무시할 수 없게 만든다. 이 반응은 애착 행동이라고 하는데, 아이를 보호하고 아이가 안전하도록 어른들이 주의를 기울이도록 한다. 애착 행동은 아동기 내내 지속되지만 스스로 또는 친구의 도움을 받아 상황을 처리하는 능력에 대한 자신감을 얻는 청소년기에 좀 더 성숙해진다.

갓난아기는 처음에 자기에게 되돌아오는 반응을 통해 자신의 감정을 알게 된다. 웃는 반응을 얻고 몸짓과 어조를 제대로 감지하는 아이는 즐거움을 알기 시작한다. 불안한 아기는 자신의 불안을 알고 그로부터 자신을 안전하게 지켜 주는, 어른들의 안심시키는 말과 행동에 의해 진정된다. 아이와 양육자의 동시성은 아이의 감정을 비추고 연결시켜 아이가 무슨 일인지를 알게 해 준다. 나중에는 사용되는 말에 의미가 더해지고 감정 언어가 공유된다.

2. 감정 관리하기

아이들이 자신의 감정에 사로잡히면 그것으로부터 물러날 수가 없으므로 안심시켜 주고 다음과 같은 실제적인 도움을 줄 어른이 필요하다.

- 객관적으로 아무런 위험이 없더라도 해악으로부터 안전하고 보호받고 있다고 느끼도록 도와준다.
- 강렬한 감정을 관리하도록 어른이 일관되고 확실하게 도와줄 것이라는 신뢰감을 쌓아 준다.
- 회피나 투쟁 반응을 일으키는, 생리적으로 과도하게 흥분한 상태를 줄인다.
- 아이에게 이런 양상의 감정을 알고 이름을 붙이도록 그 언어를 가르친다.

애니의 사례

애니는 많은 격변의 상황을 겪은 몹시 불안하고 조용한 아이였다. 애니의 가족은 애니가 처음 학교에 들어간 지 2년 동안 두 번 이사를 했고, 그래서 학교가 바뀌면서 아이는 불안해지게 되었다. 교육에도 지장이 있어서 아이는 학업 성취에서 격차를 보였다. 애니는 새로운 무언가에 대면했을 때 얼어붙어서 시동을 걸지 못하는 경향이 있었다. 담임교사가 새로운 주제를 소개할 때 보조교사인 태니어가 옆에 조용히 앉아서 애니와 관계를 쌓을 수 있었다. 태니어는 조심스럽게 안심시켜 주며 접근하는 방법이 애니를 편하게 해 준다는 점을 알았다. 태니어는 애니의 눈을 마주 보며 미소 지었다. 애니의 몸짓이 정반대를 말하고 있었기 때문에, 태니어는 애니에게 "넌 그걸 할 수 있을 거야."라고 말하지 않았다. 대신에 "도움이 필요하면 나한테 오렴."이라고 말했다. 시간이 지나면서 애니가 태니어의 도움을 받을 필요는 점점 줄어들었다. 이윽고 두 사람이 마주 보며 미소 짓는 것은 서로 안심시켜 주고 안심하는 신호이기보다는 희망의 신호가 되었다. 애니는 태니어가 자기를 판단하는 게 아니라 이해하고 있으며 필요하면 도와줄 것이라고 생각했다. 이것이 바로 애니가 바라던 것이었다.

감정 관리하기

아이들의 행동은 흔히 혼자서 문제를 해결하려 하기 때문에 문제가 된다. 자기 감정을 이해하는 데는 시간이 걸리며, 흔히 아이의 해결책은 충동적이고 자신의 요구가 중심이 된다. 아이들은 다른 사람들에게 문제를 일으키려 하지 않지만 흔히 이것이 문제가 된다. 아이들이 자기 자신과 다른 사람들을 좀 더 잘 이해하게 하려면 자기 행동의 모든 측면을 보고 더 나은 해결책을 찾도록 도와주는 세심한 지도가 필요하다. 후퍼(2012)는 이를 행동 코칭이라고 부른다. 이는 거꾸로 접근해서 아이가 자기 행동의 원인이 되는 생각과 감정을 알도록 가르친다. 행동 코칭은 스스로가 빠른 해결책을 내놓는 것보다 시간이 더 오래 걸리는 것처럼 보일지 모르지만 상황을 진정시키는 데 더 효과적이다. 행동 코칭은 또한 서서히 아이가 자신의 해결책을 찾는 방법을 가르친다. 공감이 이 접근법의 핵심이다. 아이의 감정을 알고 이해하려고 할 때 아이가 자기 감정을 이해하도록 도울 수 있을 것이다. 그렇게 되면 아이에게 효과적인 해결책을 찾기가 더 쉬워진다.

문제를 알고 해결책을 찾기까지 네 가지 단계가 있다. 행동 코칭은 아이가 감정적인 뇌와 이성적인 사고를 통합하는 방법을 배우도록 도와준다. 또한 아이의 감정에 대해 아이들에게 이성적인 생각과 정서적 뇌를 통합하는 방법을 알려 준다. 그리고 아이의 감정과 그것이 행동에 어떻게 영향을 미치는지 확인하고 인정한다. 이것이 성공적으로 이루어질 때 아이가 새로운 행동과 능력을 배우고 훈련할 필요가 있음을 알도록 돕는다.

당신의 공감이 당신과 아이를 긴밀하게 연결시키고, 의사소통을 개선시켜 두 사람이 함께 무슨 일이 일어났고 왜 아이가 그런 감정을 갖게 되었는지를 살펴볼 수 있다. 이는 스트레스를 줄여 주어 생각과 반성을 더 쉽게 할 수 있도록 해 준다.

코치가 충고하거나 지시하지 않는 것이 모든 코칭의 필수적인 원칙이다. 당신이 해결책을 알고 있을 수도 있지만 코칭의 목표는 아이가 자신을 더 잘 이해하도록 돕는 것이다. 그럴 때 아이는 제대로 된 정보를 바탕으로 선택을 하고 진정한 변화를 계획할 수 있다. 아이의 감정에 대해 말할 때는 아이가 자기에게 효과가 있는 것을 찾아낼 수 있도록 당신의 견해는 비밀로 해 두라. 다른 누군가가 해결해 주는 것이 빠른 해결책일지 모르지만, 아이가 스스로 생각하고 문제를 해결하는 방법을 배우지는 못한다.

자기 감정 점검하기

　강렬한 감정에 대해 당신이 어떻게 생각하는지를 아는 것이 또한 중요하다. 당신이 아이에 대해 느끼는 공감과 결속감은 당신이 강렬한 감정에 대해 갖고 있는 가치관과 믿음에 영향을 받을 것이다. 당신은 슬퍼하지 않으려 하는가 또는 화내는 것을 두려워하는가? 속이 상할 때 '감정에 전염'되어서 아이가 느끼는 것과 같은 강렬한 감정을 느끼는 것은 드문 일이 아니다. 이런 감정들이 불편하다면 당신은 그것을 빨리 해소해서 마음의 평화를 유지하려 할 가능성이 크다. 동시에 그러한 행동을 반복하는 것을 막아 주리라고 기대하며 죄책감을 느끼게 하거나 수치심을 불러일으킨다면 그것이 소통에 장애가 될 수 있다. 이런 전략이 거듭 사용되면 아이가 자신의 감정에 대해 당신에게 숨김없이 터놓지 못하게 되는 부차적인 감정이 야기된다. 아이가 어른의 감정까지 고려해야 한다면 해결책을 찾는 데 집중하기가 어렵다.

　많은 사람에게 양육은 마음을 단단히 먹어야 하는 힘든 일로, 자기훈련을 통해 감정을 빠르고 효율적으로 관리해야 한다. 자기훈련이 행동 코칭의 궁극적인 목표이지만 이 목표로 가는 길은 천천히 가야 한다. 먼저 감정적인 뇌가 이성적으로 문제를 해결하려면 억압되지 않고 평온해야 한다.

　강렬한 감정이 환영받지 못한다는 메시지를 받으면, 아이는 감정을 숨기려 할지 모른다. 이러한 전략이 성공하기는 힘들다. 이는 아이가 감정을 숨기려다 더 이상 감정의 소용돌이를 어쩌지 못해 무너지는 양극단 사이에서 흔들리게 할 것이다. 흔히 결정적으로 무너지는 것은 사소한 것이 원인이 될 수 있는데, 그때 어른들은 놀라면서 막연히 짜증스러운 상태가 된다. '아무것도 아닌 일에 웬 소란이람.' 감정은 강렬한 것이어서 그것을 처리하지 않는 한 잘 사라지지 않는다.

　아이가 자기훈련을 하도록 돕는 가장 좋은 방법은 단계적인 과정을 통해 공유하고 지도하는 것이다. 행동 코칭은 아이의 수준에 맞춰 아이가 고민하는 강렬한 감정을 해결하도록 돕는다. 그 과정은 아이가 성숙해져서 좋은 선택을 하는 능력이 커질수록 달라진다.

　아이와 함께하는 이런 접근법은 특히 상황이 분명하지 않을 때 효과가 있다. 그런데 항상 사건이 발생한 그 자리에서 행동 코칭을 할 수 있는 것은 아니다. 아이가 아주 불안정하다면 주의를 딴 데로 돌리는 일을 하면서 조용한 시간을 갖는 게 필요할지 모른다. "화가 단단히 났구나. 내가 도와주고 싶지만, 우선 조용한 시간을 가지면서 마음을 진정시킬 필요가 있겠구나."

도구상자 14-1　행동 코칭의 5단계

1. 아이의 감정에 주의를 기울이기

어린아이들이 흔히 그러는 것처럼 아이의 감정이 행동으로 드러난다면 이는 간단하다. 하지만 자기 안에 틀어박히거나 동참하지 않는 경우처럼 그 징후가 직접적으로 잘 드러나지 않을 때는 더 어려울 수 있다. 아이가 하는 가상의 놀이에 어떤 주제가 등장하는지 또는 아이가 이야기, 영화, TV에 대해 무슨 말을 하는지 주시해야 할 것이다.

2. 당신이 아이와 함께 이 문제를 해결할 수 있음을 분명히 하기

아이와 친밀해져서 아이의 감정을 기꺼이 공유한다면 새로운 능력을 가르치기에 바람직한 환경이 조성된다. 해결되지 않은 감정은 잘 사라지지 않아서 아이 몸의 화학적 성질은 '회피하거나 싸우려는' 상태가 되어 있을 것이다. 따라서 일찍 시작할수록 상황이 악화되는 것을 피할 수 있다.

3. 아이의 감정에 대해 들어주고 인정해 주기

아이의 세계로 들어가라. 그러면 감정을 반추해서 아이가 자신의 감정을 이해하고 받아들이도록 도울 수 있다. 이는 또한 아이에게 안심할 수 있는 여지를 주어 아이가 뒤로 물러나 당신이 보고 있는 것을 볼 수 있게 해 준다. 이것이 모든 주의가 고민거리에 쏠려 있을 때 아이를 사로잡고 있는 감정을 약화시켜 준다. 자기 감정에 대해 이야기하도록 용기를 북돋아 주면 아이가 이해받도록 할 뿐만 아니라 아이가 자신을 이해하도록 도울 수 있다. "화가 나는구나."라는 말은 문제 해결에 착수하는 데서 꼭 필요하다.

4. 감정에 이름을 붙여 주기

특히 어린아이들은 감정을 불편하지만 설명하기 힘든 것으로 경험한다. 아이들은 차츰 경험, 어른의 도움, 자신의 감정을 묘사하는 어휘를 통해 자신의 감정을 알게 된다. 아이들은 좌절, 짜증, 성마름에서부터 반감과 화에 이르기까지 다양한 양상의 화를 가리켜 흔히 미움과 같은 말을 쓴다. "미워."라는 말은 다양한 것을 의미할 수 있다. 이는 듣기에 불편할 수 있지만 함께 이야기를 나눔으로써 차츰 그 여러 가지 의미가 밝혀진다.

톰과 아빠 사이의 행동 코칭을 살펴보자. 톰은 여덟 살 난 아이인데, 네 살 난 여동생 라라가 있다. 라라는 오빠를 영웅처럼 받들지만 오빠는 여동생이 자기를 졸졸 따라다니는 걸 달가워하지 않는다. 라라가 톰의 방에 들어가 톰이 아주 자랑스러워하는 레고 장난감을 가지고 놀기 시작한다. 톰이 라라에게 레고를 놔두고 나가라고 소리치지만 라라가 무시하자 톰이 라라를 방 밖으로 밀치려 하면서 실랑이가 벌어진다.

이때 아빠는 몇 가지 단계에 따라 톰이 어떻게 여동생과 잘 지낼지 결정하도록 도와준다. 아빠가 톰이 화내는 걸 이해하며 도와주고 싶어 한다는 것을 톰에게 알린다. 두 사람은 문제 해결의 준비 단계에 들어선 것이다.

5. 문제 해결하기

이것은 톰이 여동생을 밀면서 생겨난 눈앞의 상황을 다루면서 시작되는 유도된 접근법이다. 앞으로 어떻게 할지 집중하기 전에 부적절한 행동을 인정해야 한다. 자신의 감정이 문제가 되는 게 아니라 여동생에 대한 자신의 행동이 용납될 수 없는 것임을 톰이 아는 게 중요하다.

- 행동을 제한하라: 톰이 왜 여동생에게 불만스러웠는지 이해하지만 여동생을 발로 차거나 어떤 식으로든 다치게 하는 행동을 해서는 절대 안 된다는 점을 아빠는 분명히 해야 한다. 아빠는 다음과 같이 말한다. "네가 화가 난 건 알지만 여동생을 발로 차는 건 안 돼." "화가 났다고 해서 사람들을 다치게 하는 건 절대 용납할 수 없는 짓이야." "네가 라라와 의견이 다를 때 함께 해결하는 방법을 찾아야야겠구나."
- 목적을 확인하라: 이제 톰과 아빠는 화를 표현하고 여동생과의 다툼을 처리하는 방법들을 살펴볼 것이다. "어떻게 하면 네 여동생과 더 잘 지낼 수 있을까?"
- 선택안들을 알아보라: 아빠가 톰에게 규칙을 정해 준다면 효과는 있을지 모르지만 톰이 스트레스를 받아 규칙을 깰 수도 있다. 톰이 선택들을 찾아내도록 도와주는 게 더 낫다. 아빠는 톰과 라라가 모두 이기는 걸 목표로 하지만, 톰은 처음에 자신의 관점에서 해결책을 찾을 수 있을 뿐이다. "라라가 내 방에 오거나 내 장난감을 가지고 노는 걸 못 하게 해야 한다고 생각해요." 아빠는 이 선택이 완벽하지는 않지만 거부하지 않기로 한다. 대신에 그걸 실제로 어떻게 잘 실행할 수 있을지 좀 더 나아간 질문을 한다. "언제 라라가 너하고 놀 수 있을까? 네가 놀고 싶을 때만 놀 수 있다면 그게 공평할까? 여동생과 사이좋게 지내도록 도와줄 다른 방법이 없을까?" 이런 질문이 톰으로 하여금 여동생의 관점에서 생각해 보도록 도와주고 여동생의 입장에 대한 공감 능력을 발전시켜 준다.
- 선택들의 장점을 따져 보라: 그들은 결국 두 가지 선택에 이르게 되었다. 라라가 노크를 해서 톰이 놀 수 있는지 그리고 각자의 방은 사적인 공간이지만 함께 놀기 위해 방을 제공할지 혹은 정원에서 놀지를 물어보기가 그것이다.
- 선택하라: 톰은 자기가 놀 시간이 있는지 혹은 바쁜지 라라가 노크를 해서 물어보면 괜찮을 것이고, 라라가 놀러 오는 시간을 정해 두고 그 시간에 라라가 놀러 오면 게임을 뒤에 할 수 있을 거라고 결론짓는다. 두 사람은 다음 단계로 라라에게 미안하다고 말하고 이 계획에 대해 어떻게 생각하는지 묻는다. 다행히 라라는 아주 좋아하고, 오빠도 자기가 동의하지 않는 한 자기 방에 들어오지 못하게 하는 것이 유리하다고 여긴다.

차분하면서 반복적인 일을 찾아서 아이가 방금 있었던 일에서 주의를 돌리도록 도와주라. 흔히 어린아이들은 기꺼이 도와주는 일을 하지만, 불안해하며 자주 폭발하는 좀 더 나이 든 아이들은 행동 코칭을 시작하기에 좀 더 평온하고 수용적인 상태에 있지 않은 한 그들의 마음을 제대로 사로잡을 계획된 활동이 필요할 것이다.

아이의 호흡과 심장 박동수가 안정되면 행동 코칭을 시작해서 아이의 감정을 인정해 주고 가능한 해결책을 찾을 수 있다. 상기된 얼굴이 원래대로 돌아왔는지 그리고 당신의 농담에 웃는지 등 스트레스 반응이 가라앉았는지를 알려 주는 다른 징후들도 눈여겨보아야 한다.

3. 자기 동기부여

정서적 웰빙은 성취감을 주는 목표를 위해 현명한 선택을 하고 동기부여를 할 수 있는 능력에 달려 있다. 지금 할 수 있지만 쉬운 일과 좀 더 도전적이지만 보람 있는 일을 위해 노력하는 것 사이에는 항상 갈등이 있다. 집중을 방해하는 것들을 통제해서 장기 목표를 위해 노력하는 것은 충동적인 감정적 욕구를 억제하는 능력에 달려 있다. 동기부여란 미래에 어떤 식으로든 더 큰 가치가 있는 보상이 우리에게 주어질 것이라고 확신하는 과정이다.

1960년대부터 이렇게 만족감을 연기하는 데 필요한 의지력을 연구하는 대표적인 실험이 이루어졌다. 월터 미셸(Walter Mischel)은 네 살 난 유치원생들에게 지금 마시멜로를 1개 먹을지, 아니면 좀 더 기다렸다가 2개 먹을지 선택하게 했다. 그런 다음 아이들을 마시멜로 1개와 함께 15분 동안 방에 남겨 두었다. 이런 식의 연구가 되풀이되었는데, 화면에 찍힌 아이들은 마시멜로를 앞에 두고 참고 기다렸다. 아이들은 눈을 감기도 하고 눈길을 돌리기도 했으며, 어떤 아이들은 혼잣말로 자신을 다독이는 것처럼 보였다.

미셸의 연구는 특히 흥미롭다. 고등학생이 된 이 아이들을 추적한 결과, 4세 때 마시멜로를 앞에 두고 참고 기다린 능력과 미국 대학입학시험 점수 사이에 강한 연관성이 있음이 밝혀졌기 때문이다. 이는 아이의 성공 가능성에 대해 지능지수보다 더 잘 예측해 주었다. 앤절라 더크워스(Angela L. Duckworth)의 최근 연구에서는 강한 끈기와 열정적인 집념이 IQ나 학교의 시험 점수보다 대학에서의 높은 성취도를 더 잘 예측하게 해 주었다.

미리 계획을 세우고 목표를 설정하면 아이들이 스스로 변화하고 성장할 수 있음을 알도록 용기를 북돋아 줄 수 있다. 만족감을 연기하는 것은 근본적으로 오늘의 노력이 내일엔 보상받으리라고 생각하는 낙관적인 과정이다. 동기부여를 하고 목표를 가지면 자신감과 자아존중감이 높아진다. 가정과 학교에서 스스로 목표를 설정할 줄 아는 아이들은 긍정적 자아존중감을 가질 가능성이 더 높다.

4. 다른 사람의 감정 알기

관계를 만들고 유지하는 것은 경험과 훈련에 달려 있다. 사회적인 상호작용과 관련된 과정은 아주 복잡하다. 흥미롭게도, 우리는 진화 과정에서 이들 능력을 좀 더 쉽게 익히도록 도와주는 천부적인 체계를 발달시켜 왔다. 사회의 규칙과 기대는 문화마다 다양하다. 그래서 이렇게 내장된 처리 체계가 본능적으로 우리가 서로 조화될 수 있도록 이들 규칙을 생각해 냄으로써 우리를 도와주는 것 같다. 그 결과, 아이들은 사회의 규칙에 대해 설명을 듣지 않고도 그것을 익힐 수 있다. 언어 또한 내장된 처리 체계 또는 심리학자들에 따르자면 심층 구조를 가지고 있다. 이는 아이가 규칙들을 추론할 수 있게 해 준다. 누가 그렇게 말하는 걸 들어 본 적이 없는데도 아이가 "난 정말 빨리 달렸어(I runed really fast)."라고 말할지 모른다. '달리다(run)'는 불규칙동사이지만('run'의 과거형은 'ran'), 아이는 과거형에는 'ed'를 붙이는 게 규칙이라는 걸 이해한 것 같다. 비슷하게, 어린아이들은 주변에서 일어나는 일을 보거나 들어 알게 된 것에 기대어서 "남자애들은 여자애들하고 안 놀아." 또는 "여자들은 화물차를 몰지 않아."라고 말할 것이다. 아무도 아이들에게 이런 말을 직접 하지 않지만 아이들은 주변에서 본 것을 통해 추론한다.

다른 사람들의 감정을 아는 기본적인 능력은 타고나지만 그것을 키워 발달시켜야 한다. 아기들은 다른 아기들이 우는 소리를 들으면 불안해진다. 그 이후 걸음마기의 아이들은 안거나 장난감을 줌으로써 다른 아이들을 위로해 주려 한다. 때로 어떤 아이는 그 아이의 부모가 있는데도 자기 엄마를 넘겨 준다. 어린아이들의 이해는 자신이 세계에 대해 이해한 것과 자기한테 유효한 것에 한정되어 있다.

사회적 인식을 충분히 활용해서 다른 사람들에게 민감하고 진정하게 반응할 때 사회적 강점이 발전한다. 사회적 인식은 다음과 같은 능력들의 상호작용에서 나온다.

- **공감**: 말이 아닌 감정에 기초해서 몸짓, 어조, 얼굴 표정 같은 미묘한 단서를 포착함으로써 다른 사람의 감정을 아는 능력
- **적극적 경청 능력**: 말뿐만 아니라 속도와 감정적인 어조에도 충분히 주의를 기울여 다른 사람의 의사를 완전히 이해하는 능력. 우리는 다른 사람이 말할 때 완전히 집중하고, 상대가 말하는 것에 의해 촉발되는 개인적인 생각과 감정으로 주의가 옮겨가지 않도록 해야 한다.
- **마음이론**: 다른 사람의 관점에서 그의 생각과 감정을 이해할 수 있는 인지적 능력. 우리 관점에서 이미 알고 있는 것을 적극적으로 무시해서 그것이 우리의 판단에 영향을 미치

지 않도록 해야 하기 때문에, 이것은 인지적 능력이다. 이런 능력은 네 살 무렵이 되어서야 발달하기 시작한다.

● **사회적 지식**: 어떤 상황과 관련된 사회의 규범과 기대에 대한 지식이다. 어떤 사회적 상황에서 요구되는 행동의 스펙트럼은 격식을 차린 행동에서부터 좀 더 느긋한 행동에 이르기까지 다양하다. 어떤 상황에 적절한 행동은 좀처럼 적극적으로 가르쳐 주지 않는 규범들에 바탕을 둔다.

공감 능력 계발하기

공감은 다른 사람의 괴로움이나 고통에 대해 자동적으로 일어나는 감정적 반응이다. 가족은 다른 사람들의 걱정을 알고 공유하는 최초의 안전한 영역이다. 서로를 지지해 주는 가족 구성원들은 정서적 웰빙을 지키도록 도와주고 있는 것이다. 이는 소속감, 안전, 보호의 선순환을 만들어 내어 모든 사람이 좋은 위치에서 도움을 받도록 도와준다.

감정이 과도하게 흥분해서 웰빙이 위협받을 때, 아이들은 공감하며 반응하기가 더 어렵다. 보호받고 있다는 느낌을 갖는 데 필요한 도움을 받지 못하는 아이들의 공감 능력은 무뎌질 것이다. 이런 아이들은 자신의 정서적 웰빙을 성공적으로 관리하지 못한다. 이들은 극도로 흥분된 상태여서 세계를 불편해한다. 이들의 주의는 내부에 집중되어서 다른 사람의 요구를 위한 여지나 시간이 거의 없다. 개인적으로 안전하고 공정하다고 느끼는 경험에 바탕을 둔 도움을 받을 때 불안한 아이는 공감 능력을 발달시킬 가능성이 더 높다. 이는 아이가 개인적인 위험을 감지하거나 또는 그러한 위협을 두려워하는 일 없이 다른 아이의 입장에 서 볼 수 있는 여지를 만들어 준다. 영화나 소설은 아이가 거기에 나오는 딜레마로부터 안전하다고 느끼면서 그 딜레마의 영향을 상상해 살펴볼 수 있게 해 준다. 드라마는 누군가가 도움이 필요하고 문제를 해결해야 할 때 그 주제를 다루는 수단을 제공해 줄 수 있다. 어린아이들에게는 역할 놀이와 인형이 유용한 수단인 반면 좀 더 나이 든 아이들에게는 춤, 음악, 드라마가 다루기 힘든 감정을 탐구하기 위한 안전한 세계를 제공해 줄 수 있다.

5. 관계를 발전시켜 유지하기

소속에 대한 욕구는 모든 동기 가운데 가장 강력하다. 그것이 가족 내의 유대감이든 친구나 동반자와의 관계든 혹은 직업적이거나 사회적인 접촉이든 말이다. 사교 능력은 우리로 하여금 상황을 '읽어서' 무엇을 해야 할지를 결정하게 해 준다. 이는 빠른 시기 선택과 능숙하면서 자연스러운, 그래서 공백이 없는 반응을 필요로 한다. 성실성 또한 아주 중요한 요소이다.

누군가가 겉으로만 번지르르하게 '말을 하고 있다'고 느끼면 우리는 조종당한다고 느낀다. 사교적인 성공을 위해 필요한 능력은 다음과 같다.

- **동시성**: 공간이 어느 정도로 사적인가 하는 것과 눈맞춤 및 몸짓을 처리하는 방법이 즐거운 만남과 불편한 감정을 남기는 만남 사이의 큰 차이를 만들어 낸다.
- **소통성**: 누군가와 연결되어서 자신이 인정받고 높이 평가받는다고 느끼는 능력이다.
- **상호관계/주고받기**: 관계에서 힘의 균형을 유지하기 위해 말하기와 듣기 사이에 건전한 균형을 유지하는 것이 중요하다.
- **개방성**: 누군가와 관계를 맺는 것은 성실함을 요구하지만 상황에 따라 자신을 노출하는 정도는 달라진다.
- **공통의 관심**: 관계는 상호 의존감 위에서 만들어지고 양자가 모두 그 관계에서 이득을 얻는다. 일방적인 상황이면 그 관계가 불만스러워진다.

아이들은 관찰과 모방을 통해 이런 능력들을 익히므로 사교 능력을 연마하는 기회와 연관이 있는 좋은 역할 모델이 필수적이다. 아이들은 주변의 어른들한테서 지식을 간취해 내면화하지만 또래들한테서 배우기도 한다. 좀 더 성숙하고 경험이 많은 아이들은 좋은 역할 모델이 된다. 관찰력이 예민한 아이는 너무 멀리 있지 않는 누군가와 자신을 동일시할 수 있기 때문이다.

모든 아이에게 강렬한 감정을 처리하는 것은 자신감과 자기확신을 주는데, 이는 정서적 웰빙의 한 면을 이룬다. 깊고 만족스러운 웰빙은 불안을 방지하는 것에서 긍정감정을 찾아내고 만들어 내는 능력을 계발하는 것으로 나아가야 한다.

◉ 긍정성을 키우는 방법

균형 잡힌 삶

속상하거나 좌절감을 느끼는 일이 없도록 보호받는 운 좋은 삶에서 정서적 웰빙이 생겨나지는 않는다. 추운 겨울날 온실 속의 화초처럼 자란 아이는 극적인 기후의 변화에 대처하는 준비를 갖출 수 없을 것이다. 아이들은 어떤 일이 일어나든 압도되거나 탈선하는 일 없이 그 일을 처리할 수 있도록 감정에 대처하는 전략이 필요하다.

아이들은 충실하고 활기찬 삶을 위해 인간의 모든 감정을 경험해 봐야 한다. 슬픔이나 실망을 경험하지 못한다면 다른 사람에게 공감하지 못하거나 불편한 상황을 바꾸도록 동기부여를 받지 못할 가능성이 있다. 이를 위해서 우리 자신과 다른 사람들의 감정을 아는 방법을 익히고 이를 이용해서 우리의 행동을 관리해야 한다. 아이가 안전한 환경에서 두려움과 화에 노출될 수 있는 것은 현실 생활보다는 주로 이야기와 드라마를 통해서이다. 이야기는 오락 훨씬 이상의 것이다. 이야기는 아이들이 다른 세계를 잠깐 엿보면서 안전하고 편안하게 배우는 기회가 된다.

정서적 웰빙은 자아존중감을 키워 주는 개인적인 능력일 뿐만 아니라 성취감을 가져다주는 관계를 위한 토대이다. 정서적 웰빙은 아동 발달의 모든 측면, 즉 아이의 웰빙, 사교 능력 그리고 집중하고 학습하는 능력에 심대한 영향을 미친다. 감정적으로 취약한 아이들은 변화무쌍한 감정 변화에 휘둘릴 뿐 아니라 만족스러운 친구관계를 맺는 법을 배우지 못하거나 그런 관계를 맺지 못할 가능성이 많다.

플로리시는 학습할 수 있다: 긍정정서 북돋아 주기

여러 증거들이 정서적 웰빙, 건강한 신체, 만족스러운 관계, 학교나 직장에서의 성공 사이에 강한 연관성이 있음을 말해 주는데, 이는 놀랄 일이 아니다. 웰빙은 건강하고 성공적인 삶의 결과라고 여길지 모르지만 증거들은 이 연관성을 거꾸로 뒤집는다. 오랜 기간에 걸쳐 사람들을 추적한 몇몇 연구들에 따르면, 일반적으로 행복한 사람들은 장수, 건강, 성공적인 결혼, 직장생활에서의 목표 성취를 포함하는 다양한 기준에서 더 나았다. 또 다른 연구는 기질과 환경이 행복에 한몫을 하지만 40% 정도가 자기통제에 따라 달라질 수 있다고 추정했다. 이는 의미 있는 변화를 만들어 내기에 충분한 정도 이상이다. 아이들은 자신의 긍정정서를 제대로 북돋아서 플로리시하는 방법을 배울 수 있다.

감정적인 뇌와 웰빙

우리의 물질적인 환경과 생활방식은 수 세기에 걸쳐 엄청나게 달라졌지만 감정적인 뇌의 기본적인 작동 방식은 그대로이다. 감정의 기능을 살펴볼 때 알게 되는 것처럼, 잠재적인 위협에 대해 경고해 주는 감정이 행복을 자아내는 감정보다 훨씬 더 많다. 이는 심지어 객관적인 이유가 없을 때조차 매사에 일이 잘 안 풀린다는 식으로, 항상 기분이 저하된 상태로 이어질 수 있다.

부정편향에 대응하기

불행하게도 우리의 감정은 큰일이 닥칠 때까지 가만히 잠자고 있지 않는다. 감정은 전원이 영구히 켜져 있어서 항상 작동할 준비가 되어 있는 듯하다. 감정은 우리의 주변 세계를 밤낮으로 감시하면서 무언가가 잘못된 것 같으면 경고음을 울린다. 이는 우리가 새로운 상황에 처하거나 중요한 편지를 전해 줄 우편배달부가 도착하기를 초조하게 기다릴 때 느끼는 불안처럼 간단한 것일 수도 있다. 감정에만 맡겨 두면 감정은 불확실성이나 변화를 잘 받아들이지 못한다. 우리 자신을 보호하려는 감정들은 우리의 행동에 대해 쉽게 과민해진다. 그런 감정들이 적색경보를 울리는 것을 줄이고 긍정 생각과 경험을 하면서 보내는 시간을 더 늘리는 방법을 익히지 않는 한 말이다.

스트레스 반응의 영향

우리가 적극적으로 돕지 않고 감정이 흐르는 대로 놔둔다면 그 결과는 좋지 않을 것이다. 게다가 감정은 표면 아래에서 우리의 신체 건강에 직접적인 영향을 미친다. 행동을 취하는 데 필요한 화학적·물리적 반응을 조직하는 것이 감정의 역할이기 때문이다. 감정적 반응으로부터 우리가 받는 느낌은 빙산의 일각이고, 그 표면 아래에서는 몸 전체에 영향을 미치는 엄청난 비상대응 절차가 조직되고 있다.

우리 자신을 보호하려는 감정들은 모두 '도피, 투쟁, 또는 얼어붙음' 반응, 다시 말해 스트레스 반응의 전원을 항상 켜 두고 있다. 화가 나거나 두려울 때 우리 몸은 행동을 취할 준비를 하기 시작한다. 혐오감과 놀라움이 깜짝 놀라는 반응을 일으키고, 이것이 충격을 주어 우리가 하고 있는 일을 멈추고 우리의 행동에 대해 다시 생각하게 한다. 슬픔과 수치심은 속도를 늦추게 해서 더 해로운 것으로 이어질지 모르는 방향으로 계속 나아가지 않도록 우리를 보호한다.

이 모든 신체적 반응은 강력해서 우리를 장악하고, 그래서 우리는 평소대로 행동할 수가 없다. 조절하기 때문에 평소대로 행동할 수는 없다. 화가 아닌 짜증, 두려움이 아닌 불안 같은 더 낮은 단계의 감정 상태에서도 우리는 산만해져서 완전히 기민하게 집중할 가능성이 낮다.

긍정정서의 진정 효과

이와 달리 사랑이나 즐거움과 연관된 감정들은 웰빙에 강력한 영향을 미친다. 이들 감정은 우리를 평온하게 하고 진정시켜 주는 한편으로 다른 사람들과의 결속을 강화해 주어 안정감을 높여 준다. 표면 아래에서는 '기분을 좋게 해 주는 호르몬'과 더불어 동일하지만 정반대되는 과정이 일어난다. 심장 박동이 안정되고 혈류가 소화기 쪽으로 되돌아가서 다시 학습하고 기억을 떠올릴 수 있게 한다. 이 모든 과정은 스트레스 반응을 일으키면 중지된다.

우리 모두가 분주하고 스트레스가 많은 삶을 살고 있는 오늘날, 즐거움을 갖는 시간이 일상의 끊임없는 요구로 인해 밀려나고 있다. 즐거움이 우리 삶의 가장 중요한 주제가 되기보다는 여가 시간을 위한 활동이 될지도 모른다. 즐거움은 보너스가 아니다. 자연이 마술을 걸려면 즐거움이 필요하다. 우리는 자기 삶에서 즐거움을 만들어 내는 아이들에게 빚을 지고 있다. 왜냐하면 즐거움은 웰빙에 산소와 같은 것으로, 플로리시하는 데 필요한 신체적·심리적 상태를 만들어 내기 때문이다. 운동이 몸의 건강에 극히 중요하듯, 즐거움과 사랑은 정서적 웰빙에 필수적이다.

긍정성 연구

캐롤라이나 대학교 채플힐 캠퍼스의 교수 바버라 프레드릭슨(Barbara Fredrickson, 2009)은 분주한 삶에 무엇이 균형감과 웰빙을 가져다주는지에 관한 연구를 이끌었다. 프레드릭슨은 잠재적으로 해로운 스트레스 반응을 일으키는 강력한 부정정서의 영향을 긍정정서가 '상쇄한다'는 사실을 밝혀냈다. 우리 조상들은 스스로를 보호하고 상황을 빠르게 정상 상태로 되돌려 놓기 위해 짧은 시간에 에너지를 쏟아붓는 게 필요했다. 이와 달리 오늘날에는 강도는 낮지만 지속적인 요구로 인해 스트레스 반응이 영속적으로 활성화될 수 있다.

긍정정서는 필수적이다. 그것이 스트레스 반응을 끊고 잠재적으로 유해한 스트레스 호르몬의 화학 혼합물을 우리 몸을 평온하게 해 주면서 지속적으로 주의를 집중할 수 있게 해 주는 다른 레시피로 대체해 주기 때문이다. 프레드릭슨은 이를 '확장 및 구축(broaden and build) 이론'이라고 불렀다. 확장 및 구축 이론은 우선 엄마와 상호작용하는 아기한테서 나타난다. 행복한 아기는 놀이를 통해 세계에 대해 배우고 세계와 결속될 수 있다. 행복한 아기는 자기 주변에서 일어나는 일을 예민하게 의식하고 관심을 갖는다. 이런 아이들은 느긋하며 학습할 준비가 되어 있다. 주변 세계를 예민하게 의식하고 긍정정서를 갖도록 도움을 받은 아이들일수록 많은 호기심을 갖고 주변 세계를 받아들일 수 있다. 이와 달리, 괴로움이 아이의 관심을 온통 사로잡으면 아이는 자신의 내면에 집중해서 세계에 대한 관심을 차단하게 될 것이다.

아동기의 아이들은 어른의 도움을 받아 재미와 성공을 경험한다. 정교하게 조정된 감정적 인식이 위험을 세심히 살피도록 설계되어 있기 때문에 아이들은 쉽게 불안해한다. 이 힘든 역할을 감내하는 어른들은 간단한 교정을 통해 아이들이 자신의 두려움과 실망을 해결하도록 도울 수 있다. 그들은 아이들이 보통 어른들보다 더 빠르고 더 자주 괴로움에 휩싸이므로 어른과는 다른 생활양식과 도움이 필요하다는 점을 인정한다.

앞서 우리는 자연이 감정에 대해 태만한 입장을 취한 결과로 볼 수 있는 '부정편향'을 알아보았다. 프레드릭슨 연구팀은 웰빙을 위해서는 부정정서 경험에 대해 긍정정서 경험이 적어도 3 대 1 비율로 필요함을 밝혔다. 우연히 이렇게 될 수는 없을 것이다. 모든 사람이 자유분방한 감정적 뇌를 다루는 전략을 개발해야 한다.

원초적인 감정과 충동적인 행동

우리가 감정적인 뇌로부터 받는 메시지는 과장되고도 끈질기다. 그것은 우리를 보호하는 역할을 하지만 자주 최악의 상황을 상상하게 한다. 어쨌든 그러한 감정들은 우리를 생존하게 하고, 낮은 목소리로 "성가시게 해서 미안하지만, 시간이 있을 때 네가 X에 대해 신경을 쓰고 싶을지도 몰라서 말아야."라는 식으로 말해서는 우리의 생존을 성공적으로 지켜 줄 수 없기 때문이다. 우리의 감정적인 뇌는 소리 높여 외쳐 대고 소리의 크기를 조절하지 못한다.

특히 아이들은 자신의 감정적 신호에 귀 기울이는 것에 관한 한 초보자이다. 친구한테서 불쾌한 말을 들으면 우정을 끝장낼 수도 있다. 분주한 놀이터에서 부딪히면 사고라기보다는 공격으로 여긴다. 아이들은 자신의 감정이 진정한 것인지를 묻고 그것을 멈추기 위해 분명 도움이 필요하다. 회복력에 대해 살펴볼 때 아이들이 어떻게 낙관적인 준거 틀을 개발하도록 도울 수 있는지 상세히 알아볼 것이다.

충동적으로 반응하는 아이들은 또한 공격적이고 반사회적인 방식으로 행동할 가능성이 크다. 우리 자신을 보호하려는 감정적인 뇌는 그 결과를 따져 보거나 다른 사람들의 요구에 대해 생각하지 않는다. 놀이터에서는 일상적으로 문제들이 발생하고, 인내심 있는 참모가 수시로 '누가 누구한테 무엇을 했는지'를 해명해 주어야 한다. 직장에서의 휴식 시간이 이와 비슷한 혼란에 빠져든다면 소름끼치겠지만, 우리는 아이들이나 그런 것이라고 믿게 된다. 그건 그럴지도 모르지만, 만약 안전하고 만족스럽지 못하다고 느끼면 아이들은 놀이 시간을 두려워할 수 있다. 그렇다면 기대치를 높여 아이들에게 일반적으로 즐거운 감정을 더 많이 느끼게 해서 스트레스 반응이 쉽게 일어나지 않도록 하려면 어떻게 해야 할까?

정서적 웰빙 이루기: 감정적인 뇌 무시하기

긍정정서는 스트레스의 영향을 무효화하고 관심의 초점을 구축해서 확장한다. 긍정경험을 더 많이 한 아이일수록 내적으로 더 차분하며, 그것이 학습을 북돋우고 스트레스로부터 아이를 지켜 준다. 아이의 부정편향이 강하다면 분명 약간의 도움이 필요하다. 아이가 충동적인 행동을 줄이도록 도우려면 장단기 계획이 모두 필요하다. 다음에 몇 가지 계획을 제시한다.

도구상자 14-2　매일매일 긍정정서를 키우는 열 가지 방법

1. 아이에게 자기발견을 위한 놀이에 몰두할 시간을 만들어 주라. 이런 놀이는 아이가 자신의 강점을 사용할 수 있게 해 주고 그래서 긍정적 자기 이미지를 개발하도록 도와준다. 즐거운 감정을 갖게 해 주는 요인은 놀이 시간 이후까지 지속될 수 있고 또한 '난 할 수 있어'라는 태도를 갖게 한다. 앞에서도 말했지만, 이것은 실로 정서적 웰빙을 위한 최고의 전략이다.

2. 아이가 즐겁게 보내는 시간이 얼마나 되는지에 대해 현실적으로 직시하라. 아이가 충족되지 못할 때 문제가 생겨난다. 가벼운 관찰은 상황이 악화되는 것을 막아 준다. 아이의 상상력이 잘 발달되어 있지 않은 한, 아이가 그냥 놀기를 기대하지 마라.

3. 놀이를 계속하게 할 발상과 재료를 가지고 개입할 준비를 하라. 상황을 다시 궤도에 올려놓기 위해 아이가 할 수 있는 다른 것을 제의하거나 특별한 아이디어 또는 일반적으로 구할 수 없는 장난감으로 아이를 놀라게 해 주라.

4. 아이들은 아직 스스로 할 수 없는 일들과 씨름하며 많은 시간을 보낸다. 따라서 수시로 축하를 하고 특별한 순간을 만들어서 아이의 노력을 인정해 주고 아이가 자신의 성취에 관심을 집중하게 하라.

5. 긍정적이고 특별한 칭찬을 해 줌으로써 아이가 자신의 강점을 사용하도록 격려하라. 칭찬은 그것이 아이에게 중요하면서 개인적인 것이라는 걸 당신이 알고 있음을 말해 준다.

6. 무엇이 아이를 활기 넘치게 하고 웃게 만드는지 주목하라. 아이에게 진정한 기쁨을 가져다주는 것에 더 많은 시간을 쏟도록 도와주라.

7. 공격성으로 돌변할 수 있는 흥분 상태를 조심하라. 이는 아드레날린을 촉진하고 스트레스와 관련이 있다. 컴퓨터 게임과 기기의 사용은 이런 종류의 고도의 흥분 상태로 이어져 결국 낭패를 볼 것이다.

8. 다른 사람들과 마음 편하게 재미있는 시간을 갖게 해 주라. 경쟁적이지 않은 게임은 어린아이가 압도당한다는 느낌이 들지 않도록 도울 수 있는 요소가 있으면 특히 효과가 좋다.

9. 많은 아이가 그리 잘 앉아 있지 못한다. 하지만 아이들은 앉아 있도록 요구받는다. 자동차를 타고 가거나 학교에서 수업을 듣거나 TV 시청과 같이 가정에서 여흥을 즐기는 것과 같은 활동은 좀 더 활발히 움직이는 활동과 균형을 이루도록 해 주어야 한다.

10. 야외 활동이나 거칠게 뒹구는 놀이는 활기 넘치는 활동으로 인해 아이들을 자연스럽게 기분 좋게 한다. 또한 특히 공원 녹지 같은 야외에서 보내는 시간은 잠시 느긋하게 걷는 것만으로도 마음을 진정시키는 효과를 준다.

긍정정서의 네 가지 요소

긍정정서는 우리가 성장하고 우리 삶에 건설적인 변화를 만들어 낼 수 있도록 도와준다. 프레드릭슨의 '확장과 구축 이론'은 우리의 지평을 넓혀 주어 시간이 걸리는 장기간의 계획을 위한 열정과 에너지를 불러일으킨다. 긍정정서는 그것이 다른 사람들과의 양질의 관계를 가져다줄 때 훨씬 더 도움이 된다.

낙관성, 희망, 감사, 용서는 엄밀히 말해 정서보다 강점에 가깝다. 셀리그만(2001)은 이것들을 성격강점이라고 한다. 하지만 이것들은 정서적 웰빙을 이루는 데 상호 보완적인 역할을 하기 때문에 여기서 언급하는 것이 도움이 된다.

현재에 집중하는 경향이 있는 아이들은 지금 당장 일어나는 일을 넘어 앞을 내다보기가 어려울 수 있다. 긍정정서를 이루는 네 가지 요소(〈표 14-6〉 참조)는 아이들이 어떻게 머리를 들어 멀리 지평선을 바라볼 수 있는지를 알려 준다.

표 14-6 긍정정서의 네 가지 요소

낙관성
'모든 일이 아주 잘 될 거라고 예상하는 경향' 낙관성의 이점은 다음과 같다. • 상황이 더 나아질 수 있음을 안다. • 차질을 일시적인 것으로 처리할 줄 안다. • 노력을 지속하기 위한 에너지와 결단력을 갖는다. • 자신이 원하고 희망을 주는 목표에 집중한다.

희망
'무엇인가에 대한 갈망과 그것을 성취할 수 있다는 자신감' 희망의 이점은 다음과 같다. • 미래에 대해 자신감이 생긴다. • 창의적인 접근으로 고착된 계획을 다시 시작할 수 있다. • 단기간의 불편을 참을 수 있다. • 목표에 대해 집중력이 생긴다. • '할 수 있다'는 긍정적 태도를 갖는다.

감사
'선물이나 인정을 받았을 때 고마워하는 감정' 감사하는 마음의 이점은 다음과 같다. • 다른 사람들과의 유대가 깊어진다. • 자신이 소중히 여겨지고 도움받고 있다는 안전감을 느낀다.

- 관계의 중요성을 인식한다.
- 서로 의지하는 마음이 생겨난다.

용서

'누군가를 비난하기를 멈추고 실수에 대한 사과를 받아들이는 것'
용서의 이점은 다음과 같다.
- 가까운 사람들과의 유대를 회복한다.
- 억울함과 화 같은 부정정서의 소용돌이에 휘말리는 것을 피할 수 있다.
- 긍정정서가 가져다주는 '확장과 구축' 효과를 얻을 수 있다.

긍정성의 비율 높이기

아이들은 즐거운 일일수록 더 많이 하려고 고무되지만, 실제 아이들의 삶은 제한되고 통제되어서 아이들의 긍정적 경험을 늘리려면 어른의 도움이 필요하다. 긍정성의 또 다른 측면은 아이들이 긍정정서를 포착하고 유지해서 연장하고 그 영향을 확대할 수 있다는 것이다.

긍정성을 높이는 실제 활동

가끔 삶이 단조롭고 즐거울 일이 없다는 생각이 들 때면 우리는 과거에 의지하거나 미래에 대한 기대를 통해 불만스러운 기분을 만족스런 기분으로 바꾸어야 한다. 아이들은 현재에 충실한 경향이 있기에, 즐거움의 영향이 더 지속될지 어떨지에 대한 충분한 인식 없이 마구 즐거워할 뿐이다. 아이들이 긍정적 경험을 포착해서 연장하도록 돕기 위해 거기에 더 집중하도록 하는 다섯 가지 방법이 여기에 있다.

아이들이 현재의 경험에 충분히 집중하도록 격려할 때 그 경험에 대한 인식이 깊어지고 그 경험이 기억될 가능성이 높아진다. 어떤 것에 주의를 기울이지 않으면 뒤에 다시 떠올릴 가능성은 훨씬 더 줄어든다. 다음은 즐거운 방법으로 주의를 집중하도록 격려하는 몇 가지 실제적인 방법이다.

만끽하기

무언가에 만끽하면 완전히 전적으로 집중해서 아주 세세한 모든 부분까지 제대로 인식할 수 있다. 섬세하고 맛있는 음식을 접하게 해서 함께 먹음으로써 아이가 그것을 만끽하도록 할 수도 있다. 이 방법은 항상 널리 효과가 있다. 아이가 모든 단계를 서서히 밟아 자신이 하고 있는 일에 완전히 집중하도록 격려해야 할 것이다. 좋아하는 음식 한 조각을 들고 그 음식의 모든 것을 음미해 보라. 그 음식의 형태, 색을 살펴보고 향을 음미하라. 입에 가져가기 전에 그것을 먹을 생각에 군침이 흐르는가? 그런 다음 가능한 한 오래도록 삼키지 말고 천천히 먹어 보라. 그런 후에는 서로 다른 관점에서 이 경험에 대해 이야기를 나눠 보라.

스크랩북과 일기

아이들은 특별한 여행이나 일에 대한 기록을 남기기를 좋아한다. 사진이 효과적일 수 있지만 만일 어른이 찍어 준다면 이 활동이 요구하는 즐거움이 부족할 수 있다. 좀 더 어린아이들이 그 경험에 완전히 빠져들도록 그리기, 글쓰기, 콜라주 같은 방법을 고려해 보라. 좀 더 나이 먹은 아이들은 개인적인 일기를 쓰는 걸 더 좋아할 것이다.

보물상자

아이들은 기념품을 모으는 걸 좋아한다. 그런 기념품을 특별한 상자에 담아 두고 다른 때에 그 경험을 되살리기 위해 다시 꺼내 볼 수 있다. 4~9세 아이들은 대개 열심히 뭔가를 모은다. 어린아이들의 경우에는 어떤 물건을 간직해야 할 만큼 특별한 이유는 뭔지, 그것이 뭘 떠올리게 하는지를 살필 때 어른이 적극적으로 도와주어야 할 것이다. 모든 보물이 계속해서 의미를 갖는 것은 아니다. 따라서 아이들은 어느 것을 계속 간직하고 왜, 언제 새로 간직할 물건을 위해 보물상자를 정리할지 선택할 수 있다.

창의적인 시각화

창의적인 시각화는 어떤 물리적인 도구가 필요하지 않기 때문에 좀 더 나이 먹은 아이들이 쌓을 수 있는 유용한 능력이다. 이것은 언제 어디서든 해 볼 수 있다. 이는 백일몽과 좀 비슷하지만 좀 더 건설적이고 아쉬움이 덜하다. 처음에는 하나하나 아이들한테 이야기를 해 주어야 하겠지만 그런 다음에는 아이들이 혼자서 해 볼 수 있다.

이미지가 마음속에 만들어지면 그 긍정감정이 가져다주는 휴식 효과가 생겨나기 시작한다. 처음에는 마음의 눈으로 어디에 있는 무엇을 찾아갈지 결정하도록 아이들을 도와주어야 할 것이다. 그곳은 아이들이 쉴 수 있고 행복한 곳이어야 하고, 그 장면을 세밀하게 그릴 수 있는 곳이어야 한다. 특히 이미지를 분명하게 시각화할 수 있는 아이는 이를 아주 쉽게 좋아하게 된다. 그렇지 않은 아이들은 연습이 필요하지만 인내심을 가지고 계속한다면 해낼 수 있을 것이다. 그 이미지를 대략 이야기해 주는 것이 아이들이 그것을 떠올리는 데 도움이 될 수 있다. 가령 다음과 같이 이야기해 줄 수 있다.

"널 행복하게 해 주는 곳에 있다고 상상해 보렴. 주변에 뭐가 보이니? 색이 얼마나 선명하니? 주변을 돌아보니 어떤 느낌이 드니? 넌 행복하고 편안하고 웃고 있니? 이 멋진 곳에서 무슨 소리가 들리니? 목소리, 음악 소리, 아니면 새가 지저귀는 소리? 꽃이나 맛있는 음식 같은 좋은 냄새가 나니? 이 멋진 곳에 조용히 앉아서 네 몸이 점점 더 편안해지는 걸 느껴 보렴."

더 깊은 즐거움을 느끼려면 한동안 침묵하라. 몸짓과 얼굴 표정에 힘든 기색이 보이면 말을 해도 좋다. 이는 또한 이제 상상에서 빠져나와 현실로 되돌아와야 할 때임을 알리는 신호일 수 있다. 그러면 마찬가지로 편안하고 온화한 목소리로 말한다. "곧 이 멋진 곳을 떠나야 할 시간이야. 하지만 너 혼자서도 다시 그곳으로 갈 수 있음을 기억하렴. 이제 내가 다섯까지 세고 나면 정신을 맑게 하고 마음을 행복하고 편안하게 하면서 눈을 뜨렴." 이는 휴식을 위한 강좌에서 흔히 사용되지만, 모든 아이가 필요할 때 자신의 기분을 끌어올리기 위해 배워야 할 주요한 방법이다.

상상으로 예행연습하기

상상으로 하는 예행연습은 당신이 하고자 하는 일을 긍정적으로 연습하게 해 준다. 긍정정서가 향상되는 마지막 경험에 참여하면서 이익을 얻을 수 있다. 이 방법의 이점은 최종적인 경험에 대한 예측에 있다. 이는 정서적으로 행복감을 주고, 거기에 도달하기 위해 무엇을 해야 하는지를 살필 수 있는 유용한 기회이다. 이 방법은 운동선수들이 현재 준비하고 있는 경기에 상상으로 참가해서 최고 성과를 내는 것을 마음에 그려 보기 위해 사용된다. 청년들은 시험을 잘 보고 최고의 성과를 내기 위해 무엇을 해야 하는지 스스로 점검해 보기 위해 이 방법을 이용할 수 있다. 아직 능숙하게 읽지 못하는 아이들은 즐거워하는 청중에게 어려운 책을 읽어 주거나 가족에게 주저함 없이 술술 편지를 쓰는 것을 상상해 볼 수 있다.

긍정성을 높이는 단체 활동

아이들이 함께 즐기도록 격려할 수 있는 아주 많은 방법이 있다. 게임, 춤, 음악, 연극은 모두 옛날부터 우리 삶의 질을 높여 주었다. 집에서 함께 할 수도 있고 아이가 관심 있어 할 만한 지역의 강좌를 찾아볼 수도 있다. 학교에서는 일정이 시간표에 따라 정해지고 어떤 활동을 하는지가 정해져 있다. '예체능'이 추가 선택과목으로 밀려나는 경향이 있지만 이들 활동은 모두 그 자체로 즐거우면서 또한 아이들의 학습을 도와주는 긍정적이고 균형 잡힌 정서를 심어 주는 데 필수적인 역할을 한다(Hooper, 2012).

제15장

긍정심리 교육(2):
긍정 의사소통, 회복력, 인성

긍정 의사소통─신뢰를 쌓고 관계 만들기

여기서는 무엇이 아이와의 의사소통의 질을 높일 수 있는지 살펴본다. 능숙하게 긍정 의사소통을 하는 능력을 의식적으로 계발할 때 아이와 긍정적이고 만족스러운 관계를 이루어 아이를 도와줄 수 있다.

좋은 관계를 만드는 데 극히 중요한 긍정 의사소통의 핵심 요소 세 가지가 있다.

① 관계의 친밀성과 신뢰를 높여 주는 긍정 의사소통의 여덟 가지 원칙
② 긍정적 칭찬과 피드백을 통해 자신감을 높이는 견식 있는 배려
③ 아이가 진지함과 고마워하는 마음을 가지고 특히 적극적이면서 건설적으로 반응하게 하는, 힘을 북돋아 주는 의사소통

⦿ 긍정 의사소통

앞에서 감정적인 뇌가 어떻게 어린아이들을 위해 '보호하고 감지하는' 역할을 하는지 알아보았다. 대뇌피질 또는 사고하는 뇌 부위는 아이가 새로운 능력을 배워 뇌가 연결되면서 서서히 발달한다. 뇌는 어른이 될 때까지 계속 발달하고 연결된다.

아이들은 감정을 조절하고 감정적인 뇌의 무시하기 힘든 요구들과 대뇌피질의 작용에 기초한 좀 더 이성적인 접근 사이에서 균형을 이루는 방법을 배우는 능력을 서서히 발달시킨다. 아동기와 청소년기에 이 두 가지 마음을 통합하려는 싸움이 계속되어, 아이들이 플로리시할 수 있는 결정을 내리도록 돕는 어른들의 뒷받침이 아주 소중하다. 긍정 의사소통의 여덟 가지 원칙이 어떻게 아이에게 효과적인 뒷받침과 영향을 주는지 알아보자.

긍정 의사소통이 어떻게 성장하는 아이를 뒷받침해 줄까

긍정 의사소통은 관계를 묶어 주는 접착제이다. 우리는 우리가 보는 행동과 표정을 되비추는 거울뉴런(mirror neuron)을 통해 다른 사람의 생각과 감정을 알도록 되어 있다. 이로 인해 사람들 사이에 반사적인 동조(synchrony)를 만들어 낸다. 당신이 지나가다가 누군가를 보며 미소를 지으면 대개 그 사람도 미소를 짓는다. 그런 다음 그들의 눈과 표정은 그때서야 자신의 행동을 인식했음을 보여 준다. '내가 왜 그랬지? 저 여자는 누구지? 내가 아는 사람인가?'

우리가 본 것을 정확히 따라 하는 이 놀라운 능력은 뇌 속에 있는 이 전문 세포 때문이다. 사람들이 어떻게 최소한의 노력으로 춤 동작을 배우는지 궁금해한 적이 있는가? 거울뉴런이 다른 사람이 하고 있는 것에 대한 정보를 얻어서 아주 면밀하고 정확하게 이해하도록 우리를 도와준다. 거울뉴런은 또한 부분적으로 우리를 보호하는 역할도 한다. 우리가 직접적인 주의를 기울이지 않을 때 다른 사람이 하고 있는 것에 대해 기민해지게 해서 위험할 수 있는 눈앞의 환경 속 무언가에 대해 인식하도록 하기 때문이다. 하지만 거울뉴런은 주로 사람들이 최소한의 노력으로 능숙하게 관계를 맺도록 돕는 데 적극적으로 기능한다.

거울뉴런은 우리가 다른 사람의 행동에 대해 기민해지도록 한다. 때로 다른 사람이 하고 있는 것을 따라 하고픈 욕구가 너무 강력해서 어쩔 수 없이 그대로 따라 한 적이 있는가? 또 어떨 때는 다른 사람의 행동을 의식하지 못한 채 그것을 무심결에 따라 하게 될 것이다.

다음에 친구와 커피를 마시게 되면 당신과 친구의 자세가 비슷한지 어떤지 그리고 동시에 커피잔 쪽으로 손을 뻗치지는 않는지 주의해서 관찰해 보라. 누군가에 대해 긍정감정을 가지고 있으면 이렇게 상대의 행동을 되비추어 동시에 같은 행동을 할 가능성이 커진다.

연결되려는 욕구

다른 사람들과 기꺼이 연결되려는 이런 마음이 우리 안에 내장되어 있다. 대니얼 골먼(Daniel Goleman)은 『사회적 지능(Social Intelligence)』에서 이를 '신경 와이파이(neural wifi)'라고 부른다. 이 타고난 사회성은 인간의 진화에 아주 중요하다. 이는 보호받고자 하는 아이들의 욕구를 충족시켜 주는 동시에 기근이나 공격 같은 어려움 속에서 살아남을 가능성을 높여 주는 더 강한 공동체를 만들려는 어른들을 도와준다. 더욱 개인화된 21세기 서구 문화에서는 이제 살아남기 위해 다른 사람보다는 돈에 의존하게 되었다. 우리에게 필요하지만 스스로 만들어 낼 수 없는 것은 사고, 생산자와 소비자 사이의 관계에 대한 욕구는 단속적이다. 하지만 연결되고자 하는 우리의 내적 욕구는 고스란히 남아서 심지어 겉으로 드러나지 않을 때조차 우리의 웰빙에서 중심이 된다. 사회적으로 고립된 사람들은 불안과 우울감을 느낄 가능성이 더 높다. 이런 사람들은 자신이 취약하다고 느낀다.

긍정 의사소통 발전시키기

긍정 의사소통은 다음 세 가지 효과를 가져다준다.

① 아이들이 만족스런 관계를 맺는 능력을 갖게 해 준다.
② 뒷받침하고 보호해 줄 수 있는 어른과의 강력한 관계를 만들어 준다.
③ 아이들이 자신감을 갖고 놀고 배울 수 있는 안전감을 준다.

친밀한 관계는 웰빙에 어떻게 기여할까

누군가와의 결속감은 우리의 기분을 좋게 하는 것 이상의 효과를 갖는다. 긍정정서를 경험하면 에너지 수준이 구축·확장되어 주변 세계에 대한 관심이 높아지고 기분 좋게 하는 호르몬이 쏟아져 우리 몸에 밀려든다. 이들 화학물질은 큰 영향을 미친다. 그것은 먼저 우리 기분을 좋아지게 한 다음 그런 기분을 갖게 해 준 사람과 유대감을 느끼게 한다. 그 사람과 함께하는 게 즐겁기 때문에, 우리는 다시 그 사람과 함께하기를 원할 가능성이 높다. 또 다른 관점에서 볼 때 기분을 좋게 하는 이들 호르몬은 몸의 전령체계이기도 하다. 이는 우리 몸과 뇌의 발달과 보수를 조정한다. 다른 사람들과 좋은 곳에 있는 것은 실제로 신체적으로도 좋다. 이는 어른들에게도 중요하지만, 아이들의 건강하고 행복한 발달에는 절대적으로 필요하다.

긍정 의사소통의 시작

긍정 의사소통은 태어날 때부터 감각적이고 감정적인 차원에서 시작된다. 여기에는 목소리도 중요한 요소이기는 하지만 주로 비언어적 요소들이 있다. 몸짓, 얼굴 표정, 어조는 처음부터 친밀한 관계를 이루는 강력한 구성 요소이다. 이들 요소는 또한 우리가 새로운 사람들을 만날 때마다 직감적으로 반응하는 첫인상을 만든다. 대개 그것은 우리가 깨닫지 못하는

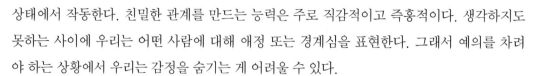

상태에서 작동한다. 친밀한 관계를 만드는 능력은 주로 직감적이고 즉흥적이다. 생각하지도 못하는 사이에 우리는 어떤 사람에 대해 애정 또는 경계심을 표현한다. 그래서 예의를 차려야 하는 상황에서 우리는 감정을 숨기는 게 어려울 수 있다.

아이들이 안전감과 자신감을 느끼도록 뒷받침해 주는 방법을 알고 싶다면, 성공적으로 관계를 맺게 해 주는 비언어적인 긍정 의사소통의 필수 구성 요소를 알아야 한다.

- 자신이 보호와 도움을 받을 수 있음을 아이가 어떻게 알 수 있는가?
- 당신이 아이에게 관심을 가지고 있으며 아이가 성공하기를 바란다는 것을 보여 주는가?
- 힐난받거나 좌절하거나 혼란스러울 때 아이가 당신에게 마음 편하게 도움을 요청할 수 있는가?

만족스러운 관계를 이루는 데 필요한 긍정 의사소통에는 여덟 가지 원칙이 있다. 이는 부모와 자녀의 플로리시한 관계에 대한 심층 연구에서 나온 결과이다(Gerhardt, G., 2004). 이들 원칙이 어떻게 작용하는지 의식적으로 인식하게 될 때 아이들과 좀 더 효과적으로 의사소통하는 방법을 적극적으로 찾을 수 있다. 어쩌면 당신이 신뢰하는 사람과 짝을 이루어 피드백을 주고받을 수도 있을 것이다. 공동 코칭을 하거나 비디오를 이용하는 경우라면 정말로 도움이 될 수 있다. 잘 되어 가는 것을 공유하는 데서 시작해 보라. 강점을 찾아내면 그러지 못했을 상황에서 적극적으로 그 강점을 기반으로 삼을 수 있다.

도구상자 15-1 긍정 의사소통의 여덟 가지 원칙

1. 얼굴 마주 보며 동조하기

튼튼한 관계는 서로 시선을 충분히 맞추고 미소를 짓는 것에서, 더욱 좋은 관계는 소리 내어 웃는 것에서 만들어진다. 아기들은 어릴 때부터 진짜 얼굴과 사진 속 얼굴을 관찰하며 의사소통에 강한 관심을 보인다. 시선을 맞추는 것은 상호작용이며 강제된 것이 아니다. 이와 달리 시선을 피하는 사람을 오랫동안 쳐다보면 반대 효과가 나서 적대감을 품을 수 있다. 얼굴을 마주 보며 동조하는 것은 상호적이어야 하며 좀 더 넓은 유형의 '주고받기(turn taking)'에 속한다.

2. 따뜻함

어조는 말보다 더 큰 힘을 갖는다. 아이들은 우리가 하는 말에 항상 귀를 기울이지는 않지만, 우리가 말하는 방식은 아이들에게 자동적으로 기록된다. 어른의 목소리가 달래는 목소리인지 또는 위협하는 목소리인지 말이다. 따뜻한 어조는 자동적으로 안전함을 나타내고 아이의 경보 장치를 완화시킨다. 압박감을 느끼는 어른들은 아무리 평상시처럼 이야기하려 해도 어조에서 스트레스를 받고 있음이 드러난다. 따뜻함은 친밀한 관계를 이루는 기본적인 구성 요소이고 좀 더 협조하기 쉽게 만든다.

3. 물리적 근접성

만지거나 안는 것은 마음을 진정시키는 데 큰 효과가 있지만 역시 서로 받아들일 수 있어야 한다. 옆으로 나란히 앉으면 얼굴을 마주하는 것보다 부담이 덜하고 아이가 당신을 알아 가고 있을 때 더 편안하게 해 줄 수 있다. 아이들은 눈을 똑바로 마주치지 않고 당신을 슬쩍 쳐다보면서 눈을 마주치기 위해 언제 눈길을 돌릴지 결정할 수 있다. 이 방법은 어린아이의 눈높이에 맞추어서 아이를 내려다보지 않도록 할 때 도움이 될 수 있다.

4. 소속감과 보호

아이들은 익숙한 환경에서 아는 사람과 함께할 때 안전하다고 느낀다. 그 집단의 정체성이 확고하지 않는 한, 큰 집단 안에서는 불안해할 수도 있다. 새로 형성된 집단에서는 모든 아이가 자신이 인정받고 소속되어 있음을 알게 하기 위해 시간을 들일 가치가 있다. 안전하게 느끼고 어른의 보호를 받고자 하는 욕구는 어린아이들의 경우에는 분명하지만 좀 더 나이를 먹은 불안정한 아이는 불확실성으로 인해서도 불안해질 수 있다. 아이들은 원초적인 생존 전략의 일부로 낯선 사람이나 환경에 반응할 준비가 되어 있다. 소속감은 스트레스 반응을 잠재워서 아이들이 느긋하게 자기 주변에서 일어나는 일에 흥미를 가질 수 있게 해 준다.

5. 공동의 관심사

친밀함과 따뜻함이 아이와 어른이 경험을 공유할 수 있게 해 준다. 엄마는 흥미로울 수 있는 것으로 아이의 주의를 끌고 이후 아이는 자신의 흥미를 끄는 것을 공유하고 싶어 한다. 이러한 공유가 학습의 시작이고 호기심과 삶을 재미있게 해 주는 어른의 능력에 대한 신뢰를 키워 준다. 공동의 관심사는 양방향의 과정이고, 어른들은 보통 정식 교육이 성공하려면 개인적인 관계를 쌓을 필요가 있다. 공유하는 의사소통의 경험이 풍부하지 못한 초기의 아이들은 함께 협력하는 데 익숙해질 필요가 있다.

6. 상호주의와 주고받기

어른이 아이와 사이가 좋을 때는 작은 동작이나 곁눈질일 수도 있지만 관계가 깊어지게 해 주는 모방하기와 순서를 바꾸어 가며 주고받기의 패턴이 나타나는데, 이는 거의 '춤과도 같다'. 그것은 끊임없이 서로를 참조하는, 새로 짝을 이룬 사람들의 사적인 농담과 다르지 않다. 어른은 열심히 흥분을 되비추기 위해 아이에게 맞춰 너무 빠르지도, 너무 느리지도 않은 속도를 취하거나 아이를 진정시키고 안심시키기 위해 좀 더 느리고 느긋한 속도를 취한다.

7. 도전 도와주기

어린아이들은 학습해야 할 것이 많고 이 때문에 좌절할 수도 있다. 안정된 아이는 세심히 관리된 방식으로 새로운 것을 시도해 보도록 격려받았을 것이다. 어떻게 하면 아이가 자신의 안전지대 바깥으로 너무 멀리 나가지 않도록 해 줄 수 있을까?

8. 격려와 칭찬

배려하는 어른은 아이가 무엇을 할 수 있는지 잘 알고 아이가 자신의 능력을 강화하도록 격려해 준다. 격려는 당신이 자신을 잘 알고 차근차근 도움을 줄 것이라는 사실을 알고 있을 때 가장 효과가 있다.

이러한 긍정 의사소통의 원칙은 다음과 같은 이유에서 중요하다.

● 관계를 더 원활하게 해 준다.
● 언어 능력의 성장과 발달을 촉진한다.
● 아이를 평온하게 해 주는 신체의 생화학 반응을 촉진한다.
● 스트레스와 좌절감을 줄여 준다.

요약하자면, 긍정 의사소통의 원칙은 앞서 살펴본 것처럼 바버라 프레드릭슨이 말한 '긍정 정서의 확장 및 구축 이론'을 만들어 낸다.

긍정 의사소통은 뇌를 자극한다

부모와 아이의 관계는 모든 발달 영역에 시동을 거는 데 거의 기적적인 효과를 발휘한다. 이것이 작동하는 방식은 성장과 발달을 자극하는 호르몬 전달체계와 직접적으로 연관된다. 아기의 뇌는 사랑에 의지해서 성장과 발달을 시작한다. 낭만적으로 들릴 수 있는 이 말은 학습이 어떻게 이루어지는지를 조사한 신경과학 연구가 뒷받침해 준다.

태어날 당시 갓난아기의 뇌는 필요한 것보다 더 많은 뇌세포를 가지고 있다. 하지만 처음에는 그것들 사이에 연관성이 거의 없다. 이러한 유연성이 적응적인 학습을 가능하게 해서 아이들은 공동체에서 필요로 하는 어떤 능력이든 배울 수 있다. 이는 동물의 뇌와는 완전히 대조된다. 동물의 뇌는 상당한 정도로 미리 결정된 본능적인 행동 패턴을 가지고 있어서 초기 경험에 의해 빠르게 활성화된다.

무엇이든 학습할 수 있는 이러한 개방성은 어린아이에게 이점인 동시에 약점이다. 아기는 뇌가 미완성이어서 취약하고, 그래서 완전히 의존해야 한다. 학습은 서서히 이루어지고, 아이는 끊임없이 세심히 보살피고 보호해 주어야 한다. 인간의 학습은 씨앗에서 자라는 꽃처럼 펼쳐지지 않는다. 거기에 배아 형태는 없다. 아이가 세계를 탐색하고 배울 수 있도록 안전한 기반을 제공하는 양질의 보살핌이 있어야만 학습이 가능하다.

마찬가지로 사회적인 자극이 부족하거나 방치된 아이는 발달이 심각하게 악화될 위험이 있다. 루마니아의 보육원에서 완전히 방치된 채로 자란 아이들의 발달을 검사한 결과가 이를 확인해 준다. 시설보호에 대한 가슴 아픈 오해 가운데 하나는 물질적 보살핌만으로 충분하다는 생각이었다. 보육원의 역사는 사랑 없는 음식과 잠자리가 재앙에 가까움을 보여 준다. 아이들은 생존할 수는 있지만 극도의 발달 지체를 보이고 자극과 교육이 없는 채로 남아 심각한 정신지체를 보일 수도 있다. 다행히도 입양된 이후 집중적인 도움을 받는다면 회복이 더디고 어렵기는 하지만 훌륭한 진전을 보일 수 있다.

발달하는 뇌와 학습 능력

지난 10년간의 인지신경과학 연구는 인간의 뇌가 어떻게 발달하는지에 대한 우리의 이해를 상당히 높여 주었다. 우리는 그 기본적인 내용을 일부 살펴서 왜 외부에서의 긍정관계와 의사소통이 아이 내부에서 일어나는 일에 그렇게 중요한지를 알아볼 것이다. 사랑은 아이 뇌의 발달에 직접적인 영향을 미친다.

아이가 학습할 때 뇌세포가 연결되어 그것이 반복될 때마다 학습된 반응을 강화할 수 있는 신경 경로를 만든다. 이 분야의 전문가인 신경과학자들은 뇌 구조를 학습의 결과로 다양한 영역이 구성되고 형성되는 것으로 이야기한다. 어떤 학습 경로가 구성될 때 다른 세포들은 그 주변 영역에서 '제거된다'. 많은 뇌세포를 갖는 것 자체가 좋은 것이라고 생각할지 모르지만, 강력한 신경세포 경로들이 서로 연결되어서 효과적으로 작동하는 것이 가장 중요해 보인다. 어른의 뇌는 상당히 많은 여분의 용량을 가지고 있다. 갓난아기가 가진 많은 뇌세포는 모종 상자에 너무 빽빽하게 뿌려져서 일부 솎아 내지 않으면 어느 것도 잘 자랄 수 없는 모종에 비유할 수 있다.

뇌의 이런 형성(sculpting)은 학습과 경험에 달려 있다. 새로운 능력을 익히고 새로운 경험을 기억할수록 뇌세포들은 서로 연결된다. 어떤 일이 더 자주 발생할수록 세포 사이의 신경 경로는 더 강화된다.

사랑, 만족감, 편안함, 큰 기쁨을 경험하게 해 주는 호르몬은 우리 몸이 충분한 성장을 이루고 회복될 수 있게 해 준다. 옥시토신 호르몬과 신경전달물질인 도파민과 세로토닌이 분비되면 어른과 아이 모두 웰빙을 느끼게 된다. 게다가 어른과 아이의 결속은 아이가 평온하고 학습에 대해 수용적일 때 둘이 함께 무언가를 할 수 있는 많은 기회를 제공해 준다. 학습은 이런 온화한 호르몬이 있는 곳에서 일어난다. 이는 사회적 관계가 작동하기 때문만이 아니라 아이의 내부에서 이들 신경전달물질이 신경 경로의 물리적인 발달을 조정하기 때문이기도 하다.

코르티솔과 아드레날린이 지나치게 많이 분비되면 반대 상황이 벌어진다. 불안한 감정에 사로잡혀서 집중할 수가 없다. '도피 아니면 투쟁'을 알리는 전달자가 이런 위급 상황에 유일하게 필요한 주요 기능을 가능하게 하는 성장과 회복 과정을 멈추게 하는 것이다. 이는 싸우거나 도망가기 위해 에너지를 아껴 준다. 호흡은 빨라지고 심장은 근육으로 더 많은 피를 퍼 올린다. 아드레날린이 많아져 우리가 다치더라도 고통을 덜 느끼게 해 주고 출혈을 줄이기 위해 피가 더 빨리 응고될 것이다. 이는 우리를 보호하고 생존하도록 도와주는 놀라운 과정이지만 학습에 대해서는 정반대이다. 대뇌피질, 다시 말해 사고하는 뇌 영역으로 가는 혈액이 줄어들어서 사고와 기억이 사실상 차단된다. 당연하게도 목숨이 위태로운 판에 무슨 일이 일어나는지 생각하며 앉아 있고 싶지는 않을 것이다.

어른들에게는 다행스럽게도 21세기의 생존 문제가 스트레스를 주지는 않는다. 하지만 유감스럽게도 아이들에게는 본격적인 위급 상황에서 일어나는 이러한 과정이 언제든지 일어난다. 심지어 아이들이 살짝 겁을 집어먹었을 때조차 말이다. 감정적 화재경보가 너무 자주 울리거나 너무 오랫동안 울릴 때, 아이는 스트레스를 받아 효과적으로 학습할 수가 없다. 예컨대, 건강한 뇌의 발달은 스트레스 수준에 달려 있다. 긍정 의사소통을 통해 감정적인 뇌를 통제하도록 도와주면 스트레스 수준을 낮출 수 있다.

아이의 성장과 발달은 집중해서 어떤 일이나 놀이에 참여할 수 있게 해 주는 이러한 '행복 호르몬'에 달려 있다. 이들 호르몬은 영양 많은 음식이 우리 몸에 필수적인 것만큼이나 학습에 반드시 필요하다. 모든 어른은 '행복 호르몬'의 전원을 켜고 감정적인 뇌가 생존 모드에 돌입하지 않도록 긍정적 환경을 만들어 내는 방법을 확실히 알아야 한다.

긍정 의사소통과 강화

아이가 편안하고 자신감을 갖도록 격려하는 어른은 직접적인 경험과 관찰에 의지한다. 다음은 친밀한 관계를 강화하는 열 가지 전략이다.

도구상자 15-2　아이와 긍정 의사소통을 하기 위한 열 가지 방법

1. 아이의 눈높이에 맞춘다. 이렇게 하면 만반의 준비 없이도 아이의 표정을 읽을 수 있다.
2. 아이의 얼굴을 너무 빤히 쳐다보지 않고도 마주 볼 수 있도록 아이 쪽으로 비스듬히 향한다.
3. 당신의 존재에 대해 아이가 어떤 반응을 보이는지 주의 깊게 살펴보라. 아이가 안심하는가, 아니면 불안해하는가? 그에 따라 아이에게 반응하라.
4. 미소를 짓고 유머를 이용하라.
5. 아이에게 맞춰 반응하라. 아이의 행동을 반영해서 행동해야 한다. 이것이 불안하게 할 수도 있으므로, 그대로 모방하기보다는 아이의 몸짓을 살짝 반영하는 것이어야 한다.
6. 고개를 끄덕여 주고 격려해 주는 얼굴 표정을 지어 보이는 것은 말이 필요 없이 아이를 지지해 준다.
7. 아이가 집중하고 있는 것에 주의를 기울이라. 몸짓과 얼굴 표정으로 당신이 아이의 관심사를 공유하고 있음을 알려 주라.
8. 따뜻함은 어조를 통해 분명하게 전달된다. 아이가 하는 일을 방해하고 싶지 않으면 '아' '음' '오' 같은 소리로 공감을 표할 수 있다.
9. 때로는 그저 같이 있어 주는 것만으로 충분할 때가 있다. 얼굴을 마주 보는 것보다 옆에서 뭔가를 하는 것이 아이의 독립성을 지지해 준다.
10. 아이를 기꺼이 도와주라. 하지만 끼어들지는 마라. 아이가 말이나 눈길로 도움을 청하게 해 주라.

도구상자 15-3　여러 아이와 비언어적으로 긍정 의사소통을 이루는 열 가지 방법

1. 긍정성을 촉진하기 위해 음식을 음미하거나 창의적인 심상을 떠올리는 것부터 시작해 보라.
2. 여러 아이와 함께한다면 아이 한 명 한 명에게 가능한 한 자주 말을 걸라. 어떤 아이에게 집중하든, 미소를 짓는 동안만이라도 그 아이에게 충분하고 완전한 관심을 기울이라.
3. 무리 안에서 무슨 일이 일어나는지 재빨리 감지할 수 있는 당신 자신의 능력을 믿으라. 도움이 필요한 아이의 신호를 포착하기 위해 수시로 방을 둘러보라.
4. 아이들은 신호를 빨리 알아차린다. 몸짓이나 얼굴 표정으로 방 저편에 있는 아이들을 안심시킬 수 있다.

5. 실제적인 도움을 줄 뿐 아니라 관계를 유지하기 위해 계속해서 움직이며 빠르게 각 아이들에게 들러 보라.

6. 이용할 수 있는 재료를 만들어 약간의 도움을 주면서 아이들이 충분히 몰두하도록 격려하라.

7. 아이들이 하는 일을 중단하지 않고 격려하는 어조로 말한다.

8. 미소를 짓고 소리 내어 웃고 그 연령 집단에 알맞은 재미있는 활동을 통해 긍정성을 북돋아 주라.

9. 잘하고 있는 것은 강화해 주어 당신이 아이들의 노력을 인정하고 있음을 아이들이 알게 해 주라.

10. 도움을 주지만 직접 뛰어들거나 너무 자주 제안을 하지 않음으로써 아이들의 독립성에 대한 욕구를 인정해 주라.

⊙ 자신의 긍정 의사소통을 살펴 북돋우기

당신은 언제 최선을 다하는가

우리 모두 최선을 발휘하는 상황이 있다. 무엇이 자신에게 효과적인지 생각해 보는 것이 가장 좋은 시작점이다. 당신은 지금까지 자신의 의사소통 강점에 대해 거의 생각해 보지 않았을 것이다. 앞으로 몇 주에 걸쳐 자신의 강점을 알아보면 자신에게 무엇이 효과적인지 그리고 그 강점을 의사소통에서 어떻게 이용할 수 있을지 아는 데 도움이 될 것이다. 매일 잘됐던 일 세 가지를 기록할 수도 있을 것이다. 이는 우리를 더 행복하게 만들어 준다고 알려진 '세 가지 좋은 일 하기' 운동의 변형이다.

본받고 싶은 사람을 관찰하라

모든 사람은 각자 자신의 스타일을 가지고 있다. 주변에 자기 아이나 일을 통해 알게 된 아이들과 아주 친밀한 관계를 갖고 있다고 여겨지는 사람들이 있을 것이다. 긍정 의사소통 원칙을 이용해서 이들 원칙이 그 사람과 아이들의 친밀한 관계에 어떻게 영향을 미치는지 알아볼 수 있다. 이는 다른 누군가를 무작정 따라 하라는 말이 아니다. 그보다는 아는 사람들 가운데 아이들과 친밀한 관계를 유지하는 사람이 가진 이런저런 점들을 응용해 보라는 것이다.

함께 학습하기

적극적인 친구나 동료가 있다면 이런 방법들을 이용해서 관계의 원칙을 실제로 탐구해 볼 수 있다. 긍정 의사소통은 직접 경험할 때 매우 효과적이다. 방해받지 않고 전력을 다해 역할 놀이를 즐길 수 있는 장소를 찾으라. 너무 수줍어하거나 예의를 차리지 않으면서 역할을 실연(實演)할 때 무엇이 효과가 있는지 알게 될 것이다.

표 15-1 긍정 의사소통의 원칙		
	어른의 관찰	아이의 반응
1. 얼굴 마주 보며 동조하기 2. 따뜻함 3. 물리적 근접성 4. 소속감과 보호 5. 공동의 관심사 6. 상호주의와 주고받기 7. 도전 도와주기 8. 격려와 칭찬		

활동 1: 비언어적인 긍정 의사소통의 영향 알아보기

좋아하는 취미나 관심사에 대해 서로 차례대로 돌아가며 이야기하라. 너무 깊이 생각하지 말고 자연스럽게 이야기할 수 있고 그래서 상대가 어떻게 반응하는지 관찰할 수 있는 것을 선택하라.

A: 취미에 대해 이야기하는 역할을 한다. 상대는 대화에 참여하기보다는 듣는다. 상대가 대화의 흐름에 어떤 영향을 미치는지 알아보는 데는 2분이면 충분하다.

B: 이야기를 들으면서 당신이 대화에 참여할 수는 없지만 관심을 가지고 있음을 보여 주는 눈맞춤, 미소, 몸을 앞으로 기울이기, 끄덕임 등을 통해 상대를 격려하는 데 집중하는 역할을 한다.

이제 역할을 바꿔 다시 해 본다.

토론의 요점

● 상대가 당신에게 온통 주의를 집중하고 있음을 알면서 이야기를 할 때 어떤 기분이었는가?

● 당신이 이야기를 하고 있을 때 무엇이 편안함과 자신감을 갖도록 도와주었는지에 대해 토론해 보라.

● 상대의 어떤 행동이 특히 당신을 격려해 주었는가?

● 상대가 당신의 이야기를 듣고 있음을 알게 해 준 것은 무엇이었는가?

활동 2: 비언어적인 부정 의사소통의 영향 알아보기

더 이야기할 게 많이 남았더라도 필요하면 다른 주제를 선택하라.

  A: 앞에서처럼 2분 동안 취미에 대해 이야기하라.

  B: 이번에는 관심이 없음을 보여 주기 위해 할 수 있는 모든 일을 하는 역할이다. 시선을 돌리고, 의자에 몸을 기대고, 하품을 하고, 따분한 목소리로 '응' 하고 말하는 것 등은 상대의 이야기에 관심이 없다는 비언어적 메시지를 줄 것이다.

이제 역할을 바꾸어 다시 해 본다. 이 연습의 영향을 논의하기 전에 친밀한 관계를 되돌리려면 1, 2분 정도가 필요할지 모른다.

토론의 요점

● 상대가 주의를 기울이지 않음을 알면서 이야기를 할 때 어떤 기분이 들었는가?
● 이런 상황이 진행될수록 어떤 느낌을 받았는지 이야기해 보라. 신체적 · 감정적으로 어떤 영향을 받았는가?
● 이야기 흐름을 어떻게 잘 유지할 수 있었는가?
● 상대의 어떤 행동에 특히 낙담했는가?
● 상대가 듣지 않고 있음을 말해 주는 좀 더 노골적인 행동은 어떤 것이었는가?
● 상대가 듣지 않고 있음을 말해 주는 미묘한 행동은 어떤 것이었는가?

다음 단계: 친밀한 관계 만들기

활동을 마치면 무엇이 아이들과 쉽게 친밀한 관계를 맺는 데 도움이 될 것인지에 대해 토론해 보자.

● 친밀한 관계에 있는 사람들과 이야기하기가 얼마나 수월했는가?
● 무엇이 특별히 영향을 미쳤는가?
● 아이에게 충분히 관심을 주기가 쉽지 않을 때 도움을 얻기 위해 여기서 무엇을 취할 수 있을까? 흔히 다른 일로 바쁘거나 생각에 골몰해 있을 때 아이에게 충분히 관심을 주기

가 어렵다.

- 쉽지 않은 상황에서 친밀한 관계를 만들기 위해 할 수 있는 일 세 가지를 적어 보자.
- 역할극 상대에게 당신의 계획에 대해 이야기하고 나중에 상황이 어떻게 진행되고 있는지 비교해 보기로 하자.

⊙ 견식 있는 배려와 긍정적 피드백

아이가 자신감을 가지고 의사소통할 수 있도록 격려하라

아이의 접촉 횟수는 그 어른이 얼마나 수용적인 태도를 가지고 있는지와 밀접한 관련이 있다(Bronson, P., 2009). 어른이 빠르게 반응해 주면 아이들은 계속해서 소통하기를 원할 것이다. 이런 아이들은 또한 어른이 이야기를 나눠 주지도 않고 들어주지도 않는 아이들보다 어휘력이 더 발달할 것이다. 초기 경험이 분명 중요한데, 평생에 걸쳐 언어 능력을 극대화하는 데도 마찬가지로 극히 중요하다.

아이들은 긍정 의사소통 원칙을 직관적으로 알고 편안하게 느끼는 다정한 어른을 재빨리 알아본다. 따라서 당신이 이들 원칙을 자신 있게 이용할 때 관계가 더 자연스럽고 편안하고 진정 어린 것이 될 것이다. 당신과 쉽고 빠르게 친밀한 관계를 갖게 되기 때문에 아이들은 당신에게 더 이끌리게 될 것이다.

어떻게 하면 의사소통을 한층 더 발전시켜 아이가 당신에게 편안하고 친숙한 방식으로 이야기하게 격려할 수 있을까? 아이들은 견식 있게 배려해 주는 접근법에 잘 반응한다. 이는 아이들이 자신의 중요한 일에 대해 털어놓도록 격려해 준다.

말하기와 듣기 능력을 발전시키라

친밀한 관계는 의사소통의 주요 구성 요소로 서로 편안하게 느끼고 결속되도록 도와준다. 일단 결속감이 생기면 언어가 더 많은 것을 알아내는 강력한 도구가 된다. 아이들이 웰빙을 이루려면 좋은 언어 능력이 필요하다. 언어 능력 발달이 느린 아이들은 자신의 성공과 도전을 다른 사람과 공유하는 데 어려움을 겪는다.

언어의 힘

언어는 인간에게 고유한 능력이며 우리가 수많은 놀라운 일을 할 수 있도록 해 준다. 언어의 기능은 다음과 같다.

- 우리의 생각과 이해를 공유하게 해 준다.
- 관계를 만들고 친밀감이 깊어지게 한다.
- 생각과 판단을 도와준다.
- 우리의 경험을 이해할 수 있게 해 준다.
- 우리의 경험을 통합한다. 우리가 보고, 듣고, 만지고, 맛본 것에 이름을 붙여 주어 그 다양한 차원을 통합시킨다.
- 세밀한 기억을 통해 지식을 보유하도록 도와준다.
- 자아의식의 발달에 영향을 미친다. 언어는 의식을 강화한다. 이런 자아의식을 통해 우리의 경험을 포착해서 관찰할 수 있고 이것이 우리의 고유한 정체성을 독특하게 한다. 이런 자아개념을 통해 우리의 경험을 관찰하고 파악할 수 있게 되면 고유한 개인의 정체성을 만들어 낸다.

이 모든 이유에서 아이들이 언어를 효과적으로 사용하도록 도와주는 것이 개인적 · 사회적 발달과 웰빙에 중요하다. 아이의 관심사에 대해 아이와 이야기를 나눌 수 있는 시간과 공간을 만드는 것이 필수적이다. 이것이 아이들이 자신의 경험을 포착해서 관심을 기울이도록 격려한다. 경험을 공유할 때 아이들은 자기에게 무슨 일이 일어나는지 그리고 그것이 왜 중요한지를 더 잘 알게 된다.

견식 있는 배려

아이가 편안하고 감정적인 뇌의 요구에 사로잡히지 않을 때 아이의 관심을 얻고 그것을 지속하기가 더 쉽다. 긍정 의사소통은 당신이 아이를 도울 수 있고 기꺼이 도울 것임을 보여 주는 좋은 관계와 더불어 시작된다. 아이들이 언어에 더 능숙해지면 언어가 공유를 위한 매개체가 된다. 견식 있는 배려는 초기에 아이의 발달에 중요한 역할을 하고 청소년기에도 계속해서 영향을 미친다. 아이들이 양방향의 대화에 더 능숙해지면, 뒤에서 살펴보게 되는 것처럼 적극적이면서 건설적인 반응이 마찬가지로 중요해진다.

아이의 의사소통을 도와주라

언어는 사고와 학습의 구성 요소이다. 언어를 효과적으로 사용한 경험이 많은 아이들일수록 언어 능력이 더 뛰어나고 교육에서의 성공 가능성이 더 높다. 언어 능력은 다음의 세 가지 요소에 달려 있다.

① 집중해서 듣는 능력
② 말하기 능력
③ 들은 것을 이해하는 능력

이 능력들은 태어나면서부터 발달하고 학교에 들어가기 전까지 계속해서 빠르게 발전한다. 아동기에 어휘력과 좀 더 고급 수준의 문법을 이용하는 능력이 계속해서 성장한다. 하지만 6, 7세 무렵 아이들은 효과적으로 의사소통하고 주의 깊게 들을 수 있게 해 주는 중요한 능력들을 완전히 익혀서 정식 교육과 학습을 충분히 감당할 수 있다. 집중해서 듣는 능력은 특히 4세에서 7세 사이에 계속해서 성숙해져서, 아이들은 점점 더 자신이 하고 있는 일과 어른이 말하고 있는 것 사이를 오가며 주의를 기울일 수 있게 된다.

7세까지 견식을 가지고 아이를 배려하라

정식 교육을 받을 준비가 된 아이들은 지속적으로 집중해서 들을 수 있는 능력이 필요하다. 아이가 들을 준비를 갖추고 들을 수 있으려면 듣고 이해하는 것이 필요하다. 안목 있는 배려는 아이가 이야기하고 어른이 듣도록 고무한다. 그것은 아이가 어른의 지시를 너무 많이 받는 일 없이 자신의 열정을 공유할 기회를 준다. 어른들은 흔히 너무 많은 충고로 대화의 균형을 깨뜨린다. 이는 아이의 사고 훈련을 가로막고 대화의 방향을 다른 곳으로 돌려 버리고 만다.

안목 있는 배려는 어른이 칭찬하고 용기를 주면서 아이의 학습을 도와주도록 한다. 현실적인 차원에서 무대 뒤 상황을 감독하도록 도와주어 아이가 발전과 성공에 이를 가능성이 높은 수준에서 놀고 학습하게 할 수 있다.

아이의 안심 영역을 넓혀 주라

아이들은 많은 칭찬과 구체적인 피드백으로 용기를 북돋아 주는 어른에게 반응한다. 이는 자신감을 높여 주어 아이가 새로운 것을 시도하도록 고무할 것이다. 심리학자 레프 비고츠키(Lev Vygotsky)는 친밀한 관계의 중요성을 알았다. 그는 이것이 아이 학습의 발판이 된다고 했다.

견식 있는 배려의 방법

견식 있는 배려의 목적은 아이가 자신이 무엇을 하고 있는지 좀 더 의식하고 그에 대해 이야기하도록 고무하는 것이다. 견식 있는 배려는 아이의 관심사에 집중해서 그에 대한 인식을 높이도록 도와준다. 이것은 어린아이들에게는 언어 발달을 자극하지만 좀 더 나이 먹은 아이들에게는 사고와 반성을 촉진한다. 아이가 이야기하게 하려면 대화를 용이하게 하는 것이 필요하다.

- 열성을 보이지만 자연스러운 말로 대화를 시작하라. "지금 …… 그걸 하고 있구나." 그러고 나서 잠시 멈추어 아이가 생각하고 대답할 여유를 주라. 아이가 그 일에 완전히 몰두해 있으면 누가 방해하는 걸 원치 않을 것이다. 따라서 그런 것 같으면 별것 아닌 것처럼 할 필요가 있다. "재미있나 보구나."라는 말로 아이가 하고 있는 것을 인정해 주라.
- 긍정적 피드백을 제공하라. 관심을 보이는 말은 반응이 미적지근하더라도 아이의 공감을 살 수 있는 매우 유익한 전략이다. "아주 신중하게 색칠하고 있구나."
- 자유롭게 대답할 수 있는 질문을 하라. 아이가 이야기하고 싶어 하는 것 같으면 자유롭게 대답할 수 있는 질문을 하라. "어디가 제일 좋니?" "어떻게 할지 결정했니?" "그런 발상을 어디서 얻었니?"
- 구체적인 부분을 지목해서 칭찬하라. 아이가 하고 있는 것 가운데 강점으로 보이는 것에 관한 구체적인 정보를 가지고 아이가 이야기하는 것에 반응하라. 이런 정보는 아이가 자신이 무엇을 하고 있는지에 대한 이해를 심화하도록 도와준다. 이는 과업에 관한 피드백이다. "대단한데." "정말 똑똑하구나." 같은 일반적인 칭찬은 아이에게 자신이 성취하고 있는 것에 대한 이해를 넓혀 주지 못하고 그 가치의 지속성도 덜하다.
- 부정적인 혼잣말을 재구성해서 자신감을 북돋아 주라. 아이가 하는 이야기를 주의 깊게 들으라. 아이가 부정적인 것에 집중하는가? 힘든 점에 사로잡혀 있는가? 자신감이 부족해서 영감을 찾는가? 어떻게 하면 아이가 자기가 하고 있는 것을 좀 더 긍정적으로 보도록 도울 수 있을까?

아이의 강점 지도를 개발하라

아이들 마음속에는 능력을 습득하고 개선하도록 독려하는 강한 욕구가 있다. 아이들은 자율성에 대한 강한 욕구를 가지고 있는데, 이로 인해 자신의 목적을 향해 노력해 나가면서 할 수 있는 한 많은 것을 성취하고 싶어 한다. 자신의 강점을 발견하고 만들어 나가도록 도와주면 아이는 유능성과 독립성을 강하게 느낀다. 이를 통해 자신에게 무엇이 중요하고 장차 무엇을 좀 더 하고 싶은지에 대한 마음속 지도가 만들어진다. 제니 후퍼는 이를 강점 지도라 부

른다. 중요한 성취에 대해 긍정적 피드백을 줄 때마다 아이의 자신감과 자아존중감이 강화
된다.

　아이가 자기 정체성을 찾으려면 자유와 안전한 경계 사이에서 균형을 잘 잡아야 한다. 아
이들은 제약도 보호도 없는 자유에 아주 기뻐하겠지만 이는 위험을 불러올 수 있다. 여기에
는 분명 물리적인 위험도 있지만, 도움이나 노력에 대한 인정을 거의 받지 못한 채 스스로 성
취할 수 없는 일을 시도할 때 아이에게 실패와 좌절감을 안겨 줄 위험이 크다. 반대로 선의를
가진 어른이 지나치게 통제할 경우 과잉보호로 인해 아이의 호기심이 억눌리고 아이가 자기
강점을 발견하고 만들어 나갈 기회를 제한할 위험이 있다. 이는 또한 아이 자신의 강점과 능
력에 대한 제한된 이해와 더불어 좌절감으로 이어진다.

　아이에게 필요한 것은 스스로 자신의 강점을 발견하고 만들어 나가도록 격려하면서 지나
치게 욕심을 부려 실패할 때 그 추락의 충격을 완화해 주는 안전망이 되어 주는 가벼운 접촉
이다.

◉ 긍정 의사소통: 친밀한 관계, 신뢰, 희망, 꿈의 공유

　일단 아이가 능숙하게 의사소통을 하게 되면 아이는 자기에게 중요한 것이 무엇인지에 대
해 이야기하고 격려와 지지를 받는 시간이 필요하다. 아이들은 자신의 목표와 열망을 어른
과 공유함으로써 가능성들을 탐색해야 한다. 아이들은 언어를 사용해 계획하고 반성하면서
가능성들을 가늠하여 더 큰 것에 대한 포부를 갖고 그것을 실현하는 방법을 결정하도록 독려
받는다. 희망과 낙관성이 성장과 포부의 생명선이며, 아이가 도전적인 목표를 향해 나아가는
것이 저지되거나 그에 따른 위험을 두려워해서 용기를 잃지 않도록 희망과 낙관성을 세심히
키워 주는 것이 필요하다.

　긍정적 지지를 해 주는 사람들은 어떻게 상대의 말을 듣고 어떻게 격려해 주는지에 관한
연구가 있었다. 이는 원래 데이트하는 연인 사이의 대화에 관한 연구를 바탕으로 한 것인데,
무엇이 사람들의 향상심을 지지해 주는지 그리고 무엇이 그들의 열정을 꺾어 버리는지를 말
해 주는 흥미로운 원리가 있음이 밝혀졌다. 캘리포니아 대학교의 셸리 게이블(Shelly Gable,
2009) 팀은 좋은 소식에 대해 사람들이 네 가지 유형의 반응을 보이는 것을 발견했는데, 이 가
운데 하나의 유형만이 상대에게 진심 어리고 너그러운 지지를 제공해 주었다(〈표 15-2〉 참조)
(Gable, 2009).

● **적극적이고 건설적인 반응**: "와, 오늘 수업 시간에 참 잘했다. 얘기 좀 해 줘. 무슨 일이 있었는지 궁금하구나."

매우 좋은 관계로 따뜻한 어조와 미소를 통한 비언어적인 긍정 의사소통. 이는 아이가 더 많은 것을 이야기하고 싶게 만든다.

● **소극적이고 건설적인 반응**: "잘했어."

친밀한 관계를 만들려고 하지 않거나 더 자세하게 물어보지 않는다. 비언어적 신호가 제한적이고 알아차리기가 힘들다. 아이가 말문을 닫아 버리게 된다.

● **적극적이고 파괴적인 반응**: "과학 과제를 하나도 안 했다니 창피한 줄 알아. 열심히 하면 할 수 있는 일이잖아."

모든 면에서 대화가 부정적이고 적대적이다. 아이가 하던 일을 멈추게 된다.

● **소극적이고 파괴적인 반응**: "오늘 밤 해야 할 숙제가 많니?"

문제를 회피하고 눈맞춤이 결여되어 비언어적 소통이 애매하다. 아이는 혼란스러워져 상대 어른이 한 말에 대해 확신하지 못한다.

표 15-2 좋은 소식에 대한 네 가지 유형의 반응

아이들이 좋은 소식이나 미래에 대한 희망을 공유할 때 지지해 주는 것은 그들이 도전하는 데 필요한 뒷받침을 제공해 준다. 우리 대부분은 우리가 '적극적이고 파괴적인' 상태가 되는 때를 알지만, 수동적인 상태에 빠져서, 의욕을 북돋우고 희망과 포부를 인정해 주는 데 필요한 열정이라는 산소를 부인하기 쉽다. 적극적이고 건설적인 반응으로 나아가는 간단한 첫걸음은 '이의를 달지 않는 것'이다. '하지만'이라는 말이 하고 싶어진다면, 그것은 당신이 대화에서 확신을 주는 사람보다는 비판자 역할로 기울고 있음을 말해 준다. 아이의 말을 잘 듣고 적극적으로 지지한다면 아이가 이후에 다시 당신에게 조언을 구할 가능성이 높고, 그렇게 되면 '만약에'로 시작되는 문제들에 대해 더 잘 이야기할 수 있을 것이다.

물론 적극적이고 건설적인 반응은 아이와 대화하는 어른들을 위한 것만은 아니다. 청소년들도 친구들과의 대화를 이렇게 접근한다면 더 보람 있는 우정을 얻게 될 것이다. 또한 대화에서 반응하는 방식에 대해 더 잘 알면 어른들과의 관계가 덜 고민스러울 것이다. 네 가지 다른 반응 방식으로 대화해 보는 역할극은 재미있으면서 아주 유익할 수 있다.

회복력—장애물을 피하고 좌절감에서 다시 일어나기

회복력(resilience)은 아이들을 다음과 같이 도와준다.

- 좋은 선택을 해서 위험을 불러들일 수 있는 유혹을 피하게 한다.
- 좌절에서 다시 일어나 일을 순조롭게 진행하도록 한다.
- 불확실성을 감수해서 위험을 회피하지 않게 한다.
- 일은 일어나기 마련이고 항상 예방할 수는 없다는 점을 받아들이게 한다.

아이를 뒷받침해 주는 어른으로서 할 수 있는 일은 다음과 같다.

- 회복력에 대해 전략적으로 접근해서 아이를 준비시키고 보호한다.
- 회복력을 얻을 수 있는 환경을 만들어 준다.
- 회복력을 높이도록 아이에게 대처 전략을 가르친다.

◉ 회복력의 근원

나쁜 일이 일어났을 때 왜 어떤 사람들은 포기하는 반면에 또 어떤 사람들은 계속할까? 무엇이 어떤 사람들은 무기력하게 하는 반면, 또 어떤 사람들은 도전에 선뜻 응하게 만드는 걸까? 그리고 어떤 사람들은 스트레스를 처리하기 위해 과식이나 음주 같은 건강하지 못한 습관에 빠져드는 반면에 또 어떤 사람들은 스트레스를 처리하기 위해 건강한 접근법을 취하게 되는 이유는 무엇일까? 그 차이는 회복력이라고 불리는 일련의 태도와 능력이다. 회복력은 타고나는 것이 아니다. 그것은 개인의 경험을 통해 계발되는 것이다. 회복력은 학습할 수 있다. 그렇다면 아이가 좀 더 회복력을 갖도록 도우려면 무엇을 할 수 있을까?

다음은 회복력을 이루는 세 가지 주요 요소이다.

① 자신이 사랑받고 한 개인으로서 인정받는 피난처를 가지고 있음을 아는 데서 오는 강한 안전감
② 자신의 강점과 능력을 알고 그에 대해 현실적으로 직시하게 하는 자신감
③ 성장과 성취를 위해 노력하게 하는 의미와 목적의식

아이들이 어릴 때 우리는 아이들을 위험으로부터 보호하기 위해 우리가 할 수 있는 모든 일을 다 한다. 우리는 아이를 보호함으로써 아이가 외부의 위험과 개인적인 실망을 관리하는 대처 방법을 발전시킬 시간을 주고 싶어 한다. 어떻게 하면 이를 가장 잘할 수 있을까? 아이

들이 좌절에 대처할 수 있으려면 무엇이 필요할까?

회복력은 다음과 같이 정의할 수 있다.

- 상황이 어떠하든 자신감을 가지고 성장하고 성숙해지면서 계속 앞으로 나아가는 능력이다.
- 상황이 자기편이 아닐 때도 자신의 정체성, 목적의식, 자신의 능력에 대한 믿음을 유지하는 능력이다. 자신에 대한 이러한 믿음은 강한 정신력의 다층적인 특성이다.

회복력 높이기

어떻게 하면 아이가 장차 다가올 힘든 시간을 견디게 해 줄 저 병기들을 가질 수 있을까?

어린아이들은 호기심과 모험심이라는 건강한 태도를 타고난다. 탐색하고 발견하고자 하는 아이들의 욕구는 자기발견과 성격 발달에 꼭 필요한 부분이다. 아이들은 독립적이기를 원하고 새로운 것을 시도할 것이다. 아이들은 어른의 조언과 '참견'에 반항할 것이고, 그래서 이른바 초기의 '행동문제들'은 흔히 아이에게 새로운 것을 시도할 기회를 제공해 주는 자율성을 얻기 위한 몸싸움과 연관된다.

아이의 삶에 어떤 역할을 하든, 모든 어른은 가족이나 전문가로서 아이가 위험과 정체 사이에서 올바른 균형을 유지하도록 도와줄 수 있다. 아이가 플로리시하려면 자신의 강점을 찾아서 가능성을 시험해 보아야 한다. 아이들은 위험에 대해 정보에 입각한 결정을 내리고 자신의 안전지대를 넘어가기 위해 자신을 충분히 이해해야 한다. 이는 절대 쉽고 평탄하게 진행되지 않을 것이다. 따라서 아이들은 좌절에 대처하는 방법 또한 알아야 한다. 대부분의 아이에게 좌절은 아주 신중하게 대처해야 하는 것이기보다는 규모가 작은, 일상에서의 좌절과 실망을 처리하는 문제일 가능성이 크다. 흔히 아이들에게 더 많은 영향을 미치는 것은 커다란 트라우마보다는 지속적이고 낮은 수준의 스트레스이다. 지속적인 스트레스는 아이를 약화해지게 하고 정서적 웰빙과 체력에 영향을 미칠 수 있다. 아이들은 인생의 속도가 너무 빨라지는 때를 아는 법을 배워야 한다. 회복력은 속도를 늦춰야 하거나 '아니다'라고 말해야 하는 때를 알 수 있게 해 준다. 또한 포기하고 싶어질 때 중요한 것을 유지하면서 계속할 수 있는 결단력을 갖게 해 준다.

아이들을 모든 역경으로부터 보호한다는 것은 현실적으로 불가능하고 심리적으로는 해가 된다. 살면서 무슨 일이 일어날지 예측할 수는 없지만 아이가 자신감과 회복력을 갖도록 준비시키는 경험을 하게 해 줄 수는 있다. 세상을 바꾸는 일은 쉽지 않지만 아이가 살아갈 세상을 준비하게 해 줄 수는 있다.

　독립적인 삶을 준비하는 최고의 방법은 삶에는 부침이 있음을 받아들이고 어른들이 점진적으로 아이들에게 경험을 제공해서 준비시키는 것이다. 우리는 아이가 보호받을 수 있는 것에 대해 현실적으로 직시하고, 아이가 성숙해져서 충분히 독립할 수 있을 때까지 대처법을 발전시키기 위해 차근차근 도움을 제공할 준비가 되어 있어야 한다.

변화하는 세상에 적응하기

　우리는 지금 위기와 불확실성의 시대를 살고 있다. 현재 살고 있는 환경과 우리가 만들어 낸 경제체제는 이제 우리가 통제할 수 없게 된 것 같다. 더 이상 불확실성을 되돌리거나 높아지는 생활 수준을 보장하도록 경제 성장을 지속하기 위해 할 수 있는 일들에 대해 충분한 통제력을 가지고 있다고 믿을 수가 없다. 다음 세대는 불확실성 속에서 살아가는 법을 익혀야 할 것이고, 무능한 불안이나 절망보다는 실제적인 현실주의로써 좌절을 관리하는 회복력과 창의성을 가져야 할 것이다.

불확실성에 대처하기

　우리를 둘러싼 환경이 끊임없이 변화하고 있음에도, 대부분의 사람은 불확실성 속에서 살아가는 것을 힘들어한다. 우리는 선택의 여지가 없었던 이전 세대보다 위험을 더 많이 피하게 되었다. 최근에 우리는 우리를 둘러싼 세계에 대해 더 많은 것을 예측하게 해 주는 기술과 지식을 발전시켰다. 위험으로부터 우리 자신을 보호할 수 있다는 기대감이 커지면서, 역설적이게도 우리는 우리 조상들보다 더 불안해지고 회복력은 줄어들게 되었다. 1999년 정신건강재단(Mental Health Foundation, 1999)의 보고에 따르면 자연스러운 회복, 성장, 적응을 촉진하는 방법을 알아내기보다는 위험을 예방하는 데 초점을 둔 연구가 증가했다.

위험을 회피하는 사회

　조직뿐 아니라 개인들도 점점 더 위험을 피하고 아이들을 위험으로부터 보호하는 데 초점을 두고 있다. 이를 말해 주는 강력한 증거가 있다. 집 바깥이나 동네 공원에서 노는 아이들이 적어져서 많은 지역의 의회가 공원에서 놀이 기구들을 없애고 있다. 또 어떤 학교는 사고가 생기면 소송으로 이어질 수 있는 활동을 금지하고 있다. 이는 단기적으로 어른들에게 도움이 될지 모르지만, 아이들에게 위험에 대처하는 법을 가르칠 수 없고 아이들이 자유, 또래들과의 우정, 창의적이고 흥미진진한 놀이라는 긍정적 경험을 할 기회를 줄인다.

두려움과 불확실성 처리하기

어른뿐 아니라 아동과 청소년에게서도 불안과 우울증이 증가하고 있다. 그 원인은 복합적이지만 힘든 상황에서 회복력을 높여 주는 대처법이 부족한 것은 분명해 보인다. 무기력과 통제력의 상실이 우울증의 바탕이 된다. 자신을 불행하게 하는 상황에 대해 그 무엇도 할 수 없다는 생각이 들면 불만에서 우울증으로 진전되는 경향이 있다. 우울증 치료는 사람들이 무기력이 깊이 박힌 사고의 습관을 바꾸도록 돕는 데 집중한다.

이전 세대들은 힘든 상황에서 치료적인 도움을 거의 요청하지 않았다. 하지만 '좋았던 일 떠올리기'나 '밝은 면 보기' 같은 말에서 알 수 있는 '소박한' 불굴의 태도와 행동 방식을 가지고 있었다. "죽을 만큼 힘든 일을 견뎌 내면 더 강해진다."는 말에서 보듯이, 그들은 트라우마 후에 성장한다는 생각을 가졌다. 21세기 사람들은 대개 다소 가혹하고 무정해 보일 수 있는 이런 훈계에 불편해한다. 하지만 역경에 처한 사람들을 이끌어 주는 대처 방법에 대한 실제적인 지식은 아직 보편화되어 있지 않다.

이제는 많은 사람이 '불굴의 정신'을 구속적이고 수동적이며 운명론적인 것으로 여긴다. 우리가 시간을 되돌려 우리 조상들이 선호하던 믿음의 양식과 행동 방식으로 돌아갈 가능성은 낮다. 지금 우리에게 필요한 것은 독립성, 발전, 성취에 대해 21세기 사람들의 태도에 맞고 좀 더 역동적인 생각, 회복력에 대해 수정되고 업데이트된 생각이다. 회복력은 우리가 어떤 도전에 처하든 플로리시하는 존재로 남아 있도록 도와주는 전략이어야 한다.

⊙ 회복력을 뒷받침해 주는 환경의 구성 요소

어린아이들에게는 어른들이 환경을 조절해 주어야 한다. 장래 계획은 아이들이 심리적으로 건강하고 긍정적 균형을 유지하도록 돕기 위해 어떤 일을 조직할 수 있게 해 준다. 자신이 처리하지 못하는 심각한 상황에 적극적으로 대응하는 아이들은 불안과 좌절을 예방할 수 있을 것이다. 한편으로 작은 실수를 처리할 수 있는 활동을 하도록 격려하면 아이의 유능감을 높일 것이다. 긍정적 마음 상태를 가지면 아이들은 더 행복할 뿐 아니라 자기 주변 세계에 더 잘 참여해서 배우고 성장할 수 있다. 다음의 여덟 가지 요인은 아이의 회복력을 발달시키는 데 도움이 된다.

1. 안전과 피난처를 제공하라

아이가 주변에서 무슨 일이 일어나더라도 적응하려면 자신이 안전하다고 느껴야 한다. 상황이 어려울 때 도와주고 관심을 가져 줄 자기편이 있다는 것을 아는 게 꼭 필요하다. 아이가 무언가가 어렵거나 상황을 어떻게 처리할지 몰라 불안을 느껴 취약하다고 느끼면 불안해진다. 도움을 받아 만들어진 환경은 아이가 도전에 편안하게 적응하도록 도와줄 수 있을 것이다. 아이가 아주 불안할 때 갈 수 있는 조용한 장소가 있는가? 위험을 느끼는 아이를 돕고 안심시키기 위해 어떻게 지원해 줄 것인가?

2. 자신이 인정받고 있다는 느낌을 갖게 하라

안전하다는 느낌도 아주 중요하지만, 자신이 인정받고 소중한 존재라는 느낌은 한 걸음 더 나아간다. 아이가 자신의 강점을 발견하고 발전시킬 때 자신이 누구이고 무엇을 할 수 있는지에 대한 느낌은 아이의 고유한 정체성을 형성한다. 자신의 정체성에 대한 강한 인식은 자기동기화에 중요하다. 하지만 또 다른 사람들이 아이를 독특한 개인으로서 인정하고 소중히 여기는 것도 필요하다. 인정은 소속감의 아주 중요한 부분이다. 아이는 자신이 소중히 여겨지는 자질을 가지고 있음을 알게 된다. 이것이 아이에게 깊고 만족스러운 수준의 도움을 준다.

3. 아이가 어려워하는 것을 받아들이라

아이들이 자신의 감정을 처리하려면 먼저 듣고 이해하고 적합한 감정을 가져야 할 필요가 있다. 자신의 감정을 알고 처리하는 능력이 발달하는 과정에 있기 때문에, 아이들은 당연히 감정적으로 좀 더 불안하다. 행동 코칭은 아이가 자신의 감정을 알고 처리하는 법을 배우도록 돕기 위해 체계적인 방법을 제공한다.

4. 과도한 스트레스를 피하라

스트레스는 환경이 요구하는 것과 개인의 대응 능력 사이에 발생하는 불균형에서 온다. 이는 개인마다 다르다. 아이들은 상황에 대한 통제력이 부족하고 중요한 능력의 발달과 경험이 아직 미숙하다는 두 가지 이유 때문에 어른보다 스트레스를 과도하게 느끼기 쉽다. 발전 계획은 과도한 스트레스를 예방할 수 있고 또 아이가 점진적인 방식으로 능력을 발전시킬 수 있게 해 준다.

5. 능력과 통제력을 높이라

인간의 기본 욕구 가운데 하나는 유능하다는 느낌과 자신이 처한 상황을 처리할 수 있다는 느낌을 갖는 것이다. 아이들은 배워야 할 것이 많기 때문에 상황을 조직해서 요구가 아이의 한계를 넘어서지 않도록 하는 것이 중요하다. 아이들에게는 유능하다는 느낌을 갖고 상황을 통제할 수 있는 능력도 필요하지만 새로운 능력을 익히는 것도 필요하다. 앞으로 나아가는 것과 자신 없어 하는 것 사이에서 균형을 잘 잡아야 한다. 그 답은 노련한 어른이 어떻게 환경을 관리해서 아이가 자신이 이루는 발전을 볼 수 있도록 하느냐에 있다.

아이들은 목표가 현실적일 때 즐거이 자기 능력을 사용하고 열렬히 발전하고자 할 것이다. 한계를 넓히는 일과 부담을 주는 일은 다르다. 결과가 성공적이려면 가능한 것이어야 한다. 아이의 안전지대에서 너무 멀리 벗어나는 활동을 제공하면 노력이나 끈기에 의해 해결될 수 없는 과도한 스트레스를 낳는다. 그렇게 되면 노력이 좌절되어 아이들은 자신감을 잃을 가능성이 있다.

6. 단계적으로 지원하라

한 걸음 한 걸음 접근해 나가면 점진적인 발전을 독려하고 각 단계에서 성공을 쌓을 수 있다. 모든 교육은 근본적으로 아이가 새로운 능력을 이해하고 숙달하도록 이끄는, 세심히 계획되어 배열된 활동이다. 교직에 있지 않은 사람들을 위해 일을 다루기 쉬운 작은 단계들로 나누는 것에 대해 간단히 설명한다. 그 과정을 과제 분석이라고 한다. 아이가 익혔으면 하는 일을 골라서 그 일을 끝마치기 위해 필요한 모든 단계를 적어 본다. 그런 다음 각 단계를 좀 더 나눌 수 있는지 결정한다. 이렇게 나눈 단계들을, 다음 단계들을 지원하면서 자연스러운 순서에 따라 가르쳐 아이가 당신의 도움을 받아 성공을 거두게 할 수 있다. 예컨대, 주스를 따를 때 정확하게 따르는 일에 힘든 부분이 있다고 하자. 당신이 아이가 따르는 것을 도와주면 확실히 성공할 수 있다. 아니면 앞의 단계에서는 도와주고 뒤의 단계에서는 필요에 따라 도움을 줄일 수 있다. 양말을 신는 것이 뒤의 단계로 갈수록 쉬워지는 좋은 예이다. 처음에 발가락 쪽으로 양말을 가져가는 것이 나중에 양말을 잡아당겨 올리는 것보다 더 어렵다.

7. 조정해 주고 모범을 보여 주라

경험이 많은 사람들이 어떻게 주어진 과제와 씨름하는지를 보여 주는 것은 아이들에게 유용하다. 관찰이 유용하기는 하지만 효과적인 학습을 위해서는 관찰만으로는 충분치 못하다. 어른이 자신이 어떻게 일을 하는지 이야기해 주고 보여 주는 것이 도움이 된다. 특히 아이들에게 도움이 되는 것은 자기관리에 대한 이해이다. 당신은 스스로 어떻게 계속해서 동기부여를 하는가? 스스로 기분이 좋아지게 하고 부정감정에서 벗어나기 위해 무엇을 하는가? 어떻게 장애물을 알아차리고 처리하는지 그 예를 제시할 수 있는가?

8. 긍정적 역할 모델을 찾으라

아이들은 다른 사람들의 삶을 들여다보고 자기가 그 사람이라면 어떨지 생각해 보는 기회가 필요하다. 아이들이 간접적으로 안전하게 힘든 시기에 대처하는 경험을 해 보는 방법들 가운데 하나는 실존하는 영웅들과 가상의 인물들이 제시하는 긍정적 역할 모델을 통해서이다. 최근에는 아이들이 유명인사들의 삶을 살펴볼 기회는 많지만, 강점과 결단력으로써 역경에 맞서는 사람들에 대해 들어 볼 기회는 훨씬 적다. 전기는 청소년들에게 풍부한 영감의 원천이지만 어린아이들은 어려움에 처하고 그것을 극복하는 방법을 찾아내는 아이들(때로는 동물들)의 이야기를 자신의 삶과 비교해 볼 수 있다.

⦿ 독립적인 회복력 발전시키기

아이들이 행복하고 만족하고 성공하기 위해서는 무엇이 자신의 웰빙을 방해하는지 아는 능력이 필요하다. 그리고 문제를 해결하는 능력, 즉 가능한 어려움들을 피하고, 피할 수 없는 어려움일 때는 그 영향을 최소화하는 능력이 필요하다.

회복력은 한때 극기심을 가지고 고통을 받아들이는 것과 연관되었지만, 지금 우리는 그것을 우리 삶의 여정에 항법(航法)을 제공해 주는 역동적인 적응의 과정으로 재조명해야 한다. 회복력은 야심과 의미와 목적을 가진 삶에 필수적이다. 발전이란 우리를 항로에서 이탈시킬 수 있는 유혹들을 성공적으로 피하는 방법과 가끔 하게 되는 좌절을 관리하는 방법을 알고 지속적으로 노력하지 않고서는 이룰 수가 없다. 그러한 목표에 계속 집중하려면 강력한 동기부여와 높은 에너지 수준을 지속적으로 유지하고 자신의 유혹과 주의를 딴 데로 돌리는 것들을 알아볼 수 있어야 한다. 최고의 자기통제력과 결단력을 가지고 있어도 도전에 부딪히기 마련이다.

다음은 회복력을 키워 주는 최고의 방법 열 가지이다.

1. 강점을 최대한 활용하기

앤더스 에릭슨(Anders Ericsson)은 베를린 음악원에서 바이올린을 전공하는 학생들을 대상으로 다음과 같은 연구를 했다. 교사들은 학생들을 평가해서 세 집단, 즉 세계 최상급의 독주자가 될 가능성이 있는 스타 집단, 전문 연주자가 될 가능성이 있는 '잘하는' 집단, 전문 연주자가 될 가능성이 없는 집단으로 나누었다. 이들을 인터뷰해 보니, 이들 집단을 구별짓는 것은 얼마나 빨리 연주를 시작했는지가 아니라 얼마나 집중적으로 연습을 했는지였다. 스무 살 정도인 이 엘리트 연주자들의 연습 시간은 1만 시간에 이르렀다. 이들의 성취는 외부의 보상에 의해 동기부여된 결과가 아니었다. 각 집단들이 연습 시간에서 차이를 보이는 것은 자신의 강점을 발견한 데서 오는 결단력과 자신에게 깊은 의미를 갖는 무언가에 대한 몰입에서 오는 기쁨과 열정의 결과일 가능성이 크다.

아이들은 자신의 강점을 이용함으로써 창의력을 키우고 집중하는 능력을 발전시켜 몰입을 경험한다. 자신의 강점을 알게 될 경우 또 다른 중요한 결과는 정체성에 강력한 영향을 미친다는 것이다. '우리가 하는 일이 우리 자신이 누구인지를 말해 준다.'

아이들은 학교에서 각 연령과 학력 단계에서 자신이 익혀야 하는 능력을 정해 둔 교육과정과 맞닥뜨린다. 학교는 아이들의 다양성을 인정하지만 교육의 목적은 특정한 지식과 능력을 주입시켜 주는 것이다. 그 결과, 아이들은 이러한 기준에 따라 자신을 평가하고 비교하게 된다. 그래서 자신을 과소평가할 위험성이 있다. 교육이 '불을 지핀다'는 목적을 실현하려면, 각 아이는 자기 자신과 자신의 능력에 대해 완전히 통합된 그림을 가지고 있어야 한다.

2. 강력한 목표

아이들은 동기부여와 열정에서 목표를 얻는다. 만 여섯 살인 조는 쓰기에서 애를 먹고 있었다. 이 아이는 자기가 좋아하는 읽기에서는 상당한 진전을 보였고, 쓰는 것도 잘하고 싶어 했지만 진전은 힘겨울 정도로 더뎠다. 조는 책을 가지고 혼자 앉아 있는 걸 좋아했으나 쓰기를 할 때는 불안해 보였다. 엄마 레이첼은 집에서 아이를 도와주어 아이가 쓰기도 재미있어 하기를 바랐다. 조의 사촌인 해리와 해리의 엄마 에이미는 이사를 가서 가끔씩밖에 볼 수 없었다. 이들은 핸드폰과 이메일을 통해 연락을 하고 지냈다. 두 엄마는 아이들을 격려해서 글을 쓰고 그림을 그리게 해서 그것들을 스캔해서 보내기로 했다. 조는 화면으로 자기가 쓰고 그린 것을 보고는 흥분했다. 이로 인해 자신감이 높아져 이후 6개월 동안 학교에서 쓰기를 하는 것에 대한 조의 불평이 줄어들었다. 사촌에게 편지를 쓰면서 얻게 된 목적의식이 아이에게 인내심을 가지고 쓰기를 할 수 있는 자신감과 회복력을 주었고, 아이는 자신의 쓰기 실력이 차츰 나아지고 있음을 깨달았다.

학업 성취도가 낮은 학생 지원하기

만 열네 살 된 로리는 학교에서 성취도가 낮았다. 로리는 스스로 잘하는 게 없다고 생각했고 학교를 졸업할 때까지 기다릴 수가 없었다. 그래서 결석하기 일쑤였지만 출석 때문에 불려갈 정도는 아니었다. 교실에서는 부주의해서 주로 익살을 부려 수업을 방해했지만 심한 정도는 아니었다. 상담교사는 로리가 만 열여섯 살에 시험 성적이 안 좋아서 더 이상의 교육이나 훈련을 받지 못할 가능성이 크다고 생각했다.

로리는 부모에게 학교생활이 따분하고 무의미하다고 말했다. 부모는 아이가 전혀 흥미를 느끼지 못하고 있음을 알았지만 어떻게 해야 할지 몰랐다. 로리의 부모 또한 학교생활이 즐겁지 않았다. 로리는 축구 하는 걸 좋아했지만 그 외에 특별히 관심을 가지고 있는 것이 없었다. 부모는 아이에게 수업이 즐겁지가 않고 학교에서 배우는 과목들이 아이 자신의 일상생활과 무슨 상관이 있는지 몰랐다는 사실을 알았다. 로리의 엄마는 동네 슈퍼마켓에서 일했고 아빠는 자동차 정비사였다. 학교는 중요한 기회를 제공하는 곳이기보다는 참고 견뎌야 하는 곳으로 여겨졌다.

로리의 담임교사는 아이가 자신의 능력에 대해 자신 없어 한다는 사실을 알았다. 그래서 학습지원 팀에서 로리와 함께 공부할 멘토를 정해 주었다. 멘토는 로리가 자신의 강점을 알고 유능감을 높이기 위해 그 강점을 이용할 실제적인 방법을 의논하도록 도와주었다. 로리의 주요 강점은 사물의 작동법에 대해 흥미를 가지고 있는 점으로 파악되었다. 로리는 아빠와 함께 주의를 집중해야 하는 자동차나 자전거를 다룰 수 있을 때 특히 즐거워했다. 좀 더 어렸을 때 로리는 학교에서 상당히 복잡한 레고 모델을 만들기도 했지만 그것이 놀이라고 생각해서 이런 관심을 자신의 학업에 적용하는 방법을 찾지 않았다.

학교에서 배우는 과학은 실제적이기보다는 이론적이어서 로리에게는 대학에 갈 정말로 똑똑한 학생들의 전유물로 보였다. 과학은 사물이 어떻게 작동하는지를 알려면 꼭 필요해서, 로리는 연관성이 있고 실제적인 경험에 기초한 지식을 습득해야 했다. 디자인과 기술도 분석적인 계획과 세부적인 작성에 초점을 두기 때문에 로리의 흥미를 끌지 못했다. 학교 측과 로리의 부모는 로리가 기존에 즐거워하는 부분에서부터 시작하기로 동의했다. 로리는 아빠와 확실한 프로젝트를 개발하게 될 것이었다. 아빠도 어느 토요일 아침에 로리를 자신의 직장으로 데려갔고, 그래서 로리는 한창 작업이 진행되고 있는 차량정비소를 볼 수 있었다.

학교에서는 멘토가 일주일에 1시간씩 아이가 온라인으로 유용한 자료를 조사하는 걸 도와주거나 조언을 얻기 위해 과목 담당 교사들과 접촉했다. 로리와 아빠는 함께 재미있는 시간을 보낼 수 있는 무선조종 자동차 만들기부터 시작하기로 했다. 로리의 출석률은 높아졌고 멘토의 도움을 받은 교사들과의 관계는 좀 더 긍정적으로 변했다. 이는 교실에서의 행동이 개선되는 것으로 이어졌다. 과학 과목과 디자인과 기술 과목의 교사는 어떻게 하면 자신의 과목이 덜 학구적인 학생들에게 좀 더 쉽고 흥미롭게 다가가게 할 수 있을지를 궁리했다. 로리는 서서히 이 과목들이 자기한테도 뭔가를 주고 있다고 여기게 되었다.

살아가면서 우리가 갈 길을 우리 스스로 자유롭게 결정한다면, 좋은 선택을 하기 위해 우리 자신을 충분히 잘 이해하는 것이 중요하다. 로리는 자신의 능력에 대한 신뢰가 없었기 때문에 불만스러웠지만 가족이나 학교도 아이에게 분명한 길을 설정해 주지 못했다. 사회적 약자에 속하는 많은 아이, 특히 가족과 함께 살지 않고 위탁 가정에서 살고 있는 아이들은 목적의식이 없어 방황할 위험성이 특별히 높다. 강한 자아의식은 현명한 결정을 하고 방향감각을 가질 수 있게 해 준다.

3. 유머

회복력은 감정을 스스로 조절하고 기분이 처지거나 에너지가 떨어지는 것을 피할 수 있는 능력에 달려 있다. 웃음은 분위기를 고조시키는 데 아주 좋고, 웃음이 나면 재미가 있어서 한동안 심리적 웰빙을 유지시켜 주는 엔도르핀이 분비된다. 유머는 우울한 감정을 줄여서 처지는 기분을 물리칠 여유와 시간을 준다. 신체적인 효과와 더불어, 유머는 우리가 어떤 상황으로부터 거리를 두고 사건을 재구성할 수 있게 해 주고 사물을 다르게 볼 수 있게 한다. DVD로 좋아하는 만화나 영화를 보면 아이가 신경 쓰고 있는 문제에서 주의를 돌려 긴장을 풀 기회를 줄 수 있다.

웃음과 유머는 우리 내면에서 나오며 스스로 만들어 내는 자원이다. 유머는 매우 개인적이고 미묘한 것이어서 "기운 내."라는 말을 듣거나 자조(自嘲)하는 것이 흔히 정반대의 효과를 낼 것이고, 누군가에게는 자신의 걱정이 다른 사람들에게 중요하지 않거나 불편하다고 느끼게 할 것이다. 하지만 아이가 유머 감각을 키우도록 도와주면 힘들 때 크게 도움이 될 수 있다.

4. 운동과 에너지 높이기

운동은 회복력을 높이는 수단 가운데 중요한 부분이다. 운동에는 몇 단계가 있으므로, 매일 규칙적으로 운동을 하는 게 중요하다. 운동의 주요한 이점은 다음과 같다.

● 몸의 컨디션을 유지하면 노력을 지속하는 데 필요하고 장기 목표를 성취하는 데 도움이 되는 회복력의 주요 수단인 체력이 생긴다. 너무 지쳐서 노력을 지속할 수 없으면 한층 더한 노력이 진전을 가져올지 모르는 상황에서 탄력을 잃을 수도 있다.

- 운동은 기분을 끌어올려서 매일매일 이점을 가져다준다. 아이들은 자연스럽게 신체 활동을 하고 이리저리 움직이고 싶어 한다. 아이들의 몸은 아이들에게 무엇이 필요한지를 말해 주지만 유감스럽게도 아이들이 항상 활동적일 수 있는 것은 아니다. 학교교육이 요구하는 것과 집에서 야외 놀이를 할 기회가 줄어든 것이 아이들의 건강에 영향을 미치고 있다. 아이들에게는 하루에 적어도 60분의 적당한 운동을 하도록 권장되고 있다. 어른들에게도 우울증을 줄이기 위해 가벼운 운동이 권장된다. 그 결과는 약만큼이나 효과적인데, 이는 운동이 웰빙에 얼마나 중요한지를 보여 준다. 운동은 정서적 웰빙을 유지하도록 도와주고 활동 부족은 이내 기분과 동기부여에 영향을 미칠 수 있다.
- 운동은 스트레스 호르몬을 활동으로 돌림으로써 스트레스를 줄인다. 스트레스를 받으면 교감신경계가 위협을 처리하는 활동을 위해 몸을 준비시킨다. 이것이 운동을 통해 소비되지 않으면 아이는 계속 긴장 상태에 있게 되어 공격적인 감정 폭발을 일으키기 쉽다.
- 운동은 아이들이 계속 기민한 채로 몰두하게 하는 에너지를 만들어 낸다. 교실에서는 조용히 앉아 있어야 하는데, 집중력과 주의력은 고도의 에너지를 요하는 과정이어서 뇌는 이를 위해 에너지를 필요로 한다.

매일 활동하면 건강해져서 기분이 좋아지고 어떤 일을 해야 할 때 비축한 에너지를 불러낼 수 있다. 아이들은 적어도 하루에 1시간 숨이 살짝 가빠지는 정도로 적당한 운동을 해야 한다. 이는 일상적인 속도로 걷는 것으로는 안 되고, 활발한 야외 놀이와 운동경기에 의해 가능하다.

5. 낙관성

감정은 생각의 영향을 받는다. 우리는 앞서 낙관성에 관한 장에서 셀리그만의 설명양식에 대해 살펴보았다. 설명양식이란 우리에게 불행한 일이 일어날 때 그것을 어떻게 설명하는가 하는 것이다. 이러한 설명양식에는 다음과 같은 세 가지 관점이 있다.

- 낙관성(결국에는 모든 게 다 잘 될 거야) 대 비관성(더 나빠질 뿐이야)은 미래에 대해 가질 수 있는 감정적 태도의 양극단에 있다.
- 내재적 설명양식 대 외재적 설명양식은 사건이 자신의 통제 내에 있는지, 아니면 외부의 힘에 의해 통제되는지에 따른 것이다. 심리학자들은 이를 '통제-소재(locus of

control)'라고 한다. 어떤 것이 자신의 통제하에 있지 않다고 믿게 되면 무대책으로 이어지는 경향이 있다. "여기에 대해 내가 할 수 있는 건 아무것도 없어." 이는 "난 그냥 기다리면서 무슨 일이 일어나는지 볼 거야."라는 소극성이나 "안 될 거라는 걸 알기 때문에 이걸 시도하지도 않을 거야."라는 회피, 심지어 "이건 내 일이 아니야."라는 부인을 야기할 수 있다.

- 상황을 개인적인 것으로 보는지, 영속적인 것으로 보는지, 만연적인 것으로 보는지는 그 상황에 대해 자신이 직접적인 책임이 있는 것으로 보는지 여부를 말해 준다. 만약 어떤 일이 개인적이라고 생각한다면 자신이 그 문제를 일으키거나 어떤 식으로든 자신이 그 문제의 일부라고 생각하는 것이다. 예컨대, 러셀은 수영을 잘하기를 간절히 바랐지만 대표선수 선발대회에서 좋은 성적을 내지 못했다. 그는 자신이 자기 방에서 밤늦게까지 안 자고 TV를 보는 것과 같은 나쁜 습관이 있음을 깨달았다. 또 규정식을 무시하고, 높은 에너지 수준을 유지하는 데 도움이 되는 음식보다 정크푸드를 더 많이 먹었다. 러셀은 자신의 저조한 성적을 영속적인 것이 아닌 개인적인 것으로 보았다. 그는 자신이 쉽게 거기에 대해 뭔가를 할 수 있음을 알았다.

불행한 일이 삶의 모든 영역에 영속적이고 만연적인 영향을 미친다면 우리는 심각한 곤경에 처할 수 있다. 앨리스는 이전 학교에서 괴롭힘을 당하고 최근에 학교를 옮겼다. 앨리스의 새로운 반 친구들은 앨리스에 대해 호기심을 보이며 왜 자기네 학교에 왔는지 여러 차례 물었다. 그들이 일부러 비우호적으로 군 게 아니었지만 앨리스는 방어적인 태도로 반 친구들이 자신을 좋아하지 않고 자신을 괴롭히기 시작할 거라고 두려워했다. 앨리스의 어머니는 좀 더 낙관적인 생각을 가지고 있었다. 학교가 바뀌면 문제가 해결되리라고 생각한 것이었다. 앨리스의 어머니는 이전 학교가 그러한 상황을 잘 처리하지 못했고, 불만을 품은 소수 학생 사이에 괴롭히는 문화가 있는 거라고 확신했다.

하지만 앨리스는 자기 잘못이라고 믿었다. 앨리스는 수줍음이 많았고 다른 사람들이 자신을 지루해한다고 생각했다. 앨리스는 인기를 끌기란 아주 어렵고, 그러려면 재미있고 똑똑하고 특별히 예쁘고 아주 자신감이 넘쳐야 한다고 믿었다. 이런 완벽주의적인 태도는 도움이 되지 않았다. 앨리스는 이런 매력들 가운데 자신에게 해당되는 건 아무것도 없으며 다른 사람들이 그 사실을 알게 되면 상황이 악화될 거라고 생각했다. 앨리스는 사람들이 그렇게 생각하는 걸 두려워했기 때문에 사람들이 자신에게 말을 걸면 얼버무리면서 거의 웃지 않거나 다른 사람들에게 상호적인 관심을 보이지 않았다. 사람들은 앨리스가 쌀쌀맞고 자신들에게 관심이 없다고 생각하기 시작했다. 이야기를 하면 앨리스가 거의 아무런 반응을 보이지 않았기 때문이다. 그것은 자기현시적 예언이 되었다.

앨리스의 상담교사는 앨리스의 불안과 앨리스가 학교를 옮긴 이유를 알고 있었다. 그래서 앨리스가 자연스럽게 적응하도록 얼마간 시간을 주었다. 하지만 그게 잘 되지 않음을 알고서 재빨리 앨리스의 부모와 자신과 담임교사가 참석하는 회의를 소집했다. 그들은 앨리스가 긴장을 풀고 좀 더 상냥해지도록 돕기 위한 계획에 뜻을 모았다. 앨리스는 사교성이 떨어지는 학생들을 도와주기 위해 편안한 장소를 제공하는 점심시간 동호회에 초대받았다. 여기서는 서로 자유롭게 이야기를 나누고 어색함을 풀면서 친구 사귀는 능력을 쌓기 위한 게임을 하기도 했다. 새 친구들을 사귀기 위해 자신이 할 수 있는 일을 살펴본다는 것이 앨리스에게는 유용했다. 앨리스의 태도는 좀 더 낙관적이 되었고 더 이상 자신이 걱정했던 상황이 개인적이고 영속적이라고 생각하지 않게 되었다. 이제 앨리스는 친구들을 갖게 되었고 새로운 학교에서 즐겁게 지내고 있다.

6. 도움이 안 되는 생각 물리치기

미국 펜실베이니아 주립대학교의 셀리그만(2007) 팀은 아이들이 비관적인 생각을 물리치고 인생에 대해 좀 더 낙관적으로 접근하는 방법을 발전시키도록 돕기 위해 집단 훈련을 제공하는 학교 프로그램을 개발했다. 비관적인 설명양식과 우울증의 발병 사이에는 강한 연관성이 있다.

우울증은 기분이 몇 주에 걸쳐 나아지지 않고 저조한 상태가 지속되는 현상이다. 이는 웰빙 정도가 주기적으로 떨어지는 것과는 다르며, 낮은 에너지와 무기력이 동반된다. 우울증에 빠진 사람은 상황이 자신의 통제 바깥에 있다고 믿는다. 펜실베이니아 주립대학교의 회복력 프로젝트와 회복력을 발전시키기 위한 ABCDE 접근법에 대한 완전한 설명은 셀리그만의 『낙관적인 아이(The Optimistic Child)』에서 찾아볼 수 있다. ABCDE 접근법은 개별 아이들에게 가르칠 수 있는 논리적이고 체계적인 접근법이다.

5개 부분으로 이루어진 체계에 따라 아이에게 비관적이고 도움이 안 되는 사고 방식을 알아보는 방법을 가르친다. 아이는 도움이 안 되는 자신의 믿음들을, 행동을 취하도록 촉구하는 좀 더 낙관적이고 활력을 가져다주는 말로 대체하는 방법을 배울 수 있다. 우울한 생각은 절망감을 한층 더하는 부진과 소극성이 특징이다. 아이들은 도움이 안 되는 생각을 더 잘 이해하는 방법을 익히고, 자신의 생각과 행동을 바꾸기 위한 문제해결 방법을 배운다.

A는 역경(Advercity)이다

이 과정에서 처음 할 일은 앞서 무슨 일이 있었던 것인지 주의 깊게 살피는 것이다. 또래들 사이에서 자신의 인기를 걱정하는 대니얼의 경우를 보자. 가장 친한 친구인 마크는 대니얼한테 다른 친구들하고 공원으로 놀러 가는 데에 같이 가자고 하지 않았다. 대니얼은 속상하고 배신감이 들었다. 대니얼은 이것이 마크가 자신과의 우정에 싫증이 난 표시가 아닌가 생각했다.

B는 믿음(Belief)이다

대니얼이 그 일에 대해 이야기했을 때 엄마는 공감하며 들어주었다. 엄마는 아이가 상처받았음을 알고서 어떤 생각이 드는지 말해 줄 수 있느냐고 물었다. 때로 우리가 하던 일을 멈추고 가만히 있어 보면 우리 머릿속에 떠오르는 생각과 발상을 좀 더 잘 알 수 있다고 설명해 주었다. 대니얼은 자기 생각에 가장 친한 친구들은 항상 함께하고 싶어 해야 한다고 말했다.

C는 결과(Consequences)이다

이런 믿음은 대니얼로 하여금 자신이 거부당했다고 느끼게 했고 이것이 개인적이지만 아마도 영속적이기도 한 상황이라고 여기게 했다. 대니얼의 생각은 마크가 자신의 친구이기를 원치 않는다면 아마도 다른 사람들도 자신에게 같은 감정을 느낄 것이고, 그래서 자신은 다시 가장 친한 친구를 갖지 못할 것이라는 것이다(만연하게 퍼지는 생각).

D는 반박하기(Disputation)이다

대니얼의 엄마는 이런 비관적인 생각에 대해 아들과 함께 이야기를 나누었다. 대니얼 자신은 마크하고만 시간을 보내고 싶은 걸까? 그렇지 않다. 때로 즐거이 다른 친구들과 함께하기도 한다. 대니얼은 일요축구 팀에서 활동하는데, 거기에는 마크 아닌 다른 친구들도 있다. 대니얼은 마크 없이 친구들과 즐거이 놀았다. 엄마는 대니얼이 마크와의 우정이 특별한 이유는 무엇인지 그리고 두 사람이 공유하는 것은 무엇인지 생각해 보도록 도와주었다. 또 두 사람이 친밀하게 어울리는 것은 무리에 섞이는 것과는 다르고 그 두 가지 일을 같이 하기는 어렵다는 점을 알도록 했다.

E는 활기 북돋우기(Energizing)이다

대니얼은 자신이 마크와 단둘이서만 함께하는 걸 즐겼다는 생각을 하게 되었다. 두 사람은 다른 친구들과도 즐거운 시간을 보낼 수 있을 것이었다. 나중에 마크를 만났을 때, 대니얼은 질투를 하거나 화내지 않고 공원에 놀러 간 건 어땠는지 물어볼 수 있었다.

언제 ABCDE 전략을 쓸 수 있을까

ABCDE 전략은 만 여덟 살 이상의 아이들에게 효과적이다. 자신의 생각에 대해 생각하는 능력이 아직 충분히 발달하지 않은 만 여덟 살 미만 아이들은 무엇이 자신의 기분을 처지게 하는지 알기가 어렵다. 그렇기에 어린아이들을 도와주는 어른들은 자신이 관찰한 바를 이야기해 줄 수 있다. "화가 많이 난 것 같구나." "여동생이 장난감을 가져가는 게 싫구나." "그것 때문에 화가 난 것 같구나."

7. 긍정성

단단한 투지에 의지해서 어려움 속에서 여정을 시작하게 된다면, 회복력은 다소 아프고 기쁨이 없을 것이다. 회복력은 또한 관점과 균형감에 관한 것이다. 일어난 일이 얼마나 심각한가? 큰 재앙인가, 아니면 단순한 좌절인가? 앞서 살펴본 긍정성은 긍정정서 대 부정정서가 3 대 1이라는 황금 비율을 유지하도록 적극적으로 노력할 수 있는 회복력 있는 사고방식이다. 긍정성을 높이는 세 가지 주요 접근법은 감사, 공감, 음미하기이다. 감사와 공감은 우리의 주의를 무언가에 집중함으로써 회복력이 잘 작동하도록 도와준다.

8. 유혹 피하기

회복력에는 아니라고 말할 수 있는 능력이 포함된다. 자제력은 유혹에 흔들리지 않게 해주는 소중한 능력이다. 마시멜로 1개를 즉시 먹기보다는 2개를 먹기 위해 15분을 기다릴 수 있었던 만 다섯 살 아이들은 몇 년 후에 다시 찾아갔을 때 행동문제가 더 적었고 학교에서 더 잘해 내고 있었다. 어린아이들이 보통 아주 쉽게 탈선하기에, 이는 아이들에게 힘든 일이었다. 자신의 충동을 통제하는 법을 익힌 아이들은 어렵거나 도전적인 과제에 좀 더 쉽게 집중할 수 있다.

9. 끈기

끈기는 항복하는 것과 계속하는 것의 차이일 수 있다. 끈기가 자신의 능력을 계속해서 완성해 나가는 재능을 가진 아이들과 자신감을 잃은 아이들을 구분 지을 수 있다. 많은 실패 끝에 전구를 발명한 토머스 에디슨은 말했다. "나는 실패하지 않았다. 제대로 작동하지 않는

1만 가지 방법을 발견했을 뿐이다."

최근 어떤 척도가 높은 성취도를 가장 잘 예측해 주는지를 알아내기 위해 대학생들을 대상으로 한 연구는 성취도에 끈기가 어떤 영향을 미치는지 말해 준다. 전통적으로 인지 능력과 학교 시험 결과 같은 척도의 평가에 초점을 두었다. 하지만 셀리그만의 제자인 앤절라 더크워스는 끈기 같은 성격 특성이 관련이 있다는 사실을 밝혀냈다. 더크워스의 연구는 셀리그만의 책 『플로리시』에 소개되어 있다. 더크워스는 '집념'의 열정과 끈기에 관해 시험한 결과 나온 점수로 높은 성취도를 보이게 될 대학생들을 예측할 수 있음을 알아낸 것이다. 모든 능력면에서 '좀 더 집념이 있는' 학생들이 최고 등급을 받았다. 군사 훈련을 받는 훈련병들을 대상으로 했을 때도 똑같은 결과가 나왔고, 영국의 SAS와 같은 미국 특수부대 훈련 과정에서 남게 될 사람들을 예측하는 데도 이 결과가 좋은 예측 변수 역할을 했다.

10. 문제해결

맞서거나 피할 수 없는 상황을 처리하는 전략을 갖는 것은 극히 중요하다. 이는 어려움을 겪는 과정에서 그 영향을 최소화하고 통제력을 키우는 데 도움이 된다. 문제를 효과적으로 해결하려면 무슨 일이 일어났는지, 앞으로 나아갈 수 있는 최선의 방법은 무엇인지 합리적으로 분석하고 현실 상황을 감정적으로 받아들이는 것이 필요하다.

도구상자 15-4   회복력을 되찾기 위한 7단계 프로그램

회복력을 되찾기 위한 7단계 프로그램은 분명하고도 기억하기가 쉽다.

1. 무슨 일이 일어난 것인가

분명하고 현실적인 개요가 그 상황에서 한발 물러나 전체 그림을 보도록 도와준다. 문제에 휘말릴 때 거리를 두고 분명하게 생각하기가 어려울 수 있다. 발코니 같은 데서 현재 상황을 내려다보며 자신을 투시하는 것과 같은 방법을 이용해 무슨 일이 일어난 것인지 정확히 파악하는 것이 분리해서 생각하도록 도와줄 수 있다. 상상의 친구에게 무슨 일이 일어나고 있는지에 관해 편지를 쓰는 것도 도움이 될 수 있다.

2. 나는 무엇이 다르기를 원하는가

내면의 목소리는 "나한테 그런 일은 일어나지 않을 거야."라고 말할지 모르지만 회복력이 있는 사람들은 또한 "그 일에 대해 내가 무엇을 할 수 있을까?"라고 말할 것이다. 이런 사람들은 문제를 있는 그대로 받아들이고 조치를 취한다.

3. 내가 통제할 수 없는 것은 어떤 부분인가

위기에 처하면 사람들은 비난할 사람이나 와서 자신을 구해 줄 사람을 찾는 경향이 있다. 외부에서 해결책을 찾는 것이다. 외부에서 해결책을 구하는 데 많은 시간과 에너지가 소모될 수 있다. 자신의 통제 내에 있지 않은 해결책에 초점을 맞추면 무기력감에 사로잡힐 수 있다. 계획에 착수하기 전에 한계를 아는 것이 극히 중요하다. 나는 무엇을 변화시킬 수 있을까?

4. 지금 나는 어떤 감정 상태에 있는가

화가 났든 슬프든 두렵든, 자신의 감정과 그 감정이 어느 정도로 명쾌하게 생각하는 일을 어렵게 할지를 아는 것이 필요하다. 강렬한 감정은 신체도 소모시킬 수 있어서 지치거나 쉽게 산만해지게 한다. 부침을 받아들이는 것이 스스로 현실적인 목표를 설정하도록 도와준다.

5. 누가 나를 도와줄 수 있는가

누군가 말할 사람이 있고 격려해 줄 사람이 있으면 상당히 도움이 된다. 감정적인 도움을 주고, 내가 가진 생각에 대한 반응 테스트를 제공해 주며, 유용한 피드백을 제공해 줄 수 있다. 또 내가 처리할 수 있는 작은 단계의 목표를 수립하고 그런 목표들이 너무 어려워 보일 때, 나를 응원해 주는 내 편을 가질 수 있다. 이는 나를 위해 그 일을 해 줄 누군가를 찾는 것과는 아주 다르다.

6. 가장 먼저 어떤 조치를 취해야 할 것인가

첫 번째 조치가 가장 중요하기는 하지만 여러 면에서 그것이 어떤 조치인지는 중요하지 않다. 말 그대로 그냥 첫 번째 조치를 취하기만 하면 된다. 중요한 것은 시작하는 것이며, 완벽한 해결책을 찾아 심사숙고하거나 질질 끌어서는 안 된다.

7. 과정을 점검하라

앞의 여섯 가지 단계로 돌아가서 제대로 되었는지 평가해 보고 다음 조치를 계획하라. 필요에 따라 이 과정을 수차례 반복한다.

⊙ 7단계 프로그램 이용하기

회복력과 성장

잭은 스케이트보드를 타다가 심각한 사고를 당해서 뇌진탕을 일으켜 일부 기억을 잃어버렸다. 몇 주간 학교에 나가지 못하다가 다시 나오게 되었다. 하지만 학교에 다시 다니게 된 잭은 자신이 집중력이 떨어져 쉽게 산만해진다는 사실을 알게 되었다. 아이는 수업을 열심히 들어도 선생님을 따라가기가 어려웠다. 의사는 뇌에 타박상을 입어서 진정되려면 시간이 좀 걸린다고 했다. 잭은 자기 인생이 어떻게 될지 걱정스럽고 우울했다. 그래서 친구들과 다소 거리를 두게 되었고 집에서는 곧잘 성질을 부렸다. 잭의 가족은 머리가 다쳐서 성격 변화를 일으킨 게 아닌가 걱정하기 시작했다. 학교에서는 교육심리학자에게 잭의 기억장애를 진단해 달라고 의뢰했다. 교육심리학자는 진단서에서 말한 대로 기억장애가 일시적인 것이고 잭이 대처 방법을 기를 수 있도록 돕는 일이 더 중요할 것이라고 판단 내렸다. 교육심리학자는 7단계 계획을 이용해서 잭이 변화된 상황에 대처하는 방법을 찾도록 도와주었다.

그들은 실제 상황에 대해 이야기를 나누었다. 진단서에 따르면 불편하지만 일시적일 가능성이 큰 일부 변화가 있었다. 잭은 그게 실은 그렇지 않을지도 모른다는 걱정이 든다고 시인했다. 아이는 부모가 최악의 경우에 대해 상담자와 이야기를 나누는 것을 듣고 그게 무슨 뜻인지 궁금해했다.

잭은 공부를 좀 더 잘할 수 있기를 원했다. 아이는 자신이 수업에 어려움을 겪는 것에 대해 다른 사람들에게 좀 더 터놓고 이야기하는 것이 필요했다. 그러나 사람들이 자신의 뇌가 영구적인 손상을 입었다고 생각할까 봐 두려워서 그것에 대해 어떻게 이야기할지를 몰랐다. 잭은 자신이 화를 내는 게 아마도 이것과 관련이 있으며 매일 좀 더 잘 대처할 수 있다면 좀 더 행복할 것이라고 생각했다.

좋아지려면 시간이 걸리겠지만, 잭은 개선 상황을 점검하기 위해 스스로 작은 목표들을 세우도록 독려받았다. 잭이 도움을 요청하기에 적절한 사람은 학교의 학습지원 도우미임이 분명했다. 잭은 교육심리학자가 자신과 나눈 이야기를 학습지원 도우미와 공유하고 도우미가 잭을 만나 수업 때 도움을 줄 수 있는 방법을 마련하는 데 동의했다.

잭은 교육심리학자 팀의 한 사람이 반나절 동안 자신을 따라다니게 하는 데 동의했다. 보조요원은 잭이 산만하고 높은 수준의 듣기 능력이 필요한 몇몇 수업을 잘 따라가지 못한다는 사실을 알게 되었다. 이전에 잭은 들은 내용을 따라가는 데 아무런 문제가 없었기 때문에 필기를 하지 않았다. 잭은 그러한 과목들의 수업 내용 개요를 받을 수 있었고, 주요 단어를 필기하거나 마인드맵을 이용했다. 유용한 방법들을 알게 되자 잭은 훨씬 더 차분하고 좀 더 희망에 차게 되었다. 그 학기 중에 몸 상태가 나아졌지만 잭은 유용한 것으로 드러난 학습 방법을 계속해서 이용했다.

행동 변화

제이슨은 만 열다섯 살 소년인데, 가족과 함께 살 수는 없지만 사회복지사의 도움을 받아 집으로 돌아갈 수 있으리라는 희망을 여전히 품고 있었다. 아이의 엄마는 제이슨보다 어린 아이가 둘 더 있는 한부모였다. 제이슨은 반사회적인 행동과 폭음이 문제를 일으켰을 때 자발적으로 보호시설에 들어갔다. 제이슨의 친구들은 폭음을 하고 공공기물 파손으로 문제를 일으켰으며 취약계층의 가족을 표적으로 삼았다. 창문들이 깨져서 제이슨 무리가 밖에서 그 가족을 놀리며 겁을 주었던 것이다. 엄마는 이웃들로부터 제이슨을 단속하라는 압박을 받았지만 제이슨이 엄마인 자신과 동생들을 위협할 것임을 알았다. 아빠는 제이슨이 어릴 때 집을 나가서 연락이 두절되었다. 엄마는 제이슨이 아빠를 닮았다고 생각했고, 만약 아이가 아빠 성격을 그대로 물려받았다면 어찌해야 좋을지 속수무책이었다.

처음 보호시설에 왔을 때 제이슨은 엄마와 이웃 사람들에게 매우 화가 나 있었다. 아이는 자신의 잘못을 알지 못했고 모든 변화는 다른 사람들한테서 올 것이라고 기대했다. 자신을 담당한 사회복지사의 역할은 모든 걸 다 해결해서 자신이 집으로 돌아가 중단한 지점에서 다시 시작할 수 있도록 해 주는 것이라고 보았다. 아이는 다른 사람들의 관점에서 상황을 볼 수 없었던 까닭에 그 상황에 갇혀 있었다. 변화를 위해서는 제이슨이 상황을 다르게 이해할 필요가 있었다.

제이슨을 담당한 사회복지사는 두 가지 문제에 초점을 두었다. 하나는 동기부여를 '회피하는' 것이고, 다른 하나는 긍정적 이끌림에 관한 것이었다.

- 지금은 놓치고 있지만 더 나은 삶을 위해 추가하고 싶은 것은 무엇인가?
- 현재 생활에서 없애 버리고 싶은 것은 무엇인가?

제이슨은 가족과의 관계를 개선하는 것만큼 보호시설에서 나오는 것이 중요하다는 데 동의했다. 그러고 싶으면 제이슨은 그렇게 할 수 있는 방법을 찾아야 했다. 그들은 이에 착수하기 위해 7단계 문제해결 방법을 이용할 수 있었다. 그것은 빠르게 진척을 볼 수 있는 일이 아니었고, 제이슨이 다른 사람들의 관점을 살피려면 도움이 필요했다. 가족과의 관계가 위태로워서, 이를 처리하기 위해 엄마가 제이슨을 도와줄 수 있는 방법을 알도록 도와주는 내용을 포함한 가족치료의 도움도 주었다. 제이슨은 동생들과 수시로 접촉을 했고 동생들을 성가신 존재로 보기보다 동생들과 함께 있는 것을 좋아하기 시작했다.

학교에서의 긍정심리 교육

우선, 질문을 해 보자.

질문 1: 자녀를 위해 당신이 가장 원하는 것은 무엇인가? 한두 단어로 대답하라.

셀리그만이 설문조사를 한 수천 명의 부모와 비슷하다면 당신은 행복, 자신감, 풍족, 달성, 균형, 좋은 짝, 친절, 건강, 만족, 사랑, 교양, 의미 등으로 답할 것이다. 간단히 말해서, 자녀를 위한 당신의 최우선 사항은 행복이다.

질문 2: 학교에서는 무엇을 가르치는가? 한두 단어로 대답하라.

다른 부모들과 비슷하다면 당신은 성취, 사고하는 기술, 성공, 순응, 읽고 쓰기, 수학, 일, 시험 보기, 규율 등으로 답할 것이다. 간단히 말해서, 학교가 가르치는 것은 직장에서 성공하는 방법이다.

이 두 대답 사이에 중복되는 단어가 거의 없다는 점에 주목하라.

100년 넘게 학교 교육은 아동에게 성인의 노동을 준비시키는 것이었다. 성공, 읽고 쓰기, 끈기, 규율에 대찬성한다. 하지만 학교는 한쪽으로만 기울지 않고 웰빙 기술과 성취 기술 두 가지를 모두 가르칠 수 있다. 긍정교육이 가능하다.

⦿ 학교에서 웰빙을 가르쳐야 하는가

전 세계적으로 젊은이들의 우울증 발병률이 충격적인 수준으로 높다. 어떤 조사에서는 오늘날 우울증이 50년 전에 비해 10배 정도 늘었다고 한다(Seligman, 2011). 이 수치는 우울증을 정신질환으로 더욱 확고하게 인식한 사람들에게서 나온 결과가 아니다. 자료의 상당 부분이 수만 명을 직접 찾아가서 우울증을 언급하지 않은 채 "자살을 시도한 적이 있습니까?" "2주

동안 매일 울어 본 적이 있습니까?" 등을 질문한 조사로 얻은 것이기 때문이다. 우울증은 이제 십 대를 유린한다. 50년 전에는 우울증의 초발 평균 연령이 약 서른 살이었다. 현재는 초발 연령이 열다섯 살 이하이다. 이 급격한 증가가 우울증을 '유행병'이라는 무서운 이름으로 부를 정도인지에 대해서는 논란이 있다. 하지만 이 분야에서 일하는 사람들은 현재 우울증이 얼마나 흔하며 얼마나 많은 우울증 환자가 치료받지 못하는지에 대해 경악한다.

이것은 역설적이다. 좋은 행복은 좋은 환경에서 나온다고 믿는다면 특히 그렇다. 부유한 국가에서는 거의 모든 것이 50년 전보다 더욱 좋아졌다. 당신은 이데올로기에 눈이 멀어서 그 사실을 깨닫지 못하는 게 틀림없다. 오늘날 미국인의 실제 구매력은 3배 가까이 높아졌다. 집의 크기는 평균 111m²에서 232m²로 2배나 커졌다. 1950년에는 운전자 2명당 자동차 한 대를 소유했다. 지금은 면허증 소지자보다 자동차 수가 더 많다. 고등학교 이상 졸업자는 5명 중 1명이었는데, 지금은 2명에 1명꼴이다. 의복은, 심지어 사람들까지도 더욱 멋있어 보이는 것 같다. 진보는 물질의 제한을 받지 않았다. 음악이 풍부해졌고, 여성의 권리는 늘었으며, 인종주의가 감소했고, 오락거리가 많아졌고, 책이 증가했다. 셀리그만은 111m²짜리 집에서 그의 누나 베스와 자신을 데리고 살았던 부모님께 고작 50년 후에는 그렇게 달라질 거라고 말씀드렸다면 아마 "그거 천국이겠군." 하고 대답하셨을 것이라고 했다.

그러나 그건 천국이 아니다. 우울증은 훨씬 더 늘었고 훨씬 더 어린 사람들에게 손을 뻗는다. 물질적인 세계는 훨씬 더 좋아지고 있는데, 미국의 평균 행복 수준은 그 세계에서 멀리 뒤처진 채 따라잡지 못하고 있다. 행복은 증가하더라도 그저 찔끔찔끔 증가했을 뿐이다. 덴마크인, 이탈리아인, 멕시코인들은 평균적으로 50년 전보다 삶에 더욱 만족하지만 미국인, 일본인, 호주인들의 평균 만족도는 50년 전보다 별로 높지 않고, 영국인과 독일인들은 만족도가 감소했다. 평균적으로 러시아인들은 훨씬 더 불행했다.

이유는 아무도 모른다. 생물학적이거나 유전적인 이유는 결코 아니다. 인간의 유전자와 염색체는 지난 50년 동안 변하지 않았다. 생태학적인 이유도 아니다. 랭커스터 카운티에 있는 아미시(Amish) 마을의 우울증 발병률은 필라델피아의 1/10에 불과하다. 그들은 매연이 섞인 똑같은 공기를 호흡하고 불소가 섞인 똑같은 물을 마시고 방부제가 섞인 음식을 즐겨 먹는데도 그렇다. 우울증 급증은 모두 현대성 그리고 우리가 '번영'이라고 잘못 부르는 것과 관계가 있다.

이제는 학교에서 웰빙을 교육해야 한다(Seligman, 2011). 그 타당한 이유로는, 첫째, 현재 우울증이 만연해 있으며, 둘째, 지난 두 세대에 걸쳐 행복이 아주 조금 증가했기 때문이다. 세 번째 이유로 행복의 증가는 교육의 전통적인 목적, 즉 학습을 향상시킨다. 긍정정서는 사

602 제15장 긍정심리 교육(2): 긍정 의사소통, 회복력, 인성

고의 범위를 넓혀 주고 창의적 사고와 포괄적 사고를 키워 준다. 부정정서는 그 반대여서 사고 범위를 좁히고 비판적 사고와 분석적 사고를 키운다. 기분이 나쁠 때는 "무엇이 잘못된 걸까?"에 더 치중하고, 기분이 좋을 때는 "무엇이 잘 된 걸까?"에 더 치중한다. 훨씬 더 나쁜 경우, 기분이 안 좋을 때 우리는 이미 알고 있는 것에 수동적으로 의지하고 명령에 잘 따른다. 올바른 상황에서는 긍정 사고방식과 부정 사고방식이 모두 중요하다. 하지만 학교는 창의적 사고와 새로운 시도보다는 비판적 사고와 명령 복종을 강조할 때가 너무 많다. 그 결과, 아이들은 학교에 가는 것을 치과에 가는 것보다 아주 조금 더 좋아하는 정도이다. 현대 세계에서 마침내 우리는 더 많은 창의적인 사고와 더 적은 명령 복종, 훨씬 더 많은 즐거움이 더욱 성공하는 시대에 이르렀다고 나는 믿는다.

결론은 학교에서 행복을 가르쳐야 한다는 것이다. 행복은 고삐 풀린 우울증의 해독제이자 삶의 만족도를 높여 줄 방법이며, 학습을 향상시키고 창조적 사고를 증가시킬 것이기 때문이다.

학교에서 웰빙을 교육하는 법

셀리그만, 캐런 레이비치와 제인 길햄(Seligman & Karen Reivich, Jane Gillham, 1995, 2006, 2008)이 이끄는 연구팀은 지난 20여 년간 엄밀한 방법을 통해 학교에서 행복을 가르칠 수 있는지 알아냈다. 모든 의료 개입과 마찬가지로 행복 프로그램도 반드시 증거에 기초해야 한다. 그래서 그들은 학교를 대상으로 서로 다른 두 가지 프로그램을 시험해 보았다. 펜실베이니아 회복력 프로그램(Penn Resiliency Program: PRP)과 스트래스 헤이븐 긍정심리학 교육과정이었다. 그 시험 결과를 소개하겠다.

먼저 PRP에 관해 알아보자. 이 프로그램의 주요 목적은 청소년기의 일상적인 문제를 다루는 학생들의 능력을 높이는 것이다. PRP는 학생들이 일상 문제에 보다 유연하고도 현실적으로 사고하게끔 가르침으로써 낙관성을 향상시킨다. 또한 자기주장, 창의적인 브레인스토밍, 의사결정, 이완, 그 밖의 몇 가지 대처 기술도 가르친다. PRP는 세계에서 가장 광범위하게 연구된 우울증 예방 프로그램이다. 지난 20년 동안 통제집단과의 비교를 통해 PRP를 평가한 연구는 21개에 달한다. 그중 다수가 무작위 배정 및 통제집단 연구법을 사용했고, 이 연구들에 8~21세 사이의 아동과 청소년 3,000명 이상이 참여했다. PRP에 대한 연구들은 다음을 포함한다.

- **다양한 표본:** PRP 연구는 다양한 인종, 민족, 지역사회(도시와 교외와 시골, 백인과 흑인과 히스패닉, 부유층과 빈민층), 국가(미국, 영국, 호주, 중국, 포르투갈 등) 출신의 청소년들을 포함한다.

- **다양한 집단의 리더:** 집단의 리더는 교장, 상담심리사, 심리학자, 사회복지사, 군대 부사관, 교육학 및 심리학 전공의 대학원생들을 포함한다.

- **PRP에 대한 독자적인 평가:** 다수의 PRP 평가 연구를 수행했다. 그러나 몇몇 연구팀도 독자적으로 PRP를 평가했다. 예컨대, 영국 정부는 교사 100명과 학생 300명이 참여한 대규모 연구로 PRP를 시험했다.

그 결과, 다음과 같은 기본적인 사실을 알아냈다.

- PRP는 우울증 증상을 감소시키고 예방한다. '메타분석(meta-analysis)'이란 동일한 주제를 다룬 과학 문헌 전체의 방법론적으로 타당한 모든 연구를 다시 분석하고 통합하는 문헌 연구이다. 모든 평가 연구에 대한 메타분석을 한 결과, 즉각적인 우울증 예방과 프로그램 시행 후 6개월에서 12개월 사이의 우울증 예방 등의 통제집단과 비교한 후속 평가에서 PRP는 상당한 이점을 보였다. PRP의 효과는 적어도 2년간 지속된다.

- PRP는 무기력을 감소시킨다. 메타분석 결과, PRP는 무기력을 감소시키고 낙관성을 향상시키고 웰빙을 증가시켰다.

- PRP는 임상적 수준의 우울증과 불안증을 예방한다. 몇몇 연구에서 PRP는 중도적 수준에서 중증 수준의 우울 증상을 예방했다. 예컨대, 첫 번째 PRP 평가 연구에서 이 프로그램은 시행 후 2년 내내 중도적 수준에서 중증 수준의 우울 증상 비율을 절반으로 줄였다. 한 의료 현장에서 PRP는 높은 수준의 우울 증상을 지닌 청소년들의 우울증과 불안장애를 즉각적으로 예방했다.

- PRP는 불안을 감소시키고 예방한다. 불안 증상에 대한 PRP 효과 연구는 그 수가 적다. 하지만 대부분의 연구에서 PRP의 효과는 상당히 높고 오래 지속된다.

- PRP는 품행문제를 감소시킨다. 청소년의 공격성, 비행 등의 품행문제에 대한 PRP 효과 연구는 훨씬 더 적지만, 대부분의 연구에서 높은 효과를 보인다. 예컨대, 최근에 대규모로 시행된 PRP에서 시행 3년 후 참여 청소년의 품행문제에 대한 부모들의 보고서에 따르면 PRP는 상당한 이점들이 있었다.

- PRP는 인종/민족 배경에 상관없이 모든 학생에게 매우 효과적이다.

● PRP는 건강과 관련된 행동을 개선시킨다. 프로그램을 완수한 청소년들은 신체질환 증상이 더 적었고 병원 치료를 더 적게 받았고, 더 좋은 식단에 운동을 더 많이 했다.

● 집단 리더에 대한 훈련과 감독이 대단히 중요하다. PRP의 효과는 연구에 따라 상당히 달라진다. 그것은 적어도 부분적으로는 교사가 훈련과 감독을 얼마나 많이 받느냐와 관계가 있다. 교사가 PRP 팀의 일원이거나 훈련 후 PRP 팀의 엄중한 감독을 받을 때 그 효과가 강력하다. 최소한의 훈련과 감독을 받은 교사 밑에서는 효과가 덜 강력하고 덜 지속적이다.

● 교육과정의 충실한 전달이 대단히 중요하다. 예컨대, 1차 의료 현장에서 시행된 PRP에 대한 연구에서 프로그램 내용을 높은 수준으로 고수한 집단의 우울 증상은 상당히 감소한 반면, 낮은 수준으로 고수한 환자 집단에서는 우울 증상이 감소하지 않았다.

따라서 PRP는 청소년의 우울증, 불안장애, 품행문제를 믿을 만한 수준으로 예방한다. 그러나 회복력은 단지 긍정심리학의 일면에 불과하다. 우리는 긍정정서를 높이고 부정정서를 줄이는 것은 물론이고 성격강점, 관계, 의미까지 구축하는 보다 종합적인 교육과정을 설계했다. 미 교육부로부터 받은 280만 달러의 기금으로 우리는 고등학교 긍정심리학 교육과정에 대해 대규모 무작위 배정 및 통제집단 평가 연구를 시행했다. 필라델피아 외곽에 있는 스트래스 헤이븐 고등학교에서 우리는 14~15세인 9학년 학생 347명을 언어학 수업 두 집단에 무작위로 배정했다. 그리고 한 집단에는 언어학 수업에 긍정심리학 교육과정을 포함시키고 다른 집단에는 포함시키지 않았다. 참여 학생, 학부모, 교사들은 프로그램 시행 전, 시행 직후, 2년 후에 각각 표준 설문지를 작성했다. 우리는 학생들의 강점, 사회적 기술, 행동문제, 학교생활을 즐기는 정도를 조사했다. 덧붙여 그들의 성적도 확인했다.

이 종합적인 프로그램의 주요 목표는 첫째, 학생들이 자신의 대표 성격강점을 확인하게 도와주고 둘째, 일상생활에서 이 강점의 활용을 증가시키는 것이다. 이 목표에 더해서 회복력, 긍정정서, 의미, 목적, 긍정적인 사회적 관계를 향상시키기 위해 긍정심리학 개입을 시도한다. 교육 과정은 80분짜리 수업, 20회 이상으로 9학년 내내 시행된다. 여기에는 성격강점들과 그 밖의 긍정심리학 개념 및 기술에 대한 토론, 수업 중 활동 주 1회, 긍정심리학 기술을 자신의 삶에 적용하는 실생활 숙제, 성찰일기가 포함된다.

이 교육과정에서 사용한 연습 중 두 가지를 소개하겠다.

잘 됐던 일 세 가지 연습 학생에게 일주일 동안 매일 그날 일어난 잘 됐던 일 세 가지를 쓰라고 지시한다. 세 가지는 조금 중요한 일인 '오늘 국어 시간에 정말 어려운 질문에 올바로 대답했다'일 수도 있고, 아주 중요한 일인 '내가 오랫동안 좋아한 남자애가 나한테 데이트하자고 했다!!!'일 수도 있다. 각각의 긍정사건 옆에 다음 질문 중 하나에 관해 적는다. "이 잘 됐던 일이 일어난 이유는 무엇입니까?" "이것이 당신에게 어떤 의미가 있습니까?" "어떻게 하면 이렇게 잘 됐던 일을 앞으로 더 많이 경험할 수 있을까요?"

새로운 방법으로 대표강점 활용하기   정직, 충성심, 끈기, 창의성, 친절, 지혜, 용감성, 공정성과 나머지 열여섯 가지 강점은 세계 모든 문화에서 중요시한다. 이 강점 중에서 자신에게 풍부한 강점이 무엇인지 확인하고 그것을 학교에서, 취미생활에, 친구와 가족에게 최대한 많이 활용한다면 삶의 만족도가 더 높아진다.

학생들은 VIA 대표강점 검사를 받고, 그다음 주에 학교에서 자신의 대표강점을 새로운 방법으로 활용한다. 교육과정 중 몇 번의 수업은 그들 자신, 친구, 자신이 읽은 소설 속 등장인물의 성격강점을 확인하고 그것을 활용하여 난관을 이겨 낸 것에 초점을 맞춘다.

스트래스 헤이븐 고등학교에서 긍정심리학 프로그램을 시행한 후 다음과 같은 결과를 얻었다.

학습 몰입, 학교생활의 즐거움, 성취   긍정심리학 프로그램은 호기심, 학구열, 창의성이라는 세 가지 강점을 향상시켰다. 이 결과는 해당 학생이 긍정심리학 집단과 통제집단 중 어디에 배정되었는지 모르는 교사들의 보고서를 통해 얻은 것이다. 이것을 '블라인드(blind)' 연구라고 한다. 평가자는 자신이 평가하고 있는 학생의 상황을 모르기 때문이다. 이 프로그램은 또한 학교에서 학생들의 몰입과 즐거움을 증가시켰다. 이 효과는 일반 수업에서 특히 강력하다. 긍정심리학 프로그램에 참여한 학생들은 11학년 내내 일반 언어학 점수와 작문 기술이 향상되었다. 우등반에서는 학점 부풀리기가 만연해서 거의 모든 학생이 A학점을 받기 때문에 점수가 높아질 여지가 거의 없다. 중요한 점은 웰빙이 교실 학습의 전통적인 목표인 학습을 약화시키지 않았다는 것이다. 오히려 강화시켰다.

사회적 기술과 품행문제   긍정심리학 프로그램은 사회적 기술, 즉 연민, 협동, 자기주장, 자기통제력을 향상시켰다. 이는 엄마와 교사 양측의 보고서에 기초한 결과이다. 엄마들의 보고서에 따르면 나쁜 행동 역시 감소했다.

따라서 결론은 이렇다. 모든 교실에서 웰빙을 가르쳐야 하며 가르칠 수 있다. 사실 학교 전체를 긍정심리학으로 가득 채울 수 있지 않을까?

⊙ 질롱 그래머스쿨 프로젝트

2005년 1월, 셀리그만은 호주에서 순회강연을 하고 있을 때 전화를 한 통 받았다. 처음 듣는 목소리였다. "안녕하세요, 교수님. 닥터 트렌트 배리입니다. 교수님의 학생이에요."

"제 학생이요?" 처음 듣는 이름이어서 되물었다.

"네, 6개월 과정의 전화 강의 하시잖아요. 저는 멜버른 교외에 삽니다. 주중에 날마다 새벽 4시에 일어나 교수님 강의를 열심히 들었습니다. 강의가 환상적이었어요. 저는 광적인 학생인데 한 번도 내놓고 말한 적은 없습니다. 교수님을 헬리콥터로 질롱 그래머스쿨에 모시고 싶습니다. 저는 그곳 운영위원회 위원입니다. 지금 행복 센터 건립을 위한 기금 조성 캠페인이 한창이에요. 교수님께서 졸업생들에게 강연하셔서 기금 조성을 도와주셨으면 좋겠습니다."

"글롱 그래머스쿨이 어떤 곳이죠?" 셀리그만이 물었다.

"그런데 발음이 '글롱'이 아니라 '지이일롱'입니다, 교수님. 호주에서 가장 오래된 기숙학교 중 하나예요. 창립된 지 150년이 넘었지요. 네 곳에 캠퍼스가 있는데, 산 위에 있는 팀버탑 캠퍼스는 9학년 전 학생이 가서 꼬박 1년을 지내는 곳입니다. 팀버탑에서 뜨거운 물로 샤워하고 싶으면 직접 장작을 패야 합니다. 찰스 왕세자도 팀버탑에 갔어요. 학교생활에 관해서는 오직 팀버탑에 대한 기억들만 좋았다더군요. 메인 캠퍼스 코리오는 멜버른에서 남쪽으로 50마일 떨어진 곳에 있어요. 학생은 모두 1,200명이고, 교사는 200명입니다. 어마어마하게 부유하답니다. 학교에는 새로운 체육관이 필요해요." 그는 말을 이었다.

"하지만 운영위원회는 학생들을 위해 건물 못지않게 행복도 원합니다. 저는 그들에게 셀리그만 교수님에 대해 말했어요. 교수님 성함을 들어 본 사람이 하나도 없더군요. 운영위원들은 교수님께서 오셔서 부유한 졸업생들에게 강연해 주시길 원합니다. 행복을 실제로 가르칠 수 있고 행복 교육과정을 설계해서 행복 센터라는 이름의 새 건물에 참된 의미를 부여할 수 있다는 걸 그들에게 확신시켜 주십사 하는 거지요. 저희는 고작 6개월 만에 1,400만 달러를 모았어요. 200만 달러가 더 필요합니다."

그래서 셀리그만은 가족과 함께 멜버른 야라강 한복판에 있는 금방 무너질 듯한 승강장에서 헬리콥터에 올라탔고, 6분 후 트렌트의 궁궐 같은 집 앞마당에 착륙했다. 내릴 때 아내 맨디가 셀리그만에게 속삭였다. "우리가 안식년을 지내러 여기 올 것 같은 이상한 느낌이 들어요."

그날 오후 다소 찌푸린 얼굴로 모여든 교사 80여 명 앞에서 셀리그만은 강연을 했다. 가장 과묵한 사람 중 한 명이 신임 교장 스티븐 미크라는 점에 셀리그만은 특히 주목했다. 키가 훤칠하고 인물이 좋고 대단히 잘 차려입었고 지극히 영국적이고 셀리그만만큼이나 저음인 목소리를 가졌는데, 물 흐르듯 말을 하는 그는 참석한 사람 중 가장 꼿꼿한 자세로 앉아 있었다. 그리고 그날 저녁, 스티븐의 소개에 이어 셀리그만은 똑같이 멋지게 차려입은 졸업생 50여 명에게 긍정심리학에 대해 이야기했고, 바로 그 자리에서 여러 장의 수표가 서명되어 1,600만 달러를 채우는 것을 지켜보았다. 루퍼트 머독의 누이인 헬렌 핸드버리가 1,600만 달러의 꽤 많은 부분을 내놓았다는 말을 들었다. 그 후 얼마 못 가 임종의 자리에서 핸드버리는 말했다. "체육관은 아니야. 내가 원하는 건 젊은 아이들의 행복이야."

필라델피아로 돌아온 지 일주일 후, 스티븐 미크에게서 전화가 왔다. "마틴, 학교 전체에 행복을 가르치는 것을 논의하기 위해 대표단을 필라델피아로 보내고 싶습니다." 일주일 후, 선임 교사진의 의사결정권자 3명이 행복 도입을 위해 일주일 일정으로 펜실베이니아에 도착했다. 교육과정 책임자 데비 클링, 학생주임 존 렌드리, 코리오 캠퍼스 교장 찰리 스커다모어였다.

그들은 캐런 레이비치와 셀리그만에게 물었다. "두 분이 전권을 위임받고 자금이 무한하다면 학교 전체를 긍정심리학으로 가득 채우기 위해 어떻게 하시겠습니까?"

"우선……." 캐런이 대답했다. "긍정심리학의 원칙과 연습에 관해 2주일 동안 전체 교사진을 훈련시킬 겁니다. 저희는 수많은 영국 교사를 그렇게 훈련시켜 왔습니다. 교사들은 먼저 자신의 삶에서 긍정심리학 기술을 사용하는 것을 배운 다음, 그것을 학생에게 가르치는 법을 배웁니다."

"좋습니다." 찰리가 말했다. "그다음에는요?"

"그다음에는……." 캐런이 계속 말했다. "긍정심리학 영역에서 선도적인 미국 고등학교 교사 중 한두 사람을 학교에 상주시켜서 해당 학교 교사진이 전 학년에게 행복을 가르칠 때 그들의 교육 궤도를 수정하게 할 겁니다."

"좋습니다. 그 밖에는요?"

"사실은……." 셀리그만이 끼어들어 무리한 요구를 늘어놓았다. "긍정심리학의 별들이 있습니다. 바버라 프레드릭슨, 스티븐 포스트, 로이 바우마이스터, 다이앤 티스, 조지 베일런트, 케이트 헤이즈, 프랭크 모스카, 레이 포울러입니다. 이들을 매달 한 명씩 데려와서 교사진, 학생, 지역사회를 위해 강연하게 하는 겁니다. 그런 다음에 그들은 각자 2주 동안 캠퍼스에 기거하며 교사진과 학생들을 가르치고 교육과정에 대해 조언합니다."

"좋습니다."

"만약 질롱 그래머스쿨이 이 모든 것을 지원할 수 있다면 저는 안식년에 제 가족과 함께 그 학교에 거주하며 프로젝트를 지도할 겁니다."

이 모든 것이 바로 그렇게 진행되었다. 2008년 1월, 셀리그만과 캐런은 긍정심리학 교육가, 주로 MAPP 졸업자 15명과 함께 호주로 날아가서 질롱 그래머스쿨 교사진 100명을 훈련시켰다. 9일 훈련 과정에서 그들은 먼저 교사들에게 그들의 삶에서 긍정심리학 기술을 사용하는 법을 가르쳤다. 그런 다음, 다양한 사례를 제시하고 그 기술을 학생들에게 가르치는 법에 관한 교육과정을 자세하게 설명했다. 긍정심리학 원칙과 기술은 교사진이 전원 출석한 시간에 교육되었고 2인 집단, 소집단, 30명 집단을 대상으로 연습과 응용을 통해 강화되었다. 교사들이 부여한 드높은 강의 평가 점수(5.0 만점에 4.8점)와 그들이 2주 여름휴가를 보수 없이 반납했다는 사실은 둘째 치고, 스티븐 미크의 변모가 상징적이었다.

그 교장은 딱딱하고 쌀쌀맞은 환영인사로 우리를 맞았고, 그 프로젝트 자체에 대한 의구심을 솔직하게 표현했다. 목사의 아들인 스티븐은 모든 면에서 철저하고 정직했다. 그러나 셀리그만은 아직 그의 그런 면을 알지 못했고, 그가 우리를 '환영'하는 동안 이대로 짐을 싸서 집으로 돌아갈까 생각 중이었다. 하지만 둘째 날, 스티븐은 모든 것에 즉시 전심전력을 다했다. 그의 말에 따르면 그는 그 프로젝트에 열의를 느끼게 되었다. 9일 훈련 과정이 끝날 무렵, 그는 환한 얼굴로 교수진을 끌어안았다. 그는 더 많은 것을 원했고, 교사들에게 이 일은 학교 역사상 네 번째 위대한 사건이라고 말했다. 첫 번째 사건은 1910년에 대도시 질롱에서 시골의 코리오로 캠퍼스를 이전한 것, 두 번째는 1955년 팀버탑 캠퍼스 창립, 세 번째는 1978년 남녀공학 실시, 그리고 지금 그가 '긍정심리 교육'이라는 별명으로 부르는 것이 네 번째 사건이다.

훈련에 이어 교사진 중 일부는 1년 동안 상주했고, 약 12명의 객원 학자가 방문해서 각자 일주일 동안 자신의 긍정심리학 전문 영역을 교사진에게 가르쳤다. 셀리그만과 캐런이 창안한 교육과정을 소개한다. 이 과정은 근본적으로 가르치기, 끼워 넣기, 따라 살기로 나뉜다.

긍정심리 교육: 가르치기(독립 과정)

현재 일부 학년에는 독립 과정과 단원 과정을 통해 긍정심리학의 요소들, 즉 회복력, 감사, 강점, 의미, 몰입, 긍정관계, 긍정정서를 가르친다. 코리오 캠퍼스의 10학년 학생 200명은 각자 기숙사 10곳의 해당 책임교사가 가르치는 긍정심리 교육 수업에 1주일에 2회 참석했다.

학생들은 객원 학자의 강의를 몇 번 들었지만, 이 과정의 근간은 자신의 대표강점을 확인하고 활용하는 것이었다.

　첫 번째 수업 시간에 VIA 대표강점 검사를 받기에 앞서 학생들은 자신이 지극히 최상일 때가 언제인지에 대해 작문을 했다. 검사 결과를 받은 후 그들은 직접 쓴 작문을 다시 읽고 자신의 대표강점을 찾아보았다. 거의 모든 학생이 두세 가지 강점을 찾아냈다.

　그 밖의 대표강점 수업에는 가족과 면담해서 강점 가계도 그리기, 강점을 활용해서 난관을 이겨 내는 법 배우기, 자신의 대표강점 다섯 가지에 속하지 않는 강점 계발하기가 포함되었다. 마지막 강점 수업 시간에 학생들은 그들이 각 강점의 귀감이 된다고 여기는 캠퍼스 리더를 지명했다. 자신의 삶을 논할 때 교사와 학생들은 이제 강점이라는 새로운 공용어를 가지고 있다.

　대표강점 수업 이후, 10학년 학생을 위한 다음 수업은 긍정정서를 더 많이 구축하는 법에 초점을 맞추었다. 학생들은 부모님께 감사편지를 썼고 좋은 기억을 음미하는 법, 부정편견을 극복하는 법, 친절을 받은 사람보다 베푼 사람이 더 큰 기쁨을 누린다는 것을 배웠다. 그들은 매일 밤 그날 '잘 되었던 일'을 떠올리는 감사일기를 썼다. 전 학년은 이제 이 연습을 고정적으로 실천한다.

　빅토리아주 맨스필드 근처의 산 위에 세워진 팀버탑 캠퍼스에서는 9학년 220명 전원이 꼬박 1년 동안 야외에서 고달프게 지낸다. 그 생활은 모든 학생이 마라톤을 하듯 그 산을 구석구석 달리는 것으로 끝이 난다. 팀버탑에서 시행하는 긍정심리 교육 독립 과정은 회복력을 강조한다. 우선, 학생들은 ABC 모델을 배운다. 즉, 역경(Adversity: A)에 대한 믿음(Belief: B)이 그 결과(Consequences: C)로서 감정을 일으킨다. 이 시점에서 학생들은 중요한 통찰을 얻는다. 바로 감정은 반드시 외부 사건의 뒤에 생기는 것이 아니라 그 사건에 대한 자신의 생각을 뒤따르며, 우리는 그 생각을 실제로 바꿀 수 있다는 것이다. 그다음에 학생들은 보다 유연하고 정확한 사고를 통해 이 ABC의 진행 속도를 늦추는 법을 배운다. 끝으로, 그들은 9학년생이 팀버탑에서 너무 자주 직면하는 '순간적으로 열받는' 역경을 다루기 위해 '실시간 회복력'을 배운다.

　회복력을 가르친 후에는 친구와의 적극적이며 건설적인 반응(ACR)과 3 대 1 로사다 비율(긍정성 대 부정성 비율)의 중요성을 설명한다. 첫 번째와 두 번째 단원 모두 건강교육 담당자와 체육 교사가 가르친다. 팀버탑의 혹독한 목표를 생각하면 당연한 조치이다.

　이 독립 과정은 긍정심리학의 내용과 기술을 가르치지만 긍정심리 교육에는 독립 과정보다 훨씬 더 많은 교육과정이 있다.

긍정심리 교육: 끼워 넣기

질롱 그래머스쿨 교사들은 긍정심리 교육을 학과목 수업, 스포츠 활동, 목회 상담, 음악, 예배에 끼워 넣는다. 우선 몇 가지 수업을 예로 들면, 영어 교사는 대표강점과 회복력을 이용해서 소설을 토론한다. 셰익스피어의 『리어왕(King Lear)』은 꽤 우울한 내용이지만, 학생들은 주인공의 강점과 그것이 어떻게 좋은 면과 어두운 면을 모두 갖고 있는지 확인한다. 영어 교사는 회복력을 이용해서 아서 밀러의 『세일즈맨의 죽음(Death of a Salesman)』과 프란츠 카프카의 『변신(Metamor Phosis)』에 나오는 등장인물의 재앙적 사고방식을 설명한다.

수사학 교사는 말하기 숙제를 '자신이 망신당한 순간에 대해 연설하라'에서 '자신이 타인에게 소중한 사람이었던 순간에 대해 연설하라'로 바꾸었다. 학생들은 이 숙제를 하는 데 시간이 덜 들었고, 더욱 열심히 연설했고, 다른 사람의 연설을 경청했다.

종교 교사는 학생들에게 윤리학과 쾌락의 관계에 대해 묻는다. 그들은 아리스토텔레스, 제러미 벤담, 존 스튜어트 밀의 철학을 쾌락과 이타심에 관한 최신 뇌 연구에 비추어 숙고한다. 그 연구에 따르면 이타심과 동정심은 자연선택이 총애한 뇌 회로에 기반을 둔다. 학생들은 무엇이 삶에 목적을 부여하는지에 대한 관점을 조사한다. 학생과 학부모는 '의미 있는 대화'에 참여해서 삶에 의미를 부여하는 것에 대한 메일을 주고받는다. 의미에 관한 유명한 문장 60개가 이 일을 돕는다.

지리 교사들은 보통 가난, 가뭄, 말라리아 등 우울한 변수를 측정한다. 하지만 질롱의 지리 교사는 학생들에게 모든 국가의 웰빙을 측정하고 호주, 이란, 인도네시아의 웰빙 기준이 서로 어떻게 다른지 확인하게 한다. 그들은 또한 한 장소의 지리적 특성, 예컨대, 녹지 공간이 웰빙에 얼마나 기여하는지도 조사한다. 외국어 전임 강사는 학생들에게 일본, 중국, 프랑스의 민속 문화에서 성격강점을 조사하게 한다.

초보 교사는 '잘 되었던 일'을 묻는 것으로 하루를 시작하고, 학생들은 '이번 주의 강점'을 잘 보여 준 학생을 지명한다. 음악 교사는 회복력 기술을 이용하여 망쳐 버린 연주에서 낙관성을 이끌어 낸다. 모든 학년의 미술 교사는 아름다움을 감상하는 것을 가르친다.

체육 교사는 경기를 망친 팀원에 대한 '원망을 내려놓는' 기술을 가르친다. 어떤 코치는 초점 수정 기술을 이용해서 학생들이 경기 중에 팀 동료가 잘해 낸 것을 당사자에게 떠올려 주게 한다. 이 코치의 보고에 의하면 부정적인 편견을 이겨 낸 학생들이 플레이를 더 잘한다.

어떤 코치는 성격강점 연습을 하나 개발해서 경기를 마친 후 언제나 학생들의 보고를 듣는다. 보고 시간에 학생들은 성격강점의 관점에서 그 경기의 성공적인 면과 도전적인 면을 재검토한다. 경기 중에 특정 성격강점이 활용된 순간을 직접 그리고 팀 동료와 코치를 통해 확인한다. 더불어 특정 강점을 활용할 수 있었던 '놓친 기회'를 확인한다. 이 연습은 그 놓친 기회를 확인함으로써 앞으로 있을 기회에서 강점 활용에 대한 자각이 증가할 것이라는 생각에 기초한 것이다.

예배는 또 하나의 긍정심리 교육 현장이다. 매일 예배 시간에 용기, 용서, 끈기, 그 밖의 거의 모든 강점에 관한 성경 구절을 언급하고 그날의 학급 토론에서 강화한다. 예컨대, 10학년 학급 토론 주제가 감사라면 예배 시간에 휴 캠프스터 교목의 설교와 성경 읽기도 감사에 관한 것이다.

독립 과정과 긍정심리 교육을 학교생활에 끼워 넣고 교사와 학생들은 자신이 예상치 못한 방식으로 긍정심리 교육에 따라 산다.

긍정심리 교육: 따라 살기(생활하기)

질롱 그래머스쿨의 모든 여섯 살배기처럼 케빈은 교복을 갖춰 입은 1학년 급우들과 함께 반원으로 앉아 하루를 시작한다. 선생님을 쳐다보며 질문이 들릴 때마다 케빈은 손을 번쩍 든다. "어제 저녁에 잘 되었던 일이 뭐였어요?" 서로 대답하려 조바심 내며 몇몇 1학년생들이 짧은 일화를 털어놓는다. "어제 제가 제일 좋아하는 거 먹었어요, 스파게티요." "형하고 체스 했는데 이겼어요." 케빈이 말한다. "저녁 먹고 나서 누나랑 같이 현관을 청소했어요. 다 하니까 엄마가 저희를 껴안아 주셨어요."

선생님은 케빈의 말을 잇는다. "잘 되었던 일을 이야기하는 게 왜 중요하지요?" 케빈은 머뭇거리지 않는다. "기분이 좋아지니까요?" "케빈, 더 할 이야기가 있어요?" "네, 있어요. 엄마는 매일 제가 집에 가면 잘 되었던 일을 물어보세요. 얘기하면 엄마가 행복해해요. 엄마가 행복하면 모두 다 행복해요."

한편 엘리즈는 양로원에서 이제 막 돌아왔다. 그녀와 5학년 학생들이 '제빵학' 프로젝트를 완수한 곳이다. 그 프로젝트에서 유명 TV 요리사이자 우리의 객원 학자 중 한 명인 존 애쉬튼이 자기 외할머니의 빵 만드는 법을 4학년 학생들에게 가르쳤다. 그런 다음 아이들은 양로원을 방문해서 노인들에게 그 빵을 나눠 드렸다.

"맨 먼저 저희는 우수한 영양 섭취에 대해 배웠어요." 엘리즈가 말했다. "그리고 나서 건강한 음식을 요리하는 법을 배웠고요. 하지만 그것을 먹지 않고 다른 분들께 드렸어요."

"네가 그렇게 오랜 시간을 들여 준비한 음식을 먹지 않느라 힘들었지? 냄새가 정말 좋았는데."

"아뇨, 정반대예요." 그녀는 활짝 웃으며 단언했다. "처음에 저는 할아버지들을 무서워했어요. 하지만 제 마음속에서 작은 등불 하나가 켜지는 것 같은 느낌이 들었어요. 그 일을 또 하고 싶어요."

엘리즈의 절친한 친구가 재빨리 끼어들었다. "다른 사람을 위해 어떤 일을 하는 건 비디오 게임을 하는 것보다 기분이 더 좋아요."

케빈과 엘리즈는 질롱 그래머스쿨에서 '따라 살기'라는 태피스트리에 짜 넣어진 씨줄과 날줄이다. 케빈은 '잘 되었던 일'로 학교 수업을 시작하고, 집에 돌아가서는 긍정심리 교육에 따라 산다. '잘 되었던 일'은 결코 다른 수업 과정을 대체하지 않는다. 하지만 이 개선 조치로 하루의 출발이 더 좋아진다. 심지어 교무 회의조차 더 즐겁게 출발한다.

질롱 그래머스쿨의 긍정심리 교육은 진행 중인 연구이지 통제된 실험이 아니다. 질롱 그래머스쿨은 통제집단을 원하지 않았다. 그래서 셀리그만이 소개할 수 있는 것은 긍정심리 교육 시행 이전과 이후의 이야기이다. 그러나 변화는 뚜렷하며 통계 자료를 초월한다. 그 학교는 더 이상 얼굴을 찌푸리지 않는다. 셀리그만은 2009년에 그곳으로 돌아가서 한 달을 머물렀다. 그렇게 의욕이 충천한 학교는 처음이었다. 그는 그곳을 떠나 인상을 찌푸린 대학으로 돌아오기가 정말 싫었다. 교사 200명 중에서 학년 말에 질롱 그래머스쿨을 떠난 사람은 한 명도 없었다. 입학생, 입학 지원자, 기부금이 크게 늘었다.

전 세계에 웰빙을 전파하는 일에 있어 긍정심리 교육은 더디지만 점진적인 방법이다. 훈련받은 교사와 긍정심리 교육을 기꺼이 적용하려는 학교의 수가 적다는 점이 긍정심리 교육을 제한한다. 긍정심리 컴퓨팅은 모자에서 꺼낸 토끼가 될 수도 있다.

긍정심리 인성교육

2015년 1월 20일 공포되고 7월 21일부터 시행되는 「인성교육진흥법」의 목적은 건전하고 올바른 인성을 갖춘 국민을 육성하는 것이며 '인성교육'이란 자신의 내면을 바르고 건전하게 가꾸고 타인·공동체·자연과 더불어 살아가는 데 필요한 인간다운 성품과 역량을 기르는 것이라 정의했다(정창우, 2014). 또한 '핵심 가치·덕목'이란 인성교육의 목표가 되는 예(禮), 효(孝), 정직, 책임, 존중, 배려, 소통, 협동 등의 마음가짐이나 사람됨과 관련되는 핵심적인 가치 또는 덕목으로 정의했다(정창우, 2014). 인성교육은 「인성교육진흥법」에 의하여 이를 인성교육 분야에서 가장 주목받고 있는 긍정심리학(positive psychology)의 요소인 긍정정서(positive emotion)와 인성(성격)강점(chatacter strengths)을 중심으로 인성교육, 학교 현장에
어떻게 구체적으로 실천할 것인가에 대한 방안을 '내면을 바르고 건전하게 가꾸기(행복 토양
구축)', '인성의 핵심 가치 덕목(인성강점 찾기)' '인간다운 성품과 역량 기르기(인성강점 기르기)'
'인성강점, 현장에서 실천하기'라는 4단계로 나누어 제시한다(우문식, 2016).

⊙ 긍정심리 인성교육 요소

최근 우리 교육의 주요 화두 중 하나가 인성이다. 이미 세계 최초로 정부 차원의 「인성교육
진흥법」이 만들어져 시행되고 있다. 지금까지 암기와 입시 위주의 경쟁교육 방식에서 벗어나
앞으로는 인성과 창의성, 자존감, 사회성을 기르는 행복교육 방식으로 바꾸기 위한 조치라
할 수 있다.

그렇다면 인성이란 무엇이고 인성교육은 어떻게 해야 할까? 인성이란 사전적 의미로는 개
인이 가지는 사고, 태도, 행동의 특성이다. 이 특성의 핵심은 선한 품성이다. 인성이 좋고 나
쁨은 이 특성을 평가하는 것이다. 사람은 본래 선한 인성을 갖고 태어났다. 기본적인 인성교
육은 사람이 타고난 내면의 선한 인성을 발현하도록 하고 외면의 비뚤어진 인성을 회복하고
함양시켜 주는 것이다. 이 인성은 개인의 도덕적 · 윤리적 개념을 기반으로 하며 때로는 지나
치게 규제와 절제를 강요하기도 한다. 그러다 보니 다양한 환경에 적응할 수 있는 유연한 인
성이 요구되는 오늘날, 너무 경직된 인성으로 인해 긴박한 상황에 유연하게 대처하지 못해
불행한 결과를 초래하기도 한다. 최근 빈번한 고위 공직자의 자살 사건이 한 단면일 수 있다.

우리나라 인성교육의 목적은 자신의 내면을 바르고 건전하게 가꾸고 타인 · 공동체 · 자연
과 더불어 살아가는 데 필요한 인간다운 성품과 역량을 기르는 것이다. 이 목적이 실현되기
위해서는 도덕적 · 윤리적 개념과 규제, 절제를 강요하는 지식전달형의 훈육적 교육으로는
한계가 있다.

타인과 공동체, 자연과 더불어 살아가는 데 필요한 교육이 되려면 새로운 인성 요소를 구
축해야 한다. 긍정심리 인성 요소는 도덕적 규범, 정서적 감정, 사회적 관계, 인지적 판단 능
력과 문제해결 능력이라는 네 가지로 되어 있다. 이렇게 인성에 대한 실천 중심의 교육이 이
루어져야 한다.

또한 오늘날과 같이 다양하고 경쟁적이고 속도화되고 상호교류가 빈번한 사회 구조 속에
서 인간다운 성품과 역량을 기르기 위해서는 나 개인 중심에서 나와 너, 나와 우리, 나와 사회
그리고 학교, 가정, 지역사회, 국가까지 연계된 인성교육이 이루어져야 한다. 이러한 교육이

되기 위해서는 기존의 전통적·문화적 가치와 규범, 행위도 중요하지만 현대 심리학의 과학적 연구, 검증된 실천 사례도 포함돼야 한다.

그것이 바로 긍정심리학이다. 긍정심리학은 영아부터 노년기에 이르기까지 생애 주기 어느 곳에도 적용할 수 있는 실천 학문이기 때문이다. 긍정심리학의 목표는 힐링과 행복, 웰빙 모두를 포함한 최상의 상태에 도달하고자 하는 플로리시이다. 플로리시를 위한 다섯 가지 요소인 긍정정서, 몰입, 의미, 관계, 성취와 이 모두의 기반이 되는 성격(인성)강점에는 인성교육이 요구하는 도덕적(성격강점), 정서적(긍정정서), 사회적(관계), 인지적(지혜와 판단 능력) 개념과 이들을 실천할 수 있는 과학적으로 검증된 긍정심리 연습 도구가 들어 있다. 이 도구는 규제와 절제를 강요하는 지식전달형의 훈육적 방법이 아닌 자율적 참여와 흥미를 유발할 수 있는 방법이다.

◉ 긍정심리 인성교육 모델

긍정심리학의 인성교육 모델은 4단계로 구성돼 있다. 1단계는 행복의 토양 구축이다. 긍정심리학의 행복은 네 가지 특성이 있다(우문식, 2016). 첫째, 즐거움, 쾌락, 희열, 자부심, 희망 같은 정서적 기쁨이다. 둘째, 삶의 과정 속의 중요한 것들, 즉 일, 사랑, 자녀 양육, 여가 활동에서 느끼는 인지적 만족이다. 셋째, 지나온 삶에 대한 도덕적인 참된 삶의 모습이다. 넷째, 어려운 역경을 겪었을 때 극복하는 힘인 회복력이다. 이러한 행복의 특징들은 긍정심리학의 PERMAS를 실천함으로써 지속적으로 유발되고 확장된다. 내면을 바르고 건전하게 가꾸기 위해서는 먼저 내면을 행복의 토양으로 구축하는 것이 중요하다. 내면의 토양이 제대로 가꾸어지지 않으면 아무리 우수한 프로그램이 있고 훌륭한 교사나 강사가 교육한다고 해도 기대한 효과를 얻기 힘들다. 억지로 시켜 효과가 있더라도 일시적일 뿐이다.

아직도 대부분의 인성교육이 덕목 중심으로 이루어지고 있다. 토양을 먼저 가꾸고 그 위에 덕목을 키워야 지속적으로 인성을 함양시킬 수 있고 인성교육의 목표를 이룰 수 있다. 토양이 가꾸어지지 않은 상태에서는 인성의 덕목이 제대로 뿌리내리고 자랄 수 없기 때문이다. 그래서 행복은 인성의 다른 이름이라고 한다. 행복하면 인성이 길러지기 때문이다.

2단계는 인성강점을 찾아 주는 것이다. 누구나 자신만의 인성 특성이 있다. 이것이 인성강점이다. 판단력, 정직, 끈기, 친절, 사랑, 겸손, 공정성, 협동심, 회복력, 감사 등의 스물네 가지 인성강점 중 어떤 강점이 내 인성을 가장 잘 나타내는지 찾는 것이다. 인성지수 검사를 통해 확인된 상위 7개 인성강점이 자신의 인성 특성을 가장 잘 나타내 주는 강점이고, 하위 5개

강점이 자신의 특성을 가장 나타내지 않는 강점이다.

　3단계는 인성강점을 키워 주는 것이다. 상위 강점뿐만 아니라 스물네 가지 강점 모두 키울 수 있는 열 가지 방법이 있다. 이 방법들을 통해 상위 강점을 중심으로 필요한 강점을 키워 나가는 것이다. 긍정심리학의 인성강점은 연습과 훈련을 통해 키울 수 있기 때문이다.

　마지막 4단계는 인성강점을 학교, 가정, 직장, 사회에서 적용해 실천하게 하는 것이다. 인성강점을 어디에 어떻게 적용할 것인지에 대한 계획을 세우게 하고, 자신이 인성적으로 경험한 중요한 일에서 자신의 상위 강점 중 어떤 강점을 발휘했는지 이야기하게 하고, 매일 또는 일주일에 한두 가지 강점을 적용할 수 있게 하고, 인성강점 일기를 쓰게 하는 것이다.

　긍정심리학의 인성강점은 「인성교육진흥법」의 인성교육 목표와 인성 덕목을 선정하는 데 도덕심리학과 함께 핵심적인 이론의 바탕이 됐다. 우리나라 인성교육의 기틀을 마련한 정창우(2014) 서울대 교수는 "긍정심리학의 인성강점은 고전적인 지혜, 정의, 절제를 덕목에 포함시키면서도, 현대 인성교육과 배려윤리적인 인간적 성격과 심리학 특유의 감성지능(EQ), 사회지능(SQ) 등의 개념까지 아우르고 있다."라고 극찬했다.

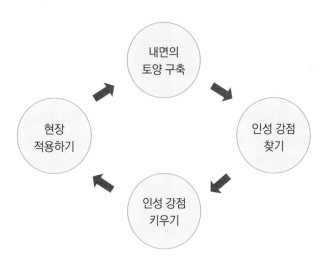

[그림 15-1] 긍정심리학 인성교육 모델(우문식, 2016)

제16장
긍정심리 조직

긍정심리학은 긍정적 사고와 어떻게 다를까

    긍정심리학은 긍정적 사고가 아니다. 이 구분이 중요한데, 유감스럽게도 둘은 다소 혼동되고 있다. 그렇다면 긍정심리학은 긍정적 사고와 어떻게 다를까? 가장 큰 차이는 긍정심리학은 엄격한 과학적 실험과 증명의 대상으로, 그것이 발견한 현상은 믿을 만하고 반복적이라는 점이다. 만약 연구를 통해 어떤 현상이 유효한 것으로 드러난다면 동일한 상황하에서 그것이 재차 유효할 가능성이 높다. 긍정적 사고는 개인적인 진술과 권유의 영역을 더 많이 다룬다. 또 뭔가 제대로 되지 않았다면 긍정적 사고가 충분하지 못한 탓이라는 동어반복적인 입장을 견지한다(Ehrenreich, 2009). 긍정심리학은 즐겁고 행복하고 생산적으로 오래 살고 싶은 사람들에게 유용한 지식을 누적한 것이다. 반면에 긍정적 사고는 사람들로 하여금 자신에게 일어난 일이 자기 탓이라고 생각하게 만든다. 물론 좀 더 긍정적 방식으로 말하기는 한다. 자신에게 일어나는 일을 스스로 통제할 수 있다고 말이다.

    또 긍정심리학을 다루는 문헌들은 부정적인 현실과 부정성의 필요성을 수용한다는 점에서 긍정적 사고를 다루는 문헌들과는 구분될 수 있다. 현실의 부정 사건, 정서, 행동 등을 수용할 뿐 아니라 그것들이 인간의 행복에 중요하다는 점을 인정한다. 긍정심리학은 적어도 세 가지 방식으로 부정정서와 결과를 인정하고 수용한다. 첫 번째, 긍정심리학에는 자기 잘못이 아닌데도 나쁜 일이 일어나기도 하며 무작위로 일어나는 일도 있을 수 있다는 인식이 있다.

우리는 발암 물질(담배, 술, 붉은살 고기, 또는 유독성 물질에 노출되는 것)과는 무관한 삶을 사는데도 이른 나이에 암에 걸릴 수가 있다. 만약 그렇다면 그건 운이 안 좋은 것이다. 두 번째, 부정정서가 유용한 목적에 도움이 될 수 있다. 두려움, 분노, 슬픔, 불안, 스트레스 등은 우리가 우리의 웰빙을 위협하는 것에 대해 경계하도록 만들어 대처할 수 있게 한다는 점에서 필수적이다. 그런 정서들은 우리의 생존을 위해 필요하다. 마지막으로, 선의의 행동이 부정적인 결과를 가져올 수도 있다는 점은 분명하다. 이는 사람들이 자신이 작용하는 모든 인과관계를 이해하는 것이 기본적으로 불가능하다는 데 기인한다. 다시 말해, 사람은 누구나 실수로 인해 예측하지 못한 부정적인 결과를 불러올 수가 있다. 그것이 인생이다.

긍정심리학은 정보를 수집·분석하고 공유하게 하는 대학 조직, 학부, 교수, 승인된 엄격한 학업 과정 같은 '지식체계'의 구조를 갖는다는 점에서 긍정적 사고와 한층 더 구별된다. 긍정심리학은 동료들에 의해 상호 검토되는 학술지 및 학술대회와 더불어 과학적 담론의 모든 도구를 갖추고 있다. 그들이 주장하는 바는 다른 사람들에 의해 점검되거나 확인되거나 반박될 수 있다. 사람들은 다른 사람들의 연구 작업을 기반으로 삼으며 그들에게 빚지고 있음을 인정한다. 전통적으로 과학계 기득권층에서 이것은 새로운 발견이 흔히 학계라는 상아탑 안에 머물고 대중의 의식에는 더디게 스며들 뿐임을 의미한다. 하지만 이제 상황이 달라지고 있다.

아마도 세상의 변화에 따른 것이겠지만 흥미롭게도 심리학 연구의 다른 계보와는 달리, 긍정심리학자들은 처음부터 자신들이 얻은 정보를 세상과 격리된 상아탑의 벽을 넘게 하려는 노력을 의식적으로 했다.

긍정심리학자들은 자신들이 생각하고 알게 된 것 그리고 찾아낸 실천 방안이 작고 폐쇄적인 집단 내에만 격리시켜 두기에는 인간의 삶에 너무나 중요하다고 생각했다. 세상 사람들이 그것들을 알아야 한다고 생각했다. 전문가 집단에서 일반 대중으로 지식이 전파되는 속도를 가속시키는 것은 학문적으로 위험성이 없지 않다.

대중이 좀 더 접근하기 쉽게 만들려다 보니 메시지를 '지나치게 단순화'할 위험성과 학술논문 방식으로 학문적 도정(道程)을 아주 깊고 세세하게 나열함으로써 잠재적인 독자들의 흥미를 잃게 할 위험성 사이에서 아슬아슬 곡예를 해야 한다. 바버라 헬드(Barbara Held, 2004)가 긍정심리학을 비판하면서 제기한 문제는 바로 이런 점이다. 헬드는 긍정심리학이 행복과 장수 사이의 인과관계에 대해 이야기하면서 핵심적이지만 전적으로 완전하지 않은 몇 가지 연구에 과도하게 의존한다고 말한다. 또한 엇갈리거나 상충되는 결과에 대해 잘 주목하지 않고 대중에게 분명하고 간단한 메시지를 강조하고 있다고 말한다. 성장 상태의 학문을 대중에게 너무 빨리 소개하는 데는 분명 위험이 따른다. 그런 경고에도 불구하고 긍정심리학은 학계 사람들과 좀 더 일반적인 대중 모두에게 접근하는 데서 칭찬할 만하고 신뢰할 만한 과학적 · 윤리적 엄격성과 성장을 보여 주고 있다.

긍정 조직이란 무엇인가

긍정심리학은 심리학 분야나 심리학자에게만 국한된 것이 아니다. 경영학, 교육학, 신학 등에서도 다룰 수 있는 실용학문이다(우문식, 2013). 반드시 심리학을 전공하고 심리학자가 되어야만 긍정심리학을 실천하거나 코치가 될 수 있는 것은 아니다. 그래서 긍정심리학은 긍정조직혁명(appreciative inquiry: AI), 긍정조직학(positive organizational scholarship: POS) 등에 변형이 가능하다(Seligman, 2011).

긍정조직학과 긍정 조직행동이 긍정심리학의 개념과 이론에 바탕을 두며 조직 구성원 개개인의 긍정경험 및 특정 관심을 공유한다(Luthans, 2007). 이 장은 긍정조직의 선도적 역할을 하고 있는 사라 루이스(Sarah Lewis, 2007)의 긍정심리조직이론과 사례를 중심으로 다룬다.

긍정 조직이란 무엇일까? 조직이 사람들에게도 좋고 사업에도 좋은 식으로 운영 · 관리되는 것이 과연 가능할까? 긍정조직학은 미시건 대학교의 긍정조직학센터(Center of Positive Organizational Scholarship)의 연구에서 제안되었다.

긍정조직학은 조직과 구성원들에게 나타나는 긍정적 성과물이나 긍정성이 전개되는 과정 및 긍정적 특성을 연구하는 학문으로 단일한 이론이 아니며, 우수성, 번영, 성장, 풍요, 회복력, 미덕에 초점을 맞춘다(Cameron et al., 2001, 2003). 긍정 조직행동(positive organizational behavior: POB)은 네브래스카의 갤럽 리더십연구소가 모태이며, 부정에 편향된 전통적 조직행동 연구의 문제점을 지적하고, 이를 벗어나 조직 구성원들의 긍정강점과 역량 등과 같은 긍정 조직행동에 대한 계발을 통해 조직의 성과를 높이고자 하는 긍정 조직행동 연구를 제안하였다(Luthans, 2002a).

1998년 셀리그만은 처음으로 '긍정심리학'을 만들면서 이 새로운 분야의 세 가지 핵심 연구 영역은 긍정정서, 긍정특질 그리고 사람들이 플로리시하는 긍정제도라고 말했다. 당시 그는 긍정제도를 민주주의, 튼튼한 가정, 자유로운 탐구로 여겼는데, 영리단체보다는 사회제도를 생각하고 있었다. 하지만 긍정조직학으로 알려진 연구 분야가 발전하고 있는데, 이는 긍정심리학과 긍정 조직 연구를 통합한다. 이 연구 분야의 특별한 목표는 최고의 긍정 조직의 특징을 더 잘 이해하는 것이다. 그들이 연구하는 핵심 문제는 사람들이 플로리시할 수 있는 조직은 사람들이 살아남기에 급급하고 고통스러워하는 조직과 어떻게 다른가 하는 것이다.

최고의 조직은 특출한 조직성과를 성취하는 조직으로 규정된다. 말하자면 그 결과가 일반적이거나 예상되는 성과를 극적으로 초과한다. 특히 연구자들은 조직 규모의 축소로부터 이례적으로 빠르게 회복하거나 다음에 나오는 자료에 요약한 부정적인 결과로부터 실로 완전히 벗어난 조직들을 연구했다. 지텔, 캐머런과 림(Gittell, Cameron, & Lim, 2006)은 이 이례적인 조직들이 조직 규모의 축소를 진행하는 동안과 그 이후에 이전 경쟁자들과는 질적으로 다른 방식으로 행동한다는 것을 알아냈다. 특히 그들은 습관적인 행동에 의해 사회적 재정적 자본, 조직의 회복력(resilience)과 고객 호감도를 쌓았고 그것이 그들로 하여금 다른 방식으로 조직 규모를 축소하고 좀 더 빠르게 부정적인 영향으로부터 회복하게 해 주었음을 알게 되었다. 그런 어려운 시기에 그들은 시간에 걸쳐 키우고 발전시켜 온 풍부한 문화의 혜택을 입었다. 긍정 일탈(positive deviance), 도덕적 행동(virtuous action), 긍정편향(affirmative bias)이라는 세 가지가 이 풍부한 문화를 이룬다(Cameron, 2009).

보충자료 16-1　　조직 규모의 축소가 불러오는 부정적 효과

조직 규모를 축소할 때 일반적으로 나타나는 효과들은 다음과 같다.

1. 직원들의 충성도가 낮아진다.
2. 팀워크가 약화되고 사람들은 고립감을 더 많이 느낀다.
3. 조직이 의사결정을 밀어붙인다.
4. 최고의 인재들이 많이 떠난다.
5. 도덕성이 떨어진다.
6. 조직 내 정치와 파당이 증가한다.
7. 갈등이 심화된다.
8. 직원들과 경영진 모두 단기적인 것을 지향하게 된다.
9. 실험 정신과 창의성이 떨어진다.
10. 최고경영진에 대해 비판하고 책임을 전가하고 불만을 터뜨리게 된다.
11. 변화에 대해 더 저항하게 된다.
12. 열린 마음으로 의사소통하고 정보를 공유하는 면에서 적극성이 떨어진다.

출처: Cameron et al. (1987).

1. 긍정 일탈

긍정적으로 일탈하는 조직은 플로리시하고 호의적이며 관대해서 사람들과 그들의 기여를 존중한다. 이런 조직은 즐겁고 긍정적 일들을 풍성하게 만들어 내는 데 주력한다. 이와 달리 대부분의 조직은 나쁜 일이 일어나는 것을 방지하는데, 부족한 공백 사이에 풍요의 다리를 놓기보다는 그 공백을 좁히는 데 우선 주력한다. 이 차이는 미묘하지만 대단히 중요하다. 모든 조직은 탁월하기를 원하지만, 그것을 성취하기 위해 어떻게 하는가에 따라 결과가 달라진다. 부족한 부분에 주력하는 성향의 조직은 끊임없이 오류와 비능률을 해결하거나 방지함으로써 그것을 달성하는 데 주력한다. 그들은 최저 기준을 유지하는 것을 목표로 한다. 긍정 일탈을 지향하는 조직은 문제들을 가벼이 넘기지 않으면서도 탁월성과 이례적인 성과를 높이는 데 주력한다. 그들은 일반적인 기준을 넘어서는 것을 목표로 한다. 긍정 일탈을 보이는 조직은 또한 높은 수준의 도덕적 행동과 실천을 보여 줄 가능성이 높다.

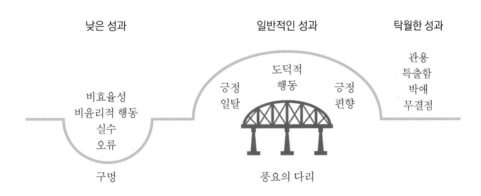

[그림 16-1] 부족한 공백과 풍요의 다리

2. 도덕적 행동

도덕적 행동이란 다른 사람들에게 긍정적 영향을 주는 것이며, 상호주의나 어떤 보상과 무관한 것으로 보상은 그 행동에 내재한다. 도덕적 행동은 어려움에 처한 낯선 사람을 돕거나 자신에게 나쁜 짓을 한 사람을 용서하거나 그 결과로부터 자신이 얻는 이익이 없을지라도 현명한 조언을 해 주는 것일 수도 있다. 우리가 다른 사람들에게 이렇게 행동하는 것이 얼마나 좋은지 연구들이 점점 증명해 주고 있다. 용서를 받아들이라. 용서하는 능력은 좀 더 폭넓고 풍부한 인간관계, 좀 더 큰 의미의 자율권, 더 나은 건강, 질병으로부터의 빠른 회복, 우울감과 불안감이 덜한 상태와 관련이 있다. 인정을 베풀고 희망과 낙관성을 키우며 진실성 있게 행동하는 것은 비슷한 이점을 갖는다(Cameron, 2003).

풍요의 다리를 놓는 데 핵심 요인은 서로 도움이 되고 관대하며 정보를 공유하고 실수할 때 용서해 주는 것과 같은, 조직 내 많은 도덕적인 상호작용의 존재이다. 이들 개별 행동은 강점에 기반한 성과 평가와 적절한 업무 방식과 같은 도덕적인 조직의 실천에 의해 뒷받침되고 고무될 수 있다. 그런 실천의 많은 예가 이 장에서 제시된다. 호의적이면서 용서하는 과정으로 특징지어지는 문화가 사람들로 하여금 역량을 완전히 발휘하게 해 주고, 그래서 용서받지 못하리라는 생각에 두려워하면서 부당한 비난에 대해 자기변호를 하거나 실수를 정당화하는 데 많은 노력을 들일 필요가 없다. 대신 에너지는 무엇이 잘못되었고 그것을 어떻게 개선할지 강구하는 데 쓰인다. 사람들은 자신의 강점이 잘 알려질 때 자신의 부족함이 드러날지 모른다는 두려움 때문에 자신을 가장하려 하기보다는 자신의 약점을 인정할 수가 있다. 이런 방식의 상호작용이 특징적인 조직과, 약점이 폭로되고 비난받는 일에 좀 더 익숙한 조직의 차이는 분명하다. 이런 긍정적 행동 방식은 우리뿐 아니라 사업에도 유용한 것으로 보인다.

캐머런과 동료들은 조직 내 미덕(신뢰, 낙관성, 동정심, 청렴성, 용서)의 정도가 조직의 성과(혁신, 품질, 매출액, 고객유지)와 양의 상관관계를 갖는다는 사실을 발견했다. 게다가 이런 성과는 이윤과 같은 조직성과에 대한 좀 더 객관적인 평가와 양의 상관관계를 갖는다. 이런 결과는 사실상 조직이 가진 미덕과 성과가 서로 양의 상관관계를 가짐을 의미한다(Cameron et al., 2004). 최근 금융 서비스 분야에 대한 한 조사에서 재무 성과를 판단하는 여섯 가지 기준에서 생겨난 변화의 45%가 긍정적 관행의 실천에 따른 것으로 파악되어, 다시 한번 도덕적 행동과 사업 성공 사이의 강력한 관계를 뒷받침해 주었다(Cameron & mora, 2008). 또 다른 아주 중요한 연구에서는 2001년 9월 11일 세계무역센터 붕괴 이후 항공업계가 재정 생존력을 회복한 속도와 강인함이 도덕적인 조직 규모 축소 전략과 강한 연관성이 있는 것으로 밝혀졌다(Gittell et al., 2006). 다음의 긍정 리더십에서 대단히 흥미로운 이 연구에 대해 좀 더 상세히 살펴본다. 이들 결과를 종합해 보면 뜻밖의 결과에 이르게 된다. 도덕적인 과정이 탁월한 사업 성과와 높은 연관성을 갖는다는 점이 그것이다. 도덕적인 조직 관행이 취할 수 있는 한 가지 형태는 약점을 바로잡기보다는 강점의 배양을 강조하는 것이다. 이런 실천은 플로리시하는 조직이 보여 주는 일반적인 긍정편향의 한 예일 것이다.

3. 긍정편향

긍정편향을 갖는다는 것은 최악이 아닌 최고의 것에 관심을 집중함을 의미한다. 긍정편향을 보이는 조직은 위험, 문제, 약점보다는 강점, 능력, 가능성에 강조점을 둔다. 클라이브 허친슨(Clive Hutchinson)의 설명(보충자료 16-2 참조)은 긍정편향을 키우는 것이 개인과 조직에 긍정적 영향을 미친다는 사실을 보여 준다. 리더십, 관계, 의사소통, 의미, 에너지, 조직의 정서(Cameron, 2008a) 같은 조직생활의 모든 요소가 이 편향성을 반영한다. 이런 긍정편향은 부정적인 사건들을 무시하거나 배제하지 않는다. 긍정심리학은 부정적인 사건과 정서가 인간 경험에 중요하다는 점을 인정하기 때문이다. 그보다 긍정 조직은 지나치게 단순화하는 전형적인 태도와 융통성 없는 반응을 보이는 위험에 처하는 일 없이 부정적인 사건을 통합하는 방법을 가지고 있다(Cameron, 2008b). 사라 루이스(Sarah Lewis)가 선임 사회복지사로 일할 때 경험한 것처럼, 대단히 충격적인 사건이 일어나면 그런 반응이 대단히 빠르게 작동할 수 있다.

루이스가 비번이던 어느 날 저녁, 일하던 청소년 담당부서는 최악의 밤을 보냈다. 사람들은 폭동이라고들 했다. 전하는 바에 따르면 누군가가 가구를 들어 올려 위협을 했다. 다음 날 아침 출근한 루이스는 문제가 심각하다는 사실을 알았다. 휴게실의 가구가 웬일인지 바닥에 고정되어 있었던 것이다. 이는 부정적인 사건에 대해 사람들이 전형적으로 보이는 지나치게 단순화하는 태도와 융통성 없는 반응을 보여 준다. 우리는 부정정서에 직면하면 사람들의 행동 선택권이 아주 좁아진다는 사실을 알고 있다. 복잡한 생각을 처리하는 능력이 현저히 떨어지는 것이다. 전날 밤의 사건으로 충격을 받고 겁을 먹은 사람들에게는 가구를 바닥에 고정시키는 것만이 올바른 반응인 듯했다. 직접적으로 영향을 받은 직원과 그 직원의 부정감정에 휩쓸린 사람들로 하여금 부정감정에 내몰린 단기적인 반응이 어째서 문제를 더 악화시키는지를, 그리고 그것을 처리하는 다른 효과적인 방법이 있다는 것을 알게 하는 데는 많은 노력이 필요했다. 좀 더 큰 차원에서 개인 정보가 담긴 엄청난 양의 데이터베이스가 유출되었다는 폭로에 대한 영국 국세청의 반응은 USB나 허가받지 않은 컴퓨터의 사용을 금지하는 것이었다. 사람들은 업무의 유연성을 높이기 위해 USB나 개인 컴퓨터를 일상적으로 사용했기 때문에, 이 단순하고 융통성 없는 반응은 단박에 업무 성과를 떨어뜨렸다. 강한 긍정편향을 가진 조직은 이런 종류의 융통성 없는 위협 반응을 더 잘 피할 수 있다.

성공을 강조하라

우리는 성공을 강조하는 것의 위력을 알게 되었다. 매일매일 사람들이 하는 아주 잘한 일을 인정하는 것이 어떻게 그들 스스로에 대해서나 한 회사 사람들인 우리에 대해서 기분이 좋아지게 만드는지를 말이다. 2년 전, 최근 회사에 들어온 사람이 현재 고용주의 이메일 메시지가 이전 고용주의 이메일 메시지와 얼마나 다른지 얘기했을 때 나는 강한 인상을 받았다. 이전 회사에서는 관리자부터 직원까지 모든 메시지가 장차 피해야 할 실수를 강조하고 잘못된 일에 대해 사람들을 비난하면서 개선을 요구하는 것이었다고 그는 말했다. 그는 이를 모두가 성공을 축하하고 사람들을 칭찬하고 사람들에게 감사하는 것으로 보이는 쿠거 오토메이션(Cougar Automation)의 메시지들과 비교했다.

그가 이전 고용주에 대해 무슨 말을 하려 한 것인지 지금 나는 안다. 우리도 그랬으니까. 하지만 우리가 사업 경영에 대한 접근법을 바꾸면서 메시지의 성격도 달라졌다. 우리가 이를 성취하기 위해 이룬 최초의 의식적인 변화들 가운데 하나는 팀 보고 회의의 변화였음을 나는 기억한다. 이 회의에 사무실의 모든 사람이 모이고 관리자들은 미래 계획뿐 아니라 현재 상황이 어떻게 되어 가고 있는지에 대해 이야기한다. 우리는 오랫동안 일반적으로 하듯이 해 왔다. 하지만 관리자들에게 팀원들에 대한 칭찬을 바탕으로 보고를 하도록 요청하면서 상황은 달라졌다. 그래서 관리자들은 보고거리를 계획할 때 자신들이 맡은 분야에서 진행될 일의 목록을 만드는 대신에 개인들이 성취한 일의 목록을 만들게 되었다. 그 결과, 여전히 앞으로 할 일에 대해 이야기하기는 하지만 그 초점은 일에서 사람들과 그들의 성취로 바뀌었다.

같은 시기에 피터 테일러(Peter Taylor)라는 뛰어난 트레이너가 피드백을 위한 카드 놀이 모델에 대해 가르쳐 주었다. 클럽(까만 클로버 잎이 그려진 카드)은 이유 없이 사람들이 잘못한 것에 대해서만 이야기하는 것이었다. 스페이드는 부정적이지만 잘못된 것에 대한 구체적인 정보를 가진 피드백이었다. 하트는 칭찬이지만 무엇을 잘했는지에 대한 구체적인 언급이 없었다. 그리고 다이아몬드는 무엇을 잘했는지에 대한 구체적인 정보를 담은 칭찬이었다. 이 간단한 모델은 긍정적 피드백에 대한 우리의 접근법에 대변혁을 일으켰다. 예전에는 많은 사람이 긍정적 피드백을 주는 것을 싫어한다고 말했는데, 그것은 잘못된 생각이었다. 이 모델을 통해 우리는 그 이유를 깨달았다. 자연스럽게, 우리는 '하트' 피드백을 주려고 노력했다. 간단히 말해, 우리가 "대단한 일을 했어."와 같은 다이아몬드 피드백으로 실험을 하기 시작하자 상황은 극적으로 달라졌다. 칭찬을 하기 전에 우리는 그 사람이 한 일에서 구체적으로 무엇을 잘한 것인지 자문해야 했고, 그래서 가령 "고객이 정말로 원하는 것을 자네가 정확하게 물은 것을 말하는 걸세." 하는 식으로 말할 수 있었다. 멈추고서 생각을 해야 했기 때문에 그렇게 하기는 더 어려웠다. 하지만 우리는 칭찬하는 것에 대해 불편함을 느끼는 대신에 이제 기분 좋게 느꼈다. 그뿐 아니라 모든 사람이 매일 하는 아주 잘한 일을 더 잘 알아보기 시작했다. 시간을 들여 사람들이 어떻게 일을 하는지 알아보는 것만으로도 우리는 그들이 어떻게 잘하고 있는지를 알게 되었다.

출처: Clive Hutchinson (2011).

긍정 조직행동이 어떻게 긍정 조직성과로 이어질까

플로리시하는 조직과 관련이 있는 도덕적 실천, 긍정편향, 긍정 일탈은 즐겁고 긍정적 일들을 풍성하게 만들어 낸 것의 결과라기보다는 원인으로 점점 더 인식되고 있다. 다시 말해, '성공적인' 조직이 직원과 지역사회를 도덕적으로 대할 수 있는 것으로 보일지 모르지만, 그것은 점점 더 거꾸로 작동하는 것으로 여겨지고 있다. 캐머런, 프레드릭슨과 다른 이들의 연구를 통해, 우리는 긍정 조직행동과 조직성과 사이의 이런 연관성이 생겨나는 과정을 이해하기 시작하고 있다. 특히 도덕적 행동은 세 가지 긍정적 결과와 연관된다. 그것은 긍정정서를 만들어 내도록 돕고, 사람들이 좀 더 기꺼이 서로를 돕도록 만들며, 사회적 자본을 만들어 낸다. 결과적으로 도덕적이고 긍정적인 성향을 풍부한 성과로 전환시키는 두 가지 주요 과정이 있는 것으로 보인다. 집단 내에 긍정정서의 선순환을 만들어 내는 과정과 조직 내에 사회적 자본을 만들어 구축하는 과정이 그것이다.

1. 긍정정서의 상향성 선순환

도덕적 행동은 긍정정서를 낳는다. 다시 말해, 선행은 우리와 우리 행동의 수혜자를 기분 좋게 만든다. 결국 좋은 기분은 두 가지 긍정적 효과를 갖는다. 즉, 우리가 좋은 일을 할 가능성을 더 높이고, 개인의 행복을 증가시킨다. 흥미롭게도 이 좋은 기분과 선행의 선순환은 특히 너그럽거나 기꺼이 돕거나 겸허하거나 겸손하거나 현명한 다른 사람들을 관찰함으로써도 촉발될 수 있다. 특히 리더가 이런 도덕적 행동을 보일 때 전체 조직이 긍정적 방식으로 영향을 받을 수 있다. 다음 사례는 프레드릭슨의 긍정정서의 확장 및 구축 이론이 상향성 선순환을 어떻게 만드는지 알려 주고 있다.

최근 회계와 컨설팅을 주력으로 하는 다국적 기업인 영국 KPMG의 많은 리더가 경제불황 시기에 직원들의 급여 지급을 위해 자진해서 월급의 20%를 삭감했다. 어떤 이들은 계속해서 정규 근무시간 동안 일을 하면서 그렇게 했다. 경기침체 시기에 최고위층은 늘 그렇듯 여전히 보너스를 챙기는 반면에 하위층 직원들은 임금 삭감과 임금 동결을 강요받는 좀 더 일반적인 상황과는 아주 대조된다. KPMG는 『선데이타임스』의 '올해의 최고 기업 상'에 일하기에 최고의 조직 가운데 하나로 계속해서 꼽히고 있다. 직원들의 이런 찬사는 이 조직의 사회적 자본의 수준이 아주 높음을 말해 준다.

2. 사회적 자본

사회적 자본이란 조직의 사회 관계망이 가진 가치를 언급할 때 사용되는 용어이다. 사회적 자본은 신뢰를 바탕으로 한 관계망을 통해 거래 비용을 낮춰 준다. 신뢰는 값을 매길 수 없고 아주 흔히 과소평가된다. 사회적 자본은 신속하고 공동 작용할 수 있으며 민감하고 유연한 조치 또는 대응을 가능하게 해 주는 플랫폼을 만들어 낸다. 그것은 의사소통과 협력을 가능하게 해 주고 직원들의 의무를 강화하며 개인의 학습을 촉진한다. 관계와 몰입을 강화하고 궁극적으로는 조직성과를 강화한다(Alder & Kwon, 2002). 긍정적 대인관계는 사회적 자본이 존재함을 보여 주는 좋은 신호이다. 도덕적 행동은 사회적 자본을 만들어 내는 데 도움이 된다. 사람들은 도덕적 행동을 하는 사람들에게 마음이 끌리고 그들과 동참해서 서로의 기여를 기반으로 삼고 싶어 한다. 조직은 사람들이 신뢰를 경험하고 서로에 대해 긍정적으로 생각하게 될 때 더 잘 기능한다. 사회적 자본은 어려운 시기에 아주 큰 자산이다.

높은 수준의 사회적 자본과 더불어 조직의 회복력과 결속력이 생겨난다. 높은 수준의 사회적 자본과 도덕적인 실천이 동시에 트라우마의 부정적인 영향을 줄이는 완충 장치를 만들어 내는 데 도움이 된다. 개인의 차원에서 이는 심리적 장애, 중독 또는 기능장애 행동을 예방해 주는 것으로 작용하지만, 조직 차원에서는 조직이 지속적으로 서로 결속되고 낙관적이면서 상황을 앞서서 주도하고 효율적이 되도록 도와준다. 도덕적 행동과 사회적 자본은 개인들의 상호작용을 통해 조직의 가치를 더해 준다. 개인의 행동이 어떻게 조직성과에 영향을 줄 수

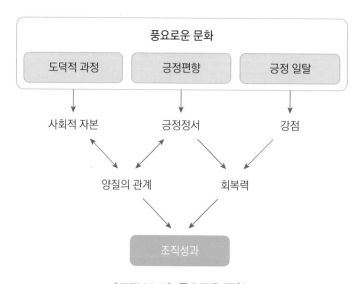

[그림 16-2] **풍요로운 문화**

있는지 생각함으로써 우리는 조직문화라는 개념을 끌어들이기 시작한다. [그림 16-2]는 풍부한 문화에서의 조직의 행동과 성과 사이의 연관성을 보여 준다. 조직문화는 대단히 중요한 개념으로 우리가 조직을 이해하고자 할 때 빛 못지않게 열을 만들어 낸다. 조직문화를 집합적으로 영향받을 수 있는 집단적인 현상으로 이해하는 것이 도움이 된다.

조직문화

2002년 4월 루이스(Lewis)는 영국의 가장 규모가 큰 정부 부처를 대상으로 이틀간 리더십 계발 프로그램을 진행하기 위해 훈련을 받는 다른 70명의 퍼실리테이터와 한 방에 있었다. 이 부처는 2개의 다른 부서가 합병되어 새로 만들어졌다. 그 프로그램은 한 번에 100명의 사람을 대상으로 진행될 예정이었다. 프로그램에서 표방한 목표들 가운데 하나는 문화를 바꾸는 것이었다. 새로운 부서가 문서 지향적이기보다는 사람 지향적이 되고, 지위를 의식하기보다는 민원인에 초점을 두고, 완고하기보다는 창의적이 되도록 도울 계획이었다. 이 목표를 위해 루이스와 페실리데이터들은 전국적으로 일련의 이벤트를 열 예정이었는데, 이 새로운 부서의 모든 관리자를 대상으로 하는 것이었다.

훈련을 마치고 실행 계획으로 옮겨 가고 있었는데, 그 부서의 내부 팀은 해당 이벤트를 위해 어느 퍼실리에이터를 어느 지역에 배정할지 정하지 않았다는 사실을 문득 깨달았다. 루이스와 페실리데이터가 무작위로 전국을 종횡으로 오가는 것은 분명 말이 안 되는 일이었지만, 그 팀은 그들에게 각자가 어디에 사는지 묻지 않았다. 이에 대한 그 팀의 대응은 시사해 주는 바가 크다. "당신의 출신지를 묻기 위해 이메일을 보낼 것입니다. 그런 다음 우리가 가서 스프레드시트를 설치하고 일을 진행할 것입니다." 루이스는 제안을 했다. 루이스와 퍼실리데이터들 모두가 그 자리에 있으니 그 방 안에 방위를 정한 다음 각 방위에 가서 선 사람들의 이름과 주소지를 적어 그들을 지역에 따라 안배할 수 있을 것이라고 말이다. 그래서 그렇게 하기로 했다. 이런 자기조직화는 위험하고 까다로운 어려운 발상으로 여겨졌지만 시도해 볼 만했다. 그래서 루이스는 그 방의 구석구석에 꼬리표를 붙이고 지시를 내렸다. 처음에 사람들은 어느 쪽으로 갈지 결정하면서 혼란스러워 보였고 어느 쪽이 어디인지 잊어버리고서 엉뚱한 곳에 가 있기도 했다. 하지만 그가 예상한 대로 혼란은 빠르게 정리됐고 일이 끝났다. 그것은 즉각적인 반응이면서 빠르고 효과적이었다. 이는 바로 그 조직이 증가시키고 싶어 했던 행동이었다. 또한 복잡하면서 명령과 통제 중심이기보다는 자기조직화에 의존했다. 이들 요인은 관습적인 일의 방식과는 아주 반대되는 것이었다.

당시 루이스에게 아주 인상적이었던 것은 아무리 의지가 강한 조직의 사람들이라도 조직

문화를 바꾸려고 노력하고 있을 때조차 늘 일하던 방식에서 벗어나지 못한다는 점이었다. 문화는 아주 강력해서 가장 열렬히 변화를 원하는 사람들조차 그로부터 벗어날 수 없는 영향력을 행사했다. 그들은 자신이 속한 문화에 그들 스스로가 묶여 있음을 알았다. 루이스는 이런 근본적인 역설을 잊지 않고 여러 차례 관찰했다. 현재의 문화를 이용해서 새로운 문화를 도입하는 것이 불가능하다는 사실 말이다. 예컨대, 이와 같은 관료적인 조직은 흔히 찾아볼 수 있다. 발빠르게 움직이는 역동적인 조직으로서 새로운 모습을 보여 주고자 하면서 관료적인 수단을 이용하는 관료적인 조직을 흔히 볼 수 있다. 또는 모두가 손을 모은 부산한 활동을 통해 선견지명이 있고 전략적이며 차분한 문화를 도입하기 위해 장애를 제거하는 식의 노력을 기울이는 문화를 가진 조직을 흔하게 본다. 이는 우리가 속한 문화 환경의 바깥에서 행동하기가 쉽지 않다는 뜻이기도 하다. 하지만 그렇다고 해서 우리는 노력을 멈추지 않는다. 변화에 심히 저항하는 것으로 보이는 문화란 어떤 것일까? 우리가 속한 문화의 바깥으로 나가는 것이 가능할까? 기존의 문화에 의해 새로운 것이 만들어지는 것이 가능할까?

어떤 면에서 조직문화는 어떤 조직의 '정서'에 대해 폭넓게 공유된 이해를 드러내는 간단한 개념이다. 우리는 어떤 특정한 조직의 정서를 빠르게 파악해서 우리가 일하거나 알고 있는 다른 조직과 대비시킬 수 있다. 우리가 빈번히 접하는 조직문화의 정수를 약칭으로 담아내는 것이다. 예컨대, 우리는 '할 수 있다 문화' '비난 문화' '관료 문화'라는 말을 한다. 동시에 문화는 복잡하고 모순적이며 역설적이고 파악하기 힘든 개념이다. 뭐라고 꼬집어 말할 수는 없지만, 우리는 우연히 그것을 접하게 될 수 있다. 그것은 무엇이 허용되고 무엇이 허용되지 않는지에 대해 분명하고도 크게 메시지를 전해 주는, 배경에 깔리는 희미한 콧노래 같은 것이다. 그것은 조직 변화를 위한 모든 시도에 큰 영향을 미친다. 하지만 그 자체의 변화에 대해서는 대단히 저항적이다. 자기조직화하는 자연 시스템(우주 천체의 장대한 운행이나 자연계의 영위 등 인간의 의사에 상관없이 움직이는 시스템)에 대한 연구는 유추에 의해 문화가 조직 내에서 어떻게 만들어지고 유지되고 변화하는지에 대한 아이디어를 제공하기 시작했다. 아프리카 사바나의 생태계나 몸의 세포 조직 같은 이들 체계는 복잡적응계로 알려져 있으며 그것들은 조직문화의 본질에 대해 대단히 유용한 해결의 실마리를 던져 준다.

복잡적응계로서의 조직

자연 세계의 복잡적응계, 다시 말해 벌떼, 새떼, 짐승떼 등의 시스템에 대한 연구는 전체 집단과 그 구성원들이 어떻게 서로 영향을 주고받는지 밝혀냈다. 긍정심리학의 PERMAS 중 관계 이론도 벌집정서 등 사회성 집단, 집단 선택, 즉 복잡적응계를 기반으로 하고 있다.

'새들은 어떻게 무리를 짓는가?' '벌들은 어떻게 떼를 짓는가?'와 같은 질문은 과학자들로 하여금 전체 맥락 내에서 개별적인 요인들이 어떻게 작용하는가에 대한 연구로 나아가게 했다. 예컨대, 새 또는 벌 개체들은 무리라는 좀 더 큰 맥락 내에서 어떻게 행동할까? 무리 지음은 개별 새들이 별개의 독립체, 즉 우리가 무리라고 부르는 것을 형성하는 방식으로 함께 날때 발생한다. 주목할 만한 것은 그들이 각 새의 개별 행동을 지시하는 리더 없이 그렇게 한다는 점이다. 서로 부딪히는 일 없이 비슷한 속도를 유지하고, 아주 근접한 거리를 유지하면서 그렇게 한다. 실로 그들은 영국 공군 곡예비행대의 편대비행과 비슷하다. 새떼의 경우 떼를 이루는 개체가 아주 많고 10년 동안 특수훈련을 받지 않는다는 점을 제외하면 말이다. 이 새들은 어떻게 그렇게 할까?

　면밀한 관찰의 결과에 따르면, 그들은 그들 지역 환경의 어떤 아주 단순한 규칙을 충실히 지킴으로써 이렇게 뛰어난 조직을 이루어 낸다. 각 새는 이렇게 그리 많지 않은 행동 지침에 따라 각자의 당면한 상황 속에서 매 순간 결정을 한다. 그들이 환경 속에서 무리 속 다른 새들을 포함해 다른 물체들로부터 최소한의 거리를 유지하고, 가까이에 있는 다른 새들의 속도에 자신의 속도를 맞추고, 새 무리의 지각된 중심을 향해 움직이려고 노력한다는 사실이 컴퓨터 시뮬레이션을 통해 확인되었다. 이들 지시를 따라 스크린에 점이 찍히는 컴퓨터 시뮬레이션에서 그 시각적 결과는 무리를 짓는 행동과 대단히 유사해 보인다(Reynolds, 1987). 복잡적응계에서 개별 새들은 마치 이들 규칙을 따르는 것처럼 행동하고 그 결과는 무리 지음이라는 새들의 우아한 행동이다.

　복잡적응계의 몇 가지 중요한 특징으로는 창발성, 일관성과 변동성, 심적 모델과 시스템 학습, 불필요한 반복의 유용성이 있다.

긍정 조직을 만드는 방법

　긍정심리학의 PERMAS(긍정정서, 몰입, 관계(소통), 의미, 성취, 강점)는 지속적으로 플로리시한 긍정 조직을 만드는 데 유용하다. 긍정조직학 자체가 긍정심리학의 이론을 바탕으로 만들어졌기 때문이다(Luthans, 2007) 대표적인 긍정정서는 창의성과 수용성, 자발성, 회복력을 향상시켜서 심리적·사회적·신체적·지적 자원을 확장시켜 주고 구축시켜 주기 때문에 구성원과 조직을 변화시키고 성장시켜 준다. 긍정정서는 실제로 유용한 역할을 할 수 있다는 연구를 토대로 긍정정서의 확장 및 구축 이론을 발전시켰는데, 이 이론은 정서에 고유한 기능이 있다고 주장했다(Fredrickson, 2001). 구체적으로 긍정정서의 확장 및 구축 이론을 통해 즐거움, 흥미, 만족과 같은 특정 긍정정서는 현상적으로 구분될지라도 모두 순간적으로 사고-

행동 레퍼토리를 확장하고 신체적·지적·사회적·심리적 자원 등의 개인적 자원을 지속적으로 구축해서 인간과 조직을 변화시키고 상향적 선순환을 산출한다(Fredrickson, 2001).

몰입 성과의 핵심은 목표 세우기, 신속한 피드백 받기, 과제와 실력 간의 균형이다. 조직은 이 모두가 일상화되어 있고 가능하기 때문에 직무 만족은 물론 성과까지 높일 수 있다. 관계, 의미, 성취도 조직에서 소통과 공감 능력을 향상시키고, 일의 의미를 찾게 하고, 집념을 통한 성취를 이룰 수 있게 한다(우문식, 2018). PERMAS 중 조직에 가장 많은 영향을 주는 요소는 성격강점이다.

성격강점은 긍정심리학을 연구하고 조직에 적용시키는 데 가장 흥미로운 영역이며 중요하게 여긴다(우문식, 2013). 그래서 성격강점을 긍정심리학의 진정한 행복 이론에서는 몰입의 한 요인으로 포함시켰으나, 2011년 긍정심리학의 새로운 이론에서는 다섯 가지 요소 전체를 기반으로 한다고 하였다(Seligman, 2011). 강점을 통해 우리는 가장 찬란한 성공을 거두고 엄청난 성장을 경험하며 넘치는 활력과 지극한 행복을 느낀다(Diener, 2008).

강점에 더 초점을 맞춰야 한다는 주장은 오래전부터 있어 왔다. 1960년대 후반에 경영학의 대가인 드러커(Drucker, 2002)는 성과를 얻기 위해서는 활용 가능한 모든 강점을 활용해야 한다고 하였다. 즉, 약점으로는 성과를 낼 수 없고, 강점을 활용할 때만 성과를 낼 수 있다고 하였으며, 그 강점들이 진정한 기회라고 하였다. 기업의 유일무이한 목표는 강점을 활용해서 생산성을 높이는 것이다(Drucker, 2002).

지난 10년간 강점의 평가는 큰 성과가 있었다고 했다. 현재 2개의 포괄적인 강점 척도가 있는데, 하나는 셀리그만과 피터슨(2004)의 VIA(Value In Action) 성격강점으로 여섯 가지 덕목에 스물네 가지의 성격강점을 측정한 것이고, 다른 하나는 갤럽의 클리프톤과 하터(Clifton & Harter, 2003)가 개발한 Clifton Strengths Finder 재능강점으로 직무 성과를 예측해 주는 34개의 재능 테마에 기초한다고 했다(Lopez & Snyder, 2009). VIA 성격강점이 삶의 전체 영역을 다룬다면 Clifton Strengths Finder는 직무 영역을 다루고 있다. VIA 성격강점은 인간의 경험에 기초하여 미덕을 정의하는 심리적 요소이고, 갤럽의 재능강점은 연구와 기술에서 온 재능과 지식으로 강점을 정의하는 재능 테마를 식별한다.

이 연구에서 두 가지 강점 중 VIA 성격강점을 변수로 사용한 이유는 완전한 삶은 긍정정서를 경험하고 음미하며 대표강점을 발휘하여 충분한 만족을 얻는 것이며, 긍정심리학의 세 가지 핵심 연구 주제 중 하나가 긍정 특성인 성격강점이고 긍정심리학의 새로운 이론의 다섯 가지 변인 모두의 기반이 성격강점이라 한 셀리그만(2002, 2011)의 주장에 근거한 것이다. 이런 성격강점은 인간의 사고, 정서 및 행동에 반영되어 있으며 인간에게 탁월함과 번영을 제공할 수 있는 긍정적 특징을 의미한다(Park et al. 2004; Yearly, 1990).

'긍정적'이라는 낱말로 인하여 성격강점은 오랫동안 심리학의 연구 영역에서 배제되어 왔다(Peterson, 2006). 그 이유는 성격강점과 관련된 개념인 성품은 사실 개념이 아닌 가치 개념이기 때문에 심리학적인 주제라기보다는 철학적 연구 주제에 가깝다고 올포트(Allport, 1921, 1927)가 주장하였고, 그 결과 가치 중립적인 개념인 성격만이 연구되어 온 것이다.

긍정심리 조직을 만들어 주는 다른 하나의 이론은 루선스(Luthans, 2002)의 심리적 자본(psychological capital)이다. 최근 들어 연구자들은 심리적 자본이란 용어 대신 긍정심리 상태를 포괄적으로 연구하기 위해 긍정심리 자본(positive psychological capital)으로 조작적 용어정의를 하여 사용하고 있다(Luthans et al., 2004).

긍정심리 자본의 자신감, 희망, 낙관성은 셀리그만(1999)의 긍정정서인 낙관성, 희망, 자신감, 신념, 신뢰, 만족감, 안도감, 성취감, 자부심, 평정, 용서, 만족, 기쁨, 쾌락, 황홀감, 평온함, 열정, 즐거움, 몰입 중 핵심이고, 회복력은 프레드릭슨(2001)의 긍정정서의 확장 및 구축 이론에서 검증된 네 가지 요소 중 하나이다.

이렇게 긍정심리학의 긍정정서, 성격강점 등 긍정심리학의 과학에 기초한 긍정적 접근법을 조직행동적 차원으로 확대시킨 것이 긍정조직학(Cameron et al., 2001)과 긍정조직 행동(Luthans, 2002a)이라 할 수 있다. 조직행동론의 이론적 기준을 만족시키는 상태적 심리 역량으로는 긍정심리 자본의 네 가지 특징인 자기효능감(자신감, self-efficacy), 희망(hope), 낙관성(optimism), 회복력(resilience)을 들 수 있다(Luthans, 2002).

특히 셀리그만(2011)이 긍정심리학의 새로운 이론에서 제시한 긍정정서는 긍정조직학자들에게는 긍정심리 자본으로 구체화되며 핵심적 연구 주제로 다뤄지고 있는데, 긍정심리 자본 개념은 개인의 심리적 특성을 바탕으로 목표를 달성하고 성과를 향상시킬 수 있는 긍정적 심리 상태로 정의되며, 크게 네 가지의 특징을 갖는다(Luthans, 2002).

첫째, 자기효능감(자신감)은 주어진 과제를 달성하는 데 필요한 행위들을 조직하고 실행할 수 있는 능력에 대한 개인의 인지된 판단으로, 특정 상황에서 특정 과업을 달성하고자 할 때 필요한 행동들을 성공적으로 조직하고 수행해 낼 수 있느냐 하는 자신의 능력에 대한 개인적 판단이다(Bandura, 1963).

그 정의에 따르면, 첫 번째로 자기효능감은 구체적인 과업을 수행하기 위해 요구되는 개인의 능력에 대해 개인이 보유한 실제적인 능력을 의미하는 것이 아니라 개인이 보유한 능력을 어느 정도 사용할 수 있느냐 하는 판단을 의미한다. 두 번째로, 자기효능감은 새로운 정보와 경험이 축적됨에 따라 자신의 능력에 대한 개인의 판단이 변화함에 따라 달라질 수 있는 동태적인 개념이다. 세 번째로, 문제 상황에서 과업 수행을 위해서 개인이 동원할 수 있는 요소가 얼마나 되느냐에 따라 자기효능감을 나타낼 수 있다(Bandura, 1997; Gist & Mitchell, 1992).

둘째, 희망은 특정한 목표를 개인이 직접 달성하고자 하는 의지와 목표 달성 경로에 관한 긍정적인 동기부여 상태를 의미한다(Synder, 2000). 사람의 행동을 유도하고 원하는 목표를 진행하게 하는 인간 행동의 필수 조건으로 희망이 있다(Stotland, 1969). 이 희망의 핵심 요인으로는 목표에 대한 지각된 가능성이 있으며, 최근 희망을 측정할 수 있는 도구가 조직 차원의 개입을 통해 개발될 수 있음을 알 수 있다(Luthans & Avolio, 2009).

셋째, 낙관성은 셀리그만(1978)에 의해 연구가 이루어졌는데, 미래에 대한 긍정적 기대와 전망이며, 미래에 일들이 긍정적 방향으로 잘 펼쳐질 것이라는 전반적인 기대이고, 자신의 행동과 노력으로 인해서 추구하는 목표를 성취할 수 있을 것이라는 희망이다(Seligman, 1997). 낙관성의 개인 통제 개념으로는 무기력 학습(learned helplessness)과 설명양식(explanatory style)이라는 두 가지가 있다. 무기력 학습은 자신은 뭔가를 변화시킬 수 없고 통제할 수 없다고 여기고 스스로 포기하는 것이고, 설명양식은 사건이 일어난 이유를 스스로에게 습관적으로 설명하는 방식이다(Seligman, 1978).

이것은 무기력 학습을 크게 좌우하는 역할을 한다. 낙관적인 설명양식은 무기력을 없애고 비관적인 설명양식은 무기력을 퍼뜨린다(Seligman, 1978). 설명양식에는 세 가지 차원이 있는데 영속성 차원(항상 vs 가끔), 만연성 차원(전부 vs 일부), 내재성 차원[내 탓(내적 요인) vs 네 탓(외적 요인)]이 그것이다.

연구자들에 의하면 희망과 유사한 형태인 낙관성은 기질적 특성이 발견되지만(Scheier & Carver, 1992), 무기력이 학습될 수 있는 것처럼 낙관성 설명양식 역시 개인의 노력과 조직적 차원의 관리를 통해 변화하고 키울 수 있음을 알 수 있다(Carver & Scheier, 2002).

넷째, 회복력은 오늘날 개인의 행복과 조직 발전에 있어 중요한 요인으로 받아들여지고 있다. 루선스(2002a, 2002b)는 좌절, 갈등, 실패, 책임감 증대 혹은 긍정적인 사건들로부터 평정심으로 되돌아올 수 있는 역량으로 정의하였다. 레이비치와 샤트(Reivich & Shatte, 2003)는 역경을 이겨 내는 힘이고 내면의 심리 근육을 단련시켜 주는 도구라고 하였으며, 일곱 가지 회복력 능력인 감정 조절, 충동 통제, 낙관성, 원인 분석, 공감 능력, 자기효능감, 적극적 도전을 모두 측정할 수 있는 회복력 지수(Resilience Quotient: RQ) 테스트를 개발하였다(우문식, 윤상운, 2002).

특히 긍정심리학과 긍정조직행동의 관점에서 회복력 지수는 대부분의 평범한 구성원들도 키울 수 있는 특징을 나타내고 있다. 와그닐드와 영(Wagnild & Young, 1993)도 회복력의 체계적인 측정 수단을 제시하였으며, 최근 연구에서는 회복력이 상태적인 특성을 갖고 있는 것으로 파악하고 있기 때문이다(Luthans et al., 2007).

긍정조직행동은 조직에서 도전적인 과업에 성공하기 위해 필요한 자신감(자기효능감)을 갖고, 현재와 미래의 성공에 대해 낙관적이며 목표를 향해 인내하는 동시에 필요한 경우에는 성공하기 위해 목표에 대한 경로를 재설정하기도 하며(희망), 문제나 역경에 직면했을 때는 견뎌 내어 좌절로부터 원래의 상태로 되돌아오거나 그것을 뛰어넘는 회복력과 같은 개인의 복합적인 긍정심리로 설명되고 있다(Luthans et al., 2007).

결국 긍정심리학의 과학적 이론을 기반으로 하는 긍정조직학 그리고 긍정 조직행동, 긍정심리 자본을 연결하게 되면 효과적인 조직의 관리와 개발이 가능한 긍정적 요인과 심리적 역량들을 통해 조직 구성원의 행동를 개선하고 탁월한 조직성과를 낼 수 있을 것임을 예상할 수 있다(우문식, 2013).

마지막은 AI(Appreciative Inquiry; Cooperrider & Whitney, 2001)도 들 수 잇다. AI는 긍정 변화를 위한 방법론으로 조직이 성공의 근본 원인을 알고 조직과 그 과정의 긍정적 잠재력을 발산시켜 긍정 변화를 만들어 내도록 돕는다. 긍정적 핵심 가치가 좀 더 가시화되고 인정될 때 그 강점은 성장해서 부정적인 요소나 약점을 점점 지엽적이고 무력해지게 한다. 기쁨, 열정, 흥미진진함, 자부심 같은 긍정정서를 자유롭게 발산시키고 기존의 긍정적 핵심 가치의 확대에 기초한 좀 더 나은 미래에 대한 의식적인 이미지를 만들어 냄으로써, AI는 조직을 바꿀 수 있는 행동의 추진제를 만들어 낸다. 방식이 결과에 완벽하게 어울리는 방법론을 제공한다. AI는 긍정 조직으로 키우기 위한 긍정 변화의 방법론이다. 조직이 긍정문화를 만들기 위해 '어떻게' 되어야 하거나 어떻게 해야 하는지에 대해 말하는 사람은 아무도 없다. 그것은 조직 자체가 스스로 발견해야 할 것이다.

AI 프로세스는 발굴하기(Discovery), 꿈꾸기(Dream), 디자인하기(Design), 꿈의 미래 실현하기(Destiny)라는 4단계로 이루어지는데, 이는 적용 과제나 상황에 따라 변형해서 적용할 수 있다. 이 네 가지를 4D라고 일컫는다.

긍정 몰입과 성과

⊙ 조직에서의 적극적 몰입

직원의 몰입에 대해 일반적으로 동의된 정의는 없다. 하지만 브리트(Britt, 2007)와 동료들은 '책임감을 느끼고 헌신하는 우수한 업무 능력'으로 정의했고, 그래서 업무 능력이 개인에게 중요하다고 했다. 이는 적절해 보이는데, 집중, 감정적 투자, 노력의 느낌과 결과에 대한 관심을 전달하기 때문이다. 일에 열중할 때 우리는 기분이 좋아지고 능숙해지며 소속감을 가질 가능성이 더 높다. 또한 통제력과 무언가를 이룰 수 있다는 존재감을 가질 가능성이 더 높다(Bateman & Porath, 2003). 다시 말해, 생리학적이고 장기적인 이점을 갖는 긍정정서와 관련된다. 긍정정서와 관련되는 것이 개인들에게 이로운 상태이며, 그래서 그것을 촉진하는 데 도덕적인 딜레마는 없다고 말할 수 있다.

직원의 몰입에 대한 다양한 정의에 대해서 공통적으로 두 가지 핵심 사항에는 동의한다. 몰입은 일이 아닌 사람에 속한다는 것과 어떤 특성이라기보다는 상태라는 것이다. 이는 몰입의 정도가 동일한 일을 하는 개인들 사이에 다양하며, 어떤 한 개인의 몰입 수준은 일마다 그리고 날마다 다름을 의미한다. 개인은 특정한 일이나 역할에서 자신이 다른 사람들보다 더 호감을 갖는 어떤 측면을 발견할 가능성이 높고, 어떤 날에는 다른 날보다 더 열정적으로 몰입할 것이다. 이는 또한 조직에 좀 더 열렬히 몰입하도록 계발될 수 있으며, 문제는 몰입적인가 아닌가가 아니라 몰입하게 하는 방법임을 의미한다. 긍정심리학 연구의 결과들 가운데 하나는 조직에서 특유의 강점과 재능을 이용할 수 있는가 하는 것이 조직에서 몰입적이 될 가능성에서 큰 차이를 만들어 낸다는 점이다.

⊙ 강점과 재능

1. Seligman의 성격강점

셀리그만의 초기 긍정심리학 연구의 관심사들 가운데 하나는 성격강점이었다. 그는 전후 (戰後) 시기에 발전한 DSM(정신질환의 진단 및 통계 편람)으로 알려진 정신적 기능장애나 질병의 광범위한 분류체계인 인간 허약성의 분류학에 대한 평형추로 작용할 성격의 분류학을 창시하고자 했다. 셀리그만은 피터슨과 함께 항상 본질적으로 가치 있는 것으로 여겨진 인간 성격의 측면들, 즉 미덕이나 선을 알아보기 위해 인간의 모든 역사와 문화에 걸쳐 연구했다. 문화와 무관하고 몰역사적인, 보편적이면서 측정할 수 있는 인간의 성격강점이 있다는 것이 그들의 관점이다. 현재 그들은 자신들의 기준에 따라 여섯 가지 미덕과 스물네 가지 성격강점을 확인했다(Peterson & Seligman, 2004).

거의 모든 사람이 성격강점을 가지고 있다. 성격강점은 개인의 생각과 감정, 행동으로 나타나는 성격적 특성이다. 강점 검사를 통해 대표강점을 찾을 수 있는데, 대표강점은 개인이 가진 성격적 특성을 가장 잘 나타내는 것이다. 이 분야의 연구는 우리의 대표 성격강점을 알고 그것을 자주 이용하는 것이 행복한 삶으로 가는 길임을 말해 준다. 열정, 희망, 호기심, 감사, 사랑과 같은 강점들은 분명 평생에 걸친 행복과 삶에 대한 만족감을 예견하게 해 준다(Seligman, 2006). 우리는 이들 강점을 키우는 것이 나을지 모른다. 그 사이에 다른 연구자들은 강점과 일 사이의 관계를 좀 더 깊이 검토했다.

2. 갤럽의 재능강점

갤럽의 연구자들은 25년에 걸쳐 경영 성공으로 이어지는 요인들을 알아내는 데 집중했다. 가장 중요한 결과는 성공적인 경영자는 모든 사람을 동일한 방식으로 다루지 않는다는 점이다. 실로 그들은 그 반대이다. 그들은 모든 사람을 독특한 개인으로 대한다. 그리고 이러한 관심의 요점은 각 개인의 특유한 재능을 알고 그것에 맞는 일을 하게 하는 것이다. 그들은 어떤 역할이 있고 그것에 맞춰 사람을 찾거나 사람을 그 역할에 맞추는 일반적인 일의 순서를 의식적으로든 아니든 뒤집어서 사람들에게 적합한 일을 창안하고 만들어 내거나 또는 사람들이 더 적합한 일을 하게 하는 데 집중한다. 이것이 가장 성공적인 관리자를 구분하는 유일한 요인은 아니지만 가장 의미 깊은 것 가운데 하나이다(Buckingham & Coffman, 2001).

셀리그만의 과학적이면서 엄격히 분류 가능한 강점체계와 달리, 갤럽 연구자들은 재능을 거의 무한정한 것으로 여긴다. 그들은 개인의 재능을 '특유하고 타고난 선물'로 여긴다(Hodges & Asplund, 2010). 중요한 점은 기술이나 지식 이상으로 재능이 지속적으로 높은 수준의 성과와 성취를 이루는 기반이 된다는 것이다. 개발 투자와 더불어 재능은 강점으로 바뀔 수 있다. 그것은 "특정 과업에서 거의 완벽한 성과를 낳을 수 있는 능력"으로 정의된다(Hodges & Asplund, 2010, p. 213; Rath, 2007). 갤럽 연구자들에 따르면 강점은 능력, 지식, 재능의 합성물이다.

재능은 행동으로 드러나는데, 행동은 우리 뇌 '배선'의 표현이다. 나이가 들수록 뇌는 우리가 원래부터 가진 유전적인 자질과 이후 경험의 결과로서 독특하게 배선된다. 우리가 반복적으로 경험하는 생각이나 행동은 우리 정신의 잘 다져진 리듬으로 발전한다. 이것은 저항이 낮은 신경 회로이다. 말하자면 뇌의 전기 신호가 그 경로를 따라 빠르고 순조롭게 이동한다. 이 경로는 우리가 일을 아주 수월하게 할 수 있는 경로로 생각할 수 있다.

좀 더 논란을 불러일으키는 것은 이 연구자들이 조직에서의 더 큰 성과 향상은 약점을 바로잡는 것보다는 기존의 재능을 한층 더 발전시키는 데서 온다고 말한다는 점이다. 그들의 주장은 성인 시기에 일정 수준으로 특정 재능을 발전시키지 않는다면 개선을 위한 노력에 많은 보상을 받기는 힘들다는 것이다. 과학이 이를 뒷받침해 준다. 뇌가 성인기에 이르기 전에 훨씬 더 활발하게 새로운 연결을 발전시키고 증가시킨다는 점은 분명하다. 우리 뇌의 성장은 어릴 때 다섯 살까지 놀랍도록 빠르고, 청소년기에 마지막으로 한창 성장이 이루어진 다음에는 계속 더뎌져 이십 대 초에 성숙한 단계에 이른다. 처음에는 아주 유연하고 유동적이던 뇌의 패턴이 계속해서 굳어진다. 더 많은 연결을 개발하는 속도는 더뎌질 뿐이다. 독특한 뇌 설계의 핵심 부분은 청소년기에 제자리를 잡는다고 말할 수 있을지 모른다. 이는 우리가 근본적으로 그것을 변화시키려고 애쓰기보다는 우리가 가지고 있는 것을 최선으로 이용하는 방법을 강구하는 데 에너지를 쏟는 게 더 낫다는 말이다.

셀리그만의 연구와 마찬가지로 그들의 연구는 우리의 재능이나 강점을 이용할 때 우리 스스로 훨씬 더 기분이 좋음을 보여 준다. 이는 부분적으로 강점이나 재능을 이용하는 것이 분명 성공, 성취, 성과와 연관되기 때문이지만, 또한 긍정정서와 연관되기 때문이기도 하다. 우리는 가장 잘하고 좋아하는 일을 할 때 기분이 좋다. 능력 없는 일을 하거나 강점을 발휘할 수 없는 일을 하느라 분투하다 보면 기껏해야 시시해지고 가장 나쁘게는 의기소침해지고 만다. 또 달리 보면 우리의 강점이나 재능을 사용하는 것은 삶의 가치를 높이는 경험이라고 말할 수 있다. 반면에 그 반대는 흔히 '살아갈 의지를 상실하는' 느낌을 낳는다.

이를 이용해서 우리는 재능을 알아낼 수 있다. 버킹엄과 코프먼(Buckingham & Coffman, 2001)은 아주 유익하게도 하지 않을 수 없는 것이 재능의 징후일 수 있다고 말한다. 다시 말해, 어떤 재능은 그것을 하는 게 힘들지 않을 뿐 아니라 거의 억누를 수가 없기 십상이다. 또 다른 단서는 우리의 가장 강력한 재능을 사로잡는 도전들에 성공적으로 대응할 때 우리가 경험하는 만족감이다. 우리의 재능을 사용할 때 우리는 활력이 넘친다. 그리고 재능을 발휘하는 데 열중할 때 흔히 시간이 가는 줄을 모른다. '퇴근 시간만 기다리고' 있다면 아마도 재능을 발휘하지 못하고 있는 것이다.

3. 린리의 실행 강점

하지만 재능만으로는 좋은 성과를 보장하기에 충분하지 않다. 우리는 그로부터 최상의 것을 얻기 위해 그것을 강점으로 발전시켜야 한다. 린리(Linley)의 뛰어난 책『평균에서 A+로 (Average to A+)』(2008)는 리얼라이즈 2 강점에 대한 성과 지향적인 관점을 보여 준다. 그것은 앞서 간략히 소개한 두 가지 접근법으로부터 나온 생각들 가운데 최상의 것들을 함께 결합하는 것으로 보인다. 그는 강점을 '최적의 작용, 발전, 성과를 가능하게 하고 사용자의 활기를 북돋우는 진정한, 기존에 그가 가지고 있는 특정 방식의 행동, 사고 또는 감정 능력'으로 정의한다. 그는 셀리그만의 강점을 보편적인 강점으로 보고 인간은 또한 틈새의 강점들을 발전시켰다고 말한다. 그의 팀은 그런 강점들을 100개 이상 확인했다. 그는 개인은 둘 모두의 요소들을 가지고 있을 가능성이 높고, 각 개인은 특정한 맥락에 따라 강점, 경험, 개성을 독특하게 결합시키기 때문에 그런 강점들의 수는 한정적이지만 그것들이 표현되는 방식은 무한하다고 말한다.

린리는 대부분 조직의 개발 행위를 '평범함의 저주'를 야기하는 것으로 특징짓는다. 이는 아주 많은 조직이 직원의 약점에 대해서는 고심하면서 강점은 무시하여 명시적으로 약점이 관심의 초점이 됨으로써 그로부터 기대할 수 있는 최상의 것은 평범함임을 암시한다. 그는 학생들이 좋아하는 과목에 시간을 들이기보다는 가장 못하는 과목에서 점수를 얻는 데 바치도록 격려받을 때 이 평범함의 저주가 학교에서 어떻게 나타나는지에 주목한다. 이런 경향은 모든 사람이 똑같이 모든 것에 능숙해야 한다고 암시하는 유능성의 틀에 의해 지지되는 조직에서도 계속된다. 린리는 조직 발전에 대한 대안적인 접근법은 강점을 알고 키우는 데 기초한다고 말한다. 이 접근법은 성과뿐 아니라 몰입도를 높이는 이점을 가지고 있을 가능성이 높다.

보충자료 16-3   강점 기반의 접근법의 핵심

이 접근법은

1. 바람직한 것, 효과가 있는 것, 강력한 것에 초점을 둔다.
2. 기본적인 인간 본성의 일부로서 강점을 인정한다. 따라서 모든 사람이 강점을 가지고 있고 그들의 강점으로 존중받을 만하다.
3. 우리의 가장 큰 잠재력들의 영역이 우리의 가장 큰 강점들의 영역에 있다고 믿는다.
4. 강점을 최대한 활용할 때만이 약점을 처리함으로써 성공할 수 있다고 믿는다.

5. 강점을 사용하는 것은 가장 큰 차이를 만들어 내기 위해 할 수 있는 가장 작은 일이라고 믿는다.

강점을 찾아내는 방법

다음은 강점을 사용할 때 나타나는 징후들이다. 이 징후들은 어떤 일을 할 때 활력이 넘치고 몰두하고 있음을 말해 준다.

- 시간이 지나가는 줄을 모른다.
- 배우는 속도가 아주 빠르다.
- 거듭 성공적인 성과를 거둔다.
- 과제에서의 높은 완성도
- 일에 대해 매력을 느낀다.
- 일을 수행하면서 진정한 즐거움을 느낀다.

출처: Linley (2008).

린리는 강점, 몰입, 진정성의 3자 간 관계에 대해 아주 명확하다. 실질적인 이 진정성은 뇌 회로의 수월한 이용과 연관되는 것으로 보인다. 우리 뇌에서 잘 확립된 경로를 이용하는 것은 자연스럽고 선하고 바람직한 감정, 즉 우리가 진정성이라고 부르는 것과 관련이 있다. 그리고 진정성이 있는 것이 우리에게 좋다. 그것은 행복의 증진, 건강 개선, 심리적 고통의 감소, 관계 개선, 더 큰 자부심 그리고 더 높은 차원의 행복, 감사하는 마음, 감성지능, 긍정 에너지와 연관되기 때문이다.

이 분야의 다른 연구자들과 마찬가지로, 린리는 강점을 충분히 자각하지 않고 충분히 이용하지 않는다면(또는 그것을 과도하게 이용한다면) 충분히 어려움을 야기할 수 있다고 말한다. 실제로 그는 자각하지 못한 강점이 흔히 좌절의 한 원천이라고 말한다. 만약 우리가 어떤 것에 특별한 강점을 가지고 있다면, 다른 사람들이 우리가 하는 만큼 그것을 잘하지 못하는 것이 끊임없이 놀라움으로 다가온다! 동시에 자각하지 못한 강점을 과용할 경우 의도하지 않거나 무익한 결과를 가져올 수 있다.

자신의 강점을 이용할 수 있을 때 사람들은 몰입하고, 활기가 넘치고, 진정성을 가지며, 대개 최상으로 느낄 가능성이 더 높다는 증거가 늘어나고 있다. 동시에 강점 기반의 접근법이 즐거울 뿐 아니라 유익하다는 점이 분명해지고 있다. 린리는 지속 가능한 발전의 아주 많은 측면에 강점이 미치는 긍정적 영향 때문에 강점을 아는 것이 조직의 성과에서 가장 큰 차이를 만들어 낼 가능성이 높은 가장 작은 일일 수 있다고 말한다. 강점을 안다는 개념에 더하여 적극적인 몰입이라는 개념은 내재적 동기와 연관된다. 내재적 동기란 우리가 일을 하는 것은 부모의 인정, 보너스 또는 이사회에 자리를 얻을 수 있는 기회 같은 외부의 요인에 의해 동기부여되어서라기보다는 그것을 즐기기 때문이라는 개념이다. 우리가 내재적으로 어떤 일을 하도록 동기부여될 때, 그것은 아마도 우리의 강점을 사용하고 몰입을 경험하도록 우리에게 제공되는 기회와 연관된다.

보충자료 16-4 강점에 기반을 둔 조직 근무의 이점에 대한 증거

경영자가 그의 강점에 초점을 두는 직원은 약점에 초점을 두는 직원보다 열심일 가능성이 2.5배가 넘는다(Rath, 2007).

호지즈와 애스플런드(Hodges & Asplund, 2010)는 광범위한 갤럽 자료를 분석해서 다음과 같은 사실을 밝혀냈다.

- 강점 피드백을 받는 직원들은 아무런 피드백을 받지 못하는 직원들보다 이직률이 14.9% 낮았다.
- 관리자가 강점 피드백을 받는 부서는 피드백을 받지 못하는 부서에 비해 개입 후 생산성이 12.5% 더 높았다.
- 강점 피드백을 받는 직원들은 그렇지 못한 직원들에 비해 생산성이 7.8% 개선되었다.

하터, 슈미트와 헤이스(Harter, Schmidt, Hayes, 2002)는 부서원들에게 매일 그들의 강점을 이용할 기회를 보통보다 더 많이 제공한 조직 부서가 상당히 더 열성적임을 알아냈다. 이는 고객 충성도와 직원 유지와 생산성에서 더 나은 성과를 가져올 가능성이 높다.

기업리더십자문위원회(Corporate Leadership Council)는 강점에 초점을 두는 것이 36.4%까지 성과를 증가시킨 반면 약점에 초점을 두는 것은 26.8%까지 성과를 하락시켰음을 보여 주었다.

⊙ 몰입

몰입은 칙센트미하이(2002)가 사람들이 자신이 하는 일에 완전히 몰두하고 빨려들어 시간이 멈출 때, 즉 자의식이나 자아가 사라지고 그 활동과 하나가 될 때 그들이 경험하는 상태를 묘사하기 위해 사용한 용어이다. 그것은 감정적으로 중립적이지만 아주 보람 있는 상태로, 어떤 사람들은 그것을 성취하고 반복하기 위해 목숨, 건강, 경력을 걸 것이다. 예컨대, 자신의 집착에 대해 '그것이 거기에 있기 때문에'라고밖에 설명할 수 없는 등산가나 창작에 대한 도전에 사로잡혀 먹고 자는 것을 잊어버린 예술가를 생각해 보라. 우리 대부분은 이런 극단적인

상태에 사로잡히지는 않겠지만 어떤 활동은 우리에게 몰입을 경험하는 기회를 제공해 준다.

몰입은 두 가지 방법 가운데 하나로 성취될 수 있다. 때로는 활동이 몰입을 유도하도록 조직된다. 음악, 게임, 스포츠, 의식은 이처럼 작동하는 경향이 있고, 어떤 사람들은 외부의 상황과 무관하게 몰입을 유도할 수 있다. 몰입을 경험하는 능력에서 개인들 간에 일정한 차이가 있고 이 능력은 어릴 적부터 발전하기 시작한다. 몰입은 우리에게 좋다. 몰입 경험이 생리적 연관성을 갖는다는 것이 증명되었다. 웃음 근육은 활발하고, 호흡은 훨씬 더 깊어지며, 심장박동은 느려지고, 혈압은 낮아진다(Csikszentmihalyi, 2010). 몰입은 본질적으로 성장과 연관된다. 그 활동을 어떤 수준에서 숙달하게 될 때 우리는 전력을 다해 다음 단계로 나아가야 한다. 몰입의 경험은 인내라는 성격 특성 그리고 마음챙김 상태와 연관된다.

보충자료 16-5 몰입 상태

몰입 상태는 많은 것에 의해 특징지어진다.

- 하고 있는 것에 높은 집중도와 완전한 몰두를 보인다. 집중은 호흡처럼 되고 주의는 아주 한정된 영역에 맞춰진다.
- 일상생활에 대한 관심사와 불안의 일시적인 정지를 보인다.
- 통제감과 실패에 대한 걱정으로부터 자유로움을 보인다.
- 자신에 대해 잊을 가능성이 크다. 그 순간에 빠져서 다른 사람들이 무슨 생각을 하는지 신경 쓰지 않는다. 배고픔이나 근육이 쑤시는 것을 의식하지 못할지도 모른다.
- 자신의 한계를 넘어서는 초월감이 있다.
- 시간의 왜곡이 있다. 1분이 영원히 지속되고 1시간이 섬광처럼 지나간다. 늘어진 현재에 존재하게 된다.
- 활동의 목표는 그 활동을 하는 것 자체이다.

어떤 조건들은 몰입의 경험을 만들어 낼 가능성이 더 높다.

1. 예컨대, 연주해야 할 다음 음, 쳐야 할 공, 말해야 하는 문장이나 설명해야 하는 개념과 같이 '그 순간'의 목표가 분명하다. 가령 노래를 마치거나 게임에서 이기거나 회의의 결론을 내리는 것과 같은 장기적인 목표는 그 일을 수행하는 이유가 아니다.
2. 즉각적인 피드백이 있다. 예컨대, 좋거나 날카로운 음, 성공적이거나 그렇지 않은 되받아치기, 이해했거나 이해하지 못한 시선이 있다.
3. 가능한 것과 할 수 있는 것이 균형을 이룬다. 도전과 개인이 가진 능력의 비율은 거의 1 : 1이다.

⊙ 마음챙김

　마음챙김은 주의의 의식적인 방향에 대한 것이다. 몰입에 들어가는 것은 대체로 주의가 과거에 어떻게 집중되었고 현재에 어떻게 집중되어 있는지에 달려 있다. 과거에 발전한 관심은 유인하는 도전에 맞서 현재에 우리의 능력을 발휘할 기회를 알아차리도록 우리를 격려할 것이다. 이런 식으로 우리는 몰입, 마음챙김, 강점 사이의 관계를 알 수 있다. 수년간 기울여 온 주의의 패턴은 강점 패턴의 한 원인이 된다. 그것들은 함께 몰입의 경험에 기여하고 내가 몰입 상태에 있을 때 나는 또한 마음챙김의 상태에 있다. 조직에서 일에 사로잡히거나 강점을 이용하거나 몰입을 경험하는 기회는 보통 일의 생산성, 특히 목표 설정을 높이기 위해 계획되는 경영활동에 크게 영향을 받는다.

⊙ 조직에서 경영이 몰입과 생산성에 미치는 영향

　많은 경영 활동이 의도적이든 그렇지 않든 직원들의 생산성을 고무시키는 것과 같은 방식으로 맥락을 조작하는 데 힘을 쏟는다. 경영자들은 행동에 영향을 미치려는 시도에서 특정한 맥락에서 작동하는 상황을 통제하기 위해 노력한다. 그래서 그들은 직원이 목표를 성취할 때, 지각할 때, 또는 일보다 이야기하는 데 너무 오랜 시간을 보낼 때 일어나는 일을 통제하고자 한다. 상황이란 일어날 일과 사람들이 하는 일과 그다음에 일어날 일 사이의 환경의 관계에 대한 것이다. 사람들은 상황을 경험함으로써 세상에 대해 배운다. 그래서 단순한 차원에서 말하면, 내가 스포츠를 한 뒤에 갈증을 느끼면(일어날 일), 나는 수도꼭지를 틀고(내가 하는 일), 물이 흘러나오면 물을 마시고, 이로써 갈증을 푼다(다음에 일어날 일). 만약 수도꼭지에서 물이 나오지 않으면 나는 갈증을 느낄 때 수도꼭지를 트는 일을 곧 포기할 것이다.

　이 기본적인 관계가 조직 상황으로 옮겨진다. 당신이 보고서를 쓴 다음 노력에 대한 칭찬을 간절히 바라며(일어날 일) 사장에게 갔는데(당신이 하는 일), 그 보고서가 책상 위에 놓인 채 읽히지 않거나 수정사항에 대한 지적만 돌아온다면(다음에 일어날 일), 당신은 곧 사장이 칭찬받고 싶은 당신의 욕구를 충족시켜 줄 거라고 기대하지 않게 된다. 이런 지엽적인 조직 상황은 아주 중요하고 큰 영향을 미친다. 일을 계속하거나 그만두려는 사람들의 결정은 일에 대한 네 가지 기준에 따른 그들의 평가에 기초한다. 첫째, 사람들은 흥미로운 일을 원한다. 둘째, 타당한 보수를 받기를 바란다. 셋째, 자신이 성장하거나 발전하고 있는지 알고 싶어 한다. 넷째, 이것은 다른 것에 큰 영향을 미치기 때문에 가장 중요한 것인데, 사람들은 양질의 조직 환경을 원한다(Harter & Blacksmith, 2010). 조직 환경에 대한 평가는 본질적으로 그 환경에서 가동되는 상황에 대한 평가이다. 그것은 경영자의 행동에 대단히 의존한다.

대부분의 경영자는 자신이 직원들의 삶의 질에 미치는 영향과 계속 일할지 그만둘지에 대한 직원들의 의사에 결과적으로 미치는 영향을 거의 알지 못한다. 즉, 조직에서는 긍정 몰입의 수준에 대해 신경쓰지 않는다. 또한 상황이 행동과 몰입에 미치는 영향의 힘에 대해 거의 알지 못한다. 대신에 지시의 힘에 의존해 주변 사람들에게 영향을 미치고자 한다. 대니얼스(Daniels, 2000)는 경영자들이 사람들에게 해야 할 일에 대해 이야기하느라, 또는 직원들이 지시한 일을 하지 않았을 때 어떻게 할지를 결정하느라 그들 시간의 약 85%를 허비한다고 추산했다. 할 일을 지시하는 것만으로는 사람들을 일하게 하는 데 충분치 않다. 특히 만약 그 영역에서 작동하는 상황이 다른 행동을 지지한다면 말이다. 행동에 긍정적으로 영향을 미치기 위해서는 진행 중인 상황이 요구하는 것을 확실히 지원해야 한다. 행동과 결과를 조절하고자 할 때 가장 선호되는 조직 기법은 목표 설정이다. 하지만 몰입과 성과를 높이기 위해 목표를 효과적으로 이용하는 것이 우리를 믿음으로 이끌 수도 있는 '스마트한' 목표 설정에 관한 반나절의 강좌만큼 쉽지는 않다(Lewis, 2008).

긍정 의사소통과 의사결정

⊙ 의사소통

의사소통은 흔히 기술적 훈련으로 오해된다. 의사소통은 듣는 사람의 머릿속에 전달하는 사람의 머릿속에 있는 것과 동일한 의미나 이미지를 만들어 낼 정확한 언어의 형태를 찾는 것이다. 여기에는 당신이 말하는 것을 정확히 들으면 나는 당신이 의미하는 것을 정확히 이해할 것이라는 점이 암묵적으로 가정되어 있다. 조직 내 전 부서들은 조직이 목적에 대해 완전하고 광범위하게 이해할 수 있게 해 주는 의사소통 진술을 만들어 내기 위해 힘을 쏟는다. 말의 의미에 대한 정의를 제공하는 사전이 완전한 의사소통이 가능하다는 환상에 신빙성을 더한다. 만약 말이 고정된 의미를 갖는다면 메시지를 전달하기 위해 정확한 의미를 가진 말을 선택하기만 하면 되는 것이다.

이런 관점에서는 의사소통 문제가 말을 제대로 이해하는가의 문제가 된다. 정의상 메시지가 의도하는 것을 이해하고 그에 따라 행동을 바꾸는 데 실패하는 것은 수용자가 이해에 실패하거나 송신자가 구성에 실패한 것이다. 조직 내 사람들은 '메시지를 바르게 이해하는 것'에 초점을 둔다. 바른 메시지는 동의를 얻고 저항을 피할 것이다. 의사소통은 흔히 과정보다는 사건으로 보인다. 사건으로서 그것은 한정된 실재를 갖는다. 특정한 의사소통은 특정한 시간 제약적인 사건이 된다. 사건이 끝나면 의사소통은 완료된다. 모든 사람이 듣고, 모든 사람이 알고, 모든 사람이 이해하는 것이다. 그게 그렇게 작동하는 것 같지 않다는 점을 제외하면 말이다.

고위경영자들과 리더들은 자신이 의사소통에 상당한 노력을 투입했다고 생각한 계획, 이벤트, 변화를 조직 내 많은 사람이 의식하지 못한다는 사실을 발견하고서 자주 경악하고 좌절한다. "하지만 이에 대해 여러 주 전에 대화를 나누었습니다." "매년 회의에서 이에 대해 이야기를 나누었어요!" 그들은 좌절해서 소리친다. 그들은 의사소통에 집중하는 자신들의 강한 '진취성'이 더 나아가 불필요한 문제에 대해 의사소통하기에 충분해야 한다고 생각하는 것이 분명하다. 따라서 그들은 만약 의사소통이 실패하면 경영진의 의사소통 기술보다는 사람들의 단점 때문이라고 판단한다. 사람들에게 '변화에 저항한다'는 꼬리표를 붙이는 것은 이런 생각과 그리 다르지 않다.

의사소통을 추론과 의미론의 기술적 훈련으로 이해하게 되면, 심지어 아주 짧고 간단한 메시지의 경우에도 의사를 완전히 전달하는 데 성공하기가 어렵다. 이렇게 의사소통을 사건에 기초한 단순한 송수신의 문제로 이해하는 것은 의사소통 실패에 대한 공격적인 비난이라는 악순환으로 이어진다. 그렇게 되면 의사소통 문제는 주로 누군가가 잘못 말했거나 잘못 들은 것으로 설명된다. 조직 변화만큼 복잡한 의사소통은 쉽게 바뀌지 않을 것이다. 다른 접근법은 의사소통을 기술적인 문제가 아닌 사회적 과정으로서 이해하는 것이다.

계속되는 사회적 조율(alignment)에 대한 도전에서 의사소통은 기본이다. 사회적 조율은 사람들 사이에 충분히 공유되는 의미를 만들어 내어 상황을 유익하고 유용한 방향으로 나아가는 것을 용이하게 하기 위한 복잡한 과정으로 이해될 수 있다. 의사소통은 지속적으로 변화하는 현실을 만들어 내는 다양한 관점의 계속 진행 중인 협상 과정이다. 이렇게 의사소통은 이런 사회적 조율에 아주 중요한 사회적 과정으로 이해될 수 있다. 그것은 우리 자신을 다른 사람들과 조화되도록 하는 반복적이면서 끝없이 전개되는 과정에 아주 중요하다. 의사소통이 이해 형성 과정이라고 이해하는 이런 관점은 그것을 일련의 유한한 의사소통 이벤트로 보는 일반적인 조직의 관점과 아주 대조적이다.

의사소통을 기교보다는 이해 형성 과정으로 보는 것은 또한 그것의 가능한 효과에 대해 훨씬 더 창의적인 관점을 제공한다. 사회적 과정으로 여겨지는 의사소통은 미리 결정된 정보를 전달하는 기회 이상을 제공한다. 의미를 만들어 낼 기회를 제공하는 것이다. 모든 의사소통은, 예컨대, 과거 역사, 개인 경험, 현재 상황, 앞선 기대라는 복잡한 맥락 속에서 일어난다. 어떤 특정한 의사소통 에피소드에 의해 만들어진 의미는 좀 더 크고 계속 진행 중인 이런 맥락 내에서 형성된다. 문제를 한층 더 복잡하게 만드는 것은 의사소통이 단지 언어, 즉 구어나 문어의 문제가 아니라는 것이다. 우리의 입장, 태도, 시선, 어조, 동작이 모두 의사소통이 일어나는 맥락에 더해진다. 그리고 환경, 우리가 입은 옷, 앞서 일어난 일, 다음에 일어날 일도 마찬가지이다. 의사소통은 춤을 추는 것과 같은 것이 된다. 긍정심리학의 최근 연구에 따르면 어떤 춤은 다른 춤들보다 더 생산적이며, 의사소통이라는 춤의 생산성은 춤을 추는 사람들 사이의 상호연결성 정도와 많은 연관성이 있다.

⊙ 상호연결성

상호연결성은 집단의 성과가 어떻게 그 부분들의 합 이상이 될 수 있는지를 설명하는 개념이다. 상호연결된 집단, 즉 경영 조직이 어떻게 성과를 잘 낼 수 있는지는 그 조직 안에 있는 사람들뿐 아니라 그 구성원들 사이의 관계와 상호작용에도 의존한다. 만약 각 개인의 성과가 함께 협력할 수 있는 전체 팀에 달려 있다면 개인이 혼자서 얼마나 잘하는지는 중요하지 않다. 만약 조직이 서로 잘 협력하지 않는다면 조직의 성과는 빈약할 것이다. 상호연결성은 시스템이 얼마나 잘 기능하는지, 변화에 어떻게 대응할 수 있는지, 그 시스템의 요소들이 서로 얼마나 잘 연결되어 있는지를 말해 주는 중요한 지표이다. 조직의 상호연결성은 대화에서 발견되는 넥시(nexi)의 수에서 드러난다. 넥시는 상호 영향의 과정을 나타내는 것으로, 구성원들 사이에 서로 맞물리는 행동의 강력하고도 지속적인 패턴을 말한다. 이 패턴을 드러내려면 정교한 의사소통 분석이 필요하다. 하지만 조직의 의사소통 패턴 내에 발언된 긍정적 말과 부정적 말의 비율이 넥시를 훌륭히 대신한다는 사실이 밝혀졌다. 말하자면 그 비율이 조직 내 상호연결성 수준에 대해 좋은 지표를 제공한다.

로사다와 히피(Losada & Heaphy, 2004)는 경영 조직의 대화들에 나타나는 상호연결성의 패턴과 그들의 성과 사이의 연관성을 밝히는 데 관심을 두었다. 그들은 업무 관련 회의를 하는 상위 60개의 경영 조직을 연구했다. 관찰에 앞서 그들은 성공 정도에 따라 그 조직들의 순위를 매겼다. 성공 정도는 수익성, 조직에 대한 다면평가, 고객만족도 조사를 기반으로 한 것이었다. 그들은 조직들을 3개 그룹으로 나누었다. 15개 조직은 성과가 높은 것으로 선정되었고 (세 가지 기준 모두에서 성과가 좋았다), 19개 조직은 성과가 낮은 것으로 분류되었으며(세 가지 기준 모두에서 성과가 좋지 않았다), 26개 조직은 중간 정도로 분류되었다(사실상 '나머지'가 이 그룹에 속했다). 이렇게 해서 성과가 높은 그룹과 성과가 낮은 그룹 그리고 성과가 중간인 그룹이 갖춰졌다. 그들은 이 세 가지 그룹에서 의사소통의 패턴이 어떻게 다른지 알아내는 데 관심을 두었다. 그래서 각 조직에서 열리는 수많은 팀 회의를 관찰했다.

의사소통 패턴에서의 차이를 측정하기 위해 팀 대화의 세 가지 측면에 초점을 맞추었다. 긍정적인 말 대 부정적인 말의 비율, 질의(질문) 대 변호(관점 옹호)의 비율, 자기중심적인 말(그 그룹에게 적용되는 말)과 타인 중심적인 말(고객 같은 좀 더 폭넓은 세상에 적용되는 말)의 비율이다. 긍정적인 말은 지지, 격려나 공감을 보여 주는 말들인 반면 부정적인 말은 반감, 비꼼이나 냉소를 보여 주는 말이다. 자료는 복잡하고 비선형적인 동적 분석 연구를 통해 분석되었다. 그 측정들이 순차적인 시간에 걸쳐 이루어진다는 사실과 결합되어서, 이것은 순전한 상호 연관적인 관계보다는 인과관계가 성립될 수 있음을 의미했다.

그 결과는 충격적이었다. 조직성과를 예측하는 데서 유일하게 가장 중요한 요인(이는 다른 요인들보다 2배 강력했다)은 긍정적인 말 대 부정적인 말의 비율이었다. 성과가 높은 것으로 규정된 그룹에서 긍정적인 말의 비율은 부정적인 말보다 5.6배 많았다. 성과가 중간인 그룹에서 그 비율은 1.8 대 1이었고, 성과가 낮은 그룹에서는 1 대 3이었다. 이 연구 계획이 인과관계가 뒤집어질 가능성, 즉 성과가 낮은 조직이 좋지 않은 성과의 결과로 긍정적인 말보다 부정적인 말을 더 많이 할 가능성을 무시하고 있는 것일 수 있다. 하지만 그러기는커녕 대부분 긍정적인 방식으로 대화하는 조직이 성과가 더 좋았다고 할 수 있다.

마찬가지로 흥미롭게도 성과가 좋은 상위 조직들은 질문 대 옹호의 비율이 거의 1 대 1이었고 자기중심적인 말과 타인 중심적인 말이 동일하게 균형을 이루었다. 다시 말해, 그들은 서로의 입장을 물어 좀 더 폭넓은 시야에서 논의하고 의사결정을 했다. 성과가 중간인 조직에서 두 가지 척도의 비율은 질문이나 타인 중심적인 말 대 변호나 자기중심적인 말의 비율이 2 대 3으로 전자가 약간 낮았다. 하지만 성과가 낮은 조직은 달랐다. 여기서 그 비율은 2(또는 그 이상) 대 1이었다. 즉, 그들은 변호나 자기중심적인 말을 질문이나 타인 중심적인 말에 비해 2배 더 많이 했다. 이런 결과는 성과가 낮은 경영팀에서는 전체 회의가 질문 없이 지나갈 수 있다. 분명히 성과가 높은 조직은 그 성과에 기여하는 두드러지게 다른 의사소통 패턴을 가졌다. 그리고 가장 중요한 차이는 긍정적인 말이 조직 내에 널리 퍼져 있다는 점이다.

⊙ 의사소통의 역학 패턴

앞서 말했듯이, 긍정적인 말 대 부정적인 말의 비율은 사실상 상호연결성을 말해 준다. 긍정적인 말의 비율과 상호연결성 사이의 관련성이 왜 그렇게 밀접한지를 탐구하는 것은 흥미로운 일이다. 그 관계의 핵심은 대화 역학에서 긍정적인 말과 부정적인 말이 다른 효과를 미친다는 데 있는 것 같다. 부정적인 말은 폐쇄 효과를 갖는 경향이 있다. 그것은 특정한 주제를 둘러싼 조직 내 연결을 가로막는다. 긍정 반응은 아이디어의 확대를 고무시키는 한편, 사람들이 계속해서 연결되어 특정한 주제를 한층 더 탐구하도록 고무시키는 것 같다. 긍정적인 말 중심적인 회의의 분위기 또한 아주 다른 경향이 있다. 이 연구에서 성과가 높은 조직은 회복력과 개방성이 특징인 정서적 공간을 만들어 내어 사용한다는 사실이 밝혀졌다. 이 확장된 공간은 행동과 창의성의 가능성을 열었다. 거꾸로 성과가 낮은 조직에서의 상호작용은 상호 신뢰와 지지 또는 열정의 부족이 특징이었다. 정서적 공간은 달랐고 상호작용은 덜했다. 이렇게 다른 패턴의 상호작용과 그것이 만들어 내는 일반적인 분위기는 서로 다른 역학 패턴으로 분류될 수 있다. 서로 다른 역학 패턴은 창의성과 행동의 조직이라는 관점에서 서로 다른 결과와 연관된다.

성과가 낮은 조직에서 상호작용의 패턴은 고정점 역학을 만들어 냈다. 본질적으로 이는 그들의 상호작용이 새로운 것이 거의 발생하지 않는 거의 고정된 패턴을 따름을 의미한다. 그런 대화는 계속해서 동일한 지점이나 결론으로 돌아간다. 그 조직은 '꼼짝도 못한다'고 말할 수 있을지 모른다. 성과가 중간인 그룹은 한정된 순환 역학을 경험한다. 상호작용이 일어날 가능성과 그것이 취하는 형식은 성과가 낮은 조직보다 더 다양하지만 한정된 방식들 사이를 왔다 갔다 하는 경향이 있다. 이 조직은 새로운 패턴의 상호작용을 하거나 실로 발전적인 방식을 만들어 낼 수가 없다. 성과가 높은 조직은 반복되는 패턴이 고정되거나 한정되어 있는 순환에서 벗어나 훨씬 더 발전적인 공간으로 나아간다. 이는 새로운 패턴과 가능성을 만들어 낼 수 있음을 의미한다. 이런 조직은 실로 훨씬 더 창의적이다.

이 연구가 암시하는 바를 받아들인다면, 조직이 관계하는 방식, 즉 상호작용하는 방식이 근본적으로 성과에 중요하다. 다른 사람들에게 긍정적인 말을 할 수 있다는 것은 일이 잘 돌아갈 때 할 수 있는 좋은 일, 즉 선택 항목이 아니다. 높은 성과를 위해서는 반드시 있어야 할 필수적인 것이다. 그런 긍정적 패턴은 흔히 잘 볼 수 없다. 그보다는 효과적인 리더와 경영자는 성과가 낮은 사람에게 고함 지르는 것을 두려워하지 않는 사람이라는 문화가 널리 퍼져 있다. 너그러움, 용서, 공감, 격려, 긍정적 피드백이 높은 성과를 성취하기 위해 필요하다는 생각은 특히 어려운 시기에는 여전히 상당히 급진적인 생각이다. 이는 부정적인 말이 설자리가 없다는 말이 아니다. 긍정적인 말 대 부정적인 말의 비율이 13 대 1을 넘어서면 그 그룹은 심각하게 기능장애를 일으키고 상호 간의 신뢰를 상실해서 아주 작은 비판의 기미도 용서하지 못하게 될 것이다. 하지만 이는 대부분의 그룹이 걱정해야 할 위험이 아니다. 프레드릭슨은 최상의 성과는 긍정적인 말과 부정적인 말의 비율이 3 대 1과 11 대 1 사이일 때 나온다고 말한다(Fredrickson & Losada, 2005). '긍정성'이라는 말은 일반적으로 이런 역학을 언급하는 데 사용된다. 그래서 우리는 한 팀 또는 한 조직의 긍정성 수준에 대해 이야기할 수 있는데, 이는 긍정적인 말과 부정적인 말의 비율 같은 것들이 이로부터 나온다는 점을 염두에 두고 있는 것이다. 이를 고려할 때, 의사소통의 상호작용에서 대개 부정적인 피드백을 주는 문화를 가진 조직이 어떻게 긍정적인 말을 더 많이 해서 긍정 의사소통을 좀 더 발전시킬 수 있을지 물을 수 있다.

◉ 긍정 의사소통으로 성과를 높이는 방법

캐머런(2008a)은 긍정 의사소통 패턴을 가진 조직은 긍정적이고 지지하는 언어로써 부정적이고 비판적인 언어를 대체한 곳이라고 말한다. 이들은 '많은' 긍정적인 말을 보여 준다. 긍정적인 말은 긍정정서를 불러일으키고 긍정정서는 상호연결성을 강화한다. 사람들 사이의 이런 상호연결성은 몰입을 제공하고 서로 조율된 행동을 하게 하는 수단이다. 결국 사회적 자본의 형성과 동시성(synchronization)의 창출을 통해 높은 생산성과 양질의 성과를 가능하게 하는 것은 이렇게 공동 작용하는 대화이다. 동시성은 일반적으로 시간을 함께 지키는 것을 말한다. 조직의 관점에서 그것은 동시적인 참석과 공동 작용하는 행동을 말한다. 그것은 사람들이 서로 동시에, 일제히, 정교한 명령과 통제 메커니즘 없이 행동할 수 있는 현상을 말한다. 그 과정을 가능하게 하는 것들 가운데 하나는 아마도 양질의 상호연결성의 존재일 것이다. 캐머런(2008a)은 긍정 의사소통 문화를 만드는 방법에 대해 긍정적 리더십을 제시하고 긍정적 자기이미지를 만들라는 두 가지 조언을 제시한다.

◉ 리더십과 긍정 의사소통

캐머런은 리더들이 긍정적이고 지지해 주는 의사소통을 해야 한다고 주장한다. 그것은 진심 어리고 진정성이 있으며 진실해야 한다. 많은 리더에게 이것은 그들 세계관의 근본적인 변화를 요구한다. 그동안 리더로서의 성공이 결함을 찾아내는 것, 즉 결점을 지적하고 문제를 확인하는 것에 근거한 것이었다면, 강점을 찾는 데, 즉 성취에 대해 언급하고 성공을 확인하는 데 주요 초점을 맞추는 것은 분명히 도전적인 변화이다. 많은 리더에게 이것은 아주 소중한 자신의 비판적 평가 능력을 제쳐 두고 대신에 긍정성을 만들어 내는 기술을 발전시키는 것을 의미한다. 그런 변화는 호의적인 눈과 귀를 요구한다. 그것은 사람들의 결점을 교정하는 것이 아니라 사람들에게서 최선을 이끌어 내려는 노력에 달려 있다. 이는 쉽게 이뤄 낼 수 있는 변화가 아니다. 따라서 뒤에서 이야기할 '긍정 리더십과 변화'에서 리더들에게 이것이 무엇을 의미하는지에 대해 논의했다. 한편 조직 과정은 또한 긍정 의사소통을 촉진하는 데 이용될 수 있다.

◉ 최고 자아 피드백

캐머런은 사람들을 위해 최고 자아 피드백(best self-feedback)의 과정 또한 제공한다. 최고 자아 피드백은 흔히 하는 다면평가에 대한 급진적인 대안이다. 최고 자아 피드백 응답자들은 미리 정해진 조직 직무 목록과 비교해서 개인을 평가하는 게 아니라 그 개인이 조직과 주변 사람들에게 독특하게 기여하는 바를 제시한다. 흔히 실망, 당혹감, 혼란, 좌절, 화, 수치심을 끌어내고 가끔 즐거운 놀라움을 끌어낼 뿐인 다면평가와 달리, 최고 자아 피드백은 일반적으로 자부심, 감사, 열망을 끌어낸다. 이것이 긍정 조직 과정이다.

이는 다음과 같은 방식으로 작동한다. 한 사람이 20명(직장 동료, 친구, 가족)의 사람들에게 '내가 특별하거나 중요한 기여를 하는 것으로 보이는 것은 언제이고 내가 보여 주는 두드러진 강점은 무엇인가?' 또는 '나를 알거나 친구라고 부르는 것이 가장 자랑스러운 것은 언제인가?' 와 같이 긍정적으로 기술된 질문에 대해 짧게 세 가지를 쓰도록 요청한다. 그러면 그들은 그 사람이 언제 최고의 상태로 보이는지에 대해 세 가지를 짧게 쓴다. 그렇게 해서 그 사람은 예순 가지의 짧은 정보를 갖게 된다. 그 사람은 이 긍정적 정보를 스스로 분석한다. 최고의 자화상을 만들기 위해 자신의 최고 강점과 특별한 기여를 포착하는 주요 주제를 이끌어 낸다. 우리 자신의 강점을 찾는 것은 쉬운 일이 아니다. 그래서 다른 사람들이 보기에 자신이 언제 어떻게 빛나는지 알기 시작할 때 이 과정은 계시가 될 수 있다. 그 이야기들이 행동에 기초해 있기 때문에, 그 사람은 다른 사람들이 가치 있다고 평가하는 행동을 알고서 증폭시키고 확대시킬 수 있는 가능성이 아주 높다. 그는 이들 강점을 활용하기 위한 전략을 발전시킬 수가 있다. 그리고 최고 자아 피드백에는 다른 이점들도 있다(보충자료 16-6 참조).

보충자료 16-6　　최고 자아 피드백의 이점

- 그 사람이 과거에 보였던 행동과 직접적으로 연관되어서 미래에 반복하고 강화할 수 있다.
- 스트렝스 파인더 검사 도구에서는 발견하지 못할 수도 있는 강점과 능력을 드러낸다.
- 어떻게 자연스러우면서 힘이 들지 않는 방식으로 자신의 독특한 가치를 더할 수 있는지 알게 된다.
- 피드백을 준 사람들과 흔히 관계가 강화된다.
- 보답하고 싶은 욕구를 경험한다.
- 긍정적인 최고 자아상에 부응하려는 욕구가 강화된다.
- 강점에 좀 더 기반을 둔 것으로 그동안의 자기 인생을 재해석하기 시작한다.
- 조직에서 이 피드백을 실행하면 응집력과 상호지원에 긍정적 영향을 준다.

출처: Cameron (2008).

　일단 사람들이 진정으로 자신의 강점을 인정할 수 있으면 약점 또한 진정으로 인정할 수 있다. 더 이상 자신의 약점을 감추거나 숨기려 하거나 또는 끊임없이 모든 것에서 뛰어나려고 하지 않는다. 대신에 자신의 최고 에너지를 가장 큰 보상을 가져다주는 것에 쏟을 수 있다. 자신의 강점에 잘 맞기 때문에 이끌리고, 자기한테서 최상의 것을 이끌어 내리라는 것을 알아서 안심할 수 있는 일과 도전에 자원할 수가 있다. 반대로, 자신의 약점을 확인하는 일에 자원하는 것(스스로 채찍질을 하는 식으로 좋아하지도 않고 마음껏 잘할 수 없는 일을 하는 것이 자기한테 좋다는 멍청한 생각이 이를 부채질한다)을 줄일 수 있다. 아마도 가장 중요한 결과는 사람들이 흔히 최선을 다해 이런 긍정적인 자기 이미지에 부합하려는 욕구가 강해지는 것을 경험한다는 점이다. 자신의 강점을 발휘하면서 자신의 최고 상태로 더 많은 시간을 보낼수록 더 많은 사람이 그에 대해 더 긍정적으로 생각하고 긍정적인 말을 건네는 것이 더 쉬워져 그럴 가능성이 높아져서 선순환이 이루어질 것이다. 이렇게 긍정적인 피드백을 강조한다는 것은 교정을 위한 피드백이 무시되어도 좋다는 말이 아니다. 그보다는 보충자료 16-7에서 설명하는 것처럼 그것이 긍정적인 방식으로 이루어져야 한다는 말이다.

　두드러진 점은 긍정성의 증가, 상호연결성의 증가, 성과 개선이라는 선순환이 그런 종류의 순간순간의 대화에 몰입함으로써 촉발될 수 있다는 것이다. 의사소통의 개선에 대한 답은 대규모 조직 변화 프로그램에 있지 않고, 무엇이 큰 성과를 낳는지 확실히 이해하고 순간순간 우리가 서로에 대해 어떻게 반응하는지에 대해 더 큰 주의를 기울이는 데 있다. 이런 기회는 언제나 생겨나고, 조직 내 이런 우연한 대화 가운데 많은 것이 의사결정에 관여한다.

보충자료 16-7 긍정적이고 힘을 주는 방식으로 교정하기 위한 피드백

- 일어난 일 또는 바꾸어야 할 행동에 대해 말해 주라.
- 그 사건이나 행동의 결과 또는 이에 대한 그 사람의 반응에 대해 말해 주라.
- 달리 행동하는 방법을 제시하라.
- 논의에서 성격에 대한 생각이나 사건에 대한 다른 견해 사이의 논쟁은 피하라.
- 도와주려는 욕구에 충실하라.
- 사람보다는 문제에 초점을 두라.
- 논의 중인 행동에 대해 구체적으로 말하라.
- 상대의 관점을 존중하라. 누구의 관점이 옳은지를 놓고 논쟁을 벌이지 말라.
- 말을 돌리지 말고 하고 싶은 말을 곧장 하라. 다시 말해, '너하고 얘기 좀 해 보라고 하던데⋯⋯.'라는 식의 말로 시작하지 말라.
- 서로 연관성이 있고 지역적으로 서로 구체적인 것을 말하도록 하라.
- 사려 깊고 비판적이지 않은 방식으로 상대의 말을 듣고 반응하라.

이런 행동은 관계를 강화하고 유지시켜 준다.

⊙ 의사결정

흔히 의사소통을 의미 전달로 다루는 것과 같은 방식으로, 조직들은 의사결정 또한 논리적인 행위로 취급한다. 감정이 의사소통 패턴과 그에 따른 성과에서 큰 역할을 한다는 사실을 알았던 것처럼, 감정이 의사결정과 그에 따른 성과에서도 큰 역할을 한다는 사실을 알게 될 것이다. 이를 살펴보기 전에 좋은 의사결정의 주도 모델을 상기해 보자. 다마지오(Damasio, 2005)는 일반적인 모델을 '상정된 전제로부터 논리적 결과를 이끌어 내는 분명한 과정, 즉 신뢰할 만한 추론을 하는 일이 우리가 가능한 최고의 선택을 해서 가능한 최악의 문제에 대해 가능한 최고의 결과로 이어질 수 있게 해주는 것'으로 요약했다. 따라서 의사결정은 근본적으로 문제해결로 특징지어지고, 그래서 논리적 행위로 여겨진다.

의사결정을 가장 방해하는 것은 열정 또는 말하자면 감정이라는 주도 모델에 내재해 있는 믿음임에 주목하라. 매력적인 한 가지 가능한 결정이 다른 결정들과 구별되는 점은 우리의 이성 능력 외에 아무것도 없다. 그렇다면 이론상 가능한 결정의 수는 무한하고 우리는 그 가운데서 이성적으로 최고의 결정을 선택할 수 있다. 의사결정이란 것이 단조로운 듯이 보인

다. 사실은 우리가 고려해야 할 변수의 수는 무한하다. 예를 들자면, 시시각각 이루어지는 온갖 결정이 미치는 영향, 모든 주요 참가자와 연관된 참가자들에 대해 내려지는 온갖 결정이 미치는 영향 그리고 결정을 평가하는 많은 가능한 기준 같은 것들이 있다. 뇌는 이 무한한 수의 가능성들을 수용할 수 없다. 가장 정교한 스프레드시트 또한 마찬가지이다. 이 분야의 연구들이 보여 준 것처럼, 의사결정이 실은 이처럼 일어나지 않는다는 점은 분명하다.

뇌손상을 입은 사람들을 대상으로 연구한 다마지오는 한 환자와 다음 진료 일정을 잡기 위해 상의할 때 이루어진 의사결정에 대해 이야기한다.

> 나는 다음 달 날짜 가운데 며칠 사이인 두 가지 다른 날짜를 제시했다. 환자는 수첩을 꺼내 달력을 찾아보기 시작했다. 뒤이은 그의 행동은…… 놀라웠다. 환자는 거의 30분 동안 그 두 날짜의 가부에 대한 이유, 다시 말해 선약, 다른 약속과의 근접성, 가능한 기상 조건 등 단순한 날짜 하나와 관련해서 타당하게 생각할 수 있는 것은 실로 무엇이든 열거했다. …… 그는 이제 선택과 가능한 결과에 대해 끝없이 개괄하고 헛되이 비교하는 골치 아픈 손익 분석까지 하고 있었다. 테이블을 내리치지 않고 이 모든 것을 들으려면 어마어마한 절제력이 필요했다. …… 하지만 마침내 나는 두 날짜 가운데 두 번째 날짜에 와야 한다고 그에게 조용히 말했다. …… 그는 그저 "좋습니다."라고 말했다.

이것은 '좋은 의사결정의 실제'를 보여 주는 사례이다. 이 환자는 분명한 문제에 노력을 들이고 있다. 즉, 다음 진료 예약을 어느 날짜로 잡을지 선택하는 문제 말이다. 문제에 대한 분명한 생각을 가지고서 그는 여러 가지 기준을 가지고 두 가지 날짜를 평가하고자 했다. 그 과정이 막힌 것은 여기서였다. 30분 후에도 그는 의사결정에 더 다가가지 못했다. 또 그가 사실상 '이 결정은 이렇게 많은 노력을 들일 가치가 없으니, 그냥 결정을 내려 버려.'라고 생각하도록 자극을 줄 만한 것이 없었다. 이 남자는 좋은 의사결정에 관한 이론의 전형적인 예가 되었고, 아무런 성과도 보지 못했다.

긍정 리더십과 변화

◉ 진정성 리더십(authentic leadership)

아볼리오와 동료들(Avolio et al., 2010)은 좋은 리더가 타고나는지 혹은 만들어지는지를 확실히 하고자 하면서 이 문제에 관심을 갖기 시작했다. 그들은 기존의 리더십 연구에 대한 포괄적인 메타분석에 착수했다. 그들은 특히 장기간에 걸친 일란성 쌍둥이와 이란성 쌍둥이에 관한 연구를 참조했다. 쌍둥이를 이용하는 것은 본성 대 양육 논쟁의 해결을 위한 일반적인 연구 방법이다. 이 분석의 요점은 사람들이 리더로 부상하게 되는 이유가 대체로 2/3는 인생 경험 덕분이고 1/3은 유전적 요인 덕분이라는 것이다. 이는 공식적인 리더 지위를 얻는 데는 인생 경험이 타고난 능력보다 더 중요하다는 사실을 나타낸다. 리더는 만들어지는 것이다.

이 연구를 수행하기 전에 아볼리오와 동료들은 훌륭하거나 긍정적이거나 진정한 리더십의 뿌리를 구성하는 것이 무엇인지를 알아보았다. 이를 확고히 하기 위해 그들은 5년 동안 논의하고 '훌륭한' 리더십으로 알려진 것에 대한 역사적 해석을 참조함으로써 그 개념을 탐구했다. 그들은 리더십이 긍정적 생각으로서 '진정한' '신뢰할 수 있는' '믿을 수 있는' '진실된'과 같은 말을 이끌어 낸다는 사실을 알아냈다(Avolio & Lutherans, 2006). 이 연구는 '진정성 리더십(authentic leadership)'으로 이어졌다. 그들은 이 '진정성'을 자신의 개인적인 경험을 가지고 있으면서 자신의 진면목에 어울리게 행동하는 것이라고 생각했다. 연구 결과, 아볼리오와 동료들은 진정성 리더십을 자신감 있고, 희망에 차 있으며, 낙관적이고, 회복력 있으며, 투명하고, 도덕적 혹은 윤리적이며, 미래 지향적인 것으로 정의한다. 진정성 리더십에 대한 그들의 초기 개념은 그 핵심 요소가 관계의 투명성, 내면화된 도덕성, 적응적인 자기반성, 균형 잡힌 과정임을 말해 준다. 진정성 리더십의 이들 각 측면을 살펴보기에 앞서, 리더십의 특징들의 뿌리 개념의 중요성에 주목해 보자.

그들의 한 가지 결론은 그런 진정성 리더십이 뿌리 기능을 하고 리더십의 스타일은 표면적인 기능을 한다는 것이다. 그래서 좋은 리더십은 혁신적인 스타일, 카리스마 넘치는 스타일, 예지력이 있는 스타일, 지시적인 스타일, 몰입적인 스타일 등 많은 리더십 스타일을 통해 표현될 수 있다. 이 의견에 따른다면 우리는 어떤 리더십 스타일이 가장 효과적인지 결정해야 하는 딜레마에서 즉시 벗어날 수 있다. 이를 통해 또 우리는 어떤 스타일이라도 도덕적으로 모범적이거나 도덕적으로 혐오스러운 리더십을 구현할 수 있다는 점을 알 수 있다. 그 차이는 우리가 도덕성이나 가치관이라 부를 수 있을 리더십의 뿌리 또는 핵심에 있는 것이다.

예컨대, 효과적인 종교집단 지도자들은 대개 아주 카리스마가 넘친다고 알려져 있다. 한 예로 데이비드 코레시(데이비드는 다윗의 영어식 이름)가 그랬다. 그는 다윗파의 지도자였다. 이 종파는 코레시의 지도 아래 일부다처제, 그리고 다른 학대들도 있었지만 무엇보다도 아동 학대를 행했다. 1993년 텍사스 웨이코에서 미국알코올담배화기국이 그들의 근거지를 공격 하면서 많은 신도가 사망했다. 다윗파는 말 그대로 죽음을 불사하고 데이비드를 추종했다. 생존자의 설명에 따르면, 그는 아주 강력하고 카리스마 넘치는 지도자였다. 하지만 그는 진 정한 리더라는 아볼리오의 정의에 맞지 않는다. 근본적으로 그는 도덕적으로 좋은 사람이 아 니었기 때문이다. 따라서 아볼리오와 동료들은 이 다양한 '유형' 또는 '스타일'을 '좋은' 리더십 의 지표에서 제외하고, 그것이 시행되는지는 모르지만 좋은 리더십의 본질을 알아내는 데 초 점을 맞출 수 있었다. 그들은 진정성 리더십에 네 가지 주요 측면이 있다는 사실을 알아냈다. 그 첫 번째가 관계의 투명성이다.

관계의 투명성

관계의 투명성은 관계가 투명한가 하는 것, 즉 가식성이 없는 것이다. 하지만 이는 언뜻 보 기보다 좀 더 까다롭고 미묘한 것이다. 관계의 투명성이 솔직함도 아니고 나쁜 점들까지 속 속들이 그대로 드러내는 것도 아니기 때문이다. 고피와 존스(Goffee & Jones, 2006)는 '좀 더 익숙하게 자연스럽게 행동하기'라는 주제로 이전에 이루어진 온갖 광범위한 연구에 다시 기 초해서 좋은 리더십이란 무엇인지에 대해 요약했다. 그들은 이 간결하지만 함축적인 원칙에 서 가장 중요한 말은 '익숙하게'임을 강조했다. 앤 셰클레이디-스미스(Ann Shacklady-Smith) 는 '자신의 안전지대에서 나오기'에 대한 강조에서 강점을 가지고 일할 때 자신이 더 큰 효율 성을 발휘한다는 사실에 대한 인식으로 나아간 여정에 대해 설명하는데, 이는 약점을 만회하 기 위한 노력이라는 전통적인 도전과, 강점을 가지고 일하는 긍정 리더십의 도전 사이의 차 이를 분명하게 보여 준다(보충자료 16-8 참조).

관계의 투명성은 반사적이고 간접적인 반응이 아니라 적절하고 사려 깊으며 의도적이고 지혜로운 자기표출과 자기경영을 말한다. 리더는 공개적으로 정보를 공유하고 진심 어린 생 각과 감정을 표현하는 반면에 무익하거나 불안하게 하거나 부적절한 감정의 표출은 최소화 하려고 노력하는 것을 포함한 자기표출을 통해 신뢰를 얻게 된다. 한 가지 핵심적이고 두드 러지는 기술은 자기인식이다. 자기인식이 있는 리더는 자신의 강점과 약점 및 그것이 다른 사람에게 미치는 영향을 잘 안다. 자기인식이 있는 리더가 알고 있고 방침으로 삼는 것들 가운데 하나는 진정성 리더십의 네 가지 측면 가운데 두 번째인 도덕성이다.

보충자료 16-8 안전지대에서 리드하기

수십 년 동안 나는 불안, 두려움 그리고 때로는 특정한 전문적인 업무와 프로젝트를 하는 것과 관련된 트라우마라는 불편함을 억지로 참으며 '안전지대에서 빠져나오기'라는 주문을 부단히 되뇌었다. 여키즈(1907)에 영감을 받은 이 개념은 불안이 어떤 수준의 흥분에 이를 때까지는 성과가 개선되고 그 수준을 넘어서면 성과가 악화된다는 생각에 기초한다. 구글에서 '안전지대'를 검색해 보면 이 말이 자아 개선에서 피부 관리에 이르는 주제들에서 인기를 끌고 있다는 사실을 알게 될 것이다. 하지만 나는 이 개념이 너무 폭넓게 이용된다고 생각한다. 특히 긍정심리학과 강점에 기초한 발전을 둘러싼 좀 더 최근의 생각들의 관점에서 볼 때 그렇다(Seligman, 2006).

나 자신의 '안전지대 바깥의 경험'을 고려할 때 공통된 양상이 있다. 우리 몸과 마음에 도사리고 있으면서 긍정적 사고를 방해하는 두려움, 불안, 불편함의 감정이 일에 대한 자신감과 기쁨을 약화시킨다는 것이다. 생각해 보면, 나는 다양한 프로젝트를 끝마쳤을 때 그다지 많은 기쁨을 얻지 못했다. 오히려 내가 해야 할, 트라우마로 가득 찬 다음 일에 대한 인식으로 서서히 불안이 고조될 때까지 안도감을 느꼈다. 좀 더 면밀히 분석해 보면, 나는 그 불안의 원천이 대개 어떤 면에서 나의 가치관이나 신념과 맞지 않는 일을 하는 데 있음을 깨달았다.

이에 반해 나는 강점을 내 일과 내 존재의 중심에 두는 것이, 즉 완전히 그 반대되는 것이 바람직하다는 사실을 알게 되었다. 내 '최고의' 도전적인 업무 경험을 돌이켜 보면, 나는 '자신감' '몰입' '편안함' '평화로움' '일의 수월한 진전' '경이감과 순전한 기쁨' '상상할 수 없는 정동의 긍정적 결과'가 떠올랐다. 나는 실은 '나의 안전지대'에 있었던 것이다.

내가 나의 안전지대의 안이나 바깥에서 리드를 하고 일을 하면서 느낀 감정의 이러한 대비는 두드러진다. 왜 나는 나의 안전지대가 아닌 다른 곳을 택했을까? 나는 다른 퍼실리테이터들과 이야기를 나누면서 이 문제를 살펴보았다. 내가 고민하던 문제는 진정성, 즉 나 자신에게 충실한 것과 관련이 있고, 다가오는 시대의 리더십 접근법과도 관련이 있는 듯했다(Jaworski, 1998). 리더들을 변화시켜 진정한 자아를 깨닫도록 돕는 것은 우리 시대의 새로운 변화에 맞는 좀 더 생산적인 일의 방식을 제공해 준다(Wheatley, 2007). 나 자신의 강점을 확장하는 것에 초점을 맞추는 일이 그것이다.

한 현명한 친구가 내게 말했다. "해야 할 일을 할 때, 자네가 가진 모든 특별한 재능과 재주를 사용하면 몰입하게 되고 인생이 수월해진다네."(Mulhern, 2010)

우리가 처한 현재의 경제적 도전을 생각할 때, 나는 나의 안전지대 안에서 변화를 이끌고 다른 사람들이 이와 같이 하도록 도울 수 있다는 전망을 좋아한다. 내 경험상 이것이 모두에게 행복과 공정성을 가져다주도록 돕는 진정한 방법이다. 그리고 그럴 때 인생이 편안해질 수 있다.

출처: Shacklady-Smith (2011).

내적 도덕성

진정한 리더들은 자신의 도덕성, 옳고 그름에 대한 감각, 말하자면 도덕적 잣대를 위한 내적 기준을 가지고 있다. 어려운 시기에도 다른 사람들과 함께 일하는 데서 도덕적인 접근법을 유지할 수 있는 조직의 건강성에서 리더가 갖는 중요성이 훨씬 더 명백해지고 있다. 이는 지텔 등(Gittell et al., 2006)이 2001년에 있었던 세계무역센터 공격이 항공 산업에 미치는 영향과 관련해서 수행한 몇 가지 아주 흥미로운 연구에서 증명되었다.

이 비극의 즉각적인 결과는 모든 항공기가 이 사건 이후 즉시 비행이 금지되었다는 것이다. 장기적인 결과는 많은 사람이 항공 여행을 불신하게 되어 도로 여행이나 철도 여행으로 옮겨갔다는 것이다. 항공사들에 미친 영향은 운항 횟수가 수익을 내는 데 필요한 수준 아래로, 즉 좌석 점유율이 97%에서 80%대로 떨어지고 항공사들의 주가도 떨어진 것이다. 지텔 등은 이런 도전에 대한 다양한 항공사의 대응과 그러한 대응이 그 상황에서 회복하는 데 미친 영향에 관심을 가졌다. 항공사들은 즉시 행동을 취해서 평균 16%까지 직원 수를 대폭 줄이고, 평균 20%까지 항공편을 줄였으며, 새로운 업무실행지침을 도입했다.

하지만 이런 전반적인 행동에는 변수가 있었다. 10개 항공사 가운데 하나는 직원을 24%까지 감원한 반면 2개 항공사는 전혀 감원을 하지 않았다. 감원을 한 항공사들 가운데 일부는 분명 신의 없는 행동을 했다. 그들은 마땅히 지급해야 할 퇴직금과 무관하게 직원들을 정리해고할 수 있도록 허용하는 '불가항력' 또는 '천재(天災)'라는 면책 조항을 들먹였다. 그들은 평이 나쁜 변화를 업무실행지침에 강행할 기회를 아주 열심히 포착했다. 이 비윤리적인 전략은 비용이 많이 드는 노조와의 소송을 촉발했고, 그 항공사의 리더는 2002년 초 적어도 부분적으로는 고용인들의 신뢰를 잃어 교체되어야 했다. 다른 일부 항공사도 감원을 하기는 했지만 어쩔 수 없는 상황이라며 유감을 표명했고, 직원들의 퇴직과 정리해고로 인해 채권 소유자들에 대한 지불이 늦어져 분명 재정적 고통이 야기되었으나 퇴직과 정리해고에 대한 직원들의 동의를 감사히 받아들였다.

이와는 아주 다르게 몇몇 항공사는 적어도 단기적으로는 그 충격과 비용을 받아들이기로 하고 다른 해결책을 찾기 위해 노력했다. 다른 항공사들이 운항 노선을 줄일 때, 그들은 노선을 유지하고 대신에 서비스를 확대함으로써 이득을 보았다. 이는 오로지 그들이 직원을 줄이지 않겠다는 반직관적인 결정을 취한 까닭에 가능했던 것이다. 도덕적 행동이 최우선이었다. 수익성을 회복하기 위해 가장 빠르고 가장 가혹한 조치를 취한 항공사가 가장 빠른 회복을 보였다고 생각할지 모른다. 하지만 그렇지 않았다. 지텔 등의 분석은 주가가 가장 적게 하락하고 또 가장 빠르게 회복된 항공사들은 경제적 손실에도 불구하고 직원들을 그대로 유지하려고 모든 노력을 다한 항공사들임을 보여 준다. 그들은 또한 가장 빨리 수익성을 회복했다.

주가의 회복은 위기의 시기에 정리해고의 확대와 상당히 큰 음의 상관관계를 갖는다. 그 상관성의 정도는 2001~2004년에 걸친 3년 동안 평균 −0.688이었다. 연구자들은 대응과 회복 사이의 매개 요인은 관계 비축에 미치는 영향임을 분명히 하면서 "정리해고는 관계 비축을 대폭 감소시켰다. 관계 비축은 회사가 위기로부터 회복하고, 바람직한 기능을 유지하고, 예기치 못한 일탈에 긍정적으로 적응하게 해 준다."라고 말했다(Gittell et al., 2006, p. 17). 관계 비축은 조직 회복력의 핵심이기도 하지만 차례로 재정 비축과 연관된다. 회사가 장기적인 비용을 댈 수 있을 만큼 현금을 충분히 보유하고 부채를 충분히 낮추는 것은 어려운 시기에 도덕적 행동을 유지하는 데 필수적이다.

시장에서 비능률로 여겨지는 시스템 내의 가벼운 태만이 상황이 갑자기 변할 때 진정한 자산이 된다는 사실을 다시 한번 알 수 있다. 이 연구에서 최선을 이룬 조직인 사우스웨스트 항공사는 오랫동안 최대의 성장보다는 최적의 성장률을 유지하는 정책을 견지하고 있다. 이런 정책이 아주 높은 현금보유율을 유지할 수 있게 해 주었고, 예기치 못한 재난이 일어났을 때 결실을 맺은 것이다. 사우스웨스트 항공사의 리더들은 이 연구가 보여 주는 것, 다시 말해 도덕적인 직원 관리가 회사를 위해 고생스럽게 일하는 직원들에 대해 명예롭게 행동하도록 하는 능력을 뒷받침해 주고, 그것이 차례로 의욕이나 호의 같은 관계 비축을 이루고 유지하게 해 주며, 그럼으로써 조직 회복력이 강화되고 차례로 빠른 회복이 가능해진다는 사실을 몰랐다. 그들은 내적인 도덕적 잣대에 더 이끌렸으며, 그것으로써 사업을 어떻게 운영해야 하는지에 대해 떠들어 대는 '상식'이나 '경영학 이론'의 지시를 듣지 않을 수 있었다. 이것이 진정성 리더십이라고 말할 수 있을지 모른다. 사이코패스적인 리더들이 부상하는 것을 보면서 가끔은 이런 리더는 소수인 것 같다는 생각이 든다.

사이코패스 같은 리더

부차적이지만 흥미로운, 리더의 심리에 대한 한 연구는 완전한 정신병자뿐 아니라 심각한 인격장애를 가진 사람들이 어떻게 핵심적인 리더 자리에 오르고 그 역할을 해내는지를 살폈다. 자기애성 장애(지나친 자존심), 사이코패스적 인격(공감 능력 부족, 도덕성 결여), 피해망상(모든 사람이 나/우리를 싫어한다, 아무도 믿지 않는다), 정신분열 증상(과대망상)을 가진 사람들은 하나같이 힘 있는 자리에 오른다. 이런 장애들은 심각하게 해롭거나 불쾌한 조직행동과 연관된다. 최악의 경우는 그들이 힘 있는 자리에서 드러내는 과도함에 조직이 무릎을 꿇는 것이다. 탁월한 리더십 연구자인 말콤 히그스(Malcolm Higgs, 2009)는 크라이슬러의 리 아이어코카, 비방디의 장 마리 메시에, 리먼 브라더스의 딕 폴즈는 모두 자신이 이끄는 회사에 손해를 입힌 무모한 행동을 제멋대로 할 때 강한 인격장애 징후를 보였다고 했다.

그런 사람들이 어떻게 애초에 힘 있는 자리에 채용될 수 있었는지 의아할지 모른다. 조직은 바람직한 자질을 갖춘 사람들을 채용하려고 하면서 무심코 사이코패스적인 성향을 가진 사람들을 채용한다는 것이 부분적인 답이다. 바비악과 헤어(Babiak & Hare, 2006)가 지적한 것처럼, 매력적인 몸가짐과 거창한 말이 카리스마 넘치는 리더십과 자신감으로 오인될 수 있고, 사기를 치고 조작하는 능력이 또한 설득하고 영향을 미치는 능력으로 오인되기도 한다. 이 둘은 모두 최고경영자가 되기를 기대하는 사람들에게 아주 매력적인 특질이다. 심지어 장기적이고 전략적인 목표를 세우고 노력하는 데서 보이는 사이코패스의 일반적인 무능력(그들은 좀 더 기회주의적인 성향을 가지고 있다)이 그들에게 불리하게 작용하지 않는다. 오히려 '미래상'과 '전략적인 사고'를 보여 줄 것을 요구받으면 그들은 확신에 찬 말로 미래상에 대한 환상을 만들어 내는 강렬한 사회적 경험을 제시할 수 있다. 하지만 따져 보면 그것은 실은 거의 아무런 실체도 없는 것이다. 사이코패스는 또 가장 훌륭한 리더들과 마찬가지로 위험을 감수하는 능력을 가지고 있어서 그것이 고에너지의 행동지향성 또는 용기로 오인될 수 있다. 그들의 위험 감수는 신중하고 냉정한 계산보다는 충동성과 흥분을 추구하는 성향에서 유래하는 것일 뿐이다. 그들이 보여 주는 충동성과 부단히 초점을 바꾸는 능력은 아주 바람직한 멀티태스킹 능력으로 오인될 수 있다. 무신경과 다른 사람들에게 공감하지 못하는 것은 어려운 결단을 내릴 수 있게 해 주는, 다시 말해 포화 속에서도 감정을 억제하거나 냉정을 유지할 수 있는 경영 능력으로 오인될 수 있다. 특히 우리가 원하는 대로 보는 경향이 있다는 점을 고려할 때, 정신병과 다른 인격장애 성향을 알아보기는 쉽지 않다. 바비악과 헤어는 조직은 특히 취약하고 혼란스럽고 불확실한 상태일 때 강한 리더십을 강력하고도 권위적으로 드러내는 사람을 채용할 가능성이 높다고 말한다. 이런 문제를 어떻게 알아차리고 방지할 수 있는지에 대한 정보는 〈보충자료 16-9〉를 참조하라.

이들 장애에 공통되는 하나는 왜곡되고 자기지향적인 도덕적 잣대이다. 그들의 도덕적 잣대는 '나'에게 맞춰져 있다. 진정한 리더들은 다른 사람들의 요구를 자신의 요구 그리고 본질적으로 선하거나 윤리적인 행동과 견주어 헤아릴 수 있다. 그래서 그들은 성공으로 가는 가장 편리한 길이 용인되지 않을 수 있다는 점을 안다. 사이코패스적인 리더와 달리 진정한 리더는 윤리적으로 행동하지 않을 수 없다. 그것은 도덕적 명령이다. 궁지에 빠져 자신의 원칙에 반해서 행동해야 할 때 그들은 고뇌한다. 조직은 사이코패스적인 리더십과 진정한 리더십을 더 잘 구별하는 법을 반드시 알아야 한다. 쉬울 것 같지만 그게 꼭 그렇지가 않다. 진정한 리더십의 세 번째 측면은 조정을 위한 자기점검이다.

- 모든 사람의 비위를 다 맞추려는 사람
- 그에 대한 사람들의 의견이 첨예하게 갈리는 사람(어떤 사람들은 천사 같은 사람으로, 또 어떤 사람들은 위험한 악한으로 여기는 사람)
- 직위에 맞지 않게 큰 힘을 휘두르는 사람
- 듣기 좋은 말로 사람들을 교묘하게 갖고 놀 수 있는 사람
- 부적절한 일(그 일이 잘 안 돼서 도중에 사람들이 사라진다)을 벌이는 이상한 능력을 가진 사람(비판을 무시하는 사람)
- 어떤 더 큰 목적을 위해 태연히 거짓말을 하고 속이는 사람
- 오로지 자신에게만 충실한 사람

이런 사람들은 강한 사이코패스적 성향을 보일 수 있다. 조직에서 승진할수록 외적 통제와 존중되지 않는 피드백이 줄어 이들은 상황을 더 엉망으로 만들 수 있다. 조직에서 이런 일이 일어날 가능성을 어떻게 줄일 수 있을까?

- 문제를 일으킬 소지가 있는 사람들을 일찌감치 내보낼 수 있는 용기를 가지라.
- 자질이 가장 우수한 사람이 아니라 적절한 자질을 가진 사람을 뽑으라.
- 고위직에 임명할 사람들의 과거 이력을 제대로 살펴보라.
- 어떤 훌륭한 강점과 약점이 균형을 이루는지 주의를 기울이라.
- 다면평가를 이용해서 예전 사람들이 그 사람에 대해 하는 말을 들어 보라. 한때는 매혹되었으나 지금은 그렇지 않은 이들은 그 사람의 매력을 덜 좋아할지 모른다.
- 호건(Hogan)의 어두운 심리 측정법을 이용해서 리더의 잠재적 과도함을 평가해 보라. 리더에게 안정된 보좌관을 붙이고, 그가 적절한 힘을 가지고 영향을 미치고 통제하고 리더의 행동에 대해 거부권을 갖도록 하라. 즉, 리더가 절대권력을 갖지 못하게 하라!
- 코치, 멘토, 치료사와 같이 자기관리를 돕기 위해 도움을 주라.

조정을 위한 자기점검

조정을 위한 자기점검은 자신에게 유용한 것을 익히는 방식으로 자신의 행동을 점검하는 과정을 말한다. 이는 비판적이지 않고, 호기심이 넘치며, 학습지향성을 갖고 있고, 사고방식이 개방적이고 긍정적인 것이 특징이다. 이것은 부적응적인 자기점검으로 알려진 것과는 완

전히 다르다. 그다지 유용하지 않은 이런 종류의 점검이 우리 모두에게 익숙하다고 확신하는데, 그것은 자기비판적이고 강박적이다. 그것은 거듭 반복되는 실수나 오류를 점검하면서 어떻게 할 수 있을지 그 방법을 강구하고자 하는 것이 특징이다. 이런 부적응적인 점검은 죄책감과 비난이 특징이다. 그래서 과거를 재구성하려는 노력에 몰두하게 될 때 그 상황에 쏟을 수 있는 긍정적 자질을 일시적으로 상실하게 될 뿐 아무것도 이루지 못한다.

이와 달리 적응적인 자기점검은 새로운 상황에 대응하는 리더의 능력을 강화한다. 유용한 적응적 자기점검은 마음챙김과 민감성이 특징이다. 리더가 마음챙김을 일상생활에 어떻게 통합하는지에 대한 마이클 웨스트(Michael West) 교수의 설명은 그것이 진정성 리더십에 어떻게 도움이 되는지를 분명하게 보여 준다. 이런 점검은 비난보다는 학습을 지향하고, 과거보다는 미래를 지향하며, 책임을 돌리기보다는 정보를 얻는 과정이다. 이런 점검기는 보통 아마도 놀라움을 남긴 사건에 의해 촉발된다. 효율적인 리더는 흔히 이런 유형의 점검을 촉발한 사건을 활용한 이력을 가지고 있다. 효과적인 학습을 촉발한 사건들에는 다른 문화에서 일한 경험, 직업이나 진로를 바꾼 일, 독서, 아주 다른 관점을 가진 사람들과 일한 경험, 새로운 프로젝트에 착수한 일 등이 포함된다. 효과적인 리더십 훈련은 사람들이 자신과 자신의 일과 자신의 상황을 복합적으로 이해하도록 돕기 위해 그런 '계기의 사건'을 만들어 내고자 한다. 리프 조지프슨(Lief Josefsson)이 개발한 메타파리(Metafari) 리더십과 케이트 쿠츠(Kate Coutts)와 리즐리 윌슨(Lesley Wilson)이 개발한 메타사거(Metasaga) 리더십은 바로 이런 종류의 적응적인 자기점검의 기회를 만들어 낸다. 가장 효율적인 리더들은 그런 사건이 발생할 때 그것을 알아보고 이용하는 능력을 발전시킨다. 아볼리오가 말한 것처럼 그들은 지속적으로 '발달 준비' 상태에 있다. 그들은 인생으로부터 배우는 방법을 잘 안다.

적응적인 자기점검은 사람들이 일이 잘 되어 가고 있는지 점검하도록 도와서 성공에 대해 배울 수 있게 함으로써 촉발될 수 있다. 한 대규모 IT 변화 프로젝트의 리더십 팀이 어떻게 에너지를 높이고 주인의식을 창출하고 외부적인 지원 비용을 줄인 과거의 성공을 점검하도록 도왔는지에 대한 카레나 고메즈(Karena Gomez)의 설명은 성공을 점검하고 그로부터 배우는 것의 힘을 잘 보여 주는 훌륭한 예이다(보충자료 16-10 참조). 이것은 분명 우리의 실수로부터 배우는 것만큼이나 중요하다. 물론 실수로부터 배우는 것도 중요하지만 직관과는 달리 우리는 상심으로 소모되지 않을 때 더 잘 배울 수 있다. 진정한 리더들은 지나친 편향에서 자유로운 방식으로 인생 경험과 기회를 처리하는 능력을 보여 준다. 지나친 편향이란 과도한 감정의 간섭 효과와 앞서 언급한 인격장애의 왜곡된 렌즈를 모두 가리킨다. 여기서 벗어나는 능력이 진정성 리더십의 네 번째 필수 요소에 도움이 된다.

보충자료 16-10   리더는 변화 관리라는 도전에 대비해서 AI를 이용한다

2008년 겨울 3개월 동안 나는 외부 컨설팅 팀의 일원으로서 사우디아라비아의 한 은행의 조직 변화 프로젝트를 위해 일했다. 그 프로젝트의 목표는 사업 영역과 IT 기능 사이의 업무관계를 개선하는 것이었다. 거기에는 조직 설계, 프로젝트와 프로그램의 관리, 우선순위의 설정 그리고 최종적으로 변화 관리 흐름을 포함하는 몇 가지 중심적인 영역이 있었다.

전통적인 변화 관리 계획을 만드는 것과 동시에, 나는 CEO를 포함한 8명의 임원 각자와의 AI 인터뷰를 이용해서 이전에 시행한 변화에 대해 긍정적 경험을 한 적이 있는지 물었다. 그들은 열심히 이전 성공에 대해 이야기했고 인터뷰는 거의 모두가 시간을 초과했다! 나는 풍성한 이야기들을 추려내었다. 예컨대, 이전에 ITIL(IT 관리를 위한 최고의 실행 방법론)를 시행하는 프로젝트가 있었는데, 거기에는 지금 우리가 하고 있는 작업과 마찬가지로 많은 문제가 있었다. 또 몇 차례 이야기가 나온 사업 지속성 프로젝트도 있었다. 이 이야기들에서 나온 주제는 '그들이 무슨 말을 하면 누군가는 듣는다는 사실을 안다는 것' '협력' '변화에 대한 두려움을 없애기, 즉 변화를 긍정적으로 보기' 같은 것이었다. 나는 각 인터뷰를 시작하면서 그 이야기들을 변화 계획의 일부 활동에 이용하고 프로그램에 대한 의사소통에 섞어 넣을 것이라고 설명해 주었다. 프로그램 관리자는 나의 다른 동료들이 그랬던 것처럼 인터뷰에 대해 아주 회의적이었고, 현 상황의 현실을 무시하고 성공한 이야기에 초점을 맞춘다는 생각을 가지고 있었다. 앞서 IT 기능에 대해 고위 리더들이 변화에 발을 맞추지 못하고 '변화를 원치 않는다'는 말이 많았다.

인터뷰 후에 그 프로젝트에 대한 고위 리더들의 관심 수준은 뚜렷하게 높아졌고, 두 번째 단계를 위해 외부 컨설팅 팀의 인원을 추가하기보다 내부의 변화 관리자들이 임명되었다. AI 인터뷰의 과정을 돌이켜 볼 때 나는 이런 방법으로 리더들을 만날 기회를 얻었다. 왜냐하면 그 프로그램 관리자는 '그것이 사태를 악화시키지는 않을 것'이라고 생각했기 때문이다. 그 과정은 거의 그 프로그램 내의 도락처럼 여겨졌다. 그 인터뷰로 해서 분명해진 점은 그런 이야기들에 의해 드러난 에너지의 양이었다. 리더들은 자신들이 어떻게 변화에 영향을 미칠 수 있는지 그리고 일부 문제가 자신들이 이전에 몰입했던 일의 그것과 얼마나 비슷한지 알아차리기 시작했다. 가장 중요한 변화는 내부 자원을 그 프로그램에 투입하려는 욕구와 자신의 부서를 변화의 주인으로 여기려는 욕구를 갖게 되었다는 것이다.

출처: Gomez (2011).

균형 잡힌 프로세싱

균형 잡힌 프로세싱은 부정, 왜곡, 과장이 덜한 정보처리 방식을 말한다. 리더는 의사결정을 하기 전에 이 이상에 따라 모든 관련 있는 정보를 객관적으로 분석한다. 긍정 의사소통과 의사결정의 논의를 통해 우리는 의사결정에서 완전한 객관성이라는 이상은 도달하기 불가능하고 실로 바람직하지 않다는 것을 알고 있다. 따라서 여기서 말하는 것은 우리의 감정적 반

응이 의사결정에 야기하는 왜곡과 과장에 대해 인식하고 그런 감정적 반응이 엄선해서 제공하는 정보를 이용하는 능력이다. 즉, 자신과 다른 사람들, 현재와 미래, 관리자와 직원, 본사와 지사, 그리고 의사결정이 이루어져야 하는 다른 모든 복합적인 특정한 상황의 요구 사이에 균형을 이루는 능력인 것이다. 앞에서 살펴본 것처럼 긍정성은 복잡한 사회 환경에서 효과적인 의사결정을 할 때 하나의 자산이고, 그래서 그것은 리더십으로 드러난다. 긍정성은 진정성 리더십과 강한 연관성을 갖는 것으로 보인다.

진정성을 가진 리더는 일반적으로 자기 자신 그리고 다른 사람들을 통해 자신이 성취할 수 있는 것에 대해 긍정적이다. 그들은 언제나 긍정적 행동을 드러내는 데 주의를 집중한다. 그들은 모든 사람이 그 프로젝트에 기여할 수 있다는 명시적인 신뢰를 보여 준다. 그들은 자신의 강점을 알고 자신이 직면한 문제를 동료들의 강점을 알고 그들이 자신을 계발하도록 도울 수 있는 기회로 본다. 그들은 마찬가지로 자신의 약점이나 취약점을 알고 동료들과 그것에 대해 논의해서 스스로 문제 제기에 열려 있게 한다. 이런 식으로 그들은 자신의 취약점을 강점으로 바꾸는데, 그렇게 자신의 취약점을 공개하는 것이 다른 사람들의 호혜적인 행동을 자극하기 때문이다. 그들은 과제를 성취하려는 요구와 다른 사람들을 발전시키려는 요구 사이에서 균형을 유지한다.

리더는 그를 따르는 사람들에게 더 높은 만족과 헌신을 촉진하는 이런 긍정적 행동을 보여 줄 수 있다고 알려져 있다(Lutherans et al., 2006). 흥미롭게도 진정한 리더는 강압이나 자신의 설득력을 통하지 않고, 심지어 예시를 통한 격려조차 없이 이런 영향을 미친다. 캐머런과 프레드릭슨의 연구는 도덕적이거나 긍정적인 행동을 보는 것과 그런 행동 자체를 보여 주는 것 사이의 이런 관계를 뒷받침하는 과정이 하나의 전염임을 암시한다. 다시 말해, 진정성 리더십은 감기이다.

진정한 리더는 진정한 추종자들을 만들어 낸다. 그런 추종자들은 그들의 리더와 마찬가지의 자질을 보여 준다. 리더와 추종자들이 함께 열렬하고 대단히 긍정적이며 윤리적인 조직 분위기를 만들어 낼 수 있다. 이는 캐머런이 플로리시하는 조직에 대한 자신의 연구에서 발견한 바로 그 과정이다. 조직 내 진정성과 긍정성의 수준이 높아질수록 리더와 그를 따르는 사람들은 서로를 발전시킬 수 있다. 이를 위한 한 가지 방법은 서로의 강점이 더 분명해지도록 하는 것이다. 하지만 리더가 자신의 강점을 알도록 도와주는 것과 관련해서 특별히 어려운 문제가 있다.

⦿ 강점 리더십

최고의 리더는 완벽해지려고 노력하지 않는다는 사실이 점점 받아들여지고 있다. 오히려 그들은 자신의 강점을 연마하고 자신의 한계를 채울 다른 사람을 찾는 데 집중한다. 효율적인 리더가 가져야 할 강점을 규정한 사람은 아무도 없다. 오히려 효율적인 리더는 리더십을 강화하기 위해 자신의 강점을 이용하는 방법을 안다(George & Sims, 2007). 강점을 아는 것만으로는 충분하지 않다. 클리프턴과 넬슨(Clifton & Nelson, 1992)은 재능 있는 개인이 세계 최상급의 성과에 이르는 데 10~17년이 걸린다는 사실을 알아냈다. 뛰어난 리더가 되는 데는 지름길이 없다는 사실은 분명하지만 자신의 강점을 아는 것은 분명 도움이 된다. 그러나 캐플런과 카이저(Kaplan & Kaiser, 2010)는 리더가 자신의 강점을 알지 못한다는 사실, 그리고 이것이 또한 그들이 흔히 자신의 강점에 동반되는 '치명적인 결함'을 알지 못함을 의미한다는 사실을 알아냈다. 치명적인 결함은 최악의 경우 리더십 탈선의 또 다른 원인이 되고, 기껏해야 리더십의 성과를 약화시킬 수 있다.

치명적인 결함은 경력에 악영향을 미치거나 적어도 성과에 심각한 영향을 미칠 수 있는 특성을 말한다. 그것은 강점이 과도하게 발휘되어 생겨날 수 있다. 모리스와 개릿(Morris & Garrett, 2010)은 어린 시절의 결핍 때문에 많은 리더가 무언가를 입증하기 위해 발 벗고 나선다고 주장한다. 그들이 알지 못하는 특출한 강점 그리고 내적 불확실성과 자신감의 결여가 무의식적으로 결합되어 잘못 인식된 취약점에 대한 보상으로 지속적으로 강점을 과신하는 것으로 이어질 수 있고, 차례로 도움이 안 되는 행동을 되풀이하게 될 수 있다. 이것이 치명적인 결함인 것이다.

불안과 강점의 양상이 많은 형태를 취하지만, 다음과 같은 말들을 흔히 들을 수 있다. "난 학교 다닐 때 잘해 본 적이 없어. 내가 멍청하다는 걸 알아. 내가 이 자리에 온 건 순전히 운이 좋아서일 뿐이야. 그래서 나는 끊임없이 내 지적 능력에 대한 증거를 보여 줘야 해. 안 그러면 사람들이 내 잘못을 찾아낼 거야." 이런 두려움에 의해 촉진된 압도적인 지적 능력이 사소한 문제를 증명하기 위해 무자비하게 사용되고 좀 더 유익하게는 인상적인 전략을 개발하기 위해 사용된다. 그런 리더 주변의 사람들은 사소한 점을 그냥 넘기지 못하는, 사소한 실수를 눈감아주지 않는, 다시 말해 실로 자신의 날카로운 분석 능력을 공유하지 못한 사람들을 결코 용서하지 못하는 리더에 의해 마음의 상처를 입게 된다. 이런 시나리오는 학교에서는 잘해 내지 못했지만 자수성가한 리더가 된 사람들에게서 흔히 보인다. 수년간 학교에서의 실패와 난처한 상황으로 인해 생겨난 자기회의와 부적응은 아주 깊은 외상을 남길 수 있다.

오랜 후에 외견상 그들은 다양한 상황에서 성공하는 자신의 능력을 증명하지만 여전히 조롱, 굴욕, 실패에 대한 두려움이 가시지 않는다.

이런 리더는 자신의 실패에 대해 더 알아야 할 필요가 없다. 그들은 자신의 강점을 더 잘 알아야 한다. 자신의 강점을 더 잘 이해함으로써 의도하지 않은 영향을 완화할 수 있을 것이다. 유감스럽게도, 통상의 사건 과정에서 이런 피드백을 받는 리더에게는 두 가지가 불리하다. 첫 번째, 그들은 자신의 강점을 확인받지 못한다. 그들이 특정한 일을 얼마나 잘하는지 그들이 안다고 여겨지기 때문이다. 두 번째, 그들은 그들이 받는 긍정적 피드백을 무시한다. 당사자는 자신의 강점을 알지 못하고 다른 사람들은 그의 강점이 대단히 분명하기 때문에 그가 그것을 알고 있음에 틀림없다고 생각하는 식의 시나리오를 판에 박힌 것처럼 아주 흔히 접하게 된다. 실제로 대개 사람들은 타고난 특출한 강점을 알지 못하고 그 강점을 지속적으로 과소평가한다(Kruger & Dunning, 1999).

다면평가를 하는 사람은 개인이 자신의 어떤 능력에 대해 평균 점수를 준 반면 다른 사람들은 항상 그리고 모든 집단에 걸쳐 그에게 더 높은 점수를 주는 상황을 마주하게 된다. 이것은 인정되지 않은 강점의 단서이다. 특출한 재능을 부인한다고 해서 그것이 꼭 거짓된 겸손이거나 의기양양한 겸양은 아니다. 그들이 정말로 자신을 특별하게 만들고 다른 동시대인들과 차별되게 하는 강점에 대한 의식과 인식이 부족하기 때문일 수 있다. 무엇보다 자신의 강점에 대한 이러한 인식 부족은 왜 다른 사람들이 동일한 능력을 가지고 있지 않은지를 이해하는 것을 어렵게 만들 수 있다. 그들은 다른 사람들이 동일한 강점을 가지고 있음에 틀림없지만 단지 그것을 이용하기에는 너무 게으르거나 멍청하다고 생각한다. 이것은 썩 좋은 상황은 아니다.

대부분 리더는 일반 사람들과는 동떨어진, 힘 있는 자리의 분위기에 적응하고, 그것이 부정적이고 긍정적인 정보의 흐름에 미치는 왜곡적인 영향을 인식하게 된다. 따라서 그들은 긍정적 피드백에 대해 아주 의심스러워하게 되고 그것을 근거 없거나 과장되고 그들의 자존심을 달래기 위한 작은 선물로서만 제공하는 것으로 치부한다. 캐플런과 카이저(2010)는 어떤 리더는 '마치 부정적인 피드백만이 그들을 살찌울 것처럼' 행동한다는 것을 알았다. 이것은 대체로 리더가 그와 함께 일하는 사람들에 비해 자신을 과소평가하는 상황을 낳을 수 있다. 자신의 강점을 알지 못하고 그것에 대해 듣는 것에 저항하며 자신의 치명적인 결함을 알지 못한다. 그리고 다른 사람들이 자신의 강점 영역에서 자신만큼 할 수 있다고 생각한다. 이것이 어떤 문제를 일으킬 수 있을지는 어렵지 않게 알 수 있다. 리더는 끊임없이 자신을 증명하려 하고, 자신의 강점을 모르기 때문에 그것을 자본화할 수 없다. 무의식적으로 강점을 과하게 써서 그것이 치명적인 결함이 된다. 그래서 자기 주변 사람들의 초라한 성과에 영원히 곤혹스러워하고 경악하게 된다.

캐플런과 카이저는 여기서 필요한 것은 자신을 거울에 정확하게 비춰 보는 것이라고 말한다. 이것은 리더가 현재 자신의 역할을 어떻게 수행하고 있는지, 즉 상황에 따른 들여다보기만이 아니라 자기 이미지를 정확히 하는 것도 의미한다. 수정적인 들여다보기는 과거에 생겨난 오해를 바로잡는 데 효과가 있다. 만약 누군가가 자신이 어떤 분야에서 부족하다고 믿으면서 성장했다면 그에게는 자기인식에 적절한 변화를 이룰 수 있도록 많은 예와 더불어 많은 긍정적 피드백이 필요하다. 캐플런과 카이저는 이 피드백을 제공하는 과정에서 리더가 신뢰하는, 긍정적 관계에 있는 사람의 도움을 받을 수 있다고 말한다. 다른 속셈이나 뇌물 없이 신뢰할 수 있는 피드백을 해 줄 수 있으리라 여겨지는 사람이 필요한 것이다. 조직에서 그것은 대개 그런 교정적인 피드백을 가장 잘 제공할 수 있는 직계관계 바깥의 사람, 예컨대, 동료, 멘토, 또는 코치이다. 그렇지 않으면 리더는 제임스 버처(James Butcher)가 한 리더십 팀과 작업한 것을 통해 분명하게 보여 준 것처럼, 시각화 및 주의 깊은 경청과 결합된 적응적인 자기점검과 스토리텔링의 결합을 통해 자신의 강점을 더 잘 알게 될 수도 있다. 캐머런과 동료들이 관찰한 것처럼 긍정적으로 일탈한 리더는 모든 사람이 그들 자신의 강점을 알게 하는 데 특출하다.

◉ 긍정적으로 일탈한 리더십

긍정적으로 일탈한 리더는 자신의 리더십에서 긍정편향을 보여 주고, 사람들과 조직의 강점을 강조한다. 우튼과 캐머런(Wooten & Cameron, 2010)은 그런 리더십이 플로리시하는 조직의 성공에 가장 중요하다고 인정했다. 긍정적으로 일탈한 리더는 잘 되어 가는 것, 생기를 불어넣어 주는 것, 좋은 것으로 경험되는 것, 영감을 불어넣어 주는 것에 집중한다. 이는 그들이 그 반대의 것을 무시한다는 말이 아니다. 오히려 그들은 사람들과 조직 내에서 긍정적인 것을 향상시키고 북돋우는 것을 중요하게 강조한다. 그런 리더는 대인 간 플로리시, 의미 있는 일, 도덕적 행동, 긍정정서, 활기를 북돋아 주는 네트워크와 같은 결과를 소중하게 여긴다. 긍정 리더십의 본질에 대한 유프 C. 데 용(Joep C. de Jong)의 깊은 성찰은 그런 리더십이 자료로서의 지식이라는 일반적인 생각으로부터 훨씬 더 전체적이고 영적인 지혜로서의 지식이라는 생각으로 긍정적으로 일탈함으로써 가치를 더함을 보여 준다.

보충자료 16-11 강점에 기초한 조직의 리더십

　　우리가 생각하는 강점에 기초한 조직은 리더나 경영자의 역할이 직원들이 뛰어나도록 돕는 데에 있는 조직이다. 그러려면 직원들이 자신의 강점을 발휘하고 결과를 분명히 하고 자유로이 노력하며 나아가도록 하고, 직원들을 뒷받침해 주고, 개방적인 문화를 만들어야 한다. 이것이 우리가 리더와 경영자에게 원하는 것이다. 우리는 이를 분명히 하기 시작하면서 이런 역할을 위해 어떤 강점이 필요한지 스스로 묻기 시작했다. 효율적인 리더나 관리자가 되기 위해 어떤 강점이 필요할까?

　　이 물음에 경영자로 선택된 사람들은 현재의 (경영직이 아닌) 일을 가장 잘하고 있는 사람들이었다. 또한 우리가 선택한 사람들은 아마도 무리 가운데서 두드러지는 데 능숙했다. 그들은 대개 자신의 성공에 집중하는 야심이 있고 경쟁심 있는 사람들이었다. 이제 그들이 가진 이런 특성들에는 아무런 문제가 없지만, 우리는 어쩌면 그런 것들이 사람들을 잘 관리하는 데 필요한 강점이 아닐 수도 있다는 점을 알았다.

　　우리가 원하는 강점이 어떤 것인지에 대해 논의하면서 우리는 다른 사람에게 집중하는 것, 무엇이 다른 사람들을 움직이게 하는지 아는 능력, 공감 능력, 자연스러운 신뢰, 자신감, 다른 사람들이 발전하는 것을 보고 쾌감을 느끼는 것과 같은 것들을 찾아냈다. 이제 우리는 이 목록이 우리의 선택 과정이 실제로 선택하는 강점의 목록과 전혀 다르다는 것을 알았다. 그 결과, 우리는 리더와 경영자를 임명하는 방법에 일대 변화를 가져왔다. 예컨대, 우리 직원들의 손으로 선발하게 했던 것이다. 우리는 훌륭한 리더가 되려면 헌신적이고 열렬히 따르는 사람들이 필요하다고 판단했다. 따르는 사람들이 그들 자신의 리더를 선발하도록 요청하는 것보다 더 나은 방법이 무엇일까? 단박에 우리는 리더 역할에 안 맞는 사람들을 선발하게 되는 문제를 처리할 수 있었다. 선택권을 받은 사람들은 자신들을 야심차고 경쟁심 있고 자기중심적인 사람으로 이끄는 사람을 선택하지 않는 것 같다. 대신에 그들은 자신을 고무시키고 자신이 문제를 정리해서 성공하도록 도와줄 사람을 뽑는다. 그 결과, 쿠거 오토메이션에서 리더십의 본질은 차츰 달라지고 있다. 그것은 보다 나은 쪽으로 나아가기 위한 아주 큰 변화이다.

출처: Clive Hutchinson (2011).

보충자료 16-12 긍정 리더십

긍정 리더가 되는 과정에서 두 가지 생각이 내게 반항을 불러일으킨다는 것을 알았다.

1. 리더십에 부가가치의 사슬과 같은 것이 있다는 생각
2. 미래에 리더십의 최우선적인 과제는 외부 세계의 시계와 우리 내부의 시계 사이의 균형을 보장하는 것이리라는 생각

첫 번째 생각과 관련해서 기본적인 생각은 미래의 리더에게 특별한 가치를 갖게 될 가치 사슬이 있다

는 것이다. 가치 사슬의 초반에 우리가 가진 것은 데이터뿐이라는 생각과 더불어 이 가치 사슬은 시작된다. 여기서 데이터는 우리가 가진 'a' 'b' 'c' 등이나 '1' '2' '3' 등과 같은 미가공 데이터를 의미한다. 우리가 데이터에 가치를 더할 때 그 데이터는 '정보'가 된다(간단히 말해, 단어와 숫자). 예컨대, 단어는 우리에게 설명을 제공하는 문장에 쓰인다. 오늘날 대부분 서구 사회에서 지식은 개인, 제도 또는 기관이 가진 권력의 원천으로 여겨진다. 중요한 변화가 기대되는 것은 여기서이다. 즉, '공유된 지식이 그 공동체에 행복을 가져다주는 원천이 될 것'이라는 생각 말이다. 그리고 가치가 저런 유형의 공유된 지식에 부가될 때 우리는 '지혜'의 영역으로 나아간다. 거기서는 접속-공유와 공동 창조의 영역에 대한 관심이 점점 높아진다. 함께 일하는 사람들에게 진정한 공감을 보여 주는 능력이 강조되는 것은 이 지점에서이다. 그런 다음 우리가 지혜에 가치를 더해 사업에서의 정신성 또는 전체성의 공간으로 들어갈 때 최종적인 것이 정해진다. 그래서 우리는 리더를 '긍정 리더' 또는 좀 더 일반적으로 '진정한 리더'라고 부르기 시작한다. 이 공간에서 리더를 알아보기 위해 우리가 이용하는 주요 특징은 그들이 진정성을 가지고 있다고 여겨질 수 있는가 아닌가이다. 또 다른 요소는 자신의 행동에 대해 흔히 '기업 이익'을 넘어 진정으로 전체적인 관점을 취할 수 있는 능력이다. 가치 사슬과 나란히 우리는 우리 능력과 관심사를 좀 더 폭넓게 이용하게 된다. 단 하나의 핵심에 대한 집착과 누가 옳고 그른지를 둘러싼 논의로부터 우리가 무엇을 하고 있는지에 대한 깊은 이해를 통해 우리 자신과 우리 행성을 위해 무엇을 할 것인지에 대한 전체적인 이해로 나아가는 것이다. 옳고 그름을 우리 영혼의 침묵 속에서 일어나는 일로 알아낼 수 있다.

우리가 하는 일의 전체적인 본질을 이해하는 데 리더가 주요한 역할을 하게 될 시대에 들어서리라고 본다. 이것이 도발적인 발상일 수 있지만, 적절한 비관습적인 생각과 발상이 21세기의 긍정 리더에게 요구된다.

– 유프 C. 데 용(Joep C, de Jong)

제17장

긍정심리 회복력

셀리그만(2008)은 외상후 스트레스 장애(post-traumatic stress disorder: PTSD)에 집중하는 것은 주객이 전도된 일이라고 했다. 강한 육군을 만들고자 조지 케이시 육군참모총장, 데이비드 페트레이어스 대장 등 별 4개 장성 4명 앞에서 회복력(resilience) 교육의 필요성을 강조한 자리에서 한 말이다. 트라우마에 의해 외상후 스트레스 장애까지 진행이 되면 이미 늦다는 것이다. 그 이전에 회복력을 키워서 PTSD를 예방하고 외상 후 성장(post-traumatic growth: PTG)를 이루어야 한다는 것이다. 보고가 끝나자 데이비드 페트레이어스 대장(2008)이 다음과 같이 말했다.

"Seligman 박사님. 그 아이디어 정말 대단합니다. 외상후 스트레스 장애에만 초점을 맞추지 않고 외상 후 성장을 유도하고, 각 군인의 약점을 교정하기보다는 강점을 훈련시킨다는 것 말입니다."

"지금 당장 전군에 회복력 훈련을 실시하십시오." 이 보고가 있은 지 6개월 후 케이시 참모총장은 전 100만 육군에게 회복력 훈련을 지시했다. 이렇게 회복력은 미 육군의 마스터 회복력 훈련(Master Resilience Training: MRT)이 시작되면서 전 세계로 급속하게 확산되어 갔다. 회복력을 알아보기 전에 먼저 외상후 스트레스 장애와 외상 후 성장을 알아보자. 이 장은 셀리그만(2008)과 레이비치, 샤트(Reivich, Shatte, 2002), 프레드릭슨(Fredrickson, 2009)의 연구와 사레 중심으로 다룬다.

외상후 스트레스 장애(PTSD)

탄환 충격(shell shock)과 전투 피로증(combat fatigue)은 두 차례의 세계대전으로 생겨난 정신질환이다. 하지만 오랜 전투로 인한 심리적 손상을 일컫는 외상후 스트레스 장애(PTSD)는 전투가 아닌 홍수에서 비롯되었다. 1972년 1월 26일 이른 아침, 웨스트버지니아주 석탄 지역의 버펄로 크리크에 세워진 댐이 무너지면서 4억 9,970만 리터의 시커먼 진흙탕물이 애팔래치아산 밑에 사는 주민들을 순식간에 집어삼켰다. 저명한 심리학자 에릭 에릭슨(Erik Erikson)의 아들인 케이 에릭슨(Kai Erickson)은 이 재앙을 다룬 대표적인 책을 저술했다. 1976년에 출간된 『그 길에 있는 모든 것(Everything in Its Path)』을 기점으로 트라우마(trauma, 외상)에 대한 생각이 바뀌게 된다. 그 책에서 에릭슨은 PTSD를 명확하게 묘사했다. 그것은 곧바로 미국정신의학회의 『정신질환의 진단 및 통계 편람 제3판(Diagnostic and Statistical Manual, 3rd ed.: DSM-3)』에서 진단 기준으로 이용되고 베트남 참전 군인들에게 즉각적으로 마음껏, 심지어 무분별하다 싶게 적용되었다. 에릭슨이 연대순으로 기록한 버펄로 크리크 재앙 생존자의 말을 들어 보자.

월버와 그의 아내 데보라 그리고 그들의 네 자녀는 간신히 살아남았다.

> 무슨 이유에서인지 나는 문을 열고 길을 올려다보고 있었습니다. 그런데 그게 다가오고 있었어요. 엄청나게 거대한 검은 구름이었죠. 4, 5m쯤 되어 보이는 파도였어요. …… 이웃집 건물이 우리가 사는 곳 바로 앞까지 떠내려오다가 강물 속에 잠겨 버렸어요. …… 그건 천천히 다가오고 있었어요. 하지만 제 아내는 막내아이를 데리고 아직 잠들어 있었죠. 그 아이는 그때 일곱 살이었어요. 다른 아이들은 2층에서 자고 있었고요. 나는 고래고래 비명을 지르며 아내를 불렀습니다. 그 바람에 아내는 얼른 깨어날 수 있었지요. 아내가 아이들을 어떻게 그렇게 빨리 아래층으로 데려왔는지 모르겠어요. 하지만 아내는 부리나케 2층으로 달려 올라가 아이들을 깨워서 내려왔어요. …… 우리는 길을 따라 올라갔습니다. 아내와 세 아이는 곤즈(철로에 달린 곤돌라) 사이로 올라가고, 나는 막내아이를 데리고 그 밑으로 올라갔어요. 시간이 별로 없었거든요. 나는 주변을 둘러보았어요. 우리 집은 사라졌어요. 물에 휩쓸려 완전히 떠내려간 건 아니고요. 휩쓸려 가다가 대여섯 채의 집과 한데 부딪혀서는 모두 산산조각이 났지요.

그 재난이 있은 지 2년 후, 윌버와 데보라는 자신의 심리적 외상을 묘사했다. PTSD로 정의되는 증상들이다. 첫째, 윌버는 꿈에서 그 트라우마를 거듭 재체험했다.

버펄로 크리크에서 겪은 일이 바로 제 문제의 원인이에요. 밤에 잘 때, 저는 꿈속에서도 그 일을 처음부터 끝까지 또 한 번 겪습니다. 꿈에서 저는 언제나 물을 피해 달리고 또 달려요. 언제나 그래요. 꿈속에서 그 일이 전부 다 자꾸만 일어나요.

둘째, 윌버와 데보라는 심리적으로 '마비'되었다. 감정이 둔화되어서 자신의 주변에서 일어나는 슬픔과 기쁨에 정서적으로 무감각해진 것이다. 윌버는 다음과 같이 말한다.

홍수가 난 지 약 1년 후에 아버지가 돌아가셨는데 그때 저는 묘소에도 가지 않았습니다. 아버지가 영원히 떠나셨다는 게 실감나지 않았어요. 지금은 주변 사람들이 세상을 떠나도 저는 별로 마음 아프지 않아요. 그 사고를 겪기 전에는 안 그랬어요. 아버지가 돌아가셔서 두 번 다시 볼 수 없다는 것이 결코 슬프지 않았어요. 죽음 같은 것에 대해 예전에 느끼던 감정을 지금은 느끼지 않아요. 그런 일은 예전과 달리 그렇게 충격적이지 않습니다.

데보라는 다음과 같이 말한다.

저는 아이들을 방치하고 있어요. 요리하는 건 얼마 전에 아예 그만두었어요. 집안일도 안 해요. 어떤 것도 하지 않을 겁니다. 잠을 잘 수가 없어요. 먹을 수도 없고요. 그저 수면제를 잔뜩 먹고 침대로 들어가 잠들고 다시는 깨어나지 않았으면 좋겠어요. 가정과 가족은 제게 기쁨이었어요. 하지만 그것 외에 제가 조금이라도 흥미를 느꼈던 인생의 다른 것들은 모두 파괴되었어요. 저는 요리하는 걸 무척 좋아했어요. 바느질도 좋아했고 살림하는 걸 아주 좋아했지요. 늘 집안일을 했고 집을 항상 뜯어고쳤어요. 하지만 지금은 그런 게 저에게 어떤 의미도 없는 지경에 이르렀어요. 아이들을 위해 따뜻한 음식을 준비해서 식탁에 차려 놓지 않은 지가 3주 가까이 되었어요.

셋째, 윌버는 불안장애 증상을 경험한다. 거기에는 비와 악천후처럼 홍수를 떠올리게 하는 사건에 대한 과민 반응과 공포 반응이 포함된다.

저는 뉴스를 자세히 들어요. 그리고 폭풍우 경보가 발효되면 그날 밤은 잠을 못 잡니다. 밤새 앉아 있어요. 아내에게 이렇게 말하지요. "애들은 잠옷으로 갈아입히지 말고 입은 옷 그대로 재워요. 무슨 일이 있으면 다들 집 밖으로 여유 있게 나갈 수 있게 내가 미리 당신을 깨울 거요." 저는 잠자리에 들지 않습니다. 밤을 꼬박 새우지요.

제 신경이 문제예요. 비가 올 때마다, 폭풍이 불 때마다 저는 도저히 견딜 수가 없어요. 거실을 서성입니다. 신경이 너무 곤두서서 두드러기가 납니다. 그것 때문에 요즘 주사를 맞고 있어요.

또한 윌버는 생존자의 죄의식으로 고통스러워한다.

그때 누가 제게 고함치는 소리를 들었어요. 둘러보았더니 콘스터블 부인이 보이더군요. …… 어린 아기를 안은 채 계속 소리치고 있었어요. "이봐요, 윌버 씨, 이리 와서 저 좀 도와주세요. 그럴 수 없으면 제 아기만이라도 구해 주세요." …… 하지만 저는 돌아가서 부인을 도울 생각을 못 했어요. 그것 때문에 지금까지도 아주 많이 자책합니다. 그 부인은 아기를 안고 있었는데 저한테 아기를 던져 주려는 것 같았어요. 저는 가서 그녀를 도와줄 생각이 전혀 없었어요. 제 가족만 걱정하고 있었지요. 그 부인네 식구 여섯 명이 모두 물에 빠졌어요. 부인은 허리까지 차오른 물속에 서 있었는데, 그들 모두 익사했습니다.

이 증상들은 1980년에 『정신질환의 진단 및 통계 편람 제3판』에서 하나의 '장애'로서 정식으로 인정을 받았다. 제5판에 실린 PTSD의 최신 진단 기준은 다음과 같다.

DSM-5 진단 기준

A. 개인이 트라우마 사건에 노출된 적이 있다.

B. 그 트라우마 사건을 지속적으로 재체험(이미지, 꿈, 생각)한다.

C. 그 트라우마와 관련된 자극을 지속적으로 회피하고 일반적인 반응이 마비된다.

D. 지나친 흥분 증상들이 지속된다.

E. 트라우마와 관련된 각성과 반응성의 뚜렷한 변화가 나타난다.

F. 심리적 혼란(기준 B, C, D의 증상들)이 1개월 이상 지속된다.

G. 심리적 혼란은 임상적으로 상당한 고통을 유발하거나 사회적·직업적 영역, 그 밖의 주요 영역에서 기능하는 것을 손상시킨다.

H. 심리적 혼란은 물질 혹은 다른 의학적 조건의 심리적 영향으로 돌릴 수 없다.

진단에서 더욱 존중되는 중요한 한 가지 기준은 그 증상들이 트라우마 사건 이전에는 결코 나타나지 않는다는 것이다.

　　PTSD는 베트남전쟁 막바지에 처음 등장하기 시작했고, 즉시 광범위하게 적용되었다. 다음은 이라크전쟁으로 인한 PTSD 복합 사례이다.

　　K씨는 서른여덟 살의 주 방위군이다. 이라크 수니 삼각지대에 배치되어 12개월 동안 복무하고 귀국한 후 정신과 외래 환자로 진단받았다. 주 방위군 복무 10년 만에 그는 수니 삼각지대에서 처음으로 전투에 참전했다. 이라크로 배치되기 전에는 성공한 자동차 세일즈맨으로서 열 살과 열두 살 자녀를 둔 행복한 아빠였고, 사회성이 풍부해서 친구가 많았으며, 시민 활동과 교회 활동에 적극적이었다. 이라크에 있는 동안 그는 수많은 전투에 참전했다. 그의 소대는 폭탄 세례를 받았으며 매복 공격을 당한 적도 많았고 전우들이 자주 전사하거나 부상당했다. 그는 정찰 및 호위 부대 소속이었는데, 급조 폭탄으로 차량이 파괴되었고 친하게 지냈던 동료들이 다치거나 목숨을 잃었다. 그는 자신이 적군을 수없이 죽였다는 것을 깨달았고, 민간인들의 죽음에 자신도 책임이 있을 거라고 두려워했다. 그리고 제일 친한 전우의 죽음을 막지 못했다며 자책했다. 그 친구는 저격수의 총에 희생되었다. 이라크 복무 중 가장 끔찍했던 순간이 언제였느냐고 묻자, 그는 유난히 잔인한 전투에서 집중 사격을 가하는 바람에 이라크 여성들과 어린아이들이 죽어 나가고 있는데 자신은 개입할 수 없어서 그저 무력하게 지켜보기만 했던 때라고 대답했다.

　　귀국한 후, 그는 거의 언제나 불안해하고 쉽게 짜증내고 안절부절못했다. 가족의 안전에 집착해서 장전한 9밀리 권총을 항상 소지했고 밤에는 베개 밑에 놓아두었다. 잠들기가 어려웠고 겨우 잠이 들어도 생생한 악몽에 잠을 설치기 일쑤였다. 악몽을 꿀 때는 심하게 몸부림을 치거나 아내를 발로 차거나 침대에서 갑자기 벌떡 일어나 불을 켰다. 아이들은 아빠가 지나치게 자기들을 보호해서 시야에서 벗어나게 두지 않는다며 불평했다. 아내는 그가 집에 돌아온 후부터 자신에게 정서적으로 멀어졌다고 보고했다. 또한 남편이 조수석에 타고 있을 때는 운전하는 것이 위험하다고 생각했다. 때때로 그가 길거리에 설치된 급조 폭탄을 보았다며 별안간 손을 뻗어 운전대를 잡았기 때문이다. 친구들은 그를 모임에 초대하는 일에 지친 기색이 역력했다. 모든 초대를 그가 번번이 거절했기 때문이다. 참을성 있게 그를 격려한 고용주는 그의 업무 능력이 급격히 떨어졌고 멍하니 자신의 생각에만 골몰하는 것처럼 보이며 고객에게 화를 내고 자주 실수하고 이전에 최우수 세일즈맨이었던 자동차 영업소에서 효율적으로 기능하지 못한다고 보고했다. K씨는 이라크 참전 이후 자신이 변했다는 것을 인정했다. 이따금 강렬한 두려움, 공포, 죄의식, 절망을 경험하며 자신이 정서적으로 죽었다는 느낌이

들 때가 있고, 가족과 친구의 사랑과 온정에 보답할 수 없을 것 같다고 보고했다. 인생이 끔찍한 짐이 되었다. 그는 자살을 적극적으로 시도한 적은 없지만 자신이 이라크에서 살아 돌아오지 않았더라면 모든 사람에게 더 좋았을 거라는 생각이 가끔 든다고 보고했다.

PTSD 진단은 이라크 전쟁과 아프가니스탄 전쟁을 치르는 동안 미국 의무 부대의 주요 임무였다. 전체 군인의 20%에 이르는 많은 수가 PTSD 진단을 받았다. 셀리그만은 바로 그것 때문에 내가 국방부 장성과의 오찬에 초대됐다.

셀리그만은 장군들에게 극심한 역경에 처했을 때 인간의 반응은 종 모양의 정규분포 곡선으로 나타난다고 말했다. 극단적으로 취약한 부류에서 그 반응은 질병이다. 즉, 우울증, 불안증, 약물중독, 자살 그리고 DSH에 PTSD로 공식 등재된 장애가 발생한다. 이라크나 아프가니스탄에 파병된 모든 군인은 PTSD에 대해 들어 본 적이 있다. 그러나 인간은 트라우마 사건으로 점철된 수천 년 동안 진화해 왔으며, 극심한 역경에 대한 통상적인 반응은 단연코 회복력이다. 비교적 단기간 동안 우울증과 불안증을 동시에 겪은 후 예전 수준으로 다시 기능하는 것이다.

웨스트포인트에서 PTSD에 대해 들어 본 적이 있다고 대답한 생도는 90% 이상이었다. 이것은 사실 비교적 드물게 높은 수치이다. 하지만 외상 후 성장에 대해 들어 본 생도는 10% 미만이었는데, 이런 수치는 드물지 않다. 중요한 점은 그것이 의학적 무지라는 것이다. 모든 군인이 PTSD는 알고 있지만 회복력과 외상 후 성장에 대해서는 모른다면 그로 인해서 자기충족적인 연쇄적 하락이 일어난다. 당신의 친구가 어제 아프가니스탄에서 전사했다. 오늘 당신은 울음을 터뜨리며 생각한다. '나는 무너질 거야.' '나는 PTSD에 걸렸어.' '내 인생은 끝났어.' 이 생각이 우울과 불안 증상을 증가시킨다. 사실 PTSD는 우울증과 불안증이 특별히 고약하게 조합된 결과이다. 이제 그 증상 자체가 증상의 강도를 높인다. 전우의 죽음에 울음을 터뜨리는 것은 PTSD 증상이 아니라 지극히 정상적인 비탄과 애도 증상이다. 그 사실을 알고 나면 보통 회복력이 뒤따르고 연쇄적 하락에 제동을 걸 수 있다.

재앙적 사고와 자신이 PTSD에 걸렸다는 믿음이 초래한 연쇄적 하락의 자기충족적인 성질은 PTSD를 확실히 증가시키는 것 같다. 처음부터 재앙적 사고방식을 지닌 개인은 PTSD에 훨씬 더 취약하다. 한 연구에서 군인 5,410명을 2002년부터 2006년까지 복무 기간 내내 추적 조사했다. 이 5년 동안 395명이 PTSD 진단을 받았다. 그중 절반 이상이 처음부터 정신 및 신체 건강 수준이 하위 15% 속했다. 이 결과는 PTSD 관련 논문 전체에서 가장 신뢰성이 높지만 가장 적게 알려진 사실 중 하나이다. 즉, 처음부터 심리적으로 허약한 사람이 심리적으로 강인한 사람보다 PTSD에 걸릴 위험이 훨씬 더 크고, PTSD는 처음 사례보다는 기존의 우울증 및 불안증이 악화된 상태로 간주될 때가 더 많다. 바로 이 연구 결과가 종합 군인 피트니스에 회복력 훈련을 포함시킨 한 가지 이유를 뒷받침한다. 즉, 미 육군은 전투에 투입하기 전에 미군을 심리적으로 단련시킴으로써 PTSD 사례를 일부 예방할 수 있다고 생각했다.

외상 후 성장(PTG)

결코 잊지 말아야 할 것이 외상 후 성장(PTG)이다. 극심한 역경을 겪은 후, 상당히 많은 사람이 종종 PTSD 수준에 달하는 심각한 우울증과 불안증을 보인다. 하지만 그런 다음에 그들은 성장한다. 장기적으로 그들의 심리적 기능 수준은 전보다 더욱 높아진다. "나를 죽이지 못한 것은 나를 더욱 강하게 만든다."라고 니체는 말했다. 외국전참전용사협회(Veterans of Foreign Wars) 게시판에 전쟁 경험담을 올리는 노병들은 전쟁이 그들의 인생에서 사실상 최고의 시간이었다는 점을 부인하지 않는다.

몇 년 전에 피터슨과 박난숙과 셀리그만은 진정한 행복 웹사이트(www.authentichappiness.org)에 링크를 하나 추가했다. 개인의 인생에서 일어날 수 있는 최악의 사건, 즉 고문, 심각한 질병, 자녀의 죽음, 강간, 수감 등 열다섯 가지를 나열한 새로운 설문지였다. 링크를 올린 지 한 달 만에 1,700명이 그 끔찍한 사건 중 적어도 한 가지를 겪은 적이 있다고 보고했다. 그들은 웰빙 검사도 받았다. 놀랍게도 최악의 사건을 한 가지 경험한 사람은 그렇지 않은 사람보다 강점 점수가 더 높았으며, 따라서 웰빙 수준도 더 높았다. 끔찍한 사건을 두 가지 경험한 사람은 한 가지만 겪은 사람보다 더욱 강인했다. 그리고 세 가지 사건을 겪은 사람은 두 가지만 겪은 사람보다 강인했다.

론다 코넘 준장은 외상 후 성장을 대표하는 인물이다. 론다가 장교 신분으로 사담 후세인 군대의 전쟁 포로였던 1991년에 셀리그만은 그녀에 관해 읽은 적이 있다. 비뇨기과 의학 박사이자 생화학 박사, 공군 의무관, 제트기 조종사, 민간 헬리콥터 조종사인 론다는 당시 이라크 사막 상공에서 구조 임무를 수행 중이었다. 그녀가 탄 헬리콥터는 적군의 사격을 받아 추락했다. 헬리콥터 꼬리 날개가 떨어져 나가고, 대원 여덟 명 중에서 3명이 사망했다.

두 팔과 다리 하나가 부러진 론다는 포로가 되었다. 성폭행을 당했고 잔혹한 취급을 받았다. 8일 후 풀려난 론다는 전쟁 영웅으로 돌아왔다. 자신이 경험한 트라우마 사건의 여파를 그녀는 다음과 같이 묘사한다.

- **환자와 관련해서:** "군의관이자 외과 의사로서 나는 전보다 훨씬 더 잘 준비가 되었다. 내 환자에 대한 관심은 더 이상은 학문적인 것이 아니다."
- **개인적 강점:** "나는 지도자이자 사령관이 되기 위한 자질을 훨씬 더 잘 갖추었다. 이제 나는 그것을 기준 삼아 다른 모든 경험을 축적하고 있다. 따라서 도전에 직면할 때 불안감이나 두려움을 훨씬 덜 느낀다."
- **가족에 대한 감사:** "나는 더 훌륭하고 더 세심한 부모이자 배우자가 되었다. 생일을 기억하고 조부모를 방문하려고 노력한다. 가족과 헤어질 뻔한 경험 덕분에 이제 그들에게 더욱 감사하게 되었다는 데는 의심의 여지가 없다."
- **영적 변화:** "유체 이탈 경험은 나의 인식을 바꾸었다. 이제 나는 육체적 삶과 비교해서 영적 삶이 적어도 가능하다는 점을 인정한다."
- **우선순위:** "나는 내 인생의 우선순위를 언제나 A, B, C로 나누었다. 하지만 이제는 C 순위를 가차 없이 삭제한다. 나는 딸이 참가한 축구 경기를 언제나 보러 간다!"

론다가 풀려나자 한 대령이 그녀에게 말했다. "자네가 여자라는 것이 참 안됐네. 그렇지 않으면 장군이 될 수도 있을 텐데." 셀리그만은 이 전설적인 인물을 개인적으로 만난 적이 있다. 2009년 8월, 셀리그만과 그 대령이 연설을 하기로 되어 있는 음침한 강당으로 론다가 걸어 들어오자 1,200명의 장교와 영관이 기립해서 박수를 쳤다. 종합 군인 피트니스 책임자로서 론다 코넘 장군이 외상 후 성장 모듈에 기울이는 관심은 공정한 직업적 관심 그 이상이다.

외상 후 성장 강의

론다는 외상 후 성장 모듈을 감독할 심리학 교수 두 명을 채용했다. 노스캐롤라이나 대학교 교수로 외상 후 성장 분야의 학문적 리더인 리처드 테데쉬(Richard Tedeschi)와 하버드 대학교의 리처드 맥널리(Richard McNally)이다. 외상 후 성장 모듈은 우선 고대의 지혜로 시작한다. 즉, 개인적 변화의 특징은 살아 있음에 대한 새로운 감사, 개인적 강점의 강화, 새로운 가능성에 따른 행동, 인간관계 개선, 영적 발전인데, 이 모두가 종종 비극적 사건에 뒤따라 일어난다. 관련 자료가 이 사실을 뒷받침한다. 일례로 북베트남 군대에 포로로 잡혀서 오랫동안 고문을 당한 공군 장병의 61.6%가 그 역경이 심리적으로 유익했다고 보고했다. 게다가 혹독한 대우를 받을수록 외상 후에 더 많이 성장한다. 이것은 트라우마 자체를 환영해야 한다는 말이 절대 아니다. 트라우마가 종종 성장의 계기가 된다는 사실을 최대한 이용해야 하며 군인에게 그러한 성장을 가능케 하는 조건에 관해 가르쳐야 한다는 말이다.

외상 후 성장 조사 일람표

테데쉬 박사는 외상 후 성장 조사 일람표(Post-Traumatic Growth Inventory: PTGI)를 이용해 이 현상을 측정했다. 그중 일부 문장을 소개한다.

0＝시련을 겪은 후 나는 이런 변화를 경험하지 않았다.
1＝시련을 겪은 후 나는 이런 변화를 아주 조금 경험했다.
2＝시련을 겪은 후 나는 이런 변화를 조금 경험했다.
3＝시련을 겪은 후 나는 이런 변화를 보통으로 경험했다.
4＝시련을 겪은 후 나는 이런 변화를 많이 경험했다.
5＝시련을 겪은 후 나는 이런 변화를 아주 많이 경험했다.

_____ 나는 내 인생의 가치를 더 잘 인식하게 되었다.
_____ 나는 영적인 요소를 더 잘 이해하게 되었다.
_____ 나는 새로운 인생 행로를 설계했다.
_____ 나는 다른 사람들과 더욱 친밀해진 느낌이 들었다.
_____ 시련을 겪지 않았더라면 얻지 못했을 새로운 기회가 생겼다.
_____ 나는 인간관계에 더 많은 노력을 기울인다.
_____ 나는 내가 생각한 것보다 더욱 강인하다는 것을 발견했다.

이 모듈은 외상 후 성장에 일조한다고 알려진 다섯 가지 요소를 군인에게 가르친다. 첫 번째 요소는 트라우마 자체에 대한 반응을 이해하는 것이다. 즉, 트라우마 사건을 접할 때 보통 자신, 타인, 미래에 대한 믿음이 산산이 부서진다. 이것은 트라우마에 대한 아주 정상적인 반응이다. 이 반응은 PTSD 증상도 아니고 성격 결함을 암시하지도 않는다. 두 번째 요소는 불안 감소이다. 이 요소는 불쑥불쑥 떠오르는 생각과 이미지를 통제하는 기법들로 이루어진다. 세 번째 요소는 건설적인 자기노출(self-disclosure)이다. 트라우마를 감추는 것은 심리적 증상과 신체적 증상을 악화시킬 수 있다. 따라서 트라우마 경험을 털어놓도록 군인을 격려해야 한다. 이것은 네 번째 요소인 트라우마 서술하기로 이어진다. 트라우마 사건을 서술하면서 그 트라우마를 역설에 대한 인식을 높여 주는 갈림길로 여기게 지도한다. 잃은 것이 있으면 얻은 것도 있다. 슬픈 일이 있으면 감사할 일도 있다. 약점이 있으면 강점도 있는 법이다. 그다음에는 자신의 어떤 강점을 활용했는지, 인간관계가 얼마나 개선되었는지, 영적인 삶이 얼마나 강화되었는지, 삶 자체에 얼마나 더욱 감사하는지, 어떤 새로운 문이 열렸는지를 자세하게 서술한다. 마지막 다섯 번째 요소는 도전에 더욱 강건하게 맞서는 전반적인 생활 신조와 실천적 태도를 명확하게 표현하는 것이다. 여기에는 이타적인 사람이 되기 위한 새로운 방법, 생존자의 죄의식 없이 성장을 받아들이기, 트라우마 생존자 또는 동정심이 풍부한 사람이라는 새로운 정체성 확립하기, 하데스에서 돌아온 후 인생을 사는 법에 대한 소중한 진실을 세상에 알린 그리스 신화 영웅들의 이상을 진지하게 받아들이기 등이 포함된다.

회복력이란

누구나 행복을 원하지만 대부분의 사람은 삶의 여정에서 역경을 겪게 마련이다. 하지만 역경을 대하는 자세와 결과는 사람마다 다르다. 어떤 사람들은 역경을 이겨 내지 못하고 절망하고 우울증에 시달리거나 최악의 경우 스스로 목숨을 끊기도 한다. 반면, 어떤 사람들은 감당할 수 없을 것 같은 큰 역경을 겪었는데도 더 강해지고 성공적이며 행복한 삶을 산다. 스트레스에 대응하는 방법도 어떤 사람들은 스트레스를 처리하기 위해 과식이나 음주 같은 건강하지 못한 습관에 빠져드는 반면에 또 어떤 사람들은 스트레스를 처리하기 위해 운동이나 심리적 강화 같은 건강한 접근법을 취한다. 왜 이런 차이가 생기는 것일까? 바로 '회복력(resilience)' 때문이다. 회복력은 용수철에 비유되기도 한다. 역경 후 되돌아오는 기능과 용수철처럼 움츠렸다 솟아오르는 탄력성이 있기 때문이다. 회복력은 역경을 극복하는 힘이고, 내면의 심리적 근육을 단련시켜 더 성장하게 만들어 주는 도구이다. 회복력은 우리를 소진시키는 힘겨운 문제를 해결하고, 질병을 이겨 내고, 원만한 결혼생활을 유지하고, 국가적 재난을 겪은 후에도 꿋꿋하게 살아가게 해 주는 요소이다.

그렇다면 회복력을 통해 역경을 극복한 사람들의 사례를 알아보자. 어렸을 때 사생아로 태어나 아홉 살 때 성폭행을 당하고, 열네 살 때 미혼모가 되고, 태어난 지 2주 후에 아들이 죽는 등 수없이 아픔을 겪으면서도 〈오프라 윈프리 쇼〉 등 토크쇼의 여왕으로 우뚝 선 오프라

원프리, 연구 활동 중 교통사고로 전신마비가 됐음에도 포기하지 않고 더 왕성한 활동을 하고 있는 서울대 이상묵 교수, 루게릭병으로 1~2년 시한부 진단을 받았으나 세계적 물리학자로 명성을 높인 스티븐 호킹 박사, 이라크전쟁 중 군의관으로 참전했다가 헬기가 격추되며 포로가 돼 성폭행과 모진 고문을 당한 후에도 외상 후 성장을 통해 현재 미 육군의 회복력 교육을 총괄하는 론다 코넘 준장. 이들의 공통점은 무엇일까? 바로 회복력이다. 회복력은 트라우마나 PTSD를 극복하게 해 주는 힘이다.

두 엄마인 신디 램브와 캔디스 리트너의 이야기는 PTSD 등의 역경을 회복력을 통해 극복할 수 있다는 것을 보여 주는 좋은 사례이다. 두 사람 모두 상습적인 음주운전자 때문에 사랑하는 아이들이 크게 다치거나 죽는 엄청난 역경을 겪었다. 신디 램브는 1979년 다섯 살짜리 딸을 태우고 운전을 하다가 시속 190km로 달리던 차와 충돌했다. 그 사고로 어린 딸은 전신마비가 됐다. 그 사건이 일어난 지 1년도 채 안 된 어느 날 캘리포니아주의 한 시골에서 소프트볼 게임을 끝내고 학교 축제장으로 걸어가던 열세 살짜리 캐리 리트너가 차에 치여 숨지는 사고가 발생했다. 놀랍게도 캐리를 친 운전자는 1년 전 음주운전으로 신디 램브의 딸 로라를 친 그 사람이었다. 음주운전으로 두 번이나 유죄 선고를 받은 사람이 버젓이 유효한 운전면허증을 소지하고 또다시 음주운전을 했던 것이다.

자식의 죽음 앞에서, 자식이 전신마비가 된 것을 지켜보면서 오열하지 않을 부모는 없다. 너무나 큰 슬픔을 안은 채 자식을 죽인 범죄자가 솜방망이 처벌을 받는 세상을 원망하며 우울증에 시달릴 수도 있었다. 하지만 두 엄마는 슬픔과 절망, 우울감에 빠져 있는 대신 1981년 음주운전에 반대하는 어머니 모임(Mothers Against Drunk Driving: MADD)을 만들었다. 또한 미국 연방정부 고속도로 안전기금을 지원받아 음주운전 예방 캠페인을 벌이기 시작했다. 두 엄마가 시작한 모임은 현재 미국뿐만 아니라 세계 도처에 수많은 지부를 두고 활발한 활동을 하고 있다.

두 엄마가 트라우마를 극복할 수 있었던 것은 역시 회복력 덕분이다. 회복력은 두 엄마처럼 트라우마를 겪은 사람에게만 필요한 것이 아니다. 부모가 이혼해 가족이 해체되는 아픔을 겪거나 신체적인 학대를 받는 등 불행한 어린 시절을 보낸 사람이 성인이 되어 예전의 암울한 기억을 딛고 행복하게 살기 위해서도 회복력이 필요하다.

또한 어린 시절에 이렇다 할 어려움을 겪지 않은 사람들에게도 회복력은 중요하다. 누구나 일상에서 끊임없이 크고 작은 문제로 스트레스를 받기 때문이다. 우리 삶에는 늘 역경이 함께한다. 퇴근 시간을 몇 분 앞두고 쌓여 있는 서류뭉치를 보면서 스트레스를 받는 일상적인 역경부터 사업 실패, 실연, 사랑하는 사람의 죽음까지 큰 역경을 겪으며 고통스러워하고 좌절한다. 그때마다 우리를 불행의 구렁텅이에서 건져 올리는 것은 회복력이다.

◉ 회복력은 키울 수 있다

우리는 주변에서 회복력이 강한 사람들을 볼 수 있다. 그들은 우리를 자극한다. 그들은 어떤 트라우마나 역경에 직면해도 솟아오르는 힘이 있다. 회복력이 강한 사람들은 대부분 새롭고 도전적인 경험을 찾아 나선다. 이미 한계에 부딪혀서 싸워 이겨야만 내면이 성장하고 확장된다는 것을 깨달았기 때문이다. 그렇다고 이들이 위험한 탐구자들은 아니며, 위험하거나 곤란한 상황에 닥쳐도 약해지지 않는다. 회복력이 강한 사람들은 실패가 끝이 아니라는 것을 알고 있고 성공하지 못했다고 부끄러워하지 않는다. 대신 실패에서 의미를 찾아내고 자신이 할 수 있는 것보다 더 높이 오르는 수단으로 삼는다. 회복력이 강한 사람들은 시스템을 찾아내서 스스로 활력을 불어넣고 문제를 신중하고 철저하게 그리고 정력적으로 해결한다. 회복력이 강한 사람들은 우리 모두와 마찬가지로 걱정하고 의심한다. 하지만 걱정과 의심에 휘말리기 전에 어떻게 멈추어야 하는지를 알고 있다. 그들이 진실하고 우아하게 위협 요소를 다루는 모습을 보며 우리는 생각한다. 나도 저렇게 할 수 있을까?

캐런 레이비치와 앤드류 샤트(Karen Reivich & Andrew Shatte, 2002)의 대답은 '그렇다'이다. 회복력이 앞으로 키가 얼마나 더 클 수 있는가와 같은 문제처럼 유전적으로 정해지는 것도, 유전적으로 한계가 있는 것도 아니다. 5km 경주는 연습을 통해 시간을 단축할 수는 있지만 타고난 육상선수가 아니라면 연습만으로 올림픽 육상선수가 될 수는 없다. 하지만 회복력은 연습만 한다면 누구나 갖출 수 있다(Reivich & Shatte, 2002).

우리는 회복력을 조절할 수 있고 스스로 배울 수도 있다. 좌절을 만나도 회복력을 조절할 수 있을 만큼 변할 수 있고 흥미를 갖고 도전에 임할 수도 있다. 일찍부터 회복력을 기를 수 있는 환경에서 태어날 수도 있지만 대부분은 역경을 맞아 움츠러들지 않고 맞서는 방법을 배워야 한다. 대립 상황에 놓였을 때 냉철하게 생각하는 법이나, 장애에 맞닥뜨리고 실패했을 때 그 안에서 성찰과 의미를 끌어내는 방법을 배울 필요가 있다. 또 우리 생각, 우리 내면의 목소리를 듣는 법을 배워야 한다. 우리가 살아가는 동안 만날 수 있는 트라우마 현장을 어떻게 지나쳐야 하는지 알려 줄 것이다.

회복력은 일에서 가장 높은 위치까지 이룰 수 있도록 도와준다. 애정이 가득한 관계를 만들고 건강하고 행복하고 성공하는 아이들을 키울 수 있게 해 준다. 업무를 정해진 시간 안에 마칠 수 있고, 그러고도 가족을 위한 시간과 에너지를 갖도록 도와준다. 직장이나 집 안에서 위기를 만난다 해도 재빨리 회복될 수 있게 해 준다. 회복력은 당신과 청소년 자녀, 당신과 이전 또는 새로운 파트너와의 관계에서 발생하는 스트레스를 조절하는 데 도움을 준다.

회복력은 혼란의 순간에서 빠르고 냉정하게 판단을 내려야 할 때 필요한 아주 중요한 요소이다. 게다가 우아하고 해학적이고 낙관적이기까지 한 자세로 처리하는 능력을 보장한다. 회복력은 어려움을 도전으로, 실패는 성공으로, 무기력감은 자신감으로 바꿔 놓는다. 회복력은 희생자를 생존자로 바꾸고, 그 생존자를 성공하는 사람으로 바꿀 수도 있다. 회복력이 있는 사람들은 살면서 커다란 장애물들을 만나는 데 두려움이 없다.

회복력이 필요한 사람들은 누구인가? 그것이 기를 쓰고 살려고 분투하는 사람들에게만 필요한가? 힘든 유년 시절을 보낸 사람들에게만 필요할까? 그렇지 않다. 돈이 많고 적음에 상관없이, 또 부모가 자녀에게 관심을 두었는지 아닌지에 관계없이, 그리고 직장이나 대인관계에서 얼마나 잘해 나가고 있는지 하는 문제와는 별도로 회복력이 증가한다면 당신은 이득을 볼 것이다.

레이비치와 샤트는 세계를 정복할 수도 있을 것처럼 대중을 흥분시켜 놓고는 3일 후에는 그 의도조차 기억 못 하는 그렇고 그런 세미나를 책의 형태를 빌려서 하고 있는 것이 아니다. 우리는 효과가 빠른 세상에 살고 있지만 그 효과는 지속되지 않는다. 레이비치와 샤트의 연구는 그들이 계발한 일곱 가지 능력을 찾고 일곱 가지 기술을 배우고 익혀 실생활에 적용하면 누구든 회복력을 영원히 증대시킬 수 있다는 것을 보여 줄 것이다.

회복력을 키우기 위해서는 각자의 노력이 필요하다. 그리고 자신이 자기 자신과 다른 사람들을 어떻게 바라보는지 제대로 정확하게 알아야 한다. 다행스러운 것은 회복력 기술을 배우는 일은 다이어트를 하는 것과는 다르다는 것이다. 다이어트를 하는 사람들은 좀 더 날씬해지고 예뻐졌다는 것을 느끼기 위해 배고픔과 욕구불만에 맞서 싸워야 한다.

회복력을 기르는 일은 이와 정반대이다. 가혹하고 근거 없는 자기비판과 같이 부정적으로 생각하는 스타일과 싸워 이기는 방법을 배우게 되면 스스로 두려움의 소용돌이로 몰아가는 행동을 멈추게 되고 기분이 좋아질 것이다. 자신을 더 나은 사람으로 평가하고 더 많은 에너지를 갖고 문제에 대처하게 될 것이다. 만일 생각하는 스타일이 외부 환경이나 다른 사람들을 비난하는 스타일이라면 이 회복력 기술을 사용해 보라. 책임을 회피하는 버릇을 버리고 자신이 주도권을 잡고 문제를 해결해 나가게 될 것이다.

이 장을 통해서 문제가 생겼거나 스트레스를 받고 있을 때 마음속에서 저절로 일어나는 회복력 없는 생각들이 오히려 역효과를 가져오는 감정과 행동을 불러일으킨다는 것을 깨우치게 될 것이다. 이런 회복력 없는 생각들과 믿음들이 퍼레이드에서 날리는 색종이처럼 마음속을 날아다니며 문제를 직시하는 것을 방해한다는 것을 알게 되면 색종이를 걷어 내고 문제를 보다 분명하게 바라보게 될 것이다.

이제 당신은 문제를 좀 더 효과적으로 풀어 나가는 방법을 배우게 되었다. '나는 언제나 모든 것에서 성공해야 해. 그렇지 않으면 실패자일 뿐이야.' '그이가 나를 사랑하지 않는 것은 내가 사랑스럽지 않기 때문이야.'라고 생각하게 만들고 사람들의 동기의식을 소모시켜서 성공을 방해하는, 비생산적인 이런 '삶의 규칙들' 따위는 없다는 것을 인지하게 되었다. 회복력 없는 믿음을 물리치게 되면 시간을 낭비하고 에너지를 소비하는 일도 없어질 것이다. 간단히 말해서, 회복력을 키우는 방법을 배우면 개인적인 생활뿐 아니라 사업장이나 직장에서도 원하는 바를 이룰 수 있다(Reivich & Shatte, 2002).

⦿ 회복력의 일곱 가지 능력

회복력은 하나의 능력이 아닌 여러 가지 능력으로 이루어진다. 앞서 살펴본 낙관성도 회복력이 높은 사람의 특징 중 하나이다. 레이비치와 샤트가 오랜 연구 끝에 알아낸 사실은 회복력이 높은 사람은 감정 조절, 충동 통제, 공감, 낙관성, 원인 분석, 자기효능감, 적극적 도전(뻗어 나가기)의 일곱 가지 능력을 활용해 역경에 대처해 나간다는 것이다. 이 일곱 가지 능력은 측정할 수 있고 학습할 수 있으며 개선할 수도 있다. 지금껏 당신이 회복력이 낮은 사람이었다고 해도 얼마든지 회복력이 높은 사람이 될 수 있다는 의미이다.

레이비치와 샤트(2002)가 개발한 회복력 테스트를 통해 자신의 회복력 수준은 물론 자신이 현재 갖고 있는 일곱 가지 능력 수준을 측정할 수 있다. 이 테스트는 다양한 직업에 종사하는 수천 명의 도움으로 완성됐고 현실에서의 성공 가능성을 상당히 정확하게 예측하고 있다. 예컨대, 대규모 통신회사의 말단 직원과 중간관리자의 회복력 수준을 비교한 결과, 관리자의 회복력 지수가 현저히 높았다. 금융투자회사에서는 재정 컨설턴트들의 회복력 지수를 측정하고 그들이 확보한 고객 수와 관리하는 자산 규모를 추적 조사했는데 회복력 지수가 더 높은 컨설턴트가 더 많은 고객을 확보하고 더 많은 자산을 관리했다. 회복력을 높이는 일은 역경을 극복해 더 행복하고 더 성공적인 인생을 살도록 해 준다는 것이다.

직접 회복력 지수를 측정해 보자. 자신이 일곱 가지 회복력을 어느 정도 갖추고 있는지 파악하고 나면 자신에게 어떤 기술이 필요한지 정확하게 알 수 있을 것이다. 다음의 회복력 지수(Resilience Quotient: RQ) 검사는 레이비치와 샤트(1997)가 개발한 것이다. RQ검사는 모두 56개 문항이다. 문항에 답할 때 너무 오래 고심하지 마라. 처음부터 끝까지 10분 정도에 마처야 한다. 각 문항이 당신과 얼마나 일치하는지를 제시된 척도에 따라 대답하라.

전혀 아니다	대체로 아니다	보통이다	대체로 그렇다	매우 그렇다
1	2	3	4	5

_____ 1. 문제를 해결하려고 노력할 때 나는 직감을 믿으며 처음 떠오른 해결책을 적용한다.

_____ 2. 직장 상사, 동료, 배우자, 자녀와 미리 계획한 대화를 나눌 때도 나는 언제나 감정적으로 대응한다.

_____ 3. 앞으로의 건강이 걱정스럽다.

_____ 4. 당면한 과제에 집중하지 못하게 방해하는 어떤 것도 능숙하게 차단한다.

_____ 5. 첫 번째 해결책이 효과가 없으면 원점으로 돌아가서 문제가 해결될 때까지 다른 해결책을 끊임없이 시도한다.

_____ 6. 호기심이 많다.

_____ 7. 과제에 집중하게 도와줄 긍정적인 정서를 활용하지 못한다.

_____ 8. 새로운 것을 시도하기를 좋아한다.

_____ 9. 도전적이고 어려운 일보다는 자신 있고 쉬운 일을 하는 것이 더 좋다.

_____ 10. 사람들의 표정을 보면 그가 어떤 감정을 느끼는지 알아차린다.

_____ 11. 일이 잘 안 풀리면 포기한다.

_____ 12. 문제가 생기면 여러 가지 해결책을 강구한 후 문제를 해결하려고 노력한다.

_____ 13. 역경에 처할 때 감정을 통제할 수 있다.

_____ 14. 다른 사람들이 나에 대해 어떻게 생각하든 내 행동에 영향을 주지 못한다.

_____ 15. 문제가 일어나는 순간, 맨 처음에 떠오르는 생각이 무엇인지 알고 있다.

_____ 16. 내가 유일한 책임자가 아닌 상황이 가장 편안하다.

_____ 17. 내 능력보다 타인의 능력에 의지할 수 있는 상황을 선호한다.

_____ 18. 언제나 문제를 해결할 수는 없지만 해결할 수 있다고 믿는 것이 더 낫다.

_____ 19. 문제가 일어나면 문제의 원인부터 철저히 파악한 후 해결을 시도한다.

_____ 20. 직장이나 가정에서 나는 내 문제해결 능력을 의심한다.

_____ 21. 내가 통제할 수 없는 요인들에 대해 숙고하는 데 시간을 허비하지 않는다.

_____ 22. 변함없는 단순한 일상적인 일을 하는 것을 좋아한다.

_____ 23. 내 감정에 휩쓸린다.

_____ 24. 사람들이 느끼는 감정의 원인을 간파하지 못한다.

_____ 25. 내가 어떤 생각을 하고 그것이 내 감정에 어떤 영향을 미치는지 잘 파악한다.

_____ 26. 누군가에게 화가 나도 일단 마음을 진정하고 그것에 관해 대화할 알맞은 순간까지 기다릴 수 있다.

_____ 27. 어떤 문제에 누군가가 과잉반응을 하면 그날 그 사람이 단지 기분이 나빠서 그런 거라고 생각한다.

_____ 28. 나는 대부분의 일을 잘해 낼 것이다.

_____ 29. 사람들은 문제해결에 도움을 얻으려고 자주 나를 찾는다.

_____ 30. 사람들이 특정 방식으로 대응하는 이유를 간파하지 못한다.

_____ 31. 내 감정은 가정, 학교, 직장에서의 집중력에 영향을 미친다.

_____ 32. 힘든 일에는 언제나 보상이 따른다.

_____ 33. 과제를 완수한 후 부정적인 평가를 받을까 봐 걱정한다.

_____ 34. 누군가가 슬퍼하거나 분노하거나 당혹스러워할 때 그 사람이 어떤 생각을 하고 있는지 정확히 알고 있다.

_____ 35. 새로운 도전을 좋아하지 않는다.

_____ 36. 직업, 학업, 재정과 관련해서 미리 계획하지 않는다.

_____ 37. 동료가 흥분할 때 그 원인을 꽤 정확하게 알아차린다.

_____ 38. 어떤 일이든 미리 계획하기보다는 즉흥적으로 하는 것을 좋아한다. 그것이 별로 효과적이지 않아도 그렇다.

_____ 39. 대부분의 문제는 내가 통제할 수 없는 상황 때문에 일어난다.

_____ 40. 도전은 나 자신이 성장하고 배우는 한 가지 방법이다.

_____ 41. 내가 사건과 상황을 오해하고 있다는 말을 들은 적이 있다.

_____ 42. 누군가가 내게 화를 내면 대응하기 전에 그의 말을 귀 기울여 듣는다.

_____ 43. 내 미래에 대해 생각할 때 성공한 내 모습이 상상되지 않는다.

_____ 44. 문제가 일어날 때 내가 속단해 버린다는 말을 들은 적이 있다.

_____ 45. 새로운 사람들을 만나는 것이 불편하다.

_____ 46. 책이나 영화에 쉽게 몰입한다.

_____ 47. "예방이 치료보다 낫다."라는 속담을 믿는다.

_____ 48. 거의 모든 상황에서 문제의 진짜 원인을 잘 파악한다.

_____ 49. 훌륭한 대처 기술을 갖고 있으며 대부분의 문제에 잘 대응한다.

_____ 50. 배우자나 가까운 친구들은 내가 자신들을 이해하지 못한다고 말한다.

_____ 51. 판에 박힌 일과를 처리할 때 가장 편안하다.

_____ 52. 문제는 최대한 빨리 해결하는 것이 중요하다. 그러느라 그 문제를 충분히 파악하지 못하더라도 그렇다.

_____ 53. 어려운 상황에 처할 때 나는 그것이 잘 해결될 거라고 자신한다.

_____ 54. 동료와 친구들은 내가 그들의 말을 경청하지 않는다고 말한다.

_____ 55. 어떤 것이 갖고 싶으면 즉시 나가서 그것을 산다.

_____ 56. 동료나 가족과 '민감한' 주제에 대해 의논할 때 감정을 자제할 수 있다.

역경에 처할 때 회복력을 발휘하게 해 주는 회복력의 여섯 가지 능력에는 감정 조절, 충동 통제, 낙관성, 원인 분석, 공감 능력, 자기효능감, 적극적 도전(뻗어 나가기)이 있다.

다음의 표에 각 문항의 점수를 적으라.

감정 조절

긍정 문항	13	25	26	56	부정 문항	2	7	23	31
총점:					총점:				

긍정 문항 – 부정 문항 = _____점이 감정 조절 점수

평균 이상: 13점 초과, 평균: 6점에서 13점, 평균 이하: 6점 미만

충동 통제

긍정 문항	4	15	42	47	부정 문항	11	36	38	55
총점:					총점:				

긍정 문항 – 부정 문항 = _____점이 충동 통제 점수

평균 이상: 0점 초과, 평균: –6점에서 0점, 평균 이하: –6점 미만

낙관성

긍정 문항	18	27	32	53	부정 문항	3	33	39	43
총점:					총점:				

긍정 문항 – 부정 문항 = _____점이 낙관성 점수

평균 이상: 6점 초과, 평균: –2점에서 6점, 평균 이하: –2점 미만

원인 분석

긍정 문항	12	19	21	48	부정 문항	1	41	44	52
총점:					총점:				

긍정 문항 – 부정 문항 = _____점이 원인 분석 점수

평균 이상: 8점 초과, 평균: 0점에서 8점, 평균 이하: 0점 미만

공감 능력

긍정 문항	10	34	37	46	부정 문항	24	30	50	54
총점:					총점:				

긍정 문항−부정 문항 = _____점이 공감 점수

평균 이상: 12점 초과, 평균: 3점에서 12점, 평균 이하: 3점 미만

자기효능감

긍정 문항	5	28	29	49	부정 문항	9	17	20	22
총점:					총점:				

긍정 문항−부정 문항 = _____점이 자기효능감 점수

평균 이상: 10점 초과, 평균: 6점에서 10점, 평균 이하: 6점 미만

★ 적극적 도전

긍정 문항	6	8	14	40	부정 문항	16	35	45	51
총점:					총점:				

긍정 문항−부정 문항 = _____점이 적극적 도전 점수

평균 이상: 9점 초과, 평균: 4점에서 9점, 평균 이하: 4점 미만

감정 조절 감정 조절은 스트레스를 받는 상황에서 평온을 유지하는 능력이다. 감정을 조절하지 못하는 사람은 주변 사람들을 지치게 할 뿐만 아니라 공동 작업을 어렵게 하고 우정을 지속하지 못한다. 스트레스를 더 많이 받고 역경에도 취약할 수밖에 없다. 하지만 회복력 수준이 높은 사람은 여러 가지 기술을 활용해 자신의 감정, 집중력, 행동을 통제한다. 그래서 역경이 닥쳤을 때도 자신의 감정을 조절해 평온을 유지하고 문제를 해결할 수 있는 방법을 모색할 수 있다.

물론 모든 감정을 통제해야 하는 건 아니다. 오히려 슬픔, 우울함 등의 감정을 솔직하게 표현하는 게 건설적이고 생산적이다. 슬픔을 꾹꾹 눌러 참는 것보다는 눈물을 흘리고 나면 마음이 진정되면서 한발 물러나 상황을 객관적으로 보게 된다. 감정을 건강하게 표현하는 건 회복력을 높이는 방법이며 행복한 삶의 방법이다. 감정 조절 능력이 부족한 사람은 'ABC 확인하기'를 하면 도움이 된다. 자신에게 어떤 왜곡된 믿음이 있는지를 알면 감정을 조절하기가 쉬워진다.

충동 통제   충동을 통제할 수 있는 사람들은 대체적으로 회복력이 높다. 대니얼 골먼 박사는 충동 통제 능력이 높은 아이들이 교우관계가 더 좋았고 학교 성적도 뛰어났다고 한다. 이는 충동 통제 능력이 있는 아이들이 역경이 닥쳤을 때 충동적으로 대응하지 않는다는 것을 입증하는 결과이기도 하다. 시험공부를 할 때 함께 놀자는 친구의 유혹을 참아 낼 줄도 알고, 친구와 갈등이 생겨도 바로 감정을 표출하지 않아 관계가 악화되지 않도록 했다는 이야기이다.

충동 통제 능력은 감정 조절 능력과 밀접한 관련이 있다. 감정을 조절할 수 있다는 건 그만큼 충동적으로 행동하지 않는다는 말이다. 실직했을 때 대부분 부정적인 생각이 떠오르고 자신은 아무짝에도 쓸모없는 사람이라고 비판하기 쉽다. 이럴 때 감정을 조절할 수 있는 사람은 감정에 휩쓸리지 않고 방법을 강구해 나가겠지만, 그렇지 않은 사람은 술독에 빠져 살거나 방황한다. 역경에 대처하는 능력을 키우려면 충동을 통제할 수 있어야 한다.

충동 통제 능력이 부족한 사람은 'ABC 확인하기'와 '사고의 함정 피하기'를 통해 충동적인 믿음과 그 믿음이 회복력을 어떻게 훼손하는지를 간파하는 것이 중요하다. 그런 다음 '반박하기'를 하면 충동 통제 능력을 향상시키고 정확하게 사고할 수 있다. 정확한 사고는 감정 조절 능력과 회복력을 높여서 탄력적인 행동을 하게 돕는다.

낙관성   낙관적인 사람은 고통이 금방 지나갈 것이고 다시 좋아질 것이라고 생각하기 때문에 미래에 대한 희망을 품는다. 또 자신이 어느 정도는 인생의 방향을 통제한다고 여긴다. 그래서 역경도 자신이 통제하고 극복해 나갈 수 있다는 믿음을 갖고 있다. 그렇기에 회복력 지수가 높은 사람은 낙관적이다. 이런 낙관성이 자기효능감과 결합하면 동기를 부여해 해결책을 찾아내고 어려운 상황을 개선하게끔 노력하게 만든다. 자기효능감은 자신이 문제를 해결할 수 있다는 확고한 믿음이다. 만약 당신이 스스로 그 일을 해낼 수 없다거나 어떻게 해결해야 할지 모르겠다고 생각한다면 낙관성을 키워야 한다. 낙관성이 낮은 사람은 '반박하기'와 '진상 파악하기'를 통해 통제 가능한 요인을 장악할 수 있다.

원인 분석   역경과 마주해 우울하고 슬픈 감정에 휩싸이면 정확한 판단을 하기가 어렵다. 실제로 이런 상황에서는 95%의 사람이 잘못된 사고를 한다고 한다. 예컨대, 실직을 했을 때 회사가 어려워 구조조정을 한 것인데도 자신이 무능력해 해고를 당한 것으로 생각한다. 원인을 사실과는 전혀 다른 엉뚱한 것에서 찾는 것이다. 그래서 원인 분석 능력은 회복력의 능력 가운데서도 특히 중요하다.

원인 분석은 문제의 원인을 정확하게 분석하는 능력으로 낙관성과 연관돼 있다. 여기에는 어떤 일에 대한 개인의 설명양식이 중요하다. 비관적인 사람들은 '내 탓, 항상, 전부'의 설명양식을 가지고 있는데, 문제의 원인이 자신이고 문제가 지속적이며 변할 수 없고 자기 삶의 모든 영역을 손상시킬 것이라고 믿는다. 만약 당신이 비관적인 사람의 속성을 갖고 있다면 역경이 닥쳤을 때 감정에 휩싸여 잘못된 사고를 할 가능성이 높다. 이런 사람은 원인 분석의 습관을 바꿔야 한다. 원인 분석 능력이 낮은 사람은 낙관성과 마찬가지로 '반박하기'를 통해 향상시킬 수 있다.

공감 능력   공감 능력이란 다른 사람이 어떤 상황에 처했을 때 그 상황과 관련된 그 사람의 감정 요소와 의미를 마치 자신이 그 사람인 것처럼 정확하게 지각하고 반응해 주는 능력이다. 공감 능력이 뛰어난 사람은 학교나 직장에서 사람들의 신뢰를 얻고 어려움에 처했을 때 주변 친구들이 도와줄 가능성이 많다. 그래서 보다 넓은 사회적 관계를 맺고 친밀한 관계를 유지한다. 상대방의 의견에 찬성하지는 않아도 이해해 주기 때문에 적보다는 친구가 많다.

폭력, 성폭행, 살인 등을 저지른 범죄자들에게는 공통적으로 공감 능력이 부족하다고 한다. 타인의 고통을 보면서도 아플 것이라고 생각하지 못하는 것이다. 특히 싸움이 일어나는 원인의 대다수는 공감하지 못하기 때문이다. 그래서 공감 능력은 회복력의 능력이면서 모든 관계의 기본이다. 만약 자신이 직장 동료와 의견 충돌이 잦거나 자주 상대방의 행동을 이해하지 못하는 사람이라면 공감 능력을 키워야 한다. 회복력을 떠나서 그래야 좋은 관계를 맺을 수 있다. 공감 능력이 낮은 사람은 'ABC 확인하기'와 '빙산 찾아내기'를 통해 스스로 동기를 부여하는 방법과 함께 다른 사람과 상호작용하는 방법도 배울 수 있다.

자기효능감   회복력이 높은 사람은 일반적으로 자기효능감이 높은 편이다. 그래서 자신의 의지대로 인생을 살아가면서 스스로 행동을 제어하고 자기 운명을 개척할 수 있다. 자기효능감이 낮으면 어떤 문제에 직면했을 때 자신이 그 일을 해낼 수 없다고 생각하고 성취의 정도도 더디다. 자신의 능력을 의심하거나 믿지 못하면 좌절하고 불안할 수밖에 없다. 그래서 도망치고 회피할 가능성이 높다. 하지만 자기효능감을 키우면 자신감과 자신에 대한 지배력이 커지면서 실제로 실패를 덜 겪게 된다.

자기효능감을 키울 수 있는 가장 좋은 방법은 작은 성과를 달성하면서 성공을 경험하는 것이다. 그러면 자신도 얼마든지 해낼 수 있다는 믿음과 자신감을 가질 수 있다. 자기효능감이 낮은 사람은 '사고의 함정 피하기'를 통해 문제의 원인에 대한 불합리한 믿음을 떨쳐 내고 믿음에 '반박하기'를 통해 문제를 더 확실하게 해결할 수 있다.

　적극적 도전　다람쥐 쳇바퀴 돌듯 익숙해진 일상을 반복할 뿐 새로운 도전을 하지 못하는 사람들은 대체적으로 회복력이 약하다. 어떤 도전을 과감히 받아들이지 못하는 건 사실은 실패할지도 모른다는 두려움 때문이다. 자신의 진짜 한계와 맞닥뜨릴지 모른다는 불안함도 깔려 있다. 하지만 역경을 이겨 낸 사람들은 역경을 통해 자신에 대한 믿음을 키우면서 새로운 경험과 세계를 기꺼이 받아들인다. 어떤 새롭고 낯선 상황에서도 자신이 넘어서고 이겨 낼 수 있다는 믿음이 있기 때문에 얼마간의 위험 또한 감수하고 받아들인다. 이처럼 실패를 두려워하지 않고 새로운 세계에 도전하는 것이 '뻗어 나가기' 능력이다.

　뻗어 나가기 능력이 부족한 사람은 '빙산 찾아내기'를 통해 타인과의 친밀한 관계 형성을 방해하고 새로운 경험을 시도하지 못하게 가로막는 뿌리 깊은 믿음을 찾아낼 수 있다. 또한 '반박하기'를 통해 불합리한 믿음을 검증하고 '진상 파악하기'를 통해 뻗어 나가기에 대한 두려움을 떨쳐 낼 수 있다.

　회복력을 증진시키는 기술에는 정서적(emotion) 회복력 기술과 인지적(cognitive) 회복력 기술이라는 두 가지가 있다. 정서적 회복력 기술은 긍정정서이며, 성격강점과 긍정관계가 포함된다. 인지적 회복력 기술은 정확한 사고가 핵심이다. 정서적 회복력 기술은 긍정정서의 확장 및 구축 이론의 창안자인 프레드릭슨이, 인지적 회복력 기술은 회복력의 권위자 캐런 레이비치가 주도하고 있다.

정서적 회복력 기술

　역경에 대한 대응 방식은 기본적으로 두 가지가 있다. 그것은 바로 절망과 희망이다. 이순신 장군이 가장 열악한 조건에서 치열하게 싸워 승리했던 명량해전을 앞두고 "우리에겐 열두 척밖에 없습니다."가 아닌 "우리에겐 아직 열두 척이 남아 있습니다."라고 대응한 것처럼 말이다. 절망 속에서는 부정정서가 배가 된다. 두려움과 불안은 스트레스로, 다시 스트레스는 가망성 없는 슬픔으로 변이될 수 있다. 이렇게 부정정서가 자라나게 되는데, 부정정서보다 더 나쁜 것이 절망이다. 절망은 모든 형태의 긍정정서를 질식시키고 차단하며, 긍정정서가 소멸되면 타인과 진정으로 연결될 모든 가능성이 사라진다. 절망은 우리를 나락으로 인도

할 내리막길로 가는 문을 연다.

희망은 절망과 다르다. 그렇다고 희망이 절망의 반대라는 뜻은 아니다. 희망은 사실 부정 정서를 또렷하게 인식한다. 하지만 중요한 것은 희망이 우리 안에 있는 긍정정서를 더 많이 배양한다는 점이다. 아무리 작은 희망의 불씨라도 우리에게 사랑과 감사, 영감 등의 정서를 느끼도록 해 주는 발판이 될 수 있다. 그리고 이 따뜻하고 부드러운 느낌은 우리의 생각과 마음을 열어 주고 다른 사람과 연결될 수 있도록 해 준다. 이처럼 희망은 우리가 역경을 딛고 일어나 전보다 더욱 강하고 유능한 모습으로 변화할 힘을 불어넣어 줄 오르막길로 가는 문을 열어 준다.

긍정정서가 유전적으로든, 직관적으로든, 또는 실천에 의해서든 다른 사람들에 비해 더 높은 사람들이 있다. 그런 사람들은 회복력이 강하다. 그들은 역경 앞에서도 인내할 줄 알고, 웃을 줄 알며, 불행한 사건을 기회로 바꾸고, 미래의 위험에 대해서는 관망하는 태도를 취하기 때문이다. 그렇다고 그들이 부정정서를 전혀 느끼지 않는다는 것은 아니다. 그들도 누구나처럼 고통을 느낀다. 그러나 한편으로 위기 속에서도 긍정정서를 배양하는 방법을 찾기 때문에 그들의 부정정서는 그리 오래 지속되지 않는다. 그들은 금세 다시 일어선다.

역경은 어김없이 부정정서를 유발한다. 이를 방치해 두었다가는 언제 그 손아귀에 이끌려 나락으로 떨어지게 될지 모른다. 그러나 보이지 않는 힘에 끌려가는 와중에도 우리는 다른 길을 선택할 수 있다. 부정정서의 내리막길에서 긍정정서로 제동을 걸고 위쪽으로 방향을 틀 수 있는 것이다. 그러기 위해서는 내면에 있는 긍정정서의 샘을 팔 필요가 있다. 긍정정서는 심리적 시야를 가리고 있던 부정정서의 장막을 제거하고 보다 폭넓은 가능성을 향해 우리의 마음과 생각을 열어 준다. 그리고 그와 동시에 우리를 긍정정서의 강한 상승 효과에 태워 어둠을 뚫고 보다 높은 곳으로 올라가게 한다.

우리는 놀라울 정도로 강한 회복력을 지니고 있다. 이는 인간이면 누구나 타고난 능력인지도 모른다. 대나무처럼 휘어질지언정 부러지지는 않을 수 있다. 휘청거리다가도 다시 일어설 수 있다는 것이다. 회복력에 필요한, 즉 내면의 샘에 막대한 긍정정서의 창고를 지니고 있기 때문이다. 이 긍정정서 창고에 있는 기쁨과 사랑, 감사, 영감의 순간은 부정정서의 눈가리개를 제거하고 시야를 회복하도록 도움으로써 더 이상 우리가 부정정서의 내리막길로 미끄러지지 않을 수 있게 해 준다. 이처럼 긍정정서는 인간의 회복력에 중추적인 역할을 한다. 프레드릭슨은 "긍정정서 없는 회복력이란 상상할 수 없다."라고 말한다. 긍정정서가 회복력을 키워 주기 때문이다.

다음의 검사는 데이비드 왓슨(David Watson), 클라크(L. A Clark)와 어크 텔러젠(Auke

Tellegen)이 공동으로 고안한 긍정정서 상태와 부정정서 상태 척도(Positive Affectivity and Negative Affectivity Scale: PANAS)로서, 일시적인 감정을 측정하는 가장 정평이 나 있는 검사 도구이다.

⊙ 긍정정서 상태와 부정정서 상태 척도(PANAS)

긍정정서 상태와 부정정서 상태 척도는 서로 다른 감정과 정서를 묘사한 다양한 어휘로 이루어져 있다. 각 항목을 읽고 다음 점수표를 참고하여 가장 알맞은 수를 어휘 앞에 있는 빈칸에 써 보라. 이것은 지금 이 순간 자신이 느끼는 정도를 수치로 표시한 것이다.

점수를 계산할 때는 긍정정서 상태(PA) 열 가지와 부정정서 상태(NA) 열 가지를 각각 더한다. 그러면 10점에서 50점 사이의 점수 2개를 얻게 될 것이다.

아주 조금/전혀 없음	약간	보통	많음	아주 많음
1	2	3	4	5

_____ 재미있다(PA)　　_____ 짜증스럽다(NA)　　_____ 괴롭다(NA)

_____ 맑고 또렷하다(PA)　_____ 신난다(PA)　　_____ 수치스럽다(NA)

_____ 혼란스럽다(NA)　_____ 활발하다(PA)　　_____ 자신감이 있다(PA)

_____ 불안하다(NA)　　_____ 죄책감이 든다(NA)　_____ 확신에 차 있다(PA)

_____ 무섭다(NA)　　_____ 주의 집중하다(PA)　_____ 분노심을 느낀다(NA)

_____ 긴장된다(NA)　　_____ 의욕이 솟는다(PA)　_____ 활기차다(PA)

_____ 자랑스럽다(PA)　_____ 두렵다(NA)

긍정정서 상태(PA:　　) - 부정정서 상태(NA:　　) = (　　　)

⊙ 긍정정서는 회복력의 핵심

9·11 테러는 많은 미국인에게 심리적 고통은 물론 일의 정체성에도 혼란을 야기했다. 긍정정서의 과학적 기틀을 확고히 구축했다고 느꼈던 프레드릭슨도 혼란스러웠다. 누가 긍정정서 따위에 관심을 가질까 하는 의구심도 일었다. 솔직히 긍정정서의 과학은 테러가 횡행하

는 이런 시대에는 적절치 않다는 느낌까지 들었다고 한다. 처음으로 그녀는 평생을 헌신해 온 연구의 타당성에 의문을 품기도 했다. 9·11 테러의 비극으로 인해 여지없이 비관과 부정 정서의 나락에 빠져들던 그녀에게 활기를 되찾아 준 것은 회복력 연구였다. 프레드릭슨의 연구팀은 9·11 테러가 발생하기 얼마 전 100여 명의 대학생을 대상으로 잭 블록(Jack Block)과 애덤 크레먼(Adam Kremen)이 공동 개발한 '자아 회복력' 설문조사를 통해 이들의 회복력 수준을 측정했다. 어쩌면 다시 동일한 그룹을 대상으로 9·11 테러 발생 이후 그들의 실질적인 회복력을 측정해 볼 수 있을지도 모른다는 생각이 들었다. 회복력 설문조사에서 나온 그들의 점수는 이런 힘겨운 시기에 그들이 어떻게 대처해 나가고 있을지를 정확하게 예측했을까? 만약 그렇다면 그들의 회복에 긍정정서가 중심적인 역할을 했을까? 이를 알아보기 위해 학생들을 다시 불러 추가 조사를 실시했다.

앞서 회복력을 측정했던 학생들과 다시 만났을 때 연구팀은 그들에게 많은 것을 요청했다. 예컨대, 9·11 테러 이후 어떤 식으로든 그 사건과 관련해 경험한 가장 스트레스가 심했던 상황을 설명해 달라든가, 식별 가능한 여러 긍정정서와 부정정서를 얼마나 자주 느꼈는지를 물었다. 그리고 낙관성, 침착성, 인생에 대한 만족도를 포함한 그들의 심리적 강점을 측정했다. 마지막으로, 9·11 테러 이후 우울의 징후를 경험한 적이 있다면 어떤 것이라도 알려 줄 것을 부탁했다.

연구팀은 이 학생들로부터 회복력이 어떻게 작용하는지에 대해 많은 것을 알 수 있었다. 이전 설문조사에서 높은 점수를 기록해 회복력이 높은 것으로 나타났던 학생들은 실제로도 그에 부합하는 결과를 보였다. 그들은 낮은 점수를 기록했던 학생들에 비해 더 빨리 회복했다. 9·11 테러 이후에는 누구나 우울한 기분을 느꼈지만 회복력이 높은 사람들은 임상적 우울증의 징후는 거의 보이지 않았다. 심지어 일부 측면에서는 심리적으로 더욱 강해진 면모를 보였다. 예컨대, 그들은 9·11 테러 이전의 응답들과 비교해 보다 낙관적이고 차분해졌으며 삶에 충실했다. 회복력이 높은 사람들은 다른 사람들에 비해 확실히 이 사건에 더 뛰어난 대처 능력을 보였다.

회복력이 높은 사람들과 그렇지 않은 사람들 사이의 가장 결정적인 차이점은 긍정정서였다. 그것이 그들의 성공 비결이었을 뿐만 아니라 우울감을 덜어 내고 심리적으로 성장시킨 이면의 메커니즘이었다. 한마디로 회복력과 긍정정서는 나란히 진행한다는 것이 밝혀졌다. 긍정정서가 역경을 이겨 내고 이전보다 더 강해지도록 하는 유효 성분임이 밝혀진 것이다. 긍정정서 없이는 회복력도 없다는 것이다.

◉ 회복력과 심장

회복력이 높은 사람과 그렇지 않은 사람의 심장은 스트레스에 대해 각기 어떻게 반응할까? 연구실에서 행한 초기 연구에서 프레드릭슨은 사람들의 정서의 기복과 혈압을 검사함으로써 회복력에 깔린 기제를 면밀히 살펴본 적이 있다. 초조함을 느끼면 누구나 혈압이 상승한다. 놀라운 점은 이런 혈압의 급상승을 되돌려 놓는 '리셋' 버튼이 우리 안에 있다는 것이다. 그것은 바로 긍정정서이다. 좋은 정서는 나쁜 정서를 몰아낼 뿐 아니라 심장을 안정시키고 혈압을 빠르게 정상으로 되돌려 놓는다.

그 사실을 프레드릭슨의 연구팀은 다음과 같은 방식으로 발견했다. 정서와 심장혈관의 반응도에 대한 연구에 참여하기 위해 연구실로 찾아온 지원자들이 편안한 의자에 앉아 있는 동안 연구팀의 학생이 순간순간 변화하는 그들의 심박수와 혈압, 혈관 수축 정도를 추적하기 위해 피부에 작은 센서들을 부착시켰다. 지원자들이 낯선 환경에 어느 정도 익숙해진 후 안정 상태에서 몇 분 동안 그들의 심장혈관 수치들을 측정했다. 그들이 특별히 어떤 감정도 느끼지 않을 때 심장이 어떻게 움직이는지 알아 둘 필요가 있었기 때문이다. 그다음 연구팀은 상당한 시간적 압력과 함께 이 지원자들에게 '왜 자신이 좋은 친구인가'에 대한 연설을 준비하라고 시켰다. 또 심리적 압박감을 한층 가중시키기 위해 그들의 연설을 녹화해 비슷한 연령대의 친구들에게 평가받게 하겠다고 말했다. 충분히 짐작하겠지만 이 부담스러운 대중 연설의 과업은 그들을 초조하게 만들었다. 이때 지원자들은 심박수가 치솟고 혈압이 상승했으며 정맥과 동맥도 수축되었다.

모두를 초조하게 만드는 목표가 달성되고 난 후 진짜 실험이 시작됐다. 연구팀은 부정정서의 정점에 있는 참가자들의 관심을 연설 과업에서 짧은 동영상으로 돌렸다. 그들은 무작위로 네 가지 동영상 중 하나를 보도록 했다. 두 가지는 긍정적인 것이었고, 하나는 부정적인 것, 나머지 하나는 중립적인 것이었다. 긍정적인 동영상 두 가지 중 하나는 바다의 잔잔한 파도를 보여 줌으로써 평온함을 유발하는 것이었고, 다른 하나는 꽃을 가지고 놀고 있는 강아지를 보여 줌으로써 잔잔한 재미를 유발하는 것이었다. 부정적인 동영상은 사랑하는 사람의 죽음으로 슬피 우는 어린 소년을 보여 줌으로써 슬픔을 유발하는 것이었다. 마지막으로 중립적인 것은 다양한 색깔의 막대가 차례로 쌓이는 모양의 구식 스크린 세이버 화면으로, 별다른 정서를 유발하지 않는 것이었다.

동영상이 시작되는 순간부터 연구팀은 긍정정서의 효과를 추적해 나갔다. 방법은 연설에 부담을 가졌던 심장혈관 반응에서 원래의 안정기 수준으로 되돌아오는 데 사람마다 시간이 얼마나 걸리는지를 측정하는 것이었다. 일부 사람들의 심장은 몇 초 이내에 진정됐지만, 다른 사람들의 심장은 진정되기까지 1분 넘게 걸렸다. 여기에서 긍정정서가 차이를 만들었다. 두 가지 긍정적인 동영상 중 하나를 보도록 선택된 참가자들이 중립적이거나 부정적인 동영상을 본 사람들에 비해 더 빠른 심장혈관 반응의 회복력을 보인 것이다. 프레드릭슨은 이를 긍정정서의 '원상회복 효과(undo effect)'라 불렀다. 긍정정서는 부정정서로 인한 심혈관계의 변화를 진정시키거나 '원상회복'시킬 수 있다는 것이다. 부정정서를 상쇄하는 긍정정서의 능력을 밝힌 프레드릭슨의 실험은 긍정정서가 회복력에 대한 열쇠를 쥐고 있음을 증명했다는 점에서 의미가 있다.

◉ 회복력 구축하기

회복력은 긍정정서를 높임으로써 증진시킬 수 있다. 회복력은 장기간에 걸쳐 성장하는 내면의 자원이며 긍정정서는 이 성장을 위한 자양분을 제공한다.

프레드릭슨의 연구팀은 이런 결론을 연구를 시작할 때와 1개월 후에 사람들의 회복력 수준을 측정했던 한 결과에서 끌어냈다. 그 사이 기간에는 날마다 그들의 정서적 기복을 추적했다. 여기서도 회복력 척도에서 높은 점수를 기록했던 사람들이 긍정정서를 더 많이 경험했다고 보고했다. 덧붙여 긍정정서를 많이 경험할수록 한 달 동안 회복력 수준도 더욱 증가했다. 회복력은 구축할 수 있는 자원인 것이다.

연구팀은 이 아이디어를 연구실에서 시험해 보았다. 또다시 부담스러운 대중 연설 과업을 부여하고 순간순간 사람들의 심박수와 혈압의 변화를 추적했다. 이번에는 회복력 설문조사에서 낮은 점수를 기록해 회복력이 저조한 것으로 나타난 사람들에게 회복력이 강한 사람들이 지닌 비결을 공유했을 때 무슨 일이 일어날지 시험했다. 연구팀은 무작위로 뽑은 한 참가자 그룹에게 최선을 다해 기운을 내어 연설 과업에 임할 것이며, 그것을 그들이 맞서서 극복할 수 있는 하나의 도전으로 생각하라고 말했다. 연구팀은 이런 식의 생각이 사람들로 하여금 긍정정서를 활용하도록 할 것이라고 추론했다. 그리고 나머지 사람에게는 평소대로 긴장감을 고조시켰다.

그 결과, 기운을 내어 연설하라고 말한 것이 회복력이 부족한 사람들에게 엄청난 변화를 가져왔음을 알 수 있었다. 역경에 보다 열린 마음으로 맞서라는 제안은 그들에게 내재된 긍정정서를 해방시켰다. 그리고 긍정정서는 그들의 치솟는 심박수와 혈압을 진정시키는 데 결정적인 역할을 했다.

프레드릭슨은 또한 긍정정서가 어떻게 삶 속에서 회복력을 구축하는지 설명하기 위해 박사과정 학생이던 웬디 트레이너(Wendy Treynor)의 사례를 소개했다. 박사학위를 받은 후 웬디는 그녀의 재능을 발휘할 직장을 구하지 못했다. 그리고 오랜 시간을 고등교육에 투자했으나 취직을 못 하는 것만으로는 부족했는지 암에 걸리고 말았다.

2006년 초 프레드릭슨은 어느 연례 학술회의에서 웬디와 마주쳤다. 그녀는 당연히 초췌해 보였고 자신의 미래에 대해 확신이 없었다. 웬디는 예전부터 훌륭한 학자가 될 재목이라는 기대를 받았고, 그녀의 사고력과 글쓰기 능력은 함께 공부했던 학생들 중에서도 뛰어났다. 그녀는 자신이 선택한 분야에서 일할 자격이 너무나도 충분했다. 프레드릭슨은 그날 그녀의 건강과 생계가 염려돼 할 수 있는 모든 충고를 해 주었다.

그 후 2006년 여름 웬디에게서 편지 한 통을 받았다. 마침내 암도 완치되고 일자리도 얻었다는 소식을 전한 후 그녀는 다음과 같이 썼다.

교수님이 말씀해 주신 부정정서에 대한 긍정정서의 비율에 관해 줄곧 생각해 오며 …… 그것을 지금껏 적극적으로 실천해 왔습니다. 교수님을 뵌 후 저는 매일 요가와 아침 산책, 오후 산책, 저녁 수영을 하고 있답니다. 덕분에 건강이 많이 호전됐고 기분은 언제나 즐겁고 평화롭습니다(상황이 힘들 때도요). 그리고 무엇보다 중요한 것은 현실감과 충만감을 느낀다는 겁니다. 이제야 난생처음 활짝 피어나는 기분이에요! 학문적 지식은 물론 사랑과 지지로 저를 이렇게 이끌어 주신 교수님을 비롯한 다른 모든 정서 연구자분들께 감사드립니다. …… 지금 저는 무척이나 생기 넘친답니다. 교수님께서 지금 절 보실 수 있다면 얼마나 좋을까요? 아마 엄청 기특해하실 거예요! 제 근사한 새 삶에 대해 뵙고 말씀드리고 싶어 견딜 수 없네요! 교수님의 크신 사랑과 격려에 진심으로 감사드립니다.

인지적 회복력 기술

당신의 회복력은 어느 정도일까? 연구 결과에 따르면 대부분의 사람은 자신의 회복력을 매우 높은 것으로 평가한다고 한다. 하지만 진실은 다르다. 역경을 헤쳐 나갈 감정적·사고적·신체적 준비가 돼 있는 사람들은 극히 드물다. 이는 역경에 용감하게 확신을 갖고 맞서는 것이 아니라 포기하고 무기력하게 대응한다는 말이다. 특정한 분야에서 회복력을 발휘하는 사람일지라도 다른 사람의 도움이 필요하다는 것이다. 캐런 레이비치와 앤드류 샤트가 연구한 바에 따르면 회복력을 키우는 일곱 가지의 확실한 기술이 있으며 그 기술을 모두 갖춘 사람은 거의 없었다. 그렇다면 회복력을 높일 수 있을까? 물론이다. 역경에 대해 사고하는 방법을 바꾸면 된다.

레이비치와 샤트(2002)는 회복력을 가로막는 가장 큰 장애물은 유전도, 아동기의 경험도, 기회 부족도, 경제적 문제도 아니며, 개인의 내면에 존재하는 그 강력한 힘을 발휘하지 못하게 가로막은 일차적인 장애물은 사고양식(thinking style)이라고 했다. 사고양식은 개인이 세상을 바라보고 어린 시절부터 겪은 사건들을 해석하는 방식을 말한다. 인간은 주변 세상의 감각 정보를 수동적으로 받아들이는 존재가 아니다. 그 정보를 적극적으로 처리하며 개인 특유의 방식으로 단순화하고 조직화한다. 역경에 처하는 순간, 쇄도하는 수많은 정보를 재빨리 해석하기 위해 우리는 '정신적 지름길(mental shortcut)'을 이용해서 그 원인과 초래할 결과를 파악한다. 그 지름길 덕분에 무수한 정보를 금방 다루기도 하지만, 가끔은 그 지름길 때문에 길을 잃는다. 세상을 헤쳐 나갈 때 우리는 그 세상을 있는 그대로 해석하며 정확하고 종합적인 해석에 따라 대응한다고 믿는다. 하지만 그렇지 않다. 개인의 사고양식은 자기의 관점에 색을 칠하고 편견을 부여해서 자기파멸적인 행동 패턴을 확립하게 만든다. 예를 들어, 어떤 문제든 결코 해결할 수 없다는 사고양식을 지닌 사람은 자신이 통제력을 쥐고 있는 상황인데도 포기해 버린다(Reivich & Shatte, 2002).

30년이 넘는 기간 동안 심리학자들은 사람들의 사고 과정이 회복력에 어떻게 영향을 미치는지, 행복과 성공을 얻는 데 회복력이 어떤 역할을 하는지에 대해 연구해 왔다. 레이비치와 샤트(2002)도 사람들의 사고양식이 어떻게 바뀌어서 더 큰 회복력을 만들어 내는지에 초점을 두고 연구했다. 그 결과 부모, 연인, 직장인의 회복력을 높이고, 좌절의 위험에 빠진 아이들과 의욕 상실로 능력 이하의 성적을 내는 대학생들을 돕는 데 성공했다. 우리를 소진시키는 힘겨운 문제를 해결하고 질병을 이겨 내고 원만한 결혼생활을 유지하고 국가적 재난을 겪은 후에도 꿋꿋하게 살아가게 해 주는 요소는 바로 회복력이며, 회복력을 키워 주는 비결은 정확한 사고라는 것이다. 이 장에서 소개하는 일곱 가지 기술을 이용해 당신의 사고가 감정과 행동에 어떤 영향을 미치는지 확인할 수 있다. 우리 인생을 결정하는 것은 우리가 겪는 역경이 아니라 그것에 대응하는 방식이다. 일곱 가지 회복력 기술을 활용한다면 의사소통 방식, 의사결정 방식, 일상적인 역경에 대응하는 방식을 즉시 극적으로 바꿀 수 있다.

⊙ 회복력의 일곱 가지 기술

회복력 키우기 기술은 두 범주로 나뉜다. '자신을 알기' 기술과 '변화하기' 기술이다. '자신을 알기' 기술은 자기 마음의 작동 방식을 더 잘 파악하게 이끌어 주고 자기인식을 도와준다. '자신을 알기' 기술에는 'ABC 확인하기' '사고의 함정 피하기' '빙산 찾아내기'가 있다. 이 세 가지 기술은 자기 믿음(사고), 감정, 행동을 자세히 탐구하고 어떻게 그것이 서로 연결되는지 보여 준다. 이 기술을 마스터하면 자기 자신과 세상에 대한 관점과 자신이 어떤 사건에 대해 특정 방식으로 대응하는 이유를 더 정확하게 통찰할 수 있다.

통찰은 변화의 첫 단계이다. 하지만 그것으로는 충분하지 않다. 조의 사례를 떠올려 보자. 그는 통찰을 지향하는 심리치료에 8년을 소비했고, 자기인식의 정점에 도달했지만 여전히 우울증과 불안증에서 벗어나지 못했을뿐더러 삶을 변화시키지도 못했다. 통찰만으로는 부족하기 때문이다. 그런 이유로 '자신을 알기' 기술을 배운 후 네 가지 변화하기 기술(믿음에 반박하기, 진상 파악하기, 진정하기 및 집중하기, 실시간 회복력)을 더 배워야 하는 것이다.

세 가지 '자신을 알기' 기술은 회복력을 증가시키는 막강한 도구이기도 하지만 변하기 기술의 토대이기도 하다. 믿음을 바꾸려면 우선 그 믿음이 무엇인지부터 알아야 한다. 역경에 처한 순간에 어떤 감정을 느끼고 어떤 행동을 할지 결정하는 데 중요한 역할을 하는 믿음을 모두 확인해야 한다.

그런 다음에 그 믿음이 얼마나 정확한지, 즉 얼마나 현실적인 믿음인지 판단하고, 필요할 경우 '반박하기'를 통해 더 정확한 믿음으로 바꾸어야 한다. 변화의 기술을 익히면 역경의 원인에 대한 믿음을 분석할 수 있다.

'진상 파악하기' 기술에서는 역경이 초래할 결과를 더 잘 예측할 수 있다. '진정하기 및 집중하기' 기술은 부정감정을 직접 공격하거나 비합리적인 믿음을 몰아내는 데 효과적이다. '실시간 회복력' 기술은 역경에 처한 바로 그 '순간에 믿음에 반박하기' 기술과 '진상 파악하기' 기술을 활용할 수 있게 해 준다.

1. ABC 확인하기

지금까지 트라우마나 역경이 닥쳐 우울하고 불안해질 때 어떻게 대처해 왔는가? 누구나 극심한 스트레스를 받거나 시련이 닥치면 비합리적으로 생각하게 된다. 어디서부터 문제를 풀어가야 할지도 막막해진다.

트라우마나 역경에 매몰되지 않고 빠져나오려면 먼저 자신이 느끼는 절망감과 불안감 등이 자연스러운 반응이라는 것을 받아들여야 한다. 트라우마 반응 자체를 이해하고 인정해야만 문제를 해결할 수 있다. 그런 다음 왜 그 감정이 들었는지 내면의 목소리에 귀를 기울여 보자. 회피하는 것이 아니라 더 깊숙이 들어가는 것이다.

회복력을 키우기 위해서는 먼저 ABC부터 확인해야 한다. ABC 확인하기는 긍정정서의 '낙관성 키우기'에서 이미 소개했다. ABC를 확인하는 이유는 역경(A)은 그 자체가 아니라 역경에 대한 당신의 믿음(B)이 그 결과(C)로 감정이나 행동을 유발한다는 것을 인식하는 데 있다. ABC 확인하기는 낙관성을 키우는 데도 큰 역할을 하지만 회복력을 키우는 데도 가장 중요한 역할을 하므로 다시 한번 살펴보고 넘어가자.

당신이 비관적인 감정에 휩싸였을 때를 돌이켜 보자. 아마 그 감정을 부추긴 특정한 생각이 있을 것이다. '아무도 나를 상관하지 않는다.'라고 생각하면 어떤 기분이 들겠는가? 당연히 외로움이나 거절당한 기분을 느낄 것이다. '이젠 다시 볼 수 없어.'라는 상실에 대한 생각은 슬프게 한다. '침해당하고 이용당했어.'라는 생각이 들면 분노나 복수심에 불타는 감정을 느끼면서 방어적이 될 수밖에 없다. '나 자신을 돌볼 수 없어.' '이제 나는 끝장이야.'라는 생각

표 17-1 ABC 확인하기 예

A(역경, 사건)	B(믿음)	C(결과: 감정)	C(결과: 행동)
배우자가 퇴근을 먼저 하고도 저녁 식사를 준비하지 않았다.	언제나 그렇다.	분노, 실망	싸운다.
	업무가 많아 피곤했던 모양이다.	안쓰러움	저녁 식사를 함께 차린다. 어깨를 주물러 준다.
한밤중에 창문이 흔들리는 소리가 난다.	어떤 사람이 집으로 침입했다.	불안하다.	문을 잠그고 경찰을 부른다.
	바깥에 바람이 분다. 그리고 창문은 낡았고, 느슨하게 닫혀 있다.	약간 성가시다.	창문을 꼭 닫고 다시 잠을 청한다.
우리 회사의 자료를 퍼뜨려서 저작권을 위반하고 있다고 의심되는 한 고객에게 대응하는 방식을 놓고 나와 사장은 서로 다른 의견을 보였다. 나는 그 고객에게 직접 전화를 하고 싶었지만, 사장은 내가 편지부터 보내야 한다고 한다.	사장은 내가 너무 공격적인 말투로 전화해서 문제를 악화시킬 것이라고 생각한다. 사장은 내가 전문가답게 충분히 자제할 수 있다는 것을 결코 믿지 않으며 언제나 내 권위를 깎아내린다.	무척 짜증이 난다.	무례한 말을 내뱉는다.
	만약 우리가 오해한 거라면? 그 고객은 매우 화가 나서 우리에게 항의할지도 모른다.	조금 불안하다.	편지 쓰는 일을 미룬다.

이 들면 불안하고 무기력하고 의존적인 느낌을 갖게 된다.

우울증 역시 마찬가지이다. 당신의 생각이 우울증을 만든다. 미래는 절망적이고, 현재는 견디기 힘들며, 과거는 패배의 기억으로 가득하고, 정작 자신은 문제를 해결할 능력이 없다는 생각이 기분을 가라앉히고 의욕을 잃게 하는 것이다. 보통 침범을 당한다는 생각이 분노를 야기하고, 상실에 대한 생각이 슬픔을, 침범했다는 생각이 죄책감을, 그리고 위험하다는 생각이 불안을 야기하고 타인과의 비교에서 당혹감을 느낀다.

이렇게 자신에게 떠오른 감정들을 구별하고 그것이 어떤 생각에서 비롯되는지를 확인하자. 역경(A)을 겪었을 때 자신에게 부정적인 감정을 불러일으킨 왜곡된 믿음(B)을 찾아내고 그 믿음이 일으킨 감정이나 행동(C)과 구별하는 것이다. 이것이 ABC 확인하기 기법이다. 일과 가정의 균형이 깨졌을 때, 여러 가지 일을 동시에 처리해야 하는 상황에서 스트레스를 받을 때, 이별의 상처에서 헤어 나오지 못할 때, 실직이나 심각한 질병 등이 찾아올 때 당신이 보이는 반응과 믿음(B)에 초점을 맞추자. 역경에 처할 때마다 실시간 믿음에 귀 기울이고, "지금 나는 무슨 생각을 하고 있지?"라고 자문하자. 거기가 출발점이다.

ABC 확인하기를 하다 보면 어떻게 생각하고 믿느냐에 따라 결과가 달라진다는 것을 깨닫게 된다. 예를 들어, 배우자가 퇴근을 먼저 하고도 저녁 식사 준비를 하지 않았을 때(A) '그럼 그렇지. 언제 당신이 집안일 도운 적 있어?'라는 왜곡된 믿음(B)을 갖는다면 화가 나고 배우자에 대해 실망해 부부싸움을 하게 된다(C). 하지만 '업무가 많아 피곤했던 모양이네.'라고 생각하면(B) 오히려 안쓰러워 저녁 식사를 함께 차리거나 어깨를 주물러 주게 될 수도 있다(C).

2. 사고의 함정 피하기

사람들은 보고 싶은 것만 보고 믿고 싶은 것만 믿는 경향이 있다. 사고를 할 때도 마찬가지이다. 객관적으로 사고하기보다는 제대로 파악하지도 않고 제멋대로 속단하거나 필요 이상으로 확대 해석 혹은 축소하여 일을 더 어렵게 만들기도 한다. 이런 것을 '사고의 함정'이라 부른다. 사고의 함정은 우리 주변 곳곳에 도사리고 있어 자기도 모르는 사이에 쉽게 빠진다. 우리가 흔히 빠지기 쉬운 사고의 함정은 다음 여덟 가지인데, 이를 바로잡아야 회복력을 키울 수 있다.

첫째 함정: 속단　가장 흔한 함정 중 하나가 속단이다. 정확한 관련 정보 없이 성급한 결론을 내리는 것을 '속단'이라 한다. 자주 속단하는 실수를 저지르는 사람은 스스로도 성급한 것이 문제라는 것을 안다. 속단이라는 함정에 빠지지 않으려면 사고의 속도를 늦추어야 한다.

결론을 내리기 전에 "나는 어떤 증거를 토대로 결론을 내린 걸까? 그 증거가 사실이라고 확신하는가?"라고 자문해 보면 속단하는 실수를 줄일 수 있다.

둘째 함정: 터널 시야   달리는 경주마에게 눈가리개를 씌우면 옆과 뒤는 보지 못하고 오직 앞만 보고 달리게 된다. 터널 시야는 마치 눈가리개를 쓰고 달리는 경주마처럼 부정적인 면과 긍정적인 면 중 한 가지만 보는 것을 말한다. 분명 긍정적인 정보와 부정적인 정보가 공존하는 예가 많은데, 터널 시야에 쉽게 빠지는 사람들은 긍정적인 정보든 부정적인 정보든 한쪽에만 집착한다. 터널 시야를 극복하려면 역경의 순간을 재검토하면서 전체 그림에 초점을 맞추어야 한다. 숲속의 나무만이 아닌 숲 전체를 보라는 것이다. 그리고 자신의 생각이 전체 상황을 공정하고 균형 있게 판단한 것인지 자문해 보면 시야를 확장하는 데 도움이 된다.

셋째 함정: 확대와 축소   어떤 사건이 일어났을 때 있는 그대로 보지 않고 지나치게 축소하거나 확대하는 것도 아주 흔한 사고의 함정이다. 축소해 생각하는 사람들은 정작 자신이 잘한 일도 과소평가하기 일쑤다. 회사에서 프로젝트를 잘 수행해 칭찬을 받아도 '누구나 다 할 수 있는 일인데, 뭐. 고생했으니까 격려 차원에서 칭찬하는 것일 거야.'라고 생각한다. 이런 사람들은 자신의 능력을 믿지 못하기 때문에 어려운 일이 닥쳤을 때 자기 탓을 하면서 쉽게 빠져나오지 못한다.

반대로 조그만 일도 확대 해석을 하는 사람 역시 회복력이 약하기는 마찬가지이다. 나쁜 일이 일어났을 때 실제보다 더 과장해 안 좋게 생각하기 때문에 더 크게 좌절한다. 이 함정에 자주 빠지는 사람이라면 자신이 잘하는 것이 있는지, 일어난 일 중 좋은 일이 있는지, 간과하고 있는 문제가 없는지, 중요성을 외면하고 있는 부정적인 요소들이 있는지 등을 자문해 보며 균형 감각을 키울 필요가 있다.

넷째 함정: 개인화   습관적으로 모든 일을 '내 탓'이라고 생각하는 사람들이 있다. 문제가 생겼을 때 남 탓을 하며 책임을 다른 사람에게 미루는 것보다 자신의 잘못이라 생각하는 것이 꼭 나쁜 것만은 아니지만 무조건 내 탓이라며 자책하는 것도 큰 문제이다. 개인화에 익숙한 사람들은 밖을 내다보는 걸 배워야 한다. 다른 사람 혹은 다른 어떤 것이 그 사건의 원인이었는지, 문제의 원인 중 내 책임과 다른 사람의 책임은 어느 정도인지 자문하는 습관을 가지는 게 중요하다.

다섯째 함정: 외현화　개인화와는 정반대로 문제의 원인을 밖에서 찾는 것이다. 분명 자신에게 문제가 있는데도 인정하지 않고 다른 사람이나 다른 것에서 원인을 찾으면 역경이 닥쳤을 때 제대로 문제를 풀어 갈 수가 없다. 외현화에 치중하는 사람은 문제가 생겼을 때 의식적으로 자기에게 어떤 문제가 있는지를 찾아보고 책임을 묻는 훈련을 해야 한다.

여섯째 함정: 과잉일반화　몇 가지 상황을 마치 전체적인 것처럼 일반화하여 부정적인 결론을 내리는 것을 '과잉일반화'라고 한다. 예컨대, 직장 동료가 일하다가 실수를 했을 때 '네가 하는 일이 다 그렇지, 뭐. 실수를 안 하면 오히려 이상하지."와 같이 늘 실수만 하는 동료로 몰아가는 것이다. 이 함정에 자주 빠지는 사람은 사건과 관련된 행동을 더욱 자세히 관찰할 필요가 있다. 또한 자신이 기정사실로 간주한 원인보다 더 직접적인 원인이 있는지도 살펴봐야 한다. 예컨대, 직장 동료가 실수를 했을 때 능력이 부족하거나 꼼꼼하지 못한 성격 때문에 실수를 했다고 생각한다면 그것 외에 다른 원인이 있는지, 그 사건을 초래한 구체적인 행동이 있는지, 타인의 성격을 비난하는 것이 자기에게 어떤 이익이 있는지 자문해 봐야 한다. 실제로 과중한 업무로 피곤해서 혹은 지시를 잘못 이해해서 실수한 것일 수도 있다.

일곱째 함정: 마음 읽기　뚜렷한 근거도 없이, 좀 더 현실적인 가능성을 고려하지도 않고 다른 사람들이 생각하는 것을 알 수 있다고 믿는다. 상대방의 마음을 제멋대로 읽고 마치 상대방이 진짜 그렇게 생각하는 것처럼 믿는 것만큼 위험한 것도 없다. 다음 게리의 사례는 마음 읽기 함정이 얼마나 상황을 악화시킬 수 있는지를 잘 보여 준다.

게리는 의과대학 행정팀장이다. 게리가 가장 바쁠 때는 매년 연구비 산정 마감을 할 때이다. 올해도 게리는 연구비 산정 마감을 앞두고 언제나 그렇듯이 수백만 달러짜리 연구 20개의 예산안을 처리하느라 정신이 없다. 가뜩이나 일이 많아 신경이 곤두서 있는데 정신의학과 학과장으로부터 다음 날 정오까지 일부 예산안이 필요하다는 메일이 왔다. 원래 일정보다 열흘이나 앞당겨진 것이다. 시간은 촉박한데, 게리 자신은 회의에 참석하기 위해 일찍 퇴근해야 해 이메일로 직원들에게 오후에 해야 할 업무를 상세하게 지시했다.

다음 날 직원들이 일을 제대로 했는지 보고를 받는데, 마리아가 주어진 일을 하나도 끝내지 못했다고 미안해한다. 순간 게리는 화가 치밀어 "그게 얼마나 다급한 일인지 뻔히 알면서 어떻게 하나도 안 했을 수가 있죠?"라고 소리쳤다. 마리아는 "죄송해요. 그렇게 급한 일인지 몰랐어요."라며 거듭 죄송하다고 말했다. 직원들에게 보낸 이메일에는 일정이 앞당겨져 급하게 처리해야 한다는 말이 없었기 때문에 마리아가 몰랐던 것을 탓할 수만은 없다. 그렇지만 게리는 마리아가 자기 마음을 읽지 못한 것에 더 화가 났다.

마음 읽기의 함정에 빠지면서 게리는 마리아를 속단하기까지 했다. 마리아가 왜 일을 못했는지를 설명하려 하자 노골적으로 묵살하고 마리아가 일을 안 한 건 우리 부서를 위해 헌신적으로 일할 마음이 없기 때문이라고 속단했다. 그러면서 마리아에게 맡겼던 일을 이미 할 일이 많은 다른 직원에게 넘겨 버렸다. 이는 마리아에게는 매우 부당한 처사이다. 마리아의 입장에서는 학교에서 아이가 아프다는 연락을 받아 일찍 퇴근할 수밖에 없었고, 일정이 열흘이나 앞당겨진 것을 몰랐기 때문에 어제 못 한 일을 주말에 끝낼 계획이었던 것이다.

마음 읽기의 함정은 종종 오해와 갈등을 일으키고 문제해결을 방해한다. 이 함정에 자주 빠지는 사람이라면 상대방이 자기 마음을 읽었을 것이라 속단하지 말고 솔직하게 말하고 질문하는 것을 배워야 한다. 단, 타인에게 질문하기 전에 자신의 생각이나 감정을 직접 분명하게 알려 주었는지, 관련 정보를 빠짐없이 전달했는지, 상대방이 자신의 욕구나 목표를 알아주기를 바라고 있는지를 먼저 자문할 필요가 있다.

여덟째 함정: 감정적 추론 사실을 외면하고 감정적으로 평가하고 판단하는 오류를 말한다. 예컨대, 음식 냄새가 좋지 않아 비위가 상하면 먹어 보지도 않고 '이 음식은 맛이 이상할 거야.'라고 단정한다. 이 함정에 자주 빠지는 사람이라면 감정과 사실을 구별하는 연습을 해야 한다.

일상에서 사고의 함정을 피하는 방법

사고의 함정을 피하는 데도 회복력 기술이 필요하다. 처음 회복력 기술을 배울 때는 역경에 처해 감정이 격해졌을 때보다 어느 정도 감정이 가라앉았을 때 적용하는 것이 효과적이다. 평온한 상태에서 기술을 여섯 번 정도 연습했다면 그다음부터는 역경이 닥쳤을 때 가능한 한 빨리 기술을 적용하도록 한다.

사고의 함정을 피하기 위해서는 ABC 확인하기부터 하는 것이 좋다. 여기서는 게리가 어떻게 사고의 함정 피하기 기술을 활용했는지를 보면서 익히도록 하자. 우선, 상황은 ABC 확인하기로 정리해 본다. 숙달되면 머릿속으로 정리해도 되지만 처음에는 종이에 써 보는 것이 좋다. 게리의 ABC 확인하기는 다음과 같다.

- **역경(A):** 다음 날 아침, 나는 사무실에 출근했다. 마리아는 내가 이메일로 지시한 일을 하나도 끝내지 않았다. (A를 훌륭하게 묘사했다. 객관적이고 구체적이며 자신의 믿음을 주입

하지 않았다. 역경을 절대 과장하지 말고 자신의 믿음을 배제해 상황을 반드시 객관적으로 묘사해야 한다.)

- **믿음(B):** 마리아는 시간이 촉박하다는 것을 알고 있었어. 하지만 전혀 개의치 않은 게 틀림없어. 어떻게 그렇게 무책임하지? 도저히 이해할 수가 없어. 마리아는 성실하지 못하고 우리 부서를 위해 헌신하지 않아. 나는 그런 사람과는 결코 함께 일하고 싶지 않아. (믿음을 훌륭하게 묘사했다. 믿음을 검열하지 않았고 진실해 보인다. 실시간 믿음을 적을 때는 역경의 순간에 속으로 한 말을 있는 그대로 써야 한다. 거친 표현을 듣기 좋게 바꿔서는 안 된다.)

- **결과(C):** 나는 머리끝까지 화가 나서 마리아가 이유를 설명하려고 할 때마다 말을 잘랐다. 마리아가 당황하고 있다는 것을 알았지만 솔직히 아무 상관 없었다. 5분 정도 마리아에게 불같이 화를 낸 후 마리아의 업무를 제니에게 맡겼다. 그날 하루 종일 마리아를 외면했지만 그녀가 힘들어하고 있으며 다른 직원들이 모두 마리아에게 동조하고 있다는 것을 알 수 있었다. 어쨌든 이 일은 정말로 바람직하지 않은 직원 관리 방식을 보여준 좋은 경험이었다. (게리는 역경의 결과로 일어난 감정과 행동을 훌륭하게 묘사했다. 또한 자신의 믿음이 다른 직원들에게 어떤 영향을 미쳤는지도 묘사했다. 역경의 순간에 어떤 감정을 느꼈는지 정확하게 기억나지 않으면 B-C 연결관계를 참고해 거의 정확하게 추정할 수 있다.)

상황을 ABC 확인하기로 분석하고 게리는 실시간 믿음을 사고의 함정 목록과 대조했다. 그러면서 게리는 자신이 세 가지 함정에 빠졌음을 깨달았다. 앞에서 게리의 사례를 이야기하면서 마음 읽기와 속단 함정에 빠졌음은 이미 언급했다. 여기에 또 하나의 함정이 있다. 마리아가 불성실하고 부서에 헌신하지 않는다고 속단하면서 그녀가 불성실, 무책임, 헌신성 결여 등의 성격적 결함이 있다고 비난했는데, 이는 객관적인 사실은 모르면서 반사적으로 마리아의 성격을 비난한 '과잉일반화'의 전형적인 모습이다.

게리처럼 어떤 사건이 일어났을 때 ABC 확인하기를 하고 자주 빠지는 사고의 함정이 어떤 것인지를 알아 두는 것이 중요하다. 자신이 잘 빠지는 사고의 함정이 있다는 것을 아는 것만으로도 함정을 반은 피한 것과 같다.

3. 빙산믿음 찾기

지금껏 견디기 어려울 정도로 끔찍한 죄책감에 시달려 본 적이 있는가? 아니면 어떤 사건을 겪었을 때 사건에 비해 너무 강렬한 감정이 들거나 스스로를 이해하지 못할 때가 있는가?

그렇다면 ABC 확인하기를 하고 사고의 함정까지 파악해 자신의 실시간 믿음을 찾아낸다고 해도 별다른 소득이 없을 것이다. 그런 경우 실시간 믿음 때문이 아니라 그보다 뿌리 깊은 믿음 때문일 가능성이 높기 때문이다.

누구나 세상은 어떻게 작동해야 하는지, 인간관계는 어때야 하는지, 또 자신은 어떤 사람이 돼야 하는지 등에 대해 나름의 원칙을 가지고 있다. 당신에게도 그런 규칙과 믿음이 있을 것이다. 이것을 '빙산믿음'이라고 부른다. 그만큼 뿌리 깊은 믿음이어서 거대한 빙산처럼 내면 깊숙이 자리 잡고 있기 때문이다. 빙산믿음은 대개 성장 과정에서 배운다. 빙산믿음은 당신이 중요하게 생각하는 핵심 가치와 일치하게 행동하도록 이끌어 준다. '정직해야 한다'는 빙산믿음을 가진 사람은 매사에 정직하게 살기 위해 노력할 것이다.

하지만 빙산믿음은 종종 B(믿음)-C(감정이나 행동) 관계를 끊어 놓는다. 그래서 전혀 엉뚱한 결과로 이어질 때가 많다. 게다가 자꾸 특정한 감정에 휩싸이게 만든다는 특징이 있다. 만약 당신이 죄책감을 느낄 만한 상황이 아닌데도 끔찍한 죄책감에 시달린다면 빙산믿음 때문이다. 평소 별일 아닌 일에도 질투심에 사로잡히는 사람, 사소한 일에도 크게 분노하는 사람, 평소에 툭하면 슬퍼지는 사람처럼 빙산믿음이 확고할수록 특정한 감정을 많이 느낀다. 만약 당신이 분노, 우울, 슬픔, 죄책감 등의 감정을 골고루 느끼는 사람이 아니라 거의 우울하거나 거의 슬프거나 거의 화가 나 있다면 빙산믿음을 찾아야 한다. 이런 빙산믿음은 주로 고정관념일 경우가 많다. 남자들은 '나는 집안의 대소사를 책임지고 결정해야 한다.' '나는 남에게 감정을 보이고 싶지 않다.' 등의 성역할 고정관념을 갖고 있는 경우가 많다. 이런 사람은 스트레스를 더 받고 우울증에 걸릴 가능성도 높다. 이제 그 빙산을 찾아보자.

1단계: ABC 확인하기로 역경(A), 실시간 믿음(B), 결과(C)를 묘사하라

빙산믿음을 찾으려면 먼저 ABC 확인하기로 B와 C의 연결관계를 확인해야 한다. 실시간 믿음(B)과 결과(C)가 자연스럽게 연결되지 않고 지나치게 결과가 과장되거나 어긋나 있다면 빙산믿음일 가능성이 크다. 즉, 실시간 믿음이 그렇게까지 화가 날 정도는 아닌데 극도의 분노가 치밀어 오르거나 실시간 믿음은 분노를 일으켜야 하는데 슬픔을 느낀다면 빙산믿음이라고 의심해 볼 수 있다. 이해를 돕기 위해 다음의 예를 살펴보자.

- **역경(A):** 컵 받침이 바로 앞에 있는데도 그녀는 그것을 깔지 않고 머그잔을 탁자에 올려 놓았다.
- **실시간 믿음(B):** 나는 사람들이 컵 받침을 쓰길 원해. 그녀도 그걸 알고 있어. 그런데 컵

받침을 보고도 쓰지 않아. 그것은 분명히 잘못이야.

● **결과(C):** 극도로 화가 치밀었다. 분노지수 10점 만점에 10점. 10분 정도 고함치며 따진 후 밖으로 나가서 주변을 걸으며 마음을 가라앉혔다.

자신은 꼭 컵 받침을 써야 한다고 생각하는 데 여자 친구가 컵 받침이 바로 앞에 있는데도 쓰지 않는다면 화가 날 수도 있다. 그렇지만 화를 못 참아 고함을 지르고 밖으로 뛰쳐나갈 정도의 일은 아니다. ABC 확인하기를 하다 보면 이처럼 실시간 믿음에 대한 반응이 부자연스러운 경우를 많이 볼 수 있다. 체크해 두면 빙산믿음을 찾는 데 도움이 된다.

2단계: 빙산믿음을 확인하기 위해 자문해 본다

빙산으로 의심되는 믿음을 찾았다면 정말 빙산믿음이 맞는지 확인해 볼 차례이다. 그러려면 다음과 같은 다섯 가지 질문을 스스로에게 던지고 답을 하는 과정이 필요하다. 이 다섯 가지 질문을 꼭 다 할 필요는 없다. 몇 개만 하더라도 자문자답을 하는 과정에서 스스로 설득력이 부족하다는 생각이 들면 빙산믿음임이 거의 확실하기 때문에 멈춰도 좋다.

① 그 사건이 무엇을 의미하는가?
② 그 사건의 무엇이 가장 언짢은 것인가?
③ 그 사건의 무엇이 가장 큰 문제인 것인가?
④ 그 사건은 나에 관해 무엇을 알려 주는가?
⑤ 그 사건의 무엇이 그렇게 나쁜 것인가?

앞서 소개한 예에 이 다섯 가지 질문을 적용해 보자.

질문: 그래, 그녀가 컵 받침을 깔지 않았어. 그게 내게 무엇을 의미하지?

답: 나는 그녀가 컵 받침을 깔기를 원해. 그녀가 컵 받침을 깔지 않는다는 건 내가 원하는 것에 아무 관심이 없다는 뜻이야.

질문: 그래, 내가 원하는 것에 그녀가 아무 관심이 없다고 치자. 무엇이 그렇게 언짢은 거지?

답: 나는 서로의 욕구를 배려하는 것을 중요시해. 여자 친구도 그 점을 알고 있어. 내게 모든 것을 지배하려는 성향이 조금 있는 건 사실이야. 하지만 여자 친구가 컵 받침을 쓰지 않는 것은 내 욕구를 존중하지 않고 내 유별난 점을 받아들이지 않는다는 걸 입증하는 거야.

질문: 그게 사실이라고 치자. 그러니까 그녀가 내 욕구를 존중하지 않고 내 유별난 점을 받아들이지 않는다고 하자. 무엇이 가장 큰 문제지?

답: 가장 큰 문제는 우리가 결혼할 예정이라는 거야. 나는 그녀가 나를 지지하고 이해해 주길 원해. 컵 받침을 쓰는 것조차 귀찮아한다면 중요한 문제가 생겼을 때 그녀가 나를 지지해 줄 거라고 어떻게 확신할 수 있겠어?

질문: 중요한 문제에서 그녀가 나를 지지해 줄지 확신할 수 없다고 하자. 그게 무엇을 의미하지?

답: 그건 그녀와의 결혼이 큰 실수일지도 모른다는 걸 의미해. 또한 그녀가 자신이 말하는 것과는 다른 사람이라는 것도 의미해. 그녀는 내 결점까지도 사랑한다고 말하지만 사실은 내 결점을 문제시해서 나를 바꾸려고 할 거야.

질문: 그래서 무엇이 그렇게 나쁜 거지?

답: 그건 그녀가 지금까지 나를 교묘하게 기만하고 조종했다는 말이야. 바로 그 점이 가장 큰 문제야. 나는 있는 그대로, 정말 있는 그대로 사랑받아야 해.

3단계: 빙산믿음을 다른 관점에서 이해해 본다

빙산믿음은 왜곡된 믿음처럼 옳은가 그른가의 문제는 아니다. 다만 자신에게 유용한가의 문제다. 많은 남자나 군인이 '도움을 요청하는 것은 나약함을 의미한다.'라는 빙산믿음을 지니고 있다. 이런 믿음을 갖고 있는 한 어려움에 처했을 때 다른 사람에게 도움을 청하기 어려울 수밖에 없다. 그래서 집단 따돌림을 당해도 혼자서만 속병을 앓다가 결국 총기 사고나 자살 등의 끔찍한 결과로 이어지는 것이다. 아니면 '남자는 힘이 세야 한다.' '세상은 위험하다.' '사람을 믿어서는 안 된다.' '모든 일은 완벽해야 한다.'와 같은 다양한 빙산믿음이 있을 수 있다. 만약 당신의 빙산믿음이 너무 지나치거나 어려움을 극복해 나가는 데 방해가 된다면 주저하지 말자. 이 믿음을 바꾸면 된다. 빙산믿음을 다른 관점에서 이해해 보자.

'도움을 요청하는 것은 나약함을 의미한다.'라는 빙산믿음을 갖고 있다면 도움을 요청하는 게 정말 나약함을 의미하는가? 강한 사람도 도움을 요청한다. 또 도움을 요청할 수 있다는 건 그만큼 성숙하다는 것이다. 자신이 도움이 필요하다는 사실을 깨닫지 못하는 사람도 있고, 도움이 필요하지만 용기가 부족해서 말하지 못하는 사람도 있다. 그들에 비해 얼마나 강인한 사람인가?

빙산믿음은 부모나 가족에게 영향을 받거나 사회생활을 하면서 내재된 경우가 대부분이니 빙산믿음이 생기게 된 경로를 추적해 보자. '모든 일은 완벽해야 한다.'라는 빙산믿음을 지닌 사람은 어린 시절 작은 실수를 할 때마다 부모님께 혼이 나면서 그런 메시지를 내면에 저장했을 수도 있다. 이런 사람은 어떤 일에 실수하거나 실패했을 때 보통 사람들보다 더 자책하고 좌절한다. 그만큼 역경에 취약해지는 것이다. 이제 당신의 빙산믿음을 다른 관점에서 이해해 보자. 더불어 빙산믿음의 경로를 추적하다 보면 자신을 좀 더 이해하는 계기가 될 것이다. 빙산믿음을 다른 관점에서 이해하려면 다음과 같은 질문을 자문해 보면 도움이 될 것이다.

① 빙산믿음이 나에게 지속적인 의미가 있는가?
② 그 빙산믿음이 주어진 상황에 정확히 들어맞는가?
③ 그 빙산믿음이 지나치게 엄격하지는 않은가?
④ 그 빙산믿음이 유용한가?

4. 믿음에 반박하기

　믿음에 반박하기는 이제껏 살펴본 ABC 확인하기, 사고의 함정 피하기, 빙산믿음 찾기보다 더 중요한 단계이다. 앞의 세 가지 기술이 자기를 인식하는 단계에 해당된다면 믿음에 반박하기는 당신이 변화할 수 있는 단계에 해당된다. 아무리 왜곡된 믿음을 확인했다고 해도 거기에 머문다면 무슨 변화가 있겠는가? 어떻게 문제를 해결하겠는가? 이 단계를 제대로 해낸다면 당신의 인생도 얼마든지 바꿀 수 있다. 자신의 왜곡된 믿음에 반박할 때는 증거를 찾아야 한다. 정확한 증거를 제시해 스스로를 설득할 수 있어야 그 반박이 효과가 있지 않겠는가? 충분한 시간을 갖고 유리한 증거를 확보하자. 그래야 사건의 진상을 파악할 수 있다.

　중견 무역회사에 근무하는 김진성 과장은 일과 가정의 균형이라는 딜레마에 빠져 있다. 아시아 전 지역 담당이라서 출장을 자주 가야 하는 상황이기 때문이다. 다음 주에는 아내에게 집에서 지낼 것이라는 약속을 했지만, 갑작스럽게 호주의 한 고객이 사업 제안을 하면서 그를 만나러 가지 않으면 다른 회사에 기회를 뺏길 수 있는 상황에 처했다. 김 과장은 난감한 상황을 넘어 극심한 스트레스를 느끼며 전화기에 대고 고함치고 싶은 걸 간신히 참았다. 사장은 꼭 가 달라고 부탁하고, 아내는 아내대로 잔뜩 벼르고 있는 상황이다. 당신은 어떤 결정을 내리겠는가? 김 과장의 이야기를 따라가면서 당신이 최근 극심한 스트레스에 시달리거나 역경에 처한 경험을 떠올려 보자.

1단계: ABC 확인하기
● **역경(A):** 사장이 전화해서 출장을 가 달라고 부탁했다. 하필이면 아내와의 기념일이 그때이다.

- **믿음(B)**: 지금은 참을 수 없어. 아내는 정말 화낼 거야. 사장은 사생활을 존중하지 않아. 아내는 나에게 너무 많은 걸 기대해……
- **결과(C)**:
  - 감정: 나는 무척 화가 났다. 분노게이지 100, 200……
  - 행동: 나는 씩씩거리며 호텔방을 서성거리고 TV 리모컨을 여기저기 돌리고……

2단계: 원인 믿음 찾기

이제 당신이 믿음이라고 적은 내용 가운데 역경의 원인일 수 있는 원인 믿음을 찾아보자. 김 과장의 믿음으로 적은 네 가지 가운데 '지금은 참을 수 없어.'는 원인이 아니라 자신의 현재 기분을 나타낸 것이고, '아내는 정말 화낼 거야.'는 앞으로 일어날 아내의 반응을 예측한 결과 믿음에 해당한다. 이런 것들은 제쳐 두자. 이 가운데 원인 믿음은 '사장은 사생활을 존중하지 않아.' '아내는 나에게 너무 많은 걸 기대해.'라는 두 가지이다. 이렇게 원인 믿음을 찾아낸 다음 각각의 원인 믿음이 차지하는 비중을 판단해 보자.

① 사장은 사생활을 존중하지 않아: 75%
② 아내는 나에게 너무 많은 걸 기대해: 25%

원인 믿음을 좀 더 정확하게 분석하려면 원형 그래프를 그려 보는 것도 좋다. 그러면 각 원인의 비중을 시각적으로 확인할 수 있기 때문에 어떤 원인 믿음이 가장 많은 비중을 차지하는지 쉽게 알 수 있다.

상황을 바꾸려면 가장 큰 비중을 차지하는 원인 믿음부터 해결하는 것이 효과적이다. 하지만 현실적으로는 어려운 경우가 많다. 김 과장의 경우 사장이 사생활을 존중하지 않는다는 것이 가장 큰 원인 믿음이지만 사장의 성격을 바꾸기는 쉽지 않다. 대신 아내의 기대치에 대한 원인 믿음은 상대적으로 비중이 작기는 하지만 김 과장이 노력하면 바뀔 수 있는 가능성이 충분하다.

이렇게 다양한 원인 가운데서 변할 수 있고 바뀔 가능성이 가장 큰 원인에 집중하는 것이 현명하다. 비관적으로 생각하는 사람들은 여러 원인 가운데 가장 파괴적인 원인에 집착하는 경향이 있다. 그러면 어떻게 문제를 해결하겠는가? 덜 파괴적인 원인에 주목하자. 바뀔 수 없는 원인보다는 바뀔 수 있는 원인, 보편적인 원인보다는 특수한 원인에 주목해야 문제를 해결할 수 있다.

3단계: 설명양식 확인하기

낙관적인 사람과 비관적인 사람은 설명양식이 다르다. 설명양식은 세 가지 차원이 있다. 원인의 내재성(내 탓-남 탓), 원인의 영속성(항상-가끔), 원인의 만연성(전부-일부)이다. 당신이 어떤 설명양식을 택하느냐에 따라 문제해결 능력이 달라진다. 만약 비관적인 사람처럼 '내 탓, 항상, 전부'라고 설명한다면 그만큼 문제를 해결할 수 있는 가능성이 제한된다는 걸 기억하자.

이번 일이 전적으로 자기 탓인지 또는 타인이나 상황 탓도 있는지, 항상 그럴 것인지 또는 이번 한 번으로 끝날 것인지, 인생의 모든 것에 영향을 미칠지 또는 오직 이 상황에만 영향을 미칠지에 따라 당신의 원인 믿음들을 각각 판단해 보자. 서로 상반되는 원인 사이에는 1점부터 7점까지가 있다. 이 중 더 비중이 높다고 생각하는 원인 쪽에 가까운 숫자에 동그라미를 치면 된다.

📊 17-2 설명양식 해석하기

원인 믿음 1: '사장은 내 사생활을 존중하지 않아.'

전적으로 내 탓이다.	1　2　3　4　5　⑥　7	전적으로 타인 또는 상황 탓이다.
항상 그럴 것이다.	1　②　3　4　5　6　7	이번 한 번으로 끝날 것이다.
내 인생의 모든 것에 영향을 미친다.	①　2　3　4　5　6　7	오직 이 상황에만 영향을 미친다.

원인 믿음 2: '아내는 내게 너무 많은 것을 기대해.'

전적으로 내 탓이다.	1　2　3　4　5　⑥　7	전적으로 타인 또는 상황 탓이다.
항상 그럴 것이다.	1　2　③　4　5　6　7	이번 한 번으로 끝날 것이다.
내 인생의 모든 것에 영향을 미친다.	1　2　③　4　5　6　7	오직 이 상황에만 영향을 미친다.

4단계: 유연한 사고(다양한 원인)

케케묵은 문제를 매번 똑같은 방법으로 해결하려다가 좌절한 적이 있는가? 누구나 그런 적이 있을 것이다. 3단계에서 확인한 당신의 설명양식도 실은 케케묵은 방법이다. 당신은 지금껏 그 설명양식에 따라 언제나 비슷한 감정을 느끼고 비슷한 행동을 했을 것이다. 그게 당신의 굳어진 사고양식이면서 문제해결 양식이었던 것이다. 앞으로는 어떤 일을 겪을 때마다 설명양식을 떠올리려고 노력해 보자. 김 과장은 '남 탓, 항상, 전부'라는 설명양식을 갖고 있었다. 이제 이 세 가지 차원을 역으로 활용해 문제의 원인일 수 있는 다른 요인들로 생각을 넓혀 보자. 가능한 한 원인을 다양하게 찾아내야 전체를 확실하게 볼 수 있다. 설명양식을 활용하면 유연하게 사고하기가 한결 수월할 것이다.

김 과장은 외현화에 빠져 있는 사람이었다. 당신이 평소 타인의 실망스러운 행동만 보이고 자주 화가 나고 분노를 느낀다면 문제의 원인을 주로 다른 사람이나 외부 환경에서 찾는 사람일 가능성이 높다. 이런 사람들은 자신에게는 전혀 잘못이 없다고 생각하기 때문에 다음번에 똑같은 실수를 되풀이할 수밖에 없다. 김 과장이 처음에 믿음이었다고 생각한 네 가지를 확인해 본다면 내 탓은 한 가지도 없다는 걸 알 수 있을 것이다. 만약 당신도 그렇다면 자신의 설명양식인 '남 탓'과 반대되는 '내 탓'일 수 있는 원인을 많이 찾아보자. 여기에 '가끔' '일부'인 원인까지 찾아본다면 그만큼 당신의 사고는 유연해지고 다양한 원인을 두루두루 살펴볼 수 있을 것이다. 반대로 모든 게 '내 탓'이라는 개인화의 함정에 빠진 사람들은 '남 탓'이나 외부 상황일 수 있는 원인을 많이 찾아보면 된다.

김 과장은 일과 가정의 균형이라는 문제에 대해 '내 탓'에 해당하는 대안 믿음 몇 가지를 찾아냈다. 자신이 책임질 수 있는 부분을 찾아낸 것이다. 그중 하나가 '나는 사장의 지시를 거부하지 못해.'라는 것이다. 당신도 이렇게 찾아낸 대안 믿음을 '남 탓, 항상, 전부'에 해당하는지 판단해 보자. 해당하지 않으면 좋은 믿음에 가깝다. 김 과장의 수동적인 태도는 인생 전반에 광범위한 영향력을 갖고 있다. 자문해 보자. "나는 왜 사장의 지시를 거부하지 못할까? 나약해서?" 나약하다는 건 성격 결함으로 역시 사고의 함정이다. 게다가 나약해서라면 '항상' 나약하고 거부하지 못하게 된다. 하지만 '사장의 지시를 거부하고 내가 원하는 결과를 얻는 최선의 방법을 몰라서.'라고 생각한다면? 이 믿음은 '가끔' 믿음이다. 그러면 동료들은 어떻게 사장의 지시를 거부하고 있는지 물어볼 수 있지 않겠는가? 이렇게 당신이 찾아낸 몇 가지 믿음을 설명양식에 따라 하나하나 검증해 보자.

표 17-3 설명양식 파악하기

대안 원인 믿음 1: '나는 사장의 지시를 거부하지 못해.'

전적으로 내 탓이다.	1 ②3 4 5 6 7	전적으로 타인 또는 상황 탓이다.
항상 그럴 것이다.	1 2 3 4 ⑤ 6 7	이번 한 번으로 끝날 것이다.
내 인생의 모든 것에 영향을 미친다.	1 2 3 ④ 5 6 7	오직 이 상황에만 영향을 미친다.

대안 원인 믿음 2: '나는 시간 관리를 잘 못해. 주중 계획을 더 잘 세운다면 주말마다 일할 필요가 없을 테고, 가족과 친구들과 좀 더 많은 시간을 보낼 수 있을 거야.'

전적으로 내 탓이다.	1 ② 3 4 5 6 7	전적으로 타인 또는 상황 탓이다.
항상 그럴 것이다.	1 2 3 4 5 ⑥ 7	이번 한 번으로 끝날 것이다.
내 인생의 모든 것에 영향을 미친다.	1 2 3 4 ⑤ 6 7	오직 이 상황에만 영향을 미친다.

5단계: 정확한 사고(초기/대안 믿음 검증하기)

사람들은 늘 자신이 믿고 싶은 대로 믿는 경향이 있다. 당신은 평소 얼마나 객관적이고 정확하게 사고한다고 자신하는가? 많은 사람이 자신의 설명양식에 일치하는 증거는 수용하고, 모순되는 증거는 배제한다. 그래서 당신이 역경의 원인이라고 생각한 각 믿음을 지지하는 증거와 반박하는 증거 모두를 찾아야 한다.

'사장은 내 사생활을 존중하지 않아.'라는 초기 원인 믿음에서는 어떤 것을 증거로 내세울 수 있을까? 사장이 김 과장에게 주말 근무를 자주 강요하고 명절에 장거리 출장을 지시하고 줄곧 야근을 시킨다면 이것은 사장이 김 과장의 사생활을 존중하지 않는다고 믿을 만한 충분한 증거가 된다. 하지만 이 원인 믿음을 조금 더 검토하니 그것에 반박하는 증거가 떠오른다. 김 과장은 아내와 주말 여행을 떠났을 때 사장이 호텔방으로 샴페인을 보내 준 일이 있었다. 또한 디너(Dinner) 파티에 김 과장 부부를 초대하기도 했다. 휴가철에 김 과장 부부가 예정대로 여행을 떠날 수 있게 사장이 휴가 계획을 바꾼 적도 있다. 이런 사례를 하나씩 적음으로써 김 과장은 사장이 많은 것을 요구하기는 하지만 사생활을 존중한 적도 여러 번 있었다는 것을 확인할 수 있다. 지지 증거와 반대 증거가 서너 가지씩 있다.

'나는 사장의 지시를 거부하지 못해.'라는 대안 믿음에서도 김 과장은 사장의 지시를 거부했던 경험들을 떠올렸다. 그런데 김 과장이 무조건 고분고분했던 건 아니라는 사실을 확인했다. 업무에 관해서는 얼마든지 사장 의견에 반대했지만, 근무 시간에 관해서만 그렇지 못했던 것이다. 그렇다면 과거의 직장에서도 이런 문제로 고민한 적이 있는가? 아마 이렇게 지지와 반대 증거를 찾다 보면 모르는 사이에 각각의 원인이 어느 정도나 중요한지 직감적으로 알 수 있는 능력이 생길 것이다.

- **초기 원인 믿음 1:** "사장은 내 사생활을 존중하지 않아.
- **대안 원인 믿음 1:** "나는 사장의 지시를 거부하지 못해."

정확한 사고 워크시트

초기·대안 원인 믿음	지지 증거	반대 증거
믿음 1	주말 근무 자주 강요, 명절에 장거리 출장, 줄곧 야근시킴	부부 여행 시 호텔방 샴페인, 디너 파티 초청, 사장의 휴가 계획 수정
믿음 2	일과 가정의 균형 문제에 대해 자기주장을 못 함	업무에 관해서는 사장의 의견에 반대하기도 함
믿음 3		
믿음 4		

6단계: 새로운 대안 믿음

처음 김 과장의 두 가지의 믿음을 기억하는가? 그 중 아내의 기대치에 대한 믿음이 25%를 차지했다. 그런데 김 과장은 분석을 통해 이 믿음을 지지하는 증거가 하나도 없다는 사실을 발견했다. 또 사장이 사생활을 존중하지 않는다는 생각은 사장이 개인적으로 와인도 보내 주고 신경 써 준 일들을 떠올리면서 처음보다 비중이 낮아졌다. 그래서 이런 사실들을 고려했고 '나는 사장의 지시를 거부하지 못해.'처럼 새로운 원인들을 추가했다.

이처럼 정확한 사고 단계에서 각 원인 믿음의 지지 증거와 반대 증거를 열거하다 보면 그 원인이 어느 정도로 중요한지 직감으로 아는 능력이 생기고 발전한다. 특정 원인 믿음을 지지하는 증거를 많이 찾아낼수록 그것을 역경의 진짜 원인으로 삼을 가능성이 커진다면, 특정 원인 믿음에 반박하는 증거가 많을수록 그것을 진짜 원인으로 돌릴 가능성이 작아지는 것이다. 그래서 원형 그래프를 새로 그려야 한다. 이때는 지지 증거가 있는 초기 원인 믿음 혹은 대안 원인 믿음만 적어 넣어야 한다.

① 사장은 내 사생활을 존중하지 않아: 35%
② 나는 사장의 지시를 거부하지 못해: 15%
③ 나는 무리하게 일을 떠맡아: 20%
④ 나는 시간 관리를 제대로 못 해: 30%

7단계: 새로운 해결책

이제 마지막 단계이다. 당신이 찾아낸 해결책들이 얼마나 변할 수 있는 것들인지 판단해 보자. 김 과장이 앞서 나열한 원인 믿음 중에 1번에 대해 내린 생각은 자신은 아직도 사장의 독단적 성격을 바꿀 수 있는지는 확신할 수는 없지만, 적어도 자신이 다른 동료들보다 가정에 소홀한 건 사실이기 때문에 사장과 대화를 해 볼 수 있다는 것이다. 4번의 시간 관리 문제는 분명 김 과장이 아주 많이 바뀔 수 있는 부분이다. 김 과장은 자기가 남보다 일을 많이 한다는 걸 인정해야 하고, 어떤 상황일 때 무리하게 일을 떠맡는지도 찾아야 할 것이다. 그리고 다음번에 같은 상황에 처할 때 그 믿음에 반박하면 회복력을 극대화시킬 수 있을 것이다.

당신도 이렇게 하나씩 점검해 가면서 가장 많이 바뀔 수 있는 원인을 찾아보자. 항상 잊지 말아야 할 건 문제를 해결하고 역경을 극복해 나가려는 당신의 목적이다. 그래서 바뀔 수 있는 원인에 주목해야 한다. 처음에는 시간이 걸리겠지만 서두르지 말자. 오랫동안 굳어져 있던 사고양식을 바꾸기가 쉽겠는가. 하지만 당신이 이렇게 해서 문제를 정확히 파악하다 보면 가장 주요한 원인이자 해결 가능한 원인을 찾아낼 수 있을 것이다.

5. 진상 파악하기

'만약에……'라는 가정하에 일어나지도 않은 사건에 불안해하고 걱정하느라 소중한 시간과 에너지를 낭비하는 경우가 있다. 즐거운 상상이라면 삶을 살아가는 데 활력이 될 수도 있지만 미래에 대한 나쁜 상상이라면 행복을 만드는 데 아무런 도움이 되지 못한다. '만약에' 병에 걸린 사람들은 역경이 닥쳤을 때 그것을 극복하려 하지 않고 더 크게 부풀리고 더 나쁜 일이 벌어질 것이라 상상하며 걱정한다. 당연히 회복력도 약해질 수밖에 없다.

'만약에' 병을 고치는 데는 '진상 파악하기'가 효과적이다. 이는 미래 위협에 대한 믿음을 바꿈으로써 불안을 다룰 수 있는 수준으로 낮추는 기술이다. 위협의 진짜 위험도에 걸맞은 수준으로 불안감을 줄여 준다.

'진상 파악하기'와 '믿음에 반박하기'를 혼동하는 사람들이 있는데, '믿음에 반박하기' 기술은 역경이 일어난 이유를 찾는 원인 믿음에 적용되는 반면, '진상 파악하기' 기술은 그 역경이 미치는 영향에 관한 믿음을 다룬다는 차이가 있다. 지금 닥친 역경 때문에 앞으로 일어날 일에 대한 결과 믿음에 초점을 맞추는 것이 '진상 파악하기'이다. 진상 파악하기는 5단계를 거쳐 진행된다.

진상 파악하기의 단계를 살펴보기에 앞서 다음 사례를 살펴보자.

최 과장은 상당히 성공한 영업사원이다. 그런데 중요한 잠재 고객에게 제품 팸플릿을 보내 준다고 약속해 놓고 까맣게 잊고 있다가 다음 날이 돼서야 기억이 났다. 엄청난 실수를 저질렀다는 것을 깨닫고 그는 크게 자책하며 마음껏 상상의 나래를 펼쳤다.

"큰일 났네. 팸플릿을 보내는 걸 잊어버렸잖아. 지금이라도 전화를 걸어 미안하다고 할까? 아니야, 벌써 하루가 지나 크게 화가 나 있을 거야. 전화하면 화만 더 나게 만들 거야. 회사에서는 중요한 잠재 고객을 놓쳤다고 질책할 것이 분명해. 잘하면 감봉 정도로 끝나겠지만 최악의 경우 해고당할 수도 있어. 해고당하면 어떻게 하지? 지금 이 나이에 다른 데 취직하기도 어려울 텐데. 취업을 해도 지금과 같은 조건으로는 취직하지 못할 거야. 월급이 적으면 주택 대출금 갚기도 어려울 테고 빚은 점점 더 늘어나겠지? 이런 나를 아내는 한심해하고 이혼하자고 할지도 몰라."

중요한 고객과의 약속을 지키지 못한 것은 분명한 잘못이지만 '만약에'는 점점 더 확대돼 결국 이혼까지 하게 될 것이라는 극단적인 상황까지 가 버렸다. 이러한 것을 '파국적 사고'라고 하는데, 이는 불안을 가중하기만 할 뿐 문제를 해결하는 데 아무런 도움이 안 된다. 현실을 직시하고 불안을 잘 다루기 위해서는 진상 파악하기를 해야 한다.

사소한 것을 지나치게 과장하고 골몰하는 사람, 시도 때도 없이 불안에 휩싸이는 사람은 이 시점에서 해야 할 일이 있다. 가장 걱정하는 것이 무엇인지 적어 보는 것이다. 걱정거리를 정확하게 알아야만 '진상 파악하기' 기술을 즉시 적용할 수 있다.

진상 파악하기 과정은 미래에 대한 믿음을 바꾸는 과정이다. 설명양식과 미래에 대한 믿음, 즉 결과 믿음은 당연히 서로 밀접한 관계가 있다. '항상, 전부' 설명양식을 지닌 사람은 비극적인 결과 믿음을 떠올릴 위험이 있다.

'항상' 설명양식에 익숙한 사람은 지금 겪고 있는 역경의 원인이 앞날에 중요한 역할을 할 거라고 예상한다. 또한 '전부' 설명양식을 자주 떠올리는 사람은 문제가 장기간 지속될 것이며 게다가 인생의 모든 영역에 영향을 미칠 거라고 생각한다.

이별의 원인에 대해 "나는 그와 잘 맞지 않았어."라고 믿으면 이 사람은 다음 연애를 부정적으로 예측하는 게 아니다. 하지만 "나는 어떤 사람과도 결코 가까워질 수가 없어."라고 믿는 사람은 앞으로의 연애에도 문제가 있을 거라고 예측한다.

이 기술은 여러 방면으로 도움이 된다. 역경의 순간에 기정사실인 듯 처음 떠오르는 미래 위협 믿음에 사로잡히지 않는 법도 가르쳐 준다. 이 기술은 비현실적 낙관성을 현실적 낙관성으로 바꿔 준다. 진상 파악하기 5단계는 다음과 같다.

1단계: 꼬리에 꼬리를 무는 실시간 믿음 적기(최악의 시나리오 적기)

우선 파국적 사고를 한 순간을 되돌아보고 그 순간에 떠오른 생각들을 모두 적어 보자. 꼬리에 꼬리를 물고 이어진 파국적 믿음을 하나씩 적어 보는 것이다. 최 과장의 역경은 깜빡 잊고 고객에게 팸플릿을 보내지 않은 것이다. 이 역경이 부추긴 실시간 믿음, 즉 최악의 경우를 예상한 시나리오는 다음과 같다.

> 고객이 크게 화가 나 전화를 하면 더 화를 낼 것이다. → 회사에서 크게 질책할 것이다. → 직장에서 해고된다. → 겨우 다른 직장을 구했지만 월급이 적어 날이 갈수록 빚만 더 늘어난다. → 주택 대출금을 갚지 못할 것이다. → 아내가 실망하고 이혼을 요구한다.

2단계: 최악의 시나리오가 실현될 확률 추정

1단계에서 적은 실시간 믿음의 내용을 살펴보면 누가 봐도 최 과장이 파국적 사고에 빠져 있다는 것을 알 수 있다. 제품 팸플릿을 깜빡 잊고 안 보냈다고 직장에서 해고당하고 이혼까지 하게 될 거라는 결론은 지나친 비약이다. 하지만 정작 본인은 모른다. 이를 깨닫고 파국적 사고를 중단하려면 우선 1단계에서 나열한 것들이 실제로 일어날 확률이 얼마나 되는지를 추정해봐야 한다.

고객이 크게 화가 나 전화를 하면 더 화를 낼 확률은 꽤 높다. 팸플릿을 보내지 않아 실망시킨 것에 대한 책임을 물을 가능성도 크다. 하지만 그것만으로 직장에서 해고되고 주택 대출금을 갚지 못해 이혼까지 하게 될 확률은 아주 낮다.

이처럼 '만약에……'라는 가정하에 미래에 일어날 것이라 믿었던 일들이 실제로 일어날 확률을 추정하다 보면 진상을 파악하기가 수월해진다. 또한 확률이 적은 일보다 확률이 높은 일에 미리 대비함으로써 역경을 좀 더 수월하게 극복할 수도 있다. 예컨대, 고객이 화를 낼 수도 있지만 용기를 내서 전화를 해 진심으로 사과하고 팸플릿을 보내면 고객이 화를 풀고 신뢰해 더 좋은 결과가 나오는 상황도 얼마든지 가능하다.

3단계: 최상의 시나리오 구상

실제로 일어날 확률을 추정해 보는 것만으로도 큰 도움이 되지만 좀 더 효과적으로 진상을 파악하려면 최상의 시나리오를 구상해 볼 필요가 있다. 최악의 시나리오처럼 최상의 시나리오도 실현 가능성이 아주 낮지만 최악의 경우를 예상하는 파국적 사고를 중지시키는 데는 아주 효과적이다. 터무니없이 환상적인 미래를 잠깐 상상해 봄으로써 실제로 일어날 사건을 좀 더 명확하게 사고할 수 있다. 또한 최상의 시나리오는 당신을 웃게 만든다. 불안 수준을 낮추고 당면한 진짜 문제를 좀 더 잘 다루게 하는 데는 유머가 최고이다. 최상의 경우를 예상한 시나리오에 웃음이 나지 않으면 아직 그렇게 환상적인 시나리오가 아닌 것이다. 그러니 너무 엉뚱해서 저절로 웃음이 터져 나올 때까지 더욱 환상적인 미래를 상상하라. 최 과장이 구상한 최상의 시나리오는 다음과 같다.

> 해고된다. → 퇴직금으로 영업 대행 회사를 차린다. → 기업을 상장시킨다. → 백만장자가 된다.

4단계: 실현 확률이 가장 높은 사건 확인

최악의 시나리오와 최상의 시나리오를 일목요연하게 적어 놓으면 실제로 일어날 확률이 가장 높은 사건을 쉽게 찾아낼 수 있다. 해고나 이혼이 실제로 일어날 확률이 극히 낮음을 깨닫고 실제로 일어날 확률이 높은 사건에 집중해야 파국적 사고에서 벗어날 수 있다.

5단계: 진짜 문제 해결

1~4단계를 거치면서 파국적 사고로 인해 실제로 일어날 확률이 아주 낮은 일을 상상하며 불안해했다는 것을 자각했다면 마지막으로 진짜 문제를 바로잡을 수 있는 방법을 찾아야 한다. 최 과장은 전화를 걸어 고객의 마음을 풀고 바로 팸플릿을 보내기로 결정한다. 좀 더 성의를 보이기 위해 팸플릿을 우편으로 발송하지 않고 직접 갖고 찾아가기로 했다. 회사에도 솔직하게 상황을 설명하며 잘못을 시인하고 해결책을 보고했다. 장족의 발전이다. 그런데 회복력이 높은 사람은 진상 파악하기 과정을 거치지 않고도 바로 이렇게 행동한다.

6. 진정하기 및 집중하기

역경이 닥치면 극심한 스트레스를 받고 감정이 불안해져 정상적인 사고나 판단을 하기 어렵다. 집중해서 해결책을 모색하는 일은 더더욱 어렵다. 다행히 감정이나 스트레스에 휘둘릴 때 진정하고 집중할 수 있는 방법이 있다. 일상생활에서 쉽게 할 수 있는 비교적 간단한 방법들인데, 이 방법들만 잘 활용해도 역경에 대처할 수 있는 회복력을 키우는 데 큰 도움이 된다.

심호흡

스트레스와 불안감이 커지면 호흡이 얕고 거칠어진다. 그만큼 폐에 공급하는 산소량이 줄어들기 때문에 혈관을 통해 순환하는 산소도 감소한다. 그러면 뇌는 경고 신호를 해서 아드레날린이 더 많이 분비되게 만든다. 아드레날린이 분비되면 불안감이 더 가중되고, 호흡은 더 얕고 빨라져 산소량이 더 적어지는 악순환이 되풀이된다.

　이런 악순환을 멈추려면 복식호흡으로 크게 심호흡을 해야 한다. 심호흡을 하는 방법은 여러 가지가 있지만 지금까지의 조사 결과로는 다음과 같은 방법이 가장 효과적이었다. 일단 기본적인 방법을 완전히 익힌 후 다양한 방법을 시도하면서 몸과 마음을 가장 완벽하게 이완시켜 주는 방법을 찾아내고, 적어도 하루에 한 번은 이 방법을 실천하도록 한다. 심호흡을 할 때는 생각을 멈추고 오직 호흡에만 집중한다. 처음에는 어렵겠지만 익숙해지면 호흡에 집중하기가 쉬워진다.

① 팔걸이가 없는 의자에 똑바로 앉아서 두 발을 바닥에 붙인다. 두 손은 무릎 위에 편안하게 놓는다.
② 배가 팽창하는 느낌이 들 때까지 코로 숨을 들이쉰다.
③ 천천히 숨을 들이쉬면서 아주 천천히 하나부터 넷까지 센다. 이때 가슴과 어깨의 긴장을 푸는 것이 중요하다.
④ 코로 천천히 숨을 내쉰다. 역시 하나부터 넷까지 세면서 숨을 완전히 내쉰다.
⑤ 천천히 심호흡하는 과정을 적어도 3분 동안 반복한다.

점진적인 근육 이완법

스트레스를 받으면 근육이 긴장돼 몸이 딱딱하게 굳는다. 등에 통증이 생기거나 목이 뻣뻣해지는 느낌이 들기도 하고, 근육이 경련을 일으키듯 떨리는 경우도 있다. 이때 심호흡과 함께 점진적인 근육 이완법(progressive muscle relaxation)을 실시하면 스트레스를 진정시키는 데 도움이 된다. 점진적인 근육 이완법에서는 신체 각 부위의 근육을 조였다가 풀어 주는 과정을 반복한다. 근육이 긴장할 때와 이완할 때 어떤 느낌인지 확인하고 비교해 보면서 하면 더 효과적이다.

① 바닥에 눕거나 등을 곧게 펴고 의자에 앉는다. 발은 바닥에 붙이고, 두 손은 무릎 위에 편안하게 놓는다.
② 눈을 감고 2분 동안 심호흡을 한다.
③ 두 손과 아래팔부터 시작한다. 가능한 한 마음을 비우고 숨을 들이쉬면서 주먹을 쥐고

손과 아래팔의 근육을 힘껏 조인다. 다른 신체 부위나 팔뚝 전체를 조이지 말고 오직 두 손과 아래팔의 근육만 긴장시킨다. 근육을 바짝 조여야 하지만 통증을 느낄 정도여서는 안 된다. 그렇게 15초 동안 손과 아래팔의 근육을 긴장시킨다.

④ 계속 심호흡을 하면서 손과 아래팔의 긴장한 느낌에 집중한다. 어느 부위 근육이 가장 탄탄하게 조여드는가? 그 근육이 언제 탄탄해지는가? 그 주변 근육은 어떤 느낌이 드는가? 15초 동안 근육을 조인다.

⑤ 숨을 내쉬면서 손과 아래팔의 근육을 이완시킨다. 근육의 긴장을 재빨리 풀어 주고, 그 이완된 느낌에 집중한다. 근육의 긴장이 완전히 풀어진 느낌이 들 때까지 계속 심호흡하고, 완전히 이완된 상태를 30초 동안 유지한다. 동일한 근육에 집중하면서 이 과정을 또 한 번 반복한다.

⑥ 손과 아래팔의 근육을 조였다 푸는 과정을 두 번 실행한 후 1분간 쉰다. 그런 다음 다른 부위 근육으로 넘어가 같은 방법으로 근육을 조였다 풀어 준다. 즉, 15초 동안 바짝 조였다가 30초 동안 완전히 풀어 주는 과정을 두 번 하고 1분간 쉰 다음에 다른 부위 근육으로 넘어간다.

긍정적 이미지

긍정적 이미지는 말 그대로 마음을 편안하게 만드는 긍정적 이미지를 떠올림으로써 진정하는 방법이다. 심호흡이나 점진적 근육 이완법에도 활용할 수 있다. 방법은 간단하다. 눈을 감은 후 평온하고 한가한 장면을 상상하라. 더없이 느긋하고 편안하고 행복한 장소를 떠올려 보라. 2~3분 동안 그 장면을 그려 보고, 그 이미지 속에서 긴장을 풀고 쉬면 된다. 긍정적 이미지를 상상할 때는 이미지를 상세하고 생생하게 떠올리는 것이 좋다. 그럴수록 긴장이 더 쉽게 풀리기 때문이다. 이미지만 상상하지 말고 오감을 동원해 자연의 소리도 듣고, 바람 소리도 피부로 느껴 보고, 냄새를 맡아 보면 더 좋다. 여기에 '나는 느긋하고 한가하다.' '나는 편안하고 평화롭다.'와 같은 긍정적인 말도 속으로 하면 더 효과적이다.

7. 실시간 회복력

김 부장은 걱정이 많은 사람이다. 광고회사의 영업부장으로 해야 할 일이 태산 같은데도 걱정이 많아 한 가지 일에 집중하지 못한다. 중요한 프레젠테이션을 하는 도중에도 걱정이 끊이지 않는다. '내가 저 광고주에게 우리 회사가 적임자라는 확신을 심어 줄 수 있을까? 내가 지금 자신만만하게 말하고 있는 걸까? 내가 질문에 명확하게 대답한 걸까? 내가 지금 괜찮아 보일까?' 그 후에는 그 일을 곰곰이 되씹는다. '나는 명확하게 설명하지 못했어. 도대체 어째서 제대로 하지 못하는 걸까?'

김 부장처럼 딴생각을 많이 하는 사람은 잡다한 생각이 끊임없이 끼어들어 지금 당장 해야 하는 일에 집중하지 못한다. 이처럼 불쑥 끼어드는 생각을 '침투 사고'라고 하는데, 이러한 침투 사고는 다음 세 가지 방식으로 회복력을 약화시킨다.

① 침투 사고는 주로 부정적인 경험에 관한 것이어서 당신을 우울하게 한다.
② 침투 사고는 당신의 주의를 사로잡고 문제해결을 방해한다.
③ 침투 사고는 당신의 시간을 허비한다.

회복력을 강화시키려면 이 침투 사고를 물리쳐야 한다. 침투 사고를 중단시킬 수 있는 방법은 비교적 간단하다. 한눈을 팔게 하거나 강박적 반추를 조장하는 생각을 멈추는 데 상당히 효과적인 기술이 많다. 그중 하나가 심리 게임이다.

심리 게임

심리 게임의 목적은 비합리적인 믿음에서 주의를 돌리는 것이다. 심리 게임이 효과가 있으려면 너무 어려워서도 안 되고 재미가 있어야 한다. 그에 걸맞은 심리 게임을 몇 가지 소개하면 다음과 같다. 이 중 자신에게 맞는 게임을 선택하거나 능숙해지면 몇 가지를 조합해 자기만의 게임을 만들어도 좋다. 단, 심리 게임은 아무리 길어도 2분 안에 끝내는 것이 좋다.

- **가나다 게임**: '가나다……'를 순서대로 둘씩 짝지은 후 그 첫 글자에 이름을 붙인다(예: 가나-가수 나훈아, 다라-다음 라디오, 마바-마음 바탕 등). 두세 번쯤 하고 나면 게임이 무척 쉬워질 것이다. 그러면 특정 범주에 속하는 이름을 붙임으로써 게임을 조금 더 어렵게 만든다. 예컨대, 운동선수, 작가 혹은 영화배우의 이름만 붙이는 식이다.
- **범주**: 범주를 하나 고르고 그 범주에 속하는 것을 2분 안에 최대한 많이 생각해 내면 된다(예: 채소, 해수욕장, 과일, 항구, 유명 작가 등). 게임을 조금 더 어렵게 하려면 그 범주에 속하는 것을 가나다 순서대로 나열한다.
- **끝말 잇기**: 낱말을 하나 고르고 2분 안에 최대한 많이 잇는다.
- **추억**: 당신을 가르쳤던 선생님의 이름을 모두 떠올린다. 유치원 선생님부터 시작한다. 혹은 어릴 때 살던 집을 기억해 본다. 가구 배치, 벽을 장식한 물건, 침실 벽에 붙여 놓은

유명인의 포스터를 떠올린다(어린 시절을 떠올릴 때 불안해지는 사람에게는 이 게임이 알맞지 않다). 여행한 곳, 영화, 노래, 책도 좋다.

- **노랫말**: 기분을 바꾸는 아주 훌륭한 방법이다. 가장 좋아하는 노래의 가사를 외운다(통속적인 이별 노래나 블루스 같은 우울한 곡은 피한다). 신나고 활기찬 노래가 좋다.
- **시**: 희망과 기쁨을 노래하는 시 한 편을 외워 두었다가 집중이 필요할 때 떠올린다.

세 가지 핵심 구절 이용하기

실시간 회복력 기술을 배울 때는 다음 세 가지 핵심 구절을 이용해 믿음을 바꿀 수 있다. 이 기술을 완전히 익히면 의식적으로 이러한 핵심 구절을 말하지 않아도 된다.

- **첫 번째 핵심 구절**: "이 일을 더욱 현실적으로 바라보자." (대안 믿음)
- **두 번째 핵심 구절**: "그렇지 않아. 왜냐하면……." (증거)
- **세 번째 핵심 구절**: "일어날 가능성이 더 높은 일은……. 그걸 해결하기 위해 내가 할 수 있는 것은……." (증거)

믿음에 반박할 때 그 목표는 설명양식의 세 가지 차원에서 다양한 대안 믿음을 떠올리는 것이다. 그럼으로써 틀에 박힌 설명양식에서 벗어날 수 있다. 실시간 회복력 기술의 목표는 자신의 설명양식과는 다른 양식을 하나 동원해 초기 믿음보다 더 정확한 믿음을 떠올리는 것이다. '이 일을 더욱 현실적으로 바라보자.'라는 구절은 대안 믿음을 구성하는 데 도움이 된다.

예컨대, 역경의 순간에 떠오른 부정적인 믿음이 '나는 말을 잘 못해서 고객을 설득하지 못할 거야.'라고 치자. 핵심 구절을 이용해 '이 일을 더욱 현실적으로 바라보자. 비록 달변가는 아니지만 진심으로 이야기하면 고객의 마음을 움직일 수 있을 거야.'와 같은 대안 믿음을 가지면 역경을 극복하기가 쉬워진다.

두 번째 방법은 증거를 토대로 믿음의 정확성을 검증하는 것이지만 사람들은 믿고 싶은 것만 믿는 경향이 있기 때문에 증거를 찾아도 원래의 부정적인 믿음을 입증하는 증거를 더 쉽게 찾아내는 경향이 있다. 그래서 '그렇지 않아. 왜냐하면…….'이라는 구절이 필요하다. 이 구절로 시작해 실시간 믿음에 대응하면 사고에 초점을 맞추고 확증 편향과 싸울 수 있다. 여기서 목표는 가능한 한 자세하고 구체적이어야 한다. 증거가 구체적이어야 더욱 효과적이다.

진상 파악하기 기술은 1단계에서 최악의 경우를 예상하는 믿음을 모두 나열하고, 2단계에서 최상의 경우를 예상하는 믿음을 모두 나열하고, 3단계에서 실제로 일어날 확률이 가장 높은 사건을 확인하고 해결할 방법을 계획하는 과정을 거친다. 실시간 회복력 기술은 훨씬 더 간단하다. 실현 확률이 가장 높은 사건 중 하나만 찾아내고 그 해결책 역시 하나만 계획하면 그만이다. 그 일을 더 쉽게 하는 방법이 있다. '일어날 가능성이 더 높은 일은……. 그걸 해결하기 위해 내가 할 수 있는 것은…….'이라는 구절로 대응하는 것이다.

부정적인 믿음이 '나는 해고될 테고, 더 이상은 내가 좋아하는 일을 할 수 없을 거야.'라면 다음과 같이 대응할 수 있다. "일어날 가능성이 더 높은 일은 내가 마감 시한을 넘겨서 부장이 화낼 거라는 거야. 그걸 해결하기 위해 내가 할 수 있는 것은 먼저 죄송하다고 말하고 내가 맡은 업무의 우선순위를 정하는 일을 도와달라고 부탁하는 거야."

이상의 세 가지 핵심 구절을 이용하면 실시간 회복력 기술을 훌륭하게 실행할 수 있다.

실시간 회복력 기술을 활용할 때 흔히 저지르는 실수

실시간 회복력 기술을 처음 배울 때 사람들은 자주 회의적인 태도를 보인다. 이 기술의 효과를 신뢰하지 않는데, 이는 그것을 처음 배울 때 흔히 몇 가지 실수를 저지르기 때문이다. 이 실수들을 경계하고 바로잡으면 실수는 곧 사라지고 회복력이 극적으로 향상된다. 사람들이 자주 저지르는 실수는 다음과 같다.

실수 1: 극단적인 낙관성　초보자들이 가장 흔히 범하는 실수 중 하나는 극단적인 낙관성의 함정에 빠지는 것이다. 그들은 부정적인 믿음을 비현실적으로 낙관적인 믿음으로 대체한다. 좀 더 정확한 대안 믿음을 궁리하고 있을 때 이 실수를 가장 많이 한다. 비관성도 역경을 극복하는 데 도움이 안 되지만 극단적인 낙관성도 마찬가지이다. 실시간 회복력은 목표가 정확성이지 낙관성이 아님을 주의해야 한다.

실수 2: 진실 묵살　증거를 토대로 비합리적인 믿음에 반박할 때 이 실수를 자주 범한다. 비현실적인 실시간 믿음의 내용은 주로 지나친 과장이다. 하지만 그 과장된 표현 밑에 진실이 묻혀 있을 수도 있다. 그 진실을 인정하지 않으면 새로 구성한 대안 믿음을 신뢰하지 못해 초기 믿음이 다시 떠오른다.

실수 3: 비난 게임　비난 게임은 실시간 믿음이 지닌 작은 진실을 보다 구체적으로 묵살하는 실수이다. 개인화 혹은 외현화의 함정에 빠진 사람들이 자주 저지른다. 개인화의 함정에 빠진 사람들은 주로 자기비난을 하고, 외현화의 함정에 빠진 사람들은 주로 타인에게 원인을 돌리는데, 이러한 사람들은 믿음에 반박할 때 무조건 비난의 대상을 바꾸는 경향이 있다. 예컨대, 언제나 자신을 탓하던 사람이 믿음을 바꾼다고 타인을 비난하거나 반대로 타인을 비난하던 사람이 자신을 비난하는 식이다. 이렇게 무분별하게 비난의 대상을 바꾸는 것은 역경을 통제하는 데 아무 도움이 되지 않는다.

실수 4: 최소화   최소화는 '진상 파악하기' 기술을 적용할 때 자주 저지르는 실수이다. 진상을 파악하는 목적은 효과적이고 합리적인 해결책을 찾기 위한 것인데, 역경을 최소화하면 엉뚱한 결론이 나오기 쉽다. 예컨대, 사장이 당신이 한 일이 기대치에 한참 못 미쳤다고 했을 때 자신이 무능해 곧 해고당할 것이라는 믿음을 가졌다고 가정해 보자. 이 믿음을 바꾸려고 '사장이 나한테 화가 났나? 상관없어. 해고하라지, 그게 뭐 대수야? 직장이야 또 구하면 그만이지.'라고 대응한다면 이것이 바로 문제의 중요성을 축소하는 것이다. 이런 실수를 저지르지 않으려면 새로운 대안 믿음이 역경의 중요성을 경시하고 있지는 않은지, 실현 가능성이 희박한 최악의 시나리오를 역시 터무니없는 최상의 시나리오로 대체하고 있지는 않은지 확인해야 한다.

회복력의 적용 사례

⊙ 실직의 충격에서 벗어나기

직장인들이 겪는 역경 중 특히 두려운 역경 중 하나가 '실직'이다. 특히 요즘처럼 일자리가 부족한 상황에서 실직에 대한 두려움은 더욱 클 수밖에 없다. 하지만 똑같이 실직을 당하더라도 어떤 사람은 보란 듯이 재기하고, 어떤 사람은 세상 다 끝난 것처럼 무기력해진다. 그 차이는 회복력에 있다. 회복력 수준이 낮은 사람은 실직을 한 원인이 자기에게 있다고 생각한다. 자신이 무능력한 탓에 실직을 당했다며 우울해한다. 반면, 회복력 수준이 높은 사람은 자기 탓을 하지 않는다. 일부 자기에게 문제가 있을 수도 있지만 경기 침체가 더 큰 원인이었다고 생각하고 무기력해지거나 우울해하지 않는다. 그러면서 자기의 문제를 면밀하게 검토하고 그것을 해결하기 위해 노력한다. 이처럼 회복력 수준이 높은 사람은 유연하고 정확한 사고를 기반으로 현명하게 문제를 해결하기 때문에 재취업에 성공할 확률이 높다.

강의를 하다 보면 가끔 실직 후 지푸라기라도 잡고 싶은 절박한 심정으로 강의를 듣는 분들을 만난다. 여러 사람이 있지만 그중 삼십 대 중반의 오 과장이 특히 기억에 남는다. 그는 5년 동안 게임 개발업체의 개발팀 팀장으로 일하다 한 달 전 갑작스럽게 해고 통지를 받았다. 회사 사정이 좋지 않다는 건 알고 있었다. 하지만 회사가 무려 수십 명에 달하는 직원을 한꺼번에 구조조정을 해야 할 정도로 어렵다는 건 미처 몰랐고, 더군다나 자신이 구조조정 대상자가 되리라고는 꿈에도 생각하지 못했다.

실직 후 오 과장의 회복력은 눈에 띄게 떨어졌다. 자신감을 완전히 상실해 다른 직장을 알아볼 엄두도 내지 못하는 상태였다. 처음에는 속내를 솔직하게 털어놓지도 않았다. 그런 그에게 진심으로 문제가 무엇인지 제대로 알아보고 함께 해결책을 모색해 보자고 권유했다. 몇 번 더 만남을 가진 후 드디어 그가 용기를 내어 입을 열었다.

"지금까지 살아오면서 이렇게 실망한 적이 없었어요. 그 회사에서 영원히 그 일을 하기를 원하지는 않았어요. 하지만 해고된다는 것은 전혀 예상하지 못했어요."

오 과장에게 해고가 얼마나 충격적인 사건이었는지를 충분히 짐작할 수 있었다. 우선 'ABC 확인하기' 기술을 사용해서 오 과장에게 닥친 역경을 명확하게 보는 일부터 시작했다. 실직과 관련한 그의 ABC는 다음과 같았다.

- **불행한 사건(역경):** 나는 해고되었다.
- **왜곡된 믿음(믿음):** 내 나이에 연봉 5,000만 원을 받을 수 있는 직업은 그리 많지 않아. 우리 가족이 행복하게 살려면 최소한 그 정도 연봉은 벌어야 하는데 해고라니 믿을 수가 없어. 나보다 늦게 입사하고도 잘리지 않은 사람이 많아. 나는 완전히 배신당한 거야.
- **잘못된 결과(감정):** 극도의 우울(우울지수 10점 만점에 9점 또는 10점)
- **잘못된 결과(행동):** 소극성, 무기력, 절망, 취업 기회 외면

오 과장은 ABC 확인하기를 통해 자신의 실시간 믿음(B)에 대한 결과의 강도가 과연 적절한지 아닌지 검토했다. 해고되었을 때 오 과장처럼 '배신당했다'고 믿는 사람은 많다. 열심히 일했는데 배신을 당했다고 생각하면 누구나 우울해지고 위축되기 쉽다. 하지만 오 과장이 보기에도 자신의 정서 반응이 실시간 믿음에 비해 지나치게 극단적인 것 같았다. 그렇다면 빙산 찾아내기 기술을 활용할 시점이었다.

실시간 믿음: 나는 완전히 배신당한 거야.
질문: 그게 어떤 점에서 그렇게 우울하지?

오 과장: 나보다 더 늦게 입사하고도 무사한 직원이 많은데, 나는 해고되었어. 내가 맡은 일을 제대로 하지 못했다는 뜻이야. 나는 제거해야 할 대상이 된 거야. 다른 사람들 눈에는 내가 정말로 무능해 보였던 게 틀림없어.

질문: 그게 무엇을 의미하지?

오 과장: 나는 그렇게 야망이 크지도 않고 밤낮으로 일만 하지도 않아. 하지만 회사와 내 업무에 충실했어. 그리고 상당히 유능하다고 생각했어. 해고는 정말이지 상상도 못한 일이야.

오 과장은 자기 가치 상실에 대한 표면 믿음을 여러 가지 찾아냈다. 하지만 의식의 표면 밑에서 떠도는 빙산믿음을 더 철저하게 파고들지는 못했다. 그는 그 밑으로 내려가지 않고 표면에서 이리저리 움직이고 있었다. 따라서 네 가지 질문 중 하나를 이용해서 더 깊이 파고들 필요가 있었다.

질문: 이 모든 일이 어떤 점에서 그렇게 큰 문제인 거지?

오 과장: 일자리를 지킨다는 것은 최소한의 필요조건이야. 물론 CEO 자리까지 오르거나 거액의 연봉은 받지 못할 거야. 하지만 적어도 일자리는 지킬 수 있어야지.

질문: '지킬 수 있어야지.'라는 말이 어떤 뜻이지? 왜 나는 일자리를 지킬 수 있어야 하지?

오 과장: 난 한 집안의 가장이야. 아내가 좋은 직장에서 맞벌이를 하고 있기 때문에 나 혼자 생활비를 벌어야 하는 부담감은 없어. 하지만 가장이 아내와 자식을 책임지지 못한다는 것은 아주 부끄러운 일이야. 두 사람이 나를 믿고 의지할 수 있어야 해.

질문: 가족을 부양할 수 없다는 것이 나에게 무엇을 의미하지?

오 과장: 나는 좋은 아빠가 되고 싶어. 나는 우리 아버지 같은 그런 아빠가 될 수 있으면 좋겠어. 아버지는 언제나 우리 곁에 계셨어. 아버지를 믿고 의지할 수 있었어. 아버지는 고등학교를 졸업한 후부터 퇴직할 때까지 한 회사에서 50년 동안 일하셨어.

질문: 아버지는 한 회사에서 오래 일하셨는데 나는 그렇지 못해. 그게 무엇을 의미하지?

오 과장: 바로 그 점이야. 나는 결코 아버지 같은 좋은 아빠가 되지 못할 거야. 이 일을 만회하기 위해 내가 할 수 있는 일은 하나도 없어. 아들에게 좋은 아빠가 될 수 있는 방법이 없어.

질문을 하면서 오 과장은 마음 깊숙한 곳에 자기도 모르는 믿음이 숨어 있다는 것을 깨달았다. 무능해서 해고를 당했다는 것도 한 가지 믿음이지만 오 과장은 실직에 그보다 훨씬 더 큰 의미를 부여했다. 그에게 실직은 결코 좋은 아빠가 될 수 없다는 것을 의미했다. 그래서

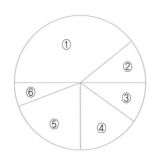

① 경기 침체 40%
② 업무 관련 기술 부족 10%
③ 구조조정 대상 부서 10%
④ 상사와의 소통 부족 15%
⑤ 기업의 달라진 원칙 20%
⑥ 근무 시간 5%

[그림 17-1] 해고 원인 분석

그는 극도로 우울해했던 것이다.

　빙산믿음을 찾았다면 다음은 '믿음에 반박하기' 기술을 이용해 원인 믿음을 분석할 차례이다. 오 과장이 그린 첫 번째 원형 그래프에는 '나는 무능해.'라는 한 가지 믿음밖에 없었다. 해고 원인에 대한 더욱 유연하고 정확한 사고를 반영하는 두 번째 원형 그래프는 [그림 17-1]과 같다.

　'믿음에 반박하기' 기술을 통해 오 과장은 회사가 구조조정을 단행한 가장 큰 요인이 경기 침체라는 것을 인정했다. 해고를 당한 이유가 자기 탓만이 아니라는 것을 확인하고 마음이 좀 편해지기는 했지만 더 늦게 입사한 직원도 많아 살아남았는데 자신은 해고되었다는 객관적인 사실은 변함이 없었다. 그는 '믿음에 반박하기' 기술을 통해 증거를 찾으면서 자신이 해고 대상자로 선정된 이유를 철저히 검토했다. 그의 능력과 실적과는 아무 상관이 없는 원인도 있었다. 살아남은 직원들의 대다수는 오 과장의 부서보다 수익을 더 많이 올리는 부서에서 일하고 있었다. 하지만 그의 부서에서도 구조조정에서 벗어난 사람들이 있었다. 그 이유가 무엇일까?

　단지 자신의 '무능' 때문이라고 단정하는 것은 역경을 극복하는 데 아무런 도움이 되지 않는다. 무능이라는 말은 지나치게 막연하고 모호하며 해결할 수 없다. 오 과장은 철저한 분석을 통해 역경의 원인으로 지목할 수 있는 정확하고 구체적인 증거를 찾아야 했다. 자신이 그동안 어떻게 일을 했는지를 분석한 결과, 그는 몇 가지 이유를 찾아낼 수 있었다. 우선 그는 업무에 필요한 기술을 습득하는 데 게을렀다. 반면, 다른 동료들은 회사의 핵심 분야에서 필요로 하는 교육을 받고 최신 기술을 습득했다. 늘 정시에 출근하고 정시에 퇴근했던 것도 마음에 걸렸다. 그렇다고 맡은 일을 끝내지 않은 것은 아니지만 조금 더 늦게까지 일했더라면 회사에 더욱 필요한 사람이라는 인상을 주었을 것이다. 마지막으로, 오 과장은 생색내는 것을 좋아하지 않아 업무를 훌륭하게 완수하고도 상사에게 말하지 않았다. 굳이 말하지 않아도 상사가 알아줄 것이라 믿었기 때문이다. 그는 스스로 중요한 직원이라고 확신해서 마음 읽기의 함정에 빠진 것을 자책했다.

'믿음에 반박하기' 기술을 통해 오 과장은 '배신당했다'는 비합리적인 믿음을 상당 부분 바꿀 수 있었다. 하지만 바닥까지 추락한 그의 회복력을 다시 끌어올리는 데 결정적인 역할을 한 것은 '실시간 회복력' 기술이었다. 나를 만나기 전까지 오 과장은 '나는 낙오자야. 난 다시 직장을 구하지 못할 거야.'라는 실시간 믿음을 갖고 있었다. 그러한 실시간 믿음은 뿌리 깊은 빙산믿음과 연결되어 있었고, 그 빙산믿음이 우울과 무력감을 촉발했다.

하지만 나와 함께 회복력 기술을 배운 다음에는 비합리적인 믿음이 떠오를 때마다 실시간 회복력 기술을 이용해 그 믿음에 반박하는 강력한 대안 믿음을 내놓았다. "나는 실패자가 아니야. 아버지 시대와 지금은 너무 달라. 요즘 평생 직장은 없어. 누구나 다 해고당할 수 있고, 재취업을 해야 하는 세상이야. 해고되었다고 무책임한 가장이 되는 것은 아니야. 다시 직업을 구하려고 열심히 노력하는 모습을 보여 주면 가족도 안심하고 나를 믿어 줄 거야. 재취업을 할 수 있을까 걱정하는 것보다 다시 직장을 구하면 예전에 저지른 실수를 반복하지 않는 게 중요해."

오 과장은 그로부터 몇 달이 채 지나지 않아 새로운 직장을 구했다. 예전 직장에 비해 연봉도 비슷하고 일도 마음에 든다며 좋아했다. 의욕을 잃고 새로 도전할 엄두조차 내지 못했던 오 과장이 새로운 일터에서 다시 활기차게 일할 수 있게 된 것을 보며 새삼 회복력 기술의 중요성을 실감했다.

⊙ 회복력은 재앙을 이겨 내는 능력

흥미로운 원숭이 실험이 있다. 원숭이 네 마리를 중앙에 긴 장대를 세워 둔 울타리 안에 집어넣었다. 장대 꼭대기에는 원숭이가 좋아하는 샛노란 바나나가 한 송이 매달려 있었다. 원숭이들은 전속력으로 달려가서 장대를 오르기 시작했다. 원숭이들이 바나나에 가까워지자 연구자는 양동이로 물을 퍼부었다. 원숭이들은 물을 질색한다. 네 원숭이는 몸을 부르르 떨며 얼른 바닥으로 내려와 구석으로 달아났다.

연구자는 세 마리를 꺼내고 한 마리만 그대로 두었다. 그리고 다른 원숭이 세 마리를 우리에 집어넣었다. 물벼락을 맞아 보지 않은 이 신참 원숭이 세 마리는 역시 바나나를 보자마자 장대로 달려가 서둘러 올라갔다. 처음부터 있었고 물벼락을 맞아본 원숭이 한 마리는 신참자들이 물벼락을 맞지 않게 하려고 안간힘을 썼다. 세 마리의 다리를 붙잡아 끌어내리고 이빨을 드러내며 으르렁거려 결국 세 마리를 장대에서 떼어 놓는 데 성공했다. 세 마리는 장대에 올라가지도 않았고 물벼락을 맞지도 않았다.

이제 연구자는 그 신참자 중 두 마리와 처음에 물벼락을 맞은 원숭이를 꺼내고 원숭이 세 마리를 새로 집어넣었다. 울타리 안에 있는 네 마리 중에서 실제로 물벼락을 맞은 원숭이는 한 마리도 없다. 새로 들어온 세 마리는 얼른 장대로 올라갔지만 두 번째 단계에서 투입된 원숭이는 올라가지 않았다. 그 원숭이는 장대에 올라가서는 안 되는 이유를 몰랐을 텐데도 신참자들의 다리를 붙잡아 끌어내리고 이빨을 드러내며 으르렁거려서 그들이 장대에 올라가지 못하게 막았다.

이 원숭이 실험과 유사한 일이 종종 조직에서도 일어난다. 1975년만 해도 직원이 4만 명에 달했던 그 기업은 1999년에는 직원이 1만 2,000명으로 대폭 줄었다. 한때 제조 산업을 이끌었던 선두주자가 쇠락한 것이다. 위기를 타파하고자 14명의 고위 간부들이 원탁에 둘러앉아 이틀 동안 회의를 했다. 모두들 돌아가며 자신을 소개하고 지난 10년간 제조 산업에 드리워진 암울한 그림자에 대해 장황하게 설명했다.

역경은 분명해 보였다. 자금 출혈이 심했고, 매년 손실액이 수백만 달러에 달하게 되자 여러 곳의 공장을 폐쇄했다. 이로 인해 수익은 훨씬 더 감소했다. 임원 14명 중에서 무엇이 문제인지에 관한 토론에 적극적으로 참여하는 사람은 고작 두 명이었다. 삼십 대 후반의 젊고 유능한 도나가 문제를 지적했다. 도나는 기존의 고리타분한 사고방식에서 벗어나 회사가 무엇을 해야 하는지 새로운 아이디어를 내놓고, 새로운 시장을 목표로 제품을 다양화하는 방법을 숙고해야 한다고 주장했다. 그러면서 해결책을 제시하는 것도 잊지 않았다.

"최소 비용으로 기존 공장을 점검해 보면 판매량이 늘고 있는 제품을 생산할 수도 있을 것입니다. 언제까지나 기존 제품을 생산해야 한다는 사고를 바꿔야 합니다. 그것을 우리의 운명으로 삼지 말아야 해요."

도나의 말에 고개를 끄덕이는 사람은 케니 한 사람 뿐이었다. 다른 임원들은 무표정한 얼굴로 아무 말도 하지 않았다. 케니는 '신제품에 초점을 맞추고 마케팅과 영업 전략을 개선해야 한다'는 의견을 내놓고 독자적으로 일하는 영업 인력을 팀으로 재구성해야 함을 주장했다.

도나와 케니의 의견에 다른 임원들은 침묵했다. 침묵은 곧 반대한다는 무언의 신호와도 같았다. 오랜 침묵 끝에 마침내 부사장이 입을 열었다.

"두 분의 제안은 이미 토의한 적이 있습니다. 하지만 합당치 않은 제안입니다. 우리 회사는 신제품을 생산한 적이 없습니다. 그런 영업 전략을 적용한 적도 없어요. 두 분이 이곳에 입사한 지는 5년에서 10년입니다. 다른 분들은 여기서 30년 이상 일했어요. 이 회사에 대해 더 많이 알고 있습니다. 무엇이 효과적이고 무엇이 비효과적인지, 직원들이 무엇을 선호하고 무엇을 꺼리는지, 경영진과 투자자들이 무엇을 원하는지 알고 있습니다. 두 분의 제안은 결코 유용하지 않을 것이며 효과도 없을 겁니다. 이 회사는 아주 오래전에 세워졌어요. 제가 공장 하급 직원으로 일을 시작하기 훨씬 전부터 건재했습니다. 우리는 그런 방식으로는 일한 적도 없고, 앞으로도 하지 않을 겁니다."

케니와 도나는 훌륭한 해결책을 제안해서 조직을 구하려고 했지만 동료와 선배들은 원숭이들처럼 그들의 다리를 붙잡아 끌어내리고 있었다. 두 사람이 다시 장대에 올라가려고 하자 그들은 으르렁거렸다. 케니와 도나의 제안이 왜 합당치 않은지, 왜 효과가 없을지 그 이유를 정확하게 설명할 수 있는 사람은 한 명도 없었다. 실제로 물벼락을 맞은 적이 없으면서도 장대를 피하는 원숭이들과 다를 바 없었다. 그들은 장대에 오르는 게 좋지 않으리라는 것을 단지 알고만 있었다.

이것이 바로 조직문화의 힘이다. 아주 오래전 그 당시에 효과적이었을 한 가지 방법을 적용한다. 그러면 궤도가 정해지고 관성이 확립된다. 빙산믿음이 형성되는 과정과 많은 부분 흡사하다. 세상의 작동 방식에 대해 우리는 불완전하고 부정확한 믿음을 쌓아 올린다. 그렇게 구축된 믿음이 '현실'이 되고 생명을 갖는다는 것이 문제이다. 회의에 참석했던 14명은 그 조직의 최고위직 간부들이었다. 그들이 조직문화를 바꿀 능력이 없다면 그 조직 내에서 누구도 그 일을 하지 못한다. 결국 그 회사는 2001년 파산하기에 이르렀다.

이 예는 조직문화를 변화시키기가 얼마나 어려운가를 단적으로 보여 준다. 조직에서 회복력이란 '역경 속에서 스스로의 역량을 재창조함으로써 조직의 재도약을 이루어 내는 능력'이라 할 수 있다. 회복력은 미래에 대한 불확실성이 높고 위기가 일상화된 치열한 생존경쟁 시대의 현대 경영에서 조직의 생존을 좌우할 정도로 중요해졌다. 2000년대 중반 루 거스트너의 IBM, 스티브 잡스의 애플 등은 회복력을 발휘하여 역경을 딛고 더 창조적이며 역량 있는 기업으로 재도약할 수 있었다. 궁극적으로 회복력은 재앙 앞에서 견딜 수 있는 능력인 것이다.

⊙ 조직문화 바꾸기

"절이 싫으면 중이 절을 떠나야 한다."라는 말이 있다. 이는 한 번 굳어진 조직문화가 얼마나 변하기 힘든지를 풍자하는 말이기도 하다. 대부분의 조직은 안정을 추구한다는 명분 아래 새로운 시도를 하지 않는다. 아무리 조직이 위기에 처했어도 예전에 시도해 효과를 거두었던 방법이 아니면 거부한다. 창의력과 도전 정신이 투철한 몇몇 직원이 해결책을 제시해도 '그건 옛날에 다 해 봤는데 효과가 없었다' 혹은 '생각은 좋지만 현실적으로는 불가능하다'는 이유로 묵살하기 일쑤이다.

　조직문화가 나와 맞지 않으면 즐겁게 직장생활을 할 수 없다. 절이 싫으면 중이 떠나는 것도 방법이지만 그보다는 절의 문화를 바꾸려는 노력을 할 필요가 있다. 아무리 노력해도 도저히 바뀔 가능성이 보이지 않을 때는 어쩔 수 없이 떠날 수밖에 없겠지만 어디까지나 최후의 선택이어야 한다. 다행히 조직문화를 바꿀 수 있는 방법이 있다. 회복력 기술을 이용하면 된다.

　어떤 조직에서든 비공식적인 리더와 혁신가들이 있기 마련이다. 이들이 회복력 기술을 습득해 조직문화를 성공적으로 바꾼 예는 많다. 불우 아동을 돕는 비영리기관에서 일하는 박 실장도 그중 하나이다.

　일반 기업체에 근무하던 박 실장은 처음 비영리기관의 기금운영 부서 책임자로 이직할 때 꿈에 부풀었다. 좋은 일을 하는 조직에 몸담고 있는 사람들은 자발적이고 낙관적일 것이니 자신 또한 즐겁고 활기차게 일할 수 있을 것이라 믿었기 때문이다. 예상은 보기 좋게 빗나갔다. 이직하고 조금 지나자 그 조직의 진짜 문화가 드러났다. 많은 직원이 무기력하고 비관적이었다. 자기 노력으로 불우한 아이들의 삶을 실제로 바꿔 줄 수 있을지 의심했다. 박 실장은 불우한 아이들을 돕는 일이 얼마나 의미 있는 일인지, 조직이 하는 일이 얼마나 아이들에게 도움이 되는지를 일깨우며 직원들의 열정을 되살리려 했지만 번번이 비웃음을 살 뿐이었다.

　박 실장은 소속 부서의 변화를 주도하려면 우선 감정을 통제해야 한다는 것을 알고 있었다. 솔직히 새 직장이 기대했던 것과 다르다는 것을 깨달았을 때 극단적인 생각이 든 것이 사실이었다.

　'나는 직원들에게 동기를 부여할 수 없을 거야. 나 역시 무기력해지든지 아니면 이 일을 그만둬야 할 거야. 이직한 지 6개월도 못 돼서 그만둔다는 것은 내 경력에 치명적인 오점이야. 이 분야에서 그런 오점 있는 경력으로는 다른 직장을 구하기 힘들 거야. 생활비를 충당할 수 없어서 변두리의 작은 아파트로 이사해야 할 거야. 그곳은 학군이 좋지 않아서 아이들 교육에 문제가 생길 거야. 이 일로 아내는 나를 결코 용서하지 않을 거야. 이곳으로 옮기면서 연봉이 많이 줄었기 때문에 아내는 이미 많은 걸 포기해야 했어. 결혼생활이 더 위태로워질 거야.'

　조직문화를 바꾸기 위해서는 이런 박 실장의 파국적 믿음을 올바로 분석하는 것부터 해야 한다. 박 실장은 '진상 파악하기' 기술을 적용한 후, 현재 상황이 이 최악의 시나리오와는 거리가 멀다는 것을 깨달았다. 잦은 이직은 경력에 오점이 되겠지만 그가 지금까지 쌓아 온 경력은 탄탄했다. 새 직장에서 적응하지 못하더라도 박 실장은 언제든 좋은 직장을 구할 수 있는 뛰어난 능력을 갖고 있었다. 부서를 혁신시키려는 계획이 성공하지 못할 경우, 다른 회사의 채용 정보를 수집하고 적절한 곳에 지원할 계획이었다.

진상을 파악하니 마음이 좀 더 편해졌고, 좀 더 침착하게 생각해 보니 박 실장 자신이 '과잉 일반화'의 함정에 빠져 있다는 것을 깨달았다. 부하 직원들을 모두 한데 묶어 '직원들 모두 하나같이 냉소적이고 비관적이고 의욕이 없어.'라고 판단하고 있었던 것이다. 과잉일반화 함정에서 벗어나 팀원 하나하나를 세심하게 관찰하자 직속 부하 2명은 나머지 직원보다 의욕적이고 부서의 비공식적인 리더처럼 보인다는 것을 알아차렸다.

혁신 계획의 일부로서 박 실장은 그 둘을 따로 만나서 "우리 부서는 왜 그렇게 무기력한 겁니까?"와 "필요한 복지 기금을 받아 내지 못하게 방해하는 가장 큰 문제가 무엇입니까?"라고 물었다. 그 결과, 그는 직원들이 '시의회는 어쩌다 한 번씩 푼돈이나 던져 줄 거야. 예산이 남아돌아도 우리는 우선순위가 아니야. 그러니까 예산이 부족한 해에는 기금 신청서를 아무리 완벽하게 작성해서 올려도 돈은 한 푼도 나오지 않을 거야.'라는 믿음을 갖고 있다는 것을 알 수 있었다. 이런 믿음 때문에 직원들은 기금 청구서를 대충 작성해서 제출하고 기금을 절박하게 요청하지 않았다.

직원들에게 그들의 믿음이 옳지 않다는 걸 확인시켜 줄 필요가 있었다. 박 실장은 시청에 전화해서 끈질기게 부탁한 결과, 시의회 의장을 초빙해 직원들이 복지 기금 배분 과정에 대해 직접 들을 수 있는 기회를 만들었다. 시의회 의장은 복지 기금 배분은 다각도로 검토되며 매년 각 복지기관에 배분되는 기금은 해당 기관이 제출한 청구서의 질적 수준에 따라 달라진다는 것을 분명하게 밝혔다. 그런 다음 박 실장은 직원과 개별 면담을 하면서 그들이 이 조직에 입사한 이유가 무엇인지, 다음 해에 자신과 소속 부서가 어떤 것을 성취하기를 원하는지 물었다. 그리고 그들의 야망을 모두 포함한 사명 선언서를 함께 작성하고, 그것을 복사해서 각 직원의 책상에 한 장씩 붙여 놓았다.

직원들을 독려하는 한편 박 실장은 스스로에게도 회복력 기술을 적용했다. 그에게는 '부정적인 사람들'을 보면 화가 치밀어 그들을 객관적으로 판단하지 못하는 약점이 있다. 이를 극복하기 위해 박 실장은 실시간 회복력 대안 믿음을 미리 적어 놓고, 팀원들이 비관적으로 투덜거릴 때마다 그것을 이용했다. '이들은 형편없는 사람들이 아니야. 출구가 보이지 않으니까 의욕이 없을 뿐이야. 부하 직원에게 해결책을 제시하는 것이 내 임무야. 과잉일반화에 빠지지 말자. 기금 청구서 작성자를 탓하지 말고 기금 청구서의 수준을 끌어올리는 데 집중하자. 최선을 다해 노력해도 좋아질 기미가 보이지 않으면 그때 그만둬도 늦지 않아. 그리고 직원들을 이끌기 위해 내가 할 수 있는 일은 많아. 기금을 성공적으로 받아 내면 직원들은 희망을 가질 거야.'

이런 그의 노력에도 조직문화는 금방 바뀌지 않았다. 하지만 시간이 지날수록 직원들은 제한된 예산과 시의 정책과 같은 통제할 수 없는 것에서 청구서 작성과 같은 통제할 수 있는 것에 시선을 집중했다. 그 결과, 매 분기에 청구한 복지 기금을 모두 받아 낼 수 있었다. 그러면서 무기력하고 매너리즘에 빠져 있던 조직은 능동적이고 의욕적인 조직으로 서서히 변해 갔다.

제18장
긍정심리 코칭

긍정심리학의 직업적 변형의 대표적인 예가 코칭이다. 펜실베이니아 대학교 응용긍정심리학 석사 과정(MAPP) 학생들의 20% 정도가 코치이며, 그들의 목표 중 하나가 코치를 훈련시키고 변형시키는 것이다. 코칭이란 근간을 찾는 실행이다. 근간은 실제로 두 종류이다. 증거에 기초한 과학적 근간과 이론적 근간이다. 긍정심리학은 두 가지 모두 제공할 수 있다. 긍정심리학은 코칭에 일정 범위의 실행, 효과적인 개입과 척도, 코치가 되기 위한 적절한 자격증을 제공할 수 있다(Seligman, 2011).

현재 코칭의 분야를 보면 알 수 있듯이 실행의 범위는 끝이 없다. 옷장을 정리하는 법, 기억을 스크랩북에 남기는 법, 연봉 인상을 요구하는 법, 더욱 확신에 찬 리더가 되는 법, 배구 팀의 사기를 돋우는 법, 업무에 더욱 몰입하는 법, 음울한 생각과 싸우는 법, 인생에서 더 많은 목적을 갖는 법 등이 모두 코치가 실행하는 것이다. 코칭에는 거의 무한한 종류의 기술이 사용된다. 확언, 시각화, 마사지, 요가, 집요한 훈련, 교정, 인지 왜곡, 향기 요법, 풍수, 명상, 자신이 누리는 축복 세기 등이 그 기술이다. 누구든 자칭 코치가 될 수 있다. 그렇기 때문에 과학적 근간과 이론적 근간이 시급하다. 이 장의 긍정심리 코칭은 그동안 긍정심리학 창시자인 셀리그만과 로버트 비스워스-디너의 긍정심리 코칭 기술 중심으로 알아볼 것이다.

긍정심리학과 코칭

긍정심리학은 사람들의 나쁜 점이나 부정적인 면보다는 좋은 점이나 긍정적인 면에 대한 과학 연구에 치중한다. 거기에는 기쁨, 열정, 용기, 희망, 행복, 강점, 회복력, 그 밖에 인간의 행동과 웰빙의 긍정적인 면에 대한 연구가 포함된다. 긍정심리학자들은 대표 표본, 발전된 분석 기법, 통제된 실험실 연구와 같은 과학적 방법에 의지해서 통찰을 얻고 있다. 긍정심리학과 코칭은 당연히 밀접한 관계가 있다. 두 분야 모두 개인과 집단이 더 잘 수행하고 더 만족스럽게 살아가도록 돕는 것에 관여하기 때문이다. 먼저 코칭 측면에서 긍정심리학의 특징을 알아보자.

① 긍정심리학은 사람들의 좋은 면을 주시하고 그들이 최상의 상태에 이른 순간에 초점을 맞추며 개인과 집단의 웰빙에 관심을 갖는다.
② 긍정심리학은 부정성을 폄하하면서 긍정정서에 초점을 맞추지는 않는다. 긍정심리학은 인생의 중요하고도 자연스러운 면인 부정정서, 실패, 문제, 그 밖의 불쾌한 현상을 인정한다.
③ 무엇보다 긍정심리학은 과학이다. 따라서 증거, 척도, 검증에 치중한다. 긍정심리학은 또한 응용과학이다. 따라서 긍정심리학 연구 결과를 토대로 학교, 기업, 정부, 개인적 삶과 사회적 삶의 여러 가지 측면을 개선할 심리학적 개입을 창안할 수 있다.
④ 긍정심리학자들이 창안한 개입은 주로 긍정 개입이다. 긍정 개입은 고통을 완화하거나 개인의 낮은 기능 수준을 정상 수준으로 회복시키기도 하지만 더 우수한 수준으로 높이는 것에 초점을 맞춘다. 긍정심리학자들은 그런 개입의 도움으로 고객이 +2에서 +6으로 올라갔다는 표현을 흔히 사용한다.

많은 사람이 긍정심리학을 응용하기 위해 자연스럽게 코칭을 선택한다. 그만큼 코칭이 역량 강화를 시켜 주기 때문에 긍정심리학에 흥미가 있고 긍정심리학 교육을 받은 대다수가 실제로 코치가 된다. 긍정심리학은 응용과학이지만, 긍정심리학 코칭을 위한 이론이나 일관성 있는 방법론은 아직 부족하다. 펜실베이니아 대학교 응용긍정심리학센터의 전문가들 중에는 강점 이론을 개인 코칭과 기업 컨설팅 작업의 핵심 요소로 사용하는 사람들이 있다. 어떤 사람은 긍정심리학 이론을 심리치료에 통합하기도 한다. 긍정심리학을 기반으로 한 새로운 긍정심리치료(PPT) 방법이 셀리그만과 라시드(2018)에 의해 창안됐다. 그리고 긍정심리학을 실천하는 수단으로 코칭 분야에 들어서는 사람이 아주 많다.

◉ 긍정심리학이 코칭을 위해 할 수 있는 것

긍정심리학은 코칭을 위해 무엇을 할 수 있을까? 과학으로서 긍정심리학은 코칭에 지식을 제공하고 코칭 작업 기준을 높이고 코칭 도구를 개선하게 도와줄 만반의 준비를 갖추고 있다. 긍정심리학에는 플로리시를 만들어 주는 PERMAS 이론과 그 안에 개입 도구와 척도들이 있기 때문이다. 실제로 긍정심리학은 온갖 분야의 코치들이 관심을 갖고 유용하게 사용할 개입을 다수 제공해 왔다. 예컨대, 시카고 대학교의 프레드 브라이언트(Fred Bryant)는 수집품을 이용하여 '음미하기'가 어떤 긍정정서를 일으키는지에 대해 연구했다. 이 개입은 코칭에서 얼마든지 다양하게 실용적으로 활용할 수 있다. 음미하는 법의 다섯 가지 개입을 응용하여 조직의 리더, 팀, 부부, 개인이 가정이나 일터에서 더 많은 의미와 행복을 얻게 도와줄 수 있다.

긍정심리학은 이런 유형의 개입을 수없이 창안해 왔다. 그 개입들을 한데 모으면 과학적인 도구상자가 되는데, 코치는 기존의 코칭 도구에 그것을 추가할 수 있다. 긍정심리학은 또한 반직관적인 새로운 통찰을 자주 제시해 왔다. 사람들은 미래의 상황에 자신이 얼마나 잘 적응할지를 정확하게 예측하지 못한다. 지나친 만족은 수행을 실제로 방해한다. 미래에 대한 환상은 동기를 약화시킨다. 강점 관리는 약점 관리에 비해 직장에서의 수행 수준을 향상시킨다. 이것들이 긍정심리학 연구로 얻은 반직관적인 통찰의 예이다. 통념을 벗어난 이 통찰에 의지해서 코치는 새로운 견해와 인식, 새로운 코칭 방식으로 무장하고 고객이 딜레마를 해결하게 도와줄 수 있다. 긍정심리학은 코치가 활용할 수 있는 새로운 척도도 제공한다. 강점, 낙관성, 삶에 대한 만족, 업무 스타일 등 코칭과 직접 관계가 있는 다양한 주제를 측정하는 척도가 있다. 이러한 긍정심리학에 기초한 다양한 개입과 척도들이 긍정심리학 코칭을 구성하며, 긍정심리학 코칭이 다른 코칭 방식들과 다른 점이다(Diener, 2011).

◉ 긍정심리학 코치가 갖추어야 할 세 가지

긍정심리학 코치는 기본적인 코칭 능력과 긍정심리학 기초교육의 두 가지 조건을 충족해야 한다. 후자는 다음 세 가지 핵심 영역을 포함해야 한다.

① **긍정적 관점**: 긍정심리학은 사람들의 나쁜 면 대신 좋은 면에 초점을 맞춘다. 이것은 약점이나 문제를 무시해야 한다는 말이 아니다. 긍정정서에 주목하는 것은 부정성에 주목하는 것만큼 또는 그 이상 유익하다고 생각해야 한다는 말이다. 이런 관점은 모든 긍정심리학 개입의 전제 조건이다.

② **긍정정서의 이점**: 긍정정서는 견고한 우정에서부터 작업장 안전성 향상에 이르기까지 바람직한 거의 모든 목표와 결과와 관계가 있다. 긍정정서가 어떻게 작용하고 그것이 언제 어떻게 최고로 활성화되는지 아는 것은 효과적인 긍정심리학 코칭의 핵심 요소이다. 긍정정서 경험의 확장 및 구축, 변화를 아는 것이 중요하다는 것이다.

③ **강점의 과학**: 긍정심리학의 또 다른 근간은 강점 연구이다. 사람은 누구나 개인적 긍정 특성을 갖고 있고, 그 특성들이 행복과 성공을 책임지며 그 특성을 더욱 강화할 수 있다는 사실은 긍정심리학 코칭에 아주 중요한 부분이다.

이에 책임감 있는 코치 트레이닝 과정은 참여자들에게 지속적인 교육을 보장하고 긍정심리학 최신 이론을 계속 업데이트할 방법을 제시해야 한다. 또한 자격 있는 긍정심리학 강사와 트레이닝 참여자의 관계와 연관된 적극적인 감독과 상담 등의 요소도 포함해야 한다.

⊙ 코칭이 긍정심리학에 대해 할 수 있는 것

코칭은 긍정심리학을 위해 무엇을 할 수 있을까? 숙고해야 할 이 두 번째 질문도 역시 중요하지만 코치들은 이것을 다소 등한시한다. 코칭이 긍정심리학의 검증된 이론과 도구를 활용할 수 있다면, 긍정심리학의 번영은 코칭에 당연히 매우 유익하다. 따라서 코칭 작업에 활용되어 코치를 도와줄 수 있는 것은 무엇이든지 그에게 직업적 이익을 안겨 주는 투자로 간주할 수 있다. 로버트 비스워스-디너(2011)는 긍정심리학에 대해 직업적 의무감을 느끼는 코치는 별로 없다고 했다. 기껏해야 스포츠 심리학자나 경제학자를 코칭할 때 느끼는 의무감 정도 느끼는 것이다. 그러나 코치는 수많은 독특한 방법으로 긍정심리학을 도와줄 수 있고, 결과적으로는 자신의 직업적 이익을 증가시킬 수 있다.

코칭 세션은 그 자체로 인간관계와 성취에 대한 아이디어와 통찰을 수확할 수 있는 비옥한 토양이다. 케케묵은 문제를 해결할 아주 효과적인 새로운 방법을 찾아냈을 때 코치든 고객이든 환호하기 마련이다. 심리치료 세션이 오래전부터 풍부한 일화적 증거의 원천이 되었듯이, 코칭 세션은 코치는 물론이고 긍정심리학자들에게도 유익한 사례 연구로 활용될 수 있다. 코칭 세션에서 얻은 통찰과 아이디어를 제공함으로써 코치는 새로운 긍정심리학 연구와 새로운 척도의 창안을 주도할 수 있다.

　브레인스토밍이라는 간단한 기법을 생각해 보자. 고객과의 브레인스토밍 방식은 다양하다. 하지만 노련한 코치는 특정 방식이 가져오는 결과 때문에 그 방식을 선호할 가능성이 있다. 로라 휘트워스(Laura Whitworth)와 공저자들은 브레인스토밍을 '코치와 고객이 함께 협력해서 아이디어, 대안, 가능한 해결책을 강구하는' 기법이라고 설명한다. 그리고 "제시된 아이디어 중에는 엉뚱하고 비실용적인 것도 있다. 브레인스토밍은 고객이 이용할 수 있는 창의적인 아이디어의 범위를 확장하는 연습일 뿐이다. 코치든 고객이든 제시된 어떤 아이디어에도 집착하지 않는다."라고 썼다.

　디너(2011)는 코치로서 정확히 그런 방식으로 고객과 브레인스토밍을 한다고 했다. 그러나 과학자로서 긍정심리학 연구를 통해 고객과 더욱 생산적인 브레인스토밍을 가능케 해 줄 통찰을 얻을 수 있는지도 궁금하다고 했다. 다음 질문을 숙고해 보자.

- 속전속결 방식의 브레인스토밍이 더욱 적합한 고객들이 있을까? 다른 고객에게는 속전속결 방식보다 심사숙고하는 방식이 더 적절할까?
- 더욱 생산적인 브레인스토밍을 가능케 하는 엉뚱한 아이디어와 실용적인 아이디어의 이상적인 비율이 있을까?
- '농담하기'처럼 긍정정서를 고양시키고 브레인스토밍의 생산성을 높여 주는 준비 기법들이 있을까?
- 코치나 고객이 브레인스토밍 결과에 집착하는 정도는 브레인스토밍 생산성에 얼마나 영향을 미칠까?

　코치들은 자신의 코칭 작업을 이렇게 미시적인 수준에서 검토하는 데 필요한 도구나 관심이 부족하다(Robert Biswas Diener, 2011). 앞서 제시한 질문들은 제각기 경험적 이점을 갖고 있으며, 코칭 세션에서 각 질문의 일화적 증거와 대답을 이미 얻은 코치들이 그런 이점을 제공할 수 있다. 코치와 긍정심리학 연구자가 서로 협력해서 양측의 직업적 이익을 증진시킬 대화를 나누는 시스템을 상상해 보라. 잠재 고객과 코치를 연결해 주는 코치 디렉터리의 수가 점차 늘어나고 있듯이, 코치와 연구자를 연결해 주고 그들이 유익한 아이디어를 상호 교환할 수 있는 디렉터리도 등장할 수 있다. 코칭 세션은 자료를 수집하는 현장이 될 수 있으며, 그 자료와 연관된 긍정심리학 연구에서 얻은 통찰로 이득을 얻을 수 있다. 코치와 긍정심리학자의 공개적인 대화 덕분에 코치들이 특정 연구를 요청할 수도 있을 것이다. 자신의 코칭 작업에서만 나타나는 특이한 현상에 호기심을 느낀 코치도 있을 수 있다.

디너의 예로 들어 보겠다. "저는 아무 의욕이 없었어요. 하지만 곧이어 이런 생각이 들었어요. '오늘 세션에서 로버트 코치는 어떤 말을 할까?' 당신 모습을 상상하니까 실제로 의욕이 되살아났어요!" 코칭 세션에 와서 이렇게 말한 고객이 아주 많았다. 코치로서 디너는 이 현상에 흥미를 느꼈다. 그 현상은 고객이 상상을 통해 코칭관계를 효과적으로 이용한다는 것을 암시하기 때문이다. 고객이 그런 동기부여 상상에 쉽게 빠질 때는 언제일까? 어떤 고객이 그런 상상에 쉽게 빠질까? 이 의문의 정확한 대답을 알아내는 일은 아주 흥미진진하다. 자신의 코치를 상상하면 어떤 사람은 의욕이 샘솟는 데 반해 어떤 사람은 불안해진다. 그 이유는 무엇일까? 개인의 성격이 한 가지 이유인 것은 분명하다. 그러나 체계적인 연구는 그 현상을 철저히 탐구해서 무엇이, 언제, 왜 작용하는지를 알려 줄 수 있다. 당신이 긍정심리학 연구실로 직접 찾아가서 자신의 코칭 작업과 관계가 있는 특정 주제에 관한 연구를 요청한다고 상상해 보라.

코칭은 코치 시장에 관한 문제에서도 긍정심리학에 의무감을 느껴야 한다. 긍정심리학은 기초과학에서 응용과학으로 발전했다. 20여 년 전에 연구자들은 강점과 행복 등 긍정적인 주제를 탐구하는 일에 치중했다. 그런데 최근에는 그 연구 결과를 응용하는 추세이다. 긍정심리학에 매료된 새로운 연구자들이 기초 연구에 관심을 기울이는 동시에 응용에도 흥미를 느낀다는 뜻이다. 대체로 그들은 자칭 '안티 테라피스트(anti-therapist)'로서 인간의 긍정적 기능을 촉진하고 행복을 높여 주는 컨설팅 및 개입 서비스를 제공한다. 문제는 긍정심리학이 아주 새로운 분야이기 때문에 펜실베이니아 대학교 응용긍정심리학 석사 과정 등의 교육 프로그램 이수자가 선택할 만한 안정적인 직업이 별로 없었다는 것이다. 그들은 주로 연구직을 얻거나 금융 또는 경영 등 다른 안정적인 분야에 긍정심리학을 적용하는 직업을 선택했다.

이제 선택은 사실상 상담 코칭이다. 이 신규 상담 코치들이 완벽한 자격을 갖추게 도와주는 것이 활동 중인 모든 코치에게 유익하다. 공식적인 긍정심리학 교육과정이 충실히 따를 수 있는 명확한 기준이 확립되어야 한다. 그러면 긍정심리학 교육은 받았지만 코칭 트레이닝은 받지 않은 사람들 대신 두 과정을 모두 완수한 자격 있는 코치의 더욱 수준 높고 책임감 있는 코칭 서비스로 우리 모두 이득을 얻을 것이다.

⊙ 긍정심리학에 대한 코칭의 의무

① 코칭 세션과 코칭 트렌드에서 얻은 통찰은 연구가 필요한 영역을 제안한다.

② 모든 코칭 세션은 새로운 긍정심리학 개입을 테스트할 수 있는 중요하고도 흥미로운 현장이다.

③ 기업 및 경영과 관련된 코칭 트렌드는 긍정심리학 척도의 발달에 필요한 지침을 제공한다.

④ 긍정심리학이 응용과학으로 발전하고 긍정심리학 학위 소지자가 늘어남에 따라 코칭은 그들이 자연스럽게 선택할 직업이 된다.

긍정심리 코칭에서 꼭 해야 할 것

① **강점**: 사람은 누구나 여러 가지 재능을 타고난다. 그런 재능은 사실 천성이지만 계발하고 강화하는 것도 가능하다. 긍정심리학에는 강점 연구에만 치중하는 영역이 있다. 이 흥미로운 영역은 다양한 방식으로 고객의 강점을 측정하고 강점들의 관계를 연구하고 강점 계발 전략을 고안한다. 강점 연구자들은 사람들이 목표 달성 과정에서 극복해야 할 약점을 갖고 있다는 사실도 인정한다. 긍정심리학은 강점과 약점의 관계를 탐구하고 고객의 강점을 확인하고 명명하는 방법을 알려준다. 강점은 디너가 가장 좋아하는 연구 영역 중 하나이며 열심히 훈련하는 주제이다.

② **행복**: 삶에서 기쁨과 의미를 발견할 때 누구나 행복을 느낀다. 행복 연구에 따르면 행복감은 개인에게, 직장에서, 인간관계에서 아주 많은 이점이 있다. 행복이 코칭과 가장 직접적으로 관계가 있는 곳은 직장이다. 리처드 보야치스(Richard Boyatzis), 피터 워(Peter Warr), 소냐 류보미르스키(Sonya Lyubomirsky)의 연구와 이론은 행복이 많은 면에서 중역 회의실에 가장 적합한 주제라는 것을 보여 준다. 이 절에서는 긍정정서의 과학, 특히 직장과 관계가 있는 긍정정서를 설명하고 최상의 자기, 최적 피드백, 비전 창출 등 직장에서 응용할 수 있는 기법을 소개한다. 행복 연구는 디너의 전공이다. 여기에서는 코칭에 구체적으로 응용할 수 있는 정보를 제시한다.

③ **희망**: 인간은 미래를 예상하는 능력이 있다는 점에서 특이한 종이다. 휴일 계획을 세우든, 날씨를 예측하든, 다음 분기의 사업 전략을 구상하든, 우리는 미리 생각할 줄 아는 능력을 이용해서 더 나은 삶을 살 수 있다. 희망에 관한 한, 이 능력은 코칭 고객과 특히 밀접한 관계가 있다. 미래 결과에 긍정적 영향을 미치는 자신의 능력에 대한 확신, 즉

미래에 대한 희망이 코칭의 성공에 중요하다. 가장 강력한 코칭 기법들 중 많은 것이 희망을 조장하고 그럼으로써 동기와 자기효능감을 강화한다는 목표에 이용된다. 여기에서는 코칭과 관계가 있는 희망 이론과 연구를 제시하며 고객에게 희망을 주입하는 방법을 소개한다.

④ **긍정 진단:** 의학이 등장한 이래 의사들은 진단 능력을 활용해서 질병을 고치고 건강을 증진시키려고 애써 왔다. 증상을 참고하여 질병을 확인함으로써 그들은 특정 치료법을 지향할 수 있었다. 만약에 전통적인 진단과는 대조적인 긍정적인 진단이 있었다면 어떻게 되었을까? 여기에서는 코치가 긍정 행동, 긍정정서, 긍정 사고방식을 관찰해서 수행 문제를 확인하고 그에 따라 업무 스타일을 조정할 수 있는 긍정 진단을 소개하고 그것을 코칭에서 이용하는 방법을 제안한다.

⑤ **평가:** 코치들은 고객의 수행에 영향을 미치는 성격, 흥미, 강점 등 개인적 특성을 측정하는 검증된 평가 도구에 의지할 수 있다. 긍정심리학 역시 충분히 검증된 비슷한 척도에 의지해서 개인과 집단을 연구한다. 여기에서는 다양한 긍정심리학 척도에 대한 전반적인 기초 지식을 소개한다.

강점 활용

디너(2011)는 코칭의 정의는 많다고 했다. 그래서 한 가지 코칭을 다른 유형의 코칭과 구별하기 어려울 때가 있다는 것이다. 코칭과 심리치료(상담)의 미묘한 차이를 정확하게 표현하는 것은 때때로 훨씬 더 어렵다. 최근 심리상담과 코칭을 통합하는 경향이 있기 때문이다. 특히 긍정심리상담과 코칭은 이러한 경향성이 강하다. 그럼에도 그러한 차이는 실제로 존재한다(Diener, 2014). 이 장에서는 긍정심리학의 PERMAS 중 강점과 긍정정서를 기반으로 가능한 이론보다 기법 중심으로 긍정심리학 코칭이라는 독특한 코칭 방식을 소개하고, 그것을 다른 코칭들과 구별할 수 있도록 했다.

잠시 어린 시절을 돌아보라. 특히 초등학교 시절의 체육 시간을 떠올려 보라. 아마도 당신은 운동장을 한 바퀴 돌거나 맨손 체조를 하거나 피구를 하기도 했을 것이다. 어떤 운동을 하든지 반드시 팀의 주장을 뽑고 편을 짜야 했던 순간이 있었을 것이다. 그것은 몇 가지 면에서 어린 시절의 가장 잔인한 시간이다. 로버트 비스워스-디너가 다닌 학교에서는 그 일이 다음과 같이 진행되었다. 체육 선생님이 운동을 제일 잘하는 남학생 주드 놀런과 여학생 메건

쇼트를 주장으로 정한다. 그런 다음 주드와 메건이 번갈아 가며 가장 영리하고 운동을 잘하는 아이들을 선택한다. 제프 밀런이 보통 맨 먼저 선택된다. 다음은 트로이 프라이스, 그다음은 수전 셔리던이다. 이 선별 행위는 아이들이 절반쯤 남을 때까지 계속된다. 그때쯤이면 운동을 아주 잘하는 아이와 적당히 잘하는 아이들이 모두 선택된다. 그다음부터는 선별 전략이 바뀐다. 운동신경이 둔한 아이들의 굼뜨고 어설픈 몸놀림으로 인한 피해를 줄이는 데 초점을 맞추는 것이다. 디너는 그들의 이름을 거론하는 매정한 짓은 하지 않았다. 하지만 일순위 지명자들보다는 좀처럼 선택되지 못한 아이들의 이름이 훨씬 더 또렷하게 기억난다. 특히 흥미로운 점은 이 선별 과정이 대단히 자동적이며 직관적이라는 사실이다. 즉, 그 방식은 가장 유능한 플레이어들을 선발하여 자신의 팀을 강화한 후에 개인적인 약점에 주목하여 피해를 최소화한다.

아이들이 스포츠팀을 짜는 방식은 기업의 인재 채용 방식, 스포츠 구단이 유명 선수를 영입하는 방식, 그리고 솔직히 말해서 우리가 배우자를 고르는 방식과 거의 똑같다. 예컨대, 배우자를 찾고 있을 때 사람들은 대체로 좋은 면, 즉 유머 감각, 성실, 경제력, 미모 등 상대방의 가장 매력적인 면에 초점을 맞춘다. 가슴이 하는 일에 관한 한, 사람은 부정적 특성에만 초점을 맞추는 법이 결코 없다. "톰과 결혼하게 돼서 너무 좋아. 어떤 점이 제일 좋으냐면 그가 아주 지저분하다는 거야. 또 톰은 가끔 미친 듯이 화를 내지. 하지만 그래도 실망하지 않고 함께 살아갈 인생이 정말 기대돼." 이렇게 말하는 사람은 없다는 것이다. 자신이 중요시하는 것과 성취하려는 목표에 관한 한, 우리는 선천적으로 강점에 초점을 맞추는 경향이 있다. 우리가 최상의 상태에 이르게 도와주고 최고의 의미를 느끼게 해 주고 인생을 최대한 즐기게 해 주는 것이 바로 강점이라는 것을 우리는 직관적으로 알고 있기 때문이다.

강점은 긍정심리학 연구와 응용에서 가장 흥미로운 영역 중 하나이다. 강점의 세계에서 우리는 가장 찬란한 성공을 거두고 엄청난 성장을 경험하며 넘치는 활력과 지극한 행복을 느낀다. 강점은 그렇게 유익하다. 사실 강점에 더 열심히 초점을 맞춰야 한다는 주장이 오래전부터 있어 왔다. 1960년대 후반에 경영학의 대가인 피터 드러커(Peter Drucker, 2002)는 말했다. "성과를 얻기 위해서는 활용 가능한 모든 강점을 활용해야 한다. …… 그 강점들이 진정한 기회다. 기업의 유일무이한 목표는 강점을 활용해서 생산성을 높이는 것이다." 이 주장을 한참 후에 갤럽의 전직 CEO 도널드 클리프턴(Donald Clifton)이 되풀이했다. "…… 갤럽은 생산적으로 적용할 수 있는, 무의식적으로 반복되는 사고, 감정, 행동 패턴인 재능이 성공하기 위한 가장 훌륭한 기회라는 것을 발견했다." 클리프턴은 고객과 직원을 고무하는 가장 효과적인 방법이 바로 강점이라는 주장의 과학적 기반을 확립하는 데 중요한 역할을 했다. 요즘에는 수많은 우량 기업이 강점에 기초한 채용에서부터 강점에 기초한 경영, 강점에 기초한 아웃플레이스먼트(outplacement) 등 강점에 초점을 맞추는 일에 투자하고 있다. 코치나 컨설턴트는 강점에 대한 관심이 증가하고 있음을 아는 것이 여러모로 유익할 것이다.

◉ 긍정심리학 개입: 당신이 가장 자랑스럽게 여기는 것은 무엇인가

강점이 성공으로 직결된다고 말하기는 쉽다. 그런데 그 말이 사실일까? 가장 뛰어난 성공은 우리가 지닌 최고의 특성들이 만들어 낸 것이지 약점을 극복한 결과가 아니라는 말은 직관적으로 합당하다. 이 이론을 시험해 보자. 당신이 가장 자랑스럽게 여기는 것이 무엇인지 잠시 생각해 보라. 성공한 사업일 수도 있고, 건강을 지키는 운동법이나 20년을 이어온 결혼생활일 수도 있다. 자신의 행동 방식과 관련하여 커다란 자부심을 느낀 순간을 떠올려 보라. 올바른 말을 했거나 탁월한 결정을 내린 순간이 있을 것이다. 그 빛나는 순간을 찬찬히 조사해 보라. 그런 순간들은 대개 약점을 이겨 낸 결과가 아니라 적극적으로 발휘된 강점들이 직접 만들어 낸 산물일 것이다. 당신이 가장 자랑스럽게 여기는 순간은 거의 틀림없이 당신이 최상의 상태에 이른 순간과 관계가 있다.

강점의 세계로 깊이 들어가기 전에 조금 시간을 들여서 이 까다로운 개념을 정의하는 것이 좋겠다. 디너는 강점의 정의를 독점하지 않으며, 강점 코칭 모형이나 강점 모형을 독점한 것도 아니다. 여기서 강점을 바라보는 유용한 방법을 제시하려 한다. 이해하기 쉬운 강점 모형을 소개하는 것에 관심이 있을 뿐, 그 모형이 강점의 유일한 정의라고 주장하지 않는다. 이 점을 염두에 두고 시작해 보자.

응용긍정심리학센터(CAPP) 연구진은 강점을 진화의 산물로 본다(Linley, 2008). 어떤 특성들, 즉 리더십, 창의성, 용서처럼 개인 및 집단의 기능에 유리한 특성들은 실제로 생물학적 뿌리를 갖고 있으며 사회화를 통해 후손에게 전달된다는 것이다. 우리는 저마다 아주 많은 유익한 특성을 타고난다. 그 특성들은 다양한 상황에서 발현되어 우리가 최고로 수행할 수 있게 해 준다. 사실 CAPP 연구진은 재능과 기술 같은 주제까지 포함시켜서 강점의 정의를 복잡하게 하지 않고 오히려 단순화하려고 애쓴다. CAPP에서 정의하는 강점이란 '활기를 돋우고 최고의 수행으로 이끄는 이미 존재하는 진정한 사고, 감정, 행동 패턴이다'([그림 18-1] 참조).

여기서 '진정한(authentic)'과 '활기를 돋우는(energizing)'이 어떤 뜻인지 아는 것이 중요하다. '진정한'이란 강점이 개인의 진짜 모습을 반영한다는 뜻이다. 우리 중에서 어떤 사람은 창의성이 풍부하고 어떤 사람은 공감 능력이 뛰어나다. 끈질긴 사람도 있고 즉흥적인 사람도

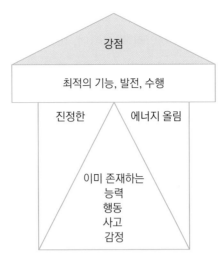

[그림 18-1] **강점은 최고의 수행으로 이어진다**

있다. 강점을 활용하고 발전시킬 때 가장 중요한 점은 반드시 진정한 강점을 활용하고 발전시켜야 한다는 것이다.

　핵심 요점: 강점은 동경의 대상이 아니다!　특정 강점을 추구하는 것도 좋다. 하지만 자신에게서 저절로 발현되는 강점에 초점을 맞추고 활용하고 강화하는 것이 훨씬 더 효과적이다. 자기 자신에게 정직하고 자신이 꼭 갖고 싶은 강점보다는 이미 갖고 있는 진정한 강점을 활용하는 것이 가장 유익하다.

　강점이 '활력을 돋운다'는 말은 강점에 어떤 초자연적인 요소가 있다는 뜻이 아니다. 단지 강점이 작동할 때 그로 인해 몰입, 활기, 열정이 생겨나기 때문에 그 강점을 확인할 수 있다는 뜻이다. 강점을 발휘할 때 또는 강점을 활용한 상황에 대해 이야기할 때 사람들은 활기를 띠는 경향이 있다. 점점 더 신이 나고, 말도 많아지고, 제스처도 커지고, 정신이 더욱 또렷해지고 흥분한다. 활력은 강점의 대표적인 특성이며 강점을 확인하는 데 아주 중요하다. 어떤 사람이 조직력이나 설득력 또는 타인을 위로하는 능력이 뛰어나지만 그 능력을 발휘할 때 정서적으로 고양되지 않고 조금의 활력도 얻지 못한다면 그 능력은 강점이 아니다.

　핵심 요점: 활력은 강점의 특성이다　강점을 활용하거나 그것에 대해 이야기할 때 사람들은 대체로 활기를 띤다. 따라서 그런 활력을 표식으로 삼아 강점이 작동하는 순간을 알아차릴 수 있다.

강점을 확인하고 활용하고 강화한다는 생각은 단순히 학문적인 관심사가 아니다. 강점은 성공에서 가장 중요한 역할을 하는 개인적 특성이며, 바로 그런 특성들 덕에 우리는 타인에게 인정을 받고 칭찬받는다. 상대방의 강점을 포착하고 명명하는 능력은 채용, 경영, 양육, 교육, 멘토링 그리고 당연히 코칭에서 지극히 중요하다. 강점이 성공의 보증수표라면 강점을 자유자재로 다루는 능력을 키울 가치가 있다.

⊙ 강점 코칭

코칭은 고객과 협력해서 그가 최고로 수행하게 도와주는 작업이다. 사내 코치든, 라이프 코치든, 경영 코치든 현재 작동 중인 강점을 포착하고 고객이 강점을 계발하게 도와주는 능력은 코치로서의 성공에 꼭 필요하다. 고객이 자신의 재정적·사회적·직업적 자원을 철저히 조사하게 도와주는 것에 더해서, 그의 타고난 성격 특성과 심리적 자원, 즉 강점도 조사해야 한다. 안타깝게도 수많은 코치가 강점을 '확인하고 활용하라'고 권하는 강점 코칭 모형을 즉흥적으로 채택하고는 한 가지 방법만을 추종한다. 즉, 먼저 고객의 강점을 확인한 후 그 강점을 더 많이 또는 더 효과적으로 활용하는 법을 브레인스토밍하는 것이다. 이것은 분별 있는 방법이다. 하지만 내가 보기에 그 방법은 강점 코칭의 재미와 복잡성과 유효성을 다소 놓치고 있다. 그 방법은 프랑스어 수업을 한 번도 듣지 않고 무작정 파리로 날아가서 프랑스 사람을 붙잡고는 프랑스어로 대화하려는 것과 비슷하다. 당신은 강점 언어에 먼저 익숙해진 이후에 강점에 초점을 맞추는 코칭에 전심전력해야 한다. 디너가 권하는 방법은 고객의 강점을 확인하고 강화하기 전에 먼저 코치가 자신의 강점 어휘를 늘림으로써 코칭 능력을 체계적으로 발전시키는 것이다.

강점 어휘 늘리기

강점 어휘를 늘린다는 것은 수많은 강점에 익숙해진다는 뜻이다. 그 강점에 이름을 붙인다는 뜻이며, 타인의 강점을 알아차릴 수 있다는 뜻이다. 강점의 이름을 고작 15~20개 정도만 알고 있는 코치는 고객에게서 겨우 그 정도의 강점만 찾아낼 것이다. 반면에 강점 이름을 50~60개 정도 금방 떠올릴 수 있는 코치는 고객이 지닌 미묘하게 다른 갖가지 강점을 훨씬 더 쉽게 확인할 수 있다. 강점 코칭은 고객과 함께 새로운 강점 이름을 찾아내는 일이 전부일 때도 있다. 디너가 강점 어휘집 구축이라는 아이디어를 떠올린 것은 코칭 세션 도중이었다. 그때 디너는 의과대학 졸업을 일주일 앞두고 있는 총명한 젊은이를 코칭하고 있었다. 그는 사례 연구 발표에 논문 제출, 레지던트 과정 지원 등 끝내야 할 중요한 일이 많아서 조금 겁에 질려 있었다. 그 고객은 디너와 월요일에 만났는데 수요일에 또 만나서 자신의 책임감을 자극해 달라고 부탁했다. 수요일에 만났을 때, 그의 불안감은 극에 달했다. 그 여러 가지 과제를 끝내는 것은 고사하고 아예 시작도 못하고 있었다. 아이팟에 음악과 팟캐스트를 다운받느라 시간을 허비했다고 털어놓았다. 다른 일은 다 하면서 책임을 다하는 일만 빼놓은 것이다. 디너와 고객의 대화는 다음과 같았다.

디너: 어떻게 돼 가고 있어요?

고객: 끔찍해요! 하나도 못 끝냈어요! 계속 미루기만 해요!

디너: 미루고 있다고요?

고객: 그래요! 계속 팟캐스트를 듣고 음악만 수없이 다운받아 저장했어요. 솔직히 저는 꼭 해야 할 일을 하지 않으려고 어떤 일이든 하고 있는 것 같아요.

디너: 목소리만으로도 스트레스가 느껴지네요.

고객: 정확하시네요! 여기서 계속 머리카락을 쥐어뜯고 있었어요! 저는 항상 이런 식이에요!

당신도 코칭 중에 이와 비슷한 일을 겪은 적이 있을 것이다. 크게 성공하고 더없이 자기주도적인 고객조차 가끔은 책임을 회피하거나 꼭 해야 할 일을 끝내지 못해 쩔쩔매는 경향이 있다. 이 사례가 다른 경우와 달랐던 이유는 그 고객이 무심코 내뱉은 흥미로운 한마디 때문이었다. "저는 항상 이런 식이에요!" 그 말이 디너와 관심을 끌었다. 디너는 그가 남달리 총명하고 열심히 공부하고 크게 성취한 사람이라고 알고 있었는데, 그의 말은 디너가 아는 것과 달랐기 때문이다. 그래서 디너는 곧바로 그것에 대해 물어보았다.

디너: 중요한 일을 미루는 경향이 있어요?

고객: 네, 그래요. 고등학교, 대학교, 의과대학 시절 내내 이런 식이었어요.

디너: 할 일을 미룬다는 말이죠?

고객: 그래요, 언제나. 저는 막판까지 질질 끌어요.

디너: 그럼 하나 물어볼게요. 논문이나 과제를 얼마나 자주 제시간에 제출하세요?

고객: (웃으며) 농담하세요? 언제나 그렇죠.

디너: (놀라는 척하며) 확실히 해 둡시다. 그러니까 당신은 중요한 일을 막판까지 미루지만 언제나 그걸 완수한다?

고객: 언제나.

이 대화에서 디너는 그 고객이 디너가 미처 알아채지 못한 어떤 것을 갖고 있음을 처음으로 감지했다. 성공을 어떻게 정의하든지, 그 고객은 분명히 성공한 사람이었다. 따라서 언제나 그렇게 미루면서도 그 많은 것을 성취했다는 것이 디너로서는 도무지 이해되지 않았다. 그는 할 일을 막판까지 미룬다고 단정하고 있었지만, 디너가 보기에 그가 말하는 미룸은 전형적인 미룸이 아닌 것 같았다. 그는 웃음을 터뜨리며 자신이 일하는 습관에 대해 자세히 이야기했다. 그것에 귀를 기울이면서 디너는 그 유별난 작업 스타일이 그에게 실제로 활력을 불어넣는다는 생각이 들었다. 그래서 더 캐묻기로 했다.

디너: 그런데 물어볼 게 하나 더 있어요.
고객: 좋아요, 물어보세요.
디너: 막판에 과제를 제출할 때 그것의 수준은 어느 정도죠?
고객: 수준이요? 음…… 우수하다?
디너: 우수하다고요?
고객: 맞아요, 우수해요.

이제 당신도 감을 잡았을 것이다. 그 고객은 자신에 대해 '할 일을 언제나 미루는 그저 그런 사람'이라고 디너에게 거듭 강조했다. 하지만 디너의 눈에 띈 것은 그의 미루는 습관이 아니었다. 디너는 그의 한 가지 재능을 보았다. 디너 앞에는 자신의 일을 끝내는 데 어느 정도의 시간이 필요한지를 거의 본능적으로 정확하게 알아내는 사람이 있었다. 그는 자신에게 동기를 부여하느라 정신적 에너지를 허비하지 않는 사람, 동기부여자의 역할을 외부에서 규정한 데드라인에 맡기지 않는 사람, 휴식을 취하면서도 특정 주제에 대해 잠재의식적으로 숙고할 수 있는 사람, 너무 늦기 전에 반드시 행동에 나서는 사람, 시간이 촉박해도 곤경을 해결하고 질적으로 우수한 과제를 완성할 수 있는 사람이었다. 게으름은 고사하고 그 특성은 디너가 보기에는 일종의 강점, 이름을 붙여 줘야 할 강점이었다.

디너: 내가 조금 반박해도 되겠어요?
고객: 그러세요.
디너: 당신은 자신이 미루는 사람이라고 믿지만 내가 보기엔 그렇지 않아요.

고객: 그래요?

디너: 절대 아닙니다. 막판까지 질질 끌다가 시시한 결과물을 제출한다면 그건 미룬다고 말할 수 있겠죠. 하지만 당신은 막판에 곤경을 해결하고 우수한 결과물을 제출해요.

고객: 그런가요?

디너: 내 생각에 그런 면은 강점이에요. 당신은 그 강점을 실제로 갖고 있어요. 그걸 '인큐베이터(incubator)'라고 부릅시다.

고객: 인큐베이터! 맘에 드는데요. 맞아요, 그게 바로 나예요!

　그 고객의 강점에 이름을 붙인 순간은 그들의 코칭 세션의 전환점이 되었다. 게다가 그 순간을 계기로 그가 자신을 바라보는 방식이 크게 진일보했다. 관점이 완전히 달라진 것이다(Diener, 2010). 소위 미루는 습관 때문에 항상 자책하던 그가 이제는 자신의 타고난 작업 스타일을 소중히 여기고, 한 걸음 더 나아가 그것을 효율적으로 계획하기까지 했다. 그것은 아주 중요한 순간이었다. 그들은 서로 협력해서 그의 강점을 묘사하는 어휘와 정의를 구축함으로써 그 강점을 계발하고 활용하는 최선의 방법에 대한 생산적인 토론을 시작할 수 있었다. 또한 그 순간은 디너가 코치로서 발전한 결정적인 계기이기도 했다. 디너는 특정 강점에 꼭 맞는 이름을 붙이는 능력을 직접 체험했고, 그 순간부터 그 능력은 디너의 코칭 작업의 중추가 되었다.

　지금 이 순간에도 이 세상에는 이름을 얻기를 기다리는 강점이 수없이 많다. 디너가 주도하는 트레이닝과 워크숍에서 참석자들은 자신의 강점에 대해 숙고하고 각 강점에 정확한 이름을 붙임으로써 강점 어휘집을 구축하기 시작한다. 그 이름은 기존 단어를 그대로 쓰기도 하고 새로 만들어 내기도 한다. 그들은 '안테나(antennae, 집단의 분위기를 무의식적으로 감지하고 그에 따라 대응하는 능력)' '코페르니커빌리티(copernicability, 천문학자 코페르니쿠스의 이름을 딴 강점으로 기존 이론이나 사상의 탁월하거나 도발적인 새로운 측면을 찾아내는 타고난 능력)' 또는 '리소서러[resourcerer, 특정 목표를 달성하는 데 어떤 자원(resource)을 이용해야 하는지를 신기할 정도로 정확히 알아내는 사람, 그 자원들을 효과적으로 배치하는 데 통달한 사람]' 같은 독창적인 이름을 제시했다. 강점에 이름 붙이기가 고객을 틀에 가둔다고 여기는 사람도 있겠지만, 사실은 그 반대이다. 고객들은 명명 작업에 대해 대체로 긍정적으로 반응한다. 어느 정도는 코치의 역할이 중요하다. 코치가 명명 작업을 즐거워하면 고객은 적극적으로 반응한다. 재치 있고 재밌고 기발한 이름을 떠올릴수록 이름 붙이는 작업이 대해 즐거워진다. 당신이 붙여 준 이름이 고객의 강점을 언제나 완벽하게 표현하지 못한다는 것도 알아야 한다. 제시한 이름이 고객의 특성에 딱 들어맞지 않을 때도 있다. 그렇다고 절대로 겁내지 마라! 고객은 그런 실수를 흔쾌히 이해하며, 자신에게 들어맞는 이름표를 직접 제안할 때도 많다. 강점 이름을 주제로 대화하는 것은 강점에 대한 고객의 관점을 바꾸는 아주 훌륭한 방법이다. 코치가 제시한 이름을 자신이 수정하거나 수용할 때 또는 이름을 직접 만들어 낼 때 고객은 자신의 가장 뛰어난 특성들에 대한 주인의식을 갖기 시작한다.

◉ 긍정심리학 개입: 바로 지금 새로운 강점 이름을 만들라!

당신이나 당신의 지인이 어떤 영역에서 어떤 방식으로 언제나 최고로 수행하는지 알고 있는가? 당신 친구는 타인과의 상호작용에 뛰어날 수도 있고, 어떤 직장 동료는 매우 효과적인 방식으로 곤경을 해결할 수도 있다. 당신에게 활력을 불어넣는 것은 무엇인가? 당신은 다른 사람의 어떤 특성에 가장 큰 영감을 얻었는가? 넬슨 만델라나 데이비드 보위 같은 유명인을 떠올려 보는 것도 도움이 된다. 강점과 상관이 있는 특성을 확인하면 그것에 알맞은 이름을 서너 개 적어 보라. 즐겁게 하라. 떠올린 이름이 그렇게 기발하지 않아도 괜찮다. 다만 그 이름이 의미하는 것을 자신은 정확히 알고 있어야 한다. 이 작업이 처음에는 어려울 것이다. 하지만 강점에 이름 붙이는 이 한 가지 개입으로 끝나서는 안 된다. 그 너머로 나아가라. 즉, 일주일 동안 강점에 주목하겠다는 목표를 세우고, 특정 강점이 발휘되고 있음을 알아차릴 때마다 그것에 알맞은 이름을 만들어 내라. '창의성' 같은 평범한 이름도 좋고, '창의적 신' 같은 장난스런 이름도 좋다. 이 개입을 꾸준히 실천하면 강점에 이름 붙이는 능력이 생길 것이다.

고객의 강점 확인

강점에 이름 붙이는 능력을 갖추었더라도 강점을 인식하고 확인하려면 그 능력을 확장해야 한다. 강점 어휘 구축 능력과 강점 확인 능력은 서로 밀접한 관계가 있다. 고객의 강점을 인식하고 표출시키는 능력에 따라 코치로서 당신의 성공 수준이 달라진다. 아주 노련한 코치는 이 능력을 어느 정도는 본능적으로 이용한다. 어떤 때는 코치가 고객의 에너지 변동을 감지해서 그가 언제 열정적이고 언제 무기력한지 알려 주기도 한다. 그 에너지 변동이 실제로 작동 중인 고객의 강점과 직결될 때도 있다. 고객의 숨은 강점을 표출시키는 것이 유익하다는 주장이 그리 새로울 게 없다고 여기는 코치들도 있을 것이다. 또한 경험이 풍부한 코치들도 강점을 표출시키는 실용적인 방법이 필요할지도 모른다.

강점을 확인하는 제일 쉬운 방법은 활력이 넘치는 순간을 포착하는 것이다. 코치들은 코칭 작업에서 이 방법을 이미 사용하고 있을 것이다. 코칭을 할 때는, 특히 전화 코칭을 할 때는 고객의 미묘한 에너지 변동에 계속 주의를 기울여야 한다. 그런데 고객이 갑자기 열광하는 순간 또는 갑자기 지루해하는 순간을 감지할 때 코치는 구체적으로 무엇을 알아차릴 수 있을 까? 일반적인 활력, 특히 강점과 관계가 있는 뚜렷한 행동 변화는 수없이 많다(Linley, 2008). 첫째, 자신의 특히 탁월한 강점에 대해 이야기할 때 고객은 더 빠른 속도로 말하고 억양이 변화무쌍해진다. 자세는 꼿꼿해지고 비언어적 표현이 증가해서 손짓과 얼굴 표정이 풍부해진다. 은유적인 표현도 더 많이 사용한다. 그들은 자신이 가장 유능한 영역을 완벽하게 간파해서 자신의 사고와 행동을 정확하게 묘사하는 단어를 아주 많이 알고 있다. 예컨대, 디너 고객 중 한 명은 사교성을 타고났다. 그 특성은 새로운 사람을 만날 때 특히 독보적이었다. 그 여성은 각양각색의 배경을 지닌 사람들과 즉시 사귀었고, 자신과는 딴판인 사람과도 곧장 친해졌다. 그들을 처음 만난 상황에 대해 들려주면서 그녀는 신이 나서 말했다. "저는 레고 블록과 비슷해요. 레고 블록은 크기와 색깔에 상관없이 서로 다 끼워 맞출 수 있잖아요. 제가 바로 그래요!"(그들이 이 강점에 어떤 이름을 붙였을까? 바로 '레고'이다.)

강점 확인: 다음과 같은 변화를 주시하라.
① 억양이 변화무쌍해진다.
② 말하는 속도가 빨라진다.
③ 자세가 꼿꼿해진다.
④ 눈이 커지고 눈썹을 치켜뜬다.
⑤ 미소 짓고 큰 소리로 웃는다.
⑥ 손짓이 많아진다.
⑦ 은유적 표현이 증가한다.
⑧ 더욱 유창하게 말한다.

활력은 강점의 특성이다. 따라서 적절한 질문을 고안하여 고객의 내적 자원을 찾아낼 수 있다. 열광과 몰입을 촉발하는 질문을 함으로써 강점을 주제로 대화하라. 디너는 주로 '과거-현재-미래' 기법을 사용하여 강점을 찾아내는 질문을 고안한다. '과거' 질문에서는 고객이 유난히 자긍심을 느끼는 과거의 행동이나 활동이 무엇인지 묻는다. 그것은 사업 성공일 수도 있고 사회적 인맥, 스포츠 경기에서 세운 수훈일 수도 있다. 고객은 그 행동이나 활동을 무척 소중히 여기고 개인적 강점으로 떠올릴 가능성이 있다. '자부심'이라는 단어에 고객이 부담을 느낄 때도 있으므로 디너는 그가 다른 사람에게서 칭찬을 들었거나 기쁨을 느낀 행동이나 활동이 무엇인지 묻는다. 짧은 대답으로 응하던 고객이 짧은 이야기를 풀어 놓게 만들어야 한다. 짧은 이야기를 들려주며 고객은 자신의 이야기에 점차 몰입한다. 그러면 당신은 개인적 강점에 관한 그의 이야기를 파악할 시간과 강점의 소재를 얻게 되는 것이다. 때로는 "더 자세히 이야기해 보세요."처럼 이야기를 조금 더 오래 하도록 부추길 후속 반응이 필요하다. '현재' 질문은 고객에게 그가 지금 흥미로워하는 것이 무엇인지 묻는다. 그의 흥미를 돋우는 것은 무엇이든, 그가 최고로 기능하게 해 줄 기회일 수 있다. 마지막으로, '미래' 질문을 할 때는 고객에게 가까운 미래, 그러니까 다음주 또는 다음달에 대해 생각해 보라고 말한다. 그런 다음 어떤 것을 희망하고 있는지 묻는다. 여기서도 고객은 대개 짧은 대답으로 끝낸다. 따라서 보통 "그렇게 간절히 희망하는 그 X는 어떤 일이에요?" 같은 후속 반응이 필요하다. 당신은 고객의 대답 방식이 바뀌는 순간을 곧바로 알아차리고, 고객이 당신에게 그 X에 대한 정보를 아주 많이 제공하는 것에 깜짝 놀랄 것이다. 디너는 코치들을 트레이닝할 때 이 개입을 실천하는데, 대체로 "가까운 미래에 일어날 일 중에서 어떤 것이 기대되나요?"라고 묻는다. 이 질문에 대한 15초짜리 대답에서 강점을 다섯 가지 정도 찾아낸다.

강점을 확인하는 간단하고 효과적인 세 가지 질문

① 과거에 한 행동이나 활동 중에서 당신이 가장 자랑스럽게 여기는 것은 무엇입니까?
② 현재 당신을 신나게 하는 것은 무엇입니까?
③ 가까운 미래에 일어날 일 중에서 기대하고 있는 것은 무엇입니까?

고객의 강점을 찾아낼 때 디너는 이 기법을 특히 애용한다. 한 가지 이유는 이 기법이 아주 자연스럽기 때문이다. 공식적인 측정 도구도 그 나름대로 여러 가지 이점이 있다. 하지만 그런 척도들과 달리 고객에게 무엇에 열광하고 흥미를 느끼는지 그저 묻는 방법은 격의 없이 자유로우며 코치와 고객의 관계에도 도움이 된다. 디너의 경험으로 보면 '미래' 질문이 가장 효과적이고 고객에 대해 가장 많은 정보를 얻을 수 있었다. 디너는 보통 초반기 코칭 세션에서 이 미래 질문이나 그와 비슷한 질문을 건넨다. 일상생활에서 자신의 숨은 강점을 찾아보라. 누구에게나 수많은 강점이 있다. 자신이 서로 다른 강점을 몇 개나 찾아낼 수 있는지 알아보고, 그것에 즐겁게 이름을 붙이라.

⊙ 가까운 미래에 일어날 일 중에서 어떤 것을 기대하고 있는가

대답: 제가 직장에서 어떤 것을 기대하고 있다면 좋겠네요. 하지만 사실 지금은 제 일에 별로 재미가 없어요. 솔직히 말해서 제일 기대되는 건 3주 후에 있을 휴가예요. 생판 모르는 두 사람하고 일주일 동안 멕시코에 가기로 했거든요! 양측을 다 아는 친구가 그 여행을 처음 제안했어요. 원래는 네 사람이 같이 가기로 했는데, 친구가 집안일 때문에 빠질 수밖에 없게 되었어요. 저는 친구에게 화가 났고 낯선 사람들과 여행하는 게 조금 어색할 것 같아서 고민했어요. 하지만 그냥 한번 해 보자고 마음먹었죠. 한 번 사는 인생이잖아요! 우리는 유카탄 반도에 갈 계획이에요. 해변에서 많은 시간을 보낼 거고, 바다에서 수영도 할 거예요. 저는 그걸 진짜 좋아하거든요. 그곳은 스쿠버다이빙하기에 좋다는 말을 들은 적이 있어요. 스쿠버다이빙하는 법은 모르지만 꼭 배울 거예요. 또 마야 유적지도 정말 기대돼요. 마야 문명에 대해서는 솔직히 아는 게 없지만 여행가기 전에 책을 읽을 거예요. 이 여행은 그 낯선 사람들에 대해 알아 가는 아주 좋은 기회일 거예요. 그들과 평생 친구가 될지도 몰라요!

미래 질문에 대한 이 대답을 읽으면서 이 여성의 강점을 찾아보았는가? 인쇄된 문장 대신 이 여성이 바로 당신 앞에서 이야기하고 있었다면 강점을 조금 더 쉽게 찾아냈을 것이다. 그래도 몇 가지 숨은 강점을 찾아낼 수 있다. 이 여성이 뚜렷하게 열광적인 태도를 보인 활동이 많다. 스쿠버다이빙, 유적지 구경 등이 그 예이다. 그녀는 호기심이 많거나 활동적인 것 같지만 아직 단정하기는 어렵다. 어쨌든 모든 사람이 그런 활동에 흥미를 느끼는 것은 아니다. 이 여성에게만 특별해 보이는 특성이 두 가지 있다. 첫째, 모험심이 강하다. 이 특성을 생각해 보자. 이 여성은 외국을 여행하고 새로운 활동을 시도하고 생판 모르는 사람들과 그 모든 활동에 참여할 예정이다. CAPP 연구진처럼, 당신은 이 강점에 '모험심'이라는 이름을 붙일지도 모른다. 호기심 강점 수준이 높은 사람은 안전지대의 경계선까지 자신을 밀어낸다. 거기서 자신이 어떻게 반응하는지 보면서 짜릿하게 흥분하기 때문이다(Linley & Diener, 2010). 그 특성을 '용기'라고 부르는 사람도 있을 것이다. 적절한 위험을 기꺼이 감수하는 태도는 결국 모든 게 잘될 거라는 사고방식을 암시한다는 이유로 그 강점을 '낙관성'이라고 부르는 사람도 있을 것이다. 이 여성이 보여 준 또 다른 강점은 새로운 것을 배우려는 열망이다. 그녀는 낯선 사람에 대해 알아 가고 마야 역사를 공부하고 스쿠버다이빙하는 법을 배울 거라는 기대에 흥분한다. 어떤 경우든 배움에 대한 열의는 전적으로 자기주도적이며 활기를 북돋운다. 이 강점을 '배움에 대한 애정'이라고 부를 수도 있다. 또는 '학구적인 사람' '시도하는 사람' '스펀지'라는 이름도 붙일 수 있다. 배움에 대한 애정과 모험심 이 두 가지 강점 중 어느 것이든 찾아냈다면 당신은 공식적인 측정 도구를 이용하지 않고도 개인의 강점을 정확하게 포착하는 능력을 웬만큼 갖춘 셈이다.

◉ 고객에게 강점 소개하기

강점에 초점 맞추기의 이점을 충분히 알고 있다 해도 다시 한번 되새기라. 연구와 일화적 증거는 강점이 더없이 훌륭한 개인적 자원이라는 사실을 입증한다. 아주 많은 사람이 이런 강점을 간과하고 약점에 초점을 맞춘다. 자기계발 서적과 세미나는 수십억 달러짜리 글로벌 산업이다. 그 산업은 대체로 개인적인 결점을 인식하고 극복하는 것에 치중한다. 디너는 결점에 초점을 맞추는 사람을 비난하지 않는다고 한다. 그것은 매우 자연스러운 태도이다. 우리 인간은 위험과 문제에 경계를 늦추지 않게끔 진화되어 왔다. 문제와 개인적인 결점은 위기감을 주입하고 즉각적인 관심을 촉구한다. 그리고 약점에 초점을 맞추고 강점을 외면하라는 거대한 사회적 압력이 존재한다. 예컨대, 우리는 겸손하고 공손해야 한다는 교육을 받는다. 따라서 자신의 강점을 공공연히 떠벌리는 것은 오만불손하게 보일 수 있다. 강점을 외면하는 성향을 타고난 고객들이 있다. 따라서 코치나 컨설턴트는 그 점을 감안해서 고객이 그 주제에 서서히 열중하게 해야 한다.

강점에 초점을 맞추지 않는 이유
① 우리는 문제에 유의하게끔 진화되었다.
② 문제는 위기감을 주입할 때가 많다.
③ 사회 규범은 우리에게 언제나 겸손하라고 지시한다.
④ 우리는 자신의 강점을 항상 알아차리지는 못한다.
⑤ 우리는 강점이 아닌 약점을 개선해야 가장 크게 성장할 수 있다고 자주 믿는다.

고객에게 자연스럽게 강점을 소개하는 몇 가지 방법이 있다. 첫 번째 방법은 이 주제를 초반기 코칭 세션에서 다루어서 강점과 긍정정서에 초점을 맞추는 코칭 문화를 확립하는 것이다. 심리학 연구와 일상 경험을 통해 우리는 첫인상이 얼마나 빨리 형성되며 어떤 작용을 하는지 알고 있다. 초두 효과(primacy effect)라는 것이 있다. 당신에 대해 사람들이 갖고 있는 첫

인상이 당신의 행동을 판단하는 그들의 관점에 큰 영향을 미치는 것을 말한다(Jones, 1968). 따라서 고객과 시작을 잘 하는 것이 중요하다. 초반기 코칭 세션에서 목표와 개인적 자원에 관해 대화하면서 무작정 강점을 거론하는 것보다 더 좋은 방법은 무엇일까? 긍정심리학이 발전함에 따라 강점을 소개하는 한 가지 기법이 점차 널리 사용되고 있다. 그 기법의 이름은 당연히 '강점 소개'이다. 간단하지만 효과적인 이 개입은 사람들에게 그들이 언제 최상의 상태에 있는지 짧게 이야기해 보라고 부탁해서 그들 스스로 강점을 소개하게 만드는 방법이다. 고객과의 첫 대면에서 또는 초반기 코칭 세션에서 "자신의 어떤 점을 가장 좋아하세요?"라고 질문하여 그 개입을 쉽게 실천할 수 있다. 고객과의 관계를 돈독하게 하고 직접 모범을 보여 주기 위해 코치가 먼저 자신의 강점에 대해 이야기해도 좋다. 강점 소개 기법을 사용함으로써 긍정정서에 초점을 맞추기 위한 토대를 쌓을 수 있다.

　실제 코칭 세션에서 강점 소개 기법을 시도하기 전에 알아 둘 것이 있다. 첫째, 사람들은 강점을 적극적으로 소개하는 것을 처음에는 망설인다. 둘째, 이 망설임을 이겨 내는 일은 놀라울 정도로 쉽다. 그 과정은 이렇다. 고객은 겸손하고 공손해야 한다고 가르치는 사회에 적응하며 지금껏 살아왔다. 따라서 자신의 강점을 솔직하게 말하는 것을 조금 불편하고 어색해한다. 이 순간은 당신이 코칭 문화를 확립할 절호의 기회이다. 이 기회가 오면 "우리 코칭 세션에서는 사회 규범에 대해 신경 쓸 필요가 없습니다. 여기서는 무엇이든 솔직히 말할 수 있고 다른 사람이 비난하지 않을까 걱정할 필요가 없어요. 저는 당신이 갖고 있는 강점에 관심이 아주 많습니다. 그 강점에 대해 말해 주세요. 무엇을 성취했는지 하나씩 말해 보세요. 그게 다른 사람보다 더 우월하다고 자랑하는 게 아니라는 걸 알고 있습니다. 당신이 타고난 강점을 그저 솔직하게 알려 주는 것뿐이죠."라는 말로 고객을 안심시킬 수 있다.

　디너는 유럽, 아시아, 아프리카, 미국, 캐나다에서 코치 트레이닝을 주관했는데, 어느 곳에서든 처음에는 참여자들을 조금 안심시켜 줘야 했다. 하지만 그러고 나면 그들은 기꺼이 강점을 소개했다. 흥미로운 점은 이 강점 소개 개입을 실천한 거의 모든 사람이 그로 인해 활기를 띠고 아주 즐거워했다는 것이다. 또한 그들은 코치 등 타인의 강점 이야기도 즐겁게 경청하고 그런 이야기에서 영감을 얻는다. 하나 더 말하자면, 자신의 강점을 공개하는 것을 낯설어하고 어색해하는 사람들도 있다. 그 점을 이해하고 문화적 차이를 존중하는 것이 중요하다. 강점 소개 개입을 주도하는 것은 그리 어렵지 않다. 다음은 디너가 대규모 트레이닝에서 실천한 방법을 소개하겠다. 이 방법을 특정 고객 또는 특정 조직문화에 들어맞게 수정할 수 있다.

첫인사를 나눌 때 우리는 보통 직업을 물어봅니다. 그 이유는 무엇일까요? 누군가의 직업이나 직종은 그 사람의 교육 배경, 사회경제적 지위, 취향, 관심사에 대해 엄청나게 많은 정보를 주기 때문이지요. "어떤 일을 하십니까?"는 "당신은 어떤 사람입니까?"라는 광범위한 물음을 축약한 질문입니다. 하지만 한번 상상해 보세요. 자기소개를 할 때 자신이 최고로 잘하는 것이 무엇인지 알려 준다면 어떨까요? 자신의 가장 훌륭한 강점을 그렇게 공공연히 드러낸다는 것이 처음에는 정신 나간 짓처럼 여겨질 겁니다. 하지만 지금 저는 바로 그것을 여러분께 요구할 겁니다. 자신이 지닌 최고의 강점을 발휘한 순간에 대해 짧게 이야기해 주십시오.

이 말을 듣자마자, 여러분은 방어적인 태도를 취하셨을 겁니다. 자신의 강점을 드러내지 말라고 가르치는 사회에 적응하며 지금까지 살아왔으니까요. 우리 사회에는 자랑하지 말고, 타인을 깔보지 말고, 언제나 삼가고 겸손해야 한다는 엄청난 압력이 존재합니다. 저는 그것을 충분히 알고 있습니다. 하지만 지금 이 자리에서는 그런 사회적 관습을 의식할 필요가 없습니다. 여러분은 자신이 어떤 것을 아주 잘하는지 거리낌 없이 솔직하게 이야기할 수 있습니다. 그리고 저는 여러분이 최고로 잘하는 것이 무엇인지 정말 궁금합니다. 그러니 마음 푹 놓고 이야기하세요. 자신이 아주 잘하는 것을 이야기한다고 해서 그것이 다른 사람보다 잘났다고 자랑하는 게 아니라는 것을 저는 압니다. 어떤 뛰어난 특성을 갖고 있는지 알려 달라는 제 부탁을 들어준 것뿐이지요. 그리고 누구나 그런 특성을 갖고 있습니다.

그러니 잠시 생각해 보세요. 자긍심이나 만족감을 안겨 준 행동이나 결정, 성취, 업적은 무엇이었나요? 여러분이 성공하게 도와준 자기만의 강점은 무엇입니까? 저는 그것이 정말로 궁금합니다.

고객에게 강점을 소개하는 두 번째 방법은 강점의 반대인 약점과 관계가 있다. 사람들이 지닌 가장 큰 문제 중 하나는 강점에 주목하라는 말을 약점을 무시하라는 뜻으로 오해한다는 것이다. 그 오해 탓에 그들은 강점에 초점을 맞추는 것이 지나친 낙관성이며 최악의 경우 완전히 비현실적이라고 비판한다. 따라서 코치는 그러한 비판에 정면으로 맞섬으로써 그것이 뿌리내리기 전에 근절시켜야 한다. 개인 코칭이나 학교 강의, 사내 트레이닝에서 강점을 주제로 토론할 때 우선 약점에 대해 반드시 이야기해야 한다. 보통 강점을 소개한 후, 그러니까 강점을 정의하거나 강점의 이점을 간단히 설명한 후 곧장 약점으로 들어간다. 약점을 주제로 삼고, 약점을 다루는 것이 중요하다고 강조한다. 약점을 배제한 채 강점에만 주목하는 방식을 옹호하지 않는다는 말로 고객이나 교육 참여자들을 안심시킨다. 강점과 약점에 모두, 그러나 완전히 상반된 이유로 초점을 맞추는 것이 중요하다고 강조한다. 그런 다음에 강점과 약점을 돛단배에 비유해서 소개한다.

당신이 돛단배라고 상상하자. 하지만 불행히도 돛단배에 구멍이 났다. 그 구멍을 당신의 약점이라고 하자. 상식이 있는 사람이라면 그 약점, 즉 구멍을 무시하지 않을 것이다. 그랬다가는 가라앉을 테니까. 당신은 구멍에 반드시 주의해야 한다. 사실 그 행동이 결정적이다. 현실에서는 그 구멍(약점)에 주의하지 않을 경우, 우리 자신이 뒤집히거나 가라앉을 수 있다. 따라서 구멍을 막으려고 애써야 한다. 그리고 구멍을 막은 후, 당신은 한 가지 중요한 사실을 깨닫는다. 구멍을 완벽하게 막아도 당신은 어디로도 가지 못한다! 돛단배를 앞으로 밀어내는 것은 바로 돛(당신의 강점)이다. 가라앉지 않으려면 구멍에 주의해야 하지만, 순풍을 받아 전진하려면 돛을 높이 올려야 한다. 오직 강점에만 또는 오직 약점에만 초점을 맞추는 것으로는 충분하지 않다(Diener, 2009).

고객에게 강점을 효과적으로 소개하는 세 번째 방법은 강점에 초점 맞추기를 옹호하는 과학적 근거가 있음을 강조하는 것이다. 행복, 희망, 강점 등 긍정심리학의 주요 주제에 대해 이야기할 때 사람들은 그 주제가 추상적이고 모호하고 이론적이라고 생각한다. 그러나 긍정심리학은 철저히 과학이라는 사실을 명심하는 것이 중요하다. 실제로 긍정심리학 초창기에 선구자들은 긍정심리학이 자기계발 분야와 융합되고 일종의 대중문화로 폄하될까 봐 우려했다. 긍정심리학의 창시자인 셀리그만(2002)은 "과학은 서술적이어야지 권위적이어서는 안 된다. 당신이 반드시 낙관적이어야 하고, 영적이어야 하고, 친절해야 하고, 유머 감각이 뛰어나야 한다고 주장하는 것은 긍정심리학의 임무가 아니다. 긍정심리학의 임무는 그 특성들의 결과를 서술하는 것이다."라고 했다. 2002년 이래 긍정심리학은 응용과학으로 발전을 거듭했지만, 그래도 여전히 과학이다. 따라서 강점에 초점 맞추기 기법은 단순히 따라 하기 쉬운 아이디어 또는 기분을 좋게 해 주는 전략이 결코 아니다. 그 기법이 직장에서도 인생에서도 무척 효과적이라는 것을 과학적으로 입증하는 구체적인 증거가 아주 많다.

강점 연구 결과
① 강점을 찾아내면 행복이 증가하고 우울증이 감소한다(Steen, Seligman, Peterson, & Park, 2005).
② 일주일 동안 강점을 의식적으로 활용하면 행복이 증가하고 우울증이 감소한다(steen et al., 2005).
③ 중견 관리자의 낙관성 수준은 프로젝트 성과 수준을 예측한다(Arakawa & Greenberg, 2007).

④ 감사는 사회적 지지를 향상시키고 우울증을 감소시킨다(Wood, Maltby, Gillett, Linley, & Joseph, 2008).

⑤ 낙관성, 용서, 감사 같은 강점 수준이 높은 참전 군인들은 사회불안장애에 걸릴 위험이 낮다(Kashdan, Julian, Merritt, & Uswatt, 2006).

⑥ 용기, 친절, 유머 감각 등의 강점은 질병에서 회복되는 속도와 관계가 있다(Peterson, Park, & Seligman, 2006).

⑦ 성취 수준이 가장 높은 관리자는 강점에 초점을 맞춘다. 성취 수준이 낮은 관리자에 비해 그들은 생산성이 높은 사람과 협력하고 프로젝트에 꼭 알맞은 재능을 활용하고 연공서열보다 강점을 강조할 가능성이 더 높다(Glifton & Harter, 2003).

⑧ 강점에 초점 맞추기 기법을 사용한 심리치료는 '전통적인 심리치료' 집단과 '심리치료와 항우울제 병용' 집단보다 더 좋은 치료 효과를 보인다(Seligman, Rashid, & Park, 2006).

넷째, 강점에 초점 맞추기 기법에 다소 저항하는 고객들과 관련해서 몇 가지 요령을 익히는 것이 도움이 된다. 여기서 디너는 최대한 부드럽게 표현하고자 '저항'이라는 단어를 사용했다. 코치로서 당신은 고객에게 주도권을 부여하고 당신의 코칭 어젠다를 강요해서는 안 된다는 교육을 받았을 것이다. 고객의 저항을 이겨 낸다는 말은 강점 자체나 강점 어휘에 무척 낯설어하는 고객 또는 자신의 진정한 강점을 좀체 인정하지 않는 고객과 협력한다는 뜻이다. 그런 고객들은 강점과 서서히 친해진다. 그 이유는 가치관의 차이나 코칭 어젠다에 대한 반감 때문이 아니다. 단순히 자신의 강점을 간파하거나 자세히 이야기하는 데 필요한 언어를 아직 갖추지 못했기 때문이다. 게다가 그들은 지금까지 자신의 강점에 대한 직접적인 또는 즉각적인 피드백을 받아 본 적이 없을 것이다. 이 후자를 입증하는 증거를 찾아내는 일에서는 갤럽 연구소의 톰 래스가 단연 으뜸이다. 『당신의 물통은 얼마나 채워져 있습니까?』에서 래스는(Rath, 2004) "관리자가 주목해야 할 것: 거의 모든 직장에서 칭찬은 드물다. 한 설문조사에 따르면 미국인의 65%가 지난 1년 동안 뛰어난 업무 성과를 거두고도 인정을 받은 적이 한 번도 없다고 대답했다."라고 기술한다. 따라서 고객의 '저항'을 외국어로 말하면서 단어에서 실수하는 것과 비슷하다고 생각하면 충분히 이해할 수 있다. 고객이 자신의 최고 강점에 친숙해지게 하는 요령은 다음과 같다.

① 고객이 강점을 정서적으로 경험하게 도우라. 고객에게 예전에 리더십이나 용기 같은 행동 강점을 발휘한 경험을 들려달라고 요청한다. 이 방법으로 그의 긍정정서를 촉발시킬

수 있다. 호기심과 창의성처럼 사고 과정과 관계가 있는 인지적 강점은 브레인스토밍이나 효과적인 질문을 통해 쉽게 확인할 수 있다. 그러면 고객은 즉시 긍정정서를 경험한다. 긍정정서를 수반하는 강점을 반드시 확인하고 이름을 붙이라.

② 고객이 강점 어휘집을 구축하게 도우라. 코치 자신이 강점 어휘를 늘리려고 노력하듯이, 고객도 그렇게 할 수 있게 열심히 도우라. 강점에 관한 대화를 꺼리고 강점을 쉽게 인정하지 않는 사람이 상당히 많다. 가장 큰 이유는 풍부한 강점 어휘를 갖지 못했기 때문이다. 강점의 정의를 소개하고 당신이 찾아낸 고객의 강점을 알려 주고 강점을 포착하는 과제를 내주거나 그와 비슷한 개입을 지시하라. 그럼으로써 그가 강점 어휘집을 구축하게 도와줄 수 있다. 강점을 확인하고 이름 붙이는 일에 능숙해질수록 고객은 더욱 자연스럽게 강점에 초점을 맞추고 자신의 강점을 더 잘 계발할 수 있다.

③ 개인 강점 평가 등 공식 척도를 이용하라. 고객에게 공식 척도를 시행하는 것이 타당하고 그가 검사받을 준비가 되었음을 객관적으로 판단할 수 있는 시점이 있다. 측정 결과를 토대로 고객의 강점에 대해 토론하라.

④ 고객의 언어를 사용하라. 이 방법은 특히 중요하다. 고객과 동일한 언어를 사용하는 것이 코치와 고객의 협력 관계를 강화하는 데 일조하기 때문이다. 고객의 고유 언어로 말함으로써 당신이 관심을 기울이고 있으며 그에게는 이미 친숙한 언어를 당신도 함께 사용하고 있음을 입증할 수 있다. 한 걸음 더 나아가서 고객에게 질문하거나 제안을 할 때 그가 쓰는 은유적 표현을 사용하라.

⑤ 고객의 강점을 활용하라. 고객의 강점에 번번이 엉뚱한 이름을 붙이거나 고객이 계속 부인할 경우, 강점 명명 작업을 일단 중단하는 것이 신중한 태도이다. 그럴 때는 그 특별한 기법을 배제하고 고객이 자신의 강점을 최고로 활용할 수 있는 방법에만 초점을 맞춘다.

고객에게 강점을 소개하는 방법

① 강점을 초반기 코칭 세션에서 다루어서 코칭 문화를 확립하라.
② 약점도 초점을 맞춰야 할 중요한 요소로 다루라.
③ 성공에 관심을 기울이고, 불필요한 자기비난에서 관심을 거두라.
④ 강점에 초점 맞추기 기법의 과학적 기반과 이점을 강조하라.
⑤ 고객의 언어를 사용할 수 있을 때마다 적극 사용하라.

◉ 고객의 강점 강화하기

코칭에서 내가 가장 좋아하는 부분은 고객이 강점을 최적 수준으로 활용하게 도와주는 것이다. 강점은 지극히 자연스럽게 발현된다. 그렇기 때문에 강점을 더 잘 활용하게 도와준다는 말이 약간 반직관적으로 들릴지도 모른다. '우리가 가장 크게 성장할 수 있는 곳은 약점이 아닌 강점의 세계'라는 주장이 바로 이 시점에서 힘을 얻는다. 우리는 약점을 간신히 통제하고 어느 정도는 극복하기도 한다. 하지만 그 일에는 상당한 동기와 자기훈련과 끈기가 필요하다. 반면에 강점을 강화하는 것은 아주 쉬우며 처음부터 보람차고 저절로 동기가 생긴다. 이 말은 강점 강화에 투입된 노력은 약점 극복에 투입된 노력에 비해 상대적으로 이익이 더 크다는 뜻이다. 그리고 아주 중요한 질문이 이어진다. 어떻게 하면 강점을 평소보다 더 잘 활용하고 강화할 수 있을까? 이 질문에 대한 답은 다양하다.

첫째, 덜 발달된 강점을 찾는다. 사람들은 저마다 서로 다른 수많은 강점을 갖고 있다. 어떤 강점들은 자신이 익히 알고 있는 것이며, 그 강점이 나 자신을 정의하고 그것을 활용할 때마다 오래전부터 직접적인 피드백을 받아 왔다. 하지만 그렇게까지 발달하지는 않고 표면 아래에 숨어 있으면서 어쩌다 한 번씩만 사용되는 강점들도 있다. CAPP 연구진은 그런 강점을 '미실현된 강점(unrealized strengths)'이라고 부른다(Linley & Diener, 2010). 그 강점은 당연히 성장 가능한 세계이다. 미실현 강점은 '인큐베이터'와 '안테나'처럼 강점으로는 잘 간주되지 않는 능력이라고도 할 수 있다. 사람들은 강점이 너무나 자연스럽게 발현된다는 바로 그 이유 때문에 자신의 강점을 무시하는 경향이 있다. 아직 실현되지 않은 강점을 찾아내는 일은 강점을 강화하기 위한 첫 단계이다.

강점을 강화하는 두 번째 방법은 그것을 남용하지 않는 것이다. 미실현 강점이 저사용되는 잠재력을 의미한다면, 실현된 강점, 즉 자신이 잘 알고 있고 규칙적으로 활용하는 강점은 남용될 위험이 있다. 강점은 아주 효과적이고 크게 활기를 돋우기 때문에 사람들은 그 강점을 언제 어디서나 무턱대고 사용하는 실수를 자주 범한다. 그들 잘못은 아니다. 하지만 사람들은 상황과 강점이 상호작용한다는 사실을 깨닫지 못한다. 앞에서 강점을 배의 돛에 비유한 것이 기억날 것이다. 그 비유는 강점의 최적 활용과 밀접한 관계가 있다. 배를 전진시키기 위해 돛은 우호적인 환경 조건(순풍)이 필요하기 때문이다. 즉, 특정 강점은 그 강점이 자연스럽게 발현되는 상황이 필요하다. 코치와 고객은 강점과 상황을 조화시켜야 한다. 뛰어난 유머 감각은 중요한 강점이지만 극도의 정서적 위기를 겪고 있는 상황에서는 쓸모없는 강점일 것이다. 익살과 자발성은 브레인스토밍 시간에는 아주 유용하겠지만 진지하게 사업 전략을 구상할 때는 오히려 방해가 되기도 한다. 어떤 강점이 어떤 상황에서 성공을 이끌어 낸다고 해서 그 강점이 서로 다른 요소들이 조합된 상황에도 반드시 적절한 것은 아니다.

여기서도 디너의 구체적인 사례를 들어 보겠다. "나는 기막히게 총명한 고객을 만난 적이 있다. 그 여성은 식물이 햇빛을 흡수하듯이 지식을 빨아들였다. 실제로 지식을 갈구했고, 새로운 것을 배울 때마다 희열을 느꼈다. 책을 여남은 권씩 구입했고 전문 학술지와 일반 잡지를 셀 수도 없이 정기적으로 구독했다. 그런데 바로 그 강점 때문에 문제가 생겼다. 그 고객은 소속 기업의 다양한 부서 직원을 위한 사내 교육을 책임지고 있었다. 그녀는 그것을 준비하는 것을 무척 좋아했고 필요한 업무 지식을 빠짐없이 포함시키고자 했다. 허구한 날 밤을 새워가며 프레젠테이션을 준비했다. 문제는 그 여성이 프레젠테이션 준비에 너무 많은 시간을 보내고 참고 서적과 잡지 구입에 너무 많은 돈을 쓰고 모든 대화가 하나부터 열까지 지식 전달뿐이었다는 것이다. 그녀가 타고난 학구열 강점은 일종의 지식 수집 강박증으로 변질되었다. 자신이 알고 있는 심오한 지식을 타인에게 가르칠 때는 강압적인 태도를 취했다. 아이러니컬하게도 그 강점을 한 단계 더 발달시키기 위해, 즉 그 강점으로 더 많은 이득을 얻기 위해 그 고객과 나는 그 강점 수준을 낮추는 데 초점을 맞추었다. 프레젠테이션 준비로 읽어야 할 참고 자료의 양과 질을 보다 신중하게 선별하는 것에 대해 구체적으로 대화했다. 프레젠테이션 준비에 소비하는 시간과 그 고객이 전달하고자 하는 핵심 정보의 가짓수를 제한하는 것도 논의했다. 또한 개인적 삶에서 최적 수준의 학구열과 직업적 삶에서 최적 수준으로 활용되는 학구열의 차이를 강조했다."

많은 고객을 만나고 많은 수업과 교육을 이끈 경험으로 보면, 사람들은 대부분 강점 수준이 낮다는 것, 즉 강점을 적게 사용한다는 것을 아주 쉽게 이해한다. 특정 강점을 갖고 있으면서도 자주 사용하지 않는다는 이론은 무척 단순해서 사람들은 강점 사용 부족에 관해 '다 아는 사실이야.'라는 태도를 취한다. 반면, 강점 남용이 문제가 된다는 말에는 조금 더 흥미로워한다. 사람들이 가장 많은 지지를 필요로 하고 가장 크게 호기심을 느끼고 가장 빠른 성장을 경험할 수 있는 곳이 바로 강점 남용 영역이다.

⊙ 조직에서의 강점

지금까지 일반적인 주제로서 강점을 설명하면서 코칭, 컨설팅, 멘토링에서 두루두루 유용한 기법과 전략을 소개했다. 그 외에도 강점을 조직에서 특히 알맞게 활용하는 구체적인 방법들이 있다. 첫째, 조직 자체를 강점에 기초한 조직으로 만든다. 일반적인 의미에서의 강점 그리고 조직 구성원 개개인의 강점을 중심으로 조직문화를 확립하라는 말이다. CAPP는 강점에 기초한 조직이다. CAPP의 연구진은 그것을 자랑스럽게 여기며 강점 문화를 발전시키는 수많은 개입을 실천한다. 예컨대, CAPP에서 일하는 사람은 누구나 '강점 캐릭터'를 하나씩 갖고 있다. 이 캐릭터는 그들 동료들이 발휘할 거라고 예상하는 한 가지 이상의 강점을 묘사한다. 그 캐릭터들을 액자에 넣어 사무실 벽에 걸어 둔다. 그 강점 캐릭터는 모든 직원이 조직에 개인적 자원을 제공한다는 것을 언제나 떠올려 준다. 다른 조직들은 또 다른 방식으로 구성원의 강점을 인정한다. 예컨대, 갤럽 연구소의 복도를 돌아다니다 보면 각 사무실 문패에 개인의 이름은 물론이고, 그의 강점 목록도 적혀 있다는 것을 금방 알아차릴 수 있다. 또 다른 방법은 긍정적인 일대일 360도 관점을 실천하는 것이다. 이것은 입에 발린 칭찬을 하라는 말이 아니다. 유익하고 고마운 결정이나 작업에 대해 팀원들이 정직하고 긍정적인 피드백을 제공한다는 뜻이다. 개선하면 좋을 점을 지적할 때 그렇게 정직한 칭찬은 비판을 훨씬 더 쉽게 받아들이게 해 준다. 강점을 일종의 습관으로 만드는 방법을 찾는 브레인스토밍은 일터를 더욱 활기차고 생산적인 곳으로 만들어 준다.

　강점에 기초한 조직은 강점에 기초한 채용을 통해서도 자연스럽게 만들어 갈 수 있다. 전통적인 관점에서 효과적인 인력 배치는 기술과 경험을 빈자리와 완벽하게 조화시키는 것이다. 이 방식은 뚜렷한 매력과 이점이 있지만 지원자의 잠재력을 최대한 포착하지는 못한다. 어떤 지원자가 콜센터에서 다년간 근무한 경력이 있다는 사실을 알면 그의 언어 능력, 신뢰성, 심지어 친화력까지도 가늠할 수 있다. 하지만 그 사실은 그의 관심사, 열정, 몰입에 대해서는 별로 알려 주지 않는다. 이런 특성들은 그저 중요한 정도가 아니다. 생산성과 이직률에 결정적인 영향을 미친다. 채용 담당자는 지원자에게 어떤 강점을 갖고 있는지 질문할 수 있다. 이 질문은 다양한 정보를 끌어내고 면접에 더욱 적극적으로 임하고 더욱 몰입하게 해 준다. CAPP는 최근에 영국 최대 보험사인 노위치 유니언(Norwich Union)과 함께 강점에 기초한 채용 전형을 개발했다. 특정 기술 또는 콜센터 근무 연수 같은 특정 경력을 추구하는 대신 노위치 유니언은 특정 강점을 찾는 광고를 내보냈다. 그중 하나인 '리스너(The Listener)' 광고는 조세핀이라는 여성이 주인공이다. 광고 문구는 이렇다. "전화벨이 울리자마자 조세핀은 재능을 발휘합니다. 고객들은 조세핀을 아주 좋아합니다. 그녀가 차분하고 다정하고 이해심이 많기 때문입니다. 조세핀은 어떤 질문을 해야 하는지 알고 있습니다. 더 중요한 점은 고객의 대답이 무엇을 의미하는지 알고 있다는 겁니다. 보험의 세계에서 조세핀은 '리스너'입니다." 이 광고는 학습 가능한 기술 대신 보다 선천적인 핵심 강점과 성격을 강조한다. 노위치 유니언의 채용 광고는 얼마나 성공적이었을까? 강점에 기초한 채용 전략을 시도한 부서들은 채용

후 처음 4개월 동안 직원의 몰입도가 현저히 증가했고, 업무 수행 수준이 우수했으며, 직원 이탈률은 절반으로 줄었다.

강점에 기초한 채용은 왜 그렇게 성공적일까? 한 가지 이유는 오늘날의 일터가 역사상 유례없이 빠른 속도로 변하고 있기 때문이다. 수백 년 전에 대장장이의 조수는 자신의 근무 환경이 올해나 내년이나 똑같으리라는 것을 확신할 수 있었다. 현대 사회의 일터에서 고용인은 컴퓨터 등 IT 기술을 규칙적으로 업데이트해야 한다. 또한 지리적·사회적 이동성이 증가함에 따라 새로운 팀원, 사무실, 경영자에게도 규칙적으로 다시 적응해야 한다. 또 다른 이유는 강점에 초점을 맞춘 채용 과정 자체가 그 직업에서 성공할 가능성이 낮은 사람은 더 잘 배제하고 그 직업에 유난히 잘 들어맞는 사람은 더 잘 골라낼 수 있기 때문이다. 노위치 유니언 채용 인터뷰에서 얻은 일화적 증거가 그것을 입증한다. 예컨대, 한 지원자는 "인터뷰 도중에 저는 그 직업이 제게 맞지 않는다는 걸 깨달았어요. 제게는 그 일에 꼭 필요한 강점이 없어요. 하지만 이상하게도 언짢지는 않았어요."라고 말했다. 다른 지원자는 "제가 지금까지 해 온 가장 재미있고 신나는 인터뷰였어요. 제 자신을 있는 그대로 보여 줄 수 있었거든요."라고 말했다. 채용 담당자의 말은 "지금까지 인터뷰한 어떤 지원자보다 이 사람에 대해 더욱 속속들이 알게 된 느낌입니다."였다.

조직에서 강점이 특히 중요한 곳은 경영 영역이다. 뛰어난 경영자는 주로 강점에 초점을 맞춘다는 갤럽 조사 결과가 있다(Cameron, 2003). 강점에 기초한 경영이 가능하려면 경영자가 자신의 강점과 한계를 알아야 하고 함께 일하는 직원들의 강점을 찾아내고 강화하는 것을 중시해야 하며, 그렇게 할 능력을 갖춰야 한다. 마커스 버킹엄(Marcus Buckingham)은 강점에 기초한 경영에 대해 여러 권의 책을 썼는데, 이 경영 전략이 그렇게 흔히 사용되지 않는 두 가지 이유를 제시한다(Buckingham, Clifton, 2001). 첫째, 그 전략은 기존의 조직문화와 행동 규범과 자주 충돌한다. 둘째, 일거리가 너무 많다! 경영자가 강점에 초점을 맞추려면 직원 개개인의 성격에 맞게 자신의 관리 전략과 상호작용 방식을 개별화해야 한다. 그런데 과다한 작업량과 시간 압박 때문에 경영자는 모든 고용인을 일일이 격려하는 그 경영 전략을 익히고 적용하려는 의욕을 상실할 때가 많다. 공식 척도를 통해 직원의 강점 확인하기, CAPP '강점 캐릭터'처럼 그 강점을 기억하기 위한 개입 실천하기, 직원이 자신의 강점을 업무에 적용하게 도와주기 모두 시도할 만한 전략이다. 경영 코치는 고객과 함께 작은 것부터 시작하는 게 좋다. 고객의 경영 스타일을 즉시 개선하려 하지 말고 작은 변화를 시도해서 미리 반응을 살피는 게 합당하다. 직원들의 피드백과 생산성이 경영자의 개선 과정을 이끌게 하라.

조직에서 강점과 특히 밀접한 관계가 있는 영역은 아웃플레이스먼트이다. 지금 세계는 경제 위기를 겪고 있다. 그 결과, 안타깝게도 전 세계의 수많은 대기업이 직원을 해고하고 있다. 기업의 장기적인 발전을 위해서는 종종 해고도 필요하다. 하지만 해고는 해고당한 직원에게나, 그 모진 결정을 내리고 나쁜 소식을 전할 수밖에 없는 경영자에게나 참으로 힘든 일이다. 강점에 초점 맞추기 기법은 일터에 남은 직원들의 활기를 돋우고 경영자가 회복력을 발휘하게 해 주며 떠나는 직원을 위한 아웃플레이스먼트에도 적용될 수 있다. 요즘의 직무 환경과 경제 상황에서 코치는 아웃플레이스먼트라는 불길한 유령을 다룰 수밖에 없다. 다행히도, 강점을 활용하는 방식을 찾는 브레인스토밍이 그 유령을 효과적으로 다루는 한 가지 방법일 수 있다.

강점은 가장 작은 것을 행하여 가장 큰 변화를 일으키는 방법을 제공한다. 강점은 고객이 지닌 막대한 천연 자원이며 엄청난 성장이 가능한 영역이다. 고객과 함께 강점에 이름을 붙이고 강점을 포착하고 강화하는 것은 활력, 효과성, 생산성, 의미를 높이는 확실한 방법이다.

긍정정서 활용

디너(2010)는 인도 콜카타의 빈민촌을 돌아다녔다. 그 이유가 다소 의외일지도 모르겠지만, 세상에서 제일 가난한 사람들과 강점을 주제로 인터뷰하는 데 관심이 있었기 때문이다. 극도로 궁핍하고 불결한 그 마을에 인간의 창의성, 친절, 영감이 엄청나게 매장되어 있을 것 같은 느낌이 들었다. 어느 날 아침, 디너는 빈민촌을 한 곳 찾아갔다. 마을 옆에는 커다란 물웅덩이가 있고, 대나무와 이엉과 신문으로 지은 집이 늘어서 있었다. 마을 사람들은 경찰의 끊임없는 괴롭힘과 강제 철거의 위협 속에서 살고 있었다. 이 빈민촌에서 디너는 푸탈이라는 예쁘장한 열 살짜리 여자아이를 만났다. 푸탈은 밤에 소변 보러 나갔다가 더러운 물웅덩이에 빠져 죽을 뻔한 끔찍한 이야기를 들려주었다. 그 아이는 서둘러 병원으로 옮겨져 회복되었는데, 간호사의 깔끔한 제복에 마음을 빼앗겼다. 디너는 푸탈의 일상이 과연 어떠할지 상상해 보려고 애썼다. 대화가 무르익어서 마침내 그가 궁금했던 질문을 할 수 있었다. "푸탈, 네가 정말 잘하는 게 뭐니? 다른 사람들이 너한테 잘한다고 칭찬하는 게 뭐야? 너는 어떤 걸 자랑스럽게 생각하니?" 푸탈은 어린아이답게 대답했다. "저는 진짜 빨라요."

디너는 아이들과 장난치는 것을 좋아한다. 그래서 조금 짓궂게 놀렸다. "나보다 더 빨라?"

"난 아저씨보다 훨씬 더 빨라요!" 푸탈의 말에는 자신감이 넘쳐흘렀다.

"나보다 더 빠를 수는 없지. 난 어른이고 넌 아직 어린아이잖아." 디너가 반박했다.

"그럼 시합해 봐요!" 푸탈이 말했다.

그래서 그들은 푸탈 가족의 비좁은 오두막이 있는 마을을 떠나 거리로 나섰다. 달리기 경주 소식은 들불처럼 온 마을에 번져서 금세 수백 명이 모여 길가에 줄지어 섰다. 어떤 사람은 교통을 차단하고, 어떤 사람은 먼 곳에 주차된 택시를 두 사람의 결승선으로 정했다. 푸탈과 디너는 출발선에서 총알처럼 튕겨져 나갔다. 디너는 푸탈의 자존심이 다치지 않게 조심해야 겠다고 생각했다. 그런데 문제가 생겼다. 푸탈은 진짜 빨랐다! 디너를 저만치 앞질렀고, 그는 그 아이를 따라잡으려고 안간힘을 써야 했다. 이제는 그의 자존심을 걱정해야 할 판이었다. 그는 전력을 다해 질주했지만 푸탈과 계속 엇비슷하게 달리는 것조차 벅찼다. 결승선인 택시 에 가까워지자 푸탈은 어떤 미지의 재능을 끌어내더니 본격적으로 속도를 높여서 그를 멀리 따돌렸다. 구경꾼들, 그러니까 푸탈의 친구, 가족, 이웃, 행상인, 심지어 디너의 통역조차 일 제히 환호했다. 그에게 다가와 악수하는 푸탈의 얼굴은 환한 미소로 반짝반짝 빛이 났다. 그 는 가쁜 숨을 몰아쉬고 있었다.

푸탈의 이야기에 사람들은 미소를 짓는다. 그 이야기는 아주 많은 면에서 유쾌하다. 어린 아이의 성공을 보는 것은 기쁘다. 오만한 어른의 코가 납작해지는 것도 즐거운 구경거리이 다. 혜택받지 못한 어린 소녀가 훨씬 더 많은 혜택을 누리는 누군가와 대등한 위치에 서는 그 이야기는 약자의 이야기이며 용기를 불어넣는다. 또한 푸탈의 이야기는 문화를 뛰어넘어 중 요한 교훈을 제시한다. 사회적·경제적·문화적 배경과 상관없이 사람들은 진기한 것을 좋 아하고 도전과 성공을 좋아한다. 이 세 가지 모두 우리를 미소 짓게 한다. 다 알고 있듯이, 행 복은 삶에 지극히 중요한 요소이다. 터키, 브라질, 이란 등지에서 시행된 심리학 연구 결과, 사람들은 행복을 인생에서 가장 가치 있는 목표 중 하나로 꼽는다. 행복은 사랑에 빠지거나 천국에 들어가는 것만큼이나 중요하다. 연구에 따르면 대부분의 사람이 대부분의 시간 동안 어느 정도는 행복해한다. 서양 사회에서 행복은 다이어트처럼 자기개선을 위한 일종의 강박 관념이 되었다. 실제로 당신은 행복을 '목표 위의 목표'로 삼을지도 모른다. 즉, 사람들은 돈 을 벌고 휴가를 떠나고 경쟁에서 승리하기를 원하지만 그것들을 원하는 궁극적인 이유는 행 복해지기 위해서이다.

행복은 무척 중요하지만 코칭에서는 자주 간과된다. 고객의 긍정정서는 창의성, 호기심과 관심을 증가시키고 건강을 증진시키며 대인관계를 개선하고 낙관성을 유도한다. 코칭 세션 에서 긍정정서를 높여 줄 수 있다면 당신은 고객이 최상의 상태에 이르기 위한 토대를 쌓을 수 있다. 또한 코치의 긍정정서도 중요하다.

⊙ 행복은 유동적이다

행복은 유동적이다! 주식 같은 금융 수단이 유동적인 것과 똑같다. 인간은 여러 가지 정서 시스템을 갖고 있는데, 행복도 그중 하나이다. 그리고 행복의 목적은 소비되는 것이다. 돈처럼, 행복은 일종의 정서적 화폐이다. 건강, 인간관계, 직장에서의 성공 등 당신이 인생에서 정말로 중요시하는 결과를 얻기 위해 소비할 수 있는 정서적 현금인 것이다.

이 주장은 바버라 프레드릭슨(2009)의 연구와 이론을 기반으로 제기되었다. 프레드릭슨은 수십 년 전에 수행된 연구에 주목했다. 그 연구는 사람들을 기분 좋게 만드는 것이 종종 흥미로운 결과를 낳는다는 것을 보여 주었다. 전화 부스에서 우연히 돈을 주운 사람은 도움이 필요한 낯선 사람을 도와줄 가능성이 더 크다. 작은 초콜릿 선물을 받은 의사는 질병을 더욱 정확하게 진단하는 경향이 있다. 프레드릭슨은 긍정정서가 실제로 유용한 역할을 할 수 있다는 것을 깨달았다. 이 깨달음을 토대로 그녀는 긍정정서의 확장 및 구축 이론을 발전시켰다. 간단히 말해서, 확장 및 구축 이론은 정서에 고유한 기능이 있다고 주장한다. 부정정서는 스트레스 또는 위험 상황에서 우리의 사고와 행동을 제한하여 우리가 단호한 행동을 할 수 있도록 도와주는 기능이 있다. 반면에 긍정정서는 우리의 사회적·신체적·심리적·인지적 자원의 범위를 넓히는(확장 및 구축하는) 기능이 있다. 즉, 기분이 좋을 때 당신은 더욱 사교적이고 더욱 창의적이며 호기심이 많아지고 건강도 더 좋아진다. 면역계와 심장혈관계가 더 튼튼해지고 문제를 더 잘 해결하고 힘든 과제에 더 오래 몰두한다.

풍부한 연구 결과가 이 이론을 입증한다. 프레드릭슨이 주도한 수많은 연구가 긍정정서의 확장 및 구축 효과를 보여 준다. 예컨대, 한 연구에서는 직장인 남성들과 여성들이 날마다 잠깐 동안 명상을 했는데, 명상은 더 많은 긍정정서를 유발했다. 이 긍정정서는 더 많은 자기수용으로 이어지고, 그로 인해 타인에게서 더 많은 사회적 지지를 얻고 인생에 더 많은 의미가 있다고 여기며 더 커다란 지배감을 느끼고 질병 증상을 더 적게 호소했다. 특정 신경전달물질(호모바닐린 산)이 긍정정서를 유발하는 것 같다는 예비 연구 결과도 있다. 그렇게 생겨난 긍정정서는 더욱 뛰어난 대처 능력과 타인에 대한 높은 신뢰로 이어지고, 그것은 긍정정서의 '나선형 상승'을 촉발한다. 긍정정서의 이점을 입증하는 추가 증거는 류보미르스키 연구진(2005)이 수행한 대규모 메타분석(연구 논문들에 대한 연구)이 제공한다. 그들은 검토·분석한 모든 연구 논문에서 행복의 실질적인 이점을 찾아냈는데, 그 가짓수는 가히 경이적이었다. 게다가 그 이점의 다수가 행복하다는 느낌, 즉 긍정정서가 직접 야기한 것이었다. 도구상자 18-1에 열거한 긍정정서의 이점을 읽어 보고, 그것이 당신의 고객이 관심을 갖고 있는 이점인지 알아보라.

도구상자 18-1 **긍정정서의 이점**

1. 이직률이 감소한다.

2. 고객 서비스에 대한 평가가 좋아진다.

3. 관리자의 평가가 좋아진다.

4. 정서적 피로가 감소한다.

5. 직무 만족도가 높아진다.

6. 조직 시민 행동(organizational citizenship behavior, 소속 조직의 전반적인 발전을 위해 자발적으로 수행하는 구성원 개개인의 직무 외 지원 행동)이 좋아진다.

7. 결근 일수가 감소한다.

8. 응급실과 병원을 찾는 횟수가 감소한다.

9. 사교 모임에 더 자주 참여한다.

10. 자원봉사를 더 많이 한다.

11. 더욱 다정하고 더욱 확신에 차 있고 더욱 자신만만하다는 인상을 준다.

12. 연봉이 오른다.

13. 더 오래 산다.

14. 치명적인 교통사고 발생률이 감소한다.

15. 알코올 남용 또는 그 밖의 약물 남용 발생률이 감소한다.

16. 질병 또는 부상에서 더 빨리 회복된다.

17. 임금을 올려 줄 가치가 있다는 평가를 받을 가능성이 더 많다.

18. 창의적이라는 평을 들을 가능성이 더 많다.

19. 협력을 통해 갈등을 해결할 가능성이 더 많다.

20. 의욕이 증가한다.

21. 의사결정 효율성이 높아진다.

22. 창의적 사고가 증가한다.

23. 타인에 대해 더욱 포괄적으로 사고한다.

출처: Lyubomirsky, King, & Diener (2005).

⊙ 과거의 긍정심리학

많은 자료가 입증하고 있듯이 긍정정서는 그렇게 대단한 이점이 있다. 그렇다면 어떻게 해야 할까? 당연히, 고객의 긍정정서를 높여 주는 방법과 그 정서를 이용해서 그가 직장에서,

인생에서 원하는 결과를 얻는 방법을 찾아내야 한다. 일상적인 상호작용과 상식을 통해 우리는 사람들을 즐겁게 해 주기 위해 자신이 할 수 있는 간단한 일들이 있다는 것을 안다. 미소 짓기, 농담하기 등이 그 예이다. 하지만 더 많이 웃으라거나 더 많이 농담하라는 조언은 설득력이 별로 없다. 그리고 조직의 리더에게 "회사에서 유머를 권장하세요."보다 더 그럴듯한 어떤 것을 제안하지 못하면 당신은 코치로서 아무 도움이 되지 못한다. 분별력 있는 고객과 경영자와 독자는 분명히 더욱 세련된 방법을 원할 것이다. 좋은 소식이 있다. 긍정심리학자들이 20여 년간 연구에 헌신해서 긍정정서를 증가시킬 여러 가지 개입을 고안했다는 것이다. 지금은 행복을 높여 주는 특정 개입의 유효성을 입증하는 확고한 증거가 존재한다. 게다가 그 개입에 대한 정보를 얻고 참여하는 영리하고 새로운 방법들도 등장하고 있다. 최근에 디너는 이용자들이 행복 개입에 쉽게 접속해서 실천할 수 있게 해 주는 새로운 웹사이트 구축에 참여했다. 그런데 나쁜 소식도 있다. 긍정심리학이 크게 진보했음에도 그 개입들은 초보 단계에 있다는 것이다. 아이폰 어플이 사용하기 쉬운 것은 바로 단순함 때문이다. 하지만 조직에서 진지한 프로젝트에 착수하려는 리더들은 그런 단순함을 못마땅해 할 수도 있다. 현재 통용되는 긍정정서 개입은 효과적이다. 하지만 개인적인 차이나 다양한 업무 환경을 모두 참작해서 개입을 고안하는 경우는 별로 없다. 다음이 한 예이다.

긍정심리학에 정통한 사람이라면 당연히 '감사일기'를 알고 있을 것이다. 이 개입에 참여한 사람들은 자신이 감사하게 여기는 세 가지 일을 매일 적어야 한다. 아침에 적어도 좋고 저녁에 적어도 좋다. 일기 쓰듯이 매일 그렇게 세 가지 일을 적어야 한다. 다양한 행복 척도로 측정한 결과, 그 개입은 행복을 고양시킨다. 그 결과에 힘입어서 '감사일기'는 사실상 우리 긍정심리학자들이 눈에 띄는 모든 사람에게 적극 권장하는 개입이 되었다. 블로그, 신문 기사, 코칭 웹사이트, 자기계발 서적 모두 이 단순하고 효과적인 개입을 알려 준다. 하지만 이 개입이 지닌 문제는 논의되지 않는다. 포틀랜드 주립대학교에서 긍정심리학을 강의하면서 디너는 매년 학생들에게 감사 연습을 숙제로 내준다. 100명 중 80~85명의 학생이 그 개입을 실천한 일주일 동안 기분이 더 좋았다고 말한다. 이것은 분명히 좋은 결과이다. 그럼에도 그 감사 연습을 2주 동안이라도 계속 실천했다고 보고한 학생은 고작 10~15명 정도이다. 하물며 한 학기 동안 지속한 학생이 몇이나 되겠는가. 그 이유가 무엇일까? 그 효과적인 개입은 습관화되지 않는다. 사람들이 꾸준히 지속적으로 의욕을 고취시킬 정도의 정서적 반향을 일으키는 활동이 아니거나 즐거운 활동이 아닌 것이다. 류보미르스키는 이런 개입은 모든 경우에 완벽하게 들어맞지는 않으며 개인이 자신에게 가장 알맞게 사용하려면 그것을 수정해야 한다고 현명하게 충고한다. 회의적인 리더들이 날카로운 눈으로 순이익을 철저히 검토하는 조직에서 당신이 이 감사일기를 권장하고 있다고 상상해 보라. 그러면 그 충고가 충분히 이해될 것이다.

갈수록 경쟁적인 세상에서 훨씬 더 까다로워진 고객을 대하는 코치들은 감사일기보다 더 우수한 개입을 제공해야 한다. 한 가지 방법은 감사일기를 수정하는 것이다. 고객이나 조직의 핵심 가치에 더 잘 들어맞게 감사일기의 용어와 실천 방식을 바꾸어야 한다는 것이다. 기업들은 이 달의 직원 또는 최우수 영업 사원 선정 등 고용인의 노고와 실적에 감사하는 프로그램을 통해 이 개입을 어느 정도는 이미 적용하고 있다. 그런 프로그램은 갤럽 연구소의 톰 래스가 '인정의 차이(recognition gap)'라고 부르는 것을 해결하는 훌륭한 방법이다. 래스는 조직 친화적인 인정하기 기법으로 '잘해 낸 것을 강조하기'를 제안한다. 이 기법은 이달의 직원 선정처럼 성과 인정하기, 강점 확인하기, 칭찬하기, 감사하기 등의 형태로 활용될 수 있다. 코치는 고객이 직장에서 잘 풀린 일, 타인의 미덕, 지지 또는 도움을 받은 상황을 인식하고 감사하는 새로운 습관을 갖게 도와줄 수 있다(도구상자 18-2 참조). 고마운 순간을 인식하는 것보다 훨씬 더 중요한 것은 고맙다는 한마디를 실제로 확장하는 것이다. 즉, 책상 위에 감사 카드를 놓아두든지, 따로 시간을 내서 동료에게 고맙다고 이야기하든지, 고마운 마음을 구체적으로 표현하는 것이 중요하다.

도구상자 18-2 긍정심리학 개입: 감사에 대한 새로운 시각

감사는 긍정정서와 어떤 관계가 있으며 고객에게 얼마나 유익할까? 고객과 함께 그날 하루 동안 잘 풀린 일을 전부 숙고해 보는 시간을 가지라. 다음의 질문을 제기하라. 오늘 일을 가장 잘한 사람은 누구입니까? 위기에 잘 대처한 사람은 누구인가요? 누가 솔선수범했지요? 지지해 준 사람은 누구입니까? 그들의 공로를 얼마나 인정해 주었습니까? 이렇게 잘 풀린 일을 생각할 때 어떤 느낌이 드세요? 그 일에 실제로 고마움을 표현하면 어떤 느낌이 들까요?

고마움의 대상이 고객 자신일 때도 당신은 감사에 초점을 맞춰야 한다. 이렇게 질문하라. 오늘 당신을 인정해 준 사람은 누구입니까? 인정을 받을 때 어떤 느낌이었어요? 그 순간을 한번 떠올려 보세요. 그것 외에 당신은 어떤 것에 대해 인정받고 싶은가요?

감사를 습관화하고 표현하는 것이 행복을 높여 준다는 것을 보여 준 연구가 아주 많다. 하지만 감사할 일을 일부러 찾아내고 표현하는 일이 누구에게나 잘 맞는다고 생각하지는 않는다. 긍정정서를 높이는 다른 모든 일과 마찬가지로, 감사일기도 약간의 노력이 필요하다. 그

런데 그 노력을 오래 지속하기가 쉽지 않다. 단지 게을러서 그럴지도 모른다. 하지만 당신의 고객 중에서도 어려워하는 사람이 많을 것이다. 그러므로 그 일이 고객에게 잘 맞는지 확인해 봐야 한다. 하루를 마치고 그날 감사할 일을 잠시 생각하는 것이 아주 잘 맞는 고객에게 시각화, 음미하기, 감사일기를 권하는 것과 2주쯤 지난 후 그것에 소홀해질 고객에게 똑같은 개입을 권하는 것은 완전히 다른 문제이다. 후자의 사람들에게는 그 연습을 가끔 실천해도 나름대로 유익하다고 말하는 게 좋다. 이 사실은 연구 결과의 감춰진 일면으로, 사람들은 그것은 별로 거론하지 않는다. 긍정심리학자들은 긍정심리치료를 제외하곤 감사일기를 수개월에 걸쳐 지속적으로 테스트하지는 않는다. 연구의 편리성을 위해 그 개입을 몇 주 동안 실천하라고 지시한 후 긍정적 결과를 내놓는 경향이 있다. 이 말은 감사일기를 가끔 실천하는 것도 유익하다는 뜻이다.

⊙ 새로운 긍정심리학

경험으로 입증된 유일무이한 긍정심리학 개입이 존재한다. 디너가 감사일기보다 훨씬 더 좋아하는 이 개입은 최상의 자기(best possible self) 연습으로 아주 간단하다. 미래의 자신을 상상하고, 자신이 인생에서 원하는 거의 모든 것을 성취한 모습을 그려 보고, 훌륭한 결정을 내리는 자신을 떠올리고, 자신이 원하는 인생을 묘사해 보는 것이다. 이 개입은 사람들을 격려하고 의욕을 고취시킨다. 그것이 효과적인 이유는 좋은 것(the good)과 가능한 것(the possible)에 주의를 기울이기 때문이다. 긍정심리학자 로라 킹(Laura King)이 최상의 자기연습을 연구했다. 그리고 잠재력을 발휘하는 자신에 대한 의식적인 사고의 흐름을 글로 적는 행위는 심리적 강장제 역할을 해서 개인의 행복 수준을 현저히 증가시킨다는 것을 보여 주었다. 이 연습은 당면한 일과 관련된 목표를 세우게 해 주기 때문에 또한 효과적이다. 이 개입은 비현실적인 몽상이나 환상에 빠지는 연습이 아니다. 숨겨진 핵심 가치를 확인하고 개인의 성장을 위한 어젠다를 제시하는 연습이다. 디너가 제일 좋아하는 점은 이 연습을 모든 유형의 고객에게 광범위하게 응용할 수 있다는 것이다. 미래의 긍정적인 자기를 시각화하는 이 기법은 거실에서도, 중역 회의실에서도 효과 만점이다. 라이프 코칭 고객은 물론이고 중역 고객에게도 유용하다. 이 연습은 긍정정서를 높여 주고 개인의 변화를 촉진하고 뛰어난 업무 성과를 유도하는 데 특히 효과적이다. 흥미롭게도 이 특별한 개입을 스스로 터득한 사람이 아주 많다. 그래서 비슷비슷한 수많은 모형과 개입이 등장했다. 이것들은 감사 연습처럼 보다 단순한 개입들보다 정교하며 제각기 미묘한 차이가 있다.

⊙ 이상적 자기

우리는 저마다 자신의 최상의 모습이나 잠재력을 발휘하는 모습을 상상할 때가 있다. 이상형에 대한 이런 환상은 우리의 열정과 가치를 일깨우고 과거의 업적을 상기시킨다. 유치하게 들리겠지만, 디너는 가끔 자신이 최고의 강연자나 트레이너라는 명성을 얻어서 인터뷰를 하고 있다고 상상한다. 그런 상상은 엄청난 정서적 만족감을 주는 소일거리로, 그의 능력에 대한 믿음을 강화하고 더 높은 목표를 달성하게 의욕을 돋워 준다. 이 이상적 자기를 정확하게 표현할수록 더욱 효과적이다. 즉, 당신이 원하는 선택과 인간관계와 달성하고 싶은 것을 더욱 구체적으로 나열할수록 당신은 기분이 더 좋아지고 의욕이 넘친다. 당신과 고객도 앞으로 1년 또는 5년, 10년 후 현실적으로 자신이 되고 싶은 모습을 의식적·무의식적으로 상상해 보라. 고객이 정확하고 구체적으로 상상할 수 있게 도우라. 그러한 상상은 엄청난 활력을 불어넣고 긍정적으로 개인의 변화를 지향하게끔 동기를 부여한다.

그러나 이상적 자기는 '당위적 자기(ought self)'와 다르다는 점을 알아야 한다. 즉, 이상적 자기는 개인의 내면에서 솟아오르며 자신이 될 수 있는 모습에 대해 그 사람이 느끼는 감정 또는 그가 중시하는 가치를 반영한다. 그러나 어떤 개인이 꼭 해야만 한다고 생각하는 것들은 대체로 외면적인 것들이며 타인이 요구한다. 문제는 이상적 자기와 당위적 자기를 구별하기가 어렵다는 것이다. 우리는 우리 자신이 중시하는 가치와 반드시 일치하지는 않는 가족, 사회, 조직의 핵심 가치를 어느 정도는 내면화한다. 누구나 개인적 열정과 외면적 의무 사이의 내적 갈등을 겪는다. 코치나 멘토로서 당신은 고객이 외면적인 가치들을 더욱 내면화하게 하든지, 아니면 무시하도록 그 갈등을 완화시켜 주어야 할 것이다.

긍정심리학 개입: 이상적 자기 연습

미래의 당신 자신을 상상하라. 두세 달 후의 자신도 좋고, 몇 년 후여도 좋다. 자신이 인생에서 원하는 것을 많이 얻었고 열망하는 것을 많이 성취한 미래를 상상하라. 잠시 시간을 갖고 그 미래에 자신은 어떤 모습이며 자신의 삶은 또 어떤 모습일지 진지하게 그려 보라. 자신이 살고 있을 곳, 일하고 있을 곳을 상상하라. 출퇴근 모습을 상상하고, 건강은 어떠하며 인간관계는 어떤 모습일지 상상하라. 자신이 갖춘 능력, 성장을 위한 기회들을 상상하라. 자신이 어떤 결정을 내리고 어떤 목표를 이루었는지 그려 보라.

1. 미래에 당신이 살고 있을 곳을 묘사하라.

_____

_____

2. 주거 환경과 생활환경에서 당신이 갖추고 싶은 것은 무엇인가?

_____

3. 미래의 주거 환경에 대한 상상은 당신이 중시하는 가치들 또는 내면적 요인의 산물인가, 타인이 중시하는 가치들 또는 외면적 요인의 산물인가? 전자와 후자의 비율은 어느 정도인가?

전적으로 나의 가치들로 선택				전적으로 타인의 가치들로 선택
1	2	3	4	5

4. 당신이 상상하는 직장생활, 즉 통근 방식, 사무실, 지위, 맡게 될 업무 유형을 묘사하라.

_____

5. 이 이상적인 미래의 업무에서 당신이 성취하고 싶은 중요한 것은 무엇인가?

_____

6. 미래의 직장생활에 대한 이 상상은 당신이 중시하는 가치들 또는 내면적 요인의 산물인가, 타인이 중시하는 가치들 또는 외면적 요인의 산물인가? 전자와 후자의 비율은 어느 정도인가?

전적으로 나의 가치들로 선택				전적으로 타인의 가치들로 선택
1	2	3	4	5

⊙ 긍정정서

인간은 두 가지 동기부여 시스템을 갖추고 있다. 한 가지는 활성화를 담당하고, 다른 한 가지는 억제를 담당한다. 하나는 우리가 탐구하고 모험하게 만들며, 다른 하나는 회피하고 뒷걸음질치게 만든다. 리처드 보야치스의 주장에 따르면, 우리는 그와 비슷하게 두 가지 일반적인 경향을 갖고 있다. 그는 그것을 각각 긍정정서 견인자(positive emotional attractors: PEA)와 부정정서 견인자(negative emotional attractors: NEA)라고 부른다(Boyatzis, 2006). 만사가 잘 풀리고 있을 때 우리는 더욱 쾌활하고 자발적이고 자신의 개인적 자원을 확장하고 구축하는 경향이 있다. 바로 그 시점에서 이상적 자기가 발현되고, 매혹적인 상상의 목표가 생겨서 활력이 증가한다. 그러나 우리는 기분을 침울하게 하거나 즉각적인 행동을 강요하는 급박한 문제와 긴급한 결정에 자주 직면한다. 이것들이 부정정서 견인자이다. 보야치스는 그 두 가지 견인자 모두 현실적이고 유익하며 하나의 역동적 시스템으로서 함께 작동한다고 주장한다. 우리는 때로 스트레스 상황에서 문제에 적극 달려들어 즉시 행동하고, 때로는 몽상에 잠기는 호사를 누린다. 자신의 현재 상황에 대한 철저한 숙고는 개인적 변화 과정에 꼭 필요한 중요한 피드백을 제공한다. 실제 자기와 이상적 자기의 차이는 성장과 계획이 가능한 영역을 보여 주고 깊이 내재된 가치들을 드러내 준다.

하지만 알아 둘 것이 있다. 고객을 코치할 때 이 전략이 가끔 역효과를 낳을 수 있다는 것이다. 자신의 현재와 자신이 원하는 미래를 비교해 보고 의욕을 얻는 대신 오히려 실의에 빠지는 고객들이 있다. 그런데 이 자동적인 정서 반응을 쉽게 이겨 내는 방법도 있다. 이상적 자기의 토대를 이루는 가치들, 과거의 업적, 성취 가능한 목표로 고객이 주의를 돌리게 만드는 것이다. 또한 고객이 이상적 자기를 구성하는 현실적이고 구체적인 요소를 한 가지 고르고 그것에 초점을 맞추게 함으로써 그의 긍정정서를 높일 수도 있다.

이 과정은 아주 간단해 보이며 시각화는 흔히 사용되는 코칭 기법이다. 하지만 우리는 이상적 자기와 그것이 부여한 동기를 거의 활용하지 않는다. 개인적 변화 과정에서 긍정정서는 위험을 감수하고 새로운 행동을 시도하는 자신의 능력에 대한 고정관념을 바꾸게 도와준다. 하지만 우리는 긍정정서가 맡은 그 중요한 역할에 관심을 갖지 않는다. 사실 코치나 멘토로서 당신이 특별한 조력자가 될 수 있는 영역이 바로 이 부분이다. 리더십 계발에 관한 최근 논문에서 보야치스는 다음과 같이 썼다.

> 새로운 행동을 시도하기 위해 개인은 오래된 행동을 중단하고 새 행동을 시도해도 좋다는 일종의 허락이 종종 필요하다. 이 허락은 믿을 만한 타인과의 상호작용을 통해 주로 얻는다. 고객 또는 학생은 PEA에 충분한 시간을 소비해야만 NEA에 소비하는 시간과 적응 스트레스에 대비할 수 있다. 이러한 점에서 컨설턴트 또는 코치, 교수는 치어리더인 동시에 길잡이이자 선동가이다(Boyatzis, 2008).

이 개입은 수없이 다양한 변종이 존재한다. 그 변형된 개입에 따라 당신은 시각화, 목표, 이상적 자기를 이용해서 고객이 긍정정서를 느낌으로써 자신이 원하는 성장을 추구하게 이끌 수 있다.

이상적 자기에 대한 질문

① 이상적 자기에 대해 최대한 구체적으로 설명해 보세요.

② 이상적 자기에 도달하는 것이 당신에게 얼마나 중요합니까?

③ 이상적 자기에 도달하기 위해 변화를 계획할 때는 언제입니까?

④ 당신이 지닌 어떤 자원과 기회들이 이상적 자기를 이루는 데 도움이 될까요?

⑤ 당신은 어떤 난관을 예상합니까? 어떻게 하면 그것을 성장 과정의 일부로 만들 수 있을까요?

⑥ 이상적 자기에 대한 당신의 그림에 영향을 미치는 요인은 무엇입니까?

⑦ 당신의 이상적 자기에 영향을 미치는 가치들은 얼마나 내면적(외면적 가치들과 반대 개념)입니까?

⑧ 실존 인물이든 고인이든, 당신의 이상적 자기와 비슷한 사람은 누구입니까?

⑨ 이상적 자기를 향한 첫걸음으로서 당신이 변화시킬 수 있는 작은 행동을 하나 들어 보세요.

⑩ 이상적 자기를 향한 진전을 어떤 식으로 도표로 만들어 확인할 수 있을까요?

⊙ 반사된 최상의 자기

반사된 최상의 자기(reflected best self)는 피드백을 지향하는 개입으로 하버드 경영대학원과 미시건 대학교의 연구진이 개발했다. 이 개입에 참여한 사람들은 자신이 최악의 상태일 때가 아닌 최상의 상태일 때에 대한 피드백을 받는다. 그런 피드백은 효과적인 행동을 보상하고 긍정적인 변화에 필요한 동기를 부여한다. 당신이 어떤 사람인지, 어떤 능력이 있는지, 언제 돋보이는지를 잘 알고 있는 사람들이 반사된 최상의 자기를 아는 것은 비할 수 없는 긍정경험이다. 반사된 최상의 자기 개입은 당신이 최고의 특성(강점)을 사용할 때, 당신의 행동이 자신에게 긍정경험이 될 때, 당신의 행동이 타인에게 건설적인 경험이 될 때, 이 세 가지 경우의 수행에 특히 초점을 맞춘다. 이 개입을 실천하는 자세한 방법은 미시건 대학교의 긍정조직학 센터 웹사이트에서 확인할 수 있다. 개인적 변화 이론의 이상적 자기처럼, 반사된 최상의 자기는 긍정정서를 이용해서 동기부여, 행동, 개인의 변화를 촉진한다.

그러나 이상적 자기와 달리 반사된 최상의 자기는 현실에서 최상의 상태일 때의 당신을 판단한 것이다. 당신이 성취할 가능성이 있는 것을 강조하는 것은 똑같다. 하지만 반사된 최상의 자기는 미래에 성취할 것을 상상하는 대신 당신이 이미 성취한 것을 바라보게 해 준다. 이 개입이 말하는 개인적인 성장이란 지금의 자신에서 어떤 다른 사람으로 바뀌는 것보다는 많은 시간 동안 최상의 모습으로 사는 것에 더 가깝다. 디너의 고객들은 자신이 이미 훌륭한 사람이고 이미 상당히 유능하고 이미 꽤 성취했다고 생각하기를 좋아한다. 이 점에서는 디너도 마찬가지이다. 개인적 성장을 위한 비결은 훨씬 더 훌륭한 특성을 갖추려고 하지 말고 그 대신 온 힘을 다해 최상의 상태에 가능한 한 자주 도달하고 거기에 머무는 것이다.

코치들이 반가워할 소식은 고객이 그렇게 하게끔 도와줄 방법이 아주 많다는 것이다. 반사된 최상의 자기와 관련하여 추천할 만한 개입 중에서 디너가 개발한 개인적인 사명 선언서(mission statement)가 있다. 언뜻 보기에 이 개입 역시 기발하고 대단하지는 않다. 개인이 중시하는 가치들을 확인하는 것은 오래전부터 기본적인 코칭 기법이었다. 가끔은 그 기본적인 기법들을 일부러 떠올릴 필요가 있다. 그것이 너무 쉬워서 간과되고 배제되기 때문이다. 예컨대, 당신이 따로 1시간을 들여서 자신의 개인적인 사명을 작성한 것이 언제였는가? 사명 선언서를 작성하는 것을 까맣게 잊은 채 한참 동안 열심히 일하다가 서너 달이 지나서야 겨우 떠올리는 경우도 있다. 경영자든, 학생이든, 심리치료사든, 직업을 바꾸려는 사람이든 디너의 고객들은 사명 선언서를 쓰고 나서 대체로 아주 활기차진다. 그는 이 개입을 코칭 세션에서 사용하고 과제로 내주고 워크숍에서 참가 집단에게 적용한다. 사명 선언서를 쉽게 작성하는 방법을 소개하겠다.

〈사명 선언서〉

● 1단계
당신의 인생에서 가장 소중한 것이 무엇인지 리스트로 작성하자. 완벽하게 작성하거나 모든 것을 총망라하려고 애쓰지도 말고 항목이 겹칠까 봐 걱정하지도 말자. 단지 본인만의 핵심 가치를 하나씩 써 보는 일일 뿐이다. 2~5가지 정도 핵심 가치를 작성하자. '변화를 받아들이고 추진하라' '성장과 배움을 추구하자' '가족을 소중히 여기자' '나는 행복을 추구하자' '정직한 사람이 되자' '일에 대한 사명감을 갖자' '겸손하자' 등 말이다.

● 2단계
대표강점에 대해 숙고해 보자. 대표강점을 토대로 3~4가지를 고른다. 자주 활용하는 강점일수록 좋다. 가까운 미래에 일어날 일 중 어떤 일이 가장 기대되는지, 그 일에 강점을 어떻게 활용할 것인지를 생각해 보는 것도 도움이 될 것이다.

● **3단계**

핵심 가치를 확인하기 위해 '내가 가장 자랑스러워하는 업적은 무엇인가' '내가 세상에 남기고 싶은 유산은 무엇인가' '내가 가장 원하는 것은 무엇인가' '내가 최상의 상태일 때는 언제인가' 등 스스로 질문해 보자. 그다음 형식에 구애받지 말고 2분여 동안 그 대답을 글로 쓴다. 여기에는 오답도 정답도 없다.

● **4단계**

자신이 중요하게 생각하는 핵심 가치, 대표강점, 작동 중인 핵심 가치가 모아졌을 것이다. 이것이 사명 선언서의 토대가 된다. 이제 다음의 형식에 따라 두 문단으로 작성해 보자. 첫 번째 문단은 당신이 중요시하는 가치를 묘사함으로써 본인에 대해 서술한다. 두 번째 문단은 그 가치를 구체적으로 어떻게 실천할 것인지에 대해 서술한다.

– 문단 1(핵심 가치 묘사)

나는 배움과 성장을 중요시하고, 행복한 삶을 원하며, 일에 대한 사명의식을 갖는다. 나 자신의 지속적인 배움과 성장을 통해 행복을 만들어가는 것을 중요하게 생각하며, 긍정심리학 전문가로서 사명의식을 갖는다. 연령, 배경과 상관없이 다른 사람들도 배움과 성장을 통해 행복을 만들어가는 것을 도와주는 데 관심이 있다. 나는 많은 사람의 행복을 만들어주는 행위가 세상을 더 좋은 곳으로 바꿀 것이라고 믿는다. 그 행위를 통해 그들을 더욱 행복하게 만들고, 그들과 더 좋은 관계를 맺으며, 세상을 더 행복하게 만들어 갈 것이기 때문이다.

– 문단 2(문단 1의 가치를 실현할 구체적 방법)

나의 대표강점은 창의성, 학구열, 끈기, 열정, 감사, 희망이다. 때로는 상황과 조건의 영향을 받아 나의 가치를 지키기가 힘들 때도 있지만 이 강점들은 내가 지속적인 배움과 성장을 통해 행복을 만들어주는 데 중요한 역할을 하는 도구이다. 나는 대표강점을 일상에서 발휘해 개인과 조직에서 발생하는 크고 작은 문제를 해결하고 새로운 것을 찾아 나를 더 성장하게 하고 행복하게 만들어 갈 것이다. 긍정심리학 교수, 강사, 멘토, 코치, 심리상담사, 저자로서의 역할을 십분 활용해 국민 모두 긍정심리학을 통해 더 행복해질 수 있도록 할 것이다. 더 많은 사람이 삶의 의미와 가치를 찾고 행복을 만들 수 있게 해서 플로리시한 삶을 살아갈 수 있도록 도와주는 것이 나의 소명을 잘 감당하는 것이고, 행복 메이커로서 가장 의미 있고 가치 있는 플로리시한 삶이 될 것이라는 것을 알고 있기 때문이다.

⊙ 최상의 자기와 개선된 자기

　긍정정서를 핵심 요소로 이용해서 자기를 철저히 검토하는 것에 관한 세 번째 개입을 소개하겠다. 앞의 두 개입, 즉, 이상적 자기와 반사된 최상의 자기는 긍정정서를 고양시키고 그것을 이용해 사람들에게 동기를 부여해서 성장과 변화를 추구하도록 하는 것에 초점을 맞추었다. 한 걸음 물러나서 질문을 던져 보자. 그 개입들은 최상의 자기를 지향하는 걸까, 아니면 개선된 더 나은 자기를 지향하는 걸까? 이것은 흥미로운 질문이다. 어떻게 보면 그 개입들은 현재의 실제 자기보다 더 나은 개선된 자기와 관계가 있고, 또 어떻게 보면 개인적인 성장에는 종착점이 있다는 믿음을 내재하고 있기도 하다. 성장은 역동적인 과정이며 개인의 성장은 움직이는 목표라는 것에 모든 사람이 동의할 것이다. 하지만 사실 사람들은 성장이라는 것을 고정된 목표로 생각하는 경향이 있다. 그런 생각은 널리 사용되는 만족 검사에서 자주 확인할 수 있다.

　코치들은 고객의 최적 업무와 잠재 강점을 측정하려고 몇 가지 만족 검사를 시행한다. 이 척도 중에는 인생의 각 영역을 큰 원에 표시한 '인생의 수레바퀴' 같은 그림 척도도 있고, 점수로 표시된 대답을 고르는 전통적인 서면 척도도 있다. 어떤 척도는 인생의 일반적인 문제에 중점을 두어서 인간관계나 건강에 대한 만족도를 측정하고, 또 어떤 만족 검사는 영업 능력이나 팀 커뮤니케이션 등 업무에 관한 것에 초점을 맞춘다.

　어떤 형식을 따르든, 이 척도들은 대개 0이나 1처럼 낮은 숫자는 불만족 또는 매우 낮은 만족을 암시하고, 9나 10처럼 아주 높은 숫자는 만족을 암시한다고 간주하여 피검자가 고른 숫자에 따라 그의 만족 수준을 판단한다. 이 척도들은 이상적 자기를 가정한다. 현재의 만족 점수는 실제 자기를 가리키고, 이상적 자기는 최고 점수인 10점이다. 코칭이란 현재 점수를 이상적인 10점으로 끌어올리는 방법에 대해 논의하는 과정이다. 코치들은 이 과정을 촉진하려고 "어떻게 하면 만족도를 5점에서 5.5점이나 6점으로 올릴 수 있을까요?"와 같은 질문을 한다. 이것은 장기간에 걸쳐 검증된 코칭 개입이며 대체로 효과적이다. 그 이유는 작고 간단한 변화를 목표로 삼게 해 줌으로써 고객이 희망을 느끼고 그 목표를 금방 달성할 수 있기 때문이다.

　만족에 대한 최근 연구는 이 전통적인 개입에 대해 새로운 견해를 제시한다. 근래에 긍정심리학 연구가 내놓은 가장 흥미로운 결과 중 하나는 최적 행복(optimal happiness)이라는 개념이다. 즉, 행복은 두루두루 유익하지만 너무 많은 행복은 나쁠 수도 있다는 것이다. 하지만 이 결과는 성취 지향적인 영역, 많은 돈과 좋은 성적 등 실적이 측정 기준인 영역에 한해서만 들어맞는다. 결혼생활에 대한 만족 같은 사회적 영역에서는 세상의 모든 행복을 혼자 갖는다

해도 아무 문제가 없는 것 같다. 33개국 국민을 대상으로 시행된 한 연구에서는 삶에 대한 만족도 10점 만점에서 8점을 받은 사람들이 9점이나 10점을 받은 더욱 만족스럽게 사는 사람들보다 돈은 훨씬 더 많이 벌었다. 다른 연구에서는 삶에 대한 만족도 10점 만점에서 8점을 받은 대학생들이 9점이나 10점을 받은 학생들보다 평점이 더 높았고, 과제를 더 성실하게 수행했으며, 수업에 더 자주 출석했다. 자신의 삶에 꽤 만족하는, 그러나 완벽하게 만족하지는 않는 사람들이 대체로 조금 더 많이 노력하고, 조금 더 열심히 일하고, 그 결과 더 많은 보상을 받는다. 그들은 자신의 삶에 만족하지만 언제나 아주 조금 더 갈망하고, 그 갈망이 그들을 탁월해지게끔 자극한다. 이에 반해 완벽하게 만족하는 사람은 자신의 환경을 바꾸기 위해 따로 더 노력할 가능성이 적다. 이런 경향은 이번에도 역시 성취 지향적인 영역에 한해서만 사실이며, 사회적 관계와 관련된 영역에는 해당되지 않는다. 그런 성취 영역을 위해 이 연구는 만족 검사를 통해 긍정정서를 활용하는 새로운 방법을 제시한다.

이번에는 만족도를 측정하는 새로운 코칭 개입을 소개하겠다. 지금까지 해 오던 대로 고객에게 만족 설문지를 작성하게 한다. 당연히 그들은 조금 더 낮거나 조금 더 높은 다양한 점수를 얻을 것이다. [그림 18-2]에 제시한 것 같은 성취 지향적인 영역의 점수에 특히 관심을 기울이라. 그들이 받은 다양한 점수를 놓고 토론할 때 만족에 관한 새로운 연구와 그 결과에 대해 자세히 가르쳐 주라. 행복학의 전문가가 되어야만 그 연구 결과를 가르칠 수 있는 것은 아니다. 사실 고객들은 만족과 노력의 근본적인 관계를 즉시 이해한다. 완벽한 만족은 현실에 안주하게 하는 반면, 약간의 갈망은 의욕을 불어넣는다는 것에 대해 그들은 쉽게 수긍한다. 그렇다고 9점이나 10점이 무슨 문제가 있는 것은 결코 아니라는 말로 그들을 안심시켜야 한다. 그 점수는 순조로운 직장생활이나 최근에 거둔 일련의 성공을 반영할지도 모른다. 세월

소득   건강   학문적
                성취

[그림 18-2] 삶의 성취 지향적인 영역에 대한 만족

이 흐르고 생활환경이 변함에 따라 어떤 영역에서든 사람들의 만족도는 오르락내리락하기 마련이다. 고객들은 어느 정도의 만족을 목표로 삼아야 할지 궁금해한다. 결론부터 말하자면, 최적 만족 점수는 바로 8점이다. 이것을 알려 주는 순간, 고객들이 크게 안도하는 것을 느낄 수 있다. 10점을 향해 더욱 분발하라고 촉구하는 대신 2점을 남겨 둔 지점에 결승선을 그어 준 것이다. 그리고 고객들은 아직 만족도를 높이려는 시도조차 하지 않은 상태이다. 이 개입은 효과적이다. 디너의 고객이나 워크숍 참석자들은 이 개입을 잘 받아들였다. 이것은 교묘한 속임수나 숫자 놀음이 결코 아니다. 이 개입은 가장 의욕적이고 고도로 성취한 사람들에게서 너무 쉽게 자주 나타나는 완벽주의에 저항하라고 경고한다. 최고의 상태에서 그저 더 나은 상태로 초점의 대상을 바꿈으로써 디너의 고객들은 자신을 비판하거나 처벌하지 않고 최선을 다해 노력할 수 있었다. 게다가 그 과정에서 고객이 느끼는 안도감이 뜻밖에 아주 강력한 긍정정서로 작용하는데, 코치는 그것을 이용해서 고객을 도와줄 수 있다.

⊙ 행복의 집 만들기

행복의 집 만들기는 셀리그만의 제자이며 저명한 긍정심리학 코치인 캐롤라인 애덤스 밀러(Caroline A. Miller, 2009)가 착안한 코칭 도구이다. 이 도구는 자신의 가치관을 명확하게 밝히는 동시에 행복 만들기를 위한 목표를 세우는 데도 매우 유용하다. 이 도구는 삶의 질을 높이고 심리치료와 코칭 방법을 기반으로 하는데, 여러 연구를 통해 효과가 입증된 도구로서 당신의 만족도를 평가한 후 삶의 질을 높여 주는 목표 달성을 향해 전진하도록 도와준다. 당신은 이 행복 만들기를 통해 자신에게 가장 중요한 삶의 영역이 행복을 위한 목표 목록에 잘 드러나 있는지 확인할 수 있다.

밀러는 긍정성을 가지고 인생 목록 프로그램을 시작하는 것이 큰 도움이 된다는 사실을 알고 있기 때문에 행복을 진단하고 평가할 때 널리 사용되는 방식을 바탕으로 전체적인 삶의 만족도를 진단하는 방법을 고안해 냈다.

성취감 및 만족감 평가

이 행복 평가표를 일종의 사다리로 생각하면서 행복 목표를 이루는 과정이 얼마나 성공적이었는지 평가하는 데 사용한다. 당신도 다음의 '성취감 및 만족감 사다리' 평가표를 이용해 현재 자신이 얼마나 행복한지 진단할 수 있다. 그리고 때때로 목표 진행 상황을 도표로 기록하거나 살면서 특정한 목표를 달성하고 싶은 다른 분야가 있는지 알아볼 때도 이것을 사용할 수 있다.

[10] 완벽한 성공: 지금까지 살면서 바라던 중요한 일을 전부 이루었다.

[9] 매우 성공적

[8]

[7] 꽤 성공적

[6]

[5] 적당히 성공적

[4]

[3] 약간 성공적

[2]

[1] 거의 성공하지 못함

[0] 완벽한 실패: 지금까지 살면서 바라던 중요한 일을 하나도 이루지 못했다.

다음은 '성취감 및 만족감 사다리'에서 받은 점수를 해석하는 방법이다.

[10] 완벽한 성공: 지금까지 살면서 바라던 중요한 일을 전부 이루었다. [9] 매우 성공적 [8] [7] 꽤 성공적	자기 삶에 대체적으로 만족하며 행복한 상태이다. 자신에게 가장 소중한 요구나 목표, 소원의 대부분 또는 전부를 이룰 수 있는 능력을 가지고 있다. 목표를 대부분 달성하고 살아갈 보람이 있는 환경을 직접 만들거나 찾아냈다. 점수가 이 범위에 해당하는 사람은 인생 목표 프로그램에 들인 노력이 대부분 성공을 거뒀다는 뜻이다. 이 범위 내에서 점수가 1점 늘거나 주는 것만으로도 삶의 만족도와 행복에 큰 변화가 생긴다.
[6] [5] 적당히 성공적 [4] [3] 약간 성공적	자기 삶에 만족하고 행복을 느끼는 상태지만 이 상황을 좀 더 개선할 수도 있다. 자신에게 가장 소중한 요구나 목표, 소원 몇 가지를 이룰 수 있는 능력을 약간 지니고 있다. 하지만 여전히 상당수의 목표를 달성하지 못한 상태이며 변화나 개선이 필요한 보답 없는 환경에서 살고 있을 것이다. 사다리의 여섯 번째 단계에서 일곱 번째 단계로 올라가는 것은 삶의 만족도와 행복이 상당히 높아졌다는 뜻이지만, 이 범위에 해당되는 점수를 받은 사람은 평생의 목표를 달성하기 위한 자기개선 및 성취 프로그램에 들인 노력이 그다지 성공을 거두지 못했음을 나타낸다. 우리 중 가장 큰 성공을 거두고 가장 행복한 사람이라도 중요한 목표를 달성하는 과정에서 장애물을 만나거나 좌절을 겪으면 이런 점수를 받을 수 있다. 이 점수는 지금 뭔가가 잘못되고 있으니 목표를 달성하고 원하는 것들을 이루고 싶다면 그에 맞는 합당한 조치를 취해야 한다고 알려 주는 경고이다. 긍정심리학이 제공하는 이런 프로그램을 이용하는 것도 좋은 시작점이 될 수 있다. 이 범위 내에서 점수가 1점 늘거나 주는 것만으로도 삶의 만족도와 행복에 큰 변화가 생긴다.

[2] [1] 거의 성공하지 못함	이 범위 내에서 점수가 1점 늘거나 주는 것만으로도 삶의 만족도와 행복에 큰 변화가 생긴다. 이 점수를 받았다는 것은 자신에게 가장 소중한 요구나 목표, 소원을 대부분 이루지 못했다는 뜻이다. 당신은 지금 실패와 불행을 겪고 있으며 자신의 필요를 충족시킬 만한 능력도 없다. 또 보람을 전혀 느낄 수 없는 힘겨운 상황에 처해 있어 자신의 가장 소중한 요구나 목표, 소원을 이루기가 어려운 것인지도 모른다. 이 점수는 지금 뭔가가 잘못되고 있으니 목표를 달성하고 원하는 것들을 이루고 싶다면 그에 맞는 합당한 조치를 취해야 한다고 알려 주는 경고이다. 행복은 만드는 것이다. 도구들과 다음에 제공하는 도구를 이용하는 것도 아주 좋은 시작점이 될 수 있다. 이렇게 낮은 점수는 건강문제를 야기하거나 사랑, 일, 학업, 여가 같은 인생의 중요한 분야에서 성공과 즐거움을 누리지 못하게 만드는 심각한 불행의 신호일 수 있다.
[0] 완벽한 실패: 지금까지 살면서 바라던 중요한 일을 하나도 이루지 못했다.	이 점수를 받았다는 것은 자신에게 가장 소중한 요구나 목표, 소원을 하나도 이루지 못했다는 뜻이다. 당신은 지금 실패와 불행을 겪고 있으며 자신의 필요를 충족시킬 만한 능력도 없다. 또 보람을 전혀 느낄 수 없는 힘겨운 상황에 처해 있어 자신의 소중한 목표를 이루기 어렵거나 불가능할지도 모른다. 이렇게 낮은 점수는 앞과 마찬가지로 건강문제를 야기하거나 사랑, 일, 학업, 여가 같은 인생의 중요한 분야에서 성공과 즐거움을 누리지 못하게 만드는 심각한 불행의 신호일 수 있다.

　여기서 나온 점수를 보고 실망할 필요는 없다. 사실 점수가 낮게 나올수록 행복 목표를 세우고, 행복의 집 만들기가 긍정적이고 희망차고 삶을 고양시켜 주는 도구라고 생각할 가능성이 높다. 이것은 단지 출발점일 뿐이며 지금 당장이라도 자신에게 특히 중요한 행복 목표 달성에 착수한다면 금세 변할 수 있을 것이다. 정상 부근에서 시작하는 사람이라도 좋은 소식이 기다리고 있다. 긍정심리학 행복 연습 도구는 당신의 목표 달성을 도울 뿐 아니라 지금까지 깊이 생각해 보지 않은 삶의 많은 부분에서 의미와 가치를 찾아 주고 만족감을 높일 수 있는 새롭고 귀중한 방법을 알려 줄 것이기 때문이다.

긍정심리학 개입: 행복의 집 만들기

　이 도구는 전 세계 사람들이 느끼는 행복의 중요한 기초 토대라고 알려진 열여섯 가지 인생 영역을 다루고 있다. 당신도 이 구체적인 열여섯 가지 삶의 영역을 이용해 행복의 집을 지을 수 있을 것이다. 본 실습을 위해서는 먼저 당신의 전체적인 행복을 떠받치는 삶의 16개 부분이 각각 하나의 방이라고 생각해야 한다. 이 방들을 당신의 가치관이 잘 반영되도록 배치해 행복의 집을 만들 수 있다. 방법은 다음과 같다.

① 당신의 집을 3층으로 만든다.

② 방 이름과 정의를 포스트잇 한 장에 쓴다.

③ 포스트잇에 쓴 것(자신에게 가장 의미 있는 인생 영역)들을 이용해 행복의 집을 만든다. 가장 중요하다고 생각하는 방은 행복의 집 1층에 배치한다. 중요하기는 하지만 극도로 중요하지는 않은 인생 영역은 2층으로 올라간다. 3층은 약간 또는 꽤 중요한 영역이 차지한다. 자신에게 중요하지 않거나 별 상관없는 방은 치워 버리자.

④ 열여섯 가지 영역을 자기가 꾸미는 행복의 집에 배치하면서 그 각각의 정의를 세심하게 살핀다. 밀러가 만든 이런 다양한 인생 영역에 대해 내린 정의는 당신이 기존에 생각했던 것보다 광범위할 수 있다. 예를 들어, '돈'은 사실 현재의 자산, 소유물, 대학 학자금처럼 앞으로 필요한 자금을 충분히 제공할 수 있는가에 대한 예상 등 사람들이 자신의 생활 수준이나 금전적 안정에 중요하다고 생각하는 세 가지 요소로 이뤄져 있다.

⑤ 행복의 집을 구성하는 각 방(포스트잇)의 뒷면에 자기가 해당 영역에서 이루고자 하는 목표를 적는다. 자기가 만든 행복의 집을 사진으로 찍어 꾸준히 목표를 상기할 수 있는 장소에 붙여 놓자.

새라가 만든 행복의 집

다음은 새라가 만든 행복의 집이다. 이 실습을 하던 당시에 새라는 은퇴를 앞둔 중년의 변호사로 고통스러운 가정사를 겪은 후였다. 그녀는 은퇴 후 좀 더 의미 있는 시간을 보낼 수 있도록 스스로의 인생에 중요한 목표를 세우고자 했던 것이다.

다음은 열일곱 가지 인생 영역이다.

- **건강**: 체력이 튼튼하고 아프지 않으며 통증이나 육체적 결함이 없는 상태
- **자존감**: 자신의 강점과 약점, 성공과 실패, 문제해결 능력 등을 모두 고려해 스스로를 좋아하고 존중하는 것
- **목표와 가치관(또는 인생철학)**: 삶에서 가장 중요한 것과 지금 그리고 장차 살아갈 방향에 대한 자신의 생각. 자신의 인생 목표, 옳고 그름에 대한 판단, 인생의 목적이나 의미
- **영적인 생활**: 혼자서 또는 뜻을 같이하는 이들이 모인 영적 공동체의 일원으로서 추구하는 영적 또는 종교적 믿음이나 습관
- **돈(또는 생활 수준)**: 자기가 버는 돈, 가지고 있는 물건(자동차나 가구 등), 장차 자기에게 필요한 돈과 물건을 가지게 되리라는 믿음

- 일: 직업 또는 자기가 대부분의 시간을 쏟는 일
- 놀이(기분전환): 한가한 시간에 긴장을 풀거나 재미를 느끼거나 자신을 계발하기 위해 하는 일. 영화 감상, 친구 만나기, 스포츠 활동, 정원 가꾸기 등
- 학습: 관심 있는 분야의 신기술이나 정보 습득. 역사, 자동차 수리, 컴퓨터 사용 같은 주제에 관한 책을 읽거나 강좌 수강
- 창의성: 일상적인 문제를 해결하거나 그림, 사진, 바느질 같은 취미 활동을 위한 새롭고 독창적인 방법을 고안하기 위해 상상력을 발휘하는 것 등
- 베풂(또는 봉사): 곤경에 처한 사람을 돕거나 자기가 사는 지역사회를 더 살기 좋은 곳으로 가꾸는 일을 돕는 것
- 사랑(또는 애정 어린 관계): 다른 사람과 맺은 매우 친밀하고 낭만적인 관계. 이끌림이나 애정과 배려, 이해받는 느낌 등
- 친구(또는 우정): 자기가 잘 알고 관심이 있으며 관심 분야나 의견이 자기와 비슷한 사람
- 자녀: 자녀와의 관계는 어떠한지, 자녀들을 보살피거나 만나러 가거나 함께 노는 동안 그 관계가 어땠는지에 대한 생각
- 친척: 부모, 조부모, 형제자매, 이모, 삼촌, 시가 또는 처가 식구들과의 관계
- 집: 자기가 사는 곳. 일반 주택이나 아파트와 그 주변 땅
- 이웃: 자신의 거주지 주변 지역. 동네의 근사한 풍경이나 주변 지역의 범죄 발생률, 이웃 사람들을 얼마나 좋아하는지 등
- 지역사회: 자기가 사는 도시나 마을, 시골 지역 전체, 그 지역의 멋진 경치나 범죄 발생률, 이곳 사람들을 얼마나 좋아하는지, 공원, 공연장, 운동 경기장, 식당 등 즐거움을 누리기 위해 찾는 장소 등

새라가 만든 행복의 집은 다음과 같은 가치관에 따라 각 층의 모습이 정해졌다.

- 1층
  - 베풂: 재능 기부에 참여한다. 가치 있는 일에 돈을 기부한다.
  - 자녀(어린이): 주일학교 교사 일을 다시 시작한다.
  - 영적인 생활: 명상 수련원에서 명상, 날마다 기도하며 하나님의 말씀에 귀 기울인다.
  - 학습: 야간 식사 제공을 하는 요리 프로그램에 등록할 수 있는지 여부를 알아본다.
  - 친척: 언니의 참모습을 인정해 주고 알츠하이머병을 앓는 아버지를 자주 찾아뵙는다.

- 창의성: 집에 페인트를 칠하고 실내 장식을 다시 한다. 뜨개질을 취미 삼아 다시 시작한다.
- 건강: 하루에 7~8시간 이상 잔다. 체중을 감량하고 주량을 줄인다.
- 친구: 가까운 친구들과 매주 연락을 한다. 조언을 구하는 친구의 말에 진심으로 귀 기울이고 비판을 삼간다.

- **2층**
  - 사랑: 새로운 애인을 찾는다.
  - 돈: 신용카드 대출 대금을 청산한다. 금전 거래 내역은 모두 컴퓨터의 금전 관리 프로그램에 등록한다.
  - 놀이: 정원 가꾸기에 좀 더 힘쓴다. 날마다 웃는다.
  - 자존감: 자괴감에 빠지는 횟수를 줄인다. 스스로를 유능한 사람이라고 느낄 수 있을 만한 일을 한다.

- **3층**
  - 일과 은퇴: 파트타임으로 변호사 일을 계속한다.
  - 집: 매일 밤 커피메이커 타이머를 맞춰 놓는다. 식기 세척기와 세탁기를 매일 돌린다.
  - 이웃: 이웃 사람들의 이름을 모두 외운다. 만나는 사람마다 인사를 하고, 주민 모임에 가입한다.
  - 지역사회: 운동 경기를 자주 보러 다닌다. 다른 사람들과 함께 자연 속을 걷는다. 가능하면 지역 행사에 참여한다.

행복의 집을 만들 때 필요한 요령

이 방법을 이용해 목표와 가치관을 확립할 경우 얻게 되는 장점은 그 결과를 저장하거나 써서 자기가 날마다 볼 수 있는 장소에 붙여 놓을 수 있다는 것이다. 새라는 실제로 자기 목표를 문서로 작성해 컴퓨터 시작 화면에 저장해 놓았다. 덕분에 컴퓨터를 켤 때마다 그 목표를 떠올리면서 확실한 방향성과 성공 가능성을 느낄 수 있었다.

수많은 목표 때문에 중압감을 느끼는 경우에도 이 방법을 사용하면 어디서부터 목표 달성을 위한 노력을 시작해야 할지 알 수 있다. 일반적으로 '1층'의 목표를 달성할 경우 '3층'의 목표를 달성했을 때보다 삶의 만족도와 행복도가 높아진다. 또 여러 가지 중요한 영역에 속한 목표를 동시에 추구할 수 있고 삶의 한 부분에서 느끼는 행복도가 높아지면서 생기는 잠재적인 확산 효과도 누리게 된다. 긍정정서의 나선형 상승 효과처럼 말이다.

◉ 직장에서 긍정정서를 높이는 법

지금까지 개인과의 코칭 작업과 개인의 행복을 높여 주고 활용하는 법에 대해 이야기했다. 하지만 직장에서 긍정정서 문화를 창조하는 문제도 당연히 논의해야 한다. 개인의 행복이 아닌 집단의 행복은 조직과 협력하는 코치들에게 아주 친숙한 주제이다. 그들은 좌절감을 심어 주는 기업 문화에 대한 불만을 수없이 들었을 것이다. 코칭 세션이 고약한 사장과 애매한 목표, 과다한 업무, 촉박한 데드라인, 조직의 변화로 인한 스트레스, 빈약한 교육 프로그램, 창의성을 발휘할 기회 부족에 대한 대화를 되풀이하는 시간이 될 수도 있다. 고객은 물론이고 배우자와 가까운 친구들 역시 똑같은 불만을 토로한다. 업무는 우리가 낮 시간에 하는 활동의 대부분을 차지하기 때문에 일터에서 극심한 스트레스를 받으면 그 부정정서를 고스란히 안고 귀가하기도 한다. 우리를 우울하게 하는 것은 사내 정치와 업무 요구도 등 업무 관련 스트레스 요인만이 아니다. 긍정심리학 연구는 집단 차원에서 긍정정서를 이용할 때 직원의 생산성이 더 높아지고 만족감이 증가한다는 것을 보여 준다.

심리학자 피터 워는 직업 만족도와 직장에서의 웰빙을 수십 년간 연구했다. 그리고 직장마다 다음 열 가지 측면에서 서로 다르며, 그것이 직원의 웰빙에 직접 영향을 미친다는 것을 확인했다.

① 개인이 통제력을 발휘할 기회
② 기술을 사용할 기회
③ 외부에서 제시한 목표
④ 업무 다양성
⑤ 명확성(명확한 기대와 피드백)
⑥ 적절한 보수
⑦ 직장 내 안전
⑧ 지지적인 감독
⑨ 대인 접촉 기회
⑩ 사회적 계급 또는 지위

최고의 일터는 이 요소를 모두 갖추고 있다. 정말로 좋은 일터는 그중 많은 것을 갖고 있다. 피터 워는 직장을 정서적 만족과 그 결과라는 관점에서 고려한다. 그는 정서를 둘씩 짝지어서 묘사하는데, 정서들은 그것이 얼마나 유쾌한가(또는 불쾌한가) 그리고 얼마나 자극적인가에 따라 그 강도가 달라진다([그림 18-3] 참조). 앞서 제시한 열 가지 측면이 갖춰질 경우, 직원들은 불쾌한 정서보다 유쾌한 정서를 더 많이 경험한다. 게다가 열 가지 측면 중 외부에서 제시한 목표와 업무 다양성 같은 일부 요소는 긍정정서를 더 많이 자극하고, 직장 내 안전 같은 다른 요소들은 긍정정서를 더 적게 자극한다.

당신은 세 번째 요소인 외부에서 제시한 목표에 주목했을 것이다. 내재적 동기는 외재적 동기보다 효과적이라는 것을 보여 주는 증거가 풍부하지만, 워는 외부에서 제시한 목표가 아주 큰 도움이 된다고 주장한다. 그는 업무 부하, 주의력 요구, 개인적 자원에 대한 요구, 역할에 따른 책임감 등을 목표로 제시한다. 워에 따르면 그런 목표가 적정량 제시될 때는 긍정정서를 자극할 수 있지만 지나치게 많은 불안을 불러온다. 또한 개인이 통제력을 발휘할 기회가 지나치게 적을 때는 대체로 우울감이 증가하고 활력이 감소하는 반면, 불안은 증가한다. 따라서 이 열 가지 측면은 단순히 좋은 일터를 구별하는 표식이 아니며, 각 측면은 서로 다른 방식으로 직원의 웰빙에 영향을 미친다.

[그림 18-3] 직장에서 정서자극과 유쾌함

위의 모형은 기업 코칭에 끼워 넣을 수 있는 몇 가지 개입을 제시한다. 당신은 열 가지 측면 각각에 대한 고객의 만족도를 측정하고 앞으로 노력이 필요한 측면을 확인해서 목표로 삼게 해 줄 수 있다. 유쾌한 정서를 가능한 한 여러 가지 양산하고 또한 반드시 크게 자극하라. 위의 모형은 상향식 접근법으로 지지적인 감독과 적절한 보수 같은 구성 요소에 초점을 맞추고, 보다 포괄적으로는 웰빙을 지향한다.

하향식 접근법을 취하는 다른 모형들은 긍정정서에 초점을 맞추고, 그 긍정정서를 메커니즘으로 이용해서 구성 요소를 변화시킨다. 긍정정서를 코칭 도구로 이용할 수도 있다. 즉, 고객에게 언제 얼마나 직장에서 불안한지, 열광하는지, 우울한지, 편안한지를 질문하고 긍정정서를 고양시키는 방법을 의논하는 것이다.

에이드리언 고스틱(Adrian Gostick)과 스콧 크리스토퍼(Scott Christopher)는 가벼움(levity), 유머, 웃음, 가벼운 동료애가 더 높은 생산성과 더 낮은 이직률 등의 바람직한 업무 성과로 직결된다고 주장한다(Gostick, & Christopher, 2008). 그들은 『포춘(Fortune)』지의 '가장 일하기 좋은 100대 기업' 선정에 사용된 일하기 좋은 직장 연구소(Great Place to Work Institute) 조사 결과를 인용한다. 그것에 의하면 '가장 일하기 좋다'고 선정된 100개 기업에 속한 직원들의 81%가 자포스처럼 재미있는 환경에서 일한다고 대답한다. 이에 비해서 '일하기 좋다'는 기업들의 직원 중에서 업무가 아주 재미있다고 대답한 사람은 겨우 62%이다. 고스틱과 크리스토퍼에 따르면 이 '재미 차이'는 주목해야 할 측면일 뿐 아니라 그 조사에서 가장 큰 차이, 즉 가장 일하기 좋은 기업과 일하기 좋은 기업의 가장 두드러진 차이 중 하나이다.

가장 일하기 좋은 기업들은 재미있는 환경을 어떻게 창조한 것일까? 자포스 같은 기업은 경리부처럼 원래 지루하고 고리타분한 부서를 어떻게 운영하기에 경리 직원들이 변장을 하고 퍼레이드를 벌이고 재미와 업무를 사랑하는 괴짜로 변한 것일까? 몇 가지 방법이 있다. 첫째, 기업이 재미있는 사람을 고용하는 것이다. 채용 면접에서부터 놀이와 재미를 도입하고, 그것을 지원자를 평가하는 한 가지 요소로 삼는다. 둘째, 출근 첫날 신입사원이 사무실 분위기가 강압적이지 않고 재미있다는 것을 감지하게 하는 것이다. 그런 느낌은 자포스의 사내 코치인 닥터 빅 같은 개방적인 관리자가 심어 준다. 닥터 빅의 사무실에는 왕좌가 있다. 그는 직원과 손님에게 왕관을 씌워서 왕좌에 앉혀 놓고 사진을 찍는다. 그러나 직장에서의 가벼움을 가능케 해 주는 것은 신뢰라고 고스틱과 크리스토퍼는 강조한다. 직원에게 재밌게 일하라며 축구공 모양의 회전의자를 마련해 주기 전에 기업은 소속 직원들을 존중함으로써 그들의 신뢰를 먼저 얻어야 한다. 보잉사(Boeing Corporation) 직원 10만 명을 대상으로 조사한 결과, 최우수 경영자들은 더 뛰어난 업무 성과를 거두었는데, 부하 직원에게 가족, 주말생활, 건강에 대해 질문한 것이 부분적인 이유였다. 그들은 직원에게 관심과 감사를 표현했다. 이렇게 작은 것부터 시작하라. 칭찬 게시판을 만들거나 근무 시간에 감사 파티를 여는 등 아주 작은 재밋거리로 신뢰를 쌓을 기반을 마련할 수 있다. 기업 고객이 자사 직원의 정서적 리듬을 감지하고 그에 따라 변화를 이뤄 내게 도우라.

동기와 긍정정서를 촉발하는 피드백

① **기대의 힘**: 피드백을 받은 사람은 그것에 정서적으로 반응한다. 그 정서적 반응은 대체로 그 피드백 자체에 대한 기대뿐 아니라 피드백 전달 과정에 대한 기대에 따라 달라진다. 누군가에게 피드백을 줄 예정이라면 그 피드백의 목적이 무엇인지, 어떤 유형을 취할 것인지, 어떤 성과를 기대하는지를 처음부터 확실하게 규정하는 게 좋다.

② **정확성의 힘**: 피드백이 전달자의 목적을 명확하게 반영할수록 더욱 유익하다. 따라서 피드백 전달자의 책임이 무겁다. 그는 피드백 내용 중에서 불필요하다고 여겨질 수도 있는 부분 또는 수행보다는 성격에 대한 비판으로 보일 수 있는 부분에 대해 설명해 줘야 한다.

③ **피드백은 현재가 아닌 미래를 지향한다**: 현재 맡은 업무에서 잘하고 잘못한 것을 지적하는 것과 그 업무를 나중에 또 맡을 때 잘해 내야 하는 것을 지적하는 것은 중요한 차이가 있다. 후자의 경우에는 피드백 전달자가 앞으로 우수하게 해내야 할 업무에 초점을 맞추고 다른 사람에게 그것을 정확히 설명해 주고 그 목표를 달성하는 데 필요한 단계를 제시하는 능력을 갖추고 있어야 한다.

④ **프로젝트에 대한 믿음**: 피드백 전달 과정에 투자하는 것이나 개선 과정에 투자하는 것이나 그 결과는 비슷할 거라고 생각하는 사람들이 있다. 그 생각은 틀렸다. 예전에 어떤 편집장은 전문 코치가 출판을 목적으로 기사를 제출한 지 2주 후에 답장을 보내왔다. 디너가 꼬박 일주일 동안 작성한 그 기사에 대한 논평은 고작 한 줄이었다. "노래하지 않는군요." 그 논평은 구체적이지도 않을뿐더러 그가 자신의 어떤 것도 실제로 투자하지 않았음을 보여 준다. 가치 있는 피드백은 해당 프로젝트가 정말 훌륭할 수 있으며 피드백 전달자가 그 프로젝트와 그것의 성공 가능성을 믿고 있다는 것을 표현한다.

⑤ **구체성**: 피드백이 구체적일수록 더 쉽게 이해할 수 있고, 따라서 더 잘 실행될 수 있다.

⑥ **인간관계의 힘**: 피드백은 근본적으로 인간관계이다. 당신이 어떤 짧은 이야기에 대한 피드백을 제일 친한 친구, 낯선 사람에게 전달할 예정이라고 생각해 보자. 똑같은 이야기인데도 당신은 그 사람과의 관계에 맞춰서 피드백을 달리할 것이다. 또한 그 관계와 그

사람에 대해 당신이 알고 있는 것을 이용해서 더 가치 있는 피드백을 전달하고 그가 더욱 책임감 있게 변화를 추구하게 할 수 있다.

◉ 코칭과 긍정정서

코칭 작업은 대체로 고객에게 긍정정서를 불어넣고 그것을 이용하는 것에 치중한다. 그러므로 코치들은 긍정심리학 연구 결과를 당연히 환영한다. 그것이 과학적 근거와 변화 유발에 필요한 새로운 개입을 제공하기 때문이다. 그렇기는 하지만 코치들로서도 질문을 하나 제기하고 성찰하는 것이 중요하다. 긍정정서와 관련하여 코치는 어떤 역할을 해야 하는가? 잠깐 시간을 갖고 이 질문을 숙고해 보라. 고객에게 긍정정서를 심어 주기 위해 코치가 의무적으로 해야 할 일은 무엇인가? 긍정정서를 고양하고 유지시키기 위해 코치가 갖고 있는 도구는 무엇인가? 긍정정서를 촉진하기에 부적절한 순간은 언제인가? 고객의 어젠다를 존중하면서도 고질적인 문제에 관한 대화와 부정성의 함정을 피하는 방법은 무엇인가? 다음 질문에 자유롭게 대답해 보라. 당신의 코칭 작업을 성찰하는 데 도움이 된다.

① 나의 코칭 세션에 배어 있는 주요 정서는 무엇인가? 무엇이 그 정서에 영향을 미치는가?
② 나는 어떻게 긍정정서를 고양시키는가? 고객을 적극 지지하는가? 유머와 농담을 사용하는가? 나를 내세우지 않고 고객을 돋보이게 해 주는가? 코칭 세션에서 고객의 긍정정서를 증가시키기 위해 내가 자유자재로 사용할 수 있는 도구는 무엇인가?
③ 나는 코칭 세션 중 부정적인 정서를 보통 어떻게 다루는가?
④ 정서의 기능과 적합성에 대해 나는 어떤 견해를 갖고 있는가? 어떻게 해서 그 견해를 갖게 되었는가?

미래에 대한 희망

필라델피아에서 열린 국제긍정심리학협회 제1회 세계 회의에서 긍정심리학의 창시자 마틴 셀리그만이 흥미로운 의견을 제시했다. "과거가 우리를 밀어붙이는 게 아닙니다. 미래가 우리를 이끕니다." 그의 말은 우리의 과거보다는 우리의 비전과 영감이 우리에게 훨씬 더 많은 동기를 부여하고 우리를 훨씬 더 열심히 응원한다는 뜻이었다. 개인으로나 집단으로나 우리는 과거에 일어난 일이 아닌 앞에 놓인 난관과 기회에 주로 초점을 맞춘다는 것이다. 이 말의 사실 여부를 입증하는 것은 중요하지 않다. 그보다는 그 주장이 아주 매력적이라는 것이 더 중요하다. 셀리그만의 말은 고도로 진화된 전두엽의 기능 덕분에 인간은 앞날을 바라보게끔 설계되었다는 견해와 직결된다. 우리는 날씨를 예측하고 휴가와 은퇴를 계획하고 회의를 준비하고 자동차를 잠가 놓고 돈을 모으는 등 미래에 대해 숙고하는 놀라운 능력을 보여 주는 수많은 활동을 한다.

목표는 우리가 행동을 계획하게 도와주는 미래 지향적인 기준점이다. 크건 작건 목표를 세움으로써 우리는 성공을 가늠하는 기준, 의사결정에 필요한 길잡이, 추구할 대상을 정립한다. 목표 추구는 제2의 천성이 결코 아니다. 우리가 살아가는 데 반드시 필요한 요소이다. 목표가 없으면 우리는 허둥지둥한다. 그렇기 때문에 고객의 어젠다(성취 가능한 한 가지 단기적 목표) 수립과 고객의 비전달성을 위한 협력이 코칭 작업의 기본이다. 오랫동안 코치들에게 스마트(SMART)한, 즉 구체적이고(Specific), 측정 가능하고(Measurable), 성취 가능하고(Attainable), 자신과 관계가 있고(Relevant), 기한이 정해진(Time-specific) 목표를 세우라는 주장이 큰 호응을 얻고 있다. 하지만 긍정심리 코치 밀러(2009)에 따르면 그것이 이 목표를 처음 세우는 사람에게는 괜찮은 방법이지만 개인의 성공에 매우 중요한 엄청나게 복잡한 문제들을 처리하기에는 역부족이다. 사실 너무 '현실적인' 목표를 세우면 상상력과 재능을 마음껏 발휘할 수 없고, 지나치게 대담한 목표는 자신의 특정한 감정 상태나 상황에는 적합할지 몰라도 다른 사람에게는 맞지 않을 수 있다. 밀러가 추천하는 목표 방법은 의욕을 높이는 구체적인 목표, 지향 목표와 회피 목표, 내재적 목표와 외재적 목표, 가치 중심적인 목표, 상충되지 않는 목표와 지렛대 목표이다.

디너는 아직 그렇게 널리 알려지지는 않은 목표 관련 연구와 응용을 강조하고 그 연구를 사용 가능한 코칭 개입으로 바꾸는 방법을 소개한다. 우선 미래와 우리의 미래 예측 능력에 대해 알아보자. 다람쥐는 겨울을 대비해 도토리를 모으고 곰은 동면할 동굴을 찾지만 그것은 본능적인 행동이다. 어떤 다람쥐가 여름에 편히 쉬려고 2년치 도토리를 모아 둔다거나 어떤 곰이 동면하지 않기로 결심했다는 말은 들어 본 적이 없을 것이다. 미래에 대해 의식적으로 결정을 내리는 유별난 능력을 지닌 좋은 사실상 인간이 유일하다. 오직 인간만이 계획을 세우고 곤경을 예측하고 재능을 미리 적절히 적용하고 상황에 따라 계획을 수정하는 능력을 갖고 있다. 따라서 우리가 목표를 세우고 추구하는 성향을 타고났다는 주장은 충분히 합리적이다. 최근에 연구자들은 목표가 행복 증가, 의미감 향상, 유대감 강화와 직접적인 관계가 있음을 발견했다(Emmons, 1989).

안타깝게도, 좋은 소식은 그게 전부이다. 효과적인 예측에 관한 새로운 연구 결과에 따르면, 우리는 미래를 위해 계획을 세우면서 무척 즐거워하지만 미래에 어떤 감정을 느낄지 예측하는 데는 아주 서툴다(Gilbert, 2006). 이것은 반직관적이고 흥미로운 결과이다. 우리는 매 순간 결정을 내린다. 그 결정으로 자신이 행복해질 거라고 암묵적으로 또는 명시적으로 믿기 때문이다. 우리는 기분이 아주 좋아지거나 삶의 질이 부쩍 높아질 거라고 생각하기에 프로젝트를 떠맡고 데이트 신청을 받아들이고, 이사를 가고, 휴가를 떠나고, 물건을 구입한다. 이 사실은 코칭 작업에 특히 중요하다. 왜냐하면 고객이 부분적으로는 틀린 정보에 의지해서 날마다 결정을 내리고 목표를 세운다는 뜻이기 때문이다. 고객이 스스로 결정한 프로젝트와 목표는 성취 가능할 수도 있고 큰 보상을 안겨 줄지도 모르지만, 그가 예측한 대로 되지 않을 때가 아주 많다. 이 연구 결과를 숙지하면 고객이 심리적 이득을 얻을 수 있는 결정을 내리게 도와줄 방법을 찾아낼 수 있다.

팀 윌슨(Tim Wilson)과 댄 길버트(Dan Gillbert)의 연구 결과에 따르면, 미래의 정서 상태를 예측할 때 우리는 언제나 충분히 예상할 수 있는 실수를 저지른다. 우리는 미래에 느낄 감정의 강도와 지속 기간을 엉뚱하게 예측한다. 종신 교수 후보에 오른 젊은 대학 교수들의 예를 들어 보자. 윌슨과 길버트처럼, 그들에게 종신 교수에 임명되거나 임명되지 못하면 어떤 감정을 느낄지 물어볼 경우, 그들은 종신 교수직에 오르면 극도로 행복할 것이고 떨어지면 낙심천만할 거라고 대답할 가능성이 크다. 그 후 실제로 종신 교수가 되었거나 되지 못한 그 젊은 교수들을 추적 조사한 두 연구자는 흥미로운 사실을 발견했다. 종신 교수직에 오르지 못한 사람들은 정서적 고통을 겪었지만 그 고통은 자신이 예상했던 것만큼 심하지도, 오래 지속되지도 않았다. 그들은 비교적 빠르게 회복되었다. 이와 비슷하게 종신 교수로 임명된 행운아들도 정서적 고양을 경험했지만 그 감정은 자신이 예상한 희열이 아니었고 얼마 못 가서 사라졌다. 이런 결과는 선거, 데이트, 운동 시합 등 다양한 상황의 정서적 강도에 대해서도 똑같이 나타났다.

이렇듯 우리는 미래에 느낄 감정의 강도와 지속기간을 예측할 때 자주 실수한다. 뿐만 아니라 한 번도 경험한 적이 없는 상황에 처할 때 사고 과정이 뒤죽박죽되는 경향이 있다. 우리는 유인가(valence, 誘因價)라는 측면에서는 미래 감정을 꽤 정확히 예측한다. 예컨대, 성취는 유쾌하고 실패는 불쾌할 것임을 알고 있다. 하지만 완벽하게 예측하지는 못한다. 롤러코스터 타기처럼 색다른 상황에서 때때로 우리는 무서울 거라고 예상한 것이 아주 재미있고 신난다는 사실에, 또는 황홀할 거라고 예상한 것이 충격적이고 소름끼친다는 사실에 깜짝 놀란다. 처음 겪는 상황에서는 미래 감정을 정확히 예측하게 해 줄 정보가 충분하지 않다. 이 문제를 해결하는 방법은 그 상황을 경험한 적이 있는 사람에게 물어보고 그가 이미 얻은 정보를 차용해서 더 나은 결정을 내리는 것이다. 이 조언이 상식처럼 들리겠지만 우리는 그 방법을 외면한 채 무작정 달려들 때가 아주 많다.

- **지속기간 경시**(duration neglect): 어떤 사건의 지속기간이 정서에 미치는 영향을 과장하거나 축소하는 경향. 예컨대, 7일간의 즐거운 하와이 여행으로 얻는 행복의 양은 예전에 10일간 즐겁게 하와이 여행을 했을 때 얻은 행복의 양과 동일할 것이다.
- **정서적 영향에 대한 선입견**(impact bias): 어떤 사건이 일으킬 정서의 강도를 과장하거나 축소하는 경향. 예컨대, 응원하는 축구팀의 승리는 기분을 고양시키지만 극단적인 수준이 아닌 그저 보통 수준으로 고양시킬 뿐이다.
- **유인가 예측**(valence prediction): 우리는 유인가(특정 대상이나 사건에 대해 개인이 느끼는 매력 또는 혐오 정도)를 정확하게 예측하지만 색다르거나 새로운 상황일 때는 예측 정확도가 떨어진다. 예컨대, 데이트는 다들 재미있을 거라고 예측하지만 실제 데이트 경험은 재미있거나 실망스럽거나 둘 중 하나이다.

이 지식을 코칭 작업에서 어떻게 활용할 수 있을지 그 예를 들어 보자. 한 고객이 샌프란시스코에 있는 탐나는 일자리를 제안받고 그것에 응할지 말지 결정하느라 고민 중이었다. 그 자리를 제안받고 처음에는 무척 기뻐했다. 하지만 앞일을 알 수가 없고 좀체 결정을 못 내리자 크게 불안해하고 허둥지둥했다. 거의 모든 사람이 이와 똑같은 과정을 겪는다. 코칭을 하다 보면 그런 경우를 수없이 본다. 이직, 새 도시로의 이사, 임신, 대학원 진학 등 인생에 중요한 결정을 내려야 할 때 사람들은 걱정하고 두려워한다. 그런 결정은 너무 중요해서 한 개인의 인생을 좌지우지하고 그의 모든 관심과 감정과 인간관계를 지배한다. 완벽하고 올바른 결정을 내려야 한다는 생각에 온종일 골몰하며 안절부절못한다. 어떤 사람들은 가능한 모든 경우를 고려해 가며 최선의 행동을 선택하려고 애쓴다. 아이러니컬하게도 완벽한 결정이라는 결과를 지나치게 강조하다 보면 오히려 어떤 행동도 취하지 못하는 무기력 상태에 빠질 수 있다. 디너의 한 고객은 양가감정에 빠져 헤어나지 못했다. 그녀의 우유부단은 그녀의 미래 정서에 대한 예측과 관계가 있었다. 올바른 결정을 내리면 자신이 행복해지겠지만 잘못된 결정을 내리면 비참해질 거라고 예상했다. 대화 도중에 디너는 그녀가 그렇게까지 걱정하게 된 원인을 알게 되었다. 그것은 새로운 경력을 쌓게 될 낯선 도시로 이사하는 것과 관련된 지속기간 경시 때문이었다. 그들의 대화를 잠깐 보자.

고객: 이사하는 게 정말 걱정이에요.

디너: 구체적으로 어떤 것이 걱정스러우세요?

고객: (한숨을 쉬며) 너무 많아요! 저는 이곳에서 아주 오래전부터 인맥을 쌓아 왔어요. 그리고 샌
프란시스코에는 아는 사람이 한 명도 없고요. 그 도시에 대해서도 몰라요. 친구도 없고 자
동차도 없어요. 그 업무도 잘 몰라요. 당황할 것 같아요. 당황하고 외로울 거예요.

디너: 이사한다는 건 당연히 스트레스가 심한 일이지요.

고객: 맞아요! 제가 어떤지 아시잖아요. 저는 변화에 잘 대처하지 못해요. 적응하는 데 아주 오래
걸려요.

이 짧은 대화에서 두 가지 사실을 알아차릴 수 있다. 첫째, 고객은 주로 단기간에 초점을
맞추고 있었다. 이사한 직후 며칠, 몇 주에만 초점을 맞추었다. 누구나 그런 경향을 갖고 있
다. 단기간에 일어날 일을 상상하는 것이 훨씬 더 쉽기 때문이다. 이에 비해서 앞으로 5년 후
의 인생이 어떤 모습일지 그려 보는 것은 어렵다. 그러나 나머지 대화로 알 수 있듯이, 그 고
객이 전진하게 도와주었던 것은 보다 장기적인 관점이었다.

디너: 그건 우리 둘 다 알고 있는 사실이지요. 당신은 여기서 견고한 인맥을 쌓았어요. 그걸 모두
두고 떠나는 것은 가혹한 일이에요.

고객: 그래요.

디너: 궁금한 게 한 가지 있는데 물어봐도 괜찮아요?

고객: 말씀하세요.

디너: 샌프란시스코로 이사하고 6개월 후의 삶을 상상해 본 적 있어요? 그걸 한번 상상해 보세요.

고객: 그러죠. 상상이 잘 안 되네요.

디너: 그때쯤이면 그곳에서 친구를 사귈까요?

고객: 아, 그럼요.

디너: 그때쯤이면 샌프란시스코 지리에 익숙해질까요?

고객: 물론이죠.

디너: 업무는 어때요? 그때도 신참내기처럼 당황스러울까요?

고객: 그때까지도 업무 요령을 배우고 있을지도 몰라요. 하지만 신참내기는 아닐 거예요. 웬만큼
은 터득하겠죠.

이렇게 질문과 대답이 계속 이어지자 분위기가 점차 가벼워졌다. 이사한 후의 자기 자신과 자신의 생활을 시각화하면서 그 고객은 모든 게 괜찮아질 거라는 사실을 새롭게 깨달았다. 샌프란시스코 지리에도 어둡고 아는 사람도 없다는 등 그녀의 가장 큰 걱정거리는 결국 해결 될 것들이었다. 이사라는 것이 스트레스가 많은 일임은 의심의 여지가 없다. 하지만 그 고객 이 그 일을 잘 헤쳐 나갈 수 있으며 혼자 힘으로 충만한 삶을 꾸릴 수 있다는 것도 의심의 여 지가 없다. 일단 이 새로운 관점을 얻고 나자 그들의 코칭 대화는 '샌프란시스코로 이사해야 할까?'에서 '샌프란시스코로 이사하면 그 새로운 삶에서 나는 어떤 것을 이루길 원하는가?'로 그 주제가 바뀌었다. 이 질문을 기점으로 그 고객은 유쾌해졌고 시각화와 브레인스토밍을 시 작할 수 있었다. 그 고객은 결국 이사를 했다. 디너는 그녀가 적극적으로 친구를 사귀고 새로 운 삶에 아주 만족한다는 반가운 소식을 들었다.

⊙ 목표의 어두운 면

어떤 중요한 목표에 아주 많은 시간과 노력을 투입할 때 희망 대신 오히려 극도의 불안을 느낀 경험은 누구나 있을 것이다. 에바 포머란츠(Eva Pomerantz, 2000)의 연구에 따르면 그 두 가지 정서 반응은 개인이 어디에 초점을 맞추느냐에 따라 다르게 나타난다. 포머란츠가 '실 패의 영향 예측'이라고 부른 것, 즉 실패할 경우 잘못될 것들에 초점을 맞추면 스트레스가 치 솟는다. 하지만 목표를 향해 얼마나 나아갔는지에 초점을 맞추면 활기차고 행복하다고 느낄 가능성이 더 크다. 당신은 정서를 진단 도구로 이용할 수 있다. 즉, 고객이 불안을 토로하면 그것을 실패가 미치는 영향에 초점을 맞추고 있다는 신호로 해석하는 것이다. 전진, 자원, 단 기 목표를 검토해서 그가 긍정정서를 되찾게 하라. 다음 질문을 참고하라. 모든 질문이 당신 이 코칭에서 이미 자주 사용하는 개방형 질문처럼 보일 것이다. 하지만 각 질문은 고객이 잠 재적 실패에서 잠재적 이득으로 시선을 돌리게 함으로써 긍정정서를 높이고 불안을 줄여 줄 목적으로 치밀하게 고안된 것이다.

① 목표를 향해 얼마나 나아갔습니까?
② 예전에 이와 비슷한 목표를 달성한 때는 언제였습니까?
③ 이 목표를 이루기 위해 마음껏 이용할 수 있는 당신의 자원은 무엇입니까?
④ 이 목표의 어떤 점을 가장 좋아합니까?
⑤ 지금까지 시도해 본 것은 무엇입니까?

⑥ 당신이 이 목표를 이루게 도와줄 수 있는 사람은 누구입니까?

⑦ 당신이 이 목표를 계속 추구하는 이유는 무엇입니까?

⑧ 이 목표와 관련해서 따로 더 노력한 것이 있었다면 무엇입니까?

⑨ 어떻게 하면 이 목표를 달성할 수 있을까요?

⊙ 동기화된 행동의 표식

코칭의 세계에서 가장 널리 알려진 영역은 단연코 목표와 동기이다. 고객이 목표를 설정하고 추구하고 달성하게 해 주는 것을 주제로 삼는 워크숍이 너무 많기 때문에 코치들은 목표와 동기에 관한 연구와 통찰에 언제나 갈증을 느끼는 것 같다. 예컨대, SMART로 상징되는 목표와 같은 좋은 목표의 특징을 알려 주는 책이 아주 많다. 내재적 동기와 외재적 동기처럼 동기의 종류에 관한 책도 많고, 바람직한 결과에 '접근'하고 바람직하지 않은 결과를 '회피'하도록 목표를 세우는 것도 자주 논의되고 있다(Sheldon, 2009).

동기 연구와 이론 중 코칭의 세계에서 지금껏 너무 적게 알려진 한 가지 영역은 동기화된 행동의 표식에 관한 것이다. 일반적으로 행동에는 동기화된 행동과 소극적인 행동이 있다 (Moskowitz, 2008). 당신의 고객은 어떤 목표를 아주 열심히 추구할 수도 있고 아무런 노력도 하지 않을 수도 있다. 신상품 마케팅 같은 크고 중요한 목표의 경우에는 이것을 확인하기가 쉽다. 적극적인 마케터는 솔선수범해서 잠재 고객층을 겨냥하여 전략적인 캠페인을 벌이고 지휘할 것이다. 이에 반해서 수동적인 마케터는 바이럴 마케팅(viral marketing) 전략이 저절로 효과를 거두기를 바랄 가능성이 크다. 하지만 그 밖의 경우에는 동기화된 행동과 소극적 행동의 차이가 그렇게 뚜렷하지 않다. 고정관념을 생각해 보자. 누구나 어느 정도의 고정관념은 갖고 있기 마련이다. 우리는 타인들을 다양한 정신적 범주에 집어넣는다. 그 범주가 그 사람을 판단하는 일종의 지름길을 제공하기 때문이다. 한밤중에 어두컴컴한 골목에서 낯선 사람과 지나칠 경우, 우리는 그가 여성일 때보다는 남성일 때 더욱 경계한다. 성별에 따른 통계치에 근거해서 여성보다는 남성이 위협을 가할 가능성이 더 크다고 판단하기 때문이다. 낯선 사람과 지나치면서 바짝 긴장하는 것은 소극적 행동일까, 아니면 동기화된 행동일까? 고정관념 자체는 자동적인 행동일까, 동기화된 행동일까? 자동적 행동과 동기화된 행동의 차이를 구별하게 도와줄 구체적인 표식이 있다. 그 표식은 지속적인 끈기(persistence-until), 동등결과성(equifinality), 도야성(docility), 정서(affect), 노력(effort)인데, 이 중 특히 정서가 중요하다. 긍정정서는 동기화된 행동을 알려 주는 훌륭한 표식이다. 목표로 나아갈 때 사람들은 대체로 기분이 좋고, 기분이 좋을 때 대체로 활력, 열정, 창의성이 생겨서 목표로 나아간다. 고객의 정서 상태가 목표를 향한 전진과 관계가 있을 때 그 정서를 다음 세 범주로 세분화해서 이해할 수 있다.

① **차이**: 당신의 고객은 자신이 현재 거둔 성과 또는 전진을 최종 목표와 대조해 보는 경향이 있다. 일반적으로 그 차이가 작을수록 기분이 더 좋다. 그래서 작가들은 책을 11페이지까지 썼을 때보다는 절반 정도 완성했을 때 더욱 기뻐한다.

② **방향**: 고객은 자신이 목표로 나아가고 있는지, 아니면 목표에서 멀어지고 있는지에 관심이 있다. 고객이 새 부하 직원을 고용할 목표를 갖고 있다고 하자. 채용 광고가 나가고 지원자와 인터뷰하면서 그는 처음에는 아주 즐거워한다. 하지만 가장 우수한 자격을 갖춘 지원자들이 하나같이 채용 제의를 거절한다는 사실에 언짢아질지도 모른다.

③ **속도**: 당신의 고객은 목표를 향해 천천히 나아가는 것보다 빠른 전진을 선호한다. 고객에게 동기나 긍정정서 또는 그 두 가지 모두 고취시키고자 한다면 당신은 이 세 범주에 유의해야 한다. 이 범주들을 이용해서 긍정정서를 조금씩 높여 줄 수 있다.

이 표식들은 코치가 고객의 동기와 행동을 탐구하고 이해하는 데 유용한 기준이 된다.

차이, 방향, 속도를 이용해서 동기부여하기

다음 질문을 숙고하라. 각 질문은 고객이 갖는 정서와 동기의 세 범주 중 하나를 탐구한다.

① 목표 달성까지 얼마나 남았습니까?

② 그것을 어떻게 압니까? 당신이 목표를 향한 전진을 판단하는 기준은 무엇입니까?

③ 이 목표에 착수한 이래 어디까지 왔습니까?

④ 이 목표를 향해 나아가고 있습니까, 아니면 목표에서 멀어지고 있습니까?

⑤ ③번 질문의 대답은 매일 얼마나 달라집니까? 일주일마다 얼마나 달라집니까? 매달 얼마나 달라집니까?

⑥ 당신은 목표에 언제 도달할 거라고 예상합니까?

⑦ 이 목표에 착수했을 때와 비교해서 요즘 당신은 목표를 향해 얼마나 빨리 나아갑니까?

⑧ 자신이 전진하는 속도에 얼마나 만족합니까?

⑨ 모든 것을 고려할 때 당신은 목표에 얼마나 빨리 도달할 수 있어야 합니까?

⊙ 낙관성

　목표와 관련해서 코치와 고객들이 가장 유용하다고 여기는 영역은 낙관성이다. 낙관적인 시각은 사람들이 처음부터 적절한 위험을 감수해 가며 목표를 추구하고 그 목표를 끈질기게 고수하게 도와준다. 그들은 좋은 결과를 얻을 수 있다고 믿기 때문이다.

낙관성은 현실적인가

　우리가 지닌 희망의 크기, 미래 지향적인 태도, 충분한 계획, 타고난 낙관성 수준 모두가 우리의 동기에 영향을 미친다는 데는 의심의 여지가 없다. 모든 등반가는 정상에 오를 수 있다고 믿으면서 산 밑에서 출발한다. 임신한 모든 부모는 훌륭한 양육이 가능하다고 예상한다. 모든 기업가는 사업의 성공을 상상한다. 우리가 위험을 감수하고 인내할 수 있게 해 주는 것은 바로 희망, 즉 미래의 긍정적인 결과에 대한 기대와 희망, 그 결과에 자신이 영향을 미칠 수 있다는 믿음이다. 이제 미래 예측과 관련해서 가장 까다로운 한 가지 영역을 다루어 보자. 낙관성은 현실적일까? 그것을 어떻게 알까? 어떤 이유로 우리는 위험을 감수할 가치가 있다고 그렇게 확신하는 걸까? 희망을 품고 목표를 추구한 대가로 무엇을 희생하고 있는지 결코 알아채지 못하는 걸까? 이 질문의 대답은 정상에 오르다가 사망한 등반가 수십 명의 시신에서, 수많은 최악의 양육 사례에서, 실패한 기업의 폐허에서 찾을 수 있다. 따라서 낙관성에 대해 고려할 때는 환상과 현실의 차이를 인식하려고 노력해야 한다. 최고의 코칭 서비스 중 하나는 고객이 바로 그런 태도를 갖게 도와주는 것이다.

　고객이 새로운 목표를 세우고 기뻐할 때 함께 기뻐해 주는 것은 당연하다. 사실 코치의 한 가지 임무는 고객의 성공을 응원하려는 노력의 일환으로 그의 열정을 공유하는 것이다. 하지만 낙관성의 근거를 조사하는 것이 신중하고 중요한 임무가 될 때가 많다. 다음은 미래에 대해 비현실적인 환상이 아닌 보다 현실적인 희망을 갖는 방법이다.

① **고객의 불신**: 코치는 고객이 어떤 목표나 미래에 대해 의구심을 품고 있다는 신호를 예리하게 포착할 수 있다. 머뭇거리는 말투, 구부정한 자세, 주의 산만, 정서적 에너지 하락, 이 모두가 고객이 의심하고 있다는 신호이다. 그 신호를 계기로 삼아 목표 달성에 큰 영향을 미치는 개인적 자원, 계획표, 그 밖의 요인들에 대해 대화하라.

② **코치의 불신**: 고객의 의구심을 다루는 것도 중요하지만 코치 자신이 내보내는 경고 신호에 주의해야 할 때가 있다. 그런 신호는 끊임없는 의심, 모순된 태도, 불편한 느낌 등으

로 나타난다. 당신은 이런 의심과 불안에 주의를 기울여야 할 뿐 아니라 그것을 조사하고 해결할 수 있어야 한다.

③ **자원과 목표의 조화**: 성공이 기정사실일 때도 고객이 지닌 자원을 세심하게 살펴보는 것이 도움이 된다. 그 자원들이 고객의 목표와 잘 어울리면, 목표 달성을 낙관할 이유가 충분하다. 그 자원들이 목표에 들어맞지 않는다는 것을 아는 것도 유익하다. 당신과 고객이 목표와 계획을 수정해서 목표 달성 가능성을 높일 기회가 되기 때문이다.

④ **성공 기준 확립**: 미래의 성공에 대한 희망은 고객이 성공을 개인적으로 어떻게 정의하느냐에 기초한다. 고객이 의미하는 성공을 철저히 조사함으로써 낙관성의 현실적인 기반을 확립할 수 있다. 성공이 무엇인지 고객에게 명확하게 설명해 보라고 요구하고, 성공에 대한 다른 정의들을 그가 얼마나 기꺼이 받아들일지 판단하라. 그럼으로써 그의 목표가 위험을 감수하고 노력을 기울일 가치가 있는지 확인할 수 있다.

비현실적인 목표는 또 다른 방식으로 고객의 수행 수준을 낮춘다. 뉴욕 대학교의 연구자 글로리아 외팅겐(Gloria Oettingen)은 사람들이 미래에 대해 생각하는 방식을 연구했다. 일반적으로 사람들은 두 가지 방식을 통해 미래의 결과에 초점을 맞춘다. 즉, 예상과 환상이다. 예상은 '나는 내 아이들이 수업이 끝나면 집에 올 거라고 예상한다.'처럼 어떤 특정 결과에 대한 단순한 판단이다. 반면에 환상은 말 그대로 환상이다. 누구나 가끔씩 환상을 품는다. 아침에 혼자 출근할 때 당신은 오스카상을 받고 감사 인사를 하는 연습을 하거나 전용기 안에서 샴페인을 홀짝이는 모습을 상상하며 즐거워할지도 모른다. 때때로 우리의 환상은 아주 짧고 평범하다. 달력에서 아름다운 사진을 보며 '토스카나에 가고 싶다!'라고 생각할 때가 얼마나 많은가. 그렇게 짧고 평범한 환상의 흥미로운 특징은 그 환상의 즐거운 측면에만 치중하고 노력과 곤경은 간과하는 경향이 있다는 것이다. 긍정 환상에 대해 외팅겐은 다음과 같이 썼다.

> 긍정 환상은 미래 결과를 정신적으로 즐기는 것 그리고 그 결과를 향한 수월하고 순조로운 전진을 정신적으로 즐기는 것과 밀접한 관계가 있다. 다시 말해서, 개인의 부정 환상에 비해 긍정 환상은 특정 결과를 달성하는 것을 정신적으로 경험하는 것, 그 결과를 향하여 순조롭게 나아가는 것, 또는 그 두 가지 모두에 기반을 둔다고 할 수 있다.

그런 환상에 빠지는 것은 동기를 실제로 약화시킬 수 있다. 외팅겐의 연구에 따르면 긍정적인 미래에 대해 너무 오래 상상하다 보면 사람들은 바로 그런 긍정적인 결과를 얻기 위한 노력을 게을리하게 된다. 이 결과는 충분히 타당하다. 목표 달성의 긍정적인 측면만을 시각화하는 것, 즉 힘들게 노력할 필요도 없고 좌절도 겪지 않은 채 정서적 보상을 누리는 것은 즉시 그 대가를 치른다. 그렇다면 코치는 어떻게 해야 할까? 고객을 도와주는 강력한 코칭 기법인 시각화를 사용하지 말아야 할까? 다행히 외팅겐은 유용한 조언을 해 준다. 긍정 환상은 코치가 시각화를 사용하는 방식에 따라 도움이 될 수도 있다. 즉, 개인적인 탐구를 위해 사용할 때는 아주 유익하다. 고객이 서로 다른 미래를 정신적으로 경험할 기회 또는 다양한 정체성을 '구현해 보는' 기회로서 시각화를 이용할 경우, 긍정 환상이라는 정서 경험은 창의적 사고를 촉진하고 희망을 증가시킨다. 하지만 그런 개인적 탐구를 통해 통찰을 얻은 후에도 긍정 환상에 너무 오래 몰두하는 것은 고객에게 해로운 영향을 미치기 시작한다. 긍정 환상의 핵심 요점은 미래에 대한 긍정시각화는 고객이 성장과 변화에 초점을 맞추고자 할 때는 권장된다는 것이다. 하지만 고객이 개인적인 성취에만 초점을 맞추려 할 때는 금지될 수도 있다.

⦿ 미래의 나

미래 지향적인 태도에서 자주 간과되는 영역은 자기감(sense of self)이다. 미래를 상상할 때 우리는 자주 외부 지향적인 관점을 취한다. 우리는 묻는다. 내일 날씨가 어떨까? 사무실을 새로 꾸미고 나면 어떻게 보일까? 내년에는 어떤 재정적인 문제가 계속될까? 이런 질문 중에서 우리가 물을 가능성이 제일 적은 질문은 이것이다. 내일 나는 어떤 모습일까? 다음주에 나는 어떤 모습일까? 내년에 나는 어떤 모습일까? 이렇게 묻지 않는 이유는 간단하다. 사람들, 특히 서양 문화에서 나고 자란 사람들은 대개 자신의 정체성과 성격을 비교적 고정된 것으로 여긴다. 내가 이번 주에는 이성적이고 신중한 사람이고 다음 주에는 감정적이고 다혈질적인 사람이 될 거라는 말은 이치에 닿지 않는다. 하지만 사람들은 문화 연구자 헤이즐 마커스(Hazel Markus)가 '가능한 자기(possible selves)'라고 부른 것 사이에서 왔다 갔다 하는 경향이 있다. 상황은 우리의 사고방식과 행동방식에 영향을 미친다. 그렇기 때문에 내일 중역 회의실에서 토론하는 나와 이번 주말에 가족과 휴일을 보내는 나는 다소 다른 사람일 것이다. 아주 당연하다. 내가 회의실에서 보여 준 냉철하고 단호한 태도는 가족 앞에서 느긋하고 태평한 태도로 누그러진다.

이렇듯 유연한 자기감은 개인의 수행 수준과 밀접한 관계가 있다. 스탠퍼드 대학교의 캐럴 드웩(Carol Dweck)은 자신이 마인드세트(mindset)라고 부른 새로운 영역을 개척했다. 간단히 말해서, 사람들은 대체로 '고정 마인드세트(fixed mindset)' 또는 '성장 마인드세트'를 갖고 있다. 고정 마인드세트는 누구나 익히 알고 있을 것이다. 여기에는 성격 특성과 타고난 재능이 포함된다. 고정 마인드세트를 가진 이들은 "그 남자는 음악적 재능이 풍부해." 또는 "제니퍼는 정말 영리해."와 같이 말한다. 이런 말은 개인의 성격 특성은 비교적 변하지 않는다고 가정한다. 그런데 문제는 고정 마인드세트를 갖고 있는 사람은 대체로 수행 수준이 낮다는 것이다. 드웩이 주도한 일련의 아동 연구에서 고정 마인드세트를 지닌 아이들은 지능이나 재능에 비해 수행 수준이 저조했다. 그 이유는 그 아이들이 노력을 보류함으로써 테스트에 성실하게 응하지 않았기 때문이다. 그들은 잘 해야 본전이라는 사고방식에 갇혀 있었다. 즉, 수행 수준이 높을 경우, 그것은 자기에 대한 긍정적인 고정 마인드세트를 유지시킨다. 하지만 수행 수준이 낮을 경우, 그것은 그들의 자기감을 위협한다. 그래서 노력을 보류하기로 결정하는 것이다. 그게 도대체 무슨 엉뚱한 결정일까? 어떻게 보면 그 아이들은 자신이 이미 사실이라고 믿고 있는 어떤 것을 입증하는 추가 증거를 얻을 수도 있고, 또 어떻게 보면 자신을 떠받치고 있는 심리적 기반이 무너질 수도 있다. 재능과 같은 긍정적 특성에 대한 고정 마인드세트는 인간관계에서도 문제가 될 수 있다. 많은 경우, 자신이 재능을 타고났다고 믿는 사람은 대체로 자신이 특별하거나 우월하다고 여기며, 이런 태도 때문에 사회적 상호작용에 관심을 잃기도 한다. 드웩의 연구 결과에 따르면 고정 마인드세트를 지닌 사람들은 더 쉽게 우울해지는 경향이 있다.

고정 마인드세트의 대안은 '성장 마인드세트'이다. 이 사고방식에서는 개인적 특성들, 예술적 재능이나 지능 같은 긍정 특성도 성장을 시도할 요소가 된다. 즉, 그 특성들은 변할 수 있고 관리할 수 있고 학습될 수 있다. 드웩은 '타고난 예술가'에 대해 흥미로운 주장을 편다. 한 사람이 많은 노력 없이도 어떤 것을 잘할 수 있다고 해서 다른 사람은 아무리 노력해도 그것을 잘할 수 없다는 뜻은 아니라는 것이다. 인물화 수업을 받은 후 드로잉 솜씨가 부쩍 좋아진 사람들이 그 주장을 입증해 준다. 연습과 경험을 통해 실력이 점차 늘어난 운동선수 역시 또 하나의 증거이다. 실제로 시카고 불스 농구팀 코치는 농구 역사상 가장 뛰어난 선수라 할 수 있는 마이클 조던에 대해 "그는 자신의 천재성을 끊임없이 업그레이드하는 천재입니다."라고 말했다.

바로 이 지점에서 코치가 끼어들어야 한다. 자신을 고객을 위한 업그레이드용 소프트웨어라고 생각하라. 고객이 고정 마인드세트에 빠져 있음을 알아차릴 때, 그것이 높은 자부심이나 개인의 긍정적 특성에 관한 마인드세트라 해도, 당신은 그가 보다 건강한 성장 마인드세트로 바꾸게끔 도와줄 수 있다. 그렇다고 "어떻게 하면 이 훌륭한 특성을 성장시켜서 훨씬 더 잘 이용할 수 있을까요?"와 같이 물어서는 안 된다. 밑도 끝도 없는 이런 질문에 고객은 자신이 많이 부족하다고 느낀다. 그 대신 고객에게 활력과 자신감을 심어 줄 성장 경험에 대해 물어보는 게 좋다. 다음과 같은 질문을 참고하라. 코치는 예측 오류, 낙관성과 동기부여, 성장 마인드세트 이론을 이용해서 고객이 자신의 능력을 언제나 충분히 발휘하게 도와줄 수 있다.

① 당신이 가능하지 않다고 생각한 방법으로 성공을 거둔 경험을 이야기해 보세요.
② 지난 수년간 실력이 더 좋아진 것은 무엇입니까?
③ 실수에서 배운 중요한 교훈을 하나 말해 보세요.
④ 지난해에 당신은 직업적으로 얼마나 발전했습니까?
⑤ 자신의 성격에 대한 '고정관념'에 예외가 있었던 적은 언제였습니까? 그러니까 자신이 소심한 사람이라고 생각하는데 소심하지 않게 행동한 때는 언제였나요?
⑥ 'X' 과제를 해내야 할 때 당신은 거기서 무엇을 배우길 원합니까?

⊙ 실패의 중요성

미래에 대한 긍정 관점은 미래 지향적인 태도의 많은 것을 포괄한다. 거기에는 더 나은 미래에 대한 희망과 성공할 수 있다는 낙관성이 포함된다. 때로는 실패에 대한 두려움이나 미지의 세계에 대한 불안감도 포함된다. 고객의 긍정정서 수준을 높여 주려는 코치는 실패가 학습 및 성장 과정의 중요한 일부라는 것을 기억해야 한다. 실패하지 않는 고객은 침체 상태에 빠진 고객이다. 새로운 것을 시도하고 위험을 감수하는 것은 실패 가능성만을 수반하지 않는다. 실패에 맞서는 자신감도 수반한다. 실패는 거의 언제나 고통스럽지만, 효과적인 전략과 비효과적인 전략에 대한 새로운 통찰을 제공한다. 이런 시각은 비현실적 낙관성보다 더 중요하다. 실패는 피드백이다. 실패는 참담하지만 수행에 대한 유용한 정보 원천으로서 중시되어야 한다.

긍정 진단

코칭 초기에 디너는 많은 실수를 저질렀다. 고객이 이야기하는데 한마디도 거들지 않고 그저 가만히 앉아 듣기만 할 때도 있었다. 가끔은 다른 일에 정신을 팔고 그만의 생각에 골몰하고 다음에 무슨 말을 할까 계획하기도 했다. 또 엉뚱한 질문을 해서 고객을 혼란스럽게 할 때도 있었다. 무엇보다 디너는 고객의 어젠다를 무조건 받아들였다. 코칭 트레이닝을 받은 모든 코치처럼 디너 역시 코칭 세션의 주인은 고객이며 그가 제시한 어젠다에 한해서만 언급하고 토론하는 것이 코치의 임무라고 배웠다. 그런 가르침은 합당하다. 고객이 원치 않는 조언을 미리 차단하고 그가 원하는 조언을 제공할 가능성을 극대화시키기 때문이다. 시간이 지나면서 깨달았지만, 그런 코칭 방식은 고객에게 제한을 가하기도 한다는 단점이 있다. 예컨대, 어떤 고객은 문으로 들어서자마자 최근에 자신을 화나게 한 동료와의 관계에 대해서만 대화하려고 했다. 원하는 주제는 무엇이든 제시할 수 있는 고객의 권리를 디너는 존중하지만 그런 대화로 코칭 시간을 소비하는 게 과연 최선일까 하는 의심이 들었다. 점차 노련한 코치가되면서 디너는 그런 주제들을 조율하기 시작했고, 고객과 함께 그가 코치를 찾아온 원래의목표에 부합하게 코칭 어젠다를 짜는 것이 매우 유익하다는 것을 깨달았다.

고객이 세운 어젠다는 최근의 문제, 가장 곤란한 인간관계, 한정된 자기이해에 의해 자주영향을 받는다. 이 중에서 어느 것도 문제가 아니라거나 일상적인 일을 코칭 세션에서 다루면 안 된다는 말이 아니다. 다만 고객은 현재 갖고 있는 도구와 견해를 토대로 어젠다를 세우고 당면한 곤경에 지나치게 치중할 것이라는 말이다. 긍정 사건보다 문제가 더 중요해 보일 때는 그 문제와 고객에 대한 코치의 명확하고 객관적인 의견을 제공하는 것이 코칭 시간을 가장 바람직하게 소비하는 한 가지 방법인 것은 분명하다. 코치는 고객이 자기 자신과 자신의 능력을 바라보는 관점을 확장하게 도와줄 기회를 이용해야 한다. 그렇지 않으면 고객을 크게 변화시킬 결정적인 기회를 놓치는 셈이다. 고객의 어젠다를 고수하는 것은 합당하다. 하지만 노련한 코치는 반복되는 주제들, 과거의 어젠다, 고객의 개인적 자원과 지속적인관심사를 간단히 다루는 것도 유용하다는 것을 알고 있다. 즉각적인 문제에 치중하는 고객의어젠다가 그의 전반적인 성장을 언제나 방해만 하는 것은 아니다. 즉, 고객이 데드라인을 고수하는 의무에 대해 토론을 원하거나 다음 주에 있을 프레젠테이션을 위해 브레인스토밍을원할 때 그 주제와 관련하여 그가 더욱 성장할 수도 있다는 말이다.

기본적인 코칭 작업을 상당 부분 마친 후에야 우리는 변화 과정의 동기, 지지, 의무라는 측면을 다루기 시작한다. 사실 코칭의 가장 중요한 부분 중 하나는 성장 가능한 영역을 확인하는 것이다. 충분한 시간을 갖고 고객의 목표, 행동 패턴, 강점, 약점을 확인함으로써 코치는그의 개인적 성장을 위해 최대한 효과적인 계획을 세우게 도와준다. 그것을 위해 코치는 면담과 적절한 질문을 이용하고 마이어스-브릭스 성격유형 지표(Myers-Briggs Type Indicator: MBTI), 성격 검사 설문지, 스트롱 직업흥미검사(Strong Interest Inventory) 같은 공식 측정 도구를 사용한다. 많은 코치가 이미 이러한 방법으로 코칭하고 있다. 이런 공식 척도는 현재 겪고 있는 문제와 현재 갖춘 능력을 확인하기 위한 기준을 제공하며, 피드백을 전달하고 코칭 작업의 방향을 제시함으로써 학습과 성장에 필요한 토대를 마련해 준다. 그 척도들의 대다수는 아주 유용하지만 엄밀히 말해서 긍정심리학에 포함되지는 않는다. 그것들은 긍정적 특성이나 행동을 특별히 강조하지는 않기 때문이다. 예컨대, MBTI는 내향성이나 외향성 같은 개인의 다양한 측면을 구별해 주지만, 그중 어느 것이 다른 것보다 더 우수한지 또는 더 바람직한지에 대해서는 논하지 않는다.

◉ 긍정심리학과 긍정 진단

원인과 결과에 관심을 갖기 시작한 순간부터 사람들은 진단이라는 개념을 사용해 왔다. 수천 년 동안 의사들은 진단 시스템을 이용해서 증상과 건강 지표를 관찰하고 의학적 질환을 확인하고 치료법을 처방한다. 우리는 '진단'이라는 단어를 주로 의학 용어로 사용하지만, 사실상 거의 모든 직종에서 사람들은 증상을 이용해서 문제를 확인하거나 전략과 해결책을 계획한다. 예컨대, 자동차 정비사나 컴퓨터 기술자는 자동차와 컴퓨터와 관련된 문제와 수행을 판단하게 도와주는 체계적인 매뉴얼에 따른다. 마케팅 컨설턴트는 자신이 타깃으로 삼은 고객층의 구매 통계치를 꾸준히 조사해서 광고를 계획한다. 많은 기업이 생산성, 지각, 결근, 안전도 등의 변수를 알려 주는 지표를 사용해서 직원 개인의 문제는 물론이고 조직 차원의 문제를 진단한다.

현대 정신의학계에서 사용하는 훌륭한 진단 시스템은 미국정신의학회가 발행하는『정신장애의 진단 및 통계 편람(DSM)』이다. DSM은 자세한 지침을 제시하여 임상의가 환자의 문제를 인식하고 각기 다른 진단을 내리고 효과적인 치료 계획을 세우게 해 준다. DSM은 증상 체크리스트를 제공하는데, 심리치료사는 그것을 이용해서 고객이 가장 자주 호소하는 고통을 조사하고 어떤 것이 질병 증상인지 알아낸다.

진단이라는 단어는 의학적 느낌이 들고 주로 문제와 결부된 것처럼 보이지만 또한 긍정적으로도 사용될 수 있다. 증상을 통해 문제는 물론이고 잠재력과 최고 수행을 확인할 수 있다. 자동차 정비사가 중고차를 조사하며 잘 관리된 엔진을 구별하고 상태가 좋고 망가질 가능성이 없는 부품을 골라낼 수 있다는 점을 생각해 보라. 중고차를 구입한 사람은 실제로 그것을 정비사에게 가져가서 정밀 검진을 받을 때가 많다. 그 사람은 중고차가 지닌 확연한 문제뿐만 아니라 그 차의 올바른 면에도 큰 관심이 있다. 이처럼 의사는 개인의 우수한 유전적 특질, 좋은 식습관, 규칙적인 운동을 관찰해서 건강과 수명에 대해 결론을 내린다. 우리는 약점과 문제에 초점을 맞추는 것을 선호하는 탓에 성공과 최고 수행에 관한 정보를 분류하고 사용하는 능력을 간과한다. 바로 이런 사실에서 긍정 진단이라는 아이디어가 태어났다. 진단이라는 단어가 여전히 너무 의학적인 느낌이 들고 문제가 연상된다면, 그것을 고객에게 더 좋은 느낌을 줄 '긍정 평가' 또는 '잠재력 측정' 같은 단어로 바꾸어도 된다.

긍정 진단이라는 아이디어는 저명한 심리학자들이 여러 가지 형태로 제안해 왔다. 욕구 단계 이론으로 유명한 심리학자 에이브러햄 매슬로(1971)는 자기실현과 관계가 있는 행동을 체계적으로 정리했다. 그는 자신이 이례적으로 특출한 사람이라고 확신한 멘토 두 명을 관찰하여 자기실현이라는 개념을 내놓았다. 매슬로가 보기에 그 두 사람은 평범한 군중 가운데 단연 돋보이는데, 사명감이 대단히 투철하고 성취 수준이 비할 데 없이 높아서 욕구 단계로 보면 거의 모든 사람을 능가하는 최상위 단계에 오른 것 같았다. 매슬로는 그런 사람들을 더 많이 찾아내서 마침내 수십 명을 모았다. 그리고 그들을 통해 자기실현과 관계가 있는 공통 행동 또는 일관된 행동을 확인했고, 다음의 아홉 가지 기준 행동을 규정하게 되었다. 각 행동은 공황 발작 증상 체크리스트처럼 그렇게 명확하게 구별되지는 않지만 그래도 예비 진단 체크리스트로 이용할 수는 있다.

자기실현 기준 행동

① 자신을 잊고 완전히 빠져든 상태인 일반적인 몰입을 경험한다.

② 매일 성장을 지향하고 수동성을 지양하는 선택을 한다.

③ 진정한 자기(true self)에 대해 충분히 알고 있으며 그것의 말에 귀를 기울이는 능력이 있다.

④ 정직하다.

⑤ 개인의 사명, 숙명, 1차적 인간관계(primary relation)에 대해 깊이 이해하고 수용한다.

⑥ 개인적인 성장을 결정하고 실천하기가 힘들 때도 그것에 지속적으로 전념한다.

⑦ 자신의 약점과 능력 부족까지 있는 그대로 인식함으로써 절정 경험(peak experience)을 갖는다.

⑧ 자기성찰을 통해 자신의 선호도, 정체성, 행동 성향, 나쁜 습관 등 자신의 여러 가지 면을 더 잘 간파한다.

⑨ 신성함으로의 회귀, 즉 경이로움과 성스러움을 진심으로 받아들이고 자신이 사는 세계, 인간관계, 자신의 행동을 진정으로 이해한다.

　고객에게 매슬로의 이 자기실현 이론을 적용해 보라. 고객의 자기실현 경향을 더 정확히 알아내기 위한 질문을 만들어 내라. "일주일에 보통 몇 시간씩 자기성찰을 합니까?" "어떤 결정을 내릴 때 '이 결정으로 나는 얼마나 성장할까?' 하고 자문한다면 어떻게 될까요?" "타인에게 정직해지기가 가장 어려울 때는 언제입니까? 당신 자신에게 정직하기가 가장 어려울 때는 또 언제인가요?" 이런 질문만으로 고객의 자기실현이 가능해지지는 않지만, 각 질문은 개인의 성장과 고도의 수행을 위한 디딤돌 역할을 한다. 이 질문과 그것이 권하는 행동을 숙고해 보면 긍정 진단 시스템이 무엇인지 짐작할 수 있을 것이다.

　긍정 진단에 관심이 있는 사람, 특히 코치들이 잠재력과 관련해서 관심을 기울여야 할 영역은 동기이다. 코치들은 내재적 동기와 외재적 동기에 대해 잘 알고 있다. 이 밖에도 동기부여 이론에는 내사 동기와 동일시 동기 등 더욱 세분화된 동기도 있다. 내사 동기는 '나는 이것을 해야 한다.' 또는 '나는 이것을 하는 것이 낫다.'처럼 외부에서 주입한 동기를 자신의 동기로 삼아 행동하는 것을 말하고, 동일시 동기는 내사 동기를 완전히 내면화해서 어떤 활동이 즐겁지 않아도 그것에 참여하기를 원하는 것을 말한다. 이 동기들을 전부 나열하면 [그림 18-4]처럼 가장 외적인 보상을 제공하는 동기부터 가장 내적인 보상을 제공하는 동기까지 하나의 연속선을 이룬다.

　MBTI 등의 중립적인 척도와 달리 이 서로 다른 동기들에 대해서는 주관적인 가치 판단을 한다. 사람들은 대체로 외재적 동기보다 내재적 동기가 더 좋다고 판단한다. [그림 18-4]에서 왼쪽 단계의 동기에서 오른쪽 단계의 동기로 갈수록 더 바람직하다는 것이다. 이 그림은 긍정 진단 시스템의 좋은 예가 된다. 코치는 고객을 이 그림의 연속선 중 그에게 해당되는 단계에 놓고 곤경은 물론이고 진전도 판단할 수 있다. 예컨대, 어떤 고객이 코칭 세션에 오더니

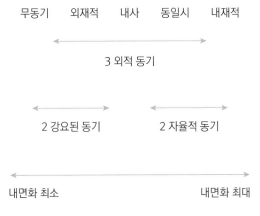

[그림 18-4] 동기 연속선

자신이 곤경을 성공적으로 다루었고 내키지 않은 일을 해냈다면서 그것은 코치의 칭찬을 상상한 덕분이라고 말했다고 하자. 그 고객은 외재적 동기 단계에서 오른쪽으로 전진하여 내사 동기에 도달하기 직전이다. 상사와 배우자 등 영향력 있는 타인이 강요한 동기 때문에 어쩔 수 없이 행동하는 대신, 그 고객은 스스로 동기를 부여하기 시작한 것이다. 곧 있을 코칭 세션과 코치의 칭찬 같은 외부적 압력을 사용하긴 했지만, 이제 그는 외재적 동기를 내사할 수 있게 되었다. 다양한 동기를 정확히 구별함으로써 당신은 고객을 동기 연속선의 특정 단계에 놓을 수 있으며 고객이 자발적으로 행동하게 격려할 최선의 방법을 찾아낼 수 있다.

이것은 인큐베이터에 대한 디너(2010)의 이론과 비슷하다. 인큐베이터는 미루는 습관이 있는 대단히 총명하고 창의적인 사람을 이른다. 그들은 할 일을 마지막 순간까지 미룬다. 하지만 미루다가 끝내 좌절하는 사람과 달리, 인큐베이터는 막판에 점차 활기를 띠고 압박을 받으면서도 열심히 일하고 매번 뛰어난 완성작을 내놓는다. 이런 구별은 학문적인 차원 이상의 의미가 있다. 그들의 정체성은 미루는 사람이라는 꼬리표를 달고 있기 때문에 이런 구별이 아주 중요하다. 예컨대, 대부분의 인큐베이터는 미루는 사람 또는 성취 수준이 낮은 사람이라는 꼬리표를 달고 있으며 매번 자신을 가혹하게 비난한다. 디너가 코치한 인큐베이터들은 막판까지 미루다가 행동에 돌입하는 자신을 심하게 나무라고 자책한다. 하지만 인큐베이터라는 이름표를 얻고 자신의 타고난 업무 스타일을 알아차리면 그들은 대체로 크게 안도하고 미루는 습관에 대한 자기비난을 중단한다.

당신은 두 가지 간단한 질문으로 고객의 업무 스타일을 금방 진단할 수 있다. 첫째, 고객에게 데드라인을 얼마나 앞두고 일을 시작하는지 묻는다. 미리 계획을 세워서 예정보다 훨씬 일찍 일을 시작하는가? 아니면 일을 미루는 경향이 있는가? 둘째, 결과의 전반적인 수준을 묻는다. 그가 완수한 일은 대체로 질적으로 우수한가, 아니면 중간 수준 또는 수준 이하인가? 대학생을 대상으로 한 예비 연구에서 이 두 가지 질문만으로도 동기를 부여하는 업무 스타일을 구별할 수 있었다. 그 두 질문의 대답을 통해 고객은 자신의 타고난 업무 스타일, 자긍심을 느낄 수 있는 영역, 개인적 성장이 필요한 영역을 확인할 수 있다. 〈표 18-1〉을 참조해서

표 18-1 데드라인과 결과의 질적 수준에 기초한 업무 스타일

	내가 완수한 일은 질적으로 언제나 우수하다.	내가 완수한 일은 질적으로 보통이다.
데드라인이 임박해야 동기가 생긴다.	인큐베이터	미루는 사람
프로젝트에 미리 착수하는 것을 좋아한다.	계획가	빈둥거리는 사람

이 과정을 이해하라.

고도의 성취를 탐구하는 과학자들은 매슬로와 동기 연구자들만이 아니다. 현대 긍정심리학이 탄생한 순간부터 셀리그만(2002)은 정신질환을 강조하는 전통 심리학은 '반쪽짜리 심리학'이라고 말했다. 일찍이 그는 강점 등에 관한 연구를 지지했고, 심리치료사가 고객의 약점을 교정하는 것에 더해서 강점을 발전시킬 때 치료 효과가 더 크다고 주장했다. 셀리그만은 심리학자들이 개인의 약점은 물론이고 강점을 확인하는 데 일조할 방법을 알아내고자 했다. 그는 피터슨(2004)과 함께 VIA 대표강점 검사를 개발했는데, 그것은 용기, 용서, 창의성 등 시대와 문화에 상관없이 존재하는 개인의 스물네 가지 강점을 측정한다. 두 사람은 그 강점 검사가 DSM과는 대조적인 지성적인 작품(비DSM)이라며 적극 권장한다. 오늘날 많은 코치, 특히 자칭 긍정심리학 코치는 고객에게 VIA 대표강점 검사를 실시한다.

VIA 대표강점 검사는 강점 이론이 크게 진일보했음을 입증하며 긍정 진단을 위한 훌륭한 진행 단계라고 할 수 있지만, 아직 부족한 점도 있다. DSM의 돋보이는 한 가지 장점은 그것이 여러 가지 측면을 고려하는 다축(multiaxial) 체계라는 점이다. DSM 진단은 서로 다른 측면에서 얻은 정보를 참고해서 환자의 고통을 더욱 완전하게 묘사한다(APA, 1994). 바로 이런 다차원적 방식을 VIA 대표강점 검사는 갖추지 못했고, 긍정 진단은 바로 그 방식을 지향해야 한다. 개인적 강점 측정은 물론 가치 있는 작업이다. 그것 하나만 추구해서는 완전한 인격체로서 고객에 대한 종합적인 관점을 얻지 못한다(Diener, 2010). 셀리그만(2018)은 지속적인 강점 연구를 통해 DSM의 다축 체계를 갖춘 강점조절장애진단표를 개발했다(Seligman & Rashid, 2018).

⊙ 긍정 진단 시스템을 위한 제안

다른 전문가들의 조언을 얻어서 디너(2010)는 예비 긍정 진단을 개발했다. 이것은 "이 개인의 좋은 점은 무엇인가?"라는 질문의 종합적인 대답을 제공하는 평가 시스템이다. 매슬로와 셀리그만 등의 연구자들의 견해가 이 시스템의 토대이다. '진단'이라는 단어를 사용한 이유는 진단의 가장 일반적인 정의를 암시하고 구체적인 문제나 결점이 아닌 현상의 원인을 알아내기 위해서이다. DSM처럼 이 진단 시스템의 목적은 인간의 긍정 기능의 서로 다른 측면을 대표하는 다축 정보를 수집하는 것이다. 이 진단 시스템은 다음 세 가지 기준에 부합하는 축을 포함한다.

① 충분히 연구된 긍정 기능 영역을 대표한다.

② 다른 축의 영역들과는 실질적으로 다른 영역을 대표한다.

③ 바람직한 변화를 완성하거나 주관적으로 더 나은 삶을 사는 데 필요한 유용한 정보를 제공한다.

긍정 진단 시스템의 일차적 목적은 코치, 심리치료사, 교육자, 변화 주도자들이 이 시스템을 이용해서 고객을 더 잘 도와줄 수 있게 하려는 것이다. 이 시스템에 포함된 다섯 가지 축인 재능(capacities), 웰빙(well-being), 미래지향성(future orientation), 유익한 상황(situational benefactors), 사명감(sense of mission)을 모두 종합하면 긍정적 기능의 다중 영역에 대한 광범위한 관점과 고객의 능력에 대한 전반적인 그림을 얻을 수 있다. 긍정 진단 시스템이 MBTI 같은 다른 척도들을 대체하지는 못하지만 자주 사용되는 코칭 기법들을 보조하는 역할은 할 수 있다. 아직 이 시스템은 초보 단계에 있지만 지금의 형태로도 코치에게 유용할 것이다. 다음은 다섯 가지 축 중 웰빙에 대한 진단이다.

◉ 웰빙 – 삶에 대한 만족과 심리적 웰빙

좋은 코칭의 기반은 고객이 매 순간 어떻게 살아가는지, 전반적인 삶은 어떠한지를 아는 것이다. 코칭 세션을 시작할 때 코치는 그것을 확인하는 질문부터 한다. "어떻게 지내셨어요?" 이 간단한 질문의 대답에는 고객의 현재 상태와 관심사를 알려 주는 정보가 함축되어 있다. 고객이 지나치게 감정적일 경우, 코치는 '클리어링(clearing)' 기법을 통해 그가 감정을 조금 발산하게 해 준 뒤 코칭 작업에 착수한다. 실제로 "어떻게 지내셨어요?" 같은 질문은 코칭 어젠다를 수립하고 지속적인 토론이 필요한 주제를 정하고 진전을 추적하는 훌륭한 방법이다. 다행히 긍정심리학자들이 신뢰도와 타당도가 높고 널리 사용되는 웰빙 척도를 오래전부터 개발해 왔다. 그중 많은 척도가 비교를 위한 표본을 제공한다. 코치는 그 웰빙 척도를 이용해서 고객의 웰빙을 측정하고 시간에 따른 웰빙의 점진적 변화를 추적할 수 있다.

삶에 대한 만족도 검사(Satisfaction With Life Scale: SWLS)(Diener, 1985)

다음 각 문항을 읽고 자신과 일치하는 정도에 따라 1에서 7점 범위 내에서 대답한 후, 그 점수를 빈칸에 써 넣으라. 마음을 열고 정직하게 대답하라.

매우 아니다	아니다	약간 아니다	보통이다	약간 그렇다	그렇다	매우 그렇다
1	2	3	4	5	6	7

_____ 1. 거의 모든 면에서 내 삶은 이상적인 삶에 가깝다.

_____ 2. 내 삶의 조건은 탁월하다.

_____ 3. 나는 내 삶에 만족한다.

_____ 4. 지금까지 나는 삶에서 원한 것을 얻었다.

_____ 5. 다시 태어난다 해도 나는 내 삶의 어떤 것도 바꾸지 않을 것이다.

　각 문항의 점수를 모두 더한 값이 SWLS 점수이다. 따라서 그 점수는 5~35점 범위에 있고, 20점이 중앙값이다. 숫자가 클수록 삶에 대한 만족도가 높다는 뜻이다. SWLS의 '평균' 점수는 21~25점 사이에 있는데, 이는 대부분의 사람이 자신의 삶에 보통으로 만족한다는 뜻이다.

　SWLS 같은 만족도 검사는 많은 분야에서 널리 사용된다. 호텔과 음식점은 고객 만족도를 조사하고, 조직은 직원들의 직무 만족도를 파악한다. 만족은 질적 수준에 대한 정신적 판단으로 다양한 정보를 이용한다. SWLS는 경험적으로 입증되었으며 세계적으로 가장 널리 사용되는 만족 검사이다. 대단히 전반적인 질문을 하기 때문에 SWLS는 시간이 지나도 그 대답이 매우 안정적이다. 이 검사를 활용하는 방법은 "점수를 0.5점 높이기 위해 당신은 무엇을 하겠습니까?" 또는 "점수를 1점 높이려면 무엇을 변화시켜야 할까요?" 같은 질문을 하는 것이다. 또한 특정 문항에 대한 대답을 관찰하는 것도 한 가지 방법이다. 예를 들어, 성인은 자신의 삶에서 유감스러운 것이 두세 가지는 있기 마련이다. 따라서 5번 문항에서 조금 낮은 점수가 나오는 일은 드물지 않다. 좋은 코칭을 위해 각 문항의 추가 질문을 제기할 수도 있다. 다음을 보자.

SWLS 후속 검사: 문항과 후속 질문

① 거의 모든 면에서 내 삶은 이상적인 삶에 가깝다.
- 당신이 생각하는 '이상적인 삶'이란 무엇입니까?
- 당신의 삶에서 어느 시기가 이상적인 삶에 가장 가까웠습니까?
- 이상적인 삶에 대한 당신의 정의는 어떻게 바뀌었습니까?
- 어떻게 하면 더욱 이상적인 삶을 살 수 있을까요?

② 내 삶의 조건은 탁월하다.
- 당신의 삶에서 잘 풀리고 있는 영역은 무엇입니까?
- 잘 안 풀리고 있는 영역은 무엇입니까?
- 어떤 삶을 균형 잡힌 삶이라고 말할 수 있을까요?
- 이 탁월한 조건을 갖추는 데 도움이 되었던 요인은 무엇입니까?

③ 나는 내 삶에 만족한다.
- 당신의 삶에서 가장 만족하는 영역은 무엇입니까?
- 당신은 어떤 영역에서 더욱 성장하고 싶습니까?
- 당신의 삶에 대해 다른 사람들은 뭐라고 말합니까?
- 현재의 상황을 얼마나 더 오래 누리고 싶습니까? 또 한편으로 더 나은 삶을 위해 얼마나 변화를 시도하고 있습니까?

④ 지금까지 나는 삶에서 원하는 것을 이루었다.
- 당신이 이룬 것 중에서 가장 소중히 여기는 것은 무엇입니까?
- 당신이 여전히 이루고 싶은 것은 무엇입니까?
- 당신이 삶에서 원하는 것을 이루는 데 가장 크게 공헌한 사람은 누구입니까?
- 당신이 그것을 이루고 싶어 한 이유는 무엇입니까?

⑤ 다시 태어난다 해도 나는 어떤 것도 바꾸지 않을 것이다.
- 지금 어떤 것을 변화시킨다면 후회하는 마음이 조금 줄어들까요?
- 당신이 저지른 실수에서 배운 중요한 교훈은 무엇입니까?
- 당신의 후회는 현재 어떤 결정을 내릴 때 얼마나 영향을 미칩니까?
- 당신의 후회는 위험을 기꺼이 감수하는 태도와 어떤 관계가 있습니까?

디너(2010)는 긍정 진단은 긍정심리학의 발전에 크게 공헌할 영역 중 하나이며 코칭 분야에 엄청난 혜택을 베풀 수 있다고 했다. 긍정 진단은 아직 초창기에 있는 방법론이지만 성공을 일상화하고 잠재력을 측정하며 인간의 재능을 논의하는 데 필요한 공통 어휘집을 구축할 기회를 제공한다.

긍정 평가

누구나 심리학 계열 대학원에 다닐 때 한 가지 심리 검사를 받는다. 바로 미네소타 다면적 인성검사-II(Minnesota Multiphasic Personality Inventory-II: MMPI-2)였다. MMPI는 1950년대에 처음 발표된 심리장애 검사로 아주 방대한 평가 도구이다. 그것은 '나의 아버지는 좋은 사람이었다.' '내 손과 발은 평소에 아주 따뜻하다.' '인생은 나를 가혹하게 대한다.'와 같은 '예/아니요' 질문 567개로 이루어진다. MMPI는 '경험적 접근법'이라는 영리한 방법을 적용해서 개발된 검사이다. MMPI 개발자들은 임상적 장애를 지닌 사람들이 각 문항에 어떻게 대답하는지에 관심이 있었다. '나는 기계에 관한 잡지를 좋아한다.' 같은 문항은 아주 순수해 보이지만 전통적인 남성성을 측정한다. 신체 감각에 대해 질문하는 문항은 건강염려증을 암시할 가능성이 훨씬 크다. 이 검사의 매력은 문항이 반드시 '표면적으로 타당하지는' 않다는 것이다. MMPI는 우울증과 편집증 등 주요 임상 척도를 측정하는 열 가지 검사와 다양한 하위척도, 심지어 피검자가 거짓말을 하는지, 대답을 즉석에서 조작하는지를 측정하는 타당도 척도까지 포함한다.

VIA 대표강점 검사 문항은 최초 240개 문항이었는데 120문항과 72문항, 48문항으로 축소해서 실시하기도 한다. 리얼라이즈 2 강점 검사는 180문항이다. 사람들은 그 검사를 받는 데 시간이 너무 오래 걸리고 그렇게 긴 검사는 조금 힘들다고 투덜거린다. 리얼라이즈 2는 피검자의 서로 다른 예순 가지 특성을 측정해서 네 가지 범주, 즉 학습된 행동, 약점, 실현 강점, 미실현 강점으로 분류한다.

평가 도구가 효과적인 이유

- '공인된' 검사이다. 따라서 사람들이 대답하기 꺼릴 수도 있는 질문에 대답하게 해 준다.
- 종합적이다. 따라서 한 주제를 면담보다 더욱 심도 있게 다룬다.
- 공통 어휘를 제공한다. 따라서 모든 사람이 동일한 언어로 그 주제에 대해 토론할 수 있다.
- 경험에 의거한다. 따라서 자료를 쉽게 수량화하고 비교할 수 있다.

진료실 밖에서 어떤 사람과 나란히 앉아 있다고 상상해 보자. 당신은 그 사람에 대해 더 많이 알고 싶다. 그에 대한 정보를 얻는 간단한 방법은 세 가지이다. 관찰, 대화, 공식적인 측정이 그것이다. 관찰을 이용할 경우, 당신은 그를 주의 깊게 살펴본다. 그의 옷차림, 꾸밈새, 나이, 말투, 행동거지, 표정에 주목한다. 그의 사회경제적 지위와 정서 상태에 대해 그런대로 합리적인 추측이 가능할 것이다. 이제 대화를 시작했다고 하자. 당신은 그에게 어디에서 사는지, 직업이 무엇인지, 자녀는 몇 명인지, 관심사가 무엇인지 질문한다. 이 방법은 당연히 더욱 자세한 정보를 제공한다. 대화가 아주 짧더라도 그 사람의 인생, 흥미, 교육 수준, 직업에 대해 많은 사실을 알아낼 것이다. 하지만 공식적인 검사를 이용하면 어떨까? 그에게 질병 내력, 정치 성향, 소비 습관, 성생활에 관한 질문지를 건넨다면? 그 한 장의 질문지는 그런 개인적인 정보를 끌어내고 한 번의 조사로 그 주제들에 대한 종합적인 시각을 제공할 가능성이 훨씬 높다.

⊙ 측정할 수 없는 것을 측정하기

행복을 연구하는 디너는 사람들에게서 자주 비난을 듣는다. 비행기 옆자리에 앉은 사람이든, 그의 긍정심리학 강의를 듣는 학생이든 행복이 측정 가능하다는 것을 좀체 받아들이지 못하는 사람이 많다. 이런 비난은 행복에만 국한되는 게 아니라 심리학의 많은 영역에 자주 가해진다. 지각, 정서, 태도라는 추상적인 개념은 측정할 수 없다고 굳게 믿는 사람이 아주 많다. 이 비난이 타당하다면 코칭에서 그 심리 현상을 측정하는 공식 검사를 언제 어떻게 사용해야 하며 언제 어떻게 사용해서는 안 되는지 숙고하는 것이 마땅하다.

평가: 자기평가

공식 검사 사용의 한계와 효과에 대한 자신의 견해를 숙고해 보라. 당신은 추상적 개념을 믿을 만하게 측정할 수 있다고 확신하는가? 영성, 지능, 우울을 조사하고 측정할 수 있을까? 측정할 수 없는 것들이 있을까? 당신은 공식 설문지를 이용하고 점수를 매기고 이름을 붙여 분류하는 것을 얼마나 흔쾌히 받아들이는가? 당신의 견해는 코칭 작업에서 검사를 이용하는 방식에 얼마나 영향을 미치는가?

사실 주변을 둘러보면 추상적 개념을 측정하는 검사를 곳곳에서 찾아볼 수 있다. 체스 능력 같은 지적 활동, 테니스 능력 같은 신체적 활동, 소비 행동 같은 선호 경향, 친절과 용서 같은 대인 간 활동을 포함하여 모든 종류의 개인적 특성을 측정하는 검사의 예를 쉽게 찾을 수 있다. 검사는 단지 행동만을 측정하지 않는다. 그 범위를 넘어서 우울, 직원의 몰입도, 리더십, 연구 논문의 과학적 영향력과 같은 보다 추상적인 개념을 측정하는 검사도 아주 많다. 코치들로서는 아주 고맙게도 긍정심리학자들은 성취 수준이 높은 고객에게 적용하기에 좋은 수많은 검사를 개발해 왔다. 삶의 의미를 가늠하는 검사도 그중 하나이다.

　사실 심리학은 개인의 추상적인 특성에 대한 정의와 측정을 중심으로 발전하는 학문이다. 어느 분야에서나 그렇듯이 약간의 논란은 있지만 지능, 행동, 정서, 태도를 측정하는 것은 대단히 유익하다. 코치들은 동기, 만족, 몰입, 성공 같은 심리적 변수에 관심이 있다. 긍정심리학에서 개발한 수십 가지의 평가 도구가 있다. 각 검사는 다음 기준을 전부 또는 대부분 충족시킨다.

- 그 검사는 타당성이 경험적으로 입증되었다.
- 그 검사는 광범위하게 사용된다.
- 그 검사는 인간의 긍정적인 측면과 연관된 주제에 초점을 맞춘다.
- 그 검사는 코칭에 적절하다.
- 그 검사는 무료이며 쉽게 사용하고 해석할 수 있다.

⊙ 타당성이 경험적으로 입증되었다는 것의 과학적 의미

'타당성이 경험적으로 입증된' 긍정심리학 개입에 관심이 있는 사람들이 디너에게 이메일을 자주 보낸다. 그들은 감사일기를 계속 쓰면 정말로 더 행복해질지, 어떤 개입을 조금 수정해도 그것이 여전히 '타당하다'고 말할 수 있는지 궁금해한다. 이 질문에 정답을 내놓기는 어렵다. 일상 영어에서 '타당하다'는 과학자들이 말하는 '타당하다'와 의미가 다르기 때문이다. 당신이 나와 즐겁게 장난을 치다가 자신의 '최상의 자기'에 대해 작성하는 것이 행복해지는 타당한 방법인지 아닌지 물었다고 하자. 이때 당신이 말한 '타당한'은 "그게 효과가 있을까요?"라는 뜻이다. 일상 언어에서 '타당하다'는 대체로 '효과적이다'에 해당된다. 그러나 과학자들이 말하는 '타당성'은 훨씬 더 복잡한 개념이다. 사실 과학자들은 타당성을 단일한 속성으로 인정하지도 않는다. 실험실에서 우리는 '표면 타당성' '구성 타당성' '기준 타당성'을 거론한다. 구성 타당성은 어떤 검사가 그것이 측정하고자 하는 것을 정확히 측정하고 있다는 말이다. 예컨대, 지능은 정말로 지능을 측정하는 걸까, 아니면 지능 검사 절차에 익숙한 정도를 측정하는 걸까?(둘 다 맞다.) 기준 타당성은 어떤 검사나 개인적 특성이 차후의 수행을 예측할 수 있다는 뜻이다. 예컨대, 채용 담당자는 개인의 교육 수준이 차후의 업무 수행 수준을 얼마나 예측하는지에 관심이 있을 것이다. 이 예에서 교육 수준은 업무 생산성을 타당하게 예측하는 변수일 수 있다.

그러면 이 다양한 용어는 '타당성이 경험적으로 입증된' 긍정심리학 개입과 어떤 관계가 있을까? 전적으로 관계가 있다. 우리가 현재 실천하고 있는 긍정심리학 개입들에 대해 최근에 많은 연구가 진행되었다. 그 개입의 효과성을 암시하는 증거 자료가 실제로 존재한다. '감사일기' 같은 개입이 실제로 효과가 있다는 초창기 연구 결과가 있다. 하지만 흥미로운 질문이 있다. '이 개입들은 정확히 어떤 작용을 하는가?' 감사일기와 이타심 연습 등의 긍정 개입이 '효과적'이라고 과학자들이 말할 때, 그 말은 대부분의 사람을 조금 더 행복하게 해 주는 효과가 있다는 뜻이다. 즉, 그 개입은 특정 목표를 한 가지 달성하는 데 타당하다. 개인을 더욱 뛰어난 예술가로 만들거나 더욱 철저히 자기성찰을 하게 하는 데는 타당하지 않을 수도 있지만, 기분을 고양시키는 데는 타당하다.

중요한 교훈 1: 타당성은 한 가지 특정 목표 달성에 타당하다는 뜻이다

그렇지만 바로 타당성이 이론의 여지가 없는 증거는 아니라는 것이다. 자주 사용되는 감사 연습을 생각해 보자. 관련 연구에 의하면 그날 감사하게 여기는 것을 세 가지 적으면 유익하다. 디너 수업을 듣는 대학생 100명 중에서 무려 85%가 감사일기를 쓰니까 더욱 행복해졌다고 말했다. 하지만 그 개입을 꾸준히 지속한 학생은 고작 20%에 불과했다. 어떻게 된 것일까? 첫째, 그 개입을 지지하는 증거는 강력하지만 완벽하지는 않다. 이 점을 아는 것이 중요하다. 감사 연습은 100%의 사람들 모두에게 효과가 있지는 않다. 둘째, 그 연습은 노력을 요한다. 그것을 새로운 습관으로 만들려면 노력해야 한다. 하지만 그 연습이 일상으로 자리 잡기 전에 중단해 버리는 사람이 많다. 타당성이 경험적으로 입증된 개입이라 해도 모든 사람에게 효과적이지는 않을 것이다.

중요한 교훈 2: 경험적 지지는 반박할 수 없는 증거라는 뜻이 아니다

이제 개입을 수정하는 문제를 살펴보자. 어떤 사람들은 표준화된 개입을 조금 바꾸고 싶어 하면서도 그렇게 하면 경험적 증거가 훼손되지 않을까 걱정한다. 이번에도 감사 연습을 생각해 보자. 우리가 표준화된 개입을 수정해서 사람들에게 감사하는 것을 세 가지 대신 일곱 가지 쓰라고 지시하면 어떤 일이 일어날까? 또 감사일기를 매일 쓰지 말고 이틀에 한 번씩 쓰라고 지시한다면 어떻게 될까? 이렇게 수정했기 때문에 감사일기는 '비효과적인' 개입이 될까? 이 질문의 대답은 감사 연습이 애초에 어떤 효과가 있었는지에 따라 달라진다. 연구 증거는 감사할 일을 줄줄이 적지 않고 세 가지만 적는 것이, 그리고 이 개입을 규칙적으로 꾸준히 실천하는 것이 행복 증진에 도움이 된다는 것을 보여 준다. 따라서 세 가지 대신 네 가지를 적거나 이틀에 한 번씩 쓰기로 수정하더라도 이 개입이 여전히 효과적이라는 것을 암시한다. 그 개입을 실천하는 이유가 아주 적절할 때(예컨대, 그 개입이 자신의 일정이나 핵심 가치에 딱 들어맞을 때)는 특히 효과적이다. 이 개입을 극단적으로 바꿀 경우(예컨대, 감사할 일을 1년에 딱 한 번 백 가지 적을 경우)에는 그것이 표준화된 개입과 너무 동떨어졌으므로 더 이상은 효과가 없을 거라고 생각하는 것이 합리적이다.

중요한 교훈 3: 경험적으로 지지된 개입에 작은 변화는 아주 적절하지만 지나친 변화는 적절하지 않다.

경험적 지지를 추구하고 과학적 승인을 신뢰하는 것이 현명하다. 지지와 증거는 다르다는 점도 알아야 한다. 유효성이 입증된 개입을 더 적절하고 보다 효과적인 개입으로 만들기 위해 작은 변화를 시도할 충분한 이유가 있을 때가 있다.

◉ 긍정적인 이름표의 함정

사람들이 어떻게 기능하는지, 무엇에 흥미를 갖는지, 어떤 감정을 느끼는지를 측정할 때 꼭 필요한 일이 이름표 붙이기이다. 우리는 특정 어휘를 사용해서 인간이 살아가면서 자의나 타의로 겪는 사회적 · 문화적 · 개인적 경험을 묘사해야 할 필요가 있다. 우리는 '우울증' '성공적인' '동기 결여' '지적인' 등의 이름표를 사용해야 한다. 이런 이름표의 사용을 애초부터 꺼리는 사람들이 있다. 그 단어들이 어떤 사람이 다른 사람보다 우수하거나 또는 열등하다는 것을 암시한다고 느끼기 때문이다. 또한 그런 이름표가 사람들을 창의성이나 다면적인 자기감을 제한하는 사고의 틀에 가둔다는 불만도 흔하다. 우리는 이런 경고에 귀를 기울이고 이름표 사용에 신중해야 한다. 긍정심리학 연구에 따르면 '천재' 같은 긍정적인 이름표도 역효과를 초래할 수 있다. 스탠퍼드 대학교의 연구자 캐럴 드웩은 '지능이 높다'는 이름표를 얻은 아동들, 심지어 '영재'라는 공식 이름표를 얻은 아동들도 능력에 비해 수행 수준이 낮을 수 있음을 발견했다(Dweck, 2006). 이 연구 결과는 그 아동들이 총명하지 않아서가 아니라 때때로 노력을 지속하지 않기 때문이다. 한번 따져 보자. 과제를 성공적으로 완수하는 것은 그 아이들이 자신에 대해 이미 갖고 있는 생각(나는 똑똑해.)을 그저 확인해 줄 뿐이며, 실패는 그러한 정체성을 위협한다. 코치는 이름표를 조심해서 사용해야 한다. 더욱 발전할 수 있는 타고난 강점은 고객이 지닌 최고의 재능을 확인해 주는 역할을 하는 동시에 그가 성장하게 격려하는 역할도 한다. 고객에게 그 사실을 확실히 주지시키라.

긍정 및 부정 경험 검사, 삶의 의미 검사, 주관적 행복 검사 등은 충분히 검증된 평가 도구이며, 웰빙의 다양한 측면을 측정한다. 디너(2010)는 고객의 현재 정서 상태, 핵심 정서, 가장 크게 만족하는 영역, 자신의 삶에 대한 전반적인 시각을 주제로 코칭 대화를 시작할 방법을 궁리하라고 했다. 가능한 한 많은 방법을 찾아내라고 했다.

이름표의 함정을 피하는 한 가지 방법은 개인적인 특성을 '범주적' 특성이 아닌 '일차원적' 특성으로 여기는 것이다. 그렇게 하면 어떤 사람은 천재이고 어떤 사람은 바보이다, 어떤 사람은 내향적이고 어떤 사람은 외향적이다, 어떤 사람은 의욕이 넘치고 어떤 사람은 의욕이 아예 없다 등의 식으로 구별하지 않는다. 그 대신 그 사람이 하나의 연속선상의 어느 지점에 놓여 있다고 여긴다. 그 사람은 어떤 사람과는 아주 멀리 떨어진 지점에 위치할 수도 있고, 또 어떤 사람과는 비슷한 지점에 위치할 수도 있다. 또한 자신의 과거 수행 수준과 비교할 때 지금은 다른 지점에 놓여 있을 수도 있다. 우리는 준거 점수(cut-off score)를 이용해서 어떤 개인이 내향적인지 아니면 외향적인지를 결정한다. 하지만 그런 점수는 일차원적 특성을 강조하지 못하게 방해한다. 사실 우리는 준거 점수를 낮추거나 올릴 수 있고, 따라서 그 개인을 특정 범주에 포함시킬 수도 있고 제외시킬 수도 있다. '영리하다' '관대하다' '용감하다' 같은 이름표를 사용하면 대화하기에는 편리하지만 그 이름표를 얻지 못한 사람을 소외시킬 위험이 있다. 디너는 코칭을 할 때 검사를 이용해서 고객이 전반적으로 '어느 지점에' 위치하는지 판단한 후, 일차원적 측면에서 그의 특성이나 자질에 대해 대화하고 그 고객이 언제 어떻게 준거 점수 위로 올라가는지 또는 그 밑으로 내려가는지 조사한다. 다음은 업무 스타일 검사이다. 이 검사는 업무에 동기부여하는 방식을 측정한다.

평가: 업무 스타일 검사

앞서 말했듯이 '인큐베이터'라는 업무 스타일은 임박한 데드라인과 스트레스 상황에서도 일을 잘하는 냉정하고 창의적인 사람들이다. 그들은 해야 할 일을 막판까지 미루다가 '적시'에 행동에 돌입한다. 거의 모든 인큐베이터가 지금껏 자신을 미루는 사람이라고 여겨 왔기 때문에 인큐베이터라는 이름표를 얻으면 크게 안도한다. 안타깝게도 진짜 미루는 사람들 역시 인큐베이터라는 이름표가 있다는 것을 알고 안도한다. 미루는 습관도 일종의 강점이라는 핑계를 댈 수 있기 때문이다. 업무 스타일 검사는 업무에 동기를 부여하는 네 가지 유형, 즉 미루는 사람, 인큐베이터, 계획하는 사람, 빈둥거리는 사람을 구별해 준다. 고객의 업무 스타일을 확인한 후 그가 일을 최고로 해낼 수 있는 시점, 그의 업무 스타일이 타인에게 미치는 영향, 최고의 업무 계획을 세우는 방법을 찾아낼 수 있다.

업무 스타일 검사(Diener, 2009)

결코 그렇지 않다	조금 그렇지 않다	조금 그렇다	철저히 그렇다
1	2	3	4

_____ 1. 나는 언제나 제시간에 일을 완수한다.

_____ 2. 내가 해낸 일은 질적으로 우수하다.

_____ 3. 데드라인이 임박할 때 의욕이 생긴다.

_____ 4. 나는 스트레스 상황에서 최고로 열심히 일한다.

_____ 5. 나는 프로젝트에 즉시 착수하는 것을 좋아한다.

각 문항이 당신과 일치하는 정도를 판단한 후, 제시된 1~4점 범위에서 대답하라. 당신이 높은 점수를 받은 문항을 확인하고, 당신의 업무 스타일이 다음 중 어느 유형에 해당되는지 찾아보라.

- **계획하는 사람**: 프로젝트를 완수할 전략을 강구하고 장기 프로젝트도 즉시 시작해야 할 것 같은 강박감을 느낀다. 이들은 스스로 동기를 부여하는 경향이 있다. 계획하는 사람은 대체로 1, 2, 5번 문항에서 점수가 높다.
- **인큐베이터**: 해야 할 일을 막판까지 미루는 사람이다. 이들은 동기를 제공할 데드라인이 필요할 때가 많지만 언제나 프로젝트를 완수하고 또 언제나 질적으로 우수한 결과물을 내놓는다. 인큐베이터는 대체로 1, 2, 3, 4번 문항에서 점수가 높다.
- **빈둥거리는 사람**: 프로젝트에 일찍 착수하지만 다른 일에 신경을 쓰고 지켜워하거나 쉽게 흥미를 잃는다. 빈둥거리는 사람은 대체로 5번 문항의 점수가 높고 1, 2번 문항 점수가 낮다.
- **미루는 사람**: 막판까지 미루다가 데드라인 직전에 서둘러서 프로젝트를 완수한다. 이들은 주로 질적으로 미흡하고 보통 수준의 결과물을 내놓는다. 미루는 사람은 대체로 3, 4번 문항 점수가 높고 1, 2번 문항 점수가 낮다.

긍정심리학의 가장 훌륭한 한 가지 특징, 다양한 유형의 자기계발과 코칭과 구별되는 특징
은 무엇보다 그것이 과학이라는 것이다. 따라서 긍정심리학은 경험적 방법론에 의지해서 강
점을 포함한 인간의 긍정적인 측면을 탐구한다. 연구자들은 각양각색의 검사를 창안해서 흥
미로운 개념을 측정하고 통계적 결과를 얻는다. 이 책 전체에서 소개한 긍정심리학 검사와
같은 수많은 검사가 코칭과 직접적으로 관계가 있으며, 그 검사를 효과적으로 이용해서 고객
의 심리적 자원을 수량화하고 고객과 생산적인 대화를 시작할 수 있다. 또한 새롭게 개발된
긍정심리치료(PPT)를 학습하면 심리적 증상을 갖고 있는 고객을 코칭하는 데 큰 도움을 받을
수 있다(우문식, 2020).

긍정심리치료(PPT)

샤트(Shatte)가 펜실베이니아 대학교 인지치료센터(Center for Cognitive Therapy)에서 심리치료사로 근무할 때 조너선이 찾아왔다. 조너선은 공황장애 증상을 갖고 있었으며, 프로이트 학파의 정신분석을 8년 동안 받고도 효과가 없자 인지치료센터를 찾은 것이었다. 그는 점차 회의적으로 변했고 매사에 시큰둥하고 환멸을 느끼고 어떤 것도 바꿀 수 없을 거라는 비관적인 태도를 갖고 있었다. 그가 처음 한 말은 잊히지 않을 정도로 암울했다. "이 인지치료도 효과는 없을 겁니다. 치료비가 계속 들어가니까 선생님은 지난번 의사보다 더 빨리 포기하면 좋겠어요." 조너선은 치료하기 까다로운 고객으로 무기력했고 자주 좌절감을 토로했다. 치료가 시작되고 처음 몇 주는 마치 폭풍우를 견디는 것 같았다. 조너선은 심리치료 중에 걸핏하면 펜 따위의 물건을 집어던졌고, 큰 덩치를 이용해서 치료실 벽에 세워 둔 책꽂이를 쓰러뜨린 적도 있다. 하지만 회복력 향상에 필요한 기술을 배우고 나자 놀라우리만치 빠른 속도로 자기 삶을 다시 정상 궤도에 올려놓고 유능한 인간으로 되돌아왔다.

조너선은 인지치료가 이전에 받은 정신분석치료와는 다르기를 간절히 원했다면서 그 다른 점을 아주 정확하게 설명했다. "정신분석치료를 받을 때는 제가 교통사고 피해자라는 느낌이 들었어요. 불안증과 우울증이 트럭처럼 저를 들이받았고, 저는 다친 몸으로 배수로에 쓰러져 있는 느낌이었죠. 담당 의사는 8년 동안 저를 철저히 조사했어요. 그러는 내내 저는 그 배수로에 그대로 방치되었죠. 그는 어떤 뼈가 부러지고 어떤 장기가 손상되고 어디에 멍이 들었는지 자세히 말해 주었어요. 하지만 어떤 것도 바꾸지 않았어요. 부러진 뼈를 고쳐 주지도 않고 고통을 줄여 주지도 않았어요. 저를 배수로에서 꺼내 주지도 않았지요. 저는 제가 어디를 얼마나 다쳤는지는 더 이상 알고 싶지 않았어요. 제 상처가 낫게 도와줄 사람을 찾고 있었지요."

　　조너선의 불안증과 우울증은 유치원 시절까지 거슬러 올라간다. 지금껏 살아오면서 정말 행복하다고 느낀 적은 고작 두세 번 정도였다. 삼십 대 초반에 불안증과 우울증이 악화되었다. 그는 중증 공황장애의 모든 증상을 보여 주었다. 강렬한 두려움을 초래하는 극도의 불안감, 식은땀, 손발이나 몸의 떨림, 불규칙한 심장박동, 질식하는 느낌, 죽거나 미칠 것 같은 두려움에 시달렸다. 직장에서 숨이 막히는 느낌이 들기 시작했고, 그 때문에 마케팅 책임자로서의 임무를 다하지 못했다. 조너선은 범불안장애 진단도 받았는데, 그것은 삶에 대한 근거 없는 고질적인 걱정이 특징이다. 그는 거의 언제나 우울하고 절망하고 무기력했다. 별다른 이유도 없이 주체할 수 없을 정도로 울음을 터뜨렸다.

　　조너선은 친구의 권유로 정신분석에서 인지치료로 돌아섰다. 인지치료는 심리치료사와 내담자 사이의 대화로 진행된다. 두 사람은 함께 협력하여 내담자의 불합리한 믿음 체계와 사고(인지)를 교정한다. 인지치료는 기술에 기반을 두고 치료 기간을 제한하며 환자가 필요한 기술을 얼른 배워서 가능한 한 빨리 정상으로 돌아가는 것을 중시한다. 지금 이 순간에 초점을 맞추며, 아동기에 부모와의 관계 또는 일관성 없는 배변 훈련을 조사하는 데 시간을 허비하지 않는다. 인간은 자기 인생을 개선할 수 있다고 낙관하고, 몇 주 또는 몇 달 안에 꾸준히 진짜 변화가 일어날 수 있다고 확신한다.

　　샤트는 조너선의 까다로운 여러 가지 증상을 해결하는 일에 착수했고, 최신 인지행동 기술(cognitive behavioral technique)을 모두 적용했다. 몇 달 후, 조너선은 공황장애 증상에서 벗어나 다시 직장에 다니고 그 어느 때보다 긍정 감정을 느꼈다. 두어 번의 추가 세션까지 마치자 조너선은 그 기술들을 완전히 마스터했고, 두 사람은 작별했다.

　　조너선에게 효과적이었듯이 인지치료는 거의 모든 사람에게 효과가 있다. 인지치료가 불안증과 우울증에 더없이 효과적인 치료법이라는 것을 입증하는 증거는 셀 수도 없을 정도이다. 후기 프로이트 학파는 낙관성을 받아들였다(Shatte, 2002). 올바른 도구를 찾아낸다면 인간은 인생을 실제로 바꿀 수 있다고 믿는다. 그 도구들은 조너선에게 효과가 있었다. 그가 정말로 중요한 것, 즉 자신의 믿음과 사고와 감정에 초점을 맞추었기 때문이다. 인지치료의 성공은 우리가 이미 알고 있는 사실을 강조한다. 바로 사고와 감정이 인간 존재의 핵심이며 인간의 본질을 나타낸다는 것이다(Shatte, 2002).

　　우울증과 불안증에서 벗어나서 심리치료를 마친 지 1년 후 조너선이 샤트에게 전화를 했다. 여전히 낮고 그윽한 목소리로 그는 "선생님, 배수로에 쓰러져 8년을 보낸 제 이야기를 기억하십니까?"라고 물었다. 샤트가 그를 어떻게 잊을 수 있겠는가. "선생님께서는 제가 다시 걷게 도와주셨어요. 그런데 제가 뛰게 도와주실 수 있나요?"

　어릴 때부터 끈질기게 따라온 우울증과 불안증 증상은 이제 사라졌다. 더 이상은 갑자기 울음을 터뜨리지도 않았고, 직장에서 숨이 막히지도 않았다. 사랑하는 사람과 떨어져도 더는 두렵지 않았다. 하지만 그것으로는 충분하지 않았다. 그는 더 이상 '아프지' 않았지만 나아지지도 않았다. 전화를 마치면서 샤트는 그다음 주로 치료 예약을 잡았다. 조너선의 인생은 불안과 우울의 소음이 가라앉아 고요했고 절망은 이제 고개를 숙였다. 그는 마음껏 활개를 펴고 싶었다. 그런데 유용한 임상 도구를 모두 갖추고 자유자재로 활용하고 있었지만 샤트에게는 조너선을 '좋은 삶'으로 이끌어 줄 기술이 없었다. 조너선을 더 성장시키기 위해서는 새로운 기술이 필요 했다.

　인지치료는 조너선의 기능 수준 다이얼을 마이너스(-)에서 0으로 돌려놓았다. 하지만 그는 아직 인생을 최대한 누리지 못하고, 용감하고 단호하게 기회를 추구하지도 못했다. 다이얼을 플러스(+)로 돌려놓으려면 적극적 도전이 필요하다. 샤트는 심리치료실을 다시 찾은 조너선와 함께 강점 개발 계획을 자세히 세우고 조너선이 성취하려는 것이 무엇인지 확인했다. 조너선의 전진을 가로막는 믿음이 무엇인지도 당연히 숙고했다. 그 비합리적인 믿음들이 조너선을 0의 자리에 묶어 두고 있었다. 하지만 더 중요한 것은 조너선이 '적극적 도전하기'를 무의식적으로 이미 활용하고 있는 영역을 조사하고 거기서 배운 것과 강점을 적용해서 그가 움츠리고 있는 다른 영역까지 뻗어 나가게 하는 것이었다. 회복력(Resilience)은 가장 기본적이며 강력한 강점이다. 조너선이 그 새로운 계획을 실행하기로 결심하면서 그들은 다시 작별을 고했다.

　2년여 후 조너선에게 편지가 왔다. 그 2년 사이에 여자 친구와 결혼도 하고 집도 샀다고 했다. 회사에서 오래전부터 제의한 승진을 드디어 받아들였지만 실패에 대한 두려움은 별로 없다고 했다. 가족과 다시 가까워지고 친구도 더 많아졌다. 그들 부부는 다양한 취미 활동을 시도하며 주말에는 집을 수리하고 집을 꾸밀 골동품을 사러 다닌다고 했다. 조너선은 플로리시하고 있었다. 모든 심리적 증상자들은 마이너스(-) 기능을 갖고 있다. 이 마이너스(-) 기능을 0으로 올려놓는 것이 전통적 상담의 목표이다. 하지만 긍정심리치료(positive psychotherapy: PPT)는 -5에 있는 사람을 0으로 올려놓기도 하지만 +2에 있는 사람을 +6으로 올려 준다. 강점을 찾고 긍정정서를 배양해서 우울증을 치료하고 더 성장까지 시켜 준다는 것이다.

긍정심리치료의 정의와 필요성

지금까지 심리상담사나 심리치료사들은 기존 의학 틀에 갇혀서 질병을 치료하는 것만이 자신들의 의무라고 생각했다. 셀리그만(2005)은 그들에게 그보다 더 큰 의무가 있다고 했다. 심리상담사의 의무는 감당할 수 없는 결혼생활을 가능할 정도로만 만들어 놓는 것이 아니고, 행복한 결혼생활을 할 수 있게 도와줘야 한다는 것이다. 그는 심리치료사의 의무는 우울증, 불안감, 분노를 멈추는 것만으로 끝나지 않고, 사람들을 행복하게 만드는 것이어야 한다고 했다. 이제 심리치료자는 한 손에는 내담자의 질병을 치료하는 도구를, 다른 한 손에는 행복을 만들어 주는 도구를 갖추어야 한다는 것이다.

이 장은 셀리그만과 테이얍 라시드(Seligman & Rashid, 2018)가 발표한 긍정심리치료(PPT)를 중심으로 설명한다.

셀리그만(2005)은 대부분의 치료자는 우울증에 대해서는 해박한 편이었고 우울증에 대해서 연구를 많이 하고 있었지만 행복에 대해서는 문외한이었다고 했다. 그도 35년 동안 슬픔, 불안, 분노와 공포에 대해서 연구했다.

이처럼 지금까지 심리치료나 심리 상담은 어린 시절의 트라우마를 밝혀내고, 잘못된 사고를 바로잡거나 기능장애, 관계를 회복하는 것이 치료라는 가정에 기반을 두고 있다. 이처럼 치료나 상담이 부정성에 중점을 두는 게 직관적으로는 타당해 보인다. 하지만 이 PPT는 치료자가 긍정성의 중요성을 보지 못하고 있다고 생각한다. 심리치료는 내담자의 우울 증상과 불안 감소에 큰 기여를 하고 있다. 하지만 내담자의 행복[웰빙: 원서에는 행복(happiness)와 웰빙(well-being)을 혼용해서 사용했지만 독자들의 혼란을 피하기 위해 '행복'으로 통일했다.]은 치료의 명시적 목적이 아니다. 반면, PPT는 긍정심리학(positive psychology: PP)을 기반으로 내담자의 행복을 향상시켜 증상을 보이는 스트레스를 완화하려는 노력이다.

PPT는 긍정심리학 이론에 광범위하게 기반을 둔, 새롭게 등장한 심리치료 접근법이다. 긍정심리학은 개인과 공동체, 기관이 플로리시(번성, 지속적 성장)할 수 있는 조건과 절차를 과학적으로 연구한다. 또한 효과가 있는 것과 좋은 것, 옳은 것, 의미 있는 것, 최상의 것이 무엇인지를 분석한다(Rashid, Summers, & Seligman, 2015).

PPT는 긍정심리학의 심리치료 및 치료 과정의 실전 응용 분야이다. PPT는 인간 경험의 내재적 복잡성을 균형 있게 이해하고자 증상과 강점을 통합하고, 위험과 자원, 약점과 가치 그리고 절망과 희망을 통합한다. PPT 치료자는 내담자의 호소를 무시하거나 최소화하지 않고 트라우마와 연관된 내담자의 고통을 공감하고 주의 깊게 살피며 이와 동시에 성장 잠재력을 탐색한다.

긍정심리학자들은 PPT를 심리치료의 새로운 장르라기보다 치료의 방향 재설정, 다시 말해 전통적인 '잘못된 것 고치기' 접근법을 보완해 주는 '강점 키우기' 모델이라고 본다 (Duckworth, Steen, & Seligman, 2005).

PPT는 긍정성 그 이상을 보여 준다. 그렇다고 다른 심리치료가 부정적이라는 이야기는 아니다. PPT는 기존의 심리치료를 대체하는 것이 아니다. 그보다 약점 개선에 치중하는 치료의 균형을 맞추려는 점진적인 변화이다. 심리적으로 고통받는 내담자가 인생의 어려움을 헤쳐 나가고자 개인적이고 대인적인 최고 자원을 활용하는 방법을 배운다면 보다 더 큰 이해와 도움을 받을 수 있다. 개인 강점을 알고, 긍정정서 배양에 필수적인 기술을 배우며, 긍정관계를 강화하고, 자신의 삶에 의미와 목적을 부여하면 엄청난 의욕과 힘이 생기면서 치료 효과가 나타날 수 있다. PPT의 궁극적 목적은 내담자가 즐겁고 의미 있고 만족한 삶을 추구하기 위해 강점을 최대한 활용하는, 구체적이고 응용 가능하며 개인적으로 적절한 기술을 배우도록 돕는 것이다. PPT는 이 목적을 달성하는 데 규범적 권위로 결점을 진단하는 치료자의 역할을 지속적 성장과 회복력(resilience), 행복을 적극적으로 촉진하는 역할로 확장시킨다.

긍정심리치료가 왜 필요한가

심리치료는 정신건강 전문가의 핵심 활동이며, 그 이론적 방법은 다양하다(Watkins, 2010). 그중 심리치료는 심리적 고통을 효과적으로 개선해 준다(Castonguay, 2013; Seligman, 1995). 그 효과는 플라세보 효과보다 월등하게 뛰어나다. 또한 많은 사례에서 심리치료가 장기적으로 약물 단독치료보다 훨씬 더 효과가 좋았다(Leykin & DeRubeis, 2009; Siddique et al., 2012). 실제로 심리치료는 심장학(병)의 거의 모든 개입(베타수용체 차단 약, 혈관 성형술, 스타틴 등)을 포함해 경험적으로 검증된 많은 치료법 못지않게 효과적인 것으로 나타났다(Wompold, 2007). 경험적으로 검증된 심리치료는 우울증과 정신분열증, 외상후 스트레스 장애, 강박장애, 공포증, 공황장애, 섭식장애 같은 많은 심리장애에 적용할 수 있다(Barlow, 2008; Seligman, 1995). 미국 약물남용 및 정신보건청(SAMHSA) 웹사이트에는 365개 이상의 정신장애 중 84개의 매뉴얼화된 치료법 145개가 올라와 있다. 이 밖에 치료 동맹과 치료 소통의 미묘한 차이, 비언어적 언어, 치료자 효과, 치료 과정, 내담자와 주고받는 피드백 과정 같은 좀 더 세부적인 심리치료 측면도 모두 연구 대상이 됐다(Wompold, 2001; Watkins, 2010).

잘못된 것에 중점을 두는 전통적인 심리치료는 많은 장애 증상을 감소시켰다. 하지만 긍정 심리학자들은 부정적 측면에 집중하는 심리치료사의 방법이 막다른 골목에 이르렀다고 본다. 내담자의 20~30%는 치료 과정에서 별다른 변화를 경험하지 못하고, 5~10%는 사실상 상태가 더 악화된다(Hansen, Lambert, & Forman, 2002; Lambert, 2013). 그러므로 심리치료는 엄청난 장벽, 그러니까 이 장에서 '65% 장벽'이라고 부르는 것에 가로막혀 있다. 65% 장벽이란 심리치료를 받는 내담자의 약 65%밖에 치료 혜택을 받지 못한다는 뜻이다. PPT 같은 강점 기반 접근법을 사용하면 다음과 같은 방법으로 심리치료 효과를 개선할 수 있다.

- 심리치료의 범위 확대하기
- 의료 모델 너머로 확장하기
- 심리치료 결과 확대하기
- 치료자에게 미치는 부정적 영향 약화하기

심리치료의 범위 확대하기

치료자가 심리치료에서 부정적 측면에 비중을 두는 경향은 이해할 수 있다. 두뇌가 긍정경험보다 부정경험에 더욱 강하게 반응하고, 그런 경험을 지향한다는 증거가 있기 때문이다(Baumeister, Bratslavsky, Finkenauer, & Vohs, 2001; Rozin, & Royzman, 2001). 이처럼 타고난 부정성은 진화론적 과거를 돌이켜 봤을 때 주거지와 식량, 배우자를 찾는 데 도움이 됐다. 인간의 정신은 잘못되는 일을 지나치게 많이 생각하고, 인생에서 잘되는 일을 충분히 많이 생각하지 않는다. 본질적으로 부정성은 대체로 심리치료의 기능을 정의해 준다. 부정성이 심리치료에서 중요한 기능을 담당하고 있지만 그 범위를 한정 짓기도 한다.

인간은 목적과 의미가 있는 삶을 살고 싶어 한다(Duckworth et al., 2005). 정신 건강 문제에 대한 인식이 높아지면서 정신질환 환자들이 점점 더 소리 높여 자신의 삶이 어떠한지, 정신질환에서 벗어나는 데 무엇이 도움이 되는지에 대해 이야기하고 있다(Secker, Membrey, Grove, & Seebohm, 2002). 이런 내담자는 희망과 긍정관계, 의미 추구를 포함한 완전한 회복을 원한다(Secker, Membrey, Grove, & Seebohm 2010). 심리치료는 강점 배양을 통해 내담자의 개인적 성장에 발판을 만들어 줄 수 있는 더할 나위 없는 기회를 제공한다. 증상이나 결점 개선에만 치중해 그런 기회를 낭비해서는 안 된다. 회복력은 문제를 개선하거나 없애는 것이 아니라 강점과 기술, 능력, 재능, 적성을 평가하고 향상시키는 것이다(Crits-Christoph et al., 2008; Le Boutillier et al., 2011; Rapp & Gosha, 2006).

의료 모델 너머로 확장하기

심리치료에서는 정신질환이 신경전달물질 조절장애와 유전적 이상, 두뇌 구조와 기능 결함 때문에 생기는 두뇌질환이라는 의료 모델을 계속 사용하고 있다(Deacon, 2013; Maddux, 2008). 데이비드 엘킨(David Elkin, 2009)과 동료들은 심리치료에서 이런 의료 모델의 중첩이 문제가 된다는 사실을 지적했다. 의료 모델에서 의사는 증상을 기반으로 질병을 진단해 질병을 치료한다. 심리치료에서는 질병과 치료 모두가 약물과 거의 관련 없는 대인적이고 맥락적인 특성에 좌우되기 일쑤다. 하지만 의료 모델은 지배적이고 기술적인 틀을 유지한다. 다른 기술체계와 달리 문화적 존중과 경제적 이점은 심리치료에 맡겨 버린다(Elkins, 2009). 그러나 질병과 달리 정신질환의 원인은 단순한 병인체로 추적될 수 없다.

제임스 매덕스(James Maddux, 2008)는 의료 모델이 심리치료에 미치는 영향을 증상과 기능장애 진단, 장애 치료 등 일반적으로 심리치료와 연관된 조건으로 확인할 수 있다고 했다. 이런 영향을 분석해 보면 치료적 비중이 건강이 아닌 장애와 기능장애에 치우쳐 있다는 결과가 나온다. 심리치료의 의료 모델은 훈련과 조사, 전문 집단에 뿌리 깊이 박혀 있다.

그렇기 때문에 긍정심리학자들은 이런 의료 모델을 버리기보다 강점 기반 접근법과 통합해 더욱 균형 잡힌 심리치료를 만들어 나가자고 제안한다. 강점이 정신병(Schrank et al., 2016)과 자살 충동(Johnson et al., 2010), 경계선 성격장애(Uliaszek et al., 2016) 같은 심각한 고통을 치료해 주는 적극적인 요소가 될 수 있다는 증거가 있기 때문이다. 심리치료 분야와 강점을 통합하면 내담자와 치료자의 경험이 풍부해질 수 있다. 슬레이드(Slade, 2010)는 그런 확장으로 치료자가 낙인과 차별에 맞설 수 있고 사회의 행복을 개선할 수 있다고 주장한다. 하지만 결점에 치중하는 심리치료의 의료 모델을 강점과 통합해 확대하려면 평가와 치료가 모두 달라져야 한다. 21세기에는 이런 치료자의 역할 변화가 예외적인 것이 아닌 일반적인 것이 될 수 있다. 알렉스 우드(Alex Wood)와 니컬러스 테리어(Nicholas Tarrier, 2010)는 치료적 고통 수준의 이해와 치료가 긍정성에 동등한 비중을 두고 균형 있게 진행돼야 한다고 제안했다. 그 이유는 다음과 같다.

- 강점은 심리장애 발달을 잠재적으로 예방하면서 삶의 부정 사건이 고통에 미치는 영향을 완화할 수 있다(Huta & Hawley, 2008; Marques, Paris-Ribeiro, & Lopez, 2011).

- 강점은 삶의 질(Proctor et al., 2011)과 심리적 · 주관적 행복(Goveindji & Linley, 2007) 같은 몇 가지 행복 지표와 연관돼 있고, 거의 모든 성격강점이 학업 만족과 평균 성적(Lounsbury et al., 2009), 정신 건강(Littman-Ovadis & Steger, 2010; Quinlan et al., 2012)과 관련돼 있다.

- 강점 기반 개입에는 많은 이점이 있다. 강점은 부정적 특성이나 증상의 예견력을 초월해 심리장애를 예측해 준다(Wood et al., 2009). 강점 기반 개입은 많은 이점을 제공한다(Quinlan et al., 2012).

- 다양한 문화권의 내담자가 더욱 효율적이고 수용적으로 강점 향상을 받아들일 수 있다(Harris, Thoresen, & Lopez, 2007; Pedrotti, 2011).

- 사회성 지능과 친절이라는 성격강점을 지니고 있다면 정신 건강 문제가 있는 사람들에게 낙인을 찍는 성향이 적다는 뜻이다. 개방성을 가진 사람들은 정신건강장애 진단을 받은 사람들에게 그런 장애에 대한 개인적인 책임을 지우지 않는다(Vertilo & Gibson, 2014).

심리치료 결과 확대하기

심리치료 결과, 연구자들은 삶의 질과 심리적 행복 지표를 회복의 정의에 통합해 넣어야 한다고 강조한다. 래리 데이비드슨(Larry Davidson)과 동료들은 적어도 증상을 완화하거나 감소시키려고 노력한다는 조건하에 자원과 열망, 희망, 흥미 같은 인생의 긍정 요소를 배양하는 치료를 '회복 지향적 치료(recovery-oriented care)'라고 했다(Davidson, Shahar, Lawless, Sells, & Tondora, 2006).

회복 지향적 실습 지침을 알려 주는 30개 국제 자료를 주제별로 분석한 결과에서는 회복의 개념을 증상 감소에 그치지 않고 행복을 포괄하는 것으로 확대하라고 권고한다. 그뿐만 아니라 강점 평가와 활용, 평가와 검토, 관리 계획, 목표를 잘 파악하는 것도 회복으로 간주하라고 추천한다. 또한 그런 강점을 적극 활용해 관리와 치료를 하라고 권한다(Le Boutillier et al., 2011). 회복의 정의와 확장은 또한 내담자와의 관계를 더욱 강조하면서 정신 건강 전문가의 역할을 확대시킨다(Slade, 2010). 슈랭크와 슬레이드(Schrank & Slade, 2007)는 회복이란 태도와 가치, 감정, 목표, 기술 변화가 일어나는 극히 개인적이고 독특한 과정이라고 개념화했다. 완전한 회복은 심리적 고통으로 인한 한계에도 성취감과 만족감을 느끼며 살 수 있다는 뜻이다. 그뿐만 아니라 정신질환의 파괴적인 영향을 극복하고 성장하면서 삶의 새로운 의미와 목적을 키워 나가는 것이기도 하다.

치료자에게 미치는 부정적 영향 약화하기

심리치료의 성격상 정신건강 치료자는 끔찍한 사건에 대해 그림처럼 생생한 묘사를 들어야 하고, 극히 잔인하거나 폭력 행위 또는 그 둘 모두에 해당하는 행위의 심리적(때로는 신체적) 후유증을 입증해야 한다. 심리치료 시 치료자가 주로 미묘하고 심각한 부정적인 기억과 경험을 마주한다면 그런 공감적 몰입 경험이 누적돼 치료자에게 부정적인 영향을 미칠 수 있다. 이런 영향은 감정 소모와 비인격화, 개인적 성취 부족으로 나타나 소진과 동정심 감소를 초래한다(Berzoff & Kita, 2010; Deighton, Gurris, & Traue, 2007; Hart, 2014). 해리슨과 웨스트우드(Harrison & Westwood, 2009)는 무엇이 치료자의 행복을 유지시켜 주고, 치료자를 본보기로 만들어 주는지를 연구했다. 그 결과 대단히 중요한 긍정적인 성향을 찾아냈는데, 이는 세 가지 속성을 믿는 치료자의 능력을 통해 드러났다. 그중 첫 번째 속성은 이만큼이면 충분하다는 자아, 즉 치료자가 자신의 전문 지식을 자신하는 것이다. 두 번째 속성은 치료의 변화 과정이다. 내담자에게 치료의 효과가 나타나는 것이다. 세 번째 속성은 세상을 고통과 시련이 있음에도 아름다움과 잠재력이 있는 장소로 생각하는 것이다. 이런 속성은 PPT의 이론적 성향의 핵심이며 실습을 통해 개선된다.

65% 장벽

앞서 언급했듯이 어떤 내담자는 심리치료로 아무런 혜택도 얻지 못한다. 실제로 치료 중 상태가 악화되는 내담자(5~10%)도 있다(Lambert, 2007). 이런 장벽을 정신병리학의 가장 흔한 형태인 우울증에 적용해 살펴보겠다.

우울증은 '정신질환의 감기'라고 부르기도 한다. 이에 효과 있는 것으로 알려진 두 가지 치료법이 있다. 하나는 인지행동치료이며, 다른 하나는 프로작(Prozac)과 졸로프트(Zoloft), 렉

사프로(Lexapro) 같은 선택적 세로토닌 재흡수 억제제를 사용하는 치료이다. 이 각각의 치료법에 대한 반응률은 약 65%이다. 이런 반응은 45~55%에 이르는 플라세보 효과를 포함한 것이다(Rief et al., 2011). 플라세보가 현실적일수록 플라세보 반응도 훨씬 커진다. 이런 통계 수치는 반복해 나오고 있다. 무작위 플라세보 통제 우울증 치료제 실험을 30년간 메타분석을 한 최근 결과에 따르면 플라세보 반응 덕분에 치료 효과가 높아질 수 있다(Kirsch et al., 2002; Undurraga & Baldessarini, 2017).

65% 장벽은 왜 존재할까? 구체적인 치료 효과가 왜 그렇게 적은 걸까? 일반적으로 사람들의 행동 변화가 일어나기 어렵기 때문이다. 특히 치료받는 사람들과 동기가 부족한 사람들, 동반질환 문제가 있는 사람들, 변화를 꾀할 수 없는 불건전한 환경에서 살아가는 사람들은 더더욱 그렇다. 결과적으로 많은 내담자는 뿌리 깊은 부적응적인 행동을 계속하고, 변화를 위협적이고 성취 불가능한 개념으로 인식할 수 있다.

실제로 많은 치료자가 치료를 포기한다. 관리의료와 제한된 치료 예산 때문에 정신 건강 전문가가 화재 예방보다 화재 진압에 시간과 재능을 쏟아붓는 상황이 종종 발생한다. 치료자는 거의 대체로 위기관리와 피상적인 치료에 주력한다. 피상적인 치료가 흔히 발생한다는 현실도 65% 장벽의 일부 요인이 되기도 한다(Seligman, 2006).

전통적인 결점 지향 심리치료에서는 많은 치료자가 억눌린 분노 같은 부정정서를 표현해야 그런 정서가 최소화된다고 믿는다. 분노는 표출하지 않으면 다른 증상으로 나타난다고 생각해서이다. 이런 치료 문헌에는 그런 유압적 사고를 설명해 주는 '베개 때리기'와 '울분 토해 내기' '감정 표출하기' 같은 문구가 가득하다(Seligman, 2006). 이런 접근법 때문에 현재의 심리치료는 대체로 내담자를 환경에 대한 수동적 반응자로 묘사하는 피해자학(victimology) 학문으로 남는다. 충동과 본능, 욕구는 불가피하게 충돌을 초래하고, 이런 충돌은 분출을 통해 부분적으로는 해소할 수 있다. 하지만 PPT에서는 분출을 기껏해야 피상적 치료에 불과하고, 최악의 경우 분노 및 분개 증폭과 심장질환을 초래할 수 있는 치료법이라고 본다(Chida & Steptoe, 2009).

전통 심리치료 접근법의 대안

심리적 고통을 겪으면서도 제대로 잘 기능하는 법을 배우는 것은 PPT에서 수용하는 대안 접근법이다. 우울과 불안, 분노는 종종 완화시킬 수 있지만 완전히 없앨 수는 없는 유전적 성격 특성에서 생겨난다. 모든 부정정서와 성격에는 강력한 생물학적 한계가 있다. 심리치료로 그런 한계를 극복할 수 있다고 기대하는 것은 비현실적이다. 전통적 심리치료의 일시적인 최고의 치료법은 내담자가 최고치의 우울과 불안, 분노 속에서도 살아갈 수 있도록 도와주는 것이다. 역사적 인물인 에이브러햄 링컨 전 미국 대통령과 윈스턴 처칠 전 영국 총리는 정신 질환을 앓았다. 이들은 심각한 정신 건강 문제를 안고 있었지만 최고의 기능을 발휘한 대단한 인물들이었다(Pediaditakis, 2014). 아마도 그들이 자신들의 강점을 활용했기에 제대로 기능했던 것 같다. 심리치료는 내담자에게 증상이 있어도 강점을 활용해 제대로 기능하는 법을 가르쳐 주는 개입을 개발해야 한다. PPT는 분명히 내담자가 제대로 기능하고, 어쩌면 65% 장벽을 깨는 데 도움이 될 것이다.

기존의 심리치료 접근법을 바꿔야 하는 또 다른 중대한 이유가 있다. 심리치료의 궁극적 목표인 행복한 삶은 전통적인 결점 지향 틀로는 완전히 성취할 수 없다는 것이 그 이유이다. 예컨대, 그런 부정특성을 통제한 연구에서 연구학자들은 긍정특성(희망과 낙관성, 자기효능감, 감사 등)이 적은 사람들이 우울 증상을 보일 위험이 2배 더 높다는 사실을 발견했다(Wood & Joseph, 2010). 이와 마찬가지로 성격강점(희망과 감상력, 영성 등)은 우울증 회복에 큰 기여를 한다(Huta & Hawley, 2008). 감사(Flinchbaugh, Moore, Chang, & May, 2012)뿐만 아니라 희망과 낙관성(Carver, Scheier, & Segerstrom, 2010)은 모두 스트레스와 우울증의 수준을 낮춰 준다.

긍정심리 개입과 치료

긍정성에 주의를 기울이는 심리적 개입은 흔치 않다. 먼저 앞서 소개한 PPT 개입과 관련 치료법을 검토하겠다. 그런 개입과 치료법은 현대의 긍정심리 개입(positive psychology interventions: PPI)과 긍정심리치료의 전조가 된다.

긍정심리 개입의 역사적 관점

과학자와 철학자, 현자들은 행복과 웰빙, 플로리시를 여러 관점에서 묘사하려고 시도했다. 공자는 수양과 교육, 조화로운 사회적 관계와 결합된 인간의 일상적인 존재에 삶의 의미가 있다고 믿었다. 소크라테스와 플라톤, 아리스토텔레스는 행복해지려면 반드시 도덕적 삶을 추구해야 한다고 했다. 제2차 세계대전 이전 심리학에는 세 가지 분명한 의무가 있었다. 첫째, 정신질환을 치료하는 것, 둘째, 모든 사람이 생산적이고 충만하게 살도록 돕는 것, 셋째, 재능을 찾아내고 기르는 것이었다(Seligman, 2006; Csikszentmihalyi, 2000). 윌리엄 제임스(William James)는 『종교적 경험의 다양성(Varieties of Religious Experiences)』에서 용기와 희망, 정직이 의심과 공포, 걱정을 물리칠 수 있다고 했다. 존 듀이(John Dewey, 1934)는 사람과 환경 간에 예술적·심미적 교감이 필요하다고 강조했다. 헨리 머레이(Henry Murray, 1938)는 긍정적이고 즐겁고 생산적인 경험 연구가 인간 이해에 필수라고 단정 지었다.

제2차 세계대전이 끝난 직후 심리학은 대체로 경제적·정치적 긴급사태 때문에 더욱 좁아져 정신병 평가와 치료에 주력하게 됐다. 하지만 칼 로저스(Carl Rogers)와 에이브러햄 매슬로(Abraham Maslow), 헨리 머레이(Henry Murray), 고든 올포트, 롤로 메이(Rollo May) 같은 인본주의 심리학자는 심리치료의 긍정 접근법을 계속해서 지지했다. 이들은 좋은 삶을 묘사하고, 내재적인 성장 지향 성향으로 삶을 촉진하는 방법을 파악하려고 했다. 매슬로(1970)는 다음과 같이 말했다.

> 심리학은 긍정적인 측면보다 부정적 측면을 더욱 성공적으로 다루었다. 인간의 단점과 질병, 가해 행위에 관해 많은 것을 밝혔지만 인간의 잠재력과 미덕, 성취 가능한 열망 또는 심리학적 최절정에 관해는 거의 알아내지 못했다. 이는 마치 심리학이 정당한 관할 구역의 절반, 그것도 더욱 어둡고 더욱 나쁜 절반에만 스스로를 국한시키고 있는 것 같다.

마리 자호다(Marie Jahoda, 1958)는 1950년대 긍정 정신 건강의 개념을 연구했다. 마이클 포다이스(Michael Fordyce, 1983)는 그런 개념을 몇 가지 긍정 개입으로 바꿔 대학생들과 함께 시험해 봤다. 1980년대 스티브 드 세이저(Steve de Shazer)와 잉 김 버그(Ing Kim Berg)가 개발한 해결중심치료(de Shazer, 1986; Hawkes, 2011)는 변경 가능한 선택지에서 해결책과 목표를 만들어 내는 데 중점을 둔다. 웰빙 치료는 인지행동치료와 행복 요소를 통합하고, 정신장애와 불안장애를 치료하는 데 효과적이다(Ruini & Fava, 2009). 이와 비슷하게 프리슈(Frisch, 2013)의 삶의 질 치료는 인지치료와 긍정심리 개념을 통합하고 우울증 환자에게 효과적이다. 하지만 엄청나게 많은 결점 지향 치료에 비해 긍정중심치료는 소수에 불과하다. 그런 탓에 심리치료자들은 손상과 결점, 기능장애에 관해 많은 것을 배웠지만 행복한 삶의 요소와 요소 배양 방법은 거의 모른다.

긍정심리 개입과 긍정심리치료

PPT는 긍정심리학의 원칙에 광범위하게 기반을 둔 치료 접근법이다. 다시 말해, 긍정심리학 내 치료 방법 및 치료 작업인 것이다. PPT는 PPI를 통해 경험적으로 검증된 구체적인 실습 15회기로 구성됐다. 이런 실습들은 단독으로 진행되거나 2～3개로 묶여 있다(Seligman et al., 2005). 이런 실습들을 경험적으로 검증한 후 응집력 있는 규약(protocol)으로 구성한 것이 PPT이다. 이 절에서는 PPT를 자세하게 설명하기 전에 먼저 PPI의 경험적 지위를 평가한다.

종종 온라인으로 제공되는 PPI는 행복을 증진시키는 비교적 간단한 전략이다. 셀리그만과 동료들은 세 가지 PPI(잘됐던 일 세 가지 또는 감사일기와 대표강점을 새로운 방식으로 사용하기, 감사방문; Seligman et al., 2005)를 경험적으로 검증했다. 독립적인 여러 연구에서도 동일한 결과가 나왔다(Gander et al., 2013; Mitchell et al., 2009; Mongrain & Anselmo-Mathews, 2012; Odou & Vella-Brodrick, 2013; Schueller & Parks, 2012; Duan et al., 2014; Schotanus-Dijkstra et al., 2015; Vella-Brodrick, Park, & Peterson, 2009).

PPI는 최초 검증 이후로 널리 사용됐다(Parks et al., 2012; Proyer et al., 2013; Quinlan et al., 2015; Winslow et al., 2016). 이런 PPI는 감사(Emmons & McCullough, 2003)와 용서(Worthingtoh & Drinkard, 2000), 음미하기(Bryant, 1989) 강점(Buckingham & Clifton, 2001), 심리적 웰빙(Ryff & Singer, 1996; Ryff, Singer, & Davidson, 2004), 공감(Long et al., 1999) 같은 긍정적인 속성과 행복을 증진시키는 다소 유사한 이론적 및 치료적 시도에 새로운 자극이 됐다.

PPI의 이론적 틀과 그 적용 결과는 단행본으로 출간돼 장학금을 끌어모으고 있다.『긍정심리 개입 안내서(Handbook of Positive Psychology Interventions)』(Parks & Schueller, 2014)는 기존의 PPI와 새롭게 등장하는 PPI에 대한 포괄적인 관점을 제시한다. 알렉스 우드와 주디스 존슨(Judith Johnson)은『긍정임상심리 안내서(The Handbook of Positive Clinical Psychology)』(Wood & Johnson, 2016)라는 포괄적인 단행본을 출판했다. 이 책에서는 우울증과 감정이상 조절, 불안증, 외상후 스트레스 장애, 자살경향성, 정신병 같은 치료 상태를 검사해 행복을 성격과 정신병리학, 심리치료법과 연관 짓는 통합적 관점을 제시한다.

그뿐만 아니라 PPT(Rashid & Howes, 2006)와 웰빙 치료(Fava, 2016), 삶의 질 치료(Frisch, 2016) 같은 긍정심리학 기반의 임상치료법에 대해서도 논의한다. 또한 수용전념치료와 내담자중심치료, 심리도식치료 같은 전통적인 치료법을 긍정심리학 시점에서 재해석하기도 한다.

PPI가 PPT 규약의 개발과 개선에 어떤 기여를 했는지는 〈표 19-1〉 '임상 환경에서 선택한 긍정심리 개입'에 나와 있다. 이 표에는 다양한 임상 및 건강 관리 환경에서 성인에게 적용한 PPI 20개가 소개돼 있다. 이 같은 PPI는 우울증과 불안증, 섭식장애, 자살경향성, 품행장애 같은 핵심 임상문제를 중점적으로 다룬다. 각각의 독립적인 연구는 PPI가 증상 감소에 효과적이라는 사실을 분명하게 보여 준다. 특히 중점적 구성 요소(감사와 희망, 친절, 용서, 성격강점 등)를 사용해 심장문제와 재활, 뇌졸중 이후 재활, 두뇌 손상, 2형 당뇨병, 유방암 등 광범위한 건강문제의 적극적 또는 보조적 치료에 PPI를 사용할 수 있을 것으로 보인다. 홍콩과 인도네시아, 이란, 한국, 호주, 독일, 스페인 등 여러 문화권에서 PPI를 사용했다.

각각의 연구에서 사용한 적절한 PPT 실습도 〈표 19-1〉에 나와 있다. 이 같은 정보는 PPT가 발전하고 있는 새로운 치료 양상이지만 증거에 기반을 두고 있다는 사실을 알려 주기에 치료자에게 특히 중요하다.

표 19-1 임상 환경에서 선택한 긍정심리 개입

번호	출처	치료적 초점과 적절한 PPT 실습	설명(표집, 방법론)	결과
1	허프먼 외 (Huffman et al., 2011)	• 심장병 • 감사편지 • 최상의 나 • 잘 됐던 일 세 가지	8주간 PP 텔레메디신 개입을 심장병 환자에게 시험 적용	PPI 개입은 급성 심장질환 환자 집단에게 사용할 수 있고, 잘 받아들여진 것 같음
2	펑 외 (Fung et al., 2011)	• 부양 스트레스 • 성격강점 • 잘 됐던 일 세 가지 • 감사방문 • 강점을 사용해 문제 해결하기	뇌성마비 아동의 부모와 보모들이 한 홍콩 병원의 정형외과와 외상학과에서 주 4회기에 참여	4회 개입 회기와 부스터 회기 이후 참여자의 양육 스트레스가 크게 감소했고, 희망은 크게 증가. 치료 종료 후가 아닌 치료 중 집단의 지각한 사회적 지지가 증가
3	치벤스 외 (Cheavens et al., 2006)	• 우울증 • 성격강점	MDD 기준에 적합한 성인 34명을 무작위로 선정해 16주간 치료. 한 집단은 강점중심 치료를 받고, 다른 집단은 CBT와 더불어 결점이나 보상중심 치료를 받음	내담자의 강점에 중점을 둔 집단에서는 결점이나 보상 접근법을 사용한 집단에 비해 증상 변화율이 훨씬 빠르다는 결과가 나옴

4	플뤼키게르 외 (Flückiger et al., 2008)	• 불안증 • 개인의 강점과 능력, 준비성 같은 내담자의 자원을 치료에 통합해 넣음	독일에서 실시한 연구로 환자의 긍정자원(유능감) 중점 방식이 특히 치료 초기에 치료 결과에 영향을 미치는지를 연구했음	유능감 중점 방식이 치료자의 전문적 경험과 치료 기간뿐만 아니라 치료 전 고통과 행복의 갑작스러운 반응, 증상 감소와 상관없이 긍정적인 치료 결과와 연관돼 있다는 결과가 나옴
5	호, 예웅, 크퀵 (Ho, Yeung, & Kwok, 2014)	• 우울증 • 행복에 관한 이야기 • 일상생활에서 감사한 일 찾기 • 낙관적인 사고방식 찾기 • 음미하기 • 호기심	홍콩 지역 공동체와 요양원에서 참여한 63~105세 74명이 9주 집단 치료적 환경에서 PPI 완료	우울 증상 감소와 삶의 만족도, 감사, 행복 증가라는 결과가 나옴
6	앤드루즈, 워커, 오닐(Andrewes, Walker, & O'Neill, 2014)	• 두뇌 손상 • 잘 됐던 일 세 가지 • 대표강점	두뇌 손상 환자 10명을 무작위로 선정해 개입집단이나 통제집단으로 배정	12주 후 개입집단의 행복이 증가하고 자아개념이 개선됨
7	허프먼 외 (Huffman et al., 2014)	• 자살경향성 • 감사방문 • 성격강점 • 최상의 나 • 잘 됐던 일 세 가지 • 의미 있는 활동	자살 기도나 시도로 입원한 환자들에게 실시한 아홉 가지 PP 연습의 실행 가능성과 수용성을 연구하고, 부차적으로 연습의 상대적 영향력 검토	나이와 순서, 생략한 연습을 고려한 PPI의 전반적인 효과가 증명됨. 감사와 개인적 강점의 효과가 증명됨
8	커, 오도노반, 페핑(Kerr, O'Donovan, & Pepping, 2015)	• 우울증, 불안증, 약물 남용 등 같은 정신병적 증상 우려 • 감사와 친절	퀸즐랜드의 심리 외래병원 7곳 중 한 곳에서 개별 심리치료 대기자 명단에 있던 성인 48명이 참여. 이들은 2주간 자가 개입 실시	짧은 PPI로 감사라는 정서 경험은 확실하게 키워 줄 수 있지만 친절은 불가능하다는 결과가 나옴. 하지만 감사와 친절 개입은 모두 플라세보 조건과 비교했을 때 관계 형성, 일상생활에 대한 만족도와 낙관성 향상, 불안증 감소를 보였음
9	허프먼 외 (Huffman et al., 2015)	• 2형 당뇨병 • 긍정사건에 대한 감사 • 개인 강점 • 감사편지 • 친절한 행위	이 개념 증명 연구에서 2형 당뇨병 환자와 심혈관 위험 환자 15명(평균 나이 60.1±8.8세)이 PP 연습 완료	더욱 높은 수준의 긍정적인 영향과 낙관성, 행복이 2형 당뇨병 같은 만성 질환 환자들의 개선된 건강 행동 준수(및 결과)와 연관돼 있다는 결과가 나옴

10	후인 외 (Huynh et al., 2015)	• 투옥으로 이어지는 품행장애 • 좋은 삶 모델로 통합된 PERMA에 기반을 둔 활동과 과제	긍정적인 재진입 교정 프로그램이라는 이 PPI는 주간 강연과 토의, 과제를 통해 제공되고, 범죄자들에게 지역 공동체 재진입 촉진 기술을 가르치는 데 중점을 둠	개입 전후의 감사와 희망, 삶의 만족도 점수가 크게 차이 남
11	고, 현 (Ko & Hyun, 2015)	• 우울증 • 잘 됐던 일 기록하기, 긍정적인 피드백, 감사편지	MDD 진단 성인 환자 53명이 한국의 한 병원에서 8주간 치료제를 사용하지 않고 PPI를 받음	PPI를 받은 집단의 우울증 측정 점수가 크게 감소하고, 희망과 자부심 측정 점수가 크게 증가
12	램버트 드레이븐, 몰리버, 톰프슨 (Lambert D'raven, Moliver, & Thompson, 2015)	• 우울증 • 감사편지 쓰기 • 좋은 하루 만들기	우울 증상을 보이는 환자 76명이 1차 진료 환경에서 6주 시험 프로그램에 참여해 좋은 하루 만들기와 감사편지 쓰기를 포함한 개입을 받음	기준점에서 6개월 후 추적검사 시기까지 건강과 활력, 정신 및 신체 건강이 일상적 활동에 미치는 효과 점수가 개선됨
13	레트노와티 외 (Retnowati et al., 2015)	• 자연재해 이후 우울증 • 희망 개입 • 목표 파악 • 계획하기, 동기 유지하기	인도네시아의 므라피산 분출에 직접적인 영향을 받은 성인 31명으로 구성된 개입집단이 2시간씩 4회기에 걸쳐 희망 개입을 받음	치료 후 개입집단의 우울증이 크게 감소
14	샤베스 외 (Chaves et al., 2017)	• 우울증 • 감사하기 • 음미하기 • 성격강점 • 친절	MDD 내담자가 구조화된 진단 이후 무작위 통제 실험에서 집단 CBT(n=49)나 집단 PPI(n=47)에 배정	양쪽 집단 모두 개입 전후 주요 결과가 대폭 변했지만 두 치료법의 차이는 크게 나타나지 않았음
15	나크라한 외 (Nikrahan et al., 2016)	• 관상동맥 우회술 • 감사와 용서 • 대표강점 • 가능한 최상의 자기 • 긍정적 사회적 상호작용 • 과거 재구성	최근 관상동맥 우회술이나 경피적 관상동맥 개입술을 받은 환자 69명이 무작위로 PPI나 대기자 통제집단으로 배정. 기준점과 후개입(7주), 15주차 추적검사 시 위험 생체지표 평가	통제집단 참여자와 비교해 7주차에 PPI 집단의 고민감도가 크게 감소했고, 코르티솔 각성 반응이 대폭 낮아짐
16	산후안 외 (Sanjuan et al., 2016)	• 심장 재활 • 잘 됐던 일 세 가지 • 대표강점 • 최상의 나 • 감사 표현하기 • 친절한 행위	스페인의 심장병 환자들(n=108)이 통제집단(정규 재활 프로그램)이나 행복 프로그램, 재활 프로그램에 무작위 배정	기능 능력 통제 후 재활집단 단독의 경우보다 행복 프로그램과 재활집단에서 부정적 영향이 크게 감소

17	웅 외 (Wong et al., 2018)	• 정신질환 고통 • 감사편지, 감사 일기	심리치료를 받으려는 성인들 (n=293)이 ① 통제(심리치료만 실시)집단, ② 심리치료+표현적 글쓰기 집단, ③ 심리치료+감사 글쓰기 집단에 무작위 배정	감사 글쓰기 집단 참여자가 다른 사람들에게 감사를 표현하는 편지를 씀. 표현적 글쓰기 집단과 통제집단 참여자보다 감사 글쓰기 집단 참여자의 정신 건강이 더욱 많이 개선됨
18	해리슨, 카이르룰라, 키콜러 (Harrison, Khairulla, & Kikoler, 2016)	• 섭식장애 • 긍정정서 배양 • 성격강점	11~18세 여성 입원환자 8명이 긍정성 집단치료를 완료하고 6개월 추적검사와 그 전후 검사에서 평가받음	환자들의 75%가 주관적 행복이 의미 있게 개선됐고, 87.5%는 삶의 만족도가 의미 있게 개선됨
19	테릴 외(Terill et al., 2016)	• 뇌졸중 이후 재활 • 감사 표현하기 • 친절 실습하기	6개월 전이나 그 이전에 뇌졸중을 앓았던 사람과 그 사람과 함께 사는 배우자 또는 돌보미가 짝을 이뤄 이 실험에 참여. 이 두 사람 모두나 둘 중 한 명이 우울 증상을 보임. 개입은 두 가지 활동을 매주 혼자 그리고 둘이 함께 완성하면서 8주간 자가행동 PPI로 진행됨	5쌍의 커플이 이 프로그램을 완료(83% 유지). 참여자들은 8주 중 최소 6주간 활동에 참여했고, 개입에 '매우 만족함'이라고 보고함
20	멀러 외 (Muller et al., 2016)	• 만성 통증과 신체 장애 • 감사 표현하기 • 친절한 행위 • 용서 • 몰입 • 신체 보기	척추 손상과 다발성 경화증, 신경근병증, 폴리오 후 증후군, 만성 통증 환자들이 무작위로 PP나 통제 조건을 배정받음. PP 집단 참여자들은 개인화된 PPI를 완료하고, 통제 집단 참여자들은 8주 동안 생활에 관한 글을 씀	PPT 집단의 개입 전후 통증과 강도, 통증 조절, 통증 재앙화, 통증 간섭, 긍정적인 영향, 우울증이 크게 개선됨. 삶의 만족도와 우울증, 통증 강도, 통증 간섭, 통증 조절의 개선 상태는 2.5개월 추적검사 시까지 유지

주: PP= 긍정심리학, PPI=긍정심리 개입, CBT=인지행동치료, MDD=주요우울장애

　더 나아가 치료자가 이 표를 검토하면 내담자의 구체적인 치료적 욕구를 다룰 때 PPT 모델을 적용할 수 있다. 예컨대, 치료자는 새롭게 등장하는 증거를 기반으로 심리적 문제가 있는 내담자에게는 어떤 실습이 더욱 효과적인지, 감사일기나 감사방문을 어떻게 비교문화적으로 실행할 수 있는지, 트라우마와 싸우고 있는 내담자에게는 어떤 실습이 적절하지 않은지를 결정할 수 있다.

PPI의 이론적 토대와 잠재적인 변화의 메커니즘, 치료적 조건 설명에서 담당하는 PPI의 역할도 살펴봤다. 예컨대, 감사는 우울증의 치명적인 영향에 반작용 역할을 하고(Wood, Maltby, Gillett, Linley, & Joseph, 2008), 희망은 외상후 스트레스 장애 치료에서 변화의 메커니즘 역할을 하며(Gilman, Schumm, & Chard, 2012), 영성과 의미는 심리치료에서 치료 역할을 한다(Steger & Shin, 2010; Worthington, Hook, Davis, & McDaniel, 2011). 또한 용서는 복수할 권리를 포기하거나 분노를 사라지게 하는 점진적 과정(Harrison et al., 2006; Worthington, 2005)이다. 또 다른 연구에서는 창의성과 조울증의 관계(Murray & Johnson, 2010), 긍정정서와 사회적 불안의 관계(Kashdan et al., 2006), 사회적 관계와 우울증의 관계(Oksanen et al., 2010)를 입증했다. 피츠패트릭과 스탈리커스(Fitzpatrick & Stalikas, 2008)는 긍정정서가 치료 변화를 강력하게 예측한다고 했다. 다른 수렴적인 과학적 증거에 따르면 긍정정서는 단순하게 성공과 건강을 반영하는 것이 아니다. 태도와 사고방식을 적응적으로 바꿔 성공과 건강을 이끌어 내기도 한다(Fredrickson, 2009).

PPI의 전반적인 효과와 적절성을 몇몇 연구 보고서에서 살펴봤다. 이 같은 보고서는 이론적 가닥을 종합하고, PPI 적용에 관한 중요한 치료적 결과를 제공한다. 이런 열두 가지 보고서는 〈표 19-2〉의 치료적 결과를 제공하는 긍정 개입 검토서에 나와 있다. 이 보고서에는 PPI의 전반적 효과에 관해 출판된 메타분석 두 가지도 포함돼 있다. 그중 첫 번째 메타분석은 신(Sin)과 류보미르스키(Lyubomirsky, 2009)가 치료적 표집과 비치료적 표집을 포함한 51개 긍정 개입을 분석한 것이다. 이 분석에 따르면 긍정 개입은 우울 증상의 대폭 감소(평균 r=0.31)와 행복 증진(평균 r=0.29)에서 중간 효과 크기로 효과를 증명해 보였다. 보일러(Boiler)와 동료들이 실시한 두 번째 메타분석의 참여자는 6,139명이었다(신과 류보미르스키의 19개 연구 포함). 이 분석에 따르면 PPI는 작은 효과 크기(평균 r=0.23)로 우울증을 감소시켰고, 중간 효과 크기(r=0.34)로 행복을 증진시켰다. 혼, 자르덴과 스코필드(Hone, Jarden, & Schofield, 2015)는 40개 PPI의 효과를 분석하면서 표준화된 틀을 사용했다. 다시 말해, 개입 범위(Reach), 효과성(Efficacy), 적응성(Adoption), 실행(Implementation), 유지(Maintenance)를 평가하는 RE-AIM을 이용한 것이다(Glasgow, Vogt, & Boels, 1999; National Collaborating Center for Methods and Tools, 2008). RE-AIM은 연구 표집과 환경의 대표성, 비용, 효과의 지속성을 개인 수준과 기관 수준에서 평가한다. RE-AIM에 따르면 PPT 점수는 상당히 다양하다. 범위는 64%, 효과성은 73%, 적응성은 84%, 실행은 58%, 유지는 16%이다.

긍정정서를 이용하는 두 가지 메타분석 중 하나는 행동 활성화(Mazzucchelli, Kane, & Rees, 2010)를 사용하고, 다른 하나는 마음챙김 기반 접근법(Casellas-Grau & Vives, 2014)을 사용한다.

이 두 메타분석은 강점 기반 접근법으로 행복을 증진시킬 수 있다는 사실을 증명해 보였다.

　　다른 보고서들은 정서 조절 부문에서 긍정정서(Quoidbach, Mikolajczak, & Gross, 2015) 같은 구체적인 긍정속성의 효과성뿐만 아니라 증상 감소 및 행복 증진(D'Raven & Pasha-Zaidi, 2014) 부문에서 구체적인 강점(감사와 친절)의 효과성을 연구했다. 또 다른 보고서들은 긍정속성이 신체 건강 문제(Macaskill, 2016)와 유방암, 감사(Ruini & Vescovelli, 2013), 확고한 결과 측정치 파악(Stoner, Orrell, & Spector, 2015)에 어떻게 영향을 미치는지를 살펴봤다. PPI가 신경과학 분야(Kapur et al., 2013)뿐만 아니라 트라우마, 전쟁 같은 복잡한 상황에서(Al-Krenawi et al., 2011) 적절성을 지니는지도 연구됐다.

표 19-2　치료적 결과를 제시하는 긍정심리 개입 검토서

번호	출처	보고서 내용	핵심 결과
1	신, 류보미르스키 (Sin & Lyubomirsky, 2009)	메타분석: 참여자 4,266명과 51개 PPI 포함. PPI 효과성을 검토하고 치료자에게 실질적인 지침 제공	PP 개입으로 행복이 크게 증진되고(평균 r=0.5), 우울 증상이 크게 감소(평균 r=0.31)
2	마주첼리, 케인, 리즈(Mazzucchelli, Kane, & Rees, 2010)	메타분석: BA가 행복에 미치는 영향을 분석한 연구. 참여자 총 1,353명과 20개 연구 포함	통합 효과 크기(Hedge의 g값)에 따르면 사후검사에서 BA와 통제 조건의 행복도 차이가 0.52였음. BA는 치료적 환경과 비임상 환경 모두에서 다양한 인구의 행복을 개선하는 매력적이고 준비된 개입을 제공하는 것 같음
3	퀸런, 스와인, 벨라-브로드릭 (Quinlan, Swain, & Vella-Brodrick, 2012)	검토 행복: 증진을 위해 강점 분류를 확실하게 가르치거나 사용하려 했고, 사전 개입 및 사후 개입 측정과 비교 집단을 사용한 연구 8개 검토	내담자에게 계획을 세우고, 현재와 다른 미래를 그려 보며, 목표를 설정하라고 요구하면 개입 효과가 더 좋아진다는 결과가 나옴. 개인의 동기와 관계, 자율성과 관련된 목표를 달성할 가능성이 훨씬 더 높음. 장기 개입이 단기 개입보다 훨씬 더 효과가 좋았음
4	보일러 외 (Boiler et al., 2013)	메타분석: 치료자 7명과 내담자 6,139명이 참여하고 무작위로 출판된 연구 39개 검토	메타분석 결과 표준편차가 주관적 행복은 0.34, 심리적 웰빙은 0.20, 우울증은 0.23으로 나와 PPT 효과가 작음
5	카셀라스-그라우, 비베스(Casellas-Grau & Vives, 2014)	체계적 검토: 마음챙김 기반 접근법과 긍정정서 표현, 영적 개입, 희망 치료, 의미 만들기 개입을 포함한 16개 연구에 중점을 둠	유방암 환자와 생존자들에게 적용한 PPI가 긍정적인 측면을 개선할 수 있는 것으로 나타남

6	드레이븐, 파샤-자이디 (D'Raven & Pasha-Zaidi, 2014)	검토: 치료자 상담에 맞춰 음미하기와 감사, 자기연민 같은 PPI 표집 검토. 이 같은 PPI가 왜, 어떻게, 어떤 조건에서, 누구에게 최적의 효과를 발휘하는지를 설명하기 위해 PPI 표집 검토	PPI가 행복을 증진해 줄 수 있다는 결론이 나옴. 하지만 적합성과 시기, 문화 같은 중요한 사항을 고려해야 함. 더 많은 것이 항상 더 나은 것은 아님
7	드르배릭 외 (Drvaric et al., 2015)	비판적 검토: 11개 연구를 검토해 강점 기반 치료 접근법이 정신병에 걸릴 치료적 위험이 있는 사람들을 치료하는 데 효과적이고 적절한지 분석	긍정적인 대처 기술과 회복력이 높은 수준의 심리적 스트레스를 완화해 줄 수 있는 보호 요소로 나타남. 정신병에 걸릴 치료적 위험이 높을 경우 회복력 키우기가 행복을 증진시키고, 적응적 정신 건강을 개선하는 데 효과적일 수 있음
8	혼, 자르덴, 스코필드 (Hone, Jarden, & Schofield, 2015)	효과성 검토: 1만 664명이 참여하는 PPI 40개의 효과성을 중점적으로 다루면서 범위와 효과성, 적응성, 실행, 유지를 포함하는 개입 유용성의 다섯 가지 측면에서 효과성 검토	RE-AIM 점수가 상당히 다양했음. 범위는 64%, 효과성은 73%, 적응성은 84%, 실행은 58%, 유지는 16%였음
9	쿠아드바흐, 미콜라이차크, 그로스(Quoidbach, Mikolajczak, & Gross, 2015)	검토: 정서 조절 과정 모델을 이용해 125개 이상의 연구 검토. 친절한 행위와 가능한 최상의 자기, 잘 됐던 일 세 가지, 감사방문, 목표 설정, 희망, 음미하기 같은 PPI가 포함	상황 선택과 상황 수정, 주의 분산, 인지 변화, 반응 조절을 포함한 다섯 가지 장단기 전략으로 긍정
10	로프케 (Roepke, 2015)	메타분석: 사람들이 역경을 겪고 나서 다양한 치료 접근법을 통해 성장할 수 있는지를 검토. 타당하거나 신뢰할 수 있는 PTG(외상 후 성장) 측정과 더불어 12개 무작위 통제연구 포함	PTG를 배양하기 위한 이들 개입은 PTG에 높은 효과를 나타나는 것을 확인함
11	스토너, 오렐, 스펙터(Stoner, Orrell, & Spector, 2015)	체계적 검토: 특성을 공유한 인구집단에서 표준화 기준을 사용하는 PP 결과 측정을 평가. 치매 인구집단에서 잠재적 적용이나 사용에 적합한 강력한 측정을 파악하는 것이 목표	회복력과 자기효능감, 종교성·영성, 삶의 가치 평가, 일관성, 자율성, 자원 활용성라는 구성 요소 내에서 16개 PP 결과 측정을 파악. PPI에서 적절한 정신력 측정 분석 보고의 중요성을 강조
12	매캐스킬 (Macaskill, 2016)	검토: 신체 건강 문제와 함께 PPI를 임상인구 집단에 적용하는 문제를 검토	PPI를 신체 건강 문제와 함께 임상인구 집단에 적용하기 시작하고 있음. 암과 관동맥성 심장병, 당뇨병에 PPI를 적용하는 문제를 조사. PPI 실시 후 초기 결과가 개선됨

주: PP=긍정심리, BA=행동 활성화, PPI=긍정심리 개입, PTG=외상 후 성장
　　출판연도 순으로 나열.

램버트 드레이븐(Lambert Draven)과 파샤-자이디(Pasha-Zaidi, 2006)는 상담 환경에서 감사와 감상력, 용서, 긍정관계 같은 성격강점을 이용하는 긍정 개입의 적절성을 검토했다. 그 결과, PPI가 긍정적인 영향과 경험을 이끌어 냈고, 우울증을 완화하는 데 효과적이었다. 보다더 중요한 사실은 PPI를 치료적 맥락에서 사용하면 내담자가 내재 능력을 동원해 바람직한변화의 동기를 훨씬 쉽게 가질 수 있다는 것이다. 더 나아가 PPI는 긍정정서와 행복을 유지하고 증진시키는 일반적인 치료 실습 전략을 제공한다.다양한 치료 환경에서 복잡한 치료적 문제를 다루는 PPI는 심리치료의 지식 기반과 건강 결과를 발전시켜 나가고 있다. 강력한 경험적 증거와 새롭게 등장하는 PPI 작업은 PPT 개발과 수정의 토대를 마련하는 데 필수적이다.

긍정심리치료와 웰빙 이론

PPT는 셀리그만의 플로리시를 위한 웰빙 이론인 팔마(PERMA; Seligman, 2002a, 2012) 개념화와 성격강점(Peterson & Seligman, 2004)이라는 두 가지 주요 이론에 일차적인 기반을 두고 있다(성격강점은 웰빙 이론인 PERMA 전체의 기반이다). 이 중 먼저 행복을 과학적으로 측정하고 관리할 수 있는 다섯 가지 요소로 나누는 팔마 모델을 설명하고자 한다. 팔마 모델은 〈표 19-3〉의 행복 이론: 팔마에서 ① 긍정정서, ② 몰입, ③ 관계, ④ 의미, ⑤ 성취(Seligman, 2012)로 요약돼 있다. 팔마의 세 가지 분야(긍정정서, 몰입, 의미)에 대한 성취감은 우울증 감소, 삶의 만족도 증가와 관련돼 있다는 연구 결과가 있다(Asebedo & Seay, 2014; Bertisch et al., 2014; Headey, Schupp, Tucci, & Wagner, 2010; Kern et al., 2015; Lambert Draven & Pasha-Zaidi, 2016; Lamont, 2011; Schueller & Seligman, 2010; Sergy & Wu, 2009).

표 19-3 행복 이론: PERMA

요소	간략한 설명
긍정정서	행복, 자족감, 자부심, 평온함, 희망, 낙관성, 신뢰, 자신감, 감사 같은 긍정정서 경험하기
몰입	최적의 초집중 상태인 몰입과 고도의 집중, 보다 더 발전하고 싶은 내재적 동기를 느끼고자 자신의 강점을 활용하는 활동에 깊이 몰두하기
관계	긍정적이고 안정적이고 신뢰할 수 있는 관계 맺기
의미	자신보다 더 원대한 목적의식과 믿음을 갖고 뭔가에 소속되어 봉사하기
성취	성공과 승리, 유능 그리고 성취 자체를 추구하기

출처: Selgman (2012).

◉ 긍정정서

긍정정서는 행복의 쾌락적(즐거움) 측면을 대변한다. 이런 측면은 과거, 현재, 미래에 대한 긍정정서를 경험하고, 그런 정서의 함양과 지속성을 증폭시키는 기술을 배우는 것으로 이뤄져 있다.

- 과거의 긍정정서에는 감사, 용서, 자족감, 성취감, 자부심, 평온함이 있다.
- 미래의 긍정정서에는 희망, 낙관성, 신념, 믿음, 자신감이 있다.
- 현재의 긍정정서에는 만족, 쾌락, 음미하기, 마음챙김이 있다(Seligman, 2002a).

긍정정서는 부정정서와 비교했을 때 일시적이지만 더욱 융통성 있고 창의적이며 효과적인 사고 과정을 만들어 나가는 데 핵심적 역할을 한다(Fredrickson, 2009). 조사 결과에 따르면 긍정정서는 부정정서를 '상쇄'시켜 회복력을 키워 주고(Fredrickson, Tugade, Waugh, & Larkin, 2009; Johnson et al., 2009), 장수와 결혼 만족도, 관계, 수입, 회복력과 깊이 연관돼 있다(개관은 Fredrickson & Branigan, 2005; Lyubomirsky, King, & Diener, 2005 참조). 배리 슈워츠(Barry Schwartz)와 동료들(2002)은 심리치료를 받으려는 우울증 내담자의 긍정정서 대 부정정서 비율이 0.5 대 1보다 더 낮은 경향이 있다는 사실을 밝혀냈다. 긍정정서 부족이 정신병의 핵심 요인으로 보인다.

긍정정서는 신체 건강에도 영향을 미친다. 예컨대, 공중위생관리국에서는 심장질환을 사망의 주요 원인으로 계속해 기록하고 있다. 또한 흡연과 비만, 고혈압, 운동 부족 비율 등 가능한 위험 요소에 관한 자료도 수집한다. 이런 자료들은 미국의 각 지방자치단체 차원에서 찾아 이용할 수 있다.

펜실베이니아 대학 연구조사 팀은 이런 신체적 역학을 디지털 트위터 버전과 연관 지으려고 했다. 이들 연구자는 2009~2010년 일련의 공개적인 트윗을 유도했다. 이와 동시에 기존의 정서 사전을 사용해 위치 파악이 가능한 개인의 무작위 트윗 표본을 분석했다. 미국 전체 인구의 약 88%를 차지하는 1,300여 개 지방자치단체에서 충분한 트윗과 건강 데이터를 수집한 결과는 다음과 같다. 특정한 지방자치단체 거주자의 트윗에서 수입과 교육 수준을 통제하면 분노, 스트레스, 피로 같은 부정정서 표현이 심장질환 고위험과 연관돼 있었다. 반면, 기쁨과 낙관성 같은 긍정정서 표현은 심장질환 저위험과 연관돼 있었다(Eichstaedt et al., 2015).

⊙ 몰입

　몰입은 업무에 집중하기, 친밀한 관계, 여가를 추구하는 것과 관련된 행복의 한 측면이다. 몰입이라는 개념은 칙센트미하이(Csikszentmihalyi, 1990)의 몰입 연구에서 탄생했다. 칙센트미하이의 몰입은 '음악과 하나되는 것'처럼 어떤 활동에 올인해 시간 가는 줄 모르고 극도로 집중하는 심리적 상태를 말한다. 개개인이 어려운 과제를 감당할 수 있을 정도로 충분한 기술이나 능력을 갖추고 있다면 시간 개념을 잊어버린 채 경험에 깊이 몰두하거나 그와 '하나'가 될 가능성이 크다. 셀리그만(2002a)은 몰입을 향상시키는 한 가지 방법이 내담자가 자신의 '대표강점'을 파악해 보다 자주 사용할 수 있게 도와주는 것이라고 했다. 대표강점을 새로운 방식으로 사용하도록 권장하는 PPI가 특히 효과적이라고 밝혀졌다(Azanedo et al., 2014; Berthold & Ruch, 2014; Bushor et al., 2013; Peterson et al., 2007; Proyer et al., 2013; Ruch et al., 2007).

　PPT에서 내담자는 대표강점을 사용해 몰입 활동을 시작하는 법을 배운다. 이런 활동은 비교적 시간이 많이 걸린다. 예컨대, 암벽 타기와 체스, 농구, 춤, 예술 창작이나 경험, 음악, 문학, 영적인 활동, 사회적 상호작용뿐만 아니라 빵 굽기와 정원일, 아이와 놀아 주기 같은 창의적인 추구 활동이 있다. 이런 몰입 활동은 빠르게 사라져 버리는 감각적 쾌락에 비해 훨씬 오래 지속되고, 더욱 많은 사고와 해석을 요구하며, 너무 쉽게 익숙해지지 않는다. 몰입은 지루함과 불안, 우울증을 해소해 주는 중요한 해독제가 될 수 있다.

　많은 심리장애의 특징인 무쾌감증과 무관심, 지루함, 다중작업(multitasking), 초조함은 대체로 주의 산만의 징후이다(Donaldson, Csikszentmihalyi, & Nakamura, 2011; McCormic et al., 2005). 고도의 몰입은 보통 지루함과 반추를 날려 버린다. 다시 말해, 힘든 과제를 성공적으로 완수하려고 애쓰면서 주의 자원은 당면 과제에 집중시켜 활성화시키고, 자기 관련 정보와 위협 관련 정보의 처리에 소모되는 능력은 줄여 나간다. 추가적으로 몰입 활동 이후 성취감을 느끼면 종종 긍정적인 반추의 두 가지 형태인 회상하기와 만끽하기를 할 수 있다(Feldman, Joormann, & Johnson, 2008). 이 같은 몰입의 특징은 치료 개입에 효과적으로 적용되고 있다(Grafanaki et al., 2007; Nakamura, Csikszentmihalyi, 2002).

⊙ 관계

　모든 인간은 진화 과정에서 자연도태로 형성된 근본적인 '소속 욕구'를 지니고 있다(Baumeister & Leary, 1995). 긍정적이고 안정적인 관계는 행복과 강력하게 연관돼 있다

(Wallace, 2013). 미국 시간 사용 조사(American Time Use Survey)에 따르면 사람들은 깨어 있는 대부분의 시간을 적극적으로나 수동적으로 타인과 상호작용하는 데 소비한다. 예컨대, 다른 사람들과 토의하고, 협력하며, 좋은 것을 교환하는 것이다(Bureau of Labor Statistics, 2015). 인간관계의 질은 친구 수나 친구와 함께 보내는 시간 같은 양적 특성보다 훨씬 더 중요하다. 가령, 부모와 또래, 선생님을 포함해 광범위한 사회적 지지를 받는 아이들은 학업 성취와 상관없이 그런 지지를 받지 못하는 또래보다 정신질환(우울증과 불안증)을 앓을 확률이 낮고, 행복을 더욱 많이 누린다(Demir, 2010; Stewart & Suldo, 2011).

긍정관계는 정신질환을 예방해 줄 뿐만 아니라 장수에도 도움이 된다. 30만 8,849명이 참여한 148개 연구에서 더욱 탄탄한 사회적 관계를 맺은 사람들의 생존 가능성은 50% 증가했다. 이런 결과는 나이와 성별, 초기 건강 상태, 사망 원인, 추적검사 시기와 상관없이 일관적이었다(Holt-Lunstad & Timothy, 2010). 거의 모든 PPT 실습에 다른 사람들과 관련된 직접 또는 회상 성찰이 포함됐다. 연구자들은 무작위 실험에서 관계 중심의 긍정적인 활동을 수행한 사람들의 관계 만족도가 높아졌다는 사실을 발견했다(O'Connell, O'Shea, & Gallagher, 2016).

◉ 의미

의미는 자신보다 더욱 원대한 뭔가에 소속돼 봉사하고자 자신의 대표강점을 사용하는 것으로 이뤄진다. 의미 연구의 선구자 빅터 프랭클(Victor Frankl, 1963)은 행복을 바라기만 해서는 얻을 수 없다고 강조했다. 행복은 자신보다 더욱 원대한 목표를 달성하기 위해 일하다 보면 의도치 않게 나타나는 결과라는 것이다. 그런 원대한 목표와 연결 짓는 활동을 성공적으로 하는 사람들은 '의미 있는 삶'을 성취한다. 그 방법은 무수히 많다. 예컨대, 친밀한 대인관계, 예술적이고 지적인 혁신이나 과학적 혁신, 철학적이거나 종교적인 사색, 사회적 또는 환경적 행동주의, 경력을 소명으로 생각하기, 영성 또는 명상처럼 잠재적으로 혼자 추구하는 기타 활동이 있다(예: Stillman & Baumeister, 2009; Wrzeniewski, McCauley, Rozin, & Schwartz, 1997). 의미 있는 삶을 만들어 나가는 방법과 상관없이 그런 행위 자체가 만족감을 낳고 잘 살아가고 있다는 믿음을 심어 준다(Ackerman, Zuroff, & Moskowitzm, 2000; Hicks & King, 2009).

보다 더 원대한 삶의 목적이 있는 성인들은 두뇌 손상에서 훨씬 빠르게 회복된다(Ryff et al., 2016). PPT는 내담자의 구체적인 목표 정의와 설정을 도와주고, 그런 목표와 관련된 중요한 의미를 명확히 해 목표 달성 가능성을 높이는 유용한 시도일 수 있다(McKnight & Kashdan, 2009). 의미와 목적의식이 역경에서 빠르게 회복할 수 있게 도와주고, 절망과 제어 불능에 사로잡히지 않게 해 준다는 증거가 있다(Graham, Lobel, Glass, & Lokshina, 2008; Lightsey, 2006). 의미에 가득 찬 삶을 사는 내담자는 어려운 상황에서 포기하기보다 계속 앞으로 나아갈 가능성이 크다(McKnight & Kashdan, 2009). PPT는 내담자가 심리적 문제를 다루기 위해 인맥을 형성하도록 도와줄 수 있다.

⊙ 성취

성취는 객관적이고 구체적인 성취나 승진, 메달, 보상을 뜻할 수 있다. 하지만 성취의 본질은 발전하고 진보하고자 하는 주관적 추구에 있고, 궁극적으로는 개인적으로나 대인적으로 성장하는 것이다. 팔마 모델에서는 강점과 능력, 재능, 기술, 노력을 이용해 깊은 만족감과 성취감을 느낄 수 있는 뭔가를 하는 게 성취라고 정의한다.

성취하려면 어떤 강점을 언제 사용해야 하는가를 결정해야 하고, 적극적이면서도 전략적으로 사용해야 하고, 상황적 변동을 면밀하게 살펴 시기적절하게 변화를 꾀해야 한다. 또한 구체적인 행동이나 습관의 일관성도 필요하다. 마지막으로, 성취에는 외적인 보상이 따를 수 있다. 하지만 내재적 동기를 갖고 의미 있는 목표를 추구하며 성취할 때 행복이 증진된다.

긍정심리치료의 이론적 가정

PPT는 긍정 개입 연구의 경험적 기반, 팔마 모델과 성격강점의 이론적 기반에서 발전된 것이다. 하지만 자연과 원인, 진로에 관한 세 가지 가정과 다음에 토의할 구체적인 행동 패턴 치료를 중심으로 운영되기도 한다.

⊙ 내재적 성장 능력

PPT는 인본주의 심리학과 맥을 같이한다. 내담자의 내재적 성장 능력과 성취감, 행복이 장기간 심리적 고통에 억눌릴 때 정신질환이 발발한다고 주장한다. 심리치료는 인간관계의 변형적인 힘을 이용해 잠재력을 발휘하거나 되찾을 수 있는 독특한 기회를 제공한다. 또한 판단하지 않고 공감해 주는 치료자가 유례없는 상호작용을 통해 내담자의 가장 깊은 정서와 바람, 열망, 생각, 믿음, 행동, 습관에 접근할 수 있게 해 준다. 하지만 이런 독점적 접근 권한을 자연스럽게 나타나는 부정성을 처리하고, 최악의 상황을 바로잡는 데 주로 사용한다면 성장을 촉진하는 기회가 빛을 보지 못하거나 종종 완전히 사라져 버린다.

강점에 중점을 두면 내담자는 권위적이지 않고, 지루하고 평범하지 않고, 불평하지 않는 법만 배울 수 있는 게 아니다. 더욱 자발적이고 창의적이며 유쾌하고 감사할 줄 아는 사람이 되는 구체적인 기술을 배울 수 있다. 강점이 끔찍한 생활환경에서도 성장에 핵심 역할을 할 수 있다는 증거가 있다. 인구통계 말고 성격강점도 회복력과 사회적 지지, 자부심, 삶의 만족도, 긍정적인 영향, 자기효능감, 낙관성을 예측해 준다(Martinez-Marti & Ruch, 2016). 성격 강점의 중요성에 관한 이런 가정을 지지해 주는 증거가 증가하고 있다. 린리(Linley)와 동료들(2010)은 강점을 사용하는 사람들이 자신의 목표를 달성할 가능성이 높다는 사실을 증명해 보여 줬다. 더 나아가 강점 사용은 부정경험의 영향력을 완화해 준다(Johnson, Gooding, Wood, & Tarrier, 2010). 노년층이 낙관성과 감사, 음미하기, 호기심, 용감성, 이타성, 삶의 의미 같은 강점에 중점을 두면 우울 증상이 감소했다(Ho, Yeung, & Kwok, 2014). PPT는 이 같은 사실을 종합해 내담자가 성장할 수 있다고 가정하고, 증상 감소에 도움이 되는 성장 과정을 강조한다.

◉ 증상 못지않게 진정성 있는 강점

PPT는 강점 자체를 가치 있게 여긴다. 또한 긍정정서와 강점을 증상과 장애 못지않게 진정성 있는 실질적인 요소로 취급한다. 강점은 치료적 경계에 하릴없이 떠도는 방어기제나 환영 또는 증상의 부산물이 아니다. 분노와 기만, 경쟁, 질투, 탐욕, 걱정, 스트레스가 실재한다면 정직과 협력, 자족, 감사, 연민, 평온도 실재한다. 단순하게 증상이 없다고 정신적 행복을 누리는 것은 아니라는 조사 결과가 있다(Bartels et al., 2013; Keyes & Eduardo, 2012; Suldo & Shaffer, 2008). 강점과 증상을 통합하면 내담자의 자기개념이 확장되고, 치료자에게는 추가적인 개입 경로가 열린다. 치벤스(Cheavens)와 동료들(2012)은 심리치료에서 내담자의 약점보다 강점에 중점을 두면 더욱 뛰어난 결과가 나온다는 사실을 증명해 보였다. 이와 마찬가지로 플뤼키게르와 그로스 홀트포스(Flückiger & Grosse Holtforh, 2008)는 각 회기 시작 전 내담자의 강점을 중점적으로 다루면 치료 결과가 개선된다는 사실을 밝혀냈다. 치료자가 내담자의 용감성과 친절, 겸손, 끈기, 사회성 지능을 되찾아주고 배양하고자 적극적으로 노력할 때 내담자의 삶이 더욱더 성취감으로 충만해질 가능성이 높다. 이와는 대조적으로 치료자가 증상 개선에 중점을 둘 때는 내담자의 삶이 덜 우울해질 수 있다.

⊙ 치료관계

PPT의 마지막이자 세 번째 가정은 문제점에 대해서만 이야기하지 않고 긍정경험과 개인적 특성(긍정정서와 강점, 미덕 등)을 탐색하고 분석해 효과적인 치료관계를 형성할 수 있다는 것이다. 이런 치료 동맹 형성은 치료 변화에 핵심적인 공통 요소이다(Horvath et al., 2011; Kazdin, 2009). 셸과 데이비스와 헨더슨(Scheel, Davis & Henderson, 2012)은 강점에 중점을 두면 치료자가 내담자와 신뢰하는 관계를 맺기 쉽고, 내담자에게 희망을 심어 줘 동기부여를 할 수 있다는 사실을 발견했다. 브라질의 심리치료사 26명과의 인터뷰에 기반을 둔 또 다른 연구에서는 치료자가 치료 중 내담자의 정보에서 긍정정서를 이끌어 내면 내담자의 자원 활용성을 보다 더 잘 인식할 수 있다는 사실을 밝혀냈다. 더 나아가 내담자의 자원이 결점과 동일하게 중시될 때 긍정정서가 치료관계를 강화해 준다(Vandenberghe & Silvestre, 2013). 그러므로 치료 동맹은 강점을 수용하는 관계를 통해 형성할 수 있다.

이런 과정은 전통적인 심리치료 접근법과 대조된다. 전통적인 심리치료 접근법에서는 치료자가 일단의 증상과 문제를 내담자에게 진단 형식으로 분석하고 설명해 준다. 대중매체에서 보여 주는 심리치료의 초상이 그런 치료자의 역할을 더욱 부각시킨다. 대중매체에서는 문제점에 대해 이야기하고, 억압된 감정을 분출하며, 잃어버렸거나 망가진 자부심을 치료자의 도움을 받아 회복하는 치료관계를 보여 준다.

⊙ 정신병리학: 증상과 강점

PPT에서 긍정심리학의 핵심 개념은 긍정성(성격강점, 긍정정서, 몰입, 의미, 긍정관계, 성취)이 정신질환을 평가하고 다루는 데 증상 못지않게 중요한 요소라는 것이다. 이런 개념은 정신병리학의 전통적인 시각에서 크게 벗어난 것이다. 전통적인 정신병리학에서는 증상이 중심 위치를 차지한다. 순전히 증상에 기반을 둔 분류체계는 내담자의 다양하고 복잡한 삶을 이해하는 데 적절하지 않다. PPT는 증상에 독점적으로 초점을 맞출 수밖에 없는 이유를 이해한다는 점을 명확하게 밝힌다. 실제로 문제 증상은 눈에 확 띄고, 치료적 환경에서는 긍정적인 것보다 문제 증상을 훨씬 쉽게 접근해 평가할 수 있다. 보통 내담자와 치료자가 부정경험에 집중하면 보다 더 복잡하고 깊이 있는 치료적 대화를 나눌 수 있다. 그러므로 치료적 서비스를 받으려는 내담자가 부정 사건과 좌절, 실패를 쉽게 떠올리거나 치료자가 충동, 양가감정, 기만, 개인적 결점이나 대인적 결점에 관한 이야기를 쉽게 평가하고 숙고하며 해석하는 것이 놀라운 일은 아니다. 치료자는 훨씬 더 명확한 정보적 가치가 있기 때문에 부정성에 더욱 신경을 많이 쓰고, 복잡한 인지 처리를 시작한다(예: Peeters & Czapinski, 1990). 그러므로 보통 증상과 장애를 탐색하기 위해 임상 평가를 실시한다. 하지만 거의 증상에만 초점을 맞추면 임상 평가에 다음과 같은 중대한 한계가 생긴다.

◉ 증상의 중심 요소

증상은 기본적으로 치료적 대화의 중심 요소이기 때문에 반드시 진지하게 연구해야 한다. 반면, 긍정성은 증상적 완화의 부산물이라서 평가할 필요가 없다. 이런 가정이 아주 뿌리 깊게 박혀 있어 전통적으로 긍정적인 속성은 보통 방어기제로 간주된다. 예컨대, 불안은 이론적으로 종교개혁(Weber, 2002)을 특징짓는 직업윤리를 이끌어 낸 원동력이었다. 우울증이 방어기제가 되어 죄의식을 물리치고, 그런 감정의 보상으로 연민이 나타난다는 이론이 제시된 바 있다(McWilliams, 1994). PPT에서는 인간의 강점을 약점 못지않게 실재하는 오래된 것이자 모든 문화권에서 가치 있는 것으로 간주한다(Peterson & Seligman, 2004).

강점은 증상만큼이나 정신질환 평가와 치료에 결정적인 요소이다. 또한 방어기제도 아니며 부산물이나 보상으로 간주되는 것도 아니다. 강점은 그 자체로 가치 있는 것이며 평가 과정에서 약점과 별개로 측정되는 것이다. 예컨대, 자신을 통제해 다른 사람들의 협력을 이끌어 내고자 반드시 겸손을 사용해야 하는 것은 아니다. 친절을 베푸는 것이 반드시 스트레스 상황을 해소하거나 중화시키려는 시도도 아니다. 또한 창의성은 불안을 이용해 혁신을 일으키는 것만이 아니다.

◉ 왜곡된 프로필과 틀

전통적인 결점 지향 평가와 치료 접근법은 DSM-5(American Psychiatric Association, 2013)의 인위적인 범주 내에서 내담자에게 꼬리표를 붙인다. 꼬리표를 붙이는 것 자체가 바람직하지 못한 것은 아니다. 꼬리표는 세상을 분류하고 조직한다(Maddux, 2008). 하지만 정신병리학에서 내담자를 꼬리표 붙이는 대상으로 취급하면 내담자의 다양한 복잡성을 간과할 수 있다(Boisvert & Faust, 2002; Szasz, 1961). 이처럼 지나친 진단 중심 경향 때문에 DSM 기반 진단은 결점과 장애를 두드러지게 요약해 보여 주는 성격 프로필을 만들어 낸다. 성격의 치료적 평가는 약점뿐만 아니라 강점도 탐색하는 종합적인 과정이 돼야 한다(Suldo & Shaffer, 2008). 치료 평가에서 표출된 문제를 해결해야 하는 문제점으로 취급하자마자 표출된 문제를 감소시키는 것이 개입의 성공 척도가 된다.

하지만 심리문제는 복잡하고 다면적이며 종종 특이하게 표출된다(Harris & Thoresen, 2006). 더 나아가 정신질환 증상이 완화됐다고 내담자가 반드시 행복을 누리는 것은 아니다. 시간과 자원 할당이라는 측면에서 치료적 부동산(real estate)은 한정돼 있다. 이런 부동산의 대부분을 증상 완화가 차지한다면 강점과 의미 또는 목적 강화에 투자할 시간과 노력이 많이 남지 않는다.

⊙ 낙인

현재의 치료 실습은 대체로 어린 시절의 트라우마 진술과 왜곡된 사고 평가, 대인적 어려움, 정서적 혼란 평가를 지향한다. 사람들은 자신들의 어려운 상황을 정신질환으로 진단받아 낙인찍힐까 봐 두려워 치료 서비스를 회피한다(Corrigan, 2004). 대중매체에서 보여 주는 정신질환자의 초상 때문에 정신 건강에 대한 낙인이 사라지지 않는다(Bearse, McMinn, Seegobin, & Free, 2013). 게다가 점점 더 다양해지고 국제화되는 사람들이 항상 유럽 중심의 진단 꼬리표에 동의하는 것도 아니다(Zalaquett et al., 2008).

⊙ 정신질환은 강점조절장애

주디스 존슨(Judith Johnson)과 알렉스 우드(Alex wood, 2017)는 긍정심리학과 임상심리학에서 연구한 대부분의 구성 요소가 긍정에서 부정에 이르는 연속체(감사에서 배은망덕, 침착에서 불안 등)에 존재하기 때문에 '긍정'이나 '부정' 중 어느 한 연구 분야에 대해서만 이야기하는 것은 무의미하다고 주장했다. 전통적인 결점 기반 심리학은 긍정심리학과 통합해 이득을 볼 수 있다. 그 이유는 다음과 같다.

- 성격강점과 긍정정서 같은 긍정심리학의 구성 요소는 전통적인 치료적 요소를 비교문화적으로나 전향적으로 고려할 때 독자적으로 행복을 예측할 수 있다.
- 강점과 긍정적으로 정서화된 감정 같은 긍정심리학자의 핵심적인 중점 사항은 위험 요인과 상호작용해 결과를 예측하고, 그 결과로 회복력이 생겨난다.
- 보통 행복 증진에 사용하는 PPT는 증상 완화에도 사용할 수 있다.

● 유럽 중심의 임상심리학은 대체로 긍정심리학 구성 요소와 통합해 비교문화적으로 적용해 활용할 수 있다.

긍정심리학자들은 이 같은 주장을 고려해 치료자에게 DSM 기반 심리장애를 재개념화하라고 요구한다. 20년도 더 지난 과거에 에번스(Evans, 1993)는 부정 행동이나 증상에는 대체 가능한 긍정 형태가 있다고 했다. 이런 상호관계는 어느 정도까지는 의미론적인 문제이다. 증상은 언제나 간단하게 일상적인 반대어로 설명할 수 있다. 하지만 모든 증상이나 장애가 자연스럽게 그런 상호관계에 들어맞는 것은 아니다. 예컨대, 용기는 불안의 반대라고 개념화할 수 있지만 불안해하는 모든 사람이 용기가 부족한 것은 아니다. 에번스는 정신병리학의 구성 요소 대부분을 두 가지 유사한 측면으로 측정할 수 있다고 주장했다. 첫째, 병적이거나 바람직하지 못한 측면은 심각한 일탈에서 중립적인 위치를 거쳐 긍정적인 비발생으로 이동하는 것이다. 둘째, 그 정반대 측면은 비발생에서 다소 중립적인 위치를 거쳐 바람직한 형태로 이동하는 것이다.

이 같은 맥락에서 피터슨(2006)은 심리장애를 강점의 부재, 즉 강점의 정반대나 강점의 남용(AOE)으로 간주할 수 있다고 주장했다. 또한 성격강점의 부재가 실제 정신병리학의 특징이라고 했다. 하지만 에번스처럼 피터슨도 성격강점 부재가 반드시 생물학적 표지자가 분명한 정신분열증이나 조울증 같은 장애를 뜻하는 것은 아니라고 했다. 많은 심리학 기반 장애(우울증과 불안증, 집중과 행동 문제, 인격장애 등)는 증상의 존재라는 측면뿐만 아니라 성격강점의 부재, 정반대, 남용이라는 측면에서 보다 더 전체론적으로 이해해야 하는지도 모른다.

피터슨의 AOE 접근법에서 순응은 독창성의 부재로 나타난다. 특히 전체 집단이 순응을 고수할 때는 더더욱 그렇다. 호기심의 부재는 무관심이다. 무관심은 개인이 알 수 있는 것에 한계를 두기 때문에 바람직하지 못하다. 호기심의 정반대는 지루함이다. 과한 호기심도 해로울 수 있다. 특히 폭력이나 성관계, 마약에 호기심이 생길 경우 더더욱 그렇다. AOE 접근법을 치료적 민감성과 예민성을 고려해 치료적 환경에 적용하는 것은 쉽지 않을지도 모른다. 내담자의 상태를 강점(용감성과 낙관성, 친절 등)의 완전 부재라든지, 강점의 정반대(진부함은 창의성의 반대, 기만은 정직의 반대, 편견은 공정성의 반대 등)나 강점 남용(정서지능의 남용은 정서적 혼란, 시민의식의 남용은 국수주의, 유머의 남용은 어릿광대짓 등)이라고 개념화하면 치료자와 내담자 모두 의기소침해질 수 있고, 심지어 이론적 타당성이 사라질 수 있다. 어떤 사람한테서 친절을 조금도 찾아볼 수 없다거나 용감성이 완전히 사라졌다고 상상하기는 어렵다. 그렇기 때문에 여기에서 약간 수정한 AOE 강점 버전을 제시한다.

먼저 DSM 기반 장애를 강점 부족이나 남용이라는 측면에서 검토하라고 제안한다. 예컨대, 부족에 중점을 두면 우울증의 부분적 원인을 다른 변수 중 희망과 낙관성, 열정 부족으로 볼 수 있다. 이와 마찬가지로 투지와 끈기 부족으로 불안증의 몇몇 측면을 설명할 수 있다. 공정성과 형평성, 정의 부족은 품행장애를 강화할지도 모른다. 이 밖에도 많은 심리장애는 구체적인 강점들의 남용으로 타당하게 개념화할 수 있다. 예컨대, 우울증의 부분적 원인은 겸손 남용(자기 욕구를 드러내기 꺼림)과 친절 남용(자기관리를 희생시켜 타인에게 친절하기), 예견력 남용(좁아진 현실관), 의미 남용(고도 집중과 끊임없는 헌신을 초래함)이 될 수 있다. 〈표 19-4〉에서는 강점 부족이나 헌신의 측면에서 바라보는 주요 심리장애의 증상을 나열해 보여 준다.

　강점 부족만으로는 진단을 내리기 힘들다. 그럼에도 영국 스털링 대학교에서 알렉스 우드(Alex wood)가 새롭게 연구한 결과에 따르면 긍정성 부재나 부족이 치료 상태에 위험을 가한다. 우드와 조셉(Wood & Joseph, 2010)은 5,500명이 참여한 종적 연구에서 자기수용과 자율성, 삶의 목적, 타인과의 긍정관계, 환경적 통달, 개인적 성장 같은 긍정특성이 약한 사람들이 치료적 범주에서 우울증에 걸릴 가능성이 7배 더 높다는 사실을 발견했다. 긍정특성의 부재는 현재와 과거의 우울증 병력과 신경증적 성향, 신체 건강 악화를 포함한 수많은 부정 측면 이외에도 심리장애를 초래하는 독자적인 위험 요소가 됐다. 더 나아가 긍정특성이 강한 사람들은 치료적 고통을 포함한 부정 사건의 영향을 한층 적게 받는다(Johnson et al., 2010; Johnson, Gooding, Wood, Tarrier, 2010).

　PPT 관점에서 봤을 때 강점 부족이나 남용은 정확히 어떻게 작용할까? 치료 사례를 한번 살펴보자. 역학연구센터 우울척도(Center for Epidemiologic Studies-Depression Scale CES-D; Radloff, 1977)는 우울증 측정에서 가장 자주 사용하는 다섯 가지 척도 중 하나이다. 이 척도는 우울과 행복이라는 두 가지 별개 요소를 16개 부정 문항과 4개 긍정 문항으로 살펴보는 것으로 널리 알려져 있다(Shafer, 2006). 우드와 동료들은 성인 6,125명의 자료를 분석해 이차원적 구조의 CES-D는 통계적 허위일 가능성이 크다고 했다. 우울과 행복은 대개 비슷한 뜻으로 해석될 수 있고, 기존의 측정은 동일한 연속체의 각각 다른 극단을 이용할지도 모르기 때문이다(Wood, Taylor, & Joseph, 2010). 다시 말해, 우울과 행복은 같은 연속체의 일부분이며, 그 둘을 따로따로 연구하는 것은 동일한 조사를 불필요하게 반복하는 행위이다. 이와 마찬가지로 상태-특성 불안척도(State-Trait Anxiety Inventory; Spielberger et al., 1983)는 불안-이완 연속체로 개념화할 수 있다.

표 19-4 강점조절장애로 보는 주요 심리장애

증상 표출	강점조절장애 강점 부족/남용
주요 우울장애	
우울한 기분, 슬픔, 절망(남이 보기에 울먹이는 것 같다 등), 무기력, 느림, 안절부절못함, 지루함	즐거움과 기쁨, 희망, 낙관성, 쾌활함, 자발성, 목표 지향 부족 신중함과 겸손 남용
즐거움 감소	음미하기, 열정, 호기심 부족 자기통제력, 자족감 남용
피로, 느림	열정과 경계심 부족 이완과 느슨함 남용
사고 능력이나 집중 능력 감소, 우유부단함, 반추	결정 및 해결책 고르기 능력과 확장적 사고 부족 과분석 남용
자살 생각/계획	의미와 희망, 사회적 인맥, 해결책 고르기, 확장적 사고, 자원 활용성 부족 태평함(방어적 비관성) 남용
파괴적 기분조절곤란장애	
극심한 분노 표출(구두 표출과 신체적 표출)	자기통제력과 신중함 부족, 지속적인 짜증과 분노 열정 남용
불안 고통을 동반한 불특정 우울장애	
흥분하거나 긴장함, 유난히 초조함	자족감(고통 인내), 감사, 이완, 신중함 부족 새롭고 신선한 아이디어에 대한 개방성, 호기심 부족 열정과 열기, 열의 남용
양극성 장애(조울증)	
고조된 기분, 과대망상, 짜증	태연함과 차분함, 분별력 부족 평정과 열정 남용
과장된 자부심이나 거창함	겸손과 자아, 사회성 지능 부족 의지력과 자기성찰 남용
평소보다 수다스러움	성찰과 사색 부족 열정과 정열 남용
쾌락적 활동에 지나치게 참여함(자제할 줄 모르는 충동 구매, 성적 무분별, 경솔한 사업 또는 경력 선택 등)	중용과 신중함, 소박함 부족 정열(집착)과 방종 남용
고통스러운 결과가 나올 잠재력이 높은 활동에 지나치게 참여함(자제할 줄 모르는 충동 구매, 성적 무분별 또는 어리석은 사업 투자 등)	자기통제력과 예견력, 균형, 겸손, 정서 조절 부족 자기관리(방종)와 열정, 감사 남용

범불안장애

실제 위험이나 인지한 위험을 지나치게 걱정함	예견력과 지혜, 비판적 사고 부족 조심성과 주의력 남용
초조하고, 피로하며, 안절부절못함. 조마조마하고, 불안하며, 집중하기와 잠자기가 어려움	침착과 마음챙김, 자발성 부족 원시안과 평정 남용

분리불안장애

주요 애착 대상을 잃을까 봐 지속적으로 지나치게 걱정함	사랑 부족, 사랑하고 사랑받는 능력과 사회적 신뢰, 낙관성, 유대감 부족 사랑과 자기통제력 남용

선택적 함묵증

말을 해야 하는 구체적인 사회적 상황에서 말을 하지 못함	진취성, 개인 지성과 사회성 지능, 사회성 기술 부족 신중함과 자기점검 남용

특정 공포증

특정한 대상이나 상황에 대한 두드러진 불안	용감성과 창의성 부족 민감성, 조심스러운 반응성 남용
적극적 회피를 하거나 극한 공포 또는 불안으로 버텨 냄, 지나치게 큰 공포	이완과 마음챙김, 사회적 판단을 견뎌 내는 용기, 이성적인 자기대화(성찰과 자기성찰) 부족 준수의식과 자각(awareness), 조심성 남용
초조함, 안절부절못함, 조마조마함, 불안함	태연함과 개인 지성, 자기평가, 주시, 이완, 마음챙김, 분별, 자기평정 부족 조심성과 민감성, 반응성, 비판적 평가 남용

사회공포증

사회적 상황이나 공연 상황을 두려워함	용감성과 즉흥성, 타인에 대한 신뢰 부족 사회성 지능(자신을 사회적 그림의 일부기보다 청중으로 봄)와 비판적 평가 및 감정 남용

광장공포증

대중교통과 주차장, 다리, 가게, 극장을 이용하고, 군중 속에 서 있거나 섞일 때 두드러지게 두려워하거나 불안해함. 집 밖에 혼자 있기 두렵거나 불안함	용감성과 즉흥성, 개방성, 융통성 부족 민감성, 상황에 대한 조심성, 조심성 남용

공포장애

'미칠 것 같은' 극심한 두려움이 거센 심장박동과 어지러움, 휘청거림 또는 몽롱함으로 나타남. 비현실감과 비인격화, 미래의 공격에 대한 지속적인 걱정	평정과 사회성 지능 및 개인 지성, 창의성, 표면 이면의 환경 또는 상황을 탐색하려는 호기심, 낙관성 부족(예기치 못한 부정적 결과를 기대함) 민감성과 환경적 신호에 대한 반응성, 자각 남용

강박장애	
원치 않는 거슬리는 생각과 충동 또는 이미지가 계속 반복됨	마음챙김과 내려놓기, 호기심, 예견력 부족 성찰과 자기성찰, 도덕성이나 공정함 남용
불안을 예방하기 위해 해야 할 것만 같은 반복적인 행동이나 정신 작용	완벽에 미치지 못하는 대상과 실적에 대한 자족감, 창의성, 융통성, 자제력 부족 성찰과 자기성찰, 계획 남용
신체이형질환	
다른 사람들의 눈에 아예 띄지 않거나 미미해 보이는 신체적 외양의 결점에 집착	완벽에 미치지 못하는 자기이미지에 대한 자족감과 개인적 성격강점 인정, 겸허 부족 개인 지성과 자기관리, 자기가치 남용
저장장애	
실제 가치와 상관없이 소유물을 버리거나 소유물과 떨어지기 어려움	중요한 것과 의미 있는 것에 관한 예견력 부족 확실한 자기이미지 부족(물체와 엮여 있는 정체성), 사람들 및 경험과의 관계보다 물건과 인공물과의 관계 부족, 자신의 인지한 욕구를 무시하지 못함(연민 부족) 낙관성과 조심성 남용
외상후 스트레스 장애	
트라우마를 겪은 후 불쾌하고 고통스러운 기억을 자기도 모르게 계속 떠올림	회복력 부족, 재기 능력 부족, 정서를 처리하거나 그에 필요한 지지를 얻어 내는 개인 지성 부족, 다양한 대처 기제를 탐색하기 위한 위험 감수 능력과 창의성 부족, 끈기와 낙관성, 희망, 사회성 지능 부족, 트라우마를 받은 사건에 의미를 부여하거나 시야를 넓히는 능력 부족 성찰(반추) 남용, 부정적 렌즈나 시각으로만 사건을 바라보거나 인지하는 능력 남용, (트라우마를 받은 경험에 대한) 집착 남용
극심하거나 장기적인 심리적 고통, 트라우마를 받은 사건을 상징하는 외적 신호를 두려워함	자기위안 능력 부족, 이완이나 평정 되찾기 부족, 고통스러운 거절이나 상황을 색다르거나 적응적인 태도로 경험하기 위한 창의성과 용기, 자기결정력 부족 평정과 조심성, 현 상태 유지 능력 남용
고통스러운 기억(사람, 장소, 대화 활동, 물체, 상황) 회피	고통스러운 기억을 정면으로 직시하려는 의지(정서적 용감성) 부족 즉흥적인 경험에 휘둘리지 않거나 필요한 위험도 감수하지 않는 자기보호 남용
주의력결핍과잉행동장애	
세부사항에 면밀한 주의를 기울이지 못함. 직접적으로 말을 걸어도 듣지 않는 것 같음	경계성과 사회성 지능 부족 주시력 남용
과제와 활동을 조직하기 어려움	수양과 관리 부족 열정과 열의 남용

지속적 집중이나 정신적 노력이 필요한 과제를 회피하거나 싫어함	투지와 끈기 부족 쾌락적 즐거움 남용
잠시도 가만히 있지 못함. 과도한 운동 또는 달리기, 지나치게 서성거림	차분함과 평정 부족 민첩함, 열정 남용
지나치게 말을 많이 하거나 다른 사람들을 방해 또는 간섭함. 차례를 기다리기 힘들어함	사회성 지능과 자기인식 부족 열정과 진취성, 호기심 남용

반항성 장애

고의적으로 사람들을 짜증나게 함	친절과 공감, 공정성 부족 관용 남용
종종 화내고 분노하고 앙심을 품거나 보복을 하려고 함	용서와 감사, 분별력 부족 공정성과 평등 남용

파괴적 행동장애, 충동통제장애, 품행장애

남을 괴롭히고, 위협하고, 협박함	친절과 시민의식 부족 리더십과 자기통제, 통치 남용
다른 사람의 소유물을 훔치고 파괴함	정직과 공정성, 정의 부족 용감성과 공정성 남용

〈성격장애〉

편집성 성격장애

충분한 근거 없이 다른 사람들이 남을 착취하고 속이거나 남에게 해를 입힌다고 의심함	사회성 지능, 타인에 대한 신뢰, 개방성, 호기심 부족 신중성, 근면 남용
다른 사람들의 충성이나 신용을 의심함. 다른 사람들에게 속을 털어놓기 주저함. 온화한 말이나 사건에 모욕적이거나 위협적인 의미가 숨겨져 있다고 생각함	개인 지성 부족, 사랑을 주거나 받는 능력 부족, 깊은 안정적인 애착 부족 사회성 지능과 개방성 남용

경계성 성격장애

전반적인 관계 불안정, 진짜로 버림받았거나 버림받았다고 상상함	지속적이고 깊은 일대일 관계에서 사랑하고 사랑받는 능력 부족, 안정적인 애착 부족, 정서적 친밀감과 관계 상호주의 부족, 관계적 신중성과 친절, 공감 부족 호기심 남용, 빠르게 식어 버리는 열정 남용, 애착과 정서지수 남용
이상화와 평가절하	진정성 부족, 친밀한 관계에 대한 신뢰 부족, 중용과 신중성, 개방성 부족(하나의 사건에 휘둘림), 현실 지향과 예견력 부족 판단력과 즉흥성 남용
자기파괴적 충동성(소비, 무분별한 운전, 폭식, 분노 폭발 등)	자기통제력(인내)과 중용, 신중성 부족 신중성 없는 용감(신중성 없는 행동) 남용, 위험 감수 능력 남용

자아도취적 성격장애

거창함과 오만함, 숭배받고 싶은 욕구, 자만심 강함	정직과 겸손 부족 자기경시와 비판주의 남용
공감 부족	사회성 지능과 친절(진심으로 타인에게 관심을 가지는 것) 부족 개인적 지성 남용(개인적 욕구나 바람을 우선시함)
무한한 성공과 힘, 뛰어남, 아름다움 또는 이상적인 사랑에 관한 환상	겸손과 예견력, 개인 지성 부족 창의성(공상) 남용, 합리화와 지성화 남용
특권의식, 부당하게 호의적인 대우를 기대함, 지나친 숭배를 요구	겸손과 시민의식, 공정성 부족 리더십과 인정받고 싶은 욕구 남용
대인적 착취	공정성과 형평성, 정의 부족 옳음과 폭정, 권위주의 남용
타인을 시기함	너그러움과 인정 부족 자기보호 남용

연극성 성격장애

지나친 정서성과 지나치게 주목받으려고 함	태연함과 겸손 부족 개인 지성과 사회성 지능 남용
남의 영향을 받기 쉬움(타인이나 환경에 쉽게 영향을 받음)	끈기와 결단력, 목표 지향 부족 집중 효율성 남용
부적절한 성적 유혹, 신체적 외양을 지나치게 강조함	분별과 자기통제력 부족 정서적 탈억제 남용
얕고 성급한 정서적 표현	마음챙김과 사회성 지능 부족 즉흥성 남용
자기극화, 연극조, 과장되고 얕은 정서 표현	진정성 부족, 자신의 욕구와 정서, 흥미를 진정으로 표현하지 못함, 중용과 마음챙김 부족, 정서지수와 열정 남용
관계를 과대평가함	사회성 지능 부족 돌보기와 친구 되기 남용

강박성격장애

세세한 것과 질서정연, 완벽주의에 집착함	무엇이 더 중요한지에 관한 예견력 부족, 즉흥성 부족 끈기와 질서정연 남용
융통성과 개방성, 효율성을 희생한 대인적 통제	친절과 공감, 추종 능력 부족 순응과 자비 남용
세부사항과 규칙, 목록, 조직 또는 일정에 집착해 일차적인 활동 목적이 빛을 잃음	융통성 부족, 새롭게 사고하고 생산적으로 일을 처리하는 창의성 부족 완벽과 조직화 남용
여가와 우정을 희생해 지나치게 일에 몰두	균형과 음미하기, 관계에 감사하는 마음 부족 방종 남용

엄격함과 고집	적응성과 융통성, 창의적 문제해결 능력 부족 수양과 신중성 남용
지나치게 양심적이고 고지식함, 도덕성과 윤리 또는 가치에 대한 융통성이 없음	예견력 부족, 결정의 영향력 고려 부족, 적응성과 융통성, 창의적 문제해결 능력 부족 독선 남용

회피성 성격장애

비판과 반감 또는 거부가 두려워 다른 사람들과 함께하는 활동 회피	위험을 감수하는 대인적 용기 부족, 타인의 비난이나 반감을 보다 더 넓은 시각에서 바라보는 비판적 추론 부족, 용기 부족 자기인식과 조심성 남용
사회적 고립, 사람을 피함, 부적절성을 우려해 새로운 대인적 상황 억제	대인적 강점 부족, 자신의 정체성과 타인 또는 집단의 정체성을 통합하는 능력 부족 신중성과 비판적 사고 남용
자신이 사회적으로 서투르고, 개인적으로 매력이 없고, 다른 사람들보다 열등하다고 생각함	자기확신과 자기효능감, 희망, 낙관성 부족 겸손과 진정성 남용
새로운 활동에 참여하기 위해 위험 감수를 꺼림	용감성과 호기심 부족 자기통제력과 준수의식 남용

의존성 성격장애

지나친 돌봄을 요구함, 혼자 남겨지는 걸 두려워함	독립성과 진취성, 리더십 부족 은둔성 남용
일상적 결정을 내리기 어려움	예견력 부족, 결단력 부족 비판적 분석과 세부사항에 대한 집중력 남용
타인과의 의견 차이를 드러내기 어려움	용감성 부족, 옳은 것을 주장할 수 없음, 판단력 부족 비타협성 남용
일에 착수하기 어려워함	자기효능감과 낙관성, 호기심 부족 조직화와 자율성 남용

반사회적 성격장애

사회적 규범과 법률에 순응하지 못함	시민의식과 공동체 목적의식, 권위 존중, 친절, 자비, 용서 부족 용감성(위험 감수)과 열정 남용
기만성, 반복적인 거짓말, 타인을 속여 개인적 이득을 취함	정직과 진실성, 공정성, 도덕적 잣대, 공감 부족 자기중심적 개인 지성 남용
신체적 싸움이나 공격으로 나타나는 과민성, 충동성, 공격성	태연함과 마음챙김, 용인, 친절, 숙고, 타인에 대한 지식, 자기통제력, 예견력 부족(결과를 예측하지 못함) 정신적 및 신체적 활기와 열정, 야망, 용감성 남용, 안전지대에서 너무 쉽게 벗어남

주: 부족은 성격강점 행사 또는 사용 능력 감소, 남용은 증상 과다로 간주하는 게 아닌 강점 과다
DSM-5 기반으로 작성.

⊙ 개인적 차이

PPT에서 강점 부족이나 남용으로 설명하는 특성은 잘 연구되고 정의된 강점(감사와 호기심, 용서 등)과 일상적인 생활 경험으로 표현되는 특성(태평과 평온, 성찰, 융통성 등)을 합친 것이다. 증상을 재개념화하는 한 가지 방법은 증상의 정반대, 즉 강점이 일상적인 경험에서 부족하거나 남용되는지를 살펴보는 것이다. 강점 부족이나 남용을 묘사하는 일상적인 용어는 개인적인 차이가 식별할 수 있을 정도로 두드러질 수 있지만 경험적 검토의 대상이 되지는 않는다(Aldao, Nolen-Hoeksema, & Schweizer, 2010; Bron et al., 2012).

⊙ 강점 부족과 남용

강점 부족이나 남용을 묘사하는 많은 용어가 강점을 규범적으로 만들면서 부족이나 남용이 바람직하지 못하다고 암시할 수 있다. 예컨대, 예견력과 중용, 용감성 부족이 보통 바람직하지 못한 상태라면 과도한 열정과 자기보호, 위험 감수는 바람직한 상태로 간주될 수 있다. 여기에서는 덜 주관적이고 보다 더 과학적인 이해를 돕는 접근법을 제시하고자 노력하고 있다. 더욱 풍부한 감사와 친절, 호기심, 사랑, 희망은 삶의 만족도와 깊은 관련이 있다는 증거가 있다. 반면, 사회성 지능과 용서, 자기통제력, 끈기 부족은 심리문제와 연관이 있다고 증명됐다.

⊙ 상황 역학

심리장애와 관련 증상은 내담자가 깊이 파묻혀 있고 종종 자기 뜻대로 바꿀 수 없는 복잡한 상황과 문화 환경을 이해할 때 보다 잘 파악할 수 있다. 그 두 가지 사례는 다음과 같다.

내담자 미셸은 사회적 불안 증상을 보였다. 그녀는 영어가 모국어가 아니라서 뭔가 틀린 말이나 적절하지 못한 말을 할까 봐 지나치게 걱정돼 사회적 상황을 피한 것이었다. 그녀는 무심코 적절하지 못한 말을 해 친구의 기분을 상하게 한 적이 있었다. 그 일로 친구한테서 사람을 차별한다는 비난을 받았고, 사회적으로도 불안한 상태가 됐다. 강점 부족이나 남용의 측면에서 증상을 살펴보려면 맥락적 특성도 이해해야 한다. 미셸은 모국어로 친구들과 이야기할 때는 사회적 불안 증상을 보이지 않았다. 그런 상황에서는 자신감을 느꼈고, 농담도 하며, 공감 능력도 보여 줬다. 증상 중심 접근법에서는 이런 상황을 "내담자가 모국어로 상호작용할 때는 사회적 불안 증상을 보이지 않는다."라고 묘사할 것 같다. 강점 기반 접근법에서는 동일한 상황을 "내담자가 모국어로 상호작용할 때는 유쾌하고, 사회적으로 편안해하며, 공감적이다."라고 묘사할 가능성이 높다.

또 다른 내담자 섀런(Sharon)은 두 곳에서 파트타임으로 근무했다. 그중 하나는 고급 소매점이었고, 다른 하나는 발달장애 아동 대상의 정신병원이었다. 소매점에서 섀런은 세일 기간에 세세한 세부사항을 전문적으로 철저하게 관리해야 했다. 그래서 소매점 업무에 신경을 많이 쓰다 보니 실수하거나 뭔가를 잊어버리는 행동에 점점 더 집착하게 됐다고 했다. 다른 직장에서는 아동들을 치료 활동에 몰입시키는 어려운 일을 하는데도 편안하고 유쾌하며 사교적이 됐다고 했다. 증상 중심 접근법에서는 이런 상황을 "내담자가 소매점 근무에서 적절한 수준의 예상된 불안을 경험하고 있고, 정신병원에서는 그와 비슷한 수준의 불안을 경험하지 않는다."라고 묘사할 것 같다. 반면, 강점 기반 접근법에서는 동일한 상황을 "내담자가 소매점에서는 종종 마땅히 그래야 하는 것보다 더 조심스러워지고 신경을 바짝 세워 창의성, 쾌활함 같은 다른 강점을 사용할 수 없다."라고 묘사하는 반면, 정신병원에서는 "자신의 강점을 더욱 잘 활용해 유쾌하고 편안하게 활동하고 다른 사람들과 진실하게 관계를 맺는다."라고 묘사할 가능성이 크다.

상황 역학뿐만 아니라 내담자의 복잡하고 다양한 삶을 이해할 때 강점이 어떻게 미묘한 역할을 수행하는지를 고려하는 것은 무척 중요하다.

◉ 강점 소유 대 강점 계발

두드러진 고통과 기능 손상을 초래하는 일련의 구체적인 증상이 있다면 치료 진단이 나온다. 야스민이라는 내담자가 그런 경우였다. 야스민은 몇몇 정신 건강 전문가로부터 경계선 성격장애 진단을 받은 후 치료를 받으러 온 내담자이다.

야스민은 치료받기 시작한 지 10분 만에 DSM에 나열된 증상 대부분을 가지고 있다고 이야기했다. 또한 자신이 정서조절장애와 관계 어려움, 자기손상 충동성으로 고통받는 사람이라고 생각했다. 야스민이 성격강점 평가를 완료한 이후 치료자는 야스민의 증상을 무시하지 않으면서 야스민에게 기본적으로 사랑이 넘치는 사람이지만 사랑을 적절하게 표현하는 기술이 부족하다고 말해 줬다. 또한 이해 능력과 공감 형성 능력, 친절, 신중함을 발휘하면 그녀에게 이로울 수 있다는 이야기도 했다. 야스민은 자신이 많은 분야에서 변변치 못한 판단력을 발휘하는 성향이 있다는 사실을 깨닫기도 했지만 뛰어난 판단력을 발휘한 경험도 공유할 수 있었다. 자신이 즉각적으로 시기적절하게 반응해 한 친구의 목숨을 구했던 일도 이야기했다. 야스민은 강점 평가로 자신의 구체적인 강점을 깨달았고, 원래는 강점이었던 자질을 종종 남용해 문제가 생겼다는 사실도 알아차렸다. 이와 동시에 야스민에게는 열정을 적응적으로 사용하는 능력과 신중함, 자기통제력처럼 문제해결에 사용할 수 있는 구체적인 강점이 부족하다.

증상이나 강점을 단순하게 알기만 해서는 변화를 꾀하기 어렵다. 내담자가 치료자의 도움으로 미묘한 차이를 고려해 강점을 적응적으로 사용할 수 있어야 치료적 변화가 일어날 수 있다. 치료자가 내담자의 현재 호소문제를 해결하기 위해 과거의 성공을 강조할 때, 강점을 사용했거나 보여 줬던 내담자의 작거나 간단한 사건도 능숙하게 포착할 때, 구체적인 강점 사례를 들어 내담자 자신의 가치감을 널리 알릴 때 그리고 강점 모색을 포기하지 않을 때 변화가 일어난다.

⊙ 정도이냐, 아니면 규모이냐

치료자는 내담자가 특정한 강점을 충분히 갖고 효과적으로 발휘할 수 있는지 확인해야 한다(Ajzen & Sheikh, 2013). 예컨대, 중년 내담자 줄리아는 범불안장애를 보여 지나치게 걱정하고 초조해하며 집중을 잘 하지 못했다. 강점 계발로 줄리아의 증상을 치료할 수 있다면 그녀는 비판적 사고와 예견력, 음미하기 등을 얼마나 많이 사용해야 할까? 치료 효과가 있는 구체적인 일련의 강점이나 짝을 이루는 강점이 있는가? 조사 결과에 따르면 대표강점이든 하위강점이든 삶의 만족도를 증가시키는 효과는 동일하다(Gelso, Nutt Williams, & Fretz, 2014; Rust, Diessner, & Reade, 2009).

성격강점의 중심적 역할과 활용법

⊙ 증상 못지않게 중심적인 성격강점

셀리그만과 피터슨(2004)의 『성격강점과 덕목의 분류(Character Strengths and Virtues: CVS)』는 인간의 핵심 강점을 분류하려는 심리학 최고의 포괄적이고 일관적이며 체계적인 노력이었다. 성격강점은 그 자체로 가치 있는 보편적인 특성이지만 반드시 유익한 결과를 낳는 것은 아니다. 대체로 성격강점은 약해지지 않는다. 강점을 사용할 때 사람들은 목격자를 고양시켜 질투심보다 감탄을 이끌어 낸다. 사람들이 소유하고 있는 강점의 패턴은 무척 다양하다. 사회기관은 의식적인 절차를 통해 성격강점을 배양하려고 한다. 하지만 CVS 분류는 규범적이기보다 묘사적이고, 성격강점은 다른 행동 변수처럼 연구할 수 있는 대상이다.

⊙ 성격강점과 가치, 재능

강점(희망하는 행동 묘사)과 가치(희망하는 행동 규범)는 어떻게 다른가? 성격강점과 가치는 둘 다 도덕적으로 바람직한 것이지만 몇 가지 다른 점이 있다.

첫째, 성격강점은 훨씬 더 광범위한 핵심 가치와 비교해 더욱 세부적이고 미묘한 자아 속성을 가진다. 예컨대, 타인과 잘 어울리는 가치는 사랑하고 사랑받는 능력과 친절, 사회성 지능, 팀워크, 감사 같은 훨씬 구체적인 속성(성격강점)에서 추정해 낸 것이다. 둘째, 성격강점과 비교해 가치는 종종 양육과 교육, 보상과 인정의 복잡한 체계를 통해 기관에서 적극적으로 배양하는 것이다. 이런 가치를 옹호하거나 실천하면 훌륭한 시민으로 인정받는다. 다시 말해, 가치는 사람들을 개인으로서 평가하는 기준이다.

가치와 강점은 비슷한 점이 많은 사촌관계나 마찬가지이다. 한 가지나 그 이상의 핵심 가치가 다양한 성격강점에 깔려 있을 수도 있고, 많은 성격강점이 한 가지나 그 이상의 핵심 가치와 교차할 수도 있다. 가치와 성격강점은 둘 다 개개인의 행동을 이끌어 준다. 또한 자신이 누구인지, 자신의 행동과 결정을 이끌어 주는 원칙을 성찰할 수 있는 기회를 제공한다. 그뿐만 아니라 높은 삶의 만족도와 행복과 깊이 관련돼 있다.

가치는 성격강점보다 훨씬 더 규범적인 경향이 있다. 예컨대, 성공의 가치는 성공하길 바라기만 하는 게 아니다. 학교, 기업, 회사와 정치, 예술, 스포츠 기관이 성공을 측정하고 달성하고자 구체적인 규칙과 필수사항을 정해 놓았다. 이런 규칙에는 타인과 잘 어울리기, 청결 유지하기, 조직화하기, 꼼꼼하게 처리하기 등의 가치가 포함돼 있다. 이런 가치는 개인적 또는 전문적 성취에 거의 필수적인 속성이다. 이에 비해 성격강점은 좀 더 개인화된 속성으로 간주된다. 예컨대, A는 창의성과 용감성, 정직, 신중함, 유머라는 성격강점을 갖고서도 호기심과 공정함, 사회성 지능, 자기통제력, 영성이라는 성격강점을 지닌 B와 동일한 성공과 성취를 이룰 수 있다.

성격강점은 또한 재능과는 다르다. 음악적 능력과 운동 민첩성, 손재주 같은 재능은 훨씬 선천적이고 고정된 것인 반면, 강점은 후천적으로 습득하고 개인적으로 키워 나가며 종종 보다 더 큰 사회기관에서 배양하는 것이다. 재능은 보다 더 자동적으로 나오는 반면, 강점은 의도적으로 행사할 수 있는 것이다(친절 대 공정함을 적절하게 사용할 수 있는 때를 포착해 사용하기 등). 앞서 언급했듯이 재능은 훨씬 선천적인 것(음악적 능력과 운동 능력, 손재주 등)이고 때로는 낭비된다. 친절과 호기심, 감사, 낙관성 강점이 두드러진 개인은 보통 재능을 낭비하지 않고 활용하는 방법을 찾아낸다. 재능은 도덕적 중립을 유지하는 성향이 있는 반면, 강점과 가치에는 도덕적 암류가 깔려 있다. 감사하고 낙관적이고 열정적이며 호기심과 사랑이 있는 개인은 자신의 삶에 만족할 가능성이 크다는 증거가 있다. 다시 말해, 성격강점은 행복을 증진시킨다(Peterson, Park, & Seligman, 2005).

재능은 강점이나 가치보다 훨씬 독립적인 성향이 있다. 개인의 운동 민첩성은 지적인 기능과, 예술적 능력은 일상적인 실용 지능과 연관성이 적다. 강점은 재능에 비해 훨씬 더 서로 밀접하게 관련돼 있고 종종 무리를 지어 효과를 발휘한다. 호기심이 높은 사람은 창의성 역시 높을 가능성이 크고, 자기통제력과 신중함은 리더십과 시민의식처럼 함께 작용한다.

셋째, 성격강점은 (단독이기보다) 서로 결합해 표출되고, 맥락 내에서 검토해야 한다. 예컨대, 친절과 용서 같은 강점은 사회적 유대를 공고히 할 수 있지만 남용하면 당연시될 수 있다. 이런 분류 도식에서 성격강점(친절과 팀워크, 열정 등)은 재능 및 능력과 뚜렷하게 구별된다. 운동 실력과 정확한 기억력, 완벽한 투구, 손재주, 신체적 민첩성은 다른 결과를 낳기 때문에 종종 가치 있게 여겨지는 재능과 능력이다. 강점은 도덕적 특성을 지니지만 재능과 능력은 그렇지 않다.

◉ 긍정심리치료와 강점 통합하기

치료자는 PPT 과정 내내 내담자의 삶에서 강점을 활용한 사건과 경험, 강점 표출을 적극적으로 살펴본다. 이런 강점들은 배양 가능한 심리장애 대처 및 잠재적 완화 능력과 기술, 역량, 적성을 통해 드러날 수 있다. 긍정심리학자는 종종 약점을 최소화하거나 강점과 긍정성에만 집중한다고 비난받는다. 다시 한번 말하지만 성격강점을 탐색한다고 증상을 무시해서는 안 된다. 내담자의 증상과 강점은 물론 위험과 자원, 취약성과 회복력이 통합돼 복잡하지만 현실적인 자아의식의 초상이 형성된다면 내담자가 불행 상태에서 벗어나 행복 상태로 나아갈 수 있다. 하지만 전통적인 심리치료에서는 보통 내담자의 전반적 심리 프로필에 강점을 통합해 넣지 않는다. 따라서 여기에서는 내담자의 강점을 끌어내기 위해 다음의 세 가지 사항을 고려하라고 권한다.

- 타당하고 신뢰할 수 있는 강점 측정 도구 사용하기
- 강점 사용의 맥락과 미묘한 차이 이해하기
- 강점을 의미 있는 목표에 끼워 넣기

타당하고 신뢰할 수 있는 강점 측정 도구 사용하기

대부분의 긍정심리 개입에서는 주로 무료 온라인 측정 도구인 행동가치-강점척도(Values in Action-Inventory of Strengths, http://www.viacharacter.org)를 이용해 강점을 평가한다 (Peterson & Seligman, 2004). 몇 가지 다른 강점 측정 도구도 개발돼 경험적으로 검증됐다. 그중에는 강점 발견(Strength Finder)(Buckingham & Clifton, 2001)와 리얼라이즈 2(Linley, 2008), 성인욕구강점평가(Adult Needs and Strengths, Nelson & Johnston, 2008), 삶의 질 척도(Quality of Life Inventory, Frisch, 2013)가 있다.

전형적으로 치료자는 간단한 '강점 파악하고 사용하기' 전략을 따른다. 그중 높은 점수(총점은 24점) 순으로 상위 5위권에 드는 강점이 대표강점이다. 이런 접근법은 비치료적 환경에서는 유용하고 효과가 있지만 비판적인 치료적 욕구를 충족시키지 못할 수도 있다. 상위 강점에만 중점을 두면 내담자가 그런 강점들의 치료 잠재력이 가장 크다고 생각할 수 있다. 실제로는 그런 강점들이 모든 내담자에게 효과가 있는 게 아닐 수도 있는데 말이다. 한 중년 남성 내담자는 제법 큰 성취를 이뤘는데 실습 시간에 "모든 성취를 다 이뤘는데도 제 본능적인 반응은 다른 누군가보다 더 나은 일을 했다는 것이었죠."라고 말했다. 이런 내담자는 끈기와 리더십, 학구열을 포함하는 상위 강점을 발휘해 이득을 얻지 못할 수도 있다. 오히려 감사와 영성, 유머 같은 몇몇 하위 강점을 발휘해야 훨씬 더 큰 치료 이득을 얻을 수도 있다. 스물네 가지 강점이 모든 경우에 동일한 치료 잠재력을 발휘하는 게 아니라는 사실을 명심해야 한다.

강점 사용의 맥락과 미묘한 차이 이해하기

강점 기반 치료 접근법의 가장 중요한 측면은 강점 사용의 맥락화이다. 이것이 가능해야 표출된 문제를 전면에서 중심적으로 다룰 수 있다. 치료적 환경에서는 보통 미묘한 차이를 좀 더 고려한 이론 중심의 강점 사용 접근법이 필요하다(Biswas-Diener, Kashdan, & Minhas, 2011).

이런 단점을 극복하기 위해 성격강점 평가 접근법을 추천한다(Rashid & Seligman, 2018; 긍정심리치료, 치료자 매뉴얼, 8장 2회기 워크시트 참조). 이 접근법에서 치료자는 내담자에게 각 핵심 강점을 간략하게 (CVS에 기반을 둔 각 강점당 약 20~25개 단어로) 설명해 주고, 자신의 성격을 가장 잘 설명해 주는 강점 다섯 가지를 찾아내라고 한다. 이에 덧붙여 내담자는 친구나 가족으로부터 보조 자료를 수집해 치료자와 공유한다. 치료자는 그 모든 정보를 종합하고, 선택한 강점들의 설명에 명칭과 구체적 맥락을 기재해 내담자에게 제공한다. 그다음에는 치료자가 내담자에게 구체적 상황에서 강점을 사용한 추억과 경험, 실제 이야기, 사례, 성취, 기술을 이야기해 보라고 한다. 이어서 내담자는 자기보고 강점 측정을 완료한다. 내담자는 치료자와 협력해 자신의 표출된 호소문제를 겨냥한 구체적이고 달성 및 측정 가능한 목표를 설정한 후 대표강점의 적응적 사용을 확인한다. 우울증과 불안증 진단 내담자를 대상으로 한 최근의 치료 연구에 따르면 호기심과 유머, 정직 강점은 다른 사람들이 파악할 가능성이 크다. 반면 겸손과 공정함, 예견력은 다른 사람들의 지지를 받을 가능성이 가장 적었다(Rashid et al., 2013).

의미 있는 목표에 맞춰 강점 사용하기

목표는 내담자의 대인적 맥락에 맞춰 조정할 수 있을 뿐만 아니라 개인적으로 의미 있는 것이어야 한다. 예컨대, 내담자의 목표가 호기심을 더욱 많이 사용하는 것이라면 내담자와 치료자는 호기심 사용의 최적 균형을 맞춰 주는 구체적인 행동에 대해 논의한다. 그래야 호기심 사용으로 참견(과용/남용)이나 지루함(부족/충분히 활용하지 못함)이 발생하지 않는다. 내담자는 또한 어려운 상황에 적응적으로 대처하고자 목표를 설정할 때 강점을 융통성 있게 수정해 사용하는 법도 배운다(Biswas-Diener et al., 2011; Schwartz & Sharpe, 2010). 〈표 19-5〉의 빈도가 높은 열다섯 가지 역경을 극복하는 강점 사용법을 참조하길 바란다.

표 19-5 빈도가 높은 열다섯 가지 역경을 극복하는 강점 사용법		
역경(증상)	잠재적 성격강점	강점 기반 고려사항
1 사교 활동에 관심이 없음(말을 많이 하지 않음, 사회 활동에 많이 참여하지 않거나 많은 것을 공유하지 않음, 친구가 거의 없음 등)	활력과 열정, 열의, 자기통제력	하이킹과 자전거 타기, 산악자전거 타기, 등산, 활발하게 걷거나 조깅 등 주간 야외 활동 중 적어도 하나를 시작해 유지하기
2 쉽게 포기하고, 과제를 끝내기 어려워하며, 부주의한 실수를 함	인내와 근면, 성실, 끈기	일상 활동에 대한 흥미를 감소시키는 요인 파악 도와주기. 신뢰하는 누군가와 나눌 수 있거나 관리할 수 있는 달성 가능한 작은 목표 설정하기

3	충동적으로 행동하고, 정서 조절을 힘들어하며, 두드러진 기분 변화를 겪음	자기통제력, 개인 지능과 정서적 폭발의 유발 동기(trigger) 찾아내기	인지한 위협에 반응하기보다 동일한 기능이나 목표에 이바지할 수 있는 강점 기반의 구체적인 대체 행동을 생각해 낼 수 있다는 확신 심어 주기. 예컨대, 관심을 끌려고 소리를 지르거나 좌절감을 표현하기보다 호기심과 열린 마음으로 무엇 때문에 짜증이 나는지 자문해 보기. 문제가 지속되면 예견력을 발휘해 해결 가능한 문제인지, 그렇지 않다면 일부분이라도 해결할 수 있는지를 살펴보기. 그러고 나서 현실적이면서도 희망적인 전망을 유지하면서(낙관성) 다른 사람들과 협력해(팀워크) 문제를 해결할 수 있는 창의적인 방법을 찾아보기.
4	앙심을 품고, 사소한 모욕을 과장하고, 진지한 사과를 받아들이지 않음	용서와 자비	앙심과 부정기억의 영향에 관해 토의하기. 적절한 경우에 가해자에게 친절을 베풀어 공감할 수 있게 도와주기. 누군가의 기분을 상하게 했다가 용서받은 경험을 떠올려 그런 경험을 일상화할 수 있게 도와주기
5	다른 사람들의 다정하고 쾌활한 몸짓에 반응하지 않음	유머와 쾌활함, 사회성 지능과 정서지수	상대의 쾌활한 몸짓과 유쾌한 활동에 부드러운 태도로 동참하게 도와주기. 적절하고 몰입적인 동영상과 시각적인 실제 사례 또는 동시대 본보기 제시하기
6	의미 있는 사회적 상호작용을 바라지만 시작하기 어려워함. 사회적 상황을 피하고 소외감과 무기력을 느낌	사회성 지능, 용감성, 끈기	창의적 노력이 필요한 수업(사진술과 미술, 그래픽 디자인, 요리, 뜨개질 등)처럼 안전하다 싶고 일대일 상호작용이 별로 없는 사회적 행사에 참여하라고 격려하기. 사회적 상호작용에 면밀한 주의를 기울이고, 평가의 두려움 없이 자신의 의견을 제시하며, 자신의 관점을 공유할 수 있는 방법을 찾아보라고 격려하기
7	실패에 집착하고 지나치게 부정적임	희망과 낙관성	내담자와 함께 현재 효과가 있거나 적어도 충분히 잘 됐던 일 목록을 적극적으로 작성하기. 그런 일들의 인과관계에 대한 내담자의 의견 끌어내기. 작은 것이라도 과거의 성공을 끌어내 통달 경험과 낙관성을 키워 나가기
8	경쟁적이고 고성취 성향이 있음. 최고가 되려고 많은 시간과 노력을 투자함. 다른 사람들이 자신보다 뛰어날 때 분노하고 후회함	시민의식과 팀워크, 예견력과 겸손, 겸허	물질적 이득이 증가해도 수익은 감소한다는 과학적 결과를 가르쳐 주기. 경험적 활동을 통해 음미하기와 느림, 감사의 이득을 느낄 수 있게 도와주기. 겸손의 심리적 이점 가르쳐 주기. 외적 인정이나 보상을 바라지 않고도 훌륭한 일을 할 수 있게 도와주기

9	엄격하고 융통성 없는 사고를 갖고 있음. 새로운 환경과 동료, 상황과 같은 변화에 잘 적응하지 못함	호기심과 개방성	특히 사람들과 장소, 과정 중심으로 새로운 경험을 시도하도록 격려해 호기심과 열린 마음을 체계적으로 키워 주기. 모든 측면을 검토해 열린 마음을 키우기 위해 고의적으로 반대 입장을 취하라고 격려하기. 대조적인 견해를 더욱 잘 이해하기 위해 읽어 보고 그에 대해 논의하라고 격려하기
10	인생에서 잘 됐던 일과 다른 사람들의 선의의 행동을 당연하게 여김	감사와 사회성 지능, 친절	진심으로 감사하지만 그 마음을 명확하게 표현하지 못한 몇 가지 일에 대해 내담자와 논의하기. 당연시하는 일이 일어나지 않는다면 기분이 어떨지 생각해 보라고 하기. 하루 동안 발견해 낸 다른 사람들의 긍정적인 행동을 기록(글로 쓰거나 스마트폰을 이용해 시각적으로 기록)하게 도와주기
11	겸손이 부족하고, 불필요하게 주목받으려고 하며, 자신의 자질과 성취를 과대평가함	겸손과 겸허, 정직	자신의 능력과 성취를 정확하게 현실적으로 평가하게 도와주기. 외적인 겉치레 없이 진정성과 진실함을 느끼면서 경험을 시각화 또는 회상하게 도와주기. 자신의 결점을 인정하고, 그런 결점들 덕분에 어떻게 인간적인 사람이 됐는지를 기록하라고 하기
12	실수에서 교훈을 얻지 못하고 종종 실수를 반복함. 도덕적이고 윤리적인 문제에 대한 더욱 깊은 이해가 부족하고 지식을 실질적인 문제에 적용하지 못함	예견력과 실용지혜, 신중함	바람직하지 못한 결과가 나왔던 최근의 결정을 밑거름 삼아 다음 사항을 토의해 실용지혜 갈고닦기. ① 이 결정이 내담자와 다른 사람들에게 어떤 영향을 미치는가? ② 내담자가 상황의 적절한 맥락적 특성을 최적으로 사용하거나 고려했는가? ③ 엄격한 규칙 적용(인지한 공정함) 대신 사회성 지능과 친절 같은 더 나은 결과를 얻기 위해 사용할 수 있는 대체 강점이 있는가? ④ 내담자의 행동이 잠재된 강점을 전달하는가? ⑤ 내담자가 동료나 신뢰할 수 있는 사람, 정보에 능통한 소식통한테서 현명한 조언을 구하는가?
13	스스로 고립되거나 무관심한 사람처럼 보임	사랑하고 사랑받는 능력, 사회성 지능	일상적인 몸짓과 행동을 통해 진정한 사랑과 애정을 드러내기. 자신에게 관심을 보이는 사람들을 조금이나마 배려하고, 친구들에게 정직하고 투명한 모습을 드러낼 수 있게 도와주기
14	특정한 상황에서 부적절하게 행동하고, 자신과 다른 사람들에게 민감성이나 배려심을 발휘하지 않음	공정함과 형평성, 정의	수치스러워하거나 비난하지 않고 자신과 다른 사람들의 긍정적인 속성을 의식하라고 격려하기. 다른 사람들과 점차적으로 함께 활동하고 상호작용하라고 격려하기. 부당한 대우를 받고 괴롭힘을 당하거나 놀림을 당하는 사람들 편에 설 것을 격려하기

15	일에 파묻혀 성장의 기회를 찾지 못하고, 무기력을 느끼고 지루해함	창의성, 용감성, 끈기	직장에서 실패를 두려워하지 않고 일상적인 업무를 새롭지만 적응적인 방식으로 처리하라고 격려하기. 이렇게 하지 못한다면 언제나 하고 싶었지만 하지 못했던 업무 이외의 활동을 시작해 창의성을 탐색하고 표현하는 방법을 찾게 도와주기. 이 활동에서도 성취감을 느끼지 못한다면 성취감을 느낄 수 있는 활동을 찾을 때까지 다른 활동을 시도해 보라고 격려하기

⦿ 긍정심리치료와 강점 통합하기: 기술과 전략

내담자 강점 평가는 협력해 목표를 생각해 낼 수 있는 독특한 치료 기회를 열어 준다. 치료자는 내담자와 치료 목적에 대해 논의할 수 있다. 예컨대, 이렇게 물어볼 수 있다. "당신의 모든 호소문제와 두려움, 스트레스 요인, 의심을 없애고 싶나요, 아니면 행복하고 자신만만하고 만족스러운 삶을 사는 데도 흥미가 있나요?" 경험상 대부분의 내담자가 이 두 가지 질문에 모두 "네."라고 대답한다. 하지만 치료자들이 PPT의 목적을 잘 아는 게 중요하다. PPT의 목적은 내담자가 약점을 없애는 것뿐만 아니라 행복이 치료, 더 나아가 심리장애 예방에 중요하다는 사실을 이해하게 도와주는 것이다. 다음은 강점과 PPT를 통합하는 전략들이다(Keyes, 2013).

성격강점 평가 방식

대부분의 정신병리학 측정은 비용이 비싸고 치료적 환경에서 실시해야 한다. 반면, 의사와 긍정심리학 연구자들이 개발한 타당하고 신뢰할 수 있는 강점 측정은 온라인에서 무료로 쉽게 이용할 수 있다. 진정한 행복 웹사이트(www.authentichappiness.org, 펜실베이니아 대학교와 연계)와 VIA 웹사이트(www.viacharacter.org)에 측정 도구가 나와 있다. 내담자는 가정에서 측정을 하여 결과지를 인쇄해 치료 시 회기에 가져올 수 있다. 앞서 언급했듯이 강점 평가에 가장 널리 사용하는 측정은 VIA-IS(Peterson & Seligman, 2004, www.viacharacter.org)이다. CVS 강점 모델에 기반을 둔 VIA-IS는 240개 문항과 120개 문항의 두 버전으로 이용할 수 있다. CSV 강점 모델에 기반을 두고 피드백 메커니즘을 형성하는 간략한 72개 문항의 버전도 이용할 수 있다[Rashid et al., 2013, www.tayyabrashid.com과 한국어로 된 72개 문항은 www.kppsi.com(한국 긍정심리연구소 홈페이지)]에서 할 수 있다. 이 웹사이트에서는 측정 도구를 무료로 제공하고, 강점과 다른 긍정속성에 관한 즉각적인 피드백을 제공한다.

자기보고 측정 이외에도 연구조사에서 실시한 인터뷰도 강점 평가에 사용할 수 있다. 치료자가 공식 평가를 선호하지 않는다면 초기 상담이나 치료 도중 내담자에게 질문을 해 강점과 긍정정서, 의미를 이끌어 낼 수 있다. 그런 질문의 예는 "당신 삶에 의미를 부여해 주는 것은 무엇인가요? 여기서 잠시 멈추고 당신이 잘하는 것에 대해 이야기해 봅시다. 누군가가 친절이나 용기를 행동으로 보여 줄 때 처음에 어떤 생각과 느낌이 드나요?"이다. 플뤼키게르와 동료들(2009)은 치료 과정에서 치료적 인터뷰를 통해 내담자의 강점을 이끌어 냈다. 일상적인 실습에서 생활사 설문지나 치료 인터뷰에 쉽게 통합해 넣을 수 있는 '자원 활성화 질문' 몇 가지는 다음과 같다.

- 가장 즐기는 것은 무엇인가? 가장 즐기는 경험을 묘사해 본다.
- 무엇을 잘하는가? 최상의 나를 끌어내는 경험을 묘사해 본다.
- 미래에 이루고 싶은 열망은 무엇인가?
- 만족스러운 하루를 만들어 주는 것은 무엇인가?
- 진정성을 느낄 수 있는 경험은 무엇인가?
- '진짜 나'를 느낀 순간을 묘사해 본다.

⊙ 환경 내에서 강점 포착하기

어떤 내담자는 다른 사람들보다 자신의 강점을 더욱 잘 의식한다. 치료자는 내담자에게 가족과 동료들, 친구들로부터 자신의 강점뿐만 아니라 자신과 관련된 부차적 정보를 얻으라고 권할 수 있다. 이런 정보는 사회 및 공동체적 완충재를 평가하고 파악할 때 특히 유익하다. 예컨대, 치료자는 내담자의 가족문제를 파악할 수 있을 뿐만 아니라 내담자가 1차 지지집단과 기관(협회, 집단, 클럽, 남학생 사교클럽, 여학생 사교클럽), 소셜 네트워크 서비스(SNS)에서 어느 정도의 애착과 사랑, 돌봄을 받고 있는지를 평가할 수 있다. 사회기관에 깊이 새겨져 있는 이득과 지지는 물론 직장이나 공동체에서 겪는 내담자의 문제도 탐색해야 한다(Wright & Lopez, 2009).

⦿ 강점 본보기

치료자는 내담자의 강점 식별과 파악을 돕고자 특정 강점을 보여 주는 귀감(본보기나 아이콘)을 언급할 수 있다. 윈스턴 처칠(Winston Churchill)은 리더십과 열정, 마하트마 간디(Mahatma Gandhi)는 자기통제력과 공정성, 마더 테레사(Mother Teresa)는 친절과 사랑, 넬슨 만델라(Nelson Mandela)는 끈기와 용서, 마틴 루서 킹 주니어(Martin Luther King Jr.)는 용감성과 공정함, 희망을 대변한다. 또한 알베르트 아인슈타인(Albert Einstein)은 호기심, 찰리 채플린(Charlie Chaplin)은 유머와 쾌활함, 토머스 에디슨(Thomas Alva Edison)은 호기심과 학구열, 빌 게이츠(Bill Gates)는 친절, 스티브 잡스(Steve Jobs)는 창의성을 대변한다.

⦿ 치료 시작 시 강점 평가

강점은 치료 과정에서 일찌감치 평가할 수 있다. 공감적 경청으로 라포(rapport)가 형성되면 내담자가 자신의 이야기를 풀어 놓고 그와 동시에 치료자는 내담자의 강점을 포착할 수 있다. 치료 시 가능하면 일찍 강점을 논의하라고 권하는 데는 몇 가지 이유가 있다. 첫째, 강점 지식과 인정은 위기가 발생할 때 특히 이로울 수 있기 때문이다. 치료자가 내담자의 강점을 이해하면 힘든 고비를 넘기기 위해 회복력이 필요할 경우 잠재적으로 활성화할 수 있는 귀중한 추가적 자원을 얻게 된다.

치료자가 내담자의 증상뿐만 아니라 성격강점을 체계적으로 평가하면 내담자를 보다 깊이 이해할 수 있다. 모든 증상 이면에 고통의 흔적이 있다면 모든 강점에는 회복력과 연결성, 성취의 이야기가 있다. 내담자의 강점을 파악하면 희망과 낙관성, 용기, 창의성을 내담자에게 불어넣으면서 관계를 맺을 수 있는 기회가 생긴다.

긍정심리치료: 실습과 과정

긍정심리치료(PPT) 15회기는 크게 3단계로 이루어진다.

① 1단계 시작 시점에서 내담자는 특히 역경을 극복하는 과정에서 회복력을 발휘한 최상의 자기를 보여 줬던 경험을 회상하고 글로 쓰며 개인적인 이야기를 만들어 낸다. 이 단

계에서 치료 작업은 대부분 대표강점 프로필 평가 및 종합, 강점과 심리적 스트레스 요인의 통합에 필요한 기술 습득에 중점을 둔다.

② 2단계에서는 내담자가 개인 내적 경험과 대인 경험을 재검토하는 법을 배울 수 있도록 도와준다. 특히 부정경험을 긍정경험으로 바꿔 가급적 균형 잡힌 시각을 가질 수 있게 장려한다.

③ 3단계에서는 내담자가 자신의 강점을 활용해 미래의 희망을 찾고 긍정관계를 증진시켜 삶의 의미와 목적을 추구하게 도와준다.

이 절에서는 각 단계의 과정을 요약해 설명하고, 단계별로 회기 중과 회기 사이에 활용하는 실습과 과정을 묘사한다. 그러면서 PPT를 구체적이고도 순차적으로 설명한다. 하지만 치료자는 자신의 치료적 판단에 따라 이 과정을 각 내담자에게 맞게 적용해야 한다. PPT를 단독으로 사용하거나 2, 3개 또는 다른 치료법을 통합해 사용할 수 있다.

치료자는 내담자가 전체 치료 과정 내내 감사일기를 써서 하루 동안 자신에게 일어난 잘 됐던 일 세 가지를 기록하도록 장려한다. 내담자는 대부분 부산스러운 일상에서 놓치기 쉬운 긍정경험을 의식적으로 주목하는 게 유익하다는 사실을 깨닫는다. 치료가 끝날 무렵 내담자는 일상적인 긍정경험을 서면으로나 시각적 형태, 대인적 형태로 기록하는 법을 알게 된다. 덕분에 내담자는 회기 중 키워 나가는 더욱 광범위한 경험적 의식을 유지할 수 있고, 부정편향을 애호하는 인간 본성에 계속 저항할 수 있다. 내담자는 자신만의 독특한 강점들이 있으며, 그것들을 다양한 방법으로 활용할 수 있다는 사실을 배운다. 이 점을 염두에 두고 PPT 방법을 계속 분석해 보겠다.

표 19-6 긍정심리치료(PPT) 15회기의 회기별 묘사

회기	제목	내용	주요 실습
1단계 1	긍정 소개 및 감사일기	내담자들의 치료 환경 적응, 내담자와 치료자의 역할과 책임 정하기 등 치료 구조화하기, 긍정경험을 기록해 긍정정서 키우기, 감사하기가 행복에 미치는 영향을 평가하는 방법을 배우는 회기	긍정 소개: 역경을 극복하고 최상의 자기를 표출했던 사건을 떠올려 보고 시작과 중간, 긍정 결말로 구성된 이야기의 긍정 소개를 한 장 분량으로 쓴다. 감사일기: 매일 밤 크고 작은 잘 됐던 일 세 가지와 그 이유를 기록하는 일기를 쓴다.

2	성격강점과 대표강점	성격강점과 대표강점을 중점적으로 다루는 세 차례 회기 중 첫 번째 회기. 대표강점이 실습을 통해 계발할 수 있는 긍정특성으로 개인의 성장과 행복에 기여할 수 있음을 배우는 회기	성격강점: 강점 검사와 평가, 가족 구성원, 친구 등 다양한 출처에서 얻은 정보를 수집해 자신의 대표강점 프로필을 작성한다.
3	대표강점 실용지혜	대표강점 실용지혜를 발휘하는 기술을 보여 주는 회기. 자신의 대표강점을 균형 잡힌 방식으로 활용해서 문제를 해결하는 법을 배우는 회기	강점 활용 노하우: 세 가지 구체적인 상황을 해결하는 네 가지 실용지혜 전략(구체화하기, 적절성 찾기, 충돌 해소하기, 성찰하기 및 계측하기)을 활용한다.
4	더 나은 버전의 나	긍정적이고 실용적이며 지속적인 자기계발 계획을 명확하게 작성하고 실행하는 회기	더 나은 버전의 나: 측정 및 성취 가능한 구체적인 목표를 정해 강점을 융통성 있게 활용해 더 나은 버전의 나라는 자기계발 계획을 작성한다.
2단계 5	종결된 기억, 종결되지 않은 기억	내담자가 과거의 기억을 떠올려서 기록하고 처리하는 회기. 종결되지 않은 기억, 부정적인 기억을 다루는 기술을 배우는 회기	긍정 평가: 긴장을 풀고 나서 고통스러운 기억, 즉 종결되지 않은 기억을 기록하고, 그러한 기억을 적절하게 다루는 네 가지 방법을 탐색한다.
6	용서 하기	용서가 하나의 사건이 아닌 변화를 위한 과정임을 알고, 용서인 것과 용서가 아닌 것을 배우는 회기	REACH: 용서에 이르는 길을 배운다. 용서편지: 용서편지를 쓰되 반드시 전할 필요는 없다.
7	최대자 vs 만족자	최대자(최상의 것을 선택하기)와 만족자(충분히 좋은 것을 선택하기: 이 정도면 괜찮아)의 개념을 제시하는 회기	만족자 지향: 최대자나 만족자로서 자신의 생활 영역을 탐색하고, 만족을 증진시키는 계획서를 작성한다.
8	감사	현재 생존해 있는 사람과 과거에 긍정적인 도움을 주었는데도 감사를 전하지 못한 사람을 떠올려 보고 그 사람에게 편지를 써서 감사의 개념을 확장하는 회기	감사편지: 어려울 때 도움을 받았지만 적절하게 감사 인사를 전하지 못한 사람에게 감사편지를 쓴다. 감사방문: 감사편지를 쓴 사람을 초대해 일대일로 만나고, 사전 설명 없이 감사편지를 직접 읽어 준다.
3단계 9	희망과 낙관성	가능한 한 최상의 현실적인 결과를 생각하고 낙관성을 키우는 법을 배우는 회기	문 하나가 닫히면 다른 문이 열린다고 생각하기: 닫혀 있는 문 3개와 열려 있는 문 3개를 생각해 보고 기록한다.
10	외상 후 성장	트라우마를 겪은 후 계속 마음에 걸리는 충격적인 경험에 관한 내담자 내면의 깊은 감정과 생각을 탐색해 보는 회기	표현적 글쓰기: 충격적이고 고통스러운 경험을 종이 한 장에 옮기는 선택적 활동을 한다. 내담자가 건전한 대처 기술을 키워 현재의 스트레스 요소에 짓눌리지 않을 때 이 실습이 종료된다.

11	느림과 음미하기, 마음챙김	속도를 늦추는 법을 배우고, 음미하는 법과 마음챙김을 의식하고 배우는 회기	느림과 음미하기: 내담자 자신의 성격과 생활환경에 적합한 느림의 기법과 음미하는 다섯 가지 방법을 하나씩 선택하고, 마음챙김 명상을 한다.
12	긍정 관계	긍정관계를 위해 사랑하는 사람들의 강점을 인정해 주는 것이 중요하다는 사실을 배우는 회기	긍정관계 나무: 사랑하는 사람들과 함께 자신의 강점을 평가한다. 사랑하는 사람과 함께 서로의 강점을 칭찬해 관계를 강화하는 방법을 논의한다.
13	긍정 소통	긍정적인 소식에 대한 네 가지 반응 기술과 그중 관계 만족을 예견해 주는 기술을 배우는 회기	적극적이며 건설적인 반응 기술: 내담자 자신에게 중요한 사람의 강점을 탐색하고 적극적이고 건설적인 반응 기술을 실습한다.
14	이타성	자신과 타인 모두에게 도움이 되는 이타적인 사람이 되는 법을 배우는 회기	시간의 선물: 내담자 자신의 대표강점을 활용하여 무언가를 해서 시간의 선물을 주는 계획을 세운다.
15	의미와 목적	보다 더 나은 선을 위한 의미 있는 노력을 찾고 추구하는 데 집중해서 의미 있는 삶을 만드는 법을 배우는 회기	긍정유산: 어떤 사람으로 기억되고 싶은지, 특히 어떤 긍정적인 발자취를 남기고 싶은지를 기록한다.

⊙ 1단계 과정

PPT 1단계는 4회기로 구성된다. 치료자는 첫 회기부터 내담자에게 최상의 자기 모습을 드러냈던 구체적인 경험이나 사건을 중심으로 전개되는 개인적인 이야기를 생각해 보라고 격려한다. 또한 크고 작은 역경을 극복하며 자신의 강점을 발휘했던 사례와 이야기를 말해 보라고 한다. 다시 말해, 역경을 극복했거나 그에 성공적으로 대처했던 방법을 말해 보고 써 보라고 하는 것이다.

치료자는 내담자와 서로 신뢰할 수 있는 치료관계를 맺고 유지하고자 내담자의 호소문제에 공감해 준다. 증상을 보이는 내담자의 고통뿐만 아니라 일상생활의 소소한 좋은 행동에 대해 토의한다. 예컨대, 내담자가 특별한 식사 준비를 즐기는 행동, 화창한 날씨를 음미하는 행동, 일상적인 허드렛일을 성공적으로 완수하는 행동에 대해 이야기한다. 그러면 내담자는 진단적 고통을 지나치게 강조해 묻혀 버릴 수 있는 소소하지만 긍정적인 삶의 측면에 주목할 수 있다.

이때 내담자는 다양한 자료를 이용해 자신의 강점을 평가하고, 자신의 표출된 문제 및 행복과 관련된 현실적인 목표를 설정한다. PPT 1단계의 핵심은 내담자가 자기평가를 통해 현재와 과거의 자신의 강점을 파악하고, 자신에게 중요한 다른 사람들로부터 얻은 정보를 수용해 예견력을 넓히는 것이다. 이 과정은 회복력에 관한 이야기를 글로 쓰고, 회복력에 관건이 되는 강점을 파악하면서 완성된다. 치료자는 기회가 있을 때마다 내담자가 강점을 적절하게 이용해 어려운 상황을 다루는 방법을 깊이 이해할 수 있게 적극적으로 도와준다. 긍정경험이 감정 조절에 중요한 역할을 한다는 증거가 있다(Joormann, Dkane, & Gotlib, 2006). 회상을 통해 긍정정서를 '음미'할 수 있다(Bryant, Smart, & King, 2005). 피츠패트릭과 스탤리커스(2008)는 특히 치료 과정의 초기 단계에서 긍정정서가 변화의 출발점이 되고, 장기적으로 구축 자원을 만들어 낼 수 있다고 했다. 결과적으로 내담자는 새로운 아이디어와 관점을 고려할 수 있다.

　강점 평가의 마지막 단계에서 치료자는 내담자가 실용지혜를 키우도록 격려한다(긍정심리치료, 치료자 매뉴얼 9장 3회기 참조). 강점을 사용할 때는 실용지혜를 마스터 강점으로 간주한다(Schwartz & Sharpe, 2010). 이것이 강점 활용 노하우이다. 실용지혜를 터득하면 강점을 포함한 심리 자원을 재조정해 변동적인 상황적 요구에 적응하는 능력이 따라온다. 예컨대, 관점을 바꾸거나 상충하는 열정과 욕구, 생활 영역의 균형을 맞추는 것이다(Kashdan & Rottenberg, 2010; Young, Kashdan, & Macatee, 2015).

　PPT는 내담자가 긍정과 부정 모두를 미묘하게 조정해 상황에 맞게 사용하는 법을 배워 다양한 상황에서 감정을 조절하고 자기평가를 향상시킬 수 있도록 돕는다. 내담자는 긍정정서보다 훨씬 더 유용하기 때문에 부정정서를 경험하거나 심지어 강화하려는 자극을 받을 수 있다.

- 친밀한 관계에서 분노와 좌절, 실망을 느낀다면 상대가 뭔가를 잘못했다는 신호일 수 있다.
- 중요한 일을 완수할 수 있다는 자신감은 적정 수준의 불안감이 없을 경우 일의 지연을 초래할 수 있다.
- 상실감과 슬픔을 회피하며 건전하지 못한 대처 방법(예: 약물, 성관계, 쇼핑)에 의지할 때 상실감의 의미를 이해하지 못하고, 적응적 대처에 필수적이라고 할 수 있는 수정한 개인적 이야기를 고려하지 못할지도 모른다.

PPT는 내담자에게 특정한 강점을 더욱 많이 사용하라고 요구하지 않는다. 그보다 특정한 강점을 언제, 어떻게 적절하게 또는 부적절하게 사용할 수 있는지, 그 결과로 다른 사람들이 어떤 영향을 받을 수 있는지를 보다 더 깊이 생각해 보라고 권한다(Biswas-Diener et al., 2011; Fredlin, Littman-Ovadia, & Niemiec, 2017; Kashdan & Rottenberg, 2010). 앞의 〈표 19-5〉에는 심리적 역경과 그 역경을 극복하는 방법으로 사용할 수 있는 특정한 강점 기반 전략의 잠재적 연관성이 제시되어 있다.

⊙ 2단계 과정

PPT 2단계는 5~8회기까지이다. 이 단계에서는 내담자가 번거로운 일상문제를 효과적으로 헤쳐 나가는 것과 앙심이나 부정기억, 트라우마처럼 보다 더 심각한 문제를 해결하거나 건설적으로 다루는 것의 미묘한 차이를 생각해 강점을 적절하게 사용하도록 돕는 데 주력한다. 더 나아가 내담자는 자신의 강점을 측정 가능한 방식으로 융통성 있게 활용해 상황적 어려움에 적절하게 대응하는 법을 배운다(Biswas-Diener et al., 2011). 이 과정에서 치료자는 결점이 아닌 강점의 부족이나 남용 때문에 발생할 수 있는 증상 또는 문제를 낳는 내담자의 구체적인 행동이나 습관을 부각시킨다.

PPT 2단계의 핵심은 내담자가 특정한 긍정 및 의미 기반 대응 전략을 습득해 계속 마음에 걸리는 종결되지 않은 부정기억을 재해석하도록 돕는 것이다.

PPT 2단계 내내 내담자는 자신이 종결되지 않은 부정기억에 얼마나 많은 관심과 자원을 쏟아붓고 있는지를 의식하게 된다. 또한 인생에서 진정으로 긍정 사건에 관심을 쏟는 법을 배운다(긍정심리치료, 치료자 매뉴얼, 11장 5회기 참조). 무엇이 용서이고 무엇이 용서가 아닌지를 배우고 나면(긍정심리치료, 치료자 매뉴얼, 12장 6회기 참조) 용서를 통해 분노 기반 감정의 순환을 끊어낼 수 있는 선택권을 얻는다. 내담자는 과거의 긍정기억을 떠올리면서 감사하는 마음을 지속적으로 느낄 수 있다. 내담자가 극히 개인적인 경험을 떠올려 보고 글로 쓰면 자신의 감정을 보다 잘 이해할 수 있다. 결과적으로 개인적 성장에 필수적인 요소, 즉 보다 더 큰 통제감을 얻는다(Deci & Ryan, 2008).

⊙ 3단계 과정

9회기에서 15회기까지 진행되는 PPT 3단계에서는 긍정관계(사적인 관계와 공동체 관계 모두 포괄)의 회복이나 증진에 중점을 둔다. 빅터 프랭클의 『죽음의 수용소에서(Man's For Search for Meaning)』(1963)와 『의사와 영혼: 심리치료학에서 로고테라피까지(The Doctor and the Soul: From Psychotherapy to Logotherapy)』(1986)는 삶의 의미와 목적에 관해 논하는 중요한 서적이다. 이들 책은 행복이란 혼자 갈구한다고 얻을 수 있는 것이 아니라고 강조한다. 행복이란 자기 자신보다 더 원대한 목적을 달성하고자 노력하는 과정에서 의도치 않게 '뒤따라 나오는' 결과이다. 보다 더 원대한 목적과 연관되는 활동을 추구할 수 있는 사람들은 보다 더 큰 행복을 맛본다(Mcknight & Kashdan, 2009; McLean & Pratt, 2006; Schnell, 2009). 그러므로 PPT 3단계에서 내담자는 의미와 목적을 추구할 준비가 될 가능성이 크다. 다시 말해, 강점을 통해 자아개념을 넓히고, 고통스런 기억을 다룰 수 있으며, 용서에 대해 배울 수 있고, 감사의 이점을 깨닫기 시작한다.

의미와 목적의식은 내담자가 절망과 통제력 부족에 빠지지 않게 도와줄 뿐만 아니라 역경에서 회복력을 발휘해서 더 나아가 적극적으로 도전하는 데 도움이 된다는 사실을 강하게 뒷받침해 주는 연구 결과가 있다(Bonanno & Mancini, 2012; Calhoun & Tedeshi, 2006; Graham, Lobel, Glass, Lokshina, 2008; Skaggs & Barron, 2006). PPT 3단계는 내담자가 친밀한 대인관계 및 공동체 관계 강화와 예술적·지적 또는 과학적인 혁신 추구 또는 철학적 또는 종교적인 명상 등 여러 과정에 참여해 의미를 키워 나가도록 격려한다(Stillman, Baumeister, 2009; Wrzesniewski, McCauley, Rozin, & Schwartz, 1997). 이 단계에서 실시하는 문 하나가 열리면 다른 문이 열린다고 생각하기, 표현적 글쓰기, 시간의 선물하기 같은 실습은 내담자가 의미와 목적을 찾아 추구하도록 도와준다. 이 과정에서 내담자는 종종 고통스럽고 때로는 트라우마로 남은 경험을 털어놓는다. 이때 치료자는 내담자의 그런 경험을 공감해 주고, 적절하다 싶을 때마다 그런 경험에서 성장의 가능성을 찾아보기도 한다.

치료자 노트

이 세 단계 과정은 항상 의도대로 진행되고, 모든 내담자에게 똑같은 효력을 발휘하는 것이 아닐 수 있다. 이 같은 단계는 회복력과 행복을 향해 나아가는 복잡하게 뒤엉킨 길이라고 여겨야 한다. 내담자는 의미와 목적에 대해 논의하는 후반부 치료 단계에 이르러서야 자기 인생 이야기의 의미를 완전히 이해할 수도 있다. 이와 유사하게, 긍정평가 실습은 15회기에 넣을 수 있는 것보다 훨씬 많은 것을 제공해 줄 수 있다. 몇몇 내담자는 제한된 치료 회기 횟수, 즉각적이고 지속적인 관심이 필요한 새로운 위기나 트라우마 또는 강점에 중점을 두지 않으려는 내담자의 성향 같은 상황적 요소나 기타 요소 때문에 자신의 강점을 완전히 표출하지 못할 수도 있다. 변하는 것은 쉽지 않다. 수년 동안 부정에 치우쳐 살았다면 희망과 열정, 감사 같은 강점을 단단하게 키워 내기까지 15회기 이상이 필요할 수도 있다.

제20장

긍정심리 건강

기존의 의학 뒤집기

　세계보건기구(WHO, 1946)는 WHO 헌장에서 건강은 단순히 질병이 없거나 허약하지 않은 상태가 아니라 신체적 · 정신적 · 사회적으로 완전한 웰빙 상태라고 했다. 셀리그만은 35년 동안 심리치료사로 살아왔다. 그동안 많은 환자의 슬픔과 불안과 분노가 거의 모두 사라지게 도와주었다. 그는 자신의 할 일이 끝났고 환자가 행복할 거라고 생각했다.

　환자들은 행복해졌을까? 아니다. 그들은 텅 빈 환자가 되었다. 그 이유는 긍정정서를 느끼고, 소중한 사람들에게 몰입하고, 삶에 의미를 부여하고, 목표를 성취하고, 좋은 관계를 유지하는 기술이 우울을 없애고 불안을 없애고 분노를 없애는 기술과는 완전히 다르기 때문이다. 이 불쾌한 정서들은 웰빙을 방해하지만 웰빙을 불가능하게 하지는 않는다. 슬픔, 분노, 불안의 부재가 행복을 보장하지도 않는다. 긍정심리학은 긍정 정신 건강이란 단순히 정신질환이 없는 상태가 아니라고 가르친다.

　정신이 병들지는 않았지만 삶에 갇혀서 옴짝달싹 못하고 괴로워하는 경우가 너무 흔하다. 긍정 정신 건강은 일종의 실재(實在)이다. 즉, 긍정정서의 실재, 몰입의 실재, 의미의 실재, 좋은 관계의 실재, 성취의 실재이다. 정신적으로 건강한 상태는 단순히 정신질환이 부재하는 상태가 아니다. 그것은 번영(flourish)이 실재하는 상태이다.

　이는 지그문트 프로이트가 물려받은 경건한 지혜, 즉 정신 건강은 단지 정신질환이 없는 것이라는 가르침과 정반대된다. 셀리그만(2011)은 프로이트가 철학자 아르투르 쇼펜하우어 (1788~1860)의 추종자였다고 했다. 두 사람 모두 행복은 환상이며 우리가 희망할 수 있는 최선은 비참함과 고통을 최소한으로 유지하는 것이라고 믿었다고 했다. 이것을 부인하지는 말자. 전통 심리학의 목적은 웰빙 양산이 아니다. 그저 고통을 줄이는 것이다. 그것도 쉬운 일은 아니다.

신체 건강도 똑같은 '지혜', 즉 신체 건강은 단순히 신체질환이 없는 것이라는 가르침을 받아들였다. 앞서 소개한 WHO 헌장이 선언한 건강의 정의와 미국 국립건강원(National Institutes of 'Health')이라는 바로 그 이름에도 불구하고 개별 과학으로서 건강학은 존재하지 않는다. 미국 최대 자선단체 로버트 우드 존슨 재단(Robert Wood Johnson Foundation)의 임원인 로빈 모큰하우프트와 폴 타리니 역시 이 모든 것을 알고 있었다. 그렇기 때문에 긍정심리학에 관해 대화하자며 셀리그만을 찾아온 것이다.

"교수님께서 기존 의학을 완전히 뒤집어 주시면 좋겠습니다." 재단의 개척부 부장인 폴이 말했다. 개척부는 이름 그대로 개척하는 부서이다. 로버트 우드 존슨 재단의 의료 기금은 비만 감소 같은 황금알을 낳는 아이디어에 주로 투입된다. 그래서 개척부는 의학 연구의 주류에서 멀리 벗어난 혁신적인 아이디어, 미국인의 건강과 보건에 크게 유익할 수도 있는 아이디어에 투자함으로써 재단의 의료 기금 명세표의 균형을 맞춘다.

"저희는 정신 건강에 관한 교수님의 연구를 줄곧 지켜보았습니다. 정신 건강은 단지 정신질환이 없는 것이 아니라 그보다 상위에 실재하는 어떤 것이라는 사실을 알려 주셨지요. 신체 건강에 대해서도 똑같은 일을 해 주시길 바랍니다." 그는 말을 이었다. "신체가 실제로 건강한 상태라는 것을 입증하는 긍정특성들, 즉 건강 자산이 있습니까? 수명을 늘리고, 발병률을 낮추고, 설사 질병에 걸려도 예후가 더 좋고 평생 의료비를 줄여 줄 건강 상태가 있습니까? 건강은 실물입니까? 모든 의학은 질병이 없는 상태를 추구해야 합니까?"

폴의 이 말만으로도 가슴이 벅차올랐다. 셀리그만은 웅대한 퍼즐의 단 한 조각만을 연구해 왔다. 신체질환을 예측하고 줄여 줄 수 있는 한 가지 심리적 상태, 즉 낙관성을 연구해 왔고, 새로운 사실들이 조금씩 드러나고 있었다. 그 연구에 뛰어든 지 40년 후에 폴과 로빈이 셀리그만을 찾아온 것이다. 이 장은 셀리그만의 무기력 학습, 낙관성 학습, 긍정심리학에 이르기까지 그의 이론을 바탕으로 연구되어 온 긍정건강에 대해 다룬다.

건강

대니얼이 복부암의 일종인 버킷 림프종(Burkitt's lymphoma) 진단을 받은 것은 그가 겨우 아홉 살이었을 때이다. 이제 그는 열 살이 되었고 그동안 방사선치료와 화학요법을 받으며 힘겹게 1년을 보냈지만 암의 확산은 멈추지 않았다. 의사뿐만 아니라 거의 모든 주변 사람이 희망을 접었다. 그러나 대니얼은 달랐다.

그는 꿈이 있었다. 그는 자라서 과학자가 되겠다고 모두에게 이야기했다. 암 같은 병들의 치료법을 발견해서 다른 아이들이 병에 시달리지 않도록 하겠다고 말했다. 대니얼의 몸은 계속 허약해졌지만 그의 낙관성은 굳건했다.

대니얼은 솔트레이크시티에 살았다. 대니얼은 한 의사에게 큰 희망을 걸고 있었는데, 그를 가리켜 '동해안 지역의 유명한 전문가'라고 불렀다. 버킷 림프종의 권위자였던 이 의사는 대니얼의 병에 관심을 갖게 되어 대니얼의 주치의에게 원거리 상담을 해 주고 있었다. 마침 서해안 지역의 소아과학회에 참석할 일이 생긴 그는 중간에 솔트레이크시티에 들러 대니얼도 만나고 주치의와 이야기도 나누기로 약속하였다.

이 소식을 들은 대니얼은 수 주 동안 흥분에 휩싸였다. 대니얼은 이 전문가를 만나서 하고 싶은 말이 너무나 많았다. 그래서 일기를 쓰기 시작했고, 이 전문가가 일기를 보면 자신의 암 치료에 대한 힌트를 얻게 될지도 모른다고 생각했다. 대니얼에게는 이제 자기가 자신의 암을 치료하는 데 참여하고 있다는 느낌마저 들었다.

그러나 전문가가 도착하기로 한 날 솔트레이크시티는 안개에 뒤덮였고 공항은 폐쇄되었다. 전문가가 탄 비행기는 관제탑의 지시에 따라 덴버에 착륙할 수밖에 없었고, 결국 이 전문가는 계획을 바꿔 곧바로 샌프란시스코로 가게 되었다. 이 소식을 접한 대니얼은 조용히 흐느꼈다. 부모와 간호사들은 그를 진정시키며 조만간 샌프란시스코로 전화를 연결해 이 의사와 통화할 수 있게 해 주겠다고 말했다. 그러나 다음 날 아침 대니얼은 활력이 없었다. 지금까지 한 번도 그런 적이 없었다. 고열이 났고 폐렴이 도졌다. 저녁이 되자 대니얼은 혼수상태에 빠졌다. 그리고 다음 날 오후에 세상을 뜨고 말았다.

당신도 이따금 희망이 꺾이자 죽게 되었다거나 희망이 생기면서 병도 나아졌다는 식의 심금을 울리는 이야기를 들은 적이 있을 것이다. 이런 이야기들은 세상 어딜 가도 들을 수 있다. 때문에 희망 자체에 생명을 지탱하는 힘이 있고 절망에는 생명을 파괴하는 힘이 있다고 믿어도 결코 황당한 것이 아니다.

그러나 다르게 해석할 수도 있다. 이를테면 섬세한 면역체계 같은 제3의 요인이 있어서 이것이 생명도 보호하고 희망도 싹트게 하는 것이라고 생각할 수 있다. 아니면 희망의 기적을 믿고 싶은 욕망이 인간의 마음속 깊이 자리 잡고 있기 때문이라고 볼 수도 있다. 그래서 기적을 증명하는 것 같지만 실제로는 우연일 뿐인 일부 사례를 자꾸 이야기하게 되는 반면, 희망을 가졌는데도 병에 걸렸다거나 절망에 빠졌는데도 병이 나았다는 식의 너무나도 흔한 반대편 이야기는 억누르게 되는 것일지 모른다.

1976년 봄에 셀리그만의 책상에는 아주 별난 대학원 입학원서가 하나 놓여 있었다. 그것은 솔트레이크시티의 간호사인 매들런 비신테이너(Madelon Visintainer)라는 여성의 것이었는데, 거기에는 대니얼의 이야기가 서술되어 있었다. 비신테이너는 환자들을 간호하면서 이런 사례를 여러 번 보았다고 썼다. 암에 걸린 아이들 중에서도 보았고 '베트남에 있던 시절'에도 보았다고 했다. 하지만 그녀는 이런 이야기를 더 이상 만족스런 증거로 받아들이기 어렵다고 썼다. 그래서 정말로 무기력 자체 때문에 사람이 죽을 수 있는 것인지, 그리고 실제로 그렇다면 어떻게 그런 것인지 밝혀내고 싶다고 했다. 펜실베이니아 대학교에 입학해 셀리그만과 함께 연구하면서 우선 동물을 대상으로 이 문제를 실험해 나중에 사람에게 그 혜택이 돌아갔으면 좋겠다고 썼다.

비신테이너의 글은 유례가 없을 만큼 솔직담백했으며, 그것을 읽은 한 심사위원은 눈물을 흘리기까지 했다. 게다가 대학 성적과 GRE(Graduate Record Exam, 일반대학원 입학자격시험) 점수도 훌륭했다. 그러나 그녀의 원서에는 뭔가 빠진 곳이 여러 군데 있었다. 거기에 적힌 날짜만 가지고는 그녀가 언제 어디에 있었는지, 또 성인이 되고 나서 중간중간에 무엇을 했는지 짐작하기가 어려웠다. 여기저기서 너무 자주 자취가 끊기곤 하였다.

이 수수께끼를 풀려고 몇 번 헛되이 시도한 끝에 비신테이너를 받아들이기로 결정했다. 셀리그만은 1976년 9월 그녀가 도착하기를 학수고대했지만 그녀는 나타나지 않았다. 대신 전화를 걸어와 1년 더 솔트레이크시티에 머물면서 암 연구 후원금을 관리해야 한다고 말했다. 그러나 암 연구 후원금을 관리한다는 것은 자신이 '그냥' 간호사라고 했던 사람에게는 어울리지 않는 일이었다. 그녀는 셀리그만이 이듬해 9월까지 그녀의 자리를 보존해 주었으면 좋겠다고 말했다.

그래서 셀리그만은 그녀에게 정말로 펜실베이니아 대학교에 와서 그렇게 유별난 주제를 가지고 연구할 의향이 있는지 다시 한번 물었다. 셀리그만은 무기력 같은 심리 상태가 실제로 신체질병을 야기할 수 있다고 믿는 심리학자는 많지 않으며 의사들은 더더욱 그렇다고 경고 삼아 말했다. 이것은 지뢰밭에 들어가는 격이며 여기저기서 장애물에 부닥칠 것이라고 말했다. 그러자 자기는 갓난아기가 아니라며 자기가 무엇을 하려는지 잘 알고 있다는 대답이 돌아왔다.

1977년 9월에 그녀가 드디어 도착했다. 그녀는 원서에서 풍겼던 인상만큼이나 꾸밈이 없었고 솔직했다. 그리고 역시나 수수께끼 같은 인물이었다. 과거에 무엇을 했는지, 또 장래 목표가 무엇인지 밝히기를 꺼렸다. 그러나 어쨌든 현재의 그녀는 아주 훌륭했다. 그녀는 학계에 회오리바람을 불러일으키고 있었다. 그녀가 1학년 연구 과제로 삼은 것은 무기력이 죽음의 원인이 될 수 있음을 증명한다는 무시무시한 과제였다.

당시 예일 대학교의 신진 건강 연구자였던 엘렌 랭거(Ellen Langer)와 주디 로딘(Judy Rodin)의 새로운 발견을 접한 그녀는 엄청 흥분하였다. 이들은 요양원의 노인들을 대상으로 자신의 주변 일상사를 통제할 수 있는 권한의 양을 이리저리 바꿔 보는 연구를 하였다.

이들은 요양원을 층별로 나누었다. 그래서 1층의 노인들에게는 살면서 더 많은 통제권과 선택권을 누릴 수 있도록 해 주었다. 하루는 원장의 연설이 있었다. "여기 셰이디 그로브에 있는 요양원에서는 여러분 스스로 할 수 있는 일이 아주 많다는 사실을 아셨으면 좋겠습니다. 예컨대, 아침에는 오믈렛이나 스크램블 에그가 나오는데요. 여러분이 무엇을 드실지 전날 밤에 미리 선택하셔야 합니다. 또 화요일과 목요일 밤에는 영화가 상영되는데요. 미리 등록하셔야 보실 수 있습니다. 그리고 여기 화분들이 있는데, 하나를 고르셔서 방으로 가져가시기 바랍니다. 다만 물은 직접 주셔야 합니다."

다른 한편 2층에서는 다음과 같이 연설했다. "여기 셰이디 그로브에 있는 요양원에서는 저희가 여러분을 위해서 좋은 일을 아주 많이 한다는 사실을 아셨으면 좋겠습니다. 예컨대, 아침에는 오믈렛이나 스크램블 에그가 나옵니다. 월요일, 화요일, 금요일에는 오믈렛이 나오고, 나머지 날에는 스크램블 에그가 나옵니다. 또 화요일과 목요일 밤에는 영화가 상영되는데, 복도 좌측에 사시는 분들은 화요일에 그리고 복도 우측에 사시는 분들은 목요일에 관람하시면 되겠습니다. 그리고 여기 화분들이 있는데, 간호사가 하나씩 골라 여러분 방에 가져다드릴 것입니다. 관리도 해 드릴 것입니다."

이렇게 1층 노인들에게는 마음에 드는 일들을 스스로 통제할 수 있게 해 주었고, 2층 노인들에게도 똑같이 좋은 것들을 제공했지만 이들의 행동과는 아무 상관이 없었다.

그로부터 18개월 후에 랭거와 로딘은 이 요양원을 다시 방문했다. 그리고 여러 척도로 측정해 본 결과 선택과 통제의 권한을 가졌던 집단이 더 행복하고 적극적이라는 사실을 발견하였다. 그 밖에도 이 집단에서 사망한 사람의 숫자가 다른 집단에서보다 적다는 사실도 발견하였다. 이 놀라운 사실은 선택과 통제가 생명을 구할 수도 있고 무기력이 어쩌면 사람을 죽일 수도 있음을 강하게 시사하였다.

매들런 비신테이너는 조건을 미세하게 통제할 수 있는 실험실에서 이 현상을 연구하여 지배력(mastery)과 무기력(helplessness)이 건강에 어떻게 영향을 미칠 수 있는지 알아내고자 했다. 그녀는 쥐를 세 집단으로 나누어 첫째 집단에게는 피할 수 있는 약한 전기 충격을, 그리고 둘째 집단에게는 피할 수 없는 약한 전기 충격을 주었다. 그리고 셋째 집단에게는 아무 충격도 주지 않았다. 다른 한편으로 이것을 실행하기 하루 전에 각 쥐의 옆구리에 육종(肉腫)을 조금씩 심었다. 이 종양은 동물의 면역체계가 그것을 제대로 퇴치하지 못할 경우 계속 자라서 결국 동물을 죽게 만드는 종류의 것이었다. 비신테이너가 심은 육종의 양은 정상 조건이라면 50%의 쥐가 종양을 퇴치하고 살아남을 만한 것이었다.

이것은 훌륭하게 설계된 실험이었다. 전기 충격의 양과 지속시간, 음식, 주거 조건, 종양의 양 등의 물리적인 것들은 모두 통제되었다. 세 집단 사이의 유일한 차이는 이 집단들이 처한 심리적 상태였다. 첫 번째 집단은 무기력 학습을 경험했고, 두 번째 집단은 지배력을 경험했으며, 세 번째 집단은 심리적으로 변화가 없었다. 따라서 이 세 집단이 종양을 퇴치하는 능력에서 차이를 보인다면 그 차이의 원인은 심리적 상태에 있을 수밖에 없을 것이다.

그 뒤 한 달 안에 전기 충격을 받지 않았던 쥐의 50%가 죽었고 50%는 종양을 퇴치하였다. 이것은 정상적인 비율이었다. 전기 충격을 끄기 위해 막대를 누름으로써 충격에 지배력을 행사했던 쥐의 경우에는 70%가 종양을 퇴치하였다. 반면에 통제 불가능한 전기 충격을 경험해 무기력해진 쥐의 경우에는 겨우 27%만이 종양을 퇴치하였다.

이로써 매들런 비신테이너는 심리 상태(즉, 무기력 학습)가 암의 원인이 될 수 있음을 증명한 첫 번째 인물이 되었다. 매들런이 중요한 과학적 업적들이 실리는 최고의 학술지 『사이언스(Science)』에 기고하기 위해 논문을 써 내려가던 시기에 셀리그만은 이 학술지의 최신판을 본 적이 있었다. 거기에는 캐나다 오타와의 연구자 래리 스클라(Larry Sklar)와 하이미 애니스먼(Hymie Anisman)이 수행한 비슷한 실험이 실려 있었다. 이들은 쥐 대신 생쥐를 사용했고, 종양을 퇴치하는 능력 대신 종양 성장률을 측정하였다. 하지만 결과는 똑같았다. 곧 무기력 상태에서 종양의 성장이 더욱 빨랐다.

매들런의 또 다른 발견은 쥐의 아동기에 관한 것이었다. 매들런은 어릴 적에 지배력을 행사해 본 쥐들이 자라서도 종양에 대해 면역성이 있음을 발견하였다. 이때 매들런은 어린 쥐들에게 집단에 따라 피할 수 있는 충격 또는 피할 수 없는 충격을 주거나 또는 아무 충격도 주지 않았다. 그리고 나서 쥐들이 어른이 될 때까지 기다렸다가 쥐들에게 육종을 심었다. 그런 다음 원래의 세 집단 각각을 다시 세 집단으로 세분하여 피할 수 있는 충격 또는 피할 수 없는 충격을 주거나 아무 충격도 주지 않았다. 그 결과, 어릴 적에 무기력을 학습했던 쥐들은 대부분 어른이 되어 종양을 퇴치하지 못했다. 반면에 어릴 적에 전기 충격에 대해 지배력을 행사했던 쥐들은 대부분 어른이 되어 종양을 퇴치하였다. 결국 어릴 적 경험이 어른이 되어 종양을 퇴치하는 데 결정적임이 입증된 것이었다. 어릴 적 지배력이 면역력을 키운 반면, 어릴 적 무기력은 어른이 되어 암에 걸릴 위험을 확대시킨 셈이었다.

매들런이 박사학위를 딴 뒤 여러 대학에 조교수 자리를 지원하자 일부 대학에서는 매들런에게 완전한 이력서를 제출하도록 요구했다. 놀랍게도 매들런은 심리학 대학원 과정에 진학하기 전에 이미 예일 대학교에서 간호학 조교수로 있었다. 그 밖에도 그녀는 베트남전 때의 용감한 행위를 인정받아 은성훈장과 기타 여러 가지 훈장을 받은 사실이 있었다. 돌이켜 보면 1976년에 그녀가 스스로 선택해 학문적 전장 속으로 걸어 들어갔을 때 그녀가 보인 용기와 강인한 성격이 어디서 왔는지 이제 조금 이해가 되었다. 그녀가 스스로 걸어 들어간 신체 건강에 미치는 심리적 영향이라는 주제의 영역은 당시 주로 신앙치료자와 허풍쟁이들이 활동하던 곳이었다. 매들런은 마음이 병에 영향을 줄 수 있다는 것을 과학적으로 증명하고 싶었지만, 이런 야망은 그녀의 직업 경력 동안 주로 동료 의사들의 조소와 불신만 자아냈다. 정신적 과정이 아니라 오직 물리적 과정만이 질병에 영향을 줄 수 있다는 것이 정설이었기 때문이다. 그래서 그녀는 호의적인 대화와 지지를 찾아 대학으로 돌아오게 된 것이었다. 그리고 그녀의 획기적인 박사 논문은 마음이 실제로 질병을 통제할 수 있음을 증명하는 데 기여하였다. 그 후로 의학계에서는 이러한 사실을 믿기 시작했다.

심신문제

정신 과정이 신체질병에 영향을 미칠 수 있다는 것이 왜 그렇게 큰 저항에 부딪힐까? 셀리그만(2006)은 이것이 철학적으로 가장 복잡한 문제와 관련이 있다고 했다.

17세기의 위대한 합리주의 철학자 르네 데카르트(René Descartes)는 물질과 정신이라는 두 가지 실체만이 세계에 존재한다고 주장했다. 그렇다면 이 두 실체는 어떻게 상호작용할까? 한 당구공이 다른 당구공에 부딪혀 그것을 움직이게 하는 과정은 우리가 눈으로 볼 수 있다. 그러나 내 손을 움직이려고 마음먹는 일이 내 손의 실제 운동을 어떻게 일으키는가? 데카르트는 나름대로 기발한 대답을 생각해 냈다. 그는 마음이 뇌기관인 송과선을 통해 몸으로 연결된다고 말했다. 그러나 그의 대답은 틀린 것이었다. 그 뒤 철학자들과 과학자들은 정신적 실체가 어떤 경로를 통해 물질적 실체에 영향을 미칠 수 있는지 밝혀내려고 많은 애를 썼다.

데카르트는 이원론자였다. 그리고 정신적인 것이 물질적인 것에 영향을 미칠 수 있다고 믿었다. 얼마 뒤 반대 학파가 생겨나 승리하게 되었는데 이것이 곧 유물론(materialism)이다. 유물론자들은 세계에 오직 한 가지 실체(물질적인 것)만이 존재한다고 믿거나 또는 정신적 실체가 있더라도 인과적 작용을 미치지는 않는다고 믿는다. 오늘날 거의 모든 과학자와 의사는 유물론자이다. 그들은 생각과 감정이 신체에 영향을 끼칠 수 있다는 생각을 한사코 반대한다. 그들이 보기에 이것은 유심론(spiritualism)이다. 정서적 또는 인지적 상태가 질병에 영향을 준다는 주장은 무엇이든 이 유물론과 충돌할 수밖에 없다.

셀리그만은 지난 20년 동안 건강과 희망에 관한 세 가지 질문과 씨름해 왔다. 세 가지 질문은 모두 신체질병을 이해하려는 시도의 최첨단 분야에 속한다. 그리고 심신문제를 현대적으로 구현한 것이기도 하다. 첫째 질문은 원인(cause)에 관한 것이다. 희망이 실제로 생명을 지탱할까? 절망과 무기력이 실제로 사람을 죽일 수 있을까? 둘째 질문은 기제(mechanism)에 관한 것이다. 이 물질 세계에서 희망과 무기력은 어떻게 작용하는가? 과연 어떤 기제를 통해서 이처럼 정신적인 일이 이처럼 물질적인 일을 건드릴 수 있는가? 셋째 질문은 치료에 관한 것이다. 사고방식을 바꾸면, 또는 설명양식을 바꾸면 정말로 건강이 좋아지고 생명이 연장될까?

무기력 학습 이론의 기원

셀리그만은 1960년대 중반에 '무기력 학습'을 발견한 3인조 연구팀의 일원이었다. 스티브 마이어(Steven Maier)와 브루스 오버미어(Bruce Overmier)가 연구 동료였다. 그들은 자신이 할 수 있는 게 하나도 없는 충격적인 사건을 처음 경험한 개, 생쥐, 흰쥐, 심지어 바퀴벌레조차 점차 수동적으로 변해서 역경에 맞서는 것을 포기한다는 사실을 발견했다. 최초의 충격적인 사건을 무기력하게 경험하고 나면, 이 동물들은 그 후부터 경미한 전기 충격에도 그저 가만히 앉아 고통을 고스란히 겪으며 도망치려는 시도도 하지 않고 충격이 사라지기만을 기다린다. 첫 번째 경험에서 똑같은 강도의 전기 충격을 받았지만 도망칠 수 있었던 동물들은 그 후에 무기력해지지 않았다. 그들은 무기력 학습에 대한 면역이 생긴 것이다.

인간도 이 동물들과 똑같이 행동한다. 도널드 히로토(Donald Hiroto, 1971)가 처음 수행하고 그 후로 여러 차례 반복 검증된 대표적인 인간 실험에서 피험자들은 세 집단에 무작위 배정된다. 이러한 실험 기법을 '삼중설계(triadic design)'라고 한다. 한 도피 가능한 집단은 충격적이지만 신체 손상은 없는, 커다란 소음 같은 사건에 노출된다. 앞에 있는 버튼을 누르면 소음이 멈춘다. 즉, 자신의 행동을 통해 그 사건을 피할 수 있다. 두 번째 도피 불가능한 집단은 첫 번째 집단과 똑같은 소음에 노출된다. 하지만 그들이 어떤 행동을 하든지 소음은 계속 들려온다. 이 두 번째 집단은 당연히 무기력해진다. 그들이 온갖 반응을 하는데도 소음이 들릴 확률과 아무 반응도 하지 않는데 소음이 멈출 확률이 동일하기 때문이다. 그 사건을 바꾸기 위해 자신이 할 수 있는 일이 하나도 없다는 것이 무기력 학습을 규정한다. 중요한 점은 도피 가능 집단이나 도피 불가능 집단이나 동일한 객관적인 스트레스 요인을 갖고 있다는 것이다. 세 번째 통제집단은 어떤 사건도 경험하지 않는다. 이것이 삼중설계 실험의 1단계이다.

1단계는 무기력 학습을 유발한다. 2단계는 극적인 후유증을 보여 준다. 2단계는 나중에 다른 장소에서 시행된다. 보통 2단계에서는 세 집단 모두 '왕복 상자(shuttle box)' 앞에 앉는다. 피험자가 상자의 한 칸에 손을 집어넣으면 커다란 소음이 들린다. 손을 2인치 정도 움직여서 다른 칸으로 옮겨 가면 소음이 멈춘다. 도피 가능 집단과 통제집단 피험자들은 손을 옮겨서 소음에서 벗어나는 것을 쉽게 학습한다. 도피 불가능 집단의 피험자들은 대체로 손을 움직이지 않는다. 그들은 그저 가만히 앉아서 소음이 저절로 멈출 때까지 듣고만 있다. 1단계에서 그들은 자신이 어떤 행동을 해도 소용없다는 것을 학습했고, 따라서 2단계에서는 어떤 행동도 소용이 없을 거라고 예상하기 때문에 도망치려는 시도조차 포기한다.

무기력할 때 병에 걸리고 심지어 사망하는 사람에 대한 일화를 셀리그만은 수없이 들었다. 그래서 무기력 학습이 신체기관에 영향을 미쳐서 건강과 활력 자체에 해를 끼칠 수 있는지 궁금해졌다. 또한 그 반대도 궁금했다. 폴 타리니(Paul Tarini)는 "심리적 지배(mastery) 상태(무기력의 반대)가 신체기관에 영향을 미쳐서 몸을 튼튼하게 만들 수 있을까요?"라고 물었다.

세 집단, 즉 도피 가능 집단, 도피 불가능 집단, 정상 통제집단으로 이루어진 삼중설계 기법을 사용하는 이유는 그것이 무기력 학습에 관한 실험이 올바로 수행되었음을 보증하기 때문이다. 1단계에서 스트레스 사건을 겪지 않은 정상 통제집단을 포함시킴으로써 양방향 추론이 가능해진다. 무기력은 개인에게 해롭고, 지배는 개인에게 이로울까? '무기력은 해로울까?'(병리학적 질문)의 대답은 1단계에서 피할 수 없는 소음을 들었던 집단과 어떤 소음도 듣지 않았던 정상 통제집단을 비교한 2단계의 결과에 따라 달라진다. 도피 불가능 집단이 정상 통제집단보다 2단계에서 수행 수준이 더 낮을 경우 무기력이 개인에게 해를 끼친 것이다.

정반대 질문은 '지배는 개인에게 이로울까?'이다. 이 질문(긍정심리학적 질문)의 대답은 1단계에서 소음을 피할 수 있음을 학습한 집단과 정상 통제집단을 비교한 2단계의 결과에 따라 달라진다. 도피 가능 집단이 통제집단보다 2단계에서 수행 수준이 더 높을 경우, 지배가 개인에게 득이 되었던 것이다. 무기력 집단이 지배 집단에 비해 수행 수준이 저조하다는 결과 보다는 이 두 집단을 통제집단과 비교한 결과가 과학적으로 더욱 흥미롭다. 무기력이 개인의 기능을 약화시키든지, 지배가 개인의 기능을 강화시키든지, 이 두 가지 모두 사실이든 간에, 무기력 집단의 수행 수준은 지배 집단보다 더 낮을 것이기 때문이다.

폴 타리니는 바로 이런 통찰, 너무 분명해서 오히려 놓치기 쉬운 통찰에 의거해서 질문을 제시했다. 심리학과 의학은 프로이트와 의학적 모델을 추종하면서 병리학의 관점에서 세상을 조망하고 해로운 사건의 부정적 영향에만 주목한다. 셀리그만과 그 동료들이 병리학의 정 반대, 즉 이로운 사건의 긍정적 영향에 대해 질문하자 심리학과 의학은 완전히 뒤집혔다. 치료에 집착하는 개입, 영양 섭취, 면역 체계, 복지, 정치, 교육, 윤리 등은 어떤 것이든 실제로 이 통찰을 놓치고 있으며 임무의 절반만 수행할 뿐이다. 즉, 결점은 교정하지만 강점은 구축하지 못한다.

질병의 심리학

셀리그만(2011)이 신체질병의 심리학에 뛰어든 계기는 바로 무기력 학습 때문이며 삼중설 계 기법으로 신체 건강을 탐구하는 데는 생쥐와 암을 이용한 연구가 최선이었다고 했다. 당 시 셀리그만이 가르쳤던 대학원생 매들런 비신테이너와 조 볼피셀리(Joe Volpicelle)는 생쥐의 옆구리에 치사율이 50%에 달하는 종양을 이식했다. 그리고 생쥐들을 세 가지 심리적 조건에 무작위 배정했다. 즉, 64일 동안 경미하지만 피할 수 있는 충격을 경험하는 조건(지배 집단), 똑같이 경미하지만 피할 수 없는 충격을 경험하는 조건(무기력 집단), 충격이 없는 조건(통제 집단)이었다. 이것이 실험 1단계였다.

2단계에서는 묵묵히 기다리면서 어떤 생쥐가 암에 걸려 죽고 어떤 생쥐가 암을 이겨 내는 지 보았다. 예상대로 충격을 경험하지 않은 통제집단 생쥐의 50%가 죽었다. 피할 수 없는 충 격을 경험한 집단에서는 75%가 죽었다. 이것은 무기력이 신체 기능을 약화시켰음을 보여 준 다. 충격을 피할 수 있었던 집단에서는 25%가 죽었는데, 이는 지배가 신체 기능을 강화시켰 음을 입증한다.

1982년 『사이언스』지에 실린 이 실험을 끝으로 셀리그만은 더 이상 동물 실험에 참여하지 않았다. 그 이유를 말하자면, 그는 윤리적인 면에서 동물을 사랑한다. 어릴 때부터 지금까지 여러 마리의 개와 함께 살고 있다. 그래서 어떤 목적으로든, 인도적인 목적이라 해도 동물에게 고통을 가하는 것이 정말 힘들었다. 하지만 과학은 그를 위해 더 많은 변명을 하게 한다. 동물 피험자 대신 인간 피험자를 이용해서 그가 가장 관심을 둔 질문들의 대답을 구하는 보다 직접적인 방법이 존재한다. 동물 피험자를 통해 인간을 추론하려고 하는 실험은 모두 외적 타당성 문제에 휘말릴 수밖에 없다.

이것은 아주 중요한데도 등한시되는 정말 까다로운 문제이다. 셀리그만이 애초에 실험심리학에 매료된 이유는 그것의 엄격함, 즉 내적 타당성 때문이었다. 통제된 실험은 내적 타당성의 황금 기준이다. 무엇이 무엇을 유발하는지를 찾아내기 때문이다. 불은 물이 끓는 것을 유발할까? 불을 가하면 물이 끓는다. 불(통제집단)이 없으면 물은 끓지 않는다. 피할 수 없는 해로운 사건은 종양 증식을 유발할까? 한 생쥐 집단에는 피할 수 없는 충격을 가하고 다른 집단에는 똑같은 강도의 피할 수 있는 충격을 가한 후, 그 두 집단을 충격을 겪지 않은 통제집단과 비교한다. 피할 수 없는 충격을 겪은 생쥐들의 종양이 훨씬 더 빠른 속도로 증식한다. 하지만 이 결과는 인간의 암 유발에 관해서, 또한 무기력 상태가 인간의 암에 영향을 미치는 정도에 관해서 무엇을 알려 줄까? 이것이 바로 외적 타당성 문제이다.

비전문가들이 '흰쥐와 대학 2학년생'을 대상으로 실시한 심리학 실험에 불만을 제기할 때 논점이 되는 것이 외적 타당성이다. 이것은 심리학자들이 편리하게 무시하기로 결정한 한낱 문외한의 불만이 아니라 오히려 아주 중요한 문제이다. 호모 사피엔스와 실험용 흰쥐 라투스 노르베지쿠스는 아주 많은 면에서 다르다. 피할 수 없는 전기 충격과, 보트 사고로 자녀가 익사한 충격은 많은 면에서 다르다. 연구자가 라투스 노르베지쿠스에게 이식한 종양과, 호모 사피엔스를 괴롭히는 자연 발생한 종양은 많은 면에서 다르다. 따라서 내적 타당성이 완벽할지라도, 즉 엄격한 실험 설계, 올바른 통제집단, 무작위 배정을 보장하는 충분한 피험자 수, 완전무결한 통계 자료 등이 그 실험 결과가 통제할 수 없는 해로운 사건이 인간 질병의 진행속도에 미치는 영향을 알려 준다고 자신 있게 추론할 수는 없다. 수행할 가치가 없는 것은 올바로 수행할 가치도 없다.

셀리그만(2011)은 외적 타당성 확립이 내적 타당성 확립보다 훨씬 더 중요하지만 훨씬 더 까다로운 과학적 추론이라고 생각하게 되었다. 학문적 심리학은 진지한 심리학과 대학원생 전원에게 내적 타당성에 대한 '방법론' 강의를 모두 듣도록 했다. 이 강의는 전적으로 내적 타당성에 관한 것으로 외적 타당성은 아예 건드리지도 않는다. 후자는 단순히 과학에 대한 비전문가의 무지로 간주될 때가 많다. 내적 타당성을 가르쳐서 생계를 꾸리는 심리학 교수는 수백 명에 달한다. 외적 타당성 강의로 먹고사는 심리학 교수는 한 명도 없다. 안타깝게도 엄격한 기초과학의 응용 가능성에 대한 대중의 의심은 종종 정당한데, 그 이유는 외적 타당성 기준이 명확하지 않기 때문이다.

예컨대, 피험자를 선택하는 문제는 철저하게 학문적 편리성과 관계가 있다. 실험이 올바로 수행될 경우 어떤 추론을 보장할 수 있는가에 대한 숙고와는 관계가 없다. 1910년경에 비디오 게임이 널리 퍼졌더라면 심리학에서 흰쥐는 절대 사용되지 않았을 것이다. 1930년경에 월드와이드웹이 있었더라면 심리학은 결코 대학 2학년생을 피험자로 선택하지 않았을 것이다. 따라서 셀리그만이 과학적으로 내린 최종 결론은 반복 가능한 조건하에서 인간을 대상으로 실생활 지배와 실생활 무기력에 대해 연구함으로써 외적 타당성 문제를 최대한 많이 피하자는 것이다. 셀리그만이 보기에 동물 실험을 정당화할 수 있는 상황은 분명히 존재한다. 하지만 그것은 외적 타당성 문제가 별로 없고 인간 실험에 대한 윤리적 문제가 너무 심각하고 인간이 입을 혜택이 아주 큰 영역으로 제한된다. 여기에서 논하는 모든 문제는 인간을 연구함으로써 더 잘 설명할 수 있다. 그래서 셀리그만은 이제 그 문제들로 넘어가려 한다.

지금까지 소개한 무기력 학습에 반드시 추가해야 할 사실이 또 하나 있다. 피할 수 없는 소음을 들은 사람과 피할 수 없는 전기 충격을 받은 동물들이 모조리 무기력해진 것은 아니라는 사실이다. 어떤 실험에서나 그 사람들, 쥐, 생쥐, 개의 약 1/3은 절대 무기력해지지 않았다. 그들의 1/10 정도는 처음부터 무기력했고, 그들의 수동성을 유발하는 데 실험실 사건은 필요가 없었다. 바로 그 관찰을 통해서 낙관성 학습이라는 분야가 태어난 것이다.

셀리그만(2012)은 어떤 사람이 절대 무기력해지지 않는지 알아내고 싶었다. 그래서 그들이 무기력하게 만들 수 없었던 사람들이 부정 사건을 해석하는 방식을 체계적으로 조사했다고 했다. 그 결과, 자신이 겪은 좌절의 원인이 일시적이고 변할 수 있고 일부라고 믿는 사람은 실험실에서 쉽게 무기력해지지 않는다는 사실을 발견했다. 실험실에서 피할 수 없는 소음을 듣거나 실연당해서 괴로울 때 그들은 '금방 지나갈 거야. 나는 이것을 어떻게든 다룰 수 있어. 이건 그저 한 가지 일일 뿐이야.'라고 생각한다. 그들은 좌절을 금방 털어내고 회사에서 겪은 좌절을 집으로 가져가지 않는다. 셀리그만 연구팀은 그들을 낙관적인 사람이라고 부른다. 이와 반대로 '이건 절대로 끝나지 않을 거야. 모든 것을 망쳐 버릴 거야. 내가 할 수 있는 건 아무것도 없어.'라고 습관적으로 생각하는 사람들은 실험실에서 쉽게 무기력해진다. 그들은 좌절을 떨쳐 내지 못하고 부부문제를 직장으로 가져간다. 셀리그만 연구팀은 그들을 비관적인 사람이라고 부른다.

그래서 셀리그만 연구팀은 설문지를 고안해서 낙관성을 측정했다. 게다가 이 설문지를 작성하지 않을 사람들, 즉 대통령, 스포츠 영웅, 고인이 된 사람들을 측정하기 위해 내용 분석 기법을 이용해서 그들의 연설문, 신문 기사, 일기에 포함된 모든 '때문에' 문장의 낙관성 수준도 평가했다. 조사 결과, 비관적인 사람은 낙관적인 사람들보다 훨씬 더 쉽게 우울해지고 직장, 학교, 스포츠 영역에서 능력에 비해 성취 수준이 낮았으며 인간관계에 문제가 더 많았다.

비관성과 낙관성, 즉 크게 확장된 형태의 무기력 학습과 지배는 제각각 신체질환에 영향을 미칠까? 어떤 메커니즘을 통해 영향을 미칠까? 기쁨, 열정, 환희 같은 긍정심리학적 변수는 질병에 어떻게 영향을 미칠까? 이제 인간의 신체질환에 대해 심장혈관 질환, 감염성 질환, 암 사망률과 전체 사망률을 주제로 하나씩 소개할 것이다.

심장혈관 질환

1980년대 중반에 샌프란시스코에 사는 남성 120명이 첫 번째 심근경색을 겪었다. 그들은 다중 위험 요인 개입 시도 연구에 통제집단으로 참여했다. 이 대규모 연구는 수많은 심리학자와 심장학자를 실망시켰다. 훈련을 통해 그 남자들의 성격을 공격적이고 적대적이고 시간에 쫓기는 성격인 A유형에서 느긋하고 태평한 성격인 B유형으로 바꾸었지만 성격은 심장혈관 질환에 어떤 영향도 미치지 않는다는 결과가 나왔기 때문이다.

하지만 이 통제집단에 속한 120명에게 당시 펜실베이니아 대학 대학원생이던 그레고리 부캐넌(Gregory Buchanan)과 셀리그만은 엄청난 흥미를 느꼈다. 그들이 처음 겪은 심근경색에 대해 아주 많은 정보가 알려졌기 때문이다. 즉, 심장 손상 정도, 혈압, 콜레스테롤 수치, 체질량 지수, 라이프스타일이 공개되었는데, 이 모두가 심장혈관 질환의 전통적인 위험 요인이다. 게다가 그 남자들 모두 자신의 가정생활, 직장생활, 취미생활에 대해 인터뷰했다. 그들은 비디오로 녹화된 그 인터뷰 내용을 일일이 확인하며 '때문에' 문장을 빠짐없이 수집했고, 각 문장을 낙관성과 비관성으로 구별했다.

그 후 8년 6개월 동안 그 120명 중 절반이 두 번째 심근경색으로 사망했고, 연구팀은 봉인해 두었던 봉투를 열었다. 어떤 사람이 두 번째 심근경색으로 사망할지 그들은 예측할 수 있었을까? 전통적인 위험 요인 중에서 사망을 예측한 요인은 하나도 없었다. 혈압도, 콜레스테롤 수치도, 심지어 첫 번째 심근경색으로 인한 심장 손상 정도도 매한가지였다. 8년 6개월 전에 측정한 낙관성만이 두 번째 심근경색을 예측했다. 즉, 가장 비관적인 남자 16명 중에서 15명이 사망했고, 가장 낙관적인 16명 중에서는 사망자가 5명이었다. 이러한 경향은 다양한 낙관성 척도를 사용한 더욱 큰 규모의 심장혈관 질환 연구들에서도 여러 차례 확인할 수 있었다.

⊙ 유럽 전향적 조사(European Prospective Investigation)

2만 명 이상의 건강한 영국 성인을 1996년부터 2002년까지 추적 조사한 결과, 그 기간 동안 994명이 사망했으며, 그중 365명의 사인이 심장혈관 질환이었다. 조사에 착수할 때 흡연, 사회계층, 정서 안정성 등 다양한 신체적 변수와 심리적 변수를 측정했다. 지배감 역시 다음 7개 문항을 통해 측정되었다.

① 나는 내게 일어나는 일을 거의 통제하지 못한다.
② 내 문제 중 일부는 내가 해결할 수 있는 방법이 정말 없다.
③ 내 인생에서 중요한 많은 것을 바꾸기 위해 내가 할 수 있는 것은 거의 없다.
④ 나는 인생문제를 다룰 때 자주 무기력을 느낀다.
⑤ 나는 이래라저래라 간섭받고 있는 느낌이 들 때가 있다.
⑥ 앞으로 내게 어떤 일이 일어날지는 대체로 나한테 달렸다.
⑦ 나는 내가 정말로 해내고자 하는 것은 무엇이든 해낼 수 있다.

이 7개 문항은 무기력에서 지배감에 이르는 연속선을 따른다. 흡연, 사회계층, 그 밖의 심리적 변수를 상수로 놓을 때, 지배감은 심장혈관 질환으로 인한 사망에 강력한 영향을 미쳤다. 지배감 수준이 높은(표준편차 +1) 사람들은 평균 지배감 소유자들보다 심장혈관 질환으로 인한 사망자가 20% 적었다. 무기력 수준이 높은 사람들(평균 지배감 기준으로 표준편차 −1) 중에서 심장혈관 질환으로 인한 사망자는 평균보다 20% 높았다. 이러한 경향은 전체 사망자에서도 마찬가지였다. 지배감과 암 사망자 간의 상관 정도는 그것보다 낮지만 통계적으로는 여전히 유의한 정도로 동일한 경향을 보여 주었다.

⊙ 덴마크 남성과 여성

65~85세 노인 999명을 1991년부터 9년 동안 추적 조사했다. 이 기간에 그들 중 397명이 사망했다. 조사를 시작할 때 연구자들은 건강, 학력, 흡연, 음주, 심장혈관 질환 가족력, 결혼생활, 체질량, 혈압, 콜레스테롤을 측정했다. 이와 함께 다음 4개 문항을 통해 낙관성도 측정했는데, 해당 문항에 동의하는 정도에 따라 각각 1, 2, 3점으로 계산했다.

① 나는 인생에서 여전히 많은 것을 기대한다.

② 나는 미래에 내 앞에 무엇이 놓여 있을지 기대하지 않는다.

③ 나는 여전히 계획이 아주 많다.

④ 나는 인생이 가능성으로 충만하다고 느낄 때가 많다.

비관성은 사망률과 아주 밀접한 관계가 있었다. 그 밖의 위험 요인을 모두 상수로 놓을 때 특히 그러했다. 낙관적인 사람들이 심장혈관 질환으로 사망한 비율은 비관적인 사람의 사망률의 23%에 불과했고, 비관적인 사람들과 비교한 전체 사망률은 그들의 55%였다. 흥미로운 사실은 이러한 보호 효과가 낙관성, 미래 지향적인 사고, '큰 소리로 행복하게 자주 웃는다.' 같은 현재 지향적인 감정 문항에서 뚜렷하게 나타났고, '나는 거의 언제나 기분이 좋다.' 같은 문항은 사망률을 예측하지 못했다는 것이다.

1995년도 노바스코샤 건강 조사에서는 간호사들이 건강한 성인 1,739명의 긍정정서인 기쁨, 행복, 흥분, 열의, 만족을 측정했다. 긍정정서 수준이 높은 조사 참여자들은 그 후 10년 동안 심장혈관 질환에 더 적게 걸렸다. 긍정정서 5점 척도에서 점수가 1점씩 높아질 때 심장혈관 질환 발병률은 22%씩 줄었다. 낙관성은 측정하지 않았기 때문에 긍정정서가 점차 낙관성으로 발전했는지 여부는 단정할 수 없다.

덴마크 조사에서 낙관성의 영향은 지속적이어서 더 높은 낙관성은 조사 기간 내내 더 낮은 사망률과 관계가 있었다. 이 결과는 낙관성이 미치는 영향이 양극적이라는 것을 보여 준다. 즉, 매우 낙관적인 사람들의 사망률은 평균 수준의 낙관적인 사람들의 사망률보다 더 낮고, 가장 비관적인 사람들의 사망률은 평균 수준보다 더 높다. 폴 타리니가 던진 다음 질문의 요지를 떠올려 보자. 신체 기능을 약화시키는 위험 요인뿐 아니라 신체를 보호하는 건강 자산이 있는가? 이 1995년도 조사에서 평균 수준의 개인과 비교할 때 낙관성은 개인의 신체기관을 튼튼하게 만들어서 심장혈관 질환에 저항하게 해 주고 비관성은 개인을 병약하게 만든다.

우울증이 진범일까? 비관성은 대체로 우울증과 아주 밀접한 관계가 있으며, 많은 연구에서 우울증 역시 심장혈관 질환과 관계가 있다. 따라서 궁금해진다. 비관성이 우울증을 증가시킴으로써 심장혈관에 치명적인 영향을 미치는 것은 아닐까? 대답은 그런 것 같지는 않다는 것이다. 낙관성과 비관성은 우울증을 상수로 놓을 때조차 그 영향력을 적극 행사했기 때문이다.

◉ 여성 건강 구상(Women's Health Initiative)

낙관성과 심장혈관 질환의 관계에 대한 가장 큰 규모의 연구가 1994년에 시작되었다. 그해에 건강하다고 판명된 여성 9만 7,000여 명을 8년 동안 추적 조사하는 연구였다. 신중한 역학 연구가 그렇듯이, 연구에 착수할 때 연령, 인종, 학력, 종교, 건강, 체질량, 음주, 흡연, 혈압, 콜레스테롤을 측정했다. 역학 연구는 대규모 인구 집단을 상대로 건강 패턴을 조사하는 연구이다. 낙관성은 충분히 검증된 생활지향 검사를 통해 측정되었다. 그것은 '확실하지 않을 때 나는 보통 최선을 예상한다.' '나에게 문제가 될 수 있는 일은 실제로 문제가 된다.'와 같은 10개 문항을 제시하는 낙관성 척도이다. 중요한 점은 우울 증상 역시 측정했고, 각 증상의 영향을 개별적으로 평가했다는 것이다. 낙관적인 사람의 경우 상위 25% 중에서 심장혈관 질환으로 인한 사망자는 비관적인 사람의 하위 25% 사망자보다 20% 더 적었다. 이렇듯 심장혈관 질환 사망자뿐 아니라 전체 사망자에서도 낙관성 수준이 높아짐에 따라 사망자 수가 더 적어지는 경향이 있었다. 이 결과는 낙관성이 여성을 보호하며 비관성은 해를 끼친다는 것을 또 한 번 보여 준다. 이것은 우울 증상을 포함하여 다른 위험 요인을 모두 상수로 놓을 때도 마찬가지였다.

◉ 심장혈관 질환 요약

낙관성과 심장혈관 질환에 대한 모든 연구는 낙관성이 심장혈관 질환의 예방과 밀접한 관계가 있다는 결론에 도달한다. 비만, 흡연, 과음, 높은 콜레스테롤 수치, 고혈압 같은 전통적인 위험 요인을 모두 교정했을 때도 마찬가지였다. 우울증을 개선하고 주관적인 스트레스를 해소하고 일시적인 긍정정서를 향상시켰을 때도 똑같았다. 낙관성을 다른 방식으로 측정해도 결과는 다르지 않았다. 더 중요한 점은 그 영향이 양극적이어서 평균 수준의 낙관성 및 비관성과 비교할 때 높은 낙관성은 개인을 보호하고 높은 비관성은 해를 끼쳤다는 것이다.

감염성 질환

당신은 감기가 얼마나 오래 지속되는가? 어떤 사람은 감기에 걸려도 며칠이면 낫지만, 대다수는 2, 3주 내내 감기를 달고 산다. 다른 사람은 모두 앓아누웠는데도 감기에 안 걸리는 사람도 있다. 어떤 사람들은 1년 동안 여섯 번이나 감기에 걸리기도 한다. 과학은 면역계가 더 튼튼한 사람이 감염성 질환에 덜 걸린다는 사실을 증명해야 했지만 그런 일은 결코 이루어지지 않고 있다. 하지만 놀랍게도 심리 상태가 감기에 대한 민감성(susceptibility)에 영향을 미친다는 사실이 보다 명확하게 증명되었다. 정서가 감염성 질환에 미치는 영향을 확인한 과정은 심리학 세계에서 가장 감동적인 이야기 중 하나이다. 그 주인공은 카네기멜론 대학교의 심리학 교수 셸던 코헨(Sheldon Cohen, 2006)으로 조용하고 온화한 그는 생리학과 심리학을 성공적으로 결합시킨 연구를 수행한 극소수의 과학자 중 한 명이다.

당연한 말이지만, 행복한 사람은 별로 불평하지 않는다. 고통과 질병의 증상을 더 적게 호소하고 대체로 건강이 더 좋다고 보고한다. 반면에 불행한 사람은 고통에 대해 더 많이 불평하고 건강이 더 나쁘다고 보고한다. 두 집단 모두 사실은 똑같은 신체 증상을 갖고 있을 가능성이 크지만, 행복과 불행이 자신의 신체 증상을 지각하는 방식을 바꾼 것이다. 다른 설명으로는 그러한 차이가 단순히 신체 증상에 대한 편향을 반영할 수도 있다는 것이다. 즉, 불행한 사람은 부정 증상에 집착하고 행복한 사람은 긍정 증상에 초점을 맞춘다. 이러한 편향은 낙관성-심장혈관 질환 연구 결과들과는 아무 상관이 없다. 그 결과는 심장혈관 질환 증상에 대한 주관적인 보고가 아니라 사망 자체이기 때문이다. 그렇다고 해서 불행한 사람은 더 많이 아프고 감기에 더 잘 걸리며 행복한 사람은 더 적게 아프고 감기에 덜 걸린다는 많은 연구 결과를 그저 주관적인 보고의 무의미한 산물로 흘려 버리는 것은 너무 매정하다. 의학이 바로 이 지점에 도달했을 때 셸던 코헨이 합류했다(Seligman, 2011).

코헨은 코감기를 일으키는 리노바이러스(rhinovirus)를 이용해서 용감하게도 자원 피험자들을 실제로 감염시켰다. 셀리그만이 용감하다고 말한 이유는 그가 카네기멜론 대학 임상시험 심사위원회(Institutional Review Boards: IRB)로부터 이 연구 허가를 받아 내기까지의 그 참혹한 사연이 아직 공개되지 않았기 때문이다.

셸던 코헨의 연구는 용감하다는 칭송을 들을 자격이 충분하다. 수많은 목숨을 구할 가능성이 있기 때문이다. 코헨은 대범한 실험 설계를 통해 긍정정서가 감염성 질환에 미치는 영향을 연구한 선구자였다. 코헨의 연구에 자원한 건강한 피험자들은 맨 먼저 7일 동안 밤마다 인터뷰한다. 그들은 많은 보수를 받고 잠재적 위험에 대해 충분한 정보를 듣는다. 하지만 이 연구를 계속 진행하게 허락해 줄 IRB는 별로 없었을 것이다. 그 집단이 보기에 '많은 보수'는 '억지로'와 동의어이기 때문이다.

여러 번의 인터뷰와 검사를 통해 피험자의 긍정정서와 부정정서를 측정한다. 긍정정서는 '원기왕성하다' '활기차다' '행복하다' '태평하다' '평온하다' '명랑하다'로 면접자가 각 정서 수준에 따라 피험자의 점수를 매긴다. 부정정서는 '슬프다' '우울하다' '불행하다' '신경질적이다' '적대적이다' '분노한다'이다. 주의할 점이 하나 있다. 이 인터뷰와 검사는 정서와 심장혈관 질환의 관계에 대한 의학 연구에서처럼 낙관성과 비관성의 미래 지향적 특성, 예컨대 '나는 나쁜 일이 아주 많이 또 일어날 거라고 예상한다.'를 평가한 것이 아니다. 일시적인 정서 상태를 평가한 것이다. 있을 수 있는 혼입 변수, 즉 숨어 있는 가외 변수도 측정한다. 즉, 연령, 성별, 인종, 건강, 체질량, 학력, 수면, 식단, 운동, 항체 수준, 낙관성이 그것이다.

그런 후, 모든 피험자의 콧속에 리노바이러스를 뿌려 넣고 계속 관찰하며 6일 동안 격리시켜서 감기에 걸리게 내버려 둔다. 감기에 걸렸는지 여부는 감기 증상에 대한 자기보고서를 통해 주관적으로 측정하고, 콧물의 양을 재고 코막힘을 통해 객관적으로 측정한다. 이 연구로 얻은 놀랍고도 결정적인 결과가 바로 [그림 20-1]의 그래프이다.

리노바이러스 주입 이전에 긍정정서 수준이 높은 사람들은 중간 수준 피험자보다 더 적게 감기에 걸렸다. 그리고 중간 수준 피험자들은 긍정정서 수준이 낮은 사람보다 더 적게 감기에 걸렸다. 긍정정서의 영향은 양방향으로 작용한다. 즉, 높은 긍정정서는 중간 수준에 비해 사람들을 더 튼튼하게 해 주고, 낮은 긍정정서는 중간 수준에 비해 사람들을 더 병약하게 만든다.

부정정서의 영향은 조금 적은데, 부정정서 수준이 낮은 사람들은 나머지 사람보다 더 적은 수가 감기에 걸린다. 중요한 점은 부정정서가 아닌 긍정정서가 명백하게 원동력이라는 것이다.

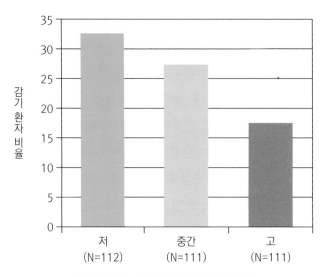

[그림 20-1] 긍정정서(인터뷰로 측정)

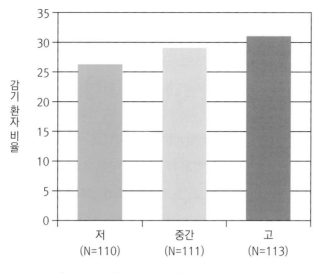

[그림 20-2] **부정적 정서(인터뷰로 측정)**

긍정정서는 어떤 생물학적 메커니즘에 의해 감기 환자 수를 줄이는 걸까? 피험자들을 계속 격리시키고 면밀하게 관찰하기 때문에 수면, 식단, 코르티솔, 아연 보충제, 운동에서의 차이는 배제된다. 결정적인 차이는 바로 인터류킨 6(interleukin-6)으로 염증을 유발하는 단백질이다.

긍정정서(PES) 수준이 높을수록 인터류킨 6(IL-6) 수준이 낮아지고, 따라서 염증이 더 적게 발생한다. 코헨은 독감 바이러스로 이 연구를 되풀이해서 동일한 결과를 얻었다. 즉, 긍정정서 수준이 원동력이다. 더욱이 이것은 피험자가 주관적으로 보고한 건강, 낙관성, 외향성, 우

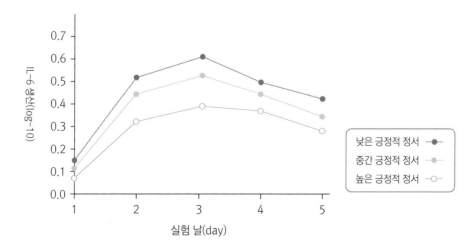

[그림 20-3] **긍정적 정서(PES) 수준에 따른 IL-6 일일 생산**

울증, 자존감에서의 차이를 배제한 결과였다.

암 사망률과 전체 사망률

긍정정서는 만병통치약일까? 셀리그만(1970)은 무기력과 질병의 관계에 대해 처음으로 추론할 때 낙관성 같은 정서 상태가 신체질환에 영향을 미칠 수 있는 그 범위에 관해 신중을 기했다. 가혹한 질환을 특히 염두에 두었고, 불치병과 말기 질환은 환자의 정서 상태에 의해 영향을 받지 않을 수도 있다고 추론했다. "크레인이 당신을 덮칠 때는 낙관성이 별로 도움이 되지 않는다."라고 과장해서 쓰기도 했다.

근래에 희망과 낙관성이 수술이 불가능한 암 환자의 생명연장에 그다지 효과가 없다는 호주의 연구 결과를 접한 셀리그만은 『긍정의 배신(Bright-Sided)』의 저자 바버라 에런라이크(Barbara Ehrenreich)를 떠올렸다. 유방암에 걸린 그녀는 자신이 더욱 긍정적인 사람만 된다면 유방암이 나을 수 있다고 조언하는 의료 종사자들을 접한 개인적 경험을 책에 소개한다. 그러고는 한 걸음 나아가 긍정심리학을 격하한다. 유방암을 이겨 내기 위해서는 반드시 즐거운 마음을 먹어야 한다고 주장하는 행복 권위자들에게 에런라이크는 분개한다.

셀리그만(2011)에 따르면 긍정정서를 꾸며내는 것이 생명을 연장시키는 데 효과가 있다고 확신할 근거는 전혀 없으며, 웰빙 권위자 중에서 환자에게 웰빙을 가장하라고 강요하는 사람도 한 명도 없다. 그럼에도 에런라이크는 자기 저서의 영국 판에 "웃든지, 아니면 죽든지"라는 제목을 붙였다고 했다.

『웃든지, 아니면 죽든지(Smile or Die)』가 영국에서 출간된 직후, 셀리그만은 에런라이크와 흥미로운 내용이 담긴 메일을 주고받았다. 셀리그만은 프로야구 선수들의 수명을 조사한 따끈따끈한 기사를 그녀에게 보냈다. 1952년 판 『베이스볼 레지스터(Baseball Register, 메이저리그 선수 명감)』에 실린 얼굴 사진에서 미소의 강도가 선수들의 수명을 예측한다는 기사였다. 만면의 미소(뒤센 미소)를 지은 선수는 미소 짓지 않은 선수보다 7년 더 오래 살았다는 것이다.

"저는 오래 살지 못하겠군요." 이 재치 있는 한 문장이 에런라이크의 답신이었다. 셀리그만은 다시 메일을 보내서 에런라이크가 놓친 요점을 지적했다. "당신의 분석은 그릇된 이론에 기초하며 증거를 무시하고 있습니다. 그것만큼이나 그릇된 이론에 기초하고 증거를 무시하는 주장이 바로 가짜 웃음이 심장혈관 질환, 암, 전체 사망률을 낮추는 효과가 있다는 겁니다. 그것은 가짜 웃음이 아닌 팔마(PERMA)의 효과입니다. 그러니까 긍정정서에 의미를 더하고 긍정관계를 더하고 긍정 성취를 더한, 이 요소들의 배열이 야기한 효과이지요. 당신은 첫 번째 요소인 긍정정서가 적은 것 같군요. 저도 그렇습니다. 하지만 추측컨대 당신은 다른 요소들을 거의 전부 지니고 있습니다. 그리고 당신의 저서는 확실히 의미 있고 긍정적인 성취입니다. 따라서 역설적으로 긍정성에 관해 당신이 현재 하고 있는 일, 그 자체가 당신의 인생에서 아주 중요한 긍정성입니다. '긍정성'이 강요된 웃음보다 더욱 폭넓은 것으로 올바로 이해한다면 그렇지요. 따라서 당신은 오래 살 겁니다."

저서에서 에런라이크는 관련 과학 연구를 전 범위에 걸쳐 다루지는 않았다. 그럼에도 곧바로 열렬한 서평이 이어졌고, 서평가들은 에런라이크의 결론을 액면 그대로 받아들였다. 가장 극단적인 서평을 올린 사람은 『스켑틱(Skeptic, 회의주의자)』의 창간인이자 편집장인 마이클 셔머였다. "에런라이크는 긍정심리학 운동과 긍정적 사고의 소위 유익한 효과의 배후에 존재하는 빈약한 과학을 체계적으로 해체하여 철거했다. 증거는 희박하고, 통계적 유의 수준은 낮다. 극소수의 확고한 연구 결과는 추후 연구에 의해 부인되거나 반복 검증되지 못하는 경우가 빈번하다." 여기에서 보여 주고 있듯이, 증거는 확고하고 통계적 유의 수준은 높고 연구 결과는 수차례 반복 검증되고 있다.

그러니 에런라이크와 셔머의 호언장담은 접어 두고, 긍정성과 암의 관계에 대한 실제 증거를 찾아보자. 가장 완전한 증거는 「낙관성과 신체 건강: 메타분석적 개관(Optimism and Physical Health: A Meta-analytic Review)」으로 『행동의학 회보(Annals of Behavioral Medicine』(2009)에 발표되었다. 이 논문은 낙관성과 신체 건강에 대한 개별 연구 83개를 메타분석한 것이다. 메타분석은 동일한 주제를 다룬 과학 문헌 전체의 방법론적으로 타당한 모든 연구를 재분석하고 통합한다. 상반된 결과는 심리적 웰빙이 생존 자체에 미치는 영향과 그 밖의 거의 모든 사회과학 영역의 연구 결과에 필요한 척도이다.

메타분석 연구자는 묻는다. 낙관성은 심장혈관 질환과 감염성 질환, 암 사망률과 전체 사망률을 어느 정도로 예측할까? 그 83개 연구 중에서 암에 관한 연구는 18개로 참여 환자 수는 총 2,858명이었다. 통합 분석 결과, 낙관성 수준이 더 높은 사람이 암 치료 결과가 더 좋았다. 최근에 가장 큰 규모로 수행된 연구는 앞서 소개한 '여성 건강 구상'으로 9만 7,253명의 여성이 참여했는데, 낙관성과 냉소적인 적대감의 관계를 측정해서 심장혈관 질환, 전체 사망률, 암을 예측했다. 앞에서 언급했듯이, 심장혈관 질환으로 인한 사망을 예측한 주요 요인은 비관성이었다. 중요한 점은 비관성과 냉소적 적대감 모두 암 사망률, 특히 아프리카계 미국 여성의 암으로 인한 사망을 상당히 정확하게 예측했다는 것이다. 하지만 그 두 가지 요인은 심장혈관 질환으로 인한 사망에 더 큰 영향을 미쳤다.

에런라이크는 책을 쓰면서 셀리그만에게 도움을 청했다. 그들은 두 번 직접 만나서 주로 건강을 다룬 연구 문헌을 놓고 토론했다. 셀리그만은 그녀에게 광범위한 관련 서적 목록과 기사를 보내 주었다. 그러나 에런라이크는 관련 연구를 전부 제시하지 않고 일부 연구를 선별해서 자신의 주장을 밀고 나갔다. 소수의 무의미한 증거는 강조하고, 높은 낙관성이 더 적은 심장혈관 질환과 전체 사망자, 더 우수한 암 치료 결과를 예측한다는 사실을 발견한 잘 수행된 연구는 검토하지 않았다. 일반적으로 말해서 선별 행위는 보다 사소한 유형의 학문적 부정직 중 하나이다. 셀리그만(2011)은 삶과 죽음의 문제에서 암 환자를 위한 낙관성과 희망의 가치를 격하하기 위해 선별하는 행위는 저널리스트의 위험한 과실이라고 했다.

피험자를 '낙관적이 되는 집단'과 '암에 걸리는 집단'에 무작위 배정한 실험 연구는 당연히 없다. 따라서 비관성이 암과 죽음의 원인이라는 것을 의심할 수도 있다. 하지만 관련 연구들은 암 사망자를 발생시키는 그 밖의 위험 요인을 통제한 후에도 낙관적인 환자가 더 오래 산다는 증거를 꾸준히 발견하고 있다. 그 증거는 아주 충분해서 비관적인 여성 암 환자를 펜실베이니아 회복력 훈련 집단과 개인 건강 정보 통제집단에 무작위로 배정하고 전이율, 사망률, 삶의 질, 의료비를 추적 조사하는 무작위 배정 및 위약 통제 실험을 정당화할 수 있을 정도이다.

따라서 암 관련 연구 문헌을 두루 검토해 보면 비관성을 암 유발 위험 요인으로 간주하는 경향이 강하다는 것을 확인할 수 있다. 비관성이 암 환자에게 유익하다는 결과를 내놓은 연구는 단 하나도 없다. 하지만 그것이 암에 상당한 영향을 미친다는 것을 발견하지 못한 연구는 현저히 적은 수이기는 해도 존재한다. 그런 이유로 셀리그만의 결론은 비관성이 암 유발 위험 요인일 가능성은 있지만 암보다는 심장혈관 질환과 전체 사망률에 더 강력한 영향을 미친다는 것이다.

셀리그만(2011)은 암 연구 문헌 전체를 고찰한 후 과감하게 추론한다. 암이 극도로 심각하지만 않다면 낙관성과 희망과 행복은 암 환자에게 당연히 유익한 효과가 있을 것이다. 하지만 긍정성을 철저히 격하할 때조차 그에 앞서 신중을 기해야 한다고 했다. 셀리그만(2011)은 "크레인이 당신을 덮칠 때는……"이라는 문장으로 낙관성의 한계를 경고한 기사를 내보낸 후 편지를 한 통 받았다. "셀리그만 박사님께. 크레인이 저를 덮쳤지만 저는 오늘 살아 있답니다. 이유는 단 하나, 제 낙관성 덕분입니다."

모든 원인으로 인한 사망을 조사하는 연구는 크레인이 당신을 덮칠 때 심리적 웰빙이 실제로 도움이 되는지 여부를 알아낸다. 2008년 런던 대학교의 두 심리학자 요이치 치다(Yoichi

Chida)와 앤드류 스텝토(Andrew Steptoe, 2008)가 모범적인 종합 메타분석 결과를 발표했다. 치다와 스텝토는 70개 연구를 분석·통합했는데, 그중 35개는 건강한 피험자들로 연구를 시작했고, 나머지 35개 연구의 피험자는 환자들이었다.

메타분석 결과, 70개 연구 모두에서 심리적 웰빙이 보호 효과가 있었다. 현재 건강한 사람일 경우, 그 효과는 상당히 강력했다. 웰빙 수준이 높은 사람들의 전체 사망률은 웰빙 수준이 낮은 사람들의 사망률보다 18% 더 낮았다. 환자를 추적 조사한 35개 연구에서 웰빙 수준이 높은 환자들은 건강한 사람에 비해서는 적지만 유의미한 이득이 있었다. 그들의 전체 사망률이 웰빙 수준이 낮은 환자들의 사망률보다 2% 낮았던 것이다. 사망에 관한 한, 웰빙 수준은 심장혈관 질환, 신부전증, 후천성 면역결핍증으로부터 사람들을 보호하지만 암에는 그다지 효과가 없다.

비관성과 질병

비관성과 질병 사이의 인과관계를 처음 체계적으로 연구한 사람은 피터슨이다. 1980년대 중반 버지니아 공대에서 이상심리학을 가르쳤던 그는 수업 시간에 학생 150명에게 귀인양식질문지(ASQ)를 작성토록 하였다. 그리고 거기에 덧붙여 자신의 건강 상태와 최근에 의사를 방문한 횟수도 기록하도록 하였다. 그런 다음 피터슨은 이듬해 이 학생들의 건강 상태를 확인해 보았다. 그 결과, 비관적인 학생들이 낙관적인 학생들보다 2배 더 전염병에 걸렸고 2배 더 자주 의사를 방문한 것으로 드러났다.

그런데 혹시 비관적인 사람들이 정말로 신체적으로 더 아팠다기보다는 아픈 것에 대해서 질문지에 불만을 더 많이 늘어놓았기 때문에 이런 결과가 나온 것은 아닐까? 그렇지 않다. 피터슨은 학생들이 ASQ를 작성하기 전과 후의 두 번에 걸쳐서 질병과 의사 방문 횟수를 조사하였다. 그 결과 비관적인 사람들이 병에 걸려 의사를 방문한 횟수가 이전보다 늘어난 것으로 나왔다.

또 다른 연구에서는 유방암을 조사하였다. 영국의 한 선구적인 연구에서는 유방암에 걸린 여성 69명을 5년 동안 추적하였다. 그 결과, 재발을 경험하지 않은 여성들은 암과 '싸워 이기려는' 자세를 가진 경우가 많았던 반면, 사망했거나 재발을 경험한 여성들은 처음 암 진단을 받았을 때 무기력하게 체념하는 반응을 보인 경우가 많았다.

그 뒤에 수행된 한 연구에서는 유방암이 재발해 국립암연구소(National Cancer Institute)를 찾은 여성 34명을 조사해 보았다. 이들을 대상으로 결혼, 자녀, 직업, 질병 등 삶 전반에 관하여 장시간 면접이 이루어졌다. 그리고 수술, 방사선치료, 화학 요법 등은 그 뒤에 이루어졌다. 피터슨은 이 면접 기록을 가져다 이 사람들이 얼마나 낙관적인지 설명문구 내용분석(CAVE) 기법으로 분석해 보았다.

보통 유방암이 재발하면 오래 살지 못한다. 그리고 실제로 연구 대상이 되었던 여성들도 약 1년이 지나자 세상을 뜨기 시작했다. 일부는 수개월 만에 사망했고, 소수는 오늘날까지 살아 있다. 그렇다면 누가 가장 오래 살았는가? 삶에서 큰 기쁨을 느꼈고 낙관적인 설명양식을 가지고 있었던 사람들이 가장 오래 살았다.

혹시 기쁨이나 낙관성 때문이 아니라 처음부터 암이 덜 심각했기 때문에 낙관적인 사람들이 우연히 더 오래 살게 된 것은 아닐까? 그렇지 않다. 국립암연구소에는 병의 심각성에 관한 상세한 기록이 보존되어 있다. 거기에는 NK세포(자연살해세포)의 활동, 암에 걸린 림프절의 수, 확산 정도 등이 기록되어 있다. 조사 결과, 병의 심각성과는 별개로 기쁨과 낙관적 설명양식이 수명 연장에 기여한 것으로 판명되었다.

그러나 이런 연구 결과에 대한 도전도 있었다. 1985년에 말기 암 환자에 대한 널리 알려진 연구에서 배리 캐실리스(Barrie Cassileth)는 어떤 심리적 변인도 생존 기간의 차이를 가져오지 않았다고 결론지었다. 『뉴잉글랜드 의학 저널(New England Journal of Medicine)』 특별 논설에서 편집위원 마샤 에인젤은 '질병이 정신 상태를 직접 반영한다는 우리의 믿음이 대부분 그저 전해 내려오는 이야기일 뿐임을 인정'하게 만드는 증거가 바로 이 연구라고 하였다. 그는 잘 설계된 연구들을 무시하고 주변의 형편없는 연구들만 인용하면서 건강심리학 전체를 싸잡아 마음이 질병에 영향을 줄 수 있다는 '신화'를 영속화하고 있다고 비난했다. 심리 상태는 결코 신체 건강에 영향을 줄 수 없다는 자신들의 교리를 뒷받침하는 것이라면 지푸라기라도 잡는 유물론자들이 잔치를 벌인 날이었다.

그렇다면 심리 상태가 질병에 영향을 준다는 것을 보여 주는 많은 연구와 캐실리스의 연구를 어떻게 조화시킬 수 있을까? 첫째, 캐실리스의 심리검사는 부적절했다. 그는 기존의 잘 개발된 검사들을 그대로 사용하지 않고 그 일부만 떼어서 사용했다. 그 결과, 보통 수십 개의 질문을 통해 측정되는 개념들이 겨우 한두 개의 짧은 질문을 통해 측정되었다. 둘째, 캐실리스가 연구한 환자들은 모두 말기 환자들이었다. 만약 누가 대형 화물트럭에 치였다면 그 사람이 낙관적이든 비관적이든 그것은 별 상관이 없을 것이다. 그러나 만약 자전거에 치였다면 낙관적인 태도를 가지는 것이 결정적인 작용을 할 수도 있을 것이다. 암이 치명적인 수준까지 번져서 '말기(terminal)'로 판명된 환자에게 심리적 과정이 큰 기여를 할 것이라고는 생각지 않는다. 그러나 종양이 아직 작고 병이 이제 시작되는 단계라면 낙관성이 삶과 죽음의 차이를 낳을 수도 있다. 사별이나 낙관성이 면역체계에 미치는 영향을 살핀 앞의 연구들이 바로 이런 점을 보여 준다(Seligman, 2012).

웰빙이 원인이며 보호 효과가 있을까

셀리그만(2011)에 따르면 낙관성은 건강한 심장혈관과 밀접한 관계가 있고, 비관성은 병약한 심장혈관과 밀접한 관계가 있다고 했다. 긍정정서는 감기 및 독감 예방과 관계가 있고, 부정정서는 감기 및 독감에 대한 취약성과 관계가 있으며 매우 낙관적인 사람은 암에 걸릴 위험이 더 낮은 것 같다고 했다. 그리고 심리적 웰빙 수준이 높은 건강한 사람은 어떤 원인으로든 사망할 위험이 더 적다고 결론을 내렸다.

왜 그럴까? 이 질문의 대답을 구하는 첫 번째 단계는 그 관계가 정말로 인과관계인지, 아니면 단순히 상관관계인지를 묻는 것이다. 이 질문은 과학적으로 아주 중요하다. 다정한 엄마 또는 세로토닌 재흡수 억제제 같은 어떤 제3의 변수가 진짜 원인이어서 다정한 엄마 또는 세로토닌 재흡수 억제제가 신체 건강과 심리적 웰빙 두 가지 모두 유발할지도 모르기 때문이다. 숨어 있는 제3의 변수를 모두 제거할 수 있는 연구는 없다. 하지만 지금까지 소개한 연구들은 대부분 운동, 혈압, 콜레스테롤, 흡연, 그 밖의 수많은 혼입 변수를 통계적으로 균등화함으로써 제3의 변수가 끼어들 여지를 제거했다.

제3의 변수를 모두 제거했음을 알려 주는 황금 기준은 무작위 배정 및 위약 통제 실험이고 낙관성이다. 건강 관련 연구 문헌에 존재하는 그러한 실험은 단 하나뿐이다. 15년 전 펜실베이니아 대학 신입생이 입학했을 때 셀리그만은 모든 수업에 귀인 양식 설문지를 배포했는데, 한 사람도 빠짐없이 설문지를 작성했다. 그레고리 부캐넌과 셀리그만은 매우 비관적인 귀인 양식에 근거하여 우울증 위험이 있다고 여겨지는 가장 비관적인 신입생 25%에게 편지를 써서 그들을 두 집단 중 한 곳에 무작위로 초대했다. 하나는 8주 과정 '스트레스 관리 세미나'로 펜실베이니아 회복력 프로그램, 낙관성 학습을 시행하는 집단이고, 다른 하나는 심리학적 개입이 없는 통제집단이었다. 예상대로 그 세미나는 시행 후 30개월 내내 낙관성을 현저하게 높여 주고 우울과 불안을 낮추었다. 그 기간 동안 학생들의 신체 건강 수준도 측정했다. 세미나 집단은 통제집단보다 신체적으로 더 건강해서 신체질환 증상을 더 적게 보고하고, 전반적으로 병원에 덜 가고, 질병 때문에 학교 양호실을 찾는 횟수가 더 적었다. 세미나 집단은 질병 예방 검진을 받으러 병원에 갈 확률이 더 높았으며, 더 건강한 식단과 운동 계획이 있었다.

이 유일한 연구는 건강을 증진시킨 것이 낙관성 자체의 변화라는 점을 암시한다. 심리학적 개입 집단 또는 통제집단에 무작위로 배정한 실험 설계가 미지의 제3의 변수를 제거하기 때문이다. 심장혈관 질환과 낙관성도 이러한 인과관계가 있는지 여부는 알 수 없다. 환자에게 낙관성을 교육시켜서 심근경색을 예방한 무작위 배정 연구는 아직 수행된 적이 없기 때문이다. 인과관계를 지지하는 연구는 지금까지 단 하나뿐이다.

낙관적인 사람이 병에 덜 걸리는 이유

셀리그만(2011)은 낙관성이 사람들을 심장혈관 질환에 덜 취약하게 만들고 비관성은 더 취약하게 만든다고 했다. 어떻게 그럴 수 있는 걸까? 그 가능성은 크게 다음 세 가지 범주로 나뉜다.

낙관적인 사람은 행동을 취하고 더 건강한 라이프 스타일을 갖고 있다 낙관적인 사람은 자신의 행동이 중요하다고 믿는 반면, 비관적인 사람은 자신은 무기력하고 자신의 어떤 행동도 중요하지 않을 거라고 믿는다. 낙관적인 사람은 시도하는 데 반해, 비관적인 사람은 수동적인 무기력 상태에 빠진다. 그러므로 낙관적인 사람은 의학적 조언에 따라 기꺼이 행동한다. 1964년, 흡연과 건강에 관한 미 공중위생국의 보고서가 발표되었을 때 조지 베일런트가 발견한 것이 바로 그것이다. 금연한 사람은 비관적인 사람들이 아닌 낙관적인 사람들이었던 것이다. 낙관적인 사람은 자신을 더 잘 보살핀다.

훨씬 더 일반적인 사실은 삶의 만족도가 높은 사람은 삶의 만족도가 낮은 사람보다 다이어트하고 금연하고 규칙적으로 운동할 확률이 훨씬 더 높다는 것이다. 한 연구에 따르면 행복한 사람은 불행한 사람보다 잠도 더 잘 잔다.

낙관적인 사람은 의학적 조언에 기꺼이 따를 뿐 아니라 미리 조치해서 부정 사건을 피하는 반면 비관적인 사람은 수동적이다. 즉, 토네이도 경보가 발효될 때 비관적인 사람보다는 낙관적인 사람이 안전을 찾아 토네이도 대피소로 달려갈 가능성이 더 높다. 비관적인 사람은 토네이도가 신의 뜻이라고 믿는다. 부정 사건을 많이 겪을수록 병에 더 자주 걸린다.

사회적 지지 친구가 더 많고 삶에 사랑이 더 풍부할수록 병에 덜 걸린다. 조지 베일런트는 새벽 세 시에 거리낌 없이 전화해서 자신의 문제를 털어놓을 수 있는 한 사람을 갖고 있는 이들이 더 건강하다는 것을 발견했다. 존 카치오포는 외로운 사람은 사교적인 사람보다 건강이 현저히 더 나쁘다는 것을 발견했다. 한 실험에서 피험자들은 낯선 사람에게 전화해서 주어진 원고를 우울한 목소리 또는 명랑한 목소리로 읽었다. 낯선 사람은 낙관적인 목소리의 사람보다는 비관적인 목소리의 사람이 건 전화를 더 빨리 끊었다. 행복한 사람의 인적 네트워크는 불행한 사람의 것보다 더욱 광범위하고, 나이가 들면서 친교 범위와 친밀도가 신체 건강과 정신 건강에 기여한다. 불행은 친구를 동반하지만, 친구는 불행을 동반하지 않는다. 비관성에서 비롯된 고독은 질병으로 이어진다.

생물학적 메커니즘　낙관성 효과를 가능케 하는 다양한 생물학적 경로가 존재한다. 그 하나가 면역체계이다. 1991년에 셀리그만은 주디 로딘(Judy Rodin), 레슬리 카먼(Leslie Kamen), 찰스 드와이어(Charles Dwyer)와 함께 낙관적인 노인과 비관적인 노인들의 혈액을 채취해서 면역 반응을 테스트했다. 낙관적인 사람의 혈액은 비관적인 사람의 혈액보다 위협에 더욱 공격적으로 반응했다. 다시 말해서, 침입한 이물질과 싸우는 백혈구 세포인 T림프구(T lymphocyte)가 더 많이 증식했다. 셀리그만과 동료들은 우울증과 건강 수준은 혼입 변수로 여겨서 배제했다.

또 다른 메커니즘은 통속적인 유전학이다. 즉, 행복하고 낙관적인 사람은 심장혈관 질환이나 암을 물리치는 유전자를 갖고 있을지도 모른다.

또 하나의 생물학적 경로는 반복적인 스트레스에 대한 순환계의 병적인 반응이다. 비관적인 사람은 대응을 포기하고 스트레스를 더 많이 겪는 반면, 낙관적인 사람은 스트레스에 더 잘 대응한다. 반복적인 스트레스는 스트레스 호르몬인 코르티솔을 분비하며 동맥경화증을 촉진하고 혈관벽을 손상시키거나 기존 손상을 악화시키는 등 다양한 순환계 반응을 활성화시킨다. 이러한 반응은 당사자가 무기력할 때 특히 활발하다. 앞에서 확인했듯이, 셸던 코헨은 부정적인 사람들은 염증 유발 물질인 인터류킨 6를 더 많이 분비하고 이로 인해 감기 환자가 더 많다는 것을 발견했다. 반복적인 스트레스와 무기력은 일련의 과정을 촉발하여 코르티솔 수준을 높이고 카테콜아민(catecholamines)류의 신경전달물질(아드레날린, 노르아드레날린, 도파민)의 수준을 낮춤으로써 염증을 오래 지속시킨다. 심각한 염증은 동맥경화의 원인이다. 지배감 수준이 낮고 우울증 수준이 높은 여성들은 대동맥경화증이 더 심하다는 것이 확인되었다. 삼중설계 실험에서 무기력한 생쥐는 지배감을 입증한 생쥐보다 더 빠른 속도로 동맥경화증에 걸렸다.

간의 피브리노겐(fibrinogen) 과다 생산 역시 또 하나의 유력한 메커니즘이다. 피브리노겐은 혈액 응고에 사용되는 단백질이다. 피브리노겐이 많이 생산되면 혈액이 많이 응고되어 걸쭉해진다. 스트레스에 직면할 때 긍정정서 수준이 낮은 사람은 그 수준이 높은 사람보다 피브리노겐을 더 많이 생산한다.

심장혈관 질환을 예방한다고 추정되는 또 다른 후보자는 놀랍게도 심박변이율(heart rate variability: HRV)이다. 심박변이율은 각 심장박동 사이사이에서의 단기적 변화율인데, 중추신경계의 부교감신경계(미주신경)가 부분적으로 통제한다. 부교감신경계는 이완과 안정을 담당한다. 심박변이율이 높은 사람이 더 건강하고, 심장혈관 질환에 덜 걸리고, 덜 우울하고, 인지 능력이 더 뛰어나다는 것을 보여 주는 증거가 쌓이고 있다.

지금까지 제시한 생물학적 메커니즘은 충분히 검증되지는 않았다. 하지만 각 메커니즘은 양방향으로 작용할 수 있으므로 높은 낙관성은 평균 수준에 비해 보호 효과가 강력하고 높은 비관성은 평균 수준에 비해 신체 기능을 더욱 약화시킨다. 낙관성과 질병은 인과관계가 있을까? 낙관성은 어떻게 작용하는 걸까? 이 두 질문의 대답을 알아내는 황금률 기준은 낙관성 개입 실험이다. 이는 수행할 가치가 매우 높은 명확하고도 값비싼 실험이다. 즉, 심장혈관 질환에 취약한 대규모 피험자를 구성해서 절반은 낙관성 학습 집단에, 나머지 절반은 위약 통제집단에 무작위로 배정하고 그들의 행동, 친교 수준, 생물학적 메커니즘을 관찰·측정한 후 낙관성 학습이 생명을 구하는지 아닌지 알아보는 것이다.

로버트 우드 존슨 재단의 폴 타리니가 찾아왔을 때 이 모든 것, 즉 무기력 학습, 낙관성, 심장혈관 질환, 생물학적 메커니즘을 확실히 밝혀낼 방법에 관한 생각이 셀리그만의 머릿속을 질주했다. "두 가지 연구 제안서를 보내 주십시오." 오랜 토론 끝에 폴이 결론을 지었다. "하나는 긍정 건강이라는 개념을 탐구하는 연구 제안서, 다른 하나는 심장혈관 질환을 예방하는 낙관성 개입 연구 제안서입니다."

긍정 건강

적절한 시기에 셀리그만은 두 가지 연구 제안서를 모두 제출했다. 개입 연구 제안서 작성에는 펜실베이니아 대학교 심장학과가 동원되었다. 셀리그만 연구팀은 심근경색을 한 번 겪은 수많은 사람을 펜실베이니아 회복력 훈련 개입 집단에 무작위로 배정하는 실험을 제안했다. 또 다른 제안서는 긍정 건강이라는 개념을 탐구하는 연구로, 로버트 우드 존슨 재단은 긍정 건강이라는 개념을 최초로 명확하게 정의할 수 있다는 믿음에서 기금을 제공했다. 긍정 건강 집단을 연구한 지 이제 1년 6개월에 접어든다(Seligman, 2012). 이 연구는 네 가지 주요 부분으로 구성된다.

- 긍정 건강의 정의
- 기존 종단 연구 재분석
- 심장혈관 건강 자산
- 건강 자산으로서의 운동

⊙ 긍정 건강의 정의

건강한 상태는 질병이 부재하는 상태 그 이상일까? 그것을 긍정 건강 자산이 실재하는 상태라고 정의할 수 있을까? 어떤 것이 실제로 건강 자산인지 우리는 아직 모른다. 하지만 낙관성, 운동, 사랑, 우정 같은 것이 건강 자산 중 일부라는 확고한 증거를 갖고 있다. 그래서 숨어 있는 긍정적인 독립 변수를 세 범주로 분류하는 작업으로 연구를 시작했다. 첫 번째는 주관적 자산 범주로, 낙관성, 희망, 건강하다는 느낌, 열정, 활력, 삶의 만족도 등이다. 두 번째는 생물학적 자산 범주로, 높은 심박변이율, 옥시토신 호르몬, 낮은 수준의 피브리노겐 및 인터류킨 6, 더 길고 반복적인 텔로미어(telomere, 염색에 끝에 있는 DNA 가닥) 등이다. 세 번째는 기능적 자산 범주로, 원만한 결혼생활, 일흔 살에 세 계단씩 헐떡이지 않고 활기차게 걸어 올라가는 것, 풍부한 우정, 취미 활동, 직장에서의 플로리시 등이다.

긍정 건강의 정의는 경험에 의거한다. 따라서 셀리그만 연구팀은 이 세 범주에 속하는 자산들이 건강과 질병에 관한 다음의 목표를 실제로 어느 정도까지 달성하는지 조사하고 있다.

- 긍정 건강은 수명을 늘린다.
- 긍정 건강은 발병률을 낮춘다.
- 긍정 건강을 지닌 사람은 의료비 지출이 더 적다.
- 정신 건강이 더 양호하고 정신질환이 더 적은 건강 상태가 존재한다.
- 긍정 건강을 지닌 사람은 더 오래 살 뿐만 아니라 건강하게 사는 기간이 더 길다.
- 긍정 건강을 지닌 사람은 질병에 걸려도 예후가 더 좋다.

따라서 긍정 건강의 정의는 이 건강 및 질병 목표를 실제로 달성하는 주관적 자산, 생물학적 자산, 기능적 자산을 전부 하나로 모은 것이다.

기존 종단 연구에 대한 재분석

따라서 긍정 건강의 정의는 경험을 통해 드러날 것이다. 셀리그만 연구팀은 먼저 질병 예측 요인을 조사한 대규모 장기 연구 여섯 가지를 재분석했다. 처음부터 건강 자산이 아닌 위험 요인에 초점을 맞춘 연구들이었다. 선도적인 강점 전문 학자 피터슨과 심장혈관 질환 위험 요인을 재분석해서 그 질환의 심리적 토대를 찾는 하버드 대학교의 젊은 교수 로라 쿠브잔스키(Laura Kubzansky)의 지도 아래, 그들은 재분석된 이 연구들이 앞의 건강 목표를 예측하는지 여부를 탐구하고 있다. 기존 연구 결과들은 부정 요인에 주목하고 있지만, 이 여섯 가지 연구는 지금까지 대체로 무시해 온 몇 가지 긍정 요인을 보다 구체적으로 포함하고 있다. 예컨대, 이 연구에 사용된 어떤 검사는 행복, 혈압, 결혼 만족도 수준을 묻기도 했다. 그들은 긍정적인 주관적·생물학적·기능적 요인들이 어떻게 배열된 것이 건강 자산으로 드러날지 보게 될 것이다.

피터슨은 건강 자산으로서 성격강점을 추적하고 있다. 1999년부터 현재까지 진행 중인 노화 규준 연구는 연구 시작 당시 건강하다고 판명된 남성 2,000명을 상대로 3년에서 5년에 한 번씩 심장혈관 질환을 검진한다. 그때마다 일련의 심리검사도 함께 시행하고 있다. 이 검사 중 하나가 다면적 인성검사(MMPI-2)인데, 거기서 '자기통제력' 강점이 파생되었다. 피터슨은 전통적인 위험 요인을 상수로 놓을 때 자기통제력 강점이 중요한 건강 자산이라고 보고한다. 최고 수준의 자기통제력을 지닌 남성들은 심장혈관 질환에 걸릴 위험이 56% 낮다는 것이다.

연구진은 이런 방법으로 건강 자산과 위험 요인을 비교하고 있다. 유력한 건강 자산과 위험 요인에 대한 양적 비교도 가능하다. 예컨대, 그들은 낙관성 수준 상위 25%에 포함되는 것이 매일 담배 두 갑을 피우지 않는 것과 거의 동일한 수준으로 심장혈관 질환을 예방하는 것 같다고 추측한다. 한 걸음 더 나아가 이 건강 자산들이 특히 어떤 식으로 배열되어야 해당 목표를 달성할 수 있을지도 탐구 중이다. 건강 자산의 그러한 특정 배열은 특정 질병과 관계가 있는 긍정 건강을 경험에 의거해서 정의한다. 전체 질병과 일반적으로 관계가 있는 건강 자산들의 배열은 일반적인 긍정 건강을 정의한다.

어떤 긍정적인 독립 변수 하나가 건강 자산으로 확인되면, 긍정 건강은 그 변수를 구축하기 위한 개입을 권유한다. 예를 들어, 낙관성, 원만한 결혼생활, 심박변이율 상위 25% 또는 운동이 심장혈관 질환으로 인한 사망 위험을 낮추는 건강 자산으로 확인될 경우, 각 변수는 개입을 시도할 저렴하고 매력적인 목표가 되는 것이다. 생명을 구하는 개입을 한 가지 알아 낸다는 실용적인 가치 외에도, 무작위 배정 및 통제집단 개입 연구는 사망 원인을 따로 분리 해 낸다. 그러면 이제 긍정 건강은 그 긍정 개입의 비용 효율성을 계산해 낸 다음, 혈압 낮추 기 같은 전통적인 개입의 비용 효율성과 긍정 개입의 비용 효율성을 비교한다. 뿐만 아니라 긍정 개입과 전통적 개입을 결합시키고, 그 결합된 개입의 비용 효율성도 계산한다.

미 육군의 데이터베이스: 국보급 자료

　셀리그만 연구팀과 미 육군의 공동 연구는 앞으로 수행될 모든 종단 연구의 어머니가 될 것이다. 110만여 명의 군인이 전반적 평가 도구(Global Assessment Tool: GAT)를 완수할 예정 인데, 이 검사는 그들이 복무하는 내내 전통적 위험 요인과 아울러 긍정 특성과 건강 자산을 모두 측정한다. 그들은 군인의 수행 기록과 의료 기록을 전반적 평가 도구와 하나로 합칠 것이 다. 미 육군에서 구축하고 있는 데이터는 다음에 관한 정보를 포함한다(Seligman, 2011).

- 의료 서비스 이용
- 질병 진단
- 약물치료
- 체질량 지수
- 혈압
- 콜레스테롤
- 우발적 사고와 실수
- 전투 및 비전투 상황에서의 신체 손상
- 체형
- DNA(시신 확인에 필요)
- 직무 수행

　따라서 그들은 대규모 표본을 조사해서 주관적 · 생물학적 · 기능적 건강 자산 중 어떤 것들이 다음을 예측하는지 알아낼 수 있다.

- 특정 질병
- 약물치료
- 의료 서비스 이용
- 사망률

그렇게 되면 다음과 같은 질문에 대답할 수 있을 것이다.

- 그 밖의 건강 변수를 상수로 놓는다면 심리적으로 단련된 군인은 감염성 질환에 더 적 게 걸리고(항생제치료 빈도로 측정), 감염성 질환에 걸려도 예후가 더 좋을까(항생제치료 기간으로 측정)?
- 결혼생활에 만족하는 군인은 의료비 지출이 더 적을까?
- 인적 네트워크가 풍부하고 친교 수준이 높은 군인은 출산, 골절 또는 열사병에서 더 빨 리 회복될까?
- 병원에 갈 일이 거의 없고 좀처럼 아프지 않고 병에 걸려도 금세 회복되는 유난히 눈에 띄는 '초건강한(주관적 · 기능적 · 생물학적 자산이 풍부한)' 군인이 있을까?
- 심리적으로 단련된 군인은 우발적 사고를 겪거나 전투 중에 부상당할 가능성이 더 적을 까?
- 심리적으로 단련된 군인은 복무 중 비전투 상황에서의 부상, 질병, 정서장애 때문에 후 송될 가능성이 더 적을까?
- 지도자의 신체 건강은 부하 대원의 건강에 전염될까? 만약 그렇다면 이러한 전염성은 지도자의 건강이 좋을 때와 건강이 나쁠 때 모두 해당할까?
- 대표강점 검사로 측정했을 때 특정 강점이 더 양호한 건강과 더 적은 의료비를 예측할 까?
- 펜실베이니아 회복력 훈련은 전쟁터와 자연 발생한 질병에서 생명을 구할까?

이미 말했듯이 연구는 진행 중이다(Seligman, 2012). 그들은 유력한 6개 종단 연구 결과를 재분석하고 로버트 우드 존슨 재단의 연구와 미 육군 종합 군인의 피트니스를 결합하고 있다.

심장혈관 건강 자산

　50년 전만 해도 67세에 이른 남자들은 모든 활동을 그만두고 현관 앞 흔들의자에 앉아 죽을 날을 기다렸다. 지금 67세 남자들은 마라톤에 참가한다. 셀리그만(2011)은 고등학교 동창회에서 우리의 예정된 죽음에 대해 짧은 연설을 했다.

　　오늘 건강한 67세 남성의 기대수명은 20년 정도입니다. 우리 아버지와 할아버지들에게 67세는 인생이 끝나 가는 나이였습니다. 그분들과 달리 우리는 이제 막 인생의 사사분기에 들어섰습니다. 70회 동창회에 참석할 가능성을 극대화하기 위해 우리가 할 수 있는 일은 두 가지입니다. 첫째, 미래를 지향해야 합니다. 과거에 안주하지 말고 미래에 이끌려야 한다는 말입니다. 개인의 미래만을 위해 일하지 말고 가족의 미래, 이 학교(올버니 공립학교)와 조국의 미래, 여러분의 가장 소중한 이상을 위해 일하십시오.

　　둘째, 운동하세요!

　이 연설은 심장혈관 건강과학의 현주소를 요약한 것으로 셀리그만 연구팀이 예상한 그대로이다. 평균 이상으로 심장혈관 질환을 적극 막아 줄 주관적·생물학적·기능적 자산이 존재할까? 설령 심근경색에 걸린다 해도 평균 이상으로 예후를 향상시켜 줄 주관적·생물학적·기능적 자산이 있을까? 심장혈관 연구에서 이 중요한 질문은 대체로 등한시된다. 그 연구들은 심근경색의 발병 위험을 높이거나 일단 발병할 경우 예후를 악화시키는 해로운 약점에 초점을 맞춘다. 건강 자산으로서 낙관성이 심장혈관 질환에 미치는 유익한 영향은 처음부터 그 질환을 예방해 준다는 것이며, 셀리그만 연구팀이 세운 심장혈관 건강위원회의 목표는 건강 자산에 대한 지식을 넓히는 것이다.

건강과 비만

　미국에는 비만인 사람이 엄청나게 많다. 비만을 전염병이라고까지 부를 정도이다. 이 전염병을 근절하는 일에 정부와 로버트 우드 존슨 재단을 포함한 사립 재단들이 막대한 돈과 에너지를 소모한다. 비만은 명백히 당뇨병의 원인이다. 그 이유 하나만으로도 미국인을 덜 뚱

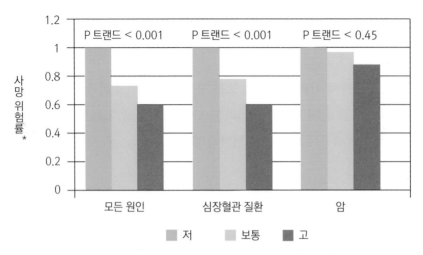

[그림 20-4] 60세 이상 심장질환, 암으로 인한 사망률

* 연령, 성별, 건강 검진 연도, 체질량, 흡연, 운동 부하 심전도 검사, 심근경색, 뇌졸중, 고혈압, 당뇨, 암, 고콜레스테롤혈증, 심장혈관 질환 가족력, 암 가족력, 운동 시 최다 심박수를 조정한 위험률.
출처: 『미국 노인병 학회지(AGS)』(2007)에서 인용.

뚱하게 만들기 위한 대책은 정당화된다. 그러나 스티브(Steve)는 진짜 전염병, 즉 최악의 살인자는 무활동(inactivity)이라고 확신한다. 그의 주장은 진지하다. 스티브의 설명에 따르면 낮은 수준의 신체적 피트니스는 전체 사망률과 강한 상관관계가 있으며 심장혈관 질환과의 관계는 특히 강력하다.

[그림 20-4]의 그래프는 신체적 피트니스 수준이 높은 60세 이상 남성과 여성은 심장혈관 질환으로 인한 사망과 전체 사망 위험률이 보통 사람들보다 더 낮다는 것을 뚜렷하게 보여 준다. 그리고 보통 수준의 신체적 피트니스 소유자는 그 수준이 낮은 사람들보다 사망률이 더 낮다. 암으로 인한 사망에는 이 결과가 맞기도 하고 틀리기도 하다. 운동 부족과 비만은 밀접한 관계가 있다. 뚱뚱한 사람은 별로 움직이지 않는 반면, 날씬한 사람은 대체로 끊임없이 움직인다. 그렇다면 운동 부족과 비만 중 어느 것이 진짜 살인자일까?

마른 사람보다는 뚱뚱한 사람 중에 심장혈관 질환 사망자가 더 많다는 것을 보여 주는 대규모 연구가 하나 있다. 그것은 흡연, 음주, 혈압, 콜레스테롤 등을 배제하고 사망 위험률을 주의 깊게 조사한다. 안타깝게도 그것은 운동도 배제한다. 하지만 스티브가 수행한 많은 연구는 운동에 따라 사망률이 달라진다는 것을 보여 준다. [그림 20-5]의 그래프가 대표적이다.

이 그림에 제시된 결과는 체지방, 연령, 흡연 등을 상수로 놓을 때 다섯 가지 피트니스 수준에 따른 전체 사망률을 보여 준다. 피트니스 수준이 높을수록 사망률은 낮아진다. 이것은 체

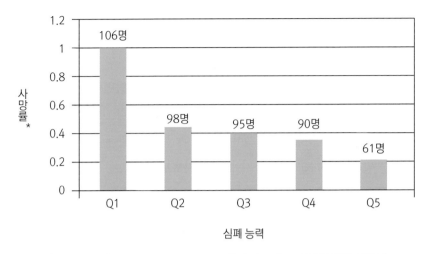

[그림 20-5] 60세 이상 성인 2,603명의 피트니스 수준별 전체 사망률

* 연령, 건강 검진 연도, 흡연, 운동 부하 심전도 검사, 기초 건강 상태, 체지방 비율을 조정한 사망률,
출처: 『미국 의학 협회 저널(ANS)』(2007)에서 인용.

중이 똑같은 두 사람, 즉 신체적 피트니스가 최고 수준인 사람과 최저 수준인 사람이 사망 위험률은 크게 다르다는 것을 의미한다. 뚱뚱하지만 신체적 피트니스 수준이 높은 사람의 사망률은 뚱뚱하고 피트니스 수준이 낮은 사람의 사망률의 절반에 가깝다.

[그림 20-6]의 그래프는 신체가 단련된 또는 단련되지 않은 정상 체중인과 비만인의 사망률을 보여 준다. 신체 비단련자 집단에서는 정상 체중인과 비만인 모두 사망률이 높다. 그들이 뚱뚱한지 또는 날씬한지는 중요하지 않아 보인다. 신체 단련자 집단에서는 뚱뚱한 사람과

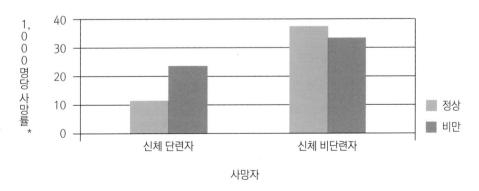

[그림 20-6] 60세 이상 성인 2,603명의 체지방률 및 만성 신부전증과 전체 사망률의 관계

* 연령, 성별, 건강 검진 연도를 조정한 사망률.
출처: 『미국 의학 협회 저널(AMS)』(2007)에서 인용.

날씬한 사람 모두 비단련자 집단의 뚱뚱하거나 날씬한 사람보다 사망률이 훨씬 더 낮다. 뚱뚱한 신체 단련자들은 날씬한 신체 단련자보다 사망 위험률이 조금 더 높을 뿐이다. 하지만 지금 셀리그만이 강조하는 것은 신체가 단련된 뚱뚱한 사람은 사망 위험이 적다는 것이다.

스티브는 비만 전염병의 핵심은 사실상 카우치 포테이토 전염병이라는 결론을 내린다. 비만은 사망을 초래한다. 하지만 운동 부족 역시 사망을 초래한다. 어느 것이 더 큰 이유인지 알려 주기에는 관련 자료가 부족하다. 그러나 비만과 사망에 관해 앞으로 수행될 모든 연구가 운동에 초점을 맞춰야 한다고 주장하기에는 이 자료만으로도 충분하다.

이 결과들은 뚱뚱한 성인이 알아야 할 아주 중요한 사실이다. 다이어트 비법은 대부분 사기 행위이다. 지난 한 해에만 미국에서 590억 달러를 뜯어 갔다. 유행하는 다이어트 비법 중 어느 것이든 따라 하면 한 달 만에 체중의 5%를 줄일 수 있다. 문제는 다이어트한 사람의 80~95%가 3~5년 만에 체중을 모두 되찾는다는 것이다. 오히려 체중이 더 늘어난다 (Seligman, 2011). 다이어트로 더 날씬해질 수는 있지만, 그 효과는 대체로 일시적일 뿐이다. 다이어트를 통해 더 건강해질 수는 없다. 다이어트를 끝까지 고수하는 사람이 거의 없기 때문이다.

반면에 운동은 사기 행위가 아니다. 운동을 시작한 사람은 그것을 끝까지 고수해서 언제까지나 신체를 단련하는 비율이 훨씬 더 높다. 운동은 영구적이고 자기유지적이지만, 다이어트는 보통 그렇지 않다. 운동으로 사망 위험을 낮출 수 있어도 몸이 아주 날씬해지지는 않는다. 평균 강도로 운동할 경우 줄어드는 체중은 2.5kg 미만이기 때문이다.

낙관성이 심장혈관 질환을 막아 주는 주관적 건강 자산이듯이, 운동이 기능적 건강 자산인 것은 분명하다. 즉, 운동량이 중간 정도인 사람은 건강이 양호하고 사망 위험이 낮은 반면, 카우치 포테이토는 건강이 나쁘고 사망 위험이 높다. 건강과 질병에 대한 운동의 유익한 효과는 의료계에서 가장 환원주의적인 부류조차 마침내 순순히 받아들이고 있다. 그들은 약품이나 수술 외에는 그 어떤 치료도 완강하게 반대하는 집단이다. 미 공중위생국의 2008년도 보고서에서는 성인이 매일 1만 보 걷기에 상당하는 운동을 해야 한다고 강권한다. 하루에 5,000보 이하는 정말 위험하다. 여기에 해당하는 사람은 십중팔구 일찍 죽는다는 연구 결과가 있다는 점을 강조하고 싶다. 하루 1만 보 걷기에 상당하는 운동은 수영, 달리기, 춤추기, 역기 들기다. 요가도 좋고 신체를 격렬하게 움직이는 그 밖의 수많은 방법으로도 성취할 수 있다.

참고문헌

고명선, 김언조(2013). 존 카밧진의 마음챙김 명상. 서울: 물푸레.

권오열(2010). 조너선 헤이트의 행복의 가설. 서울: 물푸레.

김인자, 우문식(2014). 마틴 셀리그만의 긍정심리학. 서울: 물푸레.

문용린, 김인자(2009). 긍정심리학의 입장에서 본 성격강점과 덕목의 분류. 서울: 한국심리상담연구소.

문용린, 김인자, 백수연(2010). 크리스토퍼 피터슨의 긍정심리학 프라이머. 서울: 한국심리상담연구소, 물푸레.

우문식(2014). 내 안의 긍정을 춤추게 하라. 서울: 물푸레.

송준호, 우문식(2013). 조직구성원의 성격 특성이 행복에 미치는 영향: M. Seligman의 행복공식 관점의 접근. 한국기업경영학회(in press).

심현식(2009). 칙센트미하이의 몰입의 경영. 서울: 황금가지.

안기순(2017). 셰릴 샌드버그의 옵션 B. 서울: 와이즈베리.

오혜경(2009). 에드 디너, 로버트 비스워스 디너의 모나리자 미소의 법칙. 경기: 21세기북스.

우문식(2010). 긍정심리가 리더십에 미치는 영향. 안양대학교 대학원 석사학위논문.

우문식(2010). 긍정심리가 리더십에 미치는 영향. 안양대학교 대학원 석사학위논문.

우문식(2012). 긍정심리학의 행복. 서울: 물푸레.

우문식(2013). 행복의 관점과 인구통계적 차이에 관한 연구. 사회복지 연구(in press).

우문식(2013). 아이의 행복 플로리시. 서울: 물푸레.

우문식(2013). 긍정심리의 긍정정서와 성격강점이 조직성과에 미치는 영향. 안양대학교 대학원 박사학위논문.

우문식(2014). 만 3세부터 행복을 가르쳐라. 서울: 물푸레.

우문식(2014). 행복 4.0. 서울: 물푸레.

우문식(2016). 긍정심리학은 기회다. 서울: 물푸레.

우문식(2017). 긍정심리 팔마스 성격강점 카드북. 서울: 물푸레.

우문식(2018). 긍정심리학이란 무엇인가. 서울: 물푸레.

우문식(2020). 긍정심리학 기반의 긍정심리치료(PPT) 프로그램이 참여자의 행복 및 회복력에 미치는 효과. Kernel University 박사학위논문.

우문식(2012). 캐롤라인의 어떻게 인생목표를 이룰까?. 서울: 물푸레.

우문식(2012). 긍정심리학의 행복. 서울: 물푸레.

우문식(2009). 긍정심리가 리더십에 미치는 영향에 대한 연구. 안양대학교 대학원 석사학위논문.

우문식(2012). 행복의 관점과 인구 통계적 차이에 관한 연구. 안양대학교 복지행정연구.

우문식, 손봉호 외 6인(2019). 행복은 어디에서 오는가. 서울: 학지사.

우문식, 윤상운(2011). 마틴 셀리그만의 플로리시. 서울: 물푸레.

우문식, 윤상운(2012). 로버트 비스워스 디너의 긍정심리학의 코칭 기술. 서울: 물푸레.

우문식, 윤상운(2012). 레이비치, 샤테의 회복력의 7가지 기술. 서울: 물푸레.

우문식, 이미정(2018). 섀넌 폴리의 긍정심리학의 강점특권. 서울: 물푸레.

우문식, 이미정(2018). 테이얍 라시드, 마틴 셀리그만의 긍정심리치료, 치료자 매뉴얼. 서울: 물푸레.

우문식, 최빛나, 양회창(2019). 긍정심리학 관점의 접근: 긍정정서와 성격강점이 조직몰입과 직무만족
   에 미치는 영향. 인문사회과학기술융합학회.

우문식, 최호영(2012). 마틴 셀리그만의 낙관성 학습. 서울: 물푸레.

임창희(2015). 조직행동. 서울: 비앤엠북스

정지현(2016). 앤서니 그랜트의 행복은 어디에서 오는가. 서울: 비즈니스북

최갑도(2013). 배움은 배신하지 않는다. 서울: 물푸레.

Ackerman, S., Zuroff, D. C., & Moskowitz, D. S. (2000). Generativity in midlife and young adults:
   Links to agency, communion, and subjective well-being. *International Journal of Aging &
   Human Development, 50*, 17-41.

Adler, P. S. & Kwon, S. W. (2002). Social Capital: Prospects for a New Concept. *Academy of
   Management Review 27*(1): 17-40.

Aldao, A., Nolen-Hoeksema, S., & Schweizer, S. (2010). Emotion-regulation strategies across
   psychopathology: A meta-analytic review. *Clinical Psychology Review, 30*(2), 217-237.

American Psychiatric Association. (1994). *Diagnostic and statistical manual of mental disorders*
   (4th ed.). Washington, DC: Author.

Andrewes, H. E., Walker, V., & O'Neill, B. (2014). Exploring the use of positive psychology
   interventions in brain injury survivors with challenging behaviour. *Brain Injury, 28*(7), 965-
   971.

Anthony, M. Grant. (2010). *Eight steps to happiness*. Melbourne University: Victoria books.

Arakawa, D., & Greenburg, M. (2007). Optimistic managers and their influence on productivity and
   employee engagement in a technology organization: Implications for coaching psychologists.
   International Coaching Psychology Review, 2, 78-89.

Argyle, M. (2001). *The psychology of happiness*(2nd ed.). East Sussex, England: Routledge.

Aristotle. (2000). *The Nicomachean ethics*(R. Crisp, Trans.). Cambridge: Cambridge University Press.

Asebedo, S. D., & Seay, M. C. (2014). Positive psychological attributes and retirement satisfaction.

Journal of Financial Counseling and Planning, 25(2), 161-173.

Avolio, B., Griffith, J., Wernsing, T. S., & Walumbwa, F. O. (2010). What is Authentic Leadership Development? In P. Linley, A. S. Harrington, & N. Garcea (Eds.), *Oxford Handbook of Positive Psychology and Work*. Oxford: Oxford University Press.

Avolio, B. J. & Lutherans, F. (2006). *The High Impact Leader: Authentic, Resilient Leadership That Gets Results and Sustains Growth*. New York: McGraw-Hill.

Babiak, P. & Hare, R. (2006). *Snakes In Suits: When Psychopaths Go to Work*. New York: HarperCollins.

Bandura, A. (1977). *Social Learning Theory*. Englewood Cliffs, NJ: Prentice Hall.

Bandura, A. (1997). *Self-efficacy: the exercise of control*. New York: W. H. Freeman.

Bandura, A. (1986). *Social Foundations of Thought and Action: A Social Cognitive Theory*. Englewood Cliffs, N. J.: Prentice-Hall.

Barlow, H. D. (2008). *Handbook of clinical disorders*. New York: Guilford Press.

Baumeister, R. F., & Leary, M. R. (1995). The need to belong: Desire for interpersonal attachment as a fundamental human motivation. *Psychological Bulletin, 117,* 497-529.

Bearse, J. L., McMinn, M. R., Seegobin, W., & Free, K. (2013). Barriers to psychologists seeking mental health care. *Professional Psychology: Research and Practice, 44*(3), 150-157.

Becker, S. W., & Eagly, A. H. (2004). The heroism of women and men. *American Psychologist, 59,* 163-178.

Berthold, A., & Ruch, W. (2014). Satisfaction with life and character strengths of non-religious and religious people: It's practicing one's religion that makes the difference. *Frontiers in Psychology, 5,* 876.

Bertisch, H., Rath, J., Long, C., Ashman, T., & Rashid, T. (2014). Positive psychology in rehabilitation medicine: A brief report. *NeuroRehabilitation, 34*(3), 573-585.

Berzoff, J., & Kita, E. (2010). Compassion fatigue and countertransference: Two different concepts. *Clinical Social Work Journal, 38*(3), 341-349.

Biswas-Diener, R. (January, 2010). The 11th hour:How working under pressure can be a strehgth. http://www.oprah.com.

Biswas-Diener, R., & Garcea, N. (2009). Strengths-based performance management. *Human Capital Review.* Johannesburg, South Africa: Knowledge Resources.

Biswas-Diener, R., Kashdan, T. K., & Minhas, G. (2011). A dynamic approach to psychological strength development and intervention. *The Journal of Positive Psychology 6*(2), 106-118.

Bohlmeijer, E. T. (2015). Efficacy of a multicomponent positive psychology self-help intervention: Study protocol of a randomized controlled trial. *JMIR Research Protocols, 4*(3), e105.

Boisvert, C., & Faust, D. (2002). Iatrogenic symptoms in psychotherapy: A theoretical exploration of the potential impact of labels, language, and belief systems. *American Journal of Psychotherapy, 56,* 244-259.

Bok, S. (1995). *Common values.* Columbia: University of Missouri Press.

Bonanno, G. A., & Mancini, A. D. (2012). Beyond resilience and PTSD: Mapping the heterogeneity of responses to potential trauma. *Psychological Trauma: Theory, Research, Practice, and Policy, 4*(1), 74-83.

Boyatzis, R. (2006). An overview of intentional change from a complexity perspective. *Journal of Management Development, 25,* 607-623.

Bron, T. I., van Rijen, Elisabeth, H. M., van Abeelen, A. M., & Lambregtse-van, D. B. (2012). Development of regulation disorders into specific psychopathology. *Infant Mental Health Journal, 33*(2), 212-221.

Bryant, F. (2005). Using the past to enhance the present: Boosting happiness through positive reminiscence. *Journal of Happiness Studies, 6*(3), 227-260.

Bryant, F. B. (1989). A four-factor model of perceived control: Avoiding, coping obtaining, and savoring. *Journal of Personality, 57,* 773-797.

Bryant, F. B. (2003). Savoring Beliefs Inventory (SBI): A scale for measuring beliefs about savouring. *Journal of Mental Health, 12,* 175-196.

Buckingham, M., & Clifton, D. (2001). *Now discover your strengths.* New York: Simon & Schuster Adult Publishing Group.

Buckingham, M., & Clifton, D. O. (2001). Now, discover your strengths. New York: Free Press.

Buckingham, M., & Clifton, D. O. (2001). *Now, discover your strengths.* New York: Free Press. American Behavioral Scientist. Special issue(December, 2004).

Bureau of Labor Statistics. (2015). American time use survey. Retrieved from http://www.bls.gov/tus/charts/home.htm# on December 1, 2015.

Burrell, B. (1997). *The words we live by.* New York: Free Press.

Calhoun, L. G., & Tedeschi, R. G. (Eds.) (2006). *Handbook of posttraumatic growth: Research and practice.* Mahwah, NJ: Erlbaum.

Cameron, K. (2003). Organizational Virtuousness and Performance. In K. Cameron, J. Dutton, & R. Quinn (Eds.), *Positive Organizational Scholarship: Foundations of a New Discipline.* San Francisco: Berrett-Koehler.

Cameron, K. (2008a) Positive Leadership: Strategies for Extraordinary Performance. San Francisco: Berrett-Koehler.

Cameron, K. (2009). Positive Psychology Leaders Series. Webinar for the International Positive Psychology Association, www.ippanetwork.org. Accessed 6 November 2009.

Cameron, K., Bright, D., & Caza, A. (2004). Exploring the relationships between organizational virtuousness and performance. *American Behavioural Scientist, 47*(6): 766-790.

Cameron, K., Dutton, J., & Quinn, R. (Eds.). (2003). *Positive Organizational Scholarship: Foundations of a New Discipline.* San Francisco: Berrett-Koehler.

Cameron, K. S., Dutton, J. E., & Quinn, R. E (Eds.). (2003). *Positive organizational scholarship:*

Foundations of a new discipline. San Francisco: Berrett-Koehler.

Cameron, K. S., Dutton, J. E., & Quinn, R. E. (Eds.). (2003). *Positive organizational scholarship: Foundations of a new discipline*. San Francisco: Berrett-Koehler.

Carver, C. S., Scheier, M. F., & Segerstrom, S. C. (2010). *Optimism. Clinical Psychology Review, 30*(7), 879-889.

Casellas-Grau, A., Font, A., & Vives, J. (2014). Positive psychology interventions in breast cancer. A systematic review. *Psycho-Oncology, 23*(1), 9-19.

Castonguay, L. G. (2013). Psychotherapy outcome: An issue worth re-revisiting 50 years later. *Psychotherapy, 50*(1), 52-67.

Cawley, M. J., Martin, J. E., & Johnson, J. A. (2000). A virtues approach to personality and Individual Difference, 28, 997-1013.

Chaves, C., Lopez-Gomez, I., Hervas, G., & Vazquez, C. (2017). A comparative study on the efficacy of a positive psychology intervention and a cognitive behavioral therapy for clinical depression. *Cognitive Therapy and Research, 41*(3), 417-433.

Cheavens, J. S., Feldman, D., Gum. A., Michael, S. T., & Snyder, C. R. (2006). Hope therapy in a community sample: A pilot investigation. *Social Indicators Research, 77,* 61-78.

Chida, Y., & Steptoe, A. (2009). The association of anger and hostility with future coronary heart disease: A meta-analytic review of prospective evidence. *Journal of the American College of Cardiology, 53,* 936-946.

Clifton, D. & Nelson, P. (1992). *Soar With Your Strengths*. New York: Dell.

Cloninger, C. R. (2004). *Feeling good: The science of well-being*. New York: Oxford University Press.

Comte-Sponville, A. (2001). *A small treatise on the great virtues*(C. Temerson, Trans.). New York: Metropolitan.

Corrigan, P. (2004). How stigma interferes with mental health care. *American Psychologist, 59,* 614-625.

Crits-Christoph, P., Connolly Gibbons, M. B., Ring-Kurtz, S., Gallop, R., Stirman, S., Present, J., & Goldstein, L. (2008). Changes in positive quality of life over the course of psychotherapy. *Psychotherapy, 45*(4), 419-430.

Csikszentmihalyi, M. (1990). *Flow: The psychology of optimal experience*. New York: HarperCollins.

Cuadra-Peralta, A., Veloso-Besio, C., Perez, M., & Zuniga, M. (2010). Resultados de la psicoterapia positiva en pacientes con depresion [Positive psychotherapy results in patients with depression.]. *Terapia Psicologica, 28,* 127-134.

Dahlsgaard, K., Peterson, C., & Seligman, M. E. P. (2005). Shared virtue: The convergence of valued human strengths across culture and history. *Review of General Psychology, 9,* 209-213.

Damasio, A. (2005). *Descartes' Error: Emotion, Reason and the Human Brain*. New York: Penguin Books.

Davidson, L., Shahar, G., Lawless, M. S., Sells, D., & Tondora, J. (2006). Play, pleasure, and other positive life events: "Non-specific" factors in recovery from mental illness? *Psychiatry, 69*(2), 151–163.

Davis, D. E., Choe, E., Meyers, J., Wade, N., Varjas, K., Gifford, A., & Worthington, E. L. Jr. (2016). Thankful for the little things: A meta-analysis of gratitude interventions. *Journal of Counseling Psychology, 63*(1), 20–31.

Dawkins, R. (1976). *The Selfish Gene,* New York: Oxford University Press.

Deacon, B. J. (2013). The biomedical model of mental disorder: A critical analysis of its validity, utility, and effects on psychotherapy research. *Clinical Psychology Review, 33*(7), 846–861.

Deci, E. L., & Ryan, R. M. (2008). Self-determination theory: A macrotheory of human motivation, development and health. *Canadian Psychology, 49,* 182–185.

de Garrf, J., Wann, D., & Naylor, T. H. (2001). *Affluenza: The all-consuming epidemic.* San Francisco: Berrett-Koehler.

Deighton, R. M., Gurris, N., & Traue, H. (2007). Factors affecting burnout and compassion fatigue in psychotherapists treating torture survivors: Is the therapist's attitude to working through trauma relevant? *Journal of Traumatic Stress, 20*(1), 63–75.

Demir, M. (2010). Close relationships and happiness among emerging adults. *Journal of Happiness Studies, 11*(3), 293–313.

De Shazer, S., Berg, I. K., Lipchik, E., Nunnally, E., Molnar, A., Gingerich, W., & Weiner-Davis, M. (1986). Brief therapy: Focused solution development. *Family Process, 25*(2), 207–221.

Diener, E., & Diener, C. (1996). Most people are happy. *Psychological Science, 7,* 181–185.

Diener, E., Emmons, R., Larsen, R., & Griffen, S. (1985). The satisfaction with life scale. *Journal of Personality Assessment, 49,* 71–75.

Donaldson, S. I., Csikszentmihalyi, M., & Nakamura, J. (Eds.). (2011). *Applied positive psychology: Improving everyday life, health, schools, work, and society.* London: Routledge Academic.

Drucker, P. F. (2002). *The effective executive.* New York: Harper Collins.

Duckworth, A. L., Peterson, C., Matthews, M. D., & Kelly, D. R. (2007). Grit: Perseverance and passion for long-term goals. *Journal of Personality and Social Psychology, 92,* 1087–1101.

Duckworth, A. L., Steen, T. A., & Seligman, M. E. P. (2005). Positive Psychology in Clinical Practice. *Annual Review of Clinical Psychology, 1,* 629–651.

D'raven, L. L., & Pasha-Zaidi, N. (2014). Positive psychology interventions: A review for counselling practitioners/ interventions de psychologie positive: Une revue a l'intention des conseillers praticiens. *Canadian Journal of Counselling and Psychotherapy, 48*(4), 383–408.

Easterlin, R. A. (1974). Does economic growth improve the human lot. In Paul A. David & Melvin W. Reder (Eds.), *Nations and households in Economic growth: Essays in honor of Moses Abramovitz.* New York: Academic Press.

Ehrenreich, B. (2009). *Brightsided: How the Relentless Promotion of Positive Thinking Has*

Undermined America. New York: Metropolitan Books.

Eichstaedt, J. C., Schwartz, H. A., Kern, M. L., Park, G., Labarthe, D. R., Merchant, R. M., & Seligman, M. E. P. (2015). Psychological language on Twitter predicts county-level heart disease mortality. *Psychological Science, 26*(2), 159-169.

Elkins, D. (2009). The medical model in psychotherapy. *Journal of Humanistic Psychology, 49*(1), 66-84.

Emmons, R. (1999). *The psychology of ultimate concerns: Motivation and spirituality in personality.* New York: Guilford Press.

Emmons, R. A. (2007). Gratitude, subjective well-being, and the brain. In R. J. Larsen & M. Eid(Eds.), *The science of subjective well-being* (pp. 469-492). New York: Guilford Press.

Emmons, R. A. (2007). Gratitude, subjective well-being, and the brain. In R. J. Larsen & M. Eid (Eds.), *The science of subjective well-being* (pp. 469-492). New York: Guilford Press.

Emmons, R. A., & McCullough, M. E. (2003). Counting blessing versus burdens: An experimental investigation of gratitude and subjective well-being in daily life. *Journal of Personality and Social Psychology, 84*(2), 377-389.

Emmons, R. A., & McCullough, M. E. (2003). Counting blessing versus burdens: An experimental investigation of gratitude and subjective well-being in daily life. *Journal of Personality and Social Psychology, 84,* 377-389.

Emmons, R. A., & Mishra, A. (2012). Why gratitude enhances well-being: What we know, what we need to know. In K. Sheldon, T. Kashdan, & M. F. Steger (Eds.), *Designing the future of positive psychology: Taking stock and moving forward.* New York: Oxford University Press.

Enright, R., & Fitzgibbons, R. (2015). *Forgiveness therapy.* Washington, DC: American Psychological Association.

Evans, I. M. (1993). Constructional perspectives in clinical assessment. *Psychological Assessment, 5,* 264-272.

Fava, G. A. (2016). Well-being therapy. In A. M. Wood & J. Johnson (Eds.), *The Wiley handbook of positive clinical psychology* (pp. 395-407).

Feldman, G. C., Joormann, J., & Johnson, S. L. (2008). Responses to positive affect: A self-report measure of rumination and dampening. *Cognitive Therapy and Research, 32*(4), 507-525.

Fitzpatrick, M. R., & Stalikas, A. (2008). Integrating positive emotions into theory, research, and practice: A new challenge for psychotherapy. *Journal of Psychotherapy Integration, 18,* 248-258.

Flinchbaugh, C. L., Moore, E. W. G., Chang, Y. K., & May, D. R. (2012). Student well-being interventions: The effects of stress management techniques and gratitude journaling in the management education classroom. *Journal of Management Education, 36*(2), 191-219.

Fluckiger, C., & Grosse Holtforth, M. (2008). Focusing the therapist's attention on the patient's strengths: A preliminary study to foster a mechanism of change in outpatient psychotherapy.

Journal of Clinical Psychology, 64, 876–890.

Fordyce, M. W. (1983). A program to increase happiness: Further studies. *Journal of Consulting Psychology, 30,* 483–498.

Fox-Eades, J. (2008). *Celebrating Strengths: Building Strengths Based Schools.* Coventry: CAPP Press.

Frankl, V. E. (1963). *Man's search for meaning: An introduction to Logotherapy.* New York: Washington Square Press.

Fredrickson, B., & Branigan , C. (2005). Positive emotions broaden the scope of attention and thought-action repertoires. *Cognition and Emotion 19*(3): 313–332.

Fredrickson, B. (2005). Positive Emotions. In C. R. Synder & S. J. Lopez (Eds.), *Handbook of Positive Psychology.* Oxford: Oxford University Press.

Fredrickson, B. (2009). *Positivity.* New York: Crown.

Fredrickson, B. L., & Losada, M. F. (2005). Positive affect and the complex dynamics of human fl ourishing. *American Psychologist 60:* 678–686.

Fredrickson, B. L. (2009). *Positivity: Discover the ratio that tips your life toward flourishing.* New York: Crown.

Fredrickson, B. L., & Branigan, C. (2005). Positive emotions broaden the scope of attention and thought-action repertoires. *Cognition and Emotion, 19,* 313–332.

Frisch, M. B. (2013). Evidence-based well-being/ positive psychology assessment and intervention with quality of life therapy and coaching and the Quality of Life Inventory (QOLI). *Social Indicators Research, 114*(2), 193–227.

Frisch, M. B. (2016). Quality of life therapy. In A. M. Wood & J. Johnson (Eds.), *The Wiley handbook of positive clinical psychology* (pp. 409–425). Chichester, UK: John Wiley.

Fung, B. K., Ho, S. M., Fung, A. S., Leung, E. Y. P., Chow, S. P., Ip, W. Y., Barlaan, P. I. G. (2011). The development of a strength-focused mutual support group for caretakers of children with cerebral palsy. *East Asian Archives of Psychiatry, 21*(2), 64.

Gable, S. L, Reis, H. T., Impett, E. A., & Asher, E. R. (2004). What do you do when things go right? The intrapersonal and interpersonal benefits of sharing positive events. *Journal of Personality and Social Psychology, 87,* 228–245.

Gander, F., Proyer, R., Ruch, W., & Wyss, T. (2013). Strength-based positive interventions: Further evidence for their potential in enhancing well-being and alleviating depression. *Journal of Happiness Studies, 14*(4), 1241–1259.

Gelso, C. J., Nutt Williams, E., & Fretz, B. R. (2014). *Working with strengths: Counseling psychology's calling. In Counseling psychology* (3rd ed., pp. 157–178). Washington, DC: American Psychological Association.

George, B. & Sims, P. (2007). *True North: Discover You Authentic Leadership.* San Francisco: Jossey-Bass.

Gilbert, D. (2006). *Stumbling on happiness*. New York: Knopf.

Gilbert, D. T., Pinel, E. C., Wilson, T.D., Blumberg, S. J., & Wheatley, T. P. (1998). Immune neglect: A source of durability bias in affective forecasting. *Journal of Personality and Social Psychology, 75,* 617-638.

Gilman, R., Schumm, J. A., & Chard, K. M. (2012). Hope as a change mechanism in the treatment of posttraumatic stress disorder. *Psychological Trauma: Theory, Research, Practice, and Policy, 4,* 270-277.

Gittell, J., Cameron, K., & Lim, S. (2006). Relationships, layoffs and organizational resilience: airline industry responses to September 11th. *Journal of Applied Behavioral Science, 42*(3): 300-329.

Glasgow, R. E., Vogt, T. M., & Boles, S. M. (1999). Evaluating the public health impact of health promotion interventions: The RE-AIM framework. *American Journal of Public Health, 89,* 1322-1327.

Gleick, J. (2000). *Faster: The acceleration of just about everything*. New York: Vintage.

Goffee, R., & Jones, G. (2006). Why Should Anyone Be Led By You? Keynote Presentation at CIPD Annual Conference, Harrogate. *Seminar handbook.*

Govindji, R., & Linley, P. A. (2007). Strengths use, self-concordance and well-being: Implications for strengths coaching and coaching psychologists. *International Coaching Psychology Review, 2,* 143-153.

Graham, J. E., Lobel, M., Glass, P., & Lokshina, I. (2008). Effects of written constructive anger expression in chronic pain patients: Making meaning from pain. *Journal of Behavioral Medicine, 31,* 201-212.

Haidt, J. (2006). *The happiness Hypothesis*. New York: Arrow.

Hansen, N. B., Lambert, M. J., & Forman, E. V. (2002). The psychotherapy dose-response effect and its implications for treatment delivery services. *Clinical Psychology: Science and Practice, 9,* 329-343.

Hargrove, A. K. (2016). An examination of two positive organizational interventions: For whom do these interventions work? *Journal of Occupational Health Psychology, 22*(2), 129.

Harris, A. H. S., Thoresen, C. E., & Lopez, S. J. (2007). Integrating positive psychology into counseling: Why and (when appropriate) how. Journal of Counseling & Development, 85, 3-13.

Harrison, A., Al-Khairulla, H., & Kikoler, M. (2016). The feasibility, acceptability and possible benefit of a positive psychology intervention group in an adolescent inpatient eating disorder service. *The Journal of Positive Psychology, 11*(5), 449-459.

Harrison, R. L., & Westwood, M. J. (2009). Preventing vicarious traumatization of mental health therapists: Identifying protective practices. *Psychotherapy: Theory, Research, Practice, Training, 46*(2), 203-219.

Hart, D. S. (2014). Review of lying down in the ever-falling snow: Canadian health professionals' experience of compassion fatigue. *Canadian Journal of Counselling and Psychotherapy,*

48(1), 77-79.

Hawkes, D. (2011). Review of solution focused therapy for the helping professions. *Journal of Social Work Practice, 25*(3), 379-380.

Hicks, J. A., & King, L. A. (2009). Meaning in life as a subjective judgment and a lived experience. *Social and Personality Psychology Compass, 3*(4), 638-658.

Higgs, M. (2009). *The Good, the Bad, and the Ugly.* Presentation at City University, London, 16 February.

Ho, H. C. Y., Yeung, D. Y., & Kwok, S. Y. C. L. (2014). Development and evaluation of the positive psychology intervention for older adults. *The Journal of Positive Psychology, 9*(3), 187-197.

Ho, H. C. Y., Yeung, D. Y., & Kwok, S. Y. C. L. (2014). Development and evaluation of the positive psychology intervention for older adults. *The Journal of Positive Psychology, 9*(3), 187-197.

Holt-Lunstad, J., Smith, T. B., & Layton, J. B. (2010). Social relationships and mortality risk: A meta-analytic review. *PLoS Medicine, 7*(7).

Hone, L. C., Jarden, A., & Schofield, G. M. (2015). An evaluation of positive psychology intervention effectiveness trials using the re-aim framework: A practice-friendly review. *The Journal of Positive Psychology, 10*(4), 303-322.

Horvath, A. O., Del Re, A. C., Fluckiger, C., Symonds, D., Horvath, A. O., & Del Re, A. C. (2011). Alliance in individual psychotherapy. *Psychotherapy, 48*(1), 9-16.

Huffman, J. C., DuBois, C. M., Healy, B. C., Boehm, J. K., Kashdan, T. B., Celano, C. M., & Lyubomirsky, S. (2014). Feasibility and utility of positive psychology exercises for suicidal inpatients. *General Hospital Psychiatry, 36*(1), 88-94.

Huffman, J. C., DuBois, C. M., Millstein, R. A., Celano, C. M., & Wexler, D. (2015). Positive psychological interventions for patients with type 2 diabetes: Rationale, theoretical model, and intervention development. *Journal of Diabetes Research,* 2015, 1-18.

Huffman, J. C., Mastromauro, C. A., Boehm, J. K., Seabrook, R., Fricchione, G. L., Denninger, J. W., & Lyubomirsky, S. (2011). Development of a positive psychology intervention for patients with acute cardiovascular disease. *Heart International, 6*(2).

Humphrey, N. (1986). *TheInner Eye, Social Intelligence in Evolution,* New York: Oxford University Press.

Huta, V., & Hawley, L. (2008). Psychological strengths and cognitive vulnerabilities: Are they two ends of the same continuum or do they have independent relationships with well-being and illbeing, *Journal of Happiness Studies, 11*(1), 71-93.

Huynh, K. H., Hall, B., Hurst, M. A., & Bikos, L. H. (2015). Evaluation of the positive re-entry in corrections program: A positive psychology intervention with prison inmates. *International Journal of Offender Therapy and Comparative Criminology, 59*(9), 1006.

Hwang, K., Kwon, A., & Hong, C. (2017). A preliminary study of new positive psychology interventions: Neurofeedback-aided meditation therapy and modified positive psychotherapy.

Current Psychology, 36(3), 683-695.

Johnson, J., & Wood, A. M. (2017). Integrating positive and clinical psychology: Viewing human functioning as continua from positive to negative can benefit clinical assessment, interventions and understandings of resilience. *Cognitive Therapy and Research, 41*(3), 335-349.

Jones, E., Rock, L., Shaver, K., Goethals, G., & Ward, L. (1968). Pattern of performance and ability attribution: An unexpected primacy effect. *Journal of Personality & Social Psychology, 10,* 317-340.

Joormann, J., Dkane, M., & Gotlib, I. H. (2006). Adaptive and maladaptive components of rumination? Diagnostic specificity and relation to depressive biases. *Behavior Therapy, 37,* 269-280.

Kaplan, R. E., & Kaiser, R. B. (2010). Towards a Positive Psychology for Leaders. In P. A. Linley, S. A. Harrington & N. Garcea (Eds.), *Oxford Handbook of Positive Psychology and Work.* Oxford: Oxford University Press.

Kashdan, T. B., Julian, T., Merritt, K., & Uswatte, G. (2006). Social anxiety and possttraumatic stress in combat veterans: Relations to well-being and character strengths. *Behaviour Research and Therapy, 44,* 561-583.

Kasser, T. (2002). *The high price of materialism.* Cambridge, MA: Bradford.

Kazdin, A. E. (2009). Understanding how and why psychotherapy leads to change. *Psychotherapy Research, 19*(4. 5), 418-428.

Kern, M. L., Waters, L. E., Adler, A., & White, M. A. (2015). A multidimensional approach to measuring well-being in students: Application of the PERMA framework. *The Journal of Positive Psychology, 10*(3), 262-271.

Kerr, S. L., O'Donovan, A., & Pepping, C. A. (2015). Can gratitude and kindness interventions enhance well-being in a clinical sample? *Journal of Happiness Studies, 16*(1), 17-36.

Keyes, C. L M., & Eduardo, J. S. (2012). To flourish or not: Level of positive mental health predicts ten-year all-cause mortality. *American Journal of Public Health 102,* 2164-2172.

Kirsch, I., Moore, T. J., Scoboria, A., & Nicholls, S. S. (2002). The emperor's new drugs: An analysis of antidepressant medication data submitted to the U.S. Food and Drug Administration. *Prevention & Treatment, 5,* art. 23.

Kross, E., Ayduk, O., & Mischel, W. (2005). When asking "why" doesn't hurt: Distinguishing reflective processing of negative emotions from rumination. *Psychological Science, 16,* 709-715.

Kruger, J., & Dunning, D. (1999). Unskilled and unaware of it: how diffi culties in recognising one's own incompetence lead to infl ated self-assessments. *Journal of Personality and Social Psychology, 77,* 1121-1134.

Lambert D'raven, L. T., Moliver, N., & Thompson, D. (2015). Happiness intervention decreases pain and depression, boosts happiness among primary care patients. *Primary Health Care Research & Development, 16*(2), 114-126.

Lamont, A. (2011). University students' strong experiences of music: Pleasure, engagement, and meaning. *Music and Emotion, 15,* 229-249.

Le Boutillier, C., Leamy, M., Bird, V., Davidson, L., Williams, J., & Slade, M. (2011). What does recovery mean in practice? A qualitative analysis of international recovery-oriented practice guidance. *Psychiatric Services, 62,* 1470-1476.

Leykin, Y., & DeRubeis, R. J. (2009). Allegiance in psychotherapy outcome research: Separating association from bias. *Clinical Psychology: Science and Practice, 16,* 54-65.

Lightsey, O. (2006). Resilience, meaning, and well-being. *The Counseling Psychologist, 34,* 96-107.

Linley, A. (2008). *Average to A+: Realizing strengths in yourself and others.* Conventry, UK: CAPP Press.

Linley, A., Sillars, J., Stairs, M., Page, N., & Biswas-Diener, R. (2010). *The strengths book: What you can do, love to do, and find it hard to do-and why it matters.* Conventry, UK: CAPP Press.

Linley, A., Willars, J., Stairs, M., Page, N., & Biswas-Diener, R. (2010). *The strengths book: What you can do, love to do, and find it hard to do — and why it matters.* Coventry, UK: CAPP Press.

Littman-Ovadia, H., & Lavy, S. (2012). Character strengths in Israel. *European Journal of Psychological Assessment, 28,* 41-50.

Losada, M. & Heaphy, E. (2004). The role of positivity and connectivity in the performance of business teams: a nonlinear model. *American Behavioral Scientist, 47,* 740-765.

Lutherans, F., Avery, J. B., Avolio, D. J., Norman, S., & Combs, G. (2006). Psychological capital development. Toward a micro-intervention. *Journal of Organizational Behaviour, 27,* 387-393.

Lutherans, F., Youssef, C., & Avolio, B. (2007). *Psychological Capital: Developing The Human Capital Edge.* Oxford: Oxford University Press.

Lykken, D. (2000). *Happiness: The nature and nurture if joy an contentment.* New York: St. Martin's.

Lyubomirsky, S., King, L., & Diener, E. (2005). The benefits of frequent positive affect: Does happiness lead to success? *Psychological Bulletin, 131*(6), 803-855.

Macaskill, A. (2016). Review of positive psychology applications in clinical medical populations. *Healthcare, 4*(3), 66.

Maddux, J. E. (2008). Positive psychology and the illness ideology: Toward a positive clinical psychology. *Applied Psychology, 57,* 54-70.

Magem, Z. (1998). *Exploring adolescent happiness: Commitment, purpose, and fulfillment.* Thousand Oaks, CA: Sage.

Marques, S. C., Pais-Ribeiro, J. L., & Lopez, S. J. (2011). The role of positive psychology constructs in predicting mental health and academic achievement in children and adolescents: A twoyear longitudinal study. *Journal of Happiness Studies, 12*(6), 1049-1062.

Mazzucchelli, T. G., Kane, R. T., & Rees, C. S. (2010). Behavioral activation interventions for well-being: A meta-analysis. *The Journal of Positive Psychology, 5*(2), 105-121.

McCormick, B. P., Funderburk, J. A., Lee, Y., & Hale-Fought, M. (2005). Activity characteristics and emotional experience: Predicting boredom and anxiety in the daily life of community mental health clients. *Journal of Leisure Research, 37,* 236-253.

McKnight, P. E., & Kashdan, T. B. (2009). Purpose in life as a system that creates and sustains health and well-being: An integrative, testable theory. *Review of General Psychology, 13*(3), 242-251.

McLean, K. C., & Pratt, M. W. (2006). Life's little (and big) lessons: Identity statuses and meaningmaking in the turning point narratives of emerging adults. *Developmental Psychology, 42*(4), 714-722.

McWilliams, N. (1994). *Psychoanalytic diagnosis.* New York: Guilford Press.

Messias, E., Saini, A., Sinato, P., & Welch, S. (2010). Bearing grudges and physical health: Relationship to smoking, cardiovascular health and ulcers. *Social Psychiatry and Psychiatric Epidemiology, 45*(2), 183-187.

Meyer, P. S., Johnson, D. P., Parks, A., Iwanski, C., & Penn, D. L. (2012). Positive living: A pilot study of group positive psychotherapy for people with schizophrenia. *The Journal of Positive Psychology, 7,* 239-248.

Miller, C. A. (2011). *Creating Your Best Life.* New York: Sterling Publishing.

Mitchell, J., Stanimirovic, R., Klein, B., & Vella-Brodrick, D. (2009). A randomised controlled trial of a self-guided Internet intervention promoting well-being. *Computers in Human Behavior, 25,* 749-760.

Mongrain, M., & Anselmo-Matthews, T. (2012). Do positive psychology exercises work? A replication of Seligman et al. (2005). *Journal of Clinical Psychology, 68,* 382-389.

Morris D., & Garrett, J. (2010). Strengths: Your Leading Edge. In P. A. Linley, S. A. Harrington, & N. Garcea (Eds.), *Oxford Handbook of Positive Psychology and Work.* Oxford: Oxford University Press.

Moskowitz, G. B., & Grant, H. (2008). *The psychology of goals.* New York:Guilford Press.

Muller, R., Gertz, K. J., Molton, I. R., Terrill, A. L., Bombardier, C. H., Ehde, D. M., & Jensen, M. P. (2016). Effects of a tailored positive psychology intervention on well-being and pain in individuals with chronic pain and a physical disability: A feasibility trial. *The Clinical Journal of Pain, 32*(1), 32-44.

Murray, G., & Johnson, S. L. (2010). The clinical significance of creativity in bipolar disorder. *Clinical Psychology Review, 30,* 721-732.

Myers, D. G. (1993). *The pursuit of happiness.* New York: Avon.

Myers, D. G., & Diener, E. (1999). If we are so rich, why aren't we happy? *American Psychologist, 54,* 821-827.

Nelson, C., & Johnston, M. (2008). Adult Needs and Strengths Assessment. abbreviated referral version to specify psychiatric care needed for incoming patients: Exploratory analysis. *Psychological Reports, 102,* 131-143.

Nikrahan, G. R., Laferton, J. A. C., Asgari, K., Kalantari, M., Abedi, M. R., Etesampour, A., & Huffman, J. C. (2016). Effects of positive psychology interventions on risk biomarkers in coronary patients: A randomized, wait-list controlled pilot trial. *Psychosomatics, 57*(4), 359. 368.

Odou, N., & Vella-Brodrick, D. A. (2013). The efficacy of positive psychology interventions to increase well-being and the role of mental imagery ability. *Social Indicators Research, 110*(1), 111-129.

Oishi, S., Diener, E., & Lucas, R. E. (2007). Optimal level of well-being: Can people be too happy. *Perspevtives on Psychological Science, 2,* 346-360.

Oksanen, T., Kouvonen, A., Vahtera, J., Virtanen, M., & Kivimaki, M. (2010). Prospective study of workplace social capital and depression: Are vertical and horizontal components equally important? *Journal of Epidemiology and Community Health, 64,* 684-689.

O'Connell, B. H., O'Shea, D., & Gallagher, S. (2016). Enhancing social relationships through positive psychology activities: A randomised controlled trial. *The Journal of Positive Psychology, 11*(2), 149-162.

Park. N., Peterson, C., & Seligman, M. E. P. Chracter strengths in 54 nations and all 50 U.S. state. *Journal of Positive Psychology.*

Pediaditakis, N. (2014). The association between major mental disorders and geniuses. *Psychiatric Times, 31*(9), 32.

Pedrotti, J. T. (2011). Broadening perspectives: Strategies to infuse multiculturalism into a positive psychology course. *The Journal of Positive Psychology, 6*(6), 506-513.

Peeters, G., & Czapinski, J. (1990). Positive-negative asymmetry in evaluations: The distinction between affective and informational negativity effects. *European Review of Social Psychology, 1,* 33-60.

Peterson, C., & Seligman, M. (2004). Character strengths and virtues. Oxford, UK: Oxford/American Psychological Association.

Peterson, C., & Seligman, M. E. P. (2003). Character strengths before and after September 11, *Psychological Science, 14,* 381-384.

Peterson, C., & Seligman, M. E. P. (2004). *Character strength and virtues: A handbook and classification.* New York: Oxford University Press; Washington DC: American Psychology Association.

Peterson, C., Park, N., & Seligman, M. (2006). Greater strengths of character and recovery from illness. *Journal of Positive Psychology, 1*(1), 17-26.

Peterson, C., Park, N., & Seligman, M. E. (2005). Orientations to happiness and life satisfaction: The full life versus the empty life. *Journal of Happiness Studies, 6,* 25–41.

Pomerantz, E. M., Saxon, J. L., & Oishi, S. (2000). The psychological tradeoffs of goal investment. *Journal of Personality and Social Psychology, 79,* 617–630.

Proctor, C., Tsukayama, E., Wood, A. M., Maltby, J., Eades, J. F., & Linley, P. A. (2011). Strengths gym: The impact of a character strengths–based intervention on the life satisfaction and wellbeing of adolescents. *The Journal of Positive Psychology, 6*(5), 377–388.

Proyer, R. T., Gander, F., Wellenzohn, S., & Ruch, W. (2013).What good are character strengths beyond subjective well–being, The contribution of the good character oneself–reported healthoriented behavior, physical fitness, and the subjective health status. *The Journal of Positive Psychology, 8,* 222–232.

Quinlan, D., Swain, N., & Vella–Brodrick, D. A. (2012). Character strengths interventions: Building on what we know for improved outcomes. *Journal of Happiness Studies, 13*(6), 1145–1163.

Quoidbach, J., Mikolajczak, M., & Gross, J. J. (2015). Positive interventions: An emotion regulation perspective. *Psychological Bulletin, 141*(3), 655.

Radloff, L. (1977). The CES–D Scale. *Applied Psychological Measurement, 1,* 385–401.

Rashid, T., & Howes, R. N. (2016). Positive psychotherapy. In A. M. Wood & J. Johnson (Eds.), *The Wiley handbook of positive clinical psychology* (pp. 321–347). Chichester, UK: John Wiley.

Rashid, T., Summers, R., & Seligman, M. E. P. (2015). *Positive Psychology;* Chapter 30, pp. 489–499., In A. Tasman., J. Kay, J. Lieberman, M. First, & M. Riba (Eds.), *Psychiatry* (4th ed.). Wiley–Blackwell.

Rath, T., & Clifton, D. O. (2004). *How full is your bucket?* Washington, DC: Gallup Press.

Retnowati, S., Ramadiyanti, D. W., Suciati, A. A., Sokang, Y. A., & Viola, H. (2015). Hope intervention against depression in the survivors of cold lava flood from Merapi Mount. Procedia. *Social and Behavioral Sciences, 165,* 170–178.

Reynolds, C. (1987). Flocks, herds and schools: a disturbed behaviour model. Proceedings of SIGGRAPH 87. *Computer Graphics, 21*(4): 25–34.

Rief, W., Nestoriuc, Y., Weiss, S., Welzel, E., Barsky, A. J., & Hofmann, S. G. (2009). Metaanalysis of the placebo response in antidepressant trials. *Journal of Affective Disorders, 118*(1), 1–8.

Rokeach, M. (1971). Long–range experimental modification of values, attitudes, and behavior, *American Psychologist, 26,* 453–459.

Ruini, C., & Fava, G. A. (2009). Well–being therapy for generalized anxiety disorder. *Journal of Clinical Psychology, 65,* 510–519.

Rust, T., Diessner, R., & Reade, L. (2009). Strengths only or strengths and relative weaknesses, A preliminary study. *The Journal of Psychology, 143*(5), 465–476.

Ryan, R. M., & Deci, E. L. (2000). On happiness and human potentials: A review of research on hedonic and eudaimonic well–being. *Annual Review of Psychology, 52,* 141–166.

Ryff, C. D., & Singer. B. (1996). Psychological well–being: Meaning, measurement, and implications for psychotherapy research. *Psychotherapy and Psychosomatics, 65*, 14–23.

Ryff, C. D., Singer, B. H., & Davidson, R. J. (2004). Making a life worth living: Neural correlates of well-being. *Psychological Science, 15*(6), 367–372.

Sanjuan, P., Montalbetti, T., Perez-Garcia, A. M., Bermudez, J., Arranz, H., & Castro, A. (2016). A randomised trial of a positive intervention to promote well-being in cardiac patients. *Applied Psychology: Health and Well-Being, 8*(1), 64–84.

Scheel, M. J., Davis, C. K., & Henderson, J. D. (2012). Therapist use of client strengths: A qualitative study of positive processes. *The Counseling Psychologist, 41*(3), 392–427.

Schmid, K. L., Phelps, E., & Lerner, R. M. (2011). Constructing positive futures: Modeling the relationship between adolescents' hopeful future expectations and intentional self regulation in predicting positive youth development. *Journal of Adolescence, 34*(6), 1127.

Schnell, T. (2009). The Sources of Meaning and Meaning in Life Questionnaire (SoMe): Relations to demographics and well-being, *The Journal of Positive Psychology, 4*, 483–499.

Schueller, S. M., & Parks, A. C. (2012). Disseminating self-help: Positive psychology exercises in an online trial. *Journal of Medicine Internet Research 14*(3), e63.

Schueller, S. M., & Seligman, M. E. P. (2010). Pursuit of pleasure, engagement, and meaning: Relationships to subjective and objective measures of well-being. *The Journal of Positive Psychology, 5*(4), 253–263.

Schueller, S. M., Kashdan, T. B., & Parks, A. C., (2014). Synthesizing positive psychological interventions: Suggestions for conducting and interpreting meta-analyses. *International Journal of Wellbeing, 4*(1), 91–98.

Schwartz, B. (2004). *The paradox of choice: Why less if more.* New York: HarperCollins.

Schwartz, B., & Sharpe, K. E. (2010). *Practical wisdom: The right way to do the right thing.* New York: Riverhead Books.

Schwartz, B., Ward, A., Monterosso, J., Lyubomirsky, S., White, K., & Lehman, D. R. (2002). Maximizing versus satisficing: Happiness is a matter of choice. *Journal of Personality and Social Psychology, 83*, 1178–1197.

Schwartz, S. H. (1994). Are there universal aspects in the structure and content of human values? *Journal of Social Issues, 50*(4), 19–45.

Schwartz, S. H., & Bilsky, W. (1990). Toward a theory of the universal content and structure of values: Extensions and cross cultural replications. *Journal of Personality and Social Psychology, 58*, 878–891.

Secker, J., Membrey, H., Grove, B., & Seebohm P. (2002). Recovering from illness or recovering your life? Implications of clinical versus social models of recovery from mental health problems for employment support services. *Disability & Society, 17*, 403–418.

Seligman, M. (1999). Presidential address, delivered in Boston at the American Psychological Association's 107th Annual Convention on 21 August.

Seligman, M. (2004). *Authentic happiness*. New York: Simon & Schuster Adult Publishing Group.

Seligman, M. (2006a). *Authentic Happiness, Using the New Positive Psychology to Realize Your Potential for Lasting Fulfilment*. London: Nicholas Brealey.

Seligman, M. (2006b). *Learned Optimism: How to Change Your Mind and Your Life*. New York: Vintage.

Seligman, M., Rashid, T., & Parks, A. (2006). Positive psychotherapy. *American Psychologist, 61*(8), 774-788.

Seligman, M., Steen, T., Park, N., & Peterson, C. (2005). Positive psychology progress: Empirical validation of interventions. *American Psychologist, 60*(5), 410-421.

Seligman, M. E., Rashid, T., & Parks, A. C. (2006). Positive psychotherapy. American Psychologist, 61, 774-788.

Seligman, M. E., Steen, T. A., Park, N., & Peterson, C. (2005). Positive psychology progress: Empirical validation of interventions. *American Psychologist, 60*, 410-421.

Seligman, M. E. P. (2002). *Authentic happiness: Using the new positive psychology to realize your potential for lasting fulfullment*. New York: Free Press.

Seligman, M. E. P. (2006). Afterword: Breaking the 65 percent barrier. In M. C. I. S. Csikszentmihalyi (Ed.), *A life worth living: Contributions to positive psychology* (pp. 230-236). New York: Oxford University Press.

Seligman, M. E. P. (2012). *Flourish: A visionary new understanding of happiness and well-being*. New York: Simon & Schuster.

Seligman, M. E. P., & Csikszentmihalyi, M. (2000). Positive psychology: An introduction. *American Psychologist, 55*(1), 5-14.

Seligman, M. E. P., Schulman, P., DeRubeis, R. J., & Hollon, S. D. (1999). The results of the APEX study are reporte.

Sheldon, K. (2009). Positive motivation. A workbook from Positive Psychology Servivers, LLC:http://www.intentionalhappiness.com.

Sheldon, K. M., & Lyubomirsky, S. (2006). How to increase and sustain positive emotion: The effects of expressing gratitude and visualizing best possible selves. *The Journal of Positive Psychology, 1*(2), 73-82.

Shi, D. E. (1985). *The simple life: Plain living and high thinking in American culture*. New York: Oxford University Press.

Siddique, J., Chung, J. Y., Brown, H. C., & Miranda, J. (2012). Comparative effectiveness of medication versus cognitive-behavioral therapy in a randomized controlled trial of lowincome young minority women with depression. *Journal of Consulting and Clinical Psychology, 80*(6), 995-1006.

Sin, N. L., & Lyubomirsky, S. (2009). Enhancing well-being and alleviating depressive symptoms with positive psychology interventions: A practice-friendly meta-analysis. *Journal of Clinical*

Psychology, 65, 467-487.

Sirgy, M. J., & Wu, J. (2009). The pleasant life, the engaged life, and the meaningful life: What about the balanced life? *Journal of Happiness Studies, 10,* 183-196.

Skaggs, B. G., & Barron, C. R. (2006). Searching for meaning in negative events: Concept analysis. *Journal of Advanced Nursing.*

Spielberger, C. D., Gorsuch, R. L., Lushene, R., Vagg, P. R., & Jacobs, G. A. (1983). *Manual for the State-Trait Anxiety Inventory* (Form Y). Palo Alto, CA: Consulting Psychologists Press.

Steger, M. (January, 2010). Personal communication.

Steger, M. F., Frazier, P., Oishi, S., & Kaler, M. (2006). The meaning in life questionnaire: Assessing the presence of and search for meaning in life. *Journal of Counseling Psychology, 53,* 80-93.

Steger, M. F., Frazier, P., Oishi, S., & Kaler, M. (2006). The meaning in life questionnaire: Assessing the presence of and search for meaning in life. *Journal of Counseling Psychology, 53,* 80-93.

Stevenson, B., & Wolfers, J. (2008). *Economic growth and subjective well-being: reassessing the Easterlin paradox*(NBER Working Papers 14282). Cambridge, MA: National Bureau of Economic Research, Inc.

Stewart, T., & Suldo, S. (2011). Relationships between social support sources and early adolescents' mental health: The moderating effect of student achievement level. *Psychology in the Schools, 48*(10), 1016-1033.

Stillman, T. F., & Baumeister, R. F. (2009). Uncertainty, belongingness, and four needs for meaning. *Psychological Inquiry, 20,* 249-251.

Synder, C. (2000). *Handbook of Hope.* San Diego: Academic Press.

Szasz, T. S. (1961). *The myth of mental illness: Foundations of a theory of personal conduct.* New York: Hoeber.

Tedeschi, R. G., & Calhoun, L. G. (1996). The posttraumatic growth inventory: Measuring the positive legacy of trauma. *Journal of Traumatic Stress, 9*(3), 455-472.

Twitchell, J. B. (1999). *Lead us into temptation: The triumph of American materialism.* New York: Columbia University Press.

Uliaszek, A. A., Rashid, T., Williams, G. E., & Gulamani, T. (2016). *Group therapy for university.*

Undurraga, J., & Baldessarini, R. J. (2017). Tricyclic and selective serotonin-reuptake-inhibitor antidepressants compared with placebo in randomized trials for acute major depression. *Journal of Psychopharmacology, 31*(12), 1624-1625.

Vandenberghe, L., & Silvestre, R. L. S. (2013). Therapists' positive emotions in-session: Why they happen and what they are good for. *Counselling and Psychotherapy Research,* April, 1-9.

Veenhoven, R., & Hagerty, M. (2006). Rising happiness in nations 1946-2004: A reply to Easterlin. *Social Indicators Research, 79*(3). 421-436.

Vella-Brodrick, D. A., Park, N., & Peterson, C. (2009). Three ways to be happy: Pleasure, engagement, and meaning: Findings from Australian and U.S. samples. *Social Indicators*

Research, 90, 165-179.

Vertilo, V., & Gibson, J. M. (2014). Influence of character strengths on mental health stigma. *The Journal of Positive Psychology, 9*(3), 266-275.

Wade, N., Worthington, E., & Haake, S. (2009). Comparison of explicit forgiveness interventions with an alternative treatment: A randomized clinical trial. *Journal of Counseling & Development, 87,* 143-151.

Wampold, B. E. (2007). Psychotherapy: The humanistic (and effective) treatment. *American Psychologist, 62,* 857-873.

Watkins, C. E. (2010). The hope, promise, and possibility of psychotherapy. *Journal of Contemporary Psychotherapy, 40,* 195-201.

Weber, M. (2002). *The Protestant ethic and the spirit of capitalism.* New York: Penguin.

Werner, E., & Smith, R. (2001). *Journeys from Childhood to Midlife: Risk, Resilience, and Recovery.* NY: Cornell University Press.

William C. Compton. (2004). *Introduction to Positive Psychology.* New York: Cengage Learning.

Williams, R. (1998). *Anger Kills,* Newyork: HarperTorch.

Wilson, D. S., & Wilson, E. O. (2007). Rethinking the Theoretical Foundation of Sociobiology. *Quarterly Review of Biology 82,* 327-348.

Wong, Y. J., Owen, J., Gabana, N. T., Brown, J. W., Mcinnis, S., Toth, P., & Gilman, L. (2018). Does gratitude writing improve the mental health of psychotherapy clients? Evidence from a randomized controlled trial. *Psychotherapy Research, 28*(2), 192-202.

Woo (2020). The Effect of Positive Psychology-based Positive Psychotherapy (PPT) Programs on Participants' Happiness and Resilience, Kernel University Press.

Wood, A. M., & Joseph, S. (2010). The absence of positive psychological (eudemonic) well-being as a risk factor for depression: A ten year cohort study. *Journal of Affective Disorders, 122*(3), 213-217.

Wood, A. M., Joseph, S., & Linley, P. (2007). Coping style as a psychological resource of grateful people. *Journal of Social and Clinical Psychology, 26*(9). 1076-1093.

Wood, A. M., Joseph, S., Lloyd, J., & Atkins, S. (2009). Gratitude influences sleep through the mechanism of pre-sleep cognitions. *Journal of Psychosomatic Research, 66*(1), 43-48.

Wood, A. M., Maltby, J., Gillett, R., Linley, P. A., & Joseph, S. (2008). The role of gratitude in the development of social support, stress, and depression: Two longitudinal studies. *Journal of Research in Personality, 42,* 854-871.

Wooten, L. P., & Cameron, K. S. (2010). Enablers of a Strategy: Positively Deviant Leadership. In P. A. Linley, S. A. Harrington, & N. Garcea (Eds.), *Oxford Handbook of Positive Psychology and Work.* Oxford: Oxford University Press.

Worthington, E. L., & Drinkard, D. T. (2000). Promoting reconciliation through psychoeducational and therapeutic interventions. *Journal of Marital and Family Therapy, 26,* 93-101.

Worthington, E. L., Hook, J. N., Davis, D. E., & McDaniel, M. A. (2011). Religion and spirituality. *Journal of Clinical Psychology, 67*(2), 204-214.

Wrzesniewski, A., McCauley, C., Rozin, P., & Schwartz, B. (1997). Jobs, careers, and callings: People's relations to their work. *Journal of Research in Personality, 31,* 21-33.

Zalaquett, C. P., Fuerth, K. M., Stein, C., Ivey, A. E., & Ivey, M. B. (2008). Reframing the DSM-IV-TR from a multicultural/social justice perspective. *Journal of Counseling & Development, 86,* 364-371.

편저자 소개

📖 우문식(Moon Sik Woo)

2003년 우리나라 최초로 긍정심리학 도입

안양대학교 경영학과 졸업

안양대학교 경영행정대학원 졸업(석사)

안양대학교 일반대학원 졸업(경영학 박사)

안양대학교 글로벌대학원 상담심리학과 졸업

Kernel University 상담대학원 졸업(상담학 박사)

전 안양대학교 경영학과 교수

현 Kernel Global University 상담학 교수 및 한국캠퍼스 학장

    대한민국 육군 안전(자살예방)자문위원

    흥사단 투명사회운동본부 중앙상무위원

    한국긍정심리연구소 소장

    한국긍정심리협회 회장

    한국리질리언스(회복력)협회 회장

    긍정심리상담코칭센터 대표

〈주요 저 · 역서〉

행복 4.0(물푸레, 2014)

긍정심리학은 기회다(물푸레, 2016)

긍정심리학이란 무엇인가(물푸레, 2017)

행복은 만드는 것이다(물푸레, 2019)

마틴 셀리그만의 낙관성 학습(공역, 물푸레, 2012)

인생의 역경을 가볍게 극복하는 회복력의 7가지 기술(공역, 물푸레, 2014)

긍정심리치료 치료자 매뉴얼(공역, 물푸레, 2020)

마틴 셀리그만의 긍정심리학(공역, 물푸레, 2020)

〈주요 논문〉

조직구성원의 성격 특성이 직무만족과 조직시민행동에 미치는 영향: 행복의 매개효과를 중심으로(2013)

긍정심리의 긍정정서와 성격강점이 조직성과에 미치는 영향(2014)

The Effect of Positive Psychology-based Positive Psychotherapy (PPT) Programs on Participants' Happiness and Resilience(긍정심리학 기반의 긍정심리치료(PPT)가 행복과 회복력에 미치는 효과)(2020)

마틴 셀리그만의

팔마스(PERMAS) 중심 긍정심리학
Martin Seligman's PERMAS focused Positive psychology

2021년 3월 25일 1판 1쇄 인쇄
2021년 3월 30일 1판 1쇄 발행

엮은이 • 우문식
펴낸이 • 김진환
펴낸곳 • (주) **학지사**
　　　　　 04031 서울특별시 마포구 양화로 15길 20 마인드월드빌딩
대표전화 • 02)330-5114　　　 팩스 • 02)324-2345
등록번호 • 제313-2006-000265호

홈페이지 • http://www.hakjisa.co.kr
페이스북 • https://www.facebook.com/hakjisabook

ISBN 978-89-997-2263-9 93180

정가 38,000원

출판 · 교육 · 미디어기업 **학지사**

간호보건의학출판 **학지사메디컬** www.hakjisamd.co.kr
심리검사연구소 **인싸이트** www.inpsyt.co.kr
학술논문서비스 **뉴논문** www.newnonmun.com
원격교육연수원 **카운피아** www.counpia.com